D1750169

GESCHICHTE
DER
PHILOSOPHIE

CHRISTOPH HELFERICH

GESCHICHTE DER PHILOSOPHIE

Von den Anfängen
bis zur Gegenwart
und
Östliches Denken

Zweite, überarbeitete und erweiterte Auflage
mit 192 Abbildungen

mit einem Beitrag von
Peter Christian Lang

J. B. METZLERSCHE
VERLAGSBUCHHANDLUNG
STUTTGART

Umschlagabbildung siehe Bildlegende auf S. 5

Die Deutsche Bibliothek – CIP-Einheitsaufnahme

Geschichte der Philosophie: von den Anfängen bis zur
Gegenwart und östliches Denken / Christoph Helferich.
Mit einem Beitr. von Peter Christian Lang.
– 2., überarb. und erw. Aufl. – Stuttgart: Metzler, 1992
1. Aufl. u. d. T.: Helferich, Christoph: Geschichte der Philosophie
ISBN 3-476-00775-8
NE: Helferich, Christoph; Lang, Peter Christian

ISBN 3 476 00775-8

Dieses Werk einschließlich aller seiner Teile ist urheberrechtlich geschützt.
Jede Verwertung außerhalb der engen Grenzen des Urheberrechtsgesetzes
ist ohne Zustimmung des Verlages unzulässig und strafbar.
Das gilt insbesondere für Vervielfältigungen, Übersetzungen,
Mikroverfilmungen und die Einspeicherung und Verarbeitung
in elektronischen Systemen.

© 1992 J. B. Metzlersche Verlagsbuchhandlung
und Carl Ernst Poeschel Verlag GmbH in Stuttgart
Einbandgestaltung: Willy Löffelhardt
Satz: Gulde-Druck, Tübingen
Druck: Gulde-Druck, Tübingen
Printed in Germany

INHALT

Vorwort VII

Die Philosophie der Antike

Die Anfänge der griechischen Philosophie . . 1
Der Mensch als neues Problem:
Sokrates und die Sophisten 13
Die Ausprägung der klassischen
griechischen Philosophie 24
Die philosophischen Schulen im Zeitalter
des Hellenismus 54
Der Neuplatonismus, die Philosophie
der heidnischen Spätantike 63

Die Philosophie
des christlichen Mittelalters

Philosophie und Theologie
in der Spätantike 70
Die Spannung zwischen Glaube
und Vernunft in der Scholastik 85

Humanismus, Reformation
und die Umwälzung
des Wissens von der Natur

»Rináscita«, Wiedergeburt der Antike
im italienischen Humanismus 117
Reformation der Kirche oder Reich Gottes
auf Erden oder »Geist des Kapitalismus«? . . 122
Träumende Vernunft, männliche Vernunft,
private Vernunft 128
Die Erde ist gar nicht Mittelpunkt der Welt!
– Über die Umwälzung von Weltbildern
durch wissenschaftliche Revolutionen 136
Die faustische Renaissance 147
»Knowledge is power«: Francis Bacon
und die Royal Society of London
for Improving Natural Knowledge 152

Die Philosophen der neuen,
der bürgerlichen Zeit

Neuzeit – was heißt das? 158
Die großen Systeme der konstruierenden
Vernunft und ihre Kritiker Pascal und Vico . . 160
Der englische Empirismus – Philosophie
der Erfahrung und des »gesunden«,
d. h. bürgerlichen Menschenverstandes . . . 187
Die Aufklärung – eine gesamteuropäische
Bewegung 203
Die Abenteuer der Vernunft
im deutschen Idealismus 245

Das neuzeitliche Jahrhundert:
Philosophie
in der Maschinenwelt

Fortschritt – Stichwort zur Zeit 293
Der »alte Positivismus« in Frankreich,
England und Deutschland 295
Die kritisch träumende Vernunft
der (utopischen) (Früh-)Sozialisten 303
Vormärz – Es gärt in Deutschland:
Die Hegelschule spaltet sich:
Ludwig Feuerbach will
den »ganzen Menschen« 308
Begreifen der Praxis – Karl Marx
und Friedrich Engels 314
Einspruch der Anarchisten 335
Drei Einzelgänger 338
Exakte Naturwissenschaften, geschicht-
liche Welt, der handelnde Mensch –
Themen der Universitätsphilosophie
um die Jahrhundertwende 358

Die Philosophie unserer Zeit

Albert Einstein, Sigmund Freud,
Wassily Kandinsky – drei Namen für
die Erweiterung und Verrätselung
der Wirklichkeit im 20. Jahrhundert 373

»Linguistic turn«, d. h. die Wendung
zur Sprache in der modernen Philosophie
englischer Prägung 382
Formen des Marxismus 389
Existenz als Thema 399
Erkenntnis wird »Erkenntnis«,
»völkische Weltanschauung« oder
»Seelenmystik« im Faschismus 409
Stichwörter zur Gegenwart 416

Lebendige Philosophie: Debatten und Kontroversen der siebziger und achtziger Jahre
(von Peter Christian Lang)

Eine neue Generation tritt auf 447
Positionen der praktischen Philosophie
und Ethik 450
Positionen der Ästhetik 464

Wegweiser in die Philosophie des Ostens

Ost und West 484
Indien: Das Abenteuer der Suche
nach dem Selbst 487
Nirvāna – »Verwehen« 496
Yin und Yang, »einander entgegengesetzt,
einander ergänzend«. Die Ordnung
der Welt im chinesischen Denken 512
In den Gärten des Zen 534

Anhang

Anmerkungen 543
Einführende Bibliographie 555
Personen- und Werkregister 557
Sachregister 565
Bildquellen 571

VORWORT

Auf den ersten Blick mag die Geschichte der Philosophie wie ein Labyrinth erscheinen, so viele Gestalten hat sie in ihrem Verlauf hervorgebracht und so fremdartig mag die Sprache wirken, die diese sprechen. Man sollte sich davon jedoch keinesfalls beirren lassen. Denn sehr schnell wird man die Erfahrung machen, daß diese scheinbar verwirrende Vielfalt in Wirklichkeit ein großes Angebot ist. Das Angebot, teilzunehmen an dem spannenden Versuch, Antworten zu finden auf Lebensfragen, wie sie anderen Zeiten sich gestellt haben und wie unsere Zeit sie stellt. Die Geschichte der Philosophie ist die gespeicherte Erfahrung dieser Versuche. Und man wird sehr schnell spüren, daß man in der Auseinandersetzung mit ihnen nicht derselbe bleibt. Denn gerade der Abstand zur Gegenwart, den man dadurch gewinnt, bietet die Chance, sich selbst und die eigene Zeit in einem neuen Licht zu sehen. Indem so viele Denk- und Verhaltensgewohnheiten, das scheinbar Normalste plötzlich fragwürdig werden, eröffnet die Geschichte der Philosophie einen neuen Raum. Sie schafft Luft, kritische Distanz, neben dem Willen dazu die vielleicht wichtigste Voraussetzung von Freiheit.

In ihrem Aufbau, der Epochengliederung und der Auswahl der repräsentativen Namen folgt die vorliegende Darstellung einer überlieferten Form von Philosophiegeschichtsschreibung. Mit voller Absicht, denn sie ist für einen breiten Kreis von Lesern gedacht, die einen Zugang zur Philosophie gewinnen wollen über ihre geschichtliche Gestalt. Wohl aber habe ich versucht, in der Darbietung selbst das Bewußtsein wachzuhalten, daß diese überlieferte Form, ihr Bestand und die Art seiner Gliederung nichts Selbstverständliches ist. Die Frage z. B., ob das östliche Denken überhaupt in den Zusammenhang einer Geschichte der Philosophie hineingehört, zeigt das nur besonders deutlich. Es ist außerdem klar, daß sowohl bei den Epochen als auch den einzelnen Philosophen selbst immer eine Auswahl getroffen werden mußte. Mein Ziel war dabei, die Schwerpunkte so zu setzen, daß jeweils ein möglichst breites und interessantes Spektrum von philosophischen und geschichtlichen Fragestellungen, Problemen und Perspektiven zur Sprache kommt, von denen jeder einzelne Aspekt im Idealfall geeignet ist, zum Nachdenken über bestimmte grundlegende Sachverhalte anzuregen. Denn meist hat die Philosophie ihre Fragen beim ersten Auftauchen bereits so klar und zugespitzt gestellt, daß die Auseinandersetzung mit diesen klassischen Formulierungen für den Anfänger den größten Erkenntnisgewinn verspricht. Das ist der entscheidende Vorteil der Geschichte der Philosophie. Und wenn einige ihrer Probleme und Denkformen heute nicht mehr oder so nicht mehr da sind oder dazusein scheinen – umso mehr Anlaß, stutzig zu werden, umso mehr Anlaß zur Verwunderung. Womit, nach einem alten Wort des Aristoteles, die Philosophie beginnt.

Es liegt in der Natur der Sache, daß alle bedeutenden Philosophen große Meister der Sprache und oft sogar Sprachschöpfer gewesen sind. Gegenüber der gefährlichen Sorglosigkeit, die in unserer Zeit im Umgang mit der Sprache herrscht, ist diese Aufmerksamkeit der Philosophie auf die Sprache vielleicht wichtiger als je zuvor. Dabei hat sie auch eine eigene Sprache entwickelt, in der sie ihre Probleme behandelt. Hält man sich die Entwicklung anderer Wissenschaften vor Augen, so ist das eigentlich selbstverständlich. Aber gerade diese besondere philosophische Terminologie ist es, die von dem Laien häufig als Barriere empfunden wird. Ich habe versucht, beiden Ansprüchen zu genügen, d. h. die Anzahl der Fachwörter begrenzt zu halten und diese so zu erklären bzw. zu übersetzen, daß sie verständlich sind. Andererseits aber die Fachwörter, wo es sinnvoll und notwendig ist, auch wirklich einzubringen, denn die Bekanntschaft mit ihnen, das Sachwissen, gehört zur Sache hinzu. Darüber hinaus sind die Schriften der Philosophen reich an manchmal komischen und amüsanten, oft aber auch wunderbar dichten und bildkräftigen Formulierungen. Diese Seite der Philosophie, der Umgang mit ihren gelungenen sprachlichen Bildern, hat mir bei der Arbeit an diesem Buch besondere Freude bereitet; ich wünsche mir, daß sie sich auf die Leser überträgt.

Bleibt noch die angenehme Aufgabe, allen zu danken, die mir geholfen haben, indem sie Teile gelesen und mit mir besprochen haben. Mein besonderer Dank gilt dem J. B. Metzler Verlag und seinem Lektor Bernd Lutz, mit dessen »altem Plan« alles anfing. Soviel Dank Nicola, daß sie mich so oft so nachsichtig »an den Büchern« gelassen hat und auch nicht, zum Glück.

Florenz, im März 1985   Christoph Helferich

Vorwort zur zweiten Auflage

Die Zustimmung, die das Buch in der Kritik der Fachwelt erhielt, und die Aufnahme, die es in einer breiten Leserschaft bis in die Praxis des Philosophieunterrichts selbst hinein erfuhr, haben mir große Freude bereitet. Sie bestätigen, daß Auswahlprinzip, Themenfassung und Darstellungsweise insgesamt als gelungen betrachtet werden dürfen. Daß dabei manchem Kritiker dieser oder jener Autor bzw. die von ihm vertretene Richtung als zu kurz gekommen scheint, kann in diesem Zusammenhang eigentlich nicht verwundern. Es verweist aber auf das Risiko, dem das Unternehmen einer Geschichte der Philosophie nach wie vor ausgesetzt bleibt.

Die vorliegende zweite Auflage wurde um einige Beiträge zur italienischen Philosophiegeschichte erweitert, die für eine italienische Ausgabe des Werkes geschrieben wurden; die Hineinnahme dieser interessanten Linie vermag nicht zuletzt den gesamteuropäischen Charakter der philosophiegeschichtlichen Tradition zu unterstreichen. Weitere Veränderungen und Ergänzungen betreffen vor allem die Philosophie unseres Jahrhunderts, wobei ja noch gar nicht abzusehen ist, welche tiefgreifenden Wandlungen die allgemeine Entwicklung – Stichwort 9. November '89 – auch für das Denken nach sich ziehen wird. Die Überarbeitung dieses Kapitels wurde von Peter Christian Lang vorgenommen, der auch, ausgehend von der Entwicklung in Deutschland, in einem eigens für diese Ausgabe verfaßten Beitrag die Diskussion der Gegenwartsphilosophie weiterführt, was auch dieser zweiten Auflage unverminderte Aktualität sichert. Sie erscheint in einem neuen graphischen Gewand, welches die Lesbarkeit erleichtert; darüber hinaus wurden das Bildmaterial vermehrt und eine einführende Bibliographie erstellt, die dem Leser eine rasche Orientierung erlaubt.

Florenz, im April 1991   Christoph Helferich

DIE PHILOSOPHIE
DER ANTIKE

Die Anfänge der griechischen Philosophie

Geburt der Philosophie

Geburt der Philosophie – darf man sie mit der Geburt eines Menschen vergleichen? Vielleicht insofern, als bei beiden gleich schwer auszumachen ist, wann eigentlich das Leben anfängt. Sicher ist der erste Schrei, der erste Atemzug ein entscheidendes Ereignis: ein Kind kommt »auf die Welt«. Es lebt jetzt – aber hat sein Herz nicht schon lange geschlagen? Und wie lange wird es noch in ganz anderen Kinder-Welten leben? Und als Erwachsener, wie viel hat dieser Mensch schon wieder verloren, wovon er oft gar nichts weiß oder dem er nachtrauert oder das er beiseite schiebt in den Entwürfen, die er sich behelfsweise macht? Wir wollen den Vergleich nicht allzusehr ausweiten. Vielleicht kann er zeigen, wie fragwürdig-merkwürdig, komisch manchmal und ernst zugleich das ist, was wir »Geschichte der Philosophie« nennen und worum es dabei geht. Immer schon schien in diesem Zusammenhang die Frage nach dem Ursprung ein hoffnungsvoller Weg, Klarheit über die Sache selbst zu erlangen. Aber je mehr der Ursprung sich im Dunkeln verliert, um so deutlicher zeigt sich, daß der Fragende selbst die Antwort geben muß! Ja, man kann sagen: wann und wo der Anfang der Philosophie gesehen wird, gibt weniger Auskunft über die Philosophie als über die Art und Weise, wie eine spätere Zeit sich selbst sieht. Dieser Pendelbezug, dieses nicht auflösbare Spannungs- oder Spiegelverhältnis zwischen Gegenwart und Vergangenheit gehört zum Menschen als einem geschichtlichen Wesen, das in seiner Geschichte Orientierung sucht über sich selbst.

Problem des Ursprungs

Das Wort Geburt meint: etwas Neues. Gemäß einer langen Übereinkunft beginnt dieses Neue im griechischen Kulturraum des sechsten und fünften Jahrhunderts v. Chr. Dieser Kulturraum wurde schon im Altertum *Magna Graecia* genannt; Großgriechenland deshalb, weil er außer dem Mutterland auch die von den Griechen besiedelten Teile Kleinasiens sowie Unteritalien und Sizilien umfaßt. *Ilias* und *Odyssee*, die beiden großen epischen Dichtungen Homers, geben ein anschauliches Bild von den Lebensformen und der Vorstellungswelt der griechischen Adelsgesellschaft um achthundert v. Chr. In den folgenden Jahrhunderten nun haben sich hier einschneidende Veränderungen ergeben. Im Zuge zum Teil heftiger Krisen haben sie zu einer tiefgreifenden Umwälzung sowohl der Lebensformen als auch der Vorstellungswelt geführt. Modellartig vereinfacht, kann man den Ausgangs- und (vorläufigen) Endpunkt dieser Entwicklung gegenüberstellen im Bild zweier Architekturen: dem Palast des Gottkönigs und dem öffentlichen Platz eines griechischen Stadtstaates. Der Palast des Gottkönigs, wie wir ihn z. B. in Mykene finden, ist Mittelpunkt der alten, gleichsam orientalischen Lebenswelt. Wirtschaftliche, religiöse und militärische Macht sind in der Person des Herrschers vereinigt. Durch seine Mittlerstellung zwischen Göttern und Menschen garantiert er im kultischen Ritual – etwa der

Adelswelt und neue Lebensformen

Die Polis	feierlichen Aussaat im Frühjahr – den Bestand der Gemeinschaft. Dieser Typus von Königtum sowie die nachfolgende Adelsgesellschaft der homerischen Welt verschwinden im Laufe der griechischen Geschichte und machen einer neuen Lebensform Platz, dem Stadtstaat oder der *pólis*. Ihr Zentrum ist der öffentliche Platz *(ágorà)*. In einer der Idee nach gleichberechtigten Teilnahme aller Vollbürger werden hier alle gemeinsamen Angelegenheiten zum Gegenstand der gemeinsamen Erörterung und Entscheidung – ein beständiges Ausbalancieren der Macht also, wobei der Rede als dem öffentlich gesprochenen Wort eine große Bedeutung zukommt. Diese Form der Polis ist eine wirkliche geschichtliche Neuschöpfung der Griechen. Sie hat ihr Bewußtsein so tief geprägt, daß einer ihrer größten Philosophen, Aristoteles, den Menschen definiert hat als *zóon politikón*, als politisches, d. h. gemeinschaftlich lebendes Lebewesen oder direkter: als Polis-Tier.
städtische Lebenswelt und rationales Denken	Wenn wir unseren eingangs angestellten Vergleich noch einmal aufgreifen, so ist klar, daß der Charakter eines Menschen immer das Ergebnis vielfältiger Einflüsse ist, die im Einzelnen oft kaum mehr ausgemacht werden können. Und doch bildet er sich nicht im luftleeren Raum, sondern entstammt einer konkreten geschichtlich-gesellschaftlichen Umgebung, einem bestimmten Milieu. Ebenso schwer ist es, den geschichtlichen Wechselbezug geistiger Gebilde oder Entwicklungen eindeutig her- oder gar abzuleiten. Wobei eine wesentliche Aufgabe von Erkenntnis gerade darin besteht, dies möglichst umsichtig zu tun! Bei all diesen Vorbehalten hat man zu Recht, was den Gesamtrahmen betrifft, die Geburt der Philosophie und die Entstehung der Stadt in einen engen Zusammenhang gebracht. Ein Zusammenhang, der »so deutlich [ist], daß wir nicht umhin können, die Ursprünge des rationalen Denkens in den für die griechische Stadt bezeichnenden geistigen und sozialen Strukturen zu suchen.« [1] Und wie das System der Polis erst durch einen langen und mühevollen Weg seine endgültige Form gefunden hat, so auch das rationale Denken.
Philosophie und Mythos	Nehmen wir diese Gleichsetzung von Philosophie und rationalem Denken einmal vorläufig auf. Was ist damit gemeint? Vielleicht läßt es sich am ehesten in Abgrenzung von seinem Gegenteil fassen. Geschichtlich hat sich die Philosophie entwickelt in Konkurrenz zum Mythos. Mythos bedeutet eigentlich »Wort«, »Rede« und weiter »Sage«, »Erzählung«. Der Mythos kennt keinen Verfasser; er wird weitergegeben von Geschlecht zu Geschlecht. Er gilt als unbedingte, namenlose, selbstverständliche Autorität. Als Kosmogonie (Lehre von der Entstehung der Welt) entwirft er eine Gesamtdeutung der Welt. Als einzelne Sage erklärt er bestimmte Erscheinungen der Natur und des Lebens überhaupt. So etwa Werden und Vergehen im Kreislauf des Jahres im ägyptischen Mythos von Isis und ihrem Bruder Osiris, der alljährlich stirbt und wieder zum Leben erwacht; so etwa in der biblischen Erzählung von Paradies und Sündenfall, der tiefen Deutung des Zusammenhangs von Selbstbewußtsein und Schuld. In allen Fällen ist wesentlich, daß Göttliches, Menschliches und Natur nie grundsätzlich getrennt werden. Wie im Traumerlebnis bleiben die Übergänge fließend, denn der Kosmos (wörtlich: Ordnung) wird immer als ein Ganzes, als Einheit wirkender Kräfte aufgefaßt. Die Welt des griechischen Mythos ist in den Epen Homers ausgebreitet und überliefert. Dabei stellt ihre schriftliche Fixierung im sechsten Jahrhundert bereits einen entscheidenden Schritt zum Untergang des Mythos als lebendiger Denkform dar (ein Vorgang, vergleichbar dem Sammeln und Drucken der Volksmärchen durch die Brüder Grimm Anfang des letzten Jahrhunderts). Wichtig neben *Ilias* und

Odyssee, die als Grundbücher der Griechen zu betrachten sind, wurde die *Theogonie* des Dichters Hesiod, der um 700 lebte. Als ein Beispiel für mythologisches Denken sei hier der Anfang von Hesiods *Theogonie* angeführt, der Lehre von der Entstehung und Abstammung der Götter. Man beachte dabei, daß hier die Gottheit von dem Naturelement, in dem sie haust, gedanklich noch gar nicht unterschieden wird: »Zuerst von allem entstand das Chaos, dann aber die breitbrüstige Gaia [die Erde und – untrennbar von ihr – die Erdgöttin], der ewig feste Halt für alle Dinge, und der dunkle Tartaros im Innern der breitstraßigen Erde, und Eros, der schönste unter den unsterblichen Göttern, er, der, gliederlösend, in allen Göttern und Menschen den klaren Verstand und vernünftigen Willen in der Brust überwältigt. Aus dem Chaos aber wurde Erebos und die schwarze Nacht geboren, von der Nacht dann Äther und Heméra [der Tag und die Gottheit des Tages], die sie gebar, nachdem sie sich dem Erebos in Liebe vermählt hatte. Gaia aber gebar zuerst, gleich ihr selber, den gestirnten Uranos [Himmel und Himmelsgott], damit er sie ganz umhüllte, auf daß er für immer den seligen Göttern ein sicherer Wohnsitz wäre. Sie gebar auch die gewaltigen Berge, die lieblichen Behausungen der Götter. Sie gebar auch das unfruchtbare Meer, das im Wogenschwall daherbraust, den Pontos, doch ohne sehnsuchterweckende Liebe. Und endlich gebar sie, nachdem sie sich mit Uranos vermählt hatte, den tiefstrudeligen Okeanos.« [2] Nichts wäre nun falscher, als den Mythos als »irrational« zu bezeichnen. Denn das mythische Denken hat seine eigene Vernunft. Es ist eine einheitliche, in sich stimmige Bewußtseins- oder Denkform mit bestimmt ausgeprägten, charakteristischen Zügen [3]. Nennen wir es einfach ein »anderes« Denken, von dem wir heute wie durch Welten getrennt – scheinen (in unserem Jahrhundert hat die von C.G. Jung begründete Tiefenpsychologie die mythischen Urbilder erforscht, die in unserem Unterbewußtsein wirken). Die Geburt der Philosophie läßt sich so genauer fassen als allmähliches Überwinden, Verdrängen oder Ersetzen des Mythos durch eine andere Denkform. Dabei ist klar, daß dieser Prozeß viele Zwischenstufen einnimmt, in denen sich Altes und Neues fast ununterscheidbar mischt.

Seine Träger sind die »ersten Philosophen«. Die Anführungszeichen, in denen dieser Ausdruck hier steht, verweisen auf ein Problem. In der Philosophiegeschichtsschreibung werden diese Männer des 6. und 5. Jahrhunderts nämlich üblicherweise Vorsokratiker genannt, d.h. Denker, die vor Sokrates gelebt haben. In dieser scheinbar rein zeitlichen Bezeichnung – sie ist übrigens unkorrekt – steckt aber ursprünglich eine (Ab-)Wertung, denn ihr zufolge sind es (nur) Vorläufer. Die »eigentliche« Philosophie beginnt dieser Sichtweise zufolge erst mit Sokrates, um in Platon und Aristoteles ihren Höhepunkt zu finden. Demgegenüber gab es immer wieder den Versuch, im Denken gerade der Vorsokratiker ein viel ursprünglicheres, reineres Licht zu sehen – so hat noch z.B. in jüngster Zeit ein italienischer Philosoph im Vergleich zur Tiefe dieses Denkens die sog. klassische Form der Philosophie bei Platon eine »Verfallserscheinung« genannt [4]. Wir können diese gegensätzlichen Wertungen hier nur erwähnen. Wir wollen aber möglichst vermeiden, diese Männer in einer Rolle als Vorläufer aufgehen zu lassen, denn die Vorläufer-Sichtweise ist vielleicht eine der gefährlichsten Versuchungen der Philosophiegeschichte. So sprechen wir im folgenden von den »ersten Philosophen« oder noch besser von den »Weisen«, wie sie schon im Altertum genannt wurden. Vielleicht ist dieses etwas ehrfürchtige und zugleich altertümelnde Wort am besten geeignet, ihren eigenartigen Charakter zu fassen.

Theogonie als Beispiel

Die »ersten Philosophen« oder »Weisen«

schwierige Textsituation

Was fern und erhaben dasteht, ist kaum zu sehen! Ermöglicht wurde die so unterschiedliche Wertung der ersten Philosophen nicht zuletzt durch die sog. Quellenlage, d.h. die Verfassung der Texte – der geschichtlichen Quellen unseres Wissens –, in denen ihr Denken überliefert ist. Genauer sollte man sagen: nicht überliefert ist, denn kein einziges Werk dieser Weisen ist vollständig bewahrt. Erhalten blieb ein »chaotischer Haufen« (so der Forscher W. Capelle) verstreuter Fragmente bzw. Zitate, welche die Gelehrten in oft lebenslanger mühevoller Arbeit gesammelt und zu ordnen versucht haben. Hinzu kommen die Nachrichten über ihr Leben und ihre Ansichten in den Schriften späterer Autoren. Aristoteles hat dabei eine Schlüsselfunktion, denn er hat als erster das Prinzip entwickelt, vor der Darlegung der eigenen Position die Meinungen seiner Vorgänger zu diskutieren. In seiner Schule hat sich auch der Zweig der sog. Doxographie entwickelt, d.h. der systematischen Sammlung der Meinungen *(dóxai)* früherer Philosophen zu einem bestimmten Problemkreis. Natürlich ist Aristoteles dabei immer von seinem Erkenntnisinteresse, von seinen Fragestellungen und seiner schon sehr viel abstrakteren Begrifflichkeit ausgegangen (im Entstehungsprozeß der Philosophie hat sich auch die griechische Sprache rasch weiterentwickelt → S. 41). So kam es, daß die Weisen lange Zeit ganz unbefangen durch die Brille des Aristoteles gesehen und interpretiert worden sind. Die folgenden Ausführungen stehen daher unter dem Vorbehalt, daß wir über all diese Denker nur zu wenig wissen. Da wir nur Fragmente – wörtlich: Knochensplitter – haben, können auch nur Splitter geboten werden, und da wir die wirklichen Zusammenhänge kaum kennen, muß die Aneinanderreihung der Gestalten ein bißchen wie eine Revue wirken. Die Geburt der Philosophie bleibt im Dunkeln.

Milet, Zentrum Großgriechenlands, Heimat von Thales, Anaximander und Anaximenes

Bedeutung Kleinasiens

Die Ursprünge der neuen, sich allmählich vom Mythos entfernenden Denkweise liegen nicht im griechischen Mutterland, sondern in Kleinasien und Unteritalien. Man muß sich die *Magna Graecia* jener Zeit ganz allgemein als ein Ineinander vielfältigster Einflüsse und Beziehungen von Kulturen unterschiedlichster Prägung vorstellen; ein Blick allein auf die Haupthandelswege zeigt den Umfang des Austauschs auch mit den Hochkulturen des Orients. Und wie der Fernhandel bestimmte Kenntnisse etwa in der Seefahrt und Mathematik erfordert bzw. ihre Vervollkommnung vorantreibt, so bringt er außer den begehrten Luxusgütern auch kulturelle Techniken mit wie z.B. Schreiben auf Papyrus. Besonders begünstigt von dieser Entwicklung waren die Städte Kleinasiens. Schon im 7. Jahrhundert wurde mit der ersten Münzprägung in Lydien eine geschichtlich neue Stufe der wirtschaftlichen und gesellschaftlichen Beziehungen eingeleitet, die sich rasch ausgebreitet hat. Zentrum dieses wirtschaftlichen und kulturellen Austauschs war die ionische Handelsstadt Milet, und hier ist auch die Heimat der drei Männer, die gemeinhin an den Anfang der griechischen Philosophie gesetzt werden: Thales, Anaximander und Anaximenes. Sie stehen für die sog. milesische Aufklärung – den Prozeß einer Neuorientierung des Wissens in vielen Bereichen, der hier seinen Ausgang genommen hat. Berühmt ist in diesem Zusammenhang die griechische Medizin, deren Entwicklung zu sehr genauen Untersuchungen über den Bau und die Funktionsweise des menschlichen Körpers geführt hat.

Thales von Milet ist der älteste der *Sieben Weisen* – eine Reihe von herausragenden Persönlichkeiten, besonders auch Gesetzgebern. Seit Platon wurde ihre Zahl auf sieben beschränkt. Die geschichtliche Existenz des Thales darf als gesichert gelten (etwa 625–545), wenn sie auch früh von Legenden umrankt wurde. Er soll viele Länder bereist haben – u. a. auch Ägypten – und von diesen Reisen mathematische und astronomische Kenntnisse nach Griechenland gebracht haben (weit Umhergereistsein ist ein *tópos*, ein Gemeinplatz in den Biographien des Altertums; praktisch jeder bedeutende Mann mußte im Lauf seines Lebens weit herumgekommen sein, weil »Wissen« hier noch mit dem Reichtum an konkreter Lebenserfahrung zusammenhängt). Schriften von Thales sind nicht bekannt. Im Gegensatz zu den früheren »Theologen« sah Aristoteles in Thales den ersten »Physiker« – was hier identisch ist mit »Philosoph« – weil er als erster nach einem Prinzip bzw. Grundelement aller Dinge gefragt habe. Diesen Urgrund oder Ursprung aller Dinge (gr. *archē*) habe Thales im Wasser gesehen.

Muß uns die Gestalt des Thales im wesentlichen eine »Symbolfigur« für den Anfang der Philosophie bleiben [5], so sind wir über seinen jüngeren Zeitgenossen Anaximander etwas besser unterrichtet. Er hat als erster eine Weltkarte aus Erz verfertigt, die später durch Hekataios von Milet verbessert wurde. Die Erde ist hier Mittelpunkt des Kosmos. Seine Schrift, die später den Titel *Über die Natur* bekam, war noch nach Aristoteles erhalten. Es ist die erste uns bekannte Prosaschrift in griechischer Sprache – eine wichtige Tatsache, denn im Abrücken von der dichterischen Gestaltung der Theogonien drückt sich in der Prosa eine neue Grundhaltung aus. Das Denken verliert seine poetische Form; es wird sozusagen nüchterner. Aus Anaximanders Schrift ist ein einziges Fragment überliefert, das als ältestes Zeugnis der europäischen Philosophie gilt: »Woraus aber die Dinge ihre Entstehung haben, dahin geht auch ihr Vergehen nach der Notwendigkeit. Denn sie zahlen einander Strafe und Buße für ihre Ungerechtigkeit nach der Ordnung der Zeit.«

Das »Woraus«, die *archē* der Dinge, hat Anaximander das *ápeiron* genannt, das Grenzenlose und Unbestimmte/Unerfahrbare, aus dem alles Werden in unendlicher Bewegung entsteht. Für Anaximenes (etwa

---

Eine attische Trinkschale, zweite Hälfte des 6. Jahrhunderts. Sie zeigt Dionysos, der unerkannt auf das Schiff tyrrhenischer Seeräuber gelangt. Als sie ihn gefangennehmen wollen, treibt aus dem Mast ein Weinstock hervor – der Gott verwandelt sich in einen Löwen. Die Seeräuber springen in Panik ins Wasser und werden in Delphine verwandelt, die das Schiff umspielen.

Erdkarte des Hekataios (um 500 v. Chr.)

Thales und Anaximander Anaximenes

585–525), den dritten Weisen Milets, war dieses Urprinzip die Luft: »Wie unsere Seele, die aus Luft besteht, uns regiert, so umschließt auch Lufthauch den ganzen Kosmos.« Zugleich Urstoff und Urkraft, ist ihm die Luft das Prinzip, aus dem durch Verdünnung und Verdichtung, Erwärmung und Kälte der Kosmos entsteht und vergeht.

neue Fragestellung nach dem Kosmos

Es ist klar, daß das angemessene Verständnis dieser Fragmente nicht leicht ist. Sicher muß man Anaximanders »Grenzenloses« oder die »Luft« des Anaximenes noch im Sinne quasi-göttlicher Wesenheiten auffassen. Ferner haben sich diese Denker den Kosmos auch als abhängig vom oder identisch mit dem Wirken polarer Urkräfte vorgestellt (das Warme und das Kalte; Wasser und Erde; oder auch das Weibliche und das Männliche). In beidem, der Annahme polarer Urkräfte wie auch einem Prinzip, das diese Ordnung zugleich darstellt und übersteigt, erinnern sie übrigens stark an den altchinesischen Taoismus [→ S. 525]. So gilt für die milesischen ersten Philosophen wie auch für die folgenden Weisen, daß bei ihnen sicher noch viele Elemente mythologisch-kosmologischer Vorstellungen wirksam sind. Worin liegt aber dann das Neue? Vielleicht weniger in den Antworten als in den Fragen. Das Neue kann ganz allgemein bestimmt werden als eine Verschiebung der Fragestellung, als »eine Verschiebung des Interesses von der Frage ›Von woher ist die Welt ins Dasein getreten?‹ zu den Frage ›Woraus ist sie gemacht?‹ [...] Nachdem sie meist als Schöpfungsprozeß aufgefaßt wurde, gelangt die Welt, wie sie sie verstehen, schrittweise dazu, sich selbst zu regulieren.« [6]

Mathematik und Erlösung bei den Pythagoreern

Pythagoras von Samos

$a^2 + b^2 = c^2$. Von Pythagoras dürfte im Laufe seiner Schulzeit wohl jeder schon einmal gehört haben, denn als *Satz des Pythagoras* wird ihm diese Formel zugeschrieben (die in ähnlicher Form damals allerdings auch in Indien und Babylon bekannt war). Wie bei Thales ist auch seine Gestalt kaum greifbar; die Lehre wurde lange Zeit nur mündlich weitergegeben, und die Legende hat ihr Übriges getan. Dennoch hat er als Begründer der Schule oder Sekte der Pythagoreer eine große Bedeutung für das frühe griechische Denken, da sich hier eine neue, mathematisch-symbolische Weltdeutung herausgebildet hat. Dieser Weise wurde um 570 auf der Insel Samos geboren und ist wohl aus politischen Gründen nach Kroton in Unteritalien ausgewandert. Hier rief er eine Art Orden ins Leben, dessen Mitglieder – darunter auch bedeutende Philosophinnen – eine auf strengen Grundsätzen beruhende Lebensgemeinschaft bildeten. Denn im Mittelpunkt der pythagoreischen Lehre steht das Weiterleben der Seele, für deren Heil eine bewußte, auf Mäßigung ausgerichtete Lebensweise notwendig schien. Die Vorstellung einer persönlichen, unsterblichen Seele im Gegensatz zum Körper war den Griechen eigentlich fremd. Man nimmt daher an, daß hier sehr verschiedenartige Strömungen zusammengekommen sind. Die Orphik – eine nach dem mythischen Sänger Orpheus benannte religiöse Lehre aus Thrakien, welche die Seelenwanderung lehrte – hatte dabei wohl einen besonderen Einfluß. Das Neue bei den Pythagoreern ist die Bedeutung der Mathematik, genauer: der Zahlensymbolik. Aristoteles faßt sie folgendermaßen zusammen: »In dieser Zeit [...] beschäftigten sich die sogenannten Pythagoreer als erste mit der Mathematik, bauten sie weiter aus und waren, da sie sich sehr mit ihr auseinandergesetzt hatten, der Meinung, daß in ihren Prinzipien die Prinzipien der Dinge gelegen seien. Da nun von diesen Prinzipien die Zahlen von Natur aus das Erste sind, sie aber in diesen gerade viele Ähnlichkeiten mit dem Seienden und Entstehenden zu sehen vermeinten [...], weil sie also glaubten, alle anderen Dinge glichen ihrer ganzen Natur nach den Zahlen [...], nahmen sie an, daß die Elemente der Zahlen die Elemente aller Dinge seien und der gesamte Himmel sei Harmonie und Zahl.« [7] So gelten die heilige Zahl zehn und ihre Proportionen zugleich als Grundverhältnis des ganzen Kosmos, der sich aus fünf Gegensatzpaaren aufbaut (z. B. Ungerades–Gerades; Männliches–Weibliches; Licht–Dunkel; Gutes–Schlechtes). Sehr bedeutsam wurden die Pythagoreer auch für die Entwicklung der Musik, indem es ihnen gelang, die Intervalle der Oktave in einfachen Zahlenverhältnissen exakt zu bestimmen (so entspricht der Oktave die Proportion 1:2, der Quinte die Proportion 2:3 und der Quarte die Proportion 3:4). Auch diese Proportionen der Musik wurden wieder tiefsinnig gedeutet; die Vorstellung der Sphärenharmonie – einer unhörbaren, durch die Bewegung der Planeten verursachten harmonischen Musik des Alls – stammt von den Pythagoreern. Ihr Denken kreist um die Ordnung des Kosmos. Die auf diese Ordnung gerichtete Betrachtung heißt bei ihnen »Theorie« (*theoría*; von *théa*, Schau, und *orán*, sehen). Es ist nun äußerst interessant, daß die *theoría* bei den Griechen ursprünglich eine Betrachtungsweise meint, in der sich der Myste – der Eingeweihte eines Geheimkultes, Mysterienkultes – mit dem leidenden, sterbenden und wieder auferstehenden Gott identisch erlebt [8]. Wissenschaftliches und religiöses Denken berühren sich hier also noch unmittelbar. Übrigens wurde der Versuch, aus dem Verhältnis von Zahlen auf Ähnlichkeiten, Entsprechungen im Kosmos zu stoßen und darauf eine Gesamtordnung zu begründen, in der Geschichte des Denkens bis über die Renaissance hinaus immer wieder unternommen und ist auch in der östlichen Philosophie weit verbreitet, eine Art magisch-spekulativer Unterstrom gegenüber dem Begriff von Theorie als reiner, nicht unmittelbar zweckgebundener philosophischer Erkenntnis, wie er mit Aristoteles lange Zeit verbindlich geworden ist.

ursprüngliche Bedeutung von »Theorie«

»Heraustreten aus allen Konventionen«: Xenophanes

Im Vergleich zu den Pythagoreern verkörpert Xenophanes von Kolophon in Kleinasien (geboren um 570) gleichsam die andere, aufklärerische, mythenkritische Seite dieser Übergangszeit. Auch er hat bei seinen Zeitgenossen einen bleibenden Eindruck hinterlassen. Xenophanes war Barde, also eine Art Sänger-Dichter; nach einem langen Wanderleben hat er sich in Unteritalien niedergelassen. Von ihm sind einige Fragmente erhalten, in denen sich eine radikale Kritik an der religiösen Vorstellungswelt seiner Zeit findet: »Wenn Kühe, Pferde oder Löwen Hände hätten und damit malen und Werke wie die Menschen schaffen könnten, dann würden die Pferde pferde-, die Kühe kuhähnliche Götterbilder malen und solche Gestalten schaffen, wie sie selber haben.« »Die Äthiopier stellen sich ihre Götter schwarz und stumpfnasig vor, die Thraker dagegen blauäugig und rothaarig.« [9] Xenophanes kritisiert die Vermenschlichung der Götter bei Homer und Hesiod bzw. im Volksglauben überhaupt. Mit diesem anthropomorphen, d. h. vermenschlichten Gottesbild lehnt er die wichtigste Voraussetzung des mythologischen Denkens ab. »Fabeln vergangener Zeit« sind ihm die Kämpfe der Titanen und Giganten und Kentauren des sagenhaften Altertums. Sehr selbstbewußt werden auch Grundwerte der griechischen

Kritik des Mythos

Adelswelt verabschiedet: »Besser als die rohe Kraft von Männern und Rossen ist *meine* Weisheit.« Worin liegt sie? Dem Volksglauben seiner Zeit gegenüber entwirft Xenophanes einen offensichtlich schon weitgehend nichtanschaulichen Gottesbegriff: »ein einziger Gott, unter Göttern und Menschen der Größte, weder an Aussehen den Sterblichen ähnlich noch an Gedanken.« Das war damals sehr kühn, und Xenophanes war sich seiner Besonderheit auch bewußt. Für dieses »grenzenlose Heraustreten aus allen Konventionen« hat ihn Nietzsche gerühmt.

Heraklit von Ephesus

aristokratisches Denken

Heraklit – einer der »Großen«, »Dunklen«. Er lebte etwa von 540 bis 475 und stammt aus einer Adelsfamilie, in der das Königtum erblich war; zu seiner Zeit allerdings schon auf die religiöse Funktion des Opferkönigtums beschränkt. Diese Herkunft war wohl für seine politische Haltung wie für sein Denken prägend. Ein überzeugter Aristokrat, verachtete er die demokratischen Umwälzungen in seiner Heimatstadt als pöbelhafte Gleichmacherei und gab den Ephesern den Rat, sie sollten sich Mann für Mann aufhängen. Es paßt zu solch einem Ratschlag, daß er als Einsiedler gestorben sein soll. *Alles geschieht nach dem Verhängnis. Die Natur liebt es, sich zu verbergen. Ich erforsche mich selbst.* – In ihrer knappen Schlichtheit wunderschöne Sätze sind von ihm überliefert. Ergebnis von Heraklits Selbsterforschung ist eine tiefe Vision der Welt als Einheit von Gegensätzen.

Widerstreit und Einheit

Sie drückt sich aus in dem berühmten Spruch vom Kampf: »Kampf ist der Vater von allem, der König von allem: die einen macht er zu Göttern, die andern zu Menschen, die einen zu Sklaven, die andern zu Freien.« Daß aus dem Welt- oder Schicksalsprinzip des Kampfes und Gegensatzes aller Dinge auch eine Ordnung, ein Kosmos entsteht, zeigt Heraklit in einem Vergleich, mit dem er sich wohl gegen die Pythagoreer wendet: »Sie begreifen nicht, daß es [das All-Eine], auseinanderstrebend, mit sich selbst übereinstimmt: widerstrebende Harmonie wie bei Bogen und Leier.« D. h. nur wenn die Enden eines Bogens, die Saiten einer Lyra gespannt sind – und auseinanderstreben –, kann der Bogen gebraucht bzw. die musikalische Harmonie erzeugt werden. Wir haben hier also eine ausgesprochen dynamische Weltsicht, die Gegensätzlichkeit *und* Einheit alles Geschehens zu fassen sucht. Dafür ist Heraklit berühmt, und daher hat er bis heute Philosophen, die ähnliche denkerische Absichten verfolgen, immer wieder angezogen (allen voran Hegel: »Es ist kein Satz des Heraklit, den ich nicht in meine Logik aufgenommen habe«). Die Einsicht in die Bewegtheit, den ewigen Wechsel des Daseins wird auch in folgendem Bild ausgedrückt: »Denen, die in dieselben Flüsse steigen, strömen andere und andere Wasserfluten zu.« Bzw. in einem ähnlich lautenden Fragment: »In dieselben Flüsse steigen wir und steigen wir nicht, wir sind und wir sind nicht [dieselben?].« Als *panta rhei* – »alles fließt« – wurde dieses Prinzip später auf eine Formel gebracht, die sich aber bei ihm selbst noch nicht findet. Ähnlich Xenophanes kritisiert auch Heraklit die anthropomorphe Gottesvorstellung und andere mythologische Auffassungen seiner Zeit. Ihnen stellt er, auch hier bahnbrechend, die Idee einer göttlichen Weltvernunft – den *lógos* – gegenüber, die hinter und in allem Geschehen ist. An anderen Stellen spricht er auch von einem göttlichen (Ur-)Feuer, das sich in alles verwandelt und doch mit allem identisch ist. Dem Pöbel, den »Vielen«, wie er sie nennt, bleibt das allerdings verborgen. Aber: »Unsichtbare Harmonie ist stärker als sichtbare.«

»alles fließt«

Das unveränderliche Sein im Denken der Eleaten

Ex nihilo nihil – Aus Nichts wird Nichts, scheint ein sehr banaler Satz. Haben aber nicht alle Lehren von der Entstehung der Welt dieser Auffassung letztlich widersprochen? Und wenn heute die physikalische Theorie von einem »Urknall« spricht, ist es nicht dieselbe Ansicht, versteckt hinter einem rätselhaften Ereignis, das keiner versteht? Für Parmenides von Elea in Unteritalien (geb. um 540), scheint das Problem des Werdens und Vergehens im Mittelpunkt gestanden zu haben. Und seine Lösung ist so neu, so unerhört, daß er sie als göttliche Eingebung in Form eines feierlichen Lehrgedichts formuliert. Gleich am Beginn dieses Gedichts warnt ihn die Gottheit: »Laß dich nicht durch die vielerfahrene Gewohnheit auf diesen Weg [der Wahnvorstellungen] drängen, dein Auge, das ziellose, dein Gehör, das brausende, und deine Zunge zu gebrauchen; laß allein die Vernunft die Entscheidung fallen in der viel umstrittenen Frage, die ich dir vorlege.« [10]

»Gewohnheit« und »Vernunft« werden hier gegenübergestellt. Die Gewohnheit urteilt nach der Erfahrung der Sinne; die aber sind »ziellos« und »brausend« und bringen nichts als Wahnvorstellungen hervor. Wohin führt die Einsicht der Vernunft in der »viel umstrittenen Frage« nach dem Ursprung, dem Werden, dem Sein? Die Vernunft argumentiert – und das ist

Antike Polis und Philosophie: Überblick über die klassischen Städte des östlichen Mittelmeerraums

logische Begründung des Seins

ein wesentlicher Schritt des Parmenides – logisch. Und sei es gegen alle Erfahrung, die nur den Wechsel von Werden und Vergehen kennt. Aus Nichts kann Nichts werden – von diesem logischen Grundsatz her argumentiert Parmenides und lehrt: Also muß das Sein schon immer gewesen sein. Es muß auch immer Eines bzw. eine Einheit gewesen sein, denn sonst müßte wieder aus einem Vakuum Etwas oder ein Mehr hinzugekommen sein. Weiter noch: Der Gedanke des Nichts selbst ist undenkbar. Immer denken wir notwendig ›Etwas‹, ein Sein, und dieses Sein ist ebenso notwendig ungeworden, unteilbar, zeitlos, ewig: *Alles ist voll von Seiendem.* Um seine Vollkommenheit auszudrücken, faßt er es auch im Bild einer »wohlgerundeten Kugel, von der Mitte nach allen Seiten hin gleich.« Was Parmenides unter diesem »Sein« verstanden hat, ist für uns heute mit letzter Sicherheit nicht mehr auszumachen. Dieser Seinsbegriff stellt jedenfalls die genaue Gegenposition zu Heraklit dar. Und Parmenides ist vielleicht gerade deshalb so geheimnisvoll-interessant, weil hier wohl zum ersten Mal eine fundamentale europäische Grundeinstellung ausgesprochen wird. Denn darin, daß das Nichts uns unfaßbar, undenkbar, unwirklich erscheint, liegt ein wesentlicher Unterschied zum östlichen Denken als einer Welterfahrung, die gerade vom Bewußtsein der Wirklichkeit des Nichts oder der Leere entscheidend geprägt ist [→ S. 538].

Folgenreich für die weitere Entwicklung der europäischen Philosophie wurde Parmenides vor allem, weil hier das Verhältnis von Erfahrung und Denken grundsätzlich problematisiert, also zur Diskussion gestellt wird. Wobei unter »Erfahrung« gleichermaßen die unmittelbare Wahrnehmung der Sinne als auch die »Meinung« *(dóxa),* d. h. hier der Bestand der überlieferten Volksreligion, zu verstehen ist. Von beiden mußte seine Lehre als paradox empfunden werden, denn die alltägliche Erfahrung des Werdens, allgemein gesagt: der Bewegung im Raum, wird hier ja als trügerisch bezeichnet. Daher ist es nicht verwunderlich, daß diese Lehre heftig angegriffen worden ist. Zenon und Melissus, die beiden bekanntesten Schüler von Parmenides, haben in diesen Auseinandersetzungen einen großen logischen Scharfsinn entwickelt, um die Lehre des Meisters zu verteidigen. Insbesondere Zenon hat das Verfahren des sog. indirekten Beweises zu höchster Kunst entwickelt. Er geht darin auf die Voraussetzungen des Gegners zunächst ein, um sie – konsequent weitergedacht – als logisch unmöglich zu erweisen und so – indirekt – die Richtigkeit der eigenen Position zu beweisen. Wenn z. B. mit Berufung auf die Erfahrung behauptet wird: »Es gibt einen Raum«, so lautet die uns überlieferte Gegenfrage Zenons: *Wenn der Raum etwas ist, worin wird er sein?* Man müßte einen weiteren Raum und dann wiederum einen Raum usf. annehmen. Ein unendlicher Raum aber war nach der damaligen griechischen Auffassung ein Widerspruch in sich. Also ist der Raum, wie unsere alltägliche Erfahrung ihn wahrnimmt, ein Schein. (?)

indirekter Beweis

Empedokles und Anaxagoras

geistiges Sehen in den Kolonien

Die philosophiegeschichtliche Forschung hat bei Empedokles und Anaxagoras den Versuch gesehen, zwischen den gegensätzlichen Positionen von Heraklit und Parmenides zu vermitteln. D. h., daß beide sowohl der Voraussetzung, daß es kein Nichts geben kann, als auch der unleugbaren Erfahrung des Werdens gerecht zu werden suchten durch eine Synthese beider Ansätze. Ob diese Deutung von den Texten her zu halten ist oder zu weit geht, bleibt umstritten – bei beiden jedenfalls zeigt sich die Intensität der geistigen Auseinandersetzung in den griechischen Kolonien Unteritaliens in dieser Epoche des Umbruchs. Das Leben des Empedokles ist in vieler Hinsicht beispielhaft für ein Philosophenschicksal jener Zeit: geboren um 490 in Akras (dem heutigen Agrigento) in Sizilien, nahm er an den politischen Auseinandersetzungen zwischen aristokratischem und demokratischem Lager teil und wurde später als Parteigänger des Volkes verbannt. Er war – mit heutigen Begriffen – zugleich Philosoph, Dichter, Arzt, Naturforscher, Politiker, Redner und als Wundertäter früh Gegenstand der Legende. Ein echter Weiser also, der nach einigen Berichten (seiner Anhänger) direkt in den Himmel aufgefahren sei, nach anderen Berichten (seiner Gegner) sich in den Krater des Ätna gestürzt haben soll. Von Empedokles sind Fragmente zweier Schriften erhalten: *Über die Natur* und *Sühnungen*. Seine Naturspekulation war bis ins 18. Jahrhundert hinein durch die Lehre von den vier Elementen (Erde, Wasser, Feuer, Luft) von Gewicht, die er »Wurzeln aller Dinge« genannt hat. Durch Mischung und Trennung dieser Elemente und den Kampf von »Liebe« und »Haß« ist alles Dasein entstanden und geht in periodischen Zyklen wieder zugrunde. Auch hier findet sich also das Modell einer dynamischen Polarität zweier Grundkräfte als Basis der Ordnung des Kosmos. Wie dieses Naturbild mit dem Gedicht *Sühnungen* zusammenhängt, bleibt unklar, denn letzteres steht mehr im Umfeld der Orphiker und Pythagoreer und kreist um das Thema der Läuterung der Seele und der Seelenwanderung.

Empedokles

vier Elemente

Anaxagoras von Klazomenai in Kleinasien lebte etwa gleichzeitig mit Empedokles (um 500–428). Mit ihm beginnt für die Philosophiegeschichte der sog. Übergang der Philosophie nach Athen, denn er lebte dort etwa dreißig Jahre, in engem Umgang mit Perikles [→ S. 14].

Wie das Beispiel des großen Tragödiendichters Euripides zeigt, hat Anaxagoras' kritisch-aufklärerische Einstellung das geistige Klima Athens nachhaltig beeinflußt. Zugleich zeigt sein Schicksal, daß dieses Klima noch sehr viel enger und traditionsgebundener war als in den Kolonien. Wegen seiner Behauptung, daß die Sonne nichts sei als eine glühende Gesteinsmasse, wurde Anaxagoras nämlich der Asebie, der Leugnung der Staatsgötter angeklagt und um 434 aus Athen verbannt. Ein Fragment aus der Schrift *Über die Natur* (fast allen Schriften der Weisen wurde später dieser Standardtitel beigelegt) zeigt einige Grundmotive seines Denkens: »Die Worte ›Entstehen‹ und ›Vergehen‹ gebrauchen die Griechen nicht richtig; denn kein Ding entsteht oder vergeht, sondern es setzt sich aus vorhandenen Dingen zusammen oder löst sich in solche auf. Richtigerweise sollte man also statt Entstehen ›Zusammensetzung‹ und statt Vergehen ›Auflösung‹ sagen.« [11] Im Gegensatz zu Empedokles und den ionischen Vorgängern nimmt Anaxagoras allerdings nicht eine bestimmte Zahl von Elementen an, sondern eine unendliche Vielfalt unendlich teilbarer Stoffe. *Alles in Allem* lautet daher ein Grundsatz. Bedeutsam wurde Anaxagoras auch durch seine Lehre vom Geist: »Die anderen Dinge haben an jedem [Stoff] Anteil; der Geist aber ist etwas Unendliches und Selbstherrliches, und er ist mit keinem Ding vermischt.« »Geist«, *(noũs)* bedeutet soviel wie »Denkkraft«. Anaxagoras begreift ihn als Urheber des Kosmos, der »von jeglichem Dinge jegliche Erkenntnis besitzt.« Dieser *noũs* ist aber nicht, wie es unsere jüdisch-christliche Tradition nahelegt, als Person, sondern unpersönlich, eher materiell gedacht. Mit Anaxagoras' Worten: »Der Geist ist das feinste und reinste von allen Dingen.«

Anaxagoras – Schicksal eines Aufklärers

Prinzip Geist/noũs

Leukipp und Demokrit, Begründer der Lehre von den Atomen

Die sogenannte »ältere Atomistik«

Die antike Atomistik kann als konsequentester der frühen Versuche gesehen werden, das Ganze des Kosmos mit nichtmythologischen Begriffen zu fassen. Von Leukipp, dem Begründer des Systems, wissen wir kaum mehr, als daß er in Abdera in Thrakien als Haupt einer Art Philosophenschule gelebt hat. Schriften von ihm sind nicht erhalten; höchstwahrscheinlich wurden sie schon früh mit den Texten seines großen Schülers Demokrit zusammengebracht. Dessen Leben (etwa 460–370) fällt schon in die Zeit der Sophistik, des Sokrates und des Platon. Die Lehre der beiden wird auch »ältere Atomistik« genannt in Unterscheidung von ihrer Weiterentwicklung bei Epikur und Lukrez [→ S. 58]. Die geistesgeschichtliche Bedeutung der Atomistik wurde in der Philosophiegeschichtsschreibung lange Zeit unterbewertet. In Wirklichkeit war diese Lehre bis ins 18. Jahrhundert hinein immer wieder ein Bezugspunkt für kritische Denker, denn ihre Sicht der Welt ist ausgesprochen rational. Mit anderen Worten: für Philosophen, denen das unfaßbare Walten eines geheimnisvollen Gottes problematisch war bzw. die die kirchliche Lehre ablehnten, stand die Atomistik als Bild einer in sich selbst begründeten Welt.

Konstruktion der Atome

Wie setzt sich diese Welt zusammen? Für Demokrit besteht die Welt aus zahllosen kleinsten, aber nicht weiter teilbaren Elementen, den Atomen (gr. *átomon* – das Unteilbare). Sie unterscheiden sich lediglich durch ihre Gestalt, ihre Lage und ihre Gruppierung. Sie werden auch das »Volle« genannt und gleichsam als feste Seinspartikel angesehen. Ihnen gegenüber existiert als zweites notwendiges Grundprinzip das Leere, das Vakuum, der leere Raum. Durch Druck und Stoß verbinden sie sich zu Körpern oder lösen sich wieder auf. So bilden sich, wie ein antiker Kommentator es zusammenfaßt, »unzählige Welten in dem unendlichen Leeren aus zahllosen Atomen.« »Kein Ding entsteht planlos, sondern alles aus Sinn und Notwendigkeit.« Die Atomistik bietet die erste Formulierung eines durchgängig mechanischen bzw. kausalen Weltbildes, das ganz auf dem Gesetz von Ursache und Wirkung aufbaut. Das war in der Antike ein wichtiger Schritt. Dennoch kann man diese Lehre nicht, wie das gerne gesehen wurde, als »Fundament der modernen Physik« betrachten. Denn Demokrit mit seinem Begriff des Unteilbaren und die Atomtheorie der modernen experimentellen Naturwissenschaft haben nur das Wort »Atom« gemeinsam! Vor solcherart gutgemeinten, aber voreiligen Bezügen muß daher gewarnt werden. Sie können leicht dazu führen, den geschichtlichen Zusammenhang, in dem eine Theorie wurzelt, und damit ihren Gehalt, ihre wirkliche geschichtliche Bedeutung zu verzerren. Vielleicht liegt er bei der

Bezug zum Sehen

antiken Atomistik zumindest ebensosehr auf der praktischen d.h. auf die Lebensführung ausgerichteten Seite dieser Lehre. *Der Mensch, ein Kosmos im Kleinen* (Mikrokosmos), lautet ein Fragment. Und wie die Ordnung des Kosmos durch das richtige Verhältnis seiner Teile sich herstellt, so auch in der Lebensführung: das »rechte Maß«, die »rechte Mitte« sind für Demokrit die Leitbegriffe. Und zwar »Mitte« als Balance zwischen dem Streben nach Lust und dem Vermeiden von Unlust, den beiden Grundverhaltensweisen des Menschen. Ein solcherart vernünftiger Mensch ist »weise«; vor Göttern und Dämonen braucht er sich nicht zu fürchten. »Weisheit, die sich nicht verblüffen läßt, ist von höchstem Wert.«

Der Mensch als neues Problem:
Sokrates und die Sophisten

Das Maß aller Dinge

Was Sophistik ist – wenn es trotz zweihundert Jahren gelehrter Forschung »wohl kaum einen Punkt [gibt], über den man sich bis heute einig geworden wäre« [1], darf man hier keine endgültige Definition erwarten. Das Wort hängt mit gr. *sophía*, Weisheit zusammen; *sophistás* wurden ursprünglich ganz allgemein »kundige Männer« genannt, die in einer Sache über besondere Erfahrungen und Kenntnisse verfügten. Die spätere Sophistik meint aber etwas Spezielleres. Man hat die im ersten Kapitel vorgestellten Weisen mit Aristoteles zusammenfassend als »Physiker« bezeichnet, als Naturphilosophen. Ihr Denken geht auf das Ganze des Kosmos einschließlich des Menschen und ist eine Weisheit, die oft noch im Ton eines Offenbarungswissens vorgetragen wird. Demgegenüber stellt die Sophistik einen neuen und ganz anderen Denktypus dar, ein gleichsam »städtisches« Wissen: an die intellektuelle Öffentlichkeit einer Stadt, eines Publikums gewandt; um Diskussion und Aufklärung bemüht; aus einer skeptischen, also zweifelnd-abwägenden Grundhaltung heraus. Daher hat man die Tendenz dieses Denkens ganz allgemein als »Hinwendung auf den Menschen« charakterisiert [2]. Ihrem Selbstverständnis nach waren die Sophisten Lehrer. Als eine Art Wanderlehrer in Sachen Weisheit traten sie in den Städten auf, sammelten die Jugend (der Reichen) um sich und gaben Unterricht gegen Bezahlung, um davon zu leben. Dies ist etwas absolut Neues – der Lehrberuf nimmt hier seinen geschichtlichen Anfang. Dieser Unterricht bezog sich auf die verschiedensten Gebiete. Sein eigentliches Ziel aber ist, wie es Platon einem Sophisten in den Mund legt, »Klugheit in seinen eigenen Angelegenheiten, wie er [der junge Mann] sein Hauswesen am besten verwalten, und dann auch in den Angelegenheiten des Staates, wie er am geschicktesten sein wird, diese sowohl zu führen als auch darüber zu reden.« Die Rhetorik als Technik des Redens und mithin der politischen Einflußnahme nimmt hier also – den neuen Erfordernissen des Stadtstaates entsprechend – einen großen Raum ein. Da aber ein geschickter Redner einen Gegenstand in sehr verschiedenem Licht erscheinen lassen kann und durch seine Geschicklichkeit vielleicht sogar sehr schnell fraglich wird, wie es sich denn mit »Richtig« und »Falsch«, »Gut« und »Böse« grundsätzlich verhält, sind die Sophisten bald in ein übles Licht geraten. Noch heute bedeutet das Wort soviel wie »Haarspalter« oder »Wortverdreher«; man meint damit einen Menschen, der durch seine sprachliche und geistige Gewandtheit etwas Wahres falsch und etwas Falsches als wahr erscheinen lassen kann. Maßgeblich für diese Beurteilung wurde Platon, der die Sophistik als den Hauptgegner seiner eigenen philosophischen Position bekämpfte. Das hinderte aber nicht daran, daß auch Sokrates und Platon selbst als Sophisten bezeichnet worden sind! Nach Francis Bacon hat erst Hegel, mehr als zweitausend Jahre später, dieses negative Urteil korrigiert und die Sophistik als Hervorbringung und Verbreitung einer spezifisch neuen Bildung in Griechenland eingehend gewürdigt. Daß ein negatives Urteil die Festigkeit und Zähigkeit eines Vorurteils annehmen konnte, hängt in diesem Falle ganz stark von der Quellenlage ab. Sie ist fast noch trostloser als bei den ersten Philosophen. Um so unbefragter wurde das

neue Denkhaltung

Vorurteile gegenüber den Sophisten

Bild akzeptiert, das Platon von den Sophisten vermittelt. In seinen Dialogen treten sie häufig als Gegenspieler von Sokrates auf. Aber einmal ist nicht mit Sicherheit zu entscheiden, was von dem Gesagten wirklich auf sophistisches Denken zurückgeht oder nicht, und zum anderen erscheinen sie gegenüber ihrem Gesprächspartner Sokrates stets in einer von Platons Dialogregie sehr geschickt arrangierten, unterlegenen Rolle [→ S. 28].

Vormachtstellung Athens

Die Sophistik ist ein neuer Bildungstypus, der viele altüberlieferte Anschauungen und Werte in Frage stellt, relativiert. Um sie zu verstehen, muß hier kurz die Entwicklung Athens berührt werden. Athen wird nach den Perserkriegen (500–479) zur führenden wirtschaftlichen, politischen und kulturellen Macht im großgriechischen Raum. Nach der vollständigen Zerstörung Milets durch die Perser (494) verlagert sich der wirtschaftliche Schwerpunkt von Ionien vor allem nach Athen und Städten wie Korinth und Ägina [3]; ablesbar ist dies etwa an der schnellen Durchsetzung der athenischen Eulenmünzen als allgemein anerkannter Währung im griechischen Handelsraum. Durch seine Führung im delisch-attischen Seebund (gegründet 477) und dessen Umwandlung in ein »Attisches Reich« (448) wird Athen zur Vormacht, die über einen großen Reichtum verfügt, aber auch alle Kräfte anspannen muß, um ihrer Rolle gerecht zu werden. Die Einführung der Demokratie durch die »Reform« des Kleisthenes in den Jahren 509 bis 507 stellt eine revolutionäre Veränderung dar, da sie den Einzelnen aus der Bindung an Stamm und Geschlecht löst und die politische Ordnung der Polis jetzt auf einem rational ausgeklügelten System der Gleichheit beruht. Mit der alten Stammesordnung hat dieses System nur noch den Namen gemeinsam. Und mit der Zulassung der dritten Klasse zum Archontat, dem höchsten Staatsamt (458), wird die Demokratie in Athen insofern vollendet, als sich erstmals in der Geschichte jeder, der das volle Bürgerrecht besitzt, an der Führung der Staatsgeschäfte beteiligen kann.

kulturelle Blüte

Der Zeitraum nach den Perserkriegen bis in den Peloponnesischen Krieg hinein (431–404) wird im allgemeinen als Blüte Athens bezeichnet, vor allem die Zeit unter der Führung des Perikles (443–429), dem sog. Perikleischen Zeitalter. Und in der Tat finden wir hier ein neues gemeinschaftliches und persönliches Bewußtsein; neue Fähigkeiten und Kräfte, die sich auf alle Gebiete erstrecken: etwa die schöpferische Bautätigkeit in Athen; die Plastiken eines Phidias; die Tragödien des Aischylos, Sophokles und Euripides; die attische Komödie; die Geschichtsschreibung des Thukydides; der rationalere Zugang zum Menschen in der griechischen Medizin bei Hippokrates. Diese Blüte erwächst aber – und das wird gerne vergessen über der Pracht – auf der Grundlage einer labilen, in ständiger Veränderung begriffenen, durch Besitz- und Rechtsverhältnisse in Klassen gespaltenen Gesellschaft. Ein englischer Historiker hat das einmal folgendermaßen ausgedrückt: »Der Zivilisation gehört alle Größe und Schönheit an, die dem Menschen bekannt war; aber auch der Riß im Herzen der menschlichen Gesellschaft.« [4] In Athen, der fortgeschrittensten Polis der alten Welt, sind diese Widersprüche für die Zeitgenossen am deutlichsten spürbar gewesen, zu Bewußtsein gekommen und zum Ausdruck gebracht worden. Die Blüte der Philosophie in Athen gehört, wie alle kulturellen Leistungen, in diesen Zusammenhang: als Ausdruck eines geschichtlich Neuen und als Versuch, die Probleme, die dieses Neue mit sich bringt, zu bewältigen. Da die Sophisten als einzelne Lehrer verschiedener Wissenschaften aufgetreten sind, kann man auch nicht von einer Schule im Sinne einer einheitlichen Lehrmeinung sprechen. Neben den erwähnten Problemen des Quel-

Statue des Apollon – ein Werk des Griechen Phidias, der während der Herrschaft des mit ihm befreundeten Perikles die hellenistische Klassik entscheidend prägte. Die Plastik ist um 450 v. Chr. entstanden.

lenmaterials ist es auch von dieser Seite her schwierig, sie zusammenfassend zu charakterisieren. Daher werden im folgenden nur die bekanntesten vorgestellt.

Protagoras von Abdera

»Protagoras hat zuerst behauptet, es gäbe von jeder Sache zwei Standpunkte, die einander gegenüberständen. Auf Grund dieser richtete er auch Fragen [an seine Hörer], ein Verfahren, das er zuerst aufgebracht hat.« So berichtet Diogenes Laërtius. Protagoras von Abdera (etwa 490–420) gilt als der bedeutendste Sophist. Er führte etwa vierzig Jahre lang ein Wanderleben durch Griechenland, Unteritalien und Sizilien. Dabei hielt er sich häufig in Athen auf und stand dem Perikles nahe; so hat er z. B. in dessen Auftrag eine Verfassung für die neugegründete athenische Kolonie Thurioi in Unteritalien entworfen. Protagoras nannte sich als erster einen Sophisten, er bezog auch Honorar für seinen Unterricht. *Der Mensch ist das Maß aller Dinge* – wie ein Brennglas erfaßt dieser Satz die neue geistige Situation der Zeit. Vollständig lautet er: »Der Mensch ist das Maß aller Dinge, dessen, was ist, daß/wie es ist, dessen, was nicht ist, daß/wie es nicht ist.« Für diesen Ausspruch – man nennt ihn auch den *homo-mensura-Satz* – ist Protagoras bekannt und berühmt. Wie er ihn genau verstanden hat, ist wegen der beiden unterschiedlichen Übersetzungsmöglichkeiten umstritten; neuerdings meint man auch, daß Protagoras keine der beiden Bedeutungen ausgeschlossen hätte und daß man übersetzen müßte mit »daß/wie es *wirklich* ist.« [5] Jedenfalls kommt hier ein grundlegender philosophischer Relativismus zum Ausdruck, sowohl für den Bereich des menschlichen Erkennens als auch des Handelns. D. h., die Wahrheit von Erkenntnis bzw. die Gültigkeit der Normen des Handelns wird hier immer bezogen auf den, der wahrnimmt bzw. eine Entscheidung treffen muß. Und dieselbe Sache, dasselbe Problem kann von verschiedenen Menschen jeweils sehr verschieden beurteilt werden. Es gibt keine Instanz – etwa einen allwissenden Gott –, die letztlich darüber entscheiden könnte, ob das, was wir für wahr oder richtig halten, auch »wirklich« wahr oder richtig ist. *Der Mensch ist das Maß aller Dinge*. Ausgangspunkt eines solchen Relativismus ist wohl die Erfahrung, daß in den Ländern und Städten der griechischen und »barbarischen« Welt die unterschiedlichsten Sitten und Gebräuche herrschen. Für die jeweils danach Lebenden mögen sie absolut gültig sein. Sie widersprechen sich aber ebenso absolut, wenn man sie als Reisender, d. h. Außenstehender vergleicht. Dieser damals noch viel konkreter als heute erfahrbare Widerspruch dürfte für die denkerische Anstrengung der Sophistik bestimmend gewesen sein. Die Verschiedenheit der Sitten war natürlich längst bekannt. Protagoras scheint sie als erster gedanklich scharf gefaßt und verallgemeinert zu haben: »Von jeder Sache gibt es zwei einander widersprechende Auffassungen.« Aus einer anderen Schrift von Protagoras, *Über die Götter*, ist ein Fragment überliefert, das diesem Relativismus entspricht: »Über die Götter vermag ich nichts zu wissen, weder daß sie sind, noch daß sie nicht sind, noch wie sie an Gestalt sind. Denn vieles gibt es, was mich daran hindert, die Nichtwahrnehmbarkeit und die Kürze des Lebens.« Ob Protagoras wegen dieser Schrift noch in hohem Alter angeklagt und verbannt worden ist, wie es schon Anaxagoras geschehen war, bleibt ungewiß. Der Sache nach steht eine solche Aussage im Konflikt mit dem attischen Recht, das ein Infragestellen der Stadtgottheiten nicht erlaubt.

philosophischer Relativismus

Der Redner Gorgias

Gorgias von Leontinoi in Sizilien kam 427 nach Athen. Er ist der berühmteste Redner unter den Sophisten und hat seine Zeitgenossen durch seine rhetorische Begabung beeindruckt. In dem nach ihm benannten Dialog

Gorgias läßt Platon ihn auf die Frage nach dem höchsten Gut folgendermaßen antworten: »Wenn man durch Worte zu überreden imstande ist, sowohl an der Gerichtsstätte die Richter, als in der Ratsversammlung die Ratsmänner und in der Gemeinde die Gemeindemänner, und so in jeder andern Versammlung, die eine Staatsversammlung ist. Denn hast du dies in deiner Gewalt, so wird der Arzt dein Knecht sein, der Turnmeister dein Knecht sein, und von diesem Erwerbsmann wird sich zeigen, daß er andern erwirbt und nicht sich selbst, sondern dir, der du verstehst zu sprechen und die Menschen zu überreden.« [6] Ob man den Gorgias wegen dieser – fiktiven – Äußerungen und seines großen Reichtums als einen Mann kennzeichnen darf, dem »weder irgendeine ernsthafte Überzeugung noch irgendwelche Sachkenntnis [...] noch Charakter eigen ist« [7], sei hier dahingestellt – er hat jedenfalls einen großen Einfluß auf die Redekunst seiner Zeit ausgeübt. Neben zwei erhaltenen Musterreden ist uns der Inhalt seiner Schrift *Über das Nichtseiende (oder über die Natur)* auszugsweise bekannt. In dieser Schrift unterzieht Gorgias den Seinsbegriff der Eleaten einer scharfen Kritik. Parmenides hatte ja behauptet, daß es ein »Nichts« nicht geben kann, daß/weil es für uns schlechthin nicht denkbar ist. Die drei Hauptthesen von Gorgias lauten dagegen:
– Nichts existiert;
– selbst wenn etwas existiert, so ist es doch unerkennbar;
– selbst wenn es erkennbar ist, so ist es doch nicht mitteilbar.

Atlas trägt die Weltkugel im Nacken

Über das Nichtseiende wurde oft als rein rhetorisches Kunststück ohne philosophischen Gehalt aufgefaßt. Gorgias will aber wohl damit zeigen, daß der Mensch zwar Worte benutzt, mit seinen Worten aber an die Dinge selbst nicht heranreicht. Er bleibt gleichsam im Netz der Worte oder Meinungen *(dóxai)*. Dieses – übrigens die Philosophie unseres Jahrhunderts prägende – Thema der Sprache, die verschärfte Aufmerksamkeit auf die Sprache als Problem ist eine bedeutende Leistung der Sophistik.

Das gleichsam urwüchsige Bild der Götterwelt in der Volksreligion und bei Homer – ein Zeus, der Seitensprünge macht; Götter, die sich bekämpfen; das Willkürliche ihres Charakters und Handelns überhaupt – ist schon früh auf Widerspruch gestoßen, wie bei Xenophanes und Heraklit zu sehen ist. Man muß sich die Rolle der Religion im damaligen Leben vom Alltag bis in die Rechtsprechung hinein vergegenwärtigen, um die Bedeutung solch eines Widerspruchs heute zu ermessen: Es ist Ausdruck der aufklärerischen Grundhaltung der Sophistik, daß sie ihn verschärft und differenziert, also von unterschiedlichen Gesichtspunkten her vorgetragen hat. In moderner Ausdrucksweise kann man diese Gesichtspunkte umschreiben als das sog. moralische, psychologische und ideologiekritische Argument:

Kritik der Religion

drei Argumente der aufklärerischen Religionskritik

– Das moralische Argument bezieht sich auf die Vorstellung der göttlichen Gerechtigkeit angesichts der wirklichen Ungerechtigkeit in der Welt. So soll der sonst nicht näher bekannte Sophist Diagoras, der in der zweiten Hälfte des fünften Jahrhunderts gelebt haben muß, in dem Augenblick Atheist geworden sein, als einer seiner Gegner vor Gericht einen Meineid schwor und ungestraft davonkam [8]. Wie »logisch« auch die Beziehung zwischen einer göttlichen Gerechtigkeit und dem moralischen Zustand der Welt gesehen werden mag – das moralische Argument ist in der Folge ein Grundproblem der Theologie und Philosophie geblieben; es ist sicher ein Grundproblem jedes Gläubigen überhaupt.

Moral

– Das psychologische Argument erforscht die Gefühlsbasis von Religion. D. h., Religion wird hier betrachtet und kritisiert als (falscher) Ausdruck von bestimmten Gefühlen des Glaubenden. Prodikos von der Insel Keos

Psychologie

(geb. um 470/460) sah dieses Grundgefühl in der menschlichen Dankbarkeit. Nach seiner Ansicht haben die Menschen in der Urzeit alles, was in ihrem Leben von Nutzen war, zu Göttern gemacht und verehrt (die Ägypter z. B. den Nil; die Griechen den Wein als Dionysos). Demokrit hingegen fand in der Furcht die psychologische Triebkraft des Götterglaubens und wollte den Menschen diese Furcht nehmen. Bei allen Versuchen, Religion zu verstehen und/oder zu kritisieren, ist diese psychologische Seite ein wichtiger Bestandteil der philosophischen bzw. psychologischen Diskussion.

Ideologie

– Ideologiekritik fragt nach dem Zusammenhang von Vorstellungen, Meinungen, Ideen der Menschen mit ihrem Leben, genauer: nach der Funktion dieser Ideen in einer Gesellschaft, die sich auf der Grundlage von Herrschaftsbeziehungen aufbaut. Der Athener Kritias, ein Onkel von Platon, hat diesen Gesichtspunkt ganz scharf formuliert. Für ihn ist Religion eine Erfindung der Herrschenden: »Es gab einmal eine Zeit, da war das Leben der Menschen jeder Ordnung bar, ähnlich dem der Raubtiere, und es herrschte die rohe Gewalt. Damals wurden die Guten nicht belohnt und die Bösen nicht bestraft. Und da scheinen mir die Menschen sich Gesetze als Zuchtmeister gegeben zu haben, auf daß das Recht in gleicher Weise über alle herrsche und den Frevel niederhalte. Wenn jemand ein Verbrechen beging, so wurde er nun gestraft. Als so die Gesetze verhinderten, daß man offen Gewalttat verübte, und daher nur insgeheim gefrevelt wurde, da scheint mir zuerst ein schlauer und kluger Kopf die Furcht vor den Göttern für die Menschen erfunden zu haben, damit die Übeltäter sich fürchteten, auch wenn sie insgeheim etwas Böses täten oder sagten oder dächten.« [9]

In der heutigen ideologiekritischen Betrachtungsweise ist man vom Gedanken einer bewußten, absichtlichen Erfindung von Religion abgekommen. Dennoch ist der Ansatz von Kritias von der Fragestellung her aktuell geblieben und z. B. in die Religionskritik von Karl Marx und Friedrich Nietzsche eingegangen.

Probleme des Rechts: Natur oder Übereinkunft?

Die Infragestellung, Relativierung menschlicher Verhaltensweisen, die sich wie ein roter Faden durch die Sophistik zieht, mußte natürlich auch das Gebiet des Rechts einbeziehen. Nach dem Volksglauben ist das Recht (gr. *dike*) den Menschen von den Göttern geschenkt worden; Dike, die Göttin des Rechts, ist das gestaltgewordene Symbol dieses Glaubens. In dem obigen Text des Kritias drückt sich hingegen eine andere, neue, bei den Sophisten rasch verbreitete Theorie über die Entstehung der Kultur aus. Danach ist das Recht eine höhere und notwendige Stufe der Zivilisation. Aber es entspringt (nur) menschlicher Übereinkunft, menschlichen Verträgen; es ist Menschenwerk, Satzung *(nómos)*. Von dieser Auffassung her ist der Inhalt des geltenden Rechts keineswegs mehr unbefragt verbindlich, zumal die Sophistik dem *nómos* die *phýsis*, die Natur entgegengestellt hat. Das wird deutlich in den Fragmenten der Schrift *Von der Wahrheit*, die von einem nicht näher bekannten Antiphon stammt: »Die Gerechtigkeit besteht darin, daß man Gesetz und Brauch in dem Staat, in dem man Bürger ist, nicht übertritt. Am vorteilhaftesten wird sich dabei der einzelne Mensch zur Gerechtigkeit stellen, wenn er in Anwesenheit von Zeugen Gesetz und Brauch hochhält, ohne solche dagegen die Gesetze der Natur. Denn die Forderungen von Gesetz und Brauch sind willkürlich auferlegt; die Gebote der Natur dagegen beruhen auf Notwendigkeit. Denn die Forderungen von Gesetz und Brauch sind vereinbart, nicht natürlich geworden, die Gebote der Natur sind natürlich geworden, nicht vereinbart.« [10]

Das natürliche Recht steht für Antiphon eindeutig höher als das geltende. Ja, man muß in dem Wort *Natur*, in der Gegenüberstellung selbst geradezu eine Kampfansage sehen an die Gesellschaftsordnung, an das uralt überkommene »Recht der Väter«, wie es von der aristokratischen Partei natürlich erbittert verteidigt worden ist. Dem entspricht der Bedeutungs- bzw. Wertwandel, den das Wort »Nomos« in Griechenland innerhalb eines recht kurzen Zeitraums durchgemacht hat. Ursprünglich bezeichnete er »die verpflichtende, heilige Ordnung [...], dann die geltende, aber sich wandelnde Sitte, schließlich das unverbindliche Brauchtum und zuletzt die willkürliche Satzung und Meinung als Gegenbegriff zur ›Wahrheit‹ (die hier mit ›Natur‹ gleichgesetzt wird).« [11] Dieser rasche Bedeutungswandel steht in Bezug zu dem erwähnten Herauslösen des Menschen aus überlieferten Stammes- und Geschlechterbindungen in der Polis, zugespitzt durch die Auseinandersetzungen zwischen aristokratischer und demokratischer Partei. Ihm entspricht ebenso der Versuch der Philosophie, diesen geschichtlichen Veränderungen gemäß neue Wert- und Wahrheitsbestimmungen zu finden wie hier mit der Idee des Naturrechts. Worin denn eigentlich das Naturrecht besteht, wird in Antiphons Text nicht näher entwickelt (wobei beachtet werden muß, daß wir ja nur Fragmente besitzen). In bestimmten Kreisen der Sophistik wurde es offenbar als *Recht des Stärkeren* verstanden. Das besagt, daß das geltende Recht und Gesetz nur eine Fessel ist für die »Starken«, die die Schwachen bzw. die ein Gesetzgeber im Namen der Schwachen ihnen auferlegt hat. In diesem Sinne äußert sich ein Sophist in Platons *Gorgias*: »Die Natur selbst aber, denke ich, beweist dagegen, daß es gerecht ist, daß der Edlere mehr habe als der Schlechtere [...], daß der Bessere über den Schlechteren herrsche.« Die wichtige Einsicht der Sophistik in die Relativität menschlicher Normen und die Problematik ihrer Begründung wird hier in einer handlichen Weise umgebogen, und Herrschaft wird mit Berufung auf eine angebliche »Natur« gerechtfertigt. In mancherlei Schattierung hat sich das Recht des Stärkeren als Legitimations-, d. h. Rechtfertigungsmuster durch die Geschichte gezogen und war auch Grundlage der nationalsozialistischen Rassentheorie.

Recht des Stärkeren

Wie eingangs erwähnt, wurde die Sophistik in der Geschichte der Philosophie meist negativ gesehen: Allmacht allein des rednerischen Wortes, Relativierung der menschlichen Erkenntnis, Relativierung aller Normen überhaupt. Es darf jedoch nicht vergessen werden, daß die Infragestellung und Kritik des Hergekommenen häufig der Suche nach einem Besseren entspringt. Besonders deutlich wird das im utopischen Denken. Utopie heißt wörtlich »Nirgendland« *(utópos)* und ist der Entwurf eines besseren Lebens, in zeitlicher und/oder räumlicher Entfernung zum gegenwärtigen. Utopisches Denken gab es zwar schon lange, z. B. im Bild vom Paradies oder im Mythos vom Goldenen Zeitalter. Im Umkreis der Sophistik aber findet nun erstmals in der Geschichte eine konkrete Auseinandersetzung mit der Frage nach der richtigen Gesellschaft statt. So kritisiert Antiphon in der genannten Schrift sowohl die innergesellschaftlichen Standesunterschiede als auch die geläufige Verachtung der Barbaren in Griechenland. Er sieht darin dieselbe Grundhaltung: »Die von vornehmen Vätern abstammen, achten und ehren wir, die dagegen aus nicht vornehmen Hause abstammen, achten und ehren wir nicht. In dieser Scheidung behandeln wir uns gegenseitig wie Barbaren. Denn von Natur sind wir alle in allen Beziehungen, Hellenen und Barbaren, gleich erschaffen. [...] Kein Barbar und keine Hellene ist von uns geschieden. Atmen wir doch alle durch Mund

Sophistische Sozialkritik und Utopie

und Nase die Luft aus und essen wir doch alle mit den Händen.« [12] Mit derselben Berufung auf die Natur wendet sich Alkidamas, ein Schüler des Gorgias, gegen die Sklaverei: »Gott hat alle Menschen freigelassen; die Natur hat niemanden zum Sklaven gemacht.« Phaleas von Chalkedon wird von Aristoteles als der erste Denker genannt, der die Gleichheit des Besitzes und der Erziehung zur Grundlage eines stabilen Gemeinwesens erheben wollte. Das erste »Bild des besten Staates« als Utopie einer ganzen Gesellschaft wurde von dem berühmten Architekten Hippodamus von Milet entworfen, einem Zeitgenossen des Perikles. Sein Idealstaat, der zehntausend Menschen umfaßt, gliedert sich in die drei Stände der Handarbeiter, Bauern und Krieger. Platon hat diesen Gedanken einer harmonischen Dreigliedrigkeit aufgenommen und auf seine Weise weitergeführt [→ S. 35, 36]. Es ist nicht uninteressant, daß Hippodamos, der als erster eine ideale Gesellschaft gedanklich konstruierte, auch als erster Architekt eine Stadt nach einem streng geometrischen Muster anlegen ließ.

Sokrates, die »welthistorische Person«

Wirkung auf die Zeitgenossen

In Platons Dialog *Menon* unterhalten sich Sokrates und Menon über die Tugend. Menon glaubt zunächst genau zu wissen, was die Tugend ist. Nach einer Weile ist er aber durch die Fragen seines Gesprächspartners so stark verunsichert, daß er plötzlich einhält und ausruft: »O Sokrates, ich habe schon gehört, ehe ich noch mit dir zusammengekommen bin, daß du allemal nichts als selbst in Verwirrung bist und auch andere in Verwirrung bringst. Auch jetzt kommt mir vor, daß du mich bezauberst und mir etwas antust und mich offenbar besprichst, daß ich voll Verwirrung geworden bin, und du dünkst mich vollkommen, wenn ich auch etwas scherzen darf, in der Gestalt und auch sonst, jenem breiten Seefisch, dem Zitterrochen, zu gleichen. Denn auch dieser macht jeden, der ihm nahekommt und ihn berührt, erstarren. Und so, dünkt mich, hast du auch mir jetzt etwas Ähnliches angetan, daß ich erstarre. Denn in der Tat, an Seele und Leib bin ich erstarrt und weiß dir nichts zu antworten; wiewohl ich schon tausendmal über die Tugend gar vielerlei Reden gehalten habe vor vielen, und sehr gut, wie mich dünkt. Jetzt aber weiß ich nicht einmal, was sie überhaupt ist, zu sagen. Daher dünkt es mich weislich gehandelt, daß du von hier nicht fortreist, weder zur See noch sonst. Denn wenn du anderwärts dergleichen als Fremder tätest: so würde man dich vielleicht als einen Zauberer abführen.« [13]

Im Bild des Zitterrochens und Zauberers bringt Menon hier plastisch die zugleich faszinierende und befremdende Wirkung des Sokrates auf seine Zeitgenossen zum Ausdruck. Nicht nur auf seine Zeitgenossen – bis heute sind seine Person und seine Philosophie Gegenstand der vielfältigsten Deutungsversuche geblieben. Sokrates, von dem es schon damals hieß, daß er »der wunderlichste aller Menschen wäre und alle in Verwirrung brächte« [14], kann nicht restlos »entwirrt« werden. Zu Recht hat man daher gesagt: »Sokrates verstehen, heißt gerade, ihn in seiner Unergründlichkeit zu verstehen« [15]. Mitverursacht werden diese Verständnisschwierigkeiten durch die Quellenlage. Von Sokrates haben wir nichts Schriftliches überliefert; vielleicht hat er selbst nie etwas geschrieben. Wir wissen von ihm hauptsächlich durch die Dialoge seines Schülers Platon, durch den Bericht des Xenophon, ebenfalls dem Schülerkreis angehörig, durch einige Stellen bei Aristoteles sowie eine Komödie von Aristophanes mit dem Titel

schwierige Quellenlage

Die Wolken. Sie wurde im Jahre 423 aufgeführt und stellt eine ätzende Verulkung des neuen »Modedenkers« Sokrates dar. Platon ist als wichtigste Quelle anzusehen. Da in seinen Dialogen aber eigenes Gedankengut und das Denken des Sokrates ständig ineinanderfließen, konnte es zu zwei ganz gegensätzlichen Ansichten über seine Sokratesdarstellung kommen. Die eine begreift die Dialoge, vereinfacht gesagt, als historischen Bericht, die andere versteht die Figur des Sokrates lediglich als Sprachrohr Platons. Beide Forschungsthesen können aber nur eingeschränkte Gültigkeit beanspruchen, und die Aufgabe, »Sokrates« von »Platon« zu unterscheiden, bleibt damit als Problem bestehen. Dabei müssen die Interpreten sich allerdings in schwierigen Fragen »wesentlich von ihrem Gefühl leiten [...] lassen« [16].

In wohl geschichtlicher Einzigartigkeit verkörpert Sokrates eine Einheit von »Philosophie« und »Leben«. Sein äußerer Lebensgang ist schnell berichtet. Er wurde um 470 als Sohn eines Bildhauers und einer Hebamme geboren und arbeitete wohl selbst zunächst als Bildhauer. Er war mit Xanthippe verheiratet und hatte drei Kinder. Offenbar hat er bald Beruf und Familie vernachlässigt, um der Tätigkeit nachzugehen, zu der er sich berufen fühlte: dem Gespräch mit seinen Mitbürgern. Hierbei wendete er sich an Angehörige aller Berufe, vom Handwerker bis zum aristokratischen Politiker. Er pflegte sie in ein Gespräch – etwa über ihre gegenwärtige Tätigkeit – zu verwickeln, das dann allmählich philosophische Fragen berührte – Philosophie ereignete sich hier also noch ganz unmittelbar, auf dem Marktplatz. Im Peloponnesischen Krieg zwischen Sparta und Athen (431–404) nahm er an drei Feldzügen teil. An öffentlichen Ämtern lag ihm nichts; als Mitglied des Rates, in den er gewählt wurde, zeichnete er sich durch mutiges Auftreten aus. Im Jahre 399 wurde er wegen Atheismus und Verführung der Jugend angeklagt und für schuldig befunden. Da er das Urteil nicht annahm (der Schuldige durfte/mußte in Athen das Strafmaß selbst bestimmen, wodurch er seine Schuld anerkannte), wurde er zum Tode durch den Giftbecher verurteilt. Seine Verteidigungsrede und sein letzter Lebenstag sind in Platons *Apologie* und im *Phaidon* dargestellt.

Sokrates in der Schlußrede der Apologie an seine Richter: »Jetzt aber ist es Zeit, daß wir von hinnen gehen: ich um zu sterben; Ihr um zu leben. Aber wer von uns dem besseren Los entgegengeht, das weiß keiner außer dem Gott.«

Sokrates bezeichnete einmal seine Weisheit als »menschliche Weisheit«, d.h. sein Interesse ist wesentlich auf das Praktische, das »richtige Leben« ausgerichtet. Man kann diesen Problemkreis auch »ethische Fragen« nennen, wobei hier »Ethik« aber nicht als philosophische Fachdisziplin – das wird sie erst später –, sondern als lebendiges Philosophieren über den Menschen verstanden werden muß. Damit steht Sokrates (der im übrigen die Schriften der »Naturphilosophen« ausführlich studiert haben soll) in engem Zusammenhang mit seinen philosophischen Zeitgenossen, den Sophisten. Er beläßt es aber nicht bei der Einsicht in die Relativität, dem Nebeneinander verschiedener Ansichten, die es z.B. über »gutes Handeln« gibt. Sein Fragen geht weiter nach dem Begriff des Guten oder, wie es auch genannt wird, nach dem Wesen des Guten, dem Begriff von »Tapferkeit«, dem Wesen der »Tugend« in ihren verschiedenen konkreten Äußerungsformen. Indem Sokrates z.B. fragt: »was ist das Fromme?« – die sog. »Was-ist-Frage« –, indem er »jenen Begriff selbst [sucht], durch welchen alles Fromme fromm ist«, hat er eine geschichtlich neue Abstraktionsebene des Denkens erreicht. Aristoteles sieht daher in dem Versuch, »allgemeine Definitionen aufzustellen«, seine wesentliche Leistung: »Zweierlei nämlich ist es, was man Sokrates mit Recht zuschreiben dürfte: die Begründungen durch Heranführung und das allgemeine Definieren; dies beides nämlich betrifft das Prinzip der Wissenschaft.« [17]

ethische Fragestellung

begriffliche Abstraktion

Definition der Tugend als Beispiel

Um diese Leistung zu verstehen, muß mitbedacht werden, daß in unserer heutigen Kultur die Frage nach dem Begriff, der Definition einer Sache zur geistigen Gewohnheit geworden ist. So gehört z. B. die Fähigkeit, den Begriff *der* Zelle, *der* Lyrik oder *des* Nachtschattengewächses zu finden, zu den wichtigsten Abstraktionsfähigkeiten, auf die ein Schüler heute hintrainiert wird. Wie neu und schwierig das aber für das Denken des fünften vorchristlichen Jahrhunderts war, zeigt anschaulich z. B. Platons Dialog *Laches*. Nach anfänglichen Gesprächen zweier Väter über den Sinn der Fechtkunst für die Erziehung wird Sokrates hinzugezogen. Dieser lenkt das Gespräch auf sein Lieblingsthema, die Frage nach der Tugend. Da sie zu groß erscheint, beschränkt man sich auf die Frage, »was die Tapferkeit ist«. Die Antwort ist für den Feldherrn Laches »beim Zeus nicht schwer zu sagen. Denn wenn jemand pflegt in Reih und Glied standhaltend die Feinde abzuwehren und nicht zu fliehn, so wisse, daß ein solcher tapfer ist«. Sokrates weist aber nach, daß dies nur ein Beispiel für Tapferkeit ist, daß auch ein Fliehender tapfer sein kann, daß man im Schmerz tapfer sein kann wie in der Staatsverwaltung etc. Es werden dann eine Reihe von Definitionen erprobt, die sich aber alle auf weiteres Fragen hin als – logisch gesprochen – zu eng oder zu weit herausstellen. In dieser Fähigkeit des Sokrates, im Zwiegespräch durch geschicktes Fragen die Wahrheit gemeinsam zu suchen, besteht die sog. sokratische Methode. Sokrates nannte

Sokratische Methode

sie in Anspielung auf den Beruf seiner Mutter auch seine »Hebammenkunst«: durch Fragen dem Gesprächspartner gleichsam Geburtshilfe zu leisten beim Gebären einer Wahrheit, die in ihm steckt, deren er sich aber noch nicht (oder nur scheinbar, wie Laches) bewußt war. Denn Sokrates behauptet von sich keineswegs, die Wahrheit zu besitzen. Im Gegenteil liegt seine Weisheit gerade in dem berühmten sokratischen »Ich weiß, daß ich nichts weiß«. In diesem Wissen um das eigene Nichtwissen besteht seine eigentümliche Überlegenheit. Damit ist die Seite des rätselhaften Sokrates berührt. »Wir haben also nicht gefunden, o Nikias, was die Tapferkeit ist«, endet der Dialog *Laches*. Dieser negative Ausgang, die

aporetischer Ausgang

Aporie – die Unmöglichkeit, eine philosophische Frage zu lösen – ist kennzeichnend für Platons frühe sokratische Dialoge, in denen die Eigenart des geschichtlichen Sokrates noch am ehesten greifbar ist. Das Delphische Orakel soll von Sokrates gesagt haben, er sei der weiseste aller Menschen. Aber er, dem es ganz wesentlich um die Einsicht in die Tugend geht, kann selbst nicht sagen, was das Gute ist. Worin liegt dann seine Bedeutung?

Das soll, bei allem Vorbehalt vor endgültigen Antworten, an einer geschichtlichen Gegenüberstellung angedeutet werden. Sophokles läßt Antigone sagen: »Die ewigen Gesetze der Götter sind, und niemand weiß, woher sie gekommen«. Damit ist das Prinzip der »unbefangenen Sitte«, der schlechthinnigen Gültigkeit des Religiösen ausgesprochen, auf dem die gesamte Existenz des antiken Menschen beruhte. Sokrates, indem er nach dem Guten fragt, fordert ihn zum Zweifel, zur Prüfung auf. Und er, als Einzelner, nimmt sich das Recht zu dieser Prüfung. Sokrates vertraut auf seine eigenen Vernunft, sein eigenes »Göttliches« *(daimónion)*, das er in sich fühlt, sein eigenes »Gewissen«, wie wir mit einem modernen Wort sagen würden: »Denn [...] schon immer habe ich ja das an mir, daß ich nichts anderem von mir gehorche als dem Satze *(lógos)*, der sich mir bei der Untersuchung als der beste zeigt« [18]. Darin liegt das entscheidend Neue, und deshalb nennt Hegel ihn eine »welthistorische Person«.

Hegels Deutung seines Todes

Von dieser Charakteristik her hat Hegel auch eine tiefe Deutung des Todes von Sokrates entwickelt. Er begreift sein Schicksal als notwendig.

Gewöhnlich wurde und wird die Anklage gegen Sokrates wegen Gottlosigkeit und Verführung der Jugend als völlig unberechtigt abgetan und aus Parteigeist erklärt. Es gilt ebenso das sehr negative Sokratesbild in Aristophanes' *Wolken* als karikierende Überspitzung, wie sie eben der Komödie eigen sei. Legt man aber, wie Hegel, bei der Beurteilung »den atheniensischen Staat und seine Sitten« zugrunde, ergibt sich ein wesentlich anderes Bild. Danach sind beide Seiten im Recht, die Kläger und Sokrates, die Vertreter der Sitte und der Vertreter des Neuen. Indem sie notwendig zusammenstoßen, ergibt sich ein tragischer Konflikt, in dem das Neue zunächst unterliegt. Doch nur die Person des Sokrates, nicht sein Prinzip konnte ausgelöscht werden. In ihrer Reue haben die Athenienser erkannt, daß dieses Prinzip ja in ihrer Stadt entstanden, daß es bereits Bestandteil ihrer selbst geworden ist.

Die sokratischen Schulen

Sokrates ließ sich nie, wie die Sophisten, für seine Tätigkeit bezahlen. Seiner ganzen Eigenart nach lag es ihm fern, eine philosophische »Schule« zu begründen. Dennoch haben sich aus seinem Anhängerkreis Schulzusammenhänge gebildet, von denen die Kyrenaiker und die Kyniker am bedeutsamsten wurden. In beiden Schulen steht die richtige Lebensführung ganz im Mittelpunkt. Sokrates hatte die Frage »Was ist das Gute?« neu und grundsätzlich gestellt, aber sie blieb ihm wesentlich ein Problem. Folglich ging es bei seinen Anhängern um eine inhaltliche Bestimmung des »Guten«. Interessant ist, daß die Antworten völlig entgegengesetzt ausfielen.

zwei Schulen – zwei Auffassungen vom Guten

Aristipp aus der nordafrikanischen Stad Kyrene (daher der Name der Schule) ging das Grundproblem des Sokrates nicht auf dem Wege weiterer begrifflicher Abstraktion an, sondern mit den Mitteln der Psychologie seiner Zeit. Wenn es im Menschen zwei Grundempfindungen gibt, nämlich Lust und Unlust, so besteht das »Richtig-Leben« im Empfinden von Lust und Vermeiden von Unlust. Er sagt daher: »Ziel ist die einzelne Lust, Glück die Summe aller Lustempfindungen«. Nach dem griechischen Wort für Lust, *hédoné*, wird dieses philosophische Prinzip auch Hedonismus genannt. Aristipps Schüler haben die Implikationen, d. h. die im Grundsatz schon angelegten Folgen des hedonistischen Prinzips nach verschiedenen Richtungen hin weitergedacht (Grundproblem: worin besteht die höchste Glückseligkeit?). Seine bedeutsame Fortentwicklung hat der antike Hedonismus in der Lehre Epikurs erhalten [→ S. 58].

Die Kyrenaiker

Wenn der Mensch »Kultur« entwickelt, seine Empfindungen und Bedürfnisse immer mehr erweitert und verfeinert, wird er dann nicht immer abhängiger von ihnen und somit unfreier? Bedeutet »Freiheit« nicht gerade Unabhängigkeit von Äußerem? Dies war jedenfalls die Auffassung des Antisthenes, eines Freundes von Sokrates, der die Bedürfnislosigkeit zum höchsten Gut erhob. Entsprechend lebten er und seine Nachfolger in äußerst ärmlichen Umständen. Geistreich und gewandt kritisierten sie die Lebensweise ihrer Mitbürger und wendeten sich als eine Art Bettlerphilosophen auch gegen Werte wie Familien- und Staatszugehörigkeit oder Klassenschranken innerhalb der Gesellschaft. Nach dem gr. *kynas*, Hund, wird diese Gruppe »Kyniker« genannt; das deutsche Wort »zynisch« kommt von der manchmal als menschenverachtend empfundenen Redeweise der Kyniker her. Die individualistische, negativ gefaßte Freiheit der Kyniker wurde in der Philosophie der Stoa weiterentwickelt [→ S. 55].

Antisthenes

Anekdoten über Diogenes

Von den Kynikern, den »Hunden«, werden in der antiken Philosophiegeschichtsschreibung (die sowieso zum Großteil aus Geschichtchen besteht) sehr viele Anekdoten erzählt. So soll Diogenes von Sinope, ein Zeitgenosse Alexanders des Großen, wie ein Hund in einem Faß gelebt haben und dabei auf seine Lebensweise sehr stolz gewesen sein. »Als er einmal ein Kind sah, das aus den Händen trank, riß er seinen Becher heraus und warf ihn weg mit den Worten: ›Ein Kind ist mein Meister geworden in der Genügsamkeit.‹« – »Als er [...] sich sonnte, trat Alexander an ihn heran und sagte: ›Fordere, was du wünschest‹, worauf er antwortete: ›Geh mir aus der Sonne‹«. – »Bei einer Mahlzeit warf man ihm Knochen hin wie einem Hunde, doch er bepißte sie beim Weggehen wie ein Hund.« [19]

Die Ausprägung der klassischen griechischen Philosophie

Platon

Züge von Resignation

Von Platons Gestalt sind nur Abgüsse erhalten. Sie gehen höchstwahrscheinlich alle auf ein einziges Original zurück, eine Bildsäule, die seiner Akademie gestiftet wurde und die nicht lange vor oder kurz nach seinem Tod geschaffen worden sein muß. Wer diese Kopien aufmerksam betrachtet und miteinander vergleicht, wird unschwer bemerken, wie sehr sie alle einen starken Eindruck von Resignation in den Zügen des alten Platon vermitteln [1]. Resignation – wie paßt dieser Befund zu dem verbreiteten Bild von dem begeisterten »Schwärmer« Platon, dem »Idealisten«, der sich in den Sphären unwirklicher Welten ergeht? Hat sich Platon wirklich zur Welt verhalten »wie ein seliger Geist dem es beliebt, einige Zeit auf ihr zu beherbergen« (so Goethe in seiner *Geschichte der Farbenlehre*)? Es ist wohl besser, zunächst einmal Platon selbst zu Wort kommen zu lassen. In einem Brief berichtet er über die Gründe, die ihn zur Philosophie gebracht haben:

Verhältnis zur Politik

»Dereinst, als ich noch so jung war, ging es mir ebenso wie vielen. Ich war gesonnen, sobald ich zur Selbständigkeit gelangt sein würde, sogleich zur Teilnahme an den öffentlichen Angelegenheiten mich anzuschicken. Da traten für mich hinsichtlich der öffentlichen Angelegenheiten manche Zufälligkeiten ein. Es fand nämlich, da unsere Staatsverfassung dem Tadel vieler unterlag, eine Umgestaltung derselben statt, und diese Umgestaltung leiteten, als Urheber derselben, einundfünfzig Männer [...]. Nun traf es sich, daß von diesen einige mir verwandt und bekannt waren; diese forderten mich alsbald auf, an den Staatsgeschäften als etwas mir Zukommendem mich zu beteiligen. Wie es bei meiner Jugend mir erging, war nicht zu verwundern. Ich glaubte nämlich, sie würden den Staat so verwalten, daß sie aus einem Zustande der Ungerechtigkeit zu einer gerechten Lebensform ihn hinführten, so daß ich mit großer Spannung erwartete, was sie ausrichten würden. Da ich nun aber sah, daß diese Männer in kurzer Frist die frühere Verfassung als eine goldene erscheinen ließen, unter anderem einen mir befreundeten älteren Mann, den Sokrates, den ich fast unbedenklich für den gerechtesten aller damals Lebenden erklären möchte, nebst andern nach einem Bürger aussandten, um diesen mit Gewalt seiner Hinrichtung entgegenzuführen [...]; er [Sokrates] aber gab ihnen kein

Gehör und setzte sich lieber der äußersten Gefahr aus, als daß er an ihrem frevelhaften Treiben teilnahm; – da ich das alles sowie noch manches dem Ähnliche von nicht geringer Bedeutung sah, da erfüllte es mich mit Unwillen, und ich selbst zog mich von dem damaligen schlechten Regime zurück.

Nicht lange darauf erlitt aber die Herrschaft der Dreißig und die ganze damalige Staatsverfassung einen Umsturz. Nun fühlte ich wieder, obwohl in langsamerer Entwicklung, die Begierde, bei den gemeinsamen und öffentlichen Angelegenheiten mich zu beteiligen; doch auch hier geschah, der eingetretenen Verwirrung zufolge, gar manches, was jemandes Unwillen erregen konnte [...]. Unglücklicherweise zogen einige Gewalthaber wider unsern [...] Freund, den Sokrates, vor Gericht, indem sie eines großen, am allerwenigsten dem Sokrates zuzutrauenden Frevels ihn anklagten: denn die einen klagten der Gottlosigkeit ihn an, die andern erkannten ihn für schuldig und richteten einen Mann hin, der zuvor an dem frevelhaften Verfahren gegen einen ihrer damals [...] vertriebenen Freunde nicht hatte teilnehmen wollen. Indem ich nun darauf und auf die die öffentlichen Angelegenheiten leitenden Männer sowie auf Gesittung und Gesetze mein Augenmerk richtete, erschien mir die Leitung der Staatsgeschäfte, je mehr ich dieser Betrachtung mich hingab und je weiter ich in den Jahren fortschritt, um so schwieriger; [...] so daß mir, der ich anfangs mit großem Eifer zur Verwaltung der Staatsgeschäfte mich anschickte, als ich das berücksichtigte und das Gemeinwesen in jeder Hinsicht in vollständiger Verwirrung sah, zuletzt schwindelte und ich zwar nicht aufgab, darüber, wie es wohl [...] in betreff der gesamten Staatsverwaltung sich besser gestalten könne, nachzusinnen, fortwährend aber wieder für meine wirkliche Beteiligung auf günstigere Umstände wartete und zuletzt von allen bestehenden Verfassungen erkannte, daß dieselben insgesamt schlecht verwaltet werden [...], und daß ich zu der Äußerung mich gedrungen sah, daß, indem ich die echte Weisheit lobpries, nur aus ihr alles, was in Bezug auf die öffentlichen Angelegenheiten sowie aller einzelnen das Recht erheische, sich erkennen lasse, und daß demnach die Bedrängnis der menschlichen Gattung nicht aufhören werden, bis entweder die Genossenschaft der echten und wahren Weisen zur Herrschaft im Staate gelange oder bis die der Machthaber in dem Staate durch eine göttliche Fügung wirklich der Weisheit sich befleißige.« [2]

Platon

Offensichtlich spricht aus diesen Zeilen kein »seliger Geist«, sondern ein Mensch, der in seiner Jugend in eine tiefe Krise geraten ist. Ausgelöst wurde sie durch den krassen Widerspruch zwischen der von seiner gesellschaftlichen Stellung her vorbestimmten Laufbahn eines führenden Politikers, seiner eigenen Auffassung von den Aufgaben der Politik und dem Zustand der Welt, in der er hätte politisch tätig werden sollen. Das Ausbluten Athens im Peloponnesischen Krieg, die Herrschaft der dreißig Tyrannen, die Hinrichtung des Sokrates – das sind Ereignisse, die den Niedergang der Polis als sozialer Gesamtordnung andeuten. Sie zeigen, wie brüchig die Grundlagen dieser Kultur waren und, da keine neuen gefunden werden konnten, wie fraglich das Zusammenleben der Menschen bleiben mußte (»vollständige Verwirrung« des Gemeinwesens). Platon selbst gibt uns in diesem Brief den Hinweis, wie sehr seine Philosophie als Antwort auf die Krise seiner Zeit (»Bedrängnis der menschlichen Gattung«) verstanden werden muß. Das Fortwähren dieser Bedrängnis in der menschlichen Geschichte und die Höhe der Reflexion, die sein Denken erreicht hat, um eine Antwort zu finden, lassen es nicht verwundern, daß Platons Philosophie bleibende Bedeutung bewahrt hat.

Philosophie als Antwort

Platons Leben

Platon war die Laufbahn eines Politikers vorherbestimmt, weil er mütterlicher- wie väterlicherseits einer der führenden Familien Athens entstammte. Er wurde 427, im Todesjahr des Perikles, geboren und genoß wohl die Erziehung, wie sie für das Kind einer aristokratischen Familie dieser Zeit üblich war: musisch-gymnastische und grammatische Übungen, Unterricht in Malerei und Mathematik sowie eine intensive Beschäftigung mit den Dichtern, vor allem dem Werk Homers. In seiner Jugend war er dichterisch tätig. Entscheidend für sein ganzes weiteres Leben war die Begegnung mit Sokrates um 407, dessen Schülerkreis er von seinem zwanzigsten bis zum achtundzwanzigsten Lebensjahr angehörte. Nach dem Schock der Hinrichtung des Lehrers floh er aus Athen und führte lange Zeit ein Wanderleben, über das wir aber keine sicheren Angaben haben. Bezeugt sind drei Reisen nach Unteritalien und Sizilien. Wann Platon genau seine Schule – die Akademie bei Athen – gründete, ist ebenfalls ungewiß; meist wird die Zeit um 387 angenommen. In dieser zum Teil nach pythagoreischem Vorbild errichteten Lebensgemeinschaft wirkte Platon etwa von seinem vierzigsten bis zum achtzigsten Lebensjahr. Er starb 348/47, mitten in der weiteren Ausarbeitung seiner Philosophie begriffen.

Verhältnis von Form und Inhalt philosophischer Schriften

Es ist unmöglich, einen Überblick über Platons Schriften zu geben, ohne zugleich in die inhaltliche Charakterisierung seines Philosophierens zu geraten. Denn nie ist die Form, in der eine Philosophie dargeboten wird, nur unwesentliches Beiwerk, »Einkleidung« dessen, was sich in dieser Form entfaltet. Es wird jeweils etwas ganz anderes herauskommen, wenn ein Autor z. B. in der Form von Aphorismen, also knapp formulierten und betont subjektiven Gedankensplittern oder einer ausgreifenden systematisch gegliederten Abhandlung schreibt. Form und Inhalt jeder Philosophie sind so eng aufeinander bezogen, daß der Inhalt sich seine angemessene Form sucht und schafft, aber auch von ihr wiederum mitgeschaffen wird. Das ist deutlich an Platons Schriften zu sehen, die sämtlich eigentlich literarische Kunstwerke, nämlich fiktive Dialoge zwischen Personen sind. Mit der Entscheidung für diese Form der Darstellung hängen viele Eigentümlichkeiten seiner Philosophie, aber auch viele Schwierigkeiten ihrer Deutung zusammen:

dialogische Darstellung

– Platon taucht in den Dialogen nie als Gesprächspartner auf. Indem er seine Gedanken anderen Personen in den Mund legt, entsteht im lebendigen Austausch keine abschließende Festsetzung des »Wahren«, kein »Ich aber sage euch«.

– Die Dialoge beziehen die Person der Disputierenden mit ein. In gewissem Sinn bewahrt Platon damit die im Vergleich zu unseren Lebensformen konkretere Öffentlichkeit der griechischen Polis. Gleichwohl ist es keine bloße Konversation, sondern ein zielgerichtetes Suchen.

– Platon zeigt dem Leser die Wahrheit als Aufgabe, als Prozeß, der sich in Rede und Gegenrede entfaltet. Wahrheit ist nicht verfügbar, sondern Ergebnis einer gemeinsamen Anstrengung, einer gemeinsamen Suche, deren Ausgang ungewiß bleibt (einige Dialoge enden in der Aporie).

– Platon gibt uns keine einheitliche, systematisch geschlossene »Lehre«. Sein in beständigem Wandel begriffenes Denken setzt in fast jedem Dialog neu an. Dem entspricht auch die Tatsache, daß er keine einheitliche Terminologie verwendet [3].

sokratische Ironie

– Jede Interpretation muß Platons große sprachliche Meisterschaft berücksichtigen. Oft wird der Leser in die Irre geführt, insbesondere durch die häufige Verwendung des Stilmittels der Ironie; da Sokrates der Mittelpunkt fast aller Dialoge ist, spricht man von der »sokratischen Ironie«.

Die Abfassung der Schriften erstreckt sich über einen Zeitraum von etwa fünfzig Jahren. Da sie kaum geschichtliche Anhaltspunkte über ihre Entstehungszeit bieten, ist die Reihenfolge ihrer Entstehung sowie die Aussonderung unechter, aber unter Platons Namen überlieferter Schriften ein lang umstrittener Punkt der Platonforschung gewesen. Aufgrund entwicklungsgeschichtlicher Überlegungen sowie neuerer sprachstatistischer Methoden werden sie heute üblicherweise in vier Gruppen gegliedert. Ihren Namen tragen sie meist nach dem Hauptgesprächspartner des Sokrates.

vier Werkgruppen

- Die frühen sog. »sokratischen Dialoge«, in denen die Figur des Sokrates und die Frage nach dem Wesen der Tugend im Vordergrund stehen: *Apologie, Kriton, Ion, Eutyphron, Laches, Charmides, Lysis, Protagoras.*
- In den Werken der folgenden Periode setzt sich Platon hauptsächlich mit der Sophistik auseinander: *Gorgias, Euthydem, Kratylos, Menon, Politeia* Buch I.
- In diese Schaffensperiode fällt die Entwicklung der eigentlichen platonischen Ideenlehre sowie die Ausarbeitung der Gesellschaftsphilosophie: *Symposion, Phaidon, Politeia* Buch II–X, *Theaitet, Parmenides, Phaidros.*
- Im Alterswerk Platons steht ebenfalls die Gesellschaftsphilosophie im Vordergrund – nehmen doch die unvollendet gebliebenen *Nomoi (Gesetze)* etwa ein Fünftel seines Gesamtwerkes ein: *Sophistes, Politikos, Philebos, Timaios* (Platons Naturphilosophie), *Kritias, Nomoi.*

Neben diesen Dialogen sind unter Platons Namen noch einige Gedichte und dreizehn Briefe überliefert. Hier ist die Verfasserschaft naturgemäß noch schwieriger zu klären. Bei vielen Forschern als echt anerkannt ist der *Siebente Brief,* ein wichtiges Dokument über Platons Sizilienreisen, aus dem auch die eingangs zitierte biographische Rückblende stammt.

Es gibt grundsätzlich drei Möglichkeiten, einen Philosophen und sein Denken vorzustellen:

Darstellungsmöglichkeiten einer Philosophie

- Das biographische Verfahren – hier steht das Leben des Philosophen in seiner Zeit im Vordergrund. Über die Beschreibung des Lebenslaufes werden dem Leser Motive seiner Philosophie vermittelt.
- Die entwicklungsgeschichtliche (genetische) Darstellung – hier steht die jeweilige Philosophie im Vordergrund, aber dargestellt in ihren einzelnen Entwicklungsstufen.
- Die systematische Darstellung. Sie ist nicht an der Entwicklung, sondern am Resultat einer Philosophie interessiert und stellt dieses nach einem möglichst vollständig gegliederten (systematischen) Einteilungsschema dar.

Alle drei Verfahrensweisen würden, isoliert genommen, an Platon scheitern. Über sein Leben wissen wir nicht viel, die Entwicklung seines Denkens ist nur in groben Zügen bekannt, und eine systematische Darstellung würde leicht die ursprüngliche Lebendigkeit seines Philosophierens vergewaltigen. Darüber hinaus kann Vollständigkeit gar nicht Ziel dieser einführenden Darstellung sein. Wichtige Gegenstände von Platons Philosophie (z. B. seine Natur- und Sprachphilosophie) können daher im folgenden kaum berücksichtigt werden, da wir uns hier auf die Ideenlehre und seine politische Philosophie beschränken.

Es ist immer bedenklich zu behaupten, dieses oder jenes Ereignis habe einen Philosophen »geprägt« – die biographische Methode muß meist im Bereich von Vermutungen bleiben. Durch Platons eigene Äußerungen im *Siebenten Brief* aber dürfen wir sagen, daß die politische Dauerkrise der athenischen Polis und die Begegnung mit Sokrates zu seinen wichtigsten

zeitgeschichtliche Grunderfahrungen

Grunderfahrungen gehören. Die Dauerkrise wurzelt in den sozialen Spannungen innerhalb der Stadtstaaten. Ihr politischer Ausdruck ist der Gegensatz zwischen der oligarchischen und der demokratischen Partei, der bis zu erbitterten Auseinandersetzungen führte. Mitberücksichtigen muß man außerdem den Krieg zwischen den Stadtstaaten als Dauerzustand in Griechenland. Ein großes Problem war ferner die Abhängigkeit der Demokratie von dem Einfluß führender Persönlichkeiten in der Volksversammlung. Die Sophisten waren es, die der politischen Führungsschicht der Zeit ihre Bildung vermittelten, insbesondere die jetzt höchst wichtige Fähigkeit des Redens betreffend. Doch welchen Sinn hat diese ganze Bildung, wozu dient die Rhetorik, wenn der Zustand des Stadtstaates nach wie vor in »vollständiger Verwirrung« ist? Hier wird die geschichtliche Bedeutung von in unseren Ohren so abstrakt klingenden Fragen wie »Was ist Tugend?« oder »Was ist das Gute?« klarer. »Und so schillert das Gute und verwandelt sich immer wieder«, läßt Platon einen Sophisten sagen – besteht es also in dem, was dem Einzelnen jeweils gerade nützlich erscheint? Gibt es ein »Recht des Stärkeren«, ist »Gerechtigkeit« demnach nur ein Schlagwort der Armen? Oder sind diese Fragen gar nicht zu klären, weil es zu all diesen Problemen grundsätzlich »zweierlei Auffassungen [...] bei den Philosophen in Hellas« gibt [4]?

Ausgangspunkt: Sophistik und Sokrates

An dieser Stelle zeigt sich ein enger Zusammenhang zwischen Philosophie und Politik, der in einem antiken Stadtstaat wie Athen noch besser zu sehen ist als in den schwer durchschaubaren Strukturen unserer in viel höherem Maße arbeitsteiligen Gesellschaft heute. Sokrates' Bemühungen machen deutlich, daß jede Auseinandersetzung mit der Sophistik sich auf deren Boden abspielen muß. Das heißt, die Antwort kann jetzt nicht mehr »naiv« etwa aus der Religion oder dem Brauchtum hergeleitet werden, sondern muß in einem komplizierten Frage- und Begründungsverfahren gesucht werden. Mit der Sophistik ist das Wissen ein reflektiertes Wissen, ist Reflexionswissen geworden. Es ist zur Einsicht gekommen. Sokrates weist in einem weiteren Denkschritt das Ungenügen des sophistischen Relativismus auf. Aber gelangt Sokrates, der radikale Kritiker der Sophisten, wirklich über seine Gegner hinaus? Kann das Ziel des Wissens die Einsicht in das eigene Nichtwissen sein, wie es für ihn kennzeichnend ist? Muß das Wissen nicht, seinem eigenen Anspruch nach, auch in der Lage sein, eine positive Antwort auf die Fragen der Zeit zu geben? Hier setzt die Denkarbeit des Schülers an, die ihn zur Eigenständigkeit führt.

Platons Antwort besteht in der Entwicklung eines ganz neuen Begriffs von Philosophie. Er wird deutlich durch eine Gegenüberstellung zu der Auffassung von Philosophie, wie sie zu seiner Zeit üblich war. In der Sophistik heißt »Philosophie« eigentlich soviel wie rationale Weltauffassung, wissenschaftliche Betätigung überhaupt bzw. Bildung, die man durch Bezahlung erhalten kann. Im Volk verstand man unter den Philosophen Atheisten und Wortedrechsler, die nutzlose oder gefährliche Ansichten verbreiteten. Plastisch kommt das zum Ausdruck in den *Wolken*, einer Komödie von Aristophanes:

Kritik der Sophistik in der Komödie

»So komm mal her: schau, dort,
Siehst du die kleine Tür dort und das Häuschen?«
»Das seh ich. Was hat's damit auf sich, Vater?«
»Das ist die Denkerwerkstatt weiser Seelen!
Drin wohnen Männer, die dir glatt beweisen,
Der Himmel sei'ne Art von Bäckerofen,

Und der sei um uns 'rum, und wir die Kohlen.
Die lehren reden dich, wenn du gut zahlst,
Daß du in Recht und Unrecht stets gewinnst.«
»Wer ist denn das?« – »Das weiß ich nicht genau;
Profunde Denker sind's, gar noble Herren.«
»Ach die? Die Gauner kenn ich: windige Brüder,
Blaßschnäbel, Barfußläufer; meinst du die?« […]

»Geh hin und lern!« »Und was soll ich dir lernen?«
»Bei ihnen gibt's, so sagt man, zwei der Reden,
Und zwar die stärkere und die schwächere.
Von diesen zwei'n die eine, nämlich die schwächere,
Gewinnt, sagt man, auch wenn sie unrecht hat.
Wenn du mir nun die Unrechtsrede lernst,
Brauch von den deinethalb gemachten Schulden
Ich keine Pfennig mehr zu zahlen!«

Für Platon hingegen bedeutet Philosophie ein Streben nach Weisheit, das höchste, wozu der Mensch überhaupt gelangen kann: »ein größeres Gut als sie, von Gott den Menschen gegeben, ist weder gekommen noch wird es je kommen« *(Timaios)*. Diese Stellung kommt ihr zu, weil es ohne Philosophie kein richtiges Erkennen und kein richtiges Handeln geben kann, und weil nur die Philosophie den Ausweg aus der Krise zeigen kann. Diese Auffassung kommt ganz direkt zum Ausdruck in dem brühmten Satz im *Staat (Politeia)*, daß im richtigen Gemeinwesen Philosophie und Herrschaft zusammenfallen müßten. In diesem Buch läßt Platon Sokrates den wahren Staat entwickeln. Dann aber drängt ihn sein Gesprächspartner Glaukon, er solle doch zeigen, wie es möglich sei, daß ein solcher Staat existiere. Nach vielen Ausflüchten antwortet Sokrates endlich: »Es soll also gesagt werden, und sollte es mich auch mit Schmach und Gelächter ordentlich wie eine aufsprudelnde Welle überschütten. […] Wenn nicht entweder die Philosophen König werden in den Staaten oder die jetzt sogenannten Könige und Gewalthabor wahrhaft und gründlich philosophieren und also dieses beides zusammenfällt, die Staatsgewalt und die Philosophie […], eher gibt es keine Erholung für die Staaten, lieber Glaukon, und ich denke auch nicht für das menschliche Geschlecht […]. Aber dies ist es eben, was mir schon lange Bedenken macht zu reden, weil ich sehe, wie es gegen aller Menschen Meinung angeht.«. Platon läßt den Glaukon erwidern: »O Sokrates, du hast eine solche Rede ausgestoßen, daß du nur glauben kannst, es werden nun gar viele und gar nicht schlechte ordentlich die Kleider abwerfend und nackt, was jedem für eine Waffe in den Weg kommt ergreifend, aus allen Kräften gegen sich anlaufen […], so daß, wenn du sie nicht abwehrst in der Rede und ihnen entkommst, du zur Strafe in der Tat wirst zerissen werden.« [5] Welches Konzept des Wissens schwebt Platon vor, wenn für ihn die Philosophie eine so hohe Stellung einnimmt?

Stellung der Philosophie bei Platon

Wenn die Philosophie für Platon ein Streben nach Weisheit ist, so steckt in diesem Verständnis schon der Gedanke eines Weges, genauer: einer Stufenfolge, die der Erkennende sozusagen aufsteigen muß. Denn Platon stellt grundsätzlich »Wahrnehmen« und »Erkennen« bzw. »Meinung« *(dóxa)* und »Wissen« *(epistéme)* gegenüber. Das tut er auf verschiedene Weise an vielen Stellen seines Gesamtwerkes. In dem berühmten Liniengleichnis in Buch 6 der *Politeia* unterteilt er eine Linie in vier Abschnitte, die vier Stufen des Wissens darstellen:

Stufen der Erkenntnis

- Die indirekte sinnliche Wahrnehmung – etwa wenn wir Spiegelbilder von Dingen im Wasser sehen und darüber Vermutungen anstellen.
- Die direkte sinnliche Wahrnehmung – all das, was in den Bereich der unmittelbaren Erfahrung fällt. Aufgrund dieser – doch immer verschiedenen – Erfahrung kommen die Menschen zu einer Meinung oder zu einem Glauben, wie es sich mit der Wirklichkeit verhält. Diese beiden Abschnitte der Linie stellen den Bereich der Wahrnehmung dar, der, für sich genommen, noch keine Wahrheit enthält. Zur Wahrheit gelangen wir erst im Bereich des Wissens *(epistéme)*, den Platon nochmals in einer für ihn ganz charakteristischen Weise unterscheidet:
- Der Bereich der Wissenschaft. Modell ist hier die Mathematik, die, indem sie sich sinnlicher Bilder und Konstruktionen bedient, auf ein Nichtsinnliches abzielt – der verstandesmäßigen Erkenntnis ihrer Gegenstände, Verfahrensweisen und Aufgaben.
- Die echte philosophische Erkenntnis, die zu den Ideen vordringt. Nach dem Gleichnis verhalten sich der Bereich der Ideen zu den wissenschaftlichen Begriffen wie in der sinnlichen Welt die wahrgenommenen Dinge zu ihrer Spiegelung im Wasser [6]. Was ist nun unter diesen Dingen zu verstehen, und wie können sie erkannt werden?

Ideenlehre

Im Griechischen bedeutet das Wort »Idee« (*eidos* oder *idéa*, von *idein*, sehen) ursprünglich »Bild«, »Aussehen«, »Gestalt«. Wir verwenden es heute auf verschiedene Weise. Wenn wir sagen: »Ich habe eine Idee«, so bedeutet das soviel wie »Einfall« oder »Gedanke«. Wenn wir aber jemandem lange zugehört haben und dann sagen: »Ich habe die Idee von dem, was du gesagt hast, noch nicht verstanden«, bedeutet das soviel wie: »Ich habe nicht verstanden, was du mir eigentlich mitteilen wolltest«. In diesem zweiten Sinne bedeutet »Idee« bei Platon das, was eigentlich wirklich ist hinter und in dem Vielen, das wir als Wirklichkeit wahrnehmen. So nennen wir z. B. Dinge, die wir sehen, »schön«. Platon geht aber erheblich weiter und unterscheidet diese schönen Dinge von dem »Schönen« selbst. Es gibt ein »Schönes an sich«, eine Idee des Schönen, durch die erst die vielen schönen Dinge schön sind. Und erst wenn diese Idee des Schönen durch das schauende Denken erkannt wird, kann von wirklicher Erkenntnis die Rede sein. Ebenso nennen wir z. B. einen Laubfrosch und einen Elefanten trotz aller sonstigen beträchtlichen Unterschiede »Tier«, weil sie beide an

methexis – »Teilhabe«

der »Idee des Tieres« teilhaben: »Die Dinge partizipieren insofern an der Ideenwelt, als die Ideen die urbildlichen Formen der Dinge sind. Nach dem Gesagten ist immer dann eine Idee anzusetzen, wenn das Denken eine Einheit in der Vielheit erfaßt« [7]. So lautet eine Stelle im *Staat*: »Vieles Schöne, sprach ich, und vieles Gute und alles dieses sonst nehmen wir doch an und bestimmen es uns durch Erklärung. – Das nehmen wir an. – Dann aber auch wieder das Schöne selbst und das Gute selbst und so auch alles, was wir vorher als vieles setzten, setzen wir als *eine* Idee eines jeden [...]. – So ist es. – Und von jenem vielen sagen wir, daß es gesehen werde, aber nicht gedacht; von den Ideen hingegen, daß sie gedacht werden, aber nicht gesehen.« Wie nun die Existenz der Ideen zu verstehen und wie ihr Verhältnis zu den Dingen, deren Idee sie sind, präzis zu fassen ist, bleibt nach wie

höchstes – und schwierigstes – Erkenntnisziel: die Idee des Guten

vor eine umstrittene Frage. Die höchste Idee ist für Platon die Idee des Guten. Ohne das Wissen um das Gute kann nichts erkannt und kann daher auch nicht richtig gehandelt werden (ein fanatisch Gerechter z.B. wird leicht ungerecht!). Gerade das Gute, die »Sonne der Ideen«, ist aber am schwierigsten zu erkennen. Auffällig ist auch, daß Platon häufig Bilder und Gleichnisse benutzt, um das Verhältnis der Ideen zur Wirklichkeit zu veranschaulichen – es kann also nicht aufs Geratewohl bestimmt, sondern muß durch sprachliche und bildliche Hilfsmittel über Umwege dargestellt werden (Platon hält die Sprache generell für mangelhaft, um über die Ideen zu handeln. Das gilt insbesondere für die Form der schriftlichen Abhandlung). Schlüsselbegriffe zur Charakterisierung der Beziehung sind das Verhältnis von »Urbild« und »Abbild« sowie der Begriff der »Teilhabe« (die Dinge haben an den Ideen »teil«). So ist es nicht verwunderlich, daß es in der Geschichte der Platondeutung zu sehr unterschiedlichen Interpretationen der Ideenlehre gekommen ist. Stark vereinfacht kann man zwei Grundrichtungen gegenüberstellen:

zwei Interpretationsansätze

– Platon als Vertreter einer »Zweiweltenlehre«, in der sich die Welt der unwandelbaren, hierarchisch geordneten, reinen Ideen und die »wirkliche« Welt unvermittelt gegenüberstehen. Diese Auffassung ist noch immer vorherrschend. Platon erscheint hier leicht als weltentrückter Mystiker, der in der reinen Ideenschau versinkt.
– Eine eher nüchterne Interpretation der Ideenlehre vorwiegend unter sprachphilosophischen und erkenntnistheoretischen Gesichtspunkten (die Idee als die Existenz des Allgemeinbegriffs). Diese Interpretationsrichtung wirft den Vertretern der Zweiweltenlehre eine Dogmatisierung Platons vor.

Beide Auffassungen lassen sich von den Texten her vertreten. Es zeigt sich hier die Vieldeutigkeit von Platons Philosophie. Die Ideenlehre schillert zwischen erkenntnistheoretischen und ontologischen (ein eigenes Sein der Ideen annehmenden) Bestimmungen.

Was ebenfalls zum Bild des »Schwärmers« Platon beigetragen hat, ist seine Auffassung vom Eros als Antrieb allen Philosophierens. Philosophie ist für Platon noch nicht die einseitige theoretische Tätigkeit, als die sie später verstanden wird, sondern ein den ganzen Menschen umfassendes, sein ganzes Leben leidenschaftlich ergreifendes Streben nach Erkenntnis, Schönheit und Gerechtigkeit. Daher wurzelt die Philosophie im Eros, was eigentlich das sinnliche Verlangen meint, das beim Anblick einer schönen Gestalt – etwa eines Knaben – erwacht. Im *Gastmahl* hat Platon dem Eros überschwenglich gehuldigt. Die Begeisterung für das Schöne führt immer höher bis zur Idee des Schönen selbst: »Denn dies ist die rechte Art [...], daß man von diesem einzelnen Schönen beginnend jenes einen Schönen wegen immer höher hinaufsteige, gleichsam stufenweise von einem zu zweien, und von zweien zu allen schönen Gestalten, und von den schönen Gestalten zu den schönen Sitten und Handlungsweisen, und von den schönen Sitten zu den schönen Kenntnissen, bis man von den Kenntnissen [...] zuletzt jenes selbst, was schön ist, erkenne. Und an dieser Stelle des Lebens [...], wenn irgendwo, ist es dem Menschen erst lebenswert.«

Antrieb und Methode des Philosophierens

Eros

Der Eros als ein Verlangen nach dem Besitz der Wahrheit bedarf jedoch der richtigen Methode, um sie wirklich zu erreichen. Diese »höchste Wissenschaft« ist die Dialektik. Dialektik meint hier das richtige Verfahren im Dialog: »Sie besteht darin, es zu lernen, angesichts jeden in Betracht gezogenen ›konkreten‹ Problems Fragen zu formulieren, vermöge derer das Problem in einer so korrekten Form gestellt wird, daß im Fortschreiten die richtige Antwort nicht ausbleiben kann« [8]. Erst die Dialektik sichert den richtigen Umgang mit den Begriffen. Sie ist Philosophie im eigentlichen Sinne: »wenn einer unternimmt, durch Dialektik [...] mittels des Wortes und Gedankens zu dem selbst vorzudringen, was jedes ist, und nicht eher abläßt, bis er, was das Gute selbst ist, mit der Erkenntnis gefaßt hat, dann ist er an dem Ziel alles Erkennbaren.«

dialektische Methode

Platons Anthropologie

Anthropologie bedeutet »Lehre vom Menschen«. Sie steht immer in engstem Zusammenhang mit der Erkenntnis- und Gesellschaftstheorie eines Philosophen. Denn wer z. B. annimmt, daß es dem Menschen »von Natur« her unmöglich ist, zur Wahrheit vorzudringen – etwa durch einen ursprünglichen Sündenfall – wird dies auch in seiner Erkenntnistheorie berücksichtigen müssen; und wer z. B. annimmt, daß der Mensch von seiner natürlichen Beschaffenheit her ausgesprochen egoistisch ist, wird in seiner Gesellschaftsphilosophie der Freiheit wohl nur wenig Spielraum lassen können. Platons Anthropologie unterscheidet drei Seelenteile: die Begierde, den Willen und das Denken. Aufgabe des Menschen ist es, zu einer Harmonie dieser drei Seelenteile unter der Leitung der Vernunft zu gelangen. Wie insbesondere von Nietzsche kritisch festgestellt wurde, setzt

Vorrang der Vernunft, Abwertung der Sinnlichkeit

mit Platon die philosophische Tradition der Abwertung der menschlichen Sinnlichkeit ein, da der wichtigste Seelenteil für Platon natürlich die Vernunft ist. Sie, die allein zur Erkenntnis der ewigen Ideen fähig ist, ist ihnen »ähnlich« (nach dem Grundsatz des Empedokles: »Gleiches wird durch Gleiches erkannt«). Platon versucht daher mehrfach, vor allem in dem Dialog *Phaidon*, den Nachweis der Unsterblichkeit der Seele zu führen. Er nimmt an, daß die unsterbliche Seele mit der Geburt eines Menschen sich mit den übrigen Seelenteilen vermischt. Dessen Aufgabe ist es, sich im Laufe des Lebens von den »Fesseln der Sinnlichkeit« zu befreien: »Wann also trifft die Seele die Wahrheit? [...] Sie denkt offenbar am besten, wenn nichts von diesem sie trübt, weder Gehör noch Gesicht noch Schmerz noch Lust, sondern sie am meisten ganz für sich ist, den Leib gehen läßt und soviel irgend möglich ohne Gemeinschaft und Verkehr mit ihm dem Seienden nachgeht. – So ist es. – Also auch dabei verachtet des Philosophen Seele am meisten den Leib, flieht vor ihm und sucht für sich allein zu sein? – So scheint es.« In diesem Zusammenhang steht auch die sog. Anamnesis-Lehre. Platon vertritt wiederholt die Auffassung, daß alles Lernen eigentlich ein Wiedererinnern *(anámnesis)* der Seele sei dessen, was sie vor der Geburt schon geschaut habe. Zu Recht wurde allerdings betont, daß es sehr schwierig ist, den »rationalen Kern« dieser im Dialog *Menon* mit Berufung auf priesterliche Autoritäten eingeführten Lehre zu fassen [9].

Höhlengleichnis

Im siebten Buch des *Staates* steht das berühmte Höhlengleichnis:
»Hierauf vergleiche nun, fuhr ich fort, unsere Natur in bezug auf Bildung und Unbildung mit folgendem Erlebnis. Stelle dir Menschen vor in einer unterirdischen, höhlenartigen Behausung; diese hat einen Zugang, der zum Tageslicht hinaufführt, so groß wie die ganze Höhle. In dieser Höhle sind sie von Kind auf, gefesselt an Schenkeln und Nacken, so daß sie an Ort und Stelle bleiben und nur geradeaus schauen; ihrer Fesseln wegen können sie den Kopf nicht herumdrehen. Licht aber erhalten sie von einem Feuer, das hinter ihnen weit oben in der Ferne brennt. Zwischen dem Feuer und den Gefesselten aber führt oben ein Weg hin; dem entlang denke dir eine kleine Mauer errichtet, wie die Schranken, die die Gaukler vor den Zuschauern aufbauen und über die hinweg sie ihre Kunststücke zeigen. [...]
Stelle dir nun längs der kleinen Mauer Menschen vor, die allerhand Geräte vorübertragen, so, daß diese über die Mauer hinausragen, Statuen von Menschen und anderen Lebewesen aus Stein und aus Holz und in mannigfacher Ausführung. Wie natürlich, redet ein Teil dieser Träger, ein anderer schweigt still.«
»Ein seltsames Bild führst du da vor, und seltsame Gefesselte«, sagte er.

Sie sind uns ähnlich, erwiderte ich. Denn erstens: glaubst du, diese Menschen hätten von sich selbst und voneinander je etwas anderes zu sehen bekommen als die Schatten, die das Feuer auf die ihnen gegenüberliegende Seite der Höhle wirft? »Wie sollten sie«, sagte er, »wenn sie zeitlebens gezwungen sind, den Kopf unbeweglich zu halten?«

Was sehen sie aber von den Dingen, die vorübergetragen werden? Doch eben dasselbe?

»Zweifellos.« [...]

Auf keinen Fall, fuhr ich fort, könnten solche Menschen irgend etwas anderes für das Wahre halten als die Schatten jener künstlichen Gegenstände.

»Das wäre ganz unvermeidlich«, sagte er.

Überlege dir nun, fuhr ich fort, wie es wäre, wenn sie von ihren Fesseln befreit und damit auch von ihrer Torheit geheilt würden; da müßte ihnen doch naturgemäß folgendes widerfahren: Wenn einer aus den Fesseln gelöst und genötigt würde, plötzlich aufzustehen, den Hals zu wenden, zu gehen und gegen das Licht zu schauen, und wenn er bei all diesem Tun Schmerzen empfände und wegen des blendenden Glanzes jene Dinge nicht recht erkennen könnte, deren Schatten er vorher gesehen hat – was meinst du wohl, daß er antworten würde, wenn ihm jemand erklärte, er hätte vorher nur Nichtigkeiten gesehen, jetzt aber sei er dem Seienden näher und so, dem eigentlicher Seienden zugewendet, sehe er richtiger? [...] Und wenn man ihn gar nötigte, das Licht selber anzublicken, dann schmerzten ihn doch wohl die Augen, und er wendete sich ab und flöhe zu den Dingen, die er anzuschauen vermag, und glaubte, diese seien tatsächlich klarer als das, was man ihm jetzt zeigt?

»Es ist so«, sagte er.

Schleppte man ihn aber von dort mit Gewalt den rauhen und steilen Aufgang hinauf, fuhr ich fort, und ließe ihn nicht los, bis man ihn an das Licht der Sonne hinausgezogen hätte – würde er da nicht Schmerzen empfinden und sich nur widerwillig schleppen lassen? Und wenn er ans

links: Innenbild einer Schale, Anfang des 5. Jahrhunderts v. Chr.: Während eines Symposions lauscht man den Flötenklängen und berauscht sich am Wein.

rechts: Innenbild einer Schale aus der selben Zeit: Nach dem Symposion ist dem Philosophen schlecht, sein Kopf muß gekühlt werden

Licht käme, hätte er doch die Augen voller Glanz und vermöchte auch rein gar nichts von dem zu sehen, was man ihm nun als das Wahre bezeichnete?
»Nein«, erwiderte er, »wenigstens nicht im ersten Augenblick.«
Er müßte sich also daran gewöhnen, denke ich, wenn er die Dinge dort oben sehen wollte. [... Platon schildert, wie dieser Mensch allmählich die Sonne als Quell alles Lebens erkennt].
Wenn er nun aber an seine erste Behausung zurückdenkt und an die Weisheit, die dort galt, und an seine damaligen Mitgefangenen, dann wird er sich wohl zu der Veränderung glücklich preisen und jene bedauern – meinst du nicht?
»Ja, gewiß«. [...]
Wenn so ein Mensch wieder hinunterstiege und sich an seinen alten Platz setzte, dann bekäme er doch seine Augen voll Finsternis, wenn er so plötzlich aus der Sonne käme? »Ja, gewiß«, erwiderte er.
Wenn er dann aber wieder versuchen müßte, im Wettstreit mit denen, die immer dort gefesselt waren, jene Schatten zu beurteilen, während seine Augen noch geblendet sind und sich noch nicht wieder umgestellt haben (und diese Zeit der Umgewöhnung dürfte ziemlich lange dauern), so würde man ihn gewiß auslachen und von ihm sagen, er komme von seinem Aufstieg mit verdorbenen Augen zurück und es lohne sich nicht, auch nur versuchsweise dort hinaufzugehen: Wer aber Hand anlegte, um sie zu befreien und hinaufzuführen, den würden sie wohl umbringen, wenn sie nur seiner habhaft werden und ihn töten könnten:
»Ja, gewiß«, sagte er.«

Entwurf einer gerechten Gesellschaft

Platon stellt hier gleichnishaft den Bildungsgang und die Situation des Philosophen dar, der zum Wissen um das Gute gelangt – die Idee des Guten wird »unter dem Erkennbaren als letztes und nur mit Mühe gesehen«. Das Entscheidende ist aber, daß der Philosoph im folgenden wieder in die Welt der Menschen zurückkehren muß – es ist ihm nicht vergönnt, sich an der Idee des Guten sozusagen privat zu sonnen: »Ihr müßt also nun wieder herabsteigen [...] zu den Wohnungen der übrigen und euch mit ihnen gewöhnen, das Dunkle zu schauen. Denn gewöhnt ihr euch hinein: so werdet ihr tausendmal besser als die dortigen sehen und jedes Schattenbild erkennen [...], weil ihr das Schöne, Gute und Gerechte selbst in der Wahrheit gesehen habt. Und so wird uns und euch der Staat wachend verwaltet werden und nicht träumend.« Das Wissen des Philosophen soll nicht Privatsache bleiben, sondern allen Menschen zugute kommen. In zwei großen Dialogen, dem *Staat (Politeia,* von *pólis)* und den *Gesetzen (Nomoi),* hat Platon daher versucht, das Modell einer gerechten Gesellschaft als Gegenentwurf zu den Verhältnissen seiner Zeit zu umreißen.

Die *Gesetze,* sein großes Alterswerk, sind Fragment geblieben und wurden von einem Schüler herausgegeben. Beide Entwürfe unterscheiden sich dadurch, daß der *Staat* die »beste«, die *Gesetze* die »zweitbeste«, also mehr den wirklichen Bedingungen seiner Zeit angepaßte Verfassung beschreiben.

Bedürfnis als Klammer des Zusammenlebens

Ausgehend von der Frage nach der Gerechtigkeit lassen die Gesprächsteilnehmer »in Gedanken eine Stadt entstehen«, da sie hoffen, so an einem größeren Ganzen das Entstehen von Gerechtigkeit und Ungerechtigkeit besser erkennen zu können. Es ist sehr interessant, daß Platon die Stadt aus dem Bedürfnis entstehen läßt, »weil jeder einzelne von uns sich selbst nicht genügt, sondern vieler bedarf«. Er nimmt also eine bestimmte Stufe von Arbeitsteilung und Warenaustausch als vorteilhaft und notwendig an. Dieser »gesunden Stadt«, in der jeder innerhalb seines Berufes »*eines* seiner Natur gemäß und zur rechten Zeit [...] verrichtet«, stellt er die »üppige Stadt« gegenüber. Sie ist durch den Luxus gekennzeichnet, ein Übermaß von Begierden, das alle »natürlichen« Schranken und Bindungen zerstört: Diese Kritik des Luxus und des Geldes, die sich durch die ganze *Politeia* zieht, findet sich bei vielen Dichtern und Theoretikern der Antike: Denn die antiken Gemeinwesen haben zwar auf einer bestimmten Stufe das Geld entwickelt, beruhen aber, grundsätzlich gesehen, noch nicht auf der Geldwirtschaft: Es sind Mischformen auf agrarisch-naturalwirtschaftlicher Grundlage. Demgemäß spielen hier »natürlichere« Bindungen wie Sitte, Brauchtum und Religion noch eine viel größere Rolle als in der bürgerlichen Gesellschaft: Die dem Geld innewohnende Macht wird daher in der Antike häufig als etwas Naturwidriges und Bedrohliches empfunden [10]. In der *Antigone*, der großen Tragödie des Sophokles, ist diese Einstellung beispielhaft ausgedrückt:

> »Denn unter allem, was in Brauch ist unter den Menschen,
> Erwuchs so schlimm nichts wie das Geld! Dieses zerstört
> Selbst Städte, dieses treibt Männer von den Häusern,
> Dies lehrt und es verkehrt den rechten Sinn
> Der Menschen, üblem Tun sich zuzuwenden.
> Wie man zu allem fähig wird, zeigt es den Menschen
> Und jede Art Gottlosigkeit zu wissen.«

Es überrascht also nicht, daß Platon die Bewohner seines Gedankenstaates jeweils auf eine *bestimmte* Tätigkeit festgelegt haben will: Ja, er faßt »Gerechtigkeit« geradezu als »daß jeder das Seinige verrichtet«. Woher aber wissen, was »das Seinige«, der Natur eines jeden Menschen Entsprechende ist? Platon greift hier auf seine Anthropologie zurück, die ja drei Bestandteile der Seele unterscheidet: das Begehrliche, das Mutige und das Vernünftige. Je nach der Vorherrschaft eines dieser Seelenteile in einem Menschen teilt er ihn einem der drei Stände zu, in die er das Ganze untergliedert. Es sind dies das Volk, die »Hüter« (Krieger) und die Regierenden (Philosophen). Das Volk sichert durch Ackerbau und beschränktes Gewerbe die wirtschaftlichen Grundlagen des Gemeinwesens. Es gibt hier Privateigentum und Familienstrukturen. Dem durch einen Ausleseprozeß gebildeten Kriegerstand hingegen ist – der oben skizzierten Einschätzung des Geldes gemäß – aller Privatbesitz verwehrt. Die Krieger sollen gemeinschaftlich leben bis hin zur Frauen- und Kindergemeinschaft. Große Aufmerksamkeit wird der Erziehung beigemessen, wobei Platon bemerkenswerterweise die gleiche Erziehung für Jungen und Mädchen fordert. Durch nochmalige Auslese und philosophische Unterweisung zeichnet sich der Stand der Regierenden aus, die aufgrund ihrer philosophischen Einsicht zur Gesetzgebung und deren Überwachung berufen sind. Das Ziel des Staates ist die Glückseligkeit aller, indem jeder das seiner Natur Gemäße gemeinschaftlich in Harmonie mit dem Ganzen verwirklicht.

Gliederung in Stände

Da im *Staat* auch Begriff und Ursachen der Gerechtigkeit untersucht werden sollen, nimmt Platon in Buch VIII eine Kritik der bestehenden Verfassungen vor. Er unterscheidet grundsätzlich fünf Verfassungsformen: Aristokratie, Timokratie, Oligarchie, Demokratie und Tyrannis. Auch hier werden wieder Verfassungsformen und charakterliche Eigenschaften des Individuums in Verbindung gebracht. Den eigenen idealen Staatsentwurf bezeichnet Platon als Aristokratie, als »Herrschaft der Besten«. Durch Mißgeschicke bei der Kindererzeugung entsteht ein schlechterer Charaktertyp, der sich durch Vorliebe für Krieg und Eigentum auszeichnet (Timokratie, auf das Verlangen nach Reichtum gegründet). Er steht wertmäßig zwischen Aristokratie und Oligarchie (Herrschaft der Besitzenden), in der die Geldgier zum alleinigen Ziel erhoben wird, die Tugend demgemäß verschwindet: »Oder verhalten sich nicht Tugend und Reichtum so, daß immer, als läge auf jeder Schale der Waage eines, sie sich gegenseitig einander in die Höhe schnellen?« Präzise beschreibt Platon die Situation der meisten griechischen Stadtstaaten: »Ein solcher Staat ist notwendig nicht einer, sondern zwei; den einen bilden die Armen, den anderen die Reichen, welche beide, sich gegenseitig immer auflauernd, zusammenwohnen.« – Diese für den Bürgerkrieg anfällige Verfassung geht notwendig in die Demokratie über, »wenn die Armen den Sieg davontragen«. Platon beurteilt die demokratische Verfassung sehr kritisch, da er in ihr die persönliche Willkür zum Prinzip erhoben sah. Aus Unersättlichkeit nach Freiheit muß die Demokratie daher in ihr Gegenteil, die Tyrannis umschlagen. Der Tyrann (Gewaltherrscher) wird als der Mensch charakterisiert, der allein seinen Begierden lebt.

»Maß und Mitte« als Ziel

Dem Kreislauf dieses Abstiegs der Verfassungen liegt, wie in der Gegenüberstellung der »gesunden« mit der »üppigen« Stadt, die jeweilige Beziehung der Menschen zum Reichtum bzw. ihr jeweiliges Maß an wirklicher Gemeinschaftlichkeit zugrunde. »Reichtum« und »Tugend« stehen sich krass gegenüber – eine Wertschätzung, die sich erst zu Beginn der Neuzeit mit der »protestantischen Ethik« verändern wird [→ S. 127, 162 ff.]. Die Suche nach dem »rechten Maß« (z. B. in der Unterscheidung von notwendigen und überflüssigen Bedürfnissen) ist ganz bestimmend für Platons Denken wie für die meisten Philosophen der Antike überhaupt. Sie entspricht einer Gesellschaftsformation, die zwar eine gewisse Stufe von Arbeitsteilung, Handel, erweiterten Bedürfnissen erreicht hat, aber noch nicht, wie die bürgerliche Gesellschaft, vom Prinzip des Gelderwerbs »ergriffen« ist (wie Marx es ausdrücken wird). Daher findet sich am Ende des *Staates* als höchstes Ziel, »ein mittleres Leben zu wählen und sich vor dem Übermäßigen nach beiden Seiten hin zu hüten [...]. Denn so wird der Mensch am glückseligsten.«

Kritik an Platon

Platons Staatsentwurf wurde häufig als »Diktatur einer Aristokratie«, als »Erziehungsdiktatur« oder auch als »bloße Utopie« kritisiert. Problematisch ist in der Tat etwa die in der *Politeia* entwickelte Kritik der Dichter: Platon will nur »positive« Werke zulassen, da die Dichtkunst im allgemeinen nur auf Erregung von Leidenschaften und nicht auf Wahrheit abziele. Problematisch ist ebenfalls das »Spezialistentum« der Philosophen. Platon muß einen hohen Preis zahlen, um die Wahrheit »rein« zu erhalten. Der pauschale Vorwurf der »Diktatur« geht jedoch an grundlegenden geschichtlichen Sachverhalten vorbei, die bei solchen Beurteilungen immer berücksichtigt werden müssen. Die Antike kennt noch nicht den Begriff des »autonomen Subjekts«, wie er für die moderne bürgerliche Gesellschaft (z. B. in den Grundrechten) bestimmend geworden ist. Man kann daher Platons Entwurf nicht einfach an der Elle des neuzeitlichen Freiheitsbegriffs messen. Das antike Denken geht primär vom »Kosmos«, der Ordnung des Ganzen aus. Der Einzelne wird von dieser Ordnung her als Teil gedacht, indem ihm darin ein bestimmter Platz zugewiesen wird. Der Vorwurf der Utopie müßte sich selbst erst rechtfertigen, wenn er weiter als Vorwurf erhoben werden soll. Gehört nicht das kritische Träumen zu den wichtigsten Möglichkeiten des Menschen?

Der *Staat* und die *Gesetze* sind als Entwürfe, gedankliche Konstruktionen zu verstehen, nicht als unmittelbare Anleitung im Sinne eines politischen Programms. Um so bedeutsamer ist es, daß Platon vor der Frage der geschichtlichen Verwirklichung seiner Vorstellungen nicht zurückgeschreckt ist – die zur Philosophie gehörende Spannung zwischen Theorie und Praxis tritt hier schon mit ihrer ersten wirklich umfassenden Ausprägung zutage. Darin liegt die Bedeutung der drei Reisen nach Sizilien, über die der im Alter verfaßte *Siebente Brief* ausführlich Rechenschaft ablegt. Um 389/388, mit fast vierzig Jahren, unternahm Platon eine erste ausgedehnte Reise in die Griechenstädte Unteritaliens und Siziliens. Es ist anzunehmen, daß es ihm dabei hauptsächlich um die Begegnung mit den dort sehr einflußreichen Pythagoreern ging (starke Elemente pythagoreischen Denkens finden sich immer wieder in seinen Dialogen). In Syrakus, der Hauptstadt des von politischen Unruhen erschütterten Sizilien, lernte er den Tyrannen Dionysios I. kennen, mit dem es bald zu Verstimmungen kam. Dessen Schwager Dion erwies sich als sehr empfänglich für Platons Philosophie, und beide schlossen eine enge Freundschaft. Die *Politeia* muß nach dieser ersten Sizilienreise verfaßt worden sein. Bei der Diskussion um die Möglichkeit des idealen Staates läßt Platon den Sokrates fragen: »Sollte aber das wohl jemand bezweifeln, daß Söhne von Königen oder Gewalthabern könnten geboren werden mit philosophischer Natur? [...] Aber *ein* solcher, der einen folgsamen Staat findet, ist ja genug, um alles ins Werk zu richten, was jetzt so unglaublich gefunden wird.« Dies ist Platons – allerdings sehr fragliche – Überzeugung. Sie war das Motiv, im Jahre 367/366 einer Einladung von Dionysios II., dem Sohne des Tyrannen, zu folgen: »Als ich daher die Sache erwog und schwankte, ob ich die Reise unternehmen und ihm Gehör geben solle oder nicht, entschied ich mich für die Ansicht, es tun und jetzt versuchen zu müssen, ob irgend jemand es unternehmen werde, einmal meine Gedanken über Gesetze und Verfassungen auszuführen: denn wenn ich nur den einen vollständig überzeugte, würde ich so alles Gute bewirkt haben. Mit diesen Gedanken und solchem Vertrauen segelte ich von Hause ab [...], hauptsächlich, weil ich Scheu vor mir selber hegte, mein ganzes Wesen möchte mir selbst geradezu als bloße Worte erscheinen, ohne irgend aus freier Wahl Hand an irgendeine Tat zu legen.«

Der Versuch scheiterte. Platons Freund Dion, der an der Regierung beteiligt worden war und Reformen durchführen wollte, mußte wegen politischer Verdächtigungen das Land verlassen. Zwischen Platon und den Beratern des Königs kam es zum Konflikt, woraufhin er 365 nach Athen zurückkehrte. Auch eine dritte Einladung nach Syrakus, der er 361/360 nach langem Zögern gefolgt war, endete ergebnislos. Platon zog sich daraufhin endgültig vom unmittelbaren politischen Leben zurück. Hat die Ergebnislosigkeit des sizilianischen Unternehmens zu der Resignation, die in den Zügen seines Altersporträts zu erkennen ist, beigetragen?

In die Zeit nach der ersten Sizilienreise fällt die Gründung einer eigenen Schule in der Nähe Athens, der Akademie. Nach dieser Schule, die ihren Namen von einem lokalen Heros Hekademos ableitet, benennen sich alle »Akademien« bis heute. Ganz im Unterschied zum heutigen Lehrbetrieb stellte sie zu Platons Zeit eine Art Lebensgemeinschaft zwischen Schulhaupt und Schülern dar, mit asketisch-kultischen Elementen nach pythagoreischem Vorbild. Über den Alltag der Akademie ist wenig bekannt. Sicher ist jedoch, daß neben der Philosophie die Mathematik eine zentrale Stellung innehatte (in der *Politeia* dachte Platon an eine zehnjährige Ausbildung der Philosophen in den mathematischen Wissenschaften, auf die dann fünf Jahre Philosophieunterricht aufbauen sollten). Zahlreiche Stellen in den Dialogen legen einen Rückbezug auf intensive Diskussionen in

Sizilienreisen

Ist die Verwirklichung des politischen Ideals möglich?

Scheitern

Die Akademie

der Akademie nahe, denn bald war hier eine heftige Debatte darüber entbrannt, wie sich das Verhältnis der Ideen zur Welt bestimmen lasse bzw. wovon es Ideen gäbe und wovon nicht. Der Akademie entstammten die besten Mathematiker der Zeit; ihr berühmtester Schüler, Aristoteles, ging bald eigene Wege. Die Akademie brachte zwar in der Folgezeit keine wirklich bedeutenden Philosophen mehr hervor, blieb aber mit ihren verschiedenen Ausprägungen des Platonismus immer eine wichtige Schule in der antiken Philosophie. In erstaunlicher Kontinuität bestand sie mehr als 900 Jahre lang. Da sie sich jedem Ausgleich mit dem Christentum hartnäckig widersetzte, wurde sie 529 von dem oströmischen Kaiser Justinian geschlossen.

Platons Bedeutung

Mit dem Ausdruck »Wirkungsgeschichte« ist ein sehr komplizierter Prozeß gemeint, der sich von der unmittelbaren Wirkung eines Denkers auf seine Zeitgenossen bis zur Frage nach seiner Rolle im heutigen Denken erstreckt: Was hat er Neues in Gang gesetzt? War es ihm, war es seinen Zeitgenossen bewußt? Welche politischen Auswirkungen haben sich ergeben? Welche Motive des Denkens und Handelns waren in der Folgezeit besonders wichtig? Warum wurde er in einem bestimmten Zeitraum vergessen? Warum wurde er mißverstanden? War dieses Mißverständnis notwendig und produktiv? Welche Gegenwart hat er heute? In diesem Sinne seiner Wirkungsgeschichte wird uns Platon dauernd begegnen, von der unmittelbaren Kritik seines Schülers Aristoteles über den Nominalismusstreit im Mittelalter und seine Wiederentdeckung als Philosoph des Schönen in der Renaissance bis zu Nietzsches »Entlarvung« des platonischen Denkens als »höherer Schwindel«. Platons Bedeutung kann aber noch grundsätzlicher gesehen werden. Gedacht wurde vor und nach Platon in vielerlei Formen; die Weisheit des Ostens, die Ägypter oder auch seine griechischen Vorgänger seien hierfür als Beispiel genannt. Platon aber hat »die Philosophie« im engeren Sinne als eine besondere kulturelle Gattung »geschaffen«, indem er die Vernunft neu definiert hat: als ein eigenständiger Bereich des Wissens, mit einer eigenen Methode und einer eigenen Aufgabe. In dem Sinne, daß Platon ein Modell geschaffen hat, auf das sich alles Philosophieren nach ihm – positiv oder kritisch – beziehen muß, sind wir alle, »ob wir wollen oder nicht, ob es uns irritiert oder erfreut, noch heute Schüler Platons« [11].

Aristoteles, der freie Schüler

Was ist ein Klassiker?

»Aristoteles ist ein Klassiker«. Widersprüchliche Gefühle stellen sich bei dieser gängigen Auffassung ein. Ehrfurcht und Distanz: der Mann, dessen Büste wir im Museum bewundern können, ist zugleich sehr weit weg von uns; auf seinem Lorbeerkranz ruht eine dicke Staubschicht. Der Kritische mag dabei auch an die Opfer denken, die seinen Ruhm ermöglicht haben und von denen heute keiner mehr spricht (bekanntlich hat Aristoteles den Sklaven als »lebendiges Werkzeug« definiert). Die geschichtliche Tradition, durch die ein Mann – fast immer sind es Männer – zum Klassiker wird, ist zwiespältig. Sie bewahrt den Zugang zu seinem Denken, indem sie es vor dem Vergessen rettet. Oft aber verstellt sie ihn auch durch feste (»klassische«) Bilder. Ist es bei Platon der »idealistische Schwärmer«, so wurde Aristoteles auf das Gegenteil festgelegt, auf den nüchternen, registrierenden, akademischen Universalgelehrten, »der immer auf alles Antwort gab, gibt und geben wird« [12]. Hegel war der erste, der dieses Bild gründlich korrigiert hat, und bis heute ist man bemüht, im Werk des Aristoteles seine lebendige Originalität wiederzuentdecken.

Die Vorbildlichkeit, die mit dem Werturteil »Klassiker« gemeint ist, kann sicherlich nicht bedeuten, daß man bestimmte Einsichten eines Philosophen als letzte Wahrheiten betrachten soll: »Als klassisch wird man jene Philosophie vielmehr nur deswegen bezeichnen, weil die Art und Weise, in der hier Probleme exponiert, mögliche Lösungen gesucht, verworfen oder akzeptiert und schließlich begründet werden, mit Recht als vorbildlich gilt. Auch von einem Autor, den man in diesem Sinne als Klassiker anerkennt, wird man freilich nicht erwarten, daß er in irgendeiner Hinsicht frei von Fehlern und Irrtümern ist. Man wird aber erwarten können, daß bei ihm auch Irrtümer und Fehler noch von der Art sind, daß man sich von einer Beschäftigung mit ihnen Gewinn versprechen kann.« [13]

Aristoteles

Die hier zum Ausdruck gebrachte Einstellung liegt jenseits von Ehrfurcht und/oder Distanz. Sie will einen produktiven Umgang mit den Klassikern, der die Mühe einer Übersetzung seines Denkens in unsere Sprache und Vorstellungsweise nicht scheut. Und selbst wenn sie ständig auf Nicht-Übersetzbares stößt, kann das sehr wertvoll sein. Nicht im Gleichen, sondern nur im Anderen, im Fremden lernt man sich selbst kennen – sofern es überhaupt begriffen werden kann. Vielleicht ist das Ergebnis in diesem Fall: Aristoteles als Klassiker einer anderen, der griechischen Welt, die Teil unserer Welt ist? – Aristoteles' Leben ist äußerlich bestimmt von dem epochalen Konflikt zwischen der autonomen Polis-Welt, repräsentiert durch Athen, und der neuen Macht des makedonischen Königshauses, die sich 338 in der Schlacht von Chaironea schließlich durchgesetzt hat. Er wurde 384 v. Chr. in Stagira auf der thrakischen Halbinsel Chalkidike als Sohn eines makedonischen Leibarztes geboren. Früh verwaist, kam er mit 17 Jahren nach Athen und trat in Platons Akademie ein. Er gehörte ihr zwanzig Jahre lang an. Durch die Eroberungspolitik des energischen makedonischen Königs Philipp II. breitete sich in Athen eine starke makedonenfeindliche Stimmung aus. Dies war höchstwahrscheinlich der Grund, daß Aristoteles nach Platons Tod (347) Athen verließ und auf Einladung des Platonschülers und Herrschers Hermias in Assos bei Troja eine Art platonische Schule eröffnete. 343/42 berief ihn Philipp II. zum Lehrer seines damals dreizehnjährigen Sohnes Alexander, dem späteren Großen Alexander. Die Bedeutung des Lehrer-Schüler Verhältnisses zwischen Aristoteles und Alexander wurde im Nachhinein meist überschätzt; es währte nur kurz, da Alexander schon bald darauf Regierungsgeschäfte übernahm. 335 kehrte Aristoteles nach Athen zurück und lehrte an einem öffentlichen Platz, dem Lyzeum. In den folgenden dreizehn Jahren entfaltete er hier eine intensive Lehr- und Forschungstätigkeit, wobei ihm seine Schüler zur Seite standen (Beginn der antiken Doxographie: Theophrast z. B. sammelte u. a. die Lehrmeinungen der »Physiker« – d. h. »Naturphilosophen« –; Eudemos verfaßte eine Geschichte der Mathematik und Astronomie). In antiken Quellen wird ausdrücklich bezeugt, daß Aristoteles der erste gewesen sei, der eine größere Bibliothek angelegt hat. Nach dem Tod Alexanders (323) mußte der als makedonenfreundlich geltende Aristoteles Athen verlassen, da er unter dem Vorwand der Gottlosigkeit angeklagt wurde (er soll gesagt haben, daß er den Athenern nicht noch einmal Gelegenheit geben wolle, sich an der Philosophie zu versündigen). Er floh nach Chalkis auf der Insel Euböa, wo er 322 im Alter von 63 Jahren starb.

Biographisches

Das Lyzeum

Der Sinn von Platons Ideenlehre kann kaum eindeutig gefaßt werden; noch weniger eindeutig gelingt es, das Verhältnis des Aristoteles zu seinem

Verhältnis zu Platon

Lehrer zu klären. Beide haben ganz verschiedene Grundeinstellungen, und doch stehen sie in einem gemeinsamen Problem- bzw. Denkzusammenhang. Liegt, vereinfacht gesagt, das Ziel der Philosophie für Platon in der Einsicht in die Idee des Guten und ordnet sich alles Denken und Beurteilen von dieser Idee her, so geht Aristoteles gleichsam unbefangener an die Welt heran. Er »nimmt sie, wie sie ist«, um sie denkend zu durchdringen, d. h. um sie in ihrem Zusammenhang wie in der Verschiedenheit ihrer Teile zu begreifen. Daher kritisiert Aristoteles an vielen Stellen seines Werkes die Ideenlehre Platons: »Es wird vielmehr zweckdienlich sein, das oberste Gut, sofern es als allgemeine Wesenheit gedacht wird, zu betrachten und zu zergliedern, wie das gemeint sei. Freilich wird dies eine peinliche Aufgabe, weil es Freunde von uns waren, welche die »Ideen« eingeführt haben. Und doch ist es zweifellos besser, ja notwendig, zur Rettung der Wahrheit sogar das zu beseitigen, was uns ans Herz gewachsen ist, zudem wir Philosophen sind. Beides ist uns lieb – und doch ist es heilige Pflicht, der Wahrheit den Vorzug zu geben.« [14]

Was heißt »Nachfolge«?

Aus Formulierungen wie diesen erwuchs das Sprichwort: *Amicus Plato, sed magis amica veritas* (Zwar liebe ich Platon, mehr aber noch die Wahrheit). In den Jahrhunderten der nachfolgenden Philosophiegeschichte gab es sowohl die klischeehafte Gegenüberstellung des »Idealisten« und des »Realisten« bzw. »Empirikers« als auch zahlreiche Harmonisierungsversuche, vor allem bei den Neuplatonikern und den arabischen Aristotelikern [15]. Grundsätzlich muß dabei bedacht werden, daß das Selbstverständnis eines Denkers (hier: Aristoteles als Kritiker Platons) nicht unbedingt als letztes Wort genommen werden darf. Wie bei einem anderen berühmten »Verhältnis«, dem von Hegel und Marx, hat sich das Denken des Aristoteles in lebenslanger Auseinandersetzung mit seinem Lehrer entwickelt. Schließlich: was bedeutet »Treue« in der Philosophie? Eudemos von Rhodos z. B. wird »als der treueste, aber auch unselbständigste von Aristoteles' Schülern bezeichnet« [16]. Er hat die Lehre des Meisters voll und ganz dem Anliegen des Lehrers bei größter persönlicher Selbständigkeit verpflichtet zu bleiben. Speusippos, der auf Platon als Schulhaupt der Akademie folgte, kann daher nur in einem sehr eingeschränkten Sinne als dessen Nachfolger angesehen werden. Hegel hat dies in seiner *Geschichte der Philosophie* betont: »Platon hat jedoch in der Tat den Aristoteles zum Nachfolger gehabt; denn Aristoteles trug die Philosophie im Sinne des Platon, aber tiefer und erweiterter vor, so daß er sie zugleich weitergebracht hat.« Zu Recht wurde Aristoteles daher von einem Philosophiehistoriker der »freie Schüler« genannt [17].

Das Corpus Aristotelicum

Corpus heißt Leib, in unserem Falle: aristotelischer Bücher-Leib, und wenn wir das, was davon erhalten ist, mit den in antiken Biographien angegebenen Titeln vergleichen, so hat der Leib des Aristoteles stark geschrumpft und in unordentlichem Zustand die Geschichte überdauert. Die für ein breites Publikum bestimmten sog. exoterischen, d. h. allgemein verständlichen Dialoge und Schriften sind fast gänzlich verloren. Die hauptsächlich für den Unterricht (für die Eingeweihten, daher: »esoterischen«) verwendeten Schriften und Manuskripte sind großenteils nicht von Aristoteles selbst herausgegeben, sondern später von Schülern zusammengestellt und überarbeitet worden. Eine auch nur annähernde Chronologie der Abfassung läßt sich kaum erstellen. Charakteristisch für die Entwicklung und die Eigenart des Aristoteles ist die Tatsache, daß er die von Platon zunächst übernommene künstlerische Dialogform aufgegeben und einen neuen philosophischen Stil, die wissenschaftliche Abhandlung, entwickelt hat. Aristoteles geht systematisch vor: meist nennt er zu Beginn eines Buches oder Kapitels das Thema, worum es geht, setzt sich dann kritisch mit bereits existierenden Ansichten zu dem Problem auseinander und entwickelt dann seine eigene These, um schließlich den Gedankengang zusammenzufassen bzw. zum nächsten überzuleiten. Ein typischer Satz ist etwa: »Man muß nun aus dem Gesagten die Schlußfolgerungen ableiten und nach Zusammenfassung der Hauptergebnisse das Endziel der Untersuchung anschließen.« Dieser formalen entspricht die inhaltliche Systematik, die ungeheure Fülle von Gegenständen und Themen, denen sich sein rastlos forschendes Denken zugewandt hat.

neue systematische Darstellung

Im 1. Jahrhundert v. Chr. kam es in Rom erstmals zu einer »Gesamtausgabe« der aristotelischen Schriften. Nach dem von dem Herausgeber verwendeten Einteilungsschema werden sie in drei Gruppen zusammengefaßt.

Gliederung des Werkes

— Logische Schriften, zusammengefaßt unter dem Titel *Organon* (d. h. »geistiges Werkzeug«).
— Physikalisch-naturwissenschaftliche Schriften über Physik, Biologie, Zoologie, Astronomie, Meteorologie, Psychologie u.a.m. sowie ein Buch über die Grundlagen des Seins, die sog. *Metaphysik*.
— Ethisch-politische Schriften, u. a. die *Nikomachische Ethik*, die *Politik*, drei Bücher zur Rhetorik und eine nur fragmentarisch erhaltene Lehre von der Dichtkunst, die *Poetik*.

Wohl unter Mitarbeit seiner Schüler hat Aristoteles auch umfangreiche Sammelwerke zu verschiedenen Themengebieten angelegt, die ebenfalls zum großen Teil verloren gingen. Von einer Zusammenstellung von 158 verschiedenen Staatsverfassungen (als geschichtlichem Material zur *Politik*) wurde 1891 in London ein Papyrusfragment gefunden, der sog. *Staat der Athener*, in dem die Verfassungsgeschichte Athens behandelt wird. Es gewährt einen guten Einblick in die Gründlichkeit, mit der am aristotelischen Lyzeum die Welt des Wissens registriert und erforscht wurde.

Aristoteles ist zweifellos der umfassendste Theoretiker der griechischen Welt. Die Höhe seiner Reflexion wurde vor ihm wohl kaum und nach ihm in der Antike nicht wieder erreicht (dies ist ein Werturteil). Bevor wir im Einzelnen auf sein Denken eingehen, soll noch einmal die Grundvoraussetzung bedacht werden, die eine Wissenschaft von der Natur, eine Theorie der Gesellschaft, eine Logik des Denkens überhaupt erst ermöglicht. Es ist das Denken, genauer gesagt eine bestimmte Form, das abstrakte Denken. Abstraktion heißt wörtlich »Abziehung« und meint das Konkrete, das den Dingen der Welt im Denkvorgang ab-, ausgezogen wird: »Sie ermöglicht es, sich über dieses bestimmte, konkret vorliegende Einzelding oder diesen Einzelvorgang zu erheben, indem sie mehreren konkreten Einzeldingen oder Einzelvorgängen gemeinsame stoffliche, qualitative, quantitative, artspezifische und andere Merkmale im Geiste *ablöst*, abstrahiert, und zusammenschauend erfaßt, dann aber dieses beim Vergleich der Einzeldinge zusammenschauend Erfaßte auch selbst als ein Ding, Zustand oder Vorgang begreift, als ein Ding neben den konkreten und jedermann vor Augen liegenden Einzeldingen, als ein Allgemeines, über das sich ebenso Aussagen machen lassen wie über etwas Konkretes, nur daß eine solche Aussage jetzt für alle unter diesem Aspekt zusammengefaßten Dinge gleichermaßen gilt.« [18] »Das Lebewesen« (gr. *zóon*) z. B. ist ein solcher abstrakter »Gegenstand« des Denkens, ein Begriff, der durch Abstraktion von allen lebenden Füchsen, Nasenbären, Laubfröschen etc. gewonnen wurde und jetzt als Grundlage einer eigenen Wissenschaft, der Zoologie, dienen kann.

Sprache – Denken – Abstraktion

Ebenso muß aus all den vielen Bewegungsvorgängen der Natur – sowohl die Sonne bewegt sich als auch der Kabeljau – der Begriff der »Bewegung« abstrahiert werden, bevor über die Ursachen von Bewegung in einer Physik theoretisiert werden kann. »Die Wirklichkeit« ist so einer der abstraktesten Begriffe überhaupt! Diese denkerische Leistung der Abstraktion und Anwendung einheitlicher allgemeingültiger Prinzipien ist in Griechenland in breiterem Umfang erst seit dem 5. Jahrhundert v. Chr. möglich gewesen.

sprachliche Voraussetzungen

Sie erfordert gewisse sprachliche und gesellschaftliche Voraussetzungen, die hier vorhanden waren. Nur das Griechische entwickelte das wichtigste sprachliche Mittel der Abstraktion, den generellen bestimmten Artikel. Er erlaubt es, Wortbildungen wie »das Warme«, »das Gerechte«, »das Denken« vorzunehmen im Unterschied zu: dieses Warme (Sonnenlicht oder Wasser), diese einzelne gerechte Handlung, ich denke das und das. Alle anderen Sprachen, die ähnliche Abstraktionsformen hervorgebracht haben, hängen in dieser Hinsicht direkt oder indirekt vom Griechischen ab [19] (so stellten die Bibelübersetzungen des frühen Mittelalters eine äußerst mühsame, aber epochale Vermittlungsleistung zwischen zwei Sprachen und Kulturen von gänzlich verschiedenem Abstraktionsniveau dar).

gesellschaftliche Voraussetzungen

Doch die Fähigkeit und das Bedürfnis, sich zu Natur und Gesellschaft theoretisch zu verhalten, sie durch begriffliches Denken verstehen zu wollen, treten erst auf einer ganz bestimmten Stufe der gesellschaftlichen Entwicklung auf. Erst wenn dieses Bedürfnis vorhanden ist, werden auch die in einer Sprache liegenden Möglichkeiten ausgeschöpft. Dieses Problem, das Verhältnis zwischen gesellschaftlicher Entwicklung und den Inhalten und Formen des Denkens, ist sehr schwierig zu klären und daher entsprechend umstritten. Meist begnügt man sich daher mit der Feststellung, daß es einen »Zusammenhang« gibt, der aber nicht näher bestimmt werden kann. Vielleicht hilft hier ein Erklärungsansatz weiter, der in Anlehnung an die Warenanalyse von Marx [→ S. 327 f.] die Entstehung des reinen Denkens mit der Tätigkeit des Kaufmanns in Beziehung setzt. Der Kaufmann, der das Tauschen zu seinem Lebensinhalt gemacht hat, nimmt im täglichen Leben ständig Abstraktionsvorgänge vor. Wie der Philosoph von der Verschiedenheit der Dinge, abstrahiert er von der konkreten Verschiedenheit seiner Waren und setzt sie in seinem Kopfe gleich, wenn er ihren Wert kalkuliert. Er plant langfristig; »Zeit« und »Material« (Waren) werden zu reinen Faktoren. Als Ergebnis der Tauschoperation steht wiederum etwas Abstraktes, die Vermehrung des Reichtums in Form von Handelskapital. Im geprägten Geld verliert der Reichtum schließlich jede konkrete Form; Marx nennt das Geld einmal »die existierende Abstraktion«. Die Tätigkeit des Kaufmanns stellt so einen alltäglichen Erfahrungszusammenhang dar, in dem Abstraktion »eingeübt« und immer selbstverständlicher wird. Von diesen Überlegungen her könnte das Ineinander von günstigen sprachlichen Bedingungen und der höchstentwickelten Warenwirtschaft einen Erklärungsansatz liefern, warum das theoretische Bewußtsein in Griechenland und zwar in den Handelszentren der alten Welt entstanden ist, wo es auch seine klassische Form gefunden hat [20].

Die Welt im Raster des Wissens

Als Motto des aristotelischen Philosophierens könnte ein Satz aus Hegels *Phänomenologie des Geistes* stehen: »Das Bekannte überhaupt ist darum, weil es *bekannt* ist, nicht *erkannt*.« Von Erkenntnis und Wissen kann erst die Rede sein, wenn man weiß, »was« jedes Einzelne »ist«, »was« z. B. eine Zahl, eine *polis* oder eine Tragödie ist. Um dieses »Was«, das Wesen einer Sache zu erkennen, geht Aristoteles mit einer ganz bestimmten Grundfrage an jeden Gegenstandsbereich heran: handelt es sich um etwas, dessen

Prinzipien immer die Gleichen sind, also um ein Notwendiges, oder handelt es sich um etwas Veränderliches, das so, aber auch anders sein kann, was mit anderen Worten (nur) ein Mögliches ist? Entsprechend dieser Grundfrage unterteilt Aristoteles als erster die Philosophie in zwei Disziplinen: die theoretische und die praktische Philosophie. Die theoretische Philosophie beschäftigt sich mit den Prinzipien des Daseins. Sie untergliedert sich in Physik (dazu gehören auch Biologie und Psychologie), Mathematik und Theologie. Die praktische Philosophie untersucht das Handeln des Menschen. Hier fragt Aristoteles nochmals: ist es ein Handeln, das seinen Zweck in sich hat, oder liegt der Zweck außerhalb des Handelns? So unterteilt sich dieser Gegenstandsbezirk nochmals in die (eigentliche) praktische Philosophie mit den Disziplinen Ethik, Ökonomik und Politik, und die »poietische«, d. h. »hervorbringende« Philosophie, die sich mit dem Herstellen von Dingen und Kunstwerken beschäftigt (ein Haus z. B. wird für seine Bewohner gebaut; das Bauen hat also seinen Zweck außerhalb). Es muß nachdenklich stimmen, daß dieser poietische Bereich nach Aristoteles als Gegenstand der Philosophie wieder verschwunden ist [21].

theoretische – praktische – poietische Philosophie

Die Einteilung der Philosophie in fest abgegrenzte Disziplinen war ein folgenreicher Schritt: bis ins 19. Jahrhundert hinein wurde die Welt durch das Raster des Aristoteles gesehen und gedeutet. Das Einteilen, Bestimmen, Klassifizieren ist überhaupt charakteristisch für sein Denken. Daß jeder Gegenstand seinem Bereich zugeteilt wird, soll aber keine Abwertung bedeuten in dem Sinne, daß dieser nur noch als Teil wahrgenommen wird. Aristoteles ist vielmehr immer von dem Verlangen beseelt, die einzelnen Seienden zur Geltung zu bringen und die Selbständigkeit jeder Ebene der hierarchischen Weltordnung zu respektieren [22].

Um den Wissensraster zu verstehen, muß hier auf einen wichtigen Unterschied zwischen dem aristotelischen Denken und dem der Neuzeit hingewiesen werden. Aristoteles ist, methodisch gesehen, von der Welt noch nicht durch die Schranke des Experiments getrennt. Sein Denken entwickelt eine begriffliche Ordnung, die es dann gleichsam »direkt« auf die Welt anwenden zu können glaubt. Seine Philosophie ist »Theorie der Erfahrung«, aber einer Erfahrung, wie wir sie »von der natürlichen Welt und von der Welt der Ordnung des menschlichen Zusammenlebens immer schon haben« [23]. Treffend hat Hegel diese Philosophie daher als »Durchbildung des natürlichen Bewußtseins« charakterisiert.

Bezug zur Alltagserfahrung

Als Andronikus von Rhodos etwa einhundertfünfzig Jahre nach dem Tod des Meisters die erste Gesamtausgabe seiner erhaltenen Schriften in Angriff nahm, wußte er offenbar mit dem Inhalt einer merkwürdigen, aus vierzehn Einzelschriften bestehenden Sammlung nichts Rechtes anzufangen. Er ließ sie auf die Ausgabe der *Physik* folgen und nannte sie daher *metà tà physikà*. Erst in der Spätantike hat man diese Überschrift neu gedeutet im Sinne von »Was über die Natur hinausgeht«, »was ihr zugrunde liegt«. Damit war man der Absicht des Verfassers schon bedeutend näher gekommen. Aristoteles selbst spricht in den in keiner Weise als abgeschlossenes Werk zu betrachtenden Schriften von der »Ersten Philosophie«. Im Unterschied zu allen anderen Wissenschaften, die sich Teile der Welt (des Seienden) herausschneiden, um sie zu betrachten, untersucht die Erste Philosophie »das Seiende, insofern es seiend ist«. Sie ist so Grundlagenwissenschaft aller Einzelwissenschaften, da sie die höchsten Ursachen überhaupt analysiert. Sie ist reine »theoria« (Betrachtung), an keinen unmittelbaren Zweck gebunden; ein typisch griechisches, gleichsam aristokratisches Erkenntnisideal wird in ihrem Lob sichtbar: »Freilich

Metà tà physikà – hinter der Natur

sind alle anderen Wissenschaften notwendiger als diese, aber keine ist besser. Das beweist auch der Gang der Dinge, denn erst, als alle Lebensnotwendigkeiten vorhanden waren und alles, was der Erleichterung und einem gehobenen Leben dient, begann man eine derartige Einsicht zu suchen. Es ist klar, daß wir diese nicht um eines anderen Nutzens willen suchen; sondern, wie unserer Meinung nach der ein freier Mensch ist, der um seiner selbst und nicht um eines anderen willen lebt, so ist auch diese Wissenschaft als einzige von allen frei; ist sie doch um ihrer selbst willen da.«

In der Metaphysik geht es sowohl um die Prinzipien des Denkens als auch des Seins. Denn die allen Bemühungen zugrundeliegende Voraussetzung ist die Überzeugung, »daß das Denken fähig sei, durch die Sprache hindurch die Dinge adäquat ins Auge zu fassen« [24]. Zunächst muß daher das Denken mit sich ins Reine kommen: »Wenn nämlich einerseits alle Meinungen wahr sind und alle Erscheinungen, so ist notwendigerweise alles zugleich wahr und falsch«. Aristoteles nimmt in der *Metaphysik* eine scharfe Abrechnung mit dem sophistischen Relativismus vor, der den Begriff von Wahrheit verschwimmen läßt. Als »sicherstes Prinzip«, bei dem eine Täuschung unmöglich ist, stellt er ihm den sog. Satz vom Widerspruch entgegen: »Ein und dasselbe [kann] demselben Gegenstande und in derselben Bedeutung nicht zugleich zugesprochen und abgesprochen werden.« Man kann z. B. von einem Gerichtsurteil sagen, es sei zugleich gerecht und ungerecht, aber nur in jeweils unterschiedlichen Bedeutungen. Der Begriff der Gerechtigkeit und die Möglichkeit, über ihn sinnvoll zu reden, wird dadurch nicht grundsätzlich angetastet. Mit diesem Satz hat Aristoteles das Grundprinzip des Wahrheitsbegriffs in der westlichen Philosophie formuliert. Er klingt banal, tautologisch, doch es ist gerade die bedeutende denkerische Leistung des Aristoteles, vieles scheinbar Selbstverständliche geschichtlich erstmals formuliert und damit zu Bewußtsein gebracht zu haben.

Satz vom Widerspruch als Grundlage der Wahrheit

Nach dieser Verständigung des Denkens mit sich selbst kann es sich seiner großen Aufgabe zuwenden: der Frage, »die bereits von alters her erhoben wurde, die auch heute erhoben wird und immer erhoben werden und Gegenstand der Ratlosigkeit sein wird, was das Seiende sei«. Es ist die Frage nach dem Wesen. Ist es das Wasser (Thales), das unveränderliche Sein (Parmenides), die Idee (Platon), das Atom (Demokrit)? Ist es dem Denken gar nicht erreichbar (Sophisten)? In unermüdlicher Auseinandersetzung mit all diesen Antworten entwickelt Aristoteles seine Generalthese: »Das Seiende wird in vielfachen Bedeutungen ausgesagt.« »Aussagen« *(kategorein)* ist ein Schlüsselbegriff. Die gerade durch den Satz vom Widerspruch ermöglichte Unterscheidung verschiedener Aussageweisen und Bedeutungsgehalte erlaubt es, ein Seiendes zugleich als Einheit und Vielheit zu begreifen und somit die Widersprüche in den Thesen der Vorgänger zu überwinden. In der sog. *Kategorienschrift* unterscheidet Aristoteles zehn Kategorien (Formen der Aussageweisen); wir bringen seine Beispiele:

Wesen des Seienden

Kategorienlehre

1. Substanz (das Wesen, das zugrundeliegende, konkrete Einzelding; z. B. ein Mensch, ein Pferd);
2. Quantität (Menge; z. B. zwei oder drei Ellen lang);
3. Qualität (Beschaffenheit; z. B. weiß, literarisch gebildet);
4. Relation (Beziehung; z. B. doppelt, halb, größer);
5. Ort (z. B. Lyzeum);
6. Zeit (z. B. gestern, voriges Jahr);

7. Lage (z. B. liegt, sitzt);
8. Zustand (z. B. er ist beschuht, bewaffnet);
9. Tätigkeit (z. B. er schneidet);
10. Leiden (z. B. er wird geschnitten).

Die ersten vier Kategorien sind die wichtigsten, und unter diesen die Kategorie der Substanz (des Wesens), auf die alle anderen zugeordnet sind. Im Begriff der Substanz kommt der charakteristische Denkansatz des Aristoteles gegenüber Platon zum Ausdruck. Er erlaubt es, ein konkretes Einzelding aus sich heraus zu verstehen. Sein Wesen braucht nicht in einer von ihm verschiedenen Idee gesucht zu werden. Der Substanzbegriff ist zugleich aber einer der schwierigsten Begriffe der aristotelischen Philosophie, denn um ein Ding (ein Zusammengesetztes, das entsteht und vergeht) zu verstehen, muß Aristoteles weitere Unterscheidungen einführen. Er tut es in Form von einander zugeordneten Begriffspaaren. (1) Substanz und Akzidenz. Diese grundlegende Unterscheidung zwischen dem Wesen einer Sache und ihren verschiedenen Eigenschaften ist mit den zehn Kategorien schon angelegt. Die Eigenschaften eines Wesens (z. B. ob eine Frau dunkle oder blonde Haare hat) können mehr oder weniger veränderlich und somit zufällig sein; daher »Akzidenz« – das zufällige Sein (diese lateinischen Namen haben sich eingebürgert, da uns Aristoteles ja durch die Philosophie des Mittelalters hindurch überliefert wurde). Andererseits gibt es kein Ding ohne Eigenschaften! Der wirkliche Gegenstand ist gerade die Summe seiner verschiedenen möglichen Eigenschaften! Diese Überlegung führt zu den Begriffspaaren (2) Wirklichkeit – Möglichkeit und (3) Stoff (Materie) – Form. Es muß eine gestaltlose Grundgegebenheit (Materie) jedes Daseins geben. Aristoteles stellt sich diesen Stoff eher passiv, als reine Möglichkeit vor. Es »gibt« diesen Stoff aber nur zusammen mit einer Form. Das Wesen einer Sache läßt sich so begreifen als Einheit von Stoff und Form. Als Beispiel führt Aristoteles u. a. den Menschen an als Einheit von Stoff (Leib) und Form (Seele). Anders gesagt: der konkrete Mensch ist die Wirklichkeit der in ihm steckenden Möglichkeiten; er ist eine Substanz mit vielen Akzidenzien

Substanz

drei grundlegende Begriffspaare

Die später so genannte »Theorie von den vier Ursachen des Seienden« präzisiert noch einmal das Verhältnis von Form und Materie. Ein Haus als Ganzes z. B. läßt sich begreifen als ein Zusammen von:

vier Ursachen des Seienden

1. materieller Ursache (woraus es gebaut ist; *causa materialis*);
2. Formursache (die – vor dem Bauen schon bestehende – Form als Haus; *causa formalis*);
3. Wirkursache (der Baumeister als eigentlicher Urheber des Hauses; *causa efficiens*) und
4. Zweckursache (der Zweck, weshalb das Haus gebaut ist; beispielsweise um eine hohe Miete herauszuschlagen – *causa finalis*).

Das Hingeordnetsein aller Dinge auf einen Zweck ist für Aristoteles eine Grundvoraussetzung zum Verständnis der Welt. Die Welt ist ein sinnvolles Ganzes *(kósmos)*. Sie entstand nicht aus dem Chaos oder der Nacht, wie der Mythos lehrt, sondern letzte Ursache alles Seins, aller Bewegung ist Gott. Aristoteles denkt ihn in der berühmt gewordenen Formulierung als »unbewegten Beweger«, d. h. als selbst nicht wiederum verursachte Ursache der Welt. Er gibt ihm alle Eigenschaften, die Platon von der Idee des Guten ausgesagt hatte: Ewigkeit, Unveränderlichkeit, Vollkommenheit (»Wir sa-

Gott als unbewegter Beweger

gen also, daß Gott ein lebendes, ewiges und bestes Wesen sei«). Stärker allerdings als Platon betont Aristoteles die Transzendenz – man könnte dieses Wort hier übersetzen mit ›Weltjenseitigkeit‹ – seines höchsten Prinzips [25].

Wir mußten uns beschränken, um einige Grundgedanken der »Ersten Philosophie« hervorzuheben. Es sei daher auf folgendes hingewiesen:

Denkhorizont der Antike

– Die *Metaphysik* ist kein in sich abgerundetes Werk. In immer neuen Ansätzen versucht Aristoteles, »das Seiende als seiendes« zu begreifen. Viele dieser Ansätze bzw. Definitionsversuche der Substanz konnten hier nicht erwähnt werden.
– Mit der Grundfrage nach dem Wesen bleibt Aristoteles trotz aller Unterschiede zu seinen Vorgängern innerhalb des Horizonts des griechischen Denkens: »Man könnte diesen Horizont in einer zulässigen Vereinfachung einen Wesensrealismus nennen. Denn von Parmenides [...] bis zu Plotin hin, vor allem aber bei Platon und Aristoteles hat vor allem *das* Sein und Bestand, was den Charakter des Wesens und des Wesentlichen, in der aristotelischen Interpretation der Substanz und des Substanziellen hat. Das aristotelische Denken ist darauf aus, für jeden Bereich des Seienden die spezifische Gestalt der Substanzialität festzustellen und zu erörtern, was sie kennzeichnet.« [26]
– Die Unterscheidungen zwischen Substanz und Akzidenz, Materie und Form, Wirklichkeit und Möglichkeit sowie der Begriff des Zwecks und des »ersten Bewegers« wurden grundlegend für die abendländische Metaphysik. Jede Philosophie, die in der Folgezeit Aussagen über das Sein machen wollte, mußte und muß sich auf die Metaphysik des Aristoteles einlassen.

Der Aufbau der natürlichen Welt

In seinem Buch *Das physikalische Weltbild der Antike* weist der Wissenschaftshistoriker Sambursky auf eine erstaunliche Tatsache hin: während die wissenschaftlichen Entdeckungen in den beiden wichtigsten Disziplinen der Griechen, Mathematik und Astronomie, nach ihrem Höhepunkt im 3. und 2. Jahrhundert v. Chr. bereits wieder einen langsamen Abstieg erfuhren, blühte das naturphilosophische Denken mit gleicher Kraft über einen Zeitraum von mehr als tausend Jahren. Diesen Unterschied zwischen den Leistungen der forschenden und der spekulierenden Haltung gegenüber der Natur führt er darauf zurück, daß »die Griechen, von wenigen Ausnahmen abgesehen, niemals den entscheidenden Schritt von der Beobachtung zum systematischen Experimentieren getan haben« [27]. Die neuzeitliche, experimentelle Naturwissenschaft (etwa seit Galilei) konzentriert sich ganz auf das »Wie« eines Vorgangs und schafft im Experiment künstliche Bedingungen, um es zu erforschen. Die Griechen hingegen fragten vor allem nach den »wahren Ursachen«, nach dem – denkend zu ergründenden – »Warum« oder »Wozu« in der Natur. In der Naturphilosophie des Aristoteles findet diese Grundhaltung ihren Ausdruck: »Es folgt also, daß alle Dinge, die auf natürliche Weise entstehen und existieren, zweckhaft sind. Ferner werden in allen Handlungen, die zu einem bestimmten Zweck vorgenommen werden, die vorangehenden Schritte mit Hinsicht auf die folgenden ausgeführt, und was für bewußtes Handeln gilt, trifft auch auf die Natur zu, und umgekehrt, sofern kein Hindernis entgegenwirkt. Jedes Handeln ist aber für einen bestimmten Zweck, und daher gilt dasselbe für die Natur. Wenn also z. B. ein Haus ein Produkt der Natur wäre, so entstünde es genau so, wie es jetzt durch Kunst entsteht, und wenn das von Natur

Bezug auf einen Zweck

aus Existierende nicht bloß von Natur aus, sondern auch durch Kunst zustande käme, so entstünde es gerade so, wie es von Natur aus entsteht.« [28]

Aristoteles deutet hier die Naturvorgänge in Analogie zum menschlichen Handeln. Dieses hat immer einen Zweck (gr. *télos*); man nennt diese Naturauffassung daher teleologisch. Gemäß der (wiederum typisch antiken) Auffassung, daß »sowohl in der Natur als auch dem Begriffe nach als auch der Zeit nach das Vollendete vor dem Unvollendeten und das Unvergängliche vor dem Vergänglichen« Vorrang hat, entwirft Aristoteles ein hierarchisch geordnetes Bild der Welt. Auf der Stufenleiter der Vollkommenheit reicht die Welt vom unbewegten Beweger über die unvergänglichen Himmelskörper (»supralunare Welt«) bis zur Welt der Bewegung und der Vergänglichkeit, der »sublunaren«, unter dem Mond befindlichen Natur. Die Erde liegt im Mittelpunkt der Welt, unendlich in der Zeit, aber in einem endlichen Raum. Dieses von Ptolemäus im 2. nachchristlichen Jahrhundert ausgebaute, sog. geozentrische Weltbild sollte erst im 16. Jahrhundert von Kopernikus erschüttert werden. Die Natur besteht aus den vier Elementen Erde, Wasser, Feuer, Luft, die Aristoteles auf qualitative Unterschiede zurückführt (das Kalte, das Warme, das Trockene, das Feuchte). Diese Qualitäten können sich mischen und Verbindungen eingehen. Der »natürliche« Ort von Wasser und Erde ist unten, von Feuer und Luft oben. Jedes Ding strebt nach seinem natürlichen Ort. Die Theorie der Atomisten, es gäbe ein Leeres in der Natur, lehnte er ab.

Hierarchie des Kosmos

Da die aristotelische qualitative Naturerklärung über sechzig Generationen lang als Dogma galt, beurteilt Sambursky den Einfluß des Aristoteles auf die Entwicklung der physikalischen Wissenschaften »im großen und ganzen mehr negativ als positiv«. Kann man das sagen? Oder blieb seine Naturlehre so lange gültig, weil kein Bedürfnis nach einer neuen Deutung vorhanden war? Sambursky selbst stellt einen Bezug her zwischen der aristokratischen Verachtung körperlicher Arbeit bei den Griechen und ihrer Ablehnung der praktischen Anwendung von Wissenschaft um eines Nutzens willen (vgl. auch das *Metaphysik*-Zitat, → S. 44). Offensichtlich besteht hier ein enger Zusammenhang zwischen gesellschaftlichen Herrschaftsstrukturen und der spezifischen Ausrichtung des philosophischen Interesses an der Natur. Und vielleicht konnte erst dann das praktische Experimentieren einsetzen, als mit einer neuen, der bürgerlichen Gesellschaft auch die Arbeit positiv bewertet und die Natur systematisch beherrscht werden sollte (vgl. z. B. das Programm von F. Bacon, → S. 152).

gesellschaftliche Grundlage der aristotelischen naturphilosophischen Tradition

Auf die großen Leistungen des Aristoteles im Bereich von Biologie, Zoologie und Psychologie kann hier nicht eingegangen werden. In der Welt der Pflanzen und Lebewesen stellte er detaillierte Beobachtungen an, die er in umfassende Klassifikationen umsetzen konnte (z. B. ist sein oberstes Prinzip der Einteilung der Lebewesen das Vorhandensein oder Nichtvorhandensein von rotem Blut). Auch hier wendet er die Begriffspaare Stoff und Form, Möglichkeit und Wirklichkeit an, um das Prozeßhafte des Werdens zu begreifen. »Psychologie« hat bei Aristoteles noch einen ganz allgemeinen Sinn als Lehre von den Lebenstätigkeiten. Die Seele sieht er als die gestaltende Formursache des Körpers an. Er unterscheidet drei Stufen von Seele, wobei jede Stufe Grundlage der nächsthöheren ist: die vegetative Seele (Ernährungs- und Fortpflanzungsfunktion), die animalische (Wahrnehmungs- und Bewegungsfunktion) und die denkende Seele, an der allein der Mensch Anteil hat. Wie der Kosmos als ganzer, ist auch die Welt der Lebewesen nach Stufen der Vollkommenheit hierarchisch geordnet.

Die Lebewesen und die Seele

Richtig denken heißt richtige Schlüsse ziehen

Etwa 600 Seiten umfassen die später unter dem Titel *Organon* (»geistiges Werkzeug«) zusammengefaßten Schriften des Aristoteles zur Logik. Welchen Weg mußte das Denken zurücklegen, bis es sich Rechenschaft über seine eigenen Formen und Gesetze ablegen konnte! Aristoteles war sich über den totalen Neubeginn seines Unternehmens bewußt: »Ist ja doch der Anfang [einer Erfindung] vielleicht das größte Stück des Ganzen, wie man sagt. [...] Ist aber der Anfang gefunden, so ist es leichter, das Fehlende zu ergänzen und nachzuholen [...]. Von der gegenwärtigen Lehre aber war bisher nicht etwa einiges schon bearbeitet, anderes noch nicht, sondern es war von ihr bis zur Stunde schlechthin gar nichts vorhanden.« Aristoteles ist der Begründer der formalen Logik. »Bei der Reflexion auf die dem Argumentieren zugrundeliegenden Strukturen entdeckte er, daß es Argumentationen gibt, über deren Triftigkeit man ganz unabhängig von ihrem Inhalt allein auf Grund ihrer Form entscheiden kann« [29]. Bei der Analyse dieser Formen geht Aristoteles davon aus, daß jede Schlußfolgerung aus einer Verbindung von Sätzen besteht, ein Satz wiederum aus einer Verbindung von Begriffen. Daher untergliedern sich die Untersuchungen in folgende Schriften:

Aufbau des Organon

– *Die Lehre von den Kategorien* [→ S. 44], die die Grundweisen möglicher Aussagen über einen Gegenstand darstellen.
– *Die Lehre vom Satz* (»Ein Satz ist eine Rede, die etwas bejaht oder verneint«). Aristoteles unterscheidet bejahende, verneinende, allgemeine, besondere, einzelne, notwendige und mögliche Sätze (man spricht auch im selben Sinne vom »Urteil«, das hier nicht gerichtlich, sondern logisch gemeint ist. Z. B. ist ein allgemeines Urteil: »alle Blumen sind Pflanzen«).
– *Die Lehre vom Schluß* (gr. *syllogismós*), dem Hauptstück der aristotelischen Logik. »Ein Schluß ist eine Rede, in der, wenn etwas gesetzt wird, etwas von dem Gesetzten Verschiedenes notwendig dadurch folgt, daß dieses ist.« Das Gesetzte sind die Prämissen, die Folgerung der Schluß. Nach dem immer wiederholten Beispiel: Alle Menschen sind sterblich (Obersatz). Sokrates ist ein Mensch (Untersatz). Also ist Sokrates sterblich (Folgerung). Der Schluß, die Ableitung des Bedingten (Einzelnen) aus dem Unbedingten (Allgemeinen), war für Aristoteles das Instrument des wissenschaftlichen Denkens, da ihm zwingende Notwendigkeit zukommt.
– *Die Lehre vom Beweis*. Sie baut auf der allgemeinen Schlußlehre auf und beschäftigt sich mit Fragen des wissenschaftlichen Verfahrens (Problem der Grundprinzipien des Denkens; vgl. den Satz vom Widerspruch, → S. 44).

In zwei weiteren Werken, der *Topik* und den *Sophistischen Widerlegungen*, geht es – nachdem vorher die gewissen Schlüsse abgehandelt worden sind – um wahrscheinliche und um falsche Schlüsse. Das *Organon* versucht damit, das ganze Spektrum des menschlichen Denkens zu umfassen. Die Beschäftigung mit der aristotelischen formalen Logik hat im Laufe der Jahrhunderte seltsame Formen angenommen. Bis ins 19. Jahrhundert hinein wurde Generationen und Abergenerationen von Schülern mit ihrer Hilfe das »richtige Denken« eingepaukt. Dadurch ist die Logik des Aristoteles als knöchern und sinnleer in Verruf geraten. Es ist aber nicht seine Schuld.

Der Mensch, das zóon politikón

Wie es nicht das Gleiche ist, ob man einen Gegenstand durch eine Streulinse oder durch ein Brennglas betrachtet, so sagt auch in der Philosophie die Einteilung der Wissensgebiete (der Raster) bereits sehr viel aus. In der Neuzeit, vor allem seit dem 19. Jahrhundert, haben »Ethik« und »Politik« immer weniger miteinander zu tun. Der einzelne Mensch und das Ganze (Gesellschaft und Staat) sind so weit auseinandergetreten, daß auch die Philosophie immer größere Schwierigkeiten hat, Verbindungslinien zu ziehen. Für Aristoteles wie für Platon hingegen sind Ethik und Politik prinzipiell eine Wissenschaft: »Das Ziel ist für den einzelnen und das Gemeinwesen identisch«, wenn es auch in der Polis »bedeutender und vollständiger« in Erscheinung tritt. Erst wenn man weiß, was die vollkommenste Form menschlichen Lebens ist, kann sinnvoll über die vollkommene Form einer Polis geredet werden. Um die erste Frage geht es in der *Nikomachischen Ethik*, die nach einem Sohn von Aristoteles benannt ist. Es ist eine in sich abgeschlossene, »populäre« Schrift, die sich auch für den Anfänger gut lesen läßt. Es ist die älteste wissenschaftlich-systematische Ethik in der Geschichte der Philosophie.

Da das Ziel der Ethik nicht in der bloßen theoretischen Einsicht, sondern im richtigen Handeln selbst besteht, sind – dem Erkenntnisgegenstand gemäß – dem Exaktheitsgrad ihrer wissenschaftlichen Behandlung Grenzen gesetzt: »nur umrißhafte Gedankenführung, nicht aber wissenschaftliche Strenge« darf gefordert werden, »denn das Handeln besteht aus Einzelakten, und mit diesen müssen die Aussagen in Einklang sein.« Ziel des menschlichen Handelns ist, wie man sich denken kann, das Glück: »Glücklich ist, wer im Sinne vollendeter Trefflichkeit tätig und dazu hinreichend mit äußeren Gütern ausgestattet ist.« Um dieses Tätigsein zu verwirklichen, muß der Handelnde um die »rechte Mitte« wissen. Wie wir bereits bei Platon sahen, sind die Begriffe des »Maßes« und der »Mitte« Zentralbegriffe der antiken Ethik [→ S. 34 f.]. Aristoteles wendet große Ausführlichkeit darauf, diese Mitte zu bestimmen. So ist z. B. »Tapferkeit« die Mitte zwischen Angst und Verwegenheit; »Großzügigkeit« die Mitte zwischen Verschwendungssucht und Knausern in Bezug auf Geben und Nehmen von Geld (dabei bricht der Logiker Aristoteles auch einmal in Klagen aus: »Dies alles exakt gegeneinander abzugrenzen, ist das nicht schwierig?«). Der durch das Wissen um die rechte Mitte richtig Handelnde und somit sich selbst voll Verwirklichende ist unabhängig, autark (»für sich allein genügend«). Wenn man in der Figur des Robinson Crusoe einmal das Urbild des unabhängigen bürgerlichen Individuums sieht [→ S. 127 f.], so ist auffällig, daß Aristoteles seinen Begriff von Autarkie nicht rein privat-individualistisch verstanden haben will: »Den Begriff ›für sich allein genügend‹ wenden wir aber nicht auf das von allen Bindungen gelöste Ich, auf das Ichbeschränkte Leben, sondern auf das Leben in der Verflochtenheit mit Eltern, Kindern, der Frau, überhaupt den Freunden und Mitbürgern; denn der Mensch ist von Natur bestimmt für die Gemeinschaft.« Ein weiterer Unterschied zur bürgerlich-christlichen Moralauffassung zeigt sich darin, daß Begriffe wie ein »Gut« (als Ziel des Handelns) oder »Tugend« noch nicht den moralischen Beigeschmack haben, den wir mitzuhören gewohnt sind. »Tugend« (*areté*) bezeichnet weniger das, wie einer sein soll, als die zunächst ganz praktisch gemeinte Fähigkeit eines Schuhmachers z. B., dessen Tugend es ist, gute Schuhe herzustellen. Dieser praktische Sinn schwingt auch noch in der allgemeinen Wortverwendung mit, wie sie Aristoteles zur Definition des obersten Gutes gebraucht (»das oberste dem Menschen erreichbare Gut stellt sich dar als ein Tätigsein der Seele im Sinne der ihr wesenhaften Tüchtigkeit« [*areté*]). Dem entspricht ganz die Grundhaltung der *Nikomachischen Ethik*. Nirgends moralisiert Aristoteles

Zentralbegriff »Mitte«

griechischer Bezugsrahmen der Ethik

mit erhobenem Zeigefinger. Er trifft eher nüchterne Feststellungen, wie es sich mit der Gerechtigkeit verhält, mit Lust und Unlust, etc. Hierin unterscheidet er sich stark von seinem Lehrer. Am Ende der *Nikomachischen Ethik* leitet Aristoteles zur Untersuchung der Verfassungsformen über. Durch systematische Auseinandersetzung mit früheren Staatsphilosophien und dem Studium der Geschichte der Polisverfassungen soll die Frage nach der besten Verfassung geklärt werden (auch hier also die typisch aristotelische Gründlichkeit). In der *Politik*, die dieses Programm einlöst, verfährt er dabei »nach unserer gewohnten Methode«, nach der man »überall das Zusammengesetzte bis zum Einfachen hin teilen muß«.

aristotelische »Politik«

Das erste Buch der *Politik* ist überaus brisant und enthält sehr viel gesellschaftspolitischen Sprengstoff. Aristoteles entwirft hier ein Bild der Entstehung des Staates aus dem Verhältnis Frau/Mann, Herr/Sklave, dem Grundbestand des Hauses (gr. *oikos*). Aus mehreren Häusern entsteht das Dorf, aus mehreren Dörfern der Staat (Polis). Aristoteles weist ausdrücklich darauf hin, daß der Staat »zwar entsteht um des bloßen Lebens, aber besteht um des vollendeten Lebens willen«. Das vollendete Leben ist Natur und Endziel, daher auch Maßstab der Untersuchung. Ihm entspricht die völlige Selbstgenügsamkeit *(autárkia)* der Polis. Aus dieser logischen Entstehungsgeschichte des Staates entspringt die berühmte Definition des Menschen als »ein von Natur nach der staatlichen Gemeinschaft strebendes Lebewesen« *(zóon politikón)*. Nur der Mensch hat Sprache und Recht; außerhalb der Gemeinschaft zu leben vermag nur »entweder ein Tier oder aber ein Gott«.

Problem der Sklaverei

Da das Haus (man muß hier wohl an die patriarchalische Großfamilie denken) Grundbestandteil der Polis ist, gehört die Lehre von der Hausverwaltung *(oikonomia)* an den Anfang der Untersuchung. Man scheint fast zu spüren, daß es vor allem zwei Themen sind, die Aristoteles besonders auf den Nägeln brennen: das Problem der Sklaverei und das richtige Verhältnis zum Gelderwerb. Denn es war seit einiger Zeit durchaus umstritten, ob die Sklaverei auf der Natur oder nur auf dem Gesetz, somit auf Gerechtigkeit oder einem vom Menschen gesetzten Gewaltverhältnis beruhe [→ S. 18]. Aristoteles geht von einem gemeinsamen Interesse der Lebenserhaltung aus, das den Herrn und den Sklaven verbindet. Er rechtfertigt den Klassenunterschied aus der Natur: »denn was vermöge seines Verstandes vorauszuschauen vermag, ist von Natur das Regierende und Herrschende; was aber nur vermöge seiner körperlichen Kräfte das Vorgesehene auszurichten imstande ist, ist von Natur das Regierte und Dienende.« Herrschaft ist ihm zufolge sowohl von der Vernunft als auch aus der Erfahrung her notwendig und nützlich. Der Sklave ist ein notwendiges »Werkzeug, das viele andere Werkzeuge vertritt«, ein »lebendiges Besitzstück«, »ein besonderer und für sich bestehender beseelter Körperteil« des Herrn. Wie eine Vorahnung der industriellen Revolution klingt die Stelle: »wenn so die Weberschiffe selber webten und die Zitherschlägel von selbst die Zither schlügen, dann freilich bedürfte es für den Meister nicht der Gehilfen und für die Herren nicht der Sklaven.« Da dem aber nicht so ist, brauchen die Herren ihre Werkzeuge, »während sie sich selber mit der Politik oder mit der Philosophie beschäftigen.«

natürlicher und widernatürlicher Erwerb

Diese Ausführungen des Aristoteles sind sehr oft kritisiert worden als Rechtfertigung der antiken Sklavenhaltergesellschaft. Weniger beachtet wurde die gleich folgende Unterscheidung zwischen »Erwerbskunde« und »Kunst des Gelderwerbs«, die sich wie eine Kritik an den Grundprinzipien unseres heutigen Wirtschaftslebens ausnimmt. Die »Erwerbskunde« ist

Teil der *oikonomia*; sie beschäftigt sich mit der Herbeischaffung der für das Haus notwendigen und nützlichen Güter. Zur Deckung dieses natürlichen Bedarfs entwickelte sich der anfängliche Tauschhandel. Als aber »aus dem unentbehrlichen Bedürfnis des Tausches einmal das Geld hervorgegangen war, da bildete sich eine andere Art der Erwerbskunst, das Handelsgeschäft *(kapeliké)*, anfänglich wahrscheinlich in sehr einfacher Art, bereits bald aber durch die Erfahrung in künstlicher Weise darauf gerichtet, wie und mit welchen Mitteln man beim Umsatz möglichst viel Gewinn machen könne.« Im Gegensatz zur Erwerbskunde ist das Ziel – der Reichtum – hier prinzipiell unbegrenzt. Es führt bis zum Wuchergeschäft, das »unmittelbar aus dem Geld selber den Erwerb zieht« und sich im Zins (wörtlich: »Junges«) gleichsam selbst vermehrt. Für Aristoteles ist diese Art von Erwerbskunst »die widernatürlichste von allen«. Er führt sie auf die menschliche Sinnlichkeit zurück, deren Lust unbegrenzt ist und die sich daher »nur um das Leben und nicht um das vollkommene Leben« sorgt. Die Verselbständigung von wirtschaftlichen Gewohnheiten und Zwängen »hinter dem Rücken der Produzenten« (Marx) war ihm noch nicht bewußt.

Aristoteles definiert den Staatsbürger gemäß der politischen Struktur der Polis als einen, »der am Richten und an der Regierung teilnimmt«. Wie groß darf die vollkommene *pólis* sein? »Um aber entscheiden zu können, was wirklich Rechtens ist, und um die Staatsämter nach Würdigkeit vergeben zu können, müssen die Staatsbürger einander kennen und wissen, was an einem jeden von ihnen ist.« Bei der Erörterung der besten Verfassung geht es ihm auch um die Anwendbarkeit des Modells. Er kritisiert daher den platonischen Entwurf, der grundsätzlich die größtmögliche Einheit des Staates betont und dafür auch Besitz-, Frauen- und Kindergemeinschaft des Wächterstandes fordert [→ S. 35 f.]. Nach dem Kriterium, ob sie das Gemeinwohl im Auge haben oder nicht, stellt er folgende Verfassungsformen als »richtig« bzw. »Abart« einander gegenüber: Königtum – Tyrannis; Aristokratie – Oligarchie; Politie – Demokratie. Aristoteles bevorzugt die Politie als Mitte zwischen den Prinzipien der Aristokratie (die Tugend) und der Demokratie (die Freiheit), wie er auch generell im gesunden Mittelstand (»ausreichendes Vermögen von mittlerer Größe«) die Garantie der Stabilität einer *pólis* sieht. Erläutert am Bild der Nase (sog. Nasenvergleich): »Zu diesem allem darf man nicht übersehen, was eben in den entarteten Verfassungen übersehen wird: die Mitte. [...] Diejenigen aber, welche glauben, die politische Tugend sei nur auf der einen Seite, treiben die Verfassung ins Übermaß, ohne zu bedenken, daß geradeso, wie eine Nase, die von der allerschönsten Form der Geradlinigkeit bereits etwas nach der Seite der Habichts- oder aber der Stumpfnasigkeit abweicht, immer noch schön und angenehm anzusehen ist, wogegen, wenn diese Abweichung ins Übermaß fortgeht, dadurch zunächst das Ebenmaß des Gliedes zerstört wird und zuletzt auf diese Weise es gedeihen würde, daß gar keine Nase mehr zum Vorschein käme...« (*Politik*, Buch V)

Verfassungsformen und Gemeinwohl

»Wir wollen hier von der Dichtkunst als solcher sprechen, ihren Gattungen und deren verschiedenen Wirkungen, ferner davon, wie man Erzählungen aufbauen muß, wenn die Dichtung schön werden soll, außerdem, aus wie vielen und welchen Teilen eine Dichtung besteht und was schließlich noch zu diesem Gegenstande gehört. Und zwar werden wir der Sache gemäß mit dem Grundlegenden beginnen.« »Typisch aristotelisch« – nüchtern – gründlich setzt die *Poetik* des Aristoteles ein. Es ist die älteste Poetik überhaupt, die uns erhalten ist, allerdings in sehr fragmentarischem Zu-

»Nachahmung«, »Erfreuung«, »Furcht und Mitleid«: die Dichtungstheorie des Aristoteles

*Tragödenmaske –
Szene aus der »Medea«
des Euripides*

*Deutungsvorschläge
zur Mimesis*

stand. Sie gehört in das dritte große Gebiet im Raster des Wissens: »Handlungen, die ihren Zweck außerhalb ihrer selbst haben« (*poíesis* heißt wörtlich »hervorbringen«). Der gemeinsame Oberbegriff der Kunst ist ihre Bestimmung als Nachahmung *(mímesis)*. Aristoteles sieht die Ursache ihrer Entstehung in der menschlichen Natur begründet: das Nachahmen ist dem Menschen angeboren. Er lernt dadurch und freut sich am Nachgeahmten (z. B. an einem Bild). Der Hauptteil des Fragments beschäftigt sich mit der Tragödie; auch sie wird in der berühmten Tragödiendefinition als Nachahmung aufgefaßt: »Die Tragödie ist die Nachahmung *(mímesis)* einer edlen und abgeschlossenen Handlung *(präxis)* von einer bestimmten Größe in gewählter Rede, derart, daß jede Form solcher Rede in gesonderten Teilen erscheint und daß gehandelt und nicht berichtet wird und daß mit Hilfe von Mitleid und Furcht eine Reinigung *(kátharsis)* von eben derartigen Affekten bewerkstelligt wird.«

Der Begriff der *mímesis* gehört zu den meistdiskutierten Begriffen in der Geschichte der Kunsttheorie, da in ihm die ganze Frage nach dem Verhältnis von Kunst und Wirklichkeit enthalten ist. Nach dem italienischen Kunstphilosophen E. Grassi scheinen sich mit ihm bei Aristoteles zwei Hauptbedeutungen zu verbinden: »offenbaren – aus dem Verborgenen hervortreten lassen – und tauschen, verwandeln, also ein Zeigen von etwas, das aus dem Tausch hervorging, das Ursprüngliche nicht so bewahrt, wie es war: Trugbild, Täuschung, Schein.« [30] Der Sinn dieses Offenbarens und Verwandelns kann aus einer anderen Stelle der *Poetik* erhellt werden, wo Aristoteles Geschichtsschreibung und Dichtung einander gegenüberstellt. Beide unterscheiden sich dadurch, daß der Geschichtsschreiber erzählt, was geschehen ist, der Dichter aber, was geschehen könnte bzw. was möglich wäre. »Darum ist die Dichtung auch philosophischer und bedeutender als die Geschichtsschreibung. Denn die Dichtung redet eher vom Allgemeinen, die Geschichtsschreibung vom Besonderen.« Der *mímesis*-Begriff meint also offenbar nicht ein Kopieren der Wirklichkeit, »sondern eine Verwandlung in eine scheinhafte Darstellung, die das in der Realität Verborgene als Möglichkeit hervortreten läßt« [31]. An der Gegenüberstellung von Dichter und Geschichtsschreiber zeigt sich auch eine völlig andere Wertung der Kunst als bei Platon. Nach Platon ist Kunst doppelt unwahr, da sie die (unwahre) äußere Welt nochmals nachahmt. »Für Aristoteles ist die Dichtung zunächst einfach ein Stück der bestehenden Welt, eine der Leistungen des tätigen Geistes, die als solche ein Recht darauf hat, in ihrer Eigenart gewürdigt und eingeordnet zu werden.« (O. Gigon) Daher liegt ihm auch der in der Aufklärung so wichtige Gedanke einer moralischen Besserung durch Dichtung fern [→ S. 262].

Neben der *Ars Poetica* des römischen Dichters Horaz wurde die kleine Schrift des Aristoteles zum Grundbuch der europäischen Dichtungstheorie bis ins 18. Jahrhundert hinein. Im Mittelalter ging der Begriff einer eigenständigen Poetik verloren; man betrachtete Dichtungstheorie als Teil von bzw. identisch mit der Rhetorik (als Lehre vom richtigen Reden behandelte diese insofern auch die angemessenen Stilmittel des Schreibens). In der Regelpoetik der Renaissance glaubte man sich sklavisch an die Autorität des Aristoteles halten zu müssen. Die endlosen Diskussionen etwa um die »drei Einheiten« der Zeit, des Ortes und der Handlung in der Tragödie zeigen, was in einen Text alles hineingedeutet werden kann. Im Laufe des 18. Jahrhunderts wurden dann am Beispiel Shakespeares »Originalität« und »Genie« der (angeblichen) aristotelischen Regelpoetik gegenübergestellt, bis schließlich der neue geschichtliche Sinn die Eigenart jedes Kunstwerks aus der Zeit zu verstehen lernte, die es hervorgebracht hat.

Aristoteles in der Geschichte der Poetik

In dem Lyzeum in Athen, wo Aristoteles lehrte, befanden sich schattige Laubengänge, die auf griechisch *perípatoi* heißen. Von diesen Laubengängen erhielt seine Schule ihren seltsamen Namen: die Peripatetiker. Bedeutsame Peripatetiker waren Aristoteles' unmittelbarer Nachfolger Theophrast von Lesbos sowie dessen sehr selbständiger Nachfolger Straton. Die Schule entwickelte eine große Produktivität, die sich fast allen Gebieten des menschlichen Wissens zuwendete (so wurde z. B. Theophrasts Pflanzenkunde, in der fünfhundert Arten aufgezählt werden, zum Lehrbuch für das gesamte Mittelalter). Ein wichtiger Bestandteil der Arbeit der Peripatetiker war – in Weiterbildung der aristotelischen Methode – die Doxographie, d. h. die systematische Sammlung von Lehrmeinungen zu bestimmten Themen. Mit der Neuausgabe der Werke durch Andronikus von Rhodos (um 150 v. Chr.) begann eine über Jahrhunderte sich erstreckende Kommentartätigkeit zu den Schriften, die dadurch immer neu ausgelegt wurden.

Die aristotelische Schule

Die Gesamtwirkung des aristotelischen Denkens ist auch mit Worten wie »ungeheuer« oder »nicht mehr wegzudenken« nur schwer zu fassen. Wir haben sie bereits an einigen Stellen angedeutet und werden ihr auch ständig wieder begegnen. Für Generationen wurde er *die* Autorität schlechthin, und diese Autorität war, weil sie dem Wissen systematische Form gegeben hatte, zugleich gut benutzbar. Arabische und jüdische Philosophie brachten es in das christliche Mittelalter ein, wo man sein Denken mit der Kirchenlehre zu vereinbaren suchte [→ S. 93 ff.]. Die erste gedruckte Ausgabe seiner Werke (in Latein) erschien 1499 in Venedig. Bald darauf kam auch eine griechische Ausgabe heraus. Im Laufe des 17. Jahrhunderts

Aristoteles und Aristotelismus

erlahmte das Aristotelesstudium dann allmählich. Hegel war nach langer Zeit der erste, der ihn wieder im Original studierte und in der Lage war, zwischen Aristoteles und Aristotelismus genau zu unterscheiden. Daher sein Urteil, daß »in der Tat an keiner Philosophie sich die neuere Zeit so vergangen hat als an ihr und keinem der alten Philosophen so viel abzubitten ist als Aristoteles. Aristoteles ist, wenn einer, für einen Lehrer des Menschengeschlechts anzusehen.«

Die philosophischen Schulen im Zeitalter des Hellenismus

Verschmelzung der Kulturen

Es gibt in der Geschichte zahllose Beispiele ehrgeiziger Feldzüge und imposanter Reichsbildungen, die rasch wieder zerfallen und ohne weitere Bedeutung geblieben sind. Nur scheinbar gehören die Eroberungen Alexanders zu dieser Art Abenteuer, denn trotz seines frühen Todes (323 v. Chr.) haben sie tiefgreifende Veränderungen bewirkt. Sie haben die Vereinheitlichung bislang getrennter wirtschaftlich-kultureller Großräume eingeleitet. Es entstand eine »internationale Mischkultur« (A. Hauser) unter Führung der jetzt überlegenen griechischen kulturellen Technik (im weitesten Sinne: Handel, Söldnerwesen, Sprache, Wissenschaft, Kunst). Begünstigt wurde die Ausbreitung der griechischen Kultur durch die Tatsache, daß die aufsteigende Großmacht Rom keine besondere kulturelle Dynamik entwickelte. Rom war immer bereit, Sitten, Glauben und Ideen der Kulturen seines Herrschaftsbereiches zu tolerieren. Man bezeichnet die etwa dreihundert Jahre zwischen dem Tod Alexanders und dem Tod Caesars als »Hellenismus« und drückt damit diesen Verschmelzungsprozeß aus.

Folgen der monarchischen Staatsform

Die typische hellenistische Staatsform ist die auf das Heer und ein vielgliedriges Beamtentum gestützte Monarchie. Da die griechischen Stadtstaaten ihre Unabhängigkeit verloren hatten, mußte sich das auch auf das Selbstverständnis der Menschen auswirken: »Das klassische Griechentum stützt sich auf die Stadt. Die Stadt war das Vaterland, ein tyrannisches bisweilen, aber meist ein wohltätiges. Der Bürger fühlte sich dort geschützt und war sich seiner Pflichten dem Stadtstaat gegenüber bewußt. Der Fall der Städte, oder zumindest die mißlichen Umstände ihres Überlebens, das Gefühl, daß die Stadt nicht mehr ein Absolutum, sondern unvorhergesehenen Wechselfällen ausgesetzt ist, alles das trägt dazu bei, das instinktmäßige Urteil, das jeder über seine Beziehungen zu den anderen Menschen hegt, gründlich zu ändern.« [1] Im römischen Reich konnte jeder durch die bloße Änderung seines Wohnsitzes Bürger einer beliebigen Stadt werden. Eine vergleichbare Verschiebung läßt sich auch an der Philosophie beobachten, denn nicht die Polis, sondern die einzelne Person steht im Mittelpunkt der hellenistischen Philosophien. Durch die Ausprägung eines bestimmten Lebensideals versuchen sie, unmittelbar Rat, Trost, Belehrung und Sicherheit in der Lebensgestaltung zu geben.

Verbreitung und Verflachung der Philosophie

Diese Verschiebung des Gesamtinteresses ist zwiespältig. Einerseits hat Philosophie niemals einen so breiten Wirkungskreis gehabt wie im Hellenismus. Sie wurde allgemein verständliche und praktisch orientierende sog. Popularphilosophie. In Rom gehörte es zum guten Ton, als Angehöriger der führenden Schicht auch etwas in Philosophie bewandert zu sein.

Andererseits ist das Reflexionsniveau (ein Begriff, der sehr viel meint: Originalität, Bewußtheit, Konsequenz, »Höhe« des Denkens) der hellenistischen Philosophien ungleich niedriger als das von Platon und Aristoteles, deren Denken sich nie in die Form von einfachen Lehrsätzen bringen ließe. Lange Zeit wurde sie daher in der Philosophiegeschichtsschreibung als bloßer Nachklang vernachlässigt. Dazu bemerkt der junge Marx in seiner Doktordissertation: »Entstehen, Blühen und Vergehen sind ganz allgemeine, ganz vage Vorstellungen, in die zwar alles einrangiert werden kann, mit denen aber nichts zu begreifen ist. Der Untergang selbst ist im Lebendigen präformiert; seine Gestalt wäre daher ebenso in spezifischer Eigentümlichkeit zu fassen wie die Gestalt des Lebens.« Eine Eigentümlichkeit dieses »Untergangs« besteht darin, daß er sich als Wiederbelebung präsentiert. Mit dem Ideal der bedürfnislosen Tugend hat die Stoa an die Kyniker angeknüpft, Epikur an den Atomismus u. das Lustprinzip der kyrenaischen Schule [→ S. 23]; die Skeptiker sind als Reaktion auf beide Wiederbelebungsversuche zu verstehen. Neben- und Unterströmungen der Philosophie können so bei gewandelter geschichtlicher Lage plötzlich eine ganz ungeahnte Wirksamkeit entfalten. Ein weiteres Kennzeichen ist die Bedeutung der Schulen: »In keiner anderen Epoche der europäischen Philosophiegeschichte tritt die Schule gegenüber der Individualität so sehr in den Vordergrund wie hier.« [2] Nicht die einzelne Persönlichkeit eines herausragenden Denkers ist bestimmend gewesen, sondern eine Gemeinsamkeit von Grundüberzeugungen, die von allen Anhängern geteilt wurden. Eine dritte, überraschende Eigentümlichkeit dieser Gestalten des Untergangs ist schließlich die Kraft ihres Weiterlebens. Offensichtlich wurden mit den Prinzipien der Tugend, der Lust und der Skepsis drei philosophisch-lebenspraktische Grundhaltungen formuliert, die eine repräsentative Gültigkeit besitzen; gleichsam als große Bilder oder Spiegel, in denen man sich auch nach langer Zeit wiederzufinden vermag. Das könnte erklären, warum wir in der Geschichte der Philosophie immer wieder auf Stoiker, Epikureer und Skeptiker treffen.

Gemeinsamkeiten der Schulen

Das Ideal des Weisen in der Stoa

Wer im *Kleinen Pauly*, einem Lexikon der Antike, unter dem Stichwort *Stoa* nachschlägt, findet zunächst folgende Erklärung: »Bezeichnet eine langgestreckte, schmale Halle mit geschlossenen Rück- und Schmalseiten und einer offenen, durch Stützen gegliederten Vorderseite.« Von einer solchen Säulenhalle am Marktplatz von Athen erhielt die Schule ihren Namen, da ihre ersten Vertreter hier öffentlich lehrten. Sie wurde begründet von Zenon aus Kition auf Cypern (um 333–262 v. Chr.). Zenon war Schüler eines Kynikers, die ja wiederum eine bestimmte Weiterbildung sokratischer Impulse vorgenommen hatten. Von daher das stark auf Fragen der Lebensführung ausgerichtete und zugleich individualistische Element bei den Stoikern. Sie milderten aber die Schroffheit der kynischen Lehre ab und brachten das kynische Prinzip in eine wissenschaftliche Form. Von den Texten dieser älteren Stoiker sind nur Fragmente erhalten. Berühmt wurde der *Zeushymnus* von Zenons Nachfolger Kleanthes, der mit dem Gedanken der göttlichen Allvernunft eine wichtige Grundüberzeugung dieser Schule zum Ausdruck bringt:

Wortbedeutung und Herkunft der Stoa

Kleanthes

*harmonische
Allvernunft*

»Höchster allmächtiger Gott, den viele Namen benennen,
Zeus, du Herr der Natur, der das All du nach dem Gesetz lenkst,
sei mir gegrüßt! Dein Preis ziemt den sterblichen Menschen [...]
Ja, nichts gibt es auf Erden, was deiner Gottheit entzogen,
nicht in dem Reiche des Äthers noch drunten in Fluten des Meeres.
Nur was Böses die Menschen vollbringen, das tut ihre Torheit.
Aber du weißt auch das Krumme zum Graden zu richten. Was häßlich,
schön wird's in deiner Hand, was feindlich, ergibt sich in Liebe;
Gutes und Böses, sie werden vereint zu einem Verbande;
eine Vernunft herrscht ewig, faßt alles harmonisch zusammen.
Ihr zu entweichen versuchen die Menschen, die Böses erwählten [...].
Drum du allgütiger Zeus, inmitten des dunklen Gewölkes
Herr des flammenden Blitzes, sei gnädig uns Menschenkindern!
Nimm auch das Dunkel der Torheit, o Vater, von unserer Seele!
Einsicht gib uns und rechtlichen Sinn, dein königlich Erbe! Ehrst du uns so,
dann können auch wir die Ehre dir geben, stimmen das Loblied an, wie es
ziemet sterblichen Menschen.
Denn kein höheres Amt ward Göttern und Menschen verliehen,
als das Gesetz zu preisen, das beide im Rechte verband.«

Um 150 v. Chr. wurde die stoische Lehre in Rom bekannt. Sie fand rasch eine große Verbreitung und bestand in erstaunlicher Langlebigkeit als Schule bis in die Mitte des 3. Jahrhunderts n. Chr. weiter. Die wichtigsten Vertreter dieser sog. jüngeren Stoa im Rom der Kaiserzeit sind der Politiker, Philosoph und Dichter Seneca (um 4 v. Chr.–65 n. Chr.), der freigelassene Sklave Epiktet (50–etwa 130 n. Chr.) und der Kaiser Marc Aurel (121–180 n. Chr.; ab 161 Kaiser). Die Moralschriften Senecas, Epiktets *Handbüchlein der Ethik* sowie die *Selbstbetrachtungen* Marc Aurels haben dem Bild der stoischen Lehre seine charakteristische Ausprägung gegeben.

Epiktet

In der Stoa wurde die Philosophie erstmals in die drei Sparten Logik, Physik und Ethik gegliedert. »Logik« umfaßt dabei auch Erkenntnistheorie, Grammatik und Rhetorik. »Physik« umfaßt Ontologie, Kosmologie, Psychologie und Theologie. Hinter dieser Einteilung steht einmal das Bewußtsein, daß die Philosophie ein systematisch gegliedertes Ganzes ist, in dem alle Teile aufeinander bezogen sind. Die Philosophie entspricht damit der nach stoischer Auffassung ganzheitlichen Struktur des Kosmos. Zum andern drückt sich in dieser Anordnung auch eine bestimmte Wertung aus: »Die Logik – so lautet einer ihrer Vergleiche – ist der Umzäunung eines Gartens

*Disziplinen der
Philosophie*

ähnlich, die Physik dessen Bäumen, die Ethik allein enthält das eigentlich Wertvolle: die Frucht.« [3] So betont Epiktet in den *Lehrgesprächen* die Notwendigkeit der Beschäftigung mit der Logik stets »in Beziehung zur Pflicht«, d. h. um aus der Kenntnis von richtigen und falschen Schlüssen etc. auch richtig handeln zu können. In der stoischen Naturspekulation läßt sich deutlich die dem antiken Denken naheliegende Übertragung biologischer Beobachtungen bzw. Begriffe auf die Deutung des Kosmos erkennen. Die Stoiker fassen die Welt als einen in sich zusammenhängenden lebendigen Organismus auf. Er wird durchströmt und geformt von einer aktiven

*Göttliches Pneuma,
Pantheismus*

Kraft, dem Pneuma. Das Pneuma wurde als eine Mischung von Feuer und Luft verstanden und mit der göttlichen Kraft gleichgesetzt. Da die Gottheit so als überall gegenwärtig und überall aktiv vorgestellt wird, nennt man diesen Gottesbegriff auch »Pantheismus« (von gr. *pān*, alles, und *theós*, Gott). Ein Fragment des bedeutenden Stoikers Chrysippos (um 280–207) bringt diesen Pantheismus zum Ausdruck: »Der aus Feuer und Luft gewordene Hauch durchdringt alle Körper, indem er sich mit allem vermischt, und von ihm hängt für jeden von ihnen sein Sein ab.« Die stoische Naturspekulation unterscheidet sich von ihrem Ansatz her ebenso von der dualistischen Grundauffassung des Aristoteles mit den zwei Prinzipien »Materie« und »Form« als auch von der Atomtheorie Demokrits und Epikurs.

Das Leben des Einzelnen wie einer Gesellschaft als ganzer ist nie »selbstverständlich«. Es vollzieht sich immer in einer grundsätzlichen Spannung zwischen dem Wunsch nach Harmonie und den Krisen, Konflikten, Entscheidungssituationen, die unvermeidbar immer wieder auftreten. Um in diesen Entscheidungssituationen zu bestehen, bedarf es ständig der Orientierung. Die Gesellschaft und der Einzelne entwickeln daher Leitbilder, die diese Orientierung für das Selbstverständnis und das Handeln gewährleisten sollen. »Der kühne Held« beispielsweise (Siegfried bei den Germanen, Achilles bei Homer) war jahrhundertelang ein solches oberstes Leitbild; heute ist es mehr der kooperative und doch dynamisch-karrierebewußte Manager, der uns unseren Weg zeigt. Für die Stoa hießen diese Leitbilder Sokrates und Diogenes. Der unbeirrt der Frage nach der Tugend nachforschende Sokrates und Diogenes, der völlig bedürfnislos und glücklich in seinem Faß lebte, sind die echten Weisen.

Leitbilder der Stoa

Das Wort »der Weise« kommt bekanntlich von »wissen«. Es meint aber keineswegs das abstrakte Wissen des (Bücher-)Gelehrten, sondern ein Wissen, das weiß, worauf es ankommt, um richtig zu leben. In diesem Sinne trifft Epiktet gleich zu Beginn seines *Handbüchleins der Ethik* eine ganz grundlegende Unterscheidung: »Von den vorhandenen Dingen sind die einen in unserer Gewalt, die anderen nicht. In unserer Gewalt sind Meinung, Trieb, Begierde und Abneigung, kurz: alles, was unser eigenes Werk ist. Nicht in unserer Gewalt sind Leib, Besitztum, Ansehen und Stellung, kurz: alles, was nicht unser eigenes Werk ist. Was in unserer Macht steht, das ist von Natur frei und kann nicht verhindert oder verwehrt werden; was aber nicht in unserer Macht steht, das ist schwach, unfrei, behindert und fremdartig.« Wer weiß, was in seiner Macht steht, kann sich aus der Verwicklung in die Außenwelt heraushalten. Voraussetzung ist allerdings, daß er Trieb und Begierde, die uns an »äußere Güter« binden, in seiner Gewalt hat. »Selbstbeherrschung« und »Tugend« sind daher Schlüsselbegriffe der stoischen Ethik. Sie allein können zur angestrebten Apathie führen, dem völligen Freisein von Leidenschaften. Die Stoa entwickelte eine ausführliche sog. Affektenlehre, in der sie die Notwendigkeit des Freiseins von Affekten, also starken Gemütsbewegungen, begründet und verteidigt. Hauptgegner dieser Lehre waren die Peripatetiker (Aristoteles hatte ja äußere Güter als für das Glück notwendig angesehen; [→ S. 49]) und Epikur, der »Tugend« und »Lust« in Einklang zu bringen versuchte. Bei Seneca findet sich folgende Beweiskette: »Wer volle Einsicht besitzt, beherrscht sich selbst; wer sich selbst beherrscht, bleibt sich gleich; wer sich gleich bleibt, ist ungestört; wer ungestört ist, ist frei von Betrübnis; wer frei von Betrübnis ist, ist glücklich: also ist der Einsichtige glücklich, und die Einsicht genügt zum glücklichen Leben.« Das stoische Leitbild des Weisen war besonders geeignet, sich mit den altrömischen Idealen der Pflicht *(officium)* und der Tugend *(virtus)* zu verbinden. Dies mag ein Grund für seine große Verbreitung in der Kultur der römischen Kaiserzeit gewesen sein. Es paßt auch ganz in die Zeit, daß die Stoa aus dem einheitlichen Weltgesetz und der allen Menschen innewohnenden Vernünftigkeit die Idee einer weltweiten Brüderlichkeit (Kosmopolitismus) entwickelt hat. Gleichsam personifiziert tritt uns die Stoa in der Gestalt von Marc Aurel

Der »Weise«

Apathie als Freiheit

römisch-stoischer Kosmopolitismus

entgegen, dem »Philosoph auf dem Kaiserthron«. Marc Aurel führte als Kaiser ein sehr diszipliniertes und bescheidenes Leben. »Glück« und »Freiheit« werden in seinen *Selbstbetrachtungen* ganz als Rückzug des Individuums auf sich selbst verstanden: »Steht es dir ja frei, zu jeder dir beliebigen Stunde dich auf dich selbst zurückzuziehen. [...] Gönne dir nun immerdar dieses Zurücktreten ins Innere und verjünge so dich selbst.« Inwiefern Freiheit und Selbstverwirklichung damit wirklich erschöpfend gefaßt sind, kann hier nur als Frage aufgeworfen werden. Die stoischen Grundannahmen einer Harmonie des Weltganzen und einer als privatem Rückzug konzipierten Freiheit müssen aber bedenklich stimmen, wenn sie in den Zusammenhang sozialer Probleme gebracht werden. Epiktet, der ehemalige Sklave, und Marc Aurel, der Kaiser, waren beide Stoiker. »Ergebung ins Schicksal« ist des Kaisers Devise: »Wer seinem Herrn entläuft, der ist ein Ausreißer. Ein Herr ist auch das Gesetz; wer also dawider handelt, ist ein Ausreißer. So auch, wer sich betrübt, mit seinem Schicksal unzufrieden ist, flüchtet. Denn er will nicht, daß geschehen sei oder geschehen soll, was doch der Allgebieter, das Gesetz, angeordnet hat, der doch für jeden festsetzt, was ihm zukommt.« »Das Weltganze würde verstümmelt«, wenn der Einzelne sich nicht einfügt. Verständlich, daß Nietzsche die Stoa eine »moralische Verklärung der Sklaverei« nannte.

Probleme der Wertung

Lust im Garten Epikurs

gegensätzliche Urteile über Epikur

»Als das Leben der Menschen, häßlich anzusehen, auf der Erde lag, von der wuchtigen Last der Religion niedergedrückt, die [...] gräßlich anzusehen, drohend über den Menschen stand, da wagte ein Mann aus Griechenland, sein sterbliches Auge dagegen zu erheben und sich dagegen zu stellen. [...] So ist jetzt umgekehrt die Religion niedergeworfen und wird mit Füßen getreten, uns aber erhebt der Sieg in den Himmel.« (Lukrez) – »Letzter der Physiker [d. h. Naturphilosophen], säuisch und hündisch, aus Samos entsprossen, kam er, ein Lehrer der Kleinen, ein Muster von mangelnder Bildung.« (Timon). Epikur, Befreier der Menschen oder Sittenstrolch? Beide Urteile zeigen, wie umstritten seine Lehre schon in der Antike war, und diese Umstrittenheit zwischen Hochachtung und moralischer Verketzerung hat sich durch die Jahrhunderte erhalten. Sie zeigen auch die Rivalität der verschiedenen Schulen der hellenistischen Philosophie, obwohl in der Konsequenz der praktischen Lebensführung Stoiker und Epikureer gar nicht so weit auseinanderlagen, wie es die unterschiedlichen Leitbegriffe »Tugend« und »Lust« zunächst vermuten lassen.

Gemeinschaft der »Gartenphilosophen«

Epikurs Leben und Philosophie lassen etwas spüren von der Suche nach neuen Bindungen, welche die Polis nicht mehr so selbstverständlich bereitstellen konnte. Als athenischer Bürger wurde er 341 auf der Insel Samos geboren. Seine Familie mußte unter den politischen Umwälzungen der Machtkämpfe der Diadochen leiden und führte viele Jahre ein Flüchtlingsdasein. Nach längerer Wanderzeit und erfolgreichem Auftreten in der Provinz erwarb er um 306 ein Haus mit einem Gartengrundstück in Athen, wo er mit seinen Anhängern lebte; von daher stammt auch die Bezeichnung »Gartenphilosophen« für die Epikureer und Epikureerinnen. Stärker noch als bei der platonischen Akademie und dem aristotelischen Lyzeum handelt es sich bei seiner Schule um eine Lebensgemeinschaft mit kultisch-sektenhaften Zügen. Bemerkenswerterweise durften sich ihr auch Frauen und Sklaven anschließen. Unter Epikurs Wahlspruch »Lebe im Verborgenen« – unter Tyrannenherrschaft in Athen – konnte hier sein Ideal des heiteren Umgangs einer »Gesellschaft von Freunden« praktiziert werden. Schon zu Lebzeiten und besonders nach seinem Tod (271) wurde Epikur Gegenstand einer gleichsam religiösen Verehrung und in die Reihe der »Heilsbringer« eingereiht, die in den Mysterienreligionen der Antike so einflußreich werden sollten [→ S. 74].

Wie bei den Stoikern ist auch Epikurs Philosophie stark aufs Praktische, auf die richtige Lebensführung orientiert. Die »vernünftige Einsicht«, aus der alle Tugenden entspringen, steht bei ihm an Wert noch über der Philosophie. Dennoch ist für Epikur, der immerhin 37 nur als Fragmente erhaltene Bücher *Über die Natur* geschrieben hat, die Naturforschung von großer Bedeutung. Nur das richtige Wissen um das Ganze der Natur kann die Menschen vor falschen Mythen und vor Aberglauben wie z. B. der quälenden Angst vor Himmelserscheinungen befreien. In seiner Welterklärung sollen alle übernatürlichen Kräfte ausgeschieden werden. Daß »Nichts aus Nichts« wird, gehört daher zu den obersten Grundsätzen. Diesen konsequent rationalistischen Ansatz findet Epikur in der Atomlehre Demokrits [→ S. 12], die er übernimmt und weiterführt. Demnach gibt es zwei Prinzipien: die aus unveränderlichen und ewigen Atomen zusammengesetzten Körper und das Leere, ohne das es keine Bewegung geben könnte. Epikur stellt sich vor, daß die Welt aus einer Art »Atomwirbel« entstanden ist. Durch ihre Schwere befinden sich die Atome in ständiger Fallbewegung, gleichsam einem »Atomregen«, wie Lukrez es später nannte. Während bei Demokrit das Prinzip des Zufalls vorherrscht, glaubt Lukrez, die Entstehung der Körper aus einem notwendigen Grund heraus erklären zu können. Er nahm eine unmerkliche Tendenz der Atome zur Abweichung von der senkrechten Fallbewegung an, so daß sie zusammenstoßen und Körper bilden (von dieser *Differenz der demokritischen und epikureischen Naturphilosophie* handelt die Doktordissertation des jungen Marx). Freilich wird das Problem des Zufalls dadurch nicht gelöst, sondern auf eine andere Ebene verlagert. Epikur nimmt die Existenz unendlich vieler Welten an. Er glaubt auch an die Existenz von Göttern, die allerdings *inter mundos*, zwischen den Welten ein heiteres Dasein führen. Insofern stellen sie wohl eher die Projektion des Ideals eines seligen Lebens im Freundeskreis dar. Der implizite Atheismus von Epikurs Welterklärung ist deutlicher ausgedrückt in dem Werk seines bedeutendsten Anhängers, dem römischen Dichter Lukrez (um 97–55 v. Chr.). In den sechs Büchern *De rerum natura (Über die Natur der Dinge)* verbindet Lukrez die umfassende Darstellung der Atomlehre Epikurs mit einer scharfen Kritik an Religion und Priestertum (aus der Vorrede des ersten Buches stammt das Eingangszitat zu diesem Kapitel).

Das lateinische Wort *sensus* bedeutet soviel wie »Gefühl«, genauer: »sinnliche Empfindung«. Eine Erkenntnistheorie, die auf der sinnlichen Empfindung aufbaut, wird daher sensualistisch bzw. Sensualismus genannt. Epikur kann als strenger Vertreter einer sensualistischen Erkenntnistheorie bezeichnet werden. In der Formulierung von Lukrez: »Du wirst finden, daß die Kenntnis des Wahren zuerst von den Sinnen geschaffen wurde und daß die Sinne nicht widerlegt werden können. […] Oder wird denn das Denken, das doch ganz von den Sinnen herkommt, wenn es von falscher Wahrnehmung kommt, gegen die Sinne reden können? Wenn sie nicht wahr sind, wird auch das ganze Denken falsch.« Epikur dachte sich den Erkenntnisvorgang als ein »Ausströmen« feiner Atomgruppen von der

Bedeutung der Praxis

rationaler Grundzug der Atomtheorie

Wahrheit der Sinne

Oberfläche der Körper. Diese reizen die entsprechenden Sinnesorgane und lösen Wahrnehmungen und Empfindungen aus, zu denen dann als zweiter Faktor die geistige Tätigkeit hinzukommt. Aufgabe der Erkenntnisfähigkeit ist für ihn weniger die Analyse der Eigenart dieser geistigen Tätigkeit – wie dies am ausführlichsten Aristoteles untersucht hat – als das richtige Auffassen der ursprünglichen Wahrnehmungen: »Trug und Irrtum aber liegen immer nur in dem Hinzugedachten, das erst noch eine Bestätigung oder wenigstens Nichtwiderlegung abzuwarten hat.«

vernünftige Lust

Die herkömmliche Auffassung von einem echten Epikureer meint jemanden, der sich gut auf Essen, Trinken und die Liebe versteht. Sie leitet sich ab von Epikurs provozierendem Satz: »Ursprung und Wurzel alles Guten ist die Lust des Bauches«. In Wirklichkeit ist dies bei dem Begründer vielschichtiger gemeint. Zwar ist für Epikur die Lust »Anfang und Ende des glückseligen Lebens«, »Motivation für alles Wählen und Meiden«, doch kann das Ziel des glückseligen Lebens nur im richtigen Abwägen der verschiedenen Bedürfnisse und Wünsche erreicht werden. Die vernünftige Einsicht, von der oben die Rede war, lehrt, »daß ein lustvolles Leben nicht möglich ist ohne ein einsichtsvolles, sittliches und gerechtes Leben, und ein einsichtsvolles, sittliches und gerechtes Leben nicht ohne ein lustvolles.« So kommt Epikur sehr schnell zum Lob der Genügsamkeit bzw. zum Leitbegriff der *ataraxía*, dem »Freisein von körperlichem Schmerz und von Störung der Seelenruhe«. In der praktischen Konsequenz also (nicht in der naturwissenschaftlichen Begründung) stehen stoische Apathie und epikureische Ataraxie ganz nahe beieinander, wie auch beide Strömungen die Figur des Weisen zum Modell persönlicher Selbstverwirklichung schlechthin erhoben haben. Neben der Befreiung vom Aberglauben ist die richtige Einstellung zum Tod ein wichtiges Anliegen von Epikurs Philosophie. »Der Tod ist nichts, was uns betrifft. Denn das Aufgelöste ist empfindungslos. Das Empfindungslose aber ist nichts, was uns betrifft.« An einem Zitat wie diesem zeigt sich der ausgesprochen rationalistische Zug seines Philosophierens. Es geht von einigen scheinbar einleuchtenden Grundsätzen aus und zieht dann mit »daher«, »also« und »denn« seine scheinbar ebenso einleuchtenden Schlußfolgerungen. Die drei Lehrbriefe, die uns sein Anhänger Diogenes Laërtius überliefert hat, geben davon ein anschauliches Beispiel; sie eignen sich gut als Lektüre zur Einführung in antikes Philosophieren. Diogenes Laërtius – er lebte um das dritte Jahrhundert nach Chr. – ist der Verfasser der einzigen erhaltenen antiken Philosophiegeschichte. Sie hat den Titel *Leben und Meinungen berühmter Philosophen*. Wenn Epikurs Schüler, wie Diogenes berichtet, seine Schriften auswendig zu lernen angehalten wurden, so zeigt dies weiterhin den Abstand dieser Art des Philosophierens von dem Problembewußtsein, das die Philosophie in ihrer klassischen Zeit erreicht hatte. Um Epikurs Bedeutung angemessen einzuschätzen, muß man wohl Anliegen und Ausführung seiner Philosophie auseinanderhalten. Er will Menschen, die ein von Angst befreites, glückliches Leben führen können; er entwirft uns »das Bild einer befriedeten Existenz« (Aubenque). Der allzu direkte Zugang auf die Erfüllung aber läßt die wirklichen Hindernisse vergessen und führt zum »Leben im Verborgenen«, zu dem berühmten »Glück im Winkel«, wie Epikur es auch nannte. »Befreien muß man sich aus dem Gefängnis der Alltagsgeschäfte und der Politik«, will er uns raten. Ist es ein Rückzugs-Glück?

Ataraxie als Freiheit

vorschnelles Schlußfolgern?

»Jeder Satz hat seinen Gegensatz« – Die antike Skepsis

Gegenüber der Differenziertheit und Kompliziertheit der heutigen Philosophie hat das antike Philosophieren für uns einen gewissen Reiz darin, daß es bestimmte Grundhaltungen sozusagen in reiner Form entwickelt und ausgeprägt hat. So sind Stoiker und Epikureer »klassische« Beispiele dogmatischer Philosophie. D. h. es gibt hier bestimmte Grundüberzeugungen, die sich in festen Lehrsätzen niederschlagen, auf denen wiederum ein geschlossenes System der Weltdeutung aufgebaut wird. Über ihre inhaltliche Bedeutung hinaus haben diese Lehrsätze auch einen »Symbolwert« für ihre Anhänger. Sie erkennen sich in ihnen wieder, können sich zu einer Schule zusammenschließen und erfahren so durch die Philosophie praktische Orientierung und Lebenshilfe. Als Gegenbild zu dieser Art von Philosophie ist der antike Skeptizismus zu verstehen. Reine Grundhaltung des Zweifels, stellt er die Möglichkeit eines geschlossenen Systems von Aussagen »über die Welt« radikal in Frage. Dementsprechend konnte er auch von der Sache her keine »Schule« etwa im Sinne der Stoa ausbilden, hat aber dennoch eine große Bedeutung innerhalb der hellenistischen Philosophie erlangt.

dogmatisches und skeptisches Denken

Wir sind über den antiken Skeptizismus gut unterrichtet durch das Werk des Sextus Empiricus, der als Arzt um zweihundert nach Chr. in Alexandrien lebte. Sein Beiname »Empiricus« weist ihn als Vertreter einer empirischen Ärzteschule aus, die die Empirie, d. h. hier die genaue Beobachtung bei der Erörterung von Krankheitsursachen, zu ihrem Programm gemacht hatte. Sextus' *Grundriß der pyrrhonischen Skepsis* ist eine Zusammenfassung aller skeptischen Argumente gegen die Vertreter der Dogmatik. Seinen Titel hat es nach dem Griechen Pyrrhon (um 360–270 v.Chr.), der als Begründer der Skepsis als philosophischer Richtung gilt. Die Bezeichnung »skeptisch« soll von Pyrrhon stammen. Das griechische Wort *sképtomai* bedeutet »ich blicke prüfend umher«; ein *skeptikós* ist einer, der beim Prüfen und Überlegen verharrt. Damit ist der Ansatz der Skepsis umrissen.

Herkunft des Skeptizismus

»Was Skepsis ist« – auf diese Frage antwortet Sextus mit folgender Definition: »Die Skepsis ist die Kunst, auf alle mögliche Weise erscheinende und gedachte Dinge einander entgegenzusetzen, von der aus wir wegen der entgegengesetzten Sachen und Argumente zuerst zur Zurückhaltung, danach zur Seelenruhe gelangen.« Für diese Entgegensetzung »auf alle mögliche Weise« führt er u. a. folgende Beispiele an: »Wir setzen […] Erscheinung [gegen] Erscheinungen, wenn wir sagen: ›Derselbe Turm erscheint aus der Ferne rund, aus der Nähe viereckig‹. Gedanken [gegen] Gedanken, wenn wir demjenigen, der die Existenz einer Vorsehung aus der Ordnung der Himmelskörper beweist, entgegenhalten, daß es den Guten häufig schlecht, den Schlechten dagegen gut geht, und daraus auf die Nichtexistenz einer Vorsehung schließen. Schließlich setzen wir Gedanken Erscheinungen entgegen, so wie Anaxagoras dem Weißsein des Schnees entgegensetzt, daß der Schnee gefrorenes Wasser, Wasser aber dunkel, also auch der Schnee dunkel sei.«

Definition

Das zentrale Erlebnis des Skeptikers ist also die Widersprüchlichkeit sowohl der Erfahrung als auch des Denkens. Es hindert ihn daran, eine Aussage über die Dinge »an sich«, unabhängig von uns als Erkennenden machen zu wollen. »Es scheint so« und »ich bestimme nichts« sind die skeptischen Schlagworte, in denen sich die sog. Zurückhaltung des Urteils ausdrückt. Ein besonderes Problem ist dabei die Frage, ob der Standpunkt des Skeptikers nicht selbst wieder »dogmatisch« ist. Muß der konsequente

skeptische »Zurückhaltung«

Die Welt wird entgöttert – das Gewöhnliche und das Häßliche halten Einzug in der Kunst: betrunkene alte Frau – römische Kopie nach einem Werk des Myron von Theben (Ende des 3. Jahrhunderts v. Chr.)

Skeptiker seine Urteilsenthaltung nicht auch auf seine eigenen Grundsätze anwenden? In der Tat ist dies ein vieldiskutiertes Problem unter den Anhängern gewesen. Sextus Empiricus will in seinem *Grundriß* alles vermeiden, was diesen Eindruck erwecken könnte und betont: »Das Wichtigste aber ist, daß er bei der Äußerung dieser Schlagworte nur sagt, was ihm selbst erscheint, und daß er nur sein eigenes Erlebnis kundtut, ohne über die äußeren Gegenstände irgend etwas zu versichern«. Eine Lehrmeinung, so versichert er, habe der Skeptiker wohl, aber nicht im Sinne eines Systems von Dogmen, sondern lediglich im Sinne einer Lebensform. Und hier zeigt sich wieder – bei extrem entgegengesetzten theoretischen Positionen – das gemeinsame Leitbild des Weisen, die gemeinsame praktische Ausrichtung der hellenistischen Philosophie. Denn als motivierendes Prinzip der Skepsis nennt Sextus die »Hoffnung auf Seelenruhe« – »die Ungestörtheit und Meeresstille der Seele«. Sie folge der Urteilsenthaltung »wie der Schatten dem Körper«. Hegel betont in seinen *Vorlesungen zur Geschichte der Philosophie*, daß »Zweifel« eigentlich das falsche Wort für diese Haltung sei, insofern wir unter Zweifel eine quälende Zerrissenheit und ein bohrendes Suchen verstehen. Der skeptische Weise ist aber der Wahrheit seiner Position und damit seiner selbst gewiß – »Es ist Ruhe, Festigkeit des Geistes in sich, – nicht mit einer Trauer« (Hegel). In drei Geschichtchen bei Diogenes Laërtius hört sich dies folgendermaßen an:

»Als Anaxarch einmal in einen Sumpf gefallen war, ging Pyrrhon seines Weges weiter ohne ihm zu helfen, ein Verhalten, das ihm manchen Tadel zuzog, während Anaxarch selbst diese Gleichgültigkeit und Teilnahmslosigkeit an ihm lobte.«

»Und als er wegen seiner Schwester – sie hieß Philistia – einmal in heftigen Zorn geriet, erwiderte er einem Tadler, ein Weib sei ein schlechter Probierstein für die unerschütterliche Gemütsruhe.«

»Poseidonius erzählt auch folgendes Geschichtchen von ihm: Als auf einer Seefahrt die Mitfahrenden durch einen Sturm in verzagte Stimmung versetzt wurden, blieb er selbst ganz ruhig und weckte wieder eine zuversichtliche Stimmung, indem er auf ein sein Futter verzehrendes Schweinchen im Schiffe hinwies mit den Worten, diese Unerschütterlichkeit sei ein Muster für das Verhalten des Weisen.« (Diogenes Laërtius)

Die Lehre von den Tropen

Die Kunst des Skeptikers besteht vor allem in der sachgerechten Auseinandersetzung mit den Lehrmeinungen seiner Gegner. Auf das richtige Argumentieren kommt es an – daher brachte diese philosophische Strömung eine Sammlung von Argumentationsfiguren hervor, die sog. Tropen (wörtlich »Wendungen«). Sextus nennt für die ältere Skepsis zehn solcher Tropen, aus deren Anwendung die Urteilsenthaltung folgt: »Der erste argumentiert aus der Unterschiedlichkeit der Lebewesen, der zweite aus der Verschiedenheit der Menschen, der dritte aus der verschiedenen Beschaffenheit der Sinnesorgane, der vierte aus den Umständen, der fünfte aus den Stellungen, den Entfernungen und den Orten, der sechste aus den Beimischungen, der siebente aus der Quantität und Zurichtung der Gegenstände, der achte aus der Relativität, der neunte aus dem ständigen oder seltenen Auftreten, der zehnte aus den Lebensformen, den Sitten, den Gesetzen, dem mythischen Glauben und den dogmatischen Annahmen.« Davon unterscheiden sich die fünf Tropen der sog. jüngeren Skepsis im wesentlichen nur durch die reflektiertere Form:

– Der Tropus der Verschiedenheit der Meinungen (da das eine wie das andere behauptet wird, ist ein endgültiges Urteil unmöglich).
– Der unendliche Regreß (die Bestätigung einer Behauptung bedarf wieder

einer anderen Behauptung, die wieder einer neuen Bestätigung bedarf und so fort bis ins Unendliche).
- Der Tropus des Verhältnisses (der Gegenstand erscheint zwar für den Erkennenden so oder so; wie er aber wirklich ist, darüber ist Enthaltung angebracht).
- Der Tropus der Voraussetzung (ein nicht weiter begründetes Prinzip wird einfach vorausgesetzt, dann wird darauf aufgebaut).
- Der Tropus der Gegenseitigkeit oder der Beweis im Zirkel (eine Aussage soll durch eine andere begründet werden; diese bedarf aber wieder der ersten für ihre Begründung, so daß der scheinbare Beweis in Wahrheit einen Zirkelschluß darstellt).

Mit dem zweiten bis fünften Tropus hat die jüngere Skepsis philosophische Fragen wenn nicht erstmals aufgeworfen, so doch ins Grundsätzliche gewendet, die bis heute in jeder philosophischen Argumentation wichtig geblieben sind, vor allem der unendliche Regreß und der Zirkelschluß im Zusammenhang der Begründung von Aussagen.

Auf die hellenistische Philosophie hat die Skepsis einen starken Einfluß ausgeübt. So hat die spätere Schule Platons, die sog. mittlere und neuere Akademie [→ S. 37 f.], mit bestimmten Vertretern ausgesprochen skeptische Positionen eingenommen. Überhaupt läßt sich innerhalb der hellenistischen Philosophie eine immer stärkere Neigung zur gegenseitigen Annäherung und Verschmelzung der Standpunkte beobachten. Kann der endlose Streit um den Prüfstein, das »Kriterium« der Wahrheit nicht so gelöst werden, daß man die Wahrheit in dem sucht, worin alle Philosophen übereinstimmen? Oder ist es nicht an der Zeit, aus den verschiedenen Philosophien das Überzeugendste herauszusuchen und zu einem neuen System zu vereinigen? Ein solcherart »auswählender« Standpunkt wird in der Philosophie als »Eklektizismus« bezeichnet (von gr. *eklégein*, auswählen). Als sein bedeutendster Vertreter gilt der römische Redner, Politiker und Philosoph Marcus Tullius Cicero (106–143 v. Chr.). Cicero studierte in seiner Jugend Philosophie und Rhetorik in Athen. Neben seiner Tätigkeit als Jurist und Politiker hat er sich zeitlebens mit philosophischen Erörterungen zu den verschiedensten Fragen wie der Rhetorik, der Staats-, Rechts-, Religions- und Moralphilosophie beschäftigt. Cicero war ein ausgesprochener Popularphilosoph, dem es grundsätzlich nicht um besondere philosophische Originalität ging. Seine Hauptaufgabe sah er in der *interpretatio Graecorum*, der schöpferischen Vermittlung griechischer Kultur, die es ihm für die römische Wirklichkeit zu erschließen und umzusetzen galt.

eklektische Haltung zur Wahrheit

Der Neuplatonismus, die Philosophie der heidnischen Spätantike

Epocheneinteilungen schlagen sich in Kapitelüberschriften nieder, die durch ihre Gliederung die vielschichtige Masse des Überlieferten »ordnen«. Sie rekonstruieren und/oder konstruieren Einheiten, »Zusammenhänge«, die dem Leser eine einigermaßen strukturierte Aneignung der Tradition ermöglichen sollen. Das ist ihre notwendige und unverzichtbare Aufgabe. Die damit verbundene Problematik, die schon kurz berührt wurde, zeigt

Überschneidung der Epochen

sich deutlich in dem Zeitraum, den wir uns »Spätantike« zu nennen gewöhnt haben. »Keine andere Epoche der Philosophiegeschichte verlangt vom Historiker in gleichem Maße Bereitschaft zur Zusammenarbeit mit dem Vertreter der Kirchengeschichte und den Vertretern der anderen geistesgeschichtlichen Fächer.« [1]. Die Spätantike zeichnet sich durch eine so intensive Berührung und gegenseitige Beeinflussung von Christentum und griechischer Kultur aus, daß das Künstlich-Filternde der Kapiteleinteilungen bisweilen vor dem Gegenstand versagt. So ist z. B. bis heute umstritten, ob ein Philosoph wie Boëthius [→ S. 69] nun als Christ zu verstehen ist oder nicht. Andererseits kann es von der Sache her durchaus berechtigt sein, ein und denselben Zeitraum unter zwei verschiedenen Blickwinkeln zu betrachten und die Spätantike so einmal als Auslaufen einer über tausendjährigen Tradition und zugleich als Beginn einer neuen, vom Christentum getragenen Entwicklung zu sehen. Mit diesen Vorbehalten habe ich mich hier der Unterscheidung zwischen heidnischer und christlicher Spätantike angeschlossen. In dieser Unterscheidung drückt sich eine Grundspannung aus, die immer als Spannung ein und derselben Epoche aufgefaßt werden muß.

Das neuplatonische Philosophieren steht uns heute sehr fremd gegenüber und ist nur schwer zugänglich. Vielleicht kann derjenige seinen Gehalt leichter erfassen, der sich im Lauf seiner Entwicklung damit auseinandergesetzt hat, wie das Wesen eines allmächtigen und unendlichen Gottes eigentlich zu begreifen sei. Hinzu kommt die noch befremdlichere Mischung von abstrakter Spekulation und magischen Vorstellungs- und Verhaltensweisen. S. Sambursky, ein Historiker des naturwissenschaftlichen Denkens, spricht von dem »merkwürdigen geistigen Klima des 3. Jahrhunderts nach Chr. und der ihm folgenden drei Jahrhunderte«:

schwieriger Zugang zum Neuplatonismus

»Es war dies eine Periode, in der obskurante [d. h. dunkle] Tendenzen aller Schattierungen in wachsendem Maße religiöse Sekten, philosophische Systeme und aktive Naturforscher in ihrem Bann hielten. Die okkulten [geheimen] Wissenschaften blühten, und Magie und Alchemie waren in vollem Schwange. Andererseits begannen dieselben Denker, die Realität mit Augen anzuschauen, die durch eine Perspektive von Jahrhunderten, in der sie die großen klassischen Leistungen der Vorsokratiker, des Platon und des Aristoteles sahen, in hohem Maße geschärft waren. Dem Ansturm neuer Religionen und dem überwältigenden Einfluß der orientalischen Mystik zum Trotz wurzelte das Bewußtsein dieser Denker noch in der antiken griechischen Kultur. Die mehr als vierhundert Jahre währende Herrschaft der stoischen Philosophie hatte mit dazu beigetragen, dies Gefühl der Kontinuität und der Tradition zu erhalten.« [2]

Verschmelzungsprozesse

Für die Naturwissenschaften bedeutete diese »merkwürdige Mischung rationaler und irrationaler Elemente« einerseits ein produktives Weiterdenken des Verhältnisses von Mathematik und Naturwissenschaften, andererseits aber auch eine Lähmung der Forschung durch Astrologie und Alchemie. Isoliert man die rationalen Elemente (was wir hier ständig tun), so stellt sich der Neuplatonismus dar als eine Verschmelzung von platonischem, aristotelischem, stoischem, gelegentlich auch skeptischem und jüdisch-christlichem Gedankengut unter der Vorherrschaft eines in bestimmter Weise ausgedeuteten Platon. Es ist wichtig zu betonen, daß in dem Dreieck Athen-Alexandria-Rom Platon und Aristoteles nicht länger als Gegensätze aufgefaßt wurden. Ferner beginnt jetzt die große Zeit der Kommentatoren: das Denken schreitet voran, indem die Schriften der »Großen« immer wieder neu ausgelegt werden. Dabei muß auch gesehen

Die Geschichte meldet sich in der Kunst zu Wort: Der römische Kaiser Marcus Aurelius begnadigt gefangene Germanen (Relief eines Triumphbogens, 176 n. Chr.)

werden, was nicht kommentiert, nicht weitergedacht, sondern »vergessen« wird. W. Wieland weist darauf hin, daß bei Plotin »die gesamte Staats- und Rechtsphilosophie Platons und der größte Teil seiner Ethik und seiner Handlungstheorie« fehlen; anders gesagt »der Inbegriff alles dessen, was bei Platon durch die Figur des Sokrates symbolisiert wird.« Dieser Zug, »Platonismus ohne Sokrates« zu sein, läßt sich am gesamten Neuplatonismus beobachten. Wir konzentrieren uns im folgenden auf Plotin, um an ihm die Eigenart dieses Denkens etwas näher vermitteln zu können.

Moses und Platon in einem Buch?

Die von Alexander dem Großen gegründete Stadt Alexandria hatte schnell das alte Memphis als Hauptstadt Ägyptens abgelöst und sich zu einem Hauptumschlagsplatz der verschiedenen Kulturen der alten Welt entwik-

Kulturzentrum Alexandria

kelt. Alexandria besaß die größte Bibliothek des Altertums (von Caesar zerstört, dann teilweise wiederhergestellt); die berühmtesten Gelehrten in fachwissenschaftlichen Bereichen wie den Naturwissenschaften, der Grammatik und Rhetorik, der Philologie und Medizin wirkten hier (etwa die Ärzteschule, der Sextus Empiricus angehörte; [→ S. 61]). Bereits seit dem 3. Jahrhundert v. Chr. wurde in Alexandria das *Alte Testament* einschließlich der Apokryphen (der »verborgenen«, nicht in den Kanon aufgenommenen Schriften) ins Griechische übersetzt. Der Legende nach haben dies 72 Übersetzer in 72 Tagen geleistet; daher der Name *Septuaginta* (siebzig) für dieses Werk. Die *Septuaginta* ist einerseits »das Dokument der akuten Hellenisierung des Diasporajudentums und andererseits stellt sie die Brücke dar, auf der der jüdische Monotheismus ins Abendland vordrang« [3]. In diesem Klima konnte die Bibelauslegung des alexandrinischen Juden Philon (um 15 vor bis etwa 50 n. Chr.) entstehen. Philon wird zu den Vorläufern des Neuplatonismus gezählt. Er wendet in seiner Auslegung die sog. allegorische (sinnbildliche) Methode an, d. h. im Wortlaut der mosaischen Schriften findet er einen darin verborgenen, tieferen philosophischen Sinn. Platon konnte so als Schüler von Moses angesehen werden. Die biblischen Inhalte selbst werden dabei weitgehend umgeformt und platonisch gedeutet: Gott, das reine Sein, ist unerkennbar; sein Ebenbild aber, die göttliche Vernunft *(lógos)*, ist zu verstehen als Inbegriff aller Ideen. Diese Ideen werden auch Engel genannt, mit den Gestalten des *Alten Testaments* in Verbindung gebracht und als Kosmos der Ideen der wirklichen Welt gegenübergestellt. Philons Verbindung von göttlicher Offenbarung und philosophischem Logos war für die Kirchenväter und die weitere Entwicklung der christlichen Theologie folgenreich.

Platons allegorische Methode

Plotin und die Schau des Einen

Der Zug zur Vermischung von Rationalem und Wunderbarem zeigt sich nicht zuletzt in den Biographien der Zeit. So berichtet Porphyrios, der Schüler, Herausgeber und Biograph Plotins, von einer Dämonenbeschwörung und übernatürlichen Eigenschaften, die ganz im Gegensatz zu der schlichten Lebensweise seines Lehrers stehen: »Plotinos hatte nämlich von Geburt an etwas Besonderes vor allen anderen. Einmal kam ein ägyptischer Priester nach Rom und wurde durch Vermittlung eines Freundes mit ihm bekannt; der wollte eine Probe seines Könnens ablegen und bot sich dem Plotinos an, den ihm beiwohnenden eigenen Dämon durch Beschwörung sichtbar zu machen. Dieser fand sich gern bereit, und die Beschwörung fand im Isis Tempel statt, denn das war, wie der Ägypter sagte, der einzige »reine« Ort, den er in Rom finden konnte. Als nun der Dämon beschworen wurde, sich von Angesicht zu zeigen, da sei ein Gott erschienen, der nicht zur Klasse der Dämonen gehörte. Da habe der Ägypter ausgerufen: ›Hochselig bist du, der du einen Gott als Dämon beiwohnen hast und keinen Dämon der niederen Klasse!‹ Es sei aber nicht Gelegenheit gewesen, die Erscheinung noch nach etwas zu fragen oder sie weiter anzuschauen; denn jener Freund, welcher mit zusah und die Hühner zum Schutz in der Hand hielt, kniff ihnen die Luft ab, sei es aus Mißgunst, sei es auch aus einem unbestimmten Grauen.«

Plotin

Plotin (um 204–270 nach Chr.) wurde in Alexandria mit der Philosophie seiner Zeit vertraut. Als Begleiter eines Feldzuges des Kaisers Gordian III. soll er auch die persische und indische Philosophie kennengelernt haben.

Vierzigjährig kam er nach Rom, wo er mit Unterstützung angesehener philhellenischer (d.h. griechenfreundlicher) Kreise eine freie, auf dem Kommentieren beruhende Lehrtätigkeit ausüben konnte. Nach dem Tod des Lehrers gab Porphyrios seine Schriften heraus und teilte die angeblich 54 Schriften in sechs Neunergruppen auf; daher werden Plotins Schriften auch *Enneaden* genannt (»Neuner«). Das ergab z. T. eine recht willkürliche Einteilung, aber die Macht der Zahlensymbolik war zu verlockend (Porphyrios: »es war mir nicht unlieb, daß ich so gerade auf die vollkommene Sechszahl und die Neuner geriet«). In seinem *Siebenten Brief* [→ S. 27] kritisiert Platon in scharfer Form Schriften, die nach und nach über seine Ideenlehre in Umlauf kamen: »Von mir selbst wenigstens gibt es keine Schrift über diese Gegenstände noch dürfte eine erscheinen; läßt es sich doch in keiner Weise, wie andere Kenntnisse, in Worte fassen.« Wo Platon deutlich ein Tabu errichtet hat, setzt Plotins Philosophieren ein. Es kreist beständig um das Wesen des Einen, das auch das Gute genannt wird, das aller Wirklichkeit zugrunde liegt und doch unerkennbar bleiben muß. Wie ist das zu verstehen?

Leben und Schriften Plotins

Die kleine Schrift *Das Gute (das Eine)* enthält in gedrängter Form die Grundzüge von Plotins Denken. Sie beginnt mit dem Kernsatz: »Alles Seiende ist durch das Eine ein Seiendes«. Plotin gibt dafür Beispiele. Ein Heer, ein Reigen, eine Herde besteht jeweils aus vielen Teilen, ist eine »zusammenhängende Größe«; ebenso ein Haus oder ein Schiff. Das Haus wird aber erst dann »das Haus«, wenn es als *eines* aufgefaßt wird – »Da ja, wenn man ihm die Einzahl, die von ihm ausgesagt wird, nimmt, es nicht mehr das ist, was man es nennt«. In unserem Beispiel wären es ansonsten Backsteine, Ziegel, Fenster, Holz etc., aber kein »Haus«. Ebenso klar aber kann das Haus nicht »das Eine« selbst sein, denn es gibt viele Häuser und jedes von ihnen bleibt in anderer Hinsicht etwas Zusammengesetztes. Das Haus kann, nach dem platonischen Schlüsselwort, am Einen nur »teilhaben« bzw. wird durch diese Teilhabe (*méthexis* [→ S. 31]) erst, was es ist. Ist die Seele als das Eine aufzufassen? Die Seele erst formt und fügt den Leib zur Einheit zusammen, ohne damit identisch zu sein. Doch auch die Seele besteht aus vielen Kräften (Denken, Streben, Wahrnehmungen); sie steht dem Einen zwar näher als die Dinge (z.B. das Schiff), hat in höherem Maße daran teil, das Eine selbst bleibt aber verschieden von ihr. Nun liegt es nahe, das Eine im Geist zu vermuten, denn das Denken allein kann das Seiende als seiend, in seiner Einheit auffassen, so daß der Geist mit dem Sein zugleich das Eine gefunden hätte, Denken und Sein somit identisch wären (vgl. Parmenides'These [→ S. 9]). Von verschiedenen Überlegungen her scheidet diese Möglichkeit aus: Das Sein des Einzeldings (z.B. des Menschen) bleibt Vielheit, kann nicht das Eine sein, auch wenn es gedacht wird. Erst recht die Ideen sind nicht das Eine und Erste, sondern »eher Zahl« und somit Vielheit. Schließlich bleibt das Denken, richtet es sich auf sich selbst als seinen Ursprung, hoffnungslos gespalten, denn als Denken ist es immer auf ein Objekt angewiesen, das es erkennen will. »Wenn der Geist sowohl das Denkende wie das Gedachte ist, so ist er zwiefältig, also nicht das Eine.« Das Eine liegt jenseits des Denkens.

gesuchtes Zentrum: das Eine

»Teilhabe« und »Verschiedenheit«

Hier liegt ein Stufenmodell der Wirklichkeit zugrunde. Es gibt drei Wesenheiten (Hypostasen): Das Eine, der Geist, die Seele. Die Materie rechnet nicht zu den Wesenheiten, weil sie zu unbestimmt ist; sie erhält Existenz erst als geformte. Die formende Seele erscheint in verschiedenen Stufen von der Pflanzenseele über den Menschen bis zur Weltenseele. In harmonischer Zuordnung bauen also die Bereiche des Daseins aufeinander auf. Wie

Stufen der Wirklichkeit

ist nun aber der Urgrund, das Eine zu erkennen? »Entschließt sich aber die Seele, sich rein für sich allein auf die Schau des Einen zu richten, dann sieht sie es, indem sie mit ihm zusammen und Eines ist, und eben weil sie dann mit ihm Eines ist, glaubt sie noch gar nicht zu haben, was sie sucht, weil sie von dem Gegenstand ihres Denkens selber nicht unterschieden ist. Dennoch muß eben in dieser Weise verfahren, wer über das Eine philosophieren will.«

mystische Einheit mit dem Einen

Die Lösung des Problems, die Plotin hier anbietet, ist der Weg der Mystik. Das griechische Verb *myein* bedeutet wörtlich »die Augen schließen«. Der Mystiker schließt die Augen, um sich auf sich zu konzentrieren, denn sein Ziel ist ein inneres Erlebnis: die Einheit der Seele mit dem Göttlichen. Dieses Erlebnis wird als »Schauer«, als Verzückung und Ekstase erfahren. Zwei Grundthemen aller Mystiker, das negative Denken und die Sprachnot, werden schon bei Plotin deutlich angesprochen. Das mystische Erlebnis der Einheit *(unio mystica)* übersteigt die Subjekt-Objekt-Spaltung und damit den Bereich des wissenschaftlichen Denkens: »denn Wissenschaft ist Begriff, der Begriff aber ist ein Vieles; so verfehlt er das Einssein, da sie in Zahl und Vielheit gerät. So muß die Seele also über die Wissenschaft hinauseilen.« Alles, was sich über das Erste aussagen läßt, erhält die Form der negativen Aussage, was sich etwa hier zeigt: »Da nämlich die Wesenheit des Einen die Erzeugerin aller Dinge ist, ist sie keines von ihnen. Sie ist also weder ein *Etwas* noch ein *Wiebeschaffen* noch ein *Wieviel*, weder Geist noch Seele; es ist kein *Bewegtes* und wiederum auch kein *Ruhendes*, nicht im *Raum*, nicht in der *Zeit*, ›sondern das Eingestaltige als solches‹; oder vielmehr ohne Gestalt, da es vor jeder Gestalt ist, vor Bewegung und vor Ständigkeit, denn die haften am Seienden und machen es zu einem Vielen.«

negative Bestimmungen

Sprachnot

Noch größer wird die Schwierigkeit der Sprache, wenn das mystische Erlebnis selbst beschrieben werden soll. Plotin sagt sehr klar, daß das unmöglich ist; »wir reden und schreiben nur davon, um zu ihm hinzuleiten.« Die Sprache versagt vor diesem Erlebnis, ist doch der Schauende »gleichsam ein anderer geworden, nicht mehr er selbst und sein eigen«. Noch eine weitere Gemeinsamkeit aller Mystiker kommt in Plotins Beschreibung zum Ausdruck, nämlich die Esoterik dieser Bewegung (Esoterik, wörtl. »Geheimlehre«; hier: die Beschränkung auf wenige »Auserwählte«). Das höchste Wissen läßt sich nicht »erlernen«; um »vom Abbild zum Urbild« zu gelangen, bedarf es asketischer Lebensführung und des äußersten persönlichen Einsatzes. So gelangen nur wenige dorthin. »Das ist das Leben der Götter und göttlicher, seliger Menschen, Abscheiden von allem andern, was hienieden ist, ein Leben, das nicht nach dem Irdischen lüstet, Flucht des Einsamen zum Einsamen.«

Das Schöne als Chiffre

Aus Plotins Gedankenwelt sei hier nur noch auf die Schrift *Das Schöne* hingewiesen, da in der Kunsttheorie der Renaissance und des deutschen Idealismus daran angeknüpft wurde. Grundsätzlich wird hier das Schöne nicht, wie heute zumeist, als rein ästhetisches Phänomen aufgefaßt, sondern im Zusammenhang mit der Stufenlehre des Kosmos (Plotin unterscheidet drei Ebenen: das sinnlich Schöne, das geistig Schöne – z. B. die Gerechtigkeit –, und das Schöne, das in der Schau des Einen erfahren wird). Die Stoa hatte das Schöne lediglich als Harmonie der Proportion begriffen. Für Platon war die Kunst nur Nachahmung der Sinnenwelt, also doppelt verdächtig. Auch Plotin weiß, daß das Kunstwerk etwas Zusammengesetztes ist. Durch seine Einheit jedoch, die es erst als schön erscheinen läßt, verweist es auf ein anderes, das in ihm zum Vorschein kommt. Das Schöne (z. B. auch eines Hauses) ist so »Sichtbarwerdung des Unteilbaren in der Vielheit«. Dieser Ansatz, im Kunstwerk etwas Höheres – oder Tieferes, wie man will – zu sehen, das Kunstwerk als »Träger« oder »Chiffre« aufzufassen, sollte – unter ganz anderen geschichtlichen Umständen – für die Ästhetik etwa bei Hölderlin, Schelling und Hegel bedeutsam werden.

»Trost der Philosophie«

Dem späteren heidnischen Neuplatonismus, als dessen wichtigste Vertreter Jamblichos (gestorben um 330) und der in Athen lehrende Proklos (412–485) gelten, geht es im wesentlichen um das weitere Durchdenken des mit Plotin erreichten Problemstandes (Hauptfrage von Proklos: wie ist die Vermittlung des Einen und der Welt zu denken?). Mit dem Neuplatonismus werden, wie der Philosophiehistoriker Aubenque betont, die Möglichkeiten der griechischen Metaphysik bis an ihre äußersten Grenzen getrieben [4]. D. h. das griechische Prinzip der intellektuellen Erkennbarkeit des Kosmos, indem es bis zu seinem Ursprung selbst vordringen will, muß seinen Geltungsbereich relativieren. Es geht konsequent in Mystik über und ermöglicht so eine Brücke zum, besser: eine Verschmelzung mit dem christlichen Denken. Hegel: »Die älteren, reineren, mystischen Scholastiker haben dasselbe, was wir bei Proklos sahen, und bis auf die späteren Zeiten auch in der katholischen Kirche, wenn mystisch tief von Gott gesprochen wird, so sind dies neuplatonische Vorstellungen.«

Mehr seiner symbolischen und wirkungsgeschichtlichen Bedeutung als der Originalität seines Denkens wegen pflegt man im Zusammenhang mit dem Ausgang der heidnischen Spätantike den Philosophen Boëthius zu erwähnen. Boëthius (um 480–524), aus angesehenem römischen Geschlecht stammend, war ein hochgestellter Verwaltungsbeamter am Hofe des Ostgotenkönigs Theoderich. Er verfaßte mehrere lateinisch geschriebene Kommentare zu Aristoteles und Porphyrios sowie – die endgültige Zurechnung ist noch umstritten – einige kleinere theologische Abhandlungen. Wegen des Verdachts der Zusammenarbeit mit oströmischen Kreisen wurde er verhaftet und nach sechsmonatiger Kerkerhaft in Pavia hingerichtet. Während seiner Haftzeit schrieb er das Büchlein *De consolatione philosophiae (Trost der Philosophie)*, das zu den meistgelesensten Texten des Mittelalters gehörte und in viele Nationalsprachen übersetzt wurde. Es handelt sich um einen im platonischen Stil gehaltenen Dialog zwischen dem zu Unrecht gefangenen, die Welt anklagenden Philosophen mit der Philosophie, mit vielen eingestreuten Gedichten. Die kleine Schrift gibt einen anschaulichen Einblick in die Welt eines an der klassischen Philosophie, der Stoa und dem Neuplatonismus gebildeten Römers der Zeit. Im Verlauf des Dialogs kann die Frau Philosophie den armen Boëthius davon überzeugen, daß die irdischen Glücksgaben keinesfalls als das höchste Gut anzusehen sind, daß die Welt nicht auf dem Zufall beruht, daß Vorsehung und Willensfreiheit miteinander vereinbar sind und daß das Böse – notwendig in Hinsicht auf das Gute vorkommend – seiner gerechten Bestrafung entgegengeht. So daß am Ende des Buches jedes Problem gelöst und somit alles wieder in Ordnung ist durch: Trost der Philosophie.

Mittelalterliche Allegorie: Die Philosophie tröstet den im Gefängnis an seinem Buch schreibenden Boëthius

Symbolfigur Boëthius

DIE PHILOSOPHIE DES CHRISTLICHEN MITTELALTERS

Philosophie und Theologie in der Spätantike

Wie sich mit dem Neuen Testament auseinandersetzen?

Notwendigkeit einer Entscheidung

Philosophieren und Sich-Informieren sind zwei sehr verschiedene Angelegenheiten. Philosophieren heißt immer auch zu Ergebnissen kommen, Entscheidungen treffen. Daher wäre es zu kurz gegriffen, wenn hier über das Christentum nur berichtet würde als einem bestimmendem Faktor der abendländischen Geschichte. Verkürzt wäre auch eine Betrachtungsweise, die nur auf die verhängnisvolle Rolle des Christentums gerichtet bliebe, seine Verquickung mit Herrschaft in all den vielfältigen geschichtlichen Erscheinungsweisen, seine Funktion als Ideologieträger ersten Ranges. Christentum und Institution Kirche würden damit immer gleichgesetzt. Sind so Anspruch und Gehalt des Christentums zureichend erfaßt? Meiner Ansicht nach verlangt eine Auseinandersetzung mit dem *Neuen Testament* zweierlei: geschichtliches Verständnis und persönliche Entscheidung. Bemühung um geschichtliches Verständnis, weil die Informationen der Erziehungsinstanzen (Eltern, Religionsunterricht, Medien) einfach unzureichend sind; persönliche Entscheidung, weil sie von der Sache her gefordert ist. Dazu einige Hinweise.

Eigenart des Neuen Testaments

Das *Neue Testament* ist kein historisch-objektiver Bericht, sondern Zeugnis des Glaubens der Urgemeinde. Dieses Zeugnis drückt sich ganz in der Vorstellungswelt jener Zeit aus. Nichts wäre also verfehlter, als die Erzählungen etwa über die Wunder Jesu als »Fälschungen« zu kritisieren (unser Begriff von »Natur« und »Objektivität« existierte in diesem Weltbild noch gar nicht). Aufgrund dieser Verschiedenheit der Weltbilder und Vorstellungsformen ist die Gestalt des geschichtlichen Jesus nur sehr schwer greifbar. Von den Berichten über sein Leben scheidet die historisch-kritische Forschung das Johannesevangelium aus, da es zeitlich als letztes (um 100) entstanden und stark theologisch-reflektierend gestaltet ist. Von den ersten drei Berichten ist das Markusevangelium das älteste (um 70), während das Matthäus- und Lukasevangelium zwischen 75 und 95 geschrieben sein dürften. Neben anderen Überlieferungen greifen Matthäus und Lukas beide auf das Markusevangelium zurück. Die Abhängigkeit *und* Umformung durch diese Evangelisten lassen sich gut erkennen, wenn man alle drei Evangelien in einer »Zusammenschau« (Synopse) nebeneinanderstellt; daher werden Matthäus, Markus und Lukas auch die »Synoptiker« genannt (für jeden, der sich näher mit der Überlieferungsgeschichte auseinandersetzen will, ist der Gebrauch einer Evangeliensynopse sehr zu empfehlen). Das Textproblem verkompliziert sich durch die Erkenntnisse der sog. formgeschichtlichen Schule der Bibelforschung. Danach bestehen die Evangelien aus nach bestimmten Gesetzen geformten Einzelstücken,

formgeschichtliche Textanalyse

die ursprünglich selbständig in der Gemeinde umgelaufen sind. Es finden sich in den Evangelien also sehr verschiedene, eng ineinandergewobene Schichten wie vermutlich echte Jesusworte, Jesus von der Urgemeinde in den Mund gelegte Aussagen, Erzählungen der Urgemeinde, die gestaltende Redaktion der Evangelisten, die selbst wiederum ein bestimmtes theologisches Interesse verfolgten und schließlich Eingriffe aus noch späterer Zeit. Ein kleiner Ausschnitt aus einer Synopse zeigt die unterschiedliche Gestaltung sofort, hier bezüglich der Frage, über welches Wissen Jesus verfügt.

Wann geschieht die Wiederkunft?

Matthäus 24,34–36

Wahrlich, ich sage euch: Dieses Geschlecht wird nicht vergehen, bis dies alles geschehen sein wird. Der Himmel und die Erde werden vergehen, meine Worte aber werden nicht vergehen. Über jenen Tag aber und jene Stunde weiß niemand etwas, auch die Engel im Himmel nicht, sondern allein der Vater.

Markus 13,30–32

Wahrlich, ich sage euch: Dieses Geschlecht wird nicht vergehen, bis dies alles geschehen sein wird. Der Himmel und die Erde werden vergehen, meine Worte aber werden nicht vergehen. Über jenen Tag aber oder jene Stunde weiß niemand etwas, auch die Engel im Himmel nicht, auch der Sohn nicht, sondern nur der Vater.

Lukas 21,32–33

Wahrlich, ich sage euch: Dieses Geschlecht wird nicht vergehen, bis alles geschehen sein wird. Der Himmel und die Erde werden vergehen, meine Worte aber werden nicht vergehen. [1]

Da man offensichtlich bald an den Worten »auch der Sohn nicht« (Markus) Anstoß genommen hatte, hat Matthäus sie ausgelassen, während Lukas hier das ganze Problem elegant umgangen hat. Warum diese Umformungsprozesse, warum überhaupt schriftliche Berichte über Jesus? Wie aus der angeführten und zahlreichen anderen Stelle des *Neuen Testaments* ersichtlich, gehört Jesus von Nazareth in den Umkreis der jüdischen Apokalyptik. Der Inhalt seiner Botschaft ist die Ankunft der nahe bevorstehenden Königsherrschaft Gottes und der Aufruf zur radikalen Umkehr (ein Aufruf, der in seiner Radikalität vielfach das Gottes- und Frömmigkeitsverständnis seiner Zeit sprengt). Nach seinem Tode lebten seine Anhänger in unmittelbarer Erwartung der Parusie (wörtl. »Anwesenheit«), der Wiederkehr des Jesus und dem Anbruch des neuen Weltenalters. Mit dem immer längeren Ausbleiben dieser Parusie mußten sich Probleme stellen, die nur durch die ständig neue Deutung der Person Jesu bewältigt werden konnten. Diese Situation erst weckte das Interesse am Leben Jesu auch vor und nach seinem Tode, an den Berichten über die Wunder, in denen sich seine Autorität zeigt. So hat Jesus immer höhere Titel erhalten. Er wird der »Sohn«, der »Gottesknecht«, der »Messias«, der »Menschensohn«, dessen Kommen Jesus verkündigt hatte, womit er aber – das ist ganz wesentlich – ursprünglich nicht sich selbst gemeint hatte (vgl. z. B. Markus 8,38: »Denn wer sich meiner und meiner Worte schämt [...], dessen wird sich auch der Sohn des Menschen schämen, wenn er kommen wird in die Herrlichkeit

apokalyptische Naherwartung

lange Umdeutungsprozesse

seines Vaters mit den heiligen Engeln«). Diese Linie der ständigen Aufwertung setzt sich über das Johannesevangelium fort bis zu den christologischen Dogmen der frühen Reichskirche [2]. Im Problem der ausgebliebenen Parusie liegt meines Erachtens ein Schlüssel zum Verständnis vieler widersprüchlicher Aussagen des Christentums über sein Verhältnis zur Welt (vielleicht könnte ein Sarkast das Christentum überhaupt definieren als die Geschichte des Arrangements mit einer enttäuschten Parusieerwartung).

übergeschichtlicher Inhalt in geschichtlicher Form

Ist mit diesem Wissen um das geschichtliche Umfeld des Auftretens Jesu und des Glaubens der Urgemeinde die Frage nach dem Glauben sozusagen »erledigt«? Für die meisten heute sicher. Sie begreifen das Christentum – insbesondere den Glauben an die Auferstehung Jesu – als Ausdrucksform einer anderen Weltsicht, die uns fremd geworden ist. Ein historisch-kritisches Verhältnis zum *Neuen Testament* muß jedoch nicht notwendig ein distanziert-atheistisches sein. Geschichtliches Wissen kann auch dazu führen, in den Formen eines anderen Weltbildes eine Aussage zu finden, die uns heute noch angeht. Hierzu seien zwei neuere protestantische Theologen, G. Bornkamm und H. Braun, zitiert, die sich intensiv mit dieser Problematik auseinandergesetzt haben: »Aus dem Gesagten ergibt sich, daß wir auch die Ostergeschichten als Zeugnisse des Glaubens, nicht als Protokolle und Chroniken zu verstehen haben und also nach der *Osterbotschaft in den Ostergeschichten* fragen müssen. Wir sagen damit keinesfalls, daß die Botschaft von Jesu Auferstehung nur ein Produkt der glaubenden Gemeinde sei. Gewiß ist die Gestalt, in der sie uns begegnet, von diesem Glauben geprägt. Aber ebenso sicher haben die Erscheinungen des Auferstandenen und das Wort seiner Zeugen diesen Glauben allererst begründet.« [3] »Der Glaube an die Auferstehung ist eine altchristliche Ausdrucksform, und zwar eine umweltbedingte Ausdrucksform, für die Autorität, die Jesus über jene Menschen gewonnen hat. Wir heute werden diese Ausdrucksform nicht als für uns verbindlich empfinden können. Die mit der Ausdrucksform gemeinte Autorität kann für uns aber sehr wohl verbindlich sein.« [4]

zwei Stellungnahmen zur Auferstehung Jesu

Von dem gleichen historisch-textkritischen Bewußtsein her kommen beide Theologen zu ganz unterschiedlichen Haltungen. G. Bornkamm sieht im Osterglauben ein »Bekenntnis Gottes zu diesem Jesus«, hält also am Begriff eines transzendenten Gottes und seinem Eingreifen in die menschliche Geschichte fest. H. Braun hingegen geht es ganz um die Einzigartigkeit des historischen Jesus von Nazareth. Dessen Autorität besteht für ihn im Aufruf zur unbedingten Nächstenliebe: »Jesus und die Jesustradition legen die Liebe zu Gott aus als die Liebe zum Nächsten.« Von daher wird ihm der Gebrauch des Wortes »Gott« unwichtig. Welche Haltung zum christlichen Glauben nun die richtige ist, kann hier nur als Frage aufgeworfen werden, die jeder für sich entscheiden muß (wobei bei dieser Entscheidung sicher noch eine Menge anderer Gründe mitspielen werden) [5]. Es sollte im Rahmen dieser Philosophiegeschichte lediglich das Bewußtsein dafür geweckt werden, daß heute ein historisch-kritisches Verhältnis zum *Neuen Testament* notwendig ist, daß damit die Frage der Bedeutung Jesu aber immer noch offen bleibt. Mit dem Bekenntnis der Urgemeinde wurde jedenfalls ein Prozeß in Gang gesetzt, dessen Folgen – bis in die persönliche Charakterstruktur eines jeden einzelnen von uns hinein – aus der Geschichte nicht mehr hinweggedacht werden kann.

»Den Juden ein Ärgernis und den Heiden eine Torheit« –
Der Übergang des Christentums in den Hellenismus und
die Auseinandersetzung mit der Philosophie bei den Kirchenvätern

Die Bezeichnung »Heide« ist eigentlich geographisch; ein Heide ist ein Heidebewohner, allgemeiner: jemand, der auf dem Land wohnt (das meint auch lat. *paganus*, Dorfbewohner). Und weil er mit seinem Land verbunden ist, wird er von ihm geprägt, was sich namentlich in seiner Verehrung der Natur mit ihrem Kreislauf von Werden und Vergehen zeigt. Auf die allgemeine Formel »Nicht-Christ« gebracht, gibt es noch eine andere Gestalt des Heiden. Dieser wohnt in der Stadt und hat von seinem gesellschaftlichen Status her eine gewisse Weltkenntnis und Bildung. Vielleicht gehört er sogar einer philosophischen Schule an, etwa der Stoa, und ist daher stolz darauf, daß er sein Leben von morgens bis abends nach »vernünftiger Einsicht« gestaltet und sich niemals aus seiner »unerschütterlichen Gemütsruhe« bringen läßt. Wie kann man so jemandem vermitteln, daß ein gewisser Jude namens Jesus, der von den Römern gekreuzigt wurde, eine ganz unerhörte Bedeutung für ihn besitzt? Man muß seine Sprache sprechen, also griechisch, und muß sich erst einmal auf seine vernünftigen Ansichten einlassen, um ihn zu überzeugen. Diesen Weg versucht Paulus zunächst auf seinen großen Missionsreisen, mit denen er das Christentum in die hellenistische Welt trägt. Der Bericht der Apostelgeschichte über die sog. Athenrede (Apostelgeschichte 17, 16–34) zeigt, daß er die Botschaft Jesu als Erfüllung der in den vernünftigen Überzeugungen der Philosophen angelegten Wahrheit aufzeigen will (so zitiert er zustimmend den Stoiker Kleanthes; [→ S. 55 f.]). Paulus scheitert in Athen. Er wird ausgelacht und verspottet, als er von der Auferstehung der Toten zu reden beginnt. Daraufhin ändert sich seine Haltung grundsätzlich. Jetzt sieht er den ungeheuren Gegensatz zwischen der menschlichen Vernunft der Philosophie und dem unerforschlichen Ratschluß Gottes, wie ihn schon das *Alte Testament* for-

Symbolisch stehen sich geistliche und weltliche Macht ebenbürtig gegenüber. »Christus und die Apostel« (um 400) und Kaiser Otto III. (Ende des 10. Jahrhunderts)

Missionsstrategien des Paulus

muliert: »Vernichten will ich die Weisheit der Weisen und die Klugheit der Klugen verwerfen« Jesaias 29, 14; vgl. 1. Korinther 1, 19). Diesen Gegensatz – der Glaube als Provokation der Vernunft – hebt er jetzt in seiner Verkündigung ganz selbstbewußt hervor: »Denn die Juden fordern Zeichen, und die Hellenen suchen Weisheit; wir aber predigen Christus den Gekreuzigten, den Juden ein Ärgernis und den Heiden eine Torheit, den Berufenen aber, Juden sowohl als Hellenen, Christus als Gottes Kraft und Gottes Weisheit. Denn das Törichte bei Gott ist weiser als die Menschen, und das Schwache bei Gott stärker als die Menschen« (1. Kor. 1,22–25).

Glaube als Provokation der Vernunft?

Zu Recht wurde betont, daß sich diese beiden paulinischen Haltungen als Grundmuster einer doppelten Tradition innerhalb des Christentums darbieten [6]. Von Paulus' Auftreten in Athen bis heute gab es immer wieder den Versuch, das Christentum als mit der »natürlichen« philosophischen Vernunft vereinbar aufzufassen. Wir begegnen aber schon bei den ersten Kirchenvätern dem Bewußtsein der Provokation des Glaubens (was ja durch die Christenverfolgungen ohne weitere Worte erfahrbar war). Das Vorhandensein beider Seiten ist wohl in der Eigenart des Glaubens selbst begründet, ist doch »Glaube« einerseits eine persönliche Erfahrung, die ihre Gewißheit aus sich selbst schöpft, andererseits eine Botschaft, die sich mitteilen, also auf andere argumentativ einlassen will.

wechselseitige Beeinflussung von Christentum und griechischer Philosophie

Welche Haltung von christlicher Seite dabei auch eingenommen wurde – grundsätzlich blieb keiner der beiden Kontrahenten, Christentum und hellenistische Religion/Philosophie, von dem anderen unberührt. Damit ist die Frage des »Einflusses« angeschnitten, einer sehr problematischen Kategorie der Philosophiegeschichte. Meist wird damit nämlich unterstellt, es gäbe ein »ursprüngliches Christentum«, das dann vom Hellenismus »beeinflußt« wurde. Dagegen ließen sich viele Beispiele anführen, daß auch in die hellenistische Philosophie christlich-monotheistische Motive eingeflossen sind, z. B. im Neuplatonismus. Am ehesten greift hier wohl eine Sichtweise, die die Vielzahl der religiösen und philosophischen Strömungen der Zeit als verschiedene Bewältigungsformen einer Epoche begreift, welche für alle Zeitgenossen gewisse gemeinsame Denkformen bereitstellt. Eine Gestalt der Bewältigung bilden die sog. Mysterienreligionen – griechisch-orientalische Geheimkulte, in deren Mittelpunkt der Tod und die Rettung des Einzelnen nach dem Vorbild der Rettergottheit stehen (z. B. Isis und Osiris; Dionysos). An ihnen hat das Christentum teil etwa mit der Taufe (Initiation des Mysten), dem kultischen Mahl und der Feier von Geburt, Tod und Auferstehung des Erlösers. Auf philosophisch-theologischer Ebene lag die Logosspekulation gleichsam »in der Luft«. Der hellenistische Jude Philon bediente sich ihrer [→ S. 66], so auch das Johannesevangelium. Es deutet in seiner sehr spekulativen theologischen Reflexion die Person des »Gesalbten« (Christus) als göttlicher Logos: »Im Anfang war das Wort [logos] und das Wort war bei Gott und Gott war das Wort. Dieses war im Anfang bei Gott. Alles ist durch dieses geworden, und ohne es ward auch nicht eines von dem, was geworden. In ihm war das Leben, und das Leben war das Licht der Menschen. Das Licht leuchtet in der Finsternis, die Finsternis aber hat es nicht ergriffen« (Johannes I, 1–5).

»Und das Wort ist Fleisch geworden und hat unter uns gewohnt, und wir schauten seine Herrlichkeit, eine Herrlichkeit als des Eingeborenen vom Vater, voll Gnade und Wahrheit« (Johannes I, 14).

Epoche der Kirchenväter

Das Auftreten der Kirchenväter leitet eine weitere Etappe der Geschichte des Christentum ein, in der eine neue Form der Auseinandersetzung mit dem Heidentum beginnt. Denn die Kirchenväter, wie man die rechtgläubigen Schriftsteller der alten Kirche bezeichnet, stehen nicht mehr unmittelbar in der apostolischen Tradition. Sie schreiben keine Evangelien, Sendschreiben oder Apokalypsen mehr, sondern setzen bereits einen sog. Kanon von Heiligen Schriften als Grundlage des Glaubens voraus, auf den sie sich argumentativ beziehen (die Herausbildung eines festen Kanons – ein wichtiger Prozeß innerhalb der alten Kirche – findet gegen Ende des 2. Jahrhunderts einen gewissen Abschluß). Die Kirchenväter sind zunächst Apologeten – Verteidiger des Glaubens gegenüber den Ungläubigen (Apologie meint Verteidigungsrede bzw. -schrift). Die Art der Verteidigung hing natürlich auch stark von der jeweiligen politischen Situation ab, die hier kurz in Erinnerung gerufen werden soll. Das Christentum, das zunächst stark von den Unterschichten getragen war, hatte seine ersten blutigen Verfolgungen bereits unter Nero (64), Domitian (81–96) und Trajan (98–117) zu erleiden. Höhepunkte waren die allgemeinen Christenverfolgungen unter Decius (249–251), Valerian (257–258) und Diokletian (303–311). Eine grundsätzliche Wende setzte nach der Bekehrung Konstantins mit dem Toleranzedikt von Mailand ein (313). Es sicherte völlige Religionsfreiheit. 391 wurde das Christentum Staatsreligion. Ab dem 2. Jahrhundert wandelte sich die »demokratische« (das Wort trifft nicht ganz die Sache) Gemeindestruktur zu einer streng hierarchischen Verfassung unter Führung der Stadtbischöfe. Ihren sichtbarsten Ausdruck fand dieses Prinzip im allgemeinen Führungsanspruch des Bischofs von Rom. Aufgrund dieses Umwandlungsprozesses konnte es zu dem Arrangement mit den politischen Strukturen des spätrömischen Kaiserreiches kommen.

geschichtlicher Hintergrund

Grundsätzlich finden sich bei den Kirchenvätern die beiden schon bei Paulus angelegten Haltungen zur heidnischen Philosophie: Polemik oder der Versuch einer Vermittlung. Die Polemiker betonen den schroffen Gegensatz zwischen der Erhabenheit des christlichen Gottes und den Irrtümern der Heiden – wie kann man z. B. die Elemente für göttlich halten, wenn die Erde auch als »Leichenbehälter« dient und das Wasser unter anderem dazu benutzt wird, sich vom Menschen »wider Willen in die Gärten leiten [zu] lassen und an andere Orte, um den Mist der Menschen hinauszuspülen«? (Aristides von Athen). Die vermittelnde Haltung gesteht zu, daß auch die Heiden Vernunft besitzen: »Nun war vor der Ankunft des Herrn die Philosophie für die Griechen zur Rechtfertigung notwendig; jetzt aber wird sie nützlich für die Gottesfurcht, indem sie eine Art Vorbildung für die ist, die den Glauben durch Beweise gewinnen wollen« (Clemens von Alexandrien). Die volle Wahrheit aber liegt in Christus, was gerne an den widersprüchlichen Lehren der antiken Philosophie gezeigt wird: »Daher ist offenbar unsere Religion erhabener als jede menschliche Lehre, weil der unsertwegen erschienene Christus der ganze Logos, sowohl Leib als auch Logos und Seele ist. Denn was auch immer die Denker und Gesetzgeber jemals Treffliches gesagt und gefunden haben, das ist von ihnen nach dem Teilchen vom Logos, das ihnen zuteil wurde, durch Forschen und Anschauen mit Mühe erarbeitet worden. Da sie aber nicht das Ganze des Logos, der Christus ist, erkannten, so sprachen sie oft einander Widersprechendes aus« (Justinus).

zwei Einstellungen zur Philosophie

Als Methode der Schriftauslegung bedienen sich die Kirchenväter der Allegorie. Die allegorische Exegese (Auslegung) von Schriften ist eine gemeingriechische Methode, deren Bedeutung gar nicht genügend betont werden kann; sie blieb das ganze Mittelalter hindurch selbstverständlich. Der Allegoriker sieht im Wortlaut des Textes einen zweiten, verborgenen Sinn. Der wörtliche Text wird ihm zum »Zeichen für eine verborgene Natur,

allegorische Textauslegung

die sich seinem allegorischen Verfahren enthüllt« (Philon von Alexandrien). Dazu als Beispiel eine allegorische Deutung des Kirchenvaters Clemens von Alexandrien: »Wenn die Schrift aber sagt: ›Verkehre nicht viel mit einem fremden Weibe!‹, so ermahnt sie damit, die weltliche Weisheit zwar zu verwenden, aber sich nicht anhaltend mit ihr zu beschäftigen und nicht andauernd bei ihr zu verweilen.« Dieses Verfahren wurde ursprünglich entwickelt, um Homer zu verteidigen, da Homers Götter – man denke an die Amouren von Gottvater Zeus – allzu anstößige Züge trugen. Also mußten die Abenteuer der Götter etwas anderes bedeuten. Daß diese Methode oft beim gleichen Text gegensätzliche Deutungen zuließ, blieb den Zeitgenossen natürlich nicht verborgen. Unserem Denken müssen diese Widersprüche als argumentative Hilflosigkeit erscheinen. Dabei muß aber als grundsätzlicher Unterschied des antiken-mittelalterlichen und des neuzeitlichen Denkens die Autorität der Tradition in Betracht gezogen werden. Je älter ein Text war, desto mehr Gewicht hatte er. Daher der sog. Schriftbeweis, das Zitat eines alten Textes (z. B. aus dem *Alten Testament* im *Neuen Testament*) zur Untermauerung einer Aussage; daher die zahlreichen Fälschungen von Texten und Autorennamen in der Antike und im Mittelalter. Eng mit dieser *auctoritas vetustatis* (Autorität des Alters) hängt auch die Theorie vom Plagiat – Diebstahl geistigen Eigentums – bei den christlichen Schriftstellern zusammen. Immer wieder begegnen wir dem Nachweis, daß ein griechischer Philosoph in Wahrheit von einem Propheten des *Alten Testaments* abhängig ist, seine Weisheit also nur entliehen oder erschlichen hat. Der Ehrentitel »Kirchenvater« zeichnet seinen Träger aus durch *doctrina orthodoxa, sanctitas vitae, approbatio ecclesiae* (rechtmäßige Lehre, heiligmäßige Lebensführung, Anerkennung innerhalb der Gesamtkirche). Im ersten und dritten Punkt dieser späteren Formel klingen noch die großen Krisen dieser Zeit nach, die Auseinandersetzungen mit den Häresien (Irrlehren), die oft bis zu Kirchenspaltungen geführt haben. Die Tradition unterscheidet zwischen »griechischen« und »lateinischen« Kirchenvätern. Der bedeutendste im griechischen Sprachraum ist Origines, im lateinischen Augustinus. Da wir im folgenden auf Augustinus näher eingehen, können hier selbst die wichtigsten Kirchenväter nur mehr erwähnt werden. Nicht alle von ihnen haben die Kirchenvaterwürde im Sinne der *approbatio ecclesiae* erlangt (z. B. Origines und Tertullian), da sie gegen die Häresien selbst nicht genügend gefeit waren. Wir nehmen es hier aber damit nicht allzu genau und führen sie ihrer allgemeinen Bedeutung wegen in diesem Zusammenhang auf, in den sie auch gehören.

Titel eines Kirchenvaters

griechische Kirchenväter: Justinus

Der Märtyrer Justinus (gestorben um 165) ist bekannt als Verfasser zweier Apologien, die an die Kaiser Hadrian und Marc Aurel gerichtet waren. *Entlarvung und Widerlegung der fälschlich so genannten Erkenntnis* ist das Hauptwerk des Bischofs von Lyon Irenäus (gestorben um 200). Irenäus war ein energischer Vorkämpfer gegen die mächtige Strömung der Gnosis (wörtl. »Erkenntnis«), einer streng dualistischen spätantiken Religionsbewegung. »Gnosis ist die zur Vollendung des Menschen führende Erkenntnis seiner selbst als des Gottes, der er war; ist sein Vermögen, zu seinem verschütteten, fern seinem Ursprung weilenden eigentlichen Selbst, das göttlich ist, hinabzudringen.« [7] Um das Böse der Welt zu erklären, unterscheidet die Gnosis zwischen dem Schöpfergott (der Gott des *Alten Testaments*) und dem Erlösergott (dem Gott des *Neuen Testaments*). Christus wird in diesem System zu einem halbmythischen Himmelswesen, das den Menschen die Kunde brachte, wie die Seele aus der Sinnenwelt zu ihrem Ursprung zurückfindet. Demgegenüber hat die Kirche

Kampf gegen die Gnosis

stets an der Einheit von Schöpfer- und Erlösergott sowie an der konkreten Geschichtlichkeit der Person Jesu festgehalten. Diese für das Christentum wesentliche Geschichtsbezogenheit unterscheidet es von allen anderen spätantiken Erlösungskulten.

Clemens, Leiter der Katechetenschule von Alexandria (gest. vor 215), kam von der heidnischen Philosophie zum Christentum. Er blieb stets ein Vermittler zwischen Philosophie und Glauben: »Von allem Schönen, mag es nun hellenistisch, mag es unser sein, ist zuletzt doch der eine wahre Gott der einzige Urheber«. Sein Nachfolger Origines (um 185–253) kann an Bedeutung seinem Zeitgenossen Plotin an die Seite gestellt werden. Origines' Hauptwerk *Von den Grundlehren* ist die erste philosophisch-systematische Darstellung der christlichen Lehre. Origines verwendet dabei ein Grundschema, das in manchem an Philon und an gnostisches Gedankengut erinnert. Aus dem Ur-Einen tritt der Logos als sein Abbild hervor; darauf folgt die Schaffung einer hierarchischen Welt der Geister und – durch fortschreitende Entfremdung von Gott – einer stofflichen Welt, die durch den Logos-Christus wieder zu dem Einen zurückgeführt wird. Origines wurde von der alexandrinischen Kirche nicht anerkannt. Im Zusammenhang mit der Schließung der platonischen Akademie 529 wurden auch seine Lehren verdammt. Im vierten Jahrhundert wirkten die »drei großen Kappadokier« Gregor von Nazianz, Basilius von Caesarea und sein Bruder Gregor von Nyssa. Sie spielten eine bedeutende Rolle beim Ausbau der Trinitätslehre gegen die Arianer. Im Prozeß des Hinübertretens in den griechischen Sprachraum war in der Kirche ein heftiger Streit darüber entstanden, wie das Wesen der christlichen Gottheit zu denken sei. »Die Streitfragen der großen Konzilien wurden – mit unübersehbaren Folgen – formuliert, diskutiert und entschieden in jenen platonischen und aristotelischen Begriffen und Denkformen, die der Zeit geläufig waren.« [8] Der alexandrinische Presbyter Arius hatte die Gottheit »subordinatorisch« gedacht: Der Logos Christus ist dem Vater untergeordnet, nicht wesensgleich. »Es war eine Zeit, da er nicht war.« Da Arius eine sehr große Anhängerschaft gewann und das Problem trotz Verbannung die Kirche zu spalten drohte, kam es 325 zu dem großen Konzil von Nicaea. Es wurde von Kaiser Konstantin einberufen. Hier setzte sich die orthodoxe Gegenpartei durch und formulierte als Nicaenisches Glaubensbekenntnis die Wesensgleichheit des Sohnes mit dem Vater. Gegen die verschiedenen Spielarten des Arianismus wurde auf dem Konzil von Konstantinopel (381) die Wesensgleichheit aller drei Personen im sog. *Symbolum Nicaeno-Constantinopolitanum* bestätigt (*symbolum*, Glaubensbekenntnis). Folgerichtig und verschärft durch die Rivalität zwischen der alexandrinischen Katechetenschule und der eher nüchternen, grammatisch-historisch vorgehenden Schule von Antiochien wandte sich danach die theologische Spekulation der Person Jesu zu (»Kein Tier zeigt eine solch hemmungslose Feindschaft gegen den Menschen wie die Christen, wenn sie ihre Mitchristen angreifen«, bemerkte der heidnische Geschichtsschreiber Ammianus Marcellinus zu den Auseinandersetzungen in der Kirche). Wie sind seine beiden Naturen zu denken? Wohnt die göttliche Natur in dem Menschen Jesus nur »wie in einem Tempel«? Ist Maria als Gottesgebärerin *(theotókos)* oder nur als Mutter des Menschen Christus *(christótokos)* anzusehen, wie Nestorius, der Patriarch von Antiochia, redegewaltig vertrat? Um diese Fragen ging es auf den Konzilien von Ephesus (431) und Chalkedon (451), die als orthodoxe Lehre die zwei Naturen »unvermischt und unverwandelt, ungetrennt und ungesondert« in der einen Person Jesus Christus feststellten.

Clemens von Alexandria und Origines

Die arianische Irrlehre

Die großen Konzilien über die Natur Gottes

lateinische Kirchenväter: Tertullian

Der älteste Kirchenvater im lateinischen Sprachraum ist der Afrikaner Tertullian (um 160–220). Tertullian unterstrich noch leidenschaftlich den Gegensatz zwischen Kirche und Staat – »nichts ist den Christen fremder als die staatlichen Angelegenheiten« – sowie die Kluft zwischen heidnischer Philosophie und christlichem Glauben, zwischen Athen und Jerusalem. In Anlehnung an Paulus (vgl. 1. Kor. I, 2) wird ihm die berühmte Formel *credo, quia absurdum* zugeschrieben – »ich glaube, weil es absurd ist«. Auch wenn Tertullian diese Formulierung selbst nicht geprägt hat, entspricht sie treffend seiner Auffassung von dem die menschliche Vernunft übersteigenden Wesen des Glaubens. Der rhetorisch versierte Lactantius (um 250–317) hingegen versuchte, dem gebildeten römischen Heiden das Christentum als religiöse Philosophie nahezubringen. Größte Bedeutsamkeit für das christliche Mittelalter erlangte die lateinische Bibelübersetzung des Kirchenvaters Hieronymus (um 345–420). Sie setzte sich gegen die Vielzahl bereits umlaufender lateinischer Versionen durch und erlangte nach und nach kanonische Gültigkeit (daher ihr Name *Vulgata*, allgemeiner Text). Ein Beispiel für die Stärke, die die Kirche nach der sog. Konstantinischen Wende im Verlaufe des vierten nachchristlichen Jahrhunderts erlangte, ist der Bischof Ambrosius von Mailand (339–397). Einflußreicher Ratgeber dreier Kaiser, formulierte er selbstbewußt die Souveränität der Kirche gegenüber der weltlichen Gewalt in Glaubensfragen (»Der Kaiser ist in der Kirche, nicht über der Kirche«). Nach dem Vorbild Ciceros verfaßte Ambrosius für seinen Klerus die erste christliche Ethik. Er behielt darin Ciceros Moralbegriffe größtenteils bei, legte ihnen aber einen christlichen Sinn unter. Als wortgewaltiger Prediger war Ambrosius ein Vorkämpfer gegen den Arianismus im Westen. In seiner Bibelauslegung bediente er sich der allegorischen Deutung im Anschluß an Philon und Origines, wie überhaupt bei den Kirchenvätern des Westens eine stark platonisierende Tendenz festzustellen ist.

Die Vulgata des Hieronymus

Augustinus: »Ich selbst bin mir zum Rätsel geworden«

Augustinus – römisches Fresko (6. Jahrhundert)

»Innerlichkeit« ist eines jener seltsamen, typisch deutschen Worte, bei denen ein Ausländer erst einmal stutzt, wenn er sie in seine Sprache übersetzen will. Um »Innerlichkeit« zu entwickeln, bedarf es eines Einzelnen, der sich selbst beobachtet, der »nach innen geht«, dort die mehr oder weniger schöne Welt seiner Stimmungen und Gefühle entdeckt und sich bewußt damit beschäftigt. Dieser Einzelne kann geschichtlich erst relativ spät aufgetreten sein. Wir denken dabei in erster Linie an den Anfang des 19. Jahrhunderts, als mit der Romantik in dem Dreieck Ich – Geliebte (r) – Natur ein wahrer Innerlichkeitskult erblüht ist. Die sogenannte romantische Liebe ist aber – wie sich am Pietismus [→ S. 235] noch leicht zeigen läßt – der verweltlichte Abkömmling einer ursprünglich ganz anders ausgerichteten, nämlich religiösen Innerlichkeit. Sie hängt aufs engste mit dem Christentum zusammen, das im Vergleich zu anderen Religionen zur Entwicklung eines persönlichen Verhältnisses des Einzelnen zu seinem Erlösergott schon immer besonders günstige Ansätze geboten hat. Die Spuren der Innerlichkeit führen über die deutsche Mystik des Mittelalters zurück zu Augustinus. Wenn wir diesen spätantiken Kirchenvater hier so eng mit einer Entwicklung, die er nie voraussehen konnte, in Verbindung bringen, ist natürlich besondere Vorsicht geboten. Eine falsche Aktualisierung (Vergegenwärtigung) gerät leicht in die Gefahr der Überzeichnung einzelner

Züge und somit zu einem Zerrbild. Man kann, wenn man will, Augustinus auch ganz in die neuplatonisch-christliche Spätantike hineinstellen, indem man die grundlegenden Gemeinsamkeiten betont (z. B. den Gedanken der *ordo*, das Prinzip der gestuften Gliederung des ganzen Kosmos). Hier interessieren aber mehr die zukunftsweisenden Aspekte seines Denkens, durch die Augustinus zum einflußreichsten Lehrer der alten Kirche geworden ist: seine Wendung nach innen und seine christliche Geschichtstheologie. Beide Aspekte müssen in engem Zusammenhang mit seiner persönlichen Entwicklung stehen, über die wir – und das ist kein Zufall – besser als bei jedem anderen antiken Philosophen unterrichtet sind.

Doppelgesichter des Augustinus

In den *Bekenntnissen (Confessiones)*, seinem großen, etwa zehn Jahre nach der Bekehrung verfaßten autobiographischen Rückblick, berichtet Augustinus von einem Erlebnis als junger Mann in Mailand. Als es ihm gerade wieder einmal schlecht ging wegen seiner inneren Unruhe und seiner Arbeit, sah er einen betrunkenen, fröhlich scherzenden Bettler. Bei dessen Anblick wurde ihm plötzlich klar, daß dieser arme Bettler das hatte, was er selbst so mühsam erstrebte und sich doch immer wieder verbaute: »Lust und Glück des Tages«. Und Augustinus fährt fort: »Und er [der Bettler] zweifellos freute sich doch, ich aber ängstigte mich; er war sicher und ich zitterte vor Bangen. Und wenn einer mich gefragt hätte, was ich lieber wollte, mich freuen oder mich ängstigen, so hätte ich geantwortet: mich freuen. Und wiederum, hätte er gefragt, ob ich lieber sein wolle wie der andre sei oder wie ich damals eben war, so hätte ich wiederum, wenn auch verkehrt, nur mich gewählt mit meinen Sorgen und Ängsten.« Die Textstelle zeigt zweierlei. Augustinus hat eine starke Identität (persönliches Selbstbewußtsein). Er steht zu sich, selbst in seiner Zerrissenheit. Aber er weiß auch, daß es etwas anderes gibt, eine Lust jenseits der Arbeit, der Sorge und der Entsagung. Und dieses Andere läßt ihm keine Ruhe; nach über vierzig Jahren noch beschäftigt ihn der Bettler. Um das Andere zu kennen, muß man es erfahren haben: Identität ist Resultat eines Weges. Bei Augustinus ist der Weg besonders verschlungen.

Ein prägendes Erlebnis

Aurelius Augustinus wurde 354 in der nordafrikanischen Stadt Tagaste geboren. Sein heidnischer Vater starb, als er siebzehn war. Zwischen ihm und seiner Mutter Monica, einer bekennenden Christin, bestand eine enge Mutter-Sohn-Beziehung. Zeit ihres Lebens war ihr größter Wunsch, daß ihr Sohn sich zum Christentum bekenne.

persönliche Entwicklung

Der aber treibt es schon früh lieber mit den Frauen, »damals im sechzehnten Jahre meines Fleisches; als das Szepter über mich die wilde Wollust nahm und ich ihr beide Hände ließ, der Wollust.« Mag auch manches übertrieben dunkel dargestellt sein in dieser Schilderung der »Strudel des Lasters«, so zeigt sich hier als eine Besonderheit der *Bekenntnisse* die Auseinandersetzung des Christen Augustinus mit der Sinnlichkeit. Sie durchzieht das ganze Buch, sei es als Verdammung der Ausschweifungen der Jugendzeit, sei es durch die Hintertür in der erotischen Wortwahl, wenn der Text ins Mystische gerät. Jedenfalls ist sie dauernd gegenwärtig. Diese exemplarische Auseinandersetzung des Christen mit seiner Sexualität gibt den *Bekenntnissen* ihren besonderen Stellenwert sowohl für die folgenden Jahrhunderte als auch für uns heute, wenn wir der Geschichte unserer Sinnlichkeit nachforschen wollen. 371 kommt Augustinus als Student der Rhetorik nach Karthago. Auch hier »ein Wirrwarr schändlicher Liebeshändel«; Augustinus lebt mit einer Frau zusammen und hat mit ihr einen Sohn namens Adeodatus. In Karthago begeistert er sich für Ciceros Philosophie. Die Bibel lehnt er damals unter anderem wegen ihres krausen

Christentum und Sexualität

Stiles ab (»sie erschien mir unwürdig, mit ciceronischer Würde verglichen zu werden«). Der begabte Student wird Lehrer der Rhetorik zunächst in Tagaste (374), dann in Karthago (375) und in Rom (383). Als Krönung dieser steilen Karriere erhält er eine Stelle als Rhetoriklehrer in der kaiserlichen Residenzstadt Mailand.

als Manichäer und Skeptiker

Die *Bekenntnisse* sind ein Zeugnis dafür, daß es »in weiten Kreisen ein eigentümliches und tiefgehendes Ungenügen an der zeitgenössischen Kultur [gab], das sich aus dem Gefühl der Unvereinbarkeit alter [heidnischer] und neuer [christlicher] Lebensformen speiste« [9]. Ciceros – oft als seicht bezeichnete – Popularphilosophie genügt Augustinus offensichtlich nicht. Wo einen Halt finden? Für einige Jahre wendet er sich den Manichäern zu (der nach seinem Begründer Mani so genannte Manichäismus war eine der Gnosis verwandte Sekte mit einem dualistischen Weltbild; ihre weite Verbreitung zeigt die starke Erlösungssehnsucht der Zeit). Öfters verfällt er in tiefe Depressionen, so beim Tod eines engen Freundes: »Und ich haßte alle Dinge, weil sie mir ihn nicht wieder bringen konnten [...] Und mir selbst ward ich zum großen Rätsel, und ich fragte meine Seele: warum bist du traurig und warum betrübst du mich? Und sie wußte keine Antwort.« Nach der inneren Lösung von den Manichäern schließt er sich in Rom der skeptischen Schule an, was wohl seiner Situation am ehesten entsprach. Gott denkt er sich während dieser Zeit typisch antik als eine alles durchdringende körperliche Masse – »denn was nicht Körper war, schien mir nicht zu sein« –. Die Existenz des Bösen in der Welt scheint ihm mit dem Begriff der Gottheit nicht vereinbar zu sein. Daher nimmt er das Böse ebenfalls als selbständige Substanz an, als eine Art Masse, die aber der göttlichen Masse grundsätzlich unterlegen ist. Daß Gott die Gestalt des menschlichen Fleisches annehmen könnte, lehnt er als unwürdige Vorstellung ab.

neuplatonische Anstöße

In Mailand hört der Rhetorikprofessor Predigten des Bischofs Ambrosius [→ S. 78], »um seine Beredsamkeit zu prüfen«. Sie beeindrucken ihn, gleichwohl bleibt er skeptisch-distanziert, praktiziert »Urteilsenthaltung«. Augustinus zögert eine Festlegung extrem hinaus, nutzt aber diese Entscheidungsverzögerung als Erkenntnischance. In einer solchen Situation kann der Anstoß, den eine bestimmte Lektüre gibt, entscheidend sein. »Lesen« kann ja Erlebnisse auslösen, die die inhaltliche Ausrichtung des Gelesenen überschreiten, so daß durch den Anstoß einer bestimmten Lektüre etwas ganz anderes herauskommen kann. Augustinus fallen »einige Bücher der Platoniker« in die Hände, lateinische Übersetzungen höchstwahrscheinlich von Plotins *Enneaden* [→ S. 67 ff.]. Das neuplatonische Denken des »Einen« löst ein starkes Erlebnis bei ihm aus: »So war ich denn zurückgerufen zu mir selbst, und nun stieg ich hinab in meine innerst tiefste Seele, und du führtest mich [...]. Ich trat ein und sah nun mit dem Auge meiner Seele, so schwach es war, hoch droben über diesem Auge meiner Seele und über meinem Geist das ewig unveränderlich Licht des Herrn [...] es war über mir, weil's mich erschaffen hat, und ich war unter ihm, weil ich von ihm geschaffen bin. Wer die Wahrheit kennt, der kennt dies Licht, und wer dies Licht kennt, kennt die Ewigkeit. Die Liebe kennt es [...] Da schriest du von fern: ›Ich bin es, der ich bin‹. Und ich hörte es, so wie man mit dem Herzen hört. Und es war nichts mehr, daß ich zweifelte.«

Hier ist es wichtig, noch einmal auf den Unterschied zwischen dem antikneuplatonischen und dem Gottesbild des Judentums hinzuweisen. Plotins »Eines« ist »Weltseele«; die pantheistische Mystik der ausgehenden Antike bleibt noch »im Bereiche des Vorpersonalen und dem Apersonalen haften«

[10]. Demgegenüber ist der Gott des *Alten Testaments* ein echter Herrscher-Gott: »Ich bin der Herr, dein Gott. Du sollst keine anderen Götter neben mir haben«. Dieser Gott steht souverän über seiner Schöpfung und ihrer Geschichte, ebenso souverän greift er in die Geschichte ein (was für Augustinus' Geschichtskonzeption wichtig werden sollte). Der biblische Gott ist Person; trotz und in seiner Erhabenheit wendet er sich als ein »Ich« dem »Ich« seiner Geschöpfe zu. Der biblische Personalismus ermöglicht ein »existentielles Ich-Du-Verhältnis« (F. Körner) als Grundlage der eingangs erwähnten Ausbildung einer subjektiven Innerlichkeit. »Liebe« und »Furcht« sind Schlüsselbegriffe dieses persönlichen Verhältnisses. Wird Gott pantheistisch als »Weltseele« gedacht, sind Liebe und Furcht ebenso überflüssig wie das »Du«, mit dem Augustinus seinen Gott anredet (»Du bist es, du mein Gott, dir atme ich Tag und Nacht«). Durch die Erfahrung Gottes als souveräner Person kann Augustinus jetzt auch mit dem Problem des Bösen zurechtkommen. Das Böse, so seine neue Lösung, hat keine selbständige Wirklichkeit, das Böse ist Verkehrtheit des menschlichen Willens durch seine Abwendung von Gott. Bei einem weiteren seelischen Erlebnis glaubt Augustinus eine Stimme zu hören, die ihm zuruft: »Nimm, lies, nimm, lies«. Er schlägt das *Neue Testament* auf und stößt auf die Stelle bei Paulus: »Nicht im Fressen und Saufen, nicht in Zank und Streit, sondern ziehet den Herrn Jesum Christum an und pflegt das Fleisch nicht zur Erregung eurer Lüste« (*Römerbrief* 13, 12 f.). Durch dieses Erlebnis werden die letzten Vorbehalte weggespült. Augustinus verzichtet endgültig auf das Glück der Frauen und läßt sich Ostern 387 zusammen mit seinem Sohn von Ambrosius taufen.

Personalität des jüdischen Gottes

Die *Bekenntnisse* bestehen aus drei Teilen. Die Bücher I–IX sind Rückblick; Buch X beschreibt die Gegenwart in einer Bestandsaufnahme seines Bewußtseins; die Bücher XI–XIII beschäftigen sich mit der Auslegung der Bibel. Buch X gehört zweifellos zu den faszinierendsten Teilen des Werkes. Augustinus untersucht hier die menschliche *memoria*, was man mit »Gedächtnis« oder allgemeiner »Bewußtsein« übersetzen kann. Die ganze Schöpfung zeigt nur, daß sie geschaffen, daß sie nicht Gott ist – die Sinne können Gott nicht erfassen. Das kann nur die Seele: »Aber besser ist, was innen ist [...] Der innere Mensch ward es inne durch den Dienst des äußeren, der Innenmensch ward es inne, ich, das Seele-Ich, durch das Sinnenwesen meines Leibes«. Ich bin mein Bewußtsein – aber was ist das? Einige Zitate mögen zeigen, wie tief Augustinus hier in die Widersprüche der Identität (wörtlich ja: Sichselbst*gleich*heit) vordringt.

Bewußtseinsanalyse in den »Bekenntnissen«

»Groß ist die Macht meines Gedächtnisses, gewaltig groß, o Gott, ein Inneres, so weit und grenzenlos. Wer ergründet es in seiner ganzen Tiefe? [...]. So ist der Geist zu eng, sich selbst zu fassen. [...] Auch die Bewegung meines Gemüts bewahrt dies nämliche Gedächtnis, doch nicht so, wie das Gemüt selber beim Erleben sie inne wird, sondern ganz in andrer Weise, wie es eben in der Natur des Gedächtnisses liegt. Vergangener Fröhlichkeit entsinne ich mich, ohne froh zu sein; vergangener Traurigkeit gedenke ich, ohne traurig zu sein; daß ich einmal mich gefürchtet, erinnere ich mich ohne Furcht; älteren Verlangens bin ich frei von Verlangen eingedenk. Ja, im Gegenteil, an meine überstandene Traurigkeit denke ich bisweilen froh zurück, und traurig an die Fröhlichkeit.

Geheimnis des Gedächtnisses

Wie aber, wenn ich Vergessenheit sage und auch hier erkenne was ich sage? [...] Wenn ich des Gedächtnisses gedenke, so ist das Gedächtnis selber durch sich selber gegenwärtig; aber wenn ich der Vergessenheit gedenke, so ist beides, Gedächtnis und Vergessenheit gegenwärtig, das

Gedächtnis, durch das ich gedenke, die Vergessenheit, deren ich gedenke. Aber was ist Vergessenheit anders als ein Ermangeln des Gedächtnisses? [...] Wer wird dies Rätsel einmal lösen? Wer begreifen, wie das ist? Ich wenigstens, o Herr, mühe mich daran ab und mühe mich an mir selber ab: es ward mein eigen Ich mir zum Boden der Mühsal, und ich bestelle ihn mit vielem Schweiß. Jetzt ist es kein Forschen an den Gefilden des Himmels, kein Messen zwischen den Gestirnen, kein Loten auf der Erde: das bin ich selbst, ich bin mein Erinnern, ich bin meine Seele. Kein Wunder ist es, wenn sich meinem Ich entlegen zeigt was ich nicht bin; was aber ist mir näher als mein Ich? [...] Groß ist die Macht des Gedächtnisses. Welch schauerlich Geheimnis, mein Gott, welch tiefe, uferlose Fülle! Und das ist die Seele, und das bin ich selbst! Was bin ich also, mein Gott? Was bin ich für ein Wesen?«

Sehnsucht nach Gott

Augustinus findet keine logisch »saubere« Antwort. Entscheidend ist, daß er nicht in der Analyse des Selbst steckenbleibt, daß er auch die Kraft des Gedächtnisses »überklimmen« will, um »im innersten Innen« *(interior intimo meo)* zu Gott zu gelangen. Darüber läßt sich freilich nur in mystischen Bildern sprechen: »Spät hab ich dich geliebt, du Schönheit, ewig alt und ewig neu, spät hab ich dich geliebt. Und siehe, du warst innen und ich war draußen, und da suchte ich nach dir [...]. Du hast gerufen und geschrien und meine Taubheit zerrissen; du hast geblitzt, geleuchtet und meine Blindheit verscheucht; du hast Duft verbreitet, und ich sog den Hauch und schnaube jetzt nach dir; ich habe gekostet, nun hungere ich und dürste; du hast mich berührt, und ich entbrannte nach deinem Frieden.« Welchen Preis muß Augustinus dafür bezahlen? »Enthaltsamkeit befiehlst du [...] Durch Enthaltsamkeit wird der Mensch gesammelt und zurückgeführt in die Einheit, von der entfernt er ins Vielerlei zerflossen war.« Seiner Meinung nach ist der Verzicht auf die menschliche Sinnlichkeit notwendig.

Sinnlichkeit als bleibende Unruhe

Aber die eigene Sinnlichkeit läßt ihm keine Ruhe; er analysiert die Begierde, die im Schlaf erwacht, die Lust des Essens, der Gerüche, des Gehörs, der Augen, der Neugierde. Selbst kleine Erlebnisse wie eine Eidechse in der Sonne, die eine Mücke fängt, drohen seine Aufmerksamkeit zu fesseln, und zwar zuerst um ihrer selbst willen, nicht nur als Beispiele der Größe ihres Schöpfers. Augustinus beobachtet sich pausenlos. Ständig lebt er im Mißtrauen gegenüber sich selbst und seinen Gefühlen, ständig bringt er Willen und Zwang auf, um dem eigenen Vollkommenheitsideal gerecht zu werden, unter dem er manchmal fast zusammenzubrechen scheint. Ist Augustinus das Urbild des christlichen selbstbeobachtenden Ich? »So schwank ich hin und her, jetzt die Gefahr der Sinneslust bedenkend, jetzt die erprobte Heilsamkeit [...]. Sieh, so bin ich [...]. Du aber, ›Herr, mein Gott, schau auf mich und erhör mich‹! Sieh mich, ›erbarme dich meiner, heile mich‹! In deinen Augen bin ich selbst zum Rätsel mir geworden. Und das ist meine Krankheit.«

Nach seiner Taufe ging Augustinus bald wieder nach Tagaste und widmete sich, zurückgezogen in einem kleinen Freundeskreis lebend, einer Vielzahl philosophisch-theologischer Erörterungen wie *Über die Seele, Über die Musik, Über den freien Willen, Über die wahre Religion*. 395 wurde er zum Bischof der nordafrikanischen Stadt Hippo geweiht, wodurch theologische und kirchlich-praktische Fragen in den Mittelpunkt seines Interesses rückten (Schriften gegen die Sekten der Manichäer, der Donatisten und der Pelagianer; auf die augustinische Gnadenlehre werden wir im Zusammenhang mit Martin Luthers reformatorischem Konzept zurückkommen [→ S. 124]).

Spätantike

Augustinus: die Gottesstadt (Ende des 14. Jahrhunderts)

geschichts-theologische Verteidigung des Christentums

Wie bereits angedeutet, lebte Augustinus in einer ausgesprochenen Krisenzeit. Er starb 430, als die Vandalen Hippo belagerten. Das durch den Druck der Völkerwanderung schon lange bedrohte weströmische Imperium erlitt seinen ersten großen Schock durch die Einnahme und Plünderung Roms durch die Westgoten im Jahre 410. Alle heidnischen Kulte waren 391 verboten und das Christentum zur Staatsreligion erhoben worden. Nun verschärfte sich die Polemik zwischen Christen und Heiden, da der Fall Roms von heidnischer Seite als Beweis für die Schwäche des Christengottes aufgefaßt wurde. Dies war der äußere Anlaß für sein großes geschichtstheologisches Werk *Über den Gottesstaat gegen die Heiden (De civitate Dei contra paganos)*. Es ist die letzte umfassende Apologie des Christentums gegenüber der heidnischen Welt und zugleich eine neue Deutung der Weltgeschichte, die für das Christentum bestimmend werden sollte. Die zweiundzwanzig Bücher des *Gottesstaates* untergliedern sich in zwei Teile. Die Bücher I–X widerlegen auf einer allgemeineren Ebene eine Vielzahl heidnischer Auffassungen, die Bücher XI–XXII behandeln die Geschichte der beiden Reiche, des Gottes- und des Weltstaates. Einer der Hauptgegner Augustins war der Plotin-Anhänger und Vermittler Porphyrios, dessen Schriften im Jahr 448 auf kaiserliche Anordnung verbrannt wurden. Ein ganz grundlegender Streitpunkt war die Frage der Ewigkeit oder Vergänglichkeit der Welt, ob die Zeit als Kreis oder als zielgerichtete Linie gedacht werden muß. Hierin unterscheiden sich griechisch-antike und christliche Zeitauffassung grundsätzlich, da die christliche Geschichtsdeutung mit ihrer Auffassung von Schöpfung, Offenbarung und Jüngstem Gericht ganz wesentlich auf die Zukunft ausgerichtet ist (»Denn einmal nur ist Christus gestorben um unserer Sünden willen; auferstanden aber von den Toten stirbt er nicht wieder und der Tod wird nicht mehr herrschen über ihn«).

griechische und christliche Zeitauffassung

In der Auseinandersetzung mit heidnischen Auffassungen fällt durch das ganze Werk hindurch das Nebeneinander der Argumentationsformen auf; griechische *theoria* als Erkenntnis des Sichtbaren und christlicher Glaube als unbedingtes Vertrauen in Gottes Autorität stehen einander gegenüber: »Anstatt aber den heidnischen Irrtum mit theoretischen Gründen zu widerlegen, verweist Augustin auf die Autorität der Heiligen Schrift, deren Wahrheit ihm durch die Erfüllung ihrer Weissagungen bewiesen gilt« [11]. Weltgeschichte ist (verborgenes) Heilsgeschehen; das zeigt Augustinus im zweiten Teil des *Gottesstaates* auf. Er rechtfertigt den Gang der Geschichte durch die Konstruktion zweier Reiche: der Gemeinschaft der Menschen, die nach dem Fleische und der Gemeinschaft der Menschen, die nach dem Geiste leben. »Diese Reiche sind nicht identisch mit der sichtbaren Kirche und dem Staat, sondern zwei mystische, von entgegengesetzten Weisen menschlicher Existenz gebildete Gemeinschaften.« (K. Löwith) Der Gegensatz gründet in der inneren Ausrichtung. »Zweierlei Liebe also«, schreibt Augustinus, »hat die beiden Staaten gegründet: den irdischen die Selbstliebe, die bis zur Verachtung Gottes geht, den himmlischen die Liebe Gottes, die bis zur Selbstverachtung führt«. Daher gilt ihm der Brudermörder Kain als Begründer des Weltstaates, Abel als Begründer des Gottesstaates. Augustinus verfolgt die Geschichte beider Staaten von der Erschaffung der Welt (Rebellion Luzifers) bis zum Jüngsten Gericht.

Dualismus der zwei Reiche

Entscheidend sind nun die praktisch-politischen Konsequenzen, die sich aus der augustinischen Konstruktion zweier Reiche ergeben. Beide Reiche existieren nebeneinander. Da aber alles auf die Zugehörigkeit zum geistigen Reich ankommt, können die bestehenden politischen Verhältnisse so gelassen werden, wie sie sind – das gegenwärtige Leben ist, wie Augustinus ganz scharf formuliert, ohnehin »für überaus unselig zu erachten«. Daher lehnt er einerseits eine verklärende Einbeziehung des römischen Reiches in einen göttlichen Heilsplan ab, wie dies in der Reichstheologie anderer Kirchenväter durchaus Vorbilder hatte (Rom ist ihm nur ein anderes Babylon). Andererseits kann er aufgrund seines theologischen Ansatzes die Sklaverei als Folge des menschlichen Sündenfalles interpretieren und rechtfertigen – eigentlich ist ja »›jeder, der Sünde tut, ein Sklave der Sünde‹ (vgl. *Johannesevangelium* 8,34) [...] und gewiß glücklicher lebt sich's als Sklave eines Menschen denn als Sklave einer Begierde« (XIX,5); vgl. auch Paulus im Brief an die Epheser 6,5: »Ihr Sklaven, gehorcht den irdischen Herren [...] dem Herrn zuliebe [...] bei ihm gibt es kein Ansehen der Person«. Das neutestamentliche Desinteresse an der Welt speiste sich aus der Erwartung der unmittelbar bevorstehenden Wiederkunft Christi. Bei Augustinus ist der Zeitpunkt der Wiederkunft ins Ungewisse verschoben, wodurch die neutestamentlichen Sätze, auf die er sich beruft, in einem ganz anderen Licht erscheinen. Und hier läßt sich durchaus ein Bezug zwischen seinen beiden Hauptwerken, den *Bekenntnissen* und dem *Gottesstaat*, herstellen. »Daß die Innerlichkeit die Wesensbestimmung des Menschen sei, d. h. daß der Mensch sich vom Äußeren abzukehren habe, um wahrhaft Mensch zu sein, dies bleibt die leitende Überzeugung. Ihre Folge ist verhängnisvoll. Das Bewußtsein, daß der Mensch für die Gestaltung der Welt verantwortlich ist, kommt nicht auf, weil es ja Gott ist, der das Weltgeschehen in seinen Händen hat.« [12]

Folgen für das christliche Verhältnis zur Welt

Die Spannung zwischen Glaube und Vernunft in der Scholastik

Einige grundsätzliche Bemerkungen

Wer sich heute auf das Mittelalter einlassen will, muß sich der Gefahr zweier ganz gegensätzlicher Klischees bewußt sein: der romantischen Verklärung und der humanistischen Abwertung. Die rückwärtsgewandte Utopie der Romantik (Novalis: »Es waren schöne glänzende Zeiten, wo Europa ein christliches Land war, wo Eine Christenheit diesen menschlich gestalteten Weltteil bewohnte«), die bis zu ihrer extremen Verzerrung in Nationalsozialismus hin immer wieder ihre Propagandisten gefunden hat, dürfte inzwischen an Anziehungskraft verloren haben. Um so stärker sitzt das humanistische Schema, nach dem das Mittelalter eben nur als »Mittel«-Alter *(medium aetas)*, als barbarische Übergangszeit zwischen der Antike und dem Glanz der eigenen Gegenwart anzusehen ist [→ S. 118]. Ganz besonders sind von diesem Urteil die drei Jahrhunderte vor Karl dem Großen betroffen. Nach einem weit verbreiteten Bild sind dies die *Dark Ages* oder, wie es der englische Historiker Toynbee formulierte, eine Zeit »tiefen Schlafes [...] zwischen dem Zerfall des Römischen Reiches und dem langsamen Aufstieg unserer westlichen Gesellschaft«. Auch in der Philosophiegeschichtsschreibung stoßen wir immer wieder auf Urteile wie: »jedes selbständige geistige Leben scheint erloschen«; »eine Art allgemeiner geistiger Erschlaffung [ging] durch die christliche Welt« (K. Vorländer).

Urteile und Vorurteile über das Mittelalter

Demgegenüber muß betont werden, daß die Ausrichtung auf das Ideal eines platonisch-aristotelischen Reflexionsniveaus Erwartungen weckt, die leicht den Blick für die Besonderheit anderer Kultur- und Denkformen trüben. Daß es überhaupt zu einer Vermittlung zwischen antiker und germanischer Kultur kommen konnte, ist eine schöpferische Leistung, die immer wieder Erstaunen wecken muß. Daß dabei ganz grundlegende Verschiebungen erfolgt sind, ist selbstverständlich. Ein anschauliches Beispiel dafür bietet der *Lorscher Bienensegen* (aufgezeichnet im 9./10. Jahrhundert), in dem die beiden Schichten von neuem christlichen Inhalt und der alten heidnischen Form des Zauberspruchs noch gut erkennbar sind:

»Christ, die Immen sind draußen!
Nun fliegt, meine Tierchen, her und hin.
Friedlich, fromm, in Gottes Hut,
Sollt ihr heimkommen gut.
Sitze, sitze, Biene, da!
Gebot dir Sankte Maria.
Urlaub nicht hast du!
Zu Holze nicht flieg du,
Daß du mir nicht entrinnest,
Noch dich mir entwindest.
Sitze viel stille,
Wirke Gottes Willen.«

Im Aristoteles-Kapitel war die Rede von dem »Raster des Wissens«, der grundlegenden Einteilung der Philosophie – und der Welt, die durch sie erkannt wird – in die Disziplinen der theoretischen, der praktischen und der poietischen Philosophie [→ S. 42]. Nichts bezeichnet den Umwandlungsprozeß des Denkens deutlicher als die Tatsache, daß dieser Begriff einer eigenständigen theoretischen Philosophie allmählich verloren ging und durch das System der »Sieben freien Künste« *(septem artes liberales)* ersetzt wurde. »In der Spätantike wurde die Voraussetzung hinfällig, die noch Seneca teilen konnte, daß die freien Künste die Propädeutik [Vorschule] der Philosophie darstellten. Diese hörte auf, eine wissenschaftliche Disziplin und eine Bildungsmacht zu sein. Das bedeutet, daß am Ausgang des Altertums die freien Künste als einziger Wissensbestand übrig blieben.« [1] Isidor von Sevilla definiert sie folgendermaßen: »Es gibt sieben Disziplinen der freien Künste, die erste ist die Grammatik, Kenntnis der Sprache; die zweite ist die Rhetorik, die man vor allem für die Fragen des öffentlichen Lebens, wegen des Glanzes und des Reichtums der Beredsamkeit für notwendig hält. Die dritte ist die Dialektik, auch Logik genannt, die durch subtilste Dispute das Wahre vom Falschen trennt. Die vierte ist die Arithmetik, die sich mit den Verhältnissen der Zahlen und ihrer Teilung befaßt, die fünfte ist die Musik, die aus der Liedkunst und Dichtkunst besteht, die sechste ist die Geometrie, die die Maße und Dimensionen der Erde umfaßt und die siebte die Astronomie, deren Inhalt die Gesetze der Sterne sind.«

Das Studium der *septem artes liberales* gliedert sich in das sog. *trivium* (Dreiweg), das Grammatik, Rhetorik und Dialektik umfaßte, und das *quadrivium* (Vierweg), mit Arithmetik, Musik, Geometrie und Astronomie. Die Grammatik galt lange Zeit als »bedeutsamste Wissenschaft, weil man durch sie die Verknüpfung der Worte zum Sinn und damit den ganzen inhaltlichen Reichtum der Bibel zu erfassen vermochte« [2]. Einen eigen-

Das Quadrivium
(Holzschnitt, um 1500)

ständigen Begriff von Dichtung gab es nicht. Was wir unter Dichtung verstehen, fiel als gebundene oder ungebundene Rede in die Rhetorik. Daß die Musik als besonderes Fach der Gelehrsamkeit im *quadrivium* steht, hat seinen Grund in der pythagoreischen Auffassung der Musik als Teil und Ausdruck der kosmischen, mathematisch erfaßbaren Sphärenharmonie. Die ganze Fremdheit, mit der das mittelalterliche Denken uns gegenübersteht, wird spürbar, wenn man sich bewußt macht, daß diese *artes* bis ins 12. Jahrhundert hinein die »Fundamentalordnung des Geistes« (E. R. Curtius) darstellen. Um 430 wurden sie von dem heidnischen Enzyklopädisten Martianus Capella in einem Lehrbuch abgehandelt. Der aus senatorischem Hochadel stammende Cassiodor (um 485–580) gliederte sie in seinen *Institutiones divinarum et humanarum litterarum* dem Studienprogramm der Mönche ein. Cassiodor, der in seinem Kloster Vivarium in Kalabrien das Abschreiben und Kommentieren theologischer und weltlicher Literatur verbindlich gemacht hat, gehört zu den wichtigsten Vermittlern antiker Bildung an die mittelalterliche Kultur. Von gleicher Bedeutung ist die Wirkung des Benedict von Nursia (um 480–547), dem Begründer des Benediktinerordens. Seine Klosterregel, die *regula Benedicti*, sah ein ausgewogenes Verhältnis zwischen *labor manuum* (Handarbeit) und *lectio* bzw. *meditatio* vor und half damit, den spätantiken Wissensbestand weiterzugeben.

mitteralterliche Fundamentalordnung des Geistes

Das obige Zitat über die *septem artes liberales* steht auf der ersten Seite der *Etymologie* des spanischen Bischofs Isidor von Sevilla (gestorben 636). Man hat dieses Werk als »Grundbuch des ganzen Mittelalters« bezeichnet. »Es hat nicht nur den Wissensbestand für acht Jahrhunderte gültig festgelegt, sondern auch deren Denkform geprägt.« (E. R. Curtius) In Form von Worterklärungen wird hier das gesamte Wissen der Zeit von den Sieben freien Künsten über Medizin, Recht etc. bis zum Hausrat dargestellt. Aber Isidor ist nicht nur (neutraler) Vermittler von antikem Wissen; die Denkform (mit)prägen konnte er durch seine etymologische Methode. Diese geht von der Bezeichnung zum Wesen, zum »Ursprung« und zur »Kraft« der Dinge. Dabei gibt es drei Hauptarten: *ex causa* (z. B. Herrscher von herrschen), *ex origine* (z. B. *homo* von *humus*) und *ex contrariis* (aus dem Gegenteil; z. B. *a lavando* ›lutum‹, d. h. »Kot«, von »Waschen« als Gegenteil). Wenn auch für Isidor wegen der menschlichen Willkür nicht alle Worte etymologisch erklärbar sind, kommt in seinem Werk ein Grundzug mittelalterlichen Denkens zum Ausdruck. Zum Wesen der Welt komme ich nicht etwa durch Beobachtung und Experiment (wie es uns geläufig ist), sondern durch Interpretation der Worte oder eines Textes. »Jedes Ding läßt sich klarer erfassen, wenn man seine Etymologie kennt«. Oder, in der Formulierung eines anderen Autors: *Nomen enim verum dat definitio rerum* – »Der Name gibt wahrhaft die (Wesens-)Bezeichnung der Dinge«. Diese Grundüberzeugung schwingt noch nach in der Redewendung vom »Buch der Natur«, in dem der mittelalterliche Wissenschaftler – liest.

»Hierarchie« und »Symbolik« sind ebenfalls Schlüsselwörter zur Charakterisierung des mittelalterlichen Denkens. Sie sind Thema des Buches *Über die beiden Hierarchien*, das Ende des 5. Jahrhunderts verfaßt, aber dem unmittelbaren Apostelschüler Dionysos vom Areopag zugeschrieben wurde (vgl. *Apostelgeschichte* 17,34). Es besaß daher eine große Autorität. Hierarchie bedeutet wörtlich »Heilsordnung«. Das neuplatonisch-mystisch gefärbte Buch unterscheidet und parallelisiert zwei Hierarchien: die göttliche und die kirchliche Hierarchie. Setzt es so einerseits die klassisch-platonische Unterscheidung zweier Welten voraus, verschiebt sich andererseits die Betrachtungsweise ganz grundsätzlich, da die gesamte wahrnehmbare Welt zu einem Feld von Symbolen [3] wird: »Denn es ist unserm Geiste gar nicht möglich, zu jener immateriellen Nachahmung und Beschauung der himmlischen Hierarchien sich zu erheben, wofern er sich nicht der ihm entsprechenden handgreiflichen Führung bedienen wollte. Und diese findet er darin, daß er die in die äußere Sichtbarkeit tretenden Schönheiten [z. B. der kirchlichen Sakramente] als Abbilder der unsichtbaren Herrlichkeit studiert.« Die Auffassung der sichtbaren Welt als Symbol, als Transparenz, »Durchscheinendes« eines Anderen zeigt – ebenso wie die Etymologie als Denkform – die Fremdheit mittelalterlichen Denkens. Der Mönch Otfried von Weißenburg interpretiert in seiner *Evangelienharmonie* jede Episode des *Neuen Testaments* in dreifachem Wortsinn, nämlich *mystice, moraliter* und *spiritualiter*.

Denkformen und gesellschaftliche Grundlagen

Symbolisches Denken erscheint uns heute leicht als »willkürlich«, nicht nachkontrollierbar, nur subjektiv. Daß es aber seine eigenen Gesetze hat, zeigt schlicht die Tatsache, daß es über Jahrhunderte hinweg befriedigend funktionierte. Was waren die intellektuellen Bedürfnisse jener Jahrhunderte? Für Augustinus »bestand das einzige, aber auch einzigartige Ziel der Wissenschaft darin, daß der Mensch durch sie die Heilige Schrift besser verstehen lerne« [4]. Von dieser Ausrichtung wurde – einmal abgesehen von den verwaltungsmäßigen und propagandistischen Bedürfnissen der weltlichen Machthaber – die gesamte kulturelle Tätigkeit vor dem 11. Jahrhundert beherrscht. Verstehen der Welt als Verstehen der Schrift – welche tieferen gesellschaftlichen Bedürfnisse drücken sich darin aus? Göttliche Hierarchie – kirchliche Hierarchie – weltliche »Heilsordnung« – zeigt sich in der Art und Weise, wie die Philosophie in den *Dark Ages* weitervermittelt und transformiert wurde, das Bewußtsein des frühmittelalterlichen Menschen, einen festen Platz innerhalb einer ständisch geordneten, auf persönlichen Herrschaftsverhältnissen beruhenden Gesellschaft einzunehmen? Viele Anhaltspunkte wie z. B. die Bedeutung der »Autorität« eines Textes legen diese Vermutung nahe, ohne daß die Frage damit beantwortet sein soll. Neue Impulse erhält das Denken erst wieder in der Frühscholastik, als im Laufe des 11. Jahrhunderts auch das gesellschaftliche Leben des Mittelalters einen bedeutsamen Aufschwung nimmt und eine neue, innere Dynamik durch eine Vielfalt wirtschaftlicher und kultureller Faktoren zu entwickeln beginnt (der Kampf der städtischen Eidgenossenschaften gegen den bischöflichen Stadtherrn ist z. B. ein Element dieses Differenzierungsprozesses). Doch zuvor muß noch Johannes Scotus Eriugena erwähnt werden, der bedeutendste Denker des 9. Jahrhunderts.

Johannes Scotus Eriugena: Überlieferung des Neuplatonismus

Neben Italien war Irland ein Zentrum der Bewahrung antiker Kultur geblieben. Aus dem irisch-angelsächsischen Raum kamen als Missionare und Gelehrte Columban, Bonifatius, Beda Venerabilis und Alkuin, der mit seinem Schüler Hrabanus Maurus für die sog. Karolingische Renaissance steht. Johannes Scotus Eriugena (um 810–877) war einer der ganz seltenen irischen Gelehrten, der noch über die Kenntnis des Griechischen verfügte. Er war eine zeitlang Leiter der Pariser Hofschule Karls des Kahlen und übersetzte auf dessen Wunsch die griechischen Schriften des Pseudo-Dionysos Areopagita ins Lateinische. Sein Hauptwerk *De divisione naturae (Über die Einteilung der Natur)* ist ganz erhalten und zeigt den starken Einfluß der neuplatonischen Denktradition (in der Färbung der beiden »Superautoritäten« Augustinus und Dionysos Areopagita). Es ist problematisch, das Werk als »naturphilosophisches« zu bezeichnen, da »Natur« hier steht als »der allgemeine Name für Alles, was ist und was nicht ist«. Johannes unterteilt sie in vier unterschiedliche Formen: »eine solche, welche schafft und nicht geschaffen wird; sodann in eine solche, welche geschaffen wird und schafft; zum Dritten eine solche, welche geschaffen wird und nicht schafft, zum Vierten in eine solche, welche nicht schafft und nicht geschaffen wird.« Im Bezug dieser Formen zueinander wird – in der literarischen Fiktion eines Lehrer-Schüler-Gespräches – das (neuplatonische) Zentralproblem diskutiert: das Verhältnis des Einen zu dem Vielen der Welt. Johannes Scotus faßt es als das dynamische Teilhabe-Verhältnis einer objektiven Dialektik. D. h. »Dialektik« ist hier nicht lediglich Kunst der Gesprächsführung, sondern Wiederholung des Prozesses der Beziehung des Einen zum Vielen. So heißt es, fast nebensächlich erwähnt, anläßlich der Schöpfungsbetrachtung: »Man begreift hieraus, daß die sogenannte dialektische Kunst, welche die Gattungen in Arten teilt und die Arten auf ihre Gattungen zurückführt, nicht durch menschliche Machenschaften gemacht worden, sondern vom Urheber aller wahren Künste in der Natur der Dinge geschaffen und von dem Weisen nur entdeckt und durch scharfsinnige Erforschung der Dinge nutzbar gemacht worden ist.«

In *De divisione naturae* herrscht eine stark pantheistische Tendenz vor, da Johannes Scotus die Erschaffung der Welt nicht als dem Wesen Gottes äußerlich betrachtet. Er neigt daher zu einer Gleichsetzung von Gott und Welt. Die Welt ist der *deus explicitus*, der sichtbar gewordene Gott, der vorher nur implizit, als Ursache von allem, existierte. Im Zusammenhang dieser Darlegung fällt der ketzerische Satz: »Er bestand also nicht, bevor er das All schuf«. Aufgrund seiner pantheistischen Tendenz wurde Johannes Scotus Eriugena im 13. Jahrhundert verboten. Verboten wurde damit auch der kühne methodische Grundsatz: *Munus philosophiae est verae religionis regulas exprimere* – »Es ist das Geschäft der Philosophie, die Regeln der wahren Religion bewußt zu machen.«

Die Welt als deus explicitus

Welche Existenzform hat das Allgemeine?
Der Streit um die Universalien in der Frühscholastik

»*Doctores scholastici* oder kurzweg ›Scholastiker‹ hießen ursprünglich die Lehrer der sog. Sieben freien Künste in den Dom- und Klosterschulen seit Karl dem Großen, später alle, die sich schulmäßig mit den Wissenschaften, insbesondere der Philosophie oder, was damals fast dasselbe ist, Theologie beschäftigen; namentlich aber die Lehrer der Philosophie an den großen Universitäten wie Paris, Oxford, Köln u. a.« [5] Der Unterricht an den Schulen folgte einem bestimmten Schema. Die *lectio*, der Vortrag des Lehrers, baute auf den Sentenzen (wörtl. »Urteile«) der Heiligen Schrift bzw. der Autoritäten der Tradition auf. Alle ein bis zwei Wochen folgten ihr die *disputationes*, die freie Diskussion des Stoffes. In der Disputation wurde jeweils eine bestimmte Streitfrage *(quaestio)* behandelt, die ihren Verteidiger *(defendens)* und Gegner *(opponens)* hatte. Ziel war zumeist, einen Ausgleich der widerstreitenden Meinungen zu finden. Mit dieser Unterrichtsform hing eng das Schrifttum der Zeit zusammen. Hauptsächlich waren es Sentenzensammlungen, also Zusammenstellungen von Zitaten der Autoritäten zu bestimmten Fragen; ferner Kommentare zu bestimmten Stellen oder Schriften, schließlich die Summen, die großen philosophischen Darstellungen der Scholastik. Lesen und Kommentieren sind also die Grundformen, in denen das Denken sich bewegt. Ist das unkritisch?

Organisation des scholastischen Unterrichts

Spielräume des Denkens

»In der Scholastik besteht Wissenschaft aus Lesarten und Kommentar, Gegenstand des Wissens ist nicht der Mensch *(res)*, sondern ein Text über ihn *(verba)*. Die Worte werden zur Verlängerung der Gegenstände. Wenn man aber an die Stelle der Welt ein komplexes System von Zeichen setzt, wird die Beziehung zur Welt selbst bedeutungslos. Hier wird kein kritisches Denken gefordert, kein Vernunfturteil, das man in rhetorischer Form verbreiten, d. h. von ihm überzeugen kann, sondern eine ›gültige‹, das bedeutet eine durch bekannte Autoritäten verbürgte Interpretation.« [6] Es fragt sich, welcher Maßstab hier an die Scholastik herangetragen wird (was man erweitern könnte zu der prinzipiellen Frage: »Was heißt es, einem Zeitalter ›Gerechtigkeit‹ widerfahren zu lassen?«). Die Scholastik versuchte, so weit es ging, die Übereinstimmung von kirchlicher Lehre und philosophischer Vernunft aufzuzeigen. Das macht den eigentümlich rationalen, den neuen Zug der scholastischen Philosophie aus. Daß es dabei immer wieder zu Spannungen kam, zeigt die Geschichte der zahlreichen Verbote von Schriften bzw. der Inquisition ihrer Verfasser. Die Macht, als kirchliche und/oder weltliche Autorität, schaut den eifrig disputierenden *doctores* sozusagen ständig über die Schultern, ist allgegenwärtig. Sie steckt den Spielraum des Denkens ab und wacht eifersüchtig über die Orthodoxie dessen, was sich in ihren Gebäuden abspielt. In dem kleinen Spielraum, den das Kommentieren läßt, entfaltet sich die Philosophie. Daß es innerhalb dieses Spielraums zu ganz erheblichen Differenzen kommen konnte, zeigt der berühmte Streit um die Universalien. Wir müssen uns auf wenige Namen beschränken.

drei Positionen zum Universalienproblem

In der von Boëthius übersetzten Einleitung des Porphyrios in die aristotelische Kategorienlehre heißt es: »Was nun die *genera* und *species* (Gattungen und Arten) betrifft, so werde ich über die Frage, ob sie subsistieren [d. h., ob sie existieren im Sinne von ›reale Substanz haben‹] oder ob sie bloß und allein im Intellekt existieren, ferner, falls sie subsistieren, ob sie körperlich oder unkörperlich sind und ob sie getrennt von den Sinnendingen oder nur in den Sinnendingen und an diesen bestehend sind, es vermeiden, mich zu äußern; denn eine Aufgabe wie diese ist sehr hoch und bedarf einer eingehenderen Untersuchung.« Das schon zwischen Platon und Aristoteles verhandelte Problem des Verhältnisses von Allgemeinbegriff (Idee, *universalia*) und konkretem Einzelding hatte Porphyrios also wohlweislich umgangen. Dieses Problem hat nun über das ganze Mittelalter das Denken beschäftigt und zu drei Grundannahmen geführt. Der sog. Realismus behauptet die Realität, d. h. die vorgängige Existenz des Allgemeinbegriffs vor den veränderlichen Einzeldingen (Motto: *universalia ante rem*). Für die Gegenposition, den sog. Nominalismus, sind die Universalien bloße Abstraktionen des menschlichen Verstandes, bloße Namen für die Dinge – daher die Bezeichnung »Nominalismus« (Motto: *universalia post rem*). Eine vermittelnde Position nimmt der gemäßigte Realismus ein, der die Existenz der Allgemeinbegriffe behauptet, aber in und an den Dingen (*universalia in re*).

Die Bedeutung des Universalienstreits

Die zunächst nur schwer nachvollziehbare Bedeutung des Universalienstreits kann man meines Erachtens nur ermessen, wenn man sich klarmacht, daß damit die »Festigkeit« der Welt auf dem Spiel steht. Gibt es eine vorrangige, in Gott gegründete und von unserem Denken unabhängige Wesensordnung der Welt, an der jedes Ding sozusagen seinen Halt hat, weil es daran teilnimmt? Oder ist die Ordnung, die das Denken in der Welt zu finden glaubt, nur vom Intellekt nachträglich abstrahiert, also ein menschliches Kunstprodukt? Wie tief reicht unser Erkennen? Für die Denkweise des frühen Mittelalters, etwa eines Johannes Scotus Eriugena, war die realistische Position selbstverständlich, sind doch die Formen der Dinge vor ihrer Erschaffung im göttlichen Geist der Ursache nach präexistent gewesen. Der große Vertreter des Nominalismus war Roscelin von Compiègne (1050–1125). Für ihn sind die Allgemeinbegriffe nur ein *flatus vocis*, ein Hauch der menschlichen Stimme. Es »gibt« z. B. nicht wirklich den Allgemeinbegriff »Baum«, sondern nur diesen oder jenen konkret sichtbaren Tannenbaum bzw. diese oder jene Wintereiche. Ja, man muß sich sogar fragen, ob nicht ein Wort wie »Ast« oder »Stamm«, die Bezeichnung von Teilen von Dingen bereits willkürliche menschliche Zergliederungen und Abstraktionen sind. Da Roscelin seinen Nominalismus auch auf das Dogma der göttlichen Dreieinigkeit von Vater, Sohn und Heiligem Geist anwendete und konsequent die Existenz dreier – getrennt voneinander existierender – göttlicher Personen behauptete, wurde er der Ketzerei bezichtigt und mußte auf der Synode von Soissons den Nominalismus widerrufen (was freilich auf Dauer keine Lösung war [→ S. 103]).

Anselm von Canterbury

Roscelins berühmter Gegner war Anselm von Canterbury (1033–1109), als Erzbischof von Canterbury Primas der englischen Kirche und mächtigster Grundherr nach dem König – ein Mann übrigens, dem nach dem Zeugnis seines Biographen das Regieren verhaßt war und der lieber mit seinen Mönchen zurückgezogen gelebt hätte. Als Mönch aber gehorchte er dem Willen seines Oberhirten, dem Papst Urban II., der in jener vom Investiturstreit zerrissenen Zeit auf einen Mann wie Anselm von Canterbury angewiesen war. Anselm wird »Vater der Scholastik« genannt. »Was den Werken Anselms ihr besonderes Gepräge gibt, ist die in ihnen angewandte wissenschaftliche Methode. Im Gegensatz zu der vorausgehenden mittelalterlichen Theologie, die sich hauptsächlich im Sammeln und Ordnen von Autoritäten erschöpfte, wollte Anselm bewußt von ihnen absehen und die Vernünftigkeit des Glaubens, ja seinen inneren Sinn, soweit als möglich, mit reinen Vernunftgründen *(sola ratione)* aufzeigen.« [7] Daher wendet sich Anselm in seinen Schriften oft an den »Ungläubigen«, um »mit Beiseitesetzung Christi, so, als ob niemals etwas von ihm gewesen wäre«, eine Diskussion zu führen. Heraus kommt dabei (natürlich), »daß alles, was wir von Christus glauben, mit Notwendigkeit geschehen müsse« (*Warum Gott Mensch wurde*, Vorrede). Diese eigentümliche Verquickung von vorausgesetzter, beiseitegesetzter und doch wieder rational erwiesener Glaubenswahrheit findet sich prägnant zusammengefaßt in Anselms Formeln *credo ut intelligam* (ich glaube, damit ich verstehe) und *fides quaerens intellectum* (der Glaube sucht die Vernunft). Ein kompliziertes Verhältnis von Glaube und Vernunft ist bereits bei Augustinus angelegt, z. B. am Anfang der Trinitätsschrift in dem Satz: »Der sichere Glaube ist nämlich irgendwie ein Anfang des Erkennens«. Jedenfalls ist Anselm weit entfernt von Tertullians polemischem *credo qiua absurdum* (ich glaube, weil es absurd ist, d.h. die Vernunft übersteigt). Diesem Denken entspricht ganz der Versuch, auch die Existenz Gottes *a sola ratione*, allein aus Vernunftgründen zu beweisen – ein typisch scholastisches Unterfangen. Anselm von Canterbury ist bekannt als Urheber des sog. ontologischen Gottesbeweises, in dem vom Begriff Gottes auf sein Sein (gr. *ontos*), seine Existenz geschlossen wird. Dieser Beweis wird in der Schrift *Proslogion* entwickelt, was soviel wie *Anrede* (an die Gottheit) bedeutet: »Also Herr, der Du die Glaubenseinsicht gibst, verleihe mir, daß ich, soweit Du es nützlich weißt, einsehe, daß Du bist, wie wir glauben, und das bist, was wir glauben. Und zwar glauben wir, daß Du etwas bist, über dem nichts Größeres gedacht werden kann.«

Der ontologische Gottesbeweis

Soweit der Begriff Gottes. Aber kann man auch zeigen, daß dieser begrifflich so gefaßte Gott auch notwendig existiert? Wie Anselm selbst ausführt, gibt es durchaus einen Unterschied zwischen dem Konzept, der Vorstellung eines Malers und dem wirklichen, ausgeführten Bild. Der Gedankengang des Beweises ist nun folgender: »Und sicherlich kann ›das, über dem Größeres nicht gedacht werden kann‹, nicht im Verstande allein sein. Denn wenn es wenigstens im Verstande allein ist, kann gedacht werden, daß es auch in Wirklichkeit existiere – was größer ist. Wenn also ›das, über dem Größeres nicht gedacht werden kann‹, im Verstande allein ist, so ist eben ›das, über dem Größeres nicht gedacht werden kann‹, über dem Größeres gedacht werden kann [nämlich die Existenz]. Das aber kann gewiß nicht sein. Es existiert also ohne Zweifel ›etwas, über dem Größeres nicht gedacht werden kann‹, sowohl im Verstande als auch in Wirklichkeit.« Gott, das vollkommenste Sein *(ens perfectissimum)*, ist von der Definition her auch das allerwirklichste Sein *(ens realissimum)*, sonst wäre es nicht vollkommen. Daß der ontologische Gottesbeweis als zwingend empfunden wurde, zeigt das scholastische Vertrauen in die Kraft des Intellekts. Kants Kritik dieser Art von Beweisführung sollte es gründlich erschüttern [→ S. 254].

Abaelards Schicksal

»Christ sein heißt Logiker sein« – dieser Satz stammt von Peter Abaelard, einem der frischesten, produktivsten, unruhigsten Geister des 11./12. Jahrhunderts. Auch Abaelard stammt aus Frankreich; die Blüte der Scholastik in Frankreich kann auch als Ausdruck des bis ins Hochmittelalter hineinreichenden west-östlichen Kulturgefälles gesehen werden. Otto von Freising, der Geschichtsschreiber Friedrich Barbarossas, war einer der ersten, die in Paris studiert hatten und das neue Wissen frisch nach Deutschland brachten. In seinen *Taten Friedrichs* berichtet er: »Peter stammte aus der Provinz Galliens [...] und widmete sich von Jugend auf wissenschaftlichen Studien und anderen schöngeistigen Beschäftigungen, aber er war so anmaßend und vertraute so ausschließlich seinem eigenen Geist, daß er kaum von der Höhe seiner Gedanken herabstieg und sich herbeiließ, Lehrer zu hören. Doch hatte er zunächst einen gewissen Roscelin zum Lehrer, der in unserer Zeit in der Logik zuerst den Nominalismus begründet hat; dann ging er zu den bedeutendsten Lehrern: Anselm von Laon und Wilhelm von Champeaux [zwei Vertreter des Realismus], dem Bischof von Châlons sur Marne, aber er ertrug das Gewicht ihrer Lehren nicht lange, da sie ihm des eindringlichen Scharfsinnes zu ermangeln schienen. Dann wurde er Magister und ging nach Paris, und hier tat er sich durch seine scharfsinnigen Gedanken hervor, wie sie nicht nur für die philosophische Erkenntnis nötig waren, sondern auch nützlich zur scherzhaften Erheiterung der Gemüter. Hier erging es ihm aus einem hinreichend bekannten Anlaß schlecht, und er wurde daher Mönch im Kloster St. Denis.«

Der »Anlaß«, auf den Otto hier anspielt, ist der Ausgang der traurigberühmten Liebesgeschichte zwischen Abaelard und Heloisa, der Nichte eines Pariser Geistlichen. Eine Ausnahme ist Heloisa in ihrer Zeit, insofern sie – von ihrem Onkel gefördert – als junge Frau an dem wissenschaftlichen Leben in Paris teilnahm. Hier lernten die beiden sich kennen und lieben. Als Heloisa schwanger geworden war, verfolgte ihr Onkel den armen Peter, ließ ihn aus Rache des nachts überfallen und kastrieren. In seiner *Leidensgeschichte*, dem ersten Teil des (von Abaelard fingierten) Briefwechsels mit Heloisa, berichtet Abaelard von diesem Erlebnis. Die Stimmung des Briefwechsels schwankt zwischen Selbstbewußtsein und Resignation. Abaelard, der für einige Zeit der berühmteste Universitätslehrer seiner Zeit war, »paßte« nicht recht in seine Zeit. Etwas eigentümlich Modernes, Aufklärerisches haftet ihm an. Bereits die Titel seiner Hauptwerke sind ungewöhnlich. *Sic et Non (Ja und Nein)* beinhaltet eine Sammlung sich widersprechender Zitate der Autoritäten der christlichen Tradition und die Auflösung dieser Widersprüche. *Scito te ipsum (Erkenne dich selbst)* ist die erste Ethik des Mittelalters, was auf ein neues Problembewußtsein hinweist. Im Unterschied zur sog. Werkethik entwickelt Abaelard Ansätze einer Gesinnungsethik, d. h. entscheidend für die Beurteilung einer Handlung ist weniger das Ergebnis als die Absicht des Handelnden. In dem *Dialog zwischen einem Philosophen, einem Juden und einem Christen* gelangt er zu bemerkenswert freimütigen Aussagen über das Verhältnis der Religionen zueinander.

Modernität seines Denkens

Im Universalienstreit schlug Abaelard im Anschluß an den arabischen Aristoteliker Avicenna [→ S. 95] eine vermittelnde Lösung vor. Die Universalia sind *ante rem* in Gott, *in re* in der Welt und *post rem* im menschlichen Verstande. Damit war der Streit vorläufig geschlichtet. Von seinen Gegnern – der berühmteste war Bernhard von Clairvaux – wurde Abaelards Disputierkunst gefürchtet. *Dubitando enim ad inquisitionem venimus, inquirendo veritatem percipimus* – »durch den Zweifel nämlich gelangen wir zur Untersuchung, und untersuchend erlangen wir die Wahrheit«. Seine intellektuelle Überlegenheit konnte ihn aber nicht von der Anklage der Ketzerei bewahren. Unter anderem wurde ihm vorgeworfen, er habe behauptet, daß diejenigen, die Christus unwissend um seine göttliche Natur gekreuzigt haben, nicht gesündigt hätten. In der Verurteilungsschrift von Papst Innozenz II. heißt es: »Wir, die wir, wenn auch unverdient, auf dem Stuhl des heiligen Petrus sitzen [...] haben nach Beratung mit unseren Brüdern, den Kardinalbischöfen, die uns von euch übermittelten Lehrsätze und sämtliche falschen Ansichten des Petrus samt ihren Urheber verdammt und ihm als Ketzer für dauernd Schweigen auferlegt. Auch ordnen wir an, daß alle Anhänger und Verteidiger seiner Irrlehre aus der Gemeinschaft der Gläubigen auszuschließen und zu exkommunizieren sind. Gegeben im Lateran am 21. Juli [1141].« Abaelard starb im folgenden Jahr, als er im Kloster Cluny an einer Verteidigungsschrift arbeitete.

päpstliche Verdammung

Aristoteles wird, vermittelt durch Araber und Juden, »der Philosoph«

Zu einer Zeit, als in Westeuropa nur eine ganz dünne Schicht von Geistlichen hinter Klostermauern als Bildungsträger wirkte, als Herrscher wie Karl der Große und Otto der Große erst als Erwachsene schreiben lernten, gab es im Bereich der arabischen Welt zwischen Bagdad und Cordoba ein ungleich höher entwickeltes gesellschaftliches und kulturelles Leben. Sehr bald schon war das islamische Denken in eine Auseinandersetzung mit der griechischen Philosophie getreten, und zwar zunächst durch die Vermittlung syrischer Übersetzungen griechischer Werke ins Arabische. So waren bereits in der Mitte des 10. Jahrhunderts das ganze *corpus aristotelicum*, einige Dialoge Platons und eine Vielzahl neuplatonischer bzw. apokrypher, d.h. den »Großen« zugeschriebener Texte bekannt. Die Auseinandersetzung mit der griechischen Philosophie muß daher als ein »gesamtmittelalterlicher« Prozeß betrachtet werden, an dem Araber, Juden und Christen zunächst die Empfangenden sind. Gleichwohl läßt sich in diesem Vermittlungs- und Entwicklungsprozeß eine erstaunliche Parallelität beobachten,

Aristoteles ist beim Studium eingeschlafen (Miniatur von 1507)

Gemeinsamkeiten im Rezeptionsprozeß

deren Ursachen wohl in grundlegenden Gemeinsamkeiten dieser drei großen monotheistischen Religionen liegen:

- In allen drei Kulturkreisen besteht eine ständige Spannung zwischen Offenbarungsreligion und Philosophie, zwischen Glaube und Vernunft, zwischen Rechtgläubigkeit und Abweichung. Diese Spannung führt teils zu der produktiven Suche nach Lösungsmöglichkeiten, teils wird sie autoritär »gelöst«. Hauptstreitpunkte sind dabei immer wieder die Schöpfung (ist die Materie, wie Aristoteles lehrt, ewig, oder gab es eine *creatio ex nihilo*, eine Schöpfung aus dem Nichts?); die Frage der Sterblichkeit oder Unsterblichkeit der Einzelseele; das ethische Problem, ob sich das Tun des Guten nach dem Schema Lohn/Strafe ausrichten oder ob das Gute allein um des Guten willen getan werden soll.
- Da in allen drei Religionen der Schrift eine zentrale Bedeutung zukommt, äußert sich diese Spannung auch als Streit um ihre »richtige« Auslegung. Die Philosophen beharren darauf, daß es neben der wörtlichen auch noch eine allegorische Auslegung gibt und lösen das sich daraus ergebende Dilemma soziologisch: Die wörtliche Auslegung ist für die breite Masse gedacht, mit all ihren Bildern und Beispielen, die allegorische bleibt den Gebildeten vorbehalten.
- Schließlich fällt eine Parallelität in der Rezeption auf. Zunächst herrschte der Neuplatonismus bzw. ein neuplatonisch verstandener Aristoteles vor, und erst in einer zweiten Phase setzt sich ein »reinerer« Aristotelismus durch. Er tut es so konsequent, daß Aristoteles schließlich einfach »Der Philosoph« genannt wird. Kein Denker hat je auf eine Zeit so großen Einfluß gewonnen wie Aristoteles auf jene Jahrhunderte. Die Ursache liegt sicherlich darin, daß die aristotelische Denkweise als eine differenzierte, aber anschaulich bleibende Durchbildung des natürlichen Bewußtseins [→ S. 42] dem Abstraktionsvermögen wie dem Ordnungsbedürfnis dieser Kulturstufe in besonderer Weise entgegenkam.

Entstehung des Islam

Bekanntlich gehört der Islam (wörtl. »unbedingte Ergebung«) zum Typus der prophetischen Religionen. Seit seinem religiösen Berufungserlebnis (um 610) verwarf Mohammed (geb. 570) den Polytheismus seiner Umgebung, wie er ihn etwa in der Verehrung der Lokalgottheiten von Mekka vorfand. In seinen Visionen und Auditionen in Mekka und Medina erfuhr er die Offenbarung Allahs als des Einzigen Gottes und predigte die Umkehr angesichts des Jüngsten Gerichtes. Im Unterschied zum Christentum kennt der Islam keine Erbsünde und hat sich viel stärker als gemeinschaftsbildende Kraft erwiesen. Nach Mohammeds Tod (632) wurden seine Verkündigungen unter dem Kalifen Uthman (644–656) erstmals offiziell aufgezeichnet und im *Koran* (wörtl. »Lesung«, »Vortrag«) gesammelt. Er besteht aus 114 Suren (Kapiteln) unterschiedlicher Länge von großer prophetisch-dichterischer Kraft. Die erste und die 112. Sure werden am häufigsten gebetet; Vers 36 der 24., der sog. Lichtsure, gehört zu den Lieblingsversen der reich ausgebildeten islamischen Mystik.

Erste Sure: Die Öffnende. Geoffenbart zu Mekka. Im Namen Allahs, des Erbarmers, des Barmherzigen!
Lob sei Allah, dem Weltenherrn,
Dem Erbarmer, dem Barmherzigen,
Dem König am Tag des Gerichts!
Dir dienen wir und zu dir rufen um Hilfe wir;
Leite uns den rechten Pfad,
Den Pfad derer, denen du gnädig bist,
nicht derer, denen du zürnst, und nicht der Irrenden.

Vierundzwanzigste Sure:

Vers 36: Allah ist das *Licht* der Himmel und der Erde. Sein Licht ist gleich einer Nische, in der sich eine Lampe befindet; die Lampe ist in einem Glase, und das Glas gleich einem flimmernden Stern. Es wird angezündet von einem gesegneten Baum, einem Ölbaum, weder vom Osten noch vom Westen, dessen Öl fast leuchtete, auch wenn es kein Feuer berührte – Licht über Licht! Allah leitet zu seinem Licht, wen er will, und Allah macht Gleichnisse für die Menschen, und Allah kennt alle Dinge.«

Einhundertzwölfte Sure: Die Reinigung. Geoffenbart zu Mekka. Im Namen Allahs, des Erbarmers, des Barmherzigen!
1. Sprich: Er ist der eine Gott,
2. Der ewige Gott;
3. Er zeugt nicht und wird nicht gezeugt,
4. Und keiner ist ihm gleich.

Arabische Wissenschaft und Philosophie (zu dieser Zeit fast gleichbedeutend) entfalteten sich zunächst in Bagdad, der Hauptstadt der persischen Abbassidendynastie. Die uns geläufigen Namen der islamischen Philosophen gehen zumeist auf Verballhornungen der scholastischen *doctores* zurück, doch ist Avicenna z. B. bei uns eben als Avicenna und nicht als Abū Ali al-Hussain ibn'Abdullah ibn Ali ibn Sīna bekannt. Als erster islamischer Philosoph gilt al-Kindi (gest. um 873). Er war, wie alle diese Philosophen, ein Universalgelehrter und Mediziner. Al-Fārābi (gest. 950) versuchte eine Synthese zwischen Platonismus und Aristotelismus; seine Unterscheidung zwischen zufälligem und notwendigem Sein (Gott, das notwendige Sein, ist ohne Ursache) wurde für den dritten Gottesbeweis des Thomas von Aquin wichtig. Der bedeutendste Aristoteliker des Morgenlandes ist Avicenna (985–1036), dessen Hauptwerk, das *Buch der Genesungen (Shifā)* die vier großen Bereiche der Philosophie: Logik, Mathematik, Physik und Metaphysik umfaßt. Sein Zeitgenosse, der Mathematiker, Physiker und Astronom Alhazen war einer der Begründer der Optik. Ein Zitat aus seiner Schrift *Dubitationes in Ptolemaeum (Zweifel an Ptolemäus)* möge stellvertretend zeigen, auf einem wie hohen Niveau sich die arabische Naturwissenschaft dieser Zeit bewegte. Es ist zugleich eine Auseinandersetzung mit dem Problem der Autorität, hier des Ptolemäus, dessen geozentrisches Weltbild ja allgemein anerkannt war: »Die Wahrheit wird um ihrer selbst willen gesucht. […] Aber es liegt in der Natur aller Menschen, eine gute Meinung über die Gelehrten zu haben. […] Gott hat jedoch die Gelehrten nicht vor dem Irrtum bewahrt und ihre Wissenschaft nicht vor Unzulänglichkeiten und Mängeln beschützt. […] Somit ist nicht derjenige der Sucher der Wahrheit, der sich mit den Büchern der Früheren befaßt und sich ganz seiner Veranlagung hingibt, eine gute Meinung von ihnen zu haben, sondern derjenige ist vielmehr der Sucher der Wahrheit, dem Zweifel kommen, wenn er über sie nachdenkt, der mit seinem Urteil zurückhält über das, was er von dem, was sie sagen, versteht und der dem Argument und dem Beweis folgt und nicht der Meinung eines, der [auch nur] ein Mensch ist, dessen Natur mit allen möglichen Fehlern und Unvollkommenheiten ausgestattet ist. Wer sich mit den Büchern der Wissenschaft befaßt, muß, wenn seine Absicht die Kenntnis der Wahrheiten ist, sich selbst zum Opponenten von all dem machen, womit er sich beschäftigt. […] Und bei seiner opponierenden Haltung sollte er auch Zweifel an sich selbst hegen und dem

arabische Philosophen

Ein Textbeispiel

Gegenstand seiner Kritik gegenüber weder voreingenommen noch nachsichtig sein. Wenn er diesen Weg beschreitet, werden ihm die Wahrheiten enthüllt werden, was möglicherweise an Unzulänglichkeiten und Unklarheiten in den Aussprüchen von solchen der früheren Zeit vorkommt.«

Der Perser al-Ghāzali (gest. 1111) wiederum verkörpert das andere Gesicht der Epoche. Aus seiner religiösen Überzeugung heraus bekämpfte al-Ghāzali leidenschaftlich die griechische und islamische Philosophie seiner Zeit; daher der Titel seines Buches, *Destructio philosophorum (Zerstörung der Philosophen)*. Eine Kritik dieser Kritik, eine Metakritik also, verfaßte der in Cordoba lebende Philosoph Averroes (1126–1198). Es hat den Titel *Destructio destructionis*, was man – um allzuviel Unheil vorzubeugen – vielleicht auch positiv als *Wiedergutmachung* übersetzen könnte. Averroes war von der Vereinbarkeit von Offenbarung und Philosophie überzeugt. Er ist der größte Aristoteliker der islamischen Philosophie: »Die Lehre des Aristoteles ist die höchste Wahrheit.« Seine überaus zahlreichen Kommentare und Werke wurden alle ins Lateinische übersetzt und entwikkelten sich zu der für die Scholastik maßgeblichen Darstellung des Aristoteles. Wie Aristoteles »Der Philosoph«, wurde Averroes von den Scholastikern schlicht »Der Kommentator« genannt.

Averroes, Kommentator des Philosophen

Die große Moschee in Cordoba zeigt noch heute die Blüte der arabischen Kultur in Spanien (allerdings ist der Eindruck durch eine hineingebaute Kathedrale in ihrer ursprünglichen Eleganz zerstört – »Triumph des Christentums«). Von hier stammt Moses Maimonides (1135–1204), der wichtigste jüdische Philosoph des Mittelalters. Maimonides lebte später als Vorsteher der jüdischen Gemeinde in Kairo. Sein *Führer der Unschlüssigen* hatte einen großen Einfluß auf die Scholastik und das jüdische Denken überhaupt. Als Aristoteliker versucht er darin, den aus philosophischen Gründen am Glauben Zweifelnden mit philosophischen Argumenten wieder zur Glaubenseinsicht zu verhelfen. Dabei bedient er sich der allegorischen Methode, um die Schrift auszulegen.

Moses Maimonides

Doctor universalis und doctor angelicus: Albertus Magnus und Thomas von Aquin

Die doctores und ihre Beinamen

Die Scholastiker hatten die Angewohnheit, ihren berühmtesten *doctores* einen Beinamen zuzulegen, der ihre Eigenart bzw. die Wertschätzung ihrer Zeitgenossen zum Ausdruck brachte. So hieß der Mystiker Bernhard von Clairvaux wegen seiner Beredsamkeit und schwärmerischen Innigkeit *doctor mellifluus*, »der honigfließende Doctor«. Der englische Franziskaner Alexander von Hales war »der unwiderlegliche Doctor« – *doctor irrefragabilis*; der kritische Franzose Durand hieß *doctor modernus*. Wegen seiner umfassenden Gelehrsamkeit hatte »der große Albert« den Beinamen *doctor universalis*, sein Schüler Thomas von Aquin hieß *doctor angelicus* – der engelhafte, reine, ausgeglichene Doctor, aber auch *doctor communis* – der Doctor, der allgemein, grundlegend und anerkannt ist. Mit beiden befinden wir uns im 13. Jahrhundert, im sog. Hochmittelalter. Mit Blick auf das vorhergehende Jahrhundert kann man diese Zeit – nach den großen Kreuzzügen – als kulturell sehr vielschichtige Epoche bezeichnen; mit Blick auf die folgenden Jahrhunderte stellt sie sich trotz aller inneren Spannungen und Kriege als eine gewisse Gleichgewichtigkeit der verschiedenen mittelalterlichen Lebens- und Herrschaftsbereiche dar. Albert und Thomas gehören beide dem neugegründeten Dominikanerorden an. Wie die Fran-

geschichtliche Verschiebungen

ziskaner ist es ein neuer Typ von Predigerorden, der, unmittelbar dem Papst unterstellt, in ganz anderer Weise als etwa Benediktiner und Zisterzienser auf die Bedürfnisse und Erwartungen eines städtischen Lebenskreises und seines Publikums ausgerichtet ist. Ebenso sind die neuen Universitäten in den großen Zentren (Bologna, Salerno, Montpellier, Salamanca, Paris, Köln, Neapel) von ihrem Selbstverwaltungsprinzip her wie auch der Studentenschaft, die aus allen europäischen Ländern kam, an die Stadt gebunden und insofern ein Fremdkörper in der Welt des agrarisch verfaßten Feudalismus. Überhaupt kann man feststellen, daß die scholastische Wissenschaftlichkeit mit ihrer Rationalität und Diskussionsbereitschaft von dem traditionalen und symbolischen Denken der frühmittelalterlichen Gesellschaft weit entfernt ist. Diese Distanz drückt sich aus in einem Satz des Thomas von Aquin: *septem artes liberales non sufficienter dividunt philosophiam theoricam* – »die Sieben freien Künste erschöpfen nicht ausreichend den Begriff der theoretischen Philosophie«, oder andersherum: die alten Dom- und Klosterschulen genügen uns nicht mehr. Denn das ist das Neue seit Abaelards *Sic et Non*, daß die *ratio* des Magisters die letzte Entscheidung *(determinatio)* fällt, wenn die Autoritäten sich widersprechen. Weshalb ein Scholastiker sagte, die Autoritäten seien wie eine wächserne Nase – man kann sie biegen, wohin man will!

Albertus Magnus (Albert von Lauingen, um 1193–1280) ist der erste deutsche Philosoph von Bedeutung. Er studierte in Padua und Bologna, nahm dann zahlreiche Aufgaben innerhalb seines Ordens wahr und war auch eine zeitlang Bischof von Regensburg – ein Amt, das der Intellektuelle wegen einem »gewissen Übermaß ritterlicher Pflichten« wieder loswerden wollte und konnte (ein Bischof war damals in Deutschland durchaus noch geistlicher Ritter im Lehnsverband). Er lehrte hauptsächlich in Paris und ab 1248 in Köln, wo er für den Dominikanerorden das *studium generale* organisierte. Ptolomäus von Lucca berichtet in seiner *Kirchengeschichte*: »Er war der ausgezeichnetste Meister seiner Zeit, sowohl wegen der Weite und Vielfalt seines Wissens als auch wegen seiner ausgezeichneten Lehrmethode. Er hat uns Erklärungen zu der ganzen Logik des Aristoteles und zu seiner Naturphilosophie hinterlassen. Über alles, was mit der Erfahrungswissenschaft über die Natur zu tun hat, schrieb Albert stets mit außerordentlicher Klarheit [...]. In einem andern Werk erörtert er Fragen der Naturwissenschaft, in dem er sie als Philosophie klassifizierte und sie, soweit als möglich, in philosophischer Weise behandelte, wobei er die Philosophie mit der Theologie in Einklang brachte.« Die hier erwähnte Beschäftigung Alberts mit der Naturwissenschaft (bes. der Botanik), sein Hang zum Experimentieren war neu und außergewöhnlich für seine Zeit. Sie brachte ihn später als Schwarzkünstler und Zauberer in Verruf und ließ zahlreiche Legenden um seine Person ranken, die in die Faustsage eingingen. Der zweite im Zitat genannte Arbeitsbereich – die Klärung des Verhältnisses von Philosophie und Theologie im Zusammenhang mit der Aristotelesrezeption – sollte im Werk des Schülers seine umfassende Darstellung finden.

Thomas von Aquin (1225–1274) studierte in Paris und Köln. Er war der Lieblingsschüler Alberts. Wegen seiner anfänglichen Schweigsamkeit wurde er von seinen Kommilitonen »der stumme Ochse« genannt; als seine Begabung ans Licht kam, soll Albert, »durch den Geist der Prophetie getrieben«, gesagt haben: »Wir heißen ihn einen stummen Ochsen, aber er wird mit seiner Lehre noch ein solches Brüllen von sich geben, daß es in der ganzen Welt ertönt« – so jedenfalls nach der Thomas-Biographie des Wil-

Aufstieg der Universitäten

Albertus Magnus

Leben des »stummen Ochsen« Thomas

helm von Tocco. Thomas stammte aus einer vornehmen Adelsfamilie aus der Gegend von Neapel und kam mit fünf Jahren in das Kloster Monte Cassino. Gegen den erbitterten Widerstand seiner Familie – sie hielt ihn über ein Jahr gefangen, u. a. weil sie ihn lieber als Abt von Monte Cassino gesehen hätte – trat er in den Predigerorden ein. Ab 1252 hielt er in Paris Vorlesungen, später auch in Rom, Bologna und Neapel. Er starb auf der Reise zum Konzil von Lyon, auf dem es um Fragen der Papstwahl, die Reform der Kirche und die Finanzierung eines neuen Kreuzzuges ging.

Gliederung seines Gesamtwerks

Das umfangreiche Werk des Aquinaten gliedert sich in fünf Gruppen:
- Der *Sentenzenkommentar* des Pariser Studenten. Er bezieht sich auf die *Vier Bücher Sentenzen* des Pariser Bischofs Petrus Lombardus (gest. um 1164), ein theologisches Standardwerk, in dem die Urteile (Sentenzen) der Autoritäten zu bestimmten Fragen zusammengestellt werden. Den Lehrgepflogenheiten gemäß ist der Kommentar in der sog. Quaestionenform verfaßt (*quaestio*, d. h. Frage bzw. Problem – Argumente dafür und dagegen – eigene Antwort – Lösung der Argumente).
- *Quaestiones Disputatae*, Ausarbeitung von theologischen und philosophischen Fragen, z. B. *Über die Wahrheit*, *Über das Übel*.
- Die beiden *Summen*, die bedeutendsten theologischen Werke der Scholastik. Es sind dies die *Summe über die Wahrheit des katholischen Glaubens wider die Heiden (Summa contra Gentiles)* und die *Summe der Theologie (Summa theologiae)*, die unabgeschlossen blieb. Auch die beiden Summen sind in der Quaestionenform gehalten und klar durchgegliedert.
- *Kommentare* zur Bibel, zu Aristoteles, (Pseudo-)Dionysius Areopagita, Boëthius und anderen Autoren der Tradition.
- *Opuscula*, kleinere Werke und Gelegenheitsschriften. Wichtig vor allem die Frühschrift *Über das Sein und das Wesen (De ente et essentia)*, in der die Grundgedanken seiner Philosophie ausgearbeitet sind. [8]

zwischen den Extremen

Thomas von Aquin konnte zum bedeutendsten Denker des Mittelalters und darüber hinaus der ganzen katholischen Kirche werden wegen seiner umfassenden Kraft der Synthese. Die durchdringende, klare, ausgewogene Formulierung ist so kennzeichnend für seinen Denkstil, daß man von einer »Philosophie der Mitte« gesprochen hat. Bezogen auf das theologische Diskussionsklima im Paris seiner Zeit bedeutet dies eine Balance zwischen der von dem italienischen Mönch Bonaventura vertretenen franziskanischen Denkrichtung, die im Rückgriff auf Augustinus die Bedeutung der Vernunft gegenüber der Gnade eingeschränkt wissen wollte einerseits, und die an Averroes anlehnenden Ultra-Aristoteliker andererseits (Siger von Brabant), die es zum offenen Konflikt mit der Kirche kommen ließen (ihre Lehren wurden 1277 vom Bischof von Paris offiziell verurteilt). Wie konnte diese Synthese gelingen?

natürliche Vernunft und geoffenbarter Glaube

In seinem Werk findet sich immer wieder die Unterscheidung zweier Arten von Wahrheit: die Wahrheit der Offenbarung und die Wahrheit der menschlichen Vernunft. »Einiges nämlich über Gott ist wahr, was über jede Fähigkeit der menschlichen Vernunft hinausgeht, z. B. daß Gott dreifaltig und einer zugleich ist; anderes ist wahr, wozu auch die natürliche Vernunft gelangen kann, z. B. daß Gott *ist*, daß Gott einer ist und anderes dieser Art« (*Summa contra gentiles*, 3. Kap.). Wenn der Mensch die Wahrheit der Offenbarung auch nur als Geschenk empfangen hat, so gibt es dennoch eine Wissenschaft von Gott mit dem Charakter wahrer Wissenschaft. Thomas führt das am Anfang der *Summa theologiae* durch einen Vergleich mit anderen Wissenschaften aus. Auch eine mit Beweisgründen verfahrende

Wissenschaft wie z. B. die Optik erhält ihre Prinzipien von einem übergeordneten Zusammenhang her, nämlich der Mathematik. Ebenso verhält es sich mit der Beziehung zwischen Offenbarung (Glaube) und natürlicher Vernunft, die mit logischen Schlüssen und Beweiszusammenhängen arbeitet. Wenn wir auch das Wesen Gottes nie voll ausschöpfen könnten, sind die Inhalte der Offenbarung nicht gegen, sondern über der Vernunft. Die Aufgabe der Vernunft ist dann eine doppelte:

Aufgaben des Denkens

– soweit es aufgrund ihrer Prinzipien möglich ist, »bestimmte Wahrscheinlichkeitsgründe« für die Plausibilität der Offenbarung beizubringen (diese werden immer unzureichend bleiben) und
– innerhalb des Argumentationsfeldes der natürlichen Vernunft Irrtümer zu widerlegen und die Aufnahme der höheren Wahrheit zumindest vorzubereiten. Dieser Aufgabe widmet sich ganz die *Summe gegen die Heiden*. Da die Mohammedaner z. B. keines der Testamente annehmen, »ist es notwendig, auf die natürliche Vernunft zurückzugreifen, der alle beizustimmen gezwungen sind.«

Diese doppelte Aufgabe der Darlegung und Verteidigung des Glaubens drückt ganz das Selbstverständnis des Thomas aus, wie er es mit den Worten des Bischofs Hilarius formuliert: »Ich bin mir bewußt, diese Aufgabe geradezu als die wesentlichste meines Lebens Gott schuldig zu sein, daß all meine Rede und all mein Sinn spreche von ihm.« Philosophie ist also, nach einem berühmten Bild der Scholastik, »Magd der Theologie« *(ancilla theologiae)*, wobei diesem Magd-Dienst als Dienst an der höchsten Aufgabe auch die höchste Bedeutung zukommt: die Erkenntnis der Wahrheit (soweit, müssen wir hinzufügen, es sich nicht um die Wahrheiten der Offenbarung handelt). Hier bezieht sich Thomas ganz auf den modernsten Philosophiebegriff seiner Zeit, die aristotelische Metaphysik in der Kommentierung von Avicenna und Averroes. »Kein Ding kann ja begriffen werden außer durch die Definition und sein Wesen« – Erkenntnis also als Frage nach der Substanz, dem Ursprung und Wesen eines Dinges als Seiendem. Sie fragt in der Begrifflichkeit der aristotelischen Kategorienschrift und den dynamischen Begriffspaaren Materie/Form, Wirklichkeit/Möglichkeit [→ S. 45].

»ancilla theologiae«, Magd der Theologie

Wichtig für die Philosophiegeschichte wurde hierbei die thomistische Auffassung von Erkenntnis, denn es ist die klassische Formulierung eines Wahrheits- und Erkenntnisbegriffes, der nicht vom Menschen als Erkenntnissubjekt ausgeht. »Jedes Erkennen aber vollzieht sich durch eine Verähnlichung *(per assimilationem)* des Erkennenden mit der erkannten Sache [...]. Das erste Verhältnis des Seienden zum erkennenden Geist besteht also darin, daß das Seiende dem erkennenden Geist entspricht. Dies Entsprechen aber wird als Übereinstimmung der Sache und der Erkenntnis *(adaequatio rei et intellectus)* bezeichnet.« *(Über die Wahrheit,* 1. Art.) Das Sein der Welt, wie Gott sie geschaffen hat, ist der Erkenntnis vorgeordnet. Die Welt der Dinge ist zunächst sinnlich erfahrbar, doch gelangt die sinnliche, empirisch verfahrende Erkenntnis *(cognitio sensitiva)* nur bis zu den äußerlichen (und: veränderlichen) Qualitäten der Dinge. Der Verstand aber *(cognitio intellectiva)* kann bis zum Wesen der Dinge vordringen und erkennt die *universalia* in den Dingen, wie sie Gott vor der Schöpfung gedacht und dann ausgeführt hat. Diese Ideen, die bleibende »Washeit« der Dinge, sind Ziel der Erkenntnis, und sie sind durch »Adaequation« auch erkennbar. Daher wird die thomistische Position auch »objektiver Idealismus« genannt, im Gegensatz zur Position des subjektiven Idealismus (etwa Kants [→ S. 246]). Für den subjektiven Idealismus ist die »Welt«

thomistische Erkenntnistheorie

objektiver und subjektiver Idealismus

zunächst nur ein diffuses Material, das allein durch die menschliche (subjektive) Verstandestätigkeit zu einer »Welt« geordnet wird.

Wenn Thomas es als die wichtigste Aufgabe seines Lebens bezeichnet, die Wahrheit des katholischen Glaubens darzulegen und entgegenstehende Irrtümer auszuschließen, so meint er damit vor allem zweierlei: den Nachweis, *daß* Gott ist und das Begreifen, *was* Gott ist. Daher führt er in beiden *Summen* gleich zu Beginn den Nachweis der Existenz Gottes. Dabei verfährt er immer nach dem gleichen Schema: der Beweis geht von der sinnlichen Erkenntnis aus und führt über die Sinne hinaus zu Gott (den ontologischen Beweis Anselms von Canterbury [→ S. 91] lehnt Thomas mit guten Gründen ab). Die prägnanteste Formulierung sind die fünf Gottesbeweise aus der *Summe der Theologie*, die wir hier stark gekürzt anführen.

fünf Beweise vom Dasein Gottes

»Ich gebe zur Antwort, daß das Dasein Gottes auf fünffachem Wege bewiesen werden kann. Der erste und klarere Weg ist der von der Bewegung entnommene. Es ist gewiß und durch die Sinneswahrnehmung verbürgt, daß manches in dieser Welt bewegt wird. Alles aber, was bewegt wird, wird durch ein anderes bewegt [...] Es ist also unmöglich, daß etwas als dasselbe und in derselben Beziehung Bewegendes und Bewegtes ist oder sich selbst bewegt [...] Man muß also notwendig bei einem ersten Bewegenden ankommen, das von keinem anderen bewegt wird, und darunter wird von jedermann Gott verstanden.

Der zweite Weg ist der aus dem Begriff der wirkenden Ursache. Wir finden, daß in dem Sinnlichen um uns eine Ordnung der wirkenden Ursachen besteht, aber man findet nicht, noch ist es möglich, daß etwas wirkende Ursache von sich selbst ist, weil es so früher, als es selbst wäre, was unmöglich ist. Es ist aber nicht möglich, daß es mit den wirkenden Ursachen ins Unendliche fortgeht [...]. Also muß man irgendeine erste wirkende Ursache setzen, die alle Gott nennen.

Der dritte Weg ist aus dem Möglichen und Notwendigen entnommen und ist dieser. Wir finden in der Wirklichkeit manches, was vermögend ist, zu sein und nicht zu sein, da offenbar manches entsteht und vergeht und folglich vermögend ist, zu sein und nicht zu sein. [...] Alles Notwendige hat aber die Ursache seiner Notwendigkeit entweder anderswoher oder nicht. Es ist aber nicht möglich, daß es mit dem Notwendigen, das eine Ursache seiner Notwendigkeit hat, ins Unendliche geht [...] Also muß man etwas annehmen, was durch sich notwendig ist und seine Notwendigkeit nicht anderem dankt, sondern anderem Ursache der Notwendigkeit ist. Und dieses nennen alle Gott.

Der vierte Weg wird von den Stufen genommen, die sich in den Dingen finden. Man findet in den Dingen ein mehr und weniger Gutes und Wahres und Edles usw. Das Mehr und Weniger wird aber von Verschiedenem ausgesagt, sofern es sich in verschiedener Weise einem Etwas nähert, das am meisten ist, wie z. B. mehr warm ist, was sich dem am meisten Warmen mehr nähert. Es gibt mithin etwas, was am wahrsten, besten, edelsten und folglich am meisten seiend ist. Also gibt es etwas, was die Ursache des Seins, der Güte und jeder Vollkommenheit in allen Dingen ist, und das nennen wir Gott.

Der fünfte Weg wird von der weisen Leitung der Dinge genommen. Wir sehen, daß manches, was der Erkenntnis ermangelt, nämlich die natürlichen Körper, wegen eines Zieles wirkt, was daraus hervorgeht, daß sie immer oder meistens auf dieselbe Weise wirken, und das erreichen, was das Beste ist. Daraus ist klar, daß sie nicht durch Zufall, sondern auf Grund einer Absicht zum Ziele gelangen. Das aber, was keine Erkenntnis hat, kann nur in der Weise auf ein Ziel absehen, daß es von einem Erkennenden und Denkenden gerichtet wird, wie der Pfeil von dem Schützen. Also ist ein Denkendes, durch das alle Naturdinge zum Ziele geordnet werden, und das nennen wir Gott.«

Die ersten vier Beweise werden auch kosmologische Beweise genannt, da sie von dem bedingten Sein in der Welt auf die Ursache des Kosmos schließen, während der fünfte sog. teleologische Beweis aus der zielstrebigen Ordnung (gr. *télos*, Ziel) der Welt auf einen planenden Geist schließt. Neben diesen fünf Beweisen gibt es auch noch den sog. moralischen Gottesbeweis, der aus dem Vorhandensein von Gut und Böse in der Welt zu Gott als der ausgleichenden Gerechtigkeit führt. Die fünf Gottesbeweise des Thomas sind klassischer Ausdruck eines metaphysischen Denkens, das sich im Vertrauen auf die Kraft der Vernunft über die »Grenzen der Erfahrung« erhebt. Seinen schärfsten Kritiker hat es in Immanuel Kant gefunden. Kant über diese Zeit: Als die Wissenschaften wieder im Occident empor kamen, folgte man dem Aristoteles auf eine sklavische Art. Im 11ten und 12ten Seculo thaten sich die *Scholastiker* hervor, die den Aristoteles illustrirten, und seine Subtilitäten ins Unendliche trieben. Dieser Mist wurde bey der Reformation ausgefegt.«

metaphysisches Denken

Die zweite Aufgabe nach dem Erweis der Existenz des ersten Urhebers ist die Erkenntnis seiner Eigenschaften. Dabei muß das Denken den »Weg der Verneinung« *(via negationis)* beschreiten. D. h. durch die Erkenntnis dessen, was Gott nicht ist, das Erfassen der verneinenden Unterschiede zur Welt, lassen sich positive Bestimmungen seines Wesens machen. So ist Gott (negativ, ganz in der aristotelischen Begrifflichkeit) keine Materie, es gibt in ihm kein Akzidens, keine Zusammensetzung, er fällt nicht unter eine Gattung, aber er ist (positiv) ewig, das höchste Gut *(summum bonum)*, einer, unendlich, erkennend, wollend, glücklich usw. Auch hierbei verfährt Thomas klassisch metaphysisch; mit Gründen und Gegengründen und Schlußfolgerungen wird abgehandelt, daß es in Gott beispielsweise keine Leidenschaften gibt (Art. 89 der *Summe gegen die Heiden*), daß es aber seiner Vollkommenheit nicht widerspricht, daß es in ihm Lust und Freude gibt (Art. 90). Metaphysisches Argumentieren: Erleuchtet ein Engel den anderen? Wird der niedere Engel von einem höheren erleuchtet oder bisweilen von Gott unmittelbar? Kann ein Engel zu dem anderen sprechen, ohne daß die andern seine Rede vernehmen? (Antworten in *Über die Wahrheit*, Quaestio IX: »Die Erkenntnis des englischen Wesens durch Erleuchtung und Rede«). Bei Problemen dieser Art wird dem heutigen Leser seine geschichtliche Entfernung und Fremdheit jener Zeit gegenüber bewußt.

Eigenschaften Gottes

Charakteristisch nicht nur für Thomas, sondern für das ganze mittelalterliche Denken ist die Sicht der Welt als ein zielgerichteter, hierarchisch geordneter Stufenbau. In der Hierarchie der sichtbaren Welt sind dies die Schichten des physikalischen, des pflanzlichen und des tierischen Lebens. Der Mensch als vernünftiges, beseeltes Wesen steht zwischen beiden Hierarchien, deren Stufenleiter sich über die Ordnung der Engel bis zur Gottheit, dem Urquell allen Seins, erhebt. Zweifellos kann man darin ein Abbild der feudalistischen Gesellschaft erblicken, die ebenso hierarchisch strukturiert war. Darüber hinaus läßt sich dieses Stufenmodell auch als grundsätzlich ruhendes auf seine Zeit beziehen, wie dies E. Bloch in einer philosophiegeschichtlichen Vorlesung ausgeführt hat: »Der natürliche Zustand der Thomistischen Physik ist die Ruhe, nicht die Bewegung. Jeder Körper bewegt sich nur durch äußeren Anstoß und nur solange, bis die anstoßende Bewegung verbraucht ist. Die Ruhe als das Normale und die Bewegung als

Thomas von Aquin

der Grenzfall entsprechen ganz dem Statischen der feudalen Welt, sehr im Unterschied zur kapitalistischen, in der die Bewegung als das Normale und die Ruhe als der Grenzfall der Bewegung erscheinen.« [9]

Von ihrer ruhigen, durchkomponierten Gesamtstruktur her haben die beiden *Summen* immer wieder den Vergleich mit Dantes *Göttlicher Komödie*, den gotischen Kathedralen und den Bildkompositionen des italienischen Malers Giotto herausgefordert. Vergleiche dieser Art können sehr spannend und erhellend sein, nur dürfen sie nicht zu einem geistes- und kunstgeschichtlichen Höhenflug geraten. In jedes dieser Werke sind – mehr oder weniger verdeckt – auch die Krisen der Zeit eingegangen. Und wenn Thomas in der *Summa theologiae* die Frage, ob Ketzer erduldet werden können, in aller Ruhe behandelt und mit Gründen verneint, muß man bei der Lektüre auch dazudenken, daß ein Ordensbruder zwanzig Jahre vorher innerhalb weniger Tage hundertachtzig Katharer samt ihrem Bischof hatte verbrennen lassen!

Ein mittelalterlicher Fürstenspiegel

Es muß betont werden, daß Thomas im Unterschied zu seinem stark naturwissenschaftlich ausgerichteten Lehrer ein großes Interesse an Fragen des menschlichen Zusammenlebens entwickelte. Im Gegensatz zu dem augustinischen Desinteresse an der politischen Welt geht Thomas von der Feststellung des Aristoteles aus, daß der Mensch »von Natur aus für ein geselliges Leben bestimmt ist und in Gemeinschaft mit vielen lebt«. Das sinnvolle Regiment der Gesellschaft durch den König entspricht ganz der Leitung Gottes in der Welt. Diese Gedanken werden entwickelt in der zu den *Opuscula* (Werkchen) zählenden Schrift *Über die Herrschaft der Fürsten*. Sie ist dem König von Zypern (damals ein Kreuzfahrerstaat) gewidmet und steht in der literarischen Tradition des Fürstenspiegels. Diese Literaturgattung versucht, durch die Beschreibung eines Zustandes von gerechter Herrschaft den tatsächlichen Verhältnissen einen Spiegel vorzuhalten und sie dadurch möglicherweise zu bessern. Thomas argumentiert in diesem Werk meist entweder von logischen Grundsätzen (»alle Vielheit leitet sich von einer Einheit ab«) oder von der »Natur« her; bisweilen auch von der Erfahrung. »Alle Führung in der Natur geht aber von einem einzelnen aus«. So das Herz im Körper, die Vernunft in der Seele, die Bienenkönigin im Bienenstaat und Gott in der Welt. Daher plädiert er für die Monarchie als der der Natur angemessensten Staatsform. Bezüglich des Verhältnisses der beiden Mächte Kaisertum und Papsttum spricht er sich für die Oberherrschaft des Stellvertreters Christi aus. Bis heute sehr umstritten ist eine Passage des Werkes, in der es um die Tyrannis geht. Viele Interpreten haben aus ihr das Recht zum Tyrannenmord herausgelesen:

»Es ist also wohl besser, gegen die grausame Bedrückung der Tyrannen nicht nach dem persönlichen Dafürhalten einiger weniger, sondern nach allgemeinem Beschluß vorzugehen. Denn wenn es erstens zum Rechte eines Volkes gehört, sich selbst einen König zu bestimmen, so kann mit vollem Rechte der eingesetzte König von ebendemselben Volke von seinem Platze entfernt oder seine Macht eingeschränkt werden, wenn er die königliche Gewalt in tyrannischer Weise mißbraucht. Und man darf nicht glauben, daß ein solches Volk gegen die Treue handelt, indem es den Tyrannen absetzt; auch wenn es sich ihm vorher für immer unterworfen hat. Denn er hat selbst das Schicksal, daß ihm der Vertrag von seinen Untertanen nicht gehalten wird, dadurch verdient, daß er bei der Regierung des Volkes nicht die Treue hielt, wie es die Pflicht eines Königs verlangt« (1. Buch, 6. Kap.).

Die Lehre des Aquinaten war nach seinem Tode durchaus nicht unmittelbar anerkannt. Im Gegenteil wurden einige seiner Sätze bei der großen

Flurbereinigung des Pariser Bischofs 1277 verworfen, und es gibt auch einige Kampfschriften gegen ihn. Früh setzen aber auch schon Bestrebungen des Dominikanerordens für seine Heiligsprechung ein, die bereits 1323 erfolgte. Im Umfeld des Heiligsprechungsprozesses entstand auch die Biographie seines Mitbruders Wilhelm von Tocco. Sie ist ganz nach dem Schema der mittelalterlichen Heiligenvita abgefaßt (Zeichen vor und während der Geburt und Kindheit; heiligmäßiges Leben; Wunder nach dem Tode). So wird erzählt, daß seine Schwester vierzehn Jahre nach seinem Tode seine rechte Hand als Reliquie begehrte: »Kaum war der Grabstein mit Eisenwerkzeugen aufgehoben und der kostbare Schatz des heiligen Leibes freigelegt, als von dort, wie zuvor, großer Wohlgeruch hervorströmte. Wie früher versammelten sich alle Mönche und fanden seinen Leichnam an den Gliedern und den Tüchern seines Gewandes unversehrt wie früher, ausgenommen die Nasenspitze, die wegen der langen Zeit ein wenig verwest war.«

Heiligsprechung

Eine starke Aufwertung erfuhr Thomas von Aquin in der zweiten Hälfte des 19. Jahrhunderts. Die päpstliche Enzyklika *Aeterni Patris* von 1879 ermahnte die Bischöfe »auf das Nachdrücklichste, zum Schutze und zur Ehre des katholischen Glaubens, zum Besten der Gesellschaft und zum Wachstum aller Wissenschaften die goldene Weisheit des hl. Thomas wieder einzuführen und so weit als möglich zu verbreiten.« Dieser Aufruf wurde sinngemäß noch mehrfach wiederholt, zuletzt in der Enzyklika *Humani generis* von 1950. Er hat als sog. Neuscholastik zu einer intensiven Beschäftigung mit der Scholastik geführt. Innerhalb der Neuscholastik wurde der Neuthomismus zur mächtigsten geistigen Strömung im Katholizismus des 20. Jahrhunderts. Inwiefern nach der deutschen idealistischen Philosophie und ihrer Radikalisierung durch Marx und Nietzsche im 19. Jahrhundert ein Rückgriff auf einen objektiven Idealismus thomistischer Prägung noch möglich ist, sei hier dahingestellt. Sicher ist, daß die Ethik des »Mannes der Mitte« sich für die ausgleichende Soziallehre der katholischen Kirche, die ja z. T. bis heute noch mit ständischen Begriffen arbeitet, besonders eignen mußte.

Neuscholastik und Neuthomismus

Die Erneuerung des Nominalismus als Zersetzungsprozeß der Scholastik

Die übliche Unterscheidung zwischen einer »Hochscholastik« und einer »Spätscholastik« darf nicht im Sinne eines geordneten Nacheinander gesehen werden, wie auf die Blüte das Verwelken folgt. Vielmehr sind darunter zwei sich zeitlich fast überschneidende Denkrichtungen einer intellektuell sehr produktiven Epoche zu verstehen. Sie lassen sich organisatorisch festmachen an der Rivalität der beiden großen Bettelorden, der Dominikaner und der Franziskaner, die auch einen Großteil der Päpste stellten. Bezugspunkt für den Begriff »Hochscholastik« ist vor allem die Synthese des thomistischen Denkens, und die Dominikaner sind stets Anhänger ihres Ordensbruders geblieben. Die ganze »Harmonieträchtigkeit« seiner *Summen* wird erst deutlich durch die Gegenüberstellung mit den drei Spätscholastikern Roger Bacon, Duns Scotus und William von Occam, die alle Franziskanermönche und Engländer gewesen sind. Auch sie verstehen sich natürlich als treue Anhänger des christlichen Glaubens. Im Vergleich zu Thomas zeigt sich bei ihnen aber eine Reihe »moderner« Tendenzen etwa im Wissenschaftsbegriff, in der Diskussion um die Universalien und in

Dominikaner und Franziskaner

der Sprachphilosophie. Ihr kritischer Impuls ist für uns nicht immer unmittelbar spürbar, tritt jedoch durch das offizielle kirchliche Verbot schlagend zutage. Daher der Ausdruck Spätscholastik, den man am ehesten als Zersetzungsprozeß der thomistischen Synthese fassen kann. Zu diesen theologisch-philosophischen Verschiebungen kommt im Bereich der Gesellschaftstheorie die rationale, mit scholastischen Methoden vorgetragene Kritik eines Marsilius von Padua am Anspruch der päpstlichen Oberherrschaft über die mittelalterliche Gesellschaft. Es ist daher verständlich, daß im Zusammenhang mit dem Spätmittelalter nach dem Schock der großen Pest von 1349 immer wieder von Krise, Zerfall, Verwesungsprozeß des Feudalismus die Rede ist. Dabei dürfen die neuen Tendenzen der Epoche – am sichtbarsten in der Person des Kaufmanns, einer äußerst aktiven Person von immer größerer Bedeutung – nicht übersehen werden, so daß man sich das Spätmittelalter am sinnvollsten als eine Übergangszeit voller Widersprüche vergegenwärtigt.

Roger Bacon

»Verschiebungen« in der theologisch-philosophischen Diskussion bedeutet, daß die Grundlagen (das Weltbild, die Probleme und die Methoden ihrer Lösung) dieselben bleiben, daß aber die Gewichte neu verteilt werden. Verschiebungen dieser Art zeigen sich ganz deutlich im Werk von Roger Bacon (1214–1294), einem der interessantesten Denker der Epoche. Schon Bacons Lehrer Robert Grosseteste, Kanzler der Universität Oxford, hatte bahnbrechende naturwissenschaftliche Untersuchungen im Bereich der Optik gemacht (Oxford war ein Zentrum naturwissenschaftlicher Studien). Auch Bacons ganze Leidenschaft galt dem naturwissenschaftlichen

Bedeutung des Experiments

Experimentieren (weshalb er – wie Albertus Magnus – als Magier verdächtigt wurde und über 10 Jahre im Kerker gewesen sein soll). Darüber hinaus: wenn wir oben [→ S. 42] sagten, daß es eine wesentliche Leistung der Philosophie ist, das Tun der Menschen auch zu Bewußtsein zu bringen, so trifft das voll und ganz auf Bacon zu: »Zahllose Experimente waren von dem Menschen gemacht worden seit dem ersten Erscheinen auf dem Planeten [...] Aber niemand vor Bacon hatte die Methode des Experiments von dem konkreten Problem abstrahiert und seine Bedeutung und Wichtigkeit als umfassende Methode der Untersuchung gesehen. Was Bacon tat, war, das Gewohnte explizit zu machen. Das Experiment nahm jetzt seinen Platz ein als besonderer Teil der Philosophie.« [10]

So der Herausgeber seines Hauptwerks, des *Opus majus (Größeres Werk)*. Bereits der Aufbau des aus sieben Teilen bestehenden *Opus majus* ist überraschend. Es beginnt mit einer Untersuchung der Ursachen der menschlichen Unwissenheit, wobei Bacon scharf die Autoritätsgläubigkeit seiner Zeit kritisiert (»wir glauben nämlich der Autorität, haben durch sie aber noch keine Einsicht«). Als Korrektiv setzt er die Erfahrung dagegen. Teil zwei behandelt das Verhältnis von Theologie und Philosophie, wobei auch die Philosophie als aus der gottgegebenen Vernunft stammend angesehen wird. Dann beschreibt Bacon die Notwendigkeit der Grammatik. Er meint damit hauptsächlich die Kenntnis der Originalsprachen Griechisch und Hebräisch und weist an zahlreichen Beispielen das Ungenügen der geläufigen Übersetzungen nach. Auch das ist neu (er mokiert sich gerne über Thomas, der kein Wort Griechisch konnte). Grundlage und »Quell aller Erkenntnis« ist ihm die Mathematik (Teil vier). Sie allein kann durch ihre Beweismethode »zweifelsfreie Gewißheit« garantieren. Teil fünf bringt eine ausführliche Darlegung der Optik, mit vielen Demonstrationen. Abschluß des Systems des theoretischen Wissens ist das Kapitel *De scientia experimentalis*, »weil ohne Experiment nichts hinreichend gewußt werden kann«. Es gibt nämlich zwei Wissensquellen, das logische Denken *(argumentum)* und das Experiment: »Das Denken schließt und läßt uns der Schlußfolgerung nachgehen, aber weder bestätigt es den Zweifel noch räumt es ihn aus, [...] außer es schickt die Wahrheit auf den Weg des Versuchs *(via experientiae)*; denn im Bereich des Wissens haben viele Argumente, aber weil sie keine Versuche kennen, vernachlässigen sie das Wissen, und sie beseitigen weder das Schädliche noch fördern sie das Gute.«

So kann jemand, der das Feuer nicht kennt, allerhand über seine Wirkungen lesen; aber erst wenn er seine Hand oder etwas anderes verbrannt hat, wird er wirklich wissen, was Feuer ist. Das letzte Kapitel behandelt ausführlich die Moral als das praktische Wissen, das innerhalb der Wissenshierarchie an oberster Stelle steht. Immer wieder findet sich bei Bacon der Hinweis auf die Einheit des menschlichen Wissens: »Alle Wissenschaften sind miteinander verbunden und unterstützen sich gegenseitig als Teile eines großen Ganzen, indem jedes seine eigene Arbeit nicht nur für sich alleine tut, sondern für die anderen Teile: wie das Auge den ganzen Körper führt und die Füße ihn aufrecht halten und von Ort zu Ort bringen.« Kritik des Vorurteils, Mathematik und Experiment, Theorie und Praxis – wundert es, daß solch ein Mann Träume entwickelt, deren Ausführung zu seiner Zeit noch undenkbar schien? In einem Brief schreibt Bacon von Schiffen, die ohne Ruder mit Maschinenkraft schwimmen, von Wagen ohne Zugtier, Brücken ohne Pfeiler. »Ebenso können Flugmaschinen gebaut werden, wobei jemand in der Mitte der Maschine sitzt und ein Instrument bedient, mit dessen Hilfe die kunstvoll zusammengefügten Flügel die Luft peitschen, wie es ein Vogel im Flug tut.«

vorwärtsweisendes Denken

Ganz anders ausgerichtet ist das Interesse des Johannes Duns Scotus, der als *doctor subtibilis* bzw. *doctor subtilissimus*, als der aller scharfsinnigste Doctor seiner Zeit in höchstem Ansehen stand. Scotus, »der Schotte«, wurde um 1265 geboren und starb 1308 als Professor in Köln. Sein Denken ist originell und nur schwer durch äußere Zuordnungen zu fassen (z. B. nimmt er in seiner *Abhandlung über das Erste Prinzip* beständig »Umfärbungen« des Aristoteles vor). Gleichwohl läßt sich seine Behandlung im Kontext der Spätscholastik von zwei zentralen Lehrstücken her rechtfertigen, auf die wir uns beschränken: dem Primat des Willens und der Ideenlehre. Während Thomas von Aquin die Entscheidung des freien Willens von der Erkenntnis abhängig machen wollte, betont Duns Scotus den Primat des Willens: *voluntas est superior intellectu*, der Wille steht über dem Verstand. Das ist übrigens ein durchgängig franziskanischer Tenor, mit zwei wichtigen Konsequenzen in der scotitischen Akzentuierung:

Duns Scotus

– dem Willen wird als menschlicher Aufmerksamkeit innerhalb des Erkenntnisprozesses erstmals große Beachtung geschenkt – das ist neu. Aus der Fülle der verworrenen Vorstellungen treten nur die deutlich hervor, auf die mein Wille gerichtet ist.

Wille und Vernunft

– Der Wille ist frei, zumal als göttlicher Wille vollständig souverän. Gott hätte die Welt völlig anders schaffen können. Anselm von Canterbury hatte geglaubt, logisch aufzeigen zu können, »daß alles, was wir von Christus glauben, mit Notwendigkeit geschehen müsse«. Bei Scotus hingegen ist die Kontingenz, die Zufälligkeit des So-Seins der Welt viel schärfer bewußt. Und Wilhelm von Occam hat das daraufhin zugespitzt, daß er sagte, Christus hätte auch eine Eselsnatur annehmen können oder ein Ziegelstein werden können. Sein Wille und unsere Logik haben nichts miteinander zu tun.

Dieses im Willensbegriff angelegte Hervortreten des Einzelnen hat Konsequenzen für die Ontologie. Die Existenz der Allgemeinbegriffe wird problematisch, für Scotus sind es reine Denkabstraktionen. Er nimmt daher für jedes reale Einzelding eine besondere Form an, weshalb man hier auch von »Formalismus« spricht. Das So-Sein des Einzeldings kann nicht weiter abgeleitet werden. Dies kommt in dem Grundsatz zum Ausdruck: *ratio singularitatis frustra quaeritur* – die *ratio* der Einzelheit (der die Einzelheit logisch und seinsmäßig begründende Allgemeinbegriff) wird vergeblich gesucht.

William von Occanus Sprachphilosophie

Die Bedeutung einer Formel wie dieser wird klar durch die Verschärfung, die die in ihnen angelegte Tendenz bei William von Occam (1300–1350), dem radikalsten und einflußreichsten Nominalisten, erfahren hat. Wilhelm hebt die Diskussion um die Universalien auf ein neues Niveau, indem er mit sprachtheoretischen Untersuchungen einsetzt. Er schrieb eine *Summa totius logicae*, eine *Summe der ganzen Logik*. Ihr springender Punkt ist der Begriff des Zeichens, den Wilhelm gleich am Anfang abhandelt. *Signum dupliciter accipitur* – »das Zeichen wird auf eine doppelte Weise verstanden«. Seine erste Bedeutung ist eine »natürliche«; *naturaliter* bezeichnet das Zeichen als eine Art Gedächtnishilfe die Dinge, die völlig unabhängig von ihm existieren und in einer »ersten Kenntnis« bereits erfahren sein worden müssen. Das Zeichen ist gleichsam nur eine verschwindende Größe vor den Dingen. Kompliziert wird die Beziehung mit der zweiten Bedeutung des Zeichens. Denn wir haben in Wirklichkeit keinen direkten Zugang zu den Dingen; wir sprechen über Dinge mit Zeichen und nur mit Zeichen. Das Zeichen ist in seiner zweiten Bedeutung Stellvertreter. Es ist von den Dingen gleichsam durch einen Graben getrennt und entwickelt, um ihn zu überbrücken, ein eigenes grammatisches System von Bedeutungen. Diese Bedeutungen sind konventionell festgelegt – nicht mehr. »Der Begriff ist niemals wirklich dasselbe wie jenes, dessen Begriff er ist.« Es ist ein großer Irrtum zu glauben, die Naturwissenschaft bezöge sich direkt auf die werdenden und vergehenden Dinge, auf die natürlichen Substanzen. Das tut sie nur indirekt, uneigentlich, metaphorisch, denn kein Gegenstand ist z. B. Subjekt oder Prädikat oder Allgemeinheit oder Besonderheit. Damit ist die Grundlage der thomistischen Erkenntnistheorie zu Fall gebracht. Für Thomas war Erkenntnis ja *adaequatio intellectus ad rem* – Abbildung, besser: Anähnlichung des Verstandes an den Gegenstand. Daraus wird bei Wilhelm eine *suppositio terminorum pro re*, eine Stellvertretung der Begriffe für eine Sache. Mit der Konsequenz, daß Wilhelm nicht, wie die frühen Nominalisten, die Existenz der Gattungsbegriffe einfach leugnet. Sie existieren, aber nur als Zeichen, als logische Sprache, der nichts »real« im Sinne einer Idee oder Form entspricht. Das Universale ist lediglich das, was über mehreres ausgesagt werden kann.

Mit dieser Position ist Wilhelm von Occam in eine grundlegende sprachphilosophische und wissenschaftstheoretische Problematik vorgestoßen, die über den scholastischen Diskussionszusammenhang hinaus gerade in unserem Jahrhundert ein Grundthema der Philosophie geworden ist. Oft findet man dabei Rückverweise auf diesen Mann, der vor sechshundert Jahren gestorben ist. Was den scholastischen Diskussionszusammenhang betrifft, so sagten wir bereits, daß in dem Universalienstreit die »Festigkeit« der Welt auf dem Spiel steht [→ S. 90]: »Gesprungen ist die feudalklerikale Universalienpyramide, vom Wurm bis hinauf zum Cherub an Gottes Thron« (E. Bloch). Es ist daher nicht weiter verwunderlich, daß Wilhelm sich vor dem päpstlichen Inquisitionsgericht in Avignon verantworten

Wilhelm von Occam

mußte und zu vier Jahren Haft verurteilt wurde. 1340 wurde seine Lehre von der Pariser Universität feierlich verworfen. Daß dies noch mehrmals getan werden mußte (zuletzt 1437), zeigt nur, wie groß der Einfluß des Nominalismus Occamscher Prägung in der Spätscholastik war.

Wilhelm floh vor der Verhaftung nach München an den Hof des Kaisers Ludwig des Bayern, dem Gegenspieler des in Avignon exilierten Papsttums (er soll zu Ludwig gesagt haben: »Verteidige du mich mit dem Schwerte, ich will dich mit der Feder verteidigen«). In dieser letzten weltgeschichtlichen Auseinandersetzung zwischen Kaisertum und (von dem französischen König beeinflußten) Papsttum ging es einerseits um handfeste politische Interessen. Andererseits richtete sich der kaiserliche Gegenangriff erstmals gegen das Papsttum als Institution, da Ludwig gegen Papst Johann XXII. an ein allgemeines Konzil appellierte. Im Umkreis dieser Auseinandersetzungen entstand der *Defensor Pacis (Verteidiger des Friedens)* des Marsilius von Padua (um 1275–1343). Man kann dieses Buch als das wichtigste staatstheoretische Werk des Mittelalters bezeichnen. Kritik an der Kirche gab es ja schon seit ihrem Bestehen und in vielerlei Form, wobei im Mittelalter Kritik häufig im eschatologischen Gewand oder besser: als Eschatologie vorgetragen wurde (Eschatologie – Lehre von der Endzeit; z. B. bei dem kalabresischen Mönch Joachim von Fiore, der den Ausbruch des »Dritten Weltalters« verkündete). Auffällig bei Marsilius ist nun die rationale Form der Kritik – Bekämpfung des Papsttums mit den begrifflichen und methodischen Mitteln, welche die Scholastik bereitgestellt hat. Das zeigt sich z. B. in der Sorgfalt, die auf die genaue begriffliche Definition von »Zeichen« wie »Kirche« *(ecclesia)* und »Reich« *(imperium)* gelegt wird. Denn – so heißt es im Anschluß an Aristoteles – »wer die Wortbedeutungen nicht kennt, macht Fehlschlüsse, ebenso beim Disputieren wie beim Anhören«. Auffälliger noch zeigt es sich in der zweigleisigen Argumentationsweise, die die Anlage des Werkes bestimmt. In Teil I beweist Marsilius seine Thesen »mit sicheren, vom menschlichen Geist gefundenen Methoden auf Grund von feststehenden Sätzen, die jedem denkenden Menschen unmittelbar einleuchten« – Beweisführung also auf der Ebene der natürlichen Vernunft in Anknüpfung an aristotelisches Gedankengut (vor allem natürlich dessen *Politik*). »Im zweiten Teil werde ich das, was ich bewiesen habe, durch Zeugnisse der Wahrheit bestätigen, die für alle Ewigkeit begründet sind, und durch autoritative Äußerungen ihrer heiligen Erklärer und ferner auch anderer anerkannter Lehrer des christlichen Glaubens; so ruht dieses Buch in sich, keiner Bestätigung von außen bedürftig.«

Inhaltlich geht es Marsilius um den Nachweis von Bedingungen des Friedens und des Unfriedens innerhalb eines geordneten staatlichen Zusammenlebens. Daher der Titel *Verteidiger des Friedens*. Einzige Ursache des Unfriedens, die Aristoteles noch nicht kannte und die auch nach ihm noch niemand klar bestimmt hat, ist für ihn der Anspruch der Kirche auf weltliche Herrschaftsgewalt. Das Schlüsselzitat lautet: »Kein römischer Bischof, Papst genannt, und kein anderer Bischof oder Priester und kein Diakon hat eine zwingende Regierungsgewalt oder Gerichtshoheit oder Rechtsprechung über einen Priester oder Nicht-Priester, einen Regenten, eine Gemeinschaft, ein Kollegium oder irgendeine Einzelperson, welches Standes auch immer, oder darf sie haben.« In der Argumentation geht Marsilius von Padua auch bemerkenswert geschichtlich vor, indem er die Entwicklung der Urkirche verfolgt. Seine wichtigsten Schlußfolgerungen in Teil III des Werkes: Allein ein allgemeines Konzil ist befugt, über die Deutung von Schriftstellen oder die Exkommunikation eines Herrschers zu

Marsilius von Padua in der Auseinandersetzung zwischen Kirche und Reich

allgemeines Konzil gegen päpstliche Gewalt

entscheiden; alle Bischöfe sind grundsätzlich gleichberechtigt; die Gesamtheit der Staatsbürger ist der oberste Gesetzgeber; das Volk wählt die Regierung; es darf nur eine oberste Regierungsgewalt im Staat geben. »Auf dem klar ausgesprochenen Volkswillen ruht Kraft und Autorität der Regierung« (III, Kap. 3) – mit diesen Worten hat Marsilius ein Prinzip formuliert, für das es in seiner Zeit noch gar keinen Begriff gab. Es ist das Prinzip der Volkssouveränität.

»Das fließende Licht der Gottheit« in der mittelalterlichen Mystik

neue religiöse Bewegungen

In unserer bisherigen Darstellung der Geschichte der Philosophie hatten wir fast ausschließlich mit der Kategorie »gebildete Männer aus gutem Hause« zu tun. Diese Beschränkung fällt spätestens auf bei der Beschäftigung mit der mittelalterlichen Mystik, die sich nicht verstehen läßt ohne Bezugnahme auf das »Volk«, und in der erstmals Frauen eine führende Rolle im geistigen Leben gespielt haben. Während im frühen Mittelalter die Religion wie selbstverständlich von der Kirche bzw. ihren Mönchen verwaltet wurde, entwickelt sich im 12. Jahrhundert eine mächtige, kraftvolle Laienbewegung. Der neue christliche Ritter *(miles christianus)* folgt der Predigt eines Bernhard von Clairvaux und »nimmt das Kreuz«. Ketzerbewegungen breiten sich wie ein Lauffeuer in Europa aus und drohen mit ihrem Radikalismus, große Teile der Bevölkerung der Kirche zu entfremden. Die mächtigste dieser Bewegungen sind die Katharer (wörtl. »die Reinen«), von denen sich bezeichnenderweise das deutsche Wort Ketzer ableitet. Das gemeinsame Zentralthema der religiösen Laienbewegungen ist der Gedanke der freiwilligen Armut. Wir finden ihn unabhängig voneinander sowohl etwa bei Franz von Assisi (1182–1226), dem Gründer des Franziskanerordens, der *il poverello* – »der Arme« – genannt wurde, als auch in den von dem heutigen Holland ausgehenden religiösen Bewegungen, die hauptsächlich von Frauen getragen wurden. Diese sog. Beginen

freiwillige Armut

verzichteten freiwillig auf die Sicherheit der Ehe, des Besitzes oder des Klosters und lebten in nicht-institutionalisierten Zwischenformen religiöser Gemeinschaften, die ihnen mehr individuelle Handlungsmöglichkeiten erlaubten. In dem Prinzip freiwilliger religiöser Armut als der echten Nachfolge Christi ist eine Tendenz zur Intensivierung und Verinnerlichung religiöser Erfahrung angelegt, die zu geschichtlich neuen Formen persönlichen Bewußtseins geführt haben. Ihre höchste Steigerung erfährt sie paradoxerweise in dem Drang nach völliger Entäußerung des eigenen Selbst im mystischen Erlebnis. Zwischen »Armut« als Freisein von Besitz und der »Armut im Geiste« besteht ein sehr enger Zusammenhang, der allerdings auch als Entschärfung, als Sublimation zum rein seelischen Erlebnis gesehen werden kann. Denn es ist klar, daß sich in der religiösen Laienbewegung auch ein Protest gegen die gesellschaftlichen Verhältnisse ausdrückt. Der Zeit gemäß wird dieser Wunsch nach einem richtigen Leben in den Denkformen und der Sprache der Religion formuliert. Die Kirche antwortete auf diese Kritik einerseits mit dem Scheiterhaufen und Ketzerkreuzzügen, andererseits paßte sie sich – etwa durch die Integration des franziskanischen Bettelordens – der neuen Situation an, so daß sich das Verständnis von Religion im Laufe des Hochmittelalters allmählich wandelt.

Für uns, die wir heute weitgehend aus dem religiösen Erlebnis- und Denkraum herausgetreten sind, bestehen erhebliche Schwierigkeiten beim Umgang mit der Vorstellungswelt der Mystiker. Als zeitgemäße Erlebnisformen der mystischen Einheit der Seele mit Gott erwähnt E. Bloch das *normales und* Erlebnis von Natur (etwa ein beglückendes »Versinken« bei der Betrach- *erlebnishaftes* tung des weiten Meeres) und die Art, wie Liebende einander bisweilen *Erkennen* wahrnehmen; man könnte das orgastische, das ganze Selbst umgreifende Erlebnis hinzunennen. Problematisch ist es für uns vor allem, Mystik als eine Form von Erkenntnis zu verstehen. Denn wir verbinden mit Erkenntnis, Wissenschaft sofort ein Verhältnis zur Welt, wie es mit Aristoteles seine klassische Ausprägung erfahren hat. Das denkende Subjekt stellt sich die Welt gegenüber als eine Sache, als ein Objekt, das in verschiedene Bereiche aufgegliedert und von dem klassifizierenden Denken als Ganzes begrifflich wieder zusammengesetzt wird (z. B. durch die Unterteilung von theoretischer und praktischer Philosophie, die bei Aristoteles den Wirklichkeitsbereichen des Notwendigen und des Möglichen entsprechen; bei uns heute durch die Unterteilung von Natur- und Gesellschaftswissenschaften). Wie wir bereits bei Plotin sahen, übersteigt das mystische Erlebnis die Form des wissenschaftlichen Denkens [→ S. 67]. Der Mystiker tritt der Welt nicht als einer Sache, sondern als einem »Du« gegenüber. »Gott« ist der Inbegriff dieses »Du«. Dessen Erkenntnis ist das ganz und gar persönliche Erlebnis von Vision und ekstatischer Einheit *(visio, unio)*, ein Denk-Schauen-Erleben sozusagen. Dabei erfährt sich das Subjekt im Unterschied zum wissenschaftlichen Denkvorgang nicht nur in seiner Aktivität, sondern auch als passiv, indem mit ihm etwas geschieht, das die Kräfte seines Selbst zu übersteigen scheint. Dem entspricht das zweischneidige Selbstbewußtsein der Mystiker als willenloses, ohnmächtiges Werkzeug, gleichsam als Feder einer anderen Hand, und als höchster prophetischer Autorität. So sagt Meister Eckhart: »Wer diese Rede nicht versteht, der bekümmere sein Herz nicht damit. Denn solange der Mensch dieser Wahrheit nicht gleicht, solange wird er diese Rede nicht verstehen. Denn es ist eine unverhüllte Wahrheit, die da gekommen ist aus dem Herzen Gottes unmittelbar.« In diesem Zitat klingt zugleich das Problem der Mitteilung an, das für alle Mystiker *produktiver Umgang* grundlegend ist. Einerseits läßt sich das mystische Erlebnis nicht mitteilen, *mit der Sprache* es ist unsagbar. Andererseits drängt die Lust und die Gewalt dieser Erfahrung ganz unmittelbar nach Ausdruck. Angesichts der Grenzen der Sprache sind so Sprachnot und aus dieser Not heraus produktive Sprachschöpfung des Mystikers Kennzeichen einer paradoxen Situation, die im Paradox ihr angemessenstes Stilmittel findet. Es scheint in der Tat paradox, daß nicht die Schreiberlinge, sondern die intuitiven Begabungen zu den fruchtbarsten Bereicherungen der deutschen Sprache und ihrer Ausdrucksmöglichkeiten beigetragen haben.

Hildegard von Bingen (1098–1179) und Mechthild von Magdeburg *Frauenmystik* (1210–1283) sind die herausragenden Vertreterinnen der Frauenmystik. Hildegard schrieb bzw. diktierte ihre Werke noch in Latein, während Mechthilds *Das fließende Licht der Gottheit* in einem kräftigen, übersprudelnden Mittelhochdeutsch abgefaßt ist. Die Heilige Hildegard muß eine *Hildegard von Bingen* ganz außerordentliche Persönlichkeit gewesen sein. Sie stammt aus der Adelsschicht, hatte sich eine umfassende Bildung erworben und lebte als Äbtissin eines Frauenklosters auf dem Rupertsberg bei Bingen. Die prophetische Kraft ihrer Visionen muß einen ungeheuren Eindruck auf ihre Zeitgenossen gemacht haben. Sie führte einen ausgedehnten Briefwechsel mit geistlichen und weltlichen Würdenträgern (u. a. Friedrich Barbarossa, Bernhard von Clairvaux, mehreren Päpsten, Erzbischöfen etc.) bis zu einfachen Nonnen und Mönchen, in denen sie zu persönlichen und zu Zeitfragen (z. B. das Ketzerproblem) sehr selbstbewußt Stellung bezieht. Im Zuge einer inneren Eingebung begann sie mit zweiundvierzig Jahren ihre Visionen niederzuschreiben, woraus ihr Hauptwerk *Scivias (Wisse die Wege)* entstand. Hildegard verfaßte noch zahlreiche andere Schriften: visionäre Deutungen des Wirkens Gottes in der Welt, eine Heilkunde, aber auch Lieder, Gedichte und ein Mysterienspiel. Nach ihrem eigenen Zeugnis lebte Hildegard beständig in der Schau, »im Schatten des Lebendigen Lichts«.

Bonaventuras mystische Pädagogik

Zu den lateinisch schreibenden Mystikern gehört der Franziskanermönch Bonaventura (1221–1274). Auch er gibt, wie die mystische Pädagogik des *Wisse die Wege*, eine »Wegbeschreibung«. Sein *Itinerarium mentis in Deum (Pilgerbuch der Seele zu Gott)* unterscheidet sechs Stufen des Aufstiegs, die sechs stufenweise geordneten Seelenkräften entsprechen: das Sinnesvermögen *(sensus)*, die Einbildungskraft *(imaginatio)*, der Verstand *(ratio)*, die Vernunft *(intellectus)*, die Einsicht *(intelligentia)* und die Seelenspitze oder der Funke der Synderesis, d.h. der höchsten, auf das Gute ausgerichteten Seelenkraft. Den Zustand der Entrückung beschreibt Bonaventura mit den paradoxen Worten des (Pseudo-)Dionysius Areopagita: »Du aber, Freund, schreite rüstig voran auf dem Wege mystischer Erleuchtungen [...] Denn indem du dich über dich selbst und alle Dinge in unfaßbarer und absoluter Geistesentrückung erhebst, alles verläßt und von allem losgelöst bist, wirst du zur überwesentlichen Klarheit göttlichen Dunkels emporsteigen«.

Liebesmystik bei Mechthild von Magdeburg

Von einem anderen Ton getragen ist *Das fließende Licht der Gottheit* der Begine und späteren Zisterziensernonne Mechthild von Magdeburg. Wir finden hier das Grundthema der Minne, also der Liebe zwischen der Seele und Gott. Vorbilder für Mechthilds Bildwelt sind das alttestamentarische *Hohe Lied* und der zeitgenössische ritterliche Minnesang – Mechthild schreibt »mit der hove sprache, die man in dirre kuchin [in dieser Küche] nút vernimet«. Unüberhörbar ist die Erotik in der Schilderung der Vereinigung der Seele mit Gott, so im Dialog der Seele mit der Minne:

> »Du hast mich gejagt, gevangen, gebunden
> und so tief gewundet,
> das ich niemer wirde gesunt [...]
> Sage minem lieben, das sin bette bereit sie
> und das ich minnesiech [liebeskrank] nach im bin [...]
> Dis ist ein sůse jamer clage:
> Wer von minnen stirbet, den sol man in gotte begraben.«
> »Du bist min spiegelberg, min ǒgenweide, ein verlust min selbes,
> ein sturm mines herzen, [...] min hǒhste sicherheit.«

drei Dominikanerprediger

1267 beauftragte Papst Clemens V. die *fratres docti* des Dominikanerordens mit der geistlichen Betreuung und Unterweisung der Dominikanerinnen und der Beginenhäuser, und zwar in deutscher Predigt. In diesem geschichtlichen Zusammenwirken ist wohl die Ursache zu sehen, daß gerade aus dem Dominikanerorden die drei Mystiker Meister Eckhart (1260–um 1328), Johannes Tauler (1290–1361) und Heinrich Seuse (1300–1365) hervorgegangen sind.

Meister Eckhart

Meister Eckhart, wahrscheinlich nicht aus adligem Geschlecht stammend, kommt aus Thüringen; er studierte und lehrte in Paris und Köln. Er ist der größte deutsche Mystiker mit einer ganz eigenständigen spekulativen Kraft, die – im Unterschied zur sog. Gefühlsmystik der Frauen und bei Seuse – auf die gedankliche Durchdringung des mystischen Erlebnisses zielt. Er ist *auch* Scholastiker: sein Werk besteht aus lateinischen Schriften (z.B. Bibelkommentaren und seinem *Opus tri-*

partitum – Dreiteiliges Werk – genannten lateinischen Hauptwerk) und aus deutschen Schriften, d. h. mittelhochdeutschen Traktaten (Abhandlungen) und Predigten, die uns mit einer Ausnahme nur aus Nachschriften aus dem Gedächtnis seiner Zuhörerinnen und Zuhörer erhalten sind. In einer Predigt faßt Eckhart einmal prägnant sein Anliegen zusammen: »Swenne [wenn] ich predige, sô pflige [pflege] ich zu sprechenne von abegescheidenheit und daz der mensche ledic werde sîn selbes und aller dinge. Ze dem andern mâle, daz man wider îngebildet werde in daz einvaltige guot, daz got ist. Zu dem dritten mâle, daz man gedenke der grôzen edelkeit, die got an die sêle hât geleget, daz der mensche dâ mite kome in ein wunder zu gote. Ze dem vierden mâle von götlîcher natûre lûterkeit – was klarheit an götlicher natûre sî, daz ist unsprechelich.«

Zwei Grundthemen werden hier genannt: die Abgeschiedenheit der Seele und die Geburt Gottes in der Seele. Diese Abgeschiedenheit ist ganz radikal gefaßt. Der Mensch muß sich aller Dinge entäußern: der materiellen sowieso, aber auch der eigenen Gefühle, des eigenen Willens, des eigenen Selbst, um zur »geistigen Armut« zu gelangen. Erst dann kann sich die Geburt Gottes in der Seele vollziehen, wie sie Eckhart hier in dem für seine Predigtweise typischen umkreisend-steigernden Stil entwickelt: »Der vater gebirt sînen sun in der êwicheit im selben glîch. ›Daz wort was bî gote, und got was daz wort‹: ez was daz selbe in der selben natûre. Noch spriche ich mêr: er hât in geborn in mîner sêle. Niht aleine ist si bî im noch er bî ir glîch, sunder er ist in ir, und gebirt der vater sînen sun in der sêle in der selben wîse, als er in in der êwicheit gebirt, und niht anders. Er muoz ez tuon, ez sî im liep oder leit. Der vater gebirt sînen sun âne underlâz, und ich spriche mêr: er gebirt mich sînen sun und den selben sun. Ich spriche mêr: er gebirt mich niht aleine sînen sun, mêr: er gebirt mich sich und sich mich und mich sîn wesen und sin natûre. In dem innersten quelle dâ quille ich ûz in dem heiligen geiste, dâ ist ein leben und ein wesen und ein werk.«

Grundlage der Gottesgeburt der Seele ist die Lehre vom »Seelengrund« bzw. vom »Seelenfünklein«, dem Punkt der Gottgleichheit der menschlichen Seele. »Diesen Seelengrund umschreibt er mit rund dreißig Hilfsausdrücken. [...] Genau beschreiben kann er das Fünklein nicht, denn wie die ›Wüste der ewigen Gottheit‹ entzieht es sich dem menschlichen Begriffsvermögen. Er geht aber so weit, es als ewig und unauslöschlich zu kennzeichnen.« [11] Damit ist bereits die Frage der »Rechtgläubigkeit« aufgeworfen. Es ist klar, daß ein solcher, der »hohen edelkeit« seiner Seele bewußter Mensch im Grunde auf die Vermittlung der Heilsinstitution Kirche nicht angewiesen ist. Sein Schüler Johannes Tauler hat das ausgesprochen: »über die lûte enhat der babest enkeinen gewalt, wan Got hat si selber gefriget« – über die Menschen hat der Papst keine Macht, wenn Gott selbst sie gefreit, d. h. als Partner seiner Liebe erwählt hat. Eifrige Verteidiger des Glaubens haben aus Eckharts Lehre, der »mehr wissen wollte als nötig war«, achtundzwanzig Sätze zusammengestellt, die 1329 in Avignon in einer Bulle des Papstes Johannes XII. feierlich verdammt wurden: »Damit nun dorartige Artikel oder ihr Inhalt die Herzen der Einfältigen, denen sie gepredigt worden sind, nicht weiter anstecken und bei ihnen oder anderen nicht irgendwie in Schwang kommen können, verdammen und verwerfen Wir ausdrücklich auf den Rat Unserer Genannten Brüder die ersten fünfzehn angeführten Artikel sowie die beiden letzten als häretisch, die anderen elf aber als übelklingend, verwegen und der Häresie verdächtig, und ebenso alle Bücher und kleineren Schriften dieses Eckehart, welche die angeführten Artikel oder einen von ihnen enthalten.«

»Abgeschiedenheit«
»Gottesgeburt«

»Seelengrund«

Häresieverdacht und Verurteilung

»allein die Gesinnung des Menschen zählt«

Eckhart, der persönlich sehr demütig war und sich zeitlebens als treuer Sohn der Kirche fühlte, war bereit, alle angeblichen Irrtümer zu widerrufen. Er starb aber, vielleicht schon in Avignon, vor dem Abschluß des Inquisitionsverfahrens. In der Anklageschrift finden sich u. a. folgende Sätze: »Wenn ein Mensch tausend Todsünden begangen hätte, und es wäre ein solcher Mensch in rechter Verfassung, so dürfte er nicht wünschen, er hätte sie nicht begangen.« »Gott liebt die Seelen, nicht das äußere Werk.« »Wer demnach Gott mehr liebt als den Nächsten, liebt ihn zwar auf gute, nicht aber auf vollkommene Weise.« In diesen Sätzen kommt die ethische Gleichgültigkeit des Mystikers gegenüber den Werken einer äußerlich zählenden Gerechtigkeit zum Ausdruck. Das letzte Zitat zeigt aber auch die echt neutestamentliche Radikalität einer aktiven Nächstenliebe, die mit der erwähnten Gleichgültigkeit gar nicht im Widerspruch stehen muß. Man darf sich den Meister nicht als passiven, beschaulich auf sich selbst Bezogenen vorstellen.

Bereicherung der deutschen Sprache

Meister Eckhart gehört zu den ganz wenigen Menschen, deren Wille und Fähigkeit, etwas Neues auszudrücken, so stark ist, daß sie in dem großen Kollektiv »Sprache« nachdrücklich Spuren ihrer Persönlichkeit hinterlassen haben. So lassen sich viele Ableitungen und Veränderungen mittelhochdeutscher Wörter eindeutig als Neuschöpfungen Eckharts belegen, z. B. Abgeschiedenheit, Andersheit, Weltlichkeit, Ungleichheit. Etliche gingen auch entweder nicht in den allgemeinen Sprachschatz ein oder wurden später wieder verloren, wie Unbereitschaft, entbilden, überbilden. Insgesamt hat die mittelhochdeutsche Mystik als Versuch, einen innerseelischen Vorgang sprachlich auszudrücken, die deutsche Sprache maßgebend beeinflußt. Der Germanist Joseph Quint spricht daher von einem besonderen »mystischen Wortfeld«, das sich in Wortschatz und Sprachstil entwickelt hat. Dazu gehören vor allem Abstraktionsbildungen mit -keit, -heit und -ung, in denen konkrete Worte eine abstrakte Bedeutung erhalten *(gôtheit, grundlôsicheit, unwesentlichheit, erfüllunge, bildunge)* sowie substantivierte Infinitive *(daz inbilden, daz würken;* vgl. auch das Kapitel »Sprache, Denken, Abstraktion« [→ S. 41]). Zahlreich sind ferner die Intensivierungen von Substantiven, Verben und Adjektiven durch neue Vorsilben *(înge*sprochen in die stille wüste der gôtheit; *ent*vremdung; *über*sprechlich; *ûz*gevlossen; *durch*brechen; *un*ergründlich; *abe*loesen). Die Erweiterung des Sprachstils geschieht hauptsächlich durch Häufung, Steigerung, Hyperbel (der pathetisch überspitzte Vergleich) und vor allem die Paradoxie: »Daz ist sîn [Gottes] nâture, daz er âne nâture si.« In spekulativer Begrifflichkeit (sicherlich kommt dieses Wort in seiner Abstraktheit auch aus der mittelhochdeutschen Mystik): »Der unterscheid [der göttlichen Natur] kumet von der einicheit, diu einicheit ist der unterscheid, und der unterscheid ist diu einicheit. Ie der unterscheid mer ist, ie diu einicheit mer ist, wan [denn] daz ist unterscheid ane unterscheid.« Zweifellos muß Meister Eckhart seinen Hörern Ungewöhnliches zugemutet haben. Am Schluß einer sehr spekulativen Predigt über Matthäus 10,28 sagt er in einer Art »gottinspirierter› Arroganz« (E. Soudek): »Wer diese Predigt verstanden hat, dem vergönne ich sie wohl. Wäre hier niemand gewesen, ich hätte sie diesem Opferstock predigen müssen.«

Paradoxie als Ausdrucksmittel

Johannes Tauler

Wesentlich praktisch-seelsorgerischer auf die Bedürfnisse des Publikums ausgerichtet war die Predigtweise seines Schülers Johannes Tauler. Tauler ist weniger »häresieverdächtig«, da er gegenüber Eckhart z. B. den Abstand zwischen Gott und der Einzelseele betonte. Tauler warnte auch häufig vor der Gefahr des Sich-Verlierens in einer mystisch-kontemplativen Haltung und betonte den Wert der *vita activa*, der praktisch-beruflichen Tätigkeit in der Welt (»Es enist niergen enkein werklein so klein noch künstelin noch so snôde, es kome al von Gotte, und es ist wunderlich gnade«). Taulers Predigt muß eine heute kaum vorstellbare Wirkung auf seine Zuhörer ausgeübt haben. Die ganz anders gerichtete Ausdrucksweise Heinrich Seuses poetisiert das mystische Erlebnis in der an Mechthild von Magdeburg erinnernden Sprache der Minne. So etwa in Seuses Lebensbeschreibung, der *Vita*: »Darnach gewonlich [...], do tett er ain innerlich frage und fragt sin minnesůchendes hertz also: ›Ach, hertz mins, lúg, wannen [von wo] flússet minne und alle lútsalikait? Wannen kumpt alle zarthait, schonhait, hertz lust und liepliche? Kunt es nit alles von dem usquellenden úrsprung der bloßen gothait? Wol uff, wol uff dar, hertz und sinn und můt, dar in das grundlos abgründ aller lieplichen dingen! Wer wil mir nu werren? Ach, ich umbvah dich hútt nach mins brinnenden hertzen begirde!‹« In dieser Spätphase der Minnekultur finden sich merkwürdige Überkreuzungen zwischen geistlicher und weltlicher Dichtung. Die mystische Dichtung hatte beim Minnegesang »geborgt«, um seine Formen und Gehalte ins Geistige zu übertragen. In dem Epos *Tristan und Isolde* des großen höfischen Dichters Gottfried von Straßburg wird die durch die Vergeistigung der Mystik gegangene Minnesprache wieder ins Weltliche zurückgebogen und als Geschichte der beiden *edelen herzen* Tristan und Isolde gestaltet.

Heinrich Seuse

In den folgenden Jahrhunderten trifft man immer wieder auf einen mystischen Unterstrom in der Literatur und der Philosophie. Obwohl er sich nicht so eindeutig greifen läßt wie die »normale Philosophie«, muß man sich seiner Existenz bewußt sein – wenn auch meist in verwässerter Form, die gar nicht erst in Konflikt mit dem kirchlichen Dogma geraten kann. Ein solches durch die Jahrhunderte wieder und wieder aufgelegtes Erbauungswerk mit mystischem Einschlag ist die *Nachfolge Christi* des Thomas von Kempen (1380–1472). Es schlägt eine Brücke zwischen den Erfordernissen des kirchlichen Alltagslebens und den »tieferen« (oder höheren) Bedürfnissen nach geistlicher Erbauung. Werke wie die *Nachfolge Christi* sollte man meiner Meinung nach nicht einfach übergehen, sondern zur Kenntnis nehmen sowohl als Ausdruck einer gemeinsamen religiösen Alltagspraxis als auch als »Bodensatz«, auf dem große mystische Spekulation wie die eines Jakob Böhme [→ S. 149 f.] hervorgegangen ist.

Fortwirken der Mystik

Die Wirkungsgeschichte der mittelalterlichen Mystik ist von vielerlei Verzerrungen gekennzeichnet. Erst der Mittelalterkult der deutschen Romantik entdeckte die Mystiker neu – mit romantischen Augen. Im Umkreis dieser Wiederentdeckung interessierte sich auch der deutsche Idealismus für Meister Eckhart. Hegel hatte ja in seinen *Vorlesungen über die Geschichte der Philosophie* ein vernichtendes Urteil über die Scholastik gefällt: »Die Scholastik ist die gänzliche Verwirrung des Verstandes in dem Knorren der nordisch-germanischen Natur«. Meister Eckhart nahm er an anderer Stelle von diesem Urteil aus und attestierte ihm – gegenüber der Flachheit der protestantischen Theologie seiner Zeit – er habe die Tiefen des göttlichen Wesens »auf das innigste gefaßt«. Im 19. Jahrhundert kam dann aus der Hegelschule heraus das Bild von »Eckhart dem Deutschen« auf – dem deutschen Originalgenie, dem Freigeist, dem Tiefen, dem Innigen, dem Gemütsmenschen, dem »Vater der deutschen Philosophie«. Trotz heftiger Kontroversen (z. B. nach der Wiederentdeckung des lateinischen Teils seiner Werke) hielt sich dieses Bild hartnäckig. So konnte der Nationalsozialismus sich über den Mystiker hermachen. Alfred Rosenberg, sein geistiger Wortführer [→ S. 413], sah in Eckhart den Apostel der Deutschen,

Thomas von Kempen

mystische Erfahrung und Wirklichkeit

der gegenüber der kirchlich-scholastischen Lehre die Werte der nordischen Rassenseele verkündet habe. Nach dem Krieg hat sich dann – u. a. durch genaue germanistische Forschungen – ein differenzierteres Bild Meister Eckharts und der mittelalterlichen Mystik durchgesetzt.

Insgesamt stellt uns die Mystik – nimmt man sie nicht nur als befremdlich-vergangene Erlebnisform mittelalterlicher Subjektivität – vor die Frage nach der Wirklichkeit. Wie stark der Wunsch ist, Wirklichkeit anders zu erfahren als im Alltag (einschließlich der Träume) und in dessen Übersetzung in wissenschaftliche Begriffe zeigt allein schon das hartnäckige Weiterleben der sog. Drogenszene. Ganz deutlich ist hier der Wunsch, das Gefängnis des Ich zu sprengen und andere, neue, entgrenzende Erfahrungen zu machen; eine Wirklichkeit zu entdecken, die wohl »da« ist, aber normalerweise nur geahnt werden kann. Es ist die Wirklichkeit der mystischen Erfahrung. Auch die Kunst tastet sich immer wieder an diesen Erfahrungsbereich heran, z. B. bei den Surrealisten. Auch die in uns vorhandene Erinnerung an die Art, wie wir die Welt als Kind erfahren haben, spielt in diesen Bereich hinein. Das meint der französische Dichter Baudelaire, wenn er sagt: *L'enfant voit tout en nouveauté, il est toujours ivre* – das Kind sieht alles neu, es ist immer trunken. In Robert Musils Roman *Der Mann ohne Eigenschaften* nimmt die Auseinandersetzung mit der Möglichkeit von Mystik heute einen ganz zentralen Stellenwert ein. »Dieses Buch ist religiös unter der Voraussetzung der Ungläubigen«, schreibt Musil in einem Fragment. Es geht ihm um eine »taghelle Mystik«, wie er es einmal nennt, die nicht auf unredliche Weise vergangene Erfahrungen (etwa der Natur) ausborgt, die heute einfach nicht mehr stimmen. Das wäre nur eine »Schleudermystik zu billigstem Preis«. *Gott ist tot*, könnte man mit Nietzsche sagen und ergänzen: das Verlangen nach ihm bleibt. Es sucht nach Befriedigung, taghell oder zum Schleuderpreis.

Gelehrte Unwissenheit

Nikolaus von Kues

Mit Nikolaus von Kues an der Mosel begegnen wir einem Denker zwischen den Zeiten, der nicht leicht einer bestimmten Epoche zuzuordnen ist. In vielen Interpretationen erscheint er daher als glanzvolles Ende des mittelalterlichen Denkens, in anderen als bedeutendster Philosoph der Frührenaissance. Diese Zuordnungen sind keine Frage des Beliebens, denn je nach der Perspektive wird man in der Darstellung andere Akzente setzen. Wir behandeln ihn hier im Zusammenhang mit dem mittelalterlichen Denken, als dessen Endpunkt und gedankliche Überwindung, was sich meines Erachtens durch die religiöse Perspektive, die sein ganzes Denken noch durchzieht, rechtfertigen läßt. Dabei beschränken wir uns ganz auf den »Zusammenfall der Gegensätze«, das Grundprinzip seines Denkens. Die Scholastik war ja ganz grundsätzlich von zwei Wahrheitsquellen ausgegangen: der Offenbarung und der natürlichen Vernunft. Aufgabe des Denkens war es, die Irrtümer der natürlichen Vernunft zu bekämpfen und so zumindest die Plausibilität der Offenbarung darzulegen. Dabei ging man als guter Aristoteliker mit logischen Schlüssen »beweisend« vor und es kam immer wieder zu dem, was wir »Grenzüberschreitung« nennen würden, d. h. die Scholastiker haben mit logischen Schlüssen aus der Erfahrungswelt über einen Gegenstand jenseits von Erfahrung (Gott, die Seele usw.) disputiert. Auf diese Vermischung zielt die spöttisch gemeinte Streitfrage, wieviel Engel eigentlich auf einer Nadelspitze Platz haben – eine *quaestio*, über die man mit logischen Gründen lange disputieren kann. Aus diesem Grund beurteilte Hegel die Scholastik bei aller Anerkennung im Einzelnen insgesamt als »eigentümliche Art der Barbarei«, als »Philosophie des rohen Verstandes«. Ihr mittelalterlicher Kontrapunkt ist die Mystik. Sie enthält sich solcher Barbarismen und spricht von der Nichtmitteilbarkeit Gottes. Aber damit ist der Einzelne auf seine innere Erfahrung verwiesen. Hat er sie nun einmal nicht, kann ihm auch all sein Denkvermögen nichts helfen und er bleibt sich allein überlassen.

Man kann das Denken des Nikolaus von Kues (1401–1464, lat. Nicolaus Cusanus) als Versuch verstehen, mit einem originellen, ungewöhnlichen Ansatz die Einseitigkeit beider Standpunkte zu überwinden. Er will das Verhältnis von Gott und Welt, von Unendlichem und Endlichem in einer Weise begreifen, die weder verstandesmäßig-kurzschlüssig noch nur privat-innerlich ist. Schon sein Leben ist recht ungewöhnlich. Er wuchs bei den mystisch beeinflußten Brüdern vom gemeinsamen Leben in Deventer (Holland) auf und eignete sich auf den Universitäten Heidelberg, Padua und Köln ein umfassendes Wissen an. Er wurde Jurist und Geistlicher. In den kirchenpolitischen Auseinandersetzungen seiner Zeit stand er zunächst auf Seiten der Konziliaristen und verfaßte für das Basler Reformkonzil (1431–1449) zur Verteidigung des Konzils die Schrift *De concordantia catholica*. Später wechselte er zur päpstlichen Seite über, was ihm viele Angriffe papstfeindlicher Kreise einbrachte. Aufgrund der Türkengefahr nach dem Fall Konstantinopels 1453 verfaßte er eine sehr tolerante Schrift *De pace fidei (Über den Glaubensfrieden)*, in der er den vernünftigen Kern in allen Religionen hervorhebt. Auch die Form seiner Schriften unterscheidet sich von der scholastischen Quaestionenform, denn Cusanus greift in seinen Schriften auf das Vorbild Platons zurück. Er bevorzugt die Form des sokratischen Fragens, als schrittweises Ertasten der Wahrheit, die nie ganz gegeben ist.

Ein neuer Ansatz jenseits der Extreme

Damit ist bereits auch etwas Inhaltliches über sein Denken ausgesagt. Sein erstes großes Werk trägt den Titel *De docta ignorantia – Über die gelehrte Unwissenheit*. Man kann es auch übersetzen mit: Über die wissende, die bewußte Unwissenheit. Denn darin besteht das Hauptanliegen des Cusaners: die Grenzen des Denkens bewußt zu machen durch Einsicht in seine Voraussetzungen. Zu dieser Einsicht gelangt er durch eine scharfe Unterscheidung von Verstand *(ratio)* und Vernunft *(intellectus)*. Der menschliche Verstand geht vom Satz des Widerspruchs aus [→ S. 44]: ein Sachverhalt A kann nicht zugleich und in derselben Bedeutung sein Gegenteil, Nicht-A, sein. Wie kommt der Verstand zu diesem Prinzip? Indem er das, was er auf der Welt vorfindet, einteilt, vergleicht und benennt. Sein Prinzip der Wahrheit beruht damit auf einem Vorgefundenen, auf einem Vergleich von Dingen, die er vielleicht gar nicht wirklich kennt, aber auf die er sein angeblich unumstößliches Wahrheitsprinzip aufbaut. Cusanus führt in seiner Kritik gerne mathematische Grenzbetrachtungen an. Der Verstand operiert z. B. mit Zahlen, ohne sich über die Grundzahl, die Eins, Gedanken zu machen. Ist mit der Eins nicht auch eine Einheit gegeben, die allem Zählen, aller Vielheit zugrunde liegt? Kreis und Quadrat sind dem Verstand Gegensätze; was aber, wenn man das Quadrat in unendlich viele Vielecke zerlegt? Nähern sich nicht Kurve und Gerade einander an, wenn man sie unendlich groß denkt? Was geschieht mit den festen Gegensätzen »Ruhe« und »Bewegung«, wenn eine Bewegung allmählich immer mehr verlangsamt wird? Von diesen Überlegungen her gelangt Cusanus zu einem Begriff des Unendlichen, in dem alle scheinbar festen Gegensätze des

Vernunft über dem Verstand

Noch ist der Kosmos endlich: Ein Neugieriger steckt seinen Kopf durch den Fixsternhimmel und erblickt die Mechanik der Planetenbahnen.

coincidentia oppositorum, Überwindung der Gegensätze

Verstandes zusammenfallen. Gott ist zu denken als das Zusammenfallen aller Gegensätze, als *coincidentia oppositorum*, wie auch die *coincidentia* als das eigentliche Prinzip der Vernunft anzusehen ist. Der Verstand kann – von seinem eigenen Wahrheitsprinzip her – nicht zu seiner Selbstkritik gelangen. Die Einsicht in die Koinzidenz ist eine Leistung der Vernunft. »Die Koinzidenzlehre schafft das Widerspruchsprinzip nicht ab; sie zeigt vielmehr, wie es möglich ist und was ihm von seinem Ursprung her entgehen muß. Die *Vernunft* ist die Beschreibung der Entstehung des Verstandes und seiner Gesetze, nicht ein höheres ›mystisches‹ Organ.« [12] Die Vernunft allein geht zum Vorausliegenden und Verbindenden zurück. Sie kann es nicht erkennen, wohl aber es als Urbild der Abbilder bestimmen bzw. die Wahrheit des menschlichen Erkennens symbolisch als Teilhabe an der unfaßbaren Wahrheit der göttlichen Idee darstellen. Damit weiß sie nicht viel, aber sie weiß, was sie wissen kann und was nicht. Sie ist *docta ignorantia* – wissende, bewußte, belehrte Unwissenheit.

HUMANISMUS, REFORMATION UND DIE UMWÄLZUNG DES WISSENS VON DER NATUR

»Rinascita«, Wiedergeburt der Antike im italienischen Humanismus

Es gibt eine lange Diskussion um den Begriff der »Renaissance«. Sie ist es wert, hier erinnert zu werden, da in dieser Diskussion grundsätzliche Probleme unseres Umgangs mit Geschichte klargeworden sind. Wir finden den Gedanken der Wiedergeburt der antiken Kunst und Moral bei vielen italienischen Künstlern, Literaten und Philosophen seit dem 14. Jahrhundert (Petrarca, Boccaccio). Geprägt wurde das italienische Wort *rinascita* (Wiedergeburt, von lat. *renasci*) von dem Maler, Architekten und Künstlerbiographen Giorgio Vasari (1511–1574). Er verbindet damit vor allem die Rückkehr zur direkten Nachahmung der Natur, wie sie – im Gegensatz zur byzantinisch-mittelalterlichen Tradition der stilisierten Malerei auf Goldgrund – bei den »Alten« wieder zu entdecken war. Diese Wiederentdeckung führte zu Größe und Ruhm der Gegenwart. Die uns geläufige Vorstellung von Renaissance meint etwas anderes. Sie wurde wesentlich von dem Schweizer Kulturhistoriker Jacob Burckhardt geprägt, dessen Buch *Die Kultur der Renaissance in Italien* 1860 in Basel erschien. Burckhardt deutet die Renaissance als Beginn der modernen Zivilisation. Sein »kulturgeschichtlicher Blick« findet im Italiener dieser Zeit die ganz auf sich gestellte, »vollendete Persönlichkeit«; den »modernen Menschen« als »der Erstgeborene unter den Söhnen des jetzigen Europas« [1]. Der Architekt, Maler und humanistische Schriftsteller L. B. Alberti (1404–1472), der als erster das Geheimnis der Perspektive erfaßte, steht als Beispiel eines »wahrhaft Allseitigen«. Burckhardts Werk wurde begeistert aufgenommen, und noch in einer scheinbar so sachlich-informativen Philosophiegeschichte wie der von K. Vorländer ist die Rede von den »genialen Individualitäten«, den »edlen Persönlichkeiten«, die sich hier zu »seltener Vollendung« aufschwingen (K. Vorländer). Der Hintergrund von Burckhardts Deutung ist eine pessimistisch-resignative Stellung zur eigenen Zeit, die er selbst scharf formuliert hat in dem Satz: »Größe ist, was wir nicht sind«. Seine konservativ-apolitische Haltung (»ich habe aller politischen Wirksamkeit entsagt«, schreibt er 1846) führte bei ihm dazu, Vergangenheit primär als Kultur, und zwar als schöne Kultur, wahrzunehmen und in diesem Fluidum die eigene Sehnsucht nach Schönheit, Größe und Dauer, nach einem »ganzen Leben« sozusagen, zu stillen [2]. Unschwer läßt sich hier die Leistung von Projektionen bei der Herstellung von Vergangenheit –

Auftauchen und Bedeutung eines Begriffs

Jacob Burckhardts nostalgische Verklärung

hier: die Renaissance als Epoche – beobachten, denn jedes Geschichtsbild hängt immer von dem eigenen Gegenwartsbezug des »Bildners« ab.

Huizingas Vorschlag: Renaissance als »Umschlagplatz«

In dem Aufsatz *Das Problem der Renaissance* (1920) übt der holländische Kulturhistoriker Huizinga Kritik an Burckhardt: »Wir sind so empfindlich für die Verwandtschaft, die wir in der Vergangenheit entdecken mit demjenigen, was später voll aufgeblüht ist, und an dem auch wir teil haben, daß wir fast immer die erst knospenden Elemente einer Kultur überschätzen. Die Quellen selbst müssen uns immer wieder korrigieren, indem sie uns die Zeit viel primitiver zeigen, viel schwerer beladen mit der Aufstapelung des Alten, als wir erwarten.« Huizinga schlägt eine andere Sichtweise vor, der ich mich anschließen möchte. Er geht von den zwei Polen der mittelalterlichen und der modernen Kultur (also etwa mit dem 19. Jahrhundert) aus und sieht daher die Renaissance nicht unmittelbar als Beginn der Neuzeit, sondern als »Umschlagplatz«, den es in seiner Gegensätzlichkeit zu verstehen gilt. Diese bei Huizinga primär kultur- und geistesgeschichtliche Sichtweise läßt sich auch vertiefen durch die Grundbegriffe der Wirtschafts- und Gesellschaftstheorie, die ja auch Naturalwirtschaft und entfalteten industriellen Kapitalismus gegenüberstellt und die dazwischenliegenden Wirtschaftsformen als Zwischen- und Übergangsformen begreift (Handelskapital, Manufakturperiode). Das Italien des 14. bis 16. Jahrhunderts ist zweifellos gekennzeichnet durch das Kaufmannskapital, das eine enorme Bewegung in die Gesellschaft hineinbringt. Als Kapitalform selbst bleibt es aber auf den Handel beschränkt und setzt von seinem Begriff her nichtkapitalistische Wirtschaftsformen voraus, zwischen denen es als Handelskapital vermittelt. So ist auch von ihren wirtschaftlichen Grundlagen her die Renaissance als Umschlagplatz zwischen Altem und Neuem zu verstehen.

entscheidende Entdeckungen

Die Deutung der Renaissance als Anbruch der Neuzeit liegt von der Sache her nahe, insofern man diese Epoche zu Recht als »Zeitalter der Entdeckungen« bezeichnet hat. Das bezieht sich gleichermaßen auf die Geographie, die Stellung der Erde im Weltraum, auf Naturwissenschaft und Technik wie in der Kunst etwa die Entdeckung der Perspektive. Als symbolische Daten sei hier nur erinnert an Gutenberg (um 1445 Buchdruck mit beweglichen Lettern), Vasco da Gama (1498 Entdeckung des Seeweges nach Indien) und Kopernikus, dessen Hauptwerk 1543 erschien. Der Künstler emanzipiert sich vom Handwerker, der Name des Malers taucht auf dem Bild auf. Alles scheint plötzlich in Fluß zu geraten, und der deutsche Humanist Ulrich von Hutten (1488–1523) konnte schreiben: »Die Studien blühen, die Geister platzen aufeinander, es ist eine Lust zu leben«. Zentrum der Studien in Italien ist Florenz, wo sich im Umkreis des Hauses Medici die bedeutendsten Künstler und Philosophen (diese Worte dürfen nicht allzu fachspezifisch verstanden werden) der Zeit versammelten. »Studium«

Einholung der Antike

heißt eigentlich »Bemühung«, und in den »Bemühungen um das Menschsein« *(studia humanitatis)*, verstanden als Wiedererweckung der Alten, liegt der Fluchtpunkt der geistigen Bemühungen der Zeit. In welchem Sinne? Als Nachahmung eines unerreichbar hohen Vorbilds und Musters? Anläßlich seiner Neuausgabe der aristotelischen *Politik* gibt Leonardo Bruni (1369–1444), Humanist und wie sein Lehrer Coluccio Salutati Staatskanzler von Florenz, eine Antwort: *et recipienda et in usum nostrum vertenda est* – der antike Text ist sowohl aufzunehmen, zu rezipieren, als auch zum Nutzen der Gegenwart umzuwenden. »Rückgriff als Innovation« hat man dieses Verhältnis zu den Alten treffend bezeichnet, ein Verhältnis also nicht der *Wiederholung*, sondern der produktiven *Einholung* der Antike ins Bewußtsein der Gegenwart.

Das Wort *umanista* entstammt dem Studentenjargon der italienischen Universitäten, analog etwa zu *artista* oder *iurista*, und bezeichnet einen Lehrer/Studenten der humanistischen Fächer Grammatik, Rhetorik, Geschichte, Dichtkunst und Moralphilosophie. An dem Kanon läßt sich übrigens die durchaus auch praktisch ausgerichtete Intention des humanistischen Bildungsprogramms ablesen, etwa was den Gebrauch der Rhetorik im ganzen Bereich der damaligen Politik vom Minister eines Fürsten bis zu den höheren Ämtern der Stadtrepubliken betrifft. Das uns geläufige Wort *Humanismus* wurde hingegen erst im Jahre 1808 von dem deutschen Pädagogen und engen Freund Hegels, Immanuel Niethammer, geprägt und bezeichnet – im Kontext der Goethezeit, der beginnenden industriellen Revolution – ein Unterrichtsprogramm, das sich von praktisch-naturwissenschaftlich ausgerichteten Bedürfnissen gerade absetzen will. Niethammers Anknüpfung an den alten Terminus besteht aber sachlich insofern zu Recht, als beide Humanismen sich durch ein hohes Bewußtsein der sprachlich-geschichtlichen Verfaßtheit des Menschen auszeichnen. Daher wird auch seit einiger Zeit im Umkreis der gegenwärtigen Sprach- und Geschichtsphilosphie, etwa der Hermeneutik, die Leistung der italienischen Humanisten neu gesehen und gewürdigt.

Der Begriff »Humanismus«

Lorenzo Valla, Petrarca, Leon Battista Alberti – was war all diesen großen Namen gemeinsam? Aus welchem Enthusiasmus speist sich die ungeheure Editions- und Übersetzungsarbeit der Humanisten, der wir den Großteil unseres Bestands an griechisch-lateinischen Texten verdanken? Anders ausgedrückt: Warum erschien das Text- und Traditionsverständnis des Mittelalters plötzlich ebenso unzureichend wie Tomas von Aquin die *septem artes liberales?* [→ S. 96 f.]. Was die Gelehrten in der Antike suchten und fanden, war ein neues, den spezifisch mittelalterlich-christlichen Horizont übersteigendes Bewußtsein der Würde des Menschen. Schon Francesco Petrarca (1304–74), der ja in so vielem die entscheidenden Anstöße gab, hatte den Menschen zum einzigen bedeutenden Gegenstand des Denkens erklärt. *De dignitate hominis (Von der Würde des Menschen)* wird daher zum Lieblingsthema der Zeit und Titel zahlloser, rhetorisch aufgeputzter Traktate. Seinen schönsten Ausdruck findet dieses Leitmotiv in einer gleichlautenden Schrift des so jung gestorbenen Grafen Pico della Mirandola (1463–94), einem der wichtigsten Vertreter des Florentiner Platonismus. Picos originelle Pointe liegt darin, daß er diese Würde nicht, wie allgemein üblich, aus den bestimmt angebbaren Eigenschaften des Menschen ableitet, sondern gerade aus seiner Nicht-Eindeutigkeit, seiner »metaphysischen Ortlosigkeit«, wie man es nannte. Denn – so die metaphorische Einkleidung – nach der Schöpfung der Welt war Gottes Bestand an Wesenheiten, an Archetypen, erschöpft:

Ein neues Selbstbewußtsein

»So beschloß der Werkmeister in seiner Güte, daß der, dem er nichts Eigenes mehr geben konnte, an allem zugleich teilhätte, was den einzelnen sonst je für sich zugeteilt war. Also ließ er sich auf den Entwurf vom Menschen als einem Gebilde ohne unterscheidende Züge ein; er stellte ihn in den Mittelpunkt der Welt und sprach zu ihm: ›Keinen festen Ort habe ich dir zugewiesen und kein eigenes Aussehen, ich habe dir keine dich allein auszeichnende Gabe verliehen, da du, Adam, den Ort, das Aussehen, die Gaben, die du dir wünschst, nach eigenem Willen und Ermessen erhalten und besitzen sollst. Die beschränkte Natur der übrigen Wesen wird von Gesetzen eingegrenzt, die ich gegeben habe. Du sollst deine Natur ohne Beschränkung nach deinem freien Ermessen, dem ich dich überlassen habe, selbst bestimmen. Ich habe dich in die Weltmitte gestellt, damit du

Pico della Mirandola

umso leichter alles erkennen kannst, was ringsum in der Welt ist. Ich habe dich nicht himmlisch noch irdisch, nicht sterblich noch unsterblich geschaffen, damit du dich frei, aus eigener Macht, selbst modellierend und bearbeitend zu der von dir gewollten Form ausbilden kannst. Du kannst ins Untere, zum Tierischen, entarten; du kannst, wenn du es willst, in die Höhe, ins Göttliche wiedergeboren werden!«

Florentiner Platonismus

Wenn der Ausdruck *Florentiner Platonismus* zunächst seltsam klingen mag, so sei gleich gesagt, daß es sich um die produktivste, die Epoche am vielleicht sinnfälligsten ausdrückende Strömung der Rennaissancephilosophie handelt. Es sei aber auch gleich darauf hingewiesen, daß die alte Auffassung – die Renaissance als Zeitalter Platos, gegenüber dem Mittelalter als der aristotelisch geprägten Epoche – in vieler Hinsicht korrekturbedürftig ist. Unter dem Stichwort »Aristoteles ist besser als seine Interpreten« (Petrarca) stellt die Kritik an einer bestimmten Form von mittelalterlicher Aristotelesrezeption zwar geradezu ein Leitmotiv des humanistischen Modernitätsbewußtseins dar. Die verallgemeinernde Vorstellung von Schulen jedoch, die in unversöhnlichem Streit miteinander liegen, geht am Wahrheitsideal der Renaissance selbst vorbei. Denn es handelt sich hierbei um ein offenes, Synthesen ermöglichendes, noch gleichsam transparentes Wahrheitsideal, das den drei Hauptströmungen der Zeit – Humanismus, Aristotelismus und Platonismus – zugrundeliegt. Bzw. kann man die drei Strömungen auch als »renaissancetypische Wissensformen« (Stephan Otto) auffassen, die in demselben offenen, vor-cartesianischen Wahrheitsideal konvergieren. Doch zunächst die Frage: Wie kommt Plato nach Florenz? Zu Schiff natürlich, genauer: in Gestalt und Begleitung byzantinischer Gelehrter, die seit der zweiten Hälfte des 14. Jahrhunderts vereinzelt und mit der Eroberung Konstantinopels (1453) in großer Zahl nach Italien kamen. So ließ Coluccio Salutati (1331–1406), um das neue Jahrhundert gebührend einzuweihen, an der noch jungen Universität Florenz einen Lehrstuhl für Griechisch einrichten und mit Manuel Chrysoloras (gest. 1415) einen der bedeutendsten Gelehrten aus Byzanz darauf berufen. Auf Chrysoloras' Anregung hin wurden viele Platon-Texte zum ersten Mal ins Lateinische übersetzt.

Der eigentliche Florentiner Platonismus ist dann über Marsilio Ficino (1433–99) eng mit dem Mäzenat der Medici verquickt (als Cosimo der Große auf den begabten Jüngling aufmerksam geworden war, soll er zu dessen Vater, einem Arzt, gesagt haben: »Du bist uns vom Himmel zur Heilung der Körper, dein Marsilius aber zur Heilung der Seelen gegeben«). Cosimo schenkte dem Ficino ein Landhaus in Careggi bei Florenz (heute ist es ein Stadtteil der Peripherie) und gab ihm den Auftrag, eine vollständige lateinische Platonübersetzung herzustellen; sie war um 1468 abgeschlossen. Daneben übersetzte Ficino Plotin sowie andere neuplatonische Texte, die Pythagoras und dem legendären Hermes Trismegistos zugeschrieben wurden, das sog. *Corpus Hermeticum* (der Ausdruck »Hermetik« als Bezeichnung für dunkles, unzugängliches Wissen, Schrifttum und auch Dichtung leitet sich übrigens von diesem Namen her). Dieser Vielfalt der Übersetzungstätigkeit entspricht als charakteristische Haltung der Zeit die Einbettung Platons in eine einzige Traditionskette die angeblich von Hermes Trismegistos, Orpheus und Zarathustra bis zu Plotin und Dionysius Areopagita [→ S. 66 u. 87] reicht – eine auf Verschmelzung des Verschiedenen ausgerichtete sog. synkretistische Grundhaltung also, in die Pico della Mirandola als erster noch die jüdische Kabbalistik einbringen wird. Und mit Hilfe der allegorischen Lesart [→ S. 64] war die Zeit überzeugt, in und

Cosimo I., Großherzog von Toscana

unter all diesen Texten ein und dieselbe Wahrheit – die (neuplatonisch gedeutete) christliche – zu finden.

Platon und Aristoteles: zwei Denkstile

Die Diskussion um das Verhältnis von Platon und Aristoteles, ob und inwiefern sie einander ausschließen oder ob sie, nach einer beliebten Formulierung, »nur den Worten, nicht aber der Lehre nach« sich unterscheiden, ist ein Hauptthema der Zeit. Im Grunde geht es dabei um die Frage, mit welchem Denkstil sich die komplexe Totalität »Welt« besser erfassen und darstellen läßt: dem mehr einheitsstiftenden, platonischen oder dem dualistischen, mit scharfen begrifflichen Entgegensetzungen arbeitenden Stil des Aristoteles, bzw. ob beide Denkstile miteinander in Einklang gebracht werden können. Ganz allgemein kann man sagen, daß die entscheidenden Fortschritte im Bereich der Logik, die Naturerklärung und der wissenschaftlichen Beweisführung – Fortschitte, auf denen dann Galilei und andere aufbauen konnten – im Umfeld des Aristotelismus gemacht wurden, wie er vor allem in Padua, der Hochburg der Aristoteliker, gelehrt und scharfsinnig weitergedacht wurde (Pietro Pomponazzi, 1462–1524; Jacopo Zabarella, 1533–89). Platos Denken hingegen eignete sich als Folie etwa für eine vertiefte Sprach- und Erkenntnistheorie, die sich, wie bei Cusanus, mit kühnen mathematischen Spekulationen verbindet. Darüber hinaus eröffnet es – und zwar insbesondere in seiner neuplatonischen Form – auch einen mehr subjektiv-mystischen Denk- und Erlebnisraum, der sich zudem zu einem sehr dynamischen, Synthesen schaffenden Gesamtbild der Welt zusammenschließen läßt. So baut Ficinos Hauptwerk, die *Theologia platonica* (1482) ganz auf dem Stufenmodell der Wesenheiten Plotins auf und übernimmt auch das Emanationsmodell, nach dem alle Wesenheiten und Welten aus dem göttlichen Urgrund ausfließen. Während aber Plotins Spekulation primär um das göttliche Eine kreist, steht bei Ficino – und das ist eine charakteristische Verschiebung – die menschliche Seele selbst im Mittelpunkt. Seines Interesses wie der Welt: als »dritte, mittlere Wesenheit« steht sie zwischen den Sphären der Körper und der Materie einerseits, der der Engel und Gottes andererseits. Insofern sie durch ihre unteilbare Kraft Leben gibt, in der zeitlich-beweglichen Welt ist und diskursiv erkennt, hat sie an den beiden gröberen Existenzkreisen der Körper und der Materie teil; insofern sie aus Gott stammt, in sich ruht und kontemplativ schaut, gehört sie zur höheren, ruhenden Welt der Engel und Gottes. So ist die »Mitte von allem«, *copula mundi*, das verknüpfende Band der Welt: »Die Seele ist es, die das erschütterte Universum wiederherstellt.« Ihre ausbalancierte Mittelfunktion in *dieser* Welt kann die Seele jedoch wiederum nur ausüben, wenn sie um ihren tranzendenten Ursprung, ihre Herkunft aus Gott weiß und danach zurückstrebt. Eine Dialektik, für die der englische Kunsthistoriker Edgar Wind die faszinierendparadoxe Formulierung fand: »Gleichgewicht beruht auf Extase.«

»Platonische Theologie«

Woher weiß die Seele um ihre Verwandtschaft mit dem Göttlichen, wie erhebt sie sich zu ihm? In *Über die Liebe*, seinem Kommentar zu Platons *Gastmahl*, entwickelte Ficino eine umfassende Theorie der Liebe; er war in der Tat »der erste, der die Begriffe ›platonische‹ oder ›sokratische‹ Liebe gebrauchte.« Liebe also als der Eros, der sich an der leiblichen Schönheit entzündet und auf diesem Wege zu deren Ursprung gelenkt wird; Liebe also als »das Verlangen, die Schönheit zu genießen«, und die Schönheit als »Strahlenglanz der göttlichen Güte«, wie es gleich zu Beginn des in fingierten Reden gehaltenen Werkes heißt. So nimmt es nicht wunder, daß *Über die Liebe* selbst voller mystisch-schöner Formulierungen steckt (»Denn wer [in der gegenseitigen Liebe], einmal gestorben, zweimal aufersteht, ge-

mystische Liebestheorie

Die Florentiner Akademie

winnt statt eines Lebens ein zweifaches und statt des einen Ich eine zweifache Selbstheit«).

Die »platonische Akademie« von Florenz nun, 1459 auf Initiative von Ficino und Lorenzo de' Medici gegründet, darf nicht als eine feste Institution verstanden werden, sondern ist eher als ein dem Hause Medici nahestehender Freundes- und Diskussionskreis um Ficino aufzufassen, der z. B. alljährlich an Platons legendärem Geburts- und Todestag, dem 7. November, in Careggi ein Bankett mit improvisierten Reden in platonischem Geist organisierte. Daß sie aber als solche existierte, sich in Anlehnung an Platons Akademie benannte und in den über dreißig Jahren ihres Bestehens zu einem Zentrum des geistigen Lebens der Stadt wurde, zeigt die immense Ausstrahlungskraft dieses Platonismus, der in scheinbar esoterischen Begriffen doch die geistige Freiheit des Menschen, seine Würde aus seiner Stellung als »Mitte« der Welt konkret formuliert.

Ausstrahlungskraft nicht nur z. B. auf die Dichtung (und hier vor allem die Liebestheorie: Lorenzo de' Medici, Cristoforo Landino), sondern vor allem auch auf die Malerei. Wie Edgar Wind in seiner ebenso umfassend-gelehrten wie eindringlichen Studie *Heidnische Mysterien in der Renaissance* zeigt, korrespondiert die faszinierende Schönheit der Renaissancemalerei, wie sie den Betrachter noch heute in ihren Bann zieht, einem spezifisch antik-(neu-)platonischen Begriff von »Mysterium«. Demnach ist »Schönheit« ganz allgemein aufzufassen als Offenbarung – eines Geheimnisses, das verborgen bleiben muß und will und doch im Glanz des Kunstwerks machtvoll zur Oberfläche dringt. Oder, mit den Worten des berühmten Predigers und Kardinals Egidio da Viterbo (1465–1532): »Wie es bei Dionysos [Areopagita] heißt, kann uns der göttliche Strahl nur erreichen, wenn er in poetische Schleier gehüllt ist.« Und des näheren analysiert Wind, wie genau Meisterwerke wie Botticellis *Geburt der Venus* (1485) und die *Primavera* (1478) als lyrische Übersetzungen neuplatonischen Gedankenguts zu dechiffrieren sind, insbesondere der Grunddialektik von Emanation, Umkehr und Rückkehr, welcher der Weg der Seele selbst entspricht. In der *Primavera* wird diese Bewegung in verschiedener thematischer Akzentuierung von den beiden Figurentriaden und in der Gesamtkonzeption als solcher dargestellt: »Das Bild scheint insgesamt die drei Phasen der neuplatonischen Dialektik *emanatio – conversio – remeatio* wiederzugeben, nämlich ›Ausströmen‹ in der Abwärtsbewegung von Zephyr zu Flora, ›Umkehr‹ im Tanz der Grazien und ›Wiederaufstieg‹ in der Figur Merkurs [...]. Da Ausrichtung auf das Jenseits, von dem alles ausgeht und zu dem alles zurückkehrt, der wichtigste Grundsatz dieser Philosophie ist, sind Komposition und Stimmung des Bildes vom Geist jener unsichtbaren Welt durchdrungen, der sich Merkur zuwendet und von der Zephyr herabkommt.«

Das Schöne als Offenbarung: Botticellis »Geburt der Venus«

Das Schöne als Offenbarung Botticellis »Geburt der Venus«.

Reformation der Kirche oder Reich Gottes auf Erden oder »Geist des Kapitalismus«?

Humanismus in Nordeuropa

Der italienische Humanismus ist die Bewegung einer gesellschaftlichen Elite geblieben. Er ließ das eigene Anliegen der *studia humanitatis* im Geist der Antike und das Christentum in seiner bestehenden Form gleichsam nebeneinander herlaufen, wenn es auch Auseinandersetzungen über die Frage gab, ob das Weiterleben der Einzelseele rational bewiesen werden könne, was z. B. der Aristoteliker Pietro Pomponazzi in *De immortalitate animae* (1516) bestritt (übrigens wurde die Unsterblichkeit der Einzelseele, im Unterschied zur Auferstehung des Fleisches, erst auf dem Lateran-Konzil von 1513 als offizielles Dogma der Kirche verkündet!).»Der Engländer John Colet (gest. 1519), der Flame Desiderius Erasmus (gest. 1536), der Nordfranzose Jacques Lefèvre (gest. 1536), der Schweizer Ulrich Zwingli (gest. 1531), um nur einige der größten zu nennen, übertrugen alle ihre Erfahrungen als Gelehrte auf den Glaubensbereich und durchlebten die moralische Forderung der Reform. Mit anderen Worten, ihr Humanismus äußerte sich weniger in einer erneuten Kenntnis der Klassik als in einem leidenschaftlichen Studium der antiken religiösen Texte, der patristischen und vor allem der biblischen. Indem sie eine tief verwurzelte Kollektivforderung ausdeuteten, suchten sie bei den griechischen und lateinischen Autoren weniger das Modell für das Menschliche, als daß sie das Ideal des christlichen Menschen in seinen ursprünglichen Formulierungen, wie sie die Schrift bot, ergründeten. Es versteht sich, daß die nordeuropäischen Humanisten auf eine konkrete religiöse Problematik antworten wollten [...].« [3] Der im Zitat gebrauchte Ausdruck »Kollektivforderung« meint das Verlangen nach Überwindung der gesellschaftlichen und religiösen Zustände des Spätmittelalters, an denen die Menschen litten. Der verrottete Zustand der Kirche (ihr Reichtum, das Renaissancepapsttum, die Verrechtlichung der kirchlichen Heilsmittel wie Ablaß, Beichte und Buße, der Reliquienhandel) änderte sich auch durch das Basler Konzil (ab 1431) nicht, während kollektive Bräuche wie die gesteigerte Heiligenverehrung zeigen, daß ein ungeheures Heils- und Erlösungsbedürfnis, auch eine große Angst vor dem Leben nach dem Tode dagewesen sein muß – Kollektivbedürfnisse, die z. B. in den Hexenverfolgungen grausam kanalisiert werden konnten (1484 Hexenbulle des Papstes Innozenz VIII.). Ein Indiz dieser Situation, die man zu Recht als Krise bezeichnen kann, ist der durchschlagende Erfolg des Buches *Das Narrenschiff* von Sebastian Brant, das 1494 in Basel erschienen ist. Man kann es als zum Bild verdichtetes Selbstverständnis der Zeit auffassen. In Text und Holzschnitten wird hier die ganze Gesellschaft, vorweg der Büchernarr, als ein einziger Narrenhaufen gesehen, der sich unablässig auf dem Glücksrad im Kreis auf und ab dreht.

Verlangen nach Reform

Die nordeuropäischen Humanisten standen als Elite in engem Bezug zur Bevölkerung, insofern sie um ein vertieftes Verständnis des Christentums gerungen haben. Religion ist also Thema und Denkform der Zeit, und es ist gerade am Verlauf der Reformation sehr interessant zu verfolgen, wie konsequent unterschiedliche politisch-gesellschaftliche Zielvorstellungen als voneinander abweichende Auslegungen des Christentums erscheinen – d. h. welche Rolle Religion als Ideologie im Geschichtsprozeß spielt. Mit dem Begriff der Ideologie, der erst im 18. Jahrhundert geprägt wurde, werden wir uns immer wieder auseinanderzusetzen haben.

Narrenschiff

Symbolfigur des nordeuropäischen Humanismus ist Erasmus von Rotterdam (1467–1536). Wie Nicolaus Cusanus, dessen Herausgeber er wurde, ging er bei den Brüdern vom gemeinsamen Leben zur Schule. Von Erasmus, der Frankreich, Italien und England bereiste, gingen sehr viele Anregungen aus (man spricht sogar vom »Erasmianismus«). Er besaß eine umfassende Kenntnis der antiken und biblischen Texte. Wir finden bei ihm ein ausgeprägtes Textbewußtsein, eine philologische Leidenschaft, die sich produktiv z. B. in der Herausgabe des griechischen Originaltextes des *Neuen Testaments* mit einem gereinigten *Vulgatatext* umsetzt (erschienen 1516). Philologische Leidenschaft bedeutet auch das Recht auf selbständige

Erasmus von Rotterdam

Erasmus von Rotterdam

Martin Luthers Paulusinterpretation

zwei Typen von Frömmigkeit

Urteilsbildung und Verantwortung des Einzelnen in Fragen der Religion und des gesellschaftlichen Lebens. Dieses Element des Humanismus ist ein wichtiger Impuls für die Reformation gewesen. Wie viele seiner Zeitgenossen übte auch Erasmus scharfe Kritik an der Kirche. Seine Vorstellung von Reform war aber nie so grundsätzlich, daß er den Schritt zum Bruch mit der Institution mitgegangen wäre. Seine Ideale waren eher die Rückkehr zur Einfachheit der alten Kirche, eine neue Frömmigkeit aus der Verschmelzung von Textkritik und humanistisch-christlichem Anspruch sowie eine Art gelehrtes Weltbürgertum, das sich diesen Idealen friedlicher Erneuerung verpflichtet fühlt.

Der Weg Martin Luthers (1483–1546) verlief anders. Der Reformator hätte nie einen solchen Einfluß erlangen können, wenn hier nicht in einzigartiger Weise die Entwicklung eines Individuums und das, was geschichtlich »reif« war, miteinander verschmolzen wären – mit allen Widersprüchen der Zeit. Angesichts der Fülle der in jener großen gesamteuropäischen Ordnungskrise des 16. Jahrhunderts eigentlich zu behandelnden Probleme können wir hier nicht darstellend, sondern nur an wenigen Punkten problematisierend vorgehen. Bekanntlich war das ganz drängende religiöse Problem des jungen Luther die Frage seiner persönlichen Rechtfertigung vor Gott – was kann ich tun, um angesichts meiner eigenen Sündhaftigkeit vor Gott zu bestehen? Die Antwort fand Luther, der 1515/16 Vorlesungen über den *Römerbrief* hielt, bei Paulus. Paulus ist wohl als die komplizierteste und reflektierteste Persönlichkeit unter den Autoren des *Neuen Testament* zu betrachten (wie auch Augustinus, die andere Leitfigur, der seelisch differenzierteste unter den Kirchenvätern ist). In der Auseinandersetzung mit dem Gesetzesbegriff des Judentums schreibt der Apostel im *Römerbrief*: »Wir wissen aber, daß alles, was das Gesetz sagt, es denen im Gesetze sagt, damit jeder Mund gestopft und die ganze Welt schuldig werde vor Gott. Denn durch Werke des Gesetzes wird ›kein Fleisch gerechtfertigt werden vor ihm‹; durch das Gesetz kommt ja die Erkenntnis der Sünde [...]. Denn wir halten dafür, daß gerechtfertigt werde der Mensch durch Glauben, ohne Werke des Gesetzes.« (*Römerbrief* 3, 19 f. u. 28).

Luthers Paulusinterpretation, nach der der Einzelne nicht durch seinen Willen, indem er z.B. gute Werke verrichtet oder Ablaßbriefe kauft, sondern *sola fide*, allein durch den Glauben an Gottes Gnade von Gott angenommen wird, führte zu seiner folgenreichen Kritik an der Kirche seiner Zeit. Es stehen sich unversöhnlich zwei verschiedene Frömmigkeitstypen gegenüber: eine durch die hierarchische Heilsinstitution Kirche mit ihren Sakramenten etc. sich verwirklichende Frömmigkeit, und eine Frömmigkeit, die sich durch den persönlichen Akt der Selbstaufgabe der Gnade Gottes gewiß wird. Am Anfang seiner zentralen Schrift *Von der Freiheit eines Christenmenschen* (1520) beschreibt Luther diesen Vorgang: »Darum sind sie [die Gebote] nur dazu geordnet, daß der Mensch darinnen sehe sein Unvermögen zu dem Guten und lerne an sich selbst verzweifeln. [...] Wie das Gebot: ›Du sollst nicht böse Begierde haben‹ beweiset, daß wir allesamt Sünder sind und kein Mensch vermag zu sein ohne böse Begierde, er tue, was er will [...]. Wenn nun der Mensch aus den Geboten sein Unvermögen gelernet und empfunden hat, so daß ihm nun Angst wird, wie er dem Gebot Genüge tue, sintemal das Gebot muß erfüllet sein oder er muß verdammt sein, so ist er recht gedemütigt und zunichte geworden in seinen Augen, findet nichts in sich, damit er könne fromm werden. Dann kommt das andre Wort, die göttliche Verheißung und Zusagung, und spricht: Willst du alle Gebote erfüllen, deine böse Begierde und Sünde los werden, wie die Gebote zwingen und fordern, siehe da, glaube an CHRISTUM, in welchem ich dir zusage alle Gnade, Gerechtigkeit, Frieden und Freiheit.«

Die neue Dimension, die Luthers Begriff des Glaubens und der Gnade eröffnet hat, kann man als sehr zwiespältig empfinden. Einerseits war sein Schritt, der zum Bruch mit Rom führte, geschichtlich »an der Zeit«. In diesem Fall ist »Erfolg« auch Kriterium einer geschichtlichen Notwendigkeit. Der Protestantismus hat eine neue Dimension von Innerlichkeit und persönlicher Verantwortung zum Bestandteil des Christentums gemacht. Sie zeigt sich z. B. in der Bedeutung der »Schrift« für den Glauben: »Die selbständige Urteilsfähigkeit des Christen war [...] einer der entscheidensten Faktoren für die Verwirklichung der lutherischen Reform. Sie lieferte die tragfähige Grundlage, auf der sich das religiöse Empfinden [...] eine neue Struktur geben konnte.«[4] Diese Urteilsfähigkeit liegt auch der Konzeption der »Gemeinde« zugrunde (»Dan alle Christen sein warhafftig geystlichs stands und unter yhn kein unterscheyd denn des amptes halben allein«), wie überhaupt die Abschaffung des Mönchstums, die Priesterehe etc. jetzt keine Inseln exklusiver Religiosität mehr zuläßt, sondern »die Welt« wird zum eigentlichen Betätigungsfeld des Christen. Andererseits bedeutet die Durchsetzung des Luthertums, daß sein Menschenbild bis heute zum Bestandteil unserer Kultur geworden ist. Und Luther sieht den Menschen grundsätzlich schlecht: »... daß du hörest deinen Gott zu dir reden, wie all dein Leben und Werke nichts seien vor Gott, sondern müssest mit allem dem, was in dir ist, ewiglich verderben.« Der Einzelne kann sich grundsätzlich nicht so annehmen, wie er ist, mit allem, was zu seinem Ich dazugehört, sondern er muß davon ausgehen

zur Problematik des lutherischen Erbes

– daß er grundsätzlich schlecht ist,
– daß es eines Aktes der persönlichen Demütigung und Vernichtung seines Selbst bedarf, um
– durch Gottes unbegreifliche Gnade gerechtfertigt zu werden. Danach hat er zwar alle Freiheit, zu tun und zu lassen, was er will, aber
– seine Identität bleibt immer abhängig vom Gefühl des Angenommenseins durch einen anderen, durch – um es einmal in psychoanalytischen Kategorien auszudrücken – den großen Über-Ich-Gott.

Dieses protestantische Erbe steckt sehr tief in unserer Kultur, d. h. in jedem von uns. Luther setzt die verhängnisvolle abendländische Tradition der Aufspaltung des Menschen fort und verfestigt sie. Es gibt einen innerlichen (geistlichen) und einen äußerlichen (leiblichen) Menschen. Und worauf es ankommt, ist die innere Freiheit des innerlichen Menschen, der ja um so vieles wertvoller ist als der leibliche. Von diesem dualistischen Menschenbild kann Luther die Brücke schlagen zu einem staatsphilosophischen Dualismus, der für unsere Kultur ebenfalls bestimmend geworden ist. Der Staat ist von Gott eingesetztes, notwendiges Zwangsinstrument zur Züchtigung des äußerlichen Menschen (wir erinnern uns an die beiden *civitates* bei Augustinus, [→ S. 84]). Die Notwendigkeit und Eigenständigkeit des obrigkeitlichen Staates hat Luther hartnäckig verteidigt, mit allen Konsequenzen. Sie ließen sich von seiner unversöhnlichen Haltung gegenüber den aufrührerischen Bauern bis zum Arrangement der evangelischen Kirche mit dem Nationalsozialismus verfolgen. »Die Verwirklichung der unbedingten sittlichen Haltung ist nicht in der Sphäre der Politik möglich. Moral wird zum inneren Wert der Gesinnung« (W. Schulz).

dualistische Tradition

Das Schicksal Thomas Müntzers (1489–1525) spiegelt die andere Seite der deutschen Reformationsgeschichte, grundsätzlicher: eine andere Wei-

»Des Teufels Dudelsack« – Karikatur auf Martin Luther (1535)

Thomas Müntzer

se, das Christentum aufzufassen. Sie ist – bis zur heutigen, vor allem auf Lateinamerika bezogenen »Theologie der Revolution« – geschichtlich immer wieder zum Vorschein gekommen und konnte immer wieder erfolgreich unterdrückt werden. Müntzer war zunächst Anhänger der lutherischen Reformationsbewegung, geriet aber schnell in Konflikt mit Luther, als dieser sich angesichts der Bedrohung durch Bilderstürmer, Wiedertäufer und Bauernbewegung auf die Seite der Obrigkeit stellte. 1524 erschien Luthers öffentliches Verdammungsurteil, *Ein brieff an die fürsten zu Sachsen von dem auffrurerischen geyst*. Das hier verwendete Wort »geyst« ist ein Schlüsselbegriff von Müntzers politischer Theologie. Müntzer ist ein Erbe der deutschen Mystik, die bei ihm eine geschichtsphilosophische Wendung erfährt. Die private Innerlichkeit wird gesprengt, Gott soll im Zusammenleben erfahrbar sein. Er offenbart sich nicht nur im Wort der Schrift (Luthers Schlüsselbegriff), sondern auch im prophetischen Geist seiner Gläubigen. Diese müssen nur recht hören, um zu verstehen, daß es an der Zeit ist, das Reich Gottes auf Erden aufzurichten. Denn es steht deutlich geschrieben:

»Königtum, Herrschaft und Fülle der Macht über alle Reiche unter dem Himmel wird dem heiligen Volke des Allerhöchsten verliehen.« (*Daniel* 7,27)

»Es blies der siebente Engel. Da erschollen laute Stimmen im Himmel, die riefen: ›Aufgerichtet wurde das Weltreich unseres Herrn und seines Gesalbten, er wird herrschen in alle Ewigkeit‹.« (*Apokalypse* 11, 15)

revolutionäre Auslegung der Schrift

In Anlehnung an Joachim von Fiore versteht Müntzer in seiner *Auslegung des anderen Unterschieds Danielis* (1524) den alttestamentlichen Propheten in der Weise, daß das fünfte Reich aus Eisen und Ton (vgl. *Daniel*, Kap. 22: »Der Traum Nebukadnezars«) seine zum Untergang verurteilte, verrottete Gegenwart ist. Als Prophet der zahlreichen endzeitlichen Strömungen seiner Zeit und in direktem Gegensatz zu Luther lehrt er daher das Widerstandsrecht des Volkes: »daß ein gantze gemayn gewalt des schwertz hab wie auch den schlüssel der auflösung [...], daß die fürsten keine herren, sondern diener des schwerts sein, sye sollens nicht machen, wie es yenen [ihnen] wol gefellet [...], sye sollen recht thůn.« Müntzers *Hochverursachte Schutzrede* (1524) schließt mit den Worten: »das volck wirdt frey werden und Got will allayn der herr daruber sein«. Wer ist der rechtmäßige Interpret von Gottes Willen? Angesichts der erbitterten Polemik zwischen Luther und Müntzer springt die Wucht, aber auch die Problematik religiöser Argumentation ins Auge. Luther beschimpft seinen Gegner als den leibhaftigen Satan, Müntzer fragt den »doctor lůgner zurück: »Ich sage mit Christo, wer auß Got ist, der hŏret seine wort. Pist du auß Got? Warumb hŏrestu es nit?« Beide berufen sich auf Gottes Wort, bei extrem gegensätzlichen Positionen. Tragisch ist, daß sowohl die geschlagenen Bauern als auch der in der Schlacht von Frankenhausen von den Fürsten gefangengenommene und später hingerichtete Müntzer den Gang der Ereignisse als Gottesgericht aufgefaßt haben.

Papstkarikatur

Nach den von äußersten Krisen geschüttelten zwanziger Jahren des 16. Jahrhunderts sind bald deutliche Tendenzen zur Sicherung und Festigung der Ergebnisse der Reformation zu beobachten. Auf katholischer Seite zeigt sich das schon vor dem Reformkonzil von Trient (1545–1563) in der Gründung des Jesuitenordens durch den spanischen asketischen Mystiker Ignatius von Loyola im Jahre 1637. Gegenüber dem Ideal der mittelalterlichen Orden verkörpern die Mitglieder der *Compagnia di Gesù*, der Jesuiten, den neuen Typ eines aktiv in der Welt wirkenden politischen

Priestertums. Auf protestantischer Seite entwickelt sich die Kirche Calvins zum dynamischen Vorkämpfer der reformierten Welt. Calvin (1509–1564) gehört bereits zur zweiten Generation des Protestantismus. Das zentrale Lehrstück seiner *Institutio religionis christianae* (*Unterricht im Christentum*, 1536) besteht in der Auffassung von der göttlichen Vorhersehung, der Prädestination. Calvin spricht nicht nur, wie »die Philosophen«, von einer »allgemeinen«, eher als betrachtende Haltung Gottes gegenüber der Welt verstandenen Vorhersehung; »nein, er trägt, nährt und umsorgt jedes einzelne, das er geschaffen hat, bis zum geringsten Sperling« (Buch I, 16. Kap.). Die besondere Vorhersehung schließt jeden Zufall aus. Dabei faßt Calvin die menschliche Natur vielleicht noch verworfener, als dies Luther tat: »Jeder Mensch ist in sich verloren und ruiniert [...]. Verflucht sei, wer dem Menschsein vertraut und seine Tugend auf das Fleisch baut.« »Wir sind berufen – nicht gemäß unseren Tugenden, sondern gemäß der Wahl und der Gnade.« Noch unbedingter als Luther bejaht Calvin daher die Obrigkeit als ein Werkzeug der göttlichen Wahrheit. Als Statthalter Gottes ist sie zusammen mit den kirchlichen Institutionen berechtigt, die Sittsamkeit der Lebensführung der einzelnen Gläubigen bis ins Kleinste zu überwachen. Das Genf Calvins gehört zu den lustfeindlichsten und intolerantesten Orten der damaligen Welt.

Johannes Calvin

Woher aber kann der Gläubige wissen, ob er von der unerforschlichen göttlichen Vorhersehung auserwählt ist und sich im Gnadenstand befindet? Gleich am Anfang der *Institutio* steht der Satz: »Die Erkenntnis Gottes und unsere Selbsterkenntnis [...] hängen vielfältig zusammen.« Es ist einer der tiefsten Sätze dieses Werkes. Interpretiert man ihn ironisch, so ergibt sich die Antwort auf unsere Frage. Der Gläubige, der sich durch frommen Lebenswandel und unermüdliches Tätigsein um die Erfüllung von Gottes Willen bemüht, darf sich darauf verlassen, daß Gott seine Arbeit anerkennt und segnet. Das Bibelwort »An ihre Früchten sollt ihr sie erkennen« wird also im Calvinismus durch eine christliche Überhöhung des Berufslebens neu gefüllt, so daß »Christsein« und »Erfolg bzw. Wohlstand haben« keine Gegensätze mehr darstellen. Reichtum, sofern er nicht genossen bzw. verschwendet wird, ist sichtbares Zeichen von Gottes Erwählung!

Zeichen der Erwählung

In seinen berühmten religionssoziologischen Studien hat Max Weber (1864–1920) diese neue Einstellung zum Beruf als spezifisch »protestantische Ethik« untersucht und als »Geist des Kapitalismus« charakterisiert. In der Tat stellt diese Säkularisierung (Verweltlichung) christlicher Tugenden eine der wichtigsten ideologischen Voraussetzungen bzw. Begleiterscheinungen des sich langsam seine Grundlagen schaffenden Kapitalismus dar. Nicht mehr das Kloster, sondern die Welt wird zum ausgezeichneten Tätigkeitsfeld des Christen. Der Gläubige verwirklicht die ursprünglich klösterlichen Tugenden einer methodischen Lebensführung und einer strengen Askese im Rahmen des christlich aufgefaßten »Berufsmenschentums« (M. Weber). Der Berufsmensch arbeitet rastlos, ohne die Früchte seiner Arbeit in Form von Festen, Jagden, Hoffrauen etc. zu genießen – daher der Ausdruck »innerweltliche Askese«. Diesen Säkularisationsprozeß, der bei Calvin erst angelegt ist und nach seinem Tod immer mächtiger wird, hat Weber besonders am englischen Puritanismus beobachtet. Unter dem Motto »to make the best of *both* worlds« prägt sich hier am konsequentesten ein spezifisch bürgerliches Berufsethos aus, das nach und nach mit drakonischen Gesetzen die ganze »faule« mittelalterliche Welt des *merry old England* mit ihren Heiligenfesten, Bettlern, Mönchsklöstern etc. umkrempelt. Die bekannteste literarische Verkörperung dieses neuen Christentums ist

protestantische Ethik

Daniel Defoes *Robinson Crusoe* (1719). Robinson, der sich beständig beobachtet und beständig über sich nachdenkt, beschließt auf der Insel, sein Leben »so regelmäßig als möglich einzurichten«. Er ist ein äußerst erfolgreicher Mensch. Daher kann es in der Vorrede heißen: »Die Geschichte ist mit Ernst, mit Zurückhaltung und mit dem Bemühen erzählt, die Ereignisse aus christlichem Geist auf jene Ziele auszurichten, die den verständigen Menschen stets am wichtigsten sind, nämlich die Unterweisung der anderen durch das eigene Beispiel und dem Lobpreis und der Rechtfertigung der göttlichen Vorhersehung, deren Weisheit sich in allen unseren unterschiedlichen Lebensumständen bekundet, wie immer es zu diesen gekommen sein mag.«

Träumende Vernunft, männliche Vernunft, private Vernunft

Das Mögliche im Wirklichen einer Zeit

Thomas Müntzer

Thomas Morus

Luther ist wegen seiner Haltung zur weltlichen Obrigkeit oft als Fürstendiener und Opportunist verurteilt worden; ebenso steckt in der geläufigen Bezeichnung Müntzers als Schwärmer von vornherein eine Abwertung, die sein Ziel gar nicht erst ernst nimmt. Es ist leicht, solche Urteile zu fällen bzw. zu wiederholen. Schwieriger ist die Frage, was in einer geschichtlichen Situation an »wirklichen Möglichkeiten« steckt, (mehr) Glück zu verwirklichen. Wirklichkeit – Glück – Möglichkeit – um diese scheinbar abstrakten Begriffe geht es in den verschiedenen Gesellschafts- und Lebensentwürfen des 16. und beginnenden 17. Jahrhunderts, die wir hier der größeren Klarheit halber auf drei Modelle beschränken. In ihrer Gegensätzlichkeit zeigen sie, wie unterschiedlich von den Zeitgenossen die Möglichkeiten einer Zeit gesehen werden können. Wir nennen diese Antworten die träumende Vernunft der Utopisten, die männliche Vernunft des »Realisten« Machiavelli und die private Vernunft des Seigneurs Michel de Montaigne, der für die Allgemeinheit gar keine Antwort mehr geben will, es aber dennoch tut. Das griechische Wort *tópos* heißt »der Ort«; *ū-tópos* ist ein Ort, den es nicht gibt, das Nirgendwo-Land. Phantasieländer auszumalen wird normalerweise als Kindersache angesehen. Wie aber die Phantasiewelt des Kindes in sehr ernstem Bezug zu seiner Wirklichkeit steht, so auch die Utopie des Thomas Morus (1478–1535). Er schrieb das Buch 1515/16, mit achtunddreißig Jahren. Morus war kein versponnener Außenseiter; sehr früh schon ein angesehener Jurist und Parlamentsmitglied, stand er in engem Austausch mit »der Größe« der Zeit, Erasmus von Rotterdam, der ihn in England besuchte. Später bekleidete er allerhöchste Staatsämter, bis er 1532 – inzwischen Lordkanzler Heinrichs VIII. – gestürzt wurde. Der Katholik Morus verweigerte sich der Politik des Königs, die 1534 zur Suprematsakte führte, durch die Heinrich Oberhaupt der englischen Kirche wurde. Dafür wurde Thomas Morus 1535 hingerichtet und sein Kopf zur Abschreckung auf der London Bridge aufgepflanzt. Die katholische Kirche hat ihn als Märtyrer heiliggesprochen (6. Juli).

Morus' *Insula Utopia* hat den Utopien, der literarischen Gattung des Staatsromans, den Namen gegeben, denn sie hat in vielerlei Schattierungen bis zu den sog. negativen Utopien von Aldous Huxley und George Orwell immer wieder Nachahmer gefunden. Es handelt sich um den fiktiven Bericht eines portugiesischen Weltreisenden, der mit dem Italiener Amerigo Vespucci (1451–1512; nach ihm ist Amerika benannt) die Länder der Neuen Welt bereist und mehr als fünf Jahre in Utopien gelebt hat. Der Aufbau des Buches zeigt klar die doppelte Funktion der Utopie. Sie ist Zeitkritik und Entwurf einer besseren Welt zugleich – das Nirgendland ist immer deutlich auf die konkrete Gegenwart des Verfassers bezogen. Im ersten Teil erzählt der Portugiese sehr kritisch von seinen Erfahrungen in England: das harte Strafrecht, das statt der Wurzel die Folgen der Mißstände bekämpft; die Landsknechtsplage; die Teuerungen und vor allem die Einhegungen *(enclosures)* von Weideland, die Marx im 24. Kapitel des *Kapital* als eine der Voraussetzungen der Anhäufung von Reichtum und – vermittelt – der industriellen Revolution in England beschrieben hat. »Wenn ich daher alle diese Staaten, die heute irgendwo in Blüte stehen, prüfend an meinem Geiste vorbeiziehen lasse, so finde ich – so wahr mir Gott helfe –, nichts anderes als eine Art von Verschwörung der Reichen, die im Namen und unter dem Rechtstitel des Staates für ihren eigenen Vorteil sorgen.« [5] So faßt der Reisende sein Urteil zusammen. Die Ursache dieser Mißstände sieht er im Privateigentum. Er erklärt seinem Gesprächspartner, dem »lieben Thomas Morus«, »daß es überall da, wo es noch Privateigentum gibt, wo alle alles nach dem Wert des Geldes messen, kaum jemals möglich sein wird, gerechte oder erfolgreiche Politik zu treiben«. Dessen Einwand, daß Gemeineigentum notwendig zu Drückebergerei, Mord, Aufruhr und Verachtung der Behörden führe, wird dann folgerichtig durch die Schilderung der Zustände in Utopien widerlegt.

Die Utopier leben auf ihrer Insel gemeinschaftlich in Dörfern und 45 prächtigen Städten. Alle zwei Jahre wechselt ein bestimmter Prozentsatz zwischen Land- und Stadtbevölkerung (Morus will damit die Verfestigung gesellschaftlicher Unterschiede vermeiden). Selbst die Häuser werden alle zehn Jahre durch Verlosung gewechselt – »so gibt es keinerlei Privatbereich«. Sie arbeiten gemeinsam sechs Stunden am Tag und erziehen die Kinder gemeinschaftlich. Ihre Behörden werden gewählt und wechseln meist jährlich; alle Verwaltungsarbeit ist, wie die Arbeitszeit überhaupt, auf ein Minimum reduziert: »Denn die Behörden plagen die Bürger nicht gegen ihren Willen mit überflüssiger Arbeit, da die Verfassung des Staates vor allem nur das eine Ziel vor Augen hat, soweit es die öffentlichen Belange zulassen, allen Bürgern möglichst viel Zeit von der körperlichen Fron für die Freiheit und Pflege des Geistes sicherzustellen. Darin liegt nämlich nach ihrer Meinung das Glück des Lebens.«

Die Utopier leben sehr moralisch. Vorehelicher Geschlechtsverkehr ist verpönt, doch gibt es den Brauch, daß die beiden Liebenden sich vor der Eheschließung nackt sehen dürfen (man kauft ja, meint Morus, selbst den lumpigsten Gaul nicht, ohne daß man Sattel und Decken abgenommen hat; dagegen ist man bei der Wahl der Ehefrau – »einer Entscheidung also, die Freude oder Verdruß für das ganze Leben bedeutet« – oft zu leichtfertig). Morus kann wohl nicht anders, als sich die Familienordnung patriarchalisch zu denken, die Frauen ziehen in die Wohnungen der Männer, der Familienälteste steht der Familie vor. Es besteht auch die Möglichkeit für die Eheleute, sich wieder zu trennen. In religiösen Fragen sind die Utopier sehr tolerant. Sie glauben an »ein einziges, unbekanntes, ewiges, unendliches, unbegreifliches göttliches Wesen«. Diese Gottesauffassung (ein höchster, aber durch keine Offenbarung näher bekannter Gott), die in den folgenden Jahrhunderten weit verbreitet sein wird, nennt man in der Fachsprache »Deismus«. Am Christentum, von dem sie durch die Reisen-

Utopie als Zeitkritik

Ausschnitt aus einem utopischen Alphabet

gemeinwirtschaftliches Glück in Utopien

den gehört haben, interessiert sie vor allem die kommunistische Lebensführung der Urchristen. Die Utopier verabscheuen den Krieg, sind aber auf ihre Verteidigung vorbereitet. Männer und Frauen ziehen im Notfall gemeinsam zu Felde. Bündnisse gehen sie keine ein, da sie von den Menschen doch meist nicht eingehalten werden. »Wozu denn auch ein Bündnis? sagen sie; verbindet nicht die Natur Mensch mit Mensch zu Genüge?« An diesem Gedankengang zeigt sich eine gewisse Abstraktheit der Beweisführung. In ethischer Hinsicht ist der Naturbegriff ausgesprochen anti-asketisch, also lustfreundlich. In stark an Epikur [→ S. 58ff.] anklingenden Formulierungen zeichnet Morus ein Leben nach folgender Gleichung: naturgemäß leben = angenehm leben = lustvoll leben = tugendhaft leben. Tugend also nicht als Askese, sondern als naturgemäßes Auskosten der Lust (= vernünftiges Auskosten; die »gesetzlose«, anarchische, a-soziale Dimension des Begehrens ist hier ausgeblendet). Die Spannung zur Wirklichkeit, das Auffordernde an der Utopie wird am Ende des Dialogs noch einmal hervorgehoben. Morus merkt, daß sein Gesprächspartner müde wird. Er führt ihn daher ins Speisezimmer, obwohl noch nicht alle Fragen geklärt sind. Er gesteht jedoch gerne, »daß es im Staate der Utopier sehr vieles gibt, was ich unseren Staaten eher wünschen möchte als erhoffen kann«.

Spannungspole Freiheit und Ordnung

Ernst Bloch hat in seinem großen Werk *Das Prinzip Hoffnung* einen längeren »Abriß der Sozialutopien« geschrieben [→ S. 445]. In der Schlußbemerkung zu Morus betont er den Unterschied zur Form der religiösen Utopie, wie wir sie etwa bei Thomas Müntzer gesehen haben. Darin liegt etwas entscheidend Neues dieser Renaissance-Utopie: »Eine Wunschkonstruktion ging auf, eine rationale, in der keinerlei chiliastische [d.h. endzeitliche] Hoffnungsgewißheit mehr ist, dafür aber postuliert sich diese Konstruktion als eine aus eigenen Kräften herstellbare, ohne transzendente Unterstützung oder Eingriff. ›Utopia‹ ist weithin ins irdisch Ungewordene, in die menschliche Freiheitstendenz hinein entworfen – als Minimum an Arbeit und Staat, als Maximum an Freude.« Blochs Abriß steht unter der Überschrift »Freiheit und Ordnung«. In der Tat ist damit eine Grundspannung bezeichnet, die allen utopischen Entwürfen (und nicht nur diesen) zugrundeliegt. Das berühmteste Modell der Antike, Platons *Politeia*, ist ganz klar vom Vorrang des Ordnungsprinzips bestimmt. Morus läßt sich im Vergleich dazu zu Recht als »Utopie der sozialen Freiheit« (Bloch) titulieren (wenn auch, wie wir sahen, ein gewisses Problembewußtsein fehlt). Mehr auf der Seite Platons steht die andere große Utopie der Zeit, der *Sonnenstaat* des italienischen Dominikanermönchs Tommaso Campanella. Campanella lebte von 1568–1639, sein Buch erschien 1623 in Frankfurt am Main, also etwas mehr als einhundert Jahre nach der *Utopia*. Die Zeit geht mit den Träumern hart ins Gericht: Morus wird hingerichtet, Campanella sitzt 27 Jahre seines Lebens im Kerker, Müntzer wird hingerichtet, Bruno stirbt auf dem Scheiterhaufen, Galilei widerruft – die Liste ließe sich fortsetzen. Immer wieder kann man beobachten, wie sensibel die Macht auf das Denken reagiert – mit sehr unsensiblen Mitteln. Und doch steht Campanellas *Civitas solis* in Einklang mit beherrschenden Tendenzen seiner Zeit, dem zentralistischen Machtstaat Spaniens und dem Frankreich Richelieus mit seinem späteren »Roi de Soleil«, dem »Sonnenkönig« Ludwig XIV.

Utopie der Ordnung

Der Sonnenstaat ist geographisch auf der Insel Ceylon (Sri Lanka) angesiedelt. Ein zentraler Satz lautet: »Sie sind der Meinung, daß zuerst für das Leben der Gesamtheit, dann für das der Teile gesorgt werden muß«. Wir haben hier also eine »Utopie der sozialen Ordnung« vor uns, »mit dem

Die utopische Stadt Christianopolis, eher einer Festung als einem Ort der Freiheit gleichend – nach Johann Valentin Andreaes »Republicae Christianopolae descriptio« (1619)

Pathos der rechten Zeit, rechten Lage, rechten Ordnung aller Menschen und Dinge« (E. Bloch). Das Modell ist so klar nach dem Interesse der Gesamtheit und ihrer institutionellen Verkörperung, den Behörden, konstruiert, daß der einzelne Bürger gar nicht als Problem ins Blickfeld gerät (insofern unterscheidet es sich vom Ansatz her grundlegend von allen neuzeitlichen Vertragstheorien [→ S. 165]). Das heißt nicht, daß Campanella nicht, mit anderen Akzenten, dasselbe will wie Morus: gemeinsames Glück. »Sie sind sich selbst genug und mehr als genug«. Die Arbeitszeit im Sonnenstaat beträgt »kaum vier Stunden«, da jeder Bürger arbeitet. »Die übrige Zeit verbringt er auf angenehme Weise mit Lernen, Disputieren, Lesen, Erzählen, Schreiben, Spazierengehen, geistigen und körperlichen Übungen und Vergnügungen.« Der Eigentumsbegriff wird ganz grundsätzlich kritisiert, wobei Campanella noch weiter als Morus zu seiner sozialen Wurzel, der Familie, vorstößt: »Sie behaupten, daß der Eigentumsbegriff daher komme, daß wir unsere eigenen Wohnungen und eigene Kinder und Frauen haben. Daraus entsteht die Selbstsucht. Den um den Sohn zu Reichtum und Würden zu bringen und als Erben eines großen Vermögens zu hinterlassen, werden wir alle zu Räubern an dem Gemeinwesen. [...] Wenn wir aber die Selbstsucht aufgeben, so bleibt bloß noch die Liebe zur Gemeinschaft übrig.« Folgerichtig haben die Sonnenstaatler – aus patriarchalischer Perspektive – ihre Frauen in Gemeinbesitz, wie auch die Kinder gemeinsam erzogen werden. Das Geld ist verpönt, und der ohnehin geringe Handel mit anderen Völkern wird absichtlich auf der niedrigen Stufe des Tauschhandels gehalten. Freilich steht dazu der Stolz im Widerspruch, mit dem Campanella in diesem Werk seine eigene Zeit rühmt: »Wenn du wüßtest, was sie auf Grund der Astrologie und auch nach unseren Propheten von dem kommenden Zeitalter sagen und von unserem Jahrhundert,

Kritik der Familie

zur weiteren Geschichte des utopischen Denkens

das in hundert Jahren mehr Geschichte erlebt als der ganze Erdkreis in viertausend, von der Tatsache, daß in diesen hundert Jahren mehr Bücher herausgegeben worden sind als in den vorausgegangenen fünftausend!, von der wunderbaren Erfindung der Buchdruckerkunst, der Schießgewehre, der Magnetnadel – diesen großartigen Zeichen und zugleich Mitteln der Vereinigung aller Erdbewohner in einem Stall!«

Solche Widersprüche dürfen nicht überraschen, denn auch die Wunschträume sind Kinder ihrer Zeit. Das seit Beginn der Renaissance spürbare neue Fortschrittspathos ist noch stärker sichtbar in der dritten großen Utopie, *Nova Atlantis (Neu-Atlantis)* von Francis Bacon (1624). Wir werden auf sie im Zusammenhang mit dem Gesamtwerk dieses Engländers zurückkommen [→ S. 152]. Wichtig ist meines Erachtens, daß diese drei Utopien, so schön sie sich lesen lassen, nicht nur als unverbindliche Spielereien verstanden werden dürfen. Die Sehnsucht nach einem besseren Leben ist ein Grundwunsch, eine produktive Unruhe, die allem Philosophieren zugrunde liegt. Sie hat in den Utopien nur eine klarere Gestalt angenommen (klarer, aber als Phantasiebild). Fortan wird eine mächtige Vielzahl von Utopien die Geschichte der Philosophie begleiten, in Form von Staatsromanen oder als Robinsonade oder z. B. als Inselglück (*Die Insel Felsenburg* von J. G. Schnabel, 1731). Er zeigt, daß das Mögliche als solches in die Diskussion geraten ist. Konkreter werden wir diese Frage nach dem Möglichen gestellt finden bei den utopischen Sozialisten des 19. Jahrhunderts, etwa R. Owen und Fourier [→ S. 305]. Und wenn die Utopien unseres Jahrhunderts (*Schöne neue Welt* von A. Huxley; *1984* von G. Orwell) nichts als Katastrophenvisionen, sog. negative Utopien sind, wenn trotz allem Fortschritt der Blick ins Bessere verdunkelt zu sein scheint, so sollte das mehr als genug Anlaß sein, nachdenklich zu werden und – (zumindest) zu philosophieren.

Woher erfahre ich, was der Mensch ist? – Aus meiner eigenen Erfahrung und aus den Erfahrungen der Geschichte. – Was zeigen beide Erfahrungsbereiche? – »von den Menschen kann man im allgemeinen sagen, daß sie undankbar, wankelmütig, verlogen, heuchlerisch, ängstlich und raffgierig sind.« Kein größerer Gegensatz zu den Utopisten ist denkbar als Niccolò Machiavelli. Und doch wurde *Der Fürst* (*Il principe*, 1513) nur zwei Jahre vor der *Insula Utopia* geschrieben. Und wie Thomas Morus hat auch Machiavelli seine Erfahrungen aus dem berufsmäßigen Umgang mit höchsten »öffentlichen Angelegenheiten« bezogen. 1469 als Sohn eines Juristen in Florenz geboren, war er in der Kanzlei dieser Stadt viele Jahre mit militärischen und diplomatischen Aufgaben betraut. Nach dem Sturz des Stadtherrn, des Gonfaloniere (Bannerherr) Soderini, und der Rückkehr der Medici wird er, der Verschwörung angeklagt, gefoltert und schließlich auf sein Landgut verbannt. Hier entstehen *Der Fürst* und die *Discorsi*, ein Werk über die römische Geschichte des Livius. Ab 1518 ist er wieder in Florenz, ab 1525 wieder für alle Staatsämter wählbar. Er schreibt Lustspiele und Lehrgedichte nach antikem Muster; im Auftrag des Kardinals Giulio de Medici verfaßt er seine berühmte *Geschichte von Florenz*. Nach dem erneuten Sturz der Medici nach dem *Sacco di Roma* (Plünderung Roms durch deutsche Söldnertruppen) 1527 wird er nochmals von allen Staatsämtern ausgeschlossen und stirbt als Achtundfünfzigjähriger im selben Jahr.

Il principe ist eine Gelegenheitsarbeit, eine politische Zweckschrift, die rasch größte Bedeutung erlangte. Warum? Das Werk will einem neu zur Macht gekommenen Herrscher Ratschläge geben, wie er am besten regie-

Machiavelli

ren muß. Wir stellten schon öfter fest, daß (die eine Seite der) Philosophie das, was ist, in Begriffe zu fassen versucht. Machiavelli will im Grunde nichts anderes. An der zentralen Stelle, dem 15. Kapitel (»Weshalb die Menschen und vor allem die Herrscher gelobt und getadelt werden«) weiß Machiavelli, daß er bei der Erörterung dieses Stoffes »von der üblichen Behandlungsweise« abgeht. Die Stelle verdient, etwas ausführlicher zitiert zu werden: »Da es aber meine Absicht ist, etwas Brauchbares für den zu schreiben, der Interesse dafür hat, schien es mir zweckmäßiger, dem wirklichen Wesen der Dinge nachzugehen als deren Phantasiebild. Viele haben sich Vorstellungen von Freistaaten und Alleinherrschaften gemacht, von denen man in Wirklichkeit weder etwas gesehen noch gehört hat; denn zwischen dem Leben, wie es ist, und dem Leben, wie es sein sollte, ist ein so gewaltiger Unterschied, daß derjenige, der nur darauf sieht, was geschehen sollte, und nicht darauf, was in Wirklichkeit geschieht, seine Existenz viel eher ruiniert als erhält. Ein Mensch, der immer nur das Gute möchte, wird zwangsläufig zugrunde gehen inmitten von so vielen Menschen, die nicht gut sind. Daher muß sich ein Herrscher, wenn er sich behaupten will, zu der Fähigkeit erziehen, nicht allein nach moralischen Gesetzen zu handeln sowie von diesen Gebrauch oder nicht Gebrauch zu machen, je nachdem es die Notwendigkeit erfordert. Ich lasse also alles beiseite, was über Herrscher zusammenphantasiert wurde, und spreche nur von der Wirklichkeit.«

realistische Ausrichtung des Werkes

Das Anziehende und zugleich Abstoßende an Machiavelli ist seine Nüchternheit, seine zynische Aufrichtigkeit. Sie macht den *Fürst* zu einem klassischen Werk. Die Phrasen der antik-christlichen Moralphilosophie über »den Menschen«, »die Natur«, »das Gute«, »Tugend« und »Laster« sind entlarvt. Ein Herrscher muß knausrig sein können, er braucht List, er muß sein Wort brechen, wenn es nötig ist, er muß einen Gegner umbringen lassen, wenn die Umstände es erfordern. Er muß mit beiden Regulationsformen des Zusammenlebens, Recht und Gewalt, richtig umgehen, muß also »gut verstehen, die Natur des Tieres und des Menschen anzunehmen« *(bene usare la bestia)*. Mit aller Schärfe stellt Machiavelli die Frage nach dem Verhältnis von Politik und Moral. Und niemand, der politisch handeln, also Anerkennung, Einfluß, Macht haben will, kann an dieser Frage, wie sie hier gestellt wird, vorbeigehen. Machiavelli beantwortet sie eindeutig: wenn es um Politik geht, muß man »im Notfall verstehen, Böses zu tun«. Er entwirft keine absoluten (schönen) Normen, sondern lehrt, wie man sich am besten durchsetzt. Er ist also in gewissem Sinne das Urbild des Tatmenschen, des Pragmatikers (gr. *prägma*, die Handlung). Dabei ist Machiavelli kein blinder Verehrer der Tyrannis. Gute Gesetze und ein gutes Heer sind für ihn als Anhänger der Republik die wichtigsten Grundlagen eines geordneten Staatswesens. In zwei wesentlichen Punkten unterscheidet er sich allerdings von der herkömmlichen Staatstheorie etwa eines Aristoteles: der Staat beruht nicht auf Gerechtigkeit, sondern auf Gewalt, und die Menschen sind von Natur aus egoistisch. Daher erstmals das Nachdenken über Politik als einen ethischen Sonderbereich, den man später *raison d'Etat*, Staatsraison genannt hat (bei den Anhängern des nationalen Machtstaats des 19. Jahrhunderts stand Machiavelli hoch im Kurs). Die Staatsraison zielt auf Stabilität, und diese ruht sicherer auf der Furcht der Menschen als auf Dankbarkeit und Liebe: »Trotzdem soll ein Herrscher nur insoweit gefürchtet sein, daß er, falls er schon keine Liebe erwirbt, doch nicht verhaßt ist [...]. Einem Herrscher wird dies stets gelingen, wenn er sich nicht an der Habe und den Frauen seiner Mitbürger und Untertanen ver-

Pragmatismus

greift. Und wird er auch in die Notwendigkeit versetzt, jemandem das Leben zu nehmen, so mag er es tun, wenn er eine hinreichende Rechtfertigung und einen ersichtlichen Grund hierfür hat. Doch keinesfalls darf er das Eigentum anderer antasten; denn die Menschen vergessen rascher den Tod ihres Vaters als den Verlust ihres väterlichen Erbes.«

politische Situation Die politische Wirklichkeit Italiens scheint die Richtigkeit und Notwendigkeit solcher Überlegungen zu bestätigen. Seit eh und je von den rücksichtslosen Auseinandersetzungen der Stadtstaaten zerrissen, wird Italien spätestens seit dem Einfall der Franzosen 1494 endgültig zum Schauplatz eines gesamteuropäischen Machtkampfes. Daher ruft Machiavelli am Ende des Buches nach einem starken italienischen Herrscher (er denkt an das Haus Medici), der Italien einen und den Fremden Widerstand leisten kann. In vielleicht bewußt ironischer Verwendung aristotelischer Begriffe nennt er Italien den »Stoff«, dem ein entschlossener Mann »jede Form« geben kann.

Dazu bedarf es aber einer – wie die bildliche Ausdrucksweise verrät – typisch männlichen Eigenschaft, der *virtù*. Dieses Wort ist die alte lateinische *virtus*, die man jetzt aber nicht mehr als »Tugend« übersetzen darf, sondern eher mit Energie, Tatkraft, Entschlossenheit. Allein die *virtù* kann Fortuna, Inbegriff des ständigen Wandels der Dinge, bezwingen: »Ich bin aber der Meinung, daß es besser ist, draufgängerisch als bedächtig zu sein. Denn Fortuna ist ein Weib; um es unterzukriegen, muß man es schlagen und stoßen. Man sieht auch, daß es sich leichter von Draufgängern bezwingen läßt als von denen, die kühl abwägend vorgehen. Daher ist Fortuna immer, wie jedes Weib, den jungen Menschen freund, denn diese sind weniger bedächtig und draufgängerischer und befehlen ihr mit größerer Kühnheit.«

Auch für Frankreich ist das 16. Jahrhundert eines der schwierigsten seiner Geschichte. Von 1562 bis 1598, fast vierzig Jahre, wird es von den Hugenottenkriegen, einem grausamen Konfessions-, Adels- und Bürgerkrieg, zerrissen. Sein »berühmtestes« Datum ist die Bartholomäusnacht im August 1572, in deren Gefolge über zwanzigtausend Protestanten niedergemetzelt wurden; erst das Edikt von Nantes (1598) scheint eine gewisse Beruhigung zu gewährleisten. Wie mit dieser Situation zurechtkommen? Wo Orientierung finden? 1571 zieht sich der achtunddreißigjährige Michel de Montaigne aus dem öffentlichen Leben der Stadt Bordeaux – zuletzt war er dort Ratsherr des Parlaments – auf seinen elterlichen Landsitz zurück und beginnt, *Essays* zu schreiben. Sie erscheinen 1580, mit einer merkwürdigen »Vorrede an den Leser«: »Dies hier ist ein aufrichtiges Buch, Leser. Es warnt dich schon beim Eintritt, daß ich mir darin kein anderes Ende vorgesetzt habe als ein häusliches und privates [...]. Ich habe es dem persönlichen Gebrauch meiner Angehörigen und Freunde gewidmet, auf daß sie, wenn sie mich verloren haben (was ihnen recht bald widerfahren wird), darin einige Züge meiner Lebensart und meiner Gemütsstimmungen wiederfinden [...]. Ich will, daß man mich darin in meiner schlichten, natürlichen und gewöhnlichen Art sehe, ohne Gesuchtheit und Geziertheit: denn ich bin es, den ich darstelle. [...] So bin ich selbst, Leser, der einzige Inhalt meines Buches; es ist nicht billig, daß du deine Muße auf einen so eitlen und geringfügigen Gegenstand verwendest.«

Montaigne

Der ungeheure Erfolg dieses Buches verweist darauf, daß der scheinbar private Inhalt einem Zeitbedürfnis entgegenkam, daß hier etwas Neues gültige Gestalt gewonnen hat. Schon die Form ist neu. Montaigne schreibt

Essays, also »Versuche« (er hat dieses Wort geprägt); »Sammelsurium« und »Sudelgeköch« nennt er sie manchmal. Dabei sind die Themen der drei Bücher scheinbar traditionell: »Über den Müßiggang«, »Über das Beten«, »Von der Tugend«, »Von der Kunst des Gesprächs«, etc. Scheinbar traditionell ist auch die Darstellungsweise. Man meint manchmal, sich in einem Museum der antiken Literatur zu befinden, denn dem Zeitgeschmack gemäß sind die *Essays* gespickt mit Zitaten der »Alten«, vorwiegend lateinischer Schriftsteller und Moralphilosophen wie Cicero, Seneca, Ovid, Vergil, Horaz etc. Dementsprechend meint man auch oft, hier einen stoischen Weisen sprechen zu hören (lange Zeit wurde er so verstanden), oder einen Skeptiker oder einen naiven Christen. In Wirklichkeit spielt Montaigne nur mit diesen einfachen Formen des antiken Selbstbewußtseins. Letztlich geht es ihm gar nicht um diese oder jene Meinung, um dieses oder jenes Thema, sondern um sich. Das Schreiben der *Essays* ist für ihn ein Prozeß der Selbsterfahrung, die er »Wissenschaft der Selbsterkenntnis« nennt:

Das Selbst als Thema

»Ich, der ich kein anderes Studium betreibe, finde darin eine so unergründliche Tiefe und Vielfalt, daß all mein Lernen keine andere Ernte bringt, als mich fühlen zu lassen, wieviel mir zu lernen bleibt.«

»An dem, was ich an mir selber erfahren habe, fände ich genug, ein Weiser zu werden, wenn ich ein guter Schüler wäre.«

»Ich studiere mich mehr als irgend einen Gegenstand. Das ist meine Metaphysik, das ist meine Physik.«

Das sind ganz neue Töne in der Geschichte der Philosophie, eine neue Form von Selbstbewußtsein, Selbstreflexion, von Subjektivität. Sie erinnern mich am ehesten – wenn es hier überhaupt sinnvoll ist, an Vorläufer zu denken – an Augustinus und Peter Abaelard. Das Ich des Verfassers, das soviele Rollen einnehmen kann – im Schlaf, wachend, träumend, in der Politik, als Christ, als Gelehrter, als Grundherr, als Epikureer – geht doch in keiner dieser Rollen auf und gewinnt durch die Distanz einen Raum der Reflexion. Diese wendet sich mit Vorliebe gegen die klaren Vorstellungen der Philosophen, ihren erhabenen Vernunftbegriff. Sie zieht sie in ein Verwirrspiel hinein, indem sie sie gegeneinander ausspielt. Sicher hat Montaigne eine Cicero-Stelle besonders gefallen, die er in einem Essay zitiert: *Nihil tam absurde dici posset, quod non dicatur ab aliquo philosophorum* – »Man kann nichts noch so Widersinniges sagen, das nicht schon irgendein Philosoph gesagt hätte«. Montaignes Wahlspruch lautet daher konsequent skeptizistisch *Que sais-je?* (»Was weiß ich?«); er hat ihn auf einer 1576 geschlagenen Schaumünze über einer Waage mit im Gleichgewicht befindlichen Waagbalken prägen lassen. In einem Aufsatz *Der Essay als Form* hat Th. W. Adorno [→ S. 440] versucht, das Unfertige des Essays, seinen subjektiven Stil, in tieferen Bezug zu dem darin sich ausdrückenden Verständnis von »Philosophie« und »Wahrheit« zu setzen. Wer Essays schreibt, kann kein fertiges Konzept von »Wahrheit« vor Augen haben. Der Essay verfährt »methodisch unmethodisch« (Adorno); das Leben, die Subjektivität des Schreibenden bringt sich immer wieder als Frage und Problem in den Gedankengang ein. Die Grenze zwischen Literatur und Philosophie ist hier fließend geworden, und es braucht nicht zu verwundern, daß Montaignes Schriften von einem »echten« (Ur-)Philosophen wie Hegel »nicht zur eigentlichen Philosophie gerechnet werden« können. Der Essay erhebt keinen Anspruch auf Wahrheit im Sinne eines höchstmöglichen Maßes von Objektivität. Das Maß seiner Objektivität ist eher »die in Hoffnung und Desillusion zusammengehaltene einzelmenschliche Erfahrung« (Adorno). Die einzelmenschliche Erfahrung stellt die allgemeinen

Rollendistanz

Die Wahrheit des Essay

Wahrheiten auf die Probe. Das innerste Formgesetz des Essay ist daher für Adorno »die Ketzerei«: »so schüttelt der Essay die Illusion einer einfachen, im Grunde selber logischen Welt ab«. Das scheint wie auf Montaigne gemünzt zu sein, denn dieser schreibt: »Am Ende gibt es überhaupt kein beständiges Sein, weder in unserem Wesen noch im Wesen der Dinge. Und wir und unser Urteil und alle sterblichen Dinge fließen und wogen unaufhörlich dahin.«

Rückzug ins Private

Montaigne hat mit seinen *Essays* einen neuen Raum persönlichen Bewußtseins, persönlicher Freiheit geschaffen. Freiheit durch Nicht-Identifikation, durch Distanz. Insofern verstehe ich die »private Vernunft«, die hier spricht, als einen dritten Lösungsvorschlag angesichts der Schwierigkeiten der Zeit. Um welchen Preis? Man kann nicht sagen, Montaigne sei unpolitisch gewesen. Von 1581 bis 1585 war er Bürgermeister von Bordeaux, in der Bürgerkriegszeit ein höchst schwieriges und verantwortungsvolles Amt. Er gehörte dem *parti des politiques* an, der dritten Partei der »Politiker«, die sich als über dem Konfessionsstreit stehend empfand. Was aber seine persönliche Meinung jenseits dieser öffentlichen Rollen betrifft, so will Montaigne am liebsten alles beim Alten belassen. Er kritisiert z. B. die Reformation, weil sie das Ansehen der alten Religion ins Wanken gebracht hat, ist selber aber nur Katholik, weil er eben als Katholik und Südfranzose geboren wurde. Ebenso akzeptiert er die Gesetze nicht, weil er sie für besonders gerecht hält, sondern weil sie gültig sind. Sein Skeptizismus stellt alle Lebensformen in Frage; da aber alle Meinungen über »richtig« und »falsch« nichts als Anmaßungen mit möglicherweise unheilvollen Auswirkungen sind, hält man sich am besten an das Gewohnte. Insofern kann Montaigne »Freiheit« nur ganz privat als seinen eigenen Freiraum denken und leben. Und er nutzt ihn, aller Körperverachtung abhold, mit liebenswürdigem Charme, voller Toleranz, Witz und Ironie. »Wenn ich mit meiner Katze spiele, wer weiß, ob sie sich nicht mehr noch die Zeit mit mir vertreibt, als ich mit ihr?«

Die Erde ist gar nicht Mittelpunkt der Welt! – Über die Umwälzung von Weltbildern durch wissenschaftliche Revolutionen

Wissenschaft, Alltagsbewußtsein und »Natur«

Zu Recht wird der Denkweg von Kopernikus bis Newton immer wieder als Paradebeispiel für den Prozeß der Umwälzung eines ganzen Weltbildes herangezogen. Frappierend ist in der Tat die Geschwindigkeit dieses Prozesses: Kopernikus starb 1543, dem Erscheinungsjahr seines Hauptwerkes *Über die Kreisbewegung der Himmelskörper (De revolutionibus orbium coelestium libri VI).* 1687, also einhundertvierundvierzig Jahre später, erschienen Isaac Newtons *Mathematische Prinzipien der Naturlehre*, die mit der allgemeinen Formulierung des Gravitationsgesetzes das Fundament für die klassische Mechanik lieferten. Frappierend ist über die Geschwindigkeit hinaus die Radikalität dieses Prozesses. Das Weltbild des Aristoteles, das über fünfzehnhundert Jahre Gültigkeit besaß, wurde weggefegt und durch ein neues ersetzt, das auf grundlegend anderen Prinzipien beruht. Scheinbar sicher können wir heute die einzelnen Etappen dieses Prozesses betrachten und seine innere Logik nachvollziehen. An einem bestimmten Punkt muß sich der Betrachter dabei aber fragen, wie wohl künftige Generationen unser heutiges Verständnis von Natur beurteilen! Werden sie ebenso stutzen wie Galilei oder wir, wenn wir von der Elementenlehre der Griechen hören? Gibt es eigentlich, weiter gefragt, »die Natur«, oder gibt es immer nur verschiedene Ansichten über etwas, was durch die Jahrhunderte hindurch der Bequemlichkeit halber mit ein und demselben Wort »Natur« bezeichnet wurde? Und welche Bedeutung hat überhaupt noch das, was und wie wir täglich erleben? Die Wissenschaft nennt das »Alltagsbewußtsein«; sie begründet und entwickelt sich gerade, indem sie sich immer weiter davon entfernt. Die Formulierung der klassischen Mechanik durch Galilei und Newton ist solch ein entscheidender Einschnitt in der Geschichte einer Wissenschaft. Wenn wir eingangs vom »Denkweg« sprachen, so heißt das, daß wir hier nur einige Ergebnisse dieses Einschnittes vorstellen können. Weder können wir den Beitrag auch nur der wichtigsten Forscher wie Torricelli, Huygens, Boyle oder Harvey würdigen, noch näher auf die wirtschaftliche und technologische Entwicklung eingehen, die ja als die Grundlage der Veränderungen betrachtet werden muß (warum hätte man sonst nicht weitere fünfhundert Jahre mit Aristoteles Naturphilosophie treiben können?) Als Standardwerk und Beispiel für einen kritischen Versuch, die Geschichte der Wissenschaften im Zusammenhang mit der gesellschaftlichen Entwicklung zu sehen, sei auf das Werk von J. Bernal, *Sozialgeschichte der Wissenschaft*, verwiesen [6].

Kopernikus

Wie schon öfter erwähnt hat das Mittelalter die Grundzüge des aristotelischen Kosmos, wie er durch die arabischen Gelehrten vermittelt worden war, übernommen und systematisiert. Im Mittelpunkt der Welt ruht die Erdkugel (die Annahme, daß vor der Entdeckung Amerikas die Erde als Scheibe angesehen worden sei, ist ein weitverbreiteter Irrtum). Alles Seiende besteht – in unterschiedlicher Mischung – aus den vier Elementen Erde (fest), Wasser (flüssig), Luft (gasförmig) und Feuer (glühend). Diese vier Qualitäten sind von unterschiedlicher Schwere und haben daher ihren unterschiedlichen »natürlichen Ort« (ein Grundbegriff der aristotelischen Physik). Der schwere Stein will möglichst nahe am Erdmittelpunkt sein, während das aufsteigende Feuer seinen Platz unterhalb der Mondsphäre findet. Der Zwischenstoff Wasser ist leichter als die Erde und schwerer als der Zwischenstoff Luft.

Aufbau des aristotelischen Kosmos

Nach diesen qualitativen Elementen baut sich die Ordnung des Kosmos auf. Um die Erde lagern sich hohlkugelförmig die drei Sphären Wasser, Luft und Feuer, an die sich die Mondsphäre anschließt. Ihr folgen die Sphären der Planeten Merkur, Venus, Sonne, Mars, Jupiter und Saturn. Die unbeweglichen Fixsterne bilden die äußerste Sphäre des sehr, sehr groß, aber prinzipiell endlich gedachten Kosmos. Auf den unterschiedlichen Eigenschaften der Elemente gründet die Physik. Die gesamte irdische (unterhalb der Mondsphäre gelegene, daher »sublunare«) Welt ist durch Entstehen und Vergehen gekennzeichnet. Daher hat auch jede Bewegung ihren Anfang und ihr Ende. Wichtig ist der Grundsatz, daß alles, was in Bewegung ist, von etwas anderem bewegt wird *(Omne quod movetur ab alio movetur)*. Gegenüber der irdischen Mechanik zeichnet sich die Himmelsmechanik durch die ewige, kreisförmige Bewegung der Himmelskörper auf ihren Kristallschalen aus. Sie ist ohne fremden Anstoß möglich, weil die Planeten aus einer »fünften Substanz« *(quinta essentia)*, dem Äther, bestehen, dessen natürliche Bewegung ausgerechnet die passende Kreisbewegung ist.

Eine Physik der Qualitäten

ptolomäisches und heliozentrischen Weltbild

Aristoteles lehrt also eine Qualitäten-Physik, die grundsätzlich zwischen irdischer und himmlischer Mechanik trennt. Seine Bewegungslehre entspricht der alltäglichen Erfahrung, daß Bewegung immer durch die Einwirkung äußerer Ursachen in Gang kommt. Die Annahme von auf festen Bahnen verlaufenden Planetenbewegungen, die nach Platons Forderung als ideale Kreisbewegungen zu konstruieren seien, stellte die antike Astronomie vor schier unlösbare Probleme, die immer kompliziertere mathematische Modelle erforderten (insbesondere was die – scheinbar – unregelmäßige Schleifenbewegung der Planeten betrifft). Wir müssen dabei auch immer die Bedeutung genauer Ortsbestimmungen für die Schiffahrt mitbedenken! Daher soll Alfons von Kastilien, der ein großer Förderer astronomischer Forschung und Initiator eines der größten Tafelwerke der mittelalterlichen Astronomie – der *Alfonsischen Tafeln* (13. Jahrhundert) – war, angesichts der Kompliziertheit dieser Theorien den »gotteslästerlichen« Ausruf getan haben: »Wenn Gott der Allmächtige zu Beginn der Schöpfung meinen Rat eingeholt hätte, so hätte ich ihm etwas *Einfacheres* empfohlen.« Das Standardwerk der antiken geozentrischen Astronomie ist der *Almagest* des Claudius Ptolemäus (2. Jahrhundert nach Chr.). Nach dem Namen dieses Wissenschaftlers spricht man auch vom »ptolemäischen Weltbild«. Durch ein System ineinandergleitender Kugelscheiben konnte Ptolemäus seine mathematischen Konstruktionen in ein physikalisches Sphärenmodell umsetzen. Es gab bereits in der Antike Alternativen zu dieser Konstruktion, so bei Aristarch von Samos (2. Jahrhundert vor Chr.), der die Erde und die Planeten um die Sonne kreisen ließ (gr. *hèlios*, Sonne, daher »heliozentrisches Weltbild«). Daß Aristarch von Samos wegen Gotteslästerung angeklagt wurde und sich auch später nicht durchsetzen konnte zeigt, wie tief das wissenschaftliche Sehen und Verarbeiten der Welt von religiösen Motiven bestimmt war. Die Erde als Mittelpunkt des Kosmos und der Mensch als Mittelpunkt der Erde, geozentrisches und anthropozentrisches Denken also, sind zutiefst miteinander verschlungen.

Nebeneinander verschiedener Hypothesen

Die Frage, warum das aristotelisch-ptolemäische Weltbild so lange gültig geblieben ist, läßt sich wohl nur so beantworten, daß das Verhältnis Mensch-Natur, daher auch Denkstil und Wissenschaftsbegriff, in dem Zeitraum Antike-Mittelalter in grundsätzlichen Zügen gleichgeblieben ist. Das aristotelische System zeichnet sich durch einen geschlossenen Aufbau und inneren Zusammenhang aus. Reformation und Gegenreformation haben es erneut bekräftigt. Die scholastische Naturwissenschaft hat zwar sowohl in Astronomie als auch in der Physik in wichtigen Punkten Ergänzungen und Änderungsvorschläge entwickelt, aber es waren eben Vorschläge, Hypothesen. Sie standen beziehungslos zum Gesamtsystem, das unangetastet blieb. »Die Phänomene retten« nannte man diese Form der Diskussion, da ja ein und dieselbe Erscheinung durch verschiedene (hypothetische) Berechnungen erklärt werden kann. Um so wichtiger wurde die mit Kopernikus aufgeworfene Frage, ob seinen Berechnungen auch tatsächlich eine physikalische Wirklichkeit entspricht oder nicht.

Genau diesen Eindruck, daß es sich um eine zwar schlüssigere, aber grundsätzlich gleichrangige Hypothese handle, versucht das Vorwort des Buches zu erwecken. Erst Kepler hat herausgefunden, daß es gar nicht von Kopernikus selbst, sondern von dem lutherischen Theologen Osiander stammt, der nach dem Tod des Verfassers die letzte Phase der Drucklegung von *De revolutionibus* überwachte. In der sicherlich gutgemeinten Absicht, das Werk vor dem Tadel der Fachwelt zu schützen, schreibt Osiander: »Es ist nämlich nicht erforderlich, daß diese Hypothesen wahr, ja nicht einmal,

SPHÆRA ARMILLARIS COPERNICANA

Sphæra incomparabilis Bibliotheca Lugd:Bat: Excellens ornamentum

Das neue kopernikanische Weltmodell: Astronomische Sphäre mit durch ein Uhrwerk bewegbaren Planeten

daß sie wahrscheinlich sind, sondern es reicht schon allein hin, wenn sie eine mit den Beobachtungen übereinstimmende Rechnung ergeben [...] Niemand möge in Betreff der Hypothesen etwas Gewisses von der Astronomie erwarten, da sie nichts dergleichen leisten kann, damit er nicht, wenn er das zu anderen Zwecken Erdachte für Wahrheit nimmt, törichter aus dieser Lehre hervorgehe, als er gekommen ist.«

Auch Kopernikus benutzte den Ausdruck »Hypothese«, doch es steht fest, daß er von der Wahrheit seiner Berechnungen überzeugt war. Damit dreht er die ganze Wissenschaft von der Astronomie um (der Titel *De revolutionibus*, für uns in schöner Doppeldeutigkeit zu lesen). Astronomie war ja eine der Sieben freien Künste [→ S. 86f.], deren Hauptinteresse auf die möglichst genaue Orts- und Bahnberechnung zu Zwecken der Schifffahrt – und ganz handfesten astrologischen Bedürfnissen, das sei hier nicht vergessen – ging. Von den Unstimmigkeiten der mathematischen Überlieferung sei er bei seinen »Nachtarbeiten« ausgegangen, schreibt Koperni-

Die neue – und alte – Hypothese des Kopernikus

kus in seiner Widmung an Papst Paul III., und habe sich von antiken Nachrichten über die Annahme, daß die Erde sich bewege, anregen lassen, »und obgleich die Ansicht widersinnig schien, tat ich's doch«. Es ist interessant, hier zu sehen, welche Bedeutung plötzlich uralte, verstaubte Theorien erhalten können, wenn sie von Augen gelesen werden, die etwas Neues finden wollen. Mit seiner neuen Basisannahme konnte Kopernikus die Scheinbarkeit der Bewegung der Himmelskörper um die Erde durchschauen und – gestützt durch größere Genauigkeit und Einfachheit seines Modells – die Sonne als Mittelpunkt des Universums verkünden.

ursprüngliche Vollkommenheit der Kreisbewegung

Wenn sich, wie wir sahen, im geozentrischen Weltbild zugleich religiöswerthaft Überzeugungen von der Stellung des Menschen im Kosmos ausdrücken, so mußte Kopernikus auf zumindest gleichwertige Überzeugungen zurückgreifen bzw. sie entwickeln, um mit »reinem Gewissen« denken zu können. Er selbst betrachtete sich gar nicht als den großen Revolutionär, sondern sah seine Hauptleistung darin, mit dem neuen Modell der alten platonischen Forderung nach der idealen Kreisbewegung besser als Ptolemäus gerecht zu werden. Neben dem Kreis als der werthaft höchsten, weil vollkommenen Form der Bewegung taucht in Kopernikus' Argumentation als wichtiger methodologischer Gesichtspunkt das sog. Sparsamkeitsprinzip der Natur *(lex parsimoniae)* auf, nach dem, in der Formulierung eines mittelalterlichen Theoretikers, »das, was durch mehr oder kompliziertere Operationen geschieht, unnütz ist, wenn es durch weniger und einfachere Operationen geschehen könnte«. *Sagacitas naturae* – Weisheit der Natur; *simplex sigillum veri* – das Einfache ist das Sigel das Wahren. Dieses Prinzip sollte, neu gedeutet, für die weitere Entwicklung der Naturwissenschaft von entscheidender Bedeutung werden, wobei mit dem neuen mechanistischen Naturbegriff auch ein neues, »ebenmäßiges« Gottesbild entsteht. Kopernikus kritisiert – wie nach ihm Galilei – den wertmäßigen Vorrang der Ruhe vor der Bewegung überhaupt [→ S. 101]; auch der bewegte Kosmos in der ruhigen Harmonie seiner Kreisbewegungen ist »unsertwegen von dem besten und gesetzmäßigsten aller Meister gebaut«.

Kopernikus stößt auf Ablehnung

Die Folgen sind unermeßlich. Zu Recht spricht man von der »kopernikanischen Revolution«, da mit dem neuen Zentrum die ganze aristotelische Kosmologie mit ihrer Unterscheidung zwischen sublunarer und supralunarer Welt über den Haufen geworfen wird. »Es genügt, wenn jede einzelne Bewegung ihre eigene Mitte hat«, schreibt Kopernikus. Den Nachweis, wie das denkbar sein soll, konnte er nicht erbringen – die neue Astronomie des Himmels erfordert eine neue Physik der Erde. Denn wenn die Erde sich dreht, wie kann ein senkrecht nach oben geworfener Stein wieder an den gleichen Ort der Erde zurückfallen? *Retombera-t-il?* Müßte die Kanonenkugel nicht durch einen von der Erdbewegung erzeugten starken Ostwind weit entfernt vom Kanonenloch zurückkehren? Es ist eigentlich nicht verwunderlich, daß Kopernikus außer dem begeisterten Bruno [→ S. 151] nur wenige Anhänger fand, zumal auch seine Bahnberechnungen wegen der zugrundegelegten Kreisbewegung noch ziemlich ungenau waren. Luther, Melanchthon und Calvin lehnten seine Theorie ab als Auffassung eines »Narren, der die ganze Kunst der Astronomie umkehren will«. *De revolutionibus orbium coelestium* stand von 1616 bis 1757 auf dem *Index* bzw. durfte nur im Sinne einer mathematischen Hypothese behandelt werden.

Tycho Brahe

Der dänische Astronom Tycho Brahe (1546–1601) ist eine interessante Gestalt im Übergangsprozeß zweier Weltbilder. Brahe, zuletzt kaiserlicher Astronom im Dienst Rudolfs II. in Prag, entwickelte neuartige Meßmethoden und verfügte über die zu seiner Zeit genauesten Berechnungen der tatsächlichen Planetenbewegungen. Er beobachtete – noch ohne Fernrohr – das Auftauchen eines neuen Sternes (Nova) im Sternbild der Cassiopeia und mußte von dieser Beobachtung her das aristotelische Dogma von der Unveränderlichkeit der translunaren Welt in Frage stellen. Bei ihm taucht zum ersten Mal die Vorstellung von frei sich bewegenden, im Raum schwebenden Himmelskörpern auf. Andererseits lehnte er das kopernikanische Modell ab, da er es nicht mit seiner Alltagserfahrung verbinden konnte. Sein kritischer Einwand lautet: »Wie ist es möglich, daß eine Bleikugel, von einem sehr hohen Turm in richtiger Weise fallen gelassen, aufs genaueste den lotrecht darunter gelegenen Punkt der Erde trifft?« Der Zusammenhang von Himmels- und Erdbewegung ist das ungelöste Problem des neuen heliozentrischen Weltbildes.

Brahes Assistent Johannes Kepler (1571–1630) war einer der wenigen überzeugten Anhänger des Kopernikus. Er beurteilt das Weltmodell Brahes als »aufgewärmte Semmel«, betrachtet es aber als göttliche Fügung, daß er mit dessen Beobachtungsmaterial bekannt wurde (»kein König kann mir mehr schenken als zuverlässige Beobachtungen«). Gestützt auf dieses Material, konnte Kepler in einem sehr spannenden Forschungsprozeß zur Erkenntnis der tatsächlichen Planetenbewegungen vordringen. Dazu mußte er die Kreisbewegung als einfachste und vollkommenste, in sich zurückkehrende Bewegung verabschieden, mit anderen Worten: er mußte sich von einem »Urbild«, das die gesamte bisherige astronomische Wahrnehmung selbst strukturiert hatte, lösen. Mit der *Astronomia Nova* (1609) veröffentlichte er die Erkenntnis, daß die Planetenbahnen Ellipsen sind, in deren einem Brennpunkt die Sonne steht (sog. erstes Keplersches Gesetz). Charakteristisch für Kepler ist die Mischung aus Unbekümmertheit und Folgerichtigkeit in seiner Forschung, denn wie fremdartig seine Ellipsenbahnen auf seine Zeitgenossen wirkten, zeigt sich daran, daß selbst Galilei an den aristotelischen Kreisbahnen festhielt. – Deutlicher als bei den meisten anderen Naturwissenschaftlern finden wir bei Kepler auch die »irrationalen«, metaphysischen Antriebe schöpferischer wissenschaftlicher Tätigkeit offengelegt: »Ich wollte Theologe werden, nun seht, wie Gott durch mich in der Astronomie gefeiert wird«. Dieser Bogen spannt sich von seinem ersten Werk, dem *Mysterium Cosmographicum*, bis zur *Weltharmonik (Harmonices Mundi)* von 1609. Kepler sprach von »heiliger Raserei und einer unsagbaren Verzückung« beim Anblick der himmlischen Harmonien. In der *Weltharmonik* verschmelzen exakteste mathematische Berechnungen mit uralten pythagoreischen Vorstellungen, daß die Bewegung der Gestirne eine unhörbare, aber als mathematische Proportion erfaßbare Sphärenharmonie erzeugt. Mit genauen Notenbeispielen zeigt er z. B. im 5. Buch, Kap. 8, »welche Planeten in den himmlischen Harmonien den Diskant, den Alt, den Tenor oder den Baß vertreten.«

Aus der Einsicht in die harmonische Struktur der Welt folgt für Kepler die praktische Forderung, dieser Vollendung durch »Heiligkeit der Lebensführung« nachzustreben. Dieser Bezug läßt sich zu dieser Zeit offenbar noch unmittelbar herstellen: »Heiliger Vater, erhalte uns in dem harmonischen Band allgemeiner Menschenliebe [...], damit dann aus der Einheit deines ganzen Wesens der Leib deiner Kirche hier auf Erden errichtet werde, wie du selbst deine Himmelsräume gezimmert hast aus harmonischen Klängen.« Diese Überzeugung steht nicht im Gegensatz zu Keplers eher nüchternen Antwort auf die Frage nach den Ursachen der elliptischen Bewegungsvorgänge. Analog zum Magnetismus nimmt er bereits eine von der Sonne ausgehende Kraft *(gravitas)* an und tastet sich zu dem Gedanken

Johannes Kepler

wissenschaftliche Forschung und religiöse Begeisterung

einer mechanisch erklärbaren Naturgesetzlichkeit vor: »Die Welt ist kein göttlich Lebewesen, sie läuft wie das Räderwerk einer Uhr, getrieben von einer Kraft«. Diese Kraft muß mit der »natürlichen Körperkraft, den Bewegungserscheinungen und den Massen« in Verbindung stehen. Wie dieser Zusammenhang im Einzelnen aussehen soll, kann er allerdings nicht angeben.

Es ist die überragende Leistung seines Zeitgenossen Galilei (1564–1642), die Frage nach dem Warum von Bewegungen zunächst zurückzustellen und sich ganz auf das Wie der natürlichen Bewegungsabläufe zu konzentrieren: »Es scheint mir nicht der passende Zeitpunkt, jetzt auf die Untersuchung über die Ursache der Fallbeschleunigung einzugehen, über die von verschiedenen Philosophen verschiedene Meinungen vorgebracht worden sind [...]. Für jetzt genügt es unserem Autor, daß er uns einige Eigenschaften einer Bewegung erforschen und beweisen will, die (was immer die Ursache der Bewegung sei) in der Weise beschleunigt ist, daß in gleichen Zeiten die Geschwindigkeitszunahmen gleiche sind.« [7]

Galilei mißtraut der Frage nach den Ursachen, weil die vorschnellen Antworten der Philosophen (gemeint ist meist einer – Aristoteles) im Detail zu falschen Behauptungen und im Ganzen in eine Sackgasse geführt haben. Wenn wir uns erinnern, in welchem Gesamtkomplex von Annahmen die Aussage steht, daß ein schwerer Körper fällt, weil er zu seinem »natürlichen Ort« strebt, wird die Bedeutung der galileischen Untersuchung der Fallbewegung sofort klar. Wenn Galilei die Fallbewegung künstlich verlangsamt, indem er eine glattpolierte schiefe Ebene baut, dabei die Geschwindigkeit der herabrollenden Kugel mittels genauester zeitlicher Messungen statistisch erfaßt und schließlich als mathematisches Gesetz ihrer Beschleunigung herausfindet, daß sich die Wegstrecken der Kugel wie die Reihe der ungeraden Zahlen verhalten (z. B. eine Zeiteinheit t = 1 m; 2t = 1+3 m; 3t = 1+3+5 m usw.), so hat er damit einen methodisch grundsätzlich anderen Weg beschritten: »Über einen sehr alten Gegenstand [die Mechanik] bringen wir eine ganz neue Wissenschaft«, schreibt er stolz in seinen *Discorsi*, den *Unterredungen und mathematischen Demonstrationen über zwei neue Wissenszweige, die Mechanik und die Fallgesetze betreffend* (1638). Entgegen der landläufigen Meinung ist Galilei damit keineswegs der »Erfinder« des Experiments; das Wichtige und Neue ist vielmehr der methodische Stellenwert, den er dem Experiment im Erkenntnisprozeß einräumt. Dieser bemißt sich innerhalb eines mathematisch-rational umrissenen Erfahrungsfeldes, wie es an folgender Stelle zum Ausdruck kommt: »Die Philosophie ist in dem großen Buch niedergeschrieben, das immer offen vor unseren Augen liegt, dem Universum. Aber wir können es erst lesen, wenn wir die Sprache erlernt und uns die Zeichen vertraut gemacht haben. Es ist in der Sprache der Mathematik geschrieben, deren Buchstaben Dreiecke, Kreise und andere geometrische Figuren sind; ohne diese Mittel ist es dem Menschen unmöglich, auch nur ein einziges Wort zu verstehen.«

»Experiment« bedeutet von dieser Konzeption her keineswegs, aufgrund irgendwelcher »Erfahrungen« ein Gesetz herauszufinden. Umgekehrt betont Galilei oft, daß er durch »natürliche Vernunft« von Verlauf und Ergebnis eines Vorganges überzeugt war. Andererseits wird von nun an experimentelle Nachprüfbarkeit zu einem unverzichtbaren Bestandteil naturwissenschaftlicher Hypothesenbildung. Mit den Worten von Immanuel Kant in der Vorrede zur *Kritik der reinen Vernunft*: »Als Galilei seine Kugeln die schiefe Ebene mit einer von ihm selbst gewählten Schwere herabrollen ließ

Galileo Galilei

methodische Beschränkung

Stellenwert des Experiments

[...], so ging allen Naturforschern ein Licht auf. Sie begriffen, daß die Vernunft nur das einsieht, was sie selbst nach ihrem Entwurfe hervorbringt [...]. Die Vernunft muß mit ihren Prinzipien, nach denen allein übereinstimmende Erscheinungen für Gesetze gelten können, in einer Hand, und mit dem Experiment, das sie nach jenen ausdachte, in der anderen an die Natur gehen, zwar um von ihr belehrt zu werden, aber nicht in der Qualität eines Schülers, der sich alles vorsagen läßt, was ein Lehrer will, sondern in der Qualität eines bestallten Richters, der die Zeugen nötigt, auf die Fragen zu antworten, die er ihnen vorlegt [...].«

Zwischen der künstlichen Unterbrechung eines einfachen Naturvorganges (wie im Fall der schiefen Ebene) und der Kombination künstlicher neuer Verhältnisse, die so nie in der Natur vorkommen, besteht ein fließender Übergang. In ihm drückt sich ein grundlegend neues Verhältnis der Gesellschaft zur Natur aus. Die Gesellschaft kann jetzt eine eigene, »künstliche Natur« herstellen. Dem entspricht im Denken eine grundsätzliche neue Abstraktionsleistung. Galilei versucht, einen Vorgang wie den freien Fall oder eine Pendelbewegung unter Abstraktion von allen natürlichen Bedingungen (etwa die Reibung durch den Luftwiderstand) zu erfassen. Seine Erkenntnis geht auf eine von allen störenden Nebeneinflüssen befreite *ideale Bewegung*. Und deren Gesetz steht im genauen Gegensatz zu dem, was das Alltagsbewußtsein erfährt: »Jede Geschwindigkeit, die einem in Bewegung befindlichen Körper einmal verliehen wurde, bleibt absolut unveränderlich, solange die äußeren Ursachen für eine Beschleunigung oder Verzögerung fehlen.« So stellt sich schließlich heraus, daß »Ruhe« eigentlich nur als ein Spezialfall von Bewegung anzusehen ist. Die aristotelische Unterscheidung von »natürlicher« und »gewaltsamer« Bewegung, die ganze statische Physik der Qualitäten wird transformiert in eine funktionsgesetzliche Betrachtungsweise mathematisch erfaßbarer Zusammenhänge (Bewegung ist jetzt »die Verschiebung einer Sache im Verhältnis zu einer anderen«, wie er in einem Brief formuliert).

neue Abstraktionsebene der Wissenschaft

Es geht hier nicht darum, Galileis Persönlichkeit und Schicksal darzustellen (die Geschichte, daß er vom schiefen Turm in Pisa herab Fallversuche gemacht habe, ist übrigens eine Legende). Entscheidend ist, daß er sowohl in der Physik als auch mit seinen astronomischen Beobachtungen die aristotelisch-scholastische Philosophie mit größter schriftstellerischer Eleganz – er schreibt als erster bedeutender Philosoph in seiner Landessprache – verabschiedet. Andererseits ist das Bild Galileis, wie es oft gezeichnet wird, einseitig modern akzentuiert. Auch Galilei ist eine Übergangsfigur, und in mancher Hinsicht bleibt er noch herkömmlichen Denkmustern verhaftet. Sie hindern ihn an der allgemeinen Formulierung des Trägheitsprinzips und der angemessenen Würdigung der Leistung Keplers. Dieser Schritt sollte erst Newton gelingen.

Galilei und die Tradition

»Hier ruht der Ritter Isaac Newton, welcher durch fast göttliche Geisteskraft der Planeten Bewegung, Gestalten, der Kometen Bahnen, der Gezeiten Verlauf durch seine eigene Mathematik bewies. Die Verschiedenheit der Lichtstrahlen, die darauf beruhenden Eigenschaften der Farben, von denen niemand vorher nur ahnte, erforschte er. Er war der Natur, des Altertums, der Heiligen Schrift flüssiger Erklärer. Die Majestät Gottes verherrlichte er in seiner Wissenschaft. Die Schlichtheit des Evangeliums zeigt er durch seinen Wandel. Mögen die Sterblichen sich freuen, daß er unter uns lebte.«

Isaac Newton

Der Grabstein in der Westminster-Abtei dokumentiert den Ruhm, den Isaac Newton (1643–1727) schon zu Lebzeiten erlangte. Er läßt die religiö-

Sir Isaac Newton

Ein neues theoretisches Feld

Bewegungsgesetze und methodische Regeln

se Dimension erkennen, die Newtons Denken immer bestimmte – Mathematik, Naturwissenschaft und Gotteserkenntnis sind noch nicht in dem Maße getrennt, wie wir es schon als selbstverständlich anzusehen gewohnt sind. Newton wurde fast genau ein Jahr nach Galileis Tod als Sohn eines Pächters geboren. Er war – tröstlich zu hören – ein schlechter Schüler, studierte dann in Cambridge und wurde dort mit siebenundzwanzig Jahren Mathematikprofessor. Hier entstanden seine grundlegenden Arbeiten über die Gravitation, die Infinitesimalrechnung und die Optik. Ab 1672 war er Mitglied der *Royal Society of London* [→ S. 152]. 1703 wurde er ihr Präsident und behielt dieses Amt bis zu seinem Tode.

1687 erschienen die *Philosophiae Naturalis Principia Mathematica (Mathematische Prinzipien der Naturlehre)*. Der Wissenschaftshistoriker J. Bernal hat über dieses Werk folgendermaßen geurteilt: »In bezug auf die fundierte Darlegung der physikalischen Argumentation ist dieses Buch in der gesamten Geschichte der Wissenschaft unübertroffen. In mathematischer Beziehung kann es nur mit Euklids *Elementen* verglichen werden, in bezug auf seine physikalische Einsicht und seine Auswirkungen auf die Vorstellungen nur mit Darwins *Ursprung der Arten*. Es wurde sofort zur Bibel der neuen Wissenschaft, nicht so sehr als geheiligte Quelle der Lehre [...], sondern in bezug auf den weiteren Ausbau der dort an Beispielen erläuterten Methode.« Der Titel verweist bereits auf die Methode und die Abstraktionsebene der Herangehensweise, durch die ein neues theoretisches Feld eröffnet wird. Denn, wie es im Vorwort heißt, »rationale Mechanik« bedeutete bei den »Alten« – also den antiken Theoretikern – die Lehre von den »fünf Kräften«, die sich ganz konkret auf Handfertigkeiten beziehen (Hebel, Rolle, Keil, Schraube und Winde): »Wir aber, die wir nicht die Kunst, sondern die Wissenschaft zu Rate ziehen, und die wir nicht über die Kräfte der Hand, sondern der Natur schreiben, betrachten hauptsächlich diejenigen Umstände, welche sich auf die Schwere und Leichtigkeit, auf die Kraft der Elastizität und den Widerstand der Flüssigkeiten und auf andere derartige anziehende oder bewegende Kräfte beziehen, und stellen daher unsere Betrachtungen als mathematische Prinzipien der Naturlehre auf.«

Grundsätze oder Gesetze der Bewegung nach Isaac Newton

1. Jeder Körper beharrt in seinem Zustande der Ruhe oder der gleichförmigen geradlinigen Bewegung, wenn er nicht durch einwirkende Kräfte gezwungen wird, seinen Zustand zu ändern.
2. Die Änderung der Bewegung ist der Einwirkung der bewegenden Kraft proportional und geschieht nach der Richtung derjenigen geraden Linie, nach welcher jene Kraft wirkt.
3. Die Wirkung ist stets der Gegenwirkung gleich, oder die Wirkungen zweier Körper aufeinander sind stets gleich und von entgegengesetzter Richtung.

Regeln zur Erforschung der Natur

1. An Ursachen zur Erklärung natürlicher Dinge soll man nicht mehr zulassen, als wahr sind und zur Erklärung jener Erscheinungen ausreichen.
2. Man muß daher, so weit es angeht, gleichartigen Wirkungen dieselben Ursachen zuschreiben.
3. Diejenigen Eigenschaften der Körper, welche weder verstärkt noch vermindert werden können und welche allen Körpern zukommen, an denen man Versuche anstellen kann, muß man für Eigenschaften aller Körper halten.

4. In der Experimentalphysik muß man die aus den Erscheinungen durch Induktion geschlossenen Sätze, trotz denkbarer entgegengesetzter Hypothesen, entweder genau oder sehr nahe für wahr halten, bis andere Erscheinungen eintreten, durch welche sie entweder größerer Genauigkeit erlangen oder Ausnahmen unterworfen werden.

Auf den ersten Blick lesen sich die drei Bewegungsgesetze, mit denen die *Principia* einsetzen, als ganz banale Aussagen. Entscheidend aber ist dabei, daß Newton von der gleichförmigen geradlinigen Bewegung eines Körpers ausgeht. Sie ist – gegenüber dem Kreismodell – für ihn die Urform der Bewegung und erlaubt so durch Abstraktion von äußeren behindernden Umständen die allgemeine Formulierung des Trägheitsgesetzes, demzufolge ein Körper immer in dem Zustand bleibt, in dem er gerade ist. Bewegung ist also – gegen Aristoteles – nicht auf die Einwirkung einer äußeren Kraft zurückzuführen. Die bislang immer noch offene Lücke zwischen diesen zum Teil schon von Galilei formulierten Einsichten und der Erklärung der Himmelsbewegungen konnte Newton jetzt durch das Gravitationsgesetz schließen. Die Erkenntnis, daß Massen einander anziehen, erlaubt ein überzeugendes Modell der Planetenbewegung. Ihre elliptische Bahn um die »Zentralkraft« Sonne ist der Kompromiß zwischen der eigenen gleichförmigen geradlinigen Bewegung und der Anziehungskraft beider Massen aufeinander. Der Apfel fällt nach denselben Gesetzmäßigkeiten zur Erde, wie sich die Erde um die Sonne bewegt. Newtons Fernwirkungsgesetz der Anziehung von Massen wurde von bedeutenden Theoretikern wie Leibniz und Huygens kritisiert, da man sich unter dem Einfluß des mechanistischen Modells (vgl. Descartes [→ S. 170]) nicht vorstellen konnte, wie die Gravitationskraft ohne Vermittlung des dazwischenliegenden Raumes in die Ferne wirken können soll. Man warf Newton vor, daß er hier wie die scholastische Naturphilosophie eine *qualitas occulta*, eine verborgene Eigenschaft postuliere, die etwas zu Erklärendes dadurch erklärt zu haben glaubt, daß sie einen Namen dafür hat. Dazu schreibt Newton in einer berühmten Passage der *Principia*: »Ich habe bisher die Erscheinungen der Himmelskörper und die Bewegungen des Meeres durch die Kraft der Schwere erklärt, aber ich habe nirgends die Ursache der letzteren angegeben. Diese Kraft rührt von irgend einer Ursache her, welche bis zum Mittelpunkte der Sonne und der Planeten dringt, ohne irgend etwas von ihrer Wirksamkeit zu verlieren. [...] Ich habe noch nicht dahin gelangen können, aus den Erscheinungen den Grund dieser Eigenschaften der Schwere abzuleiten, und Hypothesen erdenke ich nicht *(hypotheses non fingo)*.«

Schwerkraft und Trägheit der Körper

Newton ist also vorsichtig mit allzu weit gehenden Schlüssen, weil dies seiner Experimentalphysik widerspräche (»In dieser leitet man die Sätze aus den Erscheinungen ab und verallgemeinert sie durch Induktion« – ganz so einfach ist es allerdings nicht, vgl. das Kant-Zitat über Galilei [→ S. 142]). Andererseits hat er feste Vorstellungen von einem »absoluten Raum« und einer »absoluten Zeit«. Newton denkt den absoluten Raum als einen von allen Bewegungen unabhängigen, leeren Behälter. Er nennt ihn auch »Sensorium Gottes«, also Bewußtsein Gottes. »Es ist dies der Raum der Euklidischen Geometrie« (E. Bloch). Diese Vorstellung von einem absoluten Raum wurde in der Folgezeit, etwa bei Kant und den französischen Materialisten, grundlegend; wir werden im Zusammenhang mit Albert Einsteins Fundierung einer allgemeinen Relativitätstheorie darauf zurückkommen [→ S. 374].

absoluter Raum, absolute Zeit

Paradigma und Paradigmenwechsel nach Thomas S. Kuhn

Was ist geschehen auf dem Weg von Kopernikus bis Newton? Eine Wissenschaft und ein Weltbild wurde umgeworfen; eine neue Wissenschaft und ein neues Weltbild wurden dafür eingesetzt; beide sind inzwischen bereits längst wieder abgelöst. In seiner sehr lesenswerten Studie *Die Struktur wissenschaftlicher Revolutionen* hat der Wissenschaftshistoriker Thomas S. Kuhn für solche Prozesse den Ausdruck »Paradigmenwechsel« geprägt. Paradigma bedeutet wörtlich »Beispiel«. »Darunter verstehe ich allgemein anerkannte wissenschaftliche Leistungen, die für eine gewisse Zeit einer Gemeinschaft von Fachleuten maßgebende Probleme und Lösungen liefert.« Newtons *Mathematische Prinzipien* ist ein solches Werk, durch das »eine neue und strengere Definition des Gebietes« erbracht wird. Auf der Grundlage dieser neuen Definition arbeitet dann die »normale Wissenschaft« weiter als Forschung, »die fest auf einer oder mehreren wissenschaftlichen Leistungen der Vergangenheit beruht«. Wichtig sind dabei zwei Aspekte: einmal betrachtet Kuhn – wie der Titel bereits sagt – Revolutionen in der Wissenschaft als »übliches Entwicklungsschema«, nicht als die Ausnahme. Das heißt die Verabschiedung der Vorstellung, daß die Wissenschaftsgeschichte als eine harmonische Entwicklung durch Anhäufung von immer mehr Wissen vorzustellen sei. Ausgelöst wird der Paradigmawechsel – hier einmal nur als streng innerwissenschaftlicher Forschungsprozeß betrachtet – durch Anomalien und Konflikte innerhalb des alten Paradigmas (z. B. die nicht wegzuschaffenden Ungenauigkeiten in den mathematischen Berechnungen der vorkeplerschen Astronomie; es ist, als hätte Newton in seiner vierten Regel zur Erforschung der Natur seine eigene Vorläufigkeit geahnt). Zum andern heißt Paradigmawechsel auch »Verschiebung des Begriffsnetzes, durch das die Wissenschaftler die Welt betrachten«. »Aufeinanderfolgende Paradigmata teilen verschiedene Dinge über das, was es im Universum gibt, und sein Verhalten mit.« Das reicht bis in die Tiefenstruktur des Sehens selbst: für Aristoteles war ein in Schwingung befindlicher Körper wohl ganz sichtbar ein mit Behinderung zu seinem natürlichen Ort fallender Körper. Galilei hingegen sah ein Pendel, und ein Pendel ist ein Körper, dem es fast gelingt, die immer gleiche Bewegung immer wieder auszuführen. Kuhn fragt: »Kann es denn beispielsweise ein Zufall sein, wenn westliche Astronomen [nämlich Tycho Brahe] erst in dem halben Jahrhundert, nachdem das neue Paradigma von Kopernikus aufgestellt worden ist, an dem vorher unwandelbaren Himmel eine Veränderung bemerkten? Die Chinesen, deren Auffassung vom Kosmos Veränderungen am Himmel nicht ausschloß, hatten das Erscheinen vieler neuer Sterne am Firmament viel früher festgestellt.« Er äußert den Verdacht, »daß für die Wahrnehmung selbst etwas Ähnliches wie ein Paradigma vorausgesetzt werden muß«. Was ist aber dann das jeweils Wahrgenommene, wo bleibt die »Natur«? Zu einer grundsätzlich dialektischen Fassung des Verhältnisses Gesellschaft-Natur scheint Kuhn nicht zu gelangen; er schreibt eher überrascht: »Wenn auch die Welt mit dem Wechsel eines Paradigmas nicht wechselt, so arbeitet doch der Wissenschaftler danach in einer anderen Welt.« Wie paßt das zusammen?

Die faustische Renaissance

Der Prozeß der naturwissenschaftlichen Begriffsbildung im 16. und 17. Jahrhundert stand in viel engerem Bezug zur Erfahrungswelt eines Handwerkers oder Technikers jener Zeit, als dies heute im Zeitalter der Grundlagenforschung der Fall ist. Dennoch war diese Entwicklung das Werk einer kleinen Elite von Spezialisten. Sie hatten gelernt, sich auf ganz bestimmte, isolierbare Probleme zu konzentrieren und deren Lösung mit mathematischer Betrachtungsweise und unter Einhaltung strenger methodischer Verfahrensregeln zu verfolgen. Diese Sichtweise hat sich geschichtlich durchgesetzt und ist unsere geworden. Das Bündel von Bildern, Vorstellungen und Gefühlen hingegen, welches das Verhältnis zur Natur bei der Mehrzahl der Menschen damals bestimmte, läßt sich heute nicht mehr entwirren. Hier haben im Verlauf der Gattungsgeschichte tiefe emotionale Verschiebungen stattgefunden, die eine unüberbrückbare Kluft zwischen unsere und die damalige Naturerfahrung gesetzt haben. Mit dürren Formeln ausgedrückt handelt es sich um den Unterschied zwischen einem quantitativen und einem qualitativen Naturbegriff, oder: Natur als Sache, als Etwas, und Natur als mit personhaften Zügen, als Du vorgestellt bzw. empfunden. Am ehesten kann hier über die Literatur ein Zugang gefunden werden, da ja Dichtung in stärkerem Maße gefühlsmäßige Grundausrichtungen nacherfahrbar werden läßt, als dies bei wissenschaftlichen Texten der Fall ist. Ich denke dabei an das Volksbuch von 1587, *Historia von D. Johann Fausten/dem' weitbeschreyten Zauberer und Schwarzkünstler*. Die Gestalt des Magiers Faust, der mit Hilfe des Teufels »alle Gründ am Himmel und Erden« erforschen wollte, drückt nur die zum abschreckenden Exempel verdichtete allgemeine Disposition seiner Zeit aus. Eine emotionale und intellektuelle Disposition, in der die Welt noch nicht die Starrheit eines dem Menschen fest und fremd gegenüberstehenden Anderen hatte. Mensch und Welt waren durch eine Vielzahl sichtbarer und unsichtbarer Bezüge miteinander verknüpft; es war *ein* Geschehenszusammenhang, an dem alles teilnimmt. In seinem Buch *Die Ordnung der Dinge* hat Michel Foucault versucht, das »archäologische Raster«, das diesem Denken zugrundeliegt, herauszudestillieren. Foucault sieht in der »Ähnlichkeit« den Schlüsselbegriff jenes Weltverständnisses, nach dem die Welt eine in sich zusammenhängende Kette bildet. In *Des vortrefflichen Herren Johann Baptista Portae, von Neapolis, Magia Naturalis, oder Haus-, Kunst- und Wunderbuch* (deutsch Nürnberg 1680) wird dieser Zusammenhang folgendermaßen ausgedrückt: »So sehen wir, daß von der ersten Ursach [Gott] an gleichsam ein großes Seil gezogen ist biß in die Tieffe, durch welches alles zusammen geknuepffet, und gleichsam zu seinem Stücke wird, also daß, wann die hoechste Kraft ihre Strahlen scheinen läßt, diselben auch biß herunter reichen. [...] Und dieses Band kann man wol mit an einander hangenden Ringen und einer Kette vergleichen.«

»Ähnlichkeit« bedeutet Gleiches und einen Unterschied zwischen den Dingen. Es gab für diesen Zusammenhang sehr viele Ausdrücke, von denen Foucault folgende vier als die wichtigsten nennt:
- Die *convenientia*, d.h. die Nachbarschaft des Ortes, nach der z.B. Erde und Wasser, Pflanzen und Tiere, Seele und Körper miteinander kommunizieren;
- die *aemulatio*, eine Art Spiegelreflex, der unabhängig vom Ort wirkt. So ist etwa das Gesicht die Zwillingsgestalt des Himmels, da das Auge der Sonne ähnelt, der Mund der Venus usw.;

»Natur« in der Renaissance

Schlüsselbegriff »Ähnlichkeit«

vier Verhältnisformen

- die *Analogie* als universale Verwandtschaft der Dinge. »Von Analogien übersäht« ist der Mensch, der in unzähligen Proportionen zum Himmel, zu den Tieren, der Erde, den Metallen usw. steht.
- *Sympathie/Antipathie* – wenn die Sonnenblume im Verlauf des Tages mit ihrer Blüte die Sonnenbahn mitvollzieht, so zeigt sich darin z. B. eine Sympathie. Während die Sympathie eine Gleichheit bzw. eine Tendenz zur Assimilation bezeichnet, drückt die Antipathie die Fremdheit und Eigenständigkeit der Dinge aus. So kommt es, daß wurzelreiche Bäume einander hassen, weil sie sich gegenseitig verderben, wie auch zwischen der heißen Luft und der kalten Erde Antipathie besteht (um einen Einklang herzustellen, hat Gott vorsorglich daher Wasser zwischen Erde und Luft gelegt!).

»Dan alles was got erschaffen hat dem menschen zu gutem und als sein eigentumb in seine hant geben, wil er nit das es verborgen bleib. Und ob ers gleich verborgen, so hat ers doch nicht unbezeichnet gelassen mit auswendigen sichtlichen zeichen, das dan eine sondere praedestination gewesen.« (Paracelsus) – Der Weg, die Ähnlichkeiten zu erkennen, läuft über Zeichen, die vom Sichtbaren zum Unsichtbaren, vom Außen auf das Innen verweisen. In einer »unstabilen Mischung« von rationalem Wissen und magischen Praktiken bemüht sich der Gelehrte, die Hieroglyphenschrift der Welt zu entziffern, wodurch eine Art endloser Kommentar entsteht. Wie sich das konkret darstellt, wollen wir an dem bekanntesten Beispiel der Zeit, Theophrast Bombast von Hohenheim, genannt Paracelsus, etwas näher untersuchen.

Paracelsus – der Arzt als Philosoph, der gegen die Quacksalber seiner Zeit kämpft

Paracelsus von Hohenheim – Arzt und Naturphilosoph

Paracelsus wurde um 1493 bei Einsiedeln in der Schweiz geboren und starb 1541 in Salzburg. In seinem Leben finden wir das Unruhig-Gärende der Reformationszeit wieder. Er studierte Medizin in Bologna und Ferrara und war dann sein ganzes Leben auf einer ständigen Wanderschaft, die ihn durch ganz Europa führte. Nur zehn Monate hatte er eine ordentliche Professur in Basel (1527/28), doch hier kam es schnell zum Konflikt, da er nicht dem Schema des persönlichen und wissenschaftlichen Verhaltens entsprach. So lehrte er in deutscher Sprache, wobei er sich einer ungewohnten Terminologie bediente, und verbrannte während des Johannisfests auf dem Basler Marktplatz ein anerkanntes scholastisch-medizinisches Lehrbuch. Er hat sehr viele Schriften medizinisch-theologisch-sozialkritischen Inhalts verfaßt, die aber meist erst nach seinem Tode gedruckt wurden. Als literaturgeschichtliches Unicum sei erwähnt, daß das Druckversprechen der Kärntner Landstände für sein Buch *Labyrinthus medicorum errantium (Labyrinth der irrenden Ärzte)* von 1538 im Jahre 1955 von einer Kärntner Landesregierung eingelöst wurde! Wir beschränken uns im folgenden auf dieses Buch und geben anhand des – für einen heutigen Mediziner sicher sehr befremdlichen – Aufbaus der elf Kapitel einen Einblick in das paracelsische Denken.

Der *Labyrinthus* ist eine Kritik der offiziellen Medizin, die sich – parallel wie im vorhergehenden Kapitel die Naturphilosophie – an den Autoritäten (Hippokrates, Galen, Avicenna und andere arabisch-jüdische Ärzte) orientierte, sich also in Kommentar und Metakommentar erschöpfte. Paracelsus setzt dagegen das »Licht der Natur« *(lumen naturae)*; ein Buch, »das Gott selbst gegeben, geschrieben, diktiert und gesetzt hat«. Wie stellt sich Paracelsus das rechte medizinische Wissen vor? Der Aufbau des *Labyrinthus* vermag ein einleuchtendes Bild davon zu vermitteln, wie hier die Gewichte gesetzt sind.

Buch I handelt von der *sapientia*, dem rechten Wissen und Gebrauch aller Dinge. Dieses Wissen kommt durch die rechte Gotteserkenntnis: »Am ersten muß ein jedlicher medicus [...] aus Gott reden.«

Buch II handelt vom Firmament. Der Arzt muß lernen, »die Sterne des Firmaments zusammenzubuchstaben und die Sentenz nachfolgend daraus zu entnehmen.«

Buch III hat sein *corpus* in den Elementen: »Denn die Elemente sind näher und gefreundeter denn Mann und Weib. Das macht die Konkordanz der Union, so die Elemente gegen den Menschen haben.« Die Elemente bestehen aus den drei Grundbestandteilen Merkur (Quecksilberessenz, weiblich), Sulphur (Schwefelessenz, männlich-aktiv) und Sal (Salzessenz, bewirkt z. B. die Sprödigkeit der Metalle).

Buch IV lehrt den Bezug von Welt *(macrokosmos)* und Mensch *(microkosmos)* erkennen. Der Mensch ist *microkosmos*, die kleine Welt, denn er hat die Bestandteile und Eigenschaften aller Metalle, Kreaturen, Gestirne etc. »in *eine* massam zusammengezogen« in sich.

Buch V ist das Buch der *Alichimei*. Paracelsus versteht unter Alchemie nicht etwa Goldmacherei, sondern die Vollendung und Verwandlung der Dinge, um sie für den Menschen gebrauchen zu können – wie das Getreide, das die Natur liefert, erst gebacken werden muß, damit man Brot essen kann. »Das ist *alchimia:* was nit auf sein End gekommen ist, zum Ende bringen [...] darum ist *alchimia* von Gott gesetzt als eine rechte Kunst der Natur.«

Buch VI stellt die *experientia* dar. »Erfahrenheit« ist ein Grundbegriff bei Paracelsus, dem er das »Wissen« *(scientia)* beigesellt. Beide haben eine umfassende Bedeutung.

Buch VII schildert die »natürlichen Apotheken und Ärzte«. Der Arzt muß über Gut und Bös, das Zuviel und Zuwenig in der Natur wie beim Menschen Bescheid wissen (denn: »der Mensch ist zum Umfallen geboren«).

Buch VIII behandelt die theoretische Medizin als Theorie der Ursachen und Heilung von Krankheiten.

Buch IX betont, daß die medizinische Kunst »nicht durch Spekulation, sondern durch gewisse Offenbarung« gefunden wird. Diese Offenbarung als richtiges Entziffern der Signaturen geschieht durch die Geheimwissenschaften der Magie, Astrologie und Kabbalistik.

Buch X legt dar, wie man – etwa durch die Alchemie – von der *prima materia*, dem Urstoff, zur gestalteten Form *(ultima materia)* gelangt.

Buch XI bekämpft die Lehre von den vier *humoribus* (Temperamenten) und setzt die rechte *philosophia* als das Erkennen des Gesamtzusammenhangs dagegen.

Da die Argumentation des Buches nach einer anderen Logik verläuft, als der moderne Leser gewohnt ist, ist die Lektüre zunächst verwirrend. Man glaubt ständig, ins Leere zu greifen, da der Gedanke von einem zum anderen springt, ohne daß, wie dies Aristoteles mit seinen wissenschaftlichen Abhandlungen eingeführt hat [→ S. 39f.], ein Ergebnis festgehalten oder ein Übergang geschaffen wird. Erst nach geduldigem Sich-Einlassen auf den Text stellt sich ein gewisses Gefühl dafür her, worum es eigentlich geht, und man ahnt die verborgene Logik des Textes. Es ist die Logik des Ähnlichen. Das Buch der Natur, in dem Paracelsus liest, ist sehr verschieden von dem Buch, das Galilei vor Augen hat [→ S. 142].

Der Mystiker Jakob Böhme (1575–1624) steht ziemlich einzig da in der Geschichte der Philosophie. Er war ein Handwerker, nämlich Schuster in

Gliederung des Labyrinthus

Destillationsofen

eigentümliche Logik des Textes

Jakob Böhme Görlitz in Schlesien, und hatte mit fünfundzwanzig Jahren sein erstes mystisches Erlebnis. Nach zwölfjährigem Schweigen ließ er sich zur Niederschrift seines ersten Buches *Morgenröte im Aufgang* bewegen. Dadurch bekam er Schwierigkeiten mit der protestantischen Orthodoxie. Man darf nicht glauben, daß nach der Reformation immer ein frischer Geist im Protestantismus wehte; im Begriff der »protestantischen Scholastik« kommt diese Tatsache zum Ausdruck. Nach längerem gehorsamen Schweigen verfaßte er gegen Ende seines Lebens noch eine Reihe von Schriften, in denen er seine theosophischen Visionen darlegte. Es ist schwer, etwas über Böhme zu schreiben, ohne gleich in seine Sprache und den Duktus seines Denkens zu verfallen. Hegel nennt die Art und Weise seiner Darstellung »barbarisch«, weil Böhme ganz in Bildern und sinnlichen Bestimmungen dachte. Viele sind aus der Alchemie genommen (z. B. herb, süß, grimmig; Qualität; Sal, Merkur, Sulphur; Zorn und Liebe), und Paracelsus ist der einzige Autor, von dessen Lektüre wir bei Böhme – außer der Bibel natürlich – sicher wissen (E. Bloch weist in seinen Vorlesungen zur Philosophie der Renaissance darauf hin, daß damals im Volk eine Menge »unterirdischer Grübelliteratur« umhergelaufen sein muß, die dann verloren ging). Auch bei Böhme finden wir einen »faustischen«, auf das Ganze des Universums gehenden Zug. Woher hat der Schustergeselle, der nicht richtig schreiben und schon gar kein Latein kann, die Berechtigung, etwas über die tiefsten Geheimnisse der Religion zu sagen? »Ich trage in meinem Wissen nicht erst Buchstaben zusammen aus vielen Büchern, sondern ich habe den Buchstaben in mir, liegt doch Himmel und Erde mit allen Wesen, dazu Gott selber, im Menschen. Soll er denn in dem Buche nicht lesen dürfen, das er selber ist?«

Anziehung und Gegensatz in der Natur Wieder die Buchmetapher, die diesmal das ungeheure Selbstbewußtsein des Mystikers ausdrückt. Dabei bringt Böhme die gängigen Denkmuster des Ähnlichen in ein System ganz eigener Prägung. Es ist zutiefst dualistisch. Das wird schon bei dem mystischen Grunderlebnis des jungen Böhme deutlich. Abraham von Frankenberg, sein adliger Gönner und Biograph, berichtet, daß er beim Anblick eines zinnernen Geräts in seinem Zimmer von der Erkenntnis durchblitzt worden sei, daß das Licht nur auf dem dunklen Grund offenbar werden kann. So heißt es in der *Morgenröte*: »Denn die Sanftmut der Natur ist eine stille Ruhe; aber die Grimmigkeit in allen Kräften macht alles beweglich, laufend und rennend, dazu gebärend. Denn die treibenden Qualitäten bringen Lust in alle Kreaturen, daß sich alles untereinander begehret, vermischt, zunimmt, abnimmt, schön wird, verdirbt, liebt, feindet. [...] Es ist nichts in der Natur, da nicht Gutes und Böses innen ist, es wallt und lebet alles in diesem zweifachen Trieb [...].«

zur Wirkungsgeschichte Um diesen Dualismus kreist sein Denken in immer neuen Bildern, Symbolen und Schemata, wie es die *Tafeln von den drei Prinzipien göttlicher Offenbarung* erkennen lassen. Dabei entwickelt er, wie alle bedeutenden Mystiker, eine große Sprachkraft und hat damit einen wichtigen Beitrag zur deutschen Sprache geliefert. Böhme wurde bald von Engländern (übrigens las auch der alte Newton seine Schriften) zum *philosophus teutonicus*, zum deutschen Philosophen also, erklärt. Das paßte gut zu den Absichten der Romantiker, die ihn für sich entdeckt und gefeiert haben (F. Schlegel in den *Vorlesungen aus den Jahren 1804–1806*: »Er ist ohne Zweifel der umfassendste, reichhaltigste und mannigfaltigste von allen Mystikern«). Das tiefere Bedürfnis, das hinter dieser Wertschätzung stand, war der Wunsch, eine Einheit in der Zersplitterung des modernen Lebens zu finden. Und hierzu konnte Böhme von seinen Grundgedanken her viele Anregungen geben, auch wenn sich sicher keiner unmittelbar übertragen läßt.

Der dritte unstete Faust-Wanderer, der hier erwähnt werden muß, ist der Italiener Giordano Bruno (1548–1600). Er trat mit 15 Jahren in den Dominikanerorden ein, den Orden, der seit 1231 vom Papst mit dem Geschäft der Inquisition beauftragt war. Wegen Ketzerei angeklagt, verließ er den Orden nach einigen Jahren und führte ein Wanderleben durch Europa, mit den Stationen Genf, Paris, Oxford, London, Wittenberg und Frankfurt am Main. Da er sich verleiten ließ, nach Venedig zu kommen, fiel er in die Hände der Inquisition. Er wurde nach Rom ausgeliefert und hat dort zunächst widerrufen. Trotzdem wurde er weiter über sieben Jahre in Haft gehalten. Schließlich verweigerte er endgültig den Widerruf und wurde am 17. Februar 1600 auf dem Campo di Fiore in Rom öffentlich verbrannt. Durch diesen Tod wurde er, ähnlich wie Sokrates, zu einer Symbolfigur der Philosophiegeschichte. Hegel berichtet in seinen *Vorlesungen über die Geschichte der Philosophie*, daß noch zu seiner Zeit die Schriften des Ketzers Bruno in Dresden verboten waren!

Giordano Brunos Leben

Bruno war kein Wissenschaftler wie Kopernikus oder Kepler, aber er hat mit dichterisch-philosophischer Inspiration die Konsequenzen der Kopernikanischen Revolution gezogen. Sein Hauptthema ist die Unendlichkeit des Universums: »Wir wissen sicher, daß dieser Raum als Wirkung und Erzeugnis einer unendlichen Ursache und eines unendlichen Prinzips auf unendliche Weise unendlich sein muß.« Was das gefühlsmäßig bedeutet, können wir im Zeitalter der Raumfahrt nur noch ahnen. Dazu zwei Zitate aus der Schrift *De immenso*: »Ich rufe dich an, edler Kopernikus, dessen Werk meinen Geist seit seinen zartesten Jahren in Erstaunen versetzte, während ich mit meinen Sinnen und meiner Vernunft Dinge für falsch betrachtete, die ich nun mit dem Finger berühre und die ich für Entdeckungen halte.« – »Furchtlos zerteile ich den Raum mit meinen Flügeln, und der Ruf läßt mich nicht gegen Gewölbe stoßen, die ein wirklicher Irrtum aus falschen Prinzipien errichtet hat, so daß wir in einem imaginären Gefängnis einschlossen wären, als ob die Totalität von falschen Mauern umgeben wäre.«

unendlicher Kosmos

Neuer Inhalt, andere Formen. Bruno verfaßte neben lateinischen auch viele Schriften in italienischer Sprache, und zwar in Dialogform (Hegel: »Erst in der Muttersprache ausgesprochen ist etwas mein Eigentum«). Der Dialog *De la causa, principio e uno (Von der Ursache, dem Anfangsgrund und dem Einen)* ist sein Hauptwerk. Wie der Titel durchblicken läßt, zieht Bruno aus seiner Vision der Unendlichkeit des Alls Konsequenzen, die mit dem christlichen Gottesbegriff nicht mehr zusammenpassen. Denn die Einmaligkeit, Exklusivität des Heilsgeschehens hier auf dieser Erde für diese Menschen wird dadurch in Frage gestellt. Bruno verkündet dementsprechend einen dynamischen Pantheismus, der »Gott« und »Natur« tendenziell gleichsetzt. Die beseelte, schaffende Natur *(natura naturans)* bringt in immer neuer Folge eine Vielzahl von Welten hervor: »Deshalb muß die Materie, die immer dieselbe und immer fruchtbar bleibt, das bedeutsame Vorrecht haben, als einziges substantielles Prinzip und als das, was ist und immer bleibt, anerkannt zu werden, während die Formen zusammen nur als verschiedene Bestimmungen der Materie anzuerkennen sind, welche gehen und kommen, aufhören und sich erneuern und deshalb nicht alle das Ansehen eines Prinzips haben können.« Das heißt nicht, daß Bruno sich als Atheist verstanden hätte. Im Rückgriff auf den von ihm verehrten Cusanus [→ S. 115 ff.] bedient er sich des Gedankens der *coincidentia oppositorum*, des Zusammenfallens der Gegensätze im Unendlichen, so daß Gott überall anwesend ist: »Im Universum ist das

»natura naturans«, schaffende Natur

Endliche nicht vom Unendlichen, das Größte nicht vom Kleinsten unterschieden.« Interessant ist hier auch die Gegensätzlichkeit, in der der Gedanke des Unendlichen von verschiedenen Philosophen erfahren wird. Ein Pascal [→ S. 179] wird sich seiner Winzigkeit und Nichtigkeit bewußt, Bruno sieht überall fließendes Leben, so in seinem Gedicht *An den eigenen Geist*:

> Wurzelnd ruhst du, o Berg, tief mit der Erde verwachsen,
> Aber dein Scheitel ragt zu den Gestirnen empor.
> Geist, von des Weltalls Höhn mahnt dich die trennende Grenze,
> Die dich, beiden verwandt, scheidet von Hades und Zeus,
> Daß du dein Recht nicht verlierst und träg in Niedern beruhend
> Sinkst vom Staube beschwert dumpf in des Acheron Flut.
> Nein, vielmehr zum Himmel empor! Dort suche die Heimat!
> Denn wenn Gott dich berührt, wirst du zu flammender Glut.

»Knowledge is Power«! Francis Bacon und die Royal Society of London for Improving Natural Knowledge

Sir Francis Bacon

Auf dem Titelbild der Erstausgabe des *Novum Organon* von 1620 sehen wir ein Schiff, das durch die Säulen des Herkules (Gibraltar) fährt. Darunter das Motto *Plus Ultra*, also *Noch Mehr*. Ist es ein Schiff der *East India Company*, die 1600 gegründet worden war und durch ihre einzigartige Monopolstellung ihren Teil dazu beitrug, daß England das fortgeschrittenste frühkapitalistische Land wurde? *Plus Ultra* – heißt das, daß hier noch mehr Geld verdient werden soll (1571 war die Londoner Börse eröffnet worden)? Ganz so direkt ist es vom Verfasser wohl nicht gemeint gewesen. Dieser bezog das Motto sicherlich auf das Wissen. *Knowledge is Power*, Wissen ist Macht, und über je mehr Wissen wir verfügen, um so mächtiger sind wir. Jedenfalls drücken Bild, Motto und Titel das ungeheure Selbstbewußtsein des Verfassers aus, denn das *Neue Organon* sollte nichts Geringeres leisten als an die Stelle des alten *Organon* von Aristoteles [→ S. 48] treten. Von Aristoteleskritik haben wir zwar im Verlauf der Renaissance schon viel gehört, aber so dick hat noch keiner aufgetragen.

Biographisches zu Bacon

In der Tat ist Francis Bacon im Jahre 1620 auf dem Höhepunkt seiner Macht. Er stammt aus allerbesten Kreisen: 1560 als Sohn des Großsiegelbewahrers Elisabeths I. geboren, studierte der Frühreife schon mit zwölf Jahren Jura, wurde dann Rechtsanwalt und Parlamentsmitglied. Seine eigentliche Karriere begann unter der Herrschaft Jakobs I. (1603–1625). 1617 ist Bacon selbst Großsiegelbewahrer, wird 1618 zum Lordkanzler – also der erste Mann nach dem König – und Baron von Verulam ernannt, 1621 dazu noch Graf von St. Alban. Ebenso steil ist der Absturz. Im selben Jahre 1621 wird er – berechtigterweise – wegen Bestechung angeklagt. Auch wenn er durch die baldige Begnadigung durch den König nicht lange im Tower sitzen muß, verliert er durch den Prozeß alle Ämter und Würden. Den Rest seines Lebens bleibt er Privatmann, was für uns den großen Vorteil hat, daß er jetzt über mehr Muße zum Schreiben verfügt. Denkwürdig ist sein Tod im Winter 1626: der Verkünder des systematischen Experimentierens starb an einer Erkältung, als er herausfinden wollte, ob man Fleisch statt mit Salz nicht auch durch Kälte konservieren könne.

Bacon, ein Zeitgenosse Shakespeares und Galileis, ist eine echte Übergangsfigur. In vielen philosophiegeschichtlichen Darstellungen wird er an den Beginn der Neuzeit gerückt, da er objektiv und subjektiv eine neue Epoche eingeläutet habe. Wir stellen ihn hier an den Ausgang der Renaissance, u. a. weil sich in seiner Person ganz stark das »Faustische« dieses Zeitalters der Entdeckungen ausdrückt. In anderer Form zwar als bei Columbus, mit dem er sich gerne verglich, oder in der Magie, doch mit vergleichbarer Absicht. Programmatisch lautet der Titel seines Gesamtwerks *Magna instauratio imperii humani in naturam – Die große Erneuerung der menschlichen Herrschaft über die Natur*. Von dem auf sechs Bände geplanten Projekt konnten nur zwei Teile ausgeführt werden, nämlich *Über die Würde und den Fortgang der Wissenschaften* und das *Neue Organon*, wie Bacons Bedeutung überhaupt in manchem mehr in seinen Projekten liegt als in dem, was er tatsächlich umgesetzt hat. Das *Neue Organon* sollte als erster Band der *Großen Erneuerung* stehen. Es ist sein wichtigstes Werk, auf das wir uns im wesentlichen beschränken. In einer Reihe von Aphorismen geschrieben, ist es gut lesbar und als eines der Grundbücher der neueren Philosophie sehr zur Lektüre zu empfehlen. Es besteht aus zwei Teilen: einem polemischen Teil, der hauptsächlich eine Kritik der menschlichen Erkenntnisfähigkeit und der philosophischen Vorläufer enthält, und einen konstruktiven Teil, in dem die eigene Methode dargelegt und an Beispielen erläutert wird.

Faustische Projekte

»Das wahre Ziel der Wissenschaften ist nun die Bereicherung des menschlichen Geschlechts mit neuen Kräften und Erfindungen.« Ganz stark zeigt sich bei Bacon ein neues Bewußtsein von Wissenschaft. Sie muß systematisch organisiert und umgesetzt werden, um durch Erfindungen den Wohlstand der Gesellschaft optimal zu befördern. Die »menschliche Glückseligkeit« ist dabei oberstes Ziel (man denke an das ganz andere Verständnis von *theoria*, wie es Aristoteles am Anfang der *Metaphysik* als für Jahrhunderte verbindliche Auffassung formuliert [→ S. 44]. Neu ist auch der Gegner – die Natur: »Meine Trompete ruft nicht die Menschen dazu auf, daß sie sich gegenseitig mit Gegenreden schmähen und untereinander Krieg führen und sich erschlagen, sondern daß sie Frieden miteinander schließen und dann mit vereinten Kräften gegen die Natur der Dinge rüsten, deren Anhöhen und Befestigungen nehmen und erobern und die Grenzen der menschlichen Herrschaft, soweit Gott es in seiner Güte gewährt, weiter vorschieben.«

Naturbeherrschung

Das ist äußerlich dasselbe wie das biblische »Machet euch die Erde untertan«, gewinnt aber durch die Intensität der Gegnerschaft wie durch die Methode der Kriegsführung eine neue Qualität. Um »durch Werke die Natur zu besiegen«, muß man sie genau kennen. Daher die berühmte Stelle im dritten Aphorismus: »Denn die Natur läßt sich nur besiegen, indem man ihr gehorcht« *(natura non nisi parendo vincitur)*. Dieser scheinbare Gehorsam – in Wirklichkeit ist es List – geht auf die Kenntnis der Naturgesetze. Vorher aber müssen die Irrtümer weggeräumt werden, die dieser Erkenntnis im Wege stehen. Hier ist nun Bacon besonders wichtig, weil er sich nicht in der bloßen Polemik gegen andere philosophische Lehrmeinungen erschöpft, sondern einen der ersten großen Versuche macht, die Erkenntnisirrtümer zu systematisieren. Er geht also methodisch gleichsam noch einen Schritt hinter die verschiedenen Auffassungen zurück und versucht den gemeinsamen Punkt zu finden, der ihnen in ihrer Verschiedenheit und Widersprüchlichkeit zugrundeliegt. Insofern gehört seine Lehre von den Idolen *(idola*, Bild, hier im Sinne von Götzenbild) in den Aphorismen Nr.

systematische Kritik der Vorurteile

38–68 zu den klassischen Theorien des Irrtums: »in dieser Ausführlichkeit, auch in dieser Leidenschaftlichkeit ist das falsche Bewußtsein in der bürgerlichen Philosophie später kaum mehr verfolgt worden.« [8] Bacons Voraussetzung ist dabei die – allerdings naive – Vorstellung, daß das »richtige« Erkennen wie ein Spiegel den Dingen so »dem Weltall analog« sein solle und könne. Daher vergleicht er den menschlichen Verstand in seiner jetzigen Verfassung mit einem »unebnen Spiegel«, der das Weltall verzerrt wiedergibt. Vier »Vorurteilsgötzen« *(idola)* sind es, die zu dieser Verzerrung beisteuern:

vier Götzen

– Die Vorurteile der menschlichen Gattung – die Verzerrungen durch die Eigenart des menschlichen Erkennens, das z. B. immer dazu neigt, die Natur anthropomorph, mit menschlichen Denkmustern zu sehen und ihr einen Zweck unterzuschieben, wo in Wirklichkeit keiner ist.
– Die Vorurteile des Standpunkts – Eigenheiten, wodurch jeder Einzelne durch seine persönlichen Erfahrungen und Interessen »das Licht der Natur bricht und zersetzt.«
– Die Vorurteile der Gesellschaft – damit sind vor allem die Verzerrungen durch die menschliche Sprache gemeint.
– Die Vorurteile der Bühne *(idola theatri)*. D. h. alle die Irrtümer der philosophischen Schulen sowie die Gefahren, die aus der Vermischung von Religion und Philosophie kommen können. Bacon spricht sich für eine klare Trennung göttlicher und menschlicher Dinge aus, weil sonst »nicht nur eine schwärmerische Philosophie, sondern auch eine ketzerische Religion hervorgeht.«

Induktion als Methode

An die Kritik der Vorurteile schließt sich mit Buch II die Darlegung der richtigen Naturerkenntnis an: »Idolenlehre und positive Theorie sind also komplementäre Stücke eines Erkenntnisprozesses« (R. Brandt). Hier wurde Bacon für die Wissenschaftsgeschichte wichtig durch seine Theorie der Induktion. Damit ist das Auffinden von Naturgesetzen durch sorgfältige Ermittlung aller zu einem Phänomen gehörigen Komponenten und durch richtige Abstraktion von den Einzelheiten gemeint. (»Mit dem Faseln und Spekulieren ist nichts geholfen; man muß wissen, wie die Natur es macht!«) Das planmäßige induktive Vorgehen gehört in einen Gesamtprozeß von Naturerkenntnis, in dem aus der Erfahrung Axiome abgeleitet und aus diesen Axiomen wiederum neue Erfahrungen gewonnen werden (vgl. Buch II, Aphorismus 10). Wie das gehen soll, wird am Beispiel das Phänomens »Wärme« vorgeführt. Bacon führt hier zahlreiche Tafeln auf, auf denen zunächst alle Fälle zusammengestellt werden, die mit »Wärme« zu tun haben. Dann zählt er 27 Instanzen auf, die eine solche Naturerscheinung erklären helfen sollen. Das klingt sehr modern. Bei näherem Hinsehen zeigt sich jedoch, daß auch Bacon noch von zahlreichen »Trieben«, »Neigungen« und »Eigenschaften der Körper« ausgeht (z. B. spricht er von Instanzen der Macht, der Verbindung, selbst von »magischen Instanzen«, die beim Schießpulver zugange sind). Die für die klassische Mechanik zentralen Faktoren Maß und Zeit werden hier nur additiv, unter vielen anderen, an 21. und 22. Stelle angeführt. Hier zeigt sich noch einmal von einem anderen Blickwinkel her das Genie Galileis. Bacon hat auch sonst viele wissenschaftliche Leistungen seiner Zeit (u. a. Kopernikus, Gilbert und Harvey) verkannt.

Bereits 1597 veröffentlichte Bacon eine Sammlung von *Essays*. Auch dieses Werk, das ihn berühmt machte und das er später mehrfach erweitert hat, ist sehr lesenswert, da der Verfasser sich hier als scharfsinniger Beobachter seiner Zeit zeigt. Von der Form her sind sie an das Vorbild Montaignes angelehnt [→ S. 134]. Inhaltlich geht es hier aber nicht wie bei Montaigne um die schillernde Selbsterfahrung des Autors, sondern eher in der Tradition der römischen Moralisten (Seneca) um die Vermittlung praktischer Lebensweisheit. Der volle Titel lautet auch *Essays oder praktische und moralische Vorschläge*. Deutlich ist zu spüren, daß der Verfasser einer »von oben« ist, der mit einer gewissen *coolness* für Leute »von oben« schreibt – Über das Glück, Über Bittsteller, Über Parteien, Über Ehre und Ruhm usw. *Coolness* meint hier, daß er den Tatsachen des gesellschaftlichen Lebens mit einer bisweilen an Machiavelli erinnernden Nüchternheit ins Auge blickt (ein mit allen Wassern gewaschener Großsiegelbewahrer und Lordkanzler wie Bacon muß es ja wissen!). So heißt es in dem Essay *Über die Liebe (Of Love)*: »Denn wer zu sehr der Liebe frönt, verzichtet auf Reichtum wie Weisheit. [...] Am besten halten die, die sich der Liebe nicht entschlagen können, sie fest im Zaum und trennen sie scharf von den ernsthaften Angelegenheiten und Geschäften des Lebens; denn wenn sie sich erst in den Beruf eines Menschen eindrängt, dann verwirrt sie seine Vermögensverhältnisse und macht aus ihm ein Wesen, das seine Ziele völlig aus dem Auge verliert.«

Die Essays, kühler Blick auf das Leben

Fragment geblieben ist die technische Utopie [→ S. 132] *Neu-Atlantis (Nova Atlantis)*, die als Anhang der *Magna instauratio* stehen sollte. Im Mittelpunkt der Inselbeschreibung steht die Schilderung des Hauses Salomon (der jüdische König Salomon galt ja als besonders weise). Es ist eine Forschungsstätte, die – im Sinne des *Neuen Organon* – durch planmäßiges Sammeln und Experimentieren in die Geheimnisse der Natur eindringt und »die Erweiterung der menschlichen Herrschaft bis an die Grenzen des überhaupt Möglichen« vorantreibt. Bemerkenswert ist die Kühnheit des Träumens: Bacon sieht hier z. B. eine Zentralforderung der heutigen ökologischen Bewegung schon eingelöst, nämlich Wärmeerzeugung durch Sonnenenergie. Er spricht auch von Mitteln, »Töne durch Rohre und andere Hohlräume, sogar auf gewundenen Wegen, zu übertragen«, von der Nachahmung des Vogelflugs, von »Schiffen und Nachen, die unter dem Wasser fahren.«

technische Utopie

Wie sah die Wirklichkeit seiner Zeit aus? Bacons Propaganda trug entscheidend dazu bei, daß die praktisch ausgerichtete Naturforschung im 17. Jahrhundert ein neues Selbstbewußtsein erlangte und damit einen großen Aufschwung nahm. Das entsprach natürlich dringenden Bedürfnissen einer fortschreitend warenproduzierenden Gesellschaft, was an den Problemen des Seehandels (genaue Ortsbestimmungen durch zuverlässige astronomische Verfahren) und des Bergbaus (Pumptechnik, Hydraulik) nur besonders deutlich zutage tritt. Dazu bedarf es aber gesellschaftlicher Institutionen, in denen das erforderliche neue Wissen planmäßig erlangt und im täglichen Unterricht konkret weitervermittelt werden kann (dieser Aspekt der konkreten institutionellen Basis, auf der erst die Leistungen der »großen Denker« erwachsen können, bleibt in unserer Darstellung vernachlässigt. Zumindest in der Form der Feststellung des Defizits sei er hier eingebracht!). Hier gibt es interessante geschichtliche Parallelen. Sie zeigen jeweils ein neues gesellschaftliches Bedürfnis an, dem eine neue Institutionalisierung von Wissenschaft entspricht. Wie die Domschulen des frühen Mittelalters im 12. Jahrhundert durch die Universitäten und die scholastische Methode abgelöst wurden, so entstand im 17. Jahrhundert die neue Form der wissenschaftlichen Gesellschaften, da die alte Universität den Bedürfnissen einer experimentellen Naturwissenschaft nicht genügen konnte. Eine der ältesten wissenschaftlichen Gesellschaften war die

gesellschaftliche Erfordernisse und wissenschaftliche Institutionen

Die Akademien

Accademia del Cimento in Florenz. Sie wurde 1657 unter maßgeblicher Beteiligung von Schülern Galileis gegründet. Zehn Jahre später mußte sie unter dem Druck der Kirche schließen. Die erfolgreichste wissenschaftliche Gesellschaft wurde *The Royal Society of London for Improving Natural Knowledge*. Sie entstand aus wöchentlichen Zusammenkünften von an Experimentalwissenschaft interessierten Privatleuten und wurde offiziell 1662 durch eine Stiftungsurkunde König Karls II gegründet. Mit der *History of the Royal Society of London* des späteren Bischofs Thomas Sprat, die er fünf Jahre nach der Gründung veröffentlichte, besitzen wir ein interessantes Dokument aus dieser frühen Phase der bürgerlichen Wissenschaftsgeschichte. Sprat schreibt: »Sie [die Mitglieder] suchten in erster Linie die innere Befriedigung, freiere Luft atmen und in Ruhe miteinander sprechen zu können, ohne sich mit den Leidenschaften und Tollheiten dieser düsteren Zeit [gemeint ist der Bürgerkrieg in England] abgeben zu müssen. [...] Ihre Zusammenkünfte fanden so oft statt, wie es ihre Geschäfte gestatteten; ihre Verhandlungen waren mehr Taten als Auseinandersetzungen, indem man in der Hauptsache einigen besonderen chemischen und mechanischen Versuchen beiwohnte. Es gab für sie keine feststehenden Regeln oder Methoden; ihre Absicht bestand mehr darin, sich gegenseitig die Entdeckungen mitzuteilen, die sie in einem derartig engen Rahmen machen konnten, als eine gemeinsame, konstante oder regelmäßige Untersuchung durchzuführen.«

vom Nutzen grundlegender Forschung

Wichtig ist auch eine Stelle, wo Sprat sich mit einem Einwand bezüglich der Unsicherheit von Experimenten auseinandersetzt. Der Einwand argumentiert mit dem Prinzip des unmittelbaren Nutzens. Wir müssen dabei bedenken, daß, je komplizierter und abstrakter die europäischen Gesellschaften im Verlauf ihrer Geschichte wurden, um so abgeschnittener, separierter auch der Prozeß wissenschaftlicher Erkenntnis stattfindet (»abgeschnittenes Erzeugen des Allgemeinen« nennt es Hegel in der Vorrede der *Phänomenologie*). Der »Nutzen« ist oft nicht mehr direkt erkennbar. Wissenschaftliche Forschung ist damit aber nicht nutzloser geworden; ganz im Gegenteil hat ihre Bedeutung für die Gesamtgesellschaft ständig zugenommen. Nur der Zusammenhang ist komplizierter geworden (ganz kompliziert z. B. in der Form des Patents, das die private Aneignung gesamtgesellschaftlichen Wissens – und Wissenschaft ist immer eine überindividuelle Sache – darstellt). Sprat widerlegt den Einwand, indem er sich auf den gesamtgesellschaftlichen Standpunkt – hier als Standpunkt des lieben Gottes – stellt: »Sie sollen aber wissen, daß in einer so weitläufigen und verschiedenartigen Kunst, wie die der Experimente, viele Grade der Nützlichkeit bestehen: einige Versuche mögen einen wirklichen, auf der Hand liegenden Vorteil erbringen, ohne viel Freude; einige belehren, ohne offenbaren Nutzen; einige dienen jetzt schon zur Aufklärung, erst später werden sie nützlich, einige befriedigen bloß unseren Schönheitssinn und unsere Neugier. Wenn sie darauf bestehen, alle Experimente zu verwerfen, außer solchen, die einen unmittelbaren Gewinn und eine sofortige Ernte mit sich bringen, dann können sie ebenso gut an Gottes Vorsehung krittlen, daß er nicht alle Jahreszeiten für Mahd, Ernte und Weinlese bestimmt hat.«

Internationalisierung des Wissens

Ein weiterer neuer Aspekt ist die »Internationalisierung« des Wissens. Durch entsprechende Förderung konnte sich die Form der regelmäßigen *Sitzungsberichte* der Gesellschaften entwickeln, wodurch das Wissensgefälle zwischen den verschiedenen Nationen Europas schneller ausgeglichen werden konnte. Wissen ist dadurch, bis heute, etwas Internationales geworden. Angesichts solcher Vorteile ist es nicht verwunderlich, daß das

Beispiel der *Royal Society* bald europäische Nachahmer fand (1667 Gründung der *Académie Royale des Sciences* in Paris; 1700 der *Akademie der Wissenschaften* in Berlin; 1724 der Akademie in St. Petersburg).

Diese Akademien sind also die konkrete geschichtliche Gestalt des Hauses Salomonis in Bacons *Neu-Atlantis*. Entsprechend nahm er in der Geschichte der bürgerlichen Philosophie stets einen Ehrenplatz ein; Voltaire z.B. spricht von ihm in seinen *Philosophischen Briefen* ehrfurchtsvoll als dem »Vater der experimentellen Philosophie«. Fortschritt der menschlichen Gesellschaft als fortschreitende Herrschaft über die Natur war Bacons Programm. Man muß bedenken, was das heißt. Ist nicht auch unser Körper ein Stück Natur? Nie sich von Gefühlen überwältigen lassen, ist hier der Rat des Puritaners Bacon; kühl bleiben, denn das könnte den Vermögensverhältnissen schaden! Heute, nachdem die Folgen der menschlichen Herrschaft über die äußere und innere Natur immer bedrohlicher spürbar werden, hat sich daher die Einstellung zu Bacon merklich gewandelt. Die *Dialektik der Aufklärung* von M. Horkheimer und Th. W. Adorno [→ S. 439], eine Bestandsaufnahme der europäischen Katastrophe aus dem Jahre 1944, setzt mit einem langen Bacon-Zitat ein. Seinen Inhalt kann man sich denken; es stammt aus seiner Schrift *The Praise of Knowledge*. Bacon steht jetzt in der vordersten Reihe all derer, denen der Prozeß gemacht wird. Die Anklage lautet auf Vergötzung der Vernunft.

Naturherrschaft und Preis des Fortschritts

DIE PHILOSOPHIE DER NEUEN, DER BÜRGERLICHEN ZEIT

Neuzeit – was heißt das?

Vernunft als Basis der Epoche

Die hier im vierten Teil unter der Überschrift »Neuzeit« zusammengebrachte Epoche umfaßt den Zeitraum von Descartes (geboren 1596) bis Hegel (gestorben 1831), also rund zwei Jahrhunderte. Sieht man von den beiden Großen der Antike, Platon und Aristoteles, einmal ab, ist es die wohl spannendste und produktivste Epoche der Philosophiegeschichte. Was rechtfertigt uns, für diese Epoche den in der Philosophiegeschichte eingebürgerten Begriff »Neuzeit« zu übernehmen? Wenn »Epoche« mehr heißt als »Zeitraum von... bis«, welche gemeinsamen Züge lassen sich nennen, die in ihr trotz der Vielfalt, ja Gegensätzlichkeit der Philosophien ein einheitliches Gesicht erkennen lassen? Es sind hauptsächlich zwei Überlegungen, die unser Vorgehen als sinnvoll erscheinen lassen. Einmal läßt sich eine gewisse Einheitlichkeit des Philosophiebegriffs feststellen, also eine gemeinsame Grundüberzeugung, die jeden Philosophen leitet, egal worüber er nachdenkt und was er im Einzelnen dazu meint. Diese Grundüberzeugung ist das Prinzip der Vernunft. Die Philosophie der Neuzeit ist weder Auslegung von Autoritäten (wie in der Scholastik) noch Ergründen der Ähnlichkeiten zwischen Mikro- und Makrokosmos (wie in der Renaissance). *Scientia est certa deductio ex certis* – »Philosophie ist das richtige Schlußfolgern auf der Grundlage von sicherem Wissen«, wie ein Philosoph des 18. Jahrhunderts, A. Baumgarten, diese Überzeugung formulierte. Das gemeinsame Vorbild der Vernunft lieferte die Mathematik, und selbst Hegel, der schärfste Kritiker dieses Vorbilds, glaubte noch, ein System der Vernunft errichten zu können. Diese Vernunft ist universell; sie läßt sich in allen Gebieten des Wissens anwenden. Hierin liegt übrigens der Grund, warum uns heute all diese Philosophen als wahre Universalgenies vorkommen. Jeder kannte sich in einer Vielzahl von Gebieten aus und hat darüber geschrieben, denn »Philosophie« bedeutet in dieser Zeit noch soviel wie »Wissenschaft« überhaupt. Philosophie hatte also einen entschieden größeren Umfang (erst im 19. Jahrhundert schrumpft sie zusammen), bei dem entschiedenen Vorteil einer einheitlichen Methode der Vernunft.

Anspruch des Bürgertums

Warum aber der Vernunft? Mit dieser Frage gelangen wir zu der zweiten Überlegung, die die Epoche als einheitliche zu sehen erlaubt. Die Vernunft als Prinzip der Philosophie ist nämlich nicht vom Himmel gefallen, sondern enthält immer eine ausgeprägt politische Dimension. Das wird sofort klar, wenn wir uns vergegenwärtigen, daß alle Tendenzen dieser Epoche in der Französischen Revolution von 1789 ihren Höhepunkt finden. Im Verlauf dieser Revolution hat das Bürgertum als die gesellschaftliche Kraft, die geschichtlich immer stärker wurde, die Adelsgesellschaft weggefegt. Es hat einen neuen, einen bürgerlichen Staat errichtet, der auf dem Grundsatz der

Freiheit und Gleichheit aller Menschen, auf der Vernunft selbst beruhen sollte. Und hierin liegt der innerste, politische Kern der Vernunft: sie ist weder evangelisch noch katholisch, weder kaiserlich und schon gar nicht mit diesem oder jenem Fürstenhaus verbunden, sondern ganz und gar allgemein. Jeder Mensch hat Anteil an ihr, was politisch gewendet heißt: er hat Anspruch auf Vernunft, auf vernünftige Verhältnisse, in denen er sich wie jeder andere auch verwirklichen kann. Er hat diesen Anspruch kraft seines Menschseins, seiner Natur. »Natur« ist das zweite Schlüsselwort, das uns im Folgenden ständig beschäftigen wird. Wer ist dieser »allgemeine Mensch«, der im Namen der vernünftigen Natur und im Medium der Philosophie vernünftige Ansprüche formuliert? Sicher kein Angehöriger des Adels, denn ein Adliger ist kraft seines Blutes ein »besonderer« Mensch (er leitet ja aus seiner Besonderheit ganz handfeste Herrschaftsansprüche ab!). Sicher ist es auch kein Bauer. Wie die Bauernkriege der Reformationszeit gezeigt haben, neigt das Bauerntum aufgrund seiner ganzen Lebensform eher dazu, sich auf Religion und Herkommen zu berufen, wenn es in gesellschaftliche Konflikte gerät. Zudem war das Bauerntum in Deutschland nach seiner großen Niederlage als geschichtliche Kraft gebrochen, und auch für die anderen europäischen Länder läßt sich Vergleichbares feststellen. Bleibt also nur noch der Bürger als Vertreter des allgemeinen Menschen, der allgemeinen Vernunft (auch wenn er tagsüber als Ingenieur z. B. oder als Kaufmann ganz und gar mit seinen privaten Angelegenheiten beschäftigt scheint). Soziologisch gefaßt ist es die Schicht der bürgerlichen Intelligenz, die die Autoren und das Publikum der neuzeitlichen Philosophie stellt. Von daher soll die Neuzeit als einheitliche Epoche begriffen werden: die Philosophie der Vernunft als die Philosophie des aufsteigenden Bürgertums, der werdenden bürgerlichen Gesellschaft. Was »bürgerliche

Ein Bauer pflügt – ein Schäfer träumt in den Himmel – ein Schiff fährt aus – in dessen Nähe stürzt Ikarus ins Wasser, nur noch ein Bein ist sichtbar: Dieses Bild »Landschaft mit Sturz des Ikarus« von Pieter Brueghel d. Ä. überrascht, weil es das Geschehen mit antiker Gleichmütigkeit zeigt und auf eine heilsgeschichtliche Deutung der Ereignisse verzichtet.

intensiver Bezug zu unserer Gegenwart

Gesellschaft« heißt, werden wir unten am Beispiel der politischen Philosophie von Thomas Hobbes zu erläutern versuchen.

Im Verlauf der vorhergehenden Kapitel habe ich bei verschiedenen Gelegenheiten anzudeuten versucht, wie eng die Themen der Geschichte der Philosophie mit uns, mit unseren Fragen und Problemen zusammenhängen. Sei es als Einsicht in die Verschiedenheit vergangener Denkformen und Gesellschaften (das Eigentümliche des Eigenen kann nur im Vergleich zum Anderen erkannt werden), sei es als Hinweis auf Probleme, die sich in ähnlicher Weise noch heute stellen. Dieser Bezug auf uns wird mit dem Kapitel »Neuzeit« noch deutlicher werden. Denn was jetzt verstärkt ins Blickfeld gerät, ist der Einzelne, das bürgerliche Individuum, und die Art und Weise, wie sich dieser Einzelne zum Ganzen der bürgerlichen Gesellschaft und ihrem Staat verhält. Mag uns auch die Denkform der Epoche, das Prinzip der Vernunft, fremd geworden sein, so ist das Grundthema dieses Denkens sehr nah. Denn was sich im Verlauf dieser Epoche geschichtlich entwickelt hat, ist bestimmend geblieben. Ob wir stolz darauf sind oder unglücklich, ob wir es wollen oder nicht, sind wir alle Kinder der bürgerlichen Gesellschaft. Wir alle sind – Bürger.

Die großen Systeme der konstruierenden Vernunft und ihre Kritiker Pascal und Vico

Politische Philosophie der werdenden bürgerlichen Gesellschaft

gemeinsames Bewußtsein eines Neuanfangs bei den Staatstheoretikern

Jean Bodin (1529/30–1596) ist Franzose, Hugo Grotius (1583–1645) Holländer, Thomas Hobbes (1588–1679) Engländer. Auffallend bei diesen drei Staatsdenkern ist, wie stark sie sich als Neulinge fühlen. Bodin schreibt im Vorwort seiner *Sechs Bücher über die Republik* (1576): »Unter einer Million Büchern, die man in allen Wissenschaften antrifft, findet man kaum drei oder vier über den Staat. Nichtsdestoweniger ist das Studium der Politik die vornehmste unter den Wissenschaften. Die politischen Abhandlungen von Plato und Aristoteles sind so kurz, daß sie mehr Fragen aufwerfen als Antworten anbieten.« Und Grotius in seinen *Drei Büchern über das Recht des Krieges und Friedens*: »Das Unternehmen erscheint um so mehr der Mühe wert, als, wie erwähnt, bisher niemand dieses Gebiet vollständig behandelt hat. Nur einzelne Teile sind bearbeitet worden, und auch diese nur so, daß den Nachfolgern noch viel Arbeit übrig gelassen worden ist.«

Und für Hobbes gar ist die gesamte Staatsphilosophie »nicht älter [...] als das Buch, das ich selber *Über den Bürger* geschrieben habe«, datiert also ihm zufolge erst seit 1642! Diese Übereinstimmung im Bewußtsein der Neuheit ist kein Zufall. Sie beruht in der Sache selbst. Es ist die Entstehung und theoretische Entdeckung des modernen Staates, der im Laufe des 16. Jahrhunderts immer deutlichere Konturen annimmt. Man muß sich bewußt machen, daß die großen Konfessionskriege im Gefolge der Reformation in Deutschland, Frankreich und England eine Zeit stärkster politischer und gesellschaftlicher Erschütterung bedeuteten. Nur ein starker und zwar über den Parteien stehender Staat konnte den Ausweg aus der Krise bieten. Das ist mit dem Begriff der Souveränität gemeint (»souverän« heißt eigentlich soviel wie »darüber befindlich, überlegen«). Jean Bodin, der Zeitgenosse Montaignes [→ S. 134], gehörte wie dieser der neutralen »dritten Partei« *(partie des politiques)* an. Er hat seine Abhandlung, wie er eingangs ausdrücklich betont, angesichts der Gefahr des Bürgerkriegs in Frankreich geschrieben. Seine Leistung ist die theoretische Formulierung der staatlichen Souveränität. Entsprechend lautet seine Begriffsbestimmung: »Der Staat ist definiert als die dem Recht gemäß geführte, mit souveräner Gewalt ausgestattete Regierung einer Vielzahl von Familien und dessen, was ihnen gemeinsam ist [...]. Der Begriff Souveränität beinhaltet die absolute und dauernde Gewalt eines Staates, die im Lateinischen *majestas* heißt. [...] Souveränität bedeutet höchste Befehlsgewalt.« »Absolute und dauernde Gewalt« heißt vor allem das Recht, Gesetze für alle zu erlassen, über Krieg und Frieden zu entscheiden sowie Gerichts- und Finanzhoheit des Herrschers. Seine Souveränität zeigt sich darin, daß er »nur dem göttlichen Gebot und dem Naturrecht« (also keinem Bürger) verantwortlich ist. Für Bodin ist ganz klar die Monarchie die beste Staatsform. Mit dem Zusatz »und dem Naturrecht« hat er allerdings ein Element in seine Definition eingebracht, das im Verlauf der Französischen Revolution gegen den Monarchen selbst gewendet wurde.

Interessant ist, wie deutlich Bodin bereits den typisch neuzeitlichen Gegensatz von Öffentlichem und Privatem vor Augen hat und wie klar er ihn am Prinzip des Privateigentums festmacht (der mittelalterlichen Feudalgesellschaft war dieser Gegensatz in so scharfer Form eigentlich fremd). Er kritisiert nachdrücklich Platon, der ja in seinem Modell die Begriffe »Mein« und »Dein« aufheben wollte [→ S. 35]:

»Plato übersah dabei, daß dann das einzige Merkmal des Staates verlorenginge. Denn es gibt nichts Öffentliches, wenn es kein Eigentum gibt. Das Öffentliche kann nur in bezug auf das Private gedacht werden. [...] Die Bewahrung des privaten Eigentums bedeutet Festigung des Gemeinwohls.«

Mit seinem Buch *Über das Recht des Krieges und Friedens* (*De iure belli ac pacis libri III*, 1625) wurde Hugo Grotius schnell zur europäischen Berühmtheit. Es galt für alle Rechtsgelehrten der Neuzeit als Standardwerk. Es geht darin um die völkerrechtliche Frage, ob und wann ein Krieg als gerecht anzusehen oder moralisch zu mißbilligen ist. Nicht alle Kriege, lautet Grotius' Antwort, sind ungerecht, sondern nur der Krieg, der dem Naturrecht widerstreitet, d. h. die Rechte des Anderen verletzt. Die Argumentation vom Naturrecht her ist das eigentlich Neue und die Zeitgenossen Faszinierende bei Grotius. Was versteht er darunter? »Denn die Mutter des natürlichen Rechts ist die menschliche Natur selbst.« – »Das natürliche Recht ist ein Gebot der Vernunft, welches anzeigt, daß einer Handlung, wegen ihrer Übereinstimmung oder Nichtübereinstimmung mit der vernünftigen Natur selbst, eine moralische Häßlichkeit oder eine moralische Notwendigkeit innewohne.«

Zentral ist hier der Begriff einer menschlichen Natur, die als »vernünftig« gedacht wird. Im Namen dieser Vernunft und durch die Gleichung: Vernunft – Gerechtigkeit – Freiheit und Gleichheit aller Menschen kann das Bürgertum in seinem Kampf gegen den Adel alle unvernünftigen, nur aus dem Herkommen gerechtfertigten Verhältnisse als ungerecht kritisieren. Naturrecht also als ein eigener Bereich im Unterschied zum positiven, gesetzten, jeweils geltenden Recht eines Volkes, im Unterschied auch zum göttlichen Recht des *Alten* und des *Neuen Testamentes*. Das Naturrecht strahlt im Glanz einer erhabenen Würde: »Das Naturrecht ist so unveränderlich, daß selbst Gott es nicht verändern kann. [...] Sowenig also Gott es

Jean Bodin und die Theorie der Souveränität

Hugo Grotius und das Völkerrecht

Der Fernhandel spielt eine immer größer werdende Rolle: holländisches Handelsschiff bewirken kann, daß zweimal zwei nicht vier ist, ebensowenig kann er bewirken, daß das nach seiner inneren Natur Schlechte nicht schlecht ist.«

Worin liegt nach Grotius der Kern der menschlichen Natur? Für ihn ist es der »gesellige Trieb *(appetitus socialis)* zu einer ruhigen und nach dem Maß seiner Einsicht geordneten Gemeinschaft mit Seinesgleichen.« Er unterscheidet den Menschen von allen übrigen Lebewesen, denn er allein ist begabt mit der »Fähigkeit, allgemeine Regeln zu fassen und danach zu handeln.« Das vernünftige Naturrecht ist Ausdruck dieser beiden Grundbestandteile der menschlichen Natur. Daher ist es unveränderlich.

Das klingt alles sehr schön und harmonisch, und vielleicht war Grotius deswegen so beliebt. Ist es auch wahr? Die Lehre von Thomas Hobbes hingegen war und ist »ausgesprochen [...] unbeliebt«; »Hobbes gilt weithin, und mit Recht, als der unbequemste politische Denker Englands« [1]. Vielleicht, weil seine Lehre wahrer ist? Wir werden sehen.

Hobbes

Am Anfang der *Grundrisse* von Marx [→ S. 326] findet sich folgender Satz: »Je tiefer wir in der Geschichte zurückgehen, je mehr erscheint das Individuum, daher auch das produzierende Individuum, als unselbständig, einem größeren Ganzen angehörig: erst noch in ganz natürlicher Weise in der Familie und der zum Stamm erweiterten Familie; später in dem aus dem Gegensatz und Verschmelzung der Stämme hervorgehenden Gemeinwesen in seinen verschiedenen Formen« (z. B. der griechischen Polis oder dem mittelalterlichen Dorf). Wir können diesen Satz so weiterführen: »Und je näher wir an die Gegenwart herangehen, desto mehr löst sich das Individuum aus dem größeren Ganzen, desto selbständiger und (scheinbar) unabhängiger tritt es auf. Bis wir zu Thomas Hobbes kommen, bei dem das Ganze zum ersten Mal als aus lauter unabhängigen Einzelnen zusammengesetzt erscheint.« (Bodin spricht in seiner Definition des Staates ja noch von Familien!) Daher die überragende Bedeutung dieses Denkers, des ersten Theoretikers der modernen bürgerlichen Gesellschaft. Was der Ausdruck »bürgerliche Gesellschaft« meint, wird am besten in der knappen Definition von Hegel deutlich: »Die bürgerliche Gesellschaft ist die Differenz, welche zwischen die Familie und den Staat tritt« (*Rechtsphilosophie*, § 182, Zusatz). Geschichtlich ist das so zu verstehen: Ursprünglich war der ganze Bereich der gesellschaftlichen Arbeit ganz eng an Familienstrukturen und an den Boden gebunden. Mit dem Ausgang des europäischen Mittelalters entwickelten sich immer weiter untergliederte Formen von Arbeitsteilung. Die Menschen gewöhnten sich immer mehr daran, nicht mehr nur unmittelbar für den eigenen Bedarf zu produzieren, sondern für einen Markt, auf dem die Produkte ausgetauscht wurden. Damit spielten Austausch und Geld eine immer größere Rolle im gesellschaftlichen Leben, das immer vielfältiger und reicher an Tätigkeitsfeldern wird. Der Einzelne ist immer weniger durch seine Bindung an Familienzugehörigkeit und den Boden festgelegt. Bildlich gesagt: er kann auf den »großen Markt« gehen, sich dort umsehen und, wem und wo er will, seine Arbeitskraft und seine Fähigkeiten anbieten. Das ist jetzt seine private Angelegenheit geworden. Der ganze grundlegende Bereich der gesellschaftlichen Arbeit wird immer mehr zu einem Sonderbereich, der sich als Angelegenheit von Privatleuten, Privateigentümern über den großen Markt reguliert. Dem entspricht z. B. die fortschreitende Auflösung der Zünfte. Im Zunftwesen war die gesellschaftliche Arbeit nicht Sache von Privateigentümern und des anonymen Marktes, sondern lag in der Hand der Zünfte, die, selbst familienähnlich organisiert, sich zu einem familienähnlichen Ganzen zusammenschlossen. Der Markt ist so wichtig geworden, daß man jetzt von einer »Marktgesell-

Die bürgerliche Gesellschaft

Rolle des Marktes

schaft« reden kann: »Durch den Preismechanismus des Marktes durchdringt der Warenaustausch die zwischenmenschlichen Beziehungen, denn in diesem Marktsystem ist aller Besitz, einschließlich der Kraft und Energie des Menschen, Ware. Das grundlegende Streben nach einem Lebensunterhalt verbindet alle Individuen als Besitzer marktfähiger Waren, zu denen auch die eigenen Fähigkeiten gehören, ganz wesentlich miteinander. Alle müssen, in ständigem Wettbewerb miteinander, Waren (im weitesten Sinn) auf dem Markt anbieten.« [2]

Warum aber, wenn der Markt so wichtig geworden ist, daß der Ausdruck »Marktgesellschaft« angemessen ist, spricht Hegel lediglich von einer »Differenz«? Wir müssen uns vergegenwärtigen, daß in unserem Modell dieser ganze soziale Bereich der Arbeit von seiner rechtlichen Form her als Privatsache organisiert ist: lauter Privatleute, lauter Bürger, die miteinander Verträge schließen über Arbeitsleistungen, Löhne, Waren, Preise usw. Dabei verfolgt jeder ausschließlich sein eigenes privates Interesse; er kann gar nicht anders, wenn er überleben, »mithalten« will (Hegel: »In der bürgerlichen Gesellschaft ist jeder sich Zweck, alles andere ist ihm nichts«). Daher braucht diese Gesellschaft eine besondere Instanz, die das Interesse aller Bürger, das »Gemeinwohl« an sich, verfolgt. Diese besondere Instanz ist der Staat, im Unterschied zu bürgerlichen Gesellschaft wie auch im Unterschied zur Familie. Zur Veranschaulichung können wir für das 17. und 18. Jahrhundert folgendes Schema sozialer Bereiche entwerfen. Es stammt, zu unserem Zweck leicht vereinfacht, aus dem grundlegenden Buch von J. Habermas, *Strukturwandel der Öffentlichkeit*, auf das in diesem Zusammenhang hingewiesen sei.

Der Staat, Sphäre des Gemeinwohls

Privatbereich
bürgerliche Gesellschaft
(Sphäre des Warenverkehrs und der gesellschaftlichen Arbeit)
Kleinfamiliärer Binnenraum
(bürgerliche Intelligenz)

Sphäre der öffentlichen Gewalt
Staat
(Bereich der ›Polizei‹)
Hof
(adlig-höfische Gesellschaft)

Was wir hier als Modell verschiedener sozialer Bereiche darbieten, ist in Wirklichkeit Folge langsamer geschichtlicher Veränderungen mit mannigfachen Brechungen in der konkreten Gestalt eines Landes und seiner besonderen Traditionen, seiner besonderen Herrschaftsverhältnisse. Es gibt aber in der Geschichte Punkte, an denen etwas Neues so deutlich erfahrbar geworden ist, daß es auch theoretisch begriffen werden will. An einem solchen Punkt steht Hobbes. Der Zeitgenosse Cromwells sucht – wie schon Bodin zwei Generationen früher – einen Ausweg aus der lebensbedrohenden Krise des englischen Bürgerkriegs. Dieser Ausweg ist ein starker Staat, der aber auf einer vernünftigen Grundlage ruhen muß – erst wenn dieser Staat von all seinen Bürgern aus Überzeugung akzeptiert wird, kann er wirklich stark sein. Bei der Suche nach einer vernünftigen Grundlage geht Hobbes – typisch für neuzeitliches Philosophieren, geprägt von dem Vorbild der Euklidschen Geometrie [→ S. 172] und der Begegnung mit Galilei – in Analogie zur Naturwissenschaft seiner Zeit vor, und zwar nach der sog. resolutiv-kompositiven, d. h. auseinanderlegend-zusammensetzenden Me-

Methode der Untersuchung

thode Galileis: »Denn aus den Elementen, aus denen eine Sache sich bildet, wird sie auch am besten erkannt. Schon bei einer Uhr, die sich selbst bewegt, und bei jeder etwas verwickelten Maschine kann man die Wirksamkeit der einzelnen Teile und Räder nicht verstehen, wenn sie nicht auseinandergenommen werden und die Materie, die Gestalt und die Bewegung jedes Teiles für sich betrachtet wird. Ebenso muß bei der Ermittlung des Rechtes des Staates und der Pflichten der Bürger der Staat zwar nicht aufgelöst, aber doch gleichsam als aufgelöst betrachtet werden, d.h. es muß richtig erkannt werden, wie die menschliche Natur geartet ist, wieweit sie zur Bildung des Staates geeignet ist oder nicht, und wie die Menschen sich zusammentun müssen, wenn sie eine Einheit werden wollen. Nach dieser Methode bin ich verfahren.« [3]

Der Naturzustand

Hobbes setzt also bei der menschlichen Natur an. Im ersten Teil seines bedeutendsten staatsrechtlichen Werkes, dem *Leviathan* (1651), zeichnet er das Bild des sog. Naturzustandes, wie die Menschen ohne Gesetz und ohne Staat, außerhalb der bürgerlichen Gesellschaft, lebten. Wie sieht er die eigentliche Natur des Menschen? Wahrlich nicht so paradiesisch, wie der Naturzustand in der christlichen Tradition erscheint. Für Hobbes befinden sich die Menschen im Naturzustand im ständigen Kriegszustand eines Jeden gegen Jeden *(bellum omnium contra omnes)*. Jeder Mensch ist, nach einem »berühmten« Bild, für den anderen ein Wolf *(homo homini lupus)*. Denn Hobbes geht von dem bürgerlich-neuzeitlichen Prinzip der Selbsterhaltung aus. Jeder Einzelne ist bestrebt, sein Leben zu erhalten, sein Begehren zu erfüllen. Grundsätzlich gesehen sind alle Menschen gleich stark. Aber da sie in »wechselseitigem Argwohn« mit- und gegeneinander leben, ist jeder bestrebt, seinen Besitz und seine Macht über den anderen möglichst auszudehnen. Der andere will dasselbe ja auch mit ihm tun. Die Beziehung der Menschen untereinander ist also geprägt durch

Kampf um Anerkennung

einen umfassenden Kampf um Anerkennung. Kampf um Anerkennung oder Prinzip der Selbsterhaltung ist ein ganz anderes Konstruktionsprinzip als das vorbürgerlicher Gesellschaften. Dort hat jeder seinen durch die Geburt vorbestimmten Platz innerhalb eines hierarchisch gestaffelten Ganzen einzunehmen. »Gerechtigkeit« bedeutet dort, daß »Jedem das Seine« *(suum cuique)* zukommt, je nach seiner Stelle in der Pyramide. Hobbes hingegen: »Die Geltung oder der Wert eines Menschen ist, wie bei allen anderen Dingen, sein Preis, d.h. die Gegenleistung, die man für den Gebrauch seiner Macht zu erbringen bereit wäre. Es ist also kein absoluter Wert, sondern ein Wert, der abhängt von dem jeweiligen Bedarf und Urteil andrer. [...] Wie überall im Leben bestimmt nicht der Verkäufer den Preis der Ware, sondern der Käufer. Ein Mensch mag sich selbst so hoch einschätzen, wie er will, sein wirklicher Wert zeigt sich in dem Urteil der anderen.«

Besitzindividualismus

Obwohl Hobbes glaubt, das Bild des Menschen in einem vorgesellschaftlichen Naturzustand zu zeichnen, zeigt das Beispiel deutlich, daß sich hier Erfahrungen seiner eigenen Zeit, seiner eigenen Gesellschaft niederschlagen. Die zwischenmenschlichen Beziehungen (hier: der Wert eines Menschen) sind ganz klar in Kategorien des Marktgeschehens – Angebot und Nachfrage – ausgedrückt. So wird z.B. einsichtig, daß alte Menschen in einer Konkurrenzgesellschaft wenig Wert haben, während sie in vorbürgerlichen Gesellschaften – z.B. in einer indianischen Stammesgesellschaft – meist das höchste Sozialprestige genießen. Man hat Hobbes' Lehre auch bündig als »Besitzindividualismus« gekennzeichnet: »Diese Besitz-Bezogenheit spiegelt sich in seiner Auffassung vom Individuum: Es ist wesenhaft der Eigentümer seiner eigenen Person oder seiner eigenen Fähigkeiten, für die es nichts der Gesellschaft schuldet. [...] Die Gesellschaft besteht aus Tauschbeziehungen zwischen Eigentümern. Der Staat wird zu einem kalkulierten Mittel zum Schutz dieses Eigentums und der Aufrechterhaltung einer geordneten Tauschbeziehung.« [4]

Das Bild des Naturzustandes, in dem sich die bürgerliche Gesellschaft mit ihrer profitorientierten Wirtschaftsweise versteckt, wird im *Leviathan* mit allen Konsequenzen ausgemalt. Hobbes will zeigen, daß die bürgerliche Gesellschaft ohne einen machtvollen Staat an sich selbst zugrunde gehen muß. Aber wie kommt man zu einem vernünftigen Staat, den alle akzeptieren, auch wenn er ihre Absichten bisweilen durchkreuzt? An dieser Stelle greift Hobbes auf die – wiederum aus dem Marktgeschehen genommene und dem Bürgertum vertraute – Kategorie des Vertrages zurück. Er entwirft die großartige Fiktion eines Gesellschaftsvertrages. Um des zum Überleben notwendigen Friedens willen schließt jeder Einzelne mit jedem einen Vertrag und sagt gleichsam:»Ich gebe mein Recht, über mich selbst zu bestimmen, auf und übertrage es diesem anderen Menschen [d. h. dem Herrscher] oder dieser Versammlung – unter der alleinigen Bedingung, daß auch du ihm deine Rechte überantwortest und ihn ebenfalls zu seinen Handlungen ermächtigst.« Der Staat ist somit »eine Person, deren Handlungen eine große Menge durch Vertrag eines Jeden mit einem Jeden als die ihren anerkennt, auf daß sie diese einheitliche Gewalt nach ihrem Gutdünken zum Frieden und zur Verteidigung aller gebrauche.«

Der Gesellschaftsvertrag

Die souveräne Instanz des Staates ist somit nichts als die Vereinigung des Willens all seiner Bürger. Hobbes denkt vom Einzelnen her, darin liegt seine Modernität und Radikalität. Das Ganze wird als Notlösung gedacht, in der grundsätzliche Konflikte und Spannungen gebunden, aber nicht aufgehoben sind, denn der Kampf um Anerkennung und Macht bleibt grundlegend für die menschlichen Beziehungen – im Bereich der Wirtschaft sowieso, aber auch, wie neuere psychologische Beobachtungen bestätigen, bis in die allerprivatesten Bereiche von Zweierbeziehungen, Wohngemeinschaften und Eltern-Kind-Beziehungen hinein.

Der Leviathan taucht wie ein neuzeitliches Verhängnis am Horizont auf und schlägt Staat und Kirche gleichermaßen in seinen Bann (Titelkupfer).

Hobbes hat hier sehr tief und sehr nüchtern gesehen. Zu nüchtern für viele Herrscher, die sich lieber auf den göttlichen, unverfügbaren Ursprung ihrer Macht berufen haben. Zu nüchtern auch für viele Bürger, denen sein Menschenbild – das Bild des Menschen in der Konkurrenzgesellschaft – zu negativ war. Lange Zeit war der *Leviathan* daher in verschiedenen europäischen Ländern verboten. Trotzdem sollte der Gesellschaftsvertrag bis ins späte 18. Jahrhundert das bestimmende Modell für das Selbstverständnis des Bürgertums bleiben.

Hobbes' Modernität

René Descartes gelangt über den Zweifel zur Gewißheit des Denkens

Descartes' kleine Schrift *Abhandlung über die Methode des richtigen Vernunftgebrauchs und der wissenschaftlichen Wahrheitsforschung* (*Discours de la méthode pour bien conduire sa raison et chercher la vérité dans les sciences*, 1637) wurde eine der berühmtesten Schriften der Philosophiegeschichte. Sie verbindet einen Bericht über die geistige Entwicklung des Autors mit der Einführung in seine Denkmethode, denn der *Discours* erschien ursprünglich als erster der *Essais philosophiques*. Das heißt, die hier dargelegte Methode sollte dann in den folgenden Abhandlungen über die Dioptrik (Lehre von der Brechung des Lichts), die Meteore und

Descartes

Suche nach Wissen

vier Regeln des Vernunftgebrauchs

die Geometrie am konkreten Material vorgeführt werden. Wir schließen uns hier zwanglos dem Gedankengang des *Discours* an, um ihn an einigen Punkten erläuternd in den Zusammenhang der Philosophie der Neuzeit zu stellen. Denn daß Descartes zu Recht oft zum »Vater der neuzeitlichen Philosophie« erhoben wurde, wird sich gleich zeigen.

Allein die Verbindung von persönlichem Bericht und methodologischer Grundsatzdiskussion ist ungewöhnlich und neu. Descartes philosophiert als Privatmann. Mit der scheinbar größten Bescheidenheit weist er eingangs darauf hin, »wie sehr wir in allem, was die eigene Person betrifft, der Selbsttäuschung unterworfen sind«. Philosophie als Veranstaltung von Privatpersonen, die in eigener Sache und mit dem Anspruch auf persönliche Freiheit der Meinungsäußerung sprechen, ist ein typisches Kennzeichen neuzeitlich-bürgerlichen Philosophierens. Doch der Schein trügt – es geht um die *Methode* des *richtigen Vernunft*gebrauches und der *wissenschaftlichen Wahrheits*forschung, und hier glaubt der Privatmann durchaus, die richtige Methode für Alle und Alles gefunden zu haben.

»Ich bin von Kindheit an für die Wissenschaften erzogen worden.« Descartes, geb. 1596, stammt aus einer gehobenen bürgerlichen Familie – der Vater war Parlamentsrat –, die später durch Ämterkauf den Adelstitel erwarb. Er besuchte von acht bis siebzehn Jahren das Jesuitenkolleg von La Flèche. Es war dies eine der berühmtesten Bildungsanstalten seiner Zeit – die Jesuiten waren ja die intellektuellen Vorkämpfer der gegenreformatorischen Erneuerung der katholischen Kirche nach dem Konzil von Trient geworden. Die Bilanz aber ist enttäuschend: »Doch wie ich den ganzen Studiengang durchlaufen hatte, an dessen Ende man gewöhnlich in die Reihe der Gelehrten aufgenommen wird, änderte ich vollständig meine Ansicht. Denn ich befand mich in einem Gedränge so vieler Zweifel und Irrtümer, daß ich von meiner Lernbegierde keinen anderen Nutzen gehabt zu haben schien, als daß ich mehr und mehr meine Unwissenheit einsah.«

Besonders in der Philosophie gibt es »nicht *eine* Sache, die nicht umstritten und mithin zweifelhaft sei«. So gibt er schließlich das Studium der Wissenschaften vollständig auf: »Ich wollte keine andere Wissenschaft mehr suchen, als die *ich in mir selbst oder in dem großen Buch der Welt würde finden können*.«

Daß Enttäuschungen sehr produktiv sein können (»Der Umweg ist manchmal der kürzere Weg«, sagt ein asiatisches Sprichwort), läßt sich am Beispiel von Descartes lernen. Mit dreiundzwanzig Jahren hat der junge Lebemann, der sich viel auf Reisen befand und sich im beginnenden Dreißigjährigen Krieg in militärische Dienste begeben hatte, in einem Winterquartier in Deutschland eine Erleuchtung. Er, der so leidenschaftlich nach Klarheit des Denkens und Sicherheit der Lebensführung sucht, findet vier Regeln des Vernunftgebrauchs, die ihm die gewünschte Klarheit geben. Da sie für die Geschichte des europäischen Denkens außerordentlich wichtig wurden, seien sie hier vollständig angeführt:

»Die *erste* war: niemals eine Sache als wahr anzunehmen, die ich nicht als solche sicher und einleuchtend erkennen würde, das heißt sorgfältig die Übereilung und das Vorurteil zu vermeiden und in meinen Urteilen nur soviel zu begreifen, wie sich meinem Geist so klar und deutlich darstellen würde, daß ich gar keine Möglichkeit hätte, daran zu zweifeln. Die *zweite*: jede der Schwierigkeiten, die ich untersuchen würde, in so viele Teile zu zerlegen als möglich und zur besseren Lösung wünschenswert wäre. Die *dritte*: meine Gedanken zu ordnen; zu beginnen mit den einfachsten und faßlichsten Objekten und aufzusteigen allmählich und gleichsam stufenweise bis zur Erkenntnis der kompliziertesten, und selbst solche Dinge irgendwie für geordnet zu halten, von denen natürlicherweise nicht die einen den anderen vorausgehen. Und die *letzte*: Überall so vollständige Aufzählungen und so umfassende Übersichten zu machen, daß ich sicher wäre, nichts auszulassen.«

Diese Prinzipien wurden für das Wissenschaftsverständnis der folgenden Jahrhunderte so bestimmend, daß Max Horkheimer [→ S. 436] in ihnen den Inbegriff »traditioneller Theorie« sah: »Theorie gilt in der gebräuchlichen Forschung als ein Inbegriff von Sätzen über ein Sachgebiet, die so miteinander verbunden sind, daß aus einigen von ihnen die übrigen abgeleitet werden können.« [5] Descartes entwickelte sie nach dem Vorbild der Mathematik, da »die *Mathematiker* allein einige Beweise, das heißt einige sichere und einleuchtende Gründe hatten finden können.« Übrigens war Descartes selbst einer der hervorragendsten Mathematiker seiner Zeit. Er erfand die analytische Geometrie. Durch die Einführung des Koordinatensystems konnten jetzt geometrische Probleme durch algebraische (also Zahlen-)Methoden bearbeitet werden, z. B. indem eine Kurve als Funktionsgleichung angegeben wird. Mathematisierung der Welt ist ein weiteres Kennzeichen neuzeitlicher Philosophie. Gleichzeitig mit Descartes und Hobbes ging auch Galilei auf diesem Weg vor, um eine neue Physik zu begründen. Die *Discorsi* [→ S. 142] erschienen 1638. Was in dieser Philosophiegeschichte in Kapitel zerfasert erscheint, steht in Wirklichkeit in ganz engem Zusammenhang. Aber Galilei, kritisiert Descartes, hat »ohne Fundament gebaut«, hat herumexperimentiert, »ohne die ersten Ursachen der Natur betrachtet zu haben.« Gerade darin, in der Begründung einer neuen Meta-Physik, sieht Descartes seine Lebensaufgabe.

mathematisches Begründungsideal

Er geht dabei einen ungewöhnlichen Weg, den Weg des Zweifels. Ausführlicher als in der *Abhandlung* ist er dargestellt in dem zweiten Hauptwerk, den *Meditationes de prima philosophia*, 1641. *Prima philosophia* ist die Erste Philosophie, die Meta-Physik, im Unterschied zur Physik als der Zweiten. Um einen Punkt absoluter Gewißheit zu finden – eine Gewißheit, die auch die vier Regeln nochmals zu begründen vermag – entwickelt Descartes einen radikalen, sog. methodischen Zweifel. Er stellt alles in Frage – die Sitten der Menschen, die sich widersprechen, das Urteil der Sinne, das trügt, das Gedächtnis mit seinen Lücken, schließlich die Wirklichkeit der Außenwelt selbst. Erscheinen nicht im Schlaf meine Gedanken genauso wahr wie beim Wachen, und kann es nicht sein, daß ein Betrüger-Gott mir ständig falsche Vorstellungen einflößt? Was also bleibt Wahres übrig? Vielleicht nur dies eine, daß nichts gewiß ist? »Alsbald aber machte ich die Beobachtung, daß, während ich so denken wollte, alles sei falsch, doch notwendig *ich*, der so dachte, irgend etwas sein müsse, und da ich bemerkte, daß diese Wahrheit »*ich denke, also bin ich*« *(je pense, donc je suis; ego cogito, ergo sum, sive existo)* so fest und sicher wäre, daß auch die überspanntesten Annahmen der Skeptiker sie nicht zu erschüttern vermöchten, so konnte ich sie meinem Dafürhalten nach als das erste Prinzip der Philosophie, die ich suchte, annehmen.« [6]

methodischer Zweifel

Man spricht hier von einem methodischen Zweifel, weil das Ziel nicht ist, beim Zweifel stehenzubleiben (das tun die antiken Skeptiker [→ S. 61]). Ziel ist vielmehr gerade, durch die Methode des Zweifelns zur höchstmöglichen Gewißheit zu gelangen. Und wir müssen versuchen, ganz ernstzunehmen, ganz zu verstehen, daß Descartes diese Gewißheit in seinem *Ich* findet. In der unerschütterlichen Tatsache, daß er sich seiner bewußt ist, d. h. daß *er* denkt, daß *er* zweifelt. Wenn er darin das »erste Prinzip der Philosophie«

Prinzip des Selbstbewußtseins

sieht, hat er ein radikal neues Prinzip der Philosophie aufgestellt. Es ist das Prinzip des Selbstbewußtseins. Übrigens wurde das Wort »Bewußtsein« in seinem umfassenden Sinne – über die vertrauten Begriffe »Denken« *(cogitatio)* und »Gewissen« *(conscientia)* hinaus – von ihm in die französische Sprache eingeführt. Konsequenterweise ist ihm dieses Bewußtsein, dieses Denken gewisser als sein eigener Körper, denn er kann sich auch vorstellen, daß er keinen Körper hat: »Ich erkannte daraus, daß ich eine Substanz sei, deren ganze Wesenheit oder Natur bloß im *Denken* bestehe [...], so daß dieses *Ich*, d. h. die *Seele*, wodurch ich bin, was ich bin, vom Körper selbst völlig verschieden und selbst leichter zu erkennen ist als dieser und auch ohne Körper nicht aufhören werde, alles zu sein, was sie ist.«

Dualismus von res cogitans und res extensae

Diese Denkweise ist genau umgekehrt wie die unsrige. Indem Descartes sich selbst als »denkendes Etwas« *(res cogitans)* definiert, stellt er dieses denkende Etwas grundsätzlich der Außenwelt gegenüber. Die Dinge der Außenwelt wie auch den eigenen Körper bezeichnet er demgegenüber als »ausgedehnte Sachen« *(res extensae)*. Alles Seiende in der Welt schrumpft so zusammen auf den – freilich grundlegenden – Unterschied von *res cogitans* und *res extensa*. Damit ist neben dem radikalen Vorrang des Selbstbewußtseins (man nennt es auch »Prinzip der Subjektivität«) ein weiterer bestimmender Grundzug neuzeitlichen Denkens formuliert – der Dualismus von Ich und Außenwelt, Körper und Seele. Im *Discours* steht der Satz, »daß nichts vollständig in unserer Macht sei als *unsere Gedanken*.« Das hört sich sehr resignativ an, hat aber bei Descartes einen durchaus optimistischen Akzent. Denn wenn wir die Gewißheit des »ich denke, also bin ich« und die Gewißheit der vier Regeln zusammennehmen, haben wir die Grundüberzeugung Descartes', daß die Vernünftigkeit des Ich und die Vernünftigkeit der Außenwelt zusammenhängen bzw. sich entsprechen bzw. identisch sind. Es ist *eine* Vernunftstruktur in *beiden* Welten. Durch die Mathematisierung der Außenwelt – was nichts anderes heißt, als sie »auf den Begriff«, in vernünftige Formeln zu bringen, sie verstehbar zu machen – kann er die Wirklichkeit begreifen als System von Gedanken, das im Bewußtsein fundiert ist. Diese philosophische Grundüberzeugung nennt man Idealismus. Die ganze Epoche der Neuzeit denkt fast ausnahmslos idealistisch – sehr schwierig für uns, das wirklich nachzuvollziehen: »Der lange Weg von Descartes bis Hegel ist in allem Wesentlichen bloß eine breitere Explikation dessen, was Descartes im Prinzip schon gelehrt hatte, eine immer tiefer dringende Durchführung des Versuchs, die automatisch ablaufenden Geschehniszusammenhänge der Außenwelt im Denken so zu transformieren, daß sie im Endresultat mit dem Wesen des Menschen zusammenfallen [...].« [7] »Idealismus« als philosophische Grundposition und ihr Gegenbild »Materialismus« werden uns also noch lange beschäftigen. Ich möchte hier zwei Verständnishilfen der idealistischen Denkart anbieten. Eine gibt Descartes selbst mit dem berühmten Wachsbeispiel in der zweiten seiner *Meditationen*. Was ist »die Wirklichkeit«? Zunächst doch einmal eine Ansammlung von Dingen, von Körpern. Nehmen wir, sagt Descartes, einen offensichtlich ganz bekannten Körper wie ein Stück Wachs mit einem bestimmten Geschmack, Geruch, einer bestimmten Gestalt und Ausdehnung. Das also »ist« das Wachs mit seinen Eigenschaften. All diese Eigenschaften aber ändern sich vollständig, wenn ich das Wachs dem Feuer nähere. Es verliert seine Gestalt, seinen Geruch usw., kann verdunsten. Trotzdem bleibt es dasselbe Wachs – nur: »Es bleibt mir also nichts übrig als zuzugeben, daß ich, was das Wachs *ist*, mir gar nicht bildlich ausmalen, sondern nur denkend begreifen kann. [...] Seine Er-

philosophischer Idealismus

kenntnis ist nicht Sehen, nicht Berühren, nicht Einbilden und ist es auch nie gewesen, wenngleich es früher so schien, sondern sie ist eine Einsicht einzig und allein des Verstandes [...].«

Idealismus ist also immer erkenntniskritisch. Er stellt die naive, alltägliche Auffassung der Wirklichkeit in Frage. »Wirklichkeit« ist nicht einfach das, was wir so sehen, riechen, schmecken, kurz: »wahr-nehmen«. »Eigentliche Wirklichkeit« ist immer denkend begriffene, gedanklich verarbeitete, in die Form von Gedanken, die Gestalt der Vernunft gebrachte Wirklichkeit. Insofern ist sie, wie die idealistische Auffassung zugespitzt lautet, Produkt unseres Denkens (daher »Idealismus« im Sinne eines Vorrangs des Denkens, der Begriffe und Ideen).

erkenntniskritische Ausrichtung

Es ist kein Zufall, daß der Idealismus außer seiner erkenntnistheoretischen auch eine ethisch-praktische Bedeutung hat (beide hängen eng zusammen). Nach dieser zweiten Bedeutung ist ein Idealist ein Mensch, der an die Macht der Ideen glaubt; der überzeugt ist, daß die Ideen oder Ideale sich in und trotz der Wirklichkeit durchsetzen – daß die bestehende gesellschaftliche Wirklichkeit nicht das letzte Wort ist. Die zweite Verständnishilfe ist daher eine historisch-soziologische. Borkenaus Zitat lautet nämlich vollständig so: »[...] zusammenfallen, des Versuchs eines bürgerlichen Optimismus also«. Wie wir sahen, liegt es dem bürgerlichen Individuum aufgrund der Struktur der Marktgesellschaft nahe, von sich als Einzelnem auszugehen – es gibt kein vorgeordnetes, ruhend-gegliedertes Ganzes mehr wie im Mittelalter. Der Begriff der Vernunft nun ist ein ausgezeichnetes Mittel, einen positiven gedanklichen Zusammenhang sowohl zwischen all den vielen isolierten Einzelnen als auch zwischen dem Einzelnen und dem Ganzen der Welt zu stiften: es ist dieselbe Vernunftstruktur, die ich in mir, in allen Menschen und der Natur wiederfinde. Idealistische Philosophie als Versuch, die Welt zu begreifen, ist immer auch Ausdruck des Wunsches, dem Fremden seine Fremdheit zu nehmen und sich in der Welt heimisch zu fühlen. Ferner liegt das Prinzip der Vernunft dem bürgerlichen Denken nahe, da die ganze lebensweltliche Erfahrung des Bürgertums zutiefst von der Rechenhaftigkeit, der Rationalität wirtschaftlicher Prozesse geprägt ist. So sagt Descartes an einer Stelle der *Abhandlung*: »Denn ich würde, so schien mir, in den praktischen Urteilen der Geschäftsleute über die ihnen wichtigen Angelegenheiten, wobei sich das falsche Urteil gleich durch den Ausgang straft, weit mehr Wahrheit finden können als in den Theorien, die der [scholastisch gebildete] Gelehrte in seinem Studierzimmer ausspinnt, mit Spekulationen beschäftigt, die keine Wirkung erzeugen.« Und schließlich ist die Vernunft das theoretische Mittel, die Forderungen nach wirtschaftlicher und politischer Freiheit und Gleichheit aller Menschen gegenüber dem Adel aufzustellen und »unantastbar« zu untermauern. Insofern ist der Idealismus als Gesamtbewegung bürgerlichen Denkens eine optimistische Philosophie.

bürgerlicher Optimismus

Wie gelangt Descartes von der aus dem radikalen Zweifel gewonnenen Gewißheit des »ich denke, also bin ich« zur Gewißheit, daß auch die Außenwelt wirklich ist? Er tut hier einen für uns sehr schwer nachvollziehbaren Schritt, indem er eine philosophisch-logische mit einer religiösen Argumentation verbindet. Ich weiß sicher, ist sein Ausgangspunkt, daß ich ein unvollkommenes Wesen bin. Daher muß ich logisch zwingend annehmen, daß es etwas Vollkommenes gibt – nämlich Gott. Der Begriff eines vollkommenen Gottes aber schließt notwendig mit ein, daß dieser mich nicht täuscht, sondern daß die Erkenntnis der Wirklichkeit auch wirkliche Erkenntnis ist. Dieser Gedankengang kann hier nicht weiter verfolgt wer-

logischer Gottesbeweis

Durchsetzung eines mechanistischen Weltbildes

den, wie überhaupt die ganze Bandbreite der Leistungen dieses ungemein produktiven Philosophen nicht zur Darstellung kommen kann. Es sei hier nur erwähnt, daß Descartes im Einklang mit der naturwissenschaftlichen Forschung seiner Zeit ein konsequent mechanistisches Weltbild entworfen hat. Es sollte noch zu seinen Lebzeiten seinen Siegeszug antreten. Die cartesische sog. Korpuskulartheorie geht von kleinsten, unsichtbaren Materieteilchen (Korpuskeln, Körperchen) aus. Sie sind lediglich durch Ausdehnung in Länge, Breite und Tiefe bestimmt *(res extensae)*. Gegenüber dieser ersten und eigentlichen Eigenschaft (primäre Qualität) werden alle konkret-sinnlichen Eigenschaften der Körper als »sekundäre Qualitäten« bezeichnet und in gewissem Sinne damit auch abgewertet. Die Bewegung und Wechselwirkung der Korpuskeln und darauf aufbauend der gesamten Körperwelt wird durch die mechanischen Gesetze von Stoß und Druck geregelt, daher der Ausdruck »mechanistisches Weltbild«. Alle Naturerscheinungen, »die ganze Einrichtung der Welt« wird so »aus wenigen Prinzipien hergeleitet«, wie er stolz in seinem Hauptwerk, den *Principia Philosophiae* (1644) erklärt. Gemäß der dualistischen Gegenüberstellung von denkenden und ausgedehnten Wesen geht Descartes sogar so weit, daß er die Tiere, da sie nicht denken können, ganz und gar als Maschinen auffaßt. Da der Mensch als von Gott beseelt geschaffen wurde, unterscheidet er sich vom Tier durch das Denken und die Freiheit seines Willens. Als Sitz der Seele und Ort ihrer Wechselwirkung mit dem Körper nahm er die im Gehirn befindliche, etwa 0,15–0,30 Gramm schwere Zirbeldrüse (!) an.

Erkenntnis = Freiheit = Glück?

Das so ein- (oder aus-)drucksvolle Portrait Spinozas, das seinen *Nachgelassenen Schriften* (1677) beigeheftet wurde, hat einen zeitgenössischen Kritiker zu folgender Unterschrift angeregt:

> »Sieh hier Spinozas Antliz-Bild
> in dem der Jude sich nach dem Leben ausdrückt
> und im Gesicht ein sittlich Wesen.
> Wer jedoch darangeht, seine Schriften zu lesen,
> findet in des Menschen Grund, wie schön auch gefirnißt,
> den Abdruck eines Atheisten.
> Ich will das sittliche Wesen Spinozas nicht bezweifeln.
> Er war ein Philosoph: im Glauben
> aber weder Jude noch Christ.«

Spinoza

Diese Einschätzung Spinozas als Atheisten fand noch erheblich schärfere Ausdrucksformen. So war es ausgerechnet ein Pfarrer, der sich folgende »Grabschrift« – eine damals übliche, makabre Form der Schmähung – ausdachte: »Speie auf dieses Grab. Hier liegt Spinoza. Wäre seine Lehre dort auch begraben! Schüfe dieser Gestank keine Seelenpest mehr.«

Nun kann man sagen, daß das einen Toten nicht mehr berührt. Spinoza hat aber in seiner Jugend schon Ähnliches und Schlimmeres erfahren. Er wurde 1632 in Amsterdam als Sohn jüdischer Eltern portugiesischer Herkunft geboren. Ganz in der eigentlich vielfältigen und offenen Tradition seiner Gemeinde aufgewachsen, wurde er mit 24 Jahren feierlich exkommuniziert und mit dem rituellen Bannfluch belegt: »Nach dem Urteil der Engel und der Aussage der Heiligen verbannen, verfluchen, verwünschen und verdammen wir Baruch d'Espinoza [...]. Er sei verflucht bei Tag und verflucht bei Nacht, verflucht sein Hinlegen und verflucht sein Aufstehen, verflucht sein Gehen und verflucht sein Kommen; nimmer möge der Herr ihm vergeben und fortan der Zorn des Herrn und der Eifer Gottes über diesen Menschen kommen und ihn mit allen Flüchen beladen, geschrieben in diesem Buch des Gesetzes. [...] Hütet euch: daß niemand mündlich noch schriftlich mit ihm verkehre, niemand ihm die geringste Gunst erweise, niemand unter einem Dach mit ihm wohne, niemand sich ihm auf vier Ellen nähere, niemand eine von ihm gemachte oder geschriebene Schrift lese.«

Anfeindungen und Exkommunikation

Es ist heute nicht leicht, die ungeheure Bedeutung zu ermessen, die der Religion in einem Zeitalter der Glaubenskämpfe zukam. Spinoza wurde aus seiner Gemeinde ausgestoßen, weil er wohl schon früh die jüdische Glaubensauffassung als ritueller Gesetzeserfüllung kompromißlos abgelehnt haben muß. Ein ganz anderer Charakter also als der eine Generation ältere Descartes, dessen Verhältnis zum Katholizismus schillernd blieb und der den Wahlspruch hatte: *Gut lebt, wer im Verborgenen lebt.* Aufgrund seiner Kompromißlosigkeit mußte Spinoza das doppelte Trauma des exkommunizierten Juden erleiden. Nach der Verbannung änderte er seinen Vornamen in Benedictus um und lebte fortan sehr zurückgezogen an verschiedenen Orten Hollands – allerdings als »Geheimtip« früh berühmt und in Kontakt mit bedeutenden Zeitgenossen, u. a. auch mit Leibniz. Seinen Lebensunterhalt verdiente er hauptsächlich durch das Schleifen von optischen Linsen, damals eine hochspezialisierte Tätigkeit, welche die Schwindsucht, an der er 1677 in Den Haag starb, verstärkt haben dürfte. Nie wieder hat er sich einer religiösen Gemeinschaft angeschlossen. Von seinem persönlichen Schicksal her kann man sein ganzes Denken verstehen als Versuch, unabhängig von religiösen Auffassungen ein richtiges Leben philosophisch zu begründen und so aus der Erkenntnis heraus zu ermöglichen. Mehr als nur persönliche Bedeutung kommt diesem Versuch zu, da er mit einzigartiger Kraft und Konsequenz Grundtendenzen seiner Zeit in sein Denken aufgenommen und ein System einer Ethik entworfen hat, das noch heute beispielhafte Bedeutung besitzt.

Eine solche mächtige Zeittendenz war eigentlich – entgegen der persönlichen Leidenserfahrung – der Zug zu politischer und intellektueller Freiheit. Spinoza lebte in Holland, dem reichsten Land seiner Zeit mit fortgeschrittener handelskapitalistischer Wirtschaft. Nach der Befreiung von Spanien (1648) hatten die Sieben Provinzen die liberalste Verfassung und wurden aufgrund einer großzügigen Meinungsfreiheit zum Zufluchtsort der verschiedensten Gemeinschaften, die im übrigen Europa ausgestoßen wurden. *Vrijheid is blijheit!* – »Wer frei ist, ist froh!«, lautet ein holländisches Sprichwort. Aus diesem Grund hatte auch Descartes mehr als 20 Jahre seines Lebens in Holland verbracht. Der Cartesianismus (die lat. Form des Namens lautet Cartesius) verbreitete sich hier rasch an den Universitäten. Auch der junge Spinoza wurde tief von Inhalt und Form der cartesianischen Philosophie geprägt; sein erstes Werk – das einzige, das zu seinen Lebzeiten unter seinem Namen herausgegeben wurde – ist eine Erläuterung der cartesischen *Prinzipien der Philosophie*. Der anonym erschienene *Theologisch-Politische Traktat* (1670) ist ganz Ausdruck des liberalen holländischen handelskapitalistischen Geistes (»Der Handel will frei sein«, heißt es in einem Buch, das Spinoza besaß) und zugleich philosophischer Nachweis, daß diese Liberalität der menschlichen Würde am besten entspricht: »Ich habe die demokratische Regierungsform lieber als alle anderen behandelt, weil sie, wie mir scheint, die natürlichste ist und der Freiheit,

liberales Holland

welche die Natur jedem einzelnen gewährt, am nächsten kommt. Denn bei ihr überträgt niemand sein Recht derart an einen anderen, daß er selbst fortan nicht mehr zu Rat gezogen wird [das ist gegen Hobbes gesprochen, vgl. → S. 164]; vielmehr überträgt er es auf die Mehrheit der gesamten Gesellschaft, von der er selbst ein Teil ist.«

Grenzziehung zwischen Vernunft und Religion

Stein des Anstoßes und Verbots war allerdings nicht die Verteidigung der Demokratie, sondern die Zuordnung des Verhältnisses von Religion und Philosophie, die auf einer eingehenden Prüfung der Schriften des *Alten* und *Neuen Testaments* beruht. Spinoza steht damit ziemlich am Anfang einer langen Kette aufklärerischer Bibelkritik, die sich durch das ganze 18. Jahrhundert hindurchzieht und bis zum *Leben Jesu* von D. F. Strauß (1835 [→ S. 310]) immer wieder für Aufruhr sorgen wird. Wir werden daher in anderem Zusammenhang auf die Themen dieser Bibelkritik zurückkommen (z. B.: die Autorität der Propheten beruht nur auf ihrem Lebenswandel; die Zeremonien sind nur äußerliche Zeichen; die Ausdrucksweise der Bibel ist der Fassungskraft der großen Menge angepaßt, also nicht wörtlich zu nehmen). Spinoza geht es um eine saubere Trennung von Religion und Philosophie. Sein Fazit: »[ich] behaupte es als eine unerschütterliche Wahrheit, daß weder die Theologie der Vernunft noch die Vernunft der Theologie dienstbar sein darf, sondern daß jede ihr eigenes Reich behaupten muß, die Vernunft [...] das Reich der Wahrheit und der Weisheit, die Theologie aber das Reich der Frömmigkeit und des Gehorsams. [...] Gegen die Vernunft will sie nichts und kann sie nichts.«

Modell der Geometrie in der Ethik

Daß die Vernunft in der Lage ist, »Wahrheit und Weisheit«, also Erkenntnis und Normen der Lebensführung gleichermaßen zu geben, ist Spinozas unerschütterliche Grundüberzeugung. Sie zeigt sich auf jeder Seite seines Hauptwerks, der kurz nach seinem Tode erschienenen *Ethik* (1677). Bevor wir näher auf dieses Werk eingehen, ist es nötig, über die außerordentlichen Schwierigkeiten zu sprechen, die es – allerdings nur zunächst – dem Verständnis entgegensetzt. Es wirkt wie ein abgeriegeltes, hermetisches Werk. Daher ist es vielleicht sinnvoll, als Zugang zuerst die kurze *Abhandlung über die Verbesserung des menschlichen Verstandes* zu lesen, in der Fragen der Methode und Grundbegriffe – z. B. was eine Definition ist – behandelt werden. Der Eindruck des Hermetischen kommt zum Teil von der Form des Werkes. Es ist nämlich *ordine geometrico demonstrata*, d. h. in geometrischer Weise dargestellt. Die *Elemente* des griechischen Mathematikers Euklid (um 300 v. Chr.) sind das klassische Werk der griechischen Geometrie, dessen methodische Strenge der Beweisführung dem 17. Jahrhundert zum Leitbild denkerischer Klarheit, »Evidenz«, wie Descartes sie nannte, wurde (auch Hobbes hatte sein Euklid-Erlebnis). Wie aus dem Wortlaut vom Anfang der *Elemente* deutlich wird, geht Euklid von Definitionen, Postulaten und Axiomen aus, die die Grundlage der geometrischen Problemlösungen sind. Ganz analog nimmt Spinoza zu Beginn jedes der fünf Bücher der *Ethik* zunächst Definitionen vor, aus denen einige Grundsätze (Axiome) folgern. Das ganze Werk besteht dann aus Lehrsätzen, Beweisen, Folgesätzen und Erläuterungen. Q.E.D. – *quod erat demonstrandum* (was zu beweisen war) findet sich am Ende jedes Beweises der *Elemente* ebenso wie der *Ethik*; der Ausdruck »klare und deutliche Ideen« vielleicht noch öfter als bei seinem Urheber Descartes (vgl. die vier Regeln [→ S. 166]).

Bei einem schwierigen Werk empfiehlt es sich manchmal, sich zunächst einfach den Umfang, d. h. die Proportionen der einzelnen Teile zueinander klarzumachen. Die fünf Bücher haben in der Ausgabe von F. Bülow [8] folgenden Umfang: Von Gott – 48 Seiten / Von der Natur und dem Ursprung des Geistes – 61 Seiten / Von dem Ursprung und der Natur der Affekte – 78 Seiten / Von der menschlichen Unfreiheit oder von der Macht der Affekte – 78 Seiten / Von der Macht der Erkenntnis oder von der menschlichen Freiheit – 78 Seiten. Wie man sieht, nimmt die Untersuchung der menschlichen Gefühle (Affekte) mehr als die Hälfte des Werkes ein. Und in der Tat: Wie Galilei die Funktionsweise der physikalischen Körper, Hobbes des gesellschaftlichen Körpers, Descartes der Leibmaschine rational-mechanistisch analysieren, so Spinoza die Affektmaschine Mensch als einen »geistigen Automaten«, wie er es einmal nennt, »nach allgemeinen Naturgesetzen«. Dabei wird Galileis Entzauberung der »natürlichen Qualitäten« [→ S. 108] gleichsam verallgemeinert und bis in den letzten Winkel der Psyche hineingetragen, was die scheinbare Festigkeit der Begriffe Gut und Böse, Schön und Häßlich radikal ins Wanken bringen wird. Da Spinoza aber nicht behaupten, sondern beweisen will, bedarf es dazu eines ebenso langen wie konsequenten Weges. Der Hauptpunkt bei Spinoza und zugleich die Hauptschwierigkeit für das Verständnis ist sein Substanzbegriff. »Substanz« ist einmal etwas, was unter allen Dingen als deren Träger oder Grund steht *(sub-stare)*; zum anderen aber auch etwas Unabhängiges und Selbständiges gegenüber den Dingen, was in der holländischen Übersetzung von Substanz – »zelfstandigkeit« – gut zum Ausdruck kommt. Diese Substanz – »dasjenige, was in sich ist und durch sich gedacht wird«, wie es in der dritten Definition des ersten Buches heißt – wird herkömmlicherweise »Gott« genannt, und auch Spinoza nennt sie so. Im Unterschied zum jüdisch-christlichen Gottesbegriff aber setzt er Gott mit der Natur gleich und sagt daher manchmal »Gott beziehungsweise die Natur« *(deus sive natura)*. Er nimmt also alles Sein in Gott hinein und entkleidet zugleich die Substanz der persönlichen Merkmale des jüdisch-christlichen Gottes, weshalb er auch als Atheist und Freigeist verschrien war. D. h. von einem freien Willen Gottes und von göttlicher Liebe kann nicht mehr im herkömmlichen Sinne gesprochen werden. In allem regiert die Notwendigkeit der göttlichen Allnatur. Dem entspricht der zweite wichtige (und schwer nachvollziehbare) Schritt Spinozas, daß er die zwei Grundgegebenheiten der Welt, nämlich das körperliche Sein der Dinge (Ausgedehntes) und das Denken, mit der Substanz gleichsetzt. Ausgedehntes und Denken sind nichts als Attribute (wesentliche Eigenschaften) bzw. Daseinsformen *(modi)* der Einen Substanz. Damit sind mit einem denkerischen Handstreich Grundprobleme des cartesianischen Dualismus gelöst, denn die Zirbeldrüse als Vermittlung von *res extensa* und *res cogitans* [→ S. 168] ist wahrlich nicht unbedingt überzeugend. Die von Spinoza vertretene Gotteslehre nennt man auch Pantheismus (*pan*, alles; *theós*, Gott; vgl. den 15. Lehrsatz in Buch I: »Alles, was ist, ist in Gott, und nichts kann ohne Gott sein, noch begriffen werden.«). Jeder, der in einer religiösen Umgebung aufgewachsen ist, wird diesen Gottesbegriff schon einmal »durchfühlt« haben.

Warum aber sträuben sich die Menschen gegen die Einsicht in die Notwendigkeit alles Geschehens, warum halten sie sich für frei, warum glauben sie, Gott habe alles um des Menschen willen eingerichtet? Spinoza nimmt eine eindringliche Analyse der Vorurteilsstruktur des menschlichen Denkens vor. Weil die Menschen grundsätzlich den Trieb haben, ihren eigenen Nutzen zu suchen, also zweckgerichtet handeln, übertragen sie dieses Handlungsprinzip in die Auffassung der Natur. Sie projizieren, wie der psychologische Ausdruck heißt, in die Welt ebensolche Zwecke, wie sie ihrem Handeln zugrundeliegen. Dadurch entsteht die Idee einer Weltord-

Aufbau des Werkes

deus sive natura, pantheistische Gott-Natur

Kritik der menschlichen Projektionen

nung. Ebenso bilden sie, je nachdem, was für das Prinzip der Selbsterhaltung nützlich oder schädlich ist, wertende Begriffe: Gut – Böse; Ordnung – Verwirrung; Schönheit – Häßlichkeit; Lob – Tadel etc. All diese Begriffe entsprechen keiner Wirklichkeit, sondern sind »Vorstellungsdinge«. Spinoza relativiert also grundsätzlich die ethischen und ästhetischen Normen, indem er sie auf ein zugrundeliegendes anthropozentrisches (auf den Menschen an sich gerichtetes) Denkmuster bezieht; in manchem klingt hier bereits Nietzsches Kritik der Moral an [→ S. 356]. Wie konnte sich ausgerechnet Spinoza von diesem allgemeinen Verblendungszusammenhang befreien? Die Wahrheit, schreibt er, wäre dem Menschengeschlecht in Ewigkeit verborgen geblieben, »wenn nicht die Mathematik, die sich nicht mit Zwecken, sondern lediglich mit Wesen und Eigenschaften der Figuren beschäftigt, dem Menschen eine andere Wahrheitsnorm kundgetan hätte.«

psychologische Analyse

Daher will er in Buch III über Ursprung und Natur der Affekte »die menschlichen Handlungen und Begierden genau so betrachten, als handle es sich um Linien, Flächen oder Körper.« Das hört sich sehr komisch an. Aber da Spinoza von drei Grundaffekten, Freude (Lust), Traurigkeit (Schmerz) und Begierde ausgeht und insbesondere die ersten beiden stets in ihrer polaren Spannung zueinander analysiert, gelangt er zu weitreichenden Einsichten in die konkrete Dynamik des menschlichen Gefühlslebens. Meines Wissens ist seine Untersuchung die sensibelste philosophisch-psychologische Durchdringung der Psyche vor Pascal [→ S. 179]; viele Einsichten der Psychoanalyse Freuds [→ S. 376f.] und deren Forderung, durch klärende Auseinandersetzung mit der eigenen Gefühlswelt zu mehr persönlicher Freiheit zu gelangen, sind hier von einem ganz anderen Denkansatz her vorweggenommen.

Freiheit durch Erkenntnis

Damit ist auch die Lösung des fünften Teils »Von der Macht der Erkenntnis oder von der menschlichen Freiheit« angedeutet: »Ein Affekt, der ein Leidenszustand [eine Leidenschaft] ist, hört auf, ein Leidenszustand zu sein, sobald wir seine klare und deutliche Idee bilden« (Buch V, 3. Lehrsatz). D. h. Spinoza will durch die Erkenntnis des Gefühlslebens und dessen vernünftige Steuerung Freiheit als Unabhängigkeit von der Außenwelt erlangen. Das alte Ideal des stoischen Weisen und seiner »Seelenruhe« also [→ S. 57], jetzt mathematisch begründet. Und das, obgleich er die Freiheit des Willens bestreitet (Argument: die Menschen meinen, frei zu handeln, weil sie nur die Zwecke, nicht aber die Ursachen ihres Handelns kennen. Und alle Handlungen sind notwendig durch eine Ursache bestimmt, also unfrei). Wenn auf irgend jemand das Wort von Friedrich Engels, Freiheit sei Einsicht in die Notwendigkeit, zutrifft, so auf Spinoza. Diese Einsicht ist »die in der Erkenntnis ruhende Liebe zu Gott« *(amor dei intellectualis)*, der ewigen Notwendigkeit, und umschreibt die höchste Vollkommenheit, die ein Mensch erlangen kann. Sie setzt nach Spinoza eine Menge Energie frei, denn, so der 40. Lehrsatz: »Je mehr Vollkommenheit ein Ding hat, desto mehr handelt es, und desto weniger leidet es; und umgekehrt, je mehr es handelt, desto vollkommener ist es.«

Gottfried Wilhelm Leibniz glaubt tatsächlich, in der besten aller möglichen Welten zu leben

»Konstruierende Vernunft« ist ein geglückter Ausdruck zur Charakterisierung der großen rationalistischen Systeme des 17. Jahrhunderts, wie sie in ausgezeichneter Weise bei Descartes, Spinoza und Leibniz Gestalt gefunden haben. So problematisch verdünnt die seit dem 19. Jahrhundert üblich gewordene Einteilung der Philosophie der Neuzeit in Rationalismus einerseits, Empirismus andererseits ist, so wird in ihr doch die Eigenart zweier grundsätzlich verschiedener Ausgangspunkte philosophischer Theoriebildung überhaupt getroffen. Der Empirismus, der im nächsten Kapitel vorgestellt wird, beruft sich stets auf die möglichst unmittelbare Erfahrung als Basis allen Philosophierens; er mißtraut voreiligen, vielleicht gar nicht überprüfbaren Schlußfolgerungen, nur weil es vom Denken her »so sein muß«. Ein klassischer Rationalist hingegen wird der Erfahrung, weil sie nur auf Sinnlichkeit beruhendes Wissen sein kann, stets nur eine eingeschränkte Bedeutung zumessen. Und da er der Macht des Denkens, der menschlichen Vernunft als Erkenntnisorgan mehr zutraut als den (möglicherweise trügerischen) Sinnen, ist er gleichsam zuversichtlicher und glaubt viel eher als der Empirist, das Ganze der Welt denkend erfassen zu können: »In diesem Sinne ist ein Rationalist ein Philosoph, der es für nützlich und erlaubt hält, zur Erklärung aller von ihm akzeptierten Phänomene Hypothesen zu bilden, die er im Wege der Schlußfolgerung *(ratiocinatio)* durch Hypothesen höherer Stufe auf oberste, möglichst allgemeine und möglichst einfache Prinzipien zurückführt.« [9]

Leibniz

Und da die natürliche und menschliche Welt gleichermaßen auf diesen einfachen, nur dem Denken erschließbaren Prinzipien beruhen, heißt für den Rationalisten Philosophieren soviel wie das Ganze von den Grundelementen her nach-denken, genauer: nach-bauen. Heraus kommt die Einsicht in ein architektonisch konstruiertes Ganzes, das ein anderer Architekt, der Baumeister-Gott des 17. und 18. Jahrhunderts, vorgedacht und eingerichtet hat. Daher »konstruierende Vernunft«.

Die Philosophie von Gottfried Wilhelm Leibniz (1646–1716) ist durch und durch rationalistisch-konstruierende Vernunft. Nach dem bisher über die Philosophie der Neuzeit Gesagten braucht es nicht weiter zu überraschen, wenn er auch für die Metaphysik eine Methode sucht und zumindest andeuten zu können glaubt, mit deren Hilfe »die Fragen, nicht weniger zuverlässig als bei der Methode des Euklid, völlig rechnungsmäßig gelöst werden können«. Nun ist seine Philosophie darüber hinaus aber von einer eigentümlich optimistischen Stimmung durchtränkt, die einem heutigen Leser erhebliche Schwierigkeiten bereitet, wenn er sie verstehen – und das heißt immer auch: sich emotional darauf einlassen – will. Goethe hat diese Stimmung im *Faust* poetisch-bildlich eingefangen:

Leibnizscher Optimismus

»Wie alles sich zum Ganzen webt,
Eins in dem Andern wirkt und lebt!
Wie Himmelskräfte auf und nieder steigen
Und sich den goldnen Eimer reichen!
Mit segenduftenden Schwingen
Vom Himmel durch die Erde dringen,
Harmonisch all' das All durchklingen!«

Worauf Goethe seinen Faust sagen läßt:

»Welch Schauspiel! Aber ach! Ein Schauspiel nur!
Wo faß' ich dich, unendliche Natur?«

In der Tat verlockt Leibniz' zentraler Gedanke einer »Welt-Harmonie«, in der alles zum Besten eingerichtet ist und in der auch das Übel und das Böse integriert werden kann, zu einer ironischen Lektüre. Voltaire hat das in seiner Erzählung *Candide oder der Optimismus* (1759) vorgeführt. Er schildert darin das Schicksal des jungen Candide, der ganz naiv an die von seinem Lehrer Pangloß (»Allesschwätzer«) übernommenen Grundsätze der Leibnizschen Philosophie glaubt und dem es dabei in einer Welt von Kriegen, Naturkatastrophen, Heuchelei etc. immer dreckiger geht. Auf die Frage eines Eingeborenen, was denn Optimismus sei, ruft er schließlich aus: »Ach, das ist der Wahnsinn, zu behaupten, daß alles gut sei, auch wenn es einem schlecht geht.«

enzyklopädischer Geist

Das ist eine Möglichkeit, Leibniz zu lesen. Wird sie ihm gerecht? Wäre Leibniz wirklich als einer der bedeutendsten Philosophen der Neuzeit in die Philosophie eingegangen, wenn er nur seichten Optimismus verbreitet hätte? Die Philosophiegeschichte besteht natürlich aus Werturteilen, aber »ganz objektiv« gehört Leibniz zu den allumfassenden (enzyklopädischen) Großen des 17. Jahrhunderts. Sein Wirken geht von der Erfindung der Infinitesimalrechnung in der Mathematik über die ganze Breite der Natur- und Gesellschaftswissenschaften seiner Zeit und über praktisch-politische Entwürfe bis hin zu Projekten zur Verbesserung der Abbautechnik im Harzbergbau. Er war auch Anreger und erster Präsident der Berliner *Preußischen Akademie der Wissenschaften* (gegründet 1700), nahm also in Deutschland eine Rolle ein, die Newton in England hatte. Sachliche Schwierigkeiten der Interpretation bereitet der Zustand seiner Schriften, die zum großen Teil heute noch gar nicht veröffentlicht sind und als Manuskripte in Hannover »ruhen«. Außer seiner ausführlichen *Theodizee* (1710), dem Versuch einer Rechtfertigung Gottes gegenüber dem französischen Skeptizisten Pierre Bayle [→ S. 211], hat Leibniz nur kleinere Schriften selbst publiziert. Zudem liegt eine große Korrespondenz mit den führenden Theoretikern Europas vor, mit welcher der herzogliche Bibliothekar und Justizrat die deprimierende Enge des provinziellen Hannover, wo er vierzig Jahre seines Lebens verbrachte, zu überwinden versuchte. Doch davon abgesehen liegt wohl die Hauptschwierigkeit des Zugangs in der von Leibniz verwendeten Terminologie. Oft fand er für das Neue seiner Absicht noch keine angemessenen Begriffe und übernahm deshalb viele Ausdrücke aus der aristotelisch-scholastischen Tradition. Für uns rücken sie sein Denken in unendliche Ferne. Vielleicht hilft hier eine »nüchterne« Lektüre, die sich nicht scheut, seine Begriffe in die Sprache unserer Zeit zu übersetzen. Doch zunächst Leibniz selbst, an einer der wenigen Stellen, wo er über sich selbst spricht: »Ich war weit in die Gefilde der Scholastik eingedrungen, als mich in noch sehr jungem Alter die Mathematik und die modernen Autoren diese Gefilde wieder verlassen ließen. Mich bezauberte ihre schöne Art, die Natur auf mechanische Weise zu erklären [...]. Später aber [...] erkannte ich, daß die Betrachtung der *ausgedehnten Masse* allein nicht ausreicht und daß man noch den *Begriff der Kraft* anwenden muß [...]. Es schien mir auch, daß die Meinung derer, die die Tiere zu reinen Maschinen verwandeln oder herabsetzen, obwohl sie möglich ist, doch über den äußeren Anschein hinausgeht und sogar gegen die Ordnung der Dinge verstößt [...]. So war ich gezwungen, um diese *wirklichen Einheiten* zu finden, auf einen *wirklichen* und sozusagen *beseelten Punkt* zurückzugehen, das heißt auf ein substantielles Atom, das irgend etwas [...] Aktives einschließen muß, um ein vollständig Seiendes zu bilden.« [10]

terminologische Schwierigkeiten

Es geht also um die Überwindung des Dualismus, den Descartes seinen Nachfolgern als Problem aufgegeben hat. Man muß sich einmal vorstellen, wie leer und unwirklich die cartesianische Welt ist! Es gibt in ihr nur

ausgedehnte Masse bzw. nach den mechanischen Gesetzen von Druck und
Stoß funktionierende Körper-Maschinen und Punkte, die denken können.
Kein Wunder, daß der junge Leibniz, der diese Philosophie tief in sich
aufgesogen hatte, immer mehr Schwierigkeiten damit bekam. Bei dem –
für die Cartesianer hoffnungslos veralteten – Aristoteles findet er Ansatzpunkte, um die Einheit eines Wesens wirklich als Einheit begreifen zu
können. Es ist vor allem der aristotelische Begriff der Entelechie, der ihn
fasziniert, d.h. der ursprünglichen Kraft in jedem Ding, die seine Möglichkeit bzw. die in ihm angelegte Bestimmung, sein Ziel zur Verwirklichung
bringt (gr. *telos*, daher En-telechie). Descartes und Aristoteles zu einer
zeitgemäßen Synthese zusammenzubringen ist natürlich keine einfache
Sache, denn hinter die Einsichten der Gegenwart kann ja auch nicht einfach zurückgegangen werden. Es zeugt von Leibniz' Genie, daß er sich
diesem Problem rückhaltlos gestellt und als seine Bewältigung ein neues,
originelles System entworfen hat. Sein Grundthema ist – abstrakt ausgedrückt – das Verhältnis von Einheit und Vielheit, von Individualität und
Ganzem, anders gesagt: die komplizierte Struktur des ganzheitlichen Wir-
kungszusammenhangs »Welt«.

*Rückgriff auf
Aristoteles*

Spinozas Lösung über die *eine* Substanz, die allein letzte Wirklichkeit
besitzt, führt geradewegs in einen schillernden Pantheismus, der auch als
Atheismus aufgefaßt werden konnte. Sie war für einen Christen nicht
annehmbar. Im Gegensatz dazu denkt Leibniz die Welt als unendliche
Vielfältigkeit individueller Substanzen, die er Monaden nennt (gr. *monas*,
Einheit). Die Monade ist ein Schlüsselbegriff seines Systems. 1714, gegen
Ende seines Lebens, verfaßte er eine kleine Schrift, die später den Titel
Monadologie erhielt. Man könnte den Titel mit *Theorie des Einen* überset-
zen. Wer Leibniz kennenlernen will, muß diesen kurzen, aus neunzig
knappen Lehrsätzen bestehenden Text durcharbeiten. Er ist nicht einfach
zu lesen. Als Hilfestellung sei auf die Leibniz-Einführung von Hans Heinz
Holz hingewiesen, die einer neuen, nüchternen Interpretation der Leibnizschen Philosophie den Weg gebahnt hat [11].

*Basiselement
»Monade«*

»Die Monaden, von denen meine Schrift handelt, sind nichts weiter als
einfache Substanzen, welche in dem Zusammengesetzten enthalten sind.
Einfach heißt, was ohne Teile ist« (erster Lehrsatz der *Monadologie*). Leibniz nennt die Monaden auch »Elemente der Dinge«. Um sich eine auch nur
ansatzweise Vorstellung zu bilden, was damit gemeint ist, müssen vier
Begriffe zusammengedacht werden: *perceptio, appetitus, repraesentatio
mundi* und prästabilierte Harmonie. Alle Monaden »perzipieren«. Die
Schwierigkeit, dieses Wort zu übersetzen, liegt in dem Problem, den Sinn
von »Perzeption« zu deuten. Leibniz unterscheidet Perzeption und Apperzeption. Letztere ist die bewußte Wahrnehmung eines höheren Organismus, am ausgeprägtesten beim Menschen. Die Perzeption hingegen kommt
allem Sein zu. Herkömmlicherweise wird Perzeption mit »Wahrnehmung«
bzw. »Vorstellung« übersetzt. Aber was soll der Sinn einer »unbewußten
Wahrnehmung« sein, im Unterschied zur Apperzeption? Gemeint ist die
Strukturiertheit eines Dings und seine Beziehung zugleich zu seiner Umwelt. Daher scheint »Information« als Übersetzungsvorschlag sehr sinnvoll
[12]. Jedes Ding, z.B. ein Baum, ist strukturiert durch in ihm liegende
Eigenschaften, Informationen, deren Gesamtheit sein »Programm« darstellen. Die Perzeptionen wechseln ständig, da sie in Beziehung zu anderen
Perzeptionen stehen – z.B. gibt es keinen Baum einfach so, sondern immer
nur einen im Wachstum oder Absterben begriffenen Baum. Der Übergang
von einer Perzeption zur anderen ist die »Kraft« oder »Begehrung« *(appeti-*

*dynamisch
aufeinander bezogene
Grundbegriffe*

tus); man kann den »Appetit« verstehen als aktiven Vorgang der Verwirklichung eines Programmes (z. B. das Wachstum des Baumes). Wichtig und im Grunde sehr modern ist hierbei, daß Leibniz nie von Masse oder Materie als totem Stoff im Sinne einer Ansammlung von Atomen ausgeht, sondern – das ist durch Perzeption und Kraft gewährleistet – stets von immer schon strukturierten Beziehungseinheiten, von dynamischen Grundbegriffen. So heißt es im 19. Lehrsatz: »Auch läßt sich in der einfachen Substanz nur dieses allein finden: Perzeptionen und ihre Veränderungen. Darin allein müssen alle inneren Tätigkeiten der Monaden bestehen.« Leibniz spricht von »inneren Tätigkeiten«, um auszudrücken, daß die Aktivitäten der Monaden nicht durch äußeren Anstoß kommen, sondern in ihnen selbst angelegt, gewissermaßen vorprogrammiert sind. Daher sagt er mit einem berühmt gewordenen Bild: »Die Monaden haben keine Fenster, durch die etwas hinein- oder heraustreten kann« (17. Lehrsatz). Das ist nur dadurch denkbar, daß jede Monade »ein fortwährender lebendiger Spiegel der Welt ist« (5. Lehrsatz). Jede Monade hat, auf ihre (spiegelbildliche) Weise, die ganze Welt immer schon in sich. Sie steht mit ihr in ständiger Beziehung; das Ganze wird im Individuellen repräsentiert (ausgedrückt, vorgestellt; daher: *repraesentatio mundi*). Da jede Monade individuell ist, keine der anderen ganz gleicht, ist die Repräsentation der Welt äußerst vielfältig. Nach den verschiedenen »Gesichtspunkten« jeder einzelnen Monade also ebensoviele »perspektivische Ansichten des einzigen Universums«. Auch das ist ein Gedanke, der später noch sehr wichtig werden sollte. Trotzdem ist das Universum kein Chaos. Die Welt zeichnet sich durch eine allgemeine und durchgängige Gesetzlichkeit aus, die in den Monaden angelegt ist. Leibniz spricht von einer »prästabilierten Harmonie«, was man nüchterner etwa mit »vorprogrammierte Gesetzlichkeit« übersetzen kann.

Kriterium der Bewußtheit

»Der volle Begriff der Monade meint ein Seiendes in seinem von der Welt begründeten und in der Welt gegründeten Sein« (H. H. Holz). – Große Schwierigkeiten bei diesem in Vielem sehr modern anmutenden Systementwurf bereitet die Verbindung von rationalistischer Denk- und metaphysisch-idealistischer Ausdrucksweise. Leibniz verstehen, etwas mit ihm »anfangen« können heißt vor allem auch, ihn richtig »übersetzen« können. Etwa den Begriff »Gott« als »Ur-Monade«. Leibniz gliedert die Welt nach dem Grad von Bewußtheit bzw. Körperlichkeit: »Die niedrigsten Monaden besitzen [...] nur ihnen selbst nicht bewußte Perzeptionen oder Programmpunkte und keine mit Bewußtsein verbundenen Perzeptionen (›Apperzeptionen‹); sie erscheinen [...] bloß als ›unbelebte‹ Mineralien. Monaden höheren Ranges, die ›Seelen‹ heißen, verfügen bereits über mehr oder weniger starke Empfindungen [...]; solche Monaden erscheinen [...] als Organismen [...]. Monaden der höchsten Stufe sind vernunftbegabt und heißen ›Geister‹; ihre materielle Erscheinung sind menschliche Leiber oder Engelleiber. Nur Gott als der vollkommenste Geist ist ohne alle undeutliche Erkenntnis und daher ohne Leib.« [13]

Harmonie des Unvollkommenen – Rechtfertigung Gottes

Tröstlich ist die Leibnizsche Einsicht, daß die Einzigartigkeit, Individualität jeder Monade – hier denke jeder einmal an sich selbst – gerade in ihrer Unvollkommenheit besteht. Denn wären alle vollkommen, wären sie Gott. Die Pointe der Leibnizschen Argumentation liegt gerade darin, daß er Vielfalt, d. h. Unvollkommenheit, und Harmonie zusammenzudenken versucht. Aus dem Begriff der Vollkommenheit Gottes folgert er daher, daß Gott »bei der Hervorbringung des Universums den bestmöglichen Plan gewählt hat, in dem sich die größte Mannigfaltigkeit mit der größten Ordnung vereinigt [...]; so muß das Ergebnis aller dieser Bestrebungen die wirkliche Welt als die vollkommenste aller überhaupt möglichen sein«. Daher hat Gott – diesem Nachweis dient die *Theodizee* von 1710 – auch das Übel in der Welt zulassen können und wollen. Und aus diesen Voraussetzungen folgt zugleich eine höchst moderne Neukonzeption von Glück, das nun nicht mehr als Kontemplation, d. h. als beschaulicher Zustand schauender Ruhe gefaßt wird: »Somit wird und soll unser Glück niemals in einem vollkommenen Genießen bestehen, bei dem nichts mehr zu wünschen übrigbliebe und das unseren Geist abstumpfen würde, sondern in einem immerwährenden Fortschritt zu neuen Freuden und neuen Vollkommenheiten.«

»Der Kranke, der möchte, daß alle Welt mit ihm krank sei«

Das optimistische 18. Jahrhundert akzeptierte Blaise Pascal (1623–1662) als einen großen Mathematiker, Physiker und Jesuitenfeind. Ansonsten war dieser Mann höchst verdächtig; das Zitat in der Überschrift – es stammt von Voltaire – spricht für sich. Ausdrücke wie »gesund« und »krank«, aufs Denken angewendet, sind am besten ganz zu streichen. Wer legt eigentlich fest, was »gesund«, »normal«, was »abartig« ist? Oft genug wurde unbequemes Denken damit abgestempelt und in die Ecke geschoben, während doch von solch großen Einsamen wie Pascal, Kierkegaard oder Nietzsche Wichtigeres gesagt wurde als von manch anderem. Es gibt in der Philosophiegeschichte natürlich auch den Typ des schrulligen Kauzes und Eigenbrötlers. Da dieser aber nur sein eigenes Brot backt, wird er auch schnell wieder vergessen, während das Leiden der Genannten eine ganz andere Bedeutung hat. Denn in ihrem persönlichen Leiden haben sie typische Konflikte zu Bewußtsein gebracht, die entscheidende Punkte des gesellschaftlichen Lebens betreffen. »Sind die Konflikte nicht typisch, so sind sie belanglos« (Franz Borkenau).

Pascal

Deshalb und nur deshalb hat hier auch die Rolle der Persönlichkeit bis hin zu unglücklichen Liebesgeschichten einen ganz anderen Stellenwert. Das ist bei Pascal klar zu sehen. Er lebte drei gänzlich verschiedene Lebensformen, und jede mit der ihm eigenen Radikalität. Das erste Leben ist das des frühreifen Genies und reinen Wissenschaftlers. In Clermont geboren, wurde er nach dem frühen Tod der Mutter von seinem Vater – einem hohen Beamten, der auch als Mathematiker bekannt wurde – persönlich unterrichtet. Bereits mit siebzehn Jahren veröffentlicht der Hochbegabte seine *Abhandlung über die Kegelschnitte*, der weitere Arbeiten folgen. Gleichzeitig mit dem Mathematiker Fermat hat er die Wahrscheinlichkeitsrechnung erfunden. Als Physiker machte er sich einen Namen mit der *Abhandlung über das Leere*, in der kühl-experimentell die aus der aristotelischen Physik stammende Vorstellung, daß die Natur einen Abscheu vor dem Leeren habe *(horror vacui)*, widerlegt wird. Daß Pascal schließlich alle mathematisch-naturwissenschaftliche Arbeit aufgab, soll Folge einer Krise gewesen sein, die zum Zusammenbruch des Ideals des reinen Gelehrten geführt haben muß. Ab 1651 lebte er nun für vier Jahre das Leben eines »Weltmannes« *(honnête homme)* in Paris. Wir sind kaum über diese Jahre unterrichtet; jedenfalls hat er sie zu ausführlicher Beobachtung des gesellschaftlichen Lebens in der Hauptstadt genutzt. Auch diese Zeit endet mit einer Krise. In der Nacht vom 23./24. November 1654 hat er ein mystisches Erlebnis von größter Intensität. Wir wissen von ihm durch das sog. *Mémo-*

drei Lebensformen

Pascals Additions- und Subtraktionsmaschine, die er 1652 erfand.

rial – einen Zettel, den er selbst immer wieder sorgfältig in seine Kleider eingenäht hat. Glücklicherweise fand ihn ein Diener nach seinem Tode.

Nach diesem Erlebnis zog sich Pascal von der Welt zurück in das Kloster Port-Royal bei Paris. Port-Royal war damals geistiger Mittelpunkt des Jansenismus, einer innerkatholischen Widerstandsbewegung in Frankreich und den Niederlanden, die im 17. und 18. Jahrhundert zeitweilig eine große Bedeutung erlangte. Hier schrieb er die sog. *Provinzialbriefe*, eine glänzende Polemik gegen die Jesuiten und deren relativ großzügige Auffassung von der Wirkung der göttlichen Gnade. Dieses Unternehmen, das damals ungeheures Aufsehen erregte, brach er aber nach dem 18. Brief ab, um sich ganz dem Plan einer großangelegten Verteidigung des Christentums zu widmen.

Die »Pensées«

Dieses Werk ist nie erschienen, denn der äußerst sensible, stets bis zur völligen Entkräftung arbeitende Pascal starb bereits mit neununddreißig Jahren. Was blieb, ist eine Unzahl von Fragmenten und Aphorismen, die von den jansenistischen Herausgebern den Titel *Pensées* (*Gedanken*) erhalten haben (erschienen 1678). In den *Gedanken* besteht ein enger Zusammenhang zwischen Form und Gegenstand des Denkens. »Pascal vergleicht den Aphorismus mit einem Schwamm: wie dieser das Wasser einsaugt und es wiedergibt, wenn er zusammengedrückt wird, so nimmt der gute Aphorismus in das knappe Gefüge seiner Sätze eine Fülle von Erkenntnis auf, die offenbar wird, sobald man die Formulierungen auf ihre Sinnfülle hin preßt.« [14] »Sinnfülle« darf hier nun nicht, wie vom Wort her naheliegend, als positiver Gehalt verstanden werden, denn was das Thema seines Denkens betrifft, so steht Pascal im 17. Jahrhundert absolut allein da. Die unsystematische Systematik seiner aphoristischen Methode besteht nämlich gerade darin, von jedem denkbaren Punkt des Menschenlebens ausgehend, dessen Sinnlosigkeit aufzudecken. Widersprüche und Gegensätze, tiefe Probleme haben natürlich auch die anderen Denker seiner Zeit gesehen. Aber während im 17. Jahrhundert »alle andere systematische Denkarbeit darauf hinausgeht, das Widerspruchsvolle dieses Lebens im System aufzuheben, geht *sein* Denken darauf, diese Konflikte festzuhalten

aphoristisches Denken

und systematisch ihre Unausweichlichkeit zu beweisen.« (F. Borkenau) Überall sieht Pascal unauflösbare Mißverhältnisse: im Menschen selbst, in seiner Stellung in der Natur, in seiner »Geselligkeit«, in seiner prächtigen Vernunft. Das soll im folgenden mit einigen Zitaten gezeigt werden. Sie sind aber eher als Einladung gedacht, sich mit dem Denken dieses leidenschaftlich Suchenden selbst zu beschäftigen. Die Numerierung der Aphorismen entspricht der Zählung in der Ausgabe von E. Wasmuth, auf die hier hingewiesen sei [15].

Eine eigenartige Erregtheit macht die Grundstimmung der *Pensées* aus. Denn immer geht es um das Ganze: das Heil des Menschen in einer unheilen Welt. Und was Pascal am meisten verdutzt, ist die Unbekümmertheit, mit der die Menschen vor sich hinleben: »Wenn ich sehe, wie blind und elend die Menschen sind, wenn ich bedenke, daß das ganze Weltall stumm und der Mensch ohne Einsicht sich selbst überlassen ist wie ein Verirrter in diesem Winkel des Weltalls, ohne daß er wüßte, wer ihn dorthin gebracht, was da zu tun ist, noch was ihm widerfahren wird, wenn er stirbt, und bedenke, wie unfähig er ist, irgend etwas gewiß zu wissen, dann überkommt mich ein Grauen, wie es einen Menschen überkommen müßte, den man im Schlaf auf einer wüsten und schreckvollen Insel ausgesetzt und er erwachend weder weiß, wo er ist, noch wie er entkommen kann. Bedenke ich das, dann wundere ich mich, wie es möglich ist, daß man ob solch elender Lage nicht verzweifelt.« (184)

Blindheit der Menschen

Was sich bei Pascal ausdrückt, ist eine neue Erfahrung des Universums auf der Basis des neuen mechanischen Weltbildes. Es ist ein in Raum und Zeit unendlich großes, aber leeres Universum: »Das ewige Schweigen dieser unendlichen Räume macht mich schaudern.« (36). »Wie viele Königreiche wissen von uns nichts.« (37) Einsamkeit gegenüber der Natur, Fremdheit gegenüber den Mitmenschen. Franz Borkenau, der große Kenner des 17. Jahrhunderts, weist eindringlich darauf hin, daß wir immer von einem »exakten Korrelat« zwischen dem Natur- und dem Gesellschaftsbegriff bzw. dem Natur- und dem Gesellschaftserlebnis einer Epoche ausgehen können. Das zeigt sich selten so deutlich wie bei Pascal. Glänzend analysiert dieser die Vermeidungsstrategien, mit denen die Menschen das einzig Gewisse, den Tod, vor sich verbergen. Einerseits ist jeder nur für sich selbst ein All: »jedes ›Ich‹ ist der Feind aller andern und möchte sie beherrschen« (66; das erinnert stark an Hobbes' Schilderung des Naturzustandes [→ S. 164]). Andererseits brauchen die Menschen einander, um sich gegenseitig zu bestätigen und zu zerstreuen: »So ist das menschliche Leben ein fortwährender Trug, gegenseitig täuscht man sich, gegenseitig schmeichelt man sich. Niemand redet so, wenn wir zugegen sind, wie er in unserer Abwesenheit redet. Auf dieser Täuschung ist die Einigkeit der Menschen begründet.« (56) Unruhe und Suche nach Zerstreuung – auch die dem Bürgertum so ehrenwerte Arbeit wird als eine Form der Zerstreuung betrachtet – zeichnen die menschliche Befindlichkeit schlechthin. »Wenn ich es mitunter unternommen habe, die mannigfaltige Unruhe der Menschen zu betrachten (...), so habe ich oft gesagt, daß alles Unglück der Menschen einem entstammt, nämlich daß sie unfähig sind, in Ruhe allein in ihrem Zimmer bleiben zu können.« (86) Allein die Allgemeinheit des Verkehrten läßt das Leben als »normal« erscheinen, was paradox zugespitzt so formuliert wird: »Die Menschen sind so notwendig Toren, daß es auf eine andere Art töricht wäre, kein Tor zu sein.« (78) So wundert es nicht, daß Pascal auch das Leitbild des Rationalismus, die Vernunft der Philosophen (man denke an Descartes' Lieblingswort »klare und deutliche Erkenntnis«), an-

Ein leerer Kosmos

Mißverhältnisse der Vernunft

greift. Die Vernunft versagt vor dem Leben. »Alle ihre Grundsätze sind wahr, die der Skeptiker, die der Stoiker, die der Atheisten usf. Aber ihre Schlüsse sind falsch, weil die gegensätzlichen Grundsätze ebenfalls wahr sind.« (181) Das heißt nun allerdings nicht, daß Pascal den Menschen und seine Vernunft möglichst nur »klein« machen will – dann wäre das Mißverständnis nicht mehr sichtbar, und auch Pascal ist ja Kind des Rationalismus: »Das Denken macht die Größe des Menschen.« (115) »Die Größe des Menschen ist groß, weil er sich als elend erkennt. Ein Baum weiß nichts von seinem Elend.« (113) Um das unendliche Mißverhältnis auszudrücken, prägt er das berühmte Bild von dem denkenden Schilfrohr: »Nur ein Schilfrohr, das zerbrechlichste in der Welt, ist der Mensch, aber ein Schilfrohr, das denkt. Nicht ist es nötig, daß sich das All wappne, um ihn zu vernichten: ein Windhauch, ein Wassertropfen reichen hin, um ihn zu töten. Aber, wenn das All ihn vernichten würde, so wäre der Mensch doch edler als das, was ihn zerstört, denn er weiß, daß er stirbt, und er kennt die Übermacht des Weltalls über ihn; das Weltall aber weiß nichts davon.« (119)

Hinführung zum Glauben

»Nichts ist der Vernunft so angemessen wie dies Nichtanerkennen der Vernunft.« (218) Ziel der Pascalschen Verteidigung des Christentums ist die Bescheidung des Menschen: daß er sich aus echter – heute würde man sagen: »existenzieller« – Betroffenheit heraus auf die Suche nach Gott macht. »Gott Abrahams, Gott Isaaks, Gott Jakobs«, heißt es im *Mémorial*, »nicht der Philosophen und Gelehrten.« D. h. Gott ist für Pascal der *deus absonditus* des *Alten* und *Neuen Testaments*, der verborgene, geheimnisvolle, unbegreifliche Gott. »Vernünftige« Gottesbeweise, etwa, daß ja alles eine »erste Ursache« haben muß usf., sind für das Heil des Einzelnen belanglos. Wir können hier eine bestimmte Linie des Christentums erkennen, die von Paulus über Augustinus, die mittelalterlichen Mystiker, Pascal und Kierkegaard bis zur dialektischen protestantischen Theologie unseres Jahrhunderts [→ S. 408] geht. In den Prophezeiungen, den Wundern und der Person Jesu hat Gott Zeichen gegeben. Aber nur, wer sie sehen will, wird sie sehen. Und das ist ganz Sache des Einzelnen: »Gerecht ist es, daß ein Gott, der so rein ist, sich nur denen enthüllt, die ihr Herz gereinigt haben.« (269) »Wie weit ist es von der Erkenntnis Gottes bis dahin, ihn zu lieben.« (228)

Erfahrungsgehalte

Die Eindringlichkeit, mit der Pascal immer wieder die Einsamkeit des Einzelnen umkreist, läßt vermuten, daß hier eine neue Erfahrung ausgedrückt wird. So hat noch kein Philosoph vor ihm gesprochen. Damit kann man ihn auch in Frage stellen: es ist gar nicht so »natürlich« und selbstverständlich, wie ihm schien, daß der Mensch sich in der Natur und in der Gesellschaft fremd, vereinsamt und vereinzelt fühlt. Selbst die Tatsache des Todes muß nicht notwendig den Sinn eines Lebens in Frage stellen. Andererseits – es kann und soll nicht wegdiskutiert werden, daß der vielleicht tiefste Denker der frühen bürgerlichen Zeit diese Erfahrung gemacht und gedanklich verarbeitet hat. »Typische Konflikte« und *homo homini lupus* – der Satz von Thomas Hobbes, dem Philosophen des Besitzindividualismus, liegt wie ein Schatten auf dem 17. Jahrhundert, dem Jahrhundert der neuen, der bürgerlichen Zeit.

Januskopf Vico

Eigentlich ist *Das Leben Giambattista Vicos* (1729) ein einziges Ärgernis. Schon der erste Satz beginnt umständlich-gesucht, Vico spricht über sich in der dritten Person, und endet in einem triumphalen Vergleich mit dem Symbol des Weisen schlechthin, mit Sokrates, den er weit übertreffe. Mitenthalten ist ein geradezu peinliches »Versehen«, denn um seine geniale Frühreife zu unterstreichen, verjüngt sich der Verfasser um zwei Jahre; in Wirklichkeit ist Vico 1668 geboren. Dazwischen dann immer wieder leitmotivisch die Betonung des Autodidakten und der eigenen Unabhängigkeit, der ungünstigen Lebensumstände als »höchste Armut« und einer selbstbewußt herausgekehrten Isolation von seiner Umwelt. Insgesamt also eine kaum verdeckte Selbststilisierung als verkanntes Genie, die in manchem an Nietzsche erinnert. Auch in der ständigen Ausschau nach Zeichen von Anerkennung – während Descartes sich sagen lassen muß, daß er »auf den Ruhm geradezu versessen« sei, ist es ein besonders peinlicher Zug der Autobiographie, daß ihr Verfasser sich ununterbrochen loben läßt. Und zwar insbesondere von kirchlichen Würdenträgern, wobei er ganz zu vergessen scheint, daß er in seiner Jugend selbst in Kreisen verkehrte, die als Atheisten verschrien waren und in den sog. »Atheistenprozessen« (1688–93) sogar der Verfolgung durch das römische Inquisitionstribunal ausgesetzt waren. Im Einklang damit wird auch der Anschein erweckt, als sei er in den neun Jahren seines Hauslehrerdaseins (1686–95) auf einem Schloß in der Gegend von Cilento kein einziges Mal in Neapel gewesen, als habe er sich in den Einöden Süditaliens neun Jahre lang einzig dem Studium Platons und der Platoniker, der römischen Rhetorik und Jurisprudenz sowie der Literatur und Philosophie der Renaissance hingegeben! »Mit diesem Wissen und mit dieser Gelehrsamkeit kehrt Vico als Fremdling in seine Heimat zurück.« Wie sah es dort aus, worin bestand, mit den Worten von Karl Jaspers, die »geistige Situation der Zeit«?

Vico

In einer – übrigens vorzüglich kommentierten – Werkausgabe Vicos von P. Soccio werden zwei Stichdaten genannt, die genau ein Jahrhundert umfassen: 1647, das Jahr der Rivolta di Masaniello, eine Volkserhebung gegen das Joch der spanischen Herrschaft, und der Aufstand gegen das Heilige Uffizium im Dezember 1746, der 1747 zur endgültigen Abschaffung des Inquisitionstribunals der römischen Kurie in Neapel führt. Dazwischen liegen die Dezimierungen der Bevölkerung durch die Pest in Neapel und Puglien (1656 und 1690), die Ablösung der spanischen Herrschaft durch das Haus Habsburg (1707) und schließlich die Erhebung zur politischen Form des Königreichs Neapel 1734. In diesem Zeitraum befindet sich das geistige Leben Neapels in einer ungeheuer produktiven Entwicklung, Umwälzung, Inkubation, die dann in den Werken insbesondere von Pietro Giannone *(Geschichte des Königreichs Neapel, 1723)* und Giambattista Vicos *Neuer Wissenschaft* (1725) zur vollen Entfaltung kam.

geschichtlicher Hintergrund

Als Indiz für den intellektuellen Ultramontanismus, d.h. die allgemeine Öffnung nach West- und Mitteleuropa sei hier nur erwähnt, daß die führende *Accademia degli Investiganti* sich am Vorbild der *Royal Society of London* [→ S. 156] orientierte, daß also ein stark naturwissenschaftlichempiristischer Zug à la Francis Bacon vorherrschte. Er verband sich mit dem die Zeit bestimmenden Rationalismus von Descartes und der epikuräisch-libertären Linie seines Kritikers Pierre Gassondi (1592–1655). Hinzu kommt das für Neapel charakteristische juristisch-staatsphilosophische Bewußtsein in einer breiten Schicht des gehobenen Bürgertums, das in der Reform der rechtlichen und politischen Institutionen, im Ideal des auf das Recht gegründeten Staates den Ansatz zur gesellschaftlichen Erneuerung sucht, in der Verbindung von Thron und Altar, von Fremdherrschaft und Kurie aber seinen mächtigen Gegner findet.

intellektuelle Offenheit des neapolitanischen Geisteslebens

In diesen antiklerikalen, »ultramontanen« Kreisen und Salons verkehrt der junge Vico, der sich nach seiner endgültigen Rückkehr 1695 allmählich einen Namen als Literat zu machen beginnt (aus »geographielogischen« Gründen hat der Ausruck *Ultramontanismus* übrigens in Deutschland die genau engegengesetzte Bedeutung!). 1699, mit einunddreißig Jahren also, wird er Professor der Rhetorik an der Universität und hält in dieser Eigenschaft alljährlich am 18. Oktober eine lateinische Antrittsvorlesung für das neue akademische Jahr.

Kritik am Cartesianismus

Warum überarbeitet Vico von allen diesen Reden nur die siebte, aus dem Jahre 1708, für den Druck? Er muß wohl selbst gespürt haben, daß *De nostri temporis studiorum ratione (Vom Wesen und Weg der geistigen Bildung)* einen Wendepunkt darstellt, »erstes Beweisstück der genialen Originalität dieses Denkers« (P. Soccio). *Studiorum ratione* heißt soviel wie »Studienplan« und beinhaltet Ziele, Stoff und Methode des Unterrichts, und Vico, als Professor der Rhetorik tief in der Antike verwurzelt, stellt die Rede unter folgende Leitfrage: »Welche Art der Studien ist richtiger und besser, die unsere oder die der Alten?« »Die unsere« – damit ist letztlich die *Logique ou Art de penser* von Antoine Arnauld (1612–94) und Pierre Nicole (1625–95) gemeint, die sog. *Logik von Port-Royal* (1662), die auch in Neapel begeisterte Aufnahme gefunden hatte. Entsprach sie doch ganz der geistigen Situation der Zeit, mit ihrer Orientierung am cartesianischen Erkenntnisideal des *clare et distincte percipere*, mit ihrem Ausgang von den obersten Gewißheiten der Mathematik und der Betonung des eigenen Urteils auf der Basis des *certum*, der logischen Klarheit [→ S. 166]. Mit der Konsequenz, daß die ganze Dimension der Antike im weitesten Sinne – Sprachen, Rhetorik, Literatur, Geschichte – abgewertet wird. Erlaubt doch die Überlieferung niemals wirkliche »Gewißheit«, sondern allenfalls mehr oder weniger »wahrscheinliches« Wissen. Vicos Rede ist nun äußerst umsichtig; er will »die Vorzüge beider Epochen vereinigen.« Daher erinnert er an »Phantasie« und »Gedächtnis« als ursprüngliche Basis allen Wissens und aller Kunst; an den »natürlichen Gemeinsinn« (*sensus comunis*), der im Leben orientiert, die »praktische Klugheit« speist und gerade auf dem Wahrscheinlichen basiert; an die Rhetorik, die mit den Bildern der Imagination auf das Gemüt der Hörer zielt; an die Kunst der Topik, die auf der Wirkkraft von Beispiel und Analogie beruht. Das Wissensideal der Gegenwart ist, mit anderen Worten, einseitig und als Basis des Curriculums in den Schulen sogar gefährlich: »Denn wie das Alter im Verstand, so hat die Jugend ihre Stärke in der Phantasie; und sie, die man seit jeher für das glücklichste Zeichen künftiger Begabung gehalten hat, darf man doch bei den Knaben unter keinen Umständen ersticken.« In *De nostri temporis studiorum ratione* wird bereits spürbar, daß Vico gegenüber dem abstrakten Rationalismus seiner Zeit mit der Antike auch einen anderen Bereich rehabilitiert, den des Kindlichen, Frühen, des Prälogischen überhaupt.

Betonung der rhetorischen Tradition

Wir können hier Vicos denkerische Entwicklung in den nächsten fünfzehn Jahren, den Jahren der Inkubation, nicht im einzelnen verfolgen. Es sei nur erwähnt, daß er in der *Autobiografia* von »drei einzigartigen Autoren« spricht, die sein Denken maßgeblich bestimmten: Platon, der den Menschen betrachtet, wie er sein soll, Tacitus, der den Menschen betrachtet, wie er ist (eine spannungsvolle Kombination!) und Francis Bacon, dem er u. a. wichtige Hinweise auf die Ursprünge von Sprache und Dichtung verdankt. Hinzu kommt später als vierter Autor Hugo Grotius [→ S. 161 f.] und mit ihm die ganze Diskussion um das Naturrecht. Daß übrigens, wie man bemerkt hat, in Wahrheit Descartes als sein »fünfter Autor« zu betrachten und im Hintergrund ständig präsent ist, würde Vico wohl nicht gerne zugeben. Aber all diese Lektüren wie auch die eigenen Arbeiten zur Sprachgeschichte, Rechtsphilosophie und Metaphysik lassen ihn unbefriedigt. Zu Recht, denn das Problem aus dem Jahre 1708 bleibt im Grunde bestehen; »die Vorzüge beider Epochen vereinigen« war ja zunächst reines Postulat. Wie aber die Vergangenheit in die Gegenwart einholen? Wie überhaupt ihre Texte und Quellen, etwa die beiden Epen Homers, zum Sprechen bringen? Muß sich die philosophische Kultur seiner Zeit nicht notwendigerweise von der Geschichte entfremden, da sie den Zugang zu ihr verloren hat? Anders gefragt: Gibt es eine Verbindung von Philosophie und Philologie – »Philologie« hier im weitesten Sinne von Sprach- und Geschichtswissenschaft überhaupt? Oder, allgemein: Wie läßt sich Geschichte *philosophisch* begreifen? – »Doch in dieser Nacht voller Schatten, die für unsere Augen das entfernteste Altertum bedeckt, erscheint das ewige Licht, das nicht untergeht, von jener Wahrheit, die man in keiner Weise in Zweifel ziehen kann: daß diese historische Welt ganz gewiß von den Menschen gemacht worden ist: und darum können (denn sie müssen) in den Modifikationen unseres eigenen menschlichen Geistes ihre Prinzipien aufgefunden werden. Dieser Umstand muß jeden, der ihn bedenkt, mit Erstaunen erfüllen: wie alle Philosophen voll Ernst sich bemüht haben, die Wissenschaft von der Welt der Natur zu erringen; welche, da Gott sie geschaffen hat, von ihm allein erkannt wird; und vernachlässigt haben, nachzudenken über die Welt der Nationen, oder historische Welt, die die Menschen erkennen können, weil sie die Menschen geschaffen haben. Diese erstaunliche Wirkung wird hervorgebracht von der Armut des menschlichen Geistes [...]: daß er, aufgeschluckt und begraben vom Körper, von Natur geneigt ist, nur die körperlichen Dinge wahrzunehmen, und einer allzu großen Anstrengung und Mühe bedarf, um sich selbst zu begreifen; so wie das körperliche Auge zwar alle Gegenstände außer sich sieht, aber des Spiegels bedarf, um sich selbst zu erblicken«.

Die Passage gibt einen Eindruck von der geradezu poetischen Intensität des Ausdrucks und der Denkenergie, welche die *Prinzipien einer neuen Wissenschaft über die gemeinschaftliche Natur der Völker* (1725) durchzieht. Daß bei Gott Denken und Schaffen, *verum et factum,* ineins fallen, ist ein alter Topos der christlichen Logosspekulation, der seit Cusanus [→ S. 115] auch auf den Menschen hinsichtlich der vom menschlichen Geist erzeugten mathematischen Wahrheit übertragen wurde. Indem Vico diesen Topos aber auf den Menschen als dem Schöpfer seiner geschichtlichen Welt bezieht, gibt er ihm eine originelle und produktive Wendung, die in seiner Zeit einzig dasteht. Wir beschränken uns hier auf zwei Themen, die Dechiffrierung der Mythen und den Gang der Geschichte.

Für den ersten Themenkreis ist der Ausdruck »Modifikationen unseres eigenen menschlichen Geistes« als hermeneutischer Schlüssel zu betrachten. *Modifikation* bedeutet soviel wie »Abwandlung«, steht gewissermaßen zwischen den Extremen von »Gleichheit« und »völliger Andersartigkeit«. »Modifikation« kann somit als eine dialektische Brücke über die Verschiedenheit der Zeiten und Kulturkreise verstanden werden. Und gleich zu Beginn der *Neuen Wissenschaft* weist Vico darauf hin, daß der Mensch generell »sich selbst zur Richtschnur des Weltalls macht«, daß er, vom Bekannten ausgehend, den Geist seiner Zeit in die Vergangenheit projiziert. Der Leser bedenke hier nur einmal probehalber, welch geradezu gigantisches historisches Unverständnis der aufklärerischen sog. *Theorie vom Priestertrug* zugrundeliegt, nach der die geschichtlichen Religionen

Vicos Problemstellung

Erkennbarkeit der geschichtlichen Welt

PRINCIPJ
DI
SCIENZA NUOVA
DI
GIAMBATTISTA VICO
D'INTORNO ALLA COMUNE NATURA
DELLE NAZIONI
IN QUESTA TERZA IMPRESSIONE
Dal medesimo Autore in un gran numero di luoghi
Corretta, Schiarita, e notabilmente Accresciuta.
TOMO I.

IN NAPOLI MDCCXLIV.
NELLA STAMPERIA MUZIANA
A spese di Gaetano, e Stefano Elia,
CON LICENZA DE' SUPERIORI.

Titelblatt

Dechiffrierung der Mythen

durch (sogar absichtliche) Täuschung entstanden sein sollen! »Modifikationen«: Vico wird nicht müde, darauf hinzuweisen, daß Schrift und Kodifizierung von Gesetzen, rationales Denken und philosophische Reflexion Spätprodukte der geschichtlichen Entwicklung sind. Was liegt ihnen voraus? »Je schwächer die Denkfähigkeit, desto kräftiger ist die Phantasie.« Wenn sich daher bei allen Völkern der antiken Welt eine Figur findet, wie sie die Griechen mit »Herkules« schufen (Zoroaster, Romulus, Hermes Trismegistos in Ägypten), so muß diesen Phantasieprodukten etwas Gemeinsames zugrundeliegen. Etwas Gemeinsames der geschichtlichen Wirklichkeit (Vico beschreibt typische Gemeinsamkeiten aller Völker im Verlauf ihres Zivilisationsprozesses wie Religion, Institution Ehe, Begräbnis der Toten, Aufspaltung in Klassen und damit eine Sphäre des Staats), aber auch etwas Gemeinsames der Denkform (in Abgrenzung gegenüber der Begrifflichkeit des rationalen Denkens kann Vico die mythologischen Inhalte als »phantasiegeschaffene Gattungsbegriffe oder Universalien« verstehen und ernstnehmen; sie sind »poetisch wahr«, enthalten »der Idee nach Wahrheit«).

In der genialen Kombination beider Aspekte gelangt Vico zur Formulierung des Prinzips, »daß die ältesten Sagen politische Wahrheiten enthalten mußten und also die Geschichte der ersten Völker darstellten« – ein Prinzip, in dem sich das Programm einer Verbindung von Philosophie und Philologie glücklich realisiert. Zu welchem Gesamtergebnis aber gelangt die »neue kritische Kunst«, die er auch wegweisend »Philosophie der Überlieferung« nennt?

Der Gang der Geschichte

Hier sind es nun die zentralen Begriffe der *ewigen idealen Geschichte* und der *göttlichen Vorsehung*, die dem heutigen Verständnis besondere Schwierigkeiten entgegensetzen. Ein Zitat aus dem letzten Buch:

»Und nun, nach solcher Wiederkehr der menschlichen Dinge, die der besondere Gegenstand dieses Buches war, bedenke man die Parallelen, die durch das ganze Werk in einer großen Zahl von Materien zwischen den ersten und letzten Zeiten der antiken und modernen Völker gezogen worden sind; dann wird man die Geschichte ganz gedeutet vor sich haben, nicht etwa nur die besondere und zeitliche der Gesetze und Taten von Römern und Griechen, sondern in der Identität des Gedankeninhalts und der Verschiedenheit der Ausdrucksformen wird man die ideale Geschichte der ewigen Gesetze vor sich sehen, nach denen die Taten aller Völker verlaufen in ihrem Entstehen, Fortschritt, Zustand, Abstieg und Ende, wenn es selbst wahr wäre (was sicherlich falsch ist), daß seit der Ewigkeit von Zeiten zu Zeiten unzählige Welten entstünden.«

Vico denkt Geschichte in der Tat zyklisch, als Aufstieg und Verfall der Völker, der als ewige ideale Geschichte den konkreten Völkergeschichten zugrundeliegt und dem Plan einer göttlichen Vorsehung entspricht. Sie soll den gesamten Geschichtsverlauf lenken bzw. in ihm erkennbar sein. Hier ist nun Vicos Begründung sehr nüchtern, gewissermaßen eine Variation des Prinzips *private vices – public virtues* [→ S. 207], die der egoistischen wie der geselligen Natur der Menschen gleichermaßen Rechnung zu tragen versucht. Wie gleich eingangs bemerkt wird, hat die Vorsehung nämlich »die menschlichen Dinge so geordnet und angelegt, daß die Menschen, abgefallen von der reinen Gerechtigkeit durch die Erbsünde, fast immer etwas ganz Anderes, oft geradezu Gegenteiliges beabsichtigend – wodurch sie zur Befriedigung ihrer Bedürfnisse einsam leben würden wie wilde Tiere – eben auf ihren verkehrten und gegenteiligen Wegen durch ihre Bedürfnisse selbst dahin gebracht wurden, mit Gerechtigkeit zu leben und sich in Gesellschaft zu halten und so ihrer geselligen Natur nach zu leben.«

Der englische Empirismus – Philosophie der Erfahrung und des »gesunden«, d. h. bürgerlichen Menschenverstandes

John Locke, bourgeois rational man

Es gibt in der Philosophiegeschichte den Typ des »Rufers in der Wüste«, wie wir ihm bei Pascal begegnet sind. Naturgemäß häufiger tritt der Typ des Repräsentanten auf, der gleichsam stellvertretend für viele seine Zeit »auf den Begriff« bringt, wie Hegel sagen würde (»Philosophie ist ihre Zeit, in Gedanken erfaßt«). John Locke (1632–1704) ist solch ein typischer Repräsentant: ein vernünftiger Bürger, der für vernünftige Bürger philosophiert in einem geschichtlichen Augenblick, als das englische Bürgertum nach den Wirren des Bürgerkrieges, den erfolgreichen Seekriegen mit Holland und der erfolgreichen, unblutigen *Glorious Revolution* (1688) sich endgültig daranmacht, politisch und wirtschaftlich seine weltbeherrschende Stellung zu erringen. Genau um diese Zeit, zwischen 1689 und 1695, erscheinen auch die meisten von Lockes Schriften. Sie zeigen einen erstaunlichen Umfang des Interesses und der Kenntnisse. Er schrieb über religionsphilosophische bzw. religionspolitische Themen (*Von der Vernunftmäßigkeit des Christentums*; der *Toleranzbrief*, der 1689 anonym erschien) und gab Ratschläge zur Pädagogik (*Gedanken über Erziehung*, ein interessantes sozialgeschichtliches Dokument). Daß seine *Überlegungen über die Folgen der Senkung des Zinsfußes* zu *dem* Standardwerk der jungen Wissenschaft der politischen Ökonomie in England, Frankreich und Italien wurden, wird meist gar nicht zur Kenntnis genommen. Seine philosophischen Hauptwerke im engeren Sinne sind der *Versuch über den menschlichen Verstand (An Essay Concerning Human Understanding)* und die *Zwei Abhandlungen über die Regierung (Two Treatises of Government)*. Beide Werke erscheinen fast gleichzeitig 1690. All seine Arbeiten haben innerhalb kürzester Zeit viele Auflagen erreicht und wurden in mehrere Sprachen übersetzt. Man muß sich klar machen, daß Locke in den einhundert Jahren zwischen 1689 und der Französischen Revolution der einflußreichste europäische Philosoph gewesen ist (er erhielt auch den Ruhmestitel »moderner Aristoteles«). Das gibt um so mehr Veranlassung, genau hinzusehen und vielleicht auch ein bißchen zwischen den Zeilen zu lesen.

1652, mit zwanzig Jahren, kommt Locke nach Oxford, wo er sich weniger mit Philosophie als mit medizinischen und naturkundlichen Problemen beschäftigt. Fragestellungen und Methode seiner Studien stehen in dem damals mächtigen Trend hin zu einer vorurteilslosen experimentellen Auseinandersetzung mit der Natur, die dann in der Gründung der *Royal Society* (1662 [→ S. 152]) ihren organisatorischen Rahmen fand. Locke trat 1668 der *Royal Society* bei; mit einigen Großen aus diesem Kreis wie dem Chemiker Robert Boyle (erster Präsident der Gesellschaft), dem berühmten Mediziner Thomas Sydenham und später auch mit Isaac Newton stand Locke in engem persönlichen Austausch. Diese Grunderfahrung einer praktizierten »experimental philosophy« einerseits, die Erfahrung des englischen Bürgerkrieges andererseits, in dessen Verlauf die Folgen dogmatisch verhärteter religiös-politischer Parteienbildung bedrohlich spürbar wurden, sind wohl wichtige Voraussetzungen, daß Locke zum Begründer des philosophischen Empirismus werden konnte.

Locke

Die Werke des »modernen Aristoteles«

Mitglied der Royal Society

Empirismus als Methode

Empirismus bedeutet soviel wie »Philosophie der Erfahrung«. Man kann sich denken, daß von Francis Bacon bzw. John Locke bis heute sehr viele Spielarten einer philosophischen Erfahrungswissenschaft aufgetreten sind. Es ist daher wichtig, sich den Empirismus zunächst weniger als ein spezielles System oder Dogma denn als ein bestimmtes Grundprinzip des Philosophierens klarzumachen: »Wer sich zum Empirismus bekennt, wird diesen in der ganzen Philosophie zur Geltung bringen wollen: Er wird nicht nur in der Erkenntnistheorie, sondern auf allen möglichen Gebieten das Gegebene der Erfahrung als Ausgangspunkt und als Kontrollinstanz seiner Überlegungen anerkennen; er wird überall möglichst ohne Vorgabe von apriorischen [von vornherein gegebenen] Begriffen oder Grundsätzen auszukommen suchen. Er wird wie der Einzelwissenschaftler vom Besonderen zum Allgemeinen fortschreiten und eine deutliche Reserve gegenüber der Metaphysik an den Tag legen, die sofort beim Allgemeinen ist. Er wird nicht sehr viel Respekt vor der philosophischen Tradition empfinden, die die Erfahrung meist nicht sehr hoch veranschlagt und mehr zu spekulativer Erkenntnis neigt; er wird zuversichtlich sein, daß die Philosophie sich hinter den Wissenschaften nicht zu verstecken braucht, wenn sie mit der Wende zur Erfahrung Ernst macht. Wer den Empirismus nicht als Dogma, sondern als Methode betrachtet, wird daher auch keinen Anlaß sehen, ihn für antiquiert [veraltet] zu halten; im Gegenteil, er wird ihn durchaus lebenskräftig, ja entwicklungsfähig finden.« [l]

Erkenntnistheorie

War Francis Bacon der frühe Propagandist des Empirismus [→ S. 152], so ist Locke als sein Begründer anzusehen. Zugleich haben wir erst seit Locke philosophische Erkenntnistheorie im eigentlichen Sinne. Ziel seines *Essay Concerning Human Understanding* ist nämlich, »Ursprung, Gewißheit und Umfang der menschlichen Erkenntnis zu untersuchen.« Und das in einer so ausführlichen und systematischen Weise, daß alle früheren philosophischen Unternehmungen, die es natürlich gab – z. B. Einteilung der verschiedenen Erkenntnisarten, Definitionen von Wahrheit – neben dieser Gründlichkeit verblassen (der Titel des großen Werks darf daher nicht mit der Gattung des philosophischen Essay seit Montaigne [→ S. 134] in Verbindung gebracht werden; vielmehr drückt sich in ihm eine dem Autor eigentümliche Bescheidenheit aus). Das Wort »Erkenntnistheorie« mag sehr steril, vielleicht sogar einschüchternd-abstrakt klingen. Es zeigt sich aber bei Locke deutlich, daß es eigentlich nie Erkenntnistheorie um ihrer selbst willen gibt. Bei ihm jedenfalls steht diese scheinbar abgehobenste philosophische Beschäftigung eindeutig unter ganz praktischen Vorzeichen, denn er glaubt, mit seinem Werk »der Wahrheit, dem Frieden und der Wissenschaft« einen Dienst zu tun. Wie soll ein so hoher Anspruch ausgerechnet durch erkenntnistheoretische Untersuchungen eingelöst werden können?

Eine abstraktere Ebene der Betrachtung

In seinem »Sendschreiben an den Leser« gibt Locke einen Hinweis zur Entstehungsgeschichte seines *Essays*. Bei Diskussionen im Freundeskreis über »ein von dem gegenwärtigen sehr weit abliegendes Thema« sind die Freunde offensichtlich an einem »toten Punkt« angelangt, an dem sie immer wieder steckengeblieben sind. Schließlich kam Locke die Vermutung, daß sie alle vielleicht viel zu voreilig waren; daß sie »vor Beginn solcher Untersuchungen notwendig unsere eigenen geistigen Anlagen prüfen und zusehen müßten, mit welchen *Objekten* sich zu befassen unser Verstand tauglich sei.« Locke drückt damit eine Hoffnung aus, aus der sich alle Erkenntnistheorie speist, nämlich Probleme nicht dadurch lösen zu wollen, indem man endlos das Für und Wider der Argumente austauscht, sondern indem man eine neue Ebene der Betrachtung anvisiert. Bevor ich mich z.B. darüber streite, ob Gott, wenn er allmächtig ist, auch böse sein kann, ist es vielleicht sinnvoll zu fragen, ob wir von unserem Erkenntnisvermögen her überhaupt etwas Sinnvolles über Gott aussagen können, oder ob er nicht unerkennbar bleibt. Alte Probleme können so durch Erkenntnistheorie vielleicht nie gelöst, wohl aber unter Umständen als gegenstandslos beiseite gelegt – und dadurch doch »gelöst« – werden. Der moderne Logiker Rudolf Carnap hat dafür den Ausdruck »Scheinprobleme« benutzt [→ S. 385].

Die Voraussetzungen dazu werden im ersten Buch der *Untersuchung* geschaffen. *No innate ideas!* Es gibt keine angeborenen Ideen und noch viel weniger angeborene moralische Prinzipien, die allen Menschen gemeinsam wären. Die Vorstellung angeborener Ideen liegt uns heute ziemlich fern, und doch gibt es in der philosophischen Tradition seit Platon einen mächtigen Strang, der – mehr oder weniger vergröbert – diese Auffassung vertritt (was Platon selbst damit gemeint hat, ist, wie alles bei Platon, sehr schwer eindeutig zu fassen). Als Beispiele führt Locke allgemeine logische Axiome wie den Satz vom Widerspruch [→ S. 82] an wie auch moralische Prinzipien, etwa daß es nach dem Leben einen Lohn oder eine Strafe gebe. Gegenüber der Behauptung, daß solche Wahrheiten der Seele mit der Geburt eingeschrieben seien und daß lediglich die Kenntnis davon erworben sei – eine Behauptung, hinter der sich auch leicht Herrschaftsansprüche verstecken lassen, denn damit ist der Mensch festgelegt – bringt Locke das alte Bild von der *tabula rasa*: der kindliche Verstand gleicht einem unbeschriebenen Blatt, einem »noch leeren Kabinett«. Alle Wörter, alle allgemeinen Begriffe bis hin zu abstrakten Grundsätzen werden erst allmählich erlernt. Klar, daß von daher auch alle allgemeinen Grundsätze der ausdrücklichen Zustimmung der Menschen bedürfen. Keiner hat die Wahrheit durch Erbrecht gepachtet.

Verstand als tabula rasa

Damit ist bereits das empiristische Grundprinzip angesprochen, das im zweiten Buch »Über die Ideen« ausgeführt wird. Unter »Idee« versteht Locke »was immer, wenn ein Mensch denkt, das *Objekt* des Verstandes ist«; »was immer man unter *Phantasma, Begriff, Vorstellung,* oder *was immer es sei, das den denkenden Geist beschäftigen kann,* versteht.« Und auf die Frage nach der Herkunft dieses ganzen »Ideenvorrats« antwortet Locke »mit einem einzigen Worte: aus der *Erfahrung.*« Das scheint nichts weiter als eine Neuauflage des alten sensualistischen (auf der Empfindung aufbauenden) Satzes *Nihil est in intellectu, quod non antea fuerit in sensu* – »Nichts ist im Verstand, was nicht vorher in der Empfindung gewesen ist«. Locke beläßt es aber nicht bei einem Grundsatz, sondern setzt in den vierhundert Seiten des zweiten Buches detailliert auseinander, wie der Vorgang funktioniert, den wir »Denken« nennen. Er spricht von zwei Quellen der Erkenntnis, nämlich Sensation (Wahrnehmung von Gegenständen der Außenwelt, eher passiv gedacht) und Reflexion (Tätigkeit des Denkens und Wollens, Verstand und Wille). Das Verhältnis dieser beiden »Stammbäume« zueinander, wie Kant sie nennen wird, wird das Dauerthema der Erkenntnistheorie bleiben. Grundlegend ist auch die Unterscheidung zwischen sog. einfachen Ideen und komplexen Ideen. Sind die einfachen Ideen – z. B. der Begriff der Festigkeit von Körpern, zu dem wir durch Wahrnehmung gelangen – »das Material unserer gesamten Erkenntnis«, so kann der Verstand durch Kombination einfacher Ideen, durch Vergleich und vor allem durch Abstraktion zu komplexen Ideen gelangen. Auf diese Weise entstehen Begriffe wie »Schönheit«, »Mensch«,

Analyse des Denkvorgangs

einfache und komplexe Ideen

»Universum«, für die wir dann auch eigene Namen erfinden. Die umfängliche und z. T. auch ermüdende Darlegung des zweiten Buches soll hier nicht im Einzelnen vorgeführt werden. Ich möchte aber besonders auf das letzte Kapitel »Über die Assoziation der Ideen« hinweisen, wo Locke sehr scharfsinnig die Entstehung von Vorurteilen in der gewohnheitsmäßigen Verbindung bestimmter Erlebnisse mit bestimmten Ideen verfolgt. Es sind für ihn dieselben alltäglichen Ursachen einer Erscheinung, die wir im Extremfall Wahnsinn nennen – bei fließenden Grenzen.

Sprachphilosophie

Buch III handelt »Von den Wörtern«. Es enthält mit das Neueste und Originellste des ganzen Werkes. Der Autor entschuldigt sich dafür auch beim Leser, daß er ihn mit einem so unbedeutenden Gegenstand *(so slight a subject)* behelligt: »So muß ich denn gestehen, daß ich, als ich diese Abhandlung über den Verstand begann, aber auch noch einige Zeit danach, nicht im geringsten daran gedacht habe, daß irgendeine Betrachtung der Wörter dafür erforderlich sein würde. Als ich jedoch über den Ursprung und die Zusammensetzung der Ideen hinausgelangt war und daran ging, den Umfang und die Zuverlässigkeit unserer Erkenntnis zu untersuchen, mußte ich feststellen, daß diese unsere Erkenntnis zu den Wörtern in einer so engen Beziehung steht, daß nur wenige klare und zutreffende Aussagen über die Erkenntnis möglich sind, ohne vorher genau zu erforschen, was die Wörter leisten und welcher Art sie die Dinge bezeichnen. Denn die Erkenntnis, deren Gegenstand die Wahrheit ist, hat es stets mit Sätzen zu tun.« Wir sehen, daß Locke nach der Diskussion im Freundeskreis, mit der alles anfing, eine doppelte Verschiebung bzw. zwei Aufschübe einlegt: einmal eine allgemeine erkenntnistheoretische Untersuchung über die Ideen, und innerhalb dieser noch einmal eine spezifisch sprachphilosophische Analyse der Wörter bzw. der Sätze, die sich als »Medium« zwischen unseren Verstand und die Wahrheit »drängen«. Insofern hat die Sprachphilosophie dieselbe Aufgabe wie die Erkenntnistheorie bzw. gehört seit Locke einfach dazu: durch Einsicht in das formale »Wie funktioniert das?« der Erkenntnis Trugschlüsse und Streitigkeiten bei der inhaltlichen Auseinandersetzung zu vermeiden.

Worte und Dinge

»Da Gott den Menschen zu einem geselligen Wesen bestimmt hatte«, sind es zwei Funktionen, die die Sprache erfüllt. Sie ist »das hauptsächliche Werkzeug und das gemeinsame Band der Gesellschaft« und – darin geht sie über die Sprache der Tiere, die das auch ist, hinaus – »Zeichen für innere Vorstellungen«, wodurch sie »als Mittel der Belehrung und Erkenntnis« dient. An diesem Punkt taucht ein Problem auf, das sich durch das ganze weitere Werk zieht. Erkenntnis wovon? Die Wörter sind Zeichen; sie vertreten die Ideen im Geist dessen, der sie benutzt. Sie werden zu diesen allgemeinen Zeichen durch Abstraktion von den konkreten Dingen und durch willkürliche Festlegung (Namen). Vertreten sie damit auch die Wirklichkeit der Dinge (Substanzen)? Seit es Philosophie gibt, gibt es das Gerede, was »die Natur« sei – Atome und Leeres, vier Elemente, Ausgedehntes, usw. Sind das nicht alles nur Wörter, Schöpfungen des menschlichen Verstandes? Ist es nicht der Hauptmißbrauch der Sprache, daß wir die Wörter für die Dinge selbst ansehen, ohne zu bedenken, daß es unser Gerede ist? Andererseits – wie sollen wir etwas erkennen wenn nicht mit Wörtern? »Denn unsere Substanznamen [z. B. »Gold«, »Mensch«, »Körper«] werden ja nicht ausschließlich für Ideen gesetzt, sondern sollen ja eigentlich auch dazu dienen, die Dinge zu vertreten. Werden sie also an deren Stelle verwendet, so muß ihre Bedeutung sowohl mit der Wirklichkeit der Dinge als auch mit den Ideen der Menschen übereinstimmen.«

Um es gleich zu sagen – Locke gelangt zu keiner eindeutigen Klärung dieses Problems, und das Schwanken des Begründers der Sprachphilosophie bezeichnet eine in der Sache liegende Schwierigkeit aller Bemühungen, die um das Verhältnis von Sprache und Wirklichkeit (alles sehr »komplexe Ideen«!) kreisen. Vielleicht scheute Locke auch die Konsequenzen seiner Fragestellung. Denn als überzeugter Empirist war er von der Abhängigkeit unserer Wahrnehmung von der Außenwelt ausgegangen. Als Sprachphilosoph aber erkennt er, wie stark unsere Vorstellung von der Wirklichkeit von der menschlichen Sprache abhängt, daß sich »die Gegenständlichkeit unserer Erkenntnis der Natur erst mittels der Sprache konstituiert.« [2] So nennt er die Namen auch den »Knoten«, durch den die Vielzahl der Merkmale einer Sache – z. B. eines Triumphzuges – zur einheitlichen Bedeutung und damit zu »bleibender Dauer« gelangen. Was wir in dieser Situation tun können, ist einmal, durch intensive Forschung unsere Vorstellung von der Natur immer wieder zu korrigieren. Zum anderen müssen wir uns bemühen, durch ein angemessenes Problembewußtsein allen Mißbrauch der Wörter möglichst zu vermeiden. Es ist bezeichnend für Lockes praktisch-nützliche Absicht, daß er im letzten Kapitel »Über die Mittel gegen die geschilderten Unvollkommenheiten und die mißbräuchliche Verwendung der Wörter« schreibt. Die Forderung nach einer Sprachreform lehnt er als lächerlich ab, denn um nur klare und deutliche Ideen zu benutzen, müßten die Menschen »sehr einsichtsvoll oder sehr schweigsam sein«. Es wäre schon viel geholfen, wenn bei allen Erörterungen immer dasselbe Wort in demselben Sinne verwendet würde. Dann könnten, schreibt er genüßlich, »viele Werke der Philosophen (von anderen gar nicht zu reden) und Dichter [...] in einer Nußschale untergebracht werden.«

Lockes Unentschiedenheit

Das Grundproblem, auf das Locke bei der Untersuchung der menschlichen Sprache gestoßen war, kehrt in vielerlei Hinsicht im vierten Buche »Vom Wissen und von der Wahrscheinlichkeit« wieder. Erkenntnis wird eingangs definiert als »die Wahrnehmung des Zusammenhangs und der Übereinstimmung *(connexion and agreement)* oder der Nichtübereinstimmung und des Widerstreits *(disagreement and repugnancy)* zwischen irgendwelchen von unseren Ideen.« Sie reicht somit niemals weiter als unsere Ideen. Während John Locke sehr skeptisch bleibt, was die Erkennbarkeit der Natur betrifft, hält er moralische Wahrheiten für mit geradezu mathematischer Gewißheit demonstrierbar. Denn, argumentiert er mit einem an G. Vico erinnernden Gedankengang [→ S. 182], bei moralischen Ideen wie z. B. »Gerechtigkeit« handelt es sich nicht um Abbilder von etwas Anderem (nämlich der Natur), sondern um Urbilder, die der Geist selbst geschaffen hat. D. h. es sind unsere eigenen Ideen, um die es hier geht.

Erkennbarkeit der moralischen Dimension

Wenn Locke in der Moral »die eigentliche Wissenschaft und Aufgabe der Menschheit im allgemeinen« sieht, so darf man erwarten, daß ein so redlicher und gründlicher Mensch wie er sich dieser Aufgabe nicht verschließt. Mit seinen *Zwei Abhandlungen über die Regierung* hat er einen Beitrag zu diesem Thema geliefert, der an Bedeutung dem erkenntnistheoretischen Hauptwerk ebenbürtig zur Seite steht. Er wurde zur Grundlage des politischen Liberalismus, man kann sagen bis heute. In der Vorrede nimmt er sich auch weniger bescheiden aus als sonst, denn die jüngsten politischen Ereignisse haben dem lange Zeit im holländischen Exil lebenden Autor Recht gegeben (Vertreibung der Stuarts, *Glorious Revolution* 1688; Einsetzung Wilhelms III. von Oranien durch das Parlament auf der Grundlage der *Declaration of Rights*, 1689). Das Werk soll dazu beitragen,

Begründung des politischen Liberalismus

»den Thron unseres großen Retters, des gegenwärtigen Königs Wilhelm zu befestigen, die Berechtigung seines Anspruchs auf die Zustimmung des Volkes zu beweisen [...] und vor der Welt das englische Volk zu rechtfertigen, dessen Liebe zu seinen gerechten und natürlichen Rechten, verbunden mit der Entschlossenheit, sie zu bewahren, die Nation gerettet hat, als sie sich hart am Rande von Ruin und Sklaverei befand.«

Kritik der patriarchalischen Souveränität

Rechte des Königs/Rechte des Volkes – im Zitat klingt bereits das Spannungsfeld an, um das die beiden *Abhandlungen* kreisen. Die erste ist im allgemeinen weniger bekannt. Sie setzt sich kritisch mit dem Buch eines gewissen Sir Robert Filmer auseinander (auf die Auseinandersetzung mit dem verrufenen Hobbes, dem eigentlich »brenzligen« Thema, läßt sich Locke nicht ausdrücklich ein). Dessen *Patriarcha or the natural power of kings* (1680) versuchte, die absolute königliche Gewalt aus der Bibel und dem Vater-Kind-Verhältnis zu rechtfertigen. Als den Absichten der Stuarts genehm, hatte es während der scharfen politischen Auseinandersetzungen vor allem auf den Kanzeln *(ecclesiastic drum)* großen Anklang gefunden. Locke widerlegt Filmers Übertragung von väterlicher Autorität auf königliche Souveränität. Sie ist hündisch, widerspricht der natürlichen Freiheit und Gleichheit aller Menschen. Auf welcher rechtlichen Grundlage soll aber dann die politische Gewalt beruhen? In der *Zweiten Abhandlung* entwickelt Locke seine eigenen Vorstellungen. Sie sind übrigens gar nicht so originell, sind zum großen Teil bereits Gemeingut des englischen Besitzbürgertums. Locke war genau der Mann, der zur rechten Zeit das rechte Wort in der rechten, folgerichtigen Form sprach, zur allgemeinen Zufriedenheit seiner zeitgenössischen Leser. Gerade deshalb konnte die *Zweite Abhandlung* zum Grundbuch des bürgerlichen Selbstverständnisses werden, von der Vorstellung von persönlicher Identität durch Arbeit bis hin zur allgemeinen Staatsverfassung. Das bedeutet nicht, daß hier nicht sehr genau gelesen werden müßte. Alles fängt nämlich mit einer sehr harmonischen Schilderung des Naturzustandes an, und am Schluß paßt es doch genau auf die gar nicht so harmonischen Verhältnisse in Lockes zeitgenössischem England. Wir beschränken uns hier auf das Problem des Eigentums. Im Naturzustand, führt der Autor zu Beginn aus, herrschte ein Zustand vollkommener Freiheit und Gleichheit aller Menschen. Sie lebten ohne Regierung nach einem natürlichen Gesetz der Vernunft, nach dem niemand dem anderen Schaden an Leben, Freiheit und Besitz zufügen soll. Wer das dennoch unvernünftigerweise tat, eröffnete den sog. Kriegszustand – eine schwierige Situation, da es keine mit Autorität ausgestattete Einrichtung gab, die dem Recht der Vernunft auch Geltung verschaffen könnte.

Rechtfertigung der gegenwärtigen Gesellschaft

Arbeit und Eigentum

Wie verhielt es sich mit dem Eigentum? Natürliche Vernunft und die Offenbarung des *Alten Testaments* zeigen, daß Gott die Erde allen Menschenkindern gemeinsam gegeben hat. »Wenn wir dies aber annehmen, scheint es einigen eine sehr schwierige Frage, wie denn irgend jemand überhaupt irgendeinen Gegenstand als Eigentum besitzen könne.« Hier setzt nun Locke mit einer für die Zeit neuen, grundlegenden Argumentation an, indem er Person – Eigentum – Arbeit logisch miteinander verknüpft zu einer unlösbaren Dreieinigkeit. Er denkt den Menschen ganz radikal als Einzelnen und folgert daraus, daß jeder Mensch auch »ein Eigentum an seiner Person« hat: »Über seine Person hat niemand ein Recht als nur er allein. Die Arbeit seines Körpers und das Werk seiner Hände, so können wir sagen, sind im eigentlichen Sinne sein. Was immer er also jenem Zustand entrückt, den die Natur vorgesehen und in dem sie es belassen hat,

hat er mit seiner Arbeit gemischt und hat ihm etwas hinzugefügt, was sein eigen ist – es folglich zu seinem Eigentum gemacht.«

Eigentum durch persönliche Arbeit – Wert durch persönliche Arbeit. Locke gehört mit William Petty (1623–1687) zu den Begründern der sog. Arbeitswertlehre in der politischen Ökonomie. Nach ihr ist es das Maß an menschlicher Arbeit, das den unterschiedlichen Wert aller Dinge ausmacht [→ S. 209], und wir sehen bei Locke, daß der Einzelne der Gesellschaft für diese seine Arbeits-(fähigkeit) nichts, aber auch gar nichts schuldet. Dennoch ist das Eigentum im anfänglichen Naturzustand beschränkt, denn die Vernunft sagt, daß jeder nur soviel besitzen kann und soll, wie er für seinen persönlichen Bedarf braucht. Das kann angesichts der natürlichen Verderblichkeit der Lebensmittel nicht allzuviel sein; niemandem wird damit ein Schaden zugefügt. In einer zweiten Phase des Naturzustandes aber haben die Menschen durch stillschweigende Übereinkunft den Gebrauch des Geldes eingeführt und somit in die Möglichkeit eingewilligt, mehr zu besitzen, als zum unmittelbaren Lebensunterhalt nötig ist. Die ursprüngliche Grenze des persönlichen Nutzens ist verschwunden; es »liegt klar auf der Hand, daß sich die Menschen mit ungleichem Grundbesitz einverstanden erklärt haben.«

Arbeitswertlehre

Genauer gesagt: John Locke hält es für vollkommen natürlich, daß jeder bestrebt ist, sich soviel Besitz wie möglich anzueignen. »Aus all dem wird ersichtlich, daß zwar die Dinge der Natur allen gemeinsam gegeben sind, daß jedoch das Eigentum tief im Menschen selbst verankert lag (weil er der Herr seiner selbst ist und Eigentümer seiner eigenen Person und ihrer Handlungen oder Arbeit).« Wem nützen solche Gedanken? Wir müssen bedenken, daß von der herkömmlichen (christlich-mittelalterlichen) Soziallehre Reichtum und Geld etwas sehr Problematisches waren. Zumindest ein schlechtes Gewissen und die Pflicht zur Unterstützung der Armen war damit verbunden. Die theoretische Verankerung des Eigentums in der persönlichen Arbeit hingegen weist geschichtlich nach, daß alles Eigentum auch rechtmäßiges Eigentum ist. Lockes Eigentumslehre hat somit eine wichtige gesellschaftliche Bedeutung. Sie lieferte »die moralische Begründung für die Appropriation [d. h. uneingeschränkte Bereicherung] des Bürgertums. [...] Ist es nun die Arbeit, des Menschen unbedingtes Eigentum, wodurch die Appropriation gerechtfertigt und Werte geschaffen werden, so überragt das individuelle Recht auf Aneignung jede moralische Forderung der Gesellschaft. [...] Er beseitigt den moralischen Makel, der bisher der uneingeschränkten kapitalistischen Appropriation angehaftet hatte.« [3]

Besitzstreben und gerechte Ungleichheit

John Locke gehörte zu den Besitzenden. Er verfügte über Grund und Boden, was ihm eine sichere Rendite einbrachte, war am Seidenhandel, Sklavenhandel und anderen überseeischen Unternehmungen beteiligt, nahm auch Zinsen für kurzfristig ausgeliehenes Geld. Er war Mitbegründer und Aktionär der Bank of England, die 1694 gegründet wurde. Als er 1704 starb, hinterließ er ein Gesamtvermögen von 20 000 Pfund. Es ist klar, daß soviel Eigentum nach gesicherten rechtlich-politischen Verhältnissen verlangt. Und es ist daher nicht verwunderlich, daß Locke genau darin den Grund für den Übergang der Menschen vom Naturzustand in die politische Gesellschaft sah: »Das große und hauptsächliche Ziel also, zu dem sich die Menschen im Staatswesen zusammenschließen, ist die Erhaltung ihres Eigentums.« Diesen Übergang denkt er sich mit dem Modell des Gesellschaftsvertrages, nach dem die freien und gleichen Menschen freiwillig einem Teil ihrer natürlichen Rechte entsagen und diese Rechte auf die staatliche Macht als dem Gesamtwillen aller Bürger übertragen [→ S. 164].

Staat und die Sicherung des Eigentums

Sehr modern unterscheidet Locke die Gewalten im Staat in die gesetzgebende (legislative) und die ausübende (exekutive) Gewalt. Wir werden diese für den Liberalismus grundlegende Theorie der Gewaltenteilung bei Montesquieu genauer betrachten [→ S. 212].

Rechtfertigung des Klassenunterschieds

Das letzte Kapitel »Über die Auflösung der Regierung« liest sich als eine konsequente Verteidigung des Rechts des Volkes, eine Regierung abzusetzen. Der Spieß wird umgekehrt: wenn eine Regierung das in sie gesetzte Vertrauen bricht, ist sie der wahre Rebell, der den Kriegszustand erklärt (*re-bellare*, wieder in den Krieg zurückfallen). *Salus populi suprema lex* – Das Wohl des Volkes ist das höchste Gesetz, wie Locke ein altes Prinzip zustimmend zitiert. Das mag aus der Feder eines begüterten Aktionärs sehr überraschen. Nur – wer bestimmt über das »Wohl«? Wer ist eigentlich das »Volk«? Es wird in der ganzen *Abhandlung* nie genauer definiert; beiläufig findet sich die Bemerkung, daß es »den Verstand vernunftbegabter Geschöpfe besitzt«. Und da, wie wir sahen, für Locke schon im Naturzustand vernünftiges Verhalten = besitzaneignendes Verhalten ist, sind alle Besitzlosen auch weniger vernünftig. Der Lohnarbeiter oder der auf Fürsorge angewiesene Arme denkt nicht viel; er »lebt von der Hand in den Mund«. Das ist für Locke eine Folge der »natürlichen und unabänderlichen Gestaltung der Dinge in dieser Welt«. Außerdem wurde Armut zu Lockes Zeiten als Zeichen sittlicher Verkommenheit bzw. unvernünftiger Lebensführung betrachtet [4]. Diese Vorstellung war so allgemein verbreitet, daß er sie ganz selbstverständlich geteilt hat: »... und Tugend ist nun, wie jeder sieht, der vorteilhafteste Kauf und der weitaus beste Tausch [...] Im Angesicht von Himmel und Hölle werden die vorübergehenden Vergnügen und Schmerzen dieser Welt ein Gegenstand der Verachtung, während die Tugend Anziehungskraft und Auftrieb gewinnt, so daß Vernunft, Interesse und Eigennutz sie nur gutheißen und bevorzugen können. Auf dieser Grundlage und nur auf ihr ist Moral wohlgegründet und vermag allen Herausforderungen zu trotzen.« Wir sehen hier einen ganz engen Zusammenhang zwischen politischen, moralischen und wirtschaftlichen Vorstellungen. Aufgrund moralischer Werturteile, die sich an einem bestimmten wirtschaftlichen Verhalten festmachen (verzichten – arbeiten – Besitz anhäufen; vgl. die protestantische Ethik [→ S. 127]) teilt Locke die Bevölkerung in zwei politische Klassen. Der größte Teil der Bevölkerung ist zwar Mitglied der Gesellschaft, aber nicht im Sinne vollwertiger Bürger, politischer Subjekte, sondern lediglich als Objekte der Regierungsgewalt. Politik im Sinne von Mitentscheidung betrifft nur den vernünftigen Bürger, der seine Vernunft auch durch seinen Besitz unter Beweis gestellt hat.

ideologische Schranken des Denkens

John Locke war von einem Zustand ausgegangen, in dem alle Menschen gleiche Fähigkeiten, gleiche Rechte und gleichviel Besitz hatten. Heraus kommt ein Zustand, in dem es zwei Klassen von Menschen gibt: besitzende, vernünftige, moralische, politisch mündige Bürger und besitzlose, unvernünftige, unmoralische, politisch rechtlose Lohnarbeiter und Arme. Kein Zweifel: »Lockes Werk gab dem Klassenstaat eine sittliche Grundlage, und zwar [das ist das Vertrackte] mit Hilfe von Postulaten über gleiche natürliche Rechte der Individuen« (Macpherson). Hat Locke damit sich und seinen Lesern etwas vorgemacht? War er ein Lügner? Ich zweifle keinen Augenblick an seiner persönlichen intellektuellen Redlichkeit. Nur ist in diesem Falle besonders klar zu sehen, wie stark alles Denken zeit- und interessengebunden ist, all das also, was mit dem komplizierten Begriff »Ideologie« gemeint ist. Und John Locke war eben durch und durch ein vernünftiger Bürger, *bourgeois rational man*.

Im 20. Kapitel des vierten Buches der *Untersuchung* schreibt Locke »Über falsche Zustimmung oder Irrtum«. Bei der Frage nach der Ursache des Widerstreits der Meinungen stößt er auf ein grundlegendes Problem, nämlich die materiellen Voraussetzungen, um sich überhaupt informieren zu können, um nach Beweisen zu fragen, kurz: um ein selbständiges Urteil zu fällen. Dieses Problem, die Spannung zwischen geforderter Gleichheit aller Menschen und ihrer tatsächlichen Ungleichheit, bleibt aktuell in der ganzen Demokratiediskussion des 18. Jahrhunderts und ist es bis heute für jeden, der das Wort »Demokratie« ernst nimmt. Es sei hier ein längeres Zitat erlaubt, da Lockes Ausführungen äußerst aufschlußreich sind sowohl hinsichtlich der Folgerichtigkeit, mit der er auf gesellschaftliche Widersprüche stößt und sie benennt, als auch der Art ihrer Lösung (wenn man von einer Lösung sprechen kann):

Ein Beispiel

»So fehlen solchen Leuten Beweise, die keine Zeit oder Gelegenheit haben, um zum Zwecke der Bestätigung eines Satzes selbst Versuche und Beobachtungen anzustellen; ebenfalls fehlen Beweise denjenigen, die nicht die Möglichkeit haben, die Zeugnisse anderer nachzuprüfen und zusammenzustellen. In dieser Lage befindet sich der größte Teil der Menschen, die gänzlich der Arbeit hingegeben sind und durch die Zwangslage ihres Standes geknechtet sind, deren Leben vollständig durch den Erwerb ihres Lebensunterhalts in Anspruch genommen ist. […] Ihr Verstand kann nur wenig ausgebildet werden […]. Es ist nicht zu erwarten, daß ein Mensch, der sich zeitlebens in mühsamer Berufsarbeit quält, über die Mannigfaltigkeit der Dinge, die in der Welt vor sich gehen, besser Bescheid wissen sollte als ein Lastpferd, das Tag für Tag auf einem engen Seitenweg und schmutziger Landstraße immer nur zum Markt und zurück getrieben wird, mit der Geographie des Landes vertraut ist. […] So kommt es, daß ein großer Teil der Menschheit infolge der natürlichen und unabänderlichen Gestaltung der Dinge in dieser Welt und der Einrichtung der menschlichen Angelegenheiten einer unvermeidlichen Unkenntnis der Beweise preisgegeben ist. […]

Was sollen wir aber dann sagen? Sind die meisten Menschen durch die Not ihres Zustandes zu einer unvermeidlichen Unwissenheit in den Fragen verurteilt, die für sie höchst bedeutsam sind? (Denn es liegt nahe, hiernach zu fragen.) Hat die große Masse der Menschheit keinen anderen Führer, als den Zufall und das blinde Ungefähr, um sie zu ihrem Glück oder Unglück zu leiten? Bieten die herrschenden Meinungen und die berufsmäßigen Führer jedes Landes genügend Zuverlässigkeit und Sicherheit, so daß sich jeder in seinen wichtigsten Angelegenheiten, ja bezüglich seiner Seligkeit und seines Verderbens auf sie verlassen kann? Oder können das gewisse, unfehlbare Orakelsprüche und Maßstäbe der Wahrheit sein, die in der christlichen Welt dies, in der Türkei jenes lehren? Oder soll ein armer Bauer ewig selig werden, weil er das Glück hat, in Italien geboren zu sein, während ein Tagelöhner unwiderbringlich verloren sein soll, weil das Unglück es wollte, daß er in England zur Welt kam? Wie schnell gewisse Leute bei der Hand sind, manche von diesen Dingen zu behaupten, will ich hier nicht weiter erörtern; dessen aber bin ich gewiß: man muß zugestehen, daß eine jener beiden Möglichkeiten gilt (gleichviel, welche man auch wählt); sonst aber muß man anerkennen, daß Gott dem Menschen ausreichende Fähigkeiten verliehen hat, die ihn auf den rechten Weg führen können, vorausgesetzt, daß er sie nur ernstlich dazu verwendet, sofern ihm seine regelmäßige Berufsarbeit die nötige Muße läßt. Niemand ist so vollständig von der Sorge um seinen Lebensunterhalt in Anspruch genommen, daß ihm überhaupt keine Zeit bliebe, um an seine Seele zu denken und sich über religiöse Fragen zu unterrichten. Wären die Menschen hierauf ebenso bedacht wie auf unwichtigere Dinge, so würde niemand durch die Bedürfnisse des täglichen Lebens so gefesselt sein, daß er nicht manchen freien Augenblick finden könnte, den er für eine Erweiterung seines Wissens auf diesem Gebiet verwenden könnte.«

Ein philosophierender Theologiestudent

George Berkeley (1685–1753), Sohn eines irischen Gutsbesitzers, war ein extrem frühreifes Talent. Das zeigt sein *Philosophisches Tagebuch*, das er zwischen 1705 und 1708, also vom zwanzigsten bis zu seinem dreiundzwanzigsten Lebensjahr, auf dem College in Dublin führte. Es besteht aus fast neunhundert kurzen Notizen und Anmerkungen, einer Art Zettelkasten, der einen lebendigen Einblick in eine echte Ideenwerkstatt gibt. Es setzt ein mit Bemerkungen zu den ganz grundlegenden Begriffen Zeit und Raum. Nr. 13: »Zeit eine Empfindung, deswegen nur im Geist.« Nr. 18: »Ausdehnung eine Empfindung, deswegen nicht ohne den Geist.« Und kurz darauf, Nr. 23: »Es ist seltsam, über die von vernünftigen Wesen entleerte Welt nachzudenken.« Ich bitte den Leser, hier nicht weiterzulesen und einmal eine zeitlang über diesen seltsamen Satz nachzudenken. Wenn es über Nacht keine Menschen mehr gäbe – nirgends, und keinen irgendwie mit Vernunft ausgestatteten lieben Gott, kein Vernunftwesen nirgendwo. Was wäre dann »die Welt«? Was wäre »die Erde«, dieser »Baum« vor meinem Fenster, dieser »Schreibtisch«? Baum – für wen? Ohne Worte, Baum? Was »ist« der Baum, wenn niemand da ist, der ihn »Baum« nennen könnte? »Etwas«? Die Welt als »Etwas«. Was ist »Etwas«, wenn niemand da ist, der von »Etwas« spricht? – »Es ist seltsam, über die von vernünftigen Wesen entleerte Welt nachzudenken.«

Berkeley

radikaler Idealismus

Einigen mögen solche Gedanken nutzlos oder luxuriös erscheinen. Bei anderen können sie dazu führen, daß ein naiver Begriff von Wirklichkeit gründlich erschüttert wird. Und dazu eignet sich die Beschäftigung mit Berkeley hervorragend. In seinem *Versuch einer neuen Theorie der Gesichtswahrnehmung* (1709) zeigt er, daß unsere Raumvorstellung eine durch Erfahrung und Gewohnheit hergestellte Synthese zweier eigentlich ganz verschiedener Sinne, nämlich des Sehens und des Tastens, ist. In der *Abhandlung über die Prinzipien der menschlichen Erkenntnis* (1710) entwickelt er darauf aufbauend seine Grundthese, die sich schon im *Philosophischen Tagebuch*, Nr. 429, findet: »Existenz ist percipi oder percipere«, d. h. Sein ist wahrgenommenwerden oder wahrnehmen, anders gesagt: es gibt keine Objekte außerhalb des Geistes, es gibt nur Objekte für uns.

religiöse Zielsetzung

Berkeley hat seine Position bereits mit 25 Jahren fertig entwickelt und der Öffentlichkeit vorgestellt. Wie kommt er zu einer so radikalen These? Wie das Titelbild der ersten Auflage zeigt, sollen in der Abhandlung die Ursachen sowohl der Verwirrung in den Wissenschaften als auch des Skeptizismus und der Gottlosigkeit untersucht werden. Sein Denken steht also in einem religiösen Zusammenhang – Verteidigung des wahren Christentums gegen die Herausforderung des Freidenkertums im weitesten Sinne [→ S. 201]. Dies ist die eigentliche Aufgabe, zu der sich der junge Theologiestudent berufen fühlt. Und die Säule des Atheismus (Epikureer, »Hobbisten« – als Anhänger von Hobbes, und viele andere) sieht er in der

Annahme einer an sich, unabhängig vom menschlichen und göttlichen Bewußtsein existierenden Materie bzw. materiellen Substanz der Dinge bzw. »Ausgedehntem«, wie Descartes es nennt. Hauptbezugspunkt ist dabei immer Lockes *Versuch über den menschlichen Verstand*, der die wissenschaftliche Diskussion beherrschte. Locke hatte ja selbst unter dem Motto *no innate ideas* das Programm einer auf der Erfahrung aufbauenden Theorie des menschlichen Wissens verfolgt. In der »Einführung« zu seiner *Abhandlung* setzt sich Berkeley gründlich damit auseinander. Seine Kritik könnte unter dem Motto stehen: *no abstract ideas*. In den abstrakten Ideen, wie Locke sie versteht, sieht er die irrige Annahme, man könnte Eigenschaften von Dingen, die in Wirklichkeit immer zusammen bestehen, getrennt voneinander auffassen bzw. erkennen. Was damit gemeint ist, wird deutlicher anhand von Lockes Unterscheidung primärer und sekundärer Eigenschaften (Qualitäten) der Körper. Alle sinnlichen Eigenschaften wie Farben, Töne, Hitze/Kälte, Geruch nannte Locke »sekundär«, das heißt subjektiv, nur in der Empfindung und nur durch die Empfindung des Wahrnehmenden bestehend. Als »primäre Qualitäten« unterschied er hiervon Ausdehnung, Figur, Bewegung, Ruhe, Undurchdringlichkeit und Zahl. Für Berkeley ist diese Unterscheidung hinfällig. Wenn die sog. sekundären Qualitäten eingestandenermaßen subjektiv sind, dann sind »Ausdehnung« und »Bewegung« ebenso *unsere* Idee eines Raumes, *unsere* Idee einer Zeit, zusammenfassend: *unsere* Idee einer »Materie«. Heraus kommt »die Unmöglichkeit, daß es etwas derartiges wie ein äußeres Objekt gibt« (*Abhandlung*, § 15), daß das Sein der Dinge »ihr Perzipiertwerden oder Erkanntwerden ist, daß sie also, so lange sie nicht wirklich durch mich erkannt sind oder in meinem Geist oder im Geist irgend eines anderen geschaffenen Wesens existieren, entweder überhaupt keine Existenz haben oder im Geist eines ewigen Wesens existieren müssen« (§ 6). Berkeley nannte seine Theorie die Lehre des Immaterialismus. Seine Schwachstellen sind schnell genannt. Wo liegt der Unterschied zwischen der Erkenntnis wirklicher Dinge und Phantasievorstellungen? Kann die Auskunft befriedigen, daß die sinnlichen Ideen (wirkliche Dinge) durch größere Beständigkeit, Ordnung und Zusammenhang »mehr Realität in sich tragen« als die Ideen der Einbildungskraft? Und wird nicht alles unendlich komplizierter als in der Kompliziertheit der materialistischen Theorien, wenn man in Gott den Urheber all jener Ideen sieht, die wir beständig perzipieren, wenn man Gott zum Garanten der Naturgesetze und der zwischenmenschlichen Verständigung macht? »Seine Philosophie, die in seiner Kritik des Begriffs der Materie klar und bezwingend ist, stieß auf einige Schwierigkeiten, als sie begann, sich mit der Erhellung des Begriffs des Geistes zu beschäftigen.« [5] Diese Schwierigkeiten werden für jeden bleiben, der die Existenz Gottes nicht so »gewiß und unmittelbar« »perzipiert« wie Berkeley selbst (vgl. § 147). Über den Gottesbegriff holt er die Objektivität der Welt wieder herein, die er vorher kritisierte – es ist, mit anderen Worten, noch kein dialektischer Wirklichkeits- bzw. Erkenntnisbegriff da. »Die Inkonsequenz in diesem System hat wieder Gott zu übernehmen« (Hegel).

Wenn ein Gesprächspartner Berkeleys ihn damit widerlegen zu können glaubte, daß er mit dem Fuß gegen einen Stein stieß, so hat er damit lediglich gezeigt, daß er seine Grundthese mißverstanden hat. Auch Berkeley, der später Bischof wurde und immerhin sieben Kinder gezeugt hat, war ein Mensch, der in einer Welt mit Menschen lebte. »Berkeley geht es nicht um eine Destruktion der wirklichen Gegenstandswelt, sondern um eine neue Auslegung dessen, was wir unter der Existenz eines Dinges verste-

Kritik an Lockes Erkenntnistheorie

Die Wirklichkeit ist an menschliche Wahrnehmung gebunden

Eine Klarstellung

hen.« [6] Nach der Darlegung seiner Lehre setzt er sich mit dreizehn Einwürfen auseinander. Zuerst und natürlich vor allem mit dem Vorwurf, daß anstelle der Wirklichkeit ein phantastisches Ideensystem gesetzt wird: »Ich bestreite nicht die Existenz irgend eines Dinges, das wir durch Sinneswahrnehmung oder durch Reflexion auf unser Inneres zu erkennen vermögen. Daß die Dinge, die ich mit meinen Augen sehe und mit meinen Händen betaste, existieren, wirklich existieren, bezweifle ich nicht im mindesten. Das einzige, dessen Existenz wir in Abrede stellen, ist das, was die Philosophen Materie oder körperliche Substanz nennen.« (§ 35) Berkeley, der »von jedermann verstanden werden« wollte, wünschte sich einen »fairen und unbefangenen Leser« (§ 52). Oft wurde ihm diese Fairness versagt, z. B. in der offiziellen sowjetischen Philosophie, die ihn zum Buhmann eines verstiegenen Idealismus gemacht hat. Auf Schwachstellen, Widersprüche oder dogmatische Setzungen (die Funktion Gottes bei Berkeley z. B.) zeigen ist eine Sache. Eine andere, den Sinn des Satzes verstehen: »Sein ist wahrgenommenwerden oder wahrnehmen.«

David Hume oder die Macht der Gewohnheit

Hume

»Blinder Eifer schadet nur«, möchte man mit derselben freundlichen Ironie, die er so vollendet beherrschte, David Hume (1711–1776) nachträglich wegen des Mißerfolgs seines Erstlingswerkes trösten. Es trägt den stolzen Titel *A Treatise of Human Nature* (*Eine Abhandlung über die menschliche Natur*; 1739/40), hat stolze 900 Seiten und sollte, wie der Untertitel sagt, das Werk Newtons (!) auf dem Gebiet der Humanwissenschaften wiederholen: *Being an Attempt to introduce the Experimental Method of Reasoning into Moral Subjects*, ein Versuch also, in die Wissenschaft vom Menschen die experimentelle Untersuchungsmethode einzuführen. »It fell dead-born from the press« – die völlige Nichtbeachtung seines Werkes war ein schwerer Schlag für den jungen Autor. Er ließ sich aber nicht entmutigen, zumal die bald publizierten *Essays Moral and Political* besser ankamen. Da ihm bewußt war, daß die Ursache des Mißerfolges der *Abhandlung* mehr in der voluminösen Machart des Werkes als an der Sache selbst lag, machte er sich daran, die wichtigsten Lehren in eingängiger Form umzuarbeiten. Heraus kam 1748 mit bescheidenerem Titel *An Enquiry Concerning Human Understanding – Eine Untersuchung über den menschlichen Verstand*. Dann ging es rasch aufwärts, vor allem durch die *Political Discourses* (1752) und die sechsbändige *History of England* (1754–62) wurde Hume sehr schnell reich und berühmt – so berühmt, daß der Heilige Stuhl bereits 1761 all seine Schriften auf den *Index librorum prohibitorum*, das offizielle Verzeichnis der verbotenen Bücher, setzte. Wozu er auch, wie sich zeigen wird, allen Grund hatte.

erfolgreich...
auf den Index

Auf den ersten Seiten der *Untersuchung über den menschlichen Verstand* drückt Hume mit seiner Metaphorik aus, was vielen nur halb bewußt ist: Philosophieren ist Kriegführen. So entlegen die Schauplätze des Kampfes manchmal sein mögen, es geht letztlich immer um Positionen, Recht haben, Wahrheit, seine Wahrheit durchsetzen, so überzeugend bzw. vernichtend und endgültig wie nur möglich (»um nachher für alle Zeiten in Ruhe zu leben«, wie er schreibt). Humes Gegner ist der Aberglaube, das Schlachtfeld die Metaphysik, die Waffen liefert die Erkenntnistheorie. Wir haben bereits bei Locke gesehen, inwiefern ausgerechnet die Erkenntnistheorie dabei als Kampfmittel geeignet ist [→ S. 188], und ganz in diesem Sinne will

Hume »den Krieg bis in die geheimsten Schlupfwinkel des Feindes tragen«: »Die einzige Methode, die Wissenschaft mit einem Male von solch unzugänglichen Fragen frei zu machen, besteht in einer ernstlichen Untersuchung der Natur des menschlichen Verstandes und in dem aus genauer Zergliederung seiner Kräfte und Fähigkeiten gewonnenen Nachweis, daß er keineswegs für solche entlegenen und dunklen Gegenstände geeignet ist.« Das Ziel ist also ein negativer Nachweis, mit allerdings wichtigen Folgen. Wie geht Hume dabei vor?

Krieg dem Aberglauben

»Custom, then, is the great guide of human life« – »Die Gewohnheit ist die große Führerin im menschlichen Leben.« In diesem Satz aus der *Untersuchung* ist das Grundprinzip des Humeschen Philosophierens zusammengefaßt. Er klingt sehr banal. Wenn Hume aber tatsächlich, wie allgemein anerkannt wird, einer der größten englischen Philosophen ist, muß mehr dahinter stecken als ein Allgemeinplatz. Was ist damit gemeint? Ganz in der empiristischen Tradition stehend geht Hume von der Erfahrung als der Grundlage all unserer Denkakte aus. Konsequent daher die Unterteilung aller Bewußtseinsinhalte in zwei Klassen: Eindrücke *(impressions)* aus der unmittelbaren Erfahrung und Gedanken oder Vorstellungen *(thoughts or ideas)* als den Abbildern dieser Eindrücke. Das Verhältnis von Ursache und Wirkung (Kausalitätsprinzip) ist die gebräuchlichste und wichtigste Art, diese unsere Gedanken miteinander zu verknüpfen. Wenn ich z. B. während einer Demonstration jemanden einen Stein in das Schaufenster einer amerikanischen Bank werfen sehe, schließe ich sofort auf eine gewisse Protest-Wut als ursächliche Veranlassung für diesen Wurf; wenn ich morgens die Sonne aufgehen sehe, weiß ich, daß die allgemeinen Gravitationsgesetze Ursache dieses Naturschauspiels sind.

Prinzip der Erfahrung

Hierbei behält nun aber das Prinzip der Erfahrung ein anderes Gewicht als bei Locke. Hume unterteilt alle Gegenstände der menschlichen Vernunft in zwei Arten: Beziehungen von Vorstellungen *(relations of ideas)* und Tatsachen *(matters of fact)*. Nur bei der ersten Art, für die die Mathematik als Modell steht, kann ich die absolute Gewißheit haben, daß ein Sachverhalt sich so und nicht anders verhält (dreimal fünf ist immer gleich der Hälfte von dreißig; das Gegenteil ist logisch unmöglich). Alle anderen Gegenstände unserer Erfahrung beziehen sich auf Tatsachen, und hier ist nach Hume immer auch das Gegenteil möglich. Warum? Weil ich ja nur aus der Erfahrung weiß, daß auf diese Ursache jene Wirkung folgt, und Erfahrung kann immer nur bedeuten: vorläufige, relative Gewißheit. Es ist, als ob Hume das Lieblingskind des Rationalismus seiner Zeit, die Mathematik, noch einmal ganz hochhält, aber nur, um die grundsätzliche Ohnmacht unseres Denkens in den allerwichtigsten Bereichen des Lebens zu zeigen. Daher heißt es konsequent:

Die Gültigkeit des Kausalgesetzes ist beschränkt

»Daß die *Sonne morgen nicht aufgehen wird*, ist ein nicht minder verständlicher Satz und nicht widerspruchsvoller, als die Behauptung, *daß sie aufgehen wird*.« Über diesen Satz sollte jeder selbst einmal nachdenken.

Damit ist bereits der Ansatz von Humes Skeptizismus umrissen. Gewohnheit, Übung und Instinkt bestimmen das menschliche Denken und Handeln. Hume vertritt keinen radikalen Zweifel, der sagt, wir können überhaupt nichts wissen. Dem steht die Tatsache des Alltagsbewußtseins entgegen, das durch natürlichen Instinkt immer schon von der Gewißheit der Außenwelt und der Evidenz, also der selbstverständlichen Berechtigung der sinnlichen Gewißheit ausgeht. Hume weist wie kein anderer auf die Spannung, die wechselseitige Relativierung von Philosophie und Alltagsbewußtsein hin. »Die Natur ist immer stärker als alle Prinzipien.« Alle

Ein gemäßigter Skeptizismus

Einwürfe eines radikalen Skeptizisten können letztlich nur, wie Hume treffend formuliert, »die wunderliche Lage des Menschen zu offenbaren dienen, der handeln, denken und glauben muß, wenn er auch nicht imstande ist, durch die sorgsamste Untersuchung über die Grundlagen dieser Tätigkeiten befriedigende Aufklärung zu erlangen oder die gegen sie erhobenen Einwürfe zurückzuweisen.«

Toleranz

Hume selbst propagiert einen gemäßigten Skeptizismus im Sinne eines gewissen Grades von Zweifel, Vorsicht und Bescheidenheit, der – den begrenzten Fähigkeiten des menschlichen Verstandes entsprechend – alle Untersuchungen und Entscheidungen leiten sollte. Praktisch-politisch drückt sich dieser gemäßigte Skeptizismus in der Forderung nach Toleranz aus: »Ich meine, daß der Staat ein jedes philosophische Prinzip dulden sollte; es gibt auch kein Beispiel dafür, daß je einer Regierung solche Nachsicht zum Schaden gereicht hätte.« Die letzten Sätze der *Untersuchung* stehen dazu allerdings in Widerspruch. Nachdem Hume noch einmal zusammenfassend auf die Bedeutung des Prinzips der Erfahrung für alle Wissensbereiche hingewiesen hat, schließt er: »Sehen wir, von diesen Prinzipien durchdrungen, die Bibliotheken durch, welche Verwüstung müssen wir da nicht anrichten? Greifen wir irgend einen Band heraus, etwa über Gotteslehre oder Schulmetaphysik, so sollten wir fragen: *Enthält er irgend einen abstrakten Gedankengang über Größe oder Zahl?* Nein. *Enthält er irgend einen auf Erfahrung gestützten Gedankengang über Tatsachen und Dasein?* Nein. Nun, so werft ihn ins Feuer, denn er kann nichts als Blendwerk und Täuschung enthalten.«

Kritik der christlichen Religion

Damit sind wir wieder bei dem Thema: Philosophieren als Kriegsführung. Hume lebte ja mitten in der Bewegung der Aufklärung (wenn auch an einem charakteristischen Punkt der englischen Entwicklung). Die Entscheidung, ihn innerhalb eines besonderen Kapitels »Empirismus« zu behandeln, ist insofern sehr fraglich und soll keineswegs durch eine »philosophie-« bzw. »kapitelimmanente« Betrachtungsweise diese geschichtlichen Bezüge abschneiden. Es ist für uns heute nicht so einfach, die politische Bedeutung der Diskussionen des 18. Jahrhunderts über den Unterschied zwischen »Vernunft-« bzw. »natürlicher« Religion und (christlicher) Offenbarungsreligion zu ermessen; Tatsache ist jedoch, daß Hume für seine Überzeugung große Nachteile in Kauf nehmen mußte. Auf Betreiben kirchlicher Kreise Schottlands bekam er zeitlebens keinen akademischen Lehrstuhl. Die bereits gedruckten religionskritischen Essays *Über den Selbstmord* und *Über die Unsterblichkeit der Seele* durften nicht veröffentlicht werden, und ständig erfolgten kirchliche Angriffe gegen den »verruchten Geist« – so ein Kirchenmann in einem Brief an Humes Verleger – bis hin zur Drohung mit der Exkommunikation. Zu Recht, denn was in Abschnitt X der *Untersuchung* »Über Wunder« steht, kommt einer vollständigen Vernichtung der Religion gleich. Nichts ist tödlicher als eine freundliche Ironie, und Hume, sowieso ein vollendeter Stilist, beherrscht die Ironie blendend. Wer daher selbst einen eigenen phantasievollen Kinderglauben hatte, muß bei der Lektüre von Humes religionsphilosophischen Ausführungen öfters schmunzeln, da diese Mischung zwischen (Kinder-)Glaubensproblemen und ihrer skeptisch-rationalistischen Behandlung größtes Vergnügen bereitet. Das heißt konkret: Wir haben nur die Erfahrung, aber die Erfahrung ist es, die wir haben, und in allem widerspricht der Glaube der Erfahrung als dem gesunden Menschenverstand. So ist z. B. die Überzeugungskraft (Evidenz) von Augenzeugen schwächer als die der eigenen Sinne; »eine schwächere Evidenz kann aber nie eine stärkere zerstören«, wie es auf gut rationalistisch »den Regeln folgerechter Vernunfttätigkeit« entsprechend heißt. Wunder als Verletzung der Naturgesetze sind daher höchst unwahrscheinlich, und vollendet ironisch kommt der Verfasser zu dem »allgemein beachtenswerten Grundsatz«: »Kein Zeugnis reicht aus, ein Wunder festzustellen, es müßte denn das Zeugnis von solcher Art sein, daß seine Falschheit wunderbarer wäre, als die Tatsache, die es festzustellen trachtet.« »Unsere allerheiligste Religion gründet sich auf den *Glauben*, nicht auf Vernunft«, unterstreicht Hume mit pseudonaiver Boshaftigkeit: »Wen der *Glaube* bewegt, ihr zuzustimmen, der ist sich eines fortgesetzten Wunders in seiner eigenen Person bewußt, das alle Prinzipien seines Verstandes umkehrt und ihn bestimmt, das zu glauben, was dem Gewohnten und der Erfahrung am meisten widerstreitet.«

Soviel (oder sowenig) zur religionskritischen Stoßrichtung der *Untersuchung*. Humes Zeitgenossen träumten von einer natürlichen Urreligion, die ganz den Forderungen der ebenso natürlichen Vernunft entsprochen haben soll. Mit der sog. Theorie des Priestertrugs glaubte man weiterhin erklären zu können, wie und warum die reine Urreligion verfälscht und pervertiert wurde. In dem Buch *Über die Religion* von Edward Herbert Lord of Cherbury (1581–1648) werden bereits fünf Wahrheiten genannt, die ihm als das Wesen aller Religionen erscheinen:

Kritik der aufklärerischen Vernunftreligion

– Es existiert ein höchster Gott.
– Diesem Gotte schulden wir Verehrung.
– Tugend und Frömmigkeit machen die Hauptbestandteile der Gottesverehrung aus.
– Uns kommt es zu, unsere Sünden durch Reue zu büßen, und die Pflicht, von ihnen zu lassen.
– Von Gottes Güte und Gerechtigkeit haben wir Lohn oder Strafe in diesem oder nach diesem Leben zu erwarten.

Hume hat diese Fiktion zerstört. Es ist die besondere Leistung seiner *Naturgeschichte der Religion* (1757), den Polytheismus (Vielgötterei) als »erste und älteste Religionsform der Menschen« herausgestellt zu haben. Es gibt also keinen »natürlichen Instinkt«, auf dem alle Religionen beruhen, es sei denn ihre religionspsychologische Herleitung »allein aus der Besorgnis um die Lebensvorgänge und aus dem unauflöslichen Wechsel von Hoffnung und Furcht, welche die menschliche Seele bewegen.«

Stilistisch ganz anders gestaltet sind die *Dialoge über die natürliche Religion*. Aus Furcht vor Angriffen wurden sie erst nach Humes Tode von seinem Freund Adam Smith [→ S. 207 f.] herausgegeben. Ein Kenner urteilte über die *Dialoge*, sie seien »in jeder Hinsicht Humes reifstes Werk und fraglos das größte religionsphilosophische Buch in englischer Sprache.« [7] In der fiktiven Szenerie eines antiken Philosophengespräches werden von den drei Teilnehmern Grundprobleme einer nicht auf Offenbarung beruhenden Religion durchdiskutiert (Existenz Gottes; Gut und Böse in der Welt; kann auf einen Gott als Ursache der Welt geschlossen werden?). Die Gesprächsführung ist überaus kunstvoll gestaltet, zumal sich nicht, wie üblich, zwei, sondern drei Personen am Gespräch beteiligen. Auch hier wieder raffinierteste Ironie, z. B. in der Feststellung, daß wir angesichts der Unvollkommenheit der Welt gar nicht auf die angebliche Vollkommenheit eines göttlichen Schöpfers schließen können: »Kein Baumeister gilt als klug, der ein Projekt in Angriff nimmt, das über seine Mittel geht.« Humes Meinung kommt am ehesten in der Argumentation des Skeptikers Philos zum Ausdruck, der sich in diesem Zusammenhang – es ist ja das alte Problem des teleologischen Gottesbeweises – folgendermaßen äußert:

skeptische Religionsphilosophie

»Und wäre ich gezwungen, ein bestimmtes System dieser Art zu verteidigen (was ich von mir aus nie tun würde), so hielte ich keines für plausibler als dasjenige, welches der Welt ein ewiges und immanentes Ordnungsprinzip, begleitet freilich von gewaltigen und ständigen Umwälzungen und Veränderungen, zuschreibt.« Das dürfte so etwa Humes eigenes Minimalkonzept eines mit der Welturusache identischen geistigen Ordnungsprinzips sein [8].

Gesellschaft – ein System institutioneller Kunstgriffe

Zwischen John Locke und Hume liegen zwei Generationen, und in diesem Zeitraum hat sich die Situation Englands, wie sie im sozialphilosophischen Denken beider zum Ausdruck kommt, grundlegend geändert. John Locke glaubte noch, das englische Volk, seine politischen Taten und seine Besitzverhältnisse durch Berufung auf Naturrecht, Gesellschaftsvertrag und Vernunft rechtfertigen zu müssen [→ S. 191]. Das Modell des Gesellschaftsvertrags setzt, wie wir sahen, autonome, vernünftige Menschen voraus, die durch vernünftigen Entschluß einen Teil ihrer Rechte zum Wohle des Ganzen abtreten. Wie bei der »reinen, natürlichen Vernunftreligion« ist für Hume all das überholt, als philosophische Fiktion durchschaut. Es überrascht daher nicht, daß in seiner *Abhandlung über die Prinzipien der Moral* (1751) die Gerechtigkeit – das hohe und hehre Thema der Philosophiegeschichte – allein und ausschließlich aus dem Nutzen hergeleitet wird. Hume sieht den Menschen, der mit einer Mangelsituation zurechtkommen muß, als grundsätzlich parteiisch an; Gesellschaft wird hier ganz nüchtern als ein System institutioneller Kunstgriffe gedacht, um die ursprüngliche Parteilichkeit zu so etwas wie einem allgemeinen Wohl zurechtzubiegen. Das drückt Hume in der systematischen *Abhandlung* sehr pointiert aus: »that 'tis only from the selfishness and confin'd generosity of men, along with the scanty [spärlich] provision nature has made for his wants, that justice derives its origin.«

vom Naturrecht zum Konventionalismus

Dieser gesellschaftsphilosophische Ansatz wird »Konventionalismus« genannt, weil hier nicht mehr von ursprünglich-natürlichen Rechten ausgegangen wird, sondern von stillschweigender Übereinkunft (Konvention) aufgrund einer bestimmten geschichtlichen Mangelsituation. Die Verschiebung des theoretischen Ausgangspunktes ist in den Ausführungen der *Abhandlung* sehr klar zu sehen, die pointiert von dem künstlichen *(artificial)* Charakter der menschlichen Konventionen spricht. Diese Verschiebung, ließe sich durch eine weitergehende Interpretation sagen, zeigt an, daß das englische Bürgertum jetzt sozusagen »fest im Sattel« sitzt: »Nach dem Ende ihrer Revolution kann die englische Bourgeoisie das Naturrecht nicht mehr brauchen« (F. Borkenau). Das heißt einerseits, daß das Denken sich hier von Fiktionen befreit und nüchtern den wirklichen Gang der Ereignisse zu sehen beginnt. Andererseits kann Konventionalismus auch bedeuten, daß man die Verhältnisse eben so, wie sie geworden sind, akzeptiert und sich auf den Konventionen ausruht, ohne viele Gedanken auf ihre Vernünftigkeit zu verschwenden.

Humes Charakter, seine Lebensführung und die geschichtliche Situation Englands

David Hume jedenfalls glaubt, daß im England seiner Zeit dem allgemeinen Wohl am besten gedient sei. Das führt zu der Frage, inwiefern hier geschichtliche Situation, Gesellschaftsphilosophie und persönlicher Charakter zusammentreffen. Die acht Seiten des Textes *My Own Life*, die Hume kurz vor seinem Tode 1776 geschrieben hat, geben hierzu viele Aufschlüsse. Aus schottischem Landadel stammend, hat sich der junge Schriftsteller zunächst durch große Sparsamkeit über Wasser gehalten. Dazu war später keine Veranlassung mehr, vor allem durch den Erfolg seiner *History of England*, denn »the copymoney given me by the booksellers much exceeded any thing formerly known in England; I was become not only independent, but opulent.« Daß ein Philosoph auch ökonomisch derart unabhängig wird, ist noch neu im 18. Jahrhundert und forderte eigentlich viele sozialgeschichtliche Bemerkungen heraus (z. B. zu der Beziehung: größeres bürgerliches Lesepublikum – erweiterter Einfluß der Marktsituation – mehr Gedankenfreiheit durch ökonomische Unabhängigkeit des Autors und/oder neue, andere Abhängigkeit von Publikum und Verleger?). Hume lebte auch ein bestimmtes Ideal eines »philosophischen Lebens«. Er blieb zeitlebens Junggeselle; seine Leidenschaft galt den Büchern, »the ruling passion of my life, and the great source of my enjoyments.« Dabei war er sehr gesellig; die letzten Tage seines Lebens – er war schwer krank und wußte, daß er bald sterben würde – verbrachte er, wie Adam Smith berichtet, »with correcting his own works for a new edition, with reading books of amusement, with the conversation of his friends; and, sometimes in the evening, with a party of his favorite game of whist.«

Aller öffentliche Streit über Philosophie und Politik war ihm zutiefst verhaßt, und er antwortete in diesem Zusammenhang grundsätzlich nie auf Briefe von Fremden. Sich selbst beschreibt er in dem erwähnten Text als »a man of mild dispositions, of command of temper, of an open, cheerful humour, capable of attachment, but little susceptible of enmity, and of great moderation in all my passions.« Dazu paßt, was ein Kenner als Humes »Generallinie« in der Auseinandersetzung mit dem Thema Religion formuliert, nämlich »seine skeptischen Positionen mit dem geringstmöglichen Nachdruck zu vertreten, der eine eindeutige Interpretation noch zuläßt« (dem entspricht genau Ironie als Stilmittel) [9]. Hume lesen ist so – abgesehen von dem Vergnügen seiner überlegenen stilistischen Fähigkeiten – für mich eine zweischneidige Sache. Sein Skeptizismus ist sehr anziehend, von großer Menschlichkeit im Sinne von Mäßigung, Bescheidenheit und Toleranz. Hume hat im Prinzip der Gewohnheit eine Wahrheit gefunden, seine Wahrheit, die ihn beruhigte, nicht beunruhigte. Daher haben seine Schriften auch etwas Abgeklärtes an sich. Dieses Abgeklärte, könnte man sagen, ist gerade beunruhigend.

Die Aufklärung –
eine gesamteuropäische Bewegung

Das Wort »Aufklärung« hat etwas mit Klarheit, mit Licht zu tun – im Dunkeln sieht man nichts. Wie uns das *Historische Wörterbuch der Philosophie* belehrt, steckt die Lichtmetaphorik in allen europäischen Ausdrücken für dieses Wort. Englisch heißt es *enlightenment*; französisch *les lumières* oder auch *le siècle philosophique* – das philosophische Zeitalter; italienisch *i lumi* bzw. *illuminismo*, im Spanischen *ilustración* und *siglo de las luces*. Ein ganzes Jahrhundert, das sich seinem Selbstverständnis nach auf dem Weg aus der Dunkelheit ins helle Licht der Vernunft befindet. Und zwar in jeder Hinsicht, wie aus folgendem Beispiel deutlich wird. Der Franzose d'Alembert schrieb 1759 in seinen *Grundlagen der Philosophie*: »Unser Zeitalter liebt es, sich vor allem das Zeitalter der Philosophie zu nennen. In der Tat kann man [...] nicht leugnen, daß die Philosophie unter uns bedeutende Fortschritte gemacht hat. Die Wissenschaft der Natur

Das Licht der Vernunft

gewinnt von Tag zu Tag neuen Reichtum [...]; das wahre System der Welt ist endlich erkannt [gemeint ist: durch Newton], weiterentwickelt und vervollkommnet worden [...]. Alle diese Ursachen haben dazu beigetragen, eine lebhafte Gärung der Geister zu erzeugen. Diese Gärung, die nach allen Seiten hin wirkt, hat alles, was sich ihr darbot, mit Heftigkeit ergriffen, gleich einem Strom, der seine Dämme durchbricht. Von den Prinzipien der Wissenschaften an bis zu den Grundlagen der geoffenbarten Religion, von den Problemen der Metaphysik bis zu denen des Geschmacks, von der Musik bis zur Moral, von den theologischen Streitfragen bis zu den Fragen der Wirtschaft und des Handels ist alles diskutiert, analysiert, verhandelt worden.«

Kants Definition

In Deutschland fing das Wort »Aufklärung« seit der Mitte des 18. Jahrhunderts an, sich langsam einzubürgern. Trotzdem klagte ein protestantischer Pfarrer in der *Berliner Monatsschrift* vom Dezember 1783, er habe die Frage, was Aufklärung eigentlich sei, noch nirgends beantwortet gefunden. Immanuel Kant gab ihm die Auskunft mit seinem berühmten Aufsatz *Beantwortung der Frage: Was ist Aufklärung?* Seine klassische Definition lautet: »*Aufklärung ist der Ausgang des Menschen aus seiner selbstverschuldeten Unmündigkeit*«. Kant erläutert diese Begriffe. »*Unmündigkeit* ist das Unvermögen, sich seines Verstandes ohne Leitung eines anderen zu bedienen. *Selbstverschuldet* ist diese Unmündigkeit, wenn die Ursache derselben nicht am Mangel des Verstandes, sondern der Entschließung und des Mutes liegt, sich seiner ohne Leitung eines anderen zu bedienen.«

öffentlicher Vernunftgebrauch und privater Gehorsam

Diese Sätze werden in jeder Philosophiegeschichte zitiert. In ihnen drückt sich prägnant das Selbstverständnis des 18. Jahrhunderts aus, und daher sind sie »klassisch« geworden. Nicht zitiert wird allerdings meist, wie der Text weitergeht. Kant setzt seine ganze Hoffnung auf ein öffentliches Publikum. Für den Einzelnen ist es schwer, fast unmöglich, sich aus der Unmündigkeit zu befreien. Ein Publikum als Leserwelt, das sich seine Gedanken mitteilt, hat da viel größere Chancen. Dazu braucht es Gedankenfreiheit, die Freiheit, »von seiner Vernunft in allen Stücken *öffentlichen Gebrauch* zu machen.« Und hier folgt eine wichtige Unterscheidung. Dieser öffentliche Vernunftgebrauch »muß jederzeit frei sein, und der allein kann Aufklärung unter die Menschen bringen.« Anders steht es mit dem Privatgebrauch der Vernunft, worunter Kant die kritische Vernunft des Einzelnen in und gegenüber seinem Beruf versteht. »Hier ist es nun freilich nicht erlaubt, zu räsonnieren, sondern man muß gehorchen.« Der Mensch wird gleichsam aufgespalten in den Gelehrten, der öffentlich kritisieren darf (z. B. die Steuerpraxis seines Landes) und den Berufsmenschen (der seine Steuern pünktlich bezahlen muß); in den Geistlichen, der seiner Gemeinde die Symbole ihres Bekenntnisses vermittelt, und den Gelehrten, der den Sinn eines Symbols wie z. B. der Taufe öffentlich zur Diskussion stellen kann. Das aufgeklärteste Land, das Preußen Friedrichs II., kann Gedankenfreiheit gewähren, gerade weil es »ein wohldiszipliniertes zahlreiches Heer zum Bürgen der öffentlichen Ruhe zur Hand hat.« Dieser Zustand, von Kant selbst als paradox bezeichnet, gipfelt in dem Satz Friedrichs II.: »Räsonniert, so viel ihr wollt, und worüber ihr wollt; nur gehorcht.«

Widersprüche der Zeit

Das Wertvolle an Kants Text ist, daß hier Widersprüche benannt und festgehalten werden. Insofern sagt er sehr viel über die geschichtliche Situation des 18. Jahrhunderts aus. Will die Vernunft nicht *alles* vernünftig sehen? Die Freiheit – will sie nicht *ganz* frei sein? Und doch scheint sie Angst vor sich selbst zu haben. Eine Revolution, meint Kant, würde nur neue Vorurteile bringen, nichts wirklich Neues, was nur prozeßhaft, durch eine wahrhaft aufklärerische Reform der Denkungsart zustande kommen könne. Auch d'Alembert spricht an der erwähnten Stelle von »neuen Dunkelheiten«, die durch das neue Licht des philosophischen Zeitalters emporgekommen sind »wie die Wirkung von Ebbe und Flut darin besteht, manches Neue ans Ufer zu spülen und wieder anderes von ihm loszureißen.« Die Aufklärung, die so oft als optimistisches Zeitalter dargestellt wird, ist in Wirklichkeit ein äußerst vielschichtiger Prozeß zwischen Hoffnung und Angst, ob das Jahrhundert wirklich besser ausgehen wird, als es angefangen hat.

Die Rolle Englands

Es ist heute weitgehend in Vergessenheit geraten, daß England im 18. Jahrhundert das entwickeltste Land der Welt und somit Modell und Orientierungspunkt für ganz Europa war. Wirtschaftlich befand sich die mächtigste Handels- und Kriegsmacht auf dem Weg zur industriellen Revolution. Mit der Aufhebung der Vorzensur (*Licensing Act*, 1695) besaß die Presse mehr Freiheiten als in jedem anderen europäischen Land. Das hatte einen steigenden Einfluß der »öffentlichen Meinung«, also des bürgerlichen Publikums im Kantischen Sinne, zur Folge. Was die Position Englands im kulturellen Bereich im engeren Sinne betrifft, so sei hier nur daran erinnert, daß Georg Friedrich Händel 1712 nach London übersiedelte, weil er hier – im Zentrum der bürgerlichen Welt – die besten Möglichkeiten für sein musikalisches Schaffen sah. *Vorbild für Europa*

Wir haben schon in verschiedenen Epochen der Philosophiegeschichte gesehen, daß kritisches Denken sich häufig als Infragestellung der Religion äußert. Das trifft voll auf das 18. Jahrhundert zu. Der im vorigen Kapitel behandelte Empirismus kann als eine spezifisch aufklärerische Philosophie betrachtet werden; viele Autoren sehen in Lockes *Toleranzbrief* (1689) geradezu den entscheidenen Durchbruch einer neuen Gesinnung. Um die Jahrhundertwende findet im Umkreis Lockes eine erste wirklich breite Diskussion um das Verhältnis von Vernunft und Religion statt. Vorreiter ist hier das 1696 erschienene Buch *Christentum ohne Geheimnisse* von John Toland (1670–1722). Toland nannte sich als erster einen »Freidenker«, eine Bezeichnung, die mit dem *Discours of free thinking* (1713) von Anthony Collins zum allgemeinen Schlagwort wurde. Toland lehnt Wunder im eigentlichen Sinne ab. Wovon wir keine »adäquaten Ideen« – in Lockes Sprechweise – haben können, was also der Vernunft nicht zugänglich ist, kann auch nicht von ihr anerkannt werden. Die dahinterstehende philosophische Gottesidee einer »natürlichen Religion« der Vernunft [→ S. 201] nennt man Deismus (von lat. *deus*, Gott). Der Deismus nimmt einen Gott als Urheber der Welt an, legt ihm aber keinerlei persönliche Eigenschaften bei. Vor allem bestreitet er, daß Gott über eine allgemeine Vorsehung im Sinne kontinuierlicher Naturgesetze hinaus in den Lauf der Welt eingreift. Das Lieblingsbild dieser im 18. Jahrhundert sehr verbreiteten Gottesvorstellung ist der Vergleich der Welt mit einer Uhr, die Gott gebaut und aufgezogen hat und die von selbst weiterläuft. Die theologische Gegenposition dazu ist der sog. Theismus (von gr. *theós*, Gott), wie wir ihn im Judentum und im Islam finden. Der Gott des Theismus ist eine souveräne Person, die auch durch eine »besondere Vorsehung« steuernd in die Welt und das persönliche Schicksal des Einzelnen eingreifen kann, wann immer es ihr beliebt. Gegenüber dem souveränen Schöpfergott ist der *Freidenker*

Deismus und Theismus

»Der Wilde fällt nach seiner Erlösung Robinson zu Füßen.«

Symbolfigur Robinson Crusoe

Konjunktur des Romans

deistische Welturheber ein blasses Geschöpf der Vernunft. Gerade deshalb aber konnte der Deismus im 18. Jahrhundert zur allgemeinen religiösen Bewußtseinsform werden. Denn eine Welt-Uhr, die von alleine läuft, hat einen doppelten Vorteil: der Einzelne ist getragen – alles geht ja vernünftig zu in der Welt – und hat zugleich eine Menge Spielraum, um sich selbst zu entfalten. Niemand schränkt ihn ein wie etwa den Hiob des *Alten Testaments*, der all seinen Reichtum verlor, weil ein eifersüchtiger Gott ihn versuchen wollte.

Der große Mythos der Zeit, in dem diese bürgerliche Weltanschauung zum Bild wurde, ist die Figur des Robinson Crusoe. Dieser Roman von Daniel Defoe (1660–1731) erschien 1719. Der Mensch im Naturzustand, das freie Individuum, von dem seit Hobbes so viel die Rede war, wird hier an einem konkreten Beispiel durchgespielt. Robinson Crusoe, 1632 in der Hafenstadt Yorck geboren, lebte 28 Jahre (1659–1686) auf der Insel. Er genießt hier uneingeschränkte wirtschaftliche, soziale und gedankliche Freiheit. Sein ganzer Charakter ist der eines puritanischen Erfolgsmenschen. Hunger nach Gewinn treibt den Sklavenhändler in die Welt hinaus, der als reicher Mann die Insel verläßt, um sich danach wieder seinen Geschäften in Brasilien zu widmen. Von einem unverwüstlichen Optimismus getrieben, akzeptiert er sein Schicksal und macht aktiv das beste daraus. Crusoe, der ausdrücklich als Durchschnittsmensch bezeichnet wird, arbeitet ständig und teilt sich seinen Tagesablauf auf die Stunde genau ein. Diese Zeit- und Arbeitsökonomie ist die Basis seiner Persönlichkeit. Aus seiner Arbeit leitet er auch einen festen Besitzanspruch auf die Insel ab (an manchen Stellen glaubt man förmlich, Locke zu lesen [→ S. 192]). Er führt Tagebuch, legt also sich selbst gegenüber genaue und regelmäßige Rechenschaft ab über sein Tun und Denken. Wir sehen hier an einem konkreten Beispiel die Säkularisierung (Verweltlichung) ursprünglich religiöser Inhalte wie der Gewissenserforschung in Richtung Fortschritt durch Arbeit und Erfolg in *dieser* Welt. Crusoe arbeitet überlegt und ist dadurch erfolgreich. Insofern dient der ganze Roman »der Unterweisung der anderen durch das eigene Beispiel und dem Lobpreis und der Rechtfertigung der göttlichen Vorsehung, deren Weisheit sich in allen unseren unterschiedlichen Lebensumständen bekundet« (Vorrede). Allerdings wird auch die Schattenseite von Robinsons Individualismus sichtbar, denn er ist unfähig zu echten menschlichen Beziehungen. In drei Zeilen wird am Schluß des Romans berichtet, daß er heiratete – »weder zu meinem Schaden noch zu meinem Mißvergnügen« – und drei Kinder hatte. Insofern kommt die Einsamkeit des Individuums, das große Thema der bürgerlichen Literatur bis in unsere Zeit, im Bild der Insel sinnfällig zum Ausdruck. Mit dem *Robinson Crusoe* nimmt der englische Roman als neue literarische Form einen unerhörten Aufschwung. Immer geht es um das Schicksal des Einzelnen in der Welt – also die Frage, ob die Welt auch aus der Perspektive des Einzelnen und seinem konkreten Glücksanspruch her als gut betrachtet werden kann. Samuel Richardson (1699–1781) wählt für seine Romane *Pamela* (1740) und *Clarissa* (1747/48) bereits die Briefform, womit sich schon in der Form der private (und doch alle betreffende) Gegenstand des Romans zeigt. Der große Roman *Tom Jones* von Henry Fielding (1707–54) wird zum Vorbild für die europäische Romanliteratur des 18. Jahrhunderts, etwa Christoph Martin Wielands *Geschichte des Agathon* (1766/67). Beide Romane gelangen im Lauf ihrer Geschichte zu einer Versöhnung des Helden mit der Gesellschaft und insofern zu einem positiven Ergebnis, während Laurence Sternes *Tristram Shandy*

(1760–67) mit seinem Humor bereits über diese Thematik selbst hinauszusein scheint und auf jeder Seite das Romanschreiben und Philosophieren darüber durch den Kakao zieht. Dabei entsteht freilich eine neue Philosophie – die Philosophie des Humors.

Das Problem der Romane ist natürlich auch das Problem der Philosophie, wenn auch von einer anderen Sichtweise her und mit anderem Vokabular. Wenn die Gesellschaft als ein Konglomerat von Einzelpersonen betrachtet werden muß, von denen jeder sein eigenes Interesse verfolgt – wie soll daraus ein vernünftiges Ganzes zustandekommen? Aus der umfänglichen Moral- und Gesellschaftsphilosophie der Zeit seien hier zwei gegensätzliche Lösungsversuche erwähnt. Der Londoner Arzt Bernard Mandeville (1670–1733) veröffentlichte 1705 seine *Bienenfabel*, eine Flugschrift in Reimen, die er später ausführlich erläutert hat. Er vergleicht darin die Gesellschaft mit einem Bienenstock, der blüht und lebt, weil jeder möglichst gut und luxuriös leben will. Dadurch wachsen Industrie und Handel, Künste und Wissenschaften, auch wenn allerhand Schurkereien in allen Ständen und Berufen dafür in Kauf genommen werden müssen. Bald jedoch kehrt die Tugend in den Bienenstock ein, jeder arbeitet und genießt nur das Allernötigste, und alle Pracht ist dahin. *Private vices – public virtues*: daß gerade die privaten Laster wie Gewinnsucht, Luxus, Ehrsucht die wahre Quelle des Gemeinwohls seien, ist Mandevilles provozierende These, die die ganze herkömmliche Moralphilosophie auf den Kopf stellt. Die letzten Zeilen des Werkes lauten:

zwei Standpunkte zum Problem des Egoismus

Bernard Mandeville

»Mit Tugend bloß kommt man nicht weit;
Wer wünscht, daß eine goldene Zeit
Zurückkehrt, sollte nicht vergessen:
Man mußte damals Eicheln essen.«

Damit hat er – zumindest für die Gesellschaft, in der er lebte – etwas sehr Wahres erfaßt, und Marx rühmte ihn deshalb als einen »ehrlichen Mann und hellen Kopf«. Nur – soll man mit dieser Art Ehrlichkeit zufrieden sein (»Die ehrlich gewordenen Schurken« heißt der Untertitel des Gedichts)? Ist Sittlichkeit wirklich nur »ein sozialpolitisches Erzeugnis aus Schmeichelei und Eitelkeit«? Anthony Ashley Cooper, Graf von Shaftesbury (1671–1713, übrigens von John Locke erzogen) ist vom genauen Gegenteil überzeugt. Lord Shaftesburys Persönlichkeitsideal ist ein harmonischer Mensch; eine »schöne Seele«, die aus ihrem Gefühl heraus das Rechte tut, indem sie zu einem ausgewogenen Gleichgewicht ihrer verschiedenen Neigungen gelangt (vor allem dem Selbstbehauptungs- und dem Geselligkeitstrieb). Das ist möglich, denn nach seiner Auffassung kann der Einzelne nur zu seinem persönlichen Glück gelangen, wenn er zugleich für das Gemeinwohl tätig ist. »So ist Tugend jedermanns Wohl und Laster jedermanns Übel«, schließt die *Untersuchung über die Tugend* (1699). Mandeville meint zu Shaftesburys Anschauungen: »Wie schade, daß sie falsch sind« und beklagt, daß die meisten Schriftsteller den Menschen immer nur auseinandersetzen, wie sie sein sollen, statt sich darum zu kümmern, »wie sie in Wirklichkeit *sind*«. Damit hat er in der Tat das Problem benannt, das sich in vielen philosophischen Diskussionen stellt. Nur wäre zu fragen, woher Mandeville zu wissen glaubt, wie »der natürliche Mensch« »in Wirklichkeit« ist.

Lord Shaftesbury

Daß Mandeville »in gewissen Punkten an die Wahrheit gestreift« habe, räumt auch Adam Smith (1723–1790) ein. Smith ist Schotte (Glasgow und

Adam Smith

Edinburgh waren im 18. Jahrhundert wichtige Zentren der Philosophie); ein gründlicher Mann, der in der Philosophiegeschichtsschreibung bis heute unterschätzt wird. Das hängt mit seiner eigenartigen Stellung in der Theoriegeschichte zusammen: die *Theorie der ethischen Gefühle* – von ihm als sein Hauptwerk betrachtet – steht gleichsam am Ende einer langen Tradition moralphilosophischer Erörterungen, während die *Untersuchung über Natur und Wesen des Volkswohlstandes* (*An Enquiry into the Nature and the Causes of the Wealth of Nations*, 1776) seinen Ruhm als Begründer der neuen Wissenschaft der politischen Ökonomie eröffnete. Dabei wurde sowohl der innere Zusammenhang beider Werke übersehen als auch die philosophische Leistung, die in dem nationalökonomischen Werk steckt.

Gerade weil im Laufe des 18. Jahrhunderts die profitorientierten Marktmechanismen immer tiefer in alle Poren der Gesellschaft eindringen, wird das Problem des Egoismus zu einer Hauptfrage der Moralphilosophie. Aristoteles hatte die klassische Definition des Menschen als »geselliges Lebewesen« (*zóon politikón* [→ S. 35]) gegeben. Mandeville z. B. leugnete

Was verbindet die Menschen?

strikt einen ursprünglichen Geselligkeitstrieb. Für ihn ist der Mensch »ein außerordentlich selbstsüchtiges und widerspenstiges sowie auch schlaues Tier.« Adam Smith nun definiert in der *Theorie der ethischen Gefühle* nicht einfach darauf los, sondern untersucht erst einmal die Grundlagen des zwischenmenschlichen Zusammenlebens. Er findet sie in der »Sympathie« – ein Schlüsselbegriff seiner Abhandlung. »Sympathie« – und das ist wichtig zu beachten – ist hier ein wertneutraler Ausdruck. Er bedeutet soviel wie Einfühlungsvermögen, Fähigkeit zur Anteilnahme oder »Mitgefühl mit jeder Art von Affekten«. Alle seelischen Mechanismen wie Schuldgefühle, Gehorsam, Gerechtigkeit beruhen auf diesem »Vermögen«. Aber weiß ich damit schon, welche Handlung als gut, welche als schlecht zu beurteilen ist? Auf diese zentrale Frage nach der »Grundlage der Urteile, die wir über unsere eigenen Gefühle und unser eigenes Verhalten fällen« (so der dritte Teil des Werks), gibt Smith eine interessante Antwort. Es ist der »unparteiische Beobachter« *(impartial spectator)* in uns selbst, in dessen Position wir uns ständig versetzen, wenn wir uns beurteilen. Smith gibt also keine inhaltliche Antwort im Sinne von »das oder jenes ist gut bzw. schlecht«, sondern verweist den Leser auf sich selbst. Daraus spricht persönliches Autonomiebewußtsein und große Selbständigkeit des Einzelnen. Zugleich wird die Ethik sehr kompliziert, denn was z. B. in einer religiös begründeten Moral als göttliches Gebot objektiv, gleichsam außerhalb des Einzelnen diesem gegenübersteht, spielt sich jetzt innerhalb ein und derselben Person ab. Smith stößt hier in Neuland vor, da er noch nicht über eine entsprechend differenzierte Persönlichkeitstheorie verfügt, wie sie dann Freud entworfen hat [→ S. 376 ff.]. Wir führen ein etwas längeres Zitat auf, weil in der Philosophiegeschichte gerade die Punkte spannend sind, wo ein neues Problem deutlich erkannt und formuliert wird, ohne daß bereits eine Lösung gegeben werden könnte: »Wenn ich mich bemühe, mein eigenes Verhalten zu prüfen, wenn ich mich bemühe, über dasselbe ein Urteil zu fällen und es entweder zu billigen oder zu verurteilen, dann teile ich mich offenbar in all diesen Fällen gleichsam in zwei Personen. Es ist einleuchtend, daß ich, der Prüfer und Richter, eine Rolle spiele, die verschieden ist von jenem anderen Ich, nämlich von *der* Person, deren Verhalten geprüft und beurteilt wird. Die erste Person ist der Zuschauer, dessen Empfindungen in bezug auf mein Verhalten ich nachzufühlen trachte, indem ich mich an seine Stelle versetze und überlege, wie dieses Verhalten wohl erscheinen würde, wenn ich es von diesem eigentümlichen Gesichtspunkt aus betrachte. Die zweite Person ist der Handelnde, die Person, die ich im eigentlichen Sinne mein Ich nennen kann, und über deren Verhalten ich mir – in der Rolle eines Zuschauers – eine Meinung zu bilden suche. Die erste ist der Richter, die zweite der Angeklagte. Daß jedoch der Richter in jeder Beziehung mit dem Angeklagten identisch sein sollte, das ist ebenso unmöglich, wie daß die Ursache in jeder Beziehung mit der Wirkung identisch wäre.«

Manchmal sprechen Fakten tatsächlich für sich. Von der *Untersuchung über Natur und Wesen des Volkswohlstandes* sind zwischen 1776 und 1800 neun englische Auflagen erschienen sowie Übersetzungen in dänischer, holländischer, französischer, deutscher, italienischer und spanischer Sprache. Karl Marx nannte Smith den »zusammenfassenden politischen Ökonomen der Manufakturperiode«, also den Theoretiker einer Epoche, die zwar bereits in wichtigen Bereichen nach kapitalistischen Grundsätzen produziert, aber noch nicht auf der Grundlage eigentlich kapitalistischer Verhältnisse im Sinne »großer Industrie«. Bereits der erste Satz des *Wealth of Nations* ist zentral: »Die größte Vervollkommnung der Produktivkräfte der Arbeit und die vermehrte Geschicklichkeit, Fertigkeit und Einsicht, mit der die Arbeit überall geleitet oder verrichtet wird, scheint eine Wirkung der Arbeitsteilung zu sein.« D. h. Smith untersucht nicht, wie andere Ökonomen vor ihm, den Ertrag einzelner Wirtschaftszweige wie Landwirtschaft, Schifffahrt etc. für das Nationaleinkommen, sondern abstrahiert von diesen konkreten Zweigen und benennt den allem Erwerb zugrundeliegenden Mechanismus, die Arbeitsteilung. Wir sehen hier einen engen Zusammenhang zwischen wissenschaftlicher Begriffsbildung und geschichtlicher Entwicklung [→ S. 41]: erst wenn im wirklichen gesellschaftlichen Arbeitsprozeß ein bestimmter Grad von Arbeitsteilung zur alltäglichen Praxis geworden ist, kann eine Wissenschaft den Begriff »Arbeitsteilung« prägen und damit eine der tatsächlichen Abstraktheit des gesellschaftlichen Lebens gemäße Begriffsbildung entwickeln. Denn was ist abstrakter als ein Marktmechanismus, in dem Millionen von Menschen ihre eigene Arbeit immer mehr spezialisieren und differenzieren, und in dem wie von Zauberhand alles wie von selbst sinnvoll ineinanderzugreifen scheint, wobei noch zusätzlich eine ständig gesteigerte Produktivität der Arbeit zu einem noch nie gesehenen gesellschaftlichen Reichtum führt. Smith verdeutlicht das mit seinem berühmt gewordenen Beispiel einer Stecknadelmanufaktur. Ein einzelner ungelernter Arbeiter könnte gewiß keine 20 Stecknadeln am Tag herstellen. Teilt man aber die Herstellung von Stecknadeln in 18 verschiedene Gewerbe mit spezialisierten Arbeitern, so können 10 Arbeiter pro Tag 12 Pfund Stecknadeln liefern, was etwa auf 4800 Nadeln pro Arbeiter herauskommt. Was bedeutet das? Das konkrete Beispiel kann den ungeheuren Optimismus erklären, der Smiths ganzes Werk durchzieht, das Vertrauen in den Gang der geschichtlichen Entwicklung und die Klasse, die diesen Prozeß aktiv vorantreibt – das Bürgertum. Fortschritt durch Arbeitsteilung, Erhöhung der Leistung bei eingesparter Zeit – auch aus der Theoriebildung wird »das Haupt- und einzige Gewerbe einer besonderen Klasse von Bürgern.« Wobei Smith ganz nüchtern die Verschiedenheit der Menschen – er vergleicht deren offensichtlich edelstes Produkt, einen Philosophen, mit einem »gemeinen Lastträger« – nicht als Grund, sondern als Folge der Arbeitsteilung ansieht (in der verbreiteten Ansicht von »Vererbung« und »Begabung« sieht das gerade umgekehrt aus).

Arbeitsteilung und Produktivität

Leben in der Handelsgesellschaft

»Wir finden stets, daß es die Hauptsache ist, Geld zu bekommen.« Arbeitsteilung setzt Markverhältnisse voraus. Noch ganz ungeschichtlich sieht Smith die Arbeitsteilung als Folge eines »Hanges der menschlichen Natur« an, »des Hanges zu tauschen, zu handeln und eine Sache gegen eine andere auszuwechseln.« Aus diesem »Hang« wird aber mit der Entwicklung des Marktes eine Tatsache, die das ganze gesellschaftliche Leben bestimmt und nicht mehr rückgängig gemacht werden kann (Karl Marx hat dieses Problem mit großer Eindringlichkeit untersucht [→ S. 318]). Auch hier schreibt Smith mit großer Nüchternheit: »In einer zivilisierten Gesellschaft befindet der Mensch sich jederzeit in der Zwangslage, die Mitwirkung und den Beistand einer großen Menge von Menschen zu brauchen, während sein ganzes Leben kaum hinreicht, die Freundschaft von einigen wenigen Personen zu gewinnen. [...] Nicht von dem Wohlwollen des Fleischers, Brauers oder Bäckers erwarten wir unsere Mahlzeit, sondern von ihrer Bedachtnahme auf ihr eigenes Interesse. Wir wenden uns nicht an ihre Humanität, sondern an ihre Eigenliebe, und sprechen ihnen nie von unseren Bedürfnissen, sondern von ihren Vorteilen. [...] Dann lebt jeder vom Tausch, oder wird gewissermaßen ein Kaufmann, und die Gesellschaft selbst wird eigentlich eine Handelsgesellschaft.«

Die Arbeitswertlehre

Der zweite wichtige Punkt der *Untersuchung* ist die Arbeitswertlehre. Nicht der Handel schafft den Wert der Güter, auch nicht die natürliche Produktivität des Bodens, wie die französische Schule der Physiokraten lehrte, sondern allein die menschliche Arbeit: »Die Arbeit war der erste Preis, das ursprüngliche Kaufgeld, welches für alle Dinge gezahlt wurde.« »Arbeit überhaupt« ist, wie Smith selbst bemerkt, ein sehr abstrakter Begriff. Er setzt nämlich die Abstraktion von allen besonderen Formen konkreter Arbeit voraus. Ähnliche Einsichten, durch die Smith zur Grundlage des wirtschaftlichen Mechanismus vorzudringen versucht, sind seine Unterscheidung des Gebrauchswerts und des Tauschwerts einer Ware, die klare Unterscheidung der Bestandteile des Warenpreises in Lohn und Profit wie auch die Einsicht, daß der Arbeitslohn trotz gesteigerter Produktivität der Arbeit durch eine »Art stillschweigender, aber fortwährender und gleichförmiger Übereinkunft« der Kapitalisten nie über einen bestimmten Level steigt. Die Arbeitswertlehre von Smith ist der wichtigste Ansatzpunkt, die Abstraktheit einer kapitalistischen Marktgesellschaft mit der entsprechenden Begrifflichkeit einholen zu können. Er ist dabei in manchen Punkten noch nicht zur Klarheit gelangt; wir werden anläßlich der Marxschen Arbeitswertlehre noch einmal darauf zurückkommen [→ S. 319].

liberale Grundsätze

Smith hat die Wissenschaft der politischen Ökonomie noch »als ein Zweig des Wissens eines Staatsmanns oder Gesetzgebers« betrachtet. Welche Folgerungen zieht er aus seinen Einsichten? Er wendet sich entschieden gegen die Art staatlicher Eingriffe in das Wirtschaftsleben, wie sie etwa im Frankreich des 17. Jahrhunderts von dem Wirtschaftsminister Colbert (1619–1683) praktiziert wurden. Colbert kam es nach merkantilistischen Grundsätzen auf eine möglichst aktive Handelsbilanz an, und er hat auf dieses Ziel hin die Wirtschaft Frankreichs mit vielerlei Beschränkungen und Privilegien zu steuern versucht. Der Plan mußte scheitern, weil er an der Eigengesetzlichkeit der Marktverhältnisse vorbeiging. Smith sieht im Interesse des Einzelnen den besseren Motor, die Volkswirtschaft in Gang zu halten. Der Staat soll sich auf Friedenssicherung, Rechtspflege und die ihm anvertrauten öffentlichen Aufgaben beschränken (später wurde diese Staatskonzeption der »liberale Nachtwächterstaat« genannt). »Räumt man also alle Begünstigungs- oder Beschränkungssysteme völlig aus dem Wege, so stellt sich das klare und einfache System der natürlichen Freiheit von selbst her. Jeder Mensch hat, so lange er nicht die Gesetze der Gerechtigkeit verletzt, vollkommene Freiheit, sein eigenes Interesse auf seine eigene Weise zu verfolgen, und sowohl seinen Gewerbefleiß wie sein Kapital mit dem Gewerbefleiß und den Kapitalien anderer Menschen oder auch anderer Klassen von Menschen in Konkurrenz zu bringen.« »Das klare und einfache System der natürlichen Freiheit...« – nichts kann besser das Vertrauen der bürgerlichen Klasse in sich zum Ausdruck bringen als diese Sätze. Die Entwicklung Englands im 18. Jahrhundert schien Smith Recht zu geben. Er konnte noch mit gutem Gewissen Bürger sein.

»Es gibt kein Werk der französischen Aufklärung, das nicht nach einer Seite, ob ausgesprochen oder unausgesprochen, Kampfschrift wäre«[1]

Bei all den berühmten Namen, die wir mit der französischen Aufklärung verbinden, überrascht das Ergebnis einer Durchsicht von 500 Privatbibliotheken des aufgeklärten Bürgertums. Mit 288 Exemplaren befand sich das *Historische und kritische Wörterbuch* von Pierre Bayle (1647–1706) mit Abstand an der Spitze. Es war also das verbreitetste Werk im Frankreich des 18. Jahrhunderts. Und nicht nur hier. Der deutsche Gelehrte J. Chr. Gottsched übersetzte das 1695–97 in Rotterdam verlegte Riesenwerk. Es erschien um 1740 in vier dicken Foliobänden in Leipzig und fand lebhafte Aufnahme im deutschen Bildungsbürgertum. Von seiner Form – ein Wörterbuch, das nichts ausläßt – wie von seiner Absicht her, die der Titel anzeigt, war Bayles Unternehmen ganz neu und entsprach doch zugleich dem »Zeitgeist«, also dem Bedürfnis nach umfassender Kritik. Deshalb sein großer Erfolg. Bayle war Skeptiker. Sein Biograph berichtet: »Weil er überzeugt war, daß die Religionsstreitigkeiten, welche unendlich viel Böses in der Welt verursacht haben, nur von dem großen Vertrauen herrühren, welches die Gottesgelehrten von einer jeden Partey auf ihre Einsichten haben: so bemühet er sich, sie zu demüthigen, und sie eingezogener und bescheidener zu machen.«

Dies geschieht im *Wörterbuch* durch die genaueste Untersuchung unseres geschichtlichen Wissens mit der Absicht einer klaren Trennung von Verbürgtem und Legende. Dabei stellt sich schnell heraus, daß viele angebliche Tatsachen (vor allem im theologischen Bereich) gänzlich ungesichert sind, daß »Wahrheit« also erst das Ergebnis einer mühevollen Auseinandersetzung mit der Geschichte ist. Bayle: »Die Hindernisse rühren nicht so sehr daher, daß der Geist leer ist von Wissen, sondern daher, daß er voll ist von Vorurteilen.« Die große Flurbereinigung der Geschichte im *Wörterbuch* hat als Ergebnis eine Selbstbescheidung der Vernunft – wir wissen alle viel weniger, als wir meinen. Das ist nur scheinbar negativ, denn angesichts der Anmaßungen der »Gottesgelehrten« erweist sich die Selbstbescheidung der Vernunft als eine wirksame Waffe ihrer Selbstbehauptung [2]. Zum Beispiel mit der die Zeitgenossen schockierenden These, die an der Lebensführung berühmten Atheisten bewiesen wird: bei entsprechenden Gesetzen ist auch ein Staat von Atheisten möglich; Religion und Sittlichkeit hängen nicht notwendig miteinander zusammen. Bei Bayle ist das für die Entwicklung der neuzeitlichen Philosophie so prägende Trauma der Religionskriege noch deutlich zu spüren. Viel wäre für das Zusammenleben

Bayle

geschichtliche Prüfung des Wissens im Dictionnaire

gewonnen, wenn die Parteien zu mehr Skepsis, Bescheidenheit und damit Toleranz gelangten. Wie anders die Zustände waren, zeigt nichts deutlicher als Bayles Schicksal. Selbst in dem freizügigen Holland, wo er seit 1681 lebte, war er Verfolgungen ausgesetzt, die bis zum Entzug des Lehrstuhls führten. Vielleicht war das von einem anderen Gesichtspunkt her auch wieder gut so, denn wer weiß, ob er sonst genug Zeit für seinen so einflußreichen *Dictionnaire historique et critique* gehabt hätte.

Krise des Ancien Régime

Als Ludwig XIV. am 1. September 1715 starb, ging ein Jubel der Erleichterung durch Frankreich (das Volk von Paris bedachte seinen Sarg mit Schmähreden und Steinwürfen). *Ancien Régime* – das *Alte Regime* nennt man seit 1789 die Strukturen und Einrichtungen der Feudalgesellschaft, die unter Ludwig XIV. zu einer fragwürdigen Vollendung gelangten. In den folgenden Jahrzehnten bewies das *Ancien Régime* immer klarer seine Unfähigkeit, die große Krise, in der Frankreich lebte, zu bewältigen. »Die formale Struktur der Gesellschaft stimmte nicht mit den sozialen und ökonomischen Realitäten überein«, faßt der Historiker A. Soboul diese Krise zusammen und meint damit vor allem den Widerspruch zwischen der grundlegenden Struktur der drei Stände und der tatsächlichen Bedeutung des Bürgertums als der treibenden Kraft der gesellschaftlichen Entwicklung. Am Vorabend der Revolution umfaßte der Adel mit etwa 350 000 Personen 1,5 v. H. der Bevölkerung; der Klerus zählte etwa 120 000 Personen; der Dritte Stand über 24 Millionen, davon etwa 20 Millionen Landbevölkerung. In Paris lebten etwa 650 000 Einwohner. Die Krise wurde verschärft durch das Zusammenwirken von Bevölkerungszunahme und extremen Preissteigerungen. Bei ständiger finanzieller Mißwirtschaft verschaffte sie sich in periodischen Staatsbankrotten »Luft«.

In dieser Situation liegt es nahe, nach dem Beispiel Englands in der konstitutionellen, also an das Parlament gebundenen Monarchie die beste Regierungsform zu sehen. Man hat vom »englischen Bazillus« gesprochen, der in der ersten Hälfte des 18. Jahrhunderts in Frankreich eingeschleppt wurde. Das geschieht z. B. in den *Briefen über die Engländer* von Voltaire (1734). Systematisch ausgeführt wird es in dem berühmten *Vom Geist der Gesetze* (*De l'ésprit des lois*, 1748) des Barons Charles de Montesquieu (1689–1755). Bis heute nimmt es mit Lockes *Zweiter Abhandlung über die Regierung* [→ S. 191] einen festen Platz in der Geschichte des Parlamentarismus ein. Der Verfasser war bekannt geworden durch seine *Persischen Briefe* (1721), eine amüsant zu lesende satirische Darstellung des Pariser Lebens aus der verfremdenden Sichtweise zweier persischer Reisender. Im Zusammenhang einer längeren Europareise lebte Montesquieu von 1729–31 in England. Es ist bezeichnend für seine Begeisterung für dieses Land, daß er nach der Rückkehr seinen Park in einen englischen Garten verwandelt hat! Die Eindrücke dieser Reise sind – zusammen mit einer immensen geschichtlichen Kenntnis – in den *Geist der Gesetze* eingeflossen.

Teilung der Gewalten

Montesquieu hat zwanzig Jahre daran gearbeitet und trotz der vierzehnhundert Seiten seinen Stoff nicht so recht bewältigt; daher ist dieses Werk heute meist nur in Auszügen bekannt. Zwei Punkte jedoch sind besonders wichtig geworden: Die Theorie der Gewaltenteilung und die Gesamtbetrachtungsweise. Schärfer als Locke unterscheidet Montesquieu gesetzgebende, richterliche und ausübende Gewalt und legt größten Wert auf ihre genaue Trennung. Echt liberalistisch wird hier Freiheit als Gleichgewicht dieser Kräfte gedacht: »Alles wäre verloren, wenn alle drei Gewalten in der Hand eines einzelnen Menschen [...] vereint wären.« An seiner Betrachtungsweise ist neu, daß es ihm um den *Geist* der Gesetze geht – den

Zusammenhang zwischen Regierungsform (»Gesetze«) und Lebensverhältnissen eines Volkes. Insofern markiert das Werk eine wichtige Etappe auf dem Weg zu einer Geschichtsphilosophie, die sich erst im 18. Jahrhundert entwickelt hat. Ihr entscheidender Geburtshelfer war Voltaire.

Was man damals noch unter Geschichtsschreibung verstand, kommt in der Vorrede des deutschen Übersetzers von Humes *Geschichte von Großbritannien* zum Ausdruck: »Ein Geschichtsschreiber ist ein allgemeiner Lehrer der Menschen, der die Toten auffordert, um sie den Lebendigen zu Exempeln der Moralität vorzustellen. Er ist ein Richter über solche Handlungen und Verdienste, die man im Leben der Personen nicht beurtheilen durfte, oder nicht ausmachen konnte.« Der Raum der Geschichte also als Vorratskammer von Beispielen (die berühmten *exempla*) für moralisch sauberes/unsauberes Verhalten, zur Belehrung der Lebendigen. Der Geschichtsschreiber nimmt dabei die Rolle des obersten Richters ein.

Voltaire hat drei große Geschichtswerke geschrieben: Den *Versuch über die Sitten und den Geist der Nationen*, die *Geschichte Karls XII.* (von Schweden) und *Das Zeitalter Ludwigs XIV*. Neu ist hier schon die Weite des Gesichtsfelds. Durch die ausführliche Einbeziehung der Kulturen des fernen Ostens und ihrer Religionen verläßt er den Rahmen der auf Europa und das Christentum beschränkten Betrachtungsweise [→ S. 513]. Gerade diese Universalität – und damit Relativierung des herkömmlichen sog. christozentrischen Rahmens – erregte Anstoß. Welchen Eindruck sie auf offene Geister machte, zeigt eine Äußerung des deutschen Aufklärers F. Nicolai aus dem Jahre 1772: »Die allgemeine Historie der Welt war bis auf ihn Lebensgeschichte der Regenten; er machte sie zuerst zur Geschichte der Menschen. Er setzte an die Stelle eines Monarchen die ganze Nation und nach ihr die ganze gesittete Welt.« Damit ist Voltaires Absicht getroffen. Ihn interessiert vor allem, »über welche Stufen die Menschen vom Zustand der Barbarei zur Zivilisation übergingen«. Anders ausgedrückt: ob im Verlauf der Geschichte ein Fortschritt erkennbar ist. Das erfordert eine neue, denkende Betrachtungsweise, wie sie in dem von Voltaire geprägten Begriff »Philosophie der Geschichte« zum Ausdruck kommt. Damit wird zugleich der Stellenwert der Geschichtsschreibung innerhalb von Voltaires Schaffen erkennbar. Man spricht vom »Jahrhundert Voltaires«, weil er bis heute als Symbolfigur der Aufklärung im Kampf gegen Unrecht und Intoleranz gilt. Dazu einige Fakten.

Voltaire wurde 1694 als Sohn eines Pariser Notars geboren und in einem Jesuitenkloster erzogen. Schnell war der junge Schriftsteller in den Salons der Pariser Gesellschaft als scharfsinniger und überaus spöttischer Geist bekannt. Nachdem er zweimal die Bastille von innen gesehen hatte, mußte er sich drei Jahre, von 1726–29, im Exil in England aufhalten. Nach 15 Jahren Leben auf dem Schloß einer geliebten Marquise war er von 1750–52 bei Friedrich II. in Potsdam zu Gast. Man kann sagen, daß sich überall, wo Voltaire längere Zeit blieb, eine Art geistiges Zentrum der aufgeklärten europäischen Welt bildete. Das Verhältnis zwischen Friedrich II. und Voltaire war das einer gegenseitigen Bewunderung bei feinen Spannungen, die schließlich zum Zerwürfnis führten. Später kaufte Voltaire das Landgut Fernay bei Genf (auf französischem Boden) und ließ sich hier endgültig nieder. Als der berühmteste und gefeiertste Philosoph seiner Zeit starb er 1778 in Paris, im selben Jahr wie sein Gegenpart Rousseau.

Voltaires Universalität zeigt sich schon in der Vielfalt der Ausdrucksmittel, deren er sich bediente. Er schrieb Gedichte, Dramen (*Oedipus, Zaire, Mahomet*) und ein Epos *La Henriade*; von seinen Romanen und Erzählun-

Voltaire – ein junger, kecker Intellektueller

zur Biographie

Universalität eines eingreifenden Denkens

gen haben wir bereits den *Candide* erwähnt [→ S. 176]. Neben den historischen stehen die philosophischen Werke (etwa die *Elemente der Philosophie Newtons*, die Newton in Frankreich bekanntmachten; das *Philosophische Taschenwörterbuch*, die *Abhandlung über die Toleranz*), ferner die Artikel für die *Enzyklopädie*, zahlreiche Pamphlete sowie die umfangreichste Briefsammlung der gesamten französischen Literatur. Bei all dieser unermüdlichen Schaffenskraft gilt Voltaire eigentlich nicht als einer der »großen« Philosophen im Sinne einer Einzigkeit intellektueller Problemlösungen (wenn dieser Maßstab überhaupt der produktiven Bedeutung des Denkens der Aufklärung gerecht werden kann: »Sie bekundet sich nicht sowohl in irgendeinem bestimmt-angebbaren Gedanken*inhalt*, als vielmehr in dem *Gebrauch*, den die Aufklärung vom philosophischen Gedanken macht« – E. Cassirer). Es ist mehr das Ganze seiner Persönlichkeit, was beeindruckt, die Leidenschaft seines Eintretens für menschliche Verhältnisse und die Souveränität, mit der er seine großen Waffen handhabt: sein *esprit* und seine Ironie.

Esprit

Bekanntlich läßt sich das französische Wort *esprit* nicht ins Deutsche übersetzen. Wenn jemand *esprit* hat, so ist seine Fähigkeit gemeint, blitzartig »geistreiche« gedankliche Beziehungen herzustellen, die durch das Neue ihrer Sichtweise, den Überraschungseffekt, auch gefallen. Es ist eine Fähigkeit, die eigentlich nur situationsbezogen, »in Gesellschaft« zur Wirkung kommt – die Pariser Salons des 18. Jahrhunderts wurden auch *bureaux d'esprit* genannt. *Esprit* verbindet also das Vergnügen intellektueller Einsicht mit der Brillanz ihrer Darbietungsweise. In beidem war Voltaire Meister, wobei durch seine erkältende Ironie oft ein bitterer Zug hineinkommt. Ein kleines Beispiel:

> »Weisst Du, warum Jeremias einst
> Gar so viel geweint hat auf der Erde?
> Als Prophet hat er vorausgesehn,
> Daß Le Franc ihn übersetzen werde.«

Kampf dem Fanatismus

Einen guten Zugang zu seinem Denken und seinem Stil bietet das *Philosophische Taschenwörterbuch*. Es wurde als »die erste öffentliche, zu breiter Wirkung gekommene Kampfansage an die Vormacht der Kirche zur vielleicht exponiertesten Kampfschrift der französischen Aufklärung.« [3] (Daher erreichte es auch trotz sofortigen Verbots 17 Auflagen innerhalb von zwei Jahren! – all diese verbotenen Bücher gelangten auf Umwegen wie z. B. der Angabe eines falschen Druckortes an die Öffentlichkeit.) Voltaires Haß gegen die klerikale Partei hat sich im hohen Alter noch gesteigert, nachdem ihm Fälle grausamer Folterungen und Hinrichtungen aus angeblich religiösen Gründen bekannt geworden waren. Einige Familien hatten sich auch direkt an ihn mit der Bitte um Hilfe gewandt. *Écrasez l'infâme* – zerschlagt das Schamlose (d. h. die Kirchen aller Konfessionen) – wurde zu seinem Wahlspruch. Das *Taschenwörterbuch* enthält eine Reihe von alphabetisch geordneten Artikeln hauptsächlich aus dem theologisch-philosophischen Bereich, in denen die Untaten der Unvernunft gebrandmarkt werden. Die Nähe zum Leser, die hier gesucht und gefunden wird, spürt man in der großen Kraft seines bildhaften Denkens. So z. B. in dem Artikel »Gott, Götter«: »In der Metaphysik schließen wir fast nur auf Wahrscheinlichkeiten; wir schwimmen alle in einem Meer, dessen Gestade wir nie gesehen haben. Wehe denen, die beim Schwimmen miteinander in Streit geraten.« Dabei versteht sich Voltaire, wie der Artikel »Atheismus« zeigt, keineswegs als Gottesleugner. Die Alternative heißt für ihn nicht

Die Aufklärung – eine gesamteuropäische Bewegung 215

Das Erdbeben von Lissabon, das im Jahr 1755 etwa 30 000 Tote forderte, erschütterte das Vertrauen vieler Gelehrter und Philosophen in die Weltordnung – Voltaire und Kant konnten sich nicht darüber beruhigen – insbesondere über Leibniz' Annahme einer »prästabilierten Harmonie«

»Atheismus oder Glaube«, sondern »vernünftiger Glaube oder Fanatismus«. Voltaire ist Deist, anerkennt also ein höchstes Wesen, dem wir Verehrung schulden (*réligion sainte et naturelle*, wie er es nennt). Newtons Philosophie galt ihm als überzeugender Beweis für dessen Existenz.

»So natürlich die Gleichheit auch ist, so illusorisch ist sie doch auch« – Voltaires gesellschaftspolitische Überzeugung wird aus den Artikeln »Eigentum« und »Gleichheit« ersichtlich. Zustimmend zitiert er das englische Motto *liberty and property* als einen »Wahlspruch der Natur«. Angesichts der menschlichen Bedürfnisnatur auf einer Erde des Mangels scheint ihm die Ungleichheit des Besitzes unvermeidlich: »Auf unserer unseligen Erde ist es unmöglich, daß die in Gemeinschaft lebenden Menschen sich nicht in zwei Klassen spalten, in die Klasse der Reichen, welche befehlen, und in die Klasse der Armen, welche dienen. [...] Das Menschengeschlecht kann, wie es ist, nur bestehen, wenn es eine sehr große Anzahl brauchbarer Menschen gibt, die überhaupt nichts besitzen.«

Akzeptieren von Widersprüchen

Diese Position bringt für einen Denker, der für Aufklärung streitet, mindestens dieselben Schwierigkeiten und Widersprüche mit sich wie beispielsweise für Rousseau, der die bürgerliche Gleichheit aller Menschen radikal verwirklichen will. Wie viele Philosophen seiner Zeit erwartet Voltaire Gleichheit, Freiheit, Toleranz und Wohlfahrt als Geschenk des aufgeklärten Fürsten [→ S. 233]. Was aber, wenn an den Höfen immer wieder die Macht der Intrigen und des fanatischen Klerus siegt? Wenn selbst die so geordnet erscheinende Natur das Gesicht einer grausamen Gleichgültigkeit zeigt (das Erdbeben von Lissabon 1755, das 30 000 Todesopfer forderte, gehört zu den großen Erschütterungen seines Lebens)? Es überrascht nicht, daß die Frage aufgeworfen werden konnte, ob der so selbstbewußte und aggressive Voltaire nicht insgeheim Melancholiker war. Jedenfalls stellt er sich den Widersprüchen. In einem Text mit dem Originaltitel *Contradictions* heißt es: »Je mehr man die Welt betrachtet, desto mehr Widersprüche findet man darinnen. [...] Wir haben in der Welt kein vollkommenes Gesetz als eines für eine gewisse Art der Narrheit, für das Spiel. [...] Gleichwohl besteht diese Welt, als wenn alles wohl darinnen geordnet wäre. Das Unregelmäßige ist uns natürlich; unsere politische Welt ist wie unsere Erdkugel, etwas Ungestaltetes, welches beständig so bleibt. Es wäre töricht, wenn man wollte, daß die Berge, die Meere, die Flüsse alle nach regelmäßigen Figuren angeordnet wären; noch törichter wäre es, von allen Menschen eine vollkommene Weisheit zu verlangen; das wäre, den Hunden Flügel und den Adlern Hörner geben wollen.« Bei den Deutschen galt Voltaire immer als »der typische Franzose« (Klischee: Rationalismus plus *esprit* ist gleich Voltaire ist gleich oberflächlicher französischer Geist). Bei aller Anerkennung überwog – von Ausnahmen abgesehen – die Ablehnung, denn seine Aggressivität, seine Ironie und sein bitterer Spott schreckte die so tiefen deutschen Gemüter ab. Friedrich Schillers Urteil zog hier die Grenze. Er vermißt bei Voltaires Satiren den »Ernst der Empfindung«: »Wir begegnen immer nur seinem Verstande, nicht seinem Gefühl.« Voltaire ist für ihn »Genie der Oberfläche« – welch schillerndes Urteil!

ENCYCLOPÉDIE,
ou
DICTIONNAIRE RAISONNÉ
DES SCIENCES,
DES ARTS ET DES MÉTIERS.

Titelseite

Eine »Weltkarte der Wissenschaften und Künste«

»Die *Enzyklopädie* war als Werk, was Voltaire als Gestalt war.« [4] 1750 erschien in Paris der Prospekt eines Lexikons mit dem Titel *Encyclopédie ou Dictionnaire raisonné des Sciences, des Arts et des Métiers*. Das Wörterbuch war auf zehn Text- und zwei Tafelbände berechnet und versprach, »ein allgemeines Bild von den Leistungen des menschlichen Geistes auf allen Gebieten und in allen Jahrhunderten zu geben.« Heraus kamen einschließlich Register und Ergänzungen 35 Bände, von 1751–80, »das weitgreifendste Werk des 18. Jahrhunderts« (E. Hirschberg). Das Unternehmen begann 1746, als der rührig-windige Verleger Le Breton den jungen, begabten Schriftsteller Denis Diderot für das Lexikonprojekt gewinnen konnte. Diderot entwarf eine neue, viel weitgreifendere Konzeption und versicherte sich der Mitarbeit der bedeutendsten Gelehrten Frankreichs. Der berühmte Mathematiker d'Alembert wurde Mitherausgeber. 1751 erschien der erste Band mit dem ausführlichen *Discours préliminaire*, der klassischen Vorrede d'Alemberts, die begeisterten Zuspruch erntete. Man gewann 4000 Subskribenten, der Erfolg des Unternehmens war gesichert. Wodurch es sich auszeichnet und von früheren Wörterbüchern unterscheidet, sei kurz erläutert an seiner Universalität, der Einbeziehung der technischen Künste und der weltanschaulichen Grundhaltung.

Wie d'Alembert im *Discours* ausführt, hat das Werk einen doppelten Zweck: »Als *Enzyklopädie* soll es, soweit möglich, die Ordnung und Verkettung der menschlichen Kenntnisse erklären; und als *methodisches Sachwörterbuch* (*comme dictionnaire raisonné* – raisonné ist am besten als »methodisch« zu übersetzen) [5] der Wissenschaft und jeder Kunst [...] die allgemeinen Grundsätze enthalten, auf denen sie beruhen, und die wesentlichsten Besonderheiten, die ihren Umfang und Inhalt bedingen.« Wichtig ist hierbei, daß die Universalität der in der *Enzyklopädie* ausgebreiteten Welt ganz als Welt des Menschen erscheint – ein Mensch tritt hier auf »als der, der sich sein Dasein, seine Umwelt, seine Erkenntniszusammenhänge selbst aufgebaut hat« [6]; man denke an Robinson Crusoe [→S. 206]. Das zeigt sich in der zugrundeliegenden Systematik des Wissens, die ganz von den drei »Hauptfähigkeiten« des menschlichen Geistes ausgeht – Gedächtnis, Vernunft, Einbildungskraft (= Phantasie). Diderot nennt diese Systematik in seinem Prospekt die »Weltkarte der Wissenschaften und Künste.«

»Soviel vermag Ordnung und Verbindung, soviel Ansehen gewinnt dadurch das Alltägliche.« Dieser Vers aus Horaz' *Poetik*, der der *Enzyklopädie* als Motto dient, zeigt die bürgerlich-praktische Ausrichtung des Unternehmens. Über die Philosophie und die Wissenschaft der »freien«, also der »schönen« Künste sei schon mehr als genug geschrieben worden, meint

Diderot in seinem Artikel »Kunst«. Aber »in welchem System der Physik oder Metaphysik entdeckt man mehr Intelligenz, Scharfsinn und Folgerichtigkeit als in den Maschinen zum Ziehen von Golddrähten, zum Stricken von Strümpfen und in den Webstühlen der Band-, Tüll-, Tuch- oder Seidenmacher?« Die Enzyklopädisten, allen voran Diderot, der mehr als 1000 Artikel über mechanische Künste geschrieben hat, haben daher selbst die Werkstätten von Handwerkern besucht, sich Maschinen beschafft und selbst Zeichnungen angefertigt. Daher enthält der 35-Bände-Corpus der *Enzyklopädie* zwölf Bände mit Tafeln und Abbildungen; daher auch die Wiederentdeckung und Feier des Lordkanzlers Francis Bacon als dem großen Erneuerer einer praktisch-experimentell ausgerichteten Wissenschaft [→S. 152].

technisches Wissen

Mit dem Erscheinen der ersten beiden Bände 1751/52 erhob sich der Wutschrei des Klerus aller Konfessionen. Die *Enzyklopädie* sei Ausdruck der allgemeinen Krankheit der Zeit, schrieb der Bischof von Auxerre, denn das Werk arbeite daran, den Richterspruch des Glaubens durch den der Vernunft zu ersetzen (»de vouloir appeler du tribunal de la foi à celui de la raison«). Womit er sich nicht getäuscht hat, denn die Grundhaltung der Artikel besteht gemäß deistischen Prämissen in einer Kombination von Vernunft und natürlicher Religion. Das Werk mußte umso gefährlicher erscheinen, da es einen weiten Leserkreis erreichte. Alle Artikel bemühen sich um Allgemeinverständlichkeit, sind also auf den interessierten Laien hin zugeschnitten. So wurde die *Enzyklopädie* mehrmals verboten. Nur dank der Zähigkeit und dem aufopferungsvollen Durchhaltevermögen der Herausgeber konnte das Projekt zum Abschluß gebracht werden. Diderots und d'Alemberts Taktik, bei »brenzligen« Artikeln Zurückhaltung zu üben und die Kritik an anderer Stelle einfließen zu lassen, rief allerdings auch wieder Enttäuschung und Ärger hervor. Voltaire, dem die Artikel zu lasch waren, zog sich nach dem Buchstaben M von der weiteren Mitarbeit zurück.

Reaktion der Reaktion

Denis Diderot (1713–84), der gerne viel gegessen und getrunken hat, ist eine der vielschichtigsten und produktivsten Persönlichkeiten des 18. Jahrhunderts. Neben seinen philosophischen Arbeiten und den zahllosen Artikeln in der *Enzyklopädie* steht ein umfängliches schriftstellerisches Werk (die Romane *Jacques der Fatalist* und *Die Nonne*; die philosophischen Dialoge *Rameaus Neffe* und *Der Traum d'Alemberts*), ferner viele Kunstkritiken und Essays. Wichtig für die Kunsttheorie der Aufklärung wurde sein *Versuch über die Malerei*, in dem noch einmal das Prinzip der Nachahmung der Natur stark gemacht wird. Diderots Denken ist mit E. Cassirers Worten »bewegliches Denken«; es strebt nicht danach, »sich zu fixieren, sich in festen und endgültigen Formeln auszusprechen.« Eine Art ideales Selbstportrait stellen seine Artikel »Philosoph« und »Philosophie« in der *Enzyklopädie* dar. Deutlicher aber noch als in den philosophischen Abhandlungen kann dieses bewegliche, perspektivische Denken sich im Element der Poesie ausdrücken. So treten in dem Dialog *Rameaus Neffe* zwei ganz verschiedene Figuren auf: ein den Menschen liebender Philosoph (das »Ich« der Erzählung) und Rameaus Neffe, ein illusionsloser Realist, der die ganze Gesellschaft als ein einziges Narrentheater auffaßt. Er spielt fleißig seine Possen mit: »Der Hauptpunkt im Leben ist doch nur frei, leicht, angenehm, häufig alle Abende auf den Nachtstuhl zu gehen.« Welcher Standpunkt ist richtig(er)? Oder gehören beide zusammen? Obgleich sie sich ausschließen? »Meine Gedanken sind meine Dirnen«, heißt es gleich am Anfang des Textes.

Diderot

Denis Diderot – »bewegliches Denken«

grundsätzliche Aspekte

Im folgenden soll nicht versucht werden, die Vielfalt der französischen Aufklärer in verschiedenen allgemeinen Kästchen unterzubringen. Das ginge an dem Gesamtzusammenhang der Bewegung vorbei – etliche der hier erwähnten haben z. B. an der *Enzyklopädie* mitgearbeitet. Vielmehr soll der Gesamtzusammenhang noch klarer werden, indem einige grundsätzliche Aspekte in Verbindung mit bestimmten Namen (und wieviele Namen werden nicht genannt!) ergänzt werden.

Prinzip der Empfindung

Fast alle Franzosen des 18. Jahrhunderts haben den methodischen Weg von Descartes – Ableitung des Wissens aus wenigen absoluten Grundsätzen – verworfen und sich am erfahrungsbezogenen Ansatz Lockes orientiert [→ S. 167]. Während Locke aber zwei Erkenntnisquellen annimmt, nämlich *sensation* (»Empfindung«) und *reflection*, neigen sie dazu, alles Wissen aus der Empfindung allein abzuleiten. Darin besteht der Unterschied zwischen dem klassischen Empirismus und dem sog. Sensualismus.

Etienne Condillac

Etienne Condillac (1715–80) unternimmt diesen Schritt in seinem einflußreichen Hauptwerk *Traité des sensations (Abhandlung über die Empfindungen*, 1754). Daß alle Erfahrung, alles Wissen letztendlich auf der Empfindung von Lust und Schmerz beruht, zeigt er an dem berühmten hypothetischen Beispiel einer Statue, die ganz allmählich »zu Sinnen« kommt und in der schrittweiten Entfaltung dieser ihrer Sinnesfähigkeiten gleichsam Mensch wird (noch eine der »kleinen und großen Robinsonaden des 18. Jahrhunderts«, von denen Marx einmal spricht): »Die Erfahrung allein hilft ihr allmählich über die Gefahren hinweg, erhebt sie zu den für ihre Erhaltung notwendigen Kenntnissen und bringt sie dahin, sich alle die Gewöhnungen anzueignen, die sie leiten müssen. Aber wie es ohne Erfahrung keine Kenntnisse geben würde, so würde es keine Erfahrung geben ohne Bedürfnisse und keine Bedürfnisse ohne die Abwechslung von Lust- und Schmerzgefühlen. Es wurzelt demnach alles in dem Prinzip, das wir gleich am Anfang dieses Werkes aufgestellt haben.«

Es ist klar, daß in diesem sensualistischen Ansatz der Mensch weit mehr als offenes, lernendes, veränderbares Wesen erscheint als etwa im Menschenbild der christlichen Religion.

Die Ordnung der Dinge

Sensualistische Grundlage heißt nicht, daß all unser Wissen chaotisch-diffus bleibt. Im Gegenteil gab es wohl selten eine so große Zuversicht in einen erkennbaren Gesamtzusammenhang des menschlichen Wissens wie im 18. Jahrhundert. Das zeigt z. B. Diderots Konzept einer »Weltkarte« der Wissenschaften und Künste. Der Wissenschaftshistoriker M. Foucault [→ S. 424] hat herausgearbeitet, daß die Ordnung der Dinge im 18. Jahrhundert immer gleichsam räumlich gedacht wird. Immer wieder stößt man in den verschiedensten Wissenschaftszweigen auf das Bild einer Tafel, einer allgemeinen Übersicht *(tableau)*. In der Biologie z. B. heißt das, daß man von der Vorstellung einer fortschreitenden »Kette der Wesen« ausging, die zusammen das Tableau aller Lebewesen bilden. Die Methode der Wissenschaft ist die der Einteilung (Klassifikation) je nach dem besonderen Merkmal. Mit Diderots Worten: »Man muß anfangen mit dem Klassifizieren der Wesen – vom inaktiven Molekül, wenn es ein solches gibt, bis zum lebenden Molekül, zum mikroskopischen Tier, zur Tierpflanze, zum Tier und zum Menschen« *(Elemente der Physiologie*, erster Satz). Die Tafel als ganze stellt die Gliederung der Geschichte der Natur dar. Sie wurde in 36 Bänden geschrieben von dem großen Biologen Buffon (1708–1788; *Histoire naturelle*, Bd. 1–36, Paris 1749–88).

Nicht alle französischen Aufklärer sind im Rahmen einer deistischen *réligion sainte et naturelle* geblieben. Es gab auch die Linie eines ausgesprochen kämpferischen Atheismus, dessen Publikationen regelmäßig einen Skandal mit sofortigem Verbot durch die königliche Zensur nach sich zogen. Dieser Atheismus ist materialistisch, da hier anstatt Gott die Materie bzw. Mutter Natur als höchstes Prinzip gesetzt wird. Julien de LaMettrie (1709–51) war ein begabter Arzt, Kenner der Literatur und Philosophie seiner Zeit, dabei ein ausgesprochen satirisches Temperament. Bei einem heftigen Fieber beobachtete er, wie sich die Verfassung seines Körpers und seiner geistigen Kräfte genau entsprechen. Daraus entstand, in einer Umbiegung der Descartesschen Lehre, daß Tiere reine Maschinen seien, das Buch *Der Mensch eine Maschine* (1746). »Der Körper ist nur eine Uhr, der neue Kräftesaft [also nicht der liebe Gott, [→ S. 206] der Uhrmacher.« La Mettrie verzweifelt deshalb keineswegs: »Die Natur hat uns alle einzig dazu erschaffen, glücklich zu sein.« Bewaffnet mit der »Fackel der Erfahrung«, sollen die Menschen die Kette ihrer Vorurteile zerbrechen und das ihnen zustehende Glück auch in Anspruch nehmen bzw. einfordern. Angesichts solcher Sätze mußte La Mettrie selbst aus Holland flüchten. Im Oktober 1746 kam er an den Hof Friedrichs II., der sich ja in besonderer Weise der verfolgten Philosophen annahm. Er wurde sein Vertrauter, erhielt den Titel eines »Vorlesers des Königs« und konnte die letzten Jahre seines kurzen Lebens in Ruhe verbringen.

Dietrich von Holbachs *System der Natur oder von den Gesetzen der physischen und der moralischen Welt* (1770) gilt wegen seiner systematischen Ausführlichkeit als »Bibel des Materialismus«. Der pfälzische Baron von Holbach war früh nach Frankreich ausgewandert und gehörte als Förderer, Mitarbeiter und naher Freund Diderots zum engeren Kreis der Enzyklopädisten. »Der Mensch ist nur darum unglücklich, weil er die Natur verkennt«, setzt das Werk ein, in dem schärfer als sonst irgendwo zu lesen Religion und Aberglaube kritisiert werden (Voltaire z. B. und Friedrich II. haben es deshalb abgelehnt). Bis in den feierlichen Stil hinein ist der ganze Text getragen von einem kämpferischen Pathos der Natur und der Vernunft: »Oh Natur, Beherrscherin aller Dinge, und ihr, deren angebetete Töchter: Tugend, Vernunft, Wahrheit! seid auf ewig unsere einzigen Gottheiten.« Wir finden dieses Pathos wieder in der Französischen Revolution, bei Robespierre und vor der 48er Revolution in Deutschland, wo es zu einem bemerkenswerten Rückgriff auf diese Linie der französischen Aufklärung kam.

Entwurf einer historischen Darstellung der Fortschritte des menschlichen Geistes heißt das bekannteste Buch des Marquis de Condorcet (1743–1794). Es ist sehr aufschlußreich, weil hier der Glaube an den menschlichen Fortschritt, auf den wir von *Robinson Crusoe* bis zur *Enzyklopädie* immer wieder gestoßen sind, rein ausgedrückt wird. Das Werk ist geschichtlich angelegt. Condorcet untergliedert die Geschichte in zehn Epochen und weist im Gang seiner Untersuchung nach, »daß die Natur der Vervollkommnung der menschlichen Fähigkeiten keine Grenze gesetzt hat; daß die Fähigkeit des Menschen zur Vervollkommnung tatsächlich unabsehbar ist.« Der Verfasser war als Deputierter führend an der Revolution beteiligt. Es ist beeindruckend, wie stark hier ein befreiendes Bewußtsein der Machbarkeit von Geschichte beflügelnd mitgeschrieben hat. Das letzte Kapitel, die zehnte Epoche der Geschichte, handelt »Von den künftigen Fortschritten des menschlichen Geistes«: »Und was für ein Schauspiel bietet dem Philosophen das Bild eines Menschengeschlechts dar, das von allen Ketten befreit, der Herrschaft des Zufalls und der Feinde des Fortschritts entronnen, sicher und tüchtig auf dem Wege der Wahrheit, der

atheistischer Materialismus

Julien de La Mettrie

Holbach

Fortschrittsgläubigkeit – Marquis de Condorcet

Tugend und des Glücks vorwärtsschreitet; ein Schauspiel, das ihn über die Irrtümer, die Verbrechen, die Ungerechtigkeiten tröstet, welche die Erde noch immer entstellen und denen er selbst so oft zum Opfer fällt.« Schmerzliche Tragik, daß der Autor dieser Sätze selbst eines der Opfer wurde. Er starb in den Gefängnissen der Revolution, die, wie er, vom Glauben an den vernünftigen Fortschritt ausgegangen war.

Außenseiter Rousseau

Bewußtsein persönlicher Einzigartigkeit

Eigen-artig. Wie ist die erste Reaktion auf dieses Wort? Positiv oder negativ? Jean-Jacques Rousseau jedenfalls war eigenartig. Man muß länger bei ihm bleiben, will man ihn verstehen lernen. Und man muß offen sein, offen für das Andere eines anderen Menschen und letztlich für das Andere in sich selbst. »Ich beginne ein Unternehmen, das ohne Beispiel ist und das niemand nachahmen wird. Ich will meinesgleichen einen Menschen in der ganzen Naturwahrheit zeigen, und dieser Mensch werde ich sein. Ich allein. Ich lese in meinem Herzen und kenne die Menschen. Ich bin nicht wie einer von denen geschaffen, die ich gesehen habe; ich wage sogar zu glauben, daß ich nicht wie einer der Lebenden gebildet bin. Wenn ich nicht besser bin, so bin ich wenigstens anders. Ob die Natur wohl oder übel daran tat, die Form zu zerstören, in die sie mich goß, kann man erst beurteilen, nachdem man mich gelesen hat.« Dies sind die ersten Sätze seiner *Bekenntnisse*, die Rousseau 1770, mit 58 Jahren, abgeschlossen hat. Ein ungeheures Selbstbewußtsein spricht aus ihnen. Es ist letztlich das Bewußtsein: mein Werk, das bin ich. Bei keinem Philosophen hatte ich bisher ein so starkes Gefühl der Einheit von Leben und Geschriebenem; in beiden steckt dieselbe chaotische Unruhe.

Ein chaotisches Leben

Jean-Jacques Rousseau wurde am 28. Juni 1712 in Genf geboren. Sein Vater war Uhrmacher. Seine Mutter starb am 4. Juli an den Folgen der Geburt, weshalb er ein lebenslanges Schuldgefühl mit sich herumgetragen hat. Der Ort von Geburt und Kindheit ist in diesem Fall sehr wichtig, denn Genf war seit 1530 unabhängige Republik und durch die Arbeit Calvins [→ S. 127] immer noch Zentrum der protestantischen Welt. »Bürger von Genf« steht stolz auf dem Titelblatt einiger seiner Schriften, bis es zum Bruch mit der Stadt kam. All sein Wissen hat Rousseau autodidaktisch erworben. Er berichtet, daß er im fünften oder sechsten Lebensjahr ein leidenschaftlicher Leser geworden sei. Nach zwei abgebrochenen Lehren verläßt er mit sechzehn Jahren Genf; ein lebenslanges Umherziehen beginnt. Er ist bedrückt von ständigen Geldsorgen – der ausgezeichnete Musikliebhaber und -kenner (Rousseau schrieb z. B. Artikel über Musik für die *Enzyklopädie*) verdient sich meist mit Notenkopieren das Nötigste. 1741/42 siedelt er nach Paris über, wo er bald mit Diderot, Condillac und anderen führenden Köpfen seiner Zeit bekannt wird. 1745 beginnt das Verhältnis mit Thérèse Levasseur, einer ganz einfachen Frau, die er oft seine »Haushälterin« genannt hat. 1768 heirateten sie. Alle fünf Kinder aus der Beziehung hat Rousseau nach der Geburt ins Findelhaus gegeben. Voltaire hat diesen wunden Punkt seines Lebens an die Öffentlichkeit gebracht. Man kann sich auch kaum einen größeren Widerspruch denken als einen Pädagogen (auch noch der ganzen Menschheit), der seine eigenen Kinder ins Waisenhaus steckt. 1750 erhält er von der Akademie von Dijon den Preis für seine *Abhandlung über die Wissenschaften und Künste*. Mit dieser Abhandlung beginnt sein Ruhm; er wird »öffentliche Person«. Es beginnt auch die Geschichte der Zerwürfnisse, Kräche, der Fluchten und der Isolation.

Der stolze, freiheitsliebende Bürger von Genf war sein Leben lang abhängig von adligen Mäzenen. Vor allem zwei Frauen, Madame de Warens und Madame d'Epinay, waren in einer Mischung von Geliebter und Mutter schicksalhafte Beziehungen. Denn je älter Rousseau wurde, desto ausgeprägter entwickelte sich sein Verfolgungswahn, begleitet von zeitweise stark depressiven Zuständen. Von dem Gedanken besessen, daß sich die ganze Welt zu einem großen Komplott gegen ihn zusammengeschlossen habe, hat er zeitweilig ganz den Bezug zur Wirklichkeit verloren. So hat er sich z. B. mit David Hume, der ihm 1766 aus bedrängter Lage helfen wollte und mit nach England nahm, zerstritten und ist nach Frankreich zurückgekehrt. Die letzten acht Jahre hat er mit Thérèse zurückgezogen in Paris gelebt. Am 2. Juli 1778 ist er auf dem Landgut eines adligen Gönners, wohin er gerade gezogen war, gestorben.

Die große Kraftquelle in Rousseaus Leben, der Gegenpol seines problematischen Verhältnisses zu den Menschen, ist sein Erleben der Natur:

»Aber was genieße ich denn, wenn ich mit mir allein bin? Ich genieße mich selbst, das gesamte Universum, alles was ist und was sein kann, alles was es Schönes in der sinnlichen Welt, in der Welt der Phantasie und in der intellektuellen Welt gibt. Welche Zeit meines Lebens ist es, die ich mir am liebsten in meinen schlaflosen Nächten zurückrufe, und auf die ich am häufigsten in meinen Träumen zurückkomme? Es sind die Zeiten meiner Zurückgezogenheit; es sind meine einsamen Spaziergänge; es sind jene flüchtigen, aber köstlichen Tage, die ich ganz mit mir allein verbracht habe, mit meiner schlichten und guten Gefährtin, mit meinem Hund, meiner Katze, mit den Vögeln im Feld und den Tieren des Waldes, mit der ganzen Natur und ihrem unfaßbaren Schöpfer. Wenn ich mich vor Tage erhob, um das Erwachen der Sonne in meinem Garten zu betrachten und zu genießen, wenn ihr Aufgang einen schönen Tag versprach, so war das, was ich mir zuerst wünschte, daß weder Briefe noch Besuche seinen Zauber störten. Ich eilte davon, und mit welchem Herzklopfen, mit welchem Überschwang von Freude atmete ich auf, wenn ich mich sicher fühlte, den ganzen Tag über Herr meiner selbst zu sein! Ich suchte mir irgendeinen wilden Ort im Wald aus, an dem mich nichts an die Hand des Menschen erinnerte, nichts mir von seiner Zwingherrschaft sprach, wo kein lästiger Dritter zwischen die Natur und mich trat. Hier enthüllte sich meinen Augen eine stets neue Pracht. Das Gold des Ginster, der Purpur, in den die Welt gehüllt lag, entzückte mein Auge und griff an mein Herz; die Majestät der Bäume, die mich mit ihren Schatten bedeckten, die Zartheit der Sträucher, die mich umgaben, die staunenswerte Mannigfaltigkeit der Blumen und Kräuter: dies alles erhielt meinen Geist in einer ständigen Abwechslung von Beobachtung und Bewunderung. Meine Einbildungskraft säumte nicht lange, diese schöne Erde zu bevölkern – und ich bevölkerte sie mit Wesen, die nach meinem Herzen waren. Indem ich jede Konvention, jedes Vorurteil, alle eitlen und künstlichen Leidenschaften von mir warf, ließ ich im Schoße der Natur und unter ihrem Schutz Menschen erstehen, die wert waren, sie zu bewohnen. Ich schuf in meiner Phantasie ein goldenes Zeitalter und ich wurde bis zu Tränen gerührt, wenn ich an die wahren Freuden der Menschheit dachte, an jene so köstlichen und reinen Freuden, die jetzt dem Menschen so fern und entrückt sind. Freilich, mitten in alledem, ich gestehe es, empfand ich bisweilen eine plötzliche Betrübnis. Selbst wenn alle meine Träume sich in Wirklichkeit verwandelt hätten, so hätten sie mir nicht

Naturempfinden

genügt; ich hätte noch immer meinen Einbildungen, Träumen und Wünschen nachgehangen. Ich fand in mir eine unerklärliche Leere, die nichts ausfüllen konnte; einen Drang des Herzens nach einer anderen Art von Glück, von dem ich mir keine Vorstellung zu machen vermochte und das ich nichtsdestoweniger ersehnte. Und selbst diese Sehnsucht war noch Genuß; weil ich ganz von einem lebendigen Gefühl und von einer Traurigkeit, die mich anzog und die ich nicht hätte missen mögen, durchdrungen war.«

bürgerliche Gefühlskultur

Diese Briefstelle aus dem Jahre 1762 kann als Zeugnis einer Strömung gelten, die im Laufe des 18. Jahrhunderts immer stärker wird. Es ist die sog. Empfindsamkeit oder Sentimentalität. Diese Bewegung ist in England entstanden, hat rasch den Kontinent überschwemmt und zur Ausbildung einer eigenen bürgerlichen Gefühlskultur geführt. Ihre klassischen Zeugnisse sind die Romane *Pamela* von Samuel Richardson (1740), Rousseaus *Julie oder die Neue Heloïse* (1761) und Goethes *Die Leiden des jungen Werthers* (1774). Gerade an diesem Punkt wird der geschichtliche Abstand zum 18. Jahrhundert besonders spürbar, denn was ist zersplitterter als unser Verhältnis zu einer »Natur« heute? Rousseau jedenfalls hat das Bewußtsein seiner Einzigartigkeit aus der Stärke seines Naturerlebens geschöpft, man kann sagen: aus der Intensität seines »Gefühlslebens« (sicher ein Wort aus dem 18. Jahrhundert) überhaupt. Seine theoretische Position hängt damit untrennbar zusammen. Allerdings sind Fühlen und Denken bei Rousseau kaum zu trennen. Das zeigt sich schon in seiner Arbeitsweise: »Ich arbeite stets nur auf meinen Spaziergängen; die Landschaft ist meine Arbeitsstube. [...] Ich kritzle meine losen, unzusammenhängenden Gedanken auf Papierfetzen, die ich hernach so gut es geht zusammenflicke, und auf diese Weise mache ich ein Buch. Man denke sich, was für ein Buch! Es bereitet mir Spaß, nachzusinnen, zu suchen, zu erfinden; des Eklige ist, Ordnung hineinzubringen.« [7] Wenn man hier überhaupt von einer Methode sprechen will, so ist es die Intuition, die blitzartige Erleuchtung, die sich nach und nach zu einem klaren gedanklichen Zusammenhang formt. Rousseau hat sich sein Leben lang der Schwierigkeit, »Ordnung hineinzubringen«, gestellt, denn – dies ist ein scheinbares Paradox seiner Persönlichkeit – er war stets von einem Drang zur Verständigung beseelt. Was ist dabei herausgekommen?

Rousseau botanisiert.

Der Naturmensch

Als Rousseau im Oktober 1749 seinen Freund Diderot im Gefängnis von Vincennes bei Paris besuchen wollte, entdeckte er beim Herumblättern im *Französischen Merkur* eine Preisfrage der Akademie von Dijon: *Ob die Erneuerung der Wissenschaften und Künste zum Verderb oder zur Hebung der Sittlichkeit beigetragen habe?* In einer Erleuchtung, die ihn zutiefst erschüttert hat, findet er eine Antwort, in der das ganze Empfinden und Denken des inzwischen fast Vierzigjährigen zu einer plötzlichen Klarheit kommt. *Der Mensch ist ursprünglich gut.* Es gab eine Zeit, in der die Menschen natürlich lebten und sich in ihrem Tun und Lassen stets so gaben, wie sie wirklich waren. Es gab keinen Schein. Die menschliche Geschichte ist eine Geschichte des Verfalls. Die Sitten sind verfeinert, aber unecht. Der Luxus hat alles zersetzt. Wissenschaften und Künste verdanken ihren Ursprung dem Laster, die Redekunst z. B. beruht auf Ehrgeiz, Haß und Lüge. Ihr Glanz wiegt den Verlust der Tugend nicht auf. Was hier nur ganz knapp in Bild und Gegenbild gezeichnet wird, hat Rousseau in seinem zweiten *Discours* präzisiert. Er beantwortet eine weitere Preisfrage derselben Akademie: *Was ist der Ursprung der Ungleichheit unter den Menschen, und ob sie aus dem Gesetz der Natur begründet werden kann?* (1753): »Der erste, dem es in den Sinn kam, ein Grundstück einzuhegen und zu behaupten: ›Das gehört mir‹, und der Menschen fand, einfältig genug, ihm zu glauben, war der eigentliche Begründer der bürgerlichen Gesellschaft. Wieviel Verbrechen, Kriege, Mordtaten, Elend und Scheußlichkeit hätte *der* Mann dem Menschengeschlecht erspart, der die Pfähle herausgerissen, den Graben geebnet und seinen Mitmenschen zugerufen hätte: ›Hütet euch, diesem Betrüger zu glauben! Ihr seid verloren, wenn ihr vergeßt, daß die Früchte allen gehören und die Erde niemandem!‹« Im Eigentum also liegt die Wurzel der Ungleichheit, wobei die Entstehung des Eigentums im Zusammenhang mit wirtschaftlichen und psychosozialen Entwicklungen gesehen wird (Arbeitsteilung – Verlust der Selbständigkeit – Anfänge der Justiz – Schaffung einer obersten Gewalt durch einen Trick der Reichen; Familie – Liebe – Eifersucht – Streben nach persönlicher Auszeichnung – Haß, Neid, Rache usw.). So hat sich in drei Stufen die Ungleichheit herausgebildet als Gegensatz von Arm und Reich, Mächtig und Schwach, Herrschaft und Sklaverei. Der Naturmensch, der in Ruhe und Freiheit lebte, ist verschwunden; der Bürger hat die Bühne der Geschichte betreten, die Muße ist gegangen: »Der Bürger [...] ist immer tätig, schwitzt, zappelt, sucht immer anstrengendere Beschäftigungen, arbeitet bis zum Tode, macht den Großen seinen Hof, die er haßt [...]. Der tiefste Grund dieses Gegensatzes ist, daß der Naturmensch in sich und aus sich heraus lebt; der Gesellschaftsmensch, stets außer sich, weiß nur in der Meinung anderer zu leben und schöpft das Gefühl seines eigenen Daseins nur aus fremdem Urteil. Die Folge dieser Selbstentäußerung ist die Herrschaft des Scheins und der Lüge.«

Eigentum und Ungleichheit

Für seinen zweiten *Discours* hat der inzwischen berühmte Verfasser keinen Preis mehr erhalten. Dem Gremium mögen die Thesen wohl zu extrem gewesen sein, und in der Tat stellt Rousseau das ganze Selbstverständnis und Selbstbewußtsein der Aufklärung in Frage (vgl. z. B. das d'Alembert-Zitat, [→ S. 203 f.]). Der Preis des Fortschritts ist ihm zu hoch – vielleicht können wir ihn in diesem Punkt heute eher verstehen als seine Zeitgenossen? Allerdings: das »Zurück zur Natur«, das man normalerweise als erstes mit seinem Namen verbindet, ist falsch. In dem späten Dialog *Rousseau, Richter von Jean-Jacques* (1772–76) steht als eine »Grundwahrheit«, daß die menschliche Natur sich niemals zurückentwickelt; »die Zeiten der Unschuld und Gleichheit« sind unwiederbringlich vorbei. Rousseau schreibt hier über sich selbst in der dritten Person: »Konnte seine Lehre auch für andere von einigem Wert sein, so dadurch, daß er die Richtung ihrer Werturteile umkehrte und den Verfallprozeß etwas verlangsamte, den sie mit ihren falschen Schätzungen beschleunigten.« Dieser Satz aus demselben Dialog bringt gut Rousseaus Selbstverständnis zum Ausdruck. Es ist das Selbstverständnis eines Kulturkritikers. Kulturkritik muß nicht notwendig den Anspruch erheben, auch einen Ausweg zeigen zu können. Rousseau hat es auf zwei Ebenen versucht: in der Staatsphilosophie mit dem *Gesellschaftsvertrag*, in der Pädagogik mit dem Erziehungsroman *Émile*. Daß beide Werke in engstem Zusammenhang stehen, zeigt sich schon darin, daß sie im selben Jahr 1762 erschienen sind.

Kulturkritik

Der *Gesellschaftsvertrag (Du Contrat Social ou Principes du Droit Politique)* gehört zu den Grundtexten der Philosophiegeschichte (ein kurzer Grundtext, glücklicherweise). Das erste Kapitel beginnt mit dem Satz: »Der Mensch ist frei geboren, und überall ist er in Ketten.« Der ganze Text ist von einem starken Freiheitspathos durchdrungen und formuliert daher auch ganz scharf das Grundproblem: »Wie findet man eine Gesellschaftsform, die mit der ganzen gemeinsamen Kraft die Person und das Vermögen jedes

Der »Gesellschaftsvertrag«

Gesellschaftsgliedes vereinigt und schützt, und kraft deren jeder einzelne, obgleich er sich mit allen vereint, gleichwohl nur sich selbst gehorcht und so frei bleibt wie vorher?« Die Lösung dieser »Hauptfrage« ist der Gesellschaftsvertrag: »Jeder von uns stellt gemeinschaftlich seine Person und seine ganze Kraft unter die oberste Leitung des allgemeinen Willens, und wir nehmen jedes Mitglied als untrennbaren Teil des Ganzen auf.« Wir finden hier noch einmal den neuzeitlich-bürgerlichen Grundgedanken eines ursprünglichen Vertrages, der von einstmaligen Freien, Einzelnen geschlossen wird. Das Neue aber im Unterschied zu Hobbes und anderen [→ S. 165] ist, daß der *Contrat Social* keinerlei ursprüngliche Unterwerfung unter einen gemeinsamen Herrscher enthält – jeder bleibt unbedingt so frei wie vorher. Das führt automatisch zu der Frage, was denn mit dem berühmten »allgemeinen Willen« *(volonté générale)* gemeint ist. Vielleicht kann der Vergleich mit dem menschlichen Leib weiterhelfen. Ein Leib besteht aus seinen einzelnen Gliedern und ist doch als Leib, als ein Ganzes, immer mehr als die Summe seiner Teile. Ebenso ist der *volonté générale* ein »gemeinsames Ich«, ein »geistiger Gesamtkörper«, der aus sämtlichen stimmberechtigten Bürgern besteht. Sie wollen etwas Gemeinsames, nämlich eine Stadt oder eine Republik bilden. Deren Grundspannung besteht darin, daß jeder Bürger zugleich (mit)bestimmender Staatsbürger und Untertan ist. *Citoyen* und *bourgeois* werden als Einheit gedacht. Rousseau sieht dabei durchaus den beständigen Konflikt zwischen Privatinteresse und dem Willen der Mehrheit, ebenso wie er einräumt, daß der allgemeine Wille auch einmal falsch urteilen kann. Als die wichtigste Grundlage der Freiheit fordert er daher, daß Gleichheit nicht nur formal, im rechtlichen Sinne besteht, sondern auch inhaltlich (material: kein Staatsbürger darf »so reich sein, um sich einen anderen kaufen zu können, noch so arm, um sich verkaufen zu müssen«). Bezüglich der Regierung geht er davon aus, »daß es keine an sich vorzügliche und unbedingt gute Regierungsverfassung gibt.« Er empfiehlt daher – vorausgesetzt, daß alle Bürger an der Gesetzgebung teilhaben – die Demokratie für kleine und arme Staaten, die Aristokratie für mittlere und die Monarchie für große und reiche Staaten. Dieser Teil seiner Ausführungen zeigt, wie stark der Einfluß von Montesquieus *Geist der Gesetze* auf die Zeitgenossen gewesen ist.

Die Einzelnen und ihr »allgemeiner Wille«

materiale Gleichheit

erträumte Polis, Erziehung zur Freiheit

Der *Gesellschaftsvertrag* ist ein in vieler Hinsicht fragwürdiger Text. Man hat dem Verfasser oft vorgeworfen, daß er moderne bürgerliche Probleme von Gleichheit und Freiheit, Wirtschaft und Religion von der Vergangenheit her zu lösen versuche. Daß Rousseau die antike Polis im Herzen trug, ist klar. Daß es diese Polis so nie gab, ist ebenfalls klar. Und ebenso klar ist es, daß mit diesem Einwand Rousseaus Probleme nicht gelöst sind.

Emile oder Über die Erziehung besteht aus fünf Büchern. Selbstkritisch-ironisch gesteht Rousseau am Anfang, daß er nach früheren Versuchen – er war selbst öfters Hauslehrer – nunmehr ganz sicher sei, für den Beruf des Erziehers nicht zu taugen und daß er deshalb, dem Beispiel so vieler folgend, »nicht Hand ans Werk, sondern an die Feder« lege. Der Roman beschreibt die Entwicklung seines imaginären Schülers Emile von der Geburt bis zur Heirat mit einer gewissen ebenso imaginären Sophie mit fünfundzwanzig Jahren. Der Bezug zum *Contrat Social* wird im zweiten Buch einmal ausdrücklich hergestellt. In der Politik wie in der Erziehung geht es um das Ziel, die Abhängigkeit von den Menschen zu verringern und auf die Abhängigkeit von den Dingen, dem Unvermeidlich-Notwendigen also, einzuschränken. Anders gesagt: es geht um die Freiheit. Rousseau –

und darin sehe ich den ganzen Ernst und die ganze Bedeutung seiner Person und seiner Schriften in ihrer Einheit – ist von einem scharfen, lebendigen Widerspruchsbewußtsein durchdrungen. Er reißt ständig die Wunden neu auf, an die wir uns längst gewöhnt haben: »Aus diesen Widersprüchen entsteht jener, den wir unablässig in uns selbst verspüren. Von der Natur und von den Menschen auf entgegengesetzte Bahnen gezogen, gezwungen, bald diesen, bald jenen Antrieben nachzugeben, lassen wir uns von einer Verquickung beider leiten und kommen so weder zu dem einen noch zu dem andern Ziele. Solcherart geschlagen und schwankend durch das ganze Leben hindurch, beendigen wir es, ohne mit uns selbst einig geworden zu sein, ohne weder uns selbst noch anderen genutzt zu haben. [...] Aber was könnte ein Mensch, der einzig für sich selbst erzogen wäre, seiner Umwelt bedeuten? Wäre es möglich, die beiden Erziehungsziele, die uns vorschweben, in einem einzigen zu vereinigen, dann würde man die menschlichen Widersprüche tilgen und ein großes Hindernis zu seiner Glückseligkeit beiseite räumen.«

Der kleine Jean-Jacques Rousseau schützt seinen Bruder vor dem Zorn des Vaters – der erwachsene Rousseau bei der Belehrung von Kindern – Ursache und Wirkung?

Welchen Vorschlag hat Rousseau, um mit diesem Grundproblem unserer Persönlichkeit umzugehen? Sein Ziel ist – wie sollte es anders sein – »die Natur selbst«. »Leben ist der Beruf, den ich ihn lehren will«; ein »vollkommenes Gleichgewicht« zwischen den Fähigkeiten und Wünschen einer Person, mit einem Wort: Glück (»Ist es etwa nichts, glücklich zu sein?«). Über die Wege zu diesem Ziel hat er eine »völlig andere Meinung als die übliche«. Sie geht vor allem davon aus, das Kind als Kind ernst zu nehmen. Rousseau gehört zu den Entdeckern der Kindheit. Geschichtlich gesehen ist das Bewußtsein von »Kindheit« als einer wirklich eigenständigen Phase der persönlichen Entwicklung keineswegs eine Selbstverständlichkeit, sondern hängt mit der Herausbildung der bürgerlichen Gesellschaft und ihrer Familienstruktur zusammen. Der Kulturhistoriker Philippe Ariès hat

Das Kind im Zentrum

das in seiner *Geschichte der Kindheit* anschaulich aufgezeigt. Wie in so vielem kommt hier im 18. Jahrhundert etwas zum Vorschein, was sich mit der Auflösung des Mittelalters schon lange angekündigt hat.

negative Erziehung

Rousseaus Erziehungsprinzip für die ersten zwölf Jahre ist die »negative Erziehung« – eine völlig neue, originelle Auffassung. Negative Erziehung heißt, daß das Kind nicht mit Wissen und moralischen Prinzipien vollgestopft wird, sondern seinem eigenen Entwicklungsrhythmus folgend sich die Welt aneignen soll, d. h. spielerisch-konkret; erst ab zwölf Jahren über Bücher. *Robinson Crusoe* ist Emiles erstes Buch! Grundsätzlich werden zwei Phasen unterschieden. Bis in das Alter von 15 Jahren ist die Welt für das Kind vor allem eine Sache, das Verhältnis zu ihr eher sachlich. Mit der Pubertät und der sich entwickelnden Sexualität verändert sich diese Beziehung. Die Welt wird von nun an vor allem als Gesellschaft erfahren, das Verhältnis zu ihr wird ein moralisches. Rousseau nennt diese Etappe »den zweiten Schritt in der Menschwerdung«. Gefühle von Liebe und Haß entstehen, die Begriffe von Gut und Böse werden konkret erfahren und damit auch das Bewußtsein eigener Verantwortung in menschlichen Beziehungen. Das Hauptproblem in dieser zweiten Phase sieht er darin, daß die Selbstliebe nicht in Eigenliebe umschlägt. Unter »Selbstliebe« *(amour de soi-même)* wird das natürliche Gefühl der Selbsterhaltung verstanden, die gesunde Sorge um das eigene Wohl, die sich als Unabhängigkeit gegenüber anderen äußert und deshalb von Kindheit an kräftig gefördert werden soll. »Eigenliebe« *(amour propre)* hingegen entsteht aus dem Vergleich mit anderen und macht das Selbstbewußtsein von der Wertschätzung der Gesellschaft abhängig. Erst aus der Eigenliebe kommen Gefühle wie Neid, Eifersucht, Geltungssucht und Haß. So einleuchtend diese Unterscheidung wirkt, so problematisch erscheint sie mir auch. Einmal unterschätzt Rousseau, wie sehr in jedem Augenblick das Selbstbewußtsein des Kindes von der Anerkennung seiner Umgebung abhängt. Zum anderen wird durch die Entgegensetzung Selbstliebe – Eigenliebe das Gefühlsleben gespalten und zensiert. Geht es doch darum, alle Gefühle in sich zuzulassen und als Teil seines Selbst anzunehmen. Rousseaus Unterscheidung und Wertung der »liebenswerten und sanften Triebe« gegenüber den »abstoßenden und grausamen Trieben« baut ein neues Idealbild des Ich auf, das leicht zu einer neuen und raffinierteren Form von Sklaverei führt (d'Holbach spricht im *System der Natur* [→ S. 219] davon, daß man sich selbst sein grausamster Feind sei!). Von Religion soll der Zögling überhaupt erst nach dem 15. Lebensjahr erfahren, wenn er alt genug ist, um wirklich etwas davon zu verstehen. Seine eigene religiöse Auffassung hat Rousseau in dem »Glaubensbekenntnis des savoyardischen Vikars« ausgebreitet. Das umfängliche »Glaubensbekenntnis« war ursprünglich als eigene Schrift geplant und wurde in den *Émile* eingearbeitet. In ihm wird sowohl die Skepsis der Philosophie als auch die Dogmatik aller Offenbarungsreligionen kritisiert – Rousseau wieder einmal zwischen allen Stühlen. Der savoyardische Vikar verficht eine »natürliche Religion des Herzens« *(culte du coeur)*. Diese Herzensreligion kann und will Gott nicht begreifen; sie ist sich seiner Existenz aus der Unmittelbarkeit des Gefühls (Natur und Tugend) gewiß.

Selbstliebe und Eigenliebe

Religion des Herzens

Selbsterforschung

Nach der produktiven Phase in der Abgeschiedenheit von Montmorency, wo der *Gesellschaftsvertrag* und der *Émile* entstanden, schrieb der immer stärker vom Verfolgungswahn Geplagte hauptsächlich über sich: die großen *Bekenntnisse*, eine Lebensbeschreibung bis 1765 in zwölf Büchern: die Dialoge *Rousseau, Richter von Jean Jacques* und *Die Träumereien des einsamen Spaziergängers*. Neben der Rechtfertigung dienen sie der Selbst-

Rousseaus Leichnam wird am 11. Oktober 1794 unter großer Anteilnahme der Bevölkerung in das Pantheon überführt.

erforschung, vor allem die *Bekenntnisse*. Sie haben denselben Titel wie die *Confessiones* des Heiligen Augustinus. Zu Recht, denn meines Erachtens hält nur dieses Werk einem Vergleich stand [→ S. 79]. Nur daß hier, wie auf der ersten Seite gleich in die Augen springt, der Richter vom allmächtigen Gott des Heiligen Augustinus sich in das bürgerliche Lesepublikum verwandelt hat. Rousseau, der in den *Bekenntnissen* »alles sagen will«, dringt in eine Tiefe des Bewußtseins, von der er selbst sagt, daß sie furchterregend ist. »Nicht das Verbrecherische ist es, dessen Eingeständnis am meisten Überwindung kostet, sondern das Lächerliche und Beschämende.« Rousseau ist hier weit gegangen, weiter als das jemals irgendeiner getan hat, z. B. in der Schilderung sexueller Phantasien und Erlebnisse seiner Kindheit, oder in der Darstellung peinlicher Situationen wie Lügen und Diebstahl. Trotz einiger Stilisierungen zeigen uns die *Bekenntnisse* eine ganze Person in ihrer Eigen-art, um auf den Anfang des Kapitels zurückzukommen. »Ein solcher Mann mußte kommen und sich selbst malen, um uns den ursprünglichen Menschen zu zeigen. Wäre der Mann nicht so einzigartig gewesen wie seine Bücher, so hätte er sie nie geschrieben.«

Philosophie und Revolution

Im Verlauf der Französischen Revolution wurden die Särge von Voltaire und Rousseau ins Pantheon überführt. Das Pantheon (in Griechenland und Rom der allen Göttern – *pántheion* – geweihte Tempel) war die nationale Grabstätte aller Franzosen. Kann es ein anschaulicheres Beispiel für den Einfluß der Philosophie auf die Politik geben als diese Überführungen? Einem Geschichtsschreiber der Philosophie müßte das eigentlich sehr

Das Beispiel 1789

schmeicheln, und doch hat das Beispiel etwas Trügerisches. Vor allem ist die Art, wie das Verhältnis von Philosophie und Französischer Revolution in den meisten Schulgeschichtsbüchern dargestellt wird, geradezu irreführend – fast alle fangen mit einem Kapitel über »Die geistige Revolution« oder mit ähnlichen Überschriften an. Irreführend sowohl grundsätzlich als auch den konkreten Fall betreffend.

Kritik des Lehrer-Schüler-Modells

Grundsätzlich wird der Anschein erweckt, als seien die Philosophen die »Lehrer« gewesen, deren Gedanken dann vom Volk als den »Schülern« aufgegriffen, weiterverbreitet und angewandt worden wären. Das Lehrer Schüler-Modell aber greift zu kurz, denn – so wäre die Gegenthese – eigentlich sind die Philosophen die Späteren. Erst muß sich im geschichtlichen Prozeß, im erfahrbaren Leben der Menschen ungeheuer viel geändert haben, bevor nach neuen Deutungen gefragt wird. Bzw. ist die neue Interpretation (wenn wir also sagen: hier ist ein Gedanke, ein Gefühl zum ersten Mal formuliert worden) eher ein Bestandteil im Prozeß der Umänderung einer ganzen Lebensordnung. Diese Umänderung wird nicht von den Philosophen getragen; umgekehrt unterliegen deren Gedanken einer ständigen Veränderung im Kontakt mit den Problemen des Lebens. Bernhard Groethuysen, der große Geschichtsschreiber der Entstehung der bürgerlichen Welt- und Lebensanschauung, faßt daher diesen Prozeß der Veränderung der Ideen als eine kollektive, in gewisser Hinsicht anonyme Entwicklung, bei der »das Individuum, wenn es aus der Masse heraustritt, nur zum Ausdruck bringt, wie diese Masse die Dinge begreift und empfindet.« Vor allem: »empfindet«. Was in einem Geschichtsbuch oder einer Philosophiegeschichte als Gedanken bzw. gedruckte Wörter dasteht, waren wesentlich einmal unmittelbare Empfindungsinhalte: »Es genügt nicht, daß man sagt: Der Mensch besitzt Rechte, das Volk besitzt Rechte. Die Worte ›Mensch‹ und ›Volk‹ müssen einem konkreten Bild entsprechen und in dem, der sie ausspricht, ein warmes Gefühl erwecken. [...] Um seine Rechte zu fordern, muß der Mensch seiner selbst bewußt geworden sein, er muß seinen Wert als Mensch erkannt haben. [...] Der Mensch in seiner ganzen Werthaftigkeit und das Volk als moralische Person werden so während der Revolution zu lebendigen Vorstellungen, erwerben einen affektiven [d.h. gefühlsmäßigen] Gehalt.« [8]

Gefühlsgehalt abstrakter Begriffe

Ebenso verhält es sich mit den juristischen Begriffen »Gleichheit« und »Freiheit« oder dem für uns inzwischen komisch-fremden moralischen Begriff »Tugend« oder merkwürdigen religiösen Auffassungen wie Rousseaus »bürgerlicher Religion« oder dem Kult des »Höchsten Wesens« in der Französischen Revolution. Erst innerhalb des kollektiven Umschichtungsprozesses der Wertschätzung (statt drei Ständen von Ungleichen eine Nation von Gleichen, mit gleichen Marktchancen) kann ein Außenseiter wie Rousseau leben und gehört werden, kann seine Botschaft, daß jeder ein empfindendes Wesen ist, zünden. Diese Gefühlsebene erscheint aber in den Geschichtsbüchern entweder überhaupt nicht oder sie wird wie im Fall der französischen Jakobiner als aufgesetzt verdächtigt. Es gibt kaum einen Politiker, der so vorschnell und einseitig abgeurteilt wird wie Robespierre.

Was den konkreten Fall betrifft, so stößt man in den Schriften der französischen Philosophen öfters auf Aussagen, die wie eine dunkle Vorahnung der Revolution klingen. »Wie Recht sie hatten«, denkt man im Nachhinein und vergißt dabei, daß die eigentliche politische Zielvorstellung der meisten Aufklärer eine ganz andere war. Sie erwarteten vernünftige Verhältnisse, konkret: gerechte, allgemein gültige Gesetze aus der Hand eines vernünftigen, aufgeklärten Herrschers. Friedrich II. von Preußen war die

Auch Voltaire hatte mit ihr Bekanntschaft gemacht – Sturm auf die Bastille, Staatsgefängnis, seit den Zeiten des Kardinals Richelieu, am 14. Juli 1789

Symbolfigur dieser Hoffnungen. Typisch ist sein Lob in der gleich zu behandelnden Schrift *Über Verbrechen und Strafen* des italienischen Juristen Cesare Beccaria. Friedrich II. hatte die Folter 1740 gleich nach seiner Thronbesteigung abgeschafft; für Beccaria ist er »einer der weisesten Herrscher Europas, der die Philosophie auf den Thron erhob, in der Gesetzgebung ein Freund seiner Untertanen, die er gleich und frei in der Abhängigkeit vom Gesetz gemacht hat, was die einzige Gleichheit und Freiheit darstellt, die vernünftige Menschen unter den gegenwärtigen Verhältnissen fordern können.«

Dieser allgemeinen Zielvorstellung entspricht, daß die Delegierten des Dritten Standes in der neuen Verfassung, die in der ersten Phase der Revolution (1789–1791) von der verfassungsgebenden Nationalversammlung erarbeitet wurde, am erblichen Königtum festgehalten haben. Daß dann die Entwicklung eine ganz andere Richtung nahm, zeigt nur die Eigendynamik der Geschichte mit ihren Sprüngen und oft auch Zufällen, die so zufällig gar nicht sind. So weist die Französische Revolution immer wieder auf die schmerzliche Spannung hin zwischen den Hoffnungen und Absichten der Menschen und dem, was geschichtlich möglich ist. Abstrakt formuliert, steckt in dieser Spannung die Frage nach dem Verhältnis von Philosophie und Geschichte. Sie kann hier nicht beantwortet werden; es ging nur darum, die allzu einfache Antwort des Lehrer-Schüler-Modells in Frage zu stellen.

menschliche Absichten und Eigendynamik der Geschichte

Blick auf Italien: Im Jahre 1786 wird im Großherzogtum Toskana die Todesstrafe abgeschafft

Angewidert wendet sich Justitia von dem Schergen ab: sie will kein Blut mehr sehen. Sie will auch keine Verstümmelungen mehr sehen, keine Scheiterhaufen, keine Folterknechte und keine Martern. Was will sie?

Allegorie der Gerechtigkeit

»Damit die Strafe nicht die Gewalttat eines oder vieler Bürger sei, muß sie durchaus öffentlich, rasch, notwendig, die geringstmögliche unter den gegebenen Umständen, den Verbrechen angemessen und vom Gesetze vorgeschrieben sein.« Mit diesem Satz schließt *Über Verbrechen und Strafen* (1764) des Mailänders Cesare Beccaria (1738–1794), ein kleines Büchlein, das – aus Vorsichtsgründen anonym – in Livorno gedruckt wurde. Im Europa der Aufklärung wurde es sofort begeistert gefeiert – und schon im Januar 1766 auf den *Index* gesetzt; zu Recht hat man es als den bedeutendsten Beitrag Italiens zum 18. Jahrhundert bezeichnet. In ihm kommt zugleich eine Besonderheit dieser Bewegung zum Ausdruck: entschieden direkter als ihre Gesinnungsgenossen jenseits der Alpen haben sich die italienischen Intellektuellen auf die konkrete Situation ihres Landes, auf die politisch-rechtlichen Institutionen eingelassen und auf sie einzuwirken versucht. Dieser philosophisch getragenen reformerischen Grundtendenz entspricht die Tatsache, daß mit der *Wissenschaft der Gesetzgebung* (1780–85) von Gaetano Filangieri, der in Neapel lebte, ein umfassendes Projekt der Gesellschaftsreform geschaffen wurde, das in der Epoche vor 1789 ebenfalls einzigartig darstellt. Wir beschränken uns im folgenden auf diese beiden Namen, die nicht zuletzt auch symbolisch stehen für Mailand und Neapel, die beiden Zentren der italienischen Aufklärung.

territoriale Zersplitterung Italiens

Erinnern wir uns daran, daß es »Italien« als nationale Einheit erst seit 1861 gibt, daß es im 18. Jahrhundert aus sehr unterschiedlichen Territorien besteht: dem Königreich Neapel-Sizilien (seit 1734 spanisch-bourbonisch), dem Kirchenstaat, den habsburgischen Herrschaftsgebieten (Großherzogtum Toskana, Herzogtum Mailand), dem Königreich Sardinien (Stammhaus Piemont/Savoyen), den oligarchischen Seerepubliken Venedig und Genua sowie den Herzogtümern Parma-Piacenza (bourbonisch) und Modena-Reggio (Haus Este/Habsburg). In den Erbfolgekriegen der ersten Hälfte des Jahrhunderts ganz wie zu Machiavellis Zeiten »Objekt für Kriegführung und Diplomatie der Großmächte« (R. Lill), wird mit dem Aachener Frieden 1784 ein gewisses Gleichgewicht erreicht.

Verhältnisse im bourbonischen und im habsburgischen Herrschaftsbereich

Aufklärung und Absolutismus – bekanntlich versucht der in sich höchst widersprüchliche »aufgeklärte Absolutismus« des Jahrhunderts, durch »Reformen von oben« Anschluß an den politisch, wirtschaftlich und sozial fortgeschrittenen Westen Europas insbesondere Englands zu erzwingen, wobei er in den miteinander vielfach verschlungenen Welten der Kirche und des Adels, dem »Despotismus der Zwischengewalten«, auf ebenso mächtige wie entschlossene Gegner stößt. Daß es in Italien im Jahre 1764/65 noch zu einer Hungersnot mit Epedemien kommen konnte, die im Süden in der Hauptstadt Neapel über 40 000 Tote und im Gesamtkönigreich über 200 000 Todesopfer forderte, soll hier nur als Indiz für den Ernst der Lage, für die völlige Unfähigkeit des Feudalsystems auf allen Ebenen stehen. Diese Situation der permanenten Krise hat vor allem in Neapel, der mit etwa 400 000 Einwohnern mit Abstand größten Stadt Italiens, ungeheure intellektuelle Energien entfacht; neben den Historikern Pietro Giannone und Ludovico Muratori (1672–1750) steht vor allem Antonio Genovesi (1713–1769) für die intellektuelle Wachheit und den Reformwillen einer kritischen Intelligenz. Muratori, der die theologische Karriere aufgeben mußte bzw. angewidert aufgab und in Neapel 1754 den ersten Lehrstuhl für politische Ökonomie bekleidete, lag in ständiger Polemik mit den *nonsipuotisti*, wie er sie nannte, d.h. mit denen, die vorgaben, daß man im Grunde »nichts machen« könne. Während jedoch die neapolitanischen Intellektuellen weder einen zielstrebigen Reformwillen seitens der Bourbonen vorfinden noch wirkungsvolle eigene publizistisch-institutionelle Organisationsformen schaffen konnten und so insgesamt von der politischen Macht im engeren Sinne ausgeschlossen blieben, treffen wir im österreichischen Herrschaftsbereich auf eine wesentlich andere Lage. Sowohl in der Lombardei, die der Wiener Verwaltung direkt unterstellt war, als auch in dem halbautonomen Großherzogtum Toskana kam es zu einer wirkungsvollen Zusammenarbeit zwischen absolutistischen Regierungsinstanzen und einer Elite örtlicher Führungskräfte, die sich z. B. in Mailand mit der *Società patriotica*, der *Vaterländischen Gesellschaft* (gegr. 1776), auch einen organisatorischen Rahmen gab. So konnten wichtige Verwaltungs- und Finanzreformen wie etwa die Schaffung des großen Mailänder Katasters durchgeführt werden, welche zu entscheidenden gesamtwirtschaftlichen Verbesserungen führten und nicht zuletzt das immer stärkere Auseinanderdriften von Nord- und Süditalien einleiteten, das bis heute die Geschichte des Landes bestimmt.

»Wenn jemals ein Autor zum Werkzeug des Zeitgeistes wurde, dann er« (W. Allf). *Über Verbrechen und Strafen* ist nicht in einsamer Kontemplation entstanden. Es ist Ergebnis gemeinsamer Lektüren, Erörterungen und Diskussionen der *Accademia dei Pugni*, der *Akademie der Fäuste*, eines Kreises um den jungen Grafen Pietro Verri (1727–97), der vielleicht als die bedeutendste Persönlichkeit der Mailänder Aufklärung angesehen werden kann. Mit der Zeitschrift *Il Caffè* (1764–66) schuf sich die Gruppe ein zwar kurzlebiges, aber äußerst wirkungsvolles publizistisches Organ, das sich am Vorbild des Londoner *Spectator* und der *Enzyklopädie* orientierte. Daß wir viele seiner Mitarbeiter später als hohe Beamte der habsburgischen Verwaltung wiederfinden, bestätigt nur noch einmal, was der Historiker F. Venturi über die italienische Aufklärung im allgemeinen schreibt: »Vereinfacht gesagt, kommen die geistigen Anstöße vor allem aus Frankreich und England, während die Organisation der Regierung, die Verwaltungsstrukturen und konkreten Reformen häufig aus Mitteleuropa und bisweilen auch aus Spanien kommen.«

junge Intellektuelle in Mailand

Auch der Marchese Cesare Beccaria (1738–94), übrigens ein Großvater des Dichters Alessandro Manzoni, sollte diesen Weg von der *Accademia dei pugni* zum leitenden Verwaltungsbeamten gehen. Was aber macht sein Jugendwerk so bedeutsam?

Es ist die geglückte Verbindung von leidenschaftlichem Engagement und argumentativer Brillanz, von Utopie und Reform, anders gesagt: eine spezifisch rousseausche Grundstimmung, die ihm eine besondere Atmosphäre verleiht. Entsprechend ist es kein gelehrtes Opus, sondern eher ein Pamphlet, das zügig und mit geradezu mathematischer Konsequenz seinen Gedankengang entfaltet, dabei mit suggestiven Bildern und rhetorisch durchgefeilt, so daß es vom Stil her stark an das *Kommunistische Manifest* erinnert. Beccarias entscheidender Denkschritt besteht nun im einem radikalen Bruch mit der Vergangenheit, in einer Neubestimmung des Verhältnisses von Verbrechen und Strafe, indem er die ganze Problematik aus dem überlieferten theologischen Bezugsrahmen herausnimmt und auf eine rein »immanente«, d. h. gesellschaftliche Grundlage stellt, den Gesellschaftsvertrag [→ S. 165]. »Die Gesetze, welche Verträge freier Menschen sind oder doch sein sollten« – so die Einleitung – haben ein einziges Ziel: »das größte Glück verteilt auf die größte Zahl von Menschen«. Von dieser rationalen, utilitaristischen Grundannahme her [→ S. 299f.] ergibt sich damit als Maßstab der Schwere eines Verbrechens einzig der Schaden, den sie der Gesellschaft zufügen, und als Zweck der Strafen, »den Schuldigen

Beccaria

daran zu hindern, seinen Mitbürgern abermals Schaden zuzufügen, und die anderen davon abzuhalten, das gleiche zu tun«. Und zwar in einem Verfahren, das grundsätzlich öffentlich ist und dem Angeklagten bestimmte verfahrensrechtliche Garantien gewährleistet.

humanes Strafen

Man muß sich nun vergegenwärtigen, daß selbst in dem so fortschrittlichen England, wo die Öffentlichkeit des Verfahrens bereits allgemein verankert war, das Gerichtswesen noch durch eine ungeheure Grausamkeit und Willkür gekennzeichnet war – nicht zuletzt, weil sich im Laufe der Jahrhunderte die unterschiedlichsten Rechtstraditionen überlagert hatten. Eine ganze Reihe von Verbrechen wurde ganz selbstverständlich mit körperlichen Verstümmelungen geahndet, und häufig kam es vor, daß für relativ geringe Vergehen wie bei Diebstahl eines Schafes die Todesstrafe verhängt wurde. Vor diesem Hintergrund gewinnt Beccarias Forderung nach einem grundsätzlich angemessenen Verhältnis zwischen Vergehen und Strafmaß ein besonderes Gewicht. Die ganze humanitäre Stoßrichtung des Werkes kulminiert aber in der Forderung nach Abschaffung von Folter und Todesstrafe; letztere wird als »Krieg der Nation gegen einen Bürger« definiert. Beccaria will sie durch lebenslängliche öffentliche Zwangsarbeit ersetzt sehen, von deren Dauer und ständig vor Augen stehendem Beispiel er sich eine wesentlich stärker abschreckende Wirkung verspricht. So ergibt sich als Grundtendenz, als Grundhaltung: Auch der Verbrecher ist ein Mensch, ein Bürger, ein Rechtssubjekt, das noch im Akt der Strafe als solches zu achten ist. Kein Wunder daher, daß Beccaria in der Vorbeugung den Hauptzweck jeder guten Gesetzgebung sieht, und daß sie durch aufklärerisch-erzieherische Maßnahmen begleitet werden soll (»Ihr wollt den Verbrechen vorbeugen? Dann sorget dafür, daß die Aufklärung mit der Freiheit Hand in Hand geht«). Sein Traum: »Nach der Wahrheit sich sehnend und nicht sie fürchtend, sieht er [= »der aufgeklärte Mensch« = Marchese Cesare Beccaria] die eigene Nation vor sich wie eine Familie brüderlicher Menschen, und der Abstand der Großen vom Volke scheint ihm umso geringer, je größer die Masse der Menschheit ist, die ihm vor Augen steht«. Ein kollektiver Traum. In Friedrich Schillers *Ode an die Freude* wurde er Dichtung, Musik in Beethovens *Neunter Symphonie*.

Beitrag Italiens

Man kann oft lesen, daß *Über Verbrechen und Strafen* Italiens einziger eigenständiger Beitrag zur europäischen Aufklärung gewesen sei. Das stimmt keinesfalls; man denke nur an die gerade im Entstehen begriffene Wissenschaft der politischen Ökonomie, eine damals sehr philosophische Wissenschaft [→ S. 209], zu deren Grundlegung die Abhandlung *Vom Geld* (1751) des neapolitanischen Abbé Ferdinando Galiani (1728–87) gehört. Ein sicheres Zeichen für die allgemeine Zirkulation der Ideen, den gesamteuropäischen Charakter der Bewegung sind die Übersetzungen, und hier zeigt die Statistik deutlich, daß sehr viele italienische Abhandlungen in andere Sprachen übertragen und damit einem breiten Publikum zugänglich gemacht wurden.

Gaetano Filangieris Reformprojekt

Diese Feststellung gilt insbesondere für das Werk von Gaetano Filangieri (1753–88), dessen siebenbändige *Wissenschaft der Gesetzgebung* selbst ins Russische und Schwedische übersetzt wurde. Durch das besondere Interesse Benjamin Franklins an seinem Werk – Franklin hatte es als Botschafter Pensylvaniens in Paris kennengelernt – dürfte er zumindest indirekt auf die Gesetzgebung der gerade entstehenden Vereinigten Staaten eingewirkt haben. Und Filangieri, den Goethe während seines Aufenthaltes in Neapel mehrmals besuchte, starb bereits mit fünfunddreißig Jahren; er konnte sein Werk nicht zum Abschluß bringen. Man nannte es

Öffentliche Vierteilung eines Delinquenten

»den umfassendsten Versuch vielleicht nicht nur auf italienischer, sondern auf europäischer Ebene, die Gesellschaft im *Ancien Régime* im vorrevolutionären Jahrzehnt vernünftig zu gestalten, um jene bevorstehende Katastrophe zu vermeiden, die er hellsichtig geahnt hatte«.

Aufklärung in Deutschland – ein schwieriges Unternehmen

Die Fakten sind bekannt: im Vergleich zu England, Frankreich und Holland war Deutschland noch am Ende des 18. Jahrhunderts in wirtschaftlicher, politischer und kultureller Hinsicht ein unterentwickeltes Land. Genauer gesagt gab es gar kein »Deutschland«, sondern die abenteuerlich-verstaubte politische Konstruktion des Heiligen Römischen Reiches Deutscher Nation. Bis zu seiner Auflösung im Jahre 1806 (Franz II. von Österreich legt die Kaiserkrone nieder) bestand »Deutschland« aus nahezu 2000 Herrschaftsbereichen, davon waren etwa 300 geistliche und weltliche Fürstentümer. Im Zusammenhang mit Luther wurde bereits die tiefsitzende, weil religiös begründete Tradition obrigkeitlichen Denkens in Deutschland erwähnt [→ S. 125]. Der »Landesvater« war die höchste Instanz seines Territoriums. Innerhalb eines gewissen Spielraums konnte er von der Religion über die Gerichtsbarkeit bis zur Festlegung von Zöllen und Dienstleistungen souverän über seine Untertanen entscheiden. Neben der Verwaltungsbürokratie und dem Heer floß ein Großteil der eingenommenen Gelder in die dem französischen Vorbild nachgeahmte aufwendige Hofhaltung des Rokokofürstentums. Da wir heute alle bürgerlich denken, erscheint uns diese in den Wertvorstellungen der adligen Welt, auf »Repräsentation« begründete Hofhaltung schlicht als Vergeudung gesellschaftlichen Reichtums. Und in der Tat lebte die breite Bevölkerung (etwa 80 v. H. arbeitete in der Landwirtschaft) in großer Armut; zahlreiche Unruhen und Aufstände wegen Teuerungen zeugen davon. Die politische Zersplitterung verhinderte die Entstehung eines einheitlichen nationalen Marktes, wodurch wiederum die Produktionsmethoden rückständig blieben. Auch »fehlten« die

Zustände im Heiligen Römischen Reich

überseeischen Kolonialreiche und Handelskompanien, die großen Einnahmequellen Englands, Frankreichs und Hollands. All diese verschiedenen Faktoren lassen verstehen, daß es in Deutschland kaum ein politisch selbstbewußt auftretendes Bürgertum gab. Ausgeschlossen von der Verantwortung für die öffentlichen Angelegenheiten, war seine Handlungsmöglichkeit von dem engen Rahmen des höfischen Absolutismus bestimmt. Mit Ausnahme großer Städte wie Hamburg muß man sich das Deutschland des 18. Jahrhunderts wohl ausgesprochen ärmlich, bedrückt, fromm, verstaubt und idyllisch verträumt vorstellen.

Welches Wertesystem siegt?

Und dennoch, im 18. Jahrhundert findet ein zäher Kampf zweier Lebensformen statt, der feudalen und der bürgerlichen Welt. Das Bürgertum bildet sein eigenes Wertesystem aus. Auf dem Schlachtfeld Literatur geht es zum Angriff über; »Tugend«, »Vernunft«, »Gerechtigkeit« und der Begriff der »Menschennatur« sind die Waffen; Herstellung einer kritischen Öffentlichkeit ist das Zwischenziel. Zur Veranschaulichung sei auf einen kleinen Roman von Christian Fürchtegott Gellert hingewiesen: *Das Leben der schwedischen Gräfin von G...* aus dem Jahre 1747/48. Der moralische Wert eines Menschen, nicht sein gesellschaftlicher Standort entscheidet – jede Seite der Erzählung verkündet diesen Triumph der Tugend. Man spricht von einer »Leserevolution« im 18. Jahrhundert. Zwischen 1750 und 1800 erhöhte sich die Zahl der jährlichen Neuerscheinungen von 755 auf 2569 Titel. Seit der Jahrhundertwende wurden immer mehr bürgerliche Lesegesellschaften gegründet. Sie waren zugleich Diskussionsrunden eines aufgeklärten Publikums (zwischen 1760 und 1800 gab es etwa 430, bis 1820 etwa 600 solcher Lesegesellschaften). Eine Schlüsselrolle nahmen die Zeitschriften und sog. *Moralischen Wochenschriften* ein, die von dem neuen Interesse an Geschichte bis zur sinnvollen Haushaltsführung das ganze Spektrum des bürgerlichen Lebens für das interessierte Publikum ansprachen. Die angesehensten Zeitschriften waren der von Christoph Martin Wieland herausgegebene *Teutsche Merkur* (Leipzig), Friedrich Nicolais *Allgemeine Deutsche Bibliothek* (Berlin) und die *Berlinische Monatsschrift*.

Folgen der Zensur

Die Waffe der Herrschenden war die Zensur. Schon zwei Jahre nach dem Tod Friedrichs II. (1786) erließ der berüchtigte preußische Staatsminister Johann Christoph von Wöllner, ein Günstling Friedrich Wilhelms II., ein neues Zensuredikt. Danach sollten alle Veröffentlichungen beschlagnahmt werden, die »die Grundwahrheiten der Schrift zu untergraben [...] und auf unverschämte Weise unter dem Namen der Aufklärung zahllose und allgemeine Irrtümer« zu verbreiten suchten. Der Druck wurde so stark, daß die *Allgemeine Deutsche Bibliothek* und die *Berlinische Monatsschrift* daraufhin aus Berlin als Verlagsort auswanderten. Die noch schlimmere Folge der Zensur war allerdings die Selbstzensur der Autoren. Bei vielen ins Allgemeine gehenden Texten muß man davon ausgehen, daß sie nur mit Rücksicht auf die Zensur so formuliert worden sind, während der Verfasser viel genauer hätte sagen können, was bzw. wen er meinte. Ferner ist genau zu beachten, ob ein Text vor, während oder nach der Französischen Revolution verfaßt wurde. Die Französische Revolution wurde ja zunächst von vielen deutschen Intellektuellen als des »Jahrhunderts edelste Tat« (Klopstock) begeistert gefeiert. Je schärfer sich dann die Gegensätze zuspitzten, vor allem seit der Herrschaft des jakobinischen Wohlfahrtsausschusses im Sommer 1793, um so mehr Intellektuelle wandten sich enttäuscht ab und suchten andere Auswege (vgl. z. B. Schillers *Briefe über die ästhetische Erziehung* [→ S. 226 f.]).

Was »Aufklärung« sei und was sie bewirke, war im Zusammenhang von bürgerlicher Emanzipation, Französischer Revolution und obrigkeitlicher Zensur ein Hauptthema der öffentlichen Diskussion. In dem Band *Was ist Aufklärung?* sind einige Beiträge aus dieser Diskussion versammelt. Hier wird das Spektrum der verschiedenen Positionen deutlich, wobei man – grob gerastert – drei Richtungen unterscheiden kann: gemäßigte Aufklärer (z. B. Kant, Mendelssohn, Wieland); radikaldemokratische Jakobiner (J. B. Erhard); Kritiker der Aufklärung (Hamann, Schiller). Dies ist der Diskussionsstand im Jahre 1795 [9].

politische Positionen

Im allgemeinen Bewußtsein heute erscheint die Leistung der deutschen Aufklärer unterbelichtet. Sie stehen im Schatten des großen Kant (der doch zutiefst in der Aufklärung verwurzelt ist). In Wirklichkeit haben wir hier »eine Fülle großer Begabungen«; eine Epoche, »in der sich erstaunlich viele deutsche Autoren durch ihren gesunden Verstand, durch ihre Zivilcourage und durch ihr Talent zu brillanter publizistischer Wissensvermittlung einen Namen machten.« [10] 1687 ist das symbolische Datum für den Beginn der deutschen Frühaufklärung. In diesem Jahr hielt der zweiunddreißigjährige Leipziger Juraprofessor Christian Thomasius (1655–1728) die erste Philosophievorlesung in deutscher Sprache. Mit seinem Essay *Christian Thomasius, ein deutscher Gelehrter ohne Misere* hat ihm Ernst Bloch ein Denkmal gesetzt. »Ohne Misere« meint seinen aufrechten Charakter, denn Thomasius setzte sich mutig für religiöse und gesellschaftliche Toleranz ein. Leidenschaftlich bekämpfte er die Praxis der Folter und die Hexenverfolgungen seiner Zeit. Mit seinem Vortrag in deutscher Sprache wollte er den lateinischen akademischen Sprachzaun überspringen: »Thomasius also leitete mit seiner Tat überhaupt erst die mögliche Wirksamkeit einer ins Bürgertum gehenden Aufklärung ein« (E. Bloch). Seine Universitätskollegen nahmen ihm das so übel, daß er ins benachbarte preußische Halle flüchten mußte; Halle wurde durch ihn bald die führende Universität auf deutschem Boden. Typisch bürgerlich ist die praktische Ausrichtung seines Philosophierens: »Dieses ist keine Gelahrtheit zu nennen /die weder in dem menschlichen Leben einigen Nutzen schaffet /noch zur Seeligkeit anführet« (*Kurtzer Entwurff der Politischen Klugheit*, 1710). Thomasius will vor allem »Weltklugheit« vermitteln. Nach seinem Begriff der Vernunft ist durch einen »gerechten, ehrbaren und sittsamen Wandel« Gott und der menschlichen Gesellschaft »am besten gedienet«. Interessant ist, wie ernst er den Vernunftanspruch, der für *alle* Menschen gilt, nimmt. In der *Einleitung zu der Vernunfft-Lehre* (1689) stellt er ausdrücklich fest: »Weibes-Personen sind der Gelahrtheit so wohl fähig /als Manns-Personen.« Das scheint damals noch keineswegs klar gewesen zu sein.

Christian Thomasius und die deutsche Frühaufklärung

Christian Wolff (1679–1754) ist die zentrale Gestalt der deutschen Philosophie in der ersten Hälfte des 18. Jahrhunderts. Auch Wolff wurde vertrieben – diesmal aus Halle, aufgrund königlicher Kabinettsordre, durch die gemeinsame Intrige der orthodoxen Lutheraner und der Pietisten. Der Pietismus – von lat. *pietas*, Frömmigkeit – ist eine im 18. Jahrhundert sehr wichtige Strömung des Protestantismus. Er geht auf eine stark verinnerlichte, persönlich-erbauliche Glaubenshaltung. Da das protestantische Pfarrhaus damals mit die wichtigste Bildungsstätte war, sind viele Aufklärer vom Pietismus geprägt. Wolff ging ins hessische Marburg, wurde international mit Auszeichnungen überschüttet. Als Friedrich II. im Jahr 1740 den preußischen Königsthron bestieg, wurde Christian Wolff mit höchsten Ehren als Professor des Natur- und Völkerrechts nach Halle an der Saale zurückberufen.

Wolff

rationalistische Denkweise

Was die Orthodoxie an Wolff störte, ist der durchgängig rationalistische Zug seiner Philosophie, mit dem Anspruch auf Freiheit von autoritativer Bevormundung. »Und in der That ist es ungereimt, daß man etwas um der Autorität anderer willen für wahr halten soll«, steht in der *Ausführlichen Nachricht von seinen eigenen Schriften* (1724). Wolff ist stark von Leibniz geprägt; er hat dieses Denken zum Teil umgearbeitet und in die seiner Vorstellung von Philosophie entsprechende Form gebracht. R. Specht hat sie treffend charakterisiert: »Die Stärke der Wolffischen Philosophie liegt weniger in ihrer Originalität als in ihrer inhaltlichen Vielseitigkeit, systematischen Geschlossenheit und gleichsam gläsernen Klarheit.« Das zeigt sich schon daran, daß Wolff lauter *Vernünfftige Gedanken* geschrieben hat. *Vernünfftige Gedanken von den Kräfften des menschlichen Verstandes und ihrem richtigen Gebrauche in Erkänntnis der Wahrheit;... von Gott, der Welt und der Seele des Menschen, auch allen Dingen überhaupt;... von der Menschen Thun und Lassen* usw. Wolff hat einen großen Teil seines Werkes in deutscher Sprache geschrieben. Viele Ausdrücke wurden von ihm erstmals in deutsch geprägt und seitdem als philosophische Begriffe verwendet. Inhaltlich ist uns sein Philosophieren sehr fremd. Alle Gegenstände werden lehrsatzmäßig nach geometrischer Methode in strengem Beweisverfahren abgehandelt, wobei sich die Beweisführung bis auf die allgemeinsten Belanglosigkeiten erstreckt. Ein Beispiel aus den *Grundsätzen des Natur- und Völckerrechts*, § 508: »Weil niemand seine Sachen anders gebrauchen darf, als es die Pflichten erfordern; so soll man das Geld nicht anders ausgeben, als wenn es die Pflichten erfordern. Derowegen soll man unnütze Ausgaben gäntzlich unterlassen. Es erhellt auch ferner, daß die nothwendigen Ausgaben den nützlichen, und beyde den bloß zur Lust dienenden vorzuziehen sind« usw.

Einfluß der Wolffschen Schule

Hegel, der übrigens Wolffs sprach-übersetzerische Leistung sehr hervorhob, hat das »barbarischen Pedantismus« genannt. Wenn Christian Wolff wirklich, wie selbst ein moderner Herausgeber seiner Werke 1980 schreibt, »der weitschweifigste und wohl auch langweiligste Autor seines Jahrhunderts, ja der Neuzeit überhaupt« ist [11] (welch vernichtendes Urteil!) – wie war es möglich, daß er als erster deutscher Philosoph eine Schule mit zahlreichen Anhängern gründen konnte (man zählte 1737 nicht weniger als 137 schreibende Wolffianer, meist Lehrstuhlinhaber)? Daß seine Werke in einer Unzahl von Auflagen gedruckt und verkauft wurden? Sein Gesamtwerk hat eine Botschaft: die Welt ist ein harmonisches, von göttlichen Naturgesetzen gelenktes Gefüge. Diese Natur liegt auch in jedem Menschen. Daher hat jeder einen unbedingten Anspruch auf die volle, unbehinderte Entfaltung der Kräfte, die in ihm liegen. Und all das kann wissenschaftlich bewiesen werden! Diese Botschaft kam an. Bei seinen unmittelbaren Schülern wie in dem breiten Strom der aufklärerischen Popularphilosophie, von den Geheimbünden der Freimaurer bis in die Flut der *Moralischen Wochenschriften* hinein. Popularphilosophie ist Philosophie für's Volk (lat. *populus*), im 18. Jahrhundert: für den, der lesen kann (um 1800 immerhin etwa 25 v. H. der Bevölkerung) und auch wirklich liest, also das bürgerliche »Publikum« (vielleicht 3 v. H.?). Thema der Popularphilosophie ist der Mensch. Daher ihre Aktualität und die meist unsystematische, lesernahe Form der Darstellung. Ich kann hier nur auf zwei interessante Autoren hinweisen, nämlich auf Lessing und Lichtenberg.

aufklärerische Popularphilosophie

Gotthold Ephraim Lessing (1729–1781), Pfarrerssohn, Redakteur, Kunstkritiker, Dichter, Dramaturg, Generalsekretär, Freimaurer, Kunst-, Geschichts-, Religionsphilosoph, Bibliothekar, ist die vielleicht bedeutend-

Der kleine Lessing mit seinem Bruder

ste Gestalt der deutschen Aufklärung, das gute Gewissen der Deutschen (das ist nicht ironisch gemeint). Die Vielzahl der aufgezählten Tätigkeiten kommen nicht von ungefähr, denn Lessing ist einer der ersten freien Schriftsteller Deutschlands. Sein 1748 gefaßter Entschluß, in Zukunft nur noch von der Feder zu leben, war damals ein sehr mutiger Schritt, denn bei der Beschränktheit des literarischen Marktes war diese Existenzform von ständiger Unsicherheit begleitet. Andererseits war sie von den Zwängen des absolutistischen Berufsbeamten befreit: »Erst mit dem Aufkommen von freien Schriftstellern und Journalisten gab es die beschränkte Möglichkeit, nicht mehr vom »Staat«, sondern vom Bedürfnis der ganzen Gesellschaft zu leben, d.h. als Sprachrohr dieser Gesellschaft aufzutreten und hierdurch die maximale Freiheit zur Kritik zu gewinnen.« [12]

Wie beschränkt diese Freiheit war, zeigt eine Episode aus Lessings Bibliothekarszeit in Wolfenbüttel (1770–81). Unter dem Titel *Fragmente eines Ungenannten* veröffentlichte er Teile aus dem Buch *Apologie oder Schutzschrift für die vernünftigen Verehrer Gottes*. Verfasser war der Hamburger Theologe S. H. Reimarus, Vertreter einer deistischen Vernunftreligion nach englischem Vorbild. Lessing, deshalb von den orthodoxen Lutheranern aufs Heftigste angegriffen, schlug mit der vernichtenden Kraft seines Spottes zurück. Der Streit erweckte die Aufmerksamkeit des ganzen gelehrten Deutschland. Als schließlich vom Reichstag zu Regensburg Klage beim braunschweigischen Hof gegen den fürstlichen Bibliothekar erhoben wurde, entzog ihm sein Landesvater die früher gewährte Zensurfreiheit für seine Schriften – damit war der Streit beendet.

Spielräume von Freiheit

Auf Lessings vielseitiges Werk, das z. T. aus dem Literaturunterricht bekannt sein dürfte, kann hier nicht im einzelnen eingegangen werden. Die wichtigsten Werke aus dem Umfeld von Kunstkritik und Philosophie sind die *Briefe, die neueste Literatur betreffend* (1759–60); die *Hamburgische*

Wahrheitssuche als Prozeß

Dramaturgie (1767–70) und *Die Erziehung des Menschengeschlechts* (1780). Was ihn zum guten Gewissen der Deutschen macht, ist sein lebenslanges, unerschrockenes Eintreten für die Wahrheit. In ihm ist Aufklärung als Prozeß, als Bewegung des Denkens gleichsam am reinsten verkörpert. Das ist künstlerisch dargestellt in der berühmten Ringparabel im dritten Aufzug des Dramas *Nathan der Weise*; philosophisch formuliert wurde es im Verlauf des theologischen Streites um Reimarus in seiner Schrift *Über die Wahrheit*: »Nicht die Wahrheit, in deren Besitz irgendein Mensch ist oder zu sein vermeinet, sondern die aufrichtige Mühe, die er angewandt hat, hinter die Wahrheit zu kommen, macht den Wert des Menschen. Denn nicht durch den Besitz, sondern durch die Nachforschung der Wahrheit erweitern sich seine Kräfte, worin allein seine immer wachsende Vollkommenheit besteht. Der Besitz macht ruhig, träge, stolz – Wenn Gott in seiner Rechten alle Wahrheit und in seiner Linken den einzigen immer regen Trieb nach Wahrheit, obschon mit dem Zusatze, mich immer und ewig zu irren, verschlossen hielte und spräche zu mir: wähle! Ich fiele ihm mit Demut in seine Linke und sagte: Vater gib! die reine Wahrheit ist ja doch nur für dich allein!«

Georg Christoph Lichtenbergs Aphorismen

Georg Christoph Lichtenberg (1742–1799), als achtzehntes Kind einer Pfarrersfamilie in Oberramstadt bei Darmstadt geboren, war Physikprofessor in Göttingen. Neben seinem Beruf und der schriftstellerischen Tätigkeit für verschiedene aufklärerische Zeitschriften führte er von 1765 bis zu seinem Tod Tagebuch – die sog. *Sudelbücher*. Sie waren nicht zur Veröffentlichung bestimmt. Wie der Titel schon vermuten läßt, finden sich in den *Sudelbüchern* nicht gerade die innigsten Herzensergießungen – Lichtenberg war ein Gegner der zu seiner Zeit modern gewordenen Empfindsamkeit und Natur-/Seelen-/Gottschwärmerei (Goethes *Werther* erschien 1774). Sie enthalten vielmehr eine fortlaufende scharfe Beobachtung der Welt und des eigenen Ich vom Standpunkt eines – meist gelassenen – Skeptikers. Lichtenberg nimmt sozusagen nichts als endgültig gegeben hin. Er zeigt die Welt in einem immer neuen Licht, indem er ungewohnte, z. T. absurde Zusammenhänge herstellt. Das englische Wort *whim* (Laune, wunderlicher Einfall) war sein Wahlspruch von Jugend an. Einfälle lassen sich am besten als Aphorismen formulieren – mit Lichtenberg erst beginnt eine eigenständige deutsche Aphoristik. Goethe hat über ihn gesagt: »Wo er einen Spaß macht, liegt ein Problem verborgen.« Ich will es bei diesem treffenden Wort belassen und lieber einige Proben aus den *Sudelbüchern* geben.

»Es kommt nicht darauf an, ob die Sonne in eines Monarchen Staaten nicht untergeht, wie sich Spanien ehedem rühmte; sondern was sie während ihres Laufes in diesen Staaten zu sehen bekommt.«

»Daß in den Kirchen gepredigt wird, macht deswegen die Blitzableiter auf ihnen nicht unnötig.«

»Glaubt ihr denn, daß der liebe Gott katholisch ist?«

»Theorie der Falten in einem Kopfkissen.«

»Gäbe es nur lauter Rüben und Kartoffeln in der Welt, so würde einer vielleicht einmal sagen, es ist schade, daß die Pflanzen verkehrt stehen.«

»Ich möchte was darum geben, genau zu wissen, für wen eigentlich die Taten getan worden sind, von denen man öffentlich sagt, sie wären *für das Vaterland* getan worden.«

»Wenn auch meine Philosophie nicht hinreicht, etwas Neues auszufinden, so hat sie doch Herz genug, das längst Geglaubte für unausgemacht zu halten.«

Lessings Wahrheitsbegriff hat aus sich heraus nicht verhindern können, *deutsche Jakobiner*
daß er in seiner Erhabenheit leicht aus dem konkret kämpferischen Zusammenhang gelöst werden kann, in dem er formuliert wurde; er konnte in den deutschen Bildungskanon integriert werden. Systematisch totgeschwiegen hingegen wurde in der bürgerlichen Geschichtsschreibung eine wichtige Strömung der Aufklärung, nämlich die radikaldemokratischen deutschen Jakobiner. Nach dem Vorbild Frankreich strebten sie einen bürgerlichen Verfassungsstaat mit gewählter Volksvertretung, Gewaltenteilung und wirklich allgemeinem (d. h. vom Besitz unabhängigem) Stimmrecht des ganzen Volkes an. Am 18. März 1793 hatten die Jakobiner in Mainz die erste bürgerlich-demokratische Republik auf deutschem Boden ausgerufen; am 23. Juli wurde sie durch preußische Truppen wieder eingenommen. Spätere Pläne zur Errichtung einer Republik in Süddeutschland scheiterten an der inzwischen geänderten Haltung der französischen Direktoriumsregierung, die nach 1795 auf ein Arrangement mit den europäischen Mächten bedacht war. Die deutschen Jakobiner hatten ausgespielt.

Was war »weltfremd«, was war wirklich geschichtlich möglich gewesen? *Recht – auf Revolution*
»Dem Besiegten gerecht zu werden, ist eine der schwierigsten Aufgaben, die dem Historiker gestellt sind« (Ed. Meyer). Auf dem publizistischen Feld waren die Jakobiner vor die Aufgabe gestellt, ihre politischen Forderungen philosophisch zu begründen. Der Zeit entsprechend lief diese Begründung über die allgemeine Menschennatur, deren Vervollkommnung durch die feudalistischen Verhältnisse behindert wird. Der in dem erwähnten Heftchen *Was ist Aufklärung?* abgedruckte Text von Johann Benjamin Erhard (1766–1827) stammt aus seinem Buch *Über das Recht des Volks zu einer Revolution* (1795). Revolution wird hier definiert als ein Vorgang, in dem sich »das Volk durch Gewalt in die Rechte der Mündigkeit« einsetzt. Eine formal-rechtliche Entscheidung ist hier nicht möglich, da das geltende Recht von vornherein gegen jede Revolution ist. Daher ist die Moral allein »höchste Instanz«, vor der das Volk sich selbst zu verantworten hat. Moralisch gebilligt ist für Erhard eine Revolution, »wenn nur durch sie die Menschenrechte können geltend gemacht werden«.

Die hier zwischen den Jakobinern und den Kritikern der Gewalt (z. B. *Georg Forster*
Kant [→ S. 289 f.]) diskutierten Probleme sind bis heute aktuell. Ähnlich wie Erhard argumentiert Georg Forster, der bedeutendste deutsche Jakobiner, in dem Aufsatz *Über die Beziehung der Staatskunst auf das Glück der Menschheit*. Regierungskunst und Politik werden hier vor den »Richterstuhl der Vernunft« gefordert. Der Despotismus, weist Forster nach, maßt sich Vormundschaft an. Er behandelt die Untertanen als »ewige Kinder«. Er muß, um konsequent zu sein, »diese *moralische Nullität* der Menschheit wollen«. Der Mensch aber besitzt Vervollkommnungsfähigkeit. Es ist seine Aufgabe, diese Anlagen seiner Natur zu entfalten und ein der menschlichen Würde angemessenes Leben zu führen. Das geht aber nur in einer Republik.

Georg Forster (1754–1794), ebenfalls Pfarrerskind, war Naturwissenschaftler und Schriftsteller. Er nahm an der zweiten Weltreise Cooks 1772–1775 teil. 1793 wurde er Präsident des Mainzer Jakobinerklubs und Abgeordneter im Rheinisch-Deutschen Nationalkonvent; seit dieser Zeit war er einer der meistgehaßten Männer Deutschlands. Er starb im französischen Exil. Bekannt wurden vor allem seine *Ansichten vom Niederrhein*, ein Reisebericht aus dem Jahre 1790, in dem die Zustände zur Zeit der Französischen Revolution anschaulich geschildert werden. Forsters persönliche Entwicklung ist ein interessantes Beispiel für die schrittweise politische Radikalisierung eines von hohen Idealen geprägten deutschen Intellektuellen im Verlauf der Französischen Revolution.

geistesgeschichtliche Epochenmodelle

Unser Geschichtsverständnis, wie es in den allgemeinen Kultur-, Literatur- und Philosophiegeschichten vorliegt, ist noch immer stark geprägt von der sog. Geistesgeschichte. Sie war die vorherrschende Form von Kulturwissenschaft an den deutschen Universitäten von etwa der Jahrhundertwende bis in die sechziger Jahre hinein – eine lange Zeit. Die geistesgeschichtliche Betrachtungsweise arbeitet gerne mit großen, meist von der Kunstgeschichte erborgten Epochenbegriffen (Renaissance, Barock usw.). In jeder Epoche drückt sich dieser Ausrichtung zufolge ein bestimmter »Geist einer Zeit« aus. Man kann sagen, daß die Geistesgeschichte zwei Aspekte des Menschen, Verstand und Gefühl, in naiver Weise in die Geschichte zurückverlegt. Ihr beliebtestes Begriffspaar ist dabei »Rationalismus« und »Irrationalismus«. In jeder Epoche liegen die beiden in unversöhnlichem Kampf miteinander, wobei das Pendel manchmal »hierhin«, manchmal »dorthin« ausschlägt (Barock/Klassizismus; Rokoko/Sturm und Drang; Klassik/Romantik; Aufklärung/Romantik usf.). Es ist klar, daß mit dem dürren Begriffspaar Rationalismus-Irrationalismus mehr verstellt als erhellt wird. Zwei bedeutende Philosophen des 18. Jahrhunderts, J. G. Hamann und J. G. Herder, sind Opfer dieses Schubladenschematismus geworden. Man hat sie hartnäckig zu Irrationalisten, Anti-Aufklärern, zu Vorläufern der Romantik stilisiert: begriffliche Zwangsjacken, die der Wirklichkeit angelegt werden.

Johann Georg Hamann (1730–1788) aus Königsberg war in seiner Jugend ein intellektueller Außenseiter. Er studierte zwar Theologie und Jura, legte aber in keinem Fach ein Examen ab. Ein Versager also? Dem Studenten ging es gar nicht um diese speziellen Wissenschaften. Sein Ideal war der *homme de lettres* nach französischem Vorbild, d. h. der in der Literatur, Philosophie usw. umfassend Belesene mit einem guten Geschmack. Nach dem Studium arbeitete er als Hofmeister und dann im Handelshaus eines Freundes in Riga. Mit achtundzwanzig Jahren unternahm der junge, überaus gebildete Mann im Auftrag dieses Hauses eine Reise nach London.

Hamann

In London – »Höllenfahrt der Selbsterkenntnis«. Hamann muß völlig zusammengebrochen sein. Und sich in diesem Zusammenbruch erfahren haben als abhängig von Gott. Von einem Gott, der sich zu diesem einzelnen, konkreten, schwachen, sündhaften J. G. Hamann herabläßt, der im Wort der Bibel zu ihm spricht, ihn annimmt und errettet. Dieses für sein Leben grundlegende Erlebnis ist eigentlich die Erfahrung eines Geheimnisses, das sich nicht mitteilen läßt. Hamann hat es aber nicht schweigend mit sich herumgetragen. Als Intellektueller hat er versucht, seine Erfahrung gedanklich zu verarbeiten. Das Resultat ist Zeitkritik, denn mit ihm in London zusammengebrochen ist der *homme de lettres*, anders: das Weltbild seiner Zeit.

Kritik der aufklärerischen Vernunft

Im Christentum, wie er es erfahren hat, steht der Mensch als Einzelner vor Gott, als heilsbedürftige Kreatur, jeder als eine rätselhafte Mischung von Größe und Elend. Daher vor allem Kritik an der Anmaßung der aufklärerischen »gesunden Vernunft«. Sie glaubt, über den Menschen, seine Natur, das Ziel der Geschichte – seine Vervollkommnung, »Perfektibilität«, wie man es nannte – restlos Bescheid zu wissen. Hamann: »Die Gesundheit der Vernunft ist der wohlfeilste, eigenmächtigste und unverschämteste Selbstruhm.« In seiner ersten veröffentlichten Schrift *Sokratische Denkwürdigkeiten* (1759) wird diese Vernunftkritik entfaltet als Korrektur des gängigen Sokrates-Bildes. In der Aufklärung war Sokrates das Leitbild des vernünftigen, tugendhaften Menschen. Hamann hingegen setzt an dem Bewußtsein des Sokrates an, daß er *nichts* weiß. Gerade darum hat ihn das delphische Orakel als den weisesten aller Menschen gepriesen. Sokrates war moralisch keineswegs vollkommen: »Ein Mensch, der überzeugt ist, daß er nichts weiß, kann, ohne sich selbst Lügen zu strafen, kein Kenner seines guten Herzens sein.« In Sätzen wie diesen steckt eine beständige gegenüberstellende Parallelisierung zwischen Sokrates und den sophistischen Atheniensern, Jesus und den pharisäisch, rechtgläubigen Juden, Hamann und den »neuheidnischen« Aufklärern seiner Zeit. Der echte Weise bleibt unwissend und ein Frager. Darin besteht seine Denkwürdigkeit, wie Hamann feststellt: »Kurz, Sokrates lockte seine Mitbürger aus den Labyrinthen ihrer gelehrten Sophisten zu einer *Wahrheit*, die im *Verborgenen* liegt, zu einer *heimlichen Weisheit*, und von den Götzenaltären ihrer andächtigen und staatsklugen Priester zum Dienst eines *unbekannten Gottes*.«

Ein geheimnisvoller Sokrates

Wer Hamann kennenlernen will, muß sich auf einiges gefaßt machen; er ist der aller eigenwilligste Autor, dem ich bisher begegnet bin. Man nennt seine Schreibart Centostil. Das lateinische Wort *cento* heißt »Lumpenrock« oder »Flickwerk« und meint ein aus Zitaten zusammengesetztes Gedicht. Ebenso besteht Hamanns Text aus lauter direkten oder indirekten Zitaten und Anspielungen auf Stellen aus der Bibel (zu dem »unbekannten Gott« im Zitat vgl. *Apostelgeschichte* 17, 23), den griechisch-lateinischen Schriftstellern und die Literatur seiner eigenen Zeit, oft gerade aus dem Jahr, in dem er seinen Text geschrieben hat. Dadurch ergeben sich viele verfremdende Kombinationen und Überraschungen, die das Lesen zu einem spannenden Abenteuer werden lassen. Freilich braucht man als Lesehilfe einen ausführlichen Kommentar. So besteht die Ausgabe der *Sokratischen Denkwürdigkeiten* [13], die ich hier empfehlen möchte, aus jeweils einer Seite Hamann-Text und einer Seite Erläuterung. Hamanns Kombinationstechnik ist einmal gewollte Verdunkelung und Schutz vor oberflächlichem Lesen. Grundlegender noch steht eine christlich-heilsgeschichtliche Auffassung von Geschichte dahinter. Geschichte ist nicht vergangene Vergangenheit, sondern bleibt lebendig, sprechend, rätselhaft, z. B. als Gleichnis. Daraus folgt, daß die Bedeutung einer Textstelle nicht ein für allemal feststeht. Sie ergibt sich aus dem Zusammenhang, in dem sie jeweils steht und aus der konkreten geschichtlichen Situation des Lesenden, Fragenden. Insofern entspricht der eigenwillige Stil ganz der Botschaft der *Sokratischen Denkwürdigkeiten* an ihre Zeit.

Hamanns Stil

Einen bedeutenden Beitrag lieferte Hamann auch zur Kunst- und Sprachphilosophie. Der Kunstphilosophie der Aufklärung schwebte ja das Bild einer harmonischen Natur vor, die nachgeahmt werden sollte. Johann J. Winkelmanns Entdeckung der griechischen Plastik (Stichwort: »edle Einfalt, stille Größe«) wurde in diesem Zusammenhang begeistert aufgenommen (*Gedanken über die Nachahmung der griechischen Werke in der Malerei und Bildhauerkunst*, 1755). Ganz anders Hamann mit seinem gleichsam chaotischen, nicht-harmonischen Naturbegriff: »Die Natur würkt durch Sinne und Leidenschaften« – »Sinne und Leidenschaften reden und verstehen nichts als Bilder. In Bildern besteht der ganze Schatz menschlicher Erkenntnis und Glückseeligkeit.« – »Poesie ist die Muttersprache des menschlichen Geschlechts« (aus: *Aesthetica in nuce*, 1762).

gegen die rationalistische Kunst- und Sprachphilosophie

Die Zeitgenossen, so sein Vorwurf, haben sich eine harmonische Natur zurechtgebastelt, um sie besser beherrschen zu können. In seiner Sprachphilosophie hat er – gegen Kant – die grundlegende Gebundenheit der *radikales Christentum* menschlichen Vernunft an die Sprache herausgearbeitet. Hamann steht quer zu seiner Zeit, ein radikaler Christ. Ist er deshalb »Gegenaufklärer«? In manchem geht er viel weiter. Die gesunde Vernunft kann z. B. viele Unterscheidungen treffen, etwa zwischen einem »öffentlichen« und einem »Privatgebrauch der Vernunft« [→ S. 204]. Der Christ sträubt sich dagegen. Für ihn ist die Person eine Einheit, als Schriftsteller in der Öffentlichkeit wie als Privatperson in seinem Beruf: »Was hilft mit das *Feyerkleid* der Freiheit, wenn ich daheim im Sclavenkittel. [...] Also der öffentliche Gebrauch der Vernunft ist nichts als ein Nachtisch, ein geiler Nachtisch. Der Privatgebrauch ist das *täglich Brodt*, das wir für jenen entbehren sollen.« [14]

Friedrich Heinrich Jacobi Zwei Philosophen wurden vornehmlich durch Hamann angeregt, Friedrich Heinrich Jacobi (1743–1819) und Johann Gottfried Herder (1744–1803). Bei beiden finden wir eine gewisse Säkularisierung (Verweltlichung) von Hamanns christlichem Denken: bei Jacobi in Richtung eines rein philosophischen Glaubens, bei Herder in Richtung einer an der Vervollkommnung des Menschengeschlechts interessierten Geschichtsphilosophie. Jacobi beharrt auf dem grundsätzlichen Gegensatz von Glauben und Wissen. Gott ist praktisch, aus dem Gefühl der Freiheit des Menschen in seinem dem Gewissen verpflichteten Handeln erfahrbar. Der Glaube entspringt einer persönlichen Entscheidung. Gott kann nicht wissenschaftlich erkannt oder gar bewiesen werden; eher wohnt dem wissenschaftlichen Denken die Tendenz inne, Gott zu leugnen. Damit widerspricht Jacobi einer weitverbreiteten Auffassung des 18. Jahrhunderts, der sog. Physikotheologie, was man mit »Gotteslehre aus der Natur« übersetzen könnte. Diese optimistische Weltauslegung meinte, Gott in der inneren Zweckmäßigkeit der Welt von der Ameise bis zum Sternenhimmel zu finden; Mikroskope und Teleskope hat man so als Instrumente der Offenbarung Gottes gerühmt. Das mutet heute sicherlich naiv an. Allerdings ist das Problem bei

atheistische Tendenz der Wissenschaft Jacobi sein »Standpunkt«. Ein zu Recht berühmter Satz Hegels lautet: »Die wahrhafte Widerlegung muß in die Kraft des Gegners eingehen und sich in den Umkreis seiner Stärke stellen; ihn außerhalb seiner selbst anzugreifen und da Recht zu behalten, wo er nicht ist, fördert die Sache nicht.« Das hat Jacobi nicht getan. Er hat sich auf die Methode des beweisenden-naturwissenschaftlichen Denkens nicht wirklich »von innen heraus«, also immanent-kritisch eingelassen, sondern ist bei dem reinen Gegensatz zum Glauben stehengeblieben. Einige Interpreten haben darin sein Scheitern gesehen, denn dieser fixe Standpunkt muß notwendig beim Wunder enden. Mit Jacobis eigenen Worten in einem Brief an Hamann: »Licht ist in meinem Herzen, aber so wie ich es in den Verstand bringen will, erlischt es. Welche von beiden Klarheiten ist die wahre? die des Verstandes, die zwar feste Gestalten, aber hinter ihnen nur einen bodenlosen Abgrund zeigt? oder die des Herzens, welche zwar verheißend aufwärts leuchtet, aber bestimmtes Erkennen vermissen läßt? – Kann der menschliche Geist Wahrheit ergreifen, wenn nicht in ihm jene beiden Klarheiten zu Einem Lichte sich vereinigen? Und ist diese Vereinigung anders als durch ein Wunder denkbar?«

Johann Gottfried Herder Johann Gottfried Herder – Schüler von Kant und Hamann (eine gute Mischung!), Gatte der schönen Darmstädterin Caroline Flachsland, Wahlspruch: ›Licht, Liebe, Leben‹, herzoglich-sächsischer Generalsuperintendent, Oberkonsistorialrat, Oberhofprediger und städtischer Oberpfarrer im Kulturzentrum Weimar – wir müssen uns mit Hinweisen begnügen. Seine Entdeckung der Volkspoesie, die zunächst enge Freundschaft mit Goethe, seine Bedeutung für den *Sturm und Drang* – jene rebellische Generation junger deutscher Dichter der siebziger Jahre – sind Themen der Literaturgeschichte. Herders Denken ist nicht eindeutig zu fassen. Einerseits wurzelt er ganz in der Aufklärung. Ihrer Zielvorstellung einer menschenwürdigen Gesellschaft ist er sein Leben lang verbunden geblieben, und seine starke Sympathie für die Französische Revolution führte zur Entfremdung vom Weimarer Hof und dem Kreis um Goethe. Andererseits steht er seinem Jahrhundert distanziert gegenüber, entwickelt neue Denkmodelle, stellt den Fortschrittsoptimismus in Frage, weil er die Schattenseiten der bürgerlichen Gesellschaft spürt. Daher überall Unruhe, Suche, Unabgeschlossenheit in seinem Denken.

Wir beschränken uns hier auf die Sprach- und Geschichtsphilosophie. Herders *Abhandlung über den Ursprung der Sprache* (1772) erhielt den Preis der Berliner Akademie der Wissenschaften. Wie ist der Mensch zur Erfindung der Sprache gekommen? »Es wird eine Hypothese erwartet, die den Sachverhalt klar darlegt und allen Schwierigkeiten gerecht wird«, heißt es in der Formulierung der Preisfrage. Herder schreibt am Schluß der *Abhandlung*, ihr Verfasser sei ungehorsam gewesen und habe gerade keine neue Hypothese geliefert: »Er befliß sich lieber, *veste Data aus der menschlichen Seele, der Menschlichen Organisation*, dem *Bau aller alten und wilden Sprachen*, und der ganzen *Haushaltung des Menschlichen Geschlechts* zu sammeln.« Diese vier Punkte lassen ahnen, daß Herder einen ungewöhnlichen Weg gegangen ist. Er leitet nämlich die Entstehung der Sprache aus einem grundsätzlichen Mangel des Menschen ab. Jedem Tier steht der Mensch an Stärke und Sicherheit des Instinkts nach. Er ist, vom Tier aus gesehen, ein Mangelwesen. Gerade deshalb mußte er zum »besonnenen Geschöpf« sich entwickeln, und Besonnenheit ist Sprache. »So muß der Mensch sie im ersten Zustande haben, da er Mensch ist.« Menschsein heißt schlechthin Sprache-Haben. Seine andere bedeutende Einsicht lautet: »Je älter und ursprünglicher die Sprachen sind, desto mehr durchkreuzen sich auch die Gefühle in den Wurzeln der Wörter.« Das wird an den Stämmen der morgenländischen Sprachen bewiesen. Es besteht also ein ganz enger Zusammenhang zwischen Natur – Empfinden – Gefühl – Sprache. Sprache ist viel mehr als ein »Mittel zum Gebrauch der Vernunft zu gelangen« (so ein zeitgenössischer rationalistischer Theoretiker). Sprache ist Ausdruck des ganzen Menschen als einem lebendigen Naturwesen. Und »Natur« ist bei Herder stets Chiffre für eine unerschöpfliche, lebendige, ursprüngliche, auch: göttliche Kraft.

Sprache – mehr als nur Mittel

In der *Abhandlung* hat Herder zu einer neuen, ganzheitlichen Betrachtungsweise des Menschen gefunden. Man spricht auch von einer »organischen« Auffassung, weil hier wie in einem lebendigen Organismus stets die wechselseitige Verschränktheit, das Aufeinanderbezogensein der Teile bzw. der verschiedenen Aspekte eines komplexen Sachverhaltes in die Betrachtung eingeht. Nichts kann isoliert verstanden werden, alles ist Zusammenhang. Dieses organische Denken ist Herders wichtiger Beitrag zu einem vertieften Verständnis der menschlichen Geschichte.

organische Geschichtsbetrachtung

Er wird fruchtbar in seiner Geschichtsphilosophie. *Auch eine Philosophie der Geschichte zur Bildung der Menschheit* mit dem ironischen Untertitel *Beitrag zu vielen Beiträgen des Jahrhunderts* erschien 1774, zwei Jahre nach der *Abhandlung*. Herder kritisiert hier die aufklärerische Geschichtsbetrachtung, wie sie z. B. bei Voltaire und in der *Enzyklopädie* vorliegt. Es ist dünkelhafte Anmaßung, alle früheren Geschichtsepochen als unterentwickelt zu betrachten, als Vorstufen zum eigenen, fortgeschrittenen Jahrhundert. Jede Epoche, jede Nation hat ihren eigenen »Geist der Zeit«. Herder relativiert also den festen Maßstab seiner Zeitgenossen, sowohl in der allgemeinen Beurteilung als auch in der Kunst der Epochen (»Winkelmann [...] hat über die Kunstwerke der Ägypter offenbar nur nach griechischem Maßstabe geurteilt.«). Und er weist am Schluß auf die »Zweideutigkeiten« der eigenen Gegenwart hin – es ist noch nicht ausgemacht, wohin das Jahrhundert treibt. Dasselbe unruhige Fragen finden wir in den beiden großen geschichtsphilosophischen Werken des späten Herder, den *Ideen zur Philosophie der Geschichte der Menschheit* (1784–1791) und den *Briefen zur Beförderung der Humanität* (1793–1797). Man kann die Geschichtsphilosophie überhaupt als verweltlichte Erbin der Theologie auffassen. Religion gab und gibt ja eine Gesamtdeutung der Welt. Der Philosoph Karl Löwith definiert daher »Philosophie der Geschichte« als »die systematische Ausdeutung der Weltgeschichte am Leitfaden eines Prinzips, durch welches historische Geschehnisse und Folgen in Zusammenhang gebracht und auf einen letzten Sinn befragt werde.« »Das wichtigste Element aber, aus dem überhaupt die Geschichtsdeutung hervorgeht, ist die Erfahrung von Übel und Leid, das durch geschichtliches Handeln hervorgebracht wird.« [15]

Bestimmung zur Humanität

Und, können wir seit dem 18. Jahrhundert hinzufügen, die Erfahrung der Möglichkeit eines Fortschritts. Denn zweifellos hat die Entfaltung der Produktivkräfte in der bürgerlichen Gesellschaft die Geschichte in Bewegung gebracht. Sie hat viele neue Möglichkeiten geschaffen. Wie werden sie genutzt? Politisch gewendet: Was wird aus der Freiheit, in deren Namen die Französische Revolution begann? Führt sie auch zur Brüderlichkeit? Es ist von diesen Fragen her klar, daß die *Ideen* von einer tiefen Ambivalenz (wörtlich: Zwei-wertigkeit) durchzogen sind. Denn das Prinzip, von dem Löwith spricht, ist für Herder die Humanität. »Humanität ist der Zweck der Menschennatur, und Gott hat unserm Geschlecht mit diesem Zweck sein eigenes Schicksal in die Hände gegeben.« Humanität ist ein sehr umfassender Begriff. »Ich wünschte, daß ich in das Wort *Humanität* alles fassen könnte, was ich bisher über des Menschen edle Bestimmung zur Vernunft und Freiheit, zu feinern Sinnen und Trieben, zur zartesten und stärksten Gesundheit, zur Erfüllung und Beherrschung der Erde gesagt habe.« Es meint also wesentlich die Entfaltung aller Anlagen des Menschen als zugleich individuellem und gesellschaftlichem Wesen. Und Herder möchte diese Entfaltung nicht an abstrakten Worten wie der Höhe der »Kultur« eines »Staates« gemessen haben, sondern ganz konkret an der »Glückseligkeit einzelner Menschen« – wir getrauen uns heute gar nicht mehr, solche Worte zu gebrauchen – in Bezug auf alle andern. So heißt es in den *Briefen*: »*Die gegenseitig wohltätigste Einwirkung des Menschen auf den andern* jedem Individuum zu verschaffen und zu erleichtern, nur dies kann der *Zweck aller menschlichen Vereinigung sein.* [...] es soll seine Existenz genießen und das Beste davon andern mitteilen; dazu soll ihm die Gesellschaft, zu der er sich vereinigt hat, helfen.«

Hoffnung und Zweifel

Bei so hohen Erwartungen ist ein positives Ergebnis fraglich. Herder muß genau gelesen werden. Auf den ersten Blick spricht aus den *Ideen* ein großer Optimismus über den bisherigen Verlauf der Geschichte. Aber immer wieder wird dieser Optimismus in Frage gestellt und zurückgenommen in die fragende Hoffnung; die deutlichste Zurücknahme ist die Tatsache, daß das Werk 1791 unvollendet abgebrochen wurde. Und bei den scheinbar so sehr im Idealischen schwebenden *Briefen zur Beförderung der Humanität* hat die Forschung durch Vergleich mit der Urfassung Herders Rücksichtnahme auf die Zensur eindeutig nachgewiesen. Aufklärung in Deutschland – ein schwieriges Unternehmen.

Die Abenteuer der Vernunft im deutschen Idealismus

In einem Werk spricht Immanuel Kant einmal beiläufig von einem »gewagten Abenteuer der Vernunft«. Wir greifen diese Wendung auf und geben ihr als Überschrift eine symbolische Bedeutung, denn was sich in den fünfzig Jahren zwischen 1781 (Erscheinen der *Kritik der reinen Vernunft*) und Hegels Tod 1831 abgespielt hat, steckt wahrhaft voller Abenteuer. Es ist einer der spannendsten Abschnitte der Philosophiegeschichte, den man, was Geschwindigkeit und bleibende Bedeutung des Prozesses betrifft, wohl nur mit der Entwicklung von Sokrates über Platon zu Aristoteles vergleichen kann. Zugleich haben wir, die wir von den Küstenstädten Kleinasiens ausgegangen sind, erstmals große deutsche Philosophie – die Mystiker im Mittelalter kann man nur in einem sprachlichen Sinn als Deutsche bezeichnen, und noch Leibniz schrieb neben dem selbstverständlichen Latein lieber auf Französisch. Wir werden auch viel spezifisch Deutsches in dieser Philosophie finden, obwohl es noch gar kein Deutschland gibt, sondern nur die erwähnte Konstruktion von etwa zweitausend Einzelterritorien [→ S. 233]. Die Vernunft versucht da, Ordnung hineinzubringen, ganz grundsätzlich. Sie muß sich dabei gewaltig anstrengen, Popularphilosophie genügt hier nicht mehr, zumal die Französische Revolution ihre großen Versprechen nicht eingelöst hat. Die Lage ist also sehr ernst, die Aufgabe schwer, und doch haben wir hier noch einmal einen großen Optimismus. Er speist sich – auf der Ebene des Denkens gesehen – aus einem unbedingten Vertrauen in die menschliche Vernunft. Kant z. B. geht davon aus, »daß gar keine Frage, welche einen der reinen Vernunft gegebenen Gegenstand betrifft, für eben dieselbe menschliche Vernunft unauflöslich sei.« Nur dieses unbedingte Vertrauen ermöglichte den Entwurf so totaler Systeme, die mit der Beseitigung falscher Denkgewohnheiten den Grund für richtiges Denken und Handeln gelegt zu haben glaubten.

Unerhörtheit des Gesamtprozesses

Spätestens Mitte des vorigen Jahrhunderts ist das idealistische Systemdenken zusammengebrochen [→ S. 292]. Die Vernunft trägt nicht mehr als Basis, die Philosophie gerät in die Defensive. Daher auch unsere Distanz gegenüber dieser großen Philosophie. Sie hat Vorbilder geliefert und Maßstäbe gesetzt, die verbindlich bleiben, und doch kann aus angebbaren Gründen heute nicht mehr so gedacht werden. Dieser Distanz entspricht die Schwierigkeit mit den Texten. Sie unterscheiden sich qualitativ von allem, was z. B. an englischer und französischer Aufklärungsphilosophie vorliegt. Man muß sich also auf einiges gefaßt machen, sollte sich aber keineswegs vorschnell abschrecken lassen, am wenigsten von dem Wort »Idealismus«. Dieser Sammelbegriff verweist hier vor allem auf die gemeinsame Absicht, Wirklichkeit ganzheitlich zu begreifen. »Das Wahre ist das Ganze«, sagt Hegel. Ganzheitlich übersteigt immer das Konkret-Handgreifliche, wie es der unmittelbaren Erfahrung vorliegt oder von den einzelnen Wissenschaften erfaßt wird: »Ideen sind der platonischen Definition gemäß rein geistiger Natur und dennoch voller Sachbestimmtheit. Ohne alles Beiwerk offenbaren sie den eigentlichen Gehalt des jeweiligen Etwas. Sie fordern intellektuelle Auffassung, aber sie vermitteln Grundaussagen über die Wirklichkeit.« [1]

Idealismus als ganzheitliches Begreifen

So stoßen z. B. der Psychologe wie auch der Jurist immer wieder auf das Problem der menschlichen Freiheit. Was Freiheit aber eigentlich ist, bedarf *unverzichtbare »Ideen«*

einer grundsätzlichen Klärung, die den Rahmen der Fachwissenschaft verläßt. Sie ist nicht mit Händen zu greifen, nicht zu beobachten und doch ist sie eine ungeheuer wichtige – Idee. So vieles schießt in dieser Idee zusammen, was ganzheitlich nur von der Philosophie, genauer: der Vernunft erfaßt werden kann. Über diese gemeinsame Absicht hinaus bedeutet »Idealismus« bei Kant, Fichte, Schelling und Hegel jeweils etwas recht Verschiedenes. Die Geschichte des deutschen Idealismus kann gesehen werden als Versuch, jeweils den Vorgänger zu übertrumpfen. Dadurch wurde eine Fülle origineller Lösungsmöglichkeiten durchprobiert, von jedem in seiner eigenen Entwicklung und von allen vieren zusammen. Es ist ein echtes Abenteuer.

Im fernen Königsberg erwacht Immanuel Kant aus seinem dogmatischen Schlummer und setzt eine Revolution der Denkart in Gang

Die Beziehung zwischen dem Leben und dem Denken des Philosophen, die »geheimen Triebfedern«, kantisch gesprochen, aus denen das Denken sich speist, gehören zu den wohl nie auflösbaren Rätseln der Philosophiegeschichte. Im Falle Immanuel Kants springt das besonders ins Auge angesichts der unterschiedlichen Deutungen dieses Zusammenhangs. »Die Lebensgeschichte des Immanuel Kant ist schwer zu beschreiben. Denn er hatte weder Leben noch Geschichte«, schreibt Heinrich Heine 1834 und faßt seinen Eindruck in dem Satz zusammen: »Sonderbarer Kontrast zwischen dem äußeren Leben des Mannes und seinen zerstörenden, weltzermalmenden Gedanken!« [2] »Kant lebte wie er lehrte«, schreibt hingegen R. B. Jachmann. Damit ist wohl vor allem die Übereinstimmung zwischen dem unbedingten Pflichtprinzip seiner Moral und der eigenen, festen Prinzipien verpflichteten Lebensführung gemeint. Jachmann war einer der Biographen Kants, die als Schüler und Freunde in langjährigem vertrautem Umgang mit ihm standen [3]. Übereinstimmend schildern sie den immergleichen Tagesablauf des lebenslangen Junggesellen: Mit den Worten »Es ist Zeit!« wurde er jeden Morgen fünf vor fünf von seinem Diener Martin Lampe geweckt. Unverzüglich stand er auf, trank dann seinen Tee und rauchte die einzige Pfeife für den Tag. Dabei hing er seinen Ideen und Dispositionen nach. Es war ganz *seine* Zeit; »seit mehr als einem halben Jahrhundert«, sagte er kurz vor seinem Tode, »habe er keine lebendige Seele beim Tee um sich gehabt.« Von sieben bis neun Uhr dann Vorlesungen, von neun bis zum Mittagessen Viertel vor eins Arbeit meist an den eigenen Schriften. Das Mittagessen wurde immer mit guten Freunden eingenommen und zog sich bis vier Uhr hin. Dabei zeigte sich Kant als überaus anregender Gesprächspartner, der auf allen Gebieten bewandert war und ein unglaubliches Gedächtnis besaß. Seine Lieblingslektüre waren Reisebeschreibungen; er schilderte z. B. einmal in Gegenwart eines Londoners so genau die Bauart der Westminsterbrücke, daß dieser ihn verwundert fragte, wie lange er in London gelebt habe und ob er sich besonders für Architektur interessiere! Explizit philosophische Erörterungen vermied er dabei, um so mehr ging es um Politik, besonders seit dem Revolutionsjahr 1789. Nach dem Essen der Spaziergang allein (die Königsberger sollen ihre Uhr danach gestellt haben können) und dann nochmals Schreibtisch bis Punkt zehn. Sieben Stunden Schlaf, fünf vor fünf kommt Lampe mit dem Zuruf: »Es ist Zeit!«.

Kant

Lebensführung

Kant lebte von 1724 bis 1804. Er kam »aus dem niedern Bürgerstande«; *Rousseau – Erlebnis*
der Vater war ein Riemermeister (wohl: Sattler?). Abgesehen von einigen
Ausflügen in die nähere Umgebung hat er seine Heimatstadt Königsberg
sein Leben lang nie verlassen! Klein und schwächlich gebaut, hat er »der
Natur das Leben abgezwungen« (Jachmann). Er muß wunderschöne, tief-
blickende blaue Augen gehabt haben. In seinem Haus hing als einziger
Schmuck ein Portrait von Rousseau. Rousseaus *Émile* hat ihn derart gefesselt, daß er sogar seinen Spaziergang darüber ausließ! Kants Rousseau-
Erlebnis muß sehr tief gegangen sein. Er schreibt darüber: »Ich bin selbst
aus Neigung ein Forscher. Ich fühle den ganzen Durst nach Erkenntnis und
die begierige Unruhe, darin weiter zu kommen, oder auch die Zufriedenheit bey jedem Erwerb. Es war eine Zeit, da ich glaubte, diese allein könnte
die Ehre der Menschheit machen, und ich verachtete den Pöbel, der von
nichts weis. *Rousseau* hat mich zurecht gebracht.«

Kants tätige Menschenliebe, seine Achtung den anderen und sich selbst *Eine psychologische*
gegenüber, die aufgeweckte Munterkeit bis ins hohe Alter, dann der Satz *Vermutung*
des Biographen: »welcher seiner Freunde hätte es nicht überaus oft aus
seinem Munde gehöret, daß er um keinen Preis unter der Bedingung, eben
so noch einmal vom Anfange an zu leben, seine Existenz wiederholen
möchte.« [4] Das muß sehr betroffen machen. Steckt nicht ein tiefer Haß,
eine gegen sich selbst gerichtete Wut in diesem Satz? Das »Manelchen«,
wie ihn die fromme, geliebte Mutter zärtlich nannte, war ein braver Junge.
»Die Forderung seiner reinen praktischen Vernunft, heilig zu sein, war
schon sehr frühe die Forderung seiner guten Mutter an ihn selbst«, schreibt
ein Biograph und bemerkt ausdrücklich, daß Kant, der den Entwurf der
Biographie gelesen hat, an dieser Stelle der Handschrift nichts abgeändert
habe. Gehorsam gegen die Eltern und gegen alle Obrigkeit. Aber, wie die
Psychologie weiß, »steckt immer ein trotziger Rotzbub in dem braven
Buben« (F. Perls). Trotz und Wut gegen alles, was einem angetan wurde
und was man sich jetzt selbst antut. Liegt hier, in einer nie zum Ausbruch
gelangten Wut, vielleicht eine Energie, die Kant sein Leben lang intellektuell angetrieben hat? Im Grunde hat er's ja »allen gegeben«: den Philosophen, den Pfaffen, den Hofschranzen, den Genußmenschen. Er hat »gegen alle« Recht behalten, schrieb noch 1799, daß seiner Lehre »kein Wechsel der Meinungen, keine Nachbesserungen oder ein andersgeformtes
Lehrgebäude bevorstehen.« Das brave Manelchen hat also »alle geschlagen«. Ich stelle hier eine Vermutung an, für die ich nur die Bildkraft der
Worte sprechen lassen kann.

Die Karriere ist schnell erzählt. Nach zwei Jahren Hospitalschule besucht *akademische*
Kant von 1732 bis 1740 das pietistische Collegium Friedericianum. Er *Laufbahn*
begeistert sich sehr für die antiken Autoren, die er sein Leben lang gerne
auswendig zitiert. Von 1740 bis 1746 an der Universität Königsberg Studium der Philosophie, Mathematik und Physik. Dann arbeitet er neun Jahre
als Hauslehrer; seit 1755 als Privatdozent an der Universität. Allmählich
wird er berühmt, vor allem durch seine *Allgemeine Naturgeschichte und
Theorie des Himmels* (1755). Mehrere Berufungen an auswärtige Universitäten schlägt er aus (»Alle Veränderung macht mich bange«, schrieb er in
einem Brief an einen Freund 1778). 1770, also mit 46 Jahren erst wird Kant
ordentlicher Professor für Metaphysik und Logik, und erst 1781, im 57.
Lebensjahr, wenn die meisten Professoren bereits ihren intellektuellen
Frieden mit sich und der Welt gemacht haben, erscheint das Hauptwerk,
die *Kritik der reinen Vernunft*. Dann folgen schnell die weiteren Schriften:
Prolegomena (d.h. Einleitung, Vorrede) *zu einer jeden künftigen Metaphy-*

Hauptwerke

sik, die als Wissenschaft wird auftreten können (1783); *Grundlegung zur Metaphysik der Sitten* (1785); *Kritik der praktischen Vernunft* (1788); *Kritik der Urteilskraft* (1790); *Die Religion innerhalb der Grenzen der bloßen Vernunft* (1793); *Die Metaphysik der Sitten* (1797). Daneben veröffentlicht Kant zahlreiche kleinere Schriften meist in der *Berlinischen Monatsschrift*, der Zeitschrift der »Aufklärungsbande«, wie sie von Gegnern beschimpft wurde. Hier seien nur die wichtigsten seiner Veröffentlichungen genannt: *Idee zu einer allgemeinen Geschichte in weltbürgerlicher Absicht* (1784); *Beantwortung der Frage: Was ist Aufklärung?* (1784); *Zum ewigen Frieden* (1795).

Tod eines Philosophen

Die Wirkung der *Kritik der reinen Vernunft* ließ zunächst auf sich warten. Mit Beginn der neunziger Jahre setzte sie dann schlagartig ein – nicht zuletzt aufgrund der begeisterten Verbreitung Kantischen Gedankenguts durch Friedrich Schiller. Ende des Jahrzehnts war Kantische Philosophie offizielle Philosophie an den deutschen Universitäten, und Kants Portrait schmückte zierliche Vasen aus einer Königsberger Fayencefabrik. Kant lehrte bis 1797. Nach 1800 ließen seine körperlichen und geistigen Kräfte schnell nach; er verlor fast ganz sein Gedächtnis. Wir haben einen ergreifenden Bericht über diese letzten Jahre und Monate des Philosophen. Nach kurzer Krankheit starb Kant – »übrigens ein über alle Vorstellung ausgedörrter, abgemergelter Körper« – am 12. Februar 1804. Nach der feierlichen Beisetzung im Professorengewölbe des Doms wurde sein Nachlaß versteigert. Aus seinem Wohnhaus wurde eine Gaststätte für Billard- und Kegelspiele.

Eigenart des Stils

Kants Texte sind, wenn nicht einfacher zu verstehen, jedenfalls leichter zu lesen als das meiste von Fichte, Schelling und Hegel. Heinrich Heine sprach von einem »grauen, trocknen Packpapierstil«, einer »hofmännisch abgekälteten Kanzleisprache«. Das ist gewiß übertrieben, trifft aber das eigentümlich langatmig-umständlich Gestelzte von Kants Stil (über den dieser selbst klagte). Manche Worte stehen noch mit einem anderen Artikel, z. B. schreibt Kant oft »das Erkenntnis«. Die z. T. altertümelnde Ausdrucksweise ist manchmal sehr amüsant; dazwischen oft Definitionen, Unterscheidungen, Gegenüberstellungen von überraschender Eleganz. »Die hervorstechende Kraft des kantischen Geistes aber war, Begriffe zu zergliedern und sie in ihre einfachsten Bestandteile und Merkmale zu zerlegen« (Jachmann). Das manchmal ermüdende »Zergliedern« und immer wieder Zurückkommen auf bestimmte Begriffe hilft sehr beim Lesen. Sympathisch ist auch die Aufrichtigkeit, mit der Kant oft Widersprüche stehen läßt bzw. Punkte, wo er nicht weiter weiß, offen eingesteht (Achtung: »Geheimnis der Natur«!). Als Einstieg bieten sich seine kleineren, populär gehaltenen Schriften wie *Was ist Aufklärung* und *Idee zu einer allgemeinen Geschichte in weltbürgerlicher Absicht* an. Eine Hilfestellung zur *Kritik der reinen Vernunft* geben die *Prolegomena*, die Kant als eine Art Erläuterung der Hauptgedanken der *Kritik der reinen Vernunft* verfaßt hat. Die drei *Kritiken* lesen sich, wie alle großen Werke der Philosophie, am besten zusammen mit einigen Freund(inn)en. In einer Mischung von Chronologie und Schwerpunkten wird auf folgende Gebiete eingegangen: Der vorkritische Kant – die drei Kritiken *(Kritik der reinen Vernunft = RV; Kritik der praktischen Vernunft = PV; Kritik der Urteilskraft = UK)* – einiges zu Religionsphilosophie, Geschichts- und Rechtsphilosophie. Wenn nicht anders vermerkt, stammen alle Zitate aus der zehnbändigen Werkausgabe [5].

Empfehlungen zur Auseinandersetzung mit Kant

Immanuel Kant ist erst spät aufgewacht, nach einem langen »dogmatischen Schlummer«, wie er es selbst nannte. Man unterteilt daher seinen

Denkweg in zwei Perioden, eine »vorkritische« und die »kritische«, in der *Der vorkritische Kant*
Kant »nach langen Bemühungen« und »mancherley Umkippung« (Brief an
den Mathematiker Lambert, 1765) seine eigene Methode erarbeitet hat. Er
ist ja als pietistischer Protestant mit viel klassischem Bildungsgut groß
geworden und in die Wissenschaft seiner Zeit hineingewachsen. Vorherrschend
war damals in Deutschland die Schulphilosophie von Christian
Wolff [→ S. 235] und die Naturwissenschaft Newtons [→ S. 143 f.]. Also ein
eigenartiges Mit- und Nebeneinander einer rationalistisch unbekümmert
und daher dogmatisch schlußfolgernden »Weltweisheit« und einer mathematisch
exakten Physik auf mechanistischer Grundlage. So beweist Kant
z. B. noch 1759 in seinem *Versuch einiger Betrachtungen über den Optimismus*,
daß, wie Leibniz behauptete, diese Welt tatsächlich die bestmögliche
ist. Er geht dabei »ganz logisch« vor, wie Christian Wolff: »Ich fange
demnach also an zu schließen. Wenn... so... nun ist... also... Die Richtung
des Obersatzes erhellt also...« Kant weiß in diesem Stadium seines Denkens
noch ganz genau, was Gott kann und tut, denn dieser »höchste Verstand«
kann unmöglich anders denken und handeln als nach dem Modell
der Logik von Aristoteles. Dieses ganz auf die Logik vertrauende Denken,
dem nichts verschlossen bleibt, weil ja alles logisch zugeht in der Welt, ist
es, was man »dogmatisches Denken« oder auch den »unmittelbaren Zugriff
der Aufklärungsphilosophie« nennt.

Die *Allgemeine Naturgeschichte und Theorie des Himmels, oder Versuch* *Das Leben, Grenze des*
von der Verfassung und dem mechanischen Ursprunge des ganzen Weltgebäudes *Mechanischen*
nach Newtonischen Grundsätzen abgehandelt (1755) zeigt, wie
sehr Kant auf der Höhe der Wissenschaft seiner Zeit steht, wie gründlich er
Newton aufgenommen und weitergedacht hat. Mechanik ist eine Theorie
des Gleichgewichts der Kräfte, mit den Grundbegriffen Kraft, Anziehung,
Druck und Stoß. Wenn Kant das Werden des Universums mechanisch
erklärt, geht er damit von blind wirkenden – eben mechanischen – Kräften
aus. Wie kommt bei blinden Kräften ein geordnetes Ganzes heraus? »Es ist
ein Gott eben deswegen, weil die Natur auch selbst im Chaos nicht anders
als regelmäßig verfahren kann.« Interessanterweise ist sich Kant voll der
Grenzen des mechanistischen Erklärungsmodells bewußt – im Gegensatz
zu Descartes und vielen anderen nach ihm, die auch das Zusammenwirken
von Leib und Seele mechanistisch erklären wollten [→ S. 170]: »Man darf es
sich aber nicht befremden lassen, wenn ich mich unterstehe zu sagen: daß
eher die Bildung aller Himmelskörper, die Ursache ihrer Bewegungen,
kurz, der Ursprung der ganzen gegenwärtigen Verfassung des Weltbaues,
werde können eingesehen werden, ehe die Erzeugung eines einzigen
Krauts oder einer Raupe, aus mechanischen Gründen, deutlich und vollständig
kund werden wird.« Erst mit der *Kritik der Urteilskraft* von 1790
glaubt Kant, eine befriedigende Lösung dieser Problematik gefunden zu
haben.

1766, elf Jahre nach der *Allgemeinen Naturgeschichte*, erscheinen die *beginnende*
Träume eines Geistersehers, erläutert durch Träume der Metaphysik. Es *Problematisierung der*
ist eine witzig-ironisch geschriebene Kritik des schwedischen Mystikers – *»metaphysischen*
»Schwärmers«, wie man damals sagte – Emanuel Swedenborg, der auch in *Luftbaumeister«*
Deutschland eine beträchtliche Anhängerschaft besaß. Daß Kant nicht die
Spur eines Verständnisses hatte für das, was sich in und als Mystik äußerte,
sei hier nur nebenbei bemerkt. Mit der eigenen Sache rückt er noch nicht
heraus, zeigt aber deutlich seine Distanz gegenüber – auch seinem –
bisherigem Philosophieren. Er nennt die Metaphysiker, die vermeintlichen
Wissenschaftler von den letzten Dingen, »Luftbaumeister«; Wolffs Philo-

sophie sei »aus wenig Bauzeug der Erfahrung, aber mehr erschlichenen Begriffen gezimmert.« Eine erste Andeutung des künftigen Wegs findet sich am Ende des Werkes. »Die Metaphysik, in welche ich das Schicksal habe verliebt zu sein«, bekennt Kant. Aber es soll eine andere Metaphysik sein, keine Luftschlösser: eine »Wissenschaft von den *Grenzen der menschlichen Vernunft* [...]. Ich habe diese Grenze zwar hier nicht genau bezeichnet...«

zwei Anstöße

Was hat Kant zur Ausarbeitung einer neuen Wissenschaft von den letzten Dingen getrieben? Er nennt zwei Anstöße. Die herkömmliche Metaphysik mit ihrem direkten Zugriff kam zu genau gegensätzlichen Aussagen über ihre wichtigsten Themen. Etwa die menschliche Freiheit: es ist Freiheit – es ist alles Naturnotwendigkeit. Etwa Gott: es gibt einen Gott – es gibt keinen Gott. Etwa die Welt: die Welt hat einen Anfang – sie ist unendlich. Beide Positionen konnten gleichermaßen »vernünftig« bewiesen werden. Gerade darin liegt für Kant »das Skandal des scheinbaren Widerspruchs der Vernunft mit ihr selbst.« Der zweite Anstoß war das Denken David Humes [→ S. 199]. Hume kam in seiner *Untersuchung über den menschlichen Verstand* (1748) zu dem Ergebnis, daß wir – abgesehen von gewissen mathematisch-logischen Bereichen – überhaupt nichts sicher wissen können. Es gibt keine Naturgesetze, sondern nur Gewohnheiten der Erfahrung. Wer ist wirklich sicher, daß die Sonne morgen aufgehen wird? Die Assoziation eines häufigen Zusammenhangs von Ereignissen ist noch lange keine notwendige Verknüpfung!

Herausforderung also durch zwei extreme Positionen: die dogmatische Selbstsicherheit der Metaphysik und der alles bezweifelnde Skeptizismus Humes. In diesem Streit der Schulen (hie »Rationalismus«, hie »Empirismus«) geht es – für uns gar nicht mehr so leicht nachvollziehbar – immer um die grundsätzliche Frage: was ist der Mensch, was leistet seine Vernunft, was kann er erkennen, fordern, wünschen? Die herkömmliche Metaphysik steht für Kant in gefährlicher Nähe zur Theologie. Beide ersparen gerne das kritische Nachhaken und leisten so einer Fremdbestimmung des Einzelnen Vorschub. Wenn Hume Recht hat, so sind wir alle Gewohnheitstiere. Warum – könnte man folgern – sollen nicht Regierungen und Theologen diesen Gewohnheitstieren sagen, was sie zu tun und zu glauben haben? Kant ist da anderer Meinung: »Unser Zeitalter ist das eigentliche Zeitalter der *Kritik*, der sich alles unterwerfen muß. *Religion*, durch ihre *Heiligkeit*, und *Gesetzgebung*, durch ihre *Majestät*, wollen sich gemeiniglich derselben entziehen. Aber alsdenn erregen sie gerechten Verdacht wider sich, und können auf unverstellte Achtung nicht Anspruch machen, die die Vernunft nur demjenigen bewilligt, was ihre freie und öffentliche Prüfung hat aushalten können« (*RV*, 13). Kant spannt hier selbst ausdrücklich den Bogen zwischen den scheinbar entlegenen Fragen der Erkenntnistheorie, der Religions- und Rechtsphilosophie und der Politik. Es geht um die Würde des Menschen. Sie lebt von seinem Recht auf Vernunft. Die Vernunft hat das Recht, alles, was ist, zu prüfen. Frei und öffentlich. »Aufklärung ist Ausgang aus der selbst verschuldeten Unmündigkeit.« Aufklärung ist Emanzipation, die Vernunft ist ihre Bastion – des Angriffs oder des Rückzugs, jedenfalls ist es ein Kampf.

Titelblatt

Gerichtshof der reinen Vernunft

Die *Kritik der reinen Vernunft* ist 1781 erschienen; 1787 kam, mit beträchtlichen Erweiterungen, Klärungen und neuen Dunkelheiten, die zweite Auflage heraus. Wir beziehen uns – wie allgemein üblich – auf diese zweite Auflage; die Unterschiede zwischen 1781 und 1787 müssen unberücksichtigt bleiben. Kritik bedeutet wörtlich »Grenzbestimmung«. »Reine

Vernunft« ist »Nur-Vernunft«, unabhängig und ungetrübt von der sinnlichen Erfahrung (*Grenzbestimmung der ungetrübten Vernunft*, das wäre ein neuer Titel...): »Kritik der reinen Vernunft ist also die Prüfung der Reichweite der menschlichen Vernunft im Hinblick auf die Erkenntnis der Wirklichkeit, unabhängig von Informationen, die nur durch Sinneswahrnehmungen erreichbar sind.« [6]

Es ist sehr schwierig und in gewissem Sinne immer auch verfälschend, das im Titel des Werkes ausgedrückte Programm in wenigen Sätzen vorzustellen. Schwierigkeiten bereiten die Grundsätzlichkeit der Fragestellung, mit der Kant das Erkenntnisproblem aufrollt, und die logische Begrifflichkeit, in der er das tut. Dieser Begrifflichkeit bedient sich Kant ganz selbstverständlich. Teils war sie ja Allgemeingut; teils tut er auch so, als sei das, wovon er redet, Allgemeingut; teils prägt er ganz entscheidende Begriffe völlig neu – uns jedenfalls liegt diese logische Begrifflichkeit fern und ist nur schrittweise in ihrer Bedeutung wirklich nachvollziehbar. David Hume hatte behauptet, »daß wir nur durch Erfahrung den häufigen *Zusammenhang* von Gegenständen kennen lernen, ohne je etwas einer *Verknüpfung* Ähnliches erfassen zu können.« Kant weiß, daß Hume Unrecht hat, aber er muß es beweisen. Er muß beweisen, daß die »Verknüpfung« wirklich, sachangemessen, objektiv, mit einem Wort: gesetzmäßig ist. Gesetzmäßigkeit zeichnet sich durch Notwendigkeit und strenge Allgemeinheit aus. Diese Art von Erkenntnis nennt Kant »Erkenntnis a priori«. Das heißt, vorgängig und unabhängig von Erfahrung weiß ich, daß es so sein muß. Beispiele sind die Axiome der Mathematik und die Gesetze der Naturwissenschaft, vor allem das Kausalgesetz: auf A folgt notwendig B, weil A die Ursache von B ist.

Erfahrung versus Notwendigkeit

Von Erfahrung abhängige Erkenntnis kann diese strenge Gesetzmäßigkeit nie erlangen. Für Kant war z.B. die Chemie keine wirkliche Wissenschaft, sondern nur eine »systematische Kunst« oder »Experimentallehre«, da sich für die chemischen Reaktionen keine begrifflich notwendigen Gesetzmäßigkeiten finden ließen. Ich kann nur immer wieder die Erfahrung machen, daß etwas so ist und sich vermutlich wieder so verhalten wird. Am Vorbild mathematischer Notwendigkeit gemessen sind das »bloß Erfahrungsgesetze«. Eine solche Erkenntnis ist Erkenntnis *a posteriori*, nachträgliche Erkenntnis; auch wenn, der Zeit nach, alles Erkennen natürlich mit Erfahrung beginnt. Kant drückt diesen Unterschied auch logisch aus mit der Gegenüberstellung »analytischer« und »synthetischer« Urteile. Ein Urteil ist ein Satz. Er kann etwas aussagen, was sowieso schon im Begriff einer Sache liegt. Kants Beispiel: Alle Körper sind ausgedehnt. Da Ausdehnung bereits im Begriff des Körpers liegt, haben wir hier nur ein Erläuterungsurteil, keine echte Erkenntnis. Erkennen ist Verknüpfung (Synthesis), in der etwas Neues von der Sache ausgesagt wird (Erweiterungsurteil). Und diese Verknüpfung soll gesetzmäßig, *a priori* sein. Daher die berühmte Generalfrage der *Kritik der reinen Vernunft*: »Wie sind synthetische Urteile a priori möglich?«

analytische und synthetische Urteile

In dieser ganz allgemeinen logischen Formulierung stecken drei Fragen. »Wie ist reine Mathematik möglich?« – »Wie ist reine Naturwissenschaft möglich?« Schließlich: »Wie ist Metaphysik als Wissenschaft möglich?« Ein gigantisches Programm! Das Neue und Revolutionäre des kantischen Weges ist nun sein Umweg. Kant verzichtet zunächst darauf, diese Fragen direkt beantworten zu wollen im Sinne einer Beschäftigung mit Gegenständen der Wissenschaft. Kant untersucht vielmehr zuerst *unsere* Erkenntnisart von Gegenständen. Diese Fragestellung nennt er »transzendental«.

Rückgang aufs Subjekt

Transzendentale Reflexion untersucht erstmals die »Bedingungen der Möglichkeit von Erfahrung« überhaupt. Sie liegen im Subjekt: »Versucht man, das Gemeinsame der neuen Fragestellung in den kritischen Werken Kants zu benennen, so kann man [...] sicher sagen, daß in ihnen der unmittelbar analytische Zugriff der Aufklärungsphilosophie durch eine Reflexion auf die Rolle des Subjekts im Erkennen und Denken, im Wollen und Handeln, in Fragen der Religion, der Kunst, der Geschichtsphilosophie und der Weltinterpretation im ganzen ersetzt wird.« [7] »Umänderung der Denkart«. In der Vorrede zur zweiten Auflage nimmt Kant selbst einen Vergleich seines Vorhabens mit dem Unternehmen von Kopernikus vor. Bis Kopernikus nahmen alle Menschen an, die Erde sei der Mittelpunkt. Kopernikus versuchte es gegen alle scheinbar gewisse Erfahrung anders herum. Bis Kant nahmen alle Menschen selbstverständlich an, daß sich die menschliche Erkenntnis nach den Gegenständen richtet. Wie wäre es, einmal anzunehmen, daß sich die Gegenstände nach der Eigenart des menschlichen (subjektiven) Erkenntnisvermögens richten? Das Ergebnis ist verblüffend: es gibt objektive Erkenntnis – einer Welt, die ganz und gar von uns Subjekten hervorgebracht wird!

Aufbau der Kritik der reinen Vernunft

Die *Kritik der reinen Vernunft* hat folgenden Aufbau:

   I Transzendentale Elementarlehre
         Erster Teil: Die transzendentale Ästhetik
         Zweiter Teil: Die transzendentale Logik
         Erste Abteilung: Die transzendentale Analytik
         Zweite Abteilung: Die transzendentale Dialektik
  II Transzendentale Methodenlehre

Sinnlichkeit und Verstand

Während die transzendentale Methodenlehre hauptsächlich umreißt, wie ein vollständiges System der reinen Vernunft aussähe (denn Kant betrachtet die *Kritik* nur als Vorbereitung dazu), findet in der Elementarlehre die eigentliche »Zergliederung« des menschlichen Denkvermögens statt. Kant spricht grundsätzlich von »zwei Stämmen« der menschlichen Erkenntnis, Sinnlichkeit und Verstand. Durch Sinnlichkeit werden uns die Gegenstände gegeben, durch den Verstand gedacht. Die transzendentale Logik untersucht den Verstand, die menschliche Sinnlichkeit ist Gegenstand der transzendentalen Ästhetik.

transzendentale Ästhetik

»Ästhetik« meint hier nach dem ursprünglichen Wortsinn »Lehre von der Empfindung«; transzendentale Ästhetik als »Wissenschaft von den Prinzipien der Sinnlichkeit a priori« betrachtet aber nicht die empirischen Empfindungen wie Tasten, Schmecken – so haben John Locke und die anderen Empiristen angefangen, und gerade das steht Kants *a priori*-Programm entgegen –, sondern die zwei »reinen Formen sinnlicher Anschauung«, Raum und Zeit.

Raum und Zeit; »Ding an sich« und »Erscheinung«

Hier finden sich nun die grundlegenden Aussagen. Raum und Zeit »gibt« es nicht als Eigenschaft der Dinge. Raum und Zeit liegen im Menschen, in seiner Sinnlichkeit. In uns liegen diese »reinen Formen der Anschauung«, der Raum als reine Form der äußeren, die Zeit als reine Form der inneren Anschauung. Das heißt anders gesagt: es »gibt« gar keine »Gegenstände«, sondern ein »Etwas«, aus dem *wir* – mit den Anschauungsformen Raum und Zeit – Gegenstände machen. Kant drückt das mit dem Begriff »Erscheinung« aus. Die Welt ist (nur) Erscheinung, Produkt unserer Sinnlichkeit. Aber »was« »erscheint« da? »Etwas« muß doch »Stoff« unserer formenden Tätigkeit sein? Diese Frage zielt auf das berühmte »Ding an sich«, wie Kant es im Unterschied zu den sog. Phänomenen, den Erscheinungen also, nannte. Eine schwierige Sache, ein großes Problem.

Wie tief und erschütternd es auf die Zeitgenossen wirken konnte, geht aus einem Brief Heinrich von Kleists vom 22. März 1801 an seine Braut Wilhelmine von Zenge hervor: »Vor kurzem ward ich mit der neueren sogenannten Kantischen Philosophie bekannt – und Dir muß ich jetzt daraus einen Gedanken mitteilen, indem ich nicht fürchten darf, daß er Dich so tief, so schmerzhaft erschüttern wird, als mich. Auch kennst Du das Ganze nicht hinlänglich, um sein Interesse vollständig zu begreifen. Ich will indessen so deutlich sprechen, als möglich. Wenn alle Menschen statt der Augen grüne Gläser hätten, so würden sie urteilen müssen, die Gegenstände, welche sie dadurch erblicken, *sind* grün – und nie würden sie entscheiden können, ob ihr Auge ihnen die Dinge zeigt, wie sie sind, oder ob es nicht etwas zu ihnen hinzutut, was nicht ihnen, sondern dem Auge gehört. So ist es mit dem Verstande. Wir können nicht entscheiden, ob das, was wir Wahrheit nennen, wahrhaft Wahrheit ist, oder ob es uns nur so scheint. Ist das letzte, so *ist* die Wahrheit, die wir hier sammeln, nach dem Tode nicht mehr – und alles Bestreben, ein Eigentum sich zu erwerben, das uns auch in das Grab folgt, ist vergeblich –. Ach, Wilhelmine, wenn die Spitze dieses Gedankens Dein Herz nicht trifft, so lächle nicht über einen andern, der sich tief in seinem heiligsten Innern davon verwundet fühlt. Mein einziges, mein höchstes Ziel ist gesunken, und ich habe nun keines mehr.«

»Wahrheit« wird fraglich

Kant selbst drückt seine Fragestellung so aus: Was es für eine Bewandtnis mit den Gegenständen an sich und abgesondert von aller Rezeptivität [= Empfänglichkeit, genauer: formende, tätige Empfänglichkeit] unserer Sinnlichkeit haben möge, bleibt uns gänzlich unbekannt. Wir kennen nichts, als unsere Art, sie wahrzunehmen, die uns eigentümlich ist, die auch nicht notwendig jedem Wesen, ob zwar jedem Menschen, zukommen muß. Mit dieser haben wir es lediglich zu tun.« (*RV*, 87) Gleichwohl bleibt vorbehalten, »daß wir eben dieselben Gegenstände auch als Dinge an sich selbst wenn gleich nicht *erkennen*, doch wenigstens müssen *denken* können. Denn sonst würde der ungereimte Satz daraus folgen, daß Erscheinung ohne etwas wäre, was da erscheint.« (*RV*, 31) Präzisierend spricht Kant auch von einem »Objekt in zweierlei Bedeutung« – es ist sowohl als Ding an sich selbst als auch als Erscheinung zu nehmen.

rätselhaftes »Ding an sich«

Lassen wir das »Ding an sich«, einen der meistdiskutierten Begriffe der Kant-Auslegung, auf »sich« beruhen. Es ist ein Grenzbegriff des Denkens. Ganz falsch wäre jedenfalls die Folgerung, daß unsere Welt etwas willkürlich Gemachtes sei. Kant spricht zwar von der »transzendentalen Idealität« von Raum und Zeit – die Dinge sind (nur) Erscheinungen – aber zugleich von ihrer »empirischen Realität«. Denn da *alle* Menschen so wahrnehmen, nehmen alle auch gleich wahr, und zwar a priori, d.h. vorgängig und allgemein verbindlich. Die Erscheinungen sind also wirkliche Erscheinungen, keine Phantasiegebilde.

Verbindlichkeit der Erscheinungswelt

Der erste Schritt zur Beantwortung der Frage: »Wie sind synthetische Urteile *a priori* möglich?« ist damit getan. Und gleichsam nebenbei erledigt sich ein zweites Problem: Erkenntnis bezieht sich immer auf Gegenstände der Sinne, auf die »Objekte möglicher Erfahrung« in Raum und Zeit. Außerhalb von Raum und Zeit, über mögliche Erfahrung hinaus können wir nichts wissen, so wenig von einem Gott als von Dingen an sich selbst. Können wir doch selbst – logisch-mystischer Satz – »unser eigenes Subjekt nur als Erscheinung, nicht aber nach dem, was es an sich selbst ist, erkennen.« (*RV*, 152)

Erfahrungsgebundenheit aller Erkenntnis

In den erkenntnistheoretischen Ansätzen der Philosophie seit der Antike haben sich immer »Empirismus« und »Rationalismus« einander ausschließend gegenübergestanden. Höchst bedeutsam also, daß Kant »Sinnlichkeit« und »Verstand« im Begriff der Erkenntnis untrennbar verbindet: »Keine dieser Eigenschaften ist der anderen vorzuziehen [...] Gedanken ohne Inhalt sind leer, Anschauungen ohne Begriffe sind blind [...] Nur daraus, daß sie sich vereinigen, kann Erkenntnis entspringen.« Zum Zweck der Untersuchung ist es allerdings notwendig, diese beiden »Vermögen« unserer Erkenntnis scharf zu unterscheiden und ihre Leistung jeweils getrennt zu betrachten.

transzendentale Logik

Daher folgt auf die transzendentale Ästhetik die transzendentale Logik. Sie untersucht den Denkapparat als ganzen. Hier ist nun Kants Verwurzelung in der Logik die Basis (er ist darin verwurzelt und sprengt sie zugleich durch die Tiefe seiner Untersuchung). Er unterscheidet in diesem Denkapparat den Verstand, die Urteilskraft und die Vernunft. Alle drei haben ein spezifisches Instrumentarium und damit spezifische Aufgaben innerhalb des Erkenntnisvorgangs. Der Verstand ist das »Vermögen der Begriffe«, die Urteilskraft hat Grundsätze der Zuordnung, die Vernunft hat Ideen, die auf eine Ganzheit der Erkenntnis ausgehen. Diese Unterscheidung muß man sich immer wieder vor Augen halten, wenn man die Kantsche Philosophie verstehen will.

Kategorien des Verstandes

Die transzendentale Analytik zergliedert (analysiert) zunächst die einfachen Elemente des Verstandes, die Begriffe. »Denken ist Erkenntnis durch Begriffe.« Nur Begriffe stiften Einheit, z. B. der Begriff »Farbe« gegenüber grauen, rosaroten, blaßgrünen Empfindungen. Farbe ist aber ein empirischer, durch die Erfahrung des Sehens zustandegekommener Begriff. Welche Begriffe liegen *a priori* in unserem Verstande, um die Welt zu ordnen? Es ist klar: Kant will nicht diesen oder jenen Begriff, sondern alle wesentlichen in ihrer systematischen Einheit erfassen. Als »Leitfaden« bedient er sich dabei der sog. Urteilsformen in der herkömmlichen Logik, bzw. er modelt sich diese Urteilsformen systematisch zurecht. Anhand dieses Leitfadens gelangt er zu den Kategorien (reine Verstandesbegriffe), den Grundformen aller Begriffsbildung (vgl. dazu die Kategorien bei Aristoteles [→ S. 44 f.]). In der berühmten Kategorientafel werden sie folgendermaßen geordnet:

1. *Quantität*
   Einheit
   Vielheit
   Allheit
2. *Qualität*
   Realität (Wirklichkeit)
   Negation (Nichtwirklichkeit)
   Limitation (Begrenzung)
3. *Relation*
   Substanz und Akzidenz
   Ursache und Wirkung
   Gemeinschaft (Wechselwirkung)
4. *Modalität*
   Möglichkeit – Unmöglichkeit
   Dasein – Nichtsein
   Notwendigkeit – Zufälligkeit

elementare Operationen des Denkens

Die Kategorientafel wirkt auf den ersten Blick abschreckend und abstrakt. Der Sache nach ist sie aber leicht zu verstehen, weil es sich um die einfachsten Grundoperationen bei jedem Denkvorgang handelt. Ein Urteil ist eine Aussage. Urteilsform meint die Form, die wir notwendigerweise benutzen, wenn wir etwas über einen Gegenstand aussagen. Anders: Die Form, in der, durch die, vermittels der wir etwas aussagen. Nehmen wir als Beispiel die ganz alltägliche Aussage: »Eine Gasflamme erwärmt den Kaffee«. Sie enthält oder kommt zustande durch die Kategorien, die reinen Verstandesbegriffe (allerdings mit Hilfe der gleich noch zu erwähnenden sog. Schemata). Und zwar

- Quantität (hier: Einheit; *eine* Flamme);
- Qualität (hier: Realität; der Prozeß spielt sich wirklich ab);
- Relation (hier: Ursache und Wirkung; das Feuer ist Ursache der Erwärmung);
- Modalität (hier: Notwendigkeit; die Erwärmung geschieht notwendigerweise).

Ein »Gegenstand« entsteht also durch die Verknüpfung des Mannigfaltigen, das in den reinen Anschauungsformen Raum und Zeit erscheint, mit den reinen Verstandesbegriffen? Vorläufig, denn Kants Untersuchung geht noch tiefer.

Wie kommt es, daß diese Verknüpfung (Synthesis) überhaupt stattfindet? Wo liegt ihr Ursprung? Ist sie allgemein und notwendig, bei jedem? Diesen Fragen geht die »transzendentale Deduktion der reinen Verstandesbegriffe« nach. Deduktion, ein Begriff aus der Juristensprache, bedeutet Ableitung im Sinne von Darlegung eines Rechtsanspruches. Die Logiker haben sich im Vertrauen auf Aristoteles immer mit dem bloßen Vorhandensein der Kategorien begnügt. Sie haben sie benutzt, ohne sie zu verstehen. Hier geht es aber um die Ableitung ihrer objektiven Gültigkeit für alle Gegenstände möglicher Erfahrung überhaupt. Kant spricht selbst von der »unvermeidlichen Schwierigkeit« und »Dunkelheit« dieser Deduktion, da »die Sache selbst tief eingehüllt ist.« Es muß einen Punkt der Einheit geben, der dieses Verbinden (z. B. in der Kategorie »Einheit«) allererst ermöglicht.

Kant rührt Senf an – Karikatur von Friedrich Hagemann

Dieser ursprüngliche, spontane Akt der Synthese liegt im menschlichen Selbstbewußtsein, genauer: er ist das menschliche Selbstbewußtsein, nämlich das »Ich«, das in allen Denkhandlungen »dabeisein« muß, ob ich mir dessen bewußt bin oder nicht. Kant spricht von der »transzendentalen Einheit des Selbstbewußtseins«, oder auch: »Das: *Ich denke*, muß all meine Vorstellungen begleiten *können*«, oder auch mit einem Kunstausdruck nennt er es »synthetische Einheit der Apperzeption« (Apperzeption heißt wörtlich »Hinzunahme«; meint hier das Selbstbewußtsein).

Leistung des Selbstbewußtseins: ohne »Ich« kein Denken

Die Gegenprobe überzeugt: ein Kind ist erst auf dem Wege, sein Selbstbewußtsein zu entwickeln; der Schizophrene hat es verloren. Beide können nicht »denken« im normalen Sinne des Wortes. Sie haben nicht den Einheitspunkt des Selbstbewußtseins, die Bedingung der Möglichkeit von Denkhandlungen, die in allen Denkhandlungen präsent ist. Eigentlich verblüffend einfach. Und doch muß diese Einsicht erst einmal gefunden und klargemacht werden. Ohne »Ich« kein Denken, ohne Denken keine »Gegenstände«, keine »Welt«. Es ist die Grundeinsicht des deutschen Idealismus, auf der Kants Nachfolger aufbauen. »Ich« ist im Denken, »Ich« ist Denken, »Ich« ist nicht gleich Denken. Einheit, Unterschied oder Verknüpfung? Oder alle drei in der gleichen Denkhandlung gleichzeitig? »Diese Verknüpfung von Ich und Denken kann man eine spekulative Identität nennen.« [8]

»Und so ist die synthetische Einheit der Apperzeption der höchste Punkt, an den man allen Verstandesgebrauch, selbst die ganze Logik, und, nach ihr, die Transzendental-Philosophie heften muß, ja dieses Vermögen ist der Verstand selbst.« (*RV*, 137) Damit wäre die Bedingung der Möglichkeit der reinen Verstandesbegriffe geklärt. Woher aber weiß der Verstand, welche Kategorie jeweils auf welche Erscheinung bezogen werden muß? Anders gefragt: Wie denkt der Verstand richtig? Er hat dazu wieder ein besonderes »Vermögen«, die Urteilskraft. Sie wird im zweiten Buch der transzendentalen Analytik behandelt. Die Urteilskraft weiß sozusagen, »worauf es ankommt«; sie wird definiert als »das Vermögen, unter Regeln zu subsumie-

Vermittlung der Urteilskraft

Universität zu Königsberg

ren« (d. h. unterzuordnen). Sie schlägt eine Brücke zwischen Kategorie und Erscheinung, reinem Verstandesbegriff und Sinnlichkeit, mittels – »sinnlicher Begriffe«. Kant nennt solch einen sinnlichen Begriff ein Schema. Da unser Erkennen in der Zeit stattfindet, verflüssigt die Urteilskraft gleichsam die Kategorien zu sinnlichen Bildern, die eine Zeitvorstellung enthalten. So haben wir z. B. den reinen Verstandesbegriff »Quantität«, rechnen aber (nach der Vorstellung einer zeitlichen Folge) mit dem Schema »Zahl«; die Zahl ist das Mittelding zwischen Kategorie und dem konkreten Einzelding. Zwischen der Kategorie »Kausalität« und der konkreten Veränderung einer Sache – z. B. der Wechsel von Tag und Nacht – vermittelt das Schema der gesetzmäßigen Abfolge in der Zeit.

Zwischenbilanz   Wir müssen hier vor Kants Gründlichkeit kapitulieren und uns mit diesen knappen Andeutungen begnügen. Kants Fragestellung war: Wie ist reine Mathematik möglich? Wie ist reine Naturwissenschaft möglich? Die Antwort hing ab von der Frage: Wie sind synthetische Urteile *a priori* möglich? Dazu mußte in der transzendentalen Analytik der menschliche Denkapparat zergliedert, die Bedingungen der Möglichkeit von Erfahrung mußten geklärt werden. Das Resultat, mit den Worten eines Interpreten: »Damit hat Kant sein Beweisziel erreicht: Es gibt synthetische Urteile a priori und sie sind »möglich«, d. h., sie haben objektive Gültigkeit, weil sie sich auf die reinen Anschauungsformen Raum und Zeit und die reinen Verstandesbegriffe beziehen, die zusammen den Rahmen für mögliche Erfahrungen festlegen. Es gibt daher unbedingt allgemeingültige Sätze über Gegenstände möglicher Erfahrung, die nicht bloß logisch wahr sind und doch keine Begründung durch wirkliche Erfahrung brauchen. Sie definieren vielmehr, was als »Erfahrung« akzeptiert werden kann. Dafür zahlt Kant freilich den Preis, daß solche Einsichten nur für Gegenstände möglicher Erfahrung, nicht für Dinge an sich gelten.« [9]

Die dritte Frage: »Wie ist Metaphysik als Wissenschaft möglich?« ist damit bereits beantwortet. Da all unsere Erkenntnis auf mögliche Erfahrung bezogen ist, können wir darüber hinaus nichts wissen. Gleichwohl widmet Kant der Metaphysik fast die Hälfte seiner Untersuchung, denn er will das falsche Bewußtsein dieser Wissenschaft von seinem Ursprung her verstehen und damit überwinden. Das geschieht in der »transzendentalen Dialektik«. Dialektik heißt hier »falscher Schein« im Sinne von Illusion. Illusion, die durch Vernunft entsteht, die ja als das »Vermögen der Ideen« bestimmt wurde. Warum soll die Vernunft einen falschen Schein produzieren? Ideen stiften eine Einheit der Erkenntnis, die Verstand und Urteilskraft nicht leisten. Letztere können z. B. nur aussagen, daß jede Wirkung eine Ursache hat, die wiederum eine Ursache haben muß usf. Das alles läuft auf der Ebene von Begriffen (Ursache-Wirkung, und Schema der Urteilskraft als gesetzmäßige Abfolge in der Zeit). Die Vernunft gibt nun eine Idee hinzu, die Idee der »obersten Ursache«. Die Vernunft sagt: Ich kann die Reihe Ursache-Wirkung nicht bis ins Unendliche fortsetzen; das ist unbefriedigend, es muß notwendig eine oberste Ursache der Welt geben, auch wenn ich sie nicht »greifen«, sondern nur denkend erschließen kann. Mit der Idee einer ersten Ursache hat die Vernunft so eine Einheit erreicht – indem sie den Bereich möglicher Erfahrung übersteigt. Hierin liegt ihre natürliche und unvermeidliche Illusion, ihr »transzendentaler Schein«, wie Kant es nennt. Und ihre Gefahr, wie die Geschichte der Religionen mit ihren Glaubenskämpfen gezeigt hat.

Illusionen der Vernunft

Mit eindringlicher Gründlichkeit und zugleich größter Eleganz läßt Kant die Vernunft gleichsam auflaufen. Vom überlegenen Standpunkt eines unparteiischen Zuschauers zeigt er vor dem obersten Gerichtshof der Vernunft die notwendigen Ursachen der Irrtümer auf, widerlegt sie und gibt noch die Richtung eines möglichen sinnvollen Gebrauchs an! Die drei letzten Ideen der Vernunft sind:
– Die *Seele* als absolute Einheit des denkenden Subjekts (Psychologie)
– Das *Weltganze* als absolute Einheit in der Reihe der Bedingungen der Erscheinungen (Kosmologie)
– *Gott* als absolute Einheit der Bedingungen aller Gegenstände des Denkens (Theologie)
Kant weist in der transzendentalen Dialektik nach, daß wir
– über die Beschaffenheit einer Seele nichts ausmachen können;
– daß die Aussagen über das Weltganze sich in unauflösliche Widersprüche verwickeln (die sog. Antinomien der reinen Vernunft)
– daß ein Gott ebensowenig bewiesen als widerlegt werden kann.
Damit ist die Vernunft nun nicht »erledigt«. Ihre einheitsstiftende Funktion bleibt grundlegend für unser Denken. Jedoch berechtigt nur im Sinne »regulativer Prinzipien«: die Vernunft soll das Nachforschen anleiten, regeln, »als ob« es eine Seele, eine Einheit der Welt, einen Gott gäbe. Daher regulative, nicht konstitutive Prinzipien! Regeln der Forschung, nicht dogmatische Behauptungen! Kants »als-ob-Prinzip« ist in der Tat Grundlage allen wissenschaftlichen Arbeitens geblieben, da der Wissenschaftler immer zunächst einmal mehr annehmen muß, als er beweisen kann. Diese Annahmen sind notwendig, um den Forschungsprozeß zu leiten, zu »regulieren«. Der Schein allerdings, den die Vernunft bei der vermeintlichen Beantwortung letzter Fragen aus sich selbst erzeugt, bleibt weiterhin eine Gefahr für das Denken, wenn er nicht durchschaut wird. Die transzendentale Elementarlehre schließt daher mit den Worten: »So war es nötig, gleichsam die Akten dieses Prozesses ausführlich abzufassen, und sie im Archive der menschlichen Vernunft, zu Verhütung künftiger Irrungen ähnlicher Art, niederzulegen.« (*RV*, 605)

Berechtigung des regulativen Vernunftgebrauchs

Die Bilanz der *Kritik der reinen Vernunft* ist also negativ. Wir erkennen nur Erscheinungen; diese Welt der Erscheinungen funktioniert nach notwendigen, unveränderlichen (kausalen) Naturgesetzen; Begriffe wie Freiheit, menschliche Seele, gar ein Höchstes Wesen sind lediglich Ideen der Vernunft. Immanuel Kant also ein resignierter Erkenntnistheoretiker? Nichts weniger als das! In einer großartigen Wendung, die die ganze Denkkraft dieses Mannes zeigt, erweist Kant im Bereich des Handelns (der Praxis) als möglich, was vom Erkennen her unmöglich ist. In der *Kritik der reinen Vernunft* bereits stehen die »drei Fragen«:

»Alles Interesse meiner Vernunft (das spekulative sowohl, als das praktische) vereinigt sich in folgenden drei Fragen:
1. Was kann ich wissen?
2. Was soll ich tun?
3. Was darf ich hoffen?« (*RV*, 677)

Kritik der praktischen Vernunft

Die Antwort auf die erste Frage hat Kant 1781 öffentlich gegeben. Die Fragen zwei und drei wurden vorbereitend untersucht in der *Grundlegung zur Metaphysik der Sitten* (1785) und endgültig beantwortet mit der *Kritik der praktischen Vernunft* (1788). Es muß betont werden, daß für Kant das Ziel, die Erfüllung des richtigen Erkennens (theoretische bzw. spekulative Vernunft) im richtigen Handeln, in der praktischen Vernunft liegt! Dazu muß aber erst nachgewiesen werden, daß »Freiheit möglich« ist, konkret: daß der Mensch einen freien Willen hat. Denn nach der Einsicht der *Kritik der reinen Vernunft* herrscht in der Natur das Gesetz der Kausalität. Kausalität ist gleich Notwendigkeit. Nichts geschieht von ungefähr, jede Veränderung muß eine Ursache haben. Der Mensch als Bestandteil dieser Welt ist derselben Notwendigkeit unterworfen und somit unfrei. Wer müßte da heutzutage Kant nicht zustimmen, da wir über noch wesentlich genauere Einsichten in den Zusammenhang von Familie, Erziehung, Umwelt und Charakterbildung verfügen! Gibt es so etwas wie »Verdienst«, »Schuld«, »Verantwortung«? Ein Problem, das sich bei jeder Verurteilung eines »Straftäters« in seiner ganzen Schärfe stellt. Kants Lösung ist nun einer der schwierigsten Teile seiner ganzen Philosophie. Vereinfacht lautet sie: Der Mensch ist Bürger zweier Welten. Vom einfachsten Körperreflex bis in die Verästelungen seiner Seele ist er ganz Teil der kausal bedingten Erscheinungswelt und somit unfrei. Kant nennt das seinen »empirischen Charakter«. Der Mensch ist aber auch so etwas wie ein »Ding an sich«. Er hat Verstand, Vernunft und Selbstbewußtsein bzw. er ist Selbstbewußtsein. Wir erinnern uns, daß erst durch die Arbeitsweise des Verstandes und die Existenz des Selbstbewußtseins die Welt zustandekommt. Fraglos »gibt es« Verstand, Vernunft und Selbstbewußtsein *in* dieser Welt; als Bedingungen der Welt selbst liegen sie jedoch gleichsam »hinter« ihr. Dies ist im Unterschied zum empirischen der »intelligible«, d. h. nur dem Denken zugängliche Charakter des Menschen. Als quasi Ding an sich ist er den Naturgesetzen nicht unterworfen. Er steht außerhalb der Ursache-Wirkung-Reihe. Wenn wir auch nicht genau sagen können, wie das Zusammenwirken beider Charaktere funktionieren soll, ist der Mensch möglicherweise frei, d. h. möglicherweise kann er selbst ursächlich in den Zusammenhang der Welt eingreifen? Was aber sagt Kant, daß er wirklich frei ist? Es ist ein »Faktum«, nämlich die so rätselhafte und doch so grundlegende Tatsache des Gewissens. Während die ganze Welt der Natur nach dem Schema abläuft: »so ist es«, gibt es in uns etwas, das uns sagt: »so soll es sein«. »Du sollst so handeln.« Dieses Sollen steht quer zu allem, was wir in der Natur beobachten, es steht auch oft quer zu unseren eigenen Trieben, Neigungen

Aufspaltung des Menschen

und Wünschen. Die Verpflichtung, gegebenenfalls auch gegen die eigene Sinnlichkeit (die Natur in uns – der »innere Schweinehund«) sittlich, moralisch zu handeln, hat einen unbedingten Charakter. Kant nennt diese Instanz das Sittengesetz. Es spricht wie ein Befehl in unserer Brust. Gehorsam gegenüber dem Sittengesetz ist unbedingte Pflicht. Und doch liegt in diesem Gehorsam die ganze Würde des Menschen! Die Pflicht, dem Sittengesetz zu folgen, ist Basis und Garant seiner Freiheit! Ohne Sittlichkeit, ohne die Last von Verantwortung wäre der Mensch unfrei, wäre nur Sinnenwesen, Erscheinung, ein Tier wie alle anderen Tiere auch. Dieser Pflichtbegriff ist etwas spezifisch Kantisches – eine der wenigen Stellen seines Werkes, wo er ins Schwärmen gerät: »*Pflicht!* du erhabener großer Name, der du nichts Beliebtes, was Einschmeichelung bei sich führt, in dir fassest, sondern Unterwerfung verlangst, doch auch nichts drohest, was natürliche Abneigung im Gemüte erregte und schreckte, um den Willen zu bewegen, sondern bloß ein Gesetz aufstellst, welches von selbst im Gemüte Eingang findet, und doch sich selbst wider Willen Verehrung (wenn gleich nicht immer Befolgung) erwirbt, vor dem alle Neigungen verstummen, wenn sie gleich in Geheim mit ihm entgegen wirken, welches ist der deiner würdige Ursprung und wo findet man die Wurzel deiner edlen Abkunft, welche alle Verwandtschaft mit Neigungen stolz ausschlägt, und von welcher Wurzel abzustammen die unnachlaßliche Bedingung desjenigen Werts ist, den sich Menschen allein selbst geben können?« (PV, 209)

Gewissen, Pflicht, Freiheit

Auffallend der beständige Gegensatz zwischen »Pflicht« und »Neigung«. Der Pflicht gehorchen, heißt für Kant, sich über sich selbst (als Teil der Sinnenwelt, der Natur) erheben zur Freiheit, Unabhängigkeit und Würde der – Persönlichkeit. Die Persönlichkeit ist die Antwort auf die Frage im Zitat; sie ist – gegenüber der ganzen Natur, die immer auch als Mittel gebraucht werden kann – »Zweck an sich selbst«. Kant vergißt nicht, ausdrücklich darauf hinzuweisen, daß selbst Gott die Autonomie (Selbständigkeit) der Persönlichkeit als ein Zweck an sich selbst respektieren muß. Und ist in der Tat, so geschunden und beschädigt alle, unsere Vorfahren und wir, in der Geschichte umgetrieben sind und umtreiben, dieser Gedanke der Persönlichkeit nicht ein großer Gedanke?

Persönlichkeit als Zweck an sich

»2. Was soll ich tun?« Anders: woher soll ich wissen, was die Pflicht mir gebietet? Gibt es eine Richtschnur oder ein Gebot, das mir sagen könnte, wie ich, vor allem im Konfliktfall, mich entscheiden soll? Es ist klar, daß diese Grundfrage der philosophischen Ethik – der Lehre von der richtigen Lebensführung – unterschiedlich beantwortet werden kann und unterschiedlich beantwortet worden ist. Die *Zehn Gebote* z. B. geben eine inhaltliche Antwort: du sollst das tun – du sollst jenes nicht tun. Zugleich haben sie die unbedingte – fremde – Autorität eines Gottes hinter sich stehen. Eine verbreitete Lösung in der Antike war: »handle so, daß du glückselig wirst«. Epikur gilt als Vater dieses sog. Eudämonismus [→ S. 60]. Das Bürgertum im 18. Jahrhundert stand aber mehr auf der Tugend – nicht zuletzt ein Kampfbegriff gegen den lasterhaften, verschwenderischen Adel. Andererseits hatte sich der Horizont der Welt erweitert, so daß man zu ähnlichen Einsichten wie die Sophisten in Griechenland [→ S. 13] kam: die Frage ist gar nicht beantwortbar, weil es in verschiedenen Zeiten und Ländern jeweils ganz unterschiedliche moralische Vorstellungen gibt.

Richtschnur des Handelns

All diese Antworten waren Kant geläufig. Es galt für ihn, ein Ergebnis zu finden, das voll der Selbständigkeit der Persönlichkeit gerecht wird, ohne daß über dieser Selbständigkeit, Selbstverantwortung der Blick auf die Mitmenschen verloren geht. Denn dann wäre Autonomie mit subjektiver

Der kategorische Imperativ

Willkür gleichzusetzen! So schwierig das Problem, so raffiniert – wie sollte es anders sein – Kants Lösung. Sie ist formuliert in dem berühmten kategorischen Imperativ: »Handle so, daß die Maxime deines Willens jederzeit zugleich als Prinzip einer allgemeinen Gesetzgebung gelten könne.«

»Kategorisch« heißt unbedingt. Ein kategorischer Imperativ drückt einen unbedingten Befehl aus. »Maxime« ist ein subjektiver Grundsatz (im Unterschied zu einem Gesetz, das für alle objektiv gültig ist). Ich soll also so handeln, daß das, was ich für richtig erachte, zugleich für alle anderen Gültigkeit haben kann. Eine rein formale Vorschrift also – die je nach Gegebenheit inhaltliche Folgen hat. Kant gibt das Beispiel des Diebstahls. Dem kategorischen Imperativ zufolge ist es undenkbar, daß ich stehle, denn dann müßte ich zustimmen, daß jeder mich auch bestehlen dürfe. Diebstahl kann nicht »Prinzip einer allgemeinen Gesetzgebung« werden. Wie ist es bei einer schwierigeren Frage, z.B. Militärdienst oder Kriegsdienstverweigerung? »Handle so, daß die Maxime deines Willens...«

Ein Rezensent hat Kant vorgeworfen, er habe kein neues Prinzip der Moralität, sondern nur eine neue Formel aufgestellt. Ausgezeichnet, war Kants Antwort, denn welcher Philosoph wollte sich anmaßen zu meinen, die Welt habe vor ihm noch nicht gewußt, was Sittlichkeit sei. Der kategorische Imperativ formuliert nur abstrakt, was konkret immer schon da ist – jedenfalls nach Kants Auffassung. Überhaupt finden wir bei ihm eine sympathische Hochachtung vor dem »gemeinen Mann«. Philosophendünkel lag Kant fern. Dieser Hochachtung entspricht der Vorrang des sittlichen Handelns.

(moralisch begründetes) Hoffen erlaubt

»3. Was darf ich hoffen?« Nur aus dem pflichtgemäßen Tun ergeben sich Aussichten, die der reinen Vernunft versperrt sind. Wenn ich in diesem Leben der Pflicht folge, darf ich hoffen, nach meinem Tode glückselig zu werden; ich darf begründet hoffen, daß es einen Gott gibt, der mir diese Glückseligkeit zuteil werden läßt, denn sonst läge in der Pflicht ein Widerspruch in sich selbst. Freiheit, Unsterblichkeit der Seele und die Existenz Gottes sind die drei großen Themen der Metaphysik. Die *Kritik der reinen Vernunft* hat sie als Gegenstand eines Wissens vernichtet. Die *Kritik der praktischen Vernunft* hat sie als Gegenstand eines moralisch begründeten Glaubens wieder hereingeholt: »Ich mußte also das *Wissen* aufheben, um zum *Glauben* Platz zu bekommen.« (PV, 33) Im Beschluß der *Kritik der praktischen Vernunft* steht der bekannte Satz: »Zwei Dinge erfüllen das Gemüt mit immer neuer und zunehmender Bewunderung und Ehrfurcht, je öfter sich das Nachdenken damit beschäftigt: *Der bestirnte Himmel über mir, und das moralische Gesetz in mir.*« (PV, 300) Sie zeigen die Gefühlsbasis seines Philosophierens. Es steckt etwas kindlich-Schlichtes darin, und auch etwas rigide-Deutsches. Und etwas Großes, das um die Würde des Menschen weiß.

schöne, zweckmäßige Natur

Kritik der reinen Vernunft, 1781. *Kritik der praktischen Vernunft*, 1788. *Kritik der Urteilskraft*, 1790. Warum noch eine *Kritik der Urteilskraft*? Warum noch einmal eine so große Anstrengung? Was im Nachhinein oft so glatt als »notwendiger Teil eines Systems«, das eben vollständig sein muß, aussieht, ist in Wirklichkeit Produkt eines Problemwegs. Philosophie kann verstanden werden als ein »Gespräch über Auswege« – aus schwierigen Situationen. So jedenfalls versucht Odo Marquard, ein scharfsinniger Kant-Interpret, Kants plötzliches Interesse an der Urteilskraft zu erklären. Die wissenschaftliche Vernunft betrachtet die Natur in ihrem So-Sein. Natur funktioniert – nach allgemeinen Gesetzen – als ein blinder Mechanismus. Die wissenschaftliche Vernunft ist taub gegenüber jeder Frage nach einem

Sinn. Die moralische Vernunft handelt streng pflichtgemäß. Je mehr Pflicht, desto mehr Würde. Sie darf gar nicht über die Voraussetzungen und den Erfolg ihres Tuns nachdenken; durch den Zustand der Welt darf sie sich nicht beirren lassen. Das ist der sog. Formalismus des kategorischen Imperativs, die Abstraktheit des moralischen Verhaltens, die vor allem von Hegel umfassend kritisiert worden ist [→ S. 289f.]. So ist auch die moralische Vernunft in gewissem Sinne ohnmächtig gegenüber der Welt. Wäre es da nicht schön, wenn in der Natur selbst eine Vernünftigkeit, eine Zweckmäßigkeit, ein Sinn zu finden wäre?

Es ist klar, daß solch ein Sinn nicht »objektiv«, einem Naturgesetz vergleichbar, auszumachen ist – dann wäre es einfach, einen Gottesbeweis zu führen. Und doch nehmen wir zumindest subjektiv die Natur als sinnhaft wahr. Wir erfahren sie als etwas Schönes oder gar Erhabenes; auch in den Werken der menschlichen Kunst scheint sie zu uns zu sprechen. Wir erfahren sie auch als etwas Zweckhaftes, wenn wir einen Organismus betrachten. Jeder Teil einer Pflanze, jedes Glied eines Körpers hat offensichtlich seinen Zweck im Zusammenhang eines größeren Ganzen. Läßt sich daraus ein (objektiver) Zweck der Natur als Ganzer folgern? Das wäre wohl bereits zu weit gegangen. Was ist dann ein Organismus?

Damit ist die Fragestellung der dritten *Kritik* umrissen. Kant denkt ja, wie wir festgestellt haben, immer in scharfen begrifflichen Gegensätzen. Er versucht aber auch, diese Gegensätze zu überbrücken. Das soll die Urteilskraft leisten. Wie das Gefühl der Lust/Unlust zwischen dem Erkenntnis- und dem Begehrungsvermögen (Wille) eine Brücke schlägt, so ist die die-

Der hamburgische Kaufmann Franz Heinrich Ziegenhagen erläutert in seinem Buch »Lehre von den richtigen Verhältnissen zu den Schöpfungswerken« (1792) seine Vorstellungen von »schöner, zweckmäßiger Natur« (I. Kant). Die Ansicht seiner utopischen Kolonie stammt von Daniel Chodowiecki (1791)

Vermittlung der Gegensätze

sem Gefühl zugeordnete Urteilskraft ein »vermittelnder Begriff« zwischen Natur und Freiheit, Verstand und Vernunft. Als »das Vermögen, das Besondere als enthalten unter dem Allgemeinen zu denken«, ist sie auch das, was man den »gesunden Verstand« nennt. Der gesunde Verstand weiß gleichsam von selbst, worauf's ankommt; er weiß die Dinge zu ordnen, weil er die Zusammenhänge kennt. Im Bereich des Schönen tut das der Geschmack, im Bereich des organischen Lebens der Begriff des Zwecks. Die *Kritik der Urteilskraft* gliedert sich dementsprechend in zwei Teile: Kritik der ästhetischen und Kritik der teleologischen Urteilskraft.

ästhetische Urteilskraft

Kants Ästhetik ist ein faszinierendes Werk. Kaum daß »Ästhetik« überhaupt als Gegenstand philosophischen Nachdenkens entdeckt worden war (1750 durch den Wolff-Schüler A. Baumgarten), gleich ein Gipfelpunkt philosophischer Durchdringung des Schönen. Von ihrem Ansatz her ist sie eine »Kritik des Geschmacks«. »Geschmack ist das Vermögen der Beurteilung des Schönen.« Jeder wird schon einmal mit anderen darüber gestritten haben, ob ein Kunstwerk – etwa ein Bild von Max Ernst – schön sei oder nicht. Jeder wird versucht haben, sein Wohlgefallen oder seinen Abscheu (Gefühl der Lust oder Unlust, wie Kant sagt) zu erklären, den anderen zu überzeugen, seinem Urteil zuzustimmen, und dabei erfahren haben, daß das Kunstwerk sich einer eindeutigen begrifflichen Festlegung entzieht. Denn: »Schön ist, was ohne Begriff allgemein gefällt.« Der Geschmack urteilt durch das Gefühl der Lust und Unlust, er ist etwas Subjektives. Und doch wirbt das ästhetische Urteil um Zustimmung; eine Art »Gemeinsinn« steckt darin. Kant gibt eine Fülle wunderbar paradoxer Formulierungen, um das Schöne in seiner Rätselhaftigkeit zu fassen. Er spricht vom »interesselosen Wohlgefallen« am Schönen, von »zweckloser Zweckmäßigkeit«, vom »freien Spiel der Erkenntnisvermögen« in der ästhetischen Wahrnehmung, von der »Chiffreschrift [...], wodurch die Natur in ihren schönen Formen zu uns spricht.« Den Werken menschlicher Kunst (das sog. Kunstschöne) zieht Kant das Naturschöne vor – eine Erlebniswelt, die angesichts unserer heutigen beschädigten Naturerfahrung sehr fern gerückt ist. Selbst das Künstlergenie wird in diesem Sinne noch zu bestimmen versucht als »angeborne Gemütsanlage *(ingenium)*, durch welche die Natur der Kunst die Regel gibt.« Ein unmittelbares Interesse an der Schönheit der Natur zu nehmen ist für Kant »jederzeit ein Kennzeichen einer guten Seele«; es zeigt »wenigstens eine dem moralischen Gefühl günstige Gemütsstimmung« an. Denn die ganze Kritik der ästhetischen Urteilskraft gipfelt in dem § 59: »Von der Schönheit als Symbol der Sittlichkeit«. Womit – wenigstens als Symbol – der Übergang zum Moralischen geleistet wäre.

Das Naturschöne und das Kunstschöne

Friedrich Schillers geschichtsphilosophische Ästhetik

In Kants Nachdenken über das Schöne bleibt die Geschichte als solche noch ziemlich draußen (eine Feststellung, die für sein ganzes Denken gilt). Einen ausdrücklich geschichtsphilosophischen Ansatz entwickelt sein Anhänger Friedrich Schiller. *Über die ästhetische Erziehung des Menschen in einer Reihe von Briefen* wurde 1793/94 geschrieben und ist auch ein »Gespräch über Auswege«. Von der Französischen Revolution enttäuscht, sucht Schiller in der ästhetischen Erziehung eine Brücke zwischen schlechter Gegenwart und – auf revolutionärem Weg nicht herstellbarer – besserer Zukunft. Ästhetische Erziehung soll dem Menschen eine Ganzheit wiedergeben, die er in der arbeitsteiligen bürgerlichen Gesellschaft mit ihrer auf den Egoismus gegründeten Geschäftswelt verloren hat (»wie aus einer brennenden Stadt sucht jeder nur sein elendes Eigentum aus der Verwüstung zu flüchten«; 5. Brief). Ästhetische Erziehung schafft einen ausbalancierten Zustand, der – z. B. in der Entfaltung des Spieltriebs – auch der sinnlichen Natur des Menschen entgegenkommt (das ist Schillers Anliegen gegenüber der Strenge von Kants Moral). »Weil es die Schönheit ist, durch welche man zu der Freiheit wandert« – mit dem Ideal des »ästhetischen Staates« mußte Schiller notwendig scheitern. Trotzdem gehören die *Briefe über die ästhetische Erziehung* zum Besten, was über Kunst gedacht worden ist.

Moralische Motive durchziehen auch die Kritik der teleologischen Urteilskraft. Hier werden Fragen behandelt, die das »normale« naturwissenschaftliche Denken ausblendet. Denn die Untersuchung von Ursachen ist immer von der Frage geleitet: Wie funktioniert das? Diese Fragestellung kann daher auch bei tragkräftigen Antworten nie über den Horizont des Erklärungsmusters: *Wie?* hinausgelangen. Man kann aber auch fragen: *Warum* funktioniert das? Zu welchem Zweck ist es da? Muß man nicht so fragen, wenn man das Leben im Bereich der Natur verstehen will? Hier haben wir es mit Organismen zu tun, mit sich selbst organisierenden Wesen: »Ein organisiertes Produkt ist das, in welchem alles Zweck und wechselseitig auch Mittel ist. Nichts in ihm ist umsonst, zwecklos, oder einem blinden Naturmechanism zuzuschreiben« (§ 66). Die Definition leuchtet ein. Nur: der Begriff des Zwecks stammt aus dem Bereich des menschlichen Handelns. Klare Zwecke. Darf aber der Begriff eines Zwecks überhaupt auf die Natur übertragen werden? Kant spricht von einer »entfernten Analogie mit unserer Kausalität nach Zwecken überhaupt.« Daher ist seine Definition zugleich (nur) Prinzip, eine Maxime der Urteilskraft, die unsere Untersuchungen leiten soll. Der Begriff des Naturzwecks also als ein regulativer Begriff der Forschung, »als ob« es so wäre. Und doch bleibt der Naturzweck ein Geheimnis – kann ein Organismus absichtslos entstanden sein? Für Kant ist es »ungereimt [...] zu hoffen, daß noch dereinst etwa ein Newton aufstehen könne, der auch nur die Erzeugung eines Grashalms nach Naturgesetzen, die keine Absicht geordnet hat, begreiflich machen werde: sondern man muß diese Einsicht den Menschen schlechterdings absprechen.« (§ 75) Die (subjektive!) Urteilskraft legt daher die Annahme eines »verständigen Wesens« als Grund der Möglichkeit von Naturzwecken nahe. Beweisbar ist es nicht, das ist klar, und deshalb blieb die Beziehung von Mechanismus und Organismus, von kausalem und teleologischem Erklärungsmuster ein Problem ersten Ranges, und deshalb ist die Biologie nach wie vor eine sehr philosophische Wissenschaft.

Geheimnis des Lebens

Die meisten philosophiegeschichtlichen Darstellungen Kants sind darin ungerecht, daß sie die Texte, die nach und neben den drei *Kritiken* geschrieben wurden, in ihrer Bedeutung nur unzureichend würdigen. Auch wir sind darin ungerecht, da wir uns mehr oder weniger mit Hinweisen auf interessante Aspekte begnügen müssen. Die *Metaphysik der Sitten* (1797, eingeteilt in Metaphysische Anfangsgründe der Rechts- und Metaphysische Anfangsgründe der Tugendlehre) enthält in der Rechtslehre die berühmte Definition des Rechts als »Inbegriff der Bedingungen, unter denen die Willkür des einen mit der Willkür des anderen nach einem allgemeinen Gesetze der Freiheit vereinigt werden kann.« (VII, 337) Anders gesagt kann man den Begriff des Rechts auch mit der »Möglichkeit der Verknüpfung des allgemeinen wechselseitigen Zwanges mit jedermanns Freiheit unmittelbar setzen.« Die *Metaphysik der Sitten* ist ein klassischer Text bürgerlichen Rechtsdenkens. Wie Kant selbst gelebt hat – als emotional und wirtschaftlich autonomes Individuum – denkt er die Gesellschaft als aus lauter einzelnen, selbständigen Personen zusammengesetzt. Zwei Beispiele dazu. Die »bürgerliche Persönlichkeit« zeichnet sich aus durch Freiheit, Gleich-

nüchternes bürgerliches Rechtsdenken

heit und wirtschaftliche Selbständigkeit. Nur wer wirtschaftlich entsprechend besitzt, kann daher aktiver stimmberechtigter Staatsbürger sein. Gesellen, Dienstboten, »alles Frauenzimmer« entbehren der bürgerlichen Existenz. Sie sind »bloß Handlanger des gemeinen Wesens« (§ 46). Das ist für Kant solange kein Unrecht, als die Möglichkeit offenbleibt, sich »aus diesem passiven Zustande zu dem aktiven empor arbeiten zu können«, solange die formale Chancengleichheit gewahrt bleibt. – Auch die Ehe wird nach dem Modell privater Eigentümer von Sachen gedacht. Der Ehevertrag ist nach der berüchtigten Formulierung »die Verbindung zweier Personen verschiedenen Geschlechts zum lebenswierigen wechselseitigen Besitz ihrer Geschlechtseigenschaften.« (§ 24; das heißt auf lateinisch *usus membrorum et facultatum sexualium alterius*). Hat das eine der Eheleute »sich verlaufen«, so ist »das andere es jederzeit und unweigerlich, gleich als eine Sache, in seine Gewalt zurückzubringen berechtigt.« (§ 25) – Ein Recht auf Widerstand des Volkes gegen seine Oberhäupter kann es nicht geben. »Denn, um zu demselben befugt zu sein, müßte ein öffentliches Gesetz vorhanden sein, welches diesen Widerstand des Volkes erlaubte.« Ein logischer Widerspruch. Kant war kein Revolutionär. Er wollte – so sein Biograph – »die Verbesserung der in einem Lande herrschenden Politik und Staatsverfassung auf dem, freilich langsameren, aber auch sicheren Wege, der sittlichen Vervollkommnung aller einzelner Staatsbürger erreicht wissen.« [10]

Kritik der Offenbarungsreligion – Konflikte mit der Obrigkeit

Trotzdem ist Kant mit der Obrigkeit in Konflikt geraten, und zwar wegen seiner *Religion innerhalb der Grenzen der bloßen Vernunft* (1792/93). Nie hätte ich dem alten Kant so etwas zugetraut – das Werk ist ein einziger Keulenschlag gegen das Christentum. Wiederum der Biograph: »Kant war von dem Glauben an ein höchstes Wesen und an eine moralische Weltregierung durchdrungen. [...] Er war im wahren Sinne des Wortes ein Gottesverehrer. Die Besserung und Heiligung seines Willens, das redliche Bestreben nach einer gewissenhaften Pflichterfüllung und die Beziehung seiner Rechtschaffenheit auf das göttliche Wohlgefallen, das war sein Gottesdienst.« [11] Das alles im Rahmen einer moralischen Vernunftreligion, in der es Freiheit, Gott und Seele als Postulate der reinen Vernunft gibt. *Außerhalb* der »Grenzen der bloßen Vernunft« liegt die geoffenbarte Religion, deren Zeugnisse verdächtig, deren Rituale Aberglauben und Fetischdienst, deren Strukturen (»Pfaffentum«) »usurpierte [d.h. angemaßte] Herrschaft der Geistlichkeit über die Gemüter« sind. Kein Wunder, daß Kant 1794, im Zeichen der allgemeinen kulturpolitischen Tendenzwende in Preußen, »auf Seiner Königlichen Majestät Allergnädigsten Spezialbefehl« eine Verwarnung erhielt. In dem Schreiben Wöllners [→ S. 233] heißt es: »Würdiger und Hochgelahrter, lieber Getreuer! Unsere höchste Person hat schon seit geraumer Zeit mit großem Mißfallen ersehen, wie Ihr Eure Philosophie zu Entstellung und Herabwürdigung mancher Haupt- und Grundlehren der Heiligen Schrift und des Christentums mißbraucht, wie Ihr dies namentlich in Eurem Buche: *Religion innerhalb der Grenzen der bloßen Vernunft*, desgleichen in anderen kleinen Abhandlungen getan habt. [...] Wir verlangen des ehesten Eure gewissenhafte Verantwortung und gewärtigen Uns von Euch, bei Vermeidung Unserer höchsten Ungnade, daß Ihr Euch künftighin nichts dergleichen werdet zu Schulden kommen lassen, [...] widrigfalls Ihr Euch bei fortgesetzter Renitenz unfehlbar unangenehmer Verfügungen zu gewärtigen habt. Sind Euch mit Gnaden gewogen.« Kant verpflichtete sich schriftlich, sich aller öffentlichen Äußerungen über Religion zu enthalten. Das taten auch seine Königsberger philosophischen und theologischen Kollegen, die keine kantische Religionsphilosophie mehr lehrten. Listig und widerspenstig und gegen den Geist seiner Moral hat der alte Kant diese Verpflichtung gegenüber *Eurer Majestät* auf die konkrete Person des Monarchen Friedrich Wilhelm II. bezogen. Nach dessen Tod 1797 hat er im *Streit der Fakultäten* (1798) weiterhin seine Position verteten (vgl. die ironisch-rechtfertigende Vorrede zu dieser Schrift).

Kant denkt vom Logisch-Begrifflichen her, er denkt die Gesellschaft als Summe von Einzelnen. Wir sagten, daß Geschichte bei ihm ziemlich draußen bleibe. Das stimmt natürlich nicht ganz, denn jeder Aufklärer und Reformer des 18. Jahrhunderts muß seine Hoffnung auf die Geschichte setzen. Wie sieht es damit genauer aus? In dem wichtigen Aufsatz *Idee zu einer allgemeinen Geschichte in weltbürgerlicher Absicht* (1784) fragt Kant nach einem philosophischen »Leitfaden«, nach dem ein Geschichtsschreiber eine Geschichte des Menschengeschlechtes schreiben könnte. Hier zeigt sich besonders deutlich Kants ungeheures Vertrauen in die »Natur«, in eine »Naturabsicht«, die die Entfaltung all ihrer »Anlagen« »bestimmt« hat. Erliegt Kant selbst den Verführungen der Teleologie, deren Grenzen er anderwärts so sorgfältig bestimmt hat? An machen Stellen ergibt sich dieser Eindruck, trotz aller Ehrlichkeit, mit der Gegensätze und Widersprüche zur Sprache kommen. Ein solcher Gegensatz ist der zwischen »Individuum« und »Gattung«, also zwischen dem Einzelnen und der Gesamtheit aller Menschen (ein damals vieldiskutiertes Problem). Die Anlagen der Gattung können nicht im einzelnen Individuum, sondern nur in der Gesamtgattung zu voller Entfaltung kommen (ein schwacher Trost für den Einzelnen?). Ein noch größeres Problem liegt in der Erklärung, daß das Mittel, dessen sich die Natur zur Entfaltung aller Möglichkeiten bedient, der Antagonismus – also der Widerstreit zwischen den Menschen – sein soll. Ganz scharf bezeichnet Kant das Zusammenleben in der bürgerlichen Gesellschaft als »ungesellige Geselligkeit«. Jeder ist Egoist gegenüber seinen Mitgenossen, »die er nicht wohl *leiden*, von denen er aber auch nicht *lassen* kann.« Das Ergebnis des allgemeinen Konkurrenzkampfes ist aber gerade die Kultur: »Dank sei also der Natur für die Unverträgsamkeit, für die mißgünstig wetteifernde Eitelkeit, für die nicht zu befriedigende Begierde zum Haben, oder auch zum Herrschen!« (IX, 38) Rechtfertigt Kant hier geschichtsphilosophisch-teleologisch, was er moralisch unbedingt verwerfen müßte? Ziel und zugleich größtes Problem der Geschichte ist die Errichtung einer allgemein das Recht verwaltenden bürgerlichen Gesellschaft, denn nur in der Rechtsform der bürgerlichen Gesellschaft ist allgemeine Freiheit gewährleistet (vgl. oben die Definition des Rechts in der *Metaphysik der Sitten*). Der Aufsatz ist in *welt*bürgerlicher Absicht geschrieben – auch das Verhältnis der Staaten zueinander muß nach Rechtsprinzipien gestaltet werden. Auch hier hofft Kant, daß die Not die Menschen »zu Vernunft« bringen werde, daß der internationale kriegerische Naturzustand in den weltbürgerlichen Zustand eines allgemeinen Völkerbundes überführt werden kann. Der Ausdruck »Völkerbund« stammt von Kant selbst. Seine ganze Hoffnung galt diesem Zustand einer vernünftigen bürgerlichen Weltgesellschaft. Als Greis noch hat er dessen politische Voraussetzungen philosophisch zu bestimmen versucht in dem Aufsatz *Zum ewigen Frieden* (1795) – ein Werk, das heute im Zeichen eines möglichen ewigen Friedens nach einer atomaren Katastrophe mit besonderem Interesse gelesen werden dürfte: »Das Problem der Staatserrichtung ist, so hart wie es auch klingt, selbst für ein Volk von Teufeln (wenn sie nur Verstand

geschichtlich entfaltbare »Naturanlagen«

Antagonismus als Hebel

Hoffnung auf einen Völkerbund

haben), auflösbar und lautet so: ›Eine Menge von vernünftigen Wesen, die insgesamt allgemeine Gesetze für ihre Erhaltung verlangen, deren jedes aber in Geheim sich davon auszunehmen geneigt ist, so zu ordnen und ihre Verfassung einzurichten, daß, obgleich sie in ihren Privatgesinnungen einander entgegen streben, diese einander doch so aufhalten, daß in ihrem öffentlichen Verhalten der Erfolg eben derselbe ist als ob sie keine solche böse Gesinnungen hätten.‹«

Voraussetzungen eines ewigen Friedens

Auch hier der Gedankengang, daß die Natur durch den Antagonismus, durch den Krieg die Menschen zur Gemeinsamkeit bringt. Kant führt sechs sog. Präliminar (vorbereitende) und drei Definitiv-Artikel an, die der Friedenssicherung dienen sollen. Die wichtigsten sind: bei Friedensschlüssen kein geheimer Vorbehalt für Anlässe eines künftigen Krieges; Prinzip der Nichteinmischung; Repräsentativverfassung für alle Völker; Begründung des Völkerrechts auf einem Föderalismus freier Staaten. Politik und Moral. Nach der Untersuchung der Mißhelligkeiten zwischen Politik und Moral gibt Kant das Prinzip ihrer Einhelligkeit an. Allen Angelegenheiten des öffentlichen Rechts ist – sieht man einmal von ihrem konkreten Inhalt ab – ein formales Prinzip gemeinsam: sie müssen öffentlich bekannt gemacht werden. Diese »Form der Publizität« garantiert die Kontrolle der Politik durch das Publikum. Als »transzendentale Formel des öffentlichen Rechts« ausgedrückt: »Alle auf das Recht anderer Menschen bezogenen Handlungen, deren Maxime sich nicht mit der Publizität verträgt, sind unrecht.« »Form der Publizität«. In dieser nüchternen Formulierung ist noch einmal der Bezugspunkt von Kants politischer Philosophie, ja seines ganzen Denkens zu erkennen. Es ist das »aufgeklärte Publikum« [12]. »Aufklärung ist der Ausgang des Menschen aus seiner selbstverschuldeten Unmündigkeit.« »Selbstdenken heißt den obersten Probierstein der Wahrheit in sich selbst (d. i. in seiner eigenen Vernunft) suchen; und die Maxime, jederzeit selbst zu denken, ist die *Aufklärung*.« Was Selbstdenken heißt, hat Kant wie kaum ein anderer gezeigt.

»Was für eine Philosophie man wähle, hängt davon ab, was man für ein Mensch ist« – Johann Gottlieb Fichte

Fichte

Im Kant-Kapitel ist auf eine Darstellung der Fortwirkung seines Denkens verzichtet worden, aus zwei Gründen: einmal ist Kant bis heute in jeder philosophischen Diskussion präsent, und ein rezeptions-geschichtlicher Aufriß würde leicht oberflächlich bzw. ins Uferlose geraten (zum sog. Neukantianismus [→ S. 359]). Zum anderen sind entscheidende Kritikpunkte von seinen unmittelbaren Nachfolgern vorgebracht worden – man kann die Entwicklung des deutschen Idealismus verstehen als fortlaufende Auseinandersetzung mit Kant. Es ist ja klar, daß eine so umfassende Philosophie viele Stimmen auf den Plan rufen mußte, die sie teils zu widerlegen (vor allem Hamann, Jacobi und Herder), teils zu verteidigen bzw. besser verständlich zu machen versuchten. Die Kritiker haben sich auf die Dunkelstellen im Text der kantischen Werke gestürzt. Dagegen entwickelten die Verteidiger eine beliebte Rechtfertigungsstrategie: den »Geist« dieser Philosophie gegen ihren »Buchstaben« zu verteidigen (eine Unterscheidung, gegen die Kant sich natürlich verwahrt hat). Diese Kant-Ausleger, die z. T. wichtige Anregungen gaben, sind heute nur noch dem Spezialisten bekannt. Anders steht es mit Johann Gottlieb Fichte.

»Bei Kant hatten wir nur ein Buch zu betrachten. Hier aber kommt außer dem Buche auch ein Mann in Betrachtung; in diesem Manne sind Gedanke und Gesinnung eins, und in solcher großartigen Einheit, wirken sie auf die Mitwelt« (Heinrich Heine) [13]. Fichte – geboren 1762 in Rammenau, Oberlausitz – stammt aus sehr armen Verhältnissen; sein Vater war ein Bandwirker. Etwas von dem unbedingten Selbstvertrauen, ja Sendungsbewußtsein des Aufsteigers, aber auch etwas Rebellisch-Kompromißloses eines ehemals sehr Gedrückten und Abhängigen zeichnen seinen Charakter. Denn nur durch Zufall wurde das begabte Kind von einem Baron entdeckt, der es auf die berühmte Fürstenschule in Pforta schickte. Dann – wie üblich – Theologiestudium in Leipzig, dann – wie üblich – kümmerliches Durchschlagen als Hauslehrer. Fichte lernt Kants Philosophie kennen und erlebt sie als Erlösung – vorher hing er einem Determinismus an, glaubte also nicht an irgendeine Form von Freiheit. 1791 kommt Fichte nach Königsberg, die damalige Hauptstadt der Philosophie. Um sich Kant vorzustellen, schreibt er in kurzer Zeit einen *Versuch einer Kritik aller Offenbarung*. Der Meister ist von der Schrift eingenommen. Da Fichte in größter Geldnot steckt, vermittelt Kant einen Verleger. Dieser wittert Geschäfte, läßt das Werk ohne Verfasser und ohne Vorrede erscheinen. Alle Welt meint, es handle sich um die lang erwartete Religionsschrift Kants. Dieser stellt öffentlich die Verfasserschaft klar – über Nacht ist der dreißigjährige Candidat der Theologie berühmt. Er soll als Professor nach Jena berufen werden. Aber es gibt Schwierigkeiten. Es ist ein offenes Geheimnis, daß der Verfasser zweier anonymer Schriften J.G. Fichte heißt: *Zurückforderung der Denkfreiheit von den Fürsten Europens* und die ausführlichen *Beiträge zur Berichtigung der Urteile des Publikums über die französische Revolution*. Soll man einen so radikalen Mann, der das Recht des Volkes auf Revolution verteidigt, als Lehrer der Jugend einstellen? Schwierigkeiten für den Geheimen Rat von Goethe, seinen Fürsprecher am Weimarer Hof. Zumindest soll auf eine zweite Auflage der *Beiträge* verzichtet werden... So arrangiert man sich, 1794 wird Fichte Professor und Jena die attraktivste, gährendste Universität Deutschlands – Mittelpunkt der modernsten Philosophie, Zentrum der so produktiven Frühromantik. Fichte trägt seine *Wissenschaftslehre* vor, liest *Über die Bestimmung des Gelehrten*, über die *Grundlage des Naturrechts* und *Sittenlehre*. 1798/99, auf der Höhe seines Ruhmes, muß Fichte erfahren, daß »seinen Weg gehen« auch (notwendig?) von Schmerz, Entfremdung, Feindschaft begleitet ist. Im Verhältnis zu seinem begabtesten Schüler, Schelling, werden Differenzen spürbar. Kant distanziert sich öffentlich in aller Form von ihm (»... erkläre ich hiermit: daß ich *Fichte's Wissenschaftslehre* für ein gänzlich unhaltbares System halte«). Am schlimmsten aber trifft ihn die Anklage wegen Atheismus. Ein ungeheurer Aufruhr entsteht – allein 37 Flugschriften sind im Verlauf dieses sog. *Atheismusstreits* erschienen. Kant hatte fünf Jahre vorher in einer vergleichbaren Situation geschwiegen [→ S. 264], Fichte reagiert schroff und unerhört mit einer *Appellation an das Publikum* (Untertitel: »Eine Schrift, die man erst zu lesen bittet, ehe man sie confisziert«). Er verläßt im selben Jahre 1799 Jena und geht nach Berlin mit dem Vorsatz, nie wieder zu publizieren. So schreibt er im Mai 1799 an einen Freund: »Ermattung und Ekel bestimmen mich zu dem Dir schon mitgeteilten Entschlusse, für einige Jahre ganz zu verschwinden. [...] Vom Departement der Wissenschaften zu Dresden ist bekannt gemacht worden, daß keiner, der sich auf die neuere Philosophie lege, befördert werden oder, wenn er es schon ist, weiter rücken solle. [...] In Summa: es ist mir gewis-

Herkunft und Aufstieg

Darf ein revolutionäres Genie Professor werden?

Atheismusstreit

ser, als das Gewisseste, daß, wenn nicht die Franzosen die ungeheuerste Übermacht erringen und in Deutschland, wenigstens einem beträchtlichen Teile desselben, eine Veränderung durchsetzen, in einigen Jahren in Deutschland kein Mensch mehr, der dafür bekannt ist, in seinem Leben einen freien Gedanken gedacht zu haben, eine Ruhestätte finden wird.«

Reformprozeß in Preußen

In Berlin hält er Privatvorlesungen. Vor allem seine *Reden an die deutsche Nation* (1807/08), unter der französischen Besetzung vorgetragen, haben viel Beifall gefunden. Nach der vernichtenden Niederlage gegen Napoleon 1807/08 befand sich ja das sehr zusammengeschrumpfte Preußen in einem Prozeß der inneren Umgestaltung, der unter dem Namen der Stein-Hardenbergschen Reformen in die Geschichte eingegangen ist (Sozialreformen: Bauernbefreiung, Städteordnung, Judenemanzipation; Verwaltungsreform: Trennung Justiz/Verwaltung, Fachministerien nach englischem Vorbild; Heeresreform: Abschaffung erniedrigender Prügelstrafen, allgemeine Wehrpflicht; Bildungsreform: Gymnasialordnung, Erneuerung des Volksschulwesens). Wenn sich diese Reformen auch als zutiefst zweideutig herausstellen sollten, konnte das Preußen nach der napoleonischen Krise doch von vielen Zeitgenossen als fortgeschrittenster Staat auf deutschem Boden und auf jeden Fall als einer der fortgeschrittensten Staaten überhaupt empfunden werden. Dies ist wichtig zu bedenken, will man die Einstellung dieser Philosophen zu Staat und Gesellschaft ihrer Zeit beurteilen. Es ist eine Gesellschaft im Übergang zum Industriekapitalismus, dessen Entwicklung sich auch und zunächst als Befreiung ausnahm. Im Zuge der Bildungsreformen steht auch die Gründung der Berliner Universität 1810, an deren neuhumanistischer Konzeption neben A. von Humboldt Fichte entscheidenden Anteil hatte. Er wurde ihr erster gewählter Rektor. Im Januar 1811 starb er in Bonn an den Folgen einer Seuche, die in den Kriegslazaretten ausgebrochen war.

schwieriger Denk-Stil

In seinen *Vorlesungen über die Geschichte der Philosophie* sagt Hegel: »Fichtes Philosophie macht in der äußern Erscheinung der Philosophie einen bedeutenden Abschnitt. [...] Bis in die Kantische Philosophie hinein ist das Publikum noch mit fortgegangen, bis zur Kantischen Philosophie erweckte die Philosophie noch ein allgemeines Interesse; sie war zugänglich, man war begierig darauf, sie gehörte zu einem gebildeten Manne überhaupt. [...] Sie sind nicht bis zum Fichteschen Spekulativen fortgegangen, haben gleich Abschied genommen, wo es zum Spekulativen geht; besonders seit Fichte wurde es zur Beschäftigung weniger Männer.«

Hegel hat hier nur allzu Recht. Fichte hatte zwar als akademischer Lehrer in Jena eine starke unmittelbare Resonanz, aber ingesamt ist es Kants Philosophie, die bestimmend und Bestandteil der allgemeinen philosophischen Bildung blieb. Fichtes Schriften hingegen »werden allgemein zu den schwierigsten und widerständigsten Texten der philosophischen Überlieferung gezählt.« [14] Dabei glaubte Fichte, daß sein System »kein anderes sey als das Kantische!« Er wollte Kant verständlicher machen! (»Die Geschichte der Fortwirkung Kants steht unter dem Zeichen produktiver Mißverständnisse.« [15]) Die Schwierigkeiten müssen also in der Sache selbst liegen.

Letztbegründung allen Wissens

Fichtes Hauptwerk heißt *Grundlage der gesammten Wissenschaftslehre*; »als Handschrift für seine Zuhörer« ist sie 1794 erschienen. Wissenschaftslehre bedeutet »Wissenschaft von der Wissenschaft«, Philosophie über den Akt des Philosophierens, oder anders: Erhebung der Philosophie zum Rang einer evidenten Wissenschaft, indem das Wissen selbst aus einem einzigen Prinzip abgeleitet und damit sich selbst durchsichtig gemacht wird. Wie könnte solch ein Prinzip aussehen? »Womit muß«, wie Hegel als Einleitung in seine *Logik* fragen wird, »der Anfang der Wissenschaft gemacht werden?« Für den Kantianer Fichte ist klar: es muß in der Struktur des menschlichen Bewußtseins liegen, genauer: es ist das menschliche Selbstbewußtsein selbst, genauer: es ist der spontane Akt, in dem das Bewußtsein seiner selbst inne wird, wenn es »Ich« sagt. Der Anfang des Wissens ist nicht irgendeine »Thatsache« – diese hätte wiederum Voraussetzungen – sondern eine »Thathandlung«: »Das Ich setzt ursprünglich sein eigenes Seyn.« Das ist der erste, schlechthin un-bedingte, daher: absolute Grundsatz der *Wissenschaftslehre*. Ich kann aber nur »Ich« sagen, wenn ich das »Ich« unterscheide –von der Gegenstandswelt überhaupt, von allem, was nicht »Ich« ist, von allem »Nicht-Ich«: »Dem Ich wird schlechthin entgegengesetzt ein Nicht-Ich.« Das ist der zweite Grundsatz. Wie sollen aber »Ich« und »Nicht-Ich« als miteinander bestehend gedacht werden können? Es gibt den Gegensatz ja nur, sofern »Ich«, also Selbstbewußtsein, da ist. Er muß also im Ich selbst möglich sein. Das »Ich« ist die Basis, innerhalb derer der Gegensatz sich entfaltet. Im Ich muß daher unterschieden werden ein absolutes Ich (diese Basis) und ein teilbares Ich: »Ich setze im theilbaren Ich ein theilbares Nicht-Ich entgegen.« Das ist der dritte Grundsatz. »Alles was von nun an im Systeme des menschlichen Geistes vorkommen soll, muß sich aus dem Aufgestellten ableiten lassen.«

Es ist klar, daß diese drei Grundsätze schon vom Sprachlichen her schwierig zu verstehen sind. Daher einige Erläuterungen:

— Das »Ich«, von dem hier die Rede ist, darf nicht mit dem konkreten Ich eines Individuums verwechselt werden. Hier ist das Selbstbewußtsein schlechthin gemeint, das eher im Sinne eines Programms, einer instinktmäßigen Handlung funktioniert. Wie das Kleinkind z. B. aufgrund eines Programms instinktiv handelt, setzt das Ich ursprünglich sein eigenes Sein. Paradox: ein vorbewußter, ursprünglicher Akt, in dem, durch den, als welcher Selbstbewußtsein entsteht.

— Ein Tier hat eine Art Bewußtsein, aber kein Selbstbewußtsein. Daher kann es nicht denken, kann sich nicht der Welt gegenüberstellen. Tier oder Mensch. »Ich« ist da oder nicht. Alle drei Momente sind gleich ursprünglich. Fichte hat hier wohl richtig gesehen: soviel äußere Faktoren gattungsgeschichtlich auch aufgezählt werden können, ist das geheimnisvolle »ursprüngliche Setzen« des eigenen Ich der angemessene Ausdruck, um den Umschlag von Bewußtsein zum Selbstbewußtsein zu fassen.

— Fichte versucht zu denken, was der *Kritik der reinen Vernunft* und der *Kritik der praktischen Vernunft* vorausliegt. Bei Kant »sind« Anschauung und Verstand »da«. Der Verstand »hat« Kategorien. Es »gibt« Freiheit, weil sie denknotwendig ist. In der *Wissenschaftslehre* werden die synthetische Einheit der Apperzeption, die Kategorien, das Faktum der Freiheit aus der ursprünglichen Tathandlung abgeleitet. »Eine Wissenschaft hat systematische Form; alle Sätze in ihr hängen in einem einzigen Grundsatze zusammen.«

— Die drei Grundsätze lassen sich auch verstehen als These, Antithese und Synthese. Mit Fichte beginnt die moderne Dialektik. Das Denken wird komplizierter; offensichtlich muß es komplizierter, vielschichtiger werden. Entspricht der alten, formalen Logik die Vorstellung einer gedanklich klar faßbaren Weltarchitektonik, so entspricht dem dialektischen

Fichte als Landsturmmann

Hinweise zu den drei Grundsätzen

Tier und Mensch

dialektisches, prozeßhaftes Denken

Ansatz die Vorstellung eines umfassenden Weltkomplexes. Wir werden das näher bei Hegel ausführen.
- Das »Ich« wird als »Thathandlung«, als ein »Produciren« gefaßt. »Welt« als Resultat eines (intellektuellen) Produktionsprozesses. Marx hat in dieser »tätigen Seite« des deutschen Idealismus einen entscheidenden Denkfortschritt gesehen [→ S. 320f.].
- Die *Wissenschaftslehre* konzentriert sich ganz auf das Problem des Anfangs der Philosophie. Das Problem ist deshalb so wichtig, weil hier der Philosophie noch soviel zugetraut – und zugemutet – wird. Sie soll *alles* Wissen begründen, sie soll es konstituieren. Heute verhält sich die Philosophie eher kommentierend zur Welt der Wissenschaften und der Politik, des Rechts etc... Konstituieren oder kommentieren – zwei unterschiedliche Auffassungen und Aufgaben von Philosophie.
- Fichtes theoretische Schriften haben alle den Charakter von Entwürfen. Er war sich selbst der Mangelhaftigkeit seiner Darstellungsweise bewußt. Sie entspricht der Größe der Aufgabe: »Im Ernst ist es auch nicht verwunderlich, daß man dort, wo man zum zentralen Orientierungspunkt alles Wissens, vielleicht sogar in seinen Grund gelangt, nicht mehr die vertrauten Strukturen finden kann, mit denen wir den Akt der Kenntnis vereinzelter Sachverhalte oder abgeleiteter Einsichten angemessen beschreiben. [...] Denn das Nächste, wir selbst, das Ich-Wissen, ist das Dunkelste für unsere diskursive Erkenntnis.« [16]

spekulative Leidenschaft

Während bei Kant der Übergang von der theoretischen zur praktischen Philosophie äußerst kompliziert war, umfaßt bei Fichte der Akt des »Ich« zugleich Erkenntnis und Tun: »Verkürzt gesagt, stellt der theoretische Teil [der *Wissenschaftslehre*] die Wirkung des Nicht-Ich auf das Ich, also die Bestimmung des Ich durch das ihm Entgegengesetzte dar, während der praktische Teil die Wirkung des Ich auf das Nicht-Ich abhandelt.« [17] Solche Strenge und Konsequenz der Ableitung erfordert natürlich viel Konstruktion und Deduktion; Heine spricht von der »abstrakten Leidenschaft« des Philosophen. Sie entbehrt nicht der Komik. So werden in der *Grundlage des Naturrechts nach Principien der Wissenschaftslehre* (1796) im Zusammenhang mit der wechselseitigen Einwirkung vernünftiger Wesen Luft und Licht logisch deduziert! Die Zeitgenossen, allen voran der Dichter Jean Paul, haben sich über diese Seite der Fichteschen Philosophie denn auch entsprechend lustig gemacht. Wie dem auch sei – hinter Fichtes Konstruieren steht jedenfalls ein leidenschaftliches Interesse an intellektueller Klarheit, Transparenz, an Vernunft, das sich wiederum aus einem leidenschaftlichen Interesse an Freiheit speist. Aufschlußreich ist hier die *Erste Einleitung in die Wissenschaftslehre* (1797). Für den »unbefangenen Leser« geschrieben, eignet sie sich übrigens gut als Einstieg in Fichtes Denken. Er zeigt hier, daß es im Grunde nur zwei konsequente philosophische Systeme gibt: den Materialismus, für den das Bewußtsein etwas Abgeleitetes bleiben muß, der im Fatalismus einer alles bestimmenden Naturgesetzlichkeit ankommen muß, und den Idealismus, der von der freien Spontaneität des Ich ausgeht. Jedes dieser Systeme hat seine eigenen Grundannahmen, keines kann daher das andere direkt widerlegen. »Neigung und Interesse« müssen hier entscheiden. Das meint der berühmte Satz: »Was für eine Philosophie man wähle, hängt sonach davon ab, was man für ein Mensch ist.« Eine interessante Behauptung. Wie Fichtes Biographie zeigt, drückt sich hier auch die Erfahrung einer eigenen Entscheidung aus, die er in der Bekanntschaft mit der Kantischen Philosophie getroffen hat. Bei Fichte auf jeden Fall unbedingter Vorrang des Idealismus,

Notwendigkeit der Wahl

der Freiheit, der praktischen Vernunft. »Handle stets nach bester Überzeugung von deiner Pflicht«, oder: »handle nach deinem Gewissen«, wie er den kategorischen Imperativ umformuliert. Gesellschaftspolitisch setzt sich das Interesse an Freiheit um in die Verantwortung des Wissenschaftlers für die Gesellschaft. Die wahre Bestimmung des Gelehrtenstandes ist »die oberste Aufsicht über den wirklichen Fortgang des Menschengeschlechts im allgemeinen, und die stete Beförderung dieses Fortgangs« (*Über die Bestimmung des Gelehrten*, 1794). Nach Fichte soll der Wissenschaftler Lehrer, Erzieher und Vorbild sein, kurz: »der *sittlich beste* Mensch seines Zeitalters.« Das ist natürlich sehr viel verlangt... »der *sittlich beste* Mensch«! So befremdend die Formulierung, so aktuell jedenfalls das Problem der Verantwortung des Wissenschaftlers in der Gesellschaft bis heute. Mit der ihm eigenen Konsequenz hat Fichte in dieser Frage eindeutig Stellung bezogen. In gewissem Sinne war er selbst das Vorbild des Gelehrten, wie es der Konzeption der Universität Berlin zugrunde lag.

Verantwortung des Wissenschaftlers

Auf die Frage, ob es in Fichtes Entwicklung nach der Krise um 1800 einen Bruch, eine Hinwendung zum Religiösen gab oder nicht, können wir hier nicht eingehen. Ebensowenig auf die vielen Widersprüche dieses so engagiert praktisch-politischen Denkers, schillernd zwischen radikaldemokratischem Jakobinismus und bildungsaristokratischer Gelehrtenrepublik. Abschließend sei hingewiesen auf Friedrich Schlegel (1772–1829), den führenden Kopf der Jenaer Frühromantik. Schlegel hat entscheidende Impulse der Fichteschen Philosophie aufgenommen und auf eine höchst originelle Weise verarbeitet. »Die Französische Revolution, Fichtes Wissenschaftslehre und Goethes Meister sind die größten Tendenzen des Zeitalters«, schreibt er in einem der berühmten *Athenäums*-Fragmente (gemeint ist Goethes Roman *Wilhelm Meisters Lehrjahre*; *Athenäum* hieß die Zeitschrift der Jenaer Romantiker, die von 1798 bis 1800 erschienen ist). Das Vokabular der *Wissenschaftslehre*, insbesondere das Grundtheorem des ursprünglich produzierenden Ich hat sich ihm als Modell angeboten zur Formulierung eines neuen Begriffs vom (romantischen) Künstler. Das künstlerische Genie produziert aus unendlicher Schöpferkraft und erhebt sich über alle Schranken des Herkömmlichen, seien es nun Konventionen im Bereich der Kunst oder im Bereich des bürgerlichen Lebens, etwa die Ehe. Sein angemessener Standpunkt ist die Ironie. Schlegel hat diesen Standpunkt wieder verlassen, ist 1808 zum Katholizismus übergetreten. Die blitzende Paradoxie seiner frühen Fragmente gehört zum Besten, was die Zeit hervorgebracht hat. Sie lohnen, entdeckt zu werden.

Wirkung auf Friedrich Schlegel und die Frühromantik

Friedrich Wilhelm Josef Schelling, ein frühreifes Genie

Schon immer spielt das protestantische Pfarrhaus eine besondere Rolle in der deutschen Kulturgeschichte. Hier besteht ein günstiges Klima für das, was man »Bildung« nennt, denn von Berufs und Standes wegen muß ein Pfarrer gebildet sein. Das bleibt nicht ohne Auswirkung auf die Familie. Nach dem Vorbild des Vaters werden die Kinder wieder gebildete Pfarrer bzw. gebildete Pfarrerstöchter heiraten gebildete Pfarrer, und so wurden oft über viele Generationen hinweg kulturelle Gehalte weitergegeben. Dies gilt ganz besonders für Schwaben. Man spricht geradezu vom »schwäbischen Pfarradel«, um die bildungssoziologische Homogenität (zu deutsch: die Geschlossenheit und Beständigkeit einer gesellschaftlichen Gruppe in

Überlieferung von Bildungstraditionen

Tübinger Stift

Die Atmosphäre im Stift

Hinsicht auf Bildung und den damit verbundenen gesellschaftlichen Status) dieser Elite auszudrücken. Generationen von Pastorenkindern besuchten in Schwaben nach der Deutschen die Lateinische Schule, dann ein höheres Seminar (Maulbronn, Bebenhausen) oder, falls vorhanden, ein städtisches Gymnasium, studierten Theologie in Tübingen und wohnten, wenn sie das sog. Landexamen bestanden hatten, auf herzogliche Kosten im Tübinger Stift. Seit der Reformation, genauer: seit 1536 war das Stift vorzügliches Instrument zur Elitebildung. Auch die Familie Schelling gehörte mehrere Generationen lang zu dieser Elite des schwäbischen Pfarradels. Was den jungen Friedrich Wilhelm Josef von seinen Vätern und Vorvätern unterschied, war seine extreme Frühreife. Schon mit zehn Jahren legte er das Landexamen ab und wurde aus der Lateinschule entlassen mit der Begründung, daß hier für ihn nichts mehr zu lernen sei. Nach zwei vergeblichen Anträgen wurde dem Fünfzehnjährigen schließlich aufgrund eines Sonderverfahrens der Eintritt ins Stift gewährt (1790). Und hier wieder etwas Außergewöhnliches: durch Zufall oder nicht wohnt er zusammen mit Hölderlin und Hegel (beide fünf Jahre älter). Drei Genies in einer Stube! Alle drei nehmen außer dem ganzen Altertumswissen die fortschrittlichste Philosophie der Zeit auf (Kant, Rousseau usw.). Die Französische Revolution ist in vollem Gange. Und dagegen die Enge und Starrheit des Stiftslebens mit seiner manchmal sklavischen Reglementierung der Studenten. Es brodelte in diesen Jahren im Stift. Höchstwahrscheinlich ist die Erzählung, daß die Stiftler auf der Neckarwiese nach französischem Vorbild einen Freiheitsbaum errichtet haben, eine Legende. Jedenfalls ist 1793 der Herzog persönlich im Stift erschienen, um eine Untersuchung der revolutionären Umtriebe vorzunehmen.

Diskussion um das Systemprogramm

Hölderlin und Hegel haben das Stift 1793 nach fünfjähriger Studienzeit verlassen, Schelling war zwei Jahre später fertig. Alle drei haben dann eine zeitlang als Hauslehrer gearbeitet. Für den intensiven Gedankenaustausch der drei Freunde gibt es ein interessantes Dokument, das sog. *Älteste Systemprogramm des deutschen Idealismus*. Dieses Fragment von nur zweieinhalb Seiten wurde erst 1917 entdeckt. Es liegt in einer Reinschrift von Hegels Hand vor – aber ist Hegel auch der Verfasser? Seit der Auffindung des Fragments haben die Gelehrten darüber gestritten, wer denn der eigentliche Verfasser sei. Daß sie sich trotz eines nur dieser Frage gewidmeten Kongresses (1969) nicht einigen konnten und können, beweist gerade die Gemeinsamkeit der Entwicklung der drei Freunde in dieser Frühphase (der Text muß 1795/96 verfaßt worden sein). Jedem, der sich näher mit dem deutschen Idealismus befassen will, sei das kühne *Systemprogramm* zur Lektüre empfohlen. Die wichtigsten Themen der nächsten Jahrzehnte sind hier bereits knapp und klar angesprochen, und zudem ist der grundlegende Bezug auf Freiheit noch durchgängig zu erkennen [18].

»Ich möchte unserer langsamen, an Experimenten mühsam schreitenden Physik einmal wieder Flügel geben«, heißt es im *Systemprogramm*. Der junge Schelling hat das getan. Die Naturphilosophie, die er in den wenigen Jahren um 1800 entwickelt hat, wurde sein einflußreichster Beitrag. Nur dieser Aspekt seines Denkens, nur diese frühe Phase seiner Entwicklung soll hier dargestellt werden (Schelling ist immerhin 79 Jahre alt geworden!). Wie Fichte als Kantinterpret, so haben Schellings Schriften zu Fichtes Philosophie früh auf ihn aufmerksam gemacht (*Vom Ich als Prinzip der Philosophie*, 1795). Goethe, selbst ein eifriger Naturforscher, lernt Schelling kennen und holt den 23jährigen als außerordentlichen Professor der Philosophie nach Jena. Schellings naturphilosophische Vorlesungen erregten großes Interesse, z. B. auch bei Medizinern. Die wichtigsten Schriften aus dieser Zeit: *Erster Entwurf eines Systems der Naturphilosophie* (1799); *Einleitung zu dem Entwurf eines Systems der Naturphilosophie* (1799); *System des transzendentalen Idealismus* (1800). Dabei erging es Schelling im Verhältnis zu Fichte wie diesem mit dem kantischen Denken und wie es dann Hegel mit Schelling gehen sollte: die allmähliche Entwicklung der eigenen Denkimpulse führt an einem bestimmten Punkt zum Bruch. Dieser Punkt war zwischen Schelling und Fichte im Laufe des Jahres 1800 erreicht. Was ist nun aber »Naturphilosophie«?

Naturphilosophie des jungen Schelling

Man kann auch fragen: warum war der junge Schelling so erfolgreich? Er hat bestimmte Tendenzen seiner Zeit »auf den Begriff« gebracht, Tendenzen, die zusammenhängen mit der Gesamtbewegung »Romantik«. Die Romantik ist ja eine äußerst vielschichtige Bewegung; eine Suche nach Alternativen zur bürgerlichen Lebenswelt im umfassenden Sinne, aus einem umfassenden Unbehagen an dieser Lebenswelt heraus. In dem Moment, wo sie sich mit der Französischen Revolution gegen den Feudalismus durchgesetzt hat, wird die bürgerliche Welt von vielen als kalt und entfremdet empfunden, als ein Vorherrschen des Nützlichkeitsprinzips in allen Bereichen (vernünftige, nützliche Wissenschaftler; vernünftige, nützliche Eheleute; vernünftige, nützliche Geschäftsleute, Juristen, Politiker etc.; vernünftige, nützliche Gläubige). Das Nützlichkeitsprinzip, kann man ganz allgemein sagen, macht das/den/die andere(n) zur Sache, zum Objekt meiner Berechnung; ich will »meinen Nutzen« daraus ziehen. Die Romantik – wieder sehr allgemein gesagt – versucht das zu durchbrechen, indem z. B. der Einzelne als Glied eines umfassenden, übergeordneten Ganzen (Volk, Geschichte, Religion, Natur) gesehen wird. Ein Ganzes, mit dem er jedenfalls nicht per Vertrag, sondern mit seiner ganzen Person, gleichsam in Liebe verbunden ist.

Romantik: Suche nach Alternativen

Die bürgerliche Gesellschaft hat mit ihrer Herausbildung die Natur »entzaubert«. Newtons mechanische, durchmathematisierte Physik und die Kantische Philosophie (Natur als Inbegriff gesetzmäßig verknüpfter Erscheinungen) sind nur die höchste gedankliche Formulierung dieses Prozesses, zu dem die Erfindung der Dampfmaschine und die kalkulierte

Entzauberung der Natur

Der junge Schelling

Natur kommt zu Bewußtsein

romantischer Denkanstoß: Natur als »lebendiger Gegenpol«

Verwertung der menschlichen Arbeitskraft genauso gehören. In der Romantik also Suche nach Gegenbildern, formulierbar als »Glaube an ein Verhältnis des Menschen zur Natur, das ebenso sehr vom Interesse des Menschen wie vom Interesse der Natur bestimmt wird, das weder abstrakte Naturerkenntnis noch praktische Ausbeutung der Natur ist, sondern eine Wechselbeziehung zwischen Mensch und Natur, in der ihr destruktiver Gegensatz überwunden wird, Mensch und Natur zu ihrer Identität finden wie ihre Gemeinsamkeit und beiderseitige Abhängigkeit begreifen – der Geist naturalisiert und die Natur vergeistigt wird.« [19]

Begünstigt wurde diese Verschiebung des Erkenntnisinteresses durch die Entwicklung der Naturwissenschaften selbst. Im Laufe des 18. Jahrhunderts hatte die Newtonsche Mechanik durch Wissenschaftler wie Euler, d'Alembert, Maupertuis u. a. einen hochmathematisierten Stand erreicht. Die entscheidenden Fortschritte wurden dann aber auf den Gebieten der Elektrizitätslehre und der Chemie gemacht – Gebiete von größerer Vielseitigkeit und geringerer logischer Strenge (wichtig vor allem Galvanis Elektrisierungsversuche toter Nerven und Muskeln, Voltas Batterie, Priestleys und Lavoisiers Entdeckung des Sauerstoffs). Im Gegensatz zur Mechanik mit ihrem genau berechenbaren Druck- und Stoßmodell gab es hier geheimnisvolle Fernwirkungen und polare Spannungen, die bei dem damaligen Stand dieser neuen Wissenschaften noch viel Raum ließen für weitgreifende Spekulationen. Nimmt man noch das alte Sehnsuchtsbild einer schaffenden All-Natur hinzu (*natura naturans*, die schöpferische, im Gegensatz zu *natura naturata*, der geschaffenen, toten Natur als Produkt), so bedurfte es nur noch eines hochfliegenden Intellektual-Genies wie des jungen Schelling, um all dies in ein umfassendes gedankliches System zu bringen.

Ich fordere den Leser auf, einmal die gewohnte Perspektive – Natur als Rohstoff, als Objekt menschlicher Arbeit – zu verlassen, eine meditative Haltung einzunehmen und zu versuchen, sich »Natur« als etwas aus sich selbst heraus Tätiges, Schaffendes, Fließendes, als *natura naturans* vorzustellen bzw. als »Mutter Natur«. »Sie hat keine Sprache noch Rede, aber sie schafft Zungen und Herzen durch die sie fühlt und spricht«, schreibt Goethe 1783 in dem Fragment *Die Natur*. Fügen wir noch hinzu: »Und sie schafft einen Geist, durch den sie denkt und zu Bewußtsein kommt«, so haben wir den Grundgedanken von Schellings Naturphilosophie, wie er ihn in seinem *System des transzendentalen Idealismus* entfaltet: »Das höchste Ziel, sich selbst ganz Objekt zu werden, erreicht die Natur erst durch die höchste und letzte Reflexion, welche nichts anderes als der Mensch, oder, allgemeiner, das ist, was wir Vernunft nennen, durch welche zuerst die Natur vollständig in sich selbst zurückkehrt, und wodurch offenbar wird, daß die Natur usprünglich identisch ist mit dem, was in uns als Intelligentes und Bewußtes erkannt wird.«

Wissen und Natur, Ideelles und Reelles sind hier zwei gleichwertige Pole *eines* Ganzen. Deshalb sind auch Transzendentalphilosophie im Sinne von Kant und Fichte, die vom Subjekt, und Naturphilosophie, die vom Objekt ausgeht, nur zwei sich wechselseitig voraussetzende und fordernde Grundwissenschaften. Polare Spannung ist für Schelling überhaupt der Grundbegriff zum Verständnis der Natur, zusammen mit dem Leitschema eines stufenartigen Aufbaus der Welt. »Erstes Prinzip einer philosophischen Naturlehre ist es, in der ganzen Natur auf Polarität und Dualität auszugehen.« Solche Gegensatzpaare sind z. B. Anziehungskraft und Abstoßungskraft, Positivität und Negativität, männliches und weibliches Prinzip, Freiheit und Notwendigkeit, Sauerstoff und Wasserstoff. Das Nebeneinander von Freiheit/Notwendigkeit und Sauerstoff/Wasserstoff allein genügt schon, daß sich beim heutigen Leser ein unbehagliches Gefühl einstellt. In der Tat war Schellings Naturphilosophie für die positivistischen Naturwissenschaftler des 19. Jahrhunderts das Paradebeispiel für willkürlich konstruierende Pseudosystematik. Es muß aber betont werden, daß die mit dem polaren Modell arbeitende Naturwissenschaft dieser Zeit bedeutende Erkenntnisfortschritte im Bereich von Chemie und Elektrizitätslehre geliefert hat. Nehmen wir einen so bedeutenden Naturforscher wie Goethe, so hat gerade seine vorgängige Sicht der Natur als ein Ganzes seine Forschungen zu fruchtbaren Ergebnissen geführt. »Polarität und Steigerung« sind Schlüsselbegriffe von Goethes Naturverständnis. Und schließlich war auch Schelling der Kontrolle durch Experimente keineswegs abgeneigt. Im Gegenteil ging es ihm darum, den neuesten, experimentell erarbeiteten Wissensstand seiner Zeit in einen umfassenden Denkraum einzuordnen. Mag auch der Wissensstand überholt sein, so bleibt Schellings Grundidee einer als lebendiger Gegenpol aufgefaßten Natur vielleicht weiterhin geeignet, unser gängiges Verhältnis zur Natur zu korrigieren. Nur wenige sind allerdings auf seinen Wegen weitergegangen. Das heutige ökologische Bewußtsein dürfte wieder aufgeschlossener für solche Gedankengänge sein. Zeigt sich doch durch die Erfahrung von ökologischen Katastrophen fast schockartig das Eingebundensein des Menschen in die Natur, das nicht unbegrenzt strapaziert werden darf.

Schelling als Greis

Noch ein anderer Gedanke aus dem *Systemprogramm* findet sich im *System des transzendentalen Idealismus* entwickelt: die Verschwisterung von Wahrheit und Schönheit, Philosophie und Kunst. Auch Schelling sucht ja, wie Kant und Fichte, alles Wissen in einem Absoluten, Un-bedingten zu begründen (»Gibt es überhaupt ein Wissen, so muß es ein Wissen geben, zu dem ich nicht wieder durch ein anderes Wissen gelange, und durch welches allein alles andere Wissen Wissen ist«). Diesen für uns so schwer nachvollziehbaren Gedanken des Absoluten Wissens bestimmt er auch als absolute Identität, als identisches Subjekt-Objekt, als »Indifferenz« von Natur und Geist, als eine »intellektuelle Anschauung« (ein unmittelbarer – Anschauung – und nicht sinnlicher – intellektueller – Akt). Im »Wunder der Kunst« nun findet Schelling – glücklicherweise, möchte man sagen – den Ort, wo dieses Absolute konkret in Erscheinung tritt und erfahrbar wird. Er bestimmt das Kunstwerk als »bewußtlose Unendlichkeit«, »Verbindung von Natur und Freiheit«, »Identität des Bewußten und Bewußtlosen«, als »einzige und ewige Offenbarung, die es gibt«. Um solche Ausdrücke zu verstehen, muß man sich den künstlerischen Schaffensprozeß vergegenwärtigen. Ein Künstler mag zwar Sensibilität, Techniken, einen guten Plan haben – was aber als Bild, Musikstück oder Roman dabei herauskommt, ist nie ganz absehbar. Im Schaffensprozeß verbindet sich so Bewußtes und Unbewußtes. Ebenso ist das Ergebnis als Werk nie ganz ausdeutbar, ist unendlicher Auslegung fähig und fordert dazu auf (»wobei man doch nie sagen kann, ob diese Unendlichkeit im Künstler selbst gelegen habe, oder aber bloß im Kunstwerk liege«). Und schließlich finden wir in jedem gelungenen Kunstwerk eine unergründliche Verbindung von Extremen (Freude und Schmerz, Spannung und Ruhe, Hell und Dunkel usw.), die zu einer Harmonie (Schönheit) gebracht werden: »Aber das Unendliche endlich dargestellt ist Schönheit.« Die Kunst nimmt damit einen Rang ein, den ihr vor der Romantik wohl kaum ein Philosoph zugestanden hätte: »So versteht sich von selbst, daß die Kunst das einzige und wahre Organon zugleich und Document der Philosophie sey, welches immer und fortwäh-

Das Wunder der Kunst

rend aufs neue beurkundet, was die Philosophie äußerlich nicht darstellen kann, nämlich das Bewußtlose im Handeln und Produciren und seine ursprüngliche Identität mit dem Bewußten. Die Kunst ist eben deßwegen dem Philosophen das Höchste, weil sie ihm das Allerheiligste gleichsam öffnet, wo in ewiger und ursprünglicher Vereinigung gleichsam in Einer Flamme brennt, was in der Natur und Geschichte gesondert ist, und was in Leben und Handeln, ebenso wie im Denken, ewig sich entfliehen muß.«

Der junge Schelling hat hier wiederum Gedanken, die damals in der Luft lagen, aufgegriffen und genial auf den romantischen Begriff gebracht. Schärfstes Bewußtsein von Widersprüchen und Versuch ihrer Überwindung in der Kunst – wenn das eine Überwindung ist. Ein »Gespräch über Auswege« [→ S. 260] ist es jedenfalls.

Denken in Bewegung

Schelling hat diese Position bald wieder verlassen und sich anderen Problemen zugewandt. Hauptthemen seiner späteren Vorlesungen in Würzburg, Erlangen und München waren Geschichte der Philosophie, Philosophie der Religion und Philosophie der Mythologie. Schellings Denken war immer im Fluß; angesichts dieser Entwicklung kann man auch gar nicht von einem bestimmten »Hauptwerk« sprechen (»nicht einmal über einen Namen für seine Philosophie ist eine wissenschaftliche Einigung erzielt worden« [20]). Auf Schellings sog. Spätphilosophie können wir hier nicht im einzelnen eingehen. Die kritischen Intellektuellen der zwanziger und dreißiger Jahre des letzten Jahrhunderts haben seine Hinwendung zur Religion und seine politische Position als Abfall von der Jugendphilosophie gewertet und übel genommen; Heinrich Heine schreibt in seiner *Geschichte der Religion und Philosophie in Deutschland* (1834) von der »schweren, dicken Verachtung, die auf ihm lastet.« Ein spektakuläres öffentliches Ereignis war noch einmal die Berufung des 69jährigen von München nach Berlin 1841, wo er zehn Jahre nach Hegels Tod als Gegengewicht gegen die Hegelsche Philosophie auftreten sollte. Er nahm den Ruf an – »vielleicht verkennend, daß die Wirklichkeit dieser Zeit nicht mehr Natur, Kunst oder Religion, sondern Ökonomie hieß.« [21] Es gab großen Streit, die Hegelianer haben die Nachschrift einer Vorlesung über Philosophie der Offenbarung veröffentlicht, es kam zu einem Prozeß wegen unerlaubten Nachdrucks, den Schelling verlor, und fünf Jahre später hat er seine Vorlesungstätigkeit in Berlin ganz eingestellt. 1854 ist Schelling während einer Badekur in der Schweiz gestorben.

Georg Wilhelm Friedrich Hegel: »Das Wahre ist das Ganze«

Schwierigkeiten mit Hegel

In der Vorrede zu Hegels erstem großen Werk, der *Phänomenologie des Geistes*, findet sich folgende Passage: »Die lebendige Substanz ist ferner das Sein, welches in Wahrheit *Subjekt* oder, was dasselbe heißt, welches in Wahrheit wirklich ist, nur insofern sie die Bewegung des Sichselbstsetzens oder die Vermittlung des Sichanderswerdens mit sich selbst ist. Sie ist als Subjekt die reine *einfache Negativität*, eben dadurch die Entzweiung des Einfachen; oder die entgegengesetzte Verdopplung, welche wieder die Negation dieser gleichgültigen Verschiedenheit und ihres Gegensatzes ist: nur diese sich *wiederherstellende* Gleichheit oder die Reflexion im Anderssein in sich selbst – nicht eine *ursprüngliche* Einheit als solche oder *unmittelbare* als solche – ist die Wahrheit. Es ist das Werden seiner selbst, der Kreis, der sein Ende als seinen Zweck voraussetzt und zum Anfang hat und nur durch die Ausführung und sein Ende wirklich ist.« [22]

Solche Sätze können den Leser zur Verzweiflung bringen. Er müht sich redlich ab, liest noch einmal und noch einmal – er versteht nichts. Er fängt an, in dem Buch herumzublättern, merkt, daß das ganze Buch in diesem Stil geschrieben ist. Verzweifelt wirft er es schließlich in die Ecke. Eine gute Reaktion. Schade, wenn er es dort liegen läßt. Es stimmt: Hegel ist schwer zu verstehen. Vielleicht der schwierigste Philosoph überhaupt. Aber es ist zumindest sehr verständlich, daß er schwer verständlich ist. Denn, mit Hegels Worten: »am verständlichsten werden daher Schriftsteller, Prediger, Redner usf. gefunden, die ihren Lesern oder Zuhörern Dinge vorsagen, welche diese bereits auswendig wissen, die ihnen geläufig sind, und die sich von selbst verstehen.« Hegel aber hat Neues, Unerhörtes zu sagen, das sich kaum ausdrücken läßt, das aber ausgedrückt werden will (»Wir müssen überzeugt sein, daß das Wahre die Natur hat, durchzudringen, wenn seine Zeit gekommen«). Daher Strapazierung der Sprache und der Konzentrationsfähigkeit des Lesers bis an die äußerste Grenze. Daher eine eigene Methode, die Dialektik, in der dieses Neue seine Darstellung und Rechtfertigung findet. Daher reicher Lohn für den Leser, der sich nicht so schnell abschrecken läßt: sein eigener Denkstil wird durch eine längere Beschäftigung mit Hegel nicht unverändert bleiben.

Im Folgenden sei versucht, den Sinn anzugeben, der in und hinter der Zumutung des Hegelschen Denkens steckt. In seinem Buch *Der Übergang vom feudalen zum bürgerlichen Weltbild* schreibt Franz Borkenau: »Die Dialektik blüht daher nur bei jenen seltenen Denkern, die weder von pessimistischen Voraussetzungen aus die Frage nach dem Sinn des Lebens einfach abweisen, noch in optimistischer Verdeckung dem Sinn unmittelbare Verwirklichung zuschreiben. Mit einem Wort, sie blüht nur dort, wo das Problem des Lebenssinnes in seiner echten Bedeutung gefaßt wird, als die Notwendigkeit, ein Ziel zu suchen, ohne es – jedenfalls innerhalb des Kategoriensystems des gegebenen Lebens – finden zu können.«

Ort der Dialektik

Diese Sätze sind wie auf Hegel gemünzt. Hegel ist weder ein platter Optimist noch ein platter Pessimist gewesen und noch weniger war er mit den Auskünften des sog. gesunden Menschenverstandes (»Kategoriensystem des gegebenen Lebens«) einverstanden. Und doch hat er sein Leben lang zäh nach einem Sinn gesucht. Und weil er als Philosoph sich nie mit einem persönlichen Privatsinn begnügt hätte, hat er die Frage nach dem Sinn des Lebens immer ganz allgemein gestellt. Ganz allgemein lautet sie: Ist die Wirklichkeit, in der und als deren Teil ich lebe, vernünftig? Kann der Einzelne in ihr seine wesentlichen Bedürfnisse befriedigen? Sein Bedürfnis nach Freiheit, nach materieller Sicherheit, nach rechtlicher Sicherheit, nach Anerkennung, Gerechtigkeit, Liebe? Kann das Leben bejaht, kann die Gesellschaft in ihrer wirtschaftlich-staatlichen Verfassung als eine vernünftige begriffen und somit akzeptiert werden? Hegel hat diese Fragen bejaht. Er steht zu seiner Zeit. Aber dieses »Ja« hat er sich wahrlich nicht leicht gemacht. Mit rastloser Energie hat er alle Bereiche des Lebens durchdrungen: den ungeheuren Raum der Weltgeschichte, die ganze Geschichte des menschlichen Denkens, die Natur, die Welt der Arbeit, des Rechts, der Religion, der Kunst. Er hat eine eigene Denkmethode entwickelt, um all diese Bereich in ihrer inneren Widersprüchlichkeit und Einheit zugleich begreifen und systematisch ordnen zu können. Zu Recht gilt seine Philosophie bei vielen als die Vollendung des deutschen Idealismus; es ist echte Weltphilosophie in unerschöpflicher Fülle. Als solche gebündelte Fülle lockt und blendet sie den Leser wie das Kerzenlicht die Motte. Daher ist auch Vorsicht geboten.

Suche nach Sinn

Georg Wilhelm Friedrich Hegel kam am 27. August 1770 in Stuttgart zur Welt. Sein Vater war ein herzoglicher Beamter in gehobener Stellung, ein Bürgerlicher von entschieden aristokratischer Gesinnung. Hegels äußeres Leben verlief ziemlich ruhig, völlig undramatisch. »Auf der Schule war Hegel ein rechter Musterschüler und bekam in jeder Klasse Prämien«, berichtet der Biograph Karl Rosenkranz (*G. W. F. Hegels Leben*, 1844). Als durchgängigen Zug an den vielen Tagebuchnotizen, Bücher und Zeitungsexzerpten des Gymnasiasten hebt Rosenkranz – ihm lag das ganze Material noch vor – das Interesse an der Geschichte hervor, ein scharfer Blick für die unterschiedlichen Formen menschlichen Zusammenlebens mit ihren Auswirkungen auf die Fühl- und Denkweise der Menschen. Dieses Offensein für die Geschichte ist ganz charakteristisch für Hegel. Eine seiner berühmtesten Einsichten lautet: »Philosophie ist ihre Zeit, in Gedanken erfaßt.« Das Interesse an der Geschichte ist also immer dagewesen. Wohl aber hat sich die Einstellung zur Geschichte bzw. zur eigenen Gegenwart gewandelt. Diese Wandlung ist entscheidend für Hegels Entwicklung. Ihre Etappen sind: Verklärung der Antike aus der Ablehnung der Gegenwart heraus; Krise des Polis-Ideals; Anerkennung der Gegenwart und Versuch ihrer denkerischen Rechtfertigung. Wie sah zunächst dieses Polis-Ideal aus?

erträumte Polis

Entscheidend war die Freiheit. Der junge Hegel stellte sich den griechischen Stadtstaat als ein Zusammenleben freier Menschen vor, von Bürgern, denen die Freiheit ihrer Republik wichtiger war als die privatmeierische Sicherheit und Vermehrung ihres persönlichen Eigentums. Es waren Bürger, keine Privatleute. Diese freien Bürger – die Tatsache der Sklaverei blieb unberücksichtigt – hatten eine freie »Volksreligion«, die dem Spiel der Phantasie und der Sinnlichkeit freien Lauf ließ, deren höchster Inhalt wiederum das gemeinsame Vaterland war. Demgegenüber kritisiert der Tübinger Theologiestudent und Stiftsbewohner die Religion der Juden und das Christentum als erstarrte, »positive« Religion, als knechtische Religion, die ihren Gläubigen von einem fremden Gott fixierte Gesetze und Wunderglauben vorsetzt: »bürgerliche und politische Freiheit hat die Kirche als Kot gegen die himmlischen Güter und den Genuß des Lebens verachten gelehrt.« Aufklärerische Religionskritik, Begeisterung für die Französische Revolution und jugendlich-rebellischer Ekel an der absolutistischen Willkürherrschaft im eigenen Land verdichten sich hier zum Idealbild einer erträumten Vergangenheit, die unter Anleitung der Philosophen wiederhergestellt werden soll. Diesen republikanischen Hoffnungen hängt Hegel auch nach dem Tübinger Studium noch als Hauslehrer in Bern (1793–96) an. In diesem Sinne schließt er einen Brief an seinen Freund Schelling mit den Worten: »Das Reich Gottes komme, und unsere Hänften seien nicht müßig im Schoße! [...] Vernunft und Freiheit bleiben unsre Losung, und unser Vereinigungspunkt die unsichtbare Kirche« (»Reich Gottes« und »unsichtbare Kirche« sind hier politisch-utopische Bilder in messianischer Sprache).

geistiger Umbruch

Hölderlin hat dann den Freund aus der Isolation in der Schweiz befreit, indem er eine Hauslehrerstelle bei einer Frankfurter Kaufmannsfamilie vermittelte. Die drei Jahre in Frankfurt (1797–1800) gehören für uns zu den undurchsichtigsten seines Lebens, denn sehr viele Manuskripte sind verlorengegangen. Jedenfalls muß Hegel sich zeitweise in einer echten Krise befunden haben; seine Überzeugungen sind gründlich ins Wanken geraten. Sie haben der Einsicht in die Nichtwiederholbarkeit der Vergangenheit und der Berechtigung und Notwendigkeit der geschichtlichen Entwicklung hin zur Gegenwart der bürgerlichen Gesellschaft Platz gemacht.

Das alte Konzept: Geschichte als Verfallsprozeß, wird allmählich durch ein neues ersetzt: Geschichte als Wandlung zu etwas Anderem hin – wie auch in den Manuskripten aus dieser Zeit oft Altes und Neues einfach nebeneinander steht.

Die Wissenschaft des volkswirtschaftlichen Gesamtprozesses von den Grundprinzipien der menschlichen Arbeit bis zu Details der Außenhandelssteuer nannte man im 18. und 19. Jahrhundert »Politische Ökonomie«. Im Unterschied zu den anderen Philosophen des deutschen Idealismus hat sich Hegel schon früh mit der politischen Ökonomie der fortgeschrittensten bürgerlichen Gesellschaft seiner Zeit, England, beschäftigt. Am Modell England hat er die Funktionsweise des frühkapitalistischen Wirtschaftslebens, die Vorzüge und die Erbarmungslosigkeit des auf dem Privatnutzen gegründeten Mechanismus studiert und als höchst kompliziertes, in sich differenziertes, dynamisches Ganzes zu begreifen gelernt (Arbeitsteilung, Geldwesen, Klassen, Trennung von Wissenschaft und Produktion, Recht, Polizei, Reichtum-Armut usf.). Er hat die geschichtliche Macht der bürgerlichen Gesellschaft erfahren, eine Macht, die er jetzt als schicksalhaft empfindet: »Das Schicksal des Eigentums ist uns zu mächtig geworden, als daß Reflexionen darüber [z. B., ob es »gut« oder »schlecht« ist] erträglich, seine Trennung von uns, uns denkbar wäre.« Und in diesem Prozeß, die Wirklichkeit in ihrer Zerrissenheit zu erfassen, verflüssigt sich Hegels Denken, verflüssigt sich auch sein Stil. Mit aller Leidenschaft sucht er Vereinigungspunkte in der Zerissenheit und findet sie im Begriff des Lebens, der Liebe und einer als Vereinigung des Menschlichen und Göttlichen neu gedeuteten Religion (Schiller hat, wie sich zeigte, diese Einheit mit der »ästhetischen Erziehung« angestrebt; vgl. [→ S. 262f.]). Die fragmentarischen Entwürfe der Frankfurter Zeit bilden gleichsam die Wiege von Hegels Dialektik. Wir können hier beobachten, wie er in immer neuen Ansätzen versucht, einen Gegensatz als Gegensatz und Einheit zugleich zu fassen. Das beste Beispiel hierfür ist das Leben selbst. Man mache sich einmal klar, welche Gegensätze in dem *einen* Begriff der lebendigen Person von der Geburt bis zum Tod enthalten sind! Und man halte den alten logischen Satz der Identität, den Grundpfeiler des abendländischen Denkens dagegen: A kann nicht zugleich in derselben Bedeutung A und B sein [→ S. 44]! So ist es kein Zufall, daß Hegel im Zusammenhang mit dem Nachdenken über das Leben zum ersten Mal einen dialektischen Satz formuliert, der die alte Logik übersteigt: »aber das Leben kann eben nicht als Vereinigung, Beziehung allein, sondern muß zugleich als Entgegensetzung betrachtet [werden] [...]; ich müßte mich ausdrücken, das Leben sei die Verbindung der Verbindung und der Nichtverbindung« (I, 422). Wir sehen hier in aller Deutlichkeit, wie eng bei Hegel zwei scheinbar getrennte Bereiche zusammenhängen: Erkenntnis der Wirklichkeit (die Struktur des »Lebens«) und Erkenntnis der Erkenntnis (Logik). Bereits 1801 wird dieser hier auf das Leben bezogene Satz allgemein logisch gefaßt: »Das Absolute selbst aber ist darum die Identität der Identität und Nichtidentität; Entgegensetzen und Einssein ist zugleich in ihm« (II, 96). Diese strukturelle Beziehung zwischen Leben und Denken ist charakteristisch für Hegel. Später wird er es die »Idee« nennen, die, an sich dieselbe, in den verschiedenen Bereichen der Wirklichkeit zur verschiedenartigen »Erscheinung« kommt.

Von diesen tastenden Sätzen bis zur ausgearbeiteten dialektischen Logik von 1812 ist noch ein weiter Weg. Hegel ist jetzt schon an die dreißig und noch ganz und gar unbekannt. Daß er aber durch die Erfahrungen der Frankfurter Krise ein gleichsam reifes Selbstbewußtsein erlangt hat, spü-

Eigentum als »Schicksal«

Geburt der Dialektik

vom Ideal zum System ren wir in einem Brief an Schelling. Er ist im November 1800 geschrieben, kurz bevor Hegel selbst nach Jena ging: »Deinem öffentlichen großen Gange habe ich mit Bewunderung und Freude zugesehen; Du erläßt es mir, entweder demütig darüber zu sprechen oder mich auch Dir zeigen zu wollen; ich bediene mich des Mittelworts, daß ich hoffe, daß wir uns als Freunde wiederfinden werden. In meiner wissenschaftlichen Bildung, die von untergeordneten Bedürfnissen der Menschen anfing, mußte ich zur Wissenschaft vorgetrieben werden, und das Ideal des Jünglingsalters mußte sich zur Reflexionsform, in ein System zugleich verwandeln; ich frage mich jetzt, während ich noch damit beschäftigt bin, welche Rückkehr zum Eingreifen in das Leben der Menschen zu finden ist.«

Jena: Bedürfnis und Ziel der Philosophie »Zur Wissenschaft vorgetrieben werden«: in Jena (1801 –1807) stürzt Hegel sich ganz in die wissenschaftlichen Auseinandersetzungen an dieser berühmtesten Universität seiner Zeit. Er wird außerordentlicher Professor der Philosophie und gibt zusammen mit Schelling das *Kritische Journal der Philosophie* heraus. Von den großen Arbeiten Hegels, die in diesem Journal erscheinen, sei hier nur erwähnt die *Differenz des Fichteschen und Schellingschen Systems der Philosophie*. Am Anfang dieser sog. *Differenzschrift* stehen die Ausführungen über die Wurzel der Philosophie. Philosophie ist für Hegel in all ihren Formen Ausdruck einer zerrissenen Harmonie des ursprünglich einigen Lebens eines Volkes. »Entzweiung ist der Quell *des Bedürfnisses der Philosophie.* [...] Wenn die Macht der Vereinigung aus dem Leben der Menschen verschwindet und die Gegensätze ihre lebendige Wechselwirkung verloren haben und Selbständigkeit gewinnen, entsteht das Bedürfnis der Philosophie« (II, 20ff.). Aber nicht jede Philosophie überwindet auch die Entzweiung. Die meisten Philosophien schreiben die Gegensätze geradezu fest und machen so zu einer durch Arbeitsteilung und Klassengegensätze festgeronnenen Wirklichkeit noch eine zweite starre Wirklichkeit des Denkens dazu. So ganz extrem die kantische Philosophie mit ihrem Gegensatz von Ding an sich und Erscheinung, Vernunft und Sinnlichkeit, Individuum und Gattung, Glauben und Wissen, Pflicht und Neigung usf.; so ganz allgemein der starre Gegensatz von Subjekt und Objekt vom Alltagsbewußtsein bis in die höchste Transzendentalphilosophie seiner Zeit hinein. »Solche festgewordenen Gegensätze aufzuheben, ist das einzige Interesse der Vernunft«, schreibt Hegel in dieser Arbeit von 1801. Er hat damit bereits das Programm der *Phänomenologie des Geistes* (1807) umrissen.

»Phänomenologie des Geistes« Die *Phänomenologie* – ein so vielschichtes, reiches Buch, daß es unmöglich ist, zu sagen, was sie »ist«, außer daß es ein absolut originelles Werk ist – es gibt nichts Vergleichbares in der philosophischen Literatur. »Phänomen« heißt »Erscheinung«; den Titel *Phänomenologie des Geistes* kann man als »Wissenschaft des erscheinenden Bewußtseins« übersetzen. Was wollte Hegel mit diesem Werk? In dem Brief an Schelling vom November 1800 hatte er geschrieben, daß sein Ideal des Jugendalters sich in ein System des Wissens verwandeln mußte. Die *Phänomenologie* war gedacht als der erste Teil dieses Systems und pädagogische Einführung und Hinführung auf den Standpunkt des Systems zugleich (das Pädagogische ist Hegel mißlungen: »Die Fülle der Gesichte hat es verhindert« – E. Bloch). Man muß sich vor allem klarmachen, daß Hegel ein absolut nüchterner Mensch war. »Die Philosophie aber muß sich hüten, erbaulich sein zu wollen«, heißt es in der programmatischen Vorrede des Werkes. Anders gesagt: Wissen ist nur dann echtes Wissen, wenn es aus sich selbst heraus einsichtig und nachvollziehbar gemacht werden kann. Wenn alles, mit Hegels

Worten, seine »Darstellung« findet. Daher haben ihn alle gängigen *Behauptungen* über Wahrheit geärgert: »Das Bekannte überhaupt ist darum, weil es *bekannt* ist, nicht *erkannt*.« Daß die Mathematik bzw. die Naturwissenschaften den Maßstab für wahres Erkennen liefern, ist für ihn z. B. eine solche Behauptung. Daher hat er alle gehaßt, die die Wahrheit nur fühlen zu können glaubten – die Romantiker z. B. oder eine gewisse vornehme Spielart von Religiosität, die im Bewußtsein einer höheren Glaubensempfindungswahrheit verächtlich auf die Anstrengung des philosophischen Begreifens herabblickt. Daher hat er sich von Fichte, Schelling und Hölderlin entfernt, die die Wahrheit – das berühmte »Absolute« – in einen dem denkenden Bewußtsein weitaus überlegenen Ursprung/Urgrund vorverlegt haben.

Forderung nach Evidenz des Wissens

Hegels Gegenprogramm: Wahrheit ist Resultat. Wahrheit ist Prozeß. Wir haben beim Erkennen immer zwei Seiten: Subjekt und Objekt. Für die herkömmliche Philosophie und das Alltagsbewußtsein sind das starre Gegensätze. Es sind auch Gegensätze. Aber Wahrheit ist das Bewußtsein der Gegensätze *und* ihrer Einheit. Wer von einem Objekt spricht, muß immer schon ein Subjekt dazudenken. Ebenso gibt es kein Subjekt ohne Objekt, kein »Ich« ohne »Du«, kein »Gutes« ohne »Böses« usf. Das Festhalten der Gegensätze ist der Fehler. »Das Wahre ist das Ganze.« Das Wahre ist Vermittlung, Einsicht in die wechselseitige Bedingtheit von Subjekt und Objekt im Erkenntnisprozeß wie in der Wirklichkeit. »Es gibt nichts zwischen Himmel und Erde, das nicht zugleich unmittelbar und vermittelt ist.« Wahrheit ist Subjekt–Objekt-Vermittlung, Subjekt–Objekt. Dieser Begriff der Vermittlung, die Verflüssigung des Denkens, die es allein in die Lage versetzt, vielschichtige Probleme ihrer Vielschichtigkeit entsprechend zu erfassen und somit wirklich zu begreifen, ist Hegels eigentliche denkerische Leistung, sein Geschenk an die Nachwelt. Im Unterschied zur »Reflexion«, dem normalen wissenschaftlichen Denken, das Erkenntnis durch unterscheidende Begriffe (Bestimmungen) findet, nennt er sein Denken auch »Spekulation«. Das spekulative Denken setzt die Reflexion immer schon voraus und übersteigt sie zugleich durch Einsicht in den Zusammenhang des von der Reflexion Unterschiedenen. Spekulativ Vermittlung denken ist dasselbe wie dialektisch denken. Was Dialektik über die bloße Worterklärung hinaus ist, kann man – außer vielleicht bei Marx – nur bei Hegel lernen.

Schlüsselwort »Vermittlung«

Nehmen wir z. B. eine Wissenschaft heute, die Physik. Auf der Ebene der Reflexion bleibt der Physiker, solange er seinen Gegenstand einteilt, untersucht, Beobachtungen anstellt und überprüft, kurz: Erkenntnisse über begrenzte Sachverhalte gewinnt. Sowie er aber über »Natur« als ein Ganzes nachzudenken beginnt, greifen die Begriffe seiner Wissenschaft nicht mehr. Der scheinbar klare Gegenstand gerät ins Schwimmen. Der Physiker muß anfangen, umfassend, spekulativ zu denken, wenn er weiterkommen will. – Es ist nur allzu schade, daß die im Begriff »Vermittlung« vielleicht am ehesten faßbare, unendlich wichtige dialektische Grundeinsicht der *Phänomenologie* für den Anfänger fast unerkennbar ist durch die Sprache dieses Werkes. Wer wollte es Hegel verübeln, daß er auf der Problemhöhe und in der Begrifflichkeit seiner Zeit denkt, daß er dazu eine eigene Begrifflichkeit schafft, um bisher noch nie Gedachtes auszudrücken? Solche Begriffe sind Ansichsein-Fürsichsein; Anundfürsichsein; Negativität; Moment; Substanz; Wesen; Aufhebung; Verdopplung; Geist usf. Erst allmählich, mit viel Geduld und Selbstvertrauen, wird sich eine gewisse Vertrautheit mit Hegels Denkstil und Ausdrucksweise einstellen.

über das Fachdenken hinaus

Hegel während der
Vorlesung (1828)

*Die Arbeit der
Weltgeschichte*

Wir haben darauf hingewiesen, daß Hegel ein nüchterner Mensch ist. Er ist gegen Prinzipien, Versicherungen, Behauptungen. Die Wahrheit muß entfaltet, dargestellt werden. Oder: das Wissen ist nur als System wirklich. Daher kann die ganze *Phänomenologie* gesehen werden als die Darstellung der Einsicht, daß das Wahre Vermittlung und als solche Resultat ist. Resultat der ganzen ungeheuren Arbeit der Weltgeschichte. Um das zu verstehen, müssen wir klären, was »Wissenschaft des erscheinenden Bewußtseins« heißt. Hegel konstruiert in der *Phänomenologie* typische Gestalten des Bewußtseins. Ein mittelalterlicher Mönch z. B. ist eine solche Bewußtseinsgestalt. Typisch für ihn ist eine bestimmte Auffassung der Welt – also von sich, von der Natur, von Gott, von dem, was richtiges Handeln ist, wie die Gesellschaft sein soll usf. Er repräsentiert so eine ganze geschichtliche Epoche – das Mittelalter – in Gestalt eines bestimmten Bewußtseins, nämlich des mönchisch-katholischen-mittelalterlichen Bewußtseins. Diese Bewußtseinsgestalt – und die Welt, die sie repräsentiert – gerät aber an einem bestimmten geschichtlichen Punkt in eine Krise – die Reformation. Eine

*Abfolge von Gestalten
des Bewußtseins*

neue Bewußtseinsgestalt bildet sich aus. Sie ist dadurch auch eine *höhere*, als der protestantische Gläubige z. B. ein deutlicheres persönliches Selbstbewußtsein hat (z. B. indem er »Werke« des Glaubens ablehnt, weil er alles ins Gewissen legt). Auch der Protestantismus gerät in eine Krise, spätestens durch die Aufklärung. Die Bewußtseinsgestalt »Aufklärung« setzt dem Glauben ein neues, weltliches Prinzip gegenüber, oder: das aufklärerische Bewußtsein ist ein anderes Ich-Welt-Verhältnis bzw. eine andere Subjekt-Objekt-Konstellation als alle vom Glauben bestimmten früheren Bewußtseinsformen insgesamt. Auch das aufklärerisch-weltliche Bewußtsein muß wieder einer höheren Gestalt Platz machen usf. In dieser Weise mustert die *Phänomenologie* auf vielen Ebenen die ganze Weltgeschichte durch, von der altpersischen Lichtreligion bis zur entschiedenen Kantkritik, von der dialektischen Beziehung zwischen »Herr« und »Knecht« bis zur »schönen Seele« der Goethezeit. Der geniale Zugriff liegt darin: jede Bewußtseinsform hat ihre Berechtigung, ihre geschichtlich-erkenntnismäßige *Wahrheit*. Und jede Bewußtseinsform muß an ihrer eigenen Einseitigkeit (ihrer *Unwahrheit*) zugrundegehen und einer neuen Gestalt Platz machen, wo sich derselbe Kreislauf auf höherer Ebene wiederholt bis – das »absolute Wissen« erreicht ist. Dieses absolute Wissen nennt Hegel auch den sich wissenden Geist. (»Geist« ist bei Hegel immer ein Vermittlungsbegriff. Der »Geist eines Volkes« z. B. ist mehr als die Summe der Einzelbewußtseine der Bürger.) Der sich wissende Geist ist eine Bewußtseinsform, die mit sich völlig »ins Reine« gekommen ist. Es gibt für ihn nichts Fremdes, Unerkennbares in der Welt mehr.

»Aber nicht das Leben, das sich vor dem Tode scheut und vor der Verwüstung rein bewahrt, sondern das ihn erträgt und in ihm sich erhält, ist das Leben des Geistes. Er gewinnt seine Wahrheit nur, indem er in der absoluten Zerrissenheit sich selbst findet.« Diese Stelle aus der Vorrede zeigt noch einmal den roten Faden des Werkes. Der »Geist«, wie Hegel das souveräne Wissen nennt, arbeitet sich qualvoll durch die ganze Weltgeschichte, durch all seine Bewußtseinsgestalten hindurch, um schließlich als reiches Wissen zu sich selbst zu kommen. Er ist jetzt bei sich, zuhause. Er weiß um alle Widersprüche und weiß zugleich, daß sie nur Schein sind, Einseitigkeiten, die im dialektischen Prozeß des Ganzen ihren Platz und ihre Wahrheit finden. Damit ist der Geist mit sich und der Welt versöhnt. »Versöhnung« ist ein Schlüsselwort der Hegelschen Philosophie. Ein sehr problematisches Schlüsselwort. Denn seine Botschaft an den Einzelnen ist: »Nimm Dich nicht so wichtig. Betrachte Dich, und betrachte das Ganze. Was Du auch kritisieren magst – es sind Kleinigkeiten, vielleicht hast Du nur falsche Ansichten, leere, abstrakte Ideale, ein verkehrtes Bewußtsein. Korrigiere Dich, lerne richtig denken, lerne dich wirklich zu begreifen im Zusammenhang des Wahren und Ganzen. Das Wahre ist das Ganze, und das Ganze ist O. K.« Das mag sehr salopp ausgedrückt sein. Hegel sagt es eleganter, in einem Satz, dem Schlußsatz der Vorrede zur *Phänomenologie*:

Versöhnung mit der Wirklichkeit

»Weil übrigens in einer Zeit, worin die Allgemeinheit des Geistes so sehr erstarkt und die Einzelheit [d. h. der konkrete Mensch], wie sich gebührt, um soviel gleichgültiger geworden ist, auch jene an ihrem vollen Umfang und gebildeten Reichtum hält und für ihn fordert, der Anteil, der an dem gesamten Werke des Geistes auf die Tätigkeit des Individuums fällt, nur gering sein kann, so muß dieses, wie die Natur der Wissenschaft schon es mit sich bringt, sich um so mehr vergessen, und zwar werden und tun, was es kann, aber es muß um so weniger von ihm gefordert werden, wie es selbst weniger von sich erwarten und für sich fordern darf.«

Finanziell sah es für Hegel in Jena nicht gut aus. Dieser Zustand verschlimmerte sich noch durch die Geburt eines unehelichen Sohnes, den er mit der Frau seines Hauswirts gezeugt hatte. So nahm er, als die Franzosen Jena besetzt hatten, eine Stelle in Bamberg an als Redakteur der *Bamberger Zeitung*. Eine undankbare Arbeit angesichts der damaligen strengen Zensur. Aber daß Hegel anderthalb Jahre gerade diese Arbeit ausübte, widerlegt klar das Klischee des »Weltphilosophen«, der über die Niederungen der Tagespolitik erhaben sei. Aus der Bamberger Zeit stammt eine briefliche Äußerung, die Hegels Auffassung über den Bezug von Philosophie und Politik präzise belegt: »Die theoretische Arbeit, überzeuge ich mich täglich mehr, bringt mehr zustande in der Welt als die praktische; ist erst das Reich der Vorstellung revolutioniert, so hält die Wirklichkeit nicht aus.«

Redakteur in Bamberg

Die Wirklichkeit war jedenfalls vorerst standhaft gegen Hegel und versagte ihm die ersehnte Professur an einer Universität. So wurde er acht Jahre lang Schulmeister und gab von 1808 bis 1816 als Rektor an einem Gymnasium in Nürnberg Einführungsunterricht in die Philosophie (Propädeutik). Sein für damalige Zeiten ausnehmend achtungsvolles Benehmen gegenüber den Schülern (er redete jeden mit »Herr« an) wurde noch nach seinem Tode hervorgehoben. Seine Erfahrungen im Philosophieun-

Rektor in Nürnberg

zwei Auffassungen von Philosophieunterricht

terricht hat er in einem Gutachten *Über den Vortrag der Philosophie auf Gymnasien* niedergelegt. Das Gutachten sei hier erwähnt, weil es wichtig ist als die genaue Gegenposition zu Kants Auffassung von Philosophieunterricht. Kant hatte kurz und bündig erklärt, er wolle nicht Philosophie, sondern Philosophieren lehren und hat damit – bis heute – viel Zustimmung geerntet. Hegel bestreitet nun, daß zwischen »Selbstdenken« und »Lernen« ein Gegensatz bestehe. Das sei wie: »man soll reisen und immer reisen, ohne die Städte, Flüsse, Länder, Menschen usf. kennenzulernen.« Philosophie-Lernen ist für Hegel selbständiges Re-Produzieren – wichtiger Inhalte, die bereits gedacht und somit vorhanden sind: »Das originelle, eigentümliche Vorstellen der Jugend über die wesentlichen Gegenstände ist teils noch ganz dürftig und leer, teils aber in seinem unendlich größeren Teile *Meinung, Wahn, Halbheit, Schiefheit, Unbestimmtheit.* [...] das philosophische Studium ist wesentlich auf diesen Gesichtspunkt zu richten, daß dadurch *etwas gelernt,* die *Unwissenheit verjagt,* der *leere Kopf mit Gedanken und Gehalt* erfüllt und jene *natürliche Eigentümlichkeit des Denkens,* d. h. die Zufälligkeit, Willkür, Besonderheit des Meinens vertrieben werde« (IV, 412).

Solche Sätze sind nicht gerade schmeichelhaft für den (jugendlichen) Leser. Ich möchte sie aber einmal einfach so hinstellen, weil sie querstehen zur gängigen Auffassung von Philosophie. In der heutigen Philosophiedidaktik werden sie diskutiert als Problem des Verhältnisses zwischen Universitäts- und Laienphilosophie. Was ist Philosophie? Was auf der Universität als »Philosophie« vermittelt wird, mit einem relativ gesicherten Bestand von Problemstellungen, Texten, Methoden, oder wenn jeder anfängt, nachzudenken, selbst zu denken? Selbstdenken, gibt es das? Hegel wollte mit dem Gutachten jedenfalls nicht seine Philosophie an der Schule gelehrt haben; das spekulative Denken als die höchste und einzig wahre Philosophie ist für den wesentlich vorbereitenden, eben: propädeutischen Philosophieunterricht am Gymnasium zu schwierig.

Die Wissenschaft der Logik

Wie Recht er damit hat, zeigt seine *Wissenschaft der Logik.* Was tun die Gelehrten? Sie streiten. Sie streiten und streiten über dieses 1000-Seiten-Werk, das dunkelste, tiefsinnigste, widerständigste Buch der Philosophiegeschichte. Glücklicherweise streiten sie wieder, denn nach dem allmählichen Verschwinden der Hegelschule in Deutschland (etwa um 1870) war – von Ausnahmen abgesehen – die *Wissenschaft der Logik* für viele Jahrzehnte vergessen (sie ist in zwei Bänden 1812 und 1816 erschienen). Was gibt es auch Anmaßenderes als die Behauptung eines Autors, der Inhalt seiner Wissenschaft sei »die Wahrheit, wie sie ohne Hülle an und für sich selbst ist«; »die Darstellung Gottes [...], wie er in seinem ewigen Wesen vor der Erschaffung der Natur und eines endlichen Geistes ist«? Was gibt es Befremdlicheres als die Sätze am Anfang der Logik: »Das reine Sein und das reine Nichts ist also dasselbe. [...] Ihre Wahrheit ist also diese *Bewegung* des unmittelbaren Verschwindens des einen in dem anderen: *das Werden«?* Wir können hier nur andeuten, worum es in der *Wissenschaft der Logik* geht. Schon der Titel hat die Zeitgenossen befremdet (die drei Besprechungen, die der erste Band 1812 erhielt, waren ganz und gar abfällig). Dieser Titel drückt genau Hegels Auffassung aus gegenüber den zwei Arten von Logik, die es bereits gab und von denen er sich absetzt: die formale und Kants transzendentale Logik. Die herkömmliche formale Logik (seit Aristoteles, [→ S. 48]) betrachtet die Regeln des Denkens für sich, unabhängig vom Erkennen eines bestimmten Sachverhaltes. Daher »formale Logik« als eine Art Werkzeug, das dann richtig »angewendet« werden soll. Für Hegel ist das »verknöchertes Material«, das »nur hie und da einen dürren Faden oder die leblosen Knochen eines Skeletts, sogar in Unordnung untereinander geworfen, dargibt« (V, 19). Demgegenüber untersucht die transzendentale Logik die inhaltliche – mit dem Fachwort: gegenstandskonstitutive – Leistung des Verstandes. Kant geht ja davon aus, daß durch die Tätigkeit des Verstandes, die Anwendung der Kategorien und Schemata der reinen Vernunft ein Ding bzw. die Welt erst erzeugt/geformt/erkannt wird [→ S. 252]. Aber eben durch diese Tätigkeit ist es nur »Erscheinung« – was die Welt, das »Ding an sich« ist, bleibt uns unerkennbar. Gegen dieses »Gespenst des Ding an sich« hat Hegel sein Leben lang gewettert: »Indem aber auf der andern Seite diese Erkenntnis sich als die Erkenntnis nur von Erscheinendem weiß, wird das Unbefriedigende derselben eingestanden, aber zugleich vorausgesetzt, als ob zwar nicht die Dinge an sich, aber doch innerhalb der Sphäre der Erscheinungen richtig erkannt würde, als ob dabei gleichsam nur die *Art der Gegenstände* verschieden wäre und die eine Art, nämlich die Dinge an sich, zwar nicht, aber doch die andere Art, nämlich die Erscheinungen, in die Erkenntnis fielen. Wie wenn einem Manne die richtige Einsicht beigemessen würde, mit dem Zusatz, daß er jedoch nichts Wahres, sondern nur Unwahres einzusehen fähig sei. So ungereimt das letztere wäre, so ungereimt ist eine wahre Erkenntnis, die den Gegenstand nicht erkennte, wie er an sich ist« (V, 39).

Kritik der formalen und transzendentalen Logik

Hegel vertritt erkenntnistheoretisch das Gegenteil von Kant. Er traut der Kraft des Denkens *alles* zu. Die *Wissenschaft der Logik* untersucht die Grundbegriffe der abendländischen Philosophie (wie: das Sein, das Wesen, die Erscheinung, die Substanz, der Begriff, die Idee). Und Hegels feste Überzeugung ist: Wenn ich diese Begriffe richtig in ihrem Zusammenhang erfasse, erfasse ich zugleich das innerste Wesen der Wirklichkeit selbst. Ein Beispiel: »Kraft« ist ein Begriff, der in den Naturwissenschaften eine große Rolle spielt. Sie verwenden ihn ständig und setzen ihn dabei einfach voraus: Was aber »Kraft« eigentlich ist, erfahre ich in der Logik. »Kraft« bezeichnet nämlich ein Verhältnis; ein Inneres, Verborgenes (Wesen), das sich äußert (erscheint), gehört somit insgesamt in die Lehre vom Wesen, in der all diese sog. Verhältnisbestimmungen untersucht werden. Die *ganze* Bedeutung des scheinbar einfachen naturwissenschaftlichen Begriffes »Kraft« ergibt sich also erst aus seinem Stellenwert innerhalb der spekulativen Logik. Insofern kann Hegel sagen, die Logik sei »die Wahrheit, wie sie ohne Hülle an und für sich selbst ist.« In unserem Beispiel wäre die Hülle das konkrete naturwissenschaftliche Umfeld, in dem der Begriff »Kraft« normalerweise verwendet wird.

Ein Beispiel aus der Naturwissenschaft

1811, mit einundvierzig Jahren, heiratete Hegel die zwanzigjährige Marie von Tucher, aus angesehener Nürnberger Patrizierfamilie. Ob der Zeitpunkt, von Hegel her gesehen, als Ausdruck seiner »organischen Reife« anzusehen ist (wie der Biograph Rosenkranz meinte), bleibe hier dahingestellt. Mit der Zeit litt Hegel mehr und mehr unter der Isolation der Nürnberger Provinzexistenz. »Mein einziges und letztes Ziel ist, Lehrer auf einer Universität zu sein«, schrieb er 1813 an einen Freund. Nachdem sich manche Hoffnung zerschlagen hatte, sah er sich 1816 plötzlich drei Berufungen gegenüber (Erlangen, Heidelberg, Berlin). Ein Zeichen, daß man auf Hegel aufmerksam wurde. Er entschied sich, nicht zuletzt wegen seiner lieben Frau, für Heidelberg.

Heirat...

Die Bedeutung der beiden Heidelberger Jahre (1816–1818) liegt vor allem in der Begegnung mit den hier sehr aktiv vertretenen neuesten Kunstströmungen. Die sog. Heidelberger Romantik, die Aufführung italie-

...und Professur in Heidelberg

nischer Renaissance- und Barockmusik und die große private Gemäldesammlung der Brüder Boisserée mit etwa 200 Gemälden altdeutscher und niederländischer Malerei erweiterten Hegels Kunsterfahrung, was sehr fruchtbar für seine Ästhetik werden sollte.

Aufbau der Enzyklopädie

In Heidelberg erschien auch »zum Gebrauch seiner Vorlesungen« die große *Enzyklopädie der philosophischen Wissenschaften*. In dem griechisch-neulateinischen Wort »Enzyklopädie« steckt das griechische *zýklos*, der Kreis. Man kann »Enzyklopädie« also mit »Gesamtwissenskunde« übersetzen. Hegels alter Plan aus dem Jahre 1800, ein System des Wissens vorzulegen, wurde damit Wirklichkeit. Die *Enzyklopädie* umfaßt die Systemteile Logik, Naturphilosophie und die Philosophie des Geistes. Die Naturphilosophie ist vom Grundgedanken mit dem Ansatz Schellings [→ S. 273f.] vergleichbar. Natur als der Geist in seinem Anderssein, als der »schlafende Geist«, der gemäß dem immer vielschichtiger werdenden Stufenbau der Natur allmählich zu sich, zu Bewußtsein kommt (Schema: Physik als unbelebte, Biologie als belebte, Geist als belebte und bewußte Natur). Die Philosophie des Geistes ist untergliedert in den subjektiven Geist (Anthropologie; Phänomenologie; Psychologie) und den objektiven Geist (das Recht; die Moralität; die Sittlichkeit, d.h. Familie, bürgerliche Gesellschaft und Staat). Beide Teilbereiche finden ihr Ziel im absoluten Geist – Kunst, Religion und Philosophie. Die Philosophie steht damit an der höchsten Stelle im Gesamtaufbau des Wissens, am Anfang (Logik) und am Schluß (absolutes Wissen). Der Kreis, von dem ganz am Anfang dieses Kapitels in dem *Phänomenologie*-Zitat die Rede ist, schließt sich. Die Welt ist hier noch einmal als Ganze geistig durchdrungen und gedeutet worden. »Das Wahre ist das Ganze.« Wir leben heute in einem Zeitalter der Zersplitterung der Lebens-/Wissensbereiche. Keiner vermag mehr das Ganze zu denken. Daher kann man – einmal abgesehen von dem, was er inhaltlich zu sagen hat – in dieser überwältigenden Leistung einer Gesamtsynthese Hegels Bedeutung für die Gegenwart sehen. »Daß die Frage nach diesem übergreifenden Ganzen lebendig bleibt, das ist das eigentliche Erbe, das uns Hegel in seinem Denken zu überliefern hat.« [23]

Ist »das Ganze« erschlichen? Ist die Harmonie trügerisch, die das spekulative Denken durch alle Widersprüche hindurchgehend als selbstbewußte Kraft des Wissens zu stiften vermag? Ist die »Versöhnung« erpreßt? Mit diesen Fragen sind wir mitten in der Diskussion um die Methode der spekulativen Dialektik und ihrer politischen Verflechtung. Doch zunächst zu Hegels Auftritt in Berlin. Denn daß diese Fragen so scharf gestellt wurden, hängt mit der alles überragenden Bedeutung zusammen, die seine Philosophie in Berlin gewonnen hat.

Restauration in Preußen

Berlin – Hauptstadt Preußens. »Sie wissen, daß ich hierher gegangen bin, um in einem Mittelpunkt und nicht in einer Provinz zu sein« (Brief an einen Freund, Juni 1821). Hat sich Hegel mit diesem Preußen identifiziert? Hat er es spekulativ verklärt? Wurde sein System hier »zur wissenschaftlichen Behausung des *Geistes der preußischen Restauration*« (so Rudolf Haym, *Hegel und seine Zeit*, 1857)? Preußen, durch seine Reformen [→ S. 268] in mancher Hinsicht ein vergleichsweise moderner Staat, war mit dem Wiener Kongreß (1815) in die gesamteuropäische Restaurationsepoche eingetreten. Das heißt entschiedene Bekämpfung des politischen Liberalismus. Das Wartburgfest der deutschen Burschenschaften (1817), vor allem die Ermordung des russischen Staatsrats von Kotzebue durch den Studenten Sand in Mannheim (März 1819) lieferten einen hervorragenden Anlaß, mit den sog. Karlsbader Beschlüssen (August 1819) eine umfassen-

Erst preußisches, dann reichsdeutsches Zentrum der Geistes- und Naturwissenschaften: Die Friedrich-Wilhelm-Universität zu Berlin (gegründet 1810). Hier lehrten u. a. Fichte, Schleiermacher, Hegel, Schelling, Schopenhauer und Wilhelm Dilthey – Martin Heidegger lehnte einen Ruf dorthin ab. Als infolge der deutschen Teilung Dozenten und Studenten 1948 aus der Universität im damaligen Ostsektor auszogen und die Freie Universität Berlin (West) gründeten, wurde sie in Humboldt-Universität umbenannt – heute wird sie in ein Berliner Gesamtkonzept mit Technischer Universität und Freier Universität integriert.

de »Demagogenverfolgung« einzuleiten. Die deutschen Universitäten wurden durch außerordentliche Bevollmächtige überwacht, zahlreiche Professoren und Studenten wegen politisch mißliebiger Gesinnung als Demagogen gebrandmarkt und z. T. mit Berufsverbot gemaßregelt.

In dieses geistige Klima der Unterdrückung fällt Hegels Berliner Zeit (1818 bis zu seinem Tode 1831). Einerseits wurde z. B. ein polizeilicher Bericht über Hegels Reise nach Dresden angefertigt (1820), wurde sein eigener Assistent 1821 zehn Wochen lang wegen demagogischen Verdachts verhaftet, mußte Hegel beständig die Anklage wegen Atheismus fürchten, was bei der engen Verbindung von Thron und Altar gefährliche Folgen gehabt hätte. Andererseits genoß die Hegelsche Philosophie höchstes offizielles Wohlwollen. Kultusminister von Altenstein z. B. geruhte »den wohltätigen Einfluß dankbar anzuerkennen, welchen Ew. Wohlgeboren [...] durch Ihre Schriften wie durch die belebende Kraft Ihrer Vorträge auf die hier studierende Jugend zu üben fortfahren« (Brief an Hegel, Dezember 1830).

Hegels Vorlesungen waren jedenfalls die Attraktion des Berliner geistigen und gesellschaftlichen Lebens. Besonders die Vorlesungen über die Philosophie der Geschichte, Ästhetik, Philosophie der Religion und Geschichte der Philosophie waren wegen ihrer besseren Verständlichkeit und der Faszination, die Hegels gedankliche Durchdringung des geschichtlichen Materials ausübte, sehr beliebt. Über seine Wirkung am Katheder haben wir einen anschaulichen Bericht seines Schülers Hotho aus dem Jahre 1828: »Denkt ihr vielleicht, daß die persönliche Gabe der Rede das Urteil der Hörer bezaubert? Keineswegs. Hegel sprach nicht glatt, nicht fließend, fast bei jedem Ausdruck krächzte er, räusperte sich, hustete, verbesserte sich ständig [...]; seine Sprache war nicht metallisch, eher hölzern, fast grob. Seine Vorlesung war eher ein Monolog, es schien, als vergäße er seine Hörer [...]. Es ereignete sich auch das, daß zeitweise eine satirische Bemerkung seinem Munde entschlüpfte oder ein glückendes Wort, das seine Gegner schlug; es war das ein mörderischer Sarkasmus,

Resonanz der Vorlesungen

welcher am nächsten Tage die Stadt durcheilte. [...] Oft jedoch, denn wenn er sich räusperte, hielt er in seinem Vortrag inne; es war zu erkennen, daß sein Gedanke untertauchte. [...] In solchen Augenblicken der Inspiration war er von großer Poesie, in solchen Augenblicken sprach er glatt und seine Worte fügten sich zu einem Bild voller unvorhergesehenen Zaubers zusammen [...]. So versteht ihr, daß Hegel [...] dennoch mit magischer Kraft die Zuhörer gefangennahm und festhielt.«

»Was vernünftig ist, das ist wirklich;
und was wirklich ist, das ist vernünftig.«

Probleme der Rechtsphilosophie

Dieser Zweizeiler aus der Vorrede der *Rechtsphilosophie* ist vielleicht der umstrittenste Satz der Hegelschen Philosophie. Was ist hier gemeint mit »vernünftig« und »wirklich«? Aufgabe des Philosophen ist es nach Hegels entschiedener Überzeugung, das, *was ist*, zu erkennen. »Philosophie ist ihre Zeit, in Gedanken erfaßt.« Nach der Verabschiedung seiner Jugend hat er immer die Aufstellung von »Idealen«, wie die Welt sein solle, als »leeres Sollen« kritisiert. Was nur sein *soll*, so wird es bei jeder Gelegenheit wiederholt, hat gerade keine Gegenwart und Wirklichkeit, ist nur subjektives, beliebiges »Meinen« (ein »weiches Element« der Einbildung). Nur in der Wirklichkeit bzw. in der Geschichte als vergangener Wirklichkeit kann Vernunft stecken. Aber für Hegel ist nicht alles Wirkliche automatisch auch vernünftig. Es gibt auch viel Zufälliges darin; »das Zufällige ist eine Existenz, das keinen größeren Wert als den eines *Möglichen* hat, die so gut *nicht sein* kann, als sie ist« (§ 6 der *Enzyklopädie*, Ausgabe 1830, in dem Hegel erläuternd auf den Zweizeiler eingeht). »Wirklichkeit« ist hier ein »emphatischer« (d.h. eindringlicher, nachdrücklicher) Begriff; er enthält auch »Notwendigkeit«. Etwas ist notwendig, was geschichtlich »an der Zeit« ist, wie es für Hegel z. B. die Französische Revolution war. Das *Heilige Römische Reich deutscher Nation* z. B., dieses abgelebte Kaiserreich, ist von vielen Zeitgenossen als etwas Überlebtes und damit Unwirkliches empfunden worden, auch als es noch existiert hat, also noch »wirklich« war. Das Wirkliche hingegen hat geschichtlich-gedankliche Notwendigkeit. Insofern ist es vernünftig, und insofern kann Hegel die Aufgabe der Rechtsphilosophie darin sehen, »den *Staat als ein in sich Vernünftiges zu begreifen und darzustellen*«. Und zu rechtfertigen (»Versöhnung«), denn ein »in sich Vernünftiges« ist ja begründbar, akzeptabel. Aber ist die preußische Erbmonarchie z. B. »in sich vernünftig«? Wir sehen schon: es ist die tiefe Verquickung von Philosophischem und Geschichtlichem, wo die Schwierigkeiten mit der *Rechtsphilosophie* liegen. Aber anders ist »begreifendes Erkennen« nicht zu leisten. Alles andere (heruntererzählen, wie der Staat geworden ist; wünschen, wie er sein sollte) wäre für Hegel unter seinem Niveau gewesen. Nur durch das begreifende Erkennen kann »Wirklichkeit« durchdrungen und versöhnt oder als »faule Wirklichkeit« kritisiert und Gegenstand einer echten Auseinandersetzung werden. Diese Auseinandersetzung hat Hegels *Rechtsphilosophie* jedenfalls in Gang gesetzt, auch wenn er in der Vorrede »alle ihm zur Verfügung stehenden Mittel mehrdeutigen Redens ausnutzt, um eine klare Aussage zu den bestehenden politischen Institutionen zu vermeiden.« [24]

Ein neuerer Interpret hat die *Rechtsphilosophie* als »vermutlich tiefsinnigste und umfassendste Theorie in der gesamten Geschichte der politischen Philosophie« bezeichnet [25]. Hier sei nur ein Aspekt hervorgehoben: die Theorie der bürgerlichen Gesellschaft. Hegel hat als erster Theoretiker »Familie«, »bürgerliche Gesellschaft« und »Staat« konsequent auseinandergehalten. Damit gelang ihm im Unterschied zur früheren Verwendung des Begriffes »bürgerliche Gesellschaft« und entsprechend der fortschreitenden industriellen Revolution ihre präzise Erfassung als Arbeitsgesellschaft (wir haben bereits gesehen, daß er als einziger die Theorien der englischen Nationalökonomen studiert hat; zu Adam Smith [→ S. 209]). Gegenüber allen früheren Formen von Vergesellschaftung – Stammesgesellschaften, antike Polis, agrarisches Mittelalter – sieht Hegel das Spezifische seiner Zeit darin, daß sich in ihr jeder Einzelne – das Prinzip der »Besonderheit« – voll ausleben kann: »In der bürgerlichen Gesellschaft ist jeder sich Zweck, alles andere ist ihm nichts.« Das hat verheerende Folgen: »Die Besonderheit für sich, einerseits als sich nach allen Seiten auslassende Befriedigung ihrer Bedürfnisse, zufälliger Willkür und subjektiven Beliebens, zerstört in ihren Genüssen sich selbst und ihren substantiellen Begriff; andererseits als unendlich erregt und in durchgängiger Abhängigkeit von äußerer Zufälligkeit und Willkür sowie von der Macht der Allgemeinheit beschränkt, ist die Befriedigung des notwendigen wie des zufälligen Bedürfnisses zufällig. Die bürgerliche Gesellschaft bietet in diesen Gegensätzen und ihrer Verquickung das Schauspiel ebenso der Ausschweifung, des Elends und des beiden gemeinschaftlichen physischen und sittlichen Verderbens dar.« (§ 185).

Theorie der bürgerlichen Gesellschaft

Hegel denkt bei diesen Sätzen vor allem daran, daß das System des wirtschaftlichen Egoismus notwendig Reichtum und Luxus einerseits, einen unter dem von der bürgerlichen Gesellschaft selbst definierten Bildungs- und Existenzminimum lebenden »Pöbel« andererseits hervortreibt. Die besondere Stärke der Gegenwart sieht er darin, daß sie trotz und durch die Entfaltung der Besonderheit (des Egoismus der einzelnen Bürger) ein Ganzes bildet, das funktioniert. Der Einzelne hat sein Recht – aber nur in Beziehung auf das Ganze: »Indem in der bürgerlichen Gesellschaft Besonderheit und Allgemeinheit auseinandergefallen sind, sind sie doch beide wechselseitig gebunden und bedingt. [...] Meinen Zweck befördernd, befördere ich das Allgemeine, und dieses befördert wiederum meinen Zweck« (§ 184, Zusatz). Daher bedarf es des Staates, der »Sphäre des Allgemeinen«, als ein abgehobener Bereich, der das Interesse der Allgemeinheit geltend macht. Daher kann Hegel den Staat definieren als »die Wirklichkeit der konkreten Freiheit«. Nur in diesem tätigen Bezug von einzelnem Bürger und Staat kann sich Freiheit realisieren, konkret werden. »Das Prinzip der modernen Staaten hat diese ungeheure Stärke und Tiefe, das Prinzip der Subjektivität sich zum *selbständigen Extreme* der persönlichen Besonderheit vollenden zu lassen und zugleich es in die *substantielle Einheit* [d. h. den Staat] *zurückzuführen* und so in ihm selbst diese zu erhalten.« (§ 260)

Ein kompliziertes Wechselspiel

Hält man einmal zum Vergleich Platons Staatsmodell dagegen [→ S. 35 f.], kann man verstehen, daß Hegel die Gegenwart der bürgerlichen Gesellschaft und ihres Staates höher einschätzt als die antike Polis: Bei Platon wird um des Ganzen willen der Einzelne gegängelt, etwa indem er von vornherein lebenslang einem bestimmten Stand zugewiesen wird. Die Besonderheit kommt nicht zu ihrem Recht. Andererseits ist für Hegel der Einzelne auch wieder *nur* Einzelner, Besonderheit, Willkür. Der Einzelne hat Wirklichkeit oder Bestand nur innerhalb des Ganzen, das ihm vorgängig, in das er eingebunden ist. Unsinn, so Hegels Kantkritik, den Einzelnen mit seiner moralischen Empfindung zum Richter der ganzen Welt erheben zu wollen. Für Hegel ist Kants ganzes »Sittengesetz« [→ S. 259] eine einzige

Rolle des Individuums bei Platon, Kant und Hegel

Einseitigkeit, eine moralische Abstraktion, die an der Wirklichkeit als seiender (bereits geschehener und ständig geschehender) Vermittlung vorbeigeht. »Das Wahre ist das Ganze«. Das gilt auch für ethische Fragen. Und schließlich läßt sich von der *Rechtsphilosophie* her auch Hegels gesamte Geschichtskonzeption verstehen. Ziel der Geschichte ist die Gegenwart als entfaltetste, in sich differenzierteste, gleichsam den größten Spielraum lassende Form menschlichen Zusammenlebens. Alle früheren Epochen der Geschichte sind – notwendige – Vorstufen zu diesem Ziel. Philosophische Einsicht in den Geschichtsprozeß ist so Einsicht in seine Notwendigkeit, in seine innewohnende Vernunft. Philosophische Einsicht ist Versöhnung mit der Gegenwart:

> »Was vernünftig ist, das ist wirklich,
> und was wirklich ist, das ist vernünftig.«

Philosophie der Geschichte

Auf Hegels große Vorlesungen, die *Philosophie der Geschichte*, die *Ästhetik*, die *Philosophie der Religion* und die *Geschichte der Philosophie* kann hier nicht näher eingegangen werden. Dennoch einige Anmerkungen dazu.

– Eine große Stärke der Hegelschen Philosophie liegt im Bereich des Geschichtlich-Gesellschaftlichen. Welch ungeheure Entwicklung des Geschichtsbewußtseins von der Aufklärung bis Hegel! Die Weltgeschichte wird nach der berühmten Definition begriffen als »Fortschritt im Bewußtsein der Freiheit – ein Fortschritt, den wir in seiner Notwendigkeit zu erkennen haben.« Von dem Ausdruck »Weltgeist« darf man sich nicht befremden lassen. Er ist kein Gespenst, sondern meint das Vernunftprinzip, das im Gang der Geschichte zu sich kommt bzw. in der Hegelschen Philosophie erkannt wird. Der Weltgeist bedient sich dabei auch der »List der Vernunft«, d. h. er bedient sich der persönlichen Interessen und Leidenschaften der »welthistorischen Individuen«, um seinen Weg voranzugehen. Caesar und Napoleon waren z. B. solche welthistorischen Individuen. Dabei treten auch die brutalen Züge von Hegels Philosophie deutlich hervor: »Das Partikuläre ist meistens zu gering gegen das Allgemeine, die Individuen werden aufgeopfert und preisgegeben.« »Das Recht des Weltgeistes geht über alle besonderen Berechtigungen.« »Die Weltgeschichte ist nicht der Boden des Glücks. Die Perioden des Glücks sind leere Blätter in ihr [...]«. Die *Philosophie der Weltgeschichte* spricht nicht von der Zukunft.

– Hegels Weltgeist ist ein ungemein fleißiger, deutscher, bürgerlicher Weltgeist. Er arbeitet und arbeitet, rastlos arbeitet er sich durch die ganze Weltgeschichte hindurch, um schließlich in Hegels Philosophie zum hellsten Bewußtsein seiner selbst zu gelangen. Als dialektische Philosophie. Dialektisch Denken heißt auch, im Unterschiedenen das Gemeinsame sehen. So begreift Hegel auch Kunst und Religion als Formen der lebendigen Existenz des Geistes. Kunst, Religion und Philosophie sind Existenzformen des Geistes in einem jeweils unterschiedlichen Medium: Sinnlichkeit, Vorstellung und Begriff. Nach der Durchsichtigkeit/Geistigkeit des Mediums die Rangfolge: Religion steht höher als Kunst, Philosophie höher als Religion. Alle drei Existenzformen bilden zusammen die Sphäre des »absoluten Geistes«.

Napoleon – »welthistorisches Individuum«

– Die *Vorlesungen über die Ästhetik* gehören zu Hegels interessantesten Werken. Das Naturschöne wird von Hegel abgewertet (zu ungeistig). Das Kunstschöne bestimmt die tiefsinnige Definition als »das sinnliche *Scheinen* der Idee«. Diese Definition ist begründet in einem logischen

Begriff des Scheins, der es erlaubt, »eine Idee auch dann als Idee zu erkennen, wenn die Weise ihrer Gegebenheit inadäquat ist.« [26] In extremem Gegensatz zur kantischen *Kritik der Urteilskraft*, die um das Problem der Allgemeingültigkeit des begrifflich nicht faßbaren Geschmacksurteils kreist und für die es daher »keine Wissenschaft des Schönen gibt noch geben kann« [→ S. 262], geht es Hegel um die philosophische Erfassung des Gehalts der Kunst. »Gehalt« – wieder ein typischer Vermittlungsbegriff – meint all das, was aus der geschichtlichen Situation, in der ein Kunstwerk entstanden ist, in das Werk eingeflossen ist. Da er aber in der Form künstlerischer Darstellung sich präsentiert, muß er erkannt, muß jedes Kunstwerk geschichtsphilosophisch entschlüsselt werden. Hegel traut sich das voll und ganz zu – vielleicht allzu selbstsicher, möchte man von Kant her zu bedenken geben (Th. W. Adorno wird auf dem »Rätselcharakter der Kunstwerke« beharren; [→ S. 441]). Das Kunstwerk also als Ausdruck seiner Zeit und als Gespräch mit dem heutigen Betrachter: »Und so ist jedes Kunstwerk ein Zwiegespräch mit jedem, der davor steht.« Fülle der Einsichten, der glänzenden Analysen in der *Ästhetik*. Provozierend die These vom »Ende der Kunst«: »Uns gilt die Kunst nicht mehr als die höchste Weise, in welcher die Wahrheit sich Existenz verschafft. [...] Man kann wohl hoffen, daß die Kunst immer mehr steigen und sich vollenden werde, aber ihre Form hat aufgehört, das höchste Bedürfnis des Geistes zu sein« (XIII, 141 f.). Hier ist Hegel von der Entwicklung der modernen Kunst gründlich in Frage gestellt worden.

Gehalt der Kunst

– Religion ist »Element der Vorstellung«, weil das Absolute – Gott – in der Religion nicht wie in der Philosophie gedacht, sondern gefühlt und angeschaut, also vorgestellt wird. Die *Vorlesungen über die Philosophie der Religion* setzen ein mit einer großen Analyse der Zeitsituation, die Hegel als »Entzweiung« des religiösen und des weltlich-wissenschaftlichen Bewußtseins beschreibt. Beide »Regionen des Bewußtseins« verhalten sich »mißtrauisch« zueinander, und so ist es bis heute geblieben. Über Hegels Interesse und Vorgehensweise bei der geschichtlichen Betrachtung gibt die ausführliche Einleitung Auskunft; die Stelle ist zugleich ein konkretes Beispiel für den Ansatz dialektischen Denkens: »Um diese [d.h. die historischen Religionen] in ihrer Wahrheit aufzufassen, muß man sie nach den zwei Seiten betrachten: einerseits wie Gott gewußt wird, wie er bestimmt wird, und andererseits wie das Subjekt sich damit selbst weiß. Denn für die Fortbestimmung beider Seiten, der objektiven und subjektiven, ist *eine* Grundlage, und durch beide Seiten geht *eine* Bestimmtheit hindurch. Die Vorstellung, welche der Mensch von Gott hat, entspricht der, welche er von sich selbst, von seiner Freiheit hat« (XVI, 83).

Religionsphilosophie

Hegel, der sich selbst als gläubigen Protestanten empfand, hatte Philosophie und Religion aussöhnen zu können geglaubt. Religion war ihm eine Weise des Wissens um das Absolute und hatte damit denselben Inhalt wie die Philosophie. Doch gerade seine Religionsphilosophie war der unmittelbare Anlaß zur Spaltung der Hegelschule [→ S. 310]. Nicht zufällig, denn wenn Hegel glaubte, die Religion in der Philosophie »aufheben« zu können, liegt darin eine tiefe Zweideutigkeit gegenüber der Religion. »Aufheben« hat bei ihm einen dreifachen Sinn: bewahren, auf eine höhere Ebene bringen, überwinden. Bei soviel dialektischer Zwei- und Dreideutigkeit braucht man sich nicht zu wundern, daß hier die Mißverständnisse beginnen.

»Aufhebung« der Religion

geschichtliche Betrachtung der Geschichte des Denkens

— *Vorlesungen über die Geschichte der Philosophie* — nochmals eine Gesamtsynthese in drei Bänden: »Hegels Aktualität besteht darin, daß er das geschichtliche Denken zum ersten Mal in die Philosophie *als solche* eingeführt hat [...]. Eine solche Einbeziehung der Geschichte in die Philosophie als solche, die dann nicht nur eine Geschichte *hat*, sondern geschichtlich *ist*, ist zwar für uns zur Selbstverständlichkeit geworden; für die klassische, griechische Philosophie, aber auch für die Neuzeit, ist sie bis zu Kant undenkbar gewesen.« [27] »Eine Geschichte haben« und »geschichtlich sein« – das ist der entscheidende Denkfortschritt. In dem Wort »Geschichtlichkeit«, das vermutlich von Hegel geprägt worden ist, drückt sich der Unterschied aus. Und doch versuchen die *Vorlesungen*, die geschichtliche Vielfalt der Formen von Philosophie als Erscheinungen der *einen* Wahrheit zu fassen. Ein spannender Versuch. Den geschichtlichen Anfang der Philosophie verbindet Hegel mit der Freiheit des Denkens. Sie entsteht erst aus dem Bewußtsein der freien Persönlichkeit des Subjekts heraus. Dieses Bewußtsein setzt bestimmte politische Bedingungen voraus: »In der Geschichte tritt daher die Philosophie nur da auf, wo und insofern freie Verfassungen sich bilden.« Also in Griechenland, und die griechische Philosophie nimmt auch den Hauptteil der Vorlesungen ein. Groß sind die Ausführungen über Sokrates, mit dem für Hegel ein neues Prinzip in die Welt getreten ist – das Prinzip der Subjektivität [→ S. 22]. Was »das Ganze denken«, »geschichtlich denken«, »Vermittlung denken« heißt, kann man in diesen Vorlesungen lernen.

»*Geist der Zeit*«

Hegel nennt es den »Geist der Zeit«: »Die Philosophie, die innerhalb des Christentums notwendig ist, konnte nicht in Rom stattfinden, da alle Seiten des Ganzen nur Ausdruck einer und derselben Bestimmtheit sind. Das Verhältnis der politischen Geschichte, Staatsverfassungen, Kunst, Religion zur Philosophie ist deswegen nicht dieses, daß sie Ursachen der Philosophie wären oder umgekehrt diese der Grund von jenen; sondern sie haben vielmehr alle zusammen eine und dieselbe gemeinschaftliche Wurzel – den Geist der Zeit« (XVIII, 73 f.). Hegels Schüler Marx wird diesen Begriff »Geist der Zeit« mit »Produktionsweise« übersetzen und insofern zeigen, daß er einen anderen »Geist der Zeit« repräsentiert.

Hegel starb am 14. November 1831 in Berlin, vermutlich als Opfer der Cholera, nachdem die Epidemiewelle fast schon überwunden geglaubt war. Sein Tod war ein schwerer Schock für seine Schüler. Was aber wäre gewesen, wenn Hegel 85 Jahre alt geworden wäre? Hätte er um die Jahrhundertmitte immer noch »Versöhnung« durch spekulative Einsicht herstellen können oder wollen? Angesichts der aufbrechenden Widersprüche ist ein Teil seiner Schüler einen anderen Weg gegangen. Sie wollten durch »Praxis« die Philosophie ins Leben selbst einbringen. Hegels Tod hat solche Fragen müßig gemacht. Er hat ja auch in seinem Leben genug gedacht.

DAS NEUNZEHNTE JAHRHUNDERT: PHILOSOPHIE IN DER MASCHINENWELT

Fortschritt – Stichwort zur Zeit

Am ersten Mai 1851 wurde im Londoner Hyde-Park die erste Weltausstellung eröffnet. Sechs Millionen Besucher strömten in dem halben Jahr der Ausstellung durch die hohe, elegante Glashalle. An den Ständen der Aussteller konnten sie eine neue Zeit bewundern. Bewundern konnten sie das Bündnis von Wissenschaft, Technik und Wirtschaft, das hier stolz und selbstbewußt sein liebstes Kind vorzeigt: die Maschine. Industrielle Revolution – Umwälzung aller Lebensverhältnisse. Einerseits befinden wir uns mit dem 19. Jahrhundert auf vertrauterem Boden als zuvor, sind näher in unserer Welt, deren Grundlagen – Kapitalismus, Nationalstaat, Wissenschaftsform – hier geschaffen wurden. Sie führen unmittelbar ins Heute herüber. Weil aber diese Gegenwart schon an die hundertfünfzig Jahre alt und damit einigermaßen vertraut ist, fällt es uns andererseits schwer, die Bedeutung des Neuen zu ermessen, wie es das Erleben der Menschen im 19. Jahrhundert bestimmt hat. Wer zum ersten Mal eine Eisenbahn sieht oder gar mit ihr fährt, kann das gewaltige Zusammenschrumpfen von Zeit und Raum noch sinnlich erleben, wie es das 19. Jahrhundert erfahren hat.

Nähe und Ferne des vergangenen Jahrhunderts

Der Londoner Kristall-Palast, der eigens für die erste Weltausstellung 1851 aus vorfabrizierten und genormten Bauelementen zusammengesetzt wurde. Er war 563 m lang, 124 m breit und 33 m hoch. Mit diesen Maßen übertraf er nicht nur alles bisher Übliche, mit ihm hielt die industrielle Fertigungsweise Einzug in die Architektur

Wer unter den ersten großen Wirtschaftskrisen leiden muß, wird noch selbst um den Unterschied wissen zwischen Hunger als Folge einer Naturkatastrophe wie z. B. Dürre und Hunger als Folge einer künstlichen, von Menschen gemachten Katastrophe, deren Ursache in schwer durchschaubaren wirtschaftlichen Interessenkonflikten liegen mag. Die Veränderung der Produktionsweise, die Schwankungen des nationalen und internationalen Marktgeschehens greifen jetzt unmittelbar ins tägliche Leben ein. Es ist gleichsam ein intensiverer Grad von Gesellschaftlichkeit, der das Leben der Menschen im 19. Jahrhundert zu bestimmen beginnt. Wie ein Strudel erfaßt die Dynamik dieser neuen Industriegesellschaft jahrhundertelang bewährte Lebensformen, Wertvorstellungen und Denkweisen. Der Erfahrung dieser Dynamik des plötzlichen und von nun an dauernden Wandels unerbittlich ausgesetzt, müssen die Menschen ein neues Selbstverständnis finden.

Naturwissenschaft und Maschine

Ein Jahrhundert läßt sich nicht in wenigen Worten beschreiben. Sein Selbstverständnis kommt jedenfalls wohl kaum in einem anderen Wort klarer zum Ausdruck als in dem Wort »Fortschritt«. Das Zeitalter ist überwiegend optimistisch. Das hat seinen Grund in der gewaltigen Vervielfältigung der menschlichen Möglichkeiten durch die Maschine: »Je kleiner die Welt, desto größer der Mensch«, hat Max Maria von Weber, ein damals bekannter Dichteringenieur, geschrieben. Ist die Maschine der konkrete Bürge dieses Fortschrittsoptimismus, so sind die Naturwissenschaften sein geistiger Träger. Die stürmische Entwicklung von Physik, Chemie, Biologie und Medizin lassen die Wissenschaftsgläubigkeit der Zeitgenossen verstehen. Die Naturwissenschaften werden – für die Philosophie äußerst bedeutsam – zum Leitbild für wissenschaftliche Methode, für wissenschaftliches Denken überhaupt. *Fakten statt Spekulation!* – dieser Parole werden wir immer wieder begegnen. Gleichsam menschliche Gestalt angenommen hat sie im Ingenieur, dem tatkräftigen Verbindungsmann von Naturwissenschaft, Gesellschaft und Wirtschaft. Nach dem Vorbild der Pariser *École Polytechnique* (1794 – ein Kind der Revolutionszeit noch) wurden allein in den 15 Jahren von 1821 bis 1836 auf dem Boden des späteren deutschen Reiches elf polytechnische Lehranstalten gegründet (Berlin 1821, Darmstadt 1836). Ihr Aufstieg von einer Art besserer Handwerkerschule zu Technischen Hochschulen (ab 1870, Aachen) mit Promotionsrecht zum Dr. Ing. (ab 1899, Karlsruhe) spricht für sich. Überhaupt erhielten die Wissenschaften erst im Laufe des Jahrhunderts die fest gefügte, arbeitsteilige Organisationsform mit Einzelinstituten, Laboratorien etc., die uns heute selbstverständlich erscheint. Während am Anfang des 19. Jahrhunderts noch viele bedeutende Wissenschaftler als Amateure oder Gehilfen begonnen hatten (z. B. die englischen Physiker Davy und Faraday), setzte sich der Typ des staatlich besoldeten, methodisch arbeitenden Universitätsprofessors durch, der sein Spezialgebiet bestellt. Dabei muß grundsätzlich zweierlei beachtet werden, will man die Geschichte der Wissenschaft im Zusammenhang der gesamtgesellschaftlichen Arbeit verstehen: ihre zunehmende Trennung von der Arbeit mit der Entwicklung der kapitalistischen Produktionsweise, und die gleichzeitig zunehmende Anwendung der Wissenschaften auf die Produktion – ab jetzt sind sie für die Industrie unentbehrlich. Dieses komplizierte Wechselspiel konnte in Deutschland besonders effektiv organisiert werden, so daß außer seiner Wirtschaft auch die deutsche Wissenschaft mit ihren Universitäten, Instituten und Lehrbüchern gegen Ende des Jahrhunderts einen führenden Platz eingenommen hat (»made in Germany«).

Wissenschaftsorganisation

»Fortschritt« – dieses Wort gilt nicht nur für die allgemeine Entwicklung. In ihm drückt sich auch der Glaube an die Möglichkeit des Einzelnen aus. In seinem dreibändigen Werk *Lives of the Engeneers* (*Leben der Ingenieure*, 1861) hat der damals sehr beliebte englische Schriftsteller Samuel Smiles den Ausdruck »Selbst ist der Mann« geprägt. *Selbsthilfe* heißt ein anderes Buch von Smiles, das auch auf deutsch erschienen und viel gelesen worden ist. Gedrängt finden sich hier grundlegende Wertvorstellungen des 19. Jahrhunderts: »Der Geist der Selbsthilfe ist die Wurzel alles trefflichen Gedeihens des Individuums.« »Kein Gesetz, wie kräftig es auch sei, kann einen Müßigen fleißig, den Sorglosen vorsichtig oder den Trunkenbold nüchtern machen. Solche Verbesserungen können nur durch persönliche Thätigkeit, Sparsamkeit und Selbstverleugnung bewirkt werden.« Disziplin, verbunden mit entschlossenem Aufstiegswillen – einen disziplinierten Egoismus muß man also als die persönliche Seite zur »technischen Kultur« der Zeit hinzudenken. Unter verschiedenen Titeln wie »Selbstverwirklichung«, »Liberalismus« oder auch als Kritik am Kapitalisten wird diese persönliche Ebene in der philosophischen Diskussion wieder auftauchen.

Glaube an persönliche Selbstverwirklichung

Setzt das Zeitalter allgemein auf Optimismus und Fortschritt, so darf der breite Strom gesellschaftskritischer Literatur/Philosophie nicht vergessen werden, der es kontrapunktisch begleitet: die Blüte des Kapitalismus läßt mit der sog. sozialen Frage den Sozialismus (und Anarchismus und Nihilismus und und und) reifen, während periodische Wirtschaftskrisen die Gesellschaft von innen heraus erschüttern. Je größer die mit der Maschine gegebenen gesellschaftlichen Möglichkeiten, desto schärfer die Kritik am Wirklichen, könnte man diese Tendenz zusammenfassen. Außer W. Dilthey sind alle wirklich bedeutenden Denker des Jahrhunderts Außenseiter des Universitätslebens geblieben! Immer mehr bahnt sich auch eine Kluft an zwischen »naturwissenschaftlicher« und »humanistisch-künstlerischer« Intelligenz, wie sie für unsere Zeit so kennzeichnend geworden ist (diese Trennung, Spezialisierung beginnt schon sehr früh in der Schule, z. B. mit der Untergliederung des Gymnasiums in einen »sprachlichen« und einen »naturwissenschaftlichen« Zweig). Kann die bürgerliche Kultur des 19. Jahrhunderts ihre widersprüchlichen Tendenzen integrieren? Kann sie Perspektiven anbieten, die in ihr ein sinnvolles Leben möglich erscheinen lassen? Für alle Klassen? Gibt es eine Alternative zu dieser Kultur? Eine echte Alternative oder Träumereien? Nur »Träumereien«? Diese Fragen werden uns, so verschieden sie gestellt und beantwortet wurden, im folgenden nicht mehr in Ruhe lassen.

Einspruch gegen die Kultur des 19. Jahrhunderts

Der »alte Positivismus« in Frankreich, England und Deutschland

Die neuere achtbändige *Geschichte der Philosophie*, die F. Châtelet herausgegeben hat, ändert für das 19. und 20. Jahrhundert ihre Vorgehensweise, indem sie jetzt auch die Geschichte wichtiger Einzelwissenschaften in besonderen Kapiteln behandelt (Mathematik, Chemie, Biologie, Psychologie, Soziologie, Ethnologie, Geschichte, Geographie, Linguistik). Dieser Schritt ist richtig und konsequent, weil seit dem vorigen Jahrhundert der alte Zusammenhang von Philosophie und Wissenschaft zerrissen ist (man

Philosophie und Einzelwissenschaften

halte sich z. B. den geschlossenen Aufbau vor Augen, wie er der *Enzyklopädie* zugrundeliegt; [→ S. 216 f.]).Hegels *System der Wissenschaft* ist die letzte große wirklich philosophische Synthese. Mit dem Zusammenbruch des deutschen Idealismus wird die Lage der Philosophie entschieden problematischer, weil die verschiedenen Einzelwissenschaften jetzt mit einem eigenständigen, methodisch abgesicherten Erkenntnisanspruch auftreten. Und je nach dem Forschungs-Blickpunkt der besonderen Einzelwissenschaft ergeben sich folgenreiche Aussagen über den Menschen oder die Natur oder die Geschichte oder die Religion etc. (Einzel)Wissenschaft(en) und Philosophie treten in Konkurrenz zueinander. So wichtig und interessant es nun wäre, die Entwicklung dieses Spannungsverhältnisses zu betrachten, können wir hier aus Platz- und Zeitgründen den Weg der Einzelwissenschaften nicht genauer verfolgen, müssen uns auf »Philosophie« und »Philosophen« im ungefähr herkömmlichen Sinn beschränken. Man muß jedoch immer die Verschiebung der Gesamtsituation im Auge behalten. Dabei ist es kein Zufall, daß die einzelwissenschaftlich-forschungsorientierte Grundhaltung des 19. Jahrhunderts *(Fakten statt Spekulation!)* selbst in einer bestimmten Philosophie gegründet ist – dem Positivismus. Wie es auch kein Zufall ist, daß diese Philosophie sich zunächst gar nicht unbedingt als Philosophie, sondern als neue (Einzel)Wissenschaft versteht – als Soziologie.

Auguste Comte, Begründer der Soziologie

Soziologie – dieses künstliche Wort aus lat. *societas* und gr. *lógos* hat der Franzose Auguste Comte im Jahre 1839 geprägt. Warum Comte (1798–1857) eine neue »Wissenschaft von der Gesellschaft« begründen wollte, läßt sich unmittelbar am Titel seines Jugendwerkes ablesen: *Plan der wissenschaftlichen Arbeiten, die für eine Reform der Gesellschaft notwendig sind* (1822). Schon der Vierundzwanzigjährige spricht vom Europa seiner Gegenwart als der Zeit einer »tiefen moralischen und politischen Anarchie.« Er meint damit den Zerfall aller überlieferten Leitvorstellungen im Gefolge der Französischen Revolution und des kritischen Geistes der Aufklärung, den er für die Revolution verantwortlich macht. Aber auch die reaktionäre Tendenz der französischen Romantik, die den alten Zustand einfach wiederherstellen wollte – wir befinden uns im Zeitalter der Restauration, der »Heiligen Allianz« der europäischen Mächte von 1815 – wird von Comte abgelehnt. Die Revolution soll beendet werden, ohne ihre Errungenschaften preiszugeben. Oder, mit seinen Worten: »Versöhnung von Ordnung und Fortschritt«. Und Comtes Lösungsversuch zeigt, wie stark der ehemalige Schüler der modernen Pariser *École Polytechnique* von den fortschrittsbewußten naturwissenschaftlichen Tendenzen seiner Zeit geprägt ist.

drei Stadien des Geistes

»Bei dem Studium der Entwicklung des menschlichen Geistes von seinem einfachsten Ansatz bis auf unsere Zeit glaube ich ein großes Gesetz entdeckt zu haben, dem diese Entwicklung unterworfen ist. [...] Dieses Gesetz lautet: Jeder Zweig unserer Kenntnisse durchläuft der Reihe nach drei verschiedene theoretische Zustände (Stadien), nämlich den theologischen oder fiktiven Zustand, den metaphysischen oder abstrakten Zustand und den wissenschaftlichen oder positiven Zustand. Mit anderen Worten: Der menschliche Geist wendet in allen seinen Untersuchungen der Reihe nach verschiedene und sogar entgegengesetzte Methoden bei seinem Philosophieren an; zuerst die theologische Methode, dann die metaphysische und zuletzt die positive. Die erste ist der Punkt, an dem die Erkenntnis beginnt, die dritte der feste und endgültige Zustand, die zweite dient nur als Übergang von der ersten zur dritten.«

Comtes Reformstreben setzt beim Denken an. Alles kommt darauf an, daß die Menschen ein richtiges Bewußtsein haben, ein klares Bild der Welt! Die Entdeckung seines berühmten sog. Dreistadiengesetzes war für ihn der Schlüssel zur menschlichen Geschichte. Unter verschiedenen religiösen bzw. philosophisch-metaphysischen Namen und Begriffen (»Gottvater«, »Natur«, »Substanz«) hatten sich die Menschen immer im Besitz eines absoluten Wissens über erste Ursachen und letzte Ziele/Zwecke der Welt geglaubt. Erst allmählich hat der Fortschritt der Naturwissenschaften begonnen, diese Illusionen des theologischen und metaphysischen Stadiums zu zersetzen und sich der gesetzmäßigen Erklärung der Tatsachen zuzuwenden. Kein absolutes, dafür aber echtes Wissen – das ist das Kennzeichen des dritten, des »positiven« Stadiums. Und interessanterweise findet Comte das Dreistadiengesetz auch in der Entwicklung des individuellen Geistes wieder: »Wer erinnert sich nicht, Theologe in seiner Kindheit, Metaphysiker in seiner Jugend und Physiker in seinem Mannesalter gewesen zu sein?«

positives Wissen

Das Wort »positiv« hat nun einen ganzen Hof von Bedeutungen. In seiner *Rede über den Geist des Positivismus* (1844) zählt Comte sechs Bedeutungen auf: Das Tatsächliche (gegenüber dem Eingebildeten); das Nützliche (gegenüber dem Müßigen – positives Wissen zielt auf Verbesserung der Lebensbedingungen); das Gewisse (logische Harmonie gegenüber der Unentscheidbarkeit nicht lösbarer »letzter« Fragen); das Genaue (gegenüber dem Unbestimmten, das sich auf Autorität berufen muß); das Konstruktive (positiv im Gegensatz zu negativ-kritisch); schließlich das Relative (gegenüber dem dogmatischen Absolutheitsanspruch der Theologie und Metaphysik weiß das positive Wissen auch um seine Grenzen, kann daher auch den eigentümlichen Wert anderer Philosophien anerkennen). Positive Wissenschaft ist exakte Wissenschaft, methodisch kontrolliert, geht von empirischen Experimenten und Beobachtungen aus und gelangt so schrittweise zur Erkenntnis allgemeiner und oberster Gesetzmäßigkeiten oder »Tatsachen« wie z. B. Newtons Begriff der Gravitation. Diesen Charakter haben die Naturwissenschaften nach und nach angenommen; Kepler, Galilei, Francis Bacon und Newton werden daher gern als Geistesväter herbeizitiert.

Erfahrung versus Dogmatismus

Für Comte kommt nun alles darauf an, eine entscheidende Lücke zu füllen – die Wissenschaft von der Gesellschaft. Der Geist der positiven Philosophie muß auch für das Zusammenleben der Menschen fruchtbar gemacht werden. »Die große politische Erschütterung der Gesellschaft kommt von der geistigen Anarchie. Unser schwerstes Leiden liegt in den tiefgreifenden Gegensätzen von Ansichten, obgleich deren Festigkeit die erste Bedingung aller gesellschaftlichen Ordnung ist.« Soziologie als positive, vernünftige Wissenschaft von der Gesellschaft soll den vorherrschenden Ideenwirrwarr beseitigen. *Savoir pour prévoir* – »wissen, um vorherzusehen« lautet das Motto. Eine wissenschaftliche Soziologie soll die Gesetzmäßigkeiten des menschlichen Zusammenlebens erkennen und u. a. durch eine breit angelegte Volkserziehung den Weg bahnen zur Reform der Gesellschaft, zu einer »positiven Politik«. Als Ziel schwebt Comte eine Art gemeinsamer Herrschaft der gesellschaftlich führenden Kräfte (Bankiers und Kapitalisten) mit einem Kreis positiv geprägter Wissenschaftler vor. Um eine solche Ordnung wiederherzustellen und dauerhaft zu gestalten, soll die Autorität der Wissenschaft an die Stelle der alten Autoritäten Klerus und Adel treten. Ein alter Traum sicherlich, seit Platon [→ S. 29]. Aber wer über Comte lächelt, sollte sich einmal fragen, welche Bedeutung er der

Reform der Gesellschaft

Die Anfänge der Maschinenfabrik Borsig in Berlin (gegr. 1837), nach einem Gemälde von 1847

positivistische Religion

wissenschaftlichen Beschäftigung übers Geldverdienen hinaus zumißt. Dieses Gesamtprogramm hat Comte in den 60 Privatvorlesungen seines *Cours de philosophie positive* (6 Bände, 1830–1842) entwickelt. Damit war der Positivismus als Philosophie (und auch als Schlagwort) etabliert.

Auguste Comte mußte sich fast sein Leben lang mit Privatstunden bzw. mit der Unterstützung von Freunden durchschlagen. Der staatliche Lehrbetrieb verwehrte dem berühmten Kopf der positivistischen Schule die Anstellung. Das tat seiner durchschlagenden Wirkung keinen Abbruch. Dabei war er eigentlich gar nicht der Typ eines nüchternen (»positiven«) Wissenschaftlers, sondern ein sehr schwärmerischer Mensch. Besonders seit er sich über beide Ohren verliebt hatte (»Clotilde«, 1844; leider unerwidert geblieben), war die Begründung einer Art Menschheitsreligion sein innerstes Anliegen. Liebe zur Menschheit als dem Höchsten Wesen *(Grand Être)* – der katholisch erzogene Atheist hat dafür den Ausdruck »Altruismus« geprägt (von lat. *alter*, der Andere; altruistisch meint »selbstlos«). Dafür hat er sogar einen *Catéchisme positiviste*, also einen *Katechismus der positivistischen Religion* geschrieben (1852). Dessen Grundsatz lautet: »Liebe als Prinzip, Ordnung als Grundlage, Fortschritt als Ziel.« Deutlicher als bei späteren Positivisten ist so bei Comte noch der Zusammenhang von Wissenschaftsreform und dem politischen Programm einer Erneuerung der Gesellschaft zu sehen. Das politische Programm speist sich aus einer Kritik vorwissenschaftlicher Denkweisen (Dreistadiengesetz). In dieser Kritik kann man die gemeinsame »antimetaphysische« Tendenz« des Positivismus sehen, seine tatsachenorientierte Grundhaltung. Verschärft sich die antimetaphysische Tendenz, so können schließlich – ganz entgegen den Absichten des Begründers – alle politisch-moralischen Probleme zu vorwissenschaftlichen »Scheinproblemen« erklärt werden [→ S. 385]. Sie sind ja wissenschaftlich/rational nicht klärbar. Moral und Politik werden zur Sache der privaten Meinung, und Philosophie beschränkt sich auf Probleme der Wissenschaftstheorie. Diesen – bei Comte allerdings bereits angelegten – Weg sind viele Positivisten konsequent gegangen.

Gibt es »nationale« Denkstile«? Kann man wirklich sagen, daß die deutschen Philosophen zum Spekulieren in metaphysischen Höhen neigen, die Engländer nüchterne Empiristen sind, während die französische Philosophie einen Zug zum Enzyklopädischen habe? Vielleicht [→ S. 416]. Tatsache ist jedenfalls, daß die empiristische Tradition in England von Locke und Hume her lebendig war, daß Comtes Gedanken in England auf fruchtbaren Boden gefallen sind und daß der Positivismus seitdem in den angelsächsischen Ländern seine Heimat hat. Zwei Engländer, John Stuart Mill (1806–73) und Herbert Spencer (1820–1903), haben Comte aufgegriffen, systematisch vertieft und dem Positivismus die Form gegeben, in der er der »Sieger des späteren 19. Jahrhunderts« (Karl Joel) wurde.

Mills *System der deduktiven und induktiven Logik* ist so etwas wie der logische Leitfaden für die positivistische Strömung des Jahrhunderts. 1843 erschienen, erreichte es innerhalb von dreißig Jahren nicht weniger als acht Neuauflagen; 1877 erschien bereits die vierte Auflage in deutscher Sprache! Das in seiner Ausführlichkeit bisweilen etwas umständlich anmutende Werk ist eine Untersuchung wissenschaftlicher Verfahrensweisen vom Experiment bis zur Theorie der allgemeinsten Naturgesetze. Induktion ist »das Verfahren, durch welches man allgemeine Urteile [d. h. allg. Aussagen, Gesetzmäßigkeiten] entdeckt und beweist.« Das deduktive Verfahren soll Gesetzmäßigkeiten in ihrem Zusammenhang erklären, und zwar letztlich in ihrer Beziehung auf das Kausalgesetz als dem allgemeinen Gesetz der aufeinanderfolgenden Erscheinungen = Natur. Ein so bedeutender Naturwissenschaftler wie der Chemiker Justus Liebig hat das *System of Logic* gepriesen als die theoretische Grundlegung dessen, was er in seiner Forschung in einigen besonderen Fällen getan habe. Und im Prospekt des deutschen Verlegers heißt es, daß Mills Prinzipien eine Wissenschaft bilden, »die nicht bloß in der Naturforschung, sondern auch in allen anderen Zweigen des menschlichen Forschens in Anwendung kommt, denn der Staatsmann, der Nationalökonom, der rechtsprechende Richter, der Militär usw. üben alle mehr oder weniger bewußt oder unbewußt die Methoden der Naturforschung [!], und der in der Ausübung ihrer Geschäfte erreichte Grad von Vollkommenheit wird wesentlich von der Art der Anwendung dieser Methoden abhängig sein.« Die Bedeutung, die das Wort »Methode« im Positivismus hat, und die Hoffnung, die damit verknüpft ist (»Vollkommenheit«), sind hier sehr schön ausgesprochen. Allerdings kommt Mills Übertragungsversuch auf geistige und gesellschaftliche Vorgänge über allgemeinste Allgemeinheiten nicht hinaus.

Im übrigen ist John Stuart Mill ein interessanter Mann, vielleicht der bedeutendste Vertreter des demokratischen, nonkonformistischen Liberalismus im viktorianisch-moralischen England des vorigen Jahrhunderts. Er war verheiratet – »unter grundsätzlichem Protest gegen das bestehende Eherecht«, wie es in einer schriftlichen Erklärung heißt – mit Harriet Taylor, einer engagierten Frauenrechtlerin. Mill setzte sich öffentlich ein für die Frauenemanzipation, für das allgemeine Wahlrecht und andere Reformen sowie für die Freiheit vom »Terror der Gesellschaft«. Denn im gesellschaftlichen Konformitätsdruck – also dem Zwang, sich so wie alle anderen zu verhalten – sah er die größte Gefahr für die Freiheit. Sein Essay *Über die Freiheit* (1859) ist als Versuch, die Grenze zwischen staatlicher Verfügungsgewalt und persönlichen Freiheitsrechten zu bestimmen, ein Grundtext des politischen Liberalismus. – Der zunächst als Artikelserie veröffentlichte Essay *Der Utilitarismus* (1861) ist »im angelsächsischen Raum der meistgelesene, meistdiskutierte und wohl auch meistkritisierte

John Stuart Mill: Positivismus in England

Induktion und Deduktion

Liberalismus gegen gesellschaftlichen Konformitätsdruck

utilitaristische Moral moralphilosophische Text überhaupt.« [1] *Utilitarismus* kommt von lat. *utilis*, nützlich. Nützlichkeit als moralisches Prinzip hat natürlich eine lange Geschichte, aber erst der englische Philosoph Jeremy Bentham (1748–1832) hat es so zugespitzt gefaßt, daß nun in jedem philosophischen Wörterbuch ein Artikel über Utilitarismus steht. Da jeder Mensch erstrebt, was ihm nützlich ist, also seine Lust/sein Glück vergrößern will, erklärte Bentham »das größtmögliche Glück für die größtmögliche Zahl von Menschen« zum höchsten Ziel. Das hat natürlich gesellschaftspolitische Folgen – Benthams Anhänger waren radikale Demokraten und hießen schlicht »Radicals«. Auch der junge J. St. Mill war Mitglied der *Utilitarian Society*. Andererseits kann das Nützlichkeitsprinzip als krasser Egoismus ausgelegt werden, und von daher wird der Begriff »utilitaristisch« von Gegnern meist mit einem abwertenden Unterton gebraucht (ist doch das Wort »Lust« in unserer Kultur äußerst verdächtig). Haupteinwand: »das Nützliche« und »das Gute« sind noch lange nicht dasselbe. Wie weit trägt Mills Definition?

»Nach dem Prinzip des größten Glücks ist [...] der letzte Zweck, bezüglich dessen und um dessentwillen alles andere wünschenswert ist (sei dies unser eigenes Wohl oder das Wohl anderer), ein Leben, das so weit wie möglich frei von Unlust und in quantitativer wie in qualitativer Hinsicht so reich wie möglich an Lust ist; wobei der Maßstab, an dem Qualität gemessen und mit der Quantität verglichen wird, die Bevorzugung derer ist, die ihrem Erfahrungshorizont nach – einschließich Selbsterfahrung und Selbstbeobachtung – die besten Vergleichsmöglichkeiten besitzen. [...] Moral kann also definiert werden als die Gesamtheit der Handlungsregeln und Handlungsvorschriften, durch deren Befolgung ein Leben der angegebenen Art für die gesamte Menschheit im größtmöglichen Umfange erreichbar ist; und nicht nur für sie, sondern, soweit es die Umstände erlauben, für die gesamte fühlende Natur.« Nimmt Mill im Verlauf der Abhandlung dem lustbetonten Ansatz Benthams die Schärfe, weil er allen Einwänden vorbeugen will und ihn dadurch verwässert? Es lohnt, diesen Essay zu lesen, vor allem als Kontrapunkt zu Kants Begriff der »Pflicht« [→ S. 259].

Herbert Spencer Muß man es als Werturteil auffassen, wenn heute niemand mehr von dem berühmten Herbert Spencer (1820–1903) spricht? Sein Hauptwerk, das *System der synthetischen Philosophie* (10 Bände, 1862–69), hat eine noch größere Verbreitung als Mills *Logik* gefunden und soll hier wenigstens erwähnt werden. Es will Prinzipien klären – der Philosophie, der Biologie, der Psychologie, der Soziologie und der Ethik. Philosophie wird im ersten Band *(Grundlagen der Philosophie)* definiert als »Erkenntnis von der allerhöchsten Allgemeinheit.« So eine Erkenntnis, könnte man meinen, tut niemandem weh. In allen Regionen des Wissens findet Spencer das gleiche Entwicklungsgesetz (Integration und Desintegration des Stoffes). Daher »synthetische Philosophie« – alles ist durch dieses Entwicklungsgesetz miteinander verbunden. Wenn das sehr formal klingt und meiner Meinung nach auch ist, so hat doch gerade dieser zusammenfassende Begriff der Entwicklung auf die Zeitgenossen großen Eindruck gemacht. Das zeigt sich nirgends deutlicher als in der Aufnahme von Darwins Werk. »Ich las das Buch zuerst im Jahr 1861, und zwar in einem Zug und mit einer immer steigenden Begeisterung, und als ich damit zu Ende war, stand ich auf dem Boden der Evolution. [...] Sie wissen, wie die spekulationssatte Generation aus dem Beginn des Jahrhunderts sich ganz der Spezialforschung in die Arme geworfen und nur nach neuen Tatsachen gestrebt hatte. Nun brachte Darwin den verbindenden Gedanken hinzu: er hieß Entwicklung. Fast die ganze junge Generation von Naturforschern fiel ihm zu.«

Karikatur Darwins von 1871

Soweit ein deutscher Zoologe [2]. Das Buch, von dem hier die Rede ist, ist Darwins erstes großes Werk, *Die Entstehung der Arten durch natürliche Zuchtwahl* (1859). Daß die Erde, die Tier- und Pflanzenwelt eine lange Geschichte haben müssen, war vor allem seit der Aufklärung ein vieldiskutiertes Thema. Mit seiner berühmten Arbeit über den Zwischenkieferknochen beim Menschen hatte Goethe dann das letzte fehlende Stück in der Verbindungslinie zwischen Mensch und Tierwelt erschlossen. Aber wie kam Darwin auf den Gedanken einer »natürlichen Zuchtwahl«? Auf die Idee, daß von all den vielen Arten der Tier- und Pflanzenwelt, die entstehen, nur die robusteren überleben, und zwar durch einen gnadenlosen »Kampf ums Dasein« (*survival of the fittest*, »Überleben der Tüchtigsten«)? Man kann das Problem auch allgemeiner formulieren: Wann ist eine Zeit sozusagen »reif« für eine Erkenntnis? Eine spannende Frage. Bei Darwin wissen wir durch seine eigene Auskunft, daß er sich durch ein Buch des englischen Theologen und Wirtschaftsprofessors Thomas R. Malthus (1766–1834) »hinreichend darauf vorbereitet« fühlte, »den überall stattfindenden Kampf um die Existenz zu würdigen.« Malthus – ein damals sehr umstrittener, von Marx z. B. aufs Erbitterste bekämpfter Mann – hatte gelehrt, daß es wegen der Bevölkerungsvermehrung notwendig zu Hunger, Elend und Konkurrenz unter den Menschen kommen müsse. Und auch Malthus dürfte auf diese Theorie durch eigenes Erleben gekommen sein – des rücksichtslosen Konkurrenzkampfes nämlich, wie er in diesen Jugendtagen des Kapitalismus besonders kraß ausgefochten wurde (man hat dafür den Ausdruck »Manchestertum« oder »Manchesterliberalismus« gefunden, d.h. schrankenloser Wettbewerb unter Ablehnung jedes wirtschaftlichen bzw. sozialen Eingreifens durch den Staat). Wann also ist eine Zeit »reif« für eine Theorie? Darwin, der Malthus 1838 gelesen hatte, ließ sich jedenfalls viel Zeit mit der Ausarbeitung einer streng auf Pflanzen und Tiere beschränkten Darstellung der Selektionstheorie (Selektion: Auswahl). Nur im letzten Satz heißt es raunend: »Licht wird auf den Ursprung des Menschen und seine Geschichte fallen.« Und in der ersten deutschen Übersetzung wurde dieser Satz noch weggelassen! Dann aber hat Darwin auch die Konsequenzen gezogen und in *Die Abstammung des Menschen* (1871) öffentlich zur Diskussion gestellt.

Das Ärgernis, das diese Lehre von der Abstammung des Menschen von niedriger organisierten Formen – kurz gesagt: vom Affen – damals erregte, läßt sich heute kaum mehr ausmalen (in der Theorie S. Freuds gibt es den Begriff der »narzistischen Kränkung«, d.h. der Verletzung der Eigenliebe eines Menschen). Wichtiger als dieser jahrzehntelange Streit »Papst contra Darwin« ist ein Thema, das das ganze Buch durchzieht: das Verhältnis von »Natur« und »Kultur«. Darwin behandelt nämlich auch Fragen der Moral – ein Thema, das er nur sehr vermutungsweise und »ausschließlich von naturwissenschaftlicher Seite« ansprechen will. Wieweit kann das Studium der Tiere »Licht auf eine der höchsten psychischen Fähigkeiten des Menschen werfen«, nämlich sein Gewissen? Der Unterschied zwischen den Seelen der Menschen und der höheren Tiere, so groß er auch sein mag, ist für Darwin »nur ein gradueller und kein prinzipieller«; für ihn sind auch die moralischen Qualitäten »aller Wahrscheinlichkeit nach durch natürliche Zuchtwahl erworben worden.« Was würde Immanuel Kant in Königsberg dazu sagen? Ein anderes Thema aus dem Problemfeld Natur-Kultur ist die Frage, ob das Selektionsprinzip, der »Kampf ums Dasein«, auch in der Menschenwelt gültig ist. Darwin verfängt sich bisweilen in problematischen Formulierungen. Ein Beispiel: »Auch stört die mäßige Anhäufung

Manchester-Liberalismus: »Kampf ums Dasein«

Darwins Finken – die auf dem engen Raum der Galapagos-Inseln entdeckte Finkenart hat entsprechend ihren unterschiedlichen Freßgewohnheiten vier Kopf- und Schnabelformen entwickelt.

von Wohlstand den Vorgang der natürlichen Zuchtwahl nicht. Wenn ein armer Mann mäßig großen Reichtum erwirbt, so werden dadurch seine Kinder in Verhältnisse und Berufe versetzt, die genug Kampf und Anstrengung erfordern, so daß der Fähigste an Körper und Geist am erfolgreichsten sein wird.«

Sozialdarwinismus »Am erfolgreichsten«: *Sozialdarwinismus* nennt man die Übertragung von Lebensprinzipien der Natur auf die menschliche Gesellschaft, wenn diese Übertragung der Rechtfertigung gesellschaftlicher Ungleichheit oder auch von Rassenunterschieden dient. Sozialdarwinistisches Denken gab es nicht nur im Dritten Reich! Inwieweit Darwin selbst dazu Anlaß gibt, läßt sich schwer sagen; er war jedenfalls kein Sozialdarwinist. Er hat die Grenze zwischen Natur und Kultur anerkannt als Grenze einer unermeßlichen Zeit [3]. Das Bewußtsein dieser Zeitdimension, die Darwin eröffnet hat, ist seitdem in allen Diskussionen über den Menschen da und gehört zu unserem Selbstverständnis – das damit noch eine Stufe problematischer wird.

Positivismus in Deutschland »Der Positivismus war der Sieger des späteren 19. Jahrhunderts.« Diese Feststellung gilt auch für Deutschland, wobei die Wirkung von Comte, Mill, Spencer u. a. zusammengeflossen ist. Wir finden hier viele Wissenschaftler, die sich, von ihren Fachgebieten ausgehend, um die philosophische Klärung des Naturbegriffs oder die Eigenart ihres wissenschaftlichen Vorgehens bemühen (H. Helmholtz; R. Mayer, R. Kirchhoff, R. Avenarius, H. Cornelius; von der Biologie herkommend Ernst Haeckel, der aus einer Mischung von Darwin, Goethe und vielen anderen ein »naturwissenschaftliches Glaubensbekenntnis« für gebildete nichtkirchliche Kreise zusammengestellt hat). Der von Helmholtz 1847 formulierte Satz von der Erhaltung der Energie, der sog. erste Hauptsatz der Thermodynamik, ist ein wichtiger Schritt der Naturwissenschaft zur Vereinheitlichung des Naturbegriffs. Er besagt, »daß alle Naturkräfte, die bisher getrennt voneinander untersucht worden waren – also Bewegung materieller Körper, Schall, Wärme, Licht, Elektrizität und Magnetismus – in denselben Einheiten gemessen werden können, nämlich in Einheiten der *Energie*, deren Gesamtmenge im Weltall weder ab- noch zunimmt.«

Dieser Vereinheitlichung, Vereinfachung, ja Abstraktfassung der Natur entspricht z. B. die schön verblüffende Wissenschaftsdefinition des Physikers und Erkenntnistheoretikers Ernst Mach (1838–1916): »Alle Wissenschaft hat Erfahrungen zu ersetzen oder zu *ersparen* durch Nachbildung und Vorbildung von Tatsachen in Gedanken. [...] Die Wissenschaft kann daher selbst als eine Minimumaufgabe angesehen werden, welche darin besteht, möglichst vollständig die Tatsachen mit dem *geringsten Gedankenaufwand* darzustellen.«

geschichtliche Quellenkritik Das Leitbild naturwissenschaftlicher Verfahrensweisen galt auch für die übrigen sog. Kulturwissenschaften. Im 19. Jahrhundert erfuhr ja das geschichtliche Bewußtsein einen ungeheuren Aufschwung, so daß ganz neue Fachrichtungen entstanden wie Rechtsgeschichte, Kunstgeschichte, Kirchengeschichte, Literaturgeschichte, Musikgeschichte usf. Ein wichtiger Auslöser für diesen Aufschwung war der Begriff der Quellenkritik, den der Geschichtswissenschaftler B. G. Niebuhr mit seiner *Römischen Geschichte* (1811/12) entwickelt hat. In diesem Werk führt Niebuhr »zum ersten Male den Grundsatz durch, daß keine Ansicht über irgend ein Ereignis der Vergangenheit mit Zuversicht aufgestellt werden könne, ohne daß vorher die Geschichte der Überlieferung dieses Ereignisses erkannt werde: er zuerst gründete die historische Wissenschaft auf die systematisch gesammelten und kritisch geprüften Quellen.« [4]

Ein Meilenstein also, ein seitdem unverzichtbarer Bestandteil wissenschaftlichen Arbeitens [→ S. 361]. Allerdings führte das Vorbild der Naturwissenschaften oft zu ganz unkritischer, unproduktiver Stoffansammlung, zur berüchtigten »Faktenhuberei« (vgl. Nietzsches Kritik am »antiquarischen« Verhältnis zur Geschichte; [→ S. 350]). Der ganze Bereich der menschlichen Kultur wurde zu einem Feld von »Tatsachen« (»Fakten statt Spekulation!«). »Wissenschaft« hieß nun, diese Tatsachen in einen kausalen Zusammenhang zu bringen. Oder, mit den Worten des Germanisten Wilhelm Scherer: »die Geschichte als eine lückenlose Kette von Ursachen und Wirkung anzusehen.«

problematisches Kausalprinzip in den Geisteswissenschaften

Dieses Kapitel ist mit »der alte Positivismus« überschrieben, weil sein Begriff der »Tatsachen« in vieler Hinsicht naiv ist. Vor allem durch die Hereinnahme sprachphilosophischer Untersuchungen in der Analytischen Philosophie [→ S. 381] hat der Positivismus ein ganz anderes Gesicht erhalten. Seine grundsätzliche Geisteshaltung aber, die ihn bis in unsere Tage prägende Gestalt, hat sich im Laufe des 19. Jahrhunderts herausgeschält.

Die kritisch träumende Vernunft der (utopischen) (Früh)Sozialisten

Die Klammern in der Überschrift sind Ausdruck eines Problems. Was ist »Sozialismus«? Ist Platons Idealstaat sozialistisch? Waren die Urchristen Sozialisten oder gar Kommunisten? Die Sozialdemokratischen Parteien des westlichen Europa sind in einer *Sozialistischen Internationale* vereinigt. Und was soll ein »Realer Sozialismus« sein, wie die Deutsche Demokratische Republik ihr Gesellschaftssystem bezeichnete? Schlägt man in einem Lexikon nach, etwa dem *Handwörterbuch der Wirtschaftswissenschaften*, so steht dort unter dem Stichwort *Sozialismus*, »Begriff und Wesen«: »Was unter ›Sozialismus‹ zu verstehen ist, erscheint nicht nur in speziellen Fällen zweifelhaft, sondern ist generell und prinzipiell umstritten. Es gibt keine allgemein anerkannte, wissenschaftlich gültige und zuverlässige Definition des Sozialismus. [...] Seit über 130 Jahren zeichnet sich der Wortgebrauch durch eine große Bedeutungsfülle, einen tiefgreifenden Bedeutungswandel sowie erhebliche und vielfältige Bedeutungsunterschiede aus, ohne daß auch nur in den Grundzügen Einigkeit über die Kriterien der präzisen Verwendung zumindest eines Allgemeinbegriffs Sozialismus besteht.« [1] Der Verfasser des Artikels führt fünf Zielsetzungen an als Kriterien der Zuordnung sozialkritischer und sozialreformerischer Ideen bzw. Aktionen zum Sozialismus: »Sie müssen abzielen auf die Umgestaltung 1. der bestehenden Arbeitsverfassung (einschließl. sozialpolitischer Maßnahmen zum Schutze der Arbeiter gegen Ausbeutung und soziale Not), 2. der bestehenden Eigentumsverfassung, 3. der bestehenden Wirtschaftsverfassung, 4. des bestehenden Erziehungssystems (und überhaupt des Bildungswesens) und 5. der bestehenden Staatsordnung, und zwar im Sinne einer gemeinschaftlichen, das Privatinteresse dem Gemeinwohl unterordnenden [...] einheitlichen Regelung und Organisation des menschlichen Zusammenlebens und aller gesellschaftlichen Einrichtungen. Welcher Art diese ›sozialistischen‹ Umgestaltungen im einzelnen sind und welchem Umfang sie haben, bleibt dabei offen.«

Sozialismus – Schwierigkeiten einer Definition

Modernität des Sozialismus

Neben diesen fünf Punkten wird noch die allgemeine Auffassung genannt, »nach der Sozialismus im weitesten Sinne schlechthin das Streben nach sozialer Gerechtigkeit und einem menschenwürdigen Leben für alle ist und institutionell mit der Errichtung eines umfassenden Systems sozialer Sicherheit zusammenfällt.« Wir müssen uns also damit abfinden, daß es keinen allgemein anerkannten Begriff von Sozialismus gibt, bei vielen geschichtlichen Spielarten. Kein Wunder, daß immer wieder versucht wurde, die eigene Sozialismusvorstellung durch Beiwörter und Wortzusammensetzungen näher zu bestimmen (»christlicher«, »proletarischer«, »freiheitlich-demokratischer Sozialismus« usw.; »Agrarsozialismus, »Staatssozialismus«, »Reformsozialismus«; auch Wortbildungen wie »Anarchismus«, »Syndikalismus«, »Bolschewismus« dienen dieser Absicht). Das lateinische Adjektiv *socialis* heißt einfach gemeinsam, teilnehmend, gesellig. Mit dieser Zielrichtung eines im Vergleich zu den allgemeinen Lebensverhältnissen gemeinschaftliche(re)n Zusammenlebens hat es von den Griechen bis zur Französischen Revolution viele Entwürfe und auch praktische Versuche gegeben, und zwar oft im Zusammenhang religiöser Erneuerungsbewegungen [→ S. 126 u. S. 128]. Die Wörter Sozialismus und Kommunismus jedoch, wie wir sie heute verwenden, sind erst in dem Jahrzehnt zwischen 1830 und 1840 in Frankreich und England geprägt und dann sehr schnell in Umlauf gebracht worden. Ohne nun die vielfältigen Bezüge zu vorindustriellen Entwürfen und Versuchen aus den Augen verlieren zu wollen, verweist uns dieser wortgeschichtliche Befund auf einen Zusammenhang der Sache. Wir sprechen daher von Sozialismus als einer spezifisch modernen Erscheinung; sie muß gesehen werden »in dem größeren Zusammenhang des vielfältigen, krisenreichen Übergangs von einer ›traditionellen‹, vorwiegend agrarischen zu einer ›modernen‹, zunehmend industriellen Gesellschaft, [...] der die Desintegration der betreffenden Gesellschaftsordnung nicht zuletzt auch im Sinne der Veränderung der Verhaltensmuster bedeutet.« [2] Sozialismus also als theoretische und praktische Antwort auf die Krise, besser: als Vielfalt von Antworten.

Eigenständigkeit der verschiedenen Spielarten

Gemeinsam ist ihnen formal dreierlei: Kritik der bestehenden Gesellschaftsordnung, Entwurf einer besseren Gesellschaft und eine Lehre vom Weg und den Mitteln hin zum »Neuen Jerusalem«. Die inhaltliche Ausfüllung ist dann jeweils sehr verschieden bis entgegengesetzt, vor allem, was Wege und Mittel betrifft. Daher auch der teilweise erbitterte Streit zwischen den verschiedenen Schulen. Und hierbei muß unbedingt beachtet werden, daß die Theorie von Marx und Engels nicht nur die in sich geschlossenste, gedanklich umfassendste Lehre ist, sondern daß diese Lehre sich auch geschichtlich durchgesetzt hat. Sie hat, wenn man so will, »gesiegt« und konnte dann die »besiegten« Lehren als Vorläufer bzw. Vorstufen zu sich betrachten. »Frühsozialismus« meint daher nichts anderes als »Sozialismus vor Marx und Engels«. Der Ausdruck »utopischer Sozialismus« ist eigentlich ein polemischer Begriff. Er heißt soviel wie »phantastischer, unreifer Sozialismus« im Unterschied zum »wissenschaftlichen« von Marx und Engels. Die Ausdrücke Frühsozialismus und utopischer Sozialismus haben sich eingebürgert und werden auch hier verwendet. Man muß nur darauf achten, daß sich mit ihrer Verwendung nicht automatisch die Vorläufer-Sichtweise von Marx und Engels einschleicht. Denn das würde ihrer geschichtlich eigenständigen Bedeutung nicht gerecht.

Zeitlich wird der Frühsozialismus im allgemeinen angesetzt vom Ende der Französischen Revolution (»Aufstand der Gleichen« unter Führung von Gracchus Babeuf, 1794) bis zum Revolutionsjahr 1848, dem tiefen Einschnitt in der europäischen Sozialgeschichte. Neben dem industriell am weitesten fortgeschrittenen England ist Frankreich das Land, das die stärkste Ausstrahlungskraft sozialistischer Ideen entwickelte (Dauerkrise nach 1789). Das wirtschaftlich zurückgebliebene Deutschland bleibt eher passiv; die deutsche (akademische) Entwicklung kommt im nächsten Kapitel gesondert zur Sprache. Einen guten Überblick über die Vielfalt der Namen und Ansätze des Frühsozialismus geben das Buch von Werner Hofmann, *Ideengeschichte der sozialen Bewegung*[3] sowie der eingangs zitierte Artikel von Horst Stuke. Aus einem neuen Interesse heraus werden viele von ihnen heute erst wiederentdeckt bzw. anders gelesen, z.B. Etienne Cabets *Reise nach Ikarien* (1839); der *Code de la Communauté* von Théodore Dézamy (1842, dt. 1980 unter dem Titel *Leidenschaft und Arbeit* erschienen); oder die spätere *Kunde von Nirgendwo* des englischen Designers William Morris (1890). Wir beschränken uns im folgenden auf die drei bekanntesten Frühsozialisten: Saint-Simon (1760–1825), Robert Owen (1771–1858) und Charles Fourier (1772–1837). Alle drei haben Schulen mit zahlreicher Anhängerschaft gebildet; *Saint-Simonismus, Owenismus* und *Fourierismus* waren im ersten Drittel des 19. Jahrhunderts das, was später dann Sozialismus genannt wurde.

Frühsozialismus

Das Denken des Claude Henri de Rouvroy, Comte de Saint-Simon, kreist um die fortschrittlichen Möglichkeiten des neuen Industriesystems. »Alles durch die Industrie, alles für die Industrie« – »Die industrielle Klasse soll die erste Klasse der Gesellschaft sein, denn sie ist die wichtigste von allen«, lauten die Kampflosungen gegen die Herrschaft des Adels, des Militärs und des Klerus. Wie sein zeitweiliger Schüler Auguste Comte, will Saint-Simon die »entsetzliche Krise« seiner Zeit überwinden durch eine Neuorganisation der Gesellschaft. In ihrem Mittelpunkt soll die *classe industrielle* stehen, d.h. alle produktiv an der Arbeit Beteiligten: die Bauern, die Arbeiter, die Fabrikanten, auch z.B. die Künstler und die Bankiers. Saint-Simon kritisiert also nicht das Eigentum schlechthin, Eigentum muß aber gesellschaftlich nützlich sein (»Er utopisierte mit dem Arbeiter auch den Unternehmer« – E. Bloch). Diese Auffassung drückte er auch in dem Motto aus: »Für die Bienen, gegen die Drohnen.« Aussagekraft erhält solch ein Satz, wenn man sich vergegenwärtigt, daß im Frankreich der Restauration nach 1815 von rund 30 Millionen Gesamtbevölkerung nur 90000 das aktive Wahlrecht besaßen, daß die 1819 eingeführten Getreidezölle die arbeitende Bevölkerung schwer belasteten, während der Emigrantenadel 1825 großzügig entschädigt wurde. Saint-Simon sah sich selbst auf der Seite der »zahlreichsten und ärmsten Klasse«, deren Lage er auch mit einem großangelegten Erziehungsprogramm verbessern wollte. Durch sein umfassendes gesellschaftswissenschaftliches Denken wurde Saint-Simon zum großen Anreger des französischen Sozialismus. Er wollte die positiven Tendenzen seiner Zeit aufgreifen und zur Geltung bringen. Seine Lehre ist zusammengefaßt in der Schrift *Exposition de la doctrine de Saint-Simon (Die Lehre Saint-Simons)*. Sie wurde 1830 von seinen Schülern herausgegeben. Diese haben auch seine Theorien weiterentwickelt, seinen Harmonismus der *classe industrielle* z.T. aufgegeben und den Begriff der »Ausbeutung des Menschen durch den Menschen« geprägt *(exploitation de l'homme par l'homme)*. Von den Schülern stammt auch als Prinzip der zukünftigen Verteilung der Güter die Formel: »Jedem nach seiner Fähigkeit, jeder Fähigkeit nach ihren Leistungen« *(A chacun selon sa capacité, à chacque capacité selon ses œuvres)*. Als sozialistisches Leitbild für »Gerechtigkeit« hat sie bis heute eine wichtige Bedeutung.

Saint-Simon

»jedem nach seiner Fähigkeit«

Robert Owen — U-topos bedeutet ja wörtlich *Nirgendwo-Land*. Aber gerade die utopischen Sozialisten haben vielfach ihr Utopia hier und jetzt gründen wollen bzw. auch gegründet. Und zwar vornehmlich in Amerika, dem damals gelobten, noch offenen Land der ungeahnten Möglichkeiten. Der erfolgreiche englische Fabrikant Robert Owen glaubte an die Kraft des konkreten Beispiels. »Ein Mann von bis zur Erhabenheit kindlicher Einfachheit des Charakters und zugleich ein geborener Lenker der Menschen« (F. Engels), war er ganz aufs Praktische gerichtet. Als leitender Teilhaber der Baumwollspinnerei von New Lamark in Schottland machte er aus der Fabrik und

konkrete Projekte — dem angeschlossenen Arbeiterdorf eine Musteranstalt. 1825 kaufte er für 150000 Dollars die amerikanische Siedlung *New Harmony*. Sie sollte eine Produktivassoziation werden, ein Gemeinwesen mit Gütergemeinschaft, gemeinsamer Lebensführung und demokratischer Selbstverwaltung. Der Versuch scheiterte, ebenso wie die Errichtung eines Arbeitsbasars in London 1832. Mittels eines Arbeitsgeldes, dessen Einheit die geleistete Arbeitsstunde bildete, sollte ein gerechter Austausch der Arbeitsprodukte als Schritt zur Reform der gesellschaftlichen Einkommensverteilung ermöglicht werden. Es entstand aber bald Streit um die Bewertung der Waren (das Problem der »notwendigen Durchschnittsarbeitszeit«, vgl. [→ S. 329]), und die Bank mußte nach zwei Jahren schließen. Das Scheitern solcher Versuche, die Utopie hier und jetzt zu verwirklichen, ist das wohl kräftigste Argument dagegen. Ist es auch richtig? In seinem Hauptwerk, *A New View of Society (Eine neue Sicht der Gesellschaft*, 1812/14) hat Owen

Bedeutung der Erziehung — die Grundsätze seiner Praxis entwickelt. Sie beruht auf der Überzeugung, daß der Mensch ganz und gar Produkt seiner Umstände ist (sog. Milieutheorie). Schafft man menschenwürdigere Verhältnisse, kann sich der Mensch menschlicher entfalten – und umgekehrt: schafft man menschlichere Menschen, können diese auch menschenwürdigere Verhältnisse herstellen. Die Erziehung spielt daher eine entscheidende Rolle in Owens Reformprogramm. Diese Überzeugung ist Bestandteil aller sozialistischen Lehren geworden, wie überhaupt Owens vielfältiges Wirken – auf seine Agitation geht z. B. die erste gesetzliche Beschränkung der Frauen- und Kinderarbeit in England (1819) zurück – Ausdruck und Leitstern der Hoffnungen seiner Zeit war. Denn »niemals war ein so großer Teil Menschen so unglücklich wie in England um die Wende des 18. Jahrhunderts« (E. Bloch).

Charles Fourier — Am weitesten ist der Verschrobenste gegangen: »Meine Antwort ist, daß ich die *Zivilisation nicht verbessern*, sondern sie vernichten und den Wunsch nach einer besseren Gesellschaft wecken will, indem ich beweise, daß die zivilisierte Ordnung unsinnig ist, in jedem ihrer Teile und im Ganzen.« [4] Wie kommt ein kleiner kaufmännischer Angestellter aus Südfrankreich zu so kühnen Sätzen? Der Anfang der Philosophie liegt in der Verwunderung, heißt es bei Aristoteles. Charles Fourier hatte sich z. B. 1799 in Marseille darüber gewundert, daß es für seine Arbeitgeber aus Spekulationsgründen »vernünftig« war, eine Ladung Reis verkommen zu lassen. In einem Pariser Gasthaus wunderte er sich darüber, daß er für einen Apfel zum Nachtisch 40 Sous bezahlen mußte, während man in Rouen, wo er gerade herkam, für 40 Sous mehr als 100 Äpfel kaufen konnte. »Von diesem Preisunterschied zwischen zwei Gegenden, die doch das gleiche Klima hatten, war ich so vor den Kopf geschlagen, daß ich begann, eine grundsätzliche Unordnung im industriellen Mechanismus zu vermuten. Das war der Ursprung meiner Forschungen.« Diese Forschungen führten ihn zu einer prinzipiellen Kritik des kapitalistischen Handels-

und Industriesystems als einer »industriellen Anarchie«: »Die Zivilisation ist [...] die verkehrte Welt [*le monde à rébours*], die gesellschaftliche Hölle: Diese Zivilisation muß in den philosophischen Katarakt hinabgestoßen werden, damit diese Verirrung der Vernunft nicht wiedererkannt werden kann.« Für Fourier ist das industrielle System nicht nur wirtschaftlich absurd (es ist vor allem die relativ neue Erscheinung von Überproduktionskrisen, die die Zeitgenossen beunruhigt). Es geht auch an den grundlegenden Bedürfnissen des Menschen vorbei. Die bürgerliche Gesellschaft hat die Arbeit als Zwang und Strafe vom Lebensgenuß getrennt, hat die Liebe in den Rahmen der Ehe gezwängt, hat alle Sorglosigkeit aus dem Leben verbannt. Er nennt dieses Grundübel *morcellement* (Zerstückelung), die Verkümmerung der Person durch die Beschränkung auf einen Beruf, einen Partner, und – als Ausweg – die individuelle Bereicherung. In seiner umfassenden Durchleuchtung der bürgerlichen Lebensverhältnisse ist er besonders sensibel für das Verhältnis der Geschlechter zueinander, anders gesprochen, die Unterdrückung der Frau: »Allgemein läßt sich die These aufstellen: *Der soziale Fortschritt und der Übergang von einer Periode zur anderen erfolgt auf Grund der Fortschritte in der Befreiung der Frau, und der Niedergang der Gesellschaftsordnung wird durch die Abnahme der Freiheit für die Frau bewirkt.*«[5]

industrielle Anarchie

Zerstückelung des Menschen / Unterdrückung der Frau

Solche Töne sind, wie das Buch *Was Philosophen über Frauen denken* hinreichend zeigt [6], recht selten im philosophischen Schrifttum. Denn im ausdrücklichen Gegensatz zur philosophischen Tradition, die den Menschen stets als Vernunftwesen *(animal rationale)* definiert hatte, sieht Fourier das Wesen des Menschen nicht in seiner Vernunft. Er nimmt ihn – und darin liegt der bleibend bedeutende Beitrag seines Denkens – als sinnlich-leidenschaftliches Wesen ernst: »Das Glück, über das man so viele falsche Betrachtungen angestellt hat, besteht darin, viele Leidenschaften zu empfinden und sie alle befriedigen zu können. Wir haben wenig Leidenschaften und können höchstens ein Viertel davon befriedigen. Deshalb ist unsere Erde *im Augenblick* einer der unglücklichsten Himmelskörper des Universums.« Aus dem Zitat wird deutlich, daß sich die leidenschaftliche Natur des Menschen bisher noch gar nicht entfalten konnte. In besonderem Maße trifft das für seine geselligen Neigungen zu.

»*animal passionale*«

Aus diesem Befund entspringt der Entwurf der idealen Gemeinschaft, die er *Phalansterium* oder auch *Harmonie* nennt. Er vereint die Idee der landwirtschaftlichen Vereinigung mit einer Theorie der Leidenschaften. Fourier ist kein Berufsphilosoph (er verachtet diese Zunft); sein auch von mystischem Gedankengut geprägtes Denken ergeht sich gerne in bildlichanalogiehafter, dabei streng mathematisch kalkulierender Ausmalung. Bei ihm wird besonders deutlich, daß wir bei den utopischen Sozialisten auch eine andere Vernunft, nämlich die Phantasie als Erkenntniskraft, ernst nehmen müssen. Soviel ist jedenfalls klar, daß sich in der *Harmonie* alle Leidenschaften entfalten können sollen. Vor allem die Liebe, die »mächtigste Triebkraft der leidenschaftlichen Annäherung.« »Die Liebe wird zur Hauptbeschäftigung.« Sie soll sich in all ihren Schattierungen und gerade auch in ihrer Unbeständigkeit entwickeln können. Weil nun in Fouriers Spekulation jede Leidenschaft von einer gegenläufigen angezogen wird und diese braucht, können sich so alle Leidenschaften durch den Bezug auf ihren Gegensatz zugleich entfalten und ausbalancieren. Ein Beispiel: hätte jemand so blutrünstige Neigungen wie der römische Kaiser Nero, so würden sie ihm nicht von seinen moralisierenden Erziehern ausgeredet bzw. unterdrückt (und dann in der Grausamkeit des Herrschers ausgetobt),

Theorie und Organisation der Leidenschaften

sondern der junge Nero fände in der genossenschaftlichen Arbeit seinen Platz im Schlachthof. Hier könnte er seinen Trieb, solange er wollte, sinnvoll ausleben! Da Fourier in seinen Berechnungen auf 810 Hauptleidenschaften kommt, beträgt die ideale Zahl der Mitglieder einer Genossenschaft 1620 Personen (810 Frauen, 810 Männer). Sie treffen sich jeden Abend zwischen acht und halb neun an der »Börse«, um die Verteilung von Arbeit und Vergnügungen für den nächsten Tag auszumachen. Die Arbeit wechselt alle zwei Stunden, weil der menschliche »Schmetterlingstrieb« *(papillonne)* immerfort nach Abwechslung verlangt. Arbeit und Lust/Vergnügen werden so zusammengebracht, der alte Gegensatz von Arbeit und Spiel, den Schiller z. B. durch die Kunst überwinden wollte [→ S. 262], wird im gemeinschaftlichen Leben selbst aufgehoben. – Übrigens lachte Fourier nie; in Frankreich wird er deswegen der »Buster Keaton der Utopie« genannt. »Seine Tageseinteilung verlief nach genauem Zeitplan: nach der Arbeit [in der Handelsfirma!] widmete er jeden Tag vier Stunden dem Schreiben und dem Studium. Seine Zerstreuungen bestanden aus dem morgendlichen Weißwein, einer Limonade, einer Dominopartie, einem Besuch auf dem Blumenmarkt.« [7] Sein Hauptwerk, *Le Nouveau Monde industriel et sociétaire (Die neue Industrie- und Gesellschaftswelt)*, erschien im Jahre 1828. Danach wartete er bis zu seinem Tod jeden Tag mittags um 12 Uhr zuhause auf einen reichen Mäzen, der ihm sein erstes Phalansterium finanziert. Es ist nie einer gekommen.

Aktualität des Frühsozialismus

Das Urteil von Marx und Engels über die utopischen Sozialisten war grundsätzlich zwiespältig. Sie betrachteten Saint-Simon, Owen und Fourier immer als die »Stifter des Sozialismus« bzw. sahen sich als ihre Erben an. Andererseits spricht Friedrich Engels in *Die Entwicklung des Sozialismus von der Utopie zur Wissenschaft* (1880) von »unreifen Theorien«, die einer unreifen industriellen Entwicklung und einem noch unreifen Proletariat entsprochen hätten. Heute, im Jahre 1880, sind es »nur noch erheiternde Phantastereien«, aber unter der »phantastischen Hülle« würden überall »geniale Gedankenkeime und Gedanken« hervorbrechen. Ich will dieses Urteil hier nur erwähnen und nicht wiederum beurteilen. Tatsache jedenfalls ist, daß es in der Geschichte des Sozialismus immer wieder Versuche gegeben hat, utopische Formen der Zusammenarbeit und des Zusammenlebens hier und jetzt zu erproben. In unserem Jahrhundert war der zionistische Kibbuz lange Zeit eine Art Hauptmodell dafür. Heute, nach der Studentenbewegung und im Zeichen der ökologischen Krise, gibt es sehr viele sog. alternative Experimente – allerdings meist ohne die utopische Hoffnung, dem Ganzen als Beispiel dienend das Ganze zu verändern.

Vormärz – es gärt in Deutschland: Die Hegelschule spaltet sich, Ludwig Feuerbach will den »ganzen Menschen«

Situation anhaltender Spannungen

Die europäische Revolutionswelle von 1848 nahm ihren Ausgang mit den Pariser Barrikadenkämpfen vom 22. bis 24. Februar, und am 13. bzw. 18. März kam es dann zu den großen Aufständen in Wien und Berlin. Für die Entwicklung vor der 48er Revolution hat sich daher die Bezeichnung *Vormärz* eingebürgert, mit der genauer der Zeitraum von der französischen

Bürgerwehr schießt am 16. Oktober 1848 in Berlin auf revoltierende Arbeiter

Juli-Revolution 1830 bis 1848 gemeint ist. Die obenstehende Abbildung zeigt die Spannweite der sozialen Strömungen, die in der Revolution für kurze Zeit zusammengefunden haben: einerseits das »Volk«, also herabgekommene Handwerker, verelendete Proletarier, die für Arbeit und Brot kämpften, andererseits die bürgerlich-liberale Bewegung mit ihren Forderungen nach Freiheit des Handels und Gewerbes, Presse- und Meinungsfreiheit, allgemeinem Wahlrecht und nationaler Einheit. Vor allem die Beschlüsse der Wiener Ministerkonferenz von 1834 (Beseitigung der Vereinigungs- und Pressefreiheit, verschärfte Überwachung der Universitäten usw.) mußten die heftigste Kritik hervorrufen; dabei zeigen mißglückte Unternehmungen wie der *Hessische Landbote* und Georg Büchners Flucht in demselben Jahr die Schwäche und Hilflosigkeit der oppositionellen Bewegung in Deutschland. Und gerade in diesen Dreißiger Jahren wird eine neue und anwachsende Form von Massenelend so bestimmend, daß sie sich mit dem neuen Ausdruck Soziale Frage auch in der politischen Sprache der Zeit niederschlägt. Insgesamt müssen wir uns mit dem Stichwort Vormärz eine Situation anhaltender gesellschaftlicher und politischer Spannungen vor Augen halten, um die philosophische Entwicklung in Deutschland nach Hegels Tod verstehen zu können.

Der große Hegel war im November 1831 gestorben. »Unsere philosophische Revolution ist beendet. Hegel hat ihren großen Kreis geschlossen«, schreibt Heinrich Heine 1834 in seiner noch immer sehr lesenswerten *Geschichte der Religion und Philosophie in Deutschland*. In Hegels Philosophie war ja der ganze Umkreis von Natur, Staat, Wirtschaft, Recht, Religion, Geschichte, Kunst, Denken sowohl gedanklich durchdrungen als auch zu jener umfassenden Synthese gebracht worden, die es Hegel erlaubt hat, von »Versöhnung« zu sprechen. Gerade bei wachsenden gesellschaftlichen Spannungen aber mußte diese »Versöhnung«, anders gesagt die Behauptung und/oder der Nachweis, daß das Wirkliche in seinem Kern

fragliche Versöhnung in Hegels Philosophie

vernünftig sei [→ S. 290], immer fraglicher werden. Prophetisch schreibt Heine weiter: »Die deutsche Philosophie ist eine wichtige das ganze Menschengeschlecht betreffende Angelegenheit. [...] Mich dünkt, ein methodisches Volk wie wir, mußte mit der Reformation beginnen, konnte erst hierauf sich mit der Philosophie beschäftigen und durfte nur nach deren Vollendung zur politischen Revolution übergehen. [...] Der Gedanke geht der Tat voraus wie der Blitz dem Donner.«

Anlaß der Spaltung: der Streit um das Christentum

Worüber und wie soll man noch philosophieren, wenn man überzeugt ist, daß da einer da war, der schon »alles gedacht« hat, der schlechthin nicht mehr zu überbieten ist? In Heines Sätzen deutet sich an, daß das Verhältnis von Philosophie und Wirklichkeit der kritische Punkt werden könnte. War doch Hegels ganze Denkarbeit darauf hinausgelaufen zu beweisen, daß eine politische Revolution nach der großen Französischen nicht mehr nötig sei (die Juli-Revolution von 1830 hat ihn deshalb gehörig erschreckt)! Entzündet hat sich der Streit der Schüler an einem scheinbar entlegenen Problem, nämlich der Frage nach der geschichtlichen Glaubwürdigkeit der Berichte der Vier Evangelisten. David Friedrich Strauß, ein Tübinger Theologe, kam in seinem umfangreichen bibelkritischen Werk *Das Leben Jesu* (1835) zu einem negativen Ergebnis. Wenn aber die Berichte über das Leben der Person Jesus von Nazareth mythisch, also geschichtlich unwahr sind, so wird durch diesen Befund – einmal ganz abgesehen von der kirchlich-staatlichen Institution »Religion« – auch die ganze Hegelsche Auffassung des Christentums und seines Verhältnisses zur Philosophie [→ S. 291] in Frage gestellt. Im Laufe des verständlicherweise erbitterten Streit, der darüber ausbrach und der schnell auf politische Grundsatzfragen übergriff, kam es zur Spaltung der Hegelschule in die beiden Richtungen der sog. Rechts- oder auch Althegelianer und der Links- bzw. Junghegelianer. Die Gegensätze, die in Hegels Philosophie versöhnt worden waren, sind also bei seinen Schülern erneut aufgebrochen und haben sich in Form zweier Schulen verfestigt. Wobei man das Wort »Schule« nicht allzu eng fassen darf, denn in beiden Lagern findet sich ein breites Spektrum recht unterschiedlicher Ansichten. Bei einigen Schülern wie dem Juristen Eduard Gans (gestorben 1839) weiß man bis heute noch nicht so recht, wohin man sie eigentlich stecken soll.

David Friedrich Strauß

Die Rechtshegelianer: modifizierende Bewahrung von Hegels System

Die Rechtshegelianer blieben noch einige Jahrzehnte an allen deutschen Universitäten in zum Teil beherrschender Stellung. Ihr politisches Ideal war meist ein liberaler Konstitutionalismus, »eine constitutionelle Monarchie, umgeben von demokratischen Institutionen« (Carl Ludwig Michelet, 1848). Ihre Haltung läßt sich zusammenfassen als Versuch der Bewahrung des Hegelschen Systems, bei Änderungen/Kompromissen/Erweiterungen in Teilfragen. Hier sei nur die eigentliche, für uns höchst wichtige Leistung dieser Schule berührt, nämlich die Philosophiegeschichtsschreibung. Wir haben bereits gesehen, daß sich im Laufe des 19. Jahrhunderts – gegen den Idealismus – eine positivistische Grundhaltung durchgesetzt hat (»Fakten statt Spekulation!«). In Verbindung mit dieser Grundhaltung kam es gleichzeitig zu einem gewaltigen Aufschwung der geschichtlichen Wissenschaften mit ihrer neuen Methode der Quellenkritik [→ S. 302]. Beide Tendenzen haben bei einer Hegels Konstruktionen gegenüber kritischen, seinem umfassenden Geschichtsbewußtsein gleichwohl verpflichteten Haltung die großen philosophiegeschichtlichen Werke des 19. Jahrhunderts hervorgebracht. Die wichtigsten Namen und Titel sind: Joh. Ed. Erdmanns *Versuch einer wissenschaftlichen Darstellung der Geschichte der neueren Philosophie* (7 Bde., 1834–53); sein so erfolgreicher *Grundriß der Geschichte*

philosophiegeschichtliche Leistungen

der *Philosophie* (2 Bde., 1866); Ed. Zellers *Die Philosophie der Griechen in ihrer geschichtlichen Entwicklung* (6 Bde., 1845–53); seine *Geschichte der deutschen Philosophie seit Leibniz* (1872) und der *Grundriß der Geschichte der Griechischen Philosophie* (1883); Kuno Fischers *Geschichte der neueren Philosophie* (6 Bde., 1852–57); Friedrich Ueberwegs *Grundriß der Geschichte der Philosophie* (ursprünglich 3 Bde., 1862–66).

Diese in lebenslanger, hingabevoller Arbeit entstandenen gelehrten Werke sind bis heute als Standardwerke der Philosophiegeschichte unersetzbar geblieben. Dabei muß allerdings beachtet werden, daß mit ihnen auch weitgehend die allgemeine Vorstellung davon geprägt wurde, was »Philosophie« und wer ein »Philosoph« sei. Die Verfasser sind nämlich durchgängig auf einen sehr viel engeren Philosophiebegriff festgelegt als z. B. den antiken. Philosophie bezeichnete ja ursprünglich alle Kunst und alles Streben nach Bildung; noch bei Platon und Aristoteles umfaßt der Begriff außer naturwissenschaftlichen Untersuchungen auch die Mathematik und vor allem das sittliche Handeln. Bei den Erben Hegels im 19. Jahrhunderts wird nun Philosophie als rein theoretisches, meist: akademisches Erkennen, bevorzugt als Frage nach dem »Wesen« des Seins (Metaphysik) und/oder als Erkenntnistheorie aufgefaßt, die in der Form der »Gipfelgespräche« der großen Stifter bzw. der Geschichte ihrer Schulen dargestellt wird – Beschränkung also auf die »Luxusgedanken« der Menschheit, wie man es kritisch genannt hat [1]. Weite Bereiche der (Natur-)Wissenschaftsgeschichte, der Pädagogik etwa und der Sozialphilosophie, überhaupt alles nicht (aristotelisch-)methodische Denken bleiben ausgespart. Damit habe ich natürlich auch eine Selbstkritik ausgesprochen, denn letztlich ist auch diese Philosophiegeschichte hier an dieser Art von Philosophiegeschichtsschreibung orientiert.

Ein enger Philosophiebegriff

Bei der Darstellung der Links- oder Junghegelianer stellt sich dasselbe Problem wie bei den Frühsozialisten [→ S. 303 f.]: Da auch Marx und Engels in ihrer Frühphase junghegelianische Ansichten vertraten, diese Ansichten dann kritisch überwunden und sich schließlich mit ihren eigenen durchgesetzt haben, werden die Linkshegelianer meist mit der Brille der beiden lediglich als »Etappen von Hegel zu Marx« gesehen. Diese Bindeglied-Sichtweise soll hier möglichst vermieden werden, wenn sie sich auch aus der Knappheit der Darstellung fast von selbst ergibt.

Die Gruppe der Jung- oder Linkshegelianer

Die Junghegelianer waren eine locker zusammenhängende Gruppe von kritischen Intellektuellen, meist Studenten und Doktoren aus den Bereichen Recht, Theologie, Philosophie, die sich in Berlin z. B. im *Doktorenclub* oder in der Gruppe der *Freien* regelmäßig trafen und dort ihre erhitzten Debatten führten. Die bekanntesten Vertreter sind der Theologe und Publizist Arnold Ruge (1802–80); der Religionsgeschichtler und Publizist Bruno Bauer (1809–82); der Publizist und Sozialist jüdisch-messianischer Tradition Moses Heß (1812–75), zeitweilig auch Ludwig Feuerbach, Karl Marx und Friedrich Engels sowie der Schriftsteller Max Stirner, auf den wir im Zusammenhang mit dem Anarchismus noch zurückkommen werden [→ S. 335]. »Das Ende der *theoretischen* Befreiung ist die *praktische*.« Dieser Satz von Arnold Ruge druckt die gemeinsame Überzeugung der Linkshegelianer aus. In ihm steckt eine Anerkennung und eine Kritik der Hegelschen Philosophie. Anerkennung, weil mit Hegel die Philosophie zu ihrer Vollendung gefunden und damit die Menschheit entscheidend weitergebracht habe (»theoretische Befreiung«). Kritik, weil Hegel diese Befreiung nur im Denken geleistet habe. Ein schwieriger Punkt bei Hegel selbst, der diese einfache Gegenüberstellung Denken-Wirklichkeit als Argument gegen ihn

Arnold Ruge: praktische Befreiung

nicht hätte gelten lassen, weil er ja im Denken – und anders geht es nicht – den Kern (philosophisch: das Wesen) der Wirklichkeit selbst erfassen will. Die Junghegelianer jedenfalls haben Hegel als reinen (abstrakten) Denker aufgefaßt und die Gültigkeit seiner Philosophie auf das Gedankenreich der reinen Nur-Theorie beschränkt. Im Prozeß ihrer Auseinandersetzung mit Hegel haben sie das Interpretationsmuster der »zwei Seiten« Hegels entwickelt, das auch im Hegelverständnis unserer Zeit noch eine große Rolle spielt. Nach dieser Auffassung gibt es in Hegels Denken zwei gegensätzliche Tendenzen: eine konservativ-reaktionäre, die die bestehenden Verhältnisse nimmt, wie sie sind und dazu noch verklärt; demgegenüber steht die revolutionär-kritische, nichts als endgültig anerkennende, immer weitertreibende Dialektik Hegels. »Das Ende der *theoretischen* Befreiung ist die *praktische*.«. – Angesichts einer bedrückenden geschichtlichen Wirklichkeit kreist das Denken der Junghegelianer um die »Verwirklichung der Philosophie« in der »Praxis«, kreist um das Problem, »das Leben dem Geist adäquat zu gestalten«, um »positive Gestaltung der Zukunft« (Moses Heß).

Philosophie der Tat

Hegels Philosophie des Geistes wird sog. Philosophie der Tat. Die letzte Aufgabe und Berechtigung der Theorie kann daher nur noch in der rückhaltlosen Kritik einer Wirklichkeit bestehen, in der der Mensch sich, sein eigentliches Wesen, nicht wiedererkennen kann. Dieses Konzept von Philosophie als einer radikalen, »kritischen Kritik« wurde vor allem von dem eine zeitlang sehr einflußreichen Bruno Bauer vertreten.

Theorie und Praxis

Das Programm einer Verwirklichung der Philosophie ist gescheitert: die Junghegelianer haben das Volk nicht erreichen können; nach der 48er Revolution sind sie überhaupt nicht mehr in Erscheinung getreten. Man kann ihre Theorien als Ausdruck der vormärzlichen Krise der Philosophie sehen – haben sie doch selbst vom »Verwesungsprozeß des absoluten Geistes« gesprochen –, oder auch als Ausdruck der Schwierigkeiten einer revolutionären Intelligenz in einer vorrevolutionären Situation. Ihre bleibende Leistung besteht meiner Meinung nach darin, daß sie das Verhältnis von »Philosophie« und »Leben« ganz grundsätzlich zur Diskussion gestellt haben. Sicher wurden, wie man oft kritisch eingewendet hat, mit der Forderung ihrer Verwirklichung die Möglichkeiten der Philosophie überfordert. Aber damit haben die Junghegelianer etwas zu Bewußtsein gebracht, was seitdem Problem geblieben ist: das Verhältnis von Theorie und Praxis, anders gesagt Aufgabe und Verantwortung der Philosophie in dieser Welt.

Zweifellos ist Ludwig Feuerbach der wichtigste aus dem Kreis der Linkshegelianer: »Die progressive Intelligenz der 40er und 50er Jahre ist durch Feuerbachs religionskritische und anthropologische Gedanken geprägt« (E. Thies). Drei Krisen zeichnen die Entwicklung des jungen Mannes aus gutem Hause: Von dem strengen Vater zum Studium der Theologie in Heidelberg bestimmt (1823), geht der Student schon ein Jahr später nach Berlin. Unter dem überwältigenden Einfluß Hegels und nach großen Konflikten mit seinem Vater gibt er bald die Theologie auf, um sich ganz der Philosophie »in die Arme zu werfen«. Die zweite Krise wird ausgelöst durch umfassende Zweifel am Hegelschen System, und zwar schon 1827/28. Typisch für Feuerbach, daß sie an dem Verhältnis von »Idee« und »Natur« bei Hegel ansetzen, daß sein Verständnis von Natur sich nicht mehr mit dem hegelschen deckt. Nachdem schließlich bekannt geworden war, daß er der Verfasser der ketzerischen *Gedanken über Tod und Unsterblichkeit* (1830) war, hatte er sich seine akademische Laufbahn ein für allemal verdorben (dritte Krise). Fortan mußte er die ungesicherte Existenz eines

Feuerbach

Privatgelehrten führen. Nach mehreren Jahren ausführlicher Beschäftigung mit Themen der Philosophiegeschichte griff Feuerbach 1839 mit dem Aufsatz *Zur Kritik der Hegelschen Philosophie* in den öffentlichen Streit um die spekulative Philosophie ein. Durchschlagenden Erfolg bei einem breiten Publikum erzielte er dann kurz darauf mit seinem Hauptwerk, *Das Wesen des Christentums* (1840). Noch über vierzig Jahre später erinnert sich Friedrich Engels an sein – für die Generation typisches – »Feuerbacherlebnis«: »Dann kam Feuerbachs ›Wesen des Christentums‹. Mit *einem* Schlag zerstäubte der Widerspruch [zwischen Idee und Natur bei Hegel], indem es den Materialismus ohne Umschweife auf den Thron erhob. [...] Der Bann war gebrochen; das ›System‹ war gesprengt und beiseite geworfen [...]. Man muß die befreiende Wirkung dieses Buches selbst erlebt haben, um sich eine Vorstellung davon zu machen. Die Begeisterung war allgemein: wir waren alle momentan Feuerbachianer.« [2]

Wenn man heute versucht, diese Wirkung auf den einundzwanzigjährigen Engels nachzuempfinden, so war sie wohl möglich durch die einzigartige Verbindung kritischer und optimistischer Züge. Dabei ist der Grundgedanke von Feuerbachs Philosophie- und Religionskritik schlagend einfach: in der idealistischen Philosophie und – deutlicher sichtbar noch – in der Theologie wird immer das Erste zum Zweiten, das Zweite zum Ersten gemacht. Das Erste ist der konkrete Mensch und die Natur, das Zweite »Gott« bzw. »das Denken« oder »die Idee« (bei Hegel). Das ist der Sinn des Grund-Satzes aus dem *Wesen des Christentums*: »Das Geheimnis der Theologie ist die Anthropologie.« Etwas weniger gelehrt heißt das: »Das Geheimnis der Gotteslehre ist die Lehre vom Menschen«, oder kurz: In/hinter Gott steckt der Mensch: »*Das Bewußtsein Gottes ist das Selbstbewußtsein des Menschen, die Erkenntnis Gottes die Selbsterkenntnis des Menschen.* [...] Die Religion [...] ist das *Verhalten des Menschen zu sich selbst* oder richtiger: *zu seinem* [...] *Wesen*, aber das Verhalten zu seinem Wesen *als zu einem andern Wesen*. Das göttliche Wesen ist nichts anderes als das menschliche Wesen oder besser: *das Wesen des Menschen*, gereinigt, befreit von den Schranken des individuellen Menschen, verobjektiviert, d. h. *angeschaut* und *verehrt als ein andres, von ihm unterschiednes, eignes Wesen* – alle *Bestimmungen* des göttlichen Wesens sind darum menschliche Bestimmungen.«

Das Absolute ist nur Chiffre

Mit »Bestimmungen« sind hier die klassischen Eigenschaften (auch: »Prädikate«) Gottes gemeint: Allwissenheit (intellektuelle Ebene), Vollkommenheit (moralische Ebene), Liebe (emotionale Ebene – Liebe als Vermittlungsprinzip zwischen dem Vollkommenen und dem Unvollkommenen, dem Menschen]. Man sieht auf den ersten Blick, daß der Gott der Theologen ganz menschliche Eigenschaften hat, nur jeweils in ihrer Vollkommenheit (Absolutheit). Warum vergegenständlicht, überträgt, in der Ausdrucksweise der Psychoanalyse: projiziert der Mensch seine eigenen Wünsche und Sehnsüchte auf einen Gott? Feuerbachs Antwort ist ebenso einfach wie von grundlegender Bedeutung: Weil der Mensch unvollkommen ist, weil er sich, sein Wesen nicht hat, weil er von sich selbst – entfremdet ist. Religion ist Ausdruck von Entfremdung. Diese Einsicht ist für Feuerbach schon der wichtigste Schritt zu ihrer Aufhebung. Denn er hat immer betont, daß er kein simpler Atheist ist, der sich mit dem Satz »es gibt keinen Gott« zufrieden gibt. Er hat auch immer betont, daß er kein simpler Materialist ist im Sinne etwa des französischen Materialismus des 18. Jahrhunderts, der die ganze Welt mechanisch aus den beiden Prinzipien »Materie« und »Bewegung« ableitet [→ S. 166]. Feuerbach will mehr. Er will den »ganzen Men-

Selbstentfremdung des Menschen

schen« bzw. daß der »ganze Mensch« zu sich kommt. Man kann diese Position einen kämpferischen oder auch emanzipatorischen Humanismus nennen. Seine Schlüsselbegriffe sind »Natur« und »Sinnlichkeit«. Feuerbach kritisiert ganz grundsätzlich die »alte Philosophie«, besonders seit Descartes. Diese ist immer von dem starren Gegensatz Körper-Geist ausgegangen, wobei sie den eigentlichen Wert des Menschen im Geist/Denken/Intellekt oder auch in seiner »Seele« sieht. Die »neue Philosophie« hingegen begreift den Menschen als ein natürliches, bedürftiges, auf den Anderen angewiesenes Sinnenwesen. Hierzu finden sich wunderschöne Aussagen, vor allem in den *Grundsätzen der Philosophie der Zukunft* (1843): »Der Leib gehört zu meinem Wesen; ja, der Leib in seiner Totalität ist mein Ich, mein Wesen selber.« (§ 37) – »Den *Sinnen* sind nicht nur ›*äußerliche*‹ Dinge Gegenstand. Der *Mensch* wird *sich selbst nur durch den Sinn gegeben* – er ist sich selbst als Sinnenobjekt Gegenstand. [...] Wir fühlen nicht nur Steine und Hölzer, [...] wir sehen nicht nur Spiegelflächen und Farbengespenster, wir blicken auch in den Blick des Menschen.« (§ 42) – »Der einzelne Mensch *für sich* hat das Wesen des Menschen *nicht in sich, weder in sich als moralischem, noch in sich als denkendem Wesen*. Das *Wesen* des Menschen ist nur in der Gemeinschaft, in der *Einheit des Menschen mit dem Menschen* enthalten – eine Einheit, die sich aber nur auf die *Realität des Unterschieds* von Ich und Du stützt.« (§ 61)

Religion der Mitmenschlichkeit

Personsein, Leib und Welt bilden bei Feuerbach eine konkrete Einheit, und zwar immer vermittelt vom Prinzip der Mitmenschlichkeit, dem höchsten Prinzip der »Philosophie der Zukunft«. Das Bewußtsein dieser – entfaltungsbedürftigen – Mitmenschlichkeit, ausgedrückt im Gefühl der Liebe, scheut Feuerbach sich nicht »Religion« zu nennen. Übrigens findet sich dieser als Gemeinschaftlichkeitsgefühl umgedeutete Begriff von Religion bei vielen Zeitgenossen, z. B. Comte, Saint-Simon, Fourier. Er will ausdrükken, daß die Menschen auch gefühlsmäßig, nicht nur als Rechts- und Wirtschaftspersonen, zusammengehören sollen. Und dieses Pathos der Liebe, der Humanität, des neuen Menschen war das Zündende, Feuerbachs vormärzliche Botschaft an das Publikum. Sie ist angekommen, was allein die Tatsache zeigt, daß *Das Wesen des Christentums* nach wenigen Tagen vergriffen war. Wenn aber Feuerbach geglaubt hat, daß in den »Illusionen der Theologie« »der letzte Grund unserer geistigen und politischen Unfreiheit« liege – so eine Briefstelle aus dem Jahre 1839 – so war das für die anfänglich so begeisterten Feuerbachianer Marx und Engels zuwenig. Der Grund mußte tiefer liegen, und ich glaube, Feuerbach hat das schließlich auch so gesehen. 1868 hat er *Das Kapital* gelesen und ist 1870, mit 66 Jahren, der Sozialdemokratischen Arbeiterpartei beigetreten. 1872 ist er dann gestorben.

Begreifen der Praxis – Karl Marx und Friedrich Engels

MEW ist die Abkürzung der mittlerweile 44 Bände umfassenden *Marx-Engels-Werkausgabe*. Sie wurde vom Institut für Marxismus-Leninismus beim Zentralkomitee der SED herausgegeben. Diese verbreitete Ausgabe, nach der hier auch zitiert wird, beruht wiederum auf der russischen Ausgabe des Instituts für Marxismus-Leninismus beim ZK der KPdSU. »Als nie verlöschender Leitstern leuchtet auf dem Wege der Menschheit zum Kommunismus die gewaltige, alles besiegende Lehre des Marxismus-Leninismus«, steht am Ende des Vorworts zum ersten Band. Der Satz zeigt überdeutlich, daß es heute, mehr als einhundert Jahre nach dem Tod von Karl Marx, unmöglich ist, sich voraussetzungslos mit Marx und Engels zu beschäftigen. Tiefer als jede andere Philosophie ist ihr Denken in die langwährende Teilung der Welt in zwei konkurrierende Gesellschaftssysteme verstrickt. Und selbst die philosophische Nachgeschichte des Marxismus hat neben dem offiziellen partei-staatlichen sog. Marxismus-Leninismus eine Vielfalt oft sehr schöpferischer »Marxismen« hervorgebracht, die wiederum teilweise miteinander konkurrieren. Wie man Marx und Engels versteht, was man aus diesem so weitverzweigten Denken und Handeln herausliest, hängt also davon ab, wo man selbst seinen Platz in der eigenen Gegenwart findet (auch wenn man ihn nirgendwo findet). *Bedeutung der Nachgeschichte*

Andererseits verpflichtet gerade das unausweichliche Einbezogensein in die heutige politische Gesamtsituation zu einer gründlichen Prüfung des Urtexts selbst. Ich habe mich daher entschlossen, in diesem Kapitel den »Streit um Marx«, also die wichtigsten Etappen der Theoriegeschichte des Marxismus, möglichst draußen zu lassen und später gesondert zu behandeln [→ S. 389 u. S. 432]. Auch das persönliche Leben und die vielfältige politische Arbeit der beiden können kaum berücksichtigt werden. Das ist in diesem Falle besonders schade, weil sich gerade bei einem Theoretiker der menschlichen Befreiung die Frage: »Wie hat dieser Mensch eigentlich selbst gelebt und gehandelt?« besonders aufdrängt. Beide waren ganz normale und zugleich komplizierte Menschen ihres bürgerlichen Zeitalters, auch in ihrem Freundesverhältnis zueinander, und ihre Persönlichkeit entspricht keineswegs dem heldisch-intellektuellen Idol, das aus ihnen gemacht wurde [1]. Zurücktreten muß auch die Person von Friedrich Engels, obwohl er in dem vierzigjährigen Zusammenwirken »sowohl an der Begründung wie namentlich an der Ausarbeitung der Theorie einen gewissen selbständigen Anteil hatte«, wie er selbst im Alter schrieb. Er schätzt das Verhältnis näher so ein: »Aber der größte Teil der leitenden Grundgedanken, besonders auf ökonomischem und geschichtlichem Gebiet, und speziell ihre schließlich scharfe Fassung, gehört Marx. [...] Marx war ein Genie, wir andern höchstens Talente. Ohne ihn wäre die Theorie heute bei weitem nicht das, was sie ist. Sie trägt daher auch mit Recht seinen Namen.« (*MEW* XXI, 291 f.) Der Schwerpunkt liegt also im folgenden auf der gedanklichen Entwicklung von Marx. Er schrieb 1851 den – scheinbar? – paradoxen Satz: »Die Menschen machen ihre eigene Geschichte, aber nicht aus freien Stücken.« Und: »Die Tradition aller toten Geschlechter lastet wie ein Alp auf den Hirnen der lebenden« (*MEW* VIII, 115). *Schwerpunkte der Darstellung*

Die Frage: »Wie sieht Marx die menschliche Geschichte?« soll als Leitfaden dienen.

Die Entwicklung bis 1848/49

Marx' Vorfahren waren Rabbiner in Trier; die Familiengeschichte weist eine Reihe bedeutender Gelehrter auf. Gleich hier haben natürlich viele Forscher eingehakt und seine Theorie als verweltlichte Form jüdisch-messianischer Heilserwartungen gedeutet und auch kritisiert. Soll diese Deutung viel Beweislast tragen, so ist sie sehr fraglich, denn in der Philosophie kommt es immer auf die *differentia specifica*, also den spezifischen Unter- *jüdische Familientradition* schied an. Die Gleichung Marx = verweltlichter Messianismus verwischt ihn. Karl Marx wurde am 5. Mai 1818 geboren; das als Museum eingerichtete Geburtshaus kann man heute in Trier besichtigen. Er hat, wie es heißt, eine sorglose Jugend verbracht, denn die Familie des Rechtsanwalts Heinrich Marx lebte in einer gewissen bürgerlich-biedermeierlichen Wohlhabenheit. Daß Karl als das »Glückskind« unter den neun Geschwistern galt, ist sehr interessant. Vielleicht läßt diese positive Elternbotschaft besser verstehen, wie er unter all den späteren Entbehrungen die Energie seiner Schaffenskraft fand.

frühe Begegnung mit Hegel

Der Vater Heinrich Marx war 1816 oder 1817 zum Protestantismus übergetreten. Nach 1815, im Zeitalter der Restauration, waren die Juden von allen öffentlichen Ämtern ausgeschlossen worden, was auch auf die Führung einer Rechtsanwaltspraxis ausgedehnt wurde. So war Karl Marx protestantisch getaufter Preuße (Anschluß der Rheinlande an Preußen nach dem Sturz Napoleons) jüdischer Tradition. Von 1830 bis 1835 besuchte er das Jesuitengymnasium in Trier und studierte dann Rechtswissenschaft in Bonn (1835/36) und Berlin (1836–41). In Berlin stand er in engem Kontakt mit den Junghegelianern. Heinrich Marx war ein gemäßigter Liberaler. Es bestand eine sehr enge Beziehung zwischen Vater und Sohn. Wir wissen z. B., daß Marx sein Leben lang eine Fotografie seines Vaters bei sich trug. Dieser erwartete viel und verfolgte aufmerksam den Werdegang seines Sohnes, dem er übrigens im Studium viel Freiheit ließ. In dem berühmten Brief an den Vater vom 10. November 1837 zieht dieser nach einem Jahr Berlin Bilanz. Er berichtet von seinen lyrischen Versuchen, dem Jurastudium und vor allem seinem »Drang, mit der Philosophie zu ringen.« Damit ist natürlich, sechs Jahre nach 1831, die Philosophie Hegels gemeint. Anfangs hatte ihm deren »groteske Felsenmelodie« gar nicht behagt. Während einer längeren Krankheit jedoch hatte er »Hegel von Anfang bis Ende, samt den meisten seiner Schüler, kennengelernt [...] und immer fester heftete ich mich selbst an die jetzige Weltphilosophie, der ich zu entrinnen gedacht.«

Doktordissertation

Diese Äußerungen sind sehr aufschlußreich, denn die Auseinandersetzung mit Hegel wird Marx sein Leben lang beschäftigen. Wir finden sie auch in der Doktordissertation über die *Differenz der demokritischen und epikuräischen Naturphilosophie* (1840/41). Marx kommt auf dieses scheinbar entlegene Thema aus ganz aktuellen Gründen, denn er sieht eine direkte weltgeschichtliche Parallele zwischen der eigenen junghegelianischen Situation und den Philosophien Epikurs und Demokrits: Sie folgen jeweils auf eine in sich abgeschlossene, »totale« Philosophie (Aristoteles und Hegel), bilden gegenüber deren voller Welthaltigkeit mehr nur subjektive Formen des Philosophierens aus und stehen damit in einer enormen Spannung zur Wirklichkeit: »Das Ende der *theoretischen* Befreiung ist die *praktische*« [→ S. 311]. Damit hat sich der Junghegelianer in der Beschäftigung mit spätantiker Philosophie über die eigene Lage verständigt. Bis zum Londoner Exil ab 1849 führt Marx ein auch von den äußeren Umständen her sehr bewegtes Leben, ganz abgesehen von seiner stürmischen philosophischen Entwicklung. Nach der Promotion wird er nicht etwa Rechtsanwalt, sondern arbeitet für ein Jahr als Journalist bei der Kölner *Rheinischen Zeitung* (April 1842–März 1843; ab Oktober 1842 als Chefredakteur). Hier kam er, wie er später schrieb, »zuerst in die Verlegenheit, über sogenannte materielle Interessen mitsprechen zu müssen.« Vor allem aber wurde ein erbitterter Kampf mit der preußischen Zensur geführt, denn die liberale *Rheinische Zeitung* war das von der Zensur am schärfsten verfolgte

journalistische Tätigkeit

Blatt in Deutschland. Unter dem Druck der Verhältnisse – »es ist schlimm, Knechtsdienste selbst für die Freiheit zu verrichten« – scheidet er aus der Redaktion aus.

Im Sommer 1843 heiratet er dann seine Jugendliebe Jenny von Westphalen, mit der er schon seit sieben Jahren verlobt war. »Sie paßte sich ihr Leben lang, wenn auch unter schweren Opfern, seinem Leben an« [2] – und scheint dafür nicht nur mit Liebe, sondern der Verliebtheit ihres Karl bis ins hohe Alter entschädigt worden zu sein. Im Oktober übersiedeln die beiden nach Paris. Marx folgt damit dem Angebot von Arnold Ruge, gemeinsam eine neue Zeitschrift, die *Deutsch-Französischen Jahrbücher*, herauszugeben. In Paris bleibt er eineinhalb Jahre, in engem Umgang mit den Dichtern Heinrich Heine und Georg Herwegh und den einflußreichen Sozialistenführern Moses Heß, Joseph Proudhon, Michail Bakunin. Übrigens bestand in Paris damals eine Gemeinde von etwa 85000 Deutschen, die hier in einer freieren politischen Atmosphäre leben konnten. Neben Intellektuellen waren es meist wandernde Handwerksgesellen – wie ja die Handwerkervereinigungen in der Frühzeit der Arbeiterbewegung die für Deutschland typische Form politischer Organisation darstellten. Marx' frühes philosophisches Genie scheint für die Zeitgenossen spürbar gewesen zu sein. Schon 1841 schreibt Moses Heß in einem Brief an einen Freund: »Du kannst Dich darauf gefaßt machen, den größten, vielleicht den *einzigen* jetzt lebenden *eigentlichen Philosophen* kennenzulernen [...]. Dr. Marx [...] ist noch ein ganz junger Mann [...], der der mittelalterlichen Religion und Politik den letzten Stoß versetzen wird, er verbindet mit dem tiefsten philosophischen Ernst den schneidensten Witz.«

Aufenthalt in Paris

In die zwei Jahre vom Frühjahr 1843 bis zum Frühjahr 1845 fällt nun die erste große kritische Auseinandersetzung mit der Nationalökonomie und der Philosophie. *Ökonomisch-philosophische Manuskripte* heißt ein wichtiger Text aus der Pariser Zeit [3]. Schon vom Titel her wird hier die für Marx ganz wesentliche Verschmelzung dieser beiden Wissenszweige ausgedrückt. Warum gerade diese beiden Wissenschaften? Die Nationalökonomie untersucht die menschliche Arbeit und die Formen ihres Austauschs von der Agrarwirtschaft bis hin zu Profit, zu Steuer- und Kreditwesen. Sie untersucht also die grundlegenden gesellschaftlichen Beziehungen, die die Menschen im Wirtschaftsprozeß miteinander eingehen. Sie stellt sozusagen das Ganze von seinen Grundlagen, der Wirtschaft her, dar. Auch die Philosophie, wenn sie systematischen Anspruch hat, betrachtet das Ganze des menschlichen Zusammenlebens. Nur liegt ihr Ausgangspunkt meist nicht bei den Formen der Arbeit, sondern in gleichsam entlegeneren Bereichen wie Problemen der Moral, des Rechts, der Religion oder des Erkennens. Die entwickeltste Gestalt von Philosophie ist für Marx die hegelsche »jetzige Weltphilosophie«, die das Ganze vom Gesichtspunkt/Anspruch seiner Vernünftigkeit betrachtet [→ S. 288]. Die entwickeltste Gestalt der Nationalökonomie ist für ihn die englische, weil in England auch die entwickeltsten Formen gesellschaftlicher Arbeitsteilung, anders gesagt: die am weitesten ausgeprägte kapitalistische Produktionsweise zu finden ist. Die »Klassiker« der englischen Nationalökonomie sind Adam Smith [→ S. 207 f.] und, auf Smith aufbauend, David Ricardo (1772–1823).

Karl Marx

Zu beiden Wissenschaften steht der junge Marx im entschiedensten Widerspruch. Bleiben wir zunächst bei der Nationalökonomie. Der große Adam Smith betrachtet die gewaltigen Fortschritte der menschlichen Produktivität durch die Teilung der Arbeit – und ihre Folgen: »Dann lebt jeder vom Tausch, oder wird gewissermaßen ein Kaufmann, und die Gesellschaft

Voraussetzungen der Nationalökonomie

selbst wird eigentlich eine Handelsgesellschaft.« Bei wachsender Arbeitsteilung wachsendes gegenseitiges Aufeinander-Angewiesensein der Menschen, anders gesagt: wachsende Vergesellschaftung/Gemeinschaftlichkeit. Das Motiv aber des wirtschaftlichen Handelns jedes Einzelnen ist nicht die tatsächliche Gemeinschaftlichkeit aller, oder der Mitmensch in seiner Bedürftigkeit, oder die Lust, mit anderen zusammen zu arbeiten, sondern der Vorteil des Einzelnen. Adam Smith schreibt das sehr klar: »Er wird viel eher zum Ziele kommen, wenn er ihre Eigenliebe zu seinen Gunsten interessieren und ihnen zeigen kann, daß sie selbst Vorteil davon haben, wenn sie für ihn tun, was er von ihnen haben will.« Sinnfällig drückt sich das darin aus, daß es immer ums Geld geht. Geld regiert die Welt, sagt ein Sprichwort.

Der Mensch ist mehr als nur Privateigentümer

Die Nationalökonomie geht nun in ihren Untersuchungen des Wirtschaftsmechanismus von einer stillschweigenden Voraussetzung aus: daß alles Eigentum Privateigentum sei. Gegen diese Voraussetzung protestiert der junge Marx leidenschaftlich. Sein Protest beruht auf einer stark von Ludwig Feuerbach [→ S. 312 ff.] inspirierten Grundannahme über das Wesen des Menschen: der Mensch ist »tätiges Gattungswesen«. »Tätig«, weil sich in der Arbeit ein ursprüngliches Bedürfnis nach Selbstverwirklichung äußert (heute meist in Form der privaten Freizeit-Hobbys). »Gattungswesen«, weil der Mensch als Mensch nicht Einzelner/Privater/Privateigentümer ist, sondern als bedürftiges Sinnenwesen nur in einer Gemeinschaft – als Glied der Gattung – leben kann. Als tätiges Gattungswesen leben heißt, in der Arbeit sich selbst und den andern/die Gemeinschaft bejahen, finden, herstellen. Wer Marx verstehen und ernstnehmen will, kann das nur, wenn er sich mit diesem utopischen Begriff von Arbeit auseinandersetzt: Arbeit als unmittelbare Lebensäußerung, als Selbstverwirklichung in der Gemeinschaft (die Arbeit, Kinder großzuziehen, kann vielleicht eine Vorstellung davon vermitteln). Für diese Utopie findet er ein schönes Bild: »Gesetzt, wir hätten als Menschen produziert: Jeder von uns hätte in seiner Produktion sich selbst und den andren *doppelt bejaht*. [...] Unsere Produktionen wären ebenso viele Spiegel, woraus unser Wesen sich entgegenleuchtete«.

Entfremdung in der Arbeit

Den tatsächlichen Zustand unter der Voraussetzung des Privateigentums faßt Marx mit dem Schlüsselbegriff »Entfremdung«. Für den Lohnarbeiter wird die Arbeit zum Zwang, zur Arbeit für andere, zum bloßen Mittel des Lebens: »der Arbeiter fühlt sich daher erst außer der Arbeit bei sich und in der Arbeit außer sich.« In aller Eindringlichkeit beschreiben die *Ökonomisch-philosophischen Manuskripte* die Entfremdung des Arbeiters in und von seiner Tätigkeit, vom Produkt seiner Tätigkeit und von seinem eigenen (mit-menschlichen Gattungs-) Wesen. Und es ist daher nicht weiter verwunderlich, daß der junge Marx eben in dieser Pariser Zeit den Kommunismus, dem er zunächst sehr distanziert gegenübergestanden hatte, als Alternative zu sehen beginnt. Etwas verklausuliert heißt das: »Der *Kommunismus* als *positive* Aufhebung des *Privateigentums* als *menschlicher Selbstentfremdung* und darum als wirkliche *Aneignung* des *menschlichen* Wesens durch und für den Menschen; darum als vollständige, bewußt und innerhalb des ganzen Reichtums der bisherigen Entwicklung gewordne Rückkehr des Menschen für sich als eines *gesellschaftlichen*, d. h. menschlichen Menschen« (*MEW* Ergänzungs-Band I, 536).

Von diesem Befund her – die Gegenwart der bürgerlich-kapitalistischen Gesellschaft als Zustand allgemeiner Entfremdung – ist klar, daß die Auseinandersetzung mit Hegel sehr kritisch geführt wird. Und, muß hinzugefügt werden, auf der Höhe des hegelschen Denkens! Die Texte *Zur Kritik der Hegelschen Rechtsphilosophie. Einleitung*; *Kritik des Hegelschen Staatsrechts* und *Kritik der Hegelschen Dialektik und Philosophie überhaupt* zeigen in ihrer Gründlichkeit und Gedankenfülle den jungen Marx als einzigen Hegel ebenbürtigen Junghegelianer. Allgemein macht Marx – hier Feuerbach weiterdenkend – Hegel den Vorwurf des »Mystizismus«. D. h. Hegel vertauscht Subjekt und Objekt, indem er die Wirklichkeit von der Logik bzw. der logisch bestimmten »Idee« her zurechtkonstruiert. So kommt in seiner Rechtsphilosophie die Monarchie z. B. nicht nur als die beste, sondern als die einzig notwendige Regierungsform heraus. »Nicht die Rechtsphilosophie, sondern die Logik ist das wahre Interesse. [...] Nicht die Logik der Sache, sondern die Sache der Logik ist das philosophische Moment« (*MEW* I, 216). »Begreifen«, formuliert Marx als methodische Gegenthese, »besteht aber nicht, wie Hegel meint, darin, die Bestimmungen des logischen Begriffs überall wiederzuerkennen, sondern die eigentümliche Logik des eigentümlichen Gegenstandes zu fassen« (*MEW* I, 296). Marx betont dabei immer wieder, daß Hegel in falscher Form zwar, von falschen Voraussetzungen her zu höchst wichtigen Ergebnissen komme. So sieht er »das Große an der Hegelschen *Phänomenologie* [darin], daß Hegel die Selbsterzeugung des Menschen als einen Prozeß faßt, [...] daß er also das Wesen der *Arbeit* faßt und den gegenständlichen Menschen, wahren, weil wirklichen Menschen, als Resultat seiner *eignen Arbeit* begreift« (*MEW* Ergänzungs-Band I, 574). Dieser Gedanke – der Mensch als Resultat seiner eignen Arbeit – ist für Marx ganz grundlegend. Er hat hierbei allerdings einen Einwand gegen Hegel: »Die Arbeit, welche Hegel allein kennt und anerkennt, ist die *abstrakt geistige*.« Hegel sieht, wie die Nationalökonomen nur den Volks-»Wohlstand«, nur die positiven Seiten der (geistigen) Arbeit als Fortschritt im Erkenntnis-, Bewußtseins-, Bewußtwerdungsprozeß, was ja zweifellos auch eine Arbeit und damit ein Aneignungsprozeß von Welt ist. Marx aber – und darin besteht für mich der Ernst, die Radikalität seines Ansatzes – betrachtet die geschichtliche Entwicklung immer vom Gesichtspunkt *aller* Menschen. Anders gesagt: die Leistungen der geistigen Arbeit sind für ihn, wenn sie auf dem Elend der einfachen Arbeiter beruhen, auch wieder nur Ausdruck der allgemeinen Entfremdung. Der aufs Denken spezialisierte Philosoph ist »selbst eine abstrakte Gestalt des entfremdeten Menschen.«

Die normale bewußtseinsmäßige Form der Entfremdung ist für den jungen Marx die Religion. In der *Einleitung* von *Zur Kritik der Hegelschen Rechtsphilosophie* steht die bekannte Formel von der Religion als dem »Opium des Volkes« (*MEW* I, 378). Opium macht glücklich im Nebel einer Scheinwelt. »Dieser Staat, diese Sozietät produzieren die Religion, ein *verkehrtes Weltbewußtsein*, weil sie eine *verkehrte Welt* sind.« »Die Kritik der Religion ist also *im Keim* die *Kritik des Jammertales*, dessen *Heiligenschein* die Religion ist.« Auch mit diesen Sätzen erweist sich der junge Marx als Anhänger Feuerbachs. Er ist aber über den Verehrten schon hinaus, indem er Ende 1843 den Schritt zum Kommunismus tut und jetzt im Proletariat die Klasse sieht, durch deren Emanzipation die bürgerliche Gesellschaft von der Fessel des Privateigentums befreit wird. Sehr lesenswert ist im Zusammenhang dieses Übergangsprozesses ein Brief an Arnold Ruge vom September 1843, in dem es um die Konzeption der *Deutsch-Französischen Jahrbücher* geht (übrigens ist nur eine Lieferung dieser Zeitschrift erschienen, denn bald haben sich Marx und Ruge zerstritten). Er zeigt Marx' Vorbehalte gegen die damals gängigen Vorstellungen von Kommunismus, die er jetzt »roh« und später »utopisch« nennt [→ S. 304]. Der

Auseinandersetzung mit Hegel

Der Mensch erzeugt sich selbst

Kritik der Religion

Übergang zum Kommunismus, mit Vorbehalten

»rohe Kommunismus« weiß noch nichts von der Entfaltungsmöglichkeit der menschlichen Bedürfnisse und Fähigkeiten. Er ist gleichsam biedermännisch-handwerklerisch-gleichmacherisch, während Marx im Kommunismus die ganze Dynamik der menschlichen Fähigkeiten entfaltet sehen will. Außerdem ist der rohe Kommunismus »dogmatisch«, insofern er ein festes Bild des Zukünftigen zu besitzen glaubt (man lese hierzu die damals weit verbreitere *Reise nach Ikarien* von Etienne Cabet – das Bild eines vollkommenen kommunistischen Inselstaates, erschienen 1839). Marx setzt in diesem Brief die Aufgabe der theoretischen Arbeit für die Praxis wesentlich nüchterner an: »Ist die Konstruktion der Zukunft und das Fertigwerden für alle Zeiten nicht unsere Sache, so ist desto gewisser, was wir gegenwärtig zu vollbringen haben, ich meine *die rücksichtslose Kritik alles Bestehenden* [...]. Die Reform des Bewußtseins besteht *nur* darin, daß man die Welt ihr Bewußtsein innewerden läßt, daß man sie aus dem Traum über sich aufweckt, daß man ihre eigenen Aktionen ihr *erklärt*. [...] Es wird sich dann zeigen, daß die Welt längst den Traum von einer Sache besitzt, von der sie nur das Bewußtsein besitzen muß, um sie wirklich zu besitzen. [...] Wir können also die Tendenz unsers Blattes in *ein* Wort fassen: Selbstverständigung (kritische Philosophie) der Zeit über ihre Kämpfe und Wünsche« (*MEW* I, 345 f.).

Ende August 1844 fand in Paris die »historische« Begegnung zwischen Karl Marx und Friedrich Engels statt. Engels, 1820 in Barmen geboren, hatte eine kaufmännische Ausbildung in Bremen gemacht und war dann in Berlin während seines Militärdienstes in den Kreisen der Junghegelianer verkehrt. Sein Vater besaß eine Textilfabrik mit einer Filiale in Manchester. Dort hatte er von 1842 bis 1844 gearbeitet und so die englischen Verhältnisse aus erster Hand kennengelernt. Neben vielen z. T. in der *Rheinischen Zeitung* veröffentlichten Artikeln hatte er bereits den Aufsatz *Umrisse einer Kritik der Nationalökonomie* geschrieben, der dann in den *Deutsch-Französischen Jahrbüchern* erschienen ist. Während des zehntägigen Besuches stellten die beiden eine umfassende »Übereinstimmung auf allen theoretischen Gebieten« fest und beschlossen, künftig zusammenzuarbeiten.

Was zunächst anstand, war die kritische Abrechnung mit den Junghegelianern. Bei aller Distanz gegenüber Hegel hatten die Junghegelianer um Bruno Bauer den geschichtlichen Fortschritt stets in der Emanzipation des »Selbstbewußtseins« gesehen. Sie strebten persönliche Mündigkeit an durch kritische Aufklärung und Zerstörung vor allem der religiösen Vorurteile und Bräuche. Von diesem Ansatz her hatten sie auch der kommunistisch-sozialistischen Bewegung einen unkritischen »Kultus der Massen« vorgeworfen. In ihrem ersten gemeinsamen Werk mit dem etwas seltsamen Titel *Die Heilige Familie, oder Kritik der kritischen Kritik. Gegen Bruno Bauer & Consorten* werfen nun Engels und Marx den Junghegelianern wiederum vor, von der wirklichen Geschichte überhaupt nichts verstanden zu haben, das Hegelsche spekulative Denken (Verbindungspunkt: »Selbstbewußtsein«) lediglich als Karikatur zu wiederholen und so »alten, spekulativen Kohl neu aufzuwärmen« (!). Bei dieser in aller Schärfe geführten Abrechnung darf man nicht vergessen, daß es sich zum großen Teil auch um eine Selbstkritik handelt. Sie hat den Boden bereitet zur Entwicklung eines eigenen, neuen Entwurfs von »Geschichte« und »menschlicher Praxis«.

Man hat den geistigen Umbruch, den Marx zwischen seinem 26. und 28. Lebensjahr vollzog, zu Recht einen Einschnitt genannt und mit demjenigen verglichen, der bei Kant die »vorkritische« von der »kritischen« Periode

Friedrich Engels

gemeinsame Abrechnung mit den ehemaligen Gesinnungsgenossen scheidet (H. Fleischer). Sein klassisches Zeugnis sind die elf *Thesen über Feuerbach* vom Frühjahr 1845 (in: *MEW* III, 5–7). »Praxis« ist der neue Leitbegriff, um den alle Thesen kreisen. Daß Marx den Idealismus kritisiert, haben wir bereits gesehen. Er wendet sich nun aber auch gegen den »alten« Materialismus (in seiner jüngsten Gestalt – Feuerbach). Als seinen »Hauptmangel« sieht Marx einen nur betrachtenden, theoretischen, gleichsam passiven Begriff von Wirklichkeit, vom Menschen. Die neue Auffassung heißt nun: es gibt kein »Wesen« »des« »Menschen«, es gibt nicht *die* Wahrheit oder Wirklichkeit als ewige Gegebenheit, oder *die* Sinnlichkeit oder *das* religiöse Gemüt. »Alles gesellschaftliche Leben ist wesentlich *praktisch*« (These 8). D. h. die Menschen erzeugen sich selbst, sie schaffen ihre jeweilige gesellschaftliche Wirklichkeit selbst, und sind daher auch jeweils nichts anderes als die Gesamtheit ihrer jeweiligen selbstgeschaffenen gesellschaftlichen Verhältnisse. Feuerbachs »menschliches Wesen« wird überführt in das »Ensemble der gesellschaftlichen Verhältnisse« (These 6; *ensemble*, das zusammengehörige Ganze). Der Mensch wird hier also radikal geschichtlich gefaßt, vom neuen Praxisbegriff her gleichsam »dynamisiert«. Das hat Auswirkungen für den Politikbegriff, der nun auch die Selbstveränderung der Veränderer miteinbeziehen muß (daß »der Erzieher selbst erzogen werden muß« – These 3). Das hat schließlich auch radikale Auswirkungen auf den Philosophiebegriff. Die Feuerbachthesen verabschieden alle bisherige Philosophie, weil sie sich nur theoretisch zur menschlichen Wirklichkeit verhalten habe. Die berühmte 11. These lautet: »Die Philosophen haben die Welt nur verschieden *interpretiert*, es kömmt darauf an, sie zu *verändern*.« – Die *Thesen über Feuerbach* werden übrigens gerne zitiert, um dieses oder jenes zu beweisen. Dabei sind sie in ihrer Knappheit und Dichte eigentlich schwer zu verstehen. Eine vieldiskutierte Frage ist z. B., ob mit der 11. These alles theoretische Denken überhaupt verabschiedet wird. Der Frankfurter Philosoph Alfred Schmidt und andere behaupten genau das Gegenteil: »Der Begriff von Praxis, wie die Feuerbachthesen von 1845 ihn erreichen, ist der gerade *theoretisch* wichtigste Marxsche Begriff.« [4] Als Aufgabe der Theorie stellt sich nun die Frage, »wie ein Begreifen der Praxis möglich sei« (H. Fleischer).

Thesen über Feuerbach: ein dynamischer Begriff von Praxis

Die erste große Antwort auf diese Frage gibt *Die Deutsche Ideologie* (*MEW* III). Dieses zu Lebzeiten ungedruckte Werk haben Marx und Engels 1845/46 geschrieben. Das Buch ist ebenfalls eine Kritik der neuesten deutschen Philosophie. Es richtet sich gegen Feuerbach, Bruno Bauer, Max Stirner und die sog. »Wahren Sozialisten«, die damals in Deutschland vorherrschende Strömung eines moralisierenden, d. h. an die Einsicht und Menschlichkeit appellierenden Sozialismus (im Unterschied zum Klassenkampf, dessen Notwendigkeit die beiden entschieden vertraten). Das Werk enthält aber im Vergleich zur *Heiligen Familie* jetzt die Entwicklung des eigenen Ansatzes eines »praktischen« oder »historischen« Materialismus. Vor allem das erste Kapitel gegen Feuerbach ist in diesem Zusammenhang sehr wichtig. In der *Deutschen Ideologie* geht es ganz einfach gesagt um die richtige Voraussetzung, die richtige Zugangsweise zum Verständnis »von allem«. »Wir kennen nur eine einzige Wissenschaft, die Wissenschaft von der Geschichte«, steht programmatisch am Anfang. »Praktischer Materialismus« – das heißt allgemeinster Ausgangspunkt sind die »materiellen« Voraussetzungen des Menschseins: die Erzeugung der Mittel zur Produktion der Bedürfnisse des Lebens, ihr »tätiger Lebensprozeß«, in dem wieder neue Bedürfnisse geschaffen werden – »diese Erzeugung neuer Bedürf-

Die »Deutsche Ideologie«

praktischer Materialismus

Folgen der Arbeitsteilung

nisse ist die erste geschichtliche Tat.« Die Erzeugung des Lebens findet immer innerhalb gewisser »Verkehrsformen« statt – ein sehr umfassender Begriff, der, wie später der Begriff »Produktionsverhältnisse«, die Gesamtheit der gesellschaftlichen Beziehungen meint, in denen die Menschen leben. Der wichtigste Faktor ist dabei die Arbeitsteilung. Und es zeigt sich sehr schnell, daß diese – von den Menschen selbst eingegangenen – Beziehungen wiederum von größter rückwirkender Bedeutung sind. Die Teilung der Arbeit in geistige und körperliche, die Teilung der Lebensformen in Stadt und Land, die Entstehung von Eigentum als Möglichkeit der Verfügung über die Arbeit anderer Menschen – immer die Tat der Menschen selbst – erscheint ihnen als »natürlich«, als »naturwüchsig«. Sie bestimmt grundlegend das Bewußtsein der Menschen von sich und von der Welt. Es zeigt sich in dieser Sichtweise des praktischen Materialismus als grundlegende geschichtliche Dialektik, daß »die Umstände ebensosehr die Menschen, wie die Menschen ihre Umstände machen« (*MEW* III, 38):

»Die soziale Macht, d. h. die vervielfachte Produktivkraft, die durch das in der Teilung der Arbeit bedingte Zusammenwirken der verschiedenen Individuen entsteht, erscheint diesen Individuen, weil das Zusammenwirken selbst nicht freiwillig, sondern naturwüchsig ist, nicht als ihre eigne, vereinte Macht, sondern als eine fremde, außer ihnen stehende Gewalt, von der sie nicht wissen woher und wohin, die sie also nicht mehr beherrschen können, die im Gegenteil nun eine eigentümliche, vom Wollen und Laufen der Menschen unabhängige, ja dieses Wollen und Laufen erst dirigierende Reihenfolge von Phasen und Entwicklungsstufen durchläuft« (*MEW* III, 34).

Sein und Bewußtsein

Ein wichtiges Anliegen der *Deutschen Ideologie* war es, gegenüber Feuerbachs ungeschichtlicher Rede vom »Wesen des Menschen« und dem junghegelianischen Beharren auf dem »Selbstbewußtsein« die Verflochtenheit, Eingebundenheit der Gedanken, die sich die Menschen über sich machen, in den Prozeß der Erzeugung ihrer Lebensverhältnisse zu betonen. Dabei kam es zu den bekannten Formulierungen wie: »Nicht das Bewußtsein bestimmt das Leben, sondern das Leben bestimmt das Bewußtsein« (*MEW* III, 27). Solche Sätze wurden später aus dem – polemischen – Zusammenhang gerissen und haben Anlaß für das Mißverständnis gegeben, als sei für Marx und Engels alles menschliche Denken geradlinig vorherbestimmt (determiniert) von den Produktionsverhältnissen. So hat man die »Basis« (den Produktionsprozeß bzw. die Produktionsverhältnisse) dem sog. Überbau (Formen des Rechts, der Religion, der Philosophie) einfach gegenübergestellt und lange Diskussionen über das Verhältnis von Basis und Überbau geführt. Wenn auch Engels und Marx selbst gelegentlich Anlaß zu dieser geradlinigen Gegenüberstellung gegeben haben, so

Basis und Überbau

geht meines Erachtens dieses Verständnis an ihrem Denken vorbei. Es übersieht nämlich die doppelt kritische Absicht der *Deutschen Ideologie*: Einerseits darf man sich keine Illusionen über das Denken machen. Seine scheinbare Freiheit ist kritisch einzugrenzen. Andererseits ist das Aufzeigen seiner geschichtlich-gesellschaftlichen Bedingungen ja kritisch gemeint als Aufforderung, die scheinbar naturwüchsigen, der Verfügungsgewalt des Menschen entglittenen Verhältnisse (Arbeitsteilung/Herrschaft/Eigentum) wieder unter die bewußte Kontrolle des Menschen zu bringen. Nichts anderes ist hier mit »Kommunismus« gemeint.

Das Elend der Philosophie

Soweit ein Gedanke der *Deutschen Ideologie*. Als letzte der großen »Abrechnungen« erschien 1847 *Das Elend der Philosophie. Antwort auf Proudhons ›Philosophie des Elends‹* (in: *MEW* IV). In diesem ursprünglich auf französisch erschienenen Buch kritisiert Marx die ökonomischen und politischen Ansichten des sehr einflußreichen sozialistischen Theoretikers Pierre-Joseph Proudhon (1809–65). Der Hauptvorwurf läuft darauf hinaus, daß Proudhon die wirkliche Verkettung der gesellschaftlichen Zustände nicht begriffen habe. Die Schärfe der Kritik an dem ehemaligen Freund zeigt einen grundsätzlichen Charakterzug von Marx. Er, der Theoretiker, fühlte sich so sehr persönlich-kämpferisch mit seiner Sache verbunden, daß der andere in der theoretischen Auseinandersetzung oft auch menschlich »erledigt« wurde und ein persönliches Verhältnis danach meist nicht mehr möglich war. So schildert ihn der Russe Paul Annenkow: »Er selbst stellte den Typus eines Menschen dar, der aus Energie, Willenskraft und unbeugsamer Überzeugung zusammengesetzt ist, ein Typus, der auch der äußeren Erscheinung nach höchst merkwürdig war. Eine dichte, schwarze Mähne auf dem Kopf, die Hände mit Haaren bedeckt, den Rock schief zugeknöpft, hatte er dennoch das Aussehen eines Mannes, der das Recht und die Macht hat, Achtung zu fordern, wenn sein Aussehen und Tun auch seltsam genug erscheinen mochten. Seine Bewegungen waren eckig, aber kühn und selbstgewiß; seine Manieren allen gesellschaftlichen Umgangsformen zuwider. Aber sie waren stolz, mit einem Anflug von Verachtung, und seine scharfe Stimme, die wie Metall klang, stimmte merkwürdig überein mit den radikalen Urteilen über Menschen und Dinge, die er fällte. Er sprach nicht anders als in imperativen, keinen Widerstand duldenden Worten, die übrigens noch durch einen mich fast schmerzlich berührenden Ton, welcher alles, was er sprach, durchdrang, verschärft wurden.« [5]

Marx' Charakter

Diese Schilderung fußt auf einer Begegnung in Brüssel. Auf Betreiben der preußischen Regierung war Marx aus Paris ausgewiesen worden und lebte ab Frühjahr 1845 für drei Jahre in Belgien. Hier baute er zusammen mit Engels das *Kommunistische Korrespondenz-Komitee* auf. Es sollte die kommunistische Bewegung in ihren Überzeugungen und Kampfformen vereinheitlichen. 1847 traten die beiden dem *Bund der Gerechten* bei, einer 1836 gegründeten geheimen Emigrantenvereinigung mit Anhängern in mehreren europäischen Großstädten. Auf seinem ersten großen Kongreß in London beschloß der Bund seine Umbenennung in *Bund der Kommunisten*. Seine Losung »Alle Menschen sind Brüder« wurde ersetzt durch »Proletarier aller Länder, vereinigt euch«. Der Bund beauftragte Friedrich Engels mit der Ausarbeitung eines neuen kommunistischen »Glaubensbekenntnisses«. Den zunächst in Katechismusform geschriebenen Text hat Engels mit seinem Freund noch einmal gründlich umgearbeitet, und im Februar 1848, rechtzeitig zur Märzrevolution, erschien in London das *Manifest der Kommunistischen Partei*.

Proudhon

Exil in Brüssel

Das *Manifest* ist von Inhalt und Stil her eine einzigartige Mischung von geschichtsphilosophisch-umfassender Gesamttheorie und politischer Agitationsschrift. Es ist zweifellos ein wichtiger Grundtext, doch sei hier gleich angemerkt, daß die weit verbreitete Ansicht, *Das Manifest* = »Der Marxismus«, den Text von nur 30 Seiten überstrapaziert. Er setzt ein mit der Feststellung. »Die Geschichte aller bisherigen Gesellschaften ist die Geschichte von Klassenkämpfen.« In der Gegenwart hat der Klassenkampf die Form der Aufspaltung der Gesellschaft in zwei große feindliche Lager genommen: Bourgeoisie und Proletariat. Was ist mit diesen Begriffen gemeint? Unter »Bourgeoisie« (von frz. *le bourgeois*, der Bürger als Privatperson), so eine erläuternde Anmerkung von Engels, »wird die Klasse der modernen Kapitalisten verstanden, die Besitzer der gesellschaftlichen Produktionsmittel sind und Lohnarbeit ausnutzen. Unter Proletariat die Klasse

Das Kommunistische Manifest

Bourgeoisie und Proletariat

Produktivkräfte und Produktionsverhältnisse

Michel und feine Kappe im Jahr 48.

Frühjahr.

Sommer.

Spätjahr.

Der deutsche Michel und seine Kappe im Jahr 48

der modernen Lohnarbeiter, die, da sie keine eigenen Produktionsmittel besitzen, darauf angewiesen sind, ihre Arbeitskraft zu verkaufen, um leben zu können« (*MEW* IV, 426).

Im Unterschied zu vielen früheren geschichtsphilosophisch-theologischen Entwürfen, die meist nur ein einliniges Verfalls- oder Fortschrittsschema kennen, sehen Engels und Marx die geschichtliche Entwicklung grundsätzlich ambivalent (zweiwertig, zweideutig). »Die Bourgeoisie hat in der Geschichte eine höchst revolutionäre Rolle gespielt«. Dieser Satz meint den Zeitraum in etwa von der Reformation bis zur industriellen Revolution. Sie hat mit der Zerstörung der religiös verbrämten Herrschaftsverhältnisse des Feudalzeitalters, mit der Entwicklung der Maschinerie als gigantischer Produktivkraft, mit der Herstellung großer Nationalstaaten und eines Weltmarktes ungeahnte geschichtliche Möglichkeiten eröffnet. Die Kapitalisten haben also dem geschichtlichen Fortschritt gedient. Die Entfaltung der modernen Produktivkräfte aber – dies ist der springende Punkt der Gedankenführung – ist an einem bestimmten Punkt ihrer Entwicklung in Widerspruch mit den Produktionsverhältnisse geraten, unter denen sie sich gerade entfaltet hat. Mit »Produktionsverhältnissen« ist vor allem die Form des privaten Eigentums gemeint. Das regelmäßige Auftreten von Überproduktionskrisen – was es in der Geschichte noch nie gegeben hatte – beweist schlagend den Widerspruch zwischen den großen geschichtlichen Möglichkeiten der Industrie und ihren privateigentümlichen Fesseln. Der Text vergleicht daher die Bourgeoisie mit einem »Hexenmeister, der die unterirdischen Gewalten nicht mehr zu beherrschen vermag, die er heraufbeschwor« (*MEW* IV, 467).

Die Krise ist also vorprogrammiert, denn als die Bedingung ihrer Existenz und ihren Gegensatz zugleich hat die Bourgeoisie ihren eigenen »Totengräber« erzeugt – das Proletariat. »Ihr Untergang und der Sieg des Proletariats sind gleich unvermeidlich«, wie es in dem Text noch markig heißt. Geschichtliche Aufgabe des Proletariats ist es, die politische Gewalt des Staatsapparats zu erobern, das Privateigentum in Gemeineigentum zu überführen und so die Gesamtgesellschaft unter die bewußte, planende Verfügung ihrer Mitglieder zu bringen: »An die Stelle der alten bürgerlichen Gesellschaft mit ihren Klassen und Klassengegensätzen tritt eine Assoziation, worin die freie Entwicklung eines jeden die Bedingung für die freie Entwicklung aller ist« (*MEW* IV, 482).

Man sieht hier in manchem das Modell der Entstehung der bürgerlichen Gesellschaft bis zur Französischen Revolution durchscheinen. Im Schoß der alten Gesellschaft entwickeln sich mit einer neuen Klasse neue Produktivkräfte (hier: Bürgertum, Handel, Arbeitsteilung, Manufakturen). Allmählich geraten sie mit den alten gesellschaftlichen Verkehrsformen (hier: Feudalismus als an den Boden gebundene, persönliche Herrschaftsform) in Konflikt und schaffen sich auch tatsächlich in einer gewaltsamen Revolution die ihnen angemessenen Bedingungen ihrer Entfaltung (hier: Industrie, Weltmarkt, freier Handel). Der Verlauf der 48er Revolution, an der Marx als Chefredakteur der *Neuen Rheinischen Zeitung* in Köln intensiv Anteil genommen hat, mußte daher als herbe Enttäuschung wirken.

Die Verarbeitung der Ereignisse verlief auf zwei Ebenen. Die eine war die konkret-geschichtliche, vor allem in den großen Arbeiten *Die Klassenkämpfe in Frankreich 1848–50* und *Der 18. Brumaire des Louis Bonaparte*. »Die Revolutionen sind die Lokomotiven der Geschichte« (*MEW* VIII, 85) – Marx bleibt dabei. Er kommt jetzt aber anhand sehr konkreter Untersuchungen zu neuen Einsichten über das Verhältnis der Klassen zueinander, die Rolle der Bauern und des Kleinbürgertums, überhaupt zu einer Neufassung des Revolutionsbegriffs hin zum Konzept einer permanenten, also »dauernden« Revolution (»ihr habt 15, 20, 50 Jahre Bürgerkriege und Völkerkämpfe durchzumachen, nicht nur um die Verhältnisse zu ändern, sondern um euch selbst zu ändern« – *MEW* VIII, 412). Die andere Ebene der Verarbeitung ist noch grundsätzlicher die Untersuchung des Funktionierens (oder auch des Nichtfunktionierens) der kapitalistischen Wirtschaft als ganzer. Marx hatte nämlich einen engen Zusammenhang feststellen zu können geglaubt zwischen der englischen Wirtschaftskrise 1847, der Revolution auf dem Kontinent 1848, dem Wiederaufleben der englischen Wirtschaft 1849 und dem Sieg der Gegenrevolution auf dem Kontinent. »Eine *neue Revolution* ist nur möglich im *Gefolge einer neuen Krisis*.« Um so wichtiger ist es, den (Krisen-)Mechanismus der kapitalistischen Wirtschaft genau zu erkennen. Das führt zum Projekt einer »Kritik der politischen Ökonomie«.

permanente Revolution

Erkenntnis des Krisenmechanismus

»Segui il tuo corso, e lascia dir le genti!« –
»Geh' deinen Weg und laß' die Leute reden!«

Dieses abgewandelte Zitat aus Dantes *Göttlicher Komödie* hat Marx dem ersten Band von *Das Kapital* vorangestellt. Es bezeichnet genau die theoretische Energie und gedankliche Folgerichtigkeit, mit der er seinen Denkweg gegangen ist. Und es bezeichnet ebenso die praktische Energie, die er aufgebracht hat, um auch in den allerschwierigsten Lebensumständen durchzuhalten. Mit dem Sieg der alten Mächte wurde Marx aus Deutschland ausgewiesen. Im August siedelte er mit seiner Familie nach London über, wo er bis zu seinem Tod wohnte. Hier hat die aus sechs Köpfen bestehende Familie viele Jahre in tiefem wirtschaftlichem Elend gelebt. Marx arbeitete als Journalist, u. a. auch für zwei New Yorker Zeitungen, aber viel brachten seine Artikel nicht ein. »Das beständige Zeitungsschmieren langweilt mich. Es nimmt viel Zeit weg, zersplittert und ist doch nichts«, schrieb er einmal an Engels in Manchester. Ohne dessen ständige finanzielle Hilfe hätte er seine Familie oft buchstäblich nicht ernähren können. Zu der wirtschaftlichen »Misere des Lebens«, wie Marx es nannte, kamen längere, teilweise durch Überarbeitung verursachte Krankheiten und ausgerechnet noch anfangs der sechziger Jahre die Geburt eines unehelichen Kindes, das Marx mit der Haushälterin in die Welt gesetzt hat. Daß Friedrich Engels sich offiziell als der Vater ausgab, zeigt nur, daß die Familie Marx durchaus bürgerlich dachte und insgesamt bemüht war, nach außen hin den Schein einer bürgerlichen Lebensform aufrechtzuerhalten. Nach den Worten eines Biographen war Marx »eine sehr schwierige, komplizierte Persönlichkeit.« »Es ist undenkbar, daß die Misere diesen stolzen und empfindlichen Menschen nicht besonders hart getroffen, daß sie in seiner Persönlichkeit, seinem Charakter und Werk nicht tiefe Spuren hinterlassen haben sollte.« [6]

ärmliche Lebensumstände

Die sichtbarste Spur ist das Unfertige des Lebenswerks. Marx hat ja nur den ersten Band seines Hauptwerks *Das Kapital* selbst veröffentlicht (1867). Band zwei und drei sind 1885 bzw. 1894 von Engels nach mühevoller Überarbeitung der Manuskripte herausgegeben worden. Der vierte Band, die sog. *Theorien über den Mehrwert* – ein kritischer geschichtlicher Abriß der nationalökonomischen Lehrmeinungen – ist sogar erst 1905–10 erschienen (in drei Bänden). Ein Großteil des Werkes ist in Nachtarbeit im

Marx' Arbeitsweise

Britischen Museum in London geschrieben worden. Diese Bibliothek war der Ort in der Welt, wo die meisten Informationen über die bürgerliche Gesellschaft zusammengetragen waren. Marx' außerordentliche wissenschaftliche Genauigkeit und intellektuelle Redlichkeit ließen ihn bei jedem neu auftauchenden Problem zu stets neuen, weitgreifenden Forschungen ausholen. So ist es nicht verwunderlich, daß *Das Kapital* eine lange Vorgeschichte hat. Ein Teil dieser umfangreichen Vorarbeiten aus den Jahren 1857/58 ist erst 1939/41 unter dem Titel *Grundrisse der Kritik der politischen Ökonomie* herausgegeben worden. Von Marx selbst veröffentlicht wurde 1859 *Zur Kritik der politischen Ökonomie*, zwei größere Kapitel, die nach späteren Planänderungen in *Das Kapital* eingearbeitet wurden. Die *Grundrisse der Kritik der politischen Ökonomie*, *Zur Kritik der politischen Ökonomie* und die vier bzw. sieben Bände von *Das Kapital* sind also die großen philosophisch-ökonomischen Arbeiten des »späten« oder »reifen« Marx.

Hauptwerke

Kritik der politischen Ökonomie durch ihre Darstellung

Was heißt nun eigentlich »Kritik der politischen Ökonomie?« In dem sehr wichtigen Vorwort von *Zur Kritik der politischen Ökonomie* (*MEW* XIII) schreibt Marx, daß »die Anatomie der bürgerlichen Gesellschaft in der politischen Ökonomie zu suchen sei« (*MEW* XIII, 8). Das Bild ist wörtlich gemeint – die politische Ökonomie erforscht »den innern Zusammenhang der bürgerlichen Produktionsverhältnisse«, gleichsam ihr Skelett. (*Kapital* I, *MEW* XXIII, S. 95). *Kritik* der politischen Ökonomie heißt nun für Marx »zugleich Darstellung des Systems und durch die Darstellung Kritik desselben.« Damit ist die Absicht treffend umrissen: im Unterschied zu einer »moralischen« oder »dogmatischen Kritik, die mit ihrem Gegenstand kämpft«, will sich Marx mit der Nationalökonomie ganz nüchtern-wissenschaftlich auseinandersetzen. Seine Darstellung wird aber Kritik, weil er das ganze System der bürgerlichen Gesellschaft – und natürlich entsprechend auch der Nationalökonomie – von einem anderen Blickwinkel aus betrachtet: dem Blickwinkel seiner Gewordenheit und damit auch seiner Vergänglichkeit/Aufhebbarkeit. Denn es ist sein Generalvorwurf an die Nationalökonomie, daß sie ihre wichtigsten Grundbegriffe wie »Kapital«, »Lohn«, »Grundrente«, »Profit« als schon immer existierend und damit auch als ewig betrachtet (noch David Ricardo z. B. spricht von der Waffe eines urzeitlichen Jägers als seinem »Kapital«). Daher nennt Marx diese Wissenschaft »bürgerlich« – sie verabsolutiert den Standpunkt ihrer (bürgerlichen) Zeit. Daher die große Rolle der Geschichte im marxschen Denken überhaupt.

Die »Grundrisse«

Die große gedankliche Aneignung der Geschichte findet in den *Grundrissen (GR)* statt [7]. Dieses 900-Seitenmanuskript, in dem – so eine Briefstelle – »alles wie Kraut und Rüben durcheinandergeht«, ist für den Anfänger nicht unbedingt zu empfehlen. Es ist ein echter Werkstatt-Text, mit vielen Gedankenexperimenten und vielen geschichtlichen Ausflügen. Ein immer wiederkehrender Gedankenstrang ist es, den Voraussetzungen der bürgerlichen Gesellschaft nachzuspüren, oder, was dasselbe ist, die Anwendbarkeit der Begriffe der Nationalökonomie begrifflich einzugrenzen. Was ist eigentlich Kapital, was ist der Unterschied zwischen Geld und Kapital, was heißt eigentlich Kapitalismus? Die allgemeinste Voraussetzung des Kapitalismus ist, daß der Geldbesitzer auf dem Markt den »freien Arbeiter« »vorfindet« (*GR*, 945). Diese *eine* Voraussetzung ist aber Ergebnis eines sehr langen geschichtlichen Vorgangs; in England war sie als erstem Land der Welt im Laufe des 18. Jahrhunderts in größerem Umfang gegeben. Sie setzt die Trennung des Arbeiters/Bauern von seinen Produktionsmitteln

Voraussetzungen der Gegenwart

voraus. Ursprünglich war ja gerade die Einheit mit den Mitteln der Arbeit wie auch die bluts- und sippenmäßige Verbundenheit einer Gemeinschaft. »Der Mensch vereinzelt sich erst durch den historischen Prozeß. [...] Der Austausch selbst ist ein Hauptmittel der Vereinzelung« (*GR*, 395 f.).

Wie ist das gemeint? Bei der Betrachtung vergangener Epochen richtet Marx sein Hauptaugenmerk immer auf die Entwicklung der Formen des Austauschs: ist der Tauschhandel primitiv oder schon regelmäßiges Bedürfnis? Erstreckt er sich bloß auf Luxusgüter, oder schon auf Gegenstände des täglichen Bedarfs? Gibt es schon geprägtes Geld? Vielleicht schon Handelsvölker wie die Phönizier oder Juden? Normalerweise (für uns ist das überhaupt nicht mehr normal, sondern exotisch; es war aber tatsächlich »normal«) arbeitet jede Gemeinschaft – denken wir z. B. an einen Hirtenstamm – nur unmittelbar für den eigenen Bedarf (sog. Subsistenzwirtschaft). Das ist das geschichtlich Grundlegende. Erst durch den Kontakt mit anderen Gemeinwesen entsteht ein Austausch von Gütern – zunächst gelegentlich, dann immer regelmäßiger. Die wachsende Gewohnheit des Austauschs wirkt wiederum auf die Lebensformen des Stammeswesens zurück: die Bedürfnisse erweitern sich (vgl. den Satz aus der *Deutschen Ideologie*: »Diese Erzeugung neuer Bedürfnisse ist die erste geschichtliche Tat«). Auch die Art der Arbeit ändert sich. Sie erhält immer mehr eine auf den Markt ausgerichtete Tendenz, nicht mehr – wie das »immer« war – für den unmittelbaren eigenen Bedarf (interessant ist in diesem Zusammenhang z. B. das mittelalterlich-städtische Zunftwesen: die Zunft war eine umfassende Lebensgemeinschaft mit teilweise religiösen Riten; Menge und Art der Produktion waren streng von der Gemeinschaft vorgeschrieben; die Arbeit hatte teilweise noch künstlerische Züge, und doch war es bereits Produktion für einen wenn auch meist sehr begrenzten Markt). Die Einführung des Münzgeldes ist in dieser Entwicklung ein wichtiger Schritt. *L'argent n'a pas de maître* – »Geld hat keinen Herrn«, sagt ein mittelalterliches französisches Sprichwort (dagegen sagt ein anderes: *Nulle terre sans seigneur* – »Kein Boden ohne (Feudal-)- Herrn«). Es löst die familiären bzw. sippenmäßigen Bindungen auf: »Das Geld ist ›unpersönliches‹ Eigentum. In ihm kann ich die allgemeine gesellschaftliche Macht und den allgemeinen gesellschaftlichen Zusammenhang [...] in der Tasche mit mir herumtragen. Das Geld gibt die gesellschaftliche Macht als Ding in die Hand der Privatperson, die als solche diese Macht übt« (*GR*, 874).

Marx macht sich nun immer wieder klar, daß die Einführung des Geldes zwei Seiten hat. Einerseits bedeutet sie Erweiterung der Möglichkeiten für die Entwicklung neuer Bedürfnisse und Befreiung, Unabhängigkeit des Einzelnen – die Gesellschaften werden mobil. Andererseits aber wird die frühere persönlich-»natürliche« Abhängigkeit (beispielsweise vom Familienoberhaupt) nur ersetzt durch die allgemeine Abhängigkeit eines jeden von der scheinbar sachlichen Macht des Geldes. Erinnern wir uns an den Satz, daß die Menschen all ihre gesellschaftlichen Zusammenhänge selbst hervorbringen! Im Geld ist dieser gesellschaftliche Zusammenhang, der doch auf der täglichen Arbeit aller beruht, zu einer fremden Macht, zu einem undurchschaubaren »Ding« geworden, von dem die Menschen tatsächlich abhängig sind. »Geld regiert die Welt.« Dabei hat gerade die durch das Geld enorm vorangetriebene geschichtliche Entwicklung die Möglichkeit geschaffen, die Abhängigkeit der Menschen von äußerem Naturzwang zu verringern, die allgemeine Arbeitszeit auf ein Minimum zu senken und so die freie Entfaltung eines Jeden zu ermöglichen. Wir sehen also, daß das Thema des jungen Marx, die Entfremdung der Menschen von ihrer Arbeit

Leitfaden der Betrachtung: Formen des Austausches

geprägtes Geld

Ambivalenz des Geldes

und den Mitmenschen und sich selbst, auch die späteren Schriften durchzieht. Nur wird sie jetzt klarer geschichtlich-ökonomisch gefaßt. Und wir verstehen auch, daß Marx das Rad der geschichtlichen Entwicklung nicht zurückdrehen will, sondern gleichsam durch die vom Kapitalismus geschaffene Entwicklung *und* Entfremdung hindurch im Kommunismus als bewußt gemeinschaftlicher (nicht: naturwüchsig-gemeinschaftlicher) Lebensform das Ziel der Geschichte sieht. Vergangenheit, Gegenwart und Zukunft lassen sich so als drei große Stufen zusammenfassen:

drei Stufen der Geschichte

»Persönliche Abhängigkeitsverhältnisse (zuerst ganz naturwüchsig) sind die ersten Gesellschaftsformen, in denen sich die menschliche Produktivität nur in geringem Umfang und auf isolierten Punkten entwickelt. Persönliche Unabhängigkeit auf *sachlicher* Abhängigkeit [Geld] gegründet ist die zweite große Form, worin sich erst ein System des allgemeinen gesellschaftlichen Stoffwechsels, der universalen Beziehungen, allseitiger Bedürfnisse, und universeller Vermögen bildet. Freie Individualität, gegründet auf die universelle Entwicklung der Individuen und die Unterordnung ihrer gemeinschaftlichen, gesellschaftlichen Produktivität, als ihres gesellschaftlichen Vermögens, ist die dritte Stufe« (*GR*, 75).

Die Darstellung verleihe »auch den trockensten ökonomischen Fragen eine eignen Reiz« *(charm),* schrieb eine englische Zeitschrift in ihrer Anzeige des ersten Bandes von *Das Kapital* (1867). In der Tat ist dieses Buch sehr vergnüglich zu lesen, jedenfalls für jeden, den diese eigentümliche Mischung von methodischer Klarheit, geschichtlichem Ernst, ironisch-sarkastischem Witz und umfassender Gelehrsamkeit anspricht. Weil er ihn ganz durchdrungen hat, kann Marx mit seinem Gegenstand auch ein bißchen spielen. Jedenfalls ist es ein sehr umfassender Gegenstand: Der erste Band des *Kapital* behandelt den Produktionsprozeß des Kapitals, Band zwei den Zirkulationsprozeß, der dritte Band schließlich den Gesamtprozeß der kapitalistischen Produktion. Bei den rund 2500 Seiten Text ist es verständlich, daß im allgemein meist nur der erste Band des *Kapital* wirklich gelesen wird – insofern vertretbar, als im ersten Band die Grundlagen entfaltet werden. Aus der Fülle möglicher Themen werden hier nur drei Gesichtspunkte herausgegriffen.

Titelblatt der russischen Übersetzung des »Kapital« von 1872

Das Kapital beginnt mit der berühmten Analyse der Ware. Warum hat Marx diese Vorgehensweise gewählt? Wir sahen bereits, daß er in der geschichtlichen Betrachtung vergangener Gesellschaften den Formen des Austauschs seine besondere Aufmerksamkeit schenkt. *Das Kapital* ist nun die systematische Darstellung der gegenwärtigen kapitalistischen Gesellschaft. Sie unterscheidet sich von vorkapitalistischen Gesellschaften grundsätzlich dadurch, daß in ihr gleichsam »alles« zur Ware geworden ist. Die Ware ist die »ökonomische Zellenform« bzw. »Elementarform« dieser Gesellschaft, weil in ihr die menschliche Arbeitskraft selbst eine Ware geworden ist. Die Menschen treten sich grundsätzlich als Warenbesitzer gegenüber.

erster Gesichtspunkt: Unvernunft

Auf die Analyse der Ware können wir hier im einzelnen nicht eingehen. Schon im Vorwort zur ersten Auflage schreibt Marx vorsorglich: »Aller Anfang ist schwer, gilt in jeder Wissenschaft. Das Verständnis des ersten Kapitels, namentlich des Abschnitts, der die Analyse der Ware enthält, wird daher die meiste Schwierigkeit machen« (*MEW* XXIII, 11). Man sollte sich aber von dieser in der Sache liegenden Schwierigkeit nicht abschrecken lassen, denn Marx ist, soweit es eben geht, um äußerste Klarheit der Darstellung bemüht. Es ist – um es anzudeuten – das geheimnisvolle Doppelleben der Waren, das so schwer zu durchschauen ist; ihr »Doppel-

charakter« als Gebrauchswerte und als Tauschwerte; das Geheimnisvolle *Elementarform Ware*
des Tauschwerts, der nie unmittelbar greifbar ist, weil seine »Substanz«
die »abstrakte«, gesellschaftlich notwendige Durchschnittsarbeitszeit ist;
der »Fetischcharakter« der Waren, der ein Verhältnis der Menschen zueinander als sachliche Eigenschaften von Dingen erscheinen läßt. Sehr hilfreich für das Verständnis des ersten Kapitels ist ein Buch von W. F. Haug, *Vorlesungen zur Einführung ins ›Kapital‹*[8]. Hier wird die Marxsche Vorgehensweise von allen Seiten durchgespielt und verständlich gemacht. Als ein wichtiges Ergebnis der Warenanalyse läßt sich jedenfalls folgendes feststellen: Wie jede Gesellschaft, braucht auch die kapitalistische für ihren Erhalt einen bestimmten Aufwand von Arbeit. Diese Arbeit wird arbeitsteilig erledigt. Es gibt aber keinen vernünftigen Gesamtplan, weder welche Arbeit wirklich notwendig ist – was also die Gesellschaft wirklich braucht – noch, wer welche und wieviel Arbeit verrichten soll. Denn die *Form* der Arbeit – das ist hier ganz entscheidend – ist die Privatarbeit. Bildlich vereinfacht könnte man sagen: Jeder arbeitet für alle, indem er ja einen Teil der notwendigen Gesamtarbeit verrichtet. Aber er hat sich mit niemandem *gesamtgesellschaft-*
darüber abgesprochen. Er arbeitet für sich, zuhause, in seiner eigenen *liche Arbeit –*
Werkstatt, für seine eigene Tasche. Ob das Ergebnis seiner Arbeit aber *ohne Gesamtplan*
tatsächlich gebraucht wird, erfährt er erst im Nachhinein, wenn er sie als Ware auf den Markt trägt. Und da das alle so machen, ist es eigentlich der Markt, der das Leben der Menschen bestimmt. Ihr gesellschaftlicher Zusammenhang, wiederholt Marx immer wieder, stellt sich erst »hinter dem Rücken des Produzenten« her – als scheinbar von den Menschen unabhängiges Wirken blinder Marktgesetze. »Vom Standpunkt praktisch eingreifender, vorausplanender Vernunft ist es, als würde man ein Haus bauen ohne statische Berechnung, und eben so lange bauen, bis es einmal nicht einstürzt, und dann davon ausgehen, daß es offensichtlich richtig gebaut ist. Kein Baumeister würde auf eine so absurde Idee kommen, aber genauso absurd funktioniert diese Gesellschaft, und zwar im großen Ganzen trotz einschneidender Modifikation bis heute.« [9]

Da wir in dieser Gesellschaft aufgewachsen sind, erscheint uns dieses *philosophische*
Grundprinzip, daß alles im Nachhinein über den Markt geregelt ist, fast als *Fragestellung der*
»natürlich«. In der Tat war der Kapitalismus in seiner geschichtlichen *Analyse*
Entfaltung zu keinem Zeitpunkt bereit, einen Gesamtplan zu entwickeln, der in ethisch verantwortbarem Interesse aller Gesellschaftsmitglieder über kurz- oder mittelfristige wirtschaftliche Absichten hinausreichte. Dieser strukturelle Mangel enthüllt sich in offensichtlichen Krisensituationen besonders kraß. Beispiele dafür sind etwa die Weltwirtschaftskrise von 1928, die Ausbeutung der Dritten Welt oder die gegenwärtigen Probleme der Arbeitslosigkeit und der allgemeinen Zukunftsangst. Es gibt tatsächlich keinen Gesamtplan. Im genauen Nachweis, daß und warum die kapitalistische Gesellschaft insgesamt notwendig unvernünftig ist, besteht das eine große Thema des *Kapital* (eine ganz philosophische Aussage also – viele *Kapital*-Leser haben gar nicht gemerkt, daß sie hier eine ökonomisch-*philosophische* Analyse vor sich haben! Daher galt Marx in bürgerlich-akademischen Kreisen weithin »nur« als »Ökonom«). Das zweite große Thema ist der Nachweis, daß sie auch ungerecht ist (also wieder etwas eminent »Philosophisches«). Und zwar – das ist das Vertrackte – unter dem Anschein vollkommener Gerechtigkeit.

Wir sahen bereits, daß in der kapitalistischen Gesellschaft der Markt die Grundinstanz ist. »Was also die kapitalistische Epoche charakterisiert, ist, daß die Arbeitskraft für den Arbeiter selbst die Form einer ihm gehörigen *zweiter Gesichtspunkt: Ungerechtigkeit*

Ware, seine Arbeit daher die Form der Lohnarbeit erhält« (*MEW* XXIII, 184). Nun ist das Gesetz des Marktes der »gerechte Tausch«. Gaunereien können immer nur die Ausnahme sein – grundsätzlich werden, ob ich Waren direkt tausche oder mit Geld bezahle, im Tauschvorgang gleiche Tauschwerte (sog. Äquivalente) getauscht. Was geschieht nun, wenn ein Kapitalist einen Arbeiter einstellt? Ganz nach den Gesetzen des Marktes schließen die beiden einen freiwilligen Vertrag. Der Arbeiter verkauft für eine bestimmte Zeit seine Arbeitskraft und erhält dafür ein bestimmtes Äquivalent, d. h. seinen Lohn bzw. den Tauschwert seiner Arbeitskraft, der sich normalerweise nach den allgemeinen Lebenshaltungskosten richtet.

Schein des »gerechten Tauschs«

Das alles geschieht gemäß den Bedingungen des »gerechten Tausches.« Marx weist nun aber nach, daß die menschliche Arbeitskraft im tatsächlichen Arbeitsprozeß mehr Wert schafft, als ihr Tauschwert beträgt. Dieser sog. Mehrwert gehört dem Kapitalisten, weil der Arbeiter in seinem Vertrag ja auf jeden Anteil am Produkt seiner Arbeit verzichtet hat. Alles ist völlig gerecht zugegangen vom Gesichtspunkt des Marktgeschehens, das sich ja formal immer durch die Gleichheit der Vertragspartner und die Freiwilligkeit der Vertragshandlung auszeichnet. Sieht man aber von diesem formalen Gesichtspunkt einmal ab und räumt ein, daß der Arbeiter, will er leben, tatsächlich zum Verkauf seiner Arbeitskraft *gezwungen* ist, so erweist sich der kapitalistische Produktionsprozeß als Ausbeutung des Arbeiters durch den Kapitalisten. Marx hat diese Analyse des Mehrwerts als seinen Hauptbeitrag zur Entwicklung der Wirtschaftswissenschaften betrachtet. Er schrieb, die bürgerlichen Ökonomen vor ihm wären vor dieser Untersuchung zurückgeschreckt aus dem richtigen Instinkt, »es sei zu gefährlich, die brennende Frage nach dem Ursprung des Mehrwert zu tief zu ergründen.« Marx ist hier weiter gegangen. Nicht ohne Grund gehört das Wort »Ausbeutung« in den öffentlichen Diskussionen zu den Wörtern, die es gar nicht gibt: »Aber wer ernst macht mit der Rückhaltlosigkeit des Forschens, stößt in Verfolgung der ›brennenden Frage nach dem Ursprung des Mehrwerts‹ auf das gefährliche Geheimnis, daß das Kernverhältnis der bürgerlichen Gesellschaft die Ausbeutung der Arbeiterklasse durch die Kapitalistenklasse ist.« [10]

Mehrwert der Arbeit

dritter Gesichtspunkt: Überholtheit des Kapitalismus

Der Nachweis der Unvernunft und der Ungerechtigkeit mündet schließlich in den Nachweis der geschichtlichen Überholtheit des Kapitalismus, was man als drittes großes Thema von Marx bezeichnen könnte. Er zeigt im Einzelnen, daß mit wachsender Entfaltung des Kapitalismus notwendig die Verwirklichung seiner Lebensbedingung, des Profits, immer schwieriger wird (sog. Gesetz des tendenziellen Falls der Profitrate). Die wirtschaftlichen und gesellschaftlichen Krisen, sowieso Lebensbedingung der kapitalistischen Produktionsweise, verschärfen sich immer mehr. In einem Abschnitt mit der Überschrift »Geschichtliche Tendenz der kapitalistischen Akkumulation« (Anhäufung von Reichtum) schreibt Marx: »Je ein Kapitalist schlägt viele tot. Hand in Hand mit dieser Zentralisation [...] entwickelt sich die kooperative Form des Arbeitsprozesses auf stets wachsender Stufenleiter, die bewußte technische Anwendung der Wissenschaft, die planmäßige Ausbeutung der Erde, die Verwandlung der Arbeitsmittel in nur gemeinsam verwendbare Arbeitsmittel [...]. Mit der beständig abnehmenden Zahl der Kapitalmagnaten [...] wächst die Masse des Elends, des Drucks, der Knechtschaft, der Entartung, der Ausbeutung, aber auch die Empörung der stets anschwellenden und durch den Mechanismus des kapitalistischen Produktionsprozesses selbst geschulten, vereinten und organisierten Arbeiterklasse. Das Kapitalmonopol wird zur Fessel der Pro-

Marx und Engels in Familie (um 1865)

duktionsweise, die mit und unter ihm aufgeblüht ist. Die Zentralisation der Produktionsmittel und die Vergesellschaftung der Arbeit erreichen einen Punkt, wo sie unverträglich werden mit ihrer kapitalistischen Hülle. Die Stunde des Privateigentums schlägt« (*MEW* XXIII, 790f.).

Marx' Konzept einer »Kritik der politischen Ökonomie« war, wie wir sahen, »zugleich Darstellung des Systems und durch die Darstellung Kritik desselben.« Das Zitat zeigt die Hoffnungen und Erwartungen, aus denen sich seine wissenschaftliche Arbeit speist. Zweifellos haben sich die Erwartungen, die hier zum Ausdruck kommen, so nicht erfüllt: »Die Bewegung der bürgerlichen Gesellschaft hat in der Tat nicht zu der grandiosen Vereinfachung der gesellschaftlichen Problematik geführt, von der das *Kommunistische Manifest* sprach. Kann man indes generell sagen, die vom Marxismus signalisierte Problematik habe sich inzwischen aufgelöst, oder es sei eine andere an ihre Stelle getreten, die sich mit den Kategorien marxistischer Theorie nicht mehr erfassen läßt?« [11]

Zur Arbeitsteilung von Marx und Engels

Die letzten zehn bis fünfzehn Jahre seines Lebens haben sich für Marx freundlicher gezeigt, nicht zuletzt, weil Friedrich Engels, der die väterliche Spinnereifabrik in Manchester geerbt hatte, ihm eine feste Jahresrente zukommen ließ. Ein Freund schildert ihn im Alter von 55 Jahren: »Gewöhnlich lebt Marx als finsterer und hochmütiger Verneiner der bürgerlichen Wissenschaft und der bürgerlichen Kultur in der Vorstellung der Leute. In Wirklichkeit aber war Marx ein im höchsten Grade kultivierter englisch-deutscher Gentleman, der aus dem innigen Umgang mit Heine eine mit der Fähigkeit zur geistreichen Satire verbundene Fröhlichkeit geschöpft hatte und, dank dem Umstand, daß sich seine persönlichen Lebensumstände so günstig als möglich gestaltet haben, ein lebensfroher Mensch war.« [12] Allmählich zog er sich aus der aktiven Tagespolitik zurück, nachdem er in den Jahren von 1864 bis 1872 einen Großteil seiner Kräfte in die Arbeit im Zentralrat der *Internationalen Arbeiter-Assoziation*

Marx im Alter

gesteckt hatte. Die Geschichte dieser sog. *I. Internationale* – ein Zusammenschluß der europäischen Arbeiterparteien und der amerikanischen Gewerkschaften – zeigt, wie buntscheckig-vielfältig die Arbeiterbewegung damals (noch) war; die »Marxianer« bildeten also nur eine Fraktion unter anderen. Der erbitterte und teilweise sehr persönlich geführte Kampf gegen den Anarchisten Bakunin [→ S. 336], der mit dessen Ausschluß aus der *Internationale* 1872 endete, war Marx' letzter großer politischer Auftritt. Nach und nach ermatteten seine geistigen Kräfte. Von dem Schlag, den ihm der Tod seiner Frau Jenny (1881) zufügte, hat sich sein sowieso von dauernden Krankheiten geschwächter Körper nicht mehr erholt. Karl Marx ist am 14. März 1883 gestorben.

Die Rolle von Friedrich Engels

1870 war Friedrich Engels von Manchester nach London übergesiedelt, so daß in den letzten Jahren ein noch engerer Austausch zwischen den Freunden bestand. Dabei darf nicht übersehen werden, daß es in diesem Zusammenwirken eine gewisse »Arbeitsteilung« gab. Marx sollte vor allem sein theoretisches Hauptwerk erarbeiten und wurde dafür auch teilweise von Geldsorgen befreit. Engels, der etwas mehr zur praktischen Politik neigte, übernahm die Rolle des »politischen Mentors« der nationalen Arbeiterparteien, vor allem der deutschen Sozialdemokratie. Daneben beschäftigte er sich ausführlich mit dem Studium der modernen Naturwissenschaften. Zu Recht wurde betont, daß Engels' Schriften einen viel direkteren Einfluß hatten als die Aussagen von Marx. Das gilt sowohl für die konkreten politischen Richtungskämpfe in der Geschichte der Arbeiterbewegung als auch das geschlossene Weltbild des »historischen« und »dialektischen Materialismus«, das man in der Sowjetunion hauptsächlich aus seinen Schriften gezimmert hat [→ S. 389]. Grund genug, hier wenigstens kurz darauf einzugehen.

zur Problematik einer »festen Weltanschauung«

In dem Wort »Weltanschauung« – übrigens ein von Goethe geprägtes Wort – liegt etwas Zwiespältiges. Einerseits drückt es den berechtigten Wunsch und auch die Notwendigkeit aus, sich in der Welt zu orientieren – jeder sucht oder hat eine Weltanschauung, und sei sie noch so kritisch. Andererseits liegt in diesem Wort auch etwas Beschaulich-Betrachtendes, etwas Fertiges, das mir Sicherheit gibt. Vielleicht eine trügerische Sicherheit? Es ist nun ein typischer Unterschied zwischen Marx und Engels, daß Marx, der doch gewiß seine theoretische Überzeugung hatte, das Wort Weltanschauung kaum verwendet, während es Engels viel leichter aus der Feder fließt. Vor allem in seiner Spätzeit, als der politische Erfolg die Richtigkeit der Theorie zu bestätigen schien. Ein solcher Meilenstein des Erfolgs war z. B. der parlamentarische Sieg der Sozialdemokraten über das Sozialistengesetz, mit dem Bismarck von 1878 bis 1890 die sozialdemokratischen Vereinigungen und ihr Schrifttum verbieten wollte. In dieser kämpferischen, vielleicht etwas zu siegessicheren Atmosphäre wirkten Engels' Schriften, indem sie der Arbeiterbewegung Orientierung gaben. Sie haben alle schon bis zu seinem Tod (5. August 1895) eine beachtliche Anzahl von Neuauflagen und Übersetzungen erlebt. Von seinen geschichtlich-philosophischen Arbeiten seien hier genannt: *Der deutsche Bauernkrieg* (1850); *Die Entwicklung des Sozialismus von der Utopie zur Wissenschaft* (1880); *Der Ursprung der Familie, des Privateigentums und des Staates* (1884); *Ludwig Feuerbach und der Ausgang der klassischen deutschen Philosophie* (1886). Nach dem Tod von Marx sah es Engels als seine Pflicht an, die hinterlassenen Manuskripte für den Druck fertigzustellen; »dies ist mir viel wichtiger als alles andre.« Bis zu diesem Zeitpunkt hatte er sich viele Jahre lang mit den modernen Naturwissenschaften beschäftigt.

wichtige Schriften

Wir haben gesehen, welch stürmischen Aufschwung diese im 19. Jahrhundert genommen haben. Engels' naturphilosophisches Bemühen richtet sich hauptsächlich gegen den verbreiteten naturwissenschaftlichen Positivismus seiner Zeit, der jeden Bezug zur Philosophie abschneiden will (»Fakten statt Spekulation!«). Dieser Verzicht auf einen umfassenden Gesamtzusammenhang der Naturerkenntnis scheint ihm vorschnell. Sein eigener Ansatz besteht dagegen in dem Versuch, die Dialektik in die materialistische Auffassung der Natur einzuführen und nachzuweisen, »daß in der Natur dieselben dialektischen Bewegungsgesetze im Gewirr der zahllosen Veränderungen sich durchsetzen, die auch in der Geschichte die scheinbare Zufälligkeit der Ereignisse beherrschen; dieselben Gesetze, die, ebenfalls in der Geschichte des menschlichen Denkens den durchlaufenden Faden bildend, allmählich den denkenden Menschen zum Bewußtsein kommen; die zuerst von Hegel in umfassender Weise, aber in mystifizierter Form entwickelt worden, und die aus dieser mystischen Form herauszuschälen und in ihrer ganzen Einfachheit und Allgemeinheit klar zur Bewußtheit zu bringen, eine unserer Bestrebungen war« (*MEW* XX, 11).

Gesetze der Natur und des Denkens

Durch den Tod des Freundes konnte Engels seine Absicht nicht ausführen. Die Vorarbeiten sind erst 1925 unter dem Titel *Dialektik der Natur* herausgegeben worden. Allerdings erschien 1878 *Herrn Eugen Dührings Umwälzung der Wissenschaft*, auch kurz *Anti-Dühring* genannt. Es ist eine Streitschrift, in die viele Gedankengänge der Naturphilosophie eingeflossen sind (beide Werke in *MEW* XX).

Der »Anti-Dühring«

Was ist nun problematisch an der Naturphilosophie von Engels? Wir haben bei Hegel gesehen, daß es sehr schwierig ist, mit schlichten Worten zu sagen, was »Dialektik« ist. Dialektisches Denken ist ja gerade Kritik des »normalen« Denkens, das immer von einem festen Subjekt-Objekt-Gegensatz ausgeht. Dialektisches Denken will gerade die Vermittlung, den Zusammenhang, die wechselseitige Bedingung/Bedingtheit von Subjekt und Objekt begreifen. So ist z.B. ein Grundprinzip der Geschichtsauffassung der *Deutschen Ideologie*, daß der Mensch in der Geschichte sich und die Natur durch die Arbeit erzeugt, eine dialektische Aussage. Sie besagt, daß beide, Subjekt (Mensch) und Objekt (Natur), nicht getrennt voneinander gefaßt werden können. Daß der Mensch – selber auch ein Stück Natur – in der Natur Bedingungen vorfindet, auf die er arbeitend einwirkt, die auf ihn zurückwirken und ihn wiederum in ein neues Verhältnis zur Natur setzen bzw. eine neue Vorstellung von »Natur« entstehen lassen. »Natur« wird hier also immer im Zusammenhang von menschlicher Geschichte verstanden und umgekehrt – ein dialektisches Verhältnis, das immer nur als Subjekt-Objekt-Vermittlung gedacht werden kann. Schlüsselbegriff der Vermittlung in der *Deutschen Ideologie* ist »Praxis«. Das Problematische an der Naturphilosophie von Engels liegt nun in dem Versuch, dialektische »Gesetze« unabhängig vom menschlichen Bewußtsein in der Natur zu finden. Er will Hegels Denken kritisch weiterführen, aber übernimmt aus dessen *Logik* einfach drei angebliche dialektische Grundgesetze: »das Gesetz des Umschlagens von Quantität in Qualität und umgekehrt; das Gesetz von der Durchdringung der Gegensätze; das Gesetz von der Negation der Negation.« (*MEW* XX, 348)

drei dialektische Grundgesetze

Als Veranschaulichung für das Gesetz der Negation der Negation dient z.B. das Wachstum eines Gerstenkorns. Das ursprüngliche Korn, fällt es auf fruchtbaren Boden, wird Pflanze, wird also »negiert« (verneint). Die Pflanze wächst, wird befruchtet und bringt wieder neue Gerstenkörner hervor. Auch die Pflanze stirbt ab, und als Resultat (Negation der Negation) *unzulässige Übertragungen*

haben wir entschieden mehr Gerstenkörner. Ebenso das Wachstum der Schmetterlinge, die Geschichte der Erdformationen, oder auch die Operationen der Mathematik, die mit positiven und negativen Vorzeichen arbeiten. Engels überträgt diese angeblichen Gesetze auch in den Bereich der menschlichen Geschichte, etwa in den Entwicklungsgang: ursprüngliches Gemeineigentum/Privateigentum (= Negation)/höheres kommunistisches Gemeineigentum (= Negation der Negation). Gerade diese Übertragung ist unzulässig, weil menschliches Handeln niemals in vergleichbarem Sinne »gesetzmäßig« verläuft. Dialektik wird hier »Wissenschaft von den allgemeinen Bewegungs- und Entwicklungsgesetzen der Natur, der Menschengesellschaft und des Denkens« (*MEW* XX, 132). Dialektik wird »einfache Weltanschauung«.

Spiegel-Bilder

Ein weiterer problematischer Punkt ist in diesem Zusammenhang eine gewisse Naivität im Bereich der Erkenntnistheorie. Engels faßt nämlich den Erkenntnisvorgang öfter im Bild des »Spiegels«. Er spricht z. B. von den Begriffen als »Gedankenabbildern« der Dinge, oder stellt die Frage, ob das Denken ein »richtiges Spiegelbild der Wirklichkeit« erzeugen kann (*MEW* XXI, 275). An anderer Stelle nennt er den modernen Sozialismus einen »Gedankenreflex« der Dialektik von Produktivkräften und Produktionsverhältnissen. All das wird der tatsächlichen Kompliziertheit des menschlichen Erkenntnisvorgangs nicht gerecht. Es brauchte uns auch weiter gar nicht zu interessieren bzw. wir könnten es als persönliche Versuche von Engels betrachten. Aber solche Sätze haben später – aus dem Zusammenhang gerissen – dazu gedient, eine geschlossene »einfache Weltanschauung« des historischen und dialektischen Materialismus herzustellen. Mit der Tendenz, daß die Partei, die die dialektischen Entwicklungsgesetze besser kennt, sie auch richtig anwendet. Kritisches, auf Befreiung zielendes Denken konnte so wieder zur Rechtfertigung von Herrschaft dienen.

Kernpunkt des Marxschen Denkens

Das führt fast von selbst zu einer abschließenden Bemerkung. »Eins steht fest, *ich* bin kein Marxist«, hat Marx einmal gesagt. Diese Äußerung ist sehr wichtig, denn bei keinem anderen Philosophen hat es die Nachgeschichte so schwer gemacht, zu den ursprünglichen Impulsen seines Denkens vorzustoßen. Für mich, der ich die Philosophiegeschichte gleichsam von hinten »durchwandere«, ist bei diesem Denken besonders auffällig die untrennbare Verschmelzung von philosophischen und ökonomischen Begriffen. Warum tut Marx das, warum bricht er aus dem herkömmlichen Bereich der Philosophie aus? Ich glaube, weil er den Grundtatbestand des menschlich-gesellschaftlichen Lebens in der Arbeit sieht. Es ist eigentlich die alte Frage der Philosophie nach dem »richtigen Leben«. Marx stellt sie etwa so: wie muß die menschliche Arbeit organisiert werden, damit alle sich in der Arbeit selbst als freie Menschen erfahren, damit alle »richtig leben« können? Daß Marx die geschichtliche Entwicklung vom Gesichtspunkt der Freiheit *aller* denkt – darin liegt für mich der Ernst, die bleibende Herausforderung seines Denkens. Friedrich Engels hat das einmal ausgedrückt, als sei das eine Selbstverständlichkeit: »Die Gesellschaft kann sich selbstredend nicht befreien, ohne daß jeder einzelne befreit wird« (*MEW* XX, 273).

Einspruch der Anarchisten

Wir haben bereits gesehen, daß der Ausdruck »Sozialismus« wegen seiner Vieldeutigkeit häufig durch neue Wortbildungen präzisiert wurde. In seinem Buch *Was ist Eigentum?* (1840; Antwort: »Eigentum ist Diebstahl«) hat der französische Sozialist Pierre-Joseph Proudhon das alte Wort »Anarchie« zur Bezeichnung seiner politischen Auffassung wieder aufgenommen. Er führt einen Dialog mit einem typischen Bourgeois:

Ein alter Begriff wird neu geladen

- »Sie sind Repulikaner?
- Republikaner, ja; aber dieses Wort ist ungenau. Res publica, das sind die öffentlichen Belange... Die Könige sind auch Republikaner.
- Nanu, Sie sind Demokrat?
- Nein.
- Was, Sie wären monarchisch?
- Nein.
- Konstitutionalist?
- Gott behüte!
- Dann sind Sie Aristokrat?
- Ganz und gar nicht.
- Sie wollen eine gemischte Regierung?
- Viel weniger.
- Was sind Sie also?
- Ich bin Anarchist.«

Womit gemeint ist: Ich will überhaupt keine Regierung, ich lehne die ganze »amtliche Sippschaft« (Proudhon) von Akademikern, Parlamentariern, Richtern, Priestern, Philosophen ab. Ich will eine von der Regierungsgewalt befreite Gesellschaft, die sich nach den Grundsätzen der Freiheit und Gegenseitigkeit selbst reguliert. Daher war zunächst statt »Anarchismus« der Ausdruck »libertärer«, d.h. freiheitlicher Sozialismus geläufig, im Unterschied zum »autoritären« oder »bürokratischen« oder »wissenschaftlichen« Sozialismus (Marx-Engels, Deutsche Sozialdemokratie, Lenin). Eine innersozialistische Auseinandersetzung also über den richtigen Weg zum Sozialismus, in der der Anarchismus die Rolle des Individuums, der Freiheit und der spontanten Fähigkeiten des Volkes betont. Da aber in dem Wort »Anarchie« auch »Chaos« und »Unordnung« stecken, und weil gegen Ende des 19. Jahrhunderts viele Anarchisten ihre Staatsfeindlichkeit durch Bombenanschläge zum Ausdruck gebracht haben (vor allem auf den verhaßten Zaren), und da schließlich der Anarchismus als politische Bewegung gescheitert ist, hat sich die negative Bedeutung des Wortes immer durchgehalten. So werden heute »Anarchisten« und »Terroristen« meist gleichgesetzt, und von allen Staaten sind sie als Staatsfeinde verfolgt worden. Warum hier ein Kapitel über den Anarchismus, der doch als Philosophie nicht mit den Höhenflügen der einsamen Denker zu vergleichen ist? Ich meine, daß das anarchistische Denken das Problem der Freiheit so zuspitzt, daß es sehr wohl philosophisch greifbar wird. In ihrer so hellsichtigen Kritik an den staatsbürokratischen Tendenzen des Sozialismus haben sie überdeutlich Recht behalten, und auch in den Ländern der sog. Westlichen Welt werden heute die Gefahren einer gänzlichen Verwaltung des Lebens durch die Apparate der »Macht« [→ S. 430] immer bedrohlicher spürbar. »Wenn der Historiker aber, wie der Künstler, unser Weltbild erweitern, wenn er uns zu einer neuen Sehweise verhelfen will, dann kann

gegen die »amtliche Sippschaft«

Grundproblem Freiheit

die Erfahrung historischen Scheiterns ebenso lehrreich und fruchtbar sein wie die des Erfolgs.« [1]

Außer auf Proudhon haben sich viele Anarchisten auf Max Stirner (1806–1856) berufen. Ob man diesen aus dem Kreis der »Freien« – eine Gruppe Berliner Junghegelianer – stammenden Journalisten und Mädchenschullehrer einen Anarchisten nennen kann, bleibt noch immer umstritten. Denn Stirner »ist« – gar nichts, bzw. Stirner ist Stirner und Stirner sagt: »Ich hab' Mein' Sach' auf Nichts gestellt.« So das Motto seines Buches *Der Einzige und sein Eigentum* (1845). Es ist der einzige philosophische Text, in dem die Wörter »Ich« und »Mir« stets groß geschrieben werden – Stirner lehrt also gleichsam, sich selbst groß zu schreiben (in Italien z. B. werden die Worte Gott – *Dio* – und Staat – *Lo Stato* – als einzige immer groß geschrieben!). Es ist ein ganz und gar rebellisches Buch, gegen jede Art von Herrschaft, von Moral, von gesellschaftlich-politischer Hierarchie, gegen alle Formen von Bindung überhaupt (z. B. »Ich bin weder gut noch böse. Beides hat für mich keinen Sinn.« »Jeder Staat ist eine *Despotie*, sei nun Einer oder Viele der Despot, oder seien [...] Alle die Herren.« »Dann sind wir beide, der Staat und Ich, Feinde.«). Rebellion im Namen des ICH, des naturgemäß egoistischen ICH, das, um sich ganz in seiner Einzigartigkeit zu leben, die ganze Welt zu seinem Eigentum machen will. Daher auch Ablehnung des Kommunismus, in dem der alte Zwang des Staates bzw. einer Klasse nur überführt werde in den allmächtigen Zwang der Gemeinschaft. So stellt Stirner den Revolutionär und den Empörer gegenüber. Der Revolutionär will eine neue Verfassung. »Verfassungslos zu werden, bestrebt sich der Empörer.« Die Zukunftsgesellschaft des Empörers wäre ein »Verein von Egoisten«.

Max Stirner

Wie Stirner lesen?

Was man von einem Buch hat, hängt bekanntlich davon ab, wie man es lesen will. *Der Einzige und sein Eigentum* kann gesehen werden als einzelgängerische, privatistische, scheinrevolutionäre Protesthaltung, als Urbild des kleinbürgerlichen Egoismus. Oder auch als typisch deutsche, nebelhafte Konstruktion ohne jeden Bezug zur wirklichen Geschichte (so die über 300 Seiten lange Kritik von Marx und Engels in der *Deutschen Ideologie*). Man kann es aber auch mehr psychologisch-lebensbezogen verstehen, als Beschreibung des unaufhebbaren Konflikts, in dem das Ich zu allen andern Ichen/zur Umwelt steht. Und hier scheint Stirners extreme Haltung in Vielem sehr ehrlich und wachsam. Zum Beispiel folgender Satz: »Aber die *Eigenheit*, die will Ich Mir nicht entziehen lassen. Und gerade auf die Eigenheit sieht es jede Gesellschaft ab, gerade sie soll ihrer Macht unterliegen.« Der eigentliche Anarchismus als politische Bewegung ist aufs engste verbunden mit der Person Michail Bakunins (1814–1876). Dieser leidenschaftlich eine »Philosophie der Tat« [→ S. 312] verkörpernde Russe hatte ein äußerst bewegtes Leben. Adliger Herkunft, wollte er ursprünglich Philosophieprofessor (!) werden. Während eines Studienaufenthaltes in Berlin von 1840 bis 1842 veränderte sich seine politische Auffassung radikal; 1844 begegnete er Marx und Proudhon in Paris. Er unterstützte dann alle revolutionären Ereignisse in Europa und saß dafür über acht Jahre in Haft. 1861 konnte er aus der Verbannung in Sibirien fliehen und lebte dann meist in Italien und der Schweiz, mit Putschversuchen und der Organisation öffentlicher und geheimer Bruderschaften beschäftigt. 1872 kam es auf dem Haager Kongreß der *I. Internationale* zur offenen Auseinandersetzung und zum Bruch mit Marx. Nach einem gescheiterten Aufstand in Bologna 1874 zog er sich aus dem öffentlichen Leben zurück. Der Schriftsteller Horst Bienek hat mit seinem Buch *Bakunin, eine Invention* (1970)

Michail Bakunin

eine literarische Auseinandersetzung mit dem alternden Revolutionär über die Zeiten hinweg geführt.

Was stand zwischen Marx und Bakunin? Es waren zwei sehr gegensätzliche Persönlichkeiten, die zugleich zwei unterschiedliche revolutionäre Strömungen des 19. Jahrhunderts verkörperten. Während der Auseinandersetzungen in der *I. Internationale* verfaßte Bakunin für italienische Genossen einen Bericht über seine persönlichen Beziehungen zu Marx. Nach einer Würdigung seiner Verdienste als Gelehrter und lebenslanger Kämpfer für die Sache des Proletariats nennt er als »Fehler aller Berufsgelehrten« das Doktrinär-Rechthaberische von Marx, seine große persönliche Eitelkeit und Machtbesessenheit: »Marx [...] hat den leidenschaftlichsten Wunsch, seine Ideen, das Proletariat und mit diesem seine eigene Person siegen zu sehen. [...] Als Chef und Inspirator, wenn nicht als Hauptorganisator der deutschen Kommunistischen Partei [...] ist er *autoritärer Kommunist und Anhänger der Befreiung und Neuorganisation des Proletariats durch den Staat*, folglich von oben nach unten, durch die Intelligenz und das Wissen einer aufgeklärten Minderheit, die sich natürlich zum Sozialismus bekennt und zum eigenen Besten der *unwissenden und dummen Massen eine legitime Autorität* über dieselben ausübt.« [2]

Kritik an Marx' autoritärem Kommunismus

Das *Kommunistische Manifest* spricht z. B. sehr verächtlich vom »Lumpenproletariat« als »passive Verfaulung der untersten Schichten der alten Gesellschaft« (*MEW* IV, 472). Bakunin hingegen hat eine starke gefühlsmäßige Bindung an das Volk. Er glaubt an die revolutionäre Spontaneität der bäuerlichen Massen – wozu, wie oft bemerkt, seine Tätigkeit in revolutionären Geheimorganisationen in einem gewissen Widerspruch steht. Er huldigt auch einem Kult des Individuums als der Kraft, die alle Grenzen aufbricht. Daß der Weg in die Freiheit über eine »Diktatur des Proletariats« führen soll, ist für ihn ein Widerspruch. In dem Chaos des Umsturzes wird die schöpferische Fähigkeit des Volkes neue, solidarische Formen der Vereinigung finden.

Hochschätzung des Volkes

Bakunin hat keine großartigen philosophischen Texte verfaßt. »Ich habe in meinem Leben sehr wenig geschrieben und tat dies immer nur, wenn eine leidenschaftliche Überzeugung mich dazu zwang, meinen instinktiven Widerwillen gegen jede öffentliche Ausstellung meines eigenen Ich zu besiegen.« Sein bekanntestes Werk heißt *Gott und der Staat*, ein Fragment aus dem Jahre 1871. Bakunin kritisiert hier Herrschaft in all ihren Formen (religiöse, staatliche, wissenschaftliche, elterliche Autorität; Verhaltensdruck der Gesellschaft) und stellt ihr die Freiheit gegenüber. Er faßt sie sowohl positiv als auch negativ: »Für den Menschen bedeutet frei sein, von einem anderen Menschen, von allen ihn umgebenden Menschen als frei anerkannt, betrachtet und behandelt zu werden. Die Freiheit ist also keineswegs Sache der Isolierung, sondern der gegenseitigen Anerkennung, keine Sache der Abgeschlossenheit, sondern im Gegenteil der Vereinigung; die Freiheit jedes Menschen ist nichts anderes als die Spiegelung seines Menschtums oder seiner Menschenrechte im Bewußtsein aller freien Menschen, seiner Brüder, seiner Genossen. [...] Das zweite Element der Freiheit ist negativ. Es ist die Empörung des menschlichen Individuums gegen jede göttliche und menschliche, gegen jede kollektive und individuelle Autorität.« Ist die revolutionäre Ungeduld, der persönliche Aktivismus auch ein vielleicht uneingestandenes Zeichen von Resignation? Steckt im Anarchismus bakuninscher Prägung die Gefahr, »Ideologie von Revolutionären in nichtrevolutionären Situationen« (E. Hobsbawm) zu werden? Gegen Ende seines Lebens war Bakunin von dem Eindruck beherrscht, »daß der

»Gott und der Staat«

Bakunin

revolutionäre Gedanke, die revolutionäre Hoffnung und Leidenschaft in den Massen sich absolut nicht vorfindet« – so ein Brief vom Februar 1875. Ein alternder, kranker Revolutionär... »Seit Bakunin hat es in Europa keinen radikalen Begriff von Freiheit mehr gegeben« (Walter Benjamin).

Anarchismus in Europa

Das große Mißtrauen der Anarchisten gegenüber jeder Form von Bürokratismus und legaler Partei, ihr Wunsch nach Vorwegnahme der Freiheit in der Art ihrer politischen Organisation selbst ist auch zugleich Ursache ihrer Schwäche: meist waren sie zu einem sektenartigen Schattendasein in kleinen Zirkeln verurteilt bzw. mußten in wirklich revolutionären Situationen die Rolle von »Hilfstruppen« spielen. Größeren Einfluß erlangten sie gegen Ende des 19. Jahrhunderts durch die Verbindung mit der Gewerkschaftsbewegung in Frankreich, Italien und Spanien (sog. Anarcho-Syndikalismus). Die Organisationsform der Arbeiter- und Fabrikräte nach dem Ersten Weltkrieg entsprach ganz den anarchistischen Vorstellungen, doch wurde sie ja in Rußland rasch von den zentralstaatlich orientierten Bolschewiki beseitigt. Bis heute noch ist Spanien das Stammland des Anarchismus. Durch örtliche Gewohnheiten und Überlieferungen waren hier günstige Bedingungen für dezentrale Organisationsformen der Arbeit und des Lebens gegeben. So haben während des Bürgerkriegs 1936–39 viele ländliche Genossenschaften und auch große Fabriken nach dem Prinzip der Gemeinschaftlichkeit gearbeitet; teilweise gingen sie sogar bis zur Abschaffung des Geldes! Der Einmarsch der Truppen Francos in Barcelona im Januar 1939 bedeutete das Ende des Anarchismus als sozialrevolutionärer Bewegung. Heute lebt er in Westeuropa zumeist in der Form von Graffiti fort.

Horizont von Freiheit

Gehört der Anarchismus dem 19. Jahrhundert an, als Resultat des Einbruchs der Maschine und Industrie in eine Bauern- und Handwerkergesellschaft? Diese Auffassung wird von vielen Geschichtswissenschaftlern vertreten. In einem weiteren Sinne könnte man aber den anarchistischen Anstoß der Freiheit, der auch die Lust an der Zerstörung enthält, auch in der Kunst finden, was am deutlichsten an Dadaismus und Surrealismus zu sehen ist. Aber vielleicht tritt in jedem Konflikt, in dem Freiheit plötzlich aufscheint, die anarchistische Haltung zu Tage. Sei es mehr öffentlich sichtbar wie in der Studentenbewegung in den 60er Jahren (Herbert Marcuse sprach von der »Großen Weigerung« [→ S. 437]), sei es mehr persönlich bezogen wie im »Hier und Jetzt« von Bhagwan [→ S. 510f.]. Von dem deutschen Anarchisten Gustav Landauer (1870–1919) ist ein Wort überliefert, das eine so weite Auslegung erlaubt: »Staat ist ein Verhältnis, ist eine Beziehung zwischen den Menschen, ist eine Art, wie die Menschen sich zueinander verhalten; und man zerstört ihn, indem man andere Beziehungen eingeht, indem man sich anders zueinander verhält.«

Drei Einzelgänger

Es liegt in der Natur der Sache, daß jeder wirklich bedeutende Philosoph in einen kritischen Abstand zu seiner Zeit lebt. Dabei kann er Vertreter ganz zeitgemäßer Strömungen sein, wie etwa Marx für den Sozialismus, und trotzdem kann er ein ganz normales bürgerliches Berufs-, Ehe- und Familienleben führen wie alle anderen auch – so z. B. Hegel. Mit Schopenhauer, Kierkegaard und Nietzsche begegnen wir nun drei Philosophen, die nicht nur von ihrem Denken, sondern auch von ihrer Lebensform her ausgesprochene Einzelgänger waren. Vom »Normalbürger« aus gesehen, finden sich bei ihnen viele kauzig-verschroben-versponnene Charakterzüge. In ihrem Einzelgängertum haben sie viel persönlich durchlitten, dabei aber auch ein besonderes persönliches Selbstbewußtsein entwickelt. In dieser Kombination auch menschlich greifbar, wurden und werden sie oft zum Typus »des Philosophen« schlechthin stilisiert, der in erhabener Einsamkeit seinen tiefen, tiefen Gedanken fortspinnt. Wir sind hier etwas vorsichtiger, wollen bei aller Achtung versuchen, auch diese Art von Einzelgängertum im Zusammenhang ihrer Zeit zu sehen.

Arthur Schopenhauer: Alles Leben ist Leid

Mit Arthur Schopenhauer (1788–1860) gehen wir zeitlich etwas zurück. Das macht aber keinen Unterschied, da die mächtige Wirkung seines Denkens erst in der zweiten Hälfte des 19. Jahrhunderts einsetzte. Er war Kind eines gebildeten Danziger Großkaufmanns, der, weil er keinem König untertan sein wollte, nach Hamburg übergesiedelt ist, als Danzig preußisch wurde. »Point de bonheur sans liberté« – »Kein Glück ohne Freiheit« stand auf dem Familienwappen, und diesen Abstand gegenüber dem Staat hat sich auch sein Sohn bewahrt. Schon als Kind und Jugendlicher hat dieser auf ausgedehnten Reisen viel von der Welt gesehen und eine umfassende Vertrautheit mit der europäischen Literatur gewonnen, so daß er in seinen Schriften immer mit dem passenden Zitat glänzen kann. Nach dem Tod des Vaters (1805) zog seine Mutter nach Weimar, der damaligen Kulturhauptstadt Deutschlands. Geistreich und umgänglich, führte sie hier in geistreicher Umgebung ein wie es heißt recht freizügiges Leben. War Johanna Schopenhauer oberflächlich und »herzenskalt« gegenüber ihrem Sohn? Das Verhältnis zwischen den beiden war wohl immer sehr schwierig und führte schließlich zum endgültigen Bruch – nach 1814 haben sie sich nie wieder gesehen. Das muß hier erwähnt werden, weil sicherlich Schopenhauers Frauenhaß und darüber hinaus grundlegende Gedanken seiner Philosophie in diesem früh gestörten Mutter-Sohn Verhältnis wurzeln.

1813 schrieb Schopenhauer seine Dissertation *Über die vierfache Wurzel des Satzes vom Grunde*. Schon Ende 1818, im Alter von 30 Jahren, erschien sein Hauptwerk *Die Welt als Wille und Vorstellung*. All sein weiteres Denken bis zu seinem Tode sollte nur Vertiefung und Ausführung des »einzigen Gedankens« werden, den das Hauptwerk mitteilen will. Höchst folgenreich war der »Beginn« seiner Universitätslaufbahn in Berlin 1820. Ganz und gar überzeugt von seinem Genie, legte er, der Unbekannte, in kühner Herausforderung die Stunden seiner Vorlesung genau auf die Zeit, als auch der berühmte und von ihm erbittert gehaßte Hegel las. Da sich nur wenige Zuhörer fanden, kam im nächsten Semester keine weitere Veranstaltung mehr zustande – Schopenhauer hat dann nie wieder gelesen! Da er seinen Anteil am väterlichen Erbe geschickt verwaltete, lebte er fortan in stolzer Zurückgezogenheit in Gesellschaft eines Pudels, ab 1833 in Frankfurt am Main. In der Regelmäßigkeit seiner Lebensführung versuchte er wohl, Immanuel Kant zu kopieren (wenn er auch nicht so früh aufgestanden ist). Kaum ein Mensch nahm Notiz von seinem Werk, obwohl er 1844 eine Neuauflage mit einem ergänzenden zweiten Band wagte. Dabei verfolgte er in geheimer Sehnsucht nach Ruhm die Spur jeder öffentlichen Äußerung, die über ihn gemacht wurde. Erst 1851, mit den populären

Schopenhauer

frühes Genie, später Ruhm

Parerga und Paralipomena (*Nebenwerke und Ergänzungen*) hatte er einen durchschlagenden Erfolg beim Publikum. Nun war auch das Hauptwerk überall gefragt; Ludwig Feuerbach [→ S. 312] wurde aus der Rolle des tonangebenden Philosophen verdrängt und durch Schopenhauer ersetzt. So konnte dieser die letzten zehn Jahre seines Lebens in dem Gefühl verbringen, daß das Wahre auch die Macht hat, sich Anerkennung zu verschaffen.

Ein herausfordernder Pessimismus

Schopenhauer ist Pessimist; sein tiefer Pessimismus macht die Beschäftigung mit ihm zur persönlichen Erfahrung, zwingt zur Auseinandersetzung mit sich selbst, weil er den Blick schärft für das gern Verdrängte: die unaufhebbaren Widersprüche, die mit dem Leben/Personsein/Egoistsein gegeben sind; das Leiden, das die Menschen sich gegenseitig bereiten; das Triebhafte unserer Sexualität, das alle Illusionen eigener Selbstbestimmung als Schein entlarvt; den Tod, an dem kein Weg vorbeigeht. All das in einer wunderbar eleganten Sprache, gut verständlich, literarisch ausgeschmückt, mit bestechender Konsequenz und häufig bösartig-ärgerlicher Arroganz. All das in vier Büchern, »Betrachtungen« mit dem einen Titel: *Die Welt als Wille und Vorstellung*. Was ist der »eine einzige Gedanke«, der, wie es in der Vorrede zur ersten Auflage heißt, hier von verschiedenen Seiten betrachtet mitgeteilt werden soll?

Kantische Grundannahme

»Die Welt ist meine Vorstellung.« Mit diesem ersten Satz des Werkes formuliert Schopenhauer die Grundannahme des Idealismus. Die Welt ist immer unsere Welt, weil wir sie immer nur mit unseren menschlichen Sinnesorganen und unserem menschlichen Verstandesapparat auffassen können. Das ist mit dem Wort »Vorstellung« ausgedrückt. Schopenhauer bekennt sich hier ganz als Schüler von Immanuel Kant, der ja durch die Untersuchung der menschlichen Erkenntnistätigkeit die Bedingtheit all unserer Welterfahrung aufgezeigt hat. Zur »eigentlichen Wirklichkeit« können wir Kant zufolge mit dem Verstand nicht vordringen, weil dieser notwendig in dem Begriffssystem verfangen bleibt, das er immer schon mitbringt [→ S. 251]. Auch in den Grundlehren der indischen Philosophie, mit der sich Schopenhauer als einer der ersten ausführlich beschäftigt hat, findet er diese Wahrheit bestätigt: Die Welt ist ein oberflächliches Trugbild, »Māyā« [→ S. 507], und unser bewußtes Leben ist nur eine andere Art Traum. Daher zitiert er aus Shakespeares *Sturm*: »We are such stuff / As dreams are made of, / and our little life / Is rounded with a sleep.«

Der Leib als Vorraussetzung

»Die Welt ist Vorstellung«. Dennoch ist diese Einsicht – die Einsicht in das Scheinhafte unserer Einsicht – unbefriedigend. Über den Kopf, »von außen«, können wir dem Wesen der Dinge nicht näherkommen: »Wie immer man auch forschen mag, so gewinnt man nichts als Bilder und Namen. Man gleicht einem, der um ein Schloß herumgeht, vergeblich einen Eingang suchend und einstweilen die Fassaden skizzierend. Und doch ist dies der Weg, den alle Philosophen vor mir gegangen sind.« Schopenhauers eigene Lösung besteht in einer überraschenden Umkehrung der Sichtweise. Der Mensch ist nämlich nicht nur »rein erkennendes Subjekt« – das wäre wie ein »geflügelter Engelskopf ohne Leib.« Bevor wir denken – leben wir, d.h. wir atmen, bewegen uns, essen, trinken, lieben, schlafen, kurz: wir sind ein Leib. All die Tätigkeiten unseres Leibes sind zum größten Teil ebenso vor- und unbewußt wie zielgerichtet. Sie sind Ausdrucksweise seines Lebenswillens. Jeder Menschenleib ist vor allem ein Stück Wille zum Leben.

Schopenhauer führt nun diesen Gedanken fort. Auch das Leben der Pflanzen und allemal die tierische Welt sind Ausdruck dieses Lebenswillens. Er entwickelt ein Stufenmodell: von der nichtorganischen – doch gesetzmäßig arbeitenden – Materie über Pflanzen und Tiere bis zum Menschen wirkt überall derselbe dunkle Wille zum Leben. Im menschlichen Intellekt hat er sich »ein Licht angezündet«, durch das er sich selbst bewußt wird. »Die Welt ist Wille.« Diese Einsicht ist nicht »beweisbar«, denn mit Argumenten, Gründen und Gegengründen wären wir wieder innerhalb des Verstandes bzw. im Reich der Vorstellung. Dennoch ist sie die »philosophische Wahrheit schlechthin«: »Die Welt als Wille und Vorstellung.« Da jeder Wille ein Ziel seines Wollens hat, führt diese philosophische Wahrheit notwendig zu der Frage nach dem Ziel des Ganzen: »Was will denn zuletzt und wonach strebt jeder Wille, der uns als das Wesen der Welt dargestellt wird?« Schopenhauers Antwort ist ganz klar. Es gibt kein Ziel des Ganzen. »Jeder einzelne Akt hat seinen Zweck, das gesamte Wollen keinen.« »Ewiges Werden, endloser Fluß gehört zur Offenbarung des Wesens des Willens.« Das klingt sehr geheimnisvoll, leuchtet mir aber ein. Denn allein auf das eigene Leben bezogen – was wollte ich als seinen »Zweck« angeben außer mein Leben selbst?

Triebkraft Wille

Mit dem entscheidenden Zusatz, daß es ein glückliches Leben sein soll. An diesem Punkt tritt nun das Besondere des Schopenhauerschen Denkens – oder soll man sagen: Lebensgefühls? – hervor: »Alles *Wollen* entspringt aus Bedürfnis, also aus Mangel, also aus Leiden. [...] Darum nun, solange unser Bewußtsein von unserem Willen erfüllt ist, solange wir dem Drang der Wünsche mit seinem steten Hoffen und Fürchten hingegeben sind, solange wir Subjekt des Wollens sind, wird uns nimmermehr dauerndes Glück noch Ruhe.«

Begehren ist abhängig sein

Man muß aus dem verhängnisvollen Kreislauf von Begehren, Leiden, wieder Begehren und wieder Leiden heraustreten. Aber wie? Schopenhauer bietet zwei Auswege an: Kunst und Resignation. Unter »Kunst« versteht er das »Werk des Genius«, d. h. das sich selbst genügende, nicht irgendwie zweckgerichtete Kunstwerk. Auf die Betrachtung des »Lebens selbst« gerichtet, setzt es Abstand vom Leben voraus. Im Kunstgenuß, also im ästhetischen Verhältnis zur Welt »sind wir gleichsam in eine andere Welt getreten, wo alles, was unseren Willen bewegt und dadurch uns so heftig erschüttert, nicht mehr ist. [...] Glück und Unglück sind verschwunden.« Vor allem für seine philosophische Durchdringung der Musik, der in ihrer Innigkeit als »Abbild des Willens selbst« für ihn höchsten Kunst, ist Schopenhauer berühmt. Die Ruhe und der Trost, den der Kunstgenuß gewährt, kann aber immer nur vorübergehend sein. Endgültige Erlösung, echten persönlichen Frieden gewährt erst die »Verneinung des Willens zum Leben selbst.« Dieser spricht sich am stärksten im Geschlechtstrieb aus – in der Paarung sieht Schopenhauer »die entschiedenste Bejahung des Willens zum Leben.« Wer die echte Einsicht gewonnen hat, tritt daher aus dem blinden Kreislauf von Zeugung und Geburt heraus. Intuitiv wußten das der buddhistische Weise, der christliche Asket und die Mystiker, an deren Beispiel Schopenhauer erinnert.

Distanz zum Leben

Kann man darauf eine Ethik aufbauen? Das rechte Verhältnis zu den Mitmenschen entspringt für Schopenhauer aus derselben Verneinung des Willens zum Leben. Alle Tugendkataloge oder Pflichtbegriffe lehnt er grundsätzlich ab. Wenn alles Leben Leiden heißt, so ist echte Liebe ihrem tiefsten Wesen nach Mitleid. »Alle Liebe ist Mitleid.« Im Mitleid überspringe ich die Schranken meines eigenen Ich und erkenne mein Selbst in jedem anderen Wesen wieder. So lautet die Regel des Handelns ganz schlicht: »Hilf allen, soviel du kannst.« – Welche Perspektive ergibt sich aus Scho-

Schopenhauer mit seinem Pudel Atman (Skizze von Wilhelm Busch, um 1870)

Mitleidsethik

penhauers Gesamtsicht der Welt? Es ist klar, daß hier keine positiven Aussichten angeboten werden können. Er spricht vielmehr am Schluß seines Werkes ausdrücklich vom Nichts. Die letzten Sätze lauten: »Wir bekennen es vielmehr frei: Was nach gänzlicher Aufhebung des Willens übrigbleibt, ist für alle die, welche noch des Willens voll sind, allerdings Nichts. Aber auch umgekehrt ist denen, in welchen der Wille sich gewendet und verneint hat, diese unsere so sehr reale Welt mit allen ihren Sonnen und Milchstraßen – Nichts.«

Blick von außen

Man hat oft die Frage gestellt, ob hinter Schopenhauers Pessimismus eine große Angst vor dem Leben steckt, ob sich hinter seinem bissigen Wüten eine verletzte Liebe verbirgt (»Allein eine wahnsinnige Liebe zum Leben kann Schopenhauer zu dieser [...] systematischen Aggression gegen den Willen veranlaßt haben.«) [1]. Der Standpunkt dessen, der aus allem heraus ist, gibt jedenfalls Raum für eine tiefe Durchdringung des menschlichen Lebens aus einer gänzlich ungewohnten Sichtweise. Daher lohnt die Lektüre seiner *Parerga und Paralipomena*, in denen er eine Vielzahl von Themen behandelt. Besonders bekannt wurden die darin enthaltenen *Aphorismen zur Lebensweisheit*. Niemand hat es so sehr wie Schopenhauer darauf angelegt, seine Zeitgenossen zu reizen, z. B. in den Aufsätzen »Über die Weiber« oder »Über die Universitätsphilosophie«, wo er in sehr bedenkenswerter Weise das beamtete Philosophentum kritisiert (»Demnach nun sollen zwar auch die Professoren der Philosophie allerdings lehren, was wahr und richtig ist: aber eben dieses muß im Grunde und im Wesentlichen dasselbe sein, was die Landesreligion auch lehrt, als welche ja ebenfalls wahr und richtig ist«).

behagliche Geschichtslosigkeit?

Bei alledem erscheint das Schopenhauersche Denken allerdings oft merkwürdig glatt. Die Spannung und die Widersprüche und Möglichkeiten, die in der menschlichen Geschichte liegen, bleiben draußen. Da ihm die wahre Philosophie der Geschichte wörtlich »stets nur dasselbe« zeigt, kommt es meiner Meinung nach bei aller Gelehrsamkeit zu keiner echten Auseinandersetzung mit Vergangenheit und Gegenwart. Daher hat man den breiten Erfolg seiner Philosophie in der zweiten Hälfte des 19. Jahrhunderts auch in der gewandelten Stimmungslage eines von der Revolution enttäuschten Bürgertums gesehen (Pessimismus als Vorwand der Sinnlosigkeit politischen Handelns). Läßt sich Schopenhauers Philosophie, als Ganze genommen, leben? Georg Lukács [→ S. 396 f.], sein schärfster Kritiker, beantwortet diese Frage mit einem polemischen »Ja«: »So erhebt sich das – formell architektonisch geistvoll und übersichtlich aufgebaute – System Schopenhauers wie ein schönes, mit allem Komfort ausgestattetes Hotel am Rande des Abgrundes, des Nichts, der Sinnlosigkeit. Und der tägliche Anblick des Abgrundes, zwischen behaglich genossenen Mahlzeiten oder Kunstproduktionen, kann die Freude an diesem raffinierten Komfort nur erhöhen.« [2] Das soll aber nicht das letzte Wort zu Schopenhauer sein [3].

Auf Sören Kierkegaards Grabstein sollte stehen: »Jener Einzelne«

problematische Vaterfigur

Wie für Schopenhauer die Mutterbeziehung, so ist für Kierkegaard (1813–1855) die Figur seines Vaters bestimmend gewesen. Er schreibt darüber: »Als Kind wurde ich streng und ernst im Christentum erzogen, menschlich gesprochen, auf wahnsinnige Weise erzogen: bereits in der frühesten Kindheit hatte ich mich an den Eindrücken verhoben, unter denen der schwermütige alte Mann, der sie auf mich gelegt hatte, selber zusammensank – ein Kind, auf wahnsinnige Weise dazu verkleidet, ein schwermütiger alter Mann zu sein. [...] Ich habe ihn geliebt, obwohl er derjenige ist, der mich unglücklich gemacht hat – aus Liebe. Sein Fehler lag nicht am Mangel an Liebe, sondern darin, daß er den Unterschied zwischen einem alten Mann und einem Kind nicht spürte. [...] Ich lernte von ihm, was Vaterliebe heißt, und dadurch bekam ich einen Begriff von der göttlichen Vaterliebe, dem einzig Unerschütterlichen im Leben, dem wahren archimedischen Punkt.« [4]

Der Vater war ein erfolgreicher Kaufmann in Kopenhagen. Er stammte aus sehr ärmlichen Verhältnissen in Jütland und hat noch im Alter von 82 Jahren berichtet, daß er einmal als Kind beim Schafehüten Gott auf einem Hügel stehend wegen der Trostlosigkeit seines Lebens verflucht habe. Jedoch nicht nur seine Schwermut hat der Sohn Sören von ihm übernommen, sondern auch die hervorragende geistige Begabung und leidenschaftliche Phantasie des Vaters. Sie zeigte sich früh bei dem Studenten der Theologie, der sich 1835 zum Examen hätte melden müssen, das aber nicht tut, weil er in einer tiefen Krise steckt: »Was mir eigentlich fehlt, ist, daß ich mit mir selbst ins Reine darüber komme, *was ich tun soll* [...] es gilt, eine Wahrheit zu finden, die Wahrheit *für mich* ist, *die Idee zu finden, für die ich leben und sterben will*.« Kierkegaard legte sein Staatsexamen erst 1840 ab, nach zehnjährigem Studium. In diesen Jahren hat er sich außer mit der Theologie auch ausführlich mit der Literatur und Philosophie seiner Zeit auseinandergesetzt. Das heißt damals vor allem mit der deutschen Literatur der Klassik und Romantik und der Philosophie des deutschen Idealismus, genauer: Hegels, die in diesen Jahren das geistige Leben Dänemarks maßgeblich bestimmte. Nicht zufällig hat seine Dissertation die Ironie zum Thema (*Über den Begriff der Ironie, unter ständiger Berücksichtigung von Sokrates*, 1841), denn es gibt einen engen inneren Bezug Kierkegaards zur Frühromantik, wie wir sie etwa bei Friedrich Schlegel finden. Wie die Romantiker verachtete er die Welt der Spießbürger, in der die Menschen »gleichsam ganz und gar zu Stein erstarrt waren.« Aber so sehr ihn eine ästhetisch-genießende, ironisch-distanzierte dandyhafte Haltung zum Leben faszinierte, konnte sie seinem (christlichen) Ernst nicht genügen. Daher sieht er auch in der Dissertation die Figur des Sokrates, die er – unter dem Einfluß Hegels stehend – als erste geschichtliche Verkörperung des Rechts der Persönlichkeit gegenüber den hergebrachten Maßstäben deutet, noch weitgehend negativ.

Rezeption Hegels und der Romantik

Vom September 1840 bis Oktober 1841 war Kierkegaard mit Regine Olsen verlobt, einer vom Portrait her zu urteilen sehr schönen Achtzehnjährigen. Daß er nach unendlichen inneren K(r)ämpfen diese Verlobung schließlich aufgelöst hat, war ein entscheidender Schritt in seinem Leben. »Ob Sören Kierkegaard Regine wirklich liebte, darüber sind sich die Gelehrten nicht ganz einig.« Er jedenfalls hat die Trennung, die innere Stimme: »Du hast sie freizugeben«, zeitlebens als richtig *und* als Strafe Gottes betrachtet. Den so Verantwortungsbewußten bedrückte der Gedanke an eine Ehe; vor allem die dazu geforderte Offenheit – sich selbst also – glaubte er, Regine nicht zumuten zu können. »Aber wollte ich mich erklären, müßte ich sie in fürchterliche Dinge einweihen, in mein Verhältnis zu meinem Vater, seine Schwermut, die ewige Nacht, die im Innersten brütet, meine Verirrungen, meine Lüste und Ausschweifungen« (Tagebuch). Die Zitate bisher dürften zeigen, daß Kierkegaard eine äußerst komplizierte Persönlichkeit war. Lakonisch heißt es in einer biographischen Notiz: »Zu

schwieriges Verhältnis zum (normalen) Leben

Ausweg: Schreiben

Kierkegaard (um 1853)

Vielschichtigkeit der Schriften

leidenschaftliche Existenz

Kritik am abstrakten System

heiraten, Philosophie oder Theologie zu lehren, all das erschien ihm gleichermaßen problematisch. Statt dessen schrieb er.« Und in den nächsten Jahren entfaltet Kierkegaard – der, wie Schopenhauer, vom väterlichen Erbteil lebte – eine geradezu unheimlich anmutende Schaffenskraft. Die wichtigsten Werke sind, neben der schon erwähnten Dissertation von 1841: *Entweder-Oder*; *Die Wiederholung*; *Furcht und Zittern* (1843); *Der Begriff Angst*; *Philosophische Brocken* (1844); *Stadien auf des Lebens Weg* (1845); *Abschließende unwissenschaftliche Nachschrift zu den Philosophischen Brocken* (1846); *Die Krankheit zum Tode* (1849); *Einübung ins Christentum* (1850). Einige Gesichtspunkte seien hier herausgehoben.

Zunächst die formale Seite. Fast alle Schriften sind pseudonym, also unter anderem (oft sehr abstrusem) Namen erschienen. D. h. der Verfasser – den natürlich jeder Leser in Kopenhagen kannte – distanziert sich. Er läßt den Text bzw. die Figuren des Textes für sich sprechen. Der Übergang zwischen Dichtung und Philosophie ist fließend – raffiniert – gekonnt; Kierkegaard spielt auch gerne mit seinem Leser. So hat z. B. Victor Eremita, der ominöse »Herausgeber« von *Entweder-Oder*, die Papiere des Textes in einem Geheimfach seines Sekretärs gefunden, als er ihn, weil er das Geldfach in der Eile der Abreise nicht öffnen konnte, mit dem Beil zerschlug. Diese Papiere enthalten im ersten Teil die Aphorismen, Kunstbetrachtungen und Aufzeichnungen von »A«, einem unbekannten Ästheten, sowie das berühmte *Tagebuch des Verführers*, das aber nicht von »A« geschrieben, sondern wiederum nur »herausgegeben« worden ist. Teil 2 besteht aus den Briefen eines Gerichtsrats »B« an seinen jungen Freund »A«, die sich mit dessen Lebensauffassung auseinandersetzen. Um die Verwirrung noch zu steigern, erwägt Victor Eremita im Vorwort, ob nicht beide Teile von ein und demselben Menschen stammen könnten? Das würde den Papieren »eine neue Seite abgewinnen.« Unverkennbar steht das Werk auch in Bezug auf die gescheiterte Verlobung. Mit der am Schluß des Vorworts angesprochenen »liebenswürdigen Leserin« ist Regine Olsen gemeint, der sich Kierkegaard hier auf verschlüsselte Weise zeigt. In den Aphorismen von »A« steht der Satz: »Laß andere darüber klagen, daß die Zeit böse sei; ich klage darüber, daß sie jämmerlich ist; denn sie ist ohne Leidenschaft.« Kierkegaard drückt hier seine eigene Einschätzung aus. Er will die Menschen seiner Zeit aus dem trägen Fluß ihrer Selbstverständlichkeiten, ihrer Lebens- und Glaubensgewohnheiten herausreißen, will sie aufrütteln, bewußt machen, vor eine Entscheidung stellen. Er will, daß jeder ein »Einzelner« wird, ein leidenschaftlicher Einzelner, der sich des Werts, aber auch der Verantwortung seiner Existenz bewußt ist. Das Wort »Existenz« ist hier absichtlich gewählt, denn seit/durch Kierkegaard hat es eine neue, gleichsam intensivere Bedeutung erhalten. »Existieren, wenn dies nicht wie bloß so existieren verstanden werden soll, kann man nicht ohne Leidenschaft.« Kierkegaards Kreisen um die Existenz des Einzelnen kann gesehen werden als Protest gegen eine Grundtendenz seiner Zeit. Es ist die begrifflich schwer faßbare, im Laufe des 19. Jahrhunderts immer spürbarere Erfahrung einer »Vermassung« des Lebens. Innerhalb der Konventionen des bürgerlichen Lebens, bei fortschreitender Industrialisierung, wird das Leben der Menschen in gewissem Sinne immer gleicher, die Bedeutung eines »Einzelschicksals« verblaßt.

Philosophisch setzt sich das um in Kierkegaards Polemik gegen die Philosophie, vor allem gegen Hegel (am ausführlichsten in der *Abschließenden unwissenschaftlichen Nachschrift*, seinem wissenschaftlich-theoretischen Hauptwerk). Im »System« dieses Denkers gibt es keinen Platz für den

Einzelnen, für die »Not des Existierenden.« Begrifflich-systematisch läßt sich das »Existieren« gar nicht greifen, und der abstrakte, leidenschaftslose Denker ist nur das Zerrbild eines lebendigen Menschen. Um diesen konkreten Menschen zu fassen, hat Kierkegaard tiefgründige psychologische Untersuchungen z. B. von »Angst« und »Verzweiflung« vorgenommen. Sein Hauptinteresse ist dabei stets die existentielle Darstellung und denkerische Interpretation der verschiedenen Möglichkeiten menschlicher Lebensanschauung [5]. Er unterscheidet – einmal abgesehen von all denen, die »bloß so«, also bewußtlos leben – im wesentlichen drei Arten von Lebensanschauungen: die ästhetische, die ethische und die religiöse. Die ästhetische Lebensform hat er am kunstvollsten dargestellt in der berühmten Analyse von Mozarts Oper *Don Giovanni* (in *Entweder-Oder*). Wenn man sagt, jemand sei ein Ästhet, so meint man damit einen Menschen, der sich mehr als andere betrachtend-genießend zum Leben verhält, der z. B. das Zusammensein einer Kerze mit Blumen auf einem Küchentisch so intensiv wahrnehmen kann, daß es ihn glücklich oder traurig machen kann. Für Kierkegaard ist der Lebensinhalt des Ästhetikers der Genuß. Er lebt ganz im Augenblick und will sich berufs- und beziehungsmäßig niemals binden. *Variatio delectat* – Abwechslung erhöht den Genuß. Der ethische Mensch hingegen will die Wiederholung. Er hat z. B. einen festen Beruf wie der Gerichtsrat »B« in *Entweder-Oder* und führt eine Ehe, verwirklicht sich also innerhalb der Dauer selbstgewählter Bindungen (z. B. hält er durch bis zum Abitur!). Im Gegensatz zum Genießer haben für ihn die Begriffe »Gut« und »Böse« verpflichtende Gültigkeit (daher: Ethiker, im Unterschied auch zum Spießer, der nur konventionell lebt). Kierkegaard hält beide Lebensformen für sehr gegensätzlich; meiner Auffassung nach kennzeichnet er hier aber auch eine Spannung, die täglich neu ausbalanciert werden muß. Was ist nun mit der dritten Lebensanschauung, der religiösen, gemeint? Was versteht Kierkegaard unter Christentum?

Karikatur

ästhetische, ethische und religiöse Lebensform

Man kann auch fragen: Wie komme ich dazu zu glauben, daß ein gewisser Mensch, der vor 1843 Jahren in Galiläa geboren wurde, Gott (gewesen) ist, *mein* Gott? Etwas abstrakter formuliert heißt das: »Kann man eine ewige Seligkeit gründen auf geschichtliches Wissen?« (so das Motto des Buches *Philosophische Brocken oder ein Brockchen Philosophie*, das diese Frage zum Thema hat). Es ist klar, daß eine Nachricht wie »Jesus von Nazareth ist auferstanden von den Toten, er ist Gottes Sohn« kein einfaches geschichtliches »Faktum« sein kann wie z. B. die Tatsache, daß Nero Kaiser der Römer war [→ S. 71]. Auch die Vernunft der Philosophen muß hier scheitern – es kann niemals, wie Hegel meinte, zu einer Aussöhnung zwischen Denken und Glauben kommen. »Den Juden ein Ärgernis und den Heiden eine Torheit«, zitiert Kierkegaard dagegen den Apostel Paulus. Die Wahrheit des Christentums ist für ihn ein Paradox, eine Absurdität, die unerhörte Zumutung, »den Verstand fahren zu lassen um den Sprung zu machen ins Religiöse.« »Siehe, Gott wartet! So spring zu in Gottes Arme.« Dieser Sprung kann nur die leidenschaftliche, eben »existentielle« Erfahrung/Begegnung eines Einzelnen mit Gott sein, ein Wagnis, das ihm keiner abnehmen kann. Die Wahrheit des Glaubens ist daher eine persönliche, subjektive Wahrheit. Oder, wie Kierkegaard paradox zuspitzt: »Die Subjektivität ist die Wahrheit.« Entweder – Oder. Der Glaubende nimmt ein hohes Risiko auf sich, lebt in (nur) subjektiver Gewißheit = objektiver Ungewißheit, ob es diesen Gott »wirklich« gibt. Aber nur so kann er »gerettet werden in der Wesentlichkeit der Religiosität.« Durch diese persönliche Zuspitzung des Wahrheitsbegriffes, durch seine ganze Lebenshaltung ei-

paradoxes Christentum

Polemik gegen die Amtskirche

nes leidenschaftlichen Existenz-/Glaubensbewußtseins, hat Kierkegaard mächtig gewirkt. Im 19. Jahrhundert z. B. auf Dichter wie Strindberg und Ibsen, in unserem Jahrhundert auf die protestantische Theologie und die ganze Existenzphilosophie, die in diesem (Vatergeschädigten) ihren Vater sieht.

»Wie in aller Welt ist es jetzt dann zugegangen, daß ganze Staaten und Länder [und Parteien, muß man hinzufügen...] christlich sind?, daß wir millionenweise Christen sind?« Es ist klar, daß eine so radikale Position quersteht zu den Gegebenheiten eines z. B. als Königlich Dänische Amtskirche verfaßten Christentums. In seinem letzten Lebensjahr kam es zum offenen Angriff Kierkegaards auf die dänische Staatskirche mit all ihren königlich besoldeten und beamteten Pfarrern und Bischöfen. Dieser in der Presse ausgetragene Streit hat den ohnehin schwächlichen Kierkegaard aufs Äußerste mitgenommen. Anfang Oktober 1855 brach er auf der Straße zusammen, kam ins Krankenhaus und starb dort, bei klarstem Bewußtsein und ausgesöhnt mit Gott, am 11. November. Er ist – wohl gegen seinen Willen – (amts-)kirchlich beerdigt worden. Auf seinen Grabstein hat er allerdings nicht, wie früher im Tagebuch erwogen, »Jener Einzelne« schreiben lassen, sondern die Strophe eines Kirchenliedes:

Det er en liden tid	Es dauert nur noch kurze Zeit,
saa har jeg vunden.	dann habe ich gewonnen.
Saa er den ganske strid	Dann ist der ganze Streit
med eet forsvunden.	mit eins zerronnen.
Saa kan jeg hvile mig	Dann kann ich ruhn
i rosendale	im Rosental
og uafladelig	und Jesum sprechen
min Jesum tale.	allzumal.

Friedrich Nietzsche der Unzeitgemäße

Hanswurst und Dynamit

Im Karteikasten der Darmstädter Landesbibliothek steht an der entsprechenden Stelle im Alphabet: »Nietzsche, Friedrich Wilhelm: 15.10. 1844–25.8. 1900. Philosoph, u.a. Professor in Basel.« Faßt man sein Leben in einem Satz zusammen, kann das heißen: »Ein Gelehrtendasein, früh beginnend, bald abgebrochen, endet im Wahnsinn.« [6] Was/Wer steckt hinter diesen Angaben? Derselbe »Gelehrte« schreibt über sich: »Ich kenne mein Los. Es wird sich einmal an meinen Namen die Erinnerung an etwas Ungeheures anknüpfen – an eine Krisis, wie es keine auf Erden gab, an die tiefste Gewissens-Kollision, an eine Entscheidung, heraufbeschworen *gegen* alles, was bis dahin geglaubt, gefordert, geheiligt worden war. Ich bin kein Mensch, ich bin Dynamit. – Und mit alledem ist nichts in mir von einem Religionsstifter [...] Ich will kein Heiliger sein, lieber noch ein Hanswurst [...] Vielleicht bin ich ein Hanswurst [...] Und trotzdem oder vielmehr *nicht* trotzdem – denn es gab nichts Verlogneres bisher als Heilige – redet aus mir die Wahrheit. – Aber meine Wahrheit ist *furchtbar*: denn man hieß bisher die *Lüge* Wahrheit.« [7]

freier Geist für freie Geister

Auch wenn man mitbedenkt, daß diese Sätze 1888, also gegen Ende seines bewußten Lebens und in einer Phase manchmal maßloser Selbstüberschätzung geschrieben sind, wird deutlich, daß den Leser hier einiges erwartet. Wie sieht der Leser aus, den Nietzsche sich wünschte? *Ein* Buch für freie *Geister* – dieser Untertitel zu *Menschliches, Allzumenschliches,* einem seiner Hauptwerke, gilt für alle Schriften Nietzsches. Im Vorwort schreibt er einiges über den Typus des »freien Geistes«, den er sich als Leser und Gefährten wünscht. Dieser hat »sein entscheidendes Ereignis in einer *großen Loslösung* gehabt.« Damit ist eine tiefe Erschütterung gemeint, eine seelische/intellektuelle Krise, wie wir sie häufig in Begleitung der Pubertät und den nachfolgenden Jahren finden. In ihr werden alle gewohnten Bindungen und Pflichten, alles, was bisher »Gut« und »Böse« hieß, zutiefst fragwürdig. »Freier Geist« heißt zugleich auch eine Unruhe, ein Verlangen nach Neuem, nach Wanderschaft, ein »Wille zum *freien* Willen.« Nietzsche ist diesen Weg selbst mit beispielloser Radikalität gegangen, und der Leser muß hier zum Mitgehen bereit sein bis in die Erfahrung völliger Vereinsamung hinein – wenn irgendwo in der Geschichte der Philosophie, kann man bei diesem Philosophen das Abgründige eines rücksichtslosen Denkens erfahren. Dabei muß der freie Geist mit Nietzsches Worten »beinahe Kuh« sein, d. h. er muß die Texte langsam und genau lesen, mit der Geduld eines Wiederkäuers. Das ist einmal notwendig wegen der Form des Aphorismus, die Nietzsche bevorzugt (»Ein Aphorismus, rechtschaffen geprägt und ausgegossen, ist damit, daß er abgelesen ist, noch nicht ›entziffert‹; vielmehr hat jetzt erst seine *Auslegung* zu beginnen, zu der es einer Kunst der Auslegung bedarf«). Zum andern ist dieses sorgfältige Lesen auch notwendig wegen der Kompliziertheit und Widersprüchlichkeit von Nietzsches Denken selbst. Giorgio Colli, Mitherausgeber der neuen Gesamtausgabe seiner Schriften und Briefe, einer der besten Kenner Nietzsches, hat dieses Problem einmal ganz scharf zugespitzt. Unter der Überschrift *Zitieren verboten* schreibt er: »Ein Fälscher ist, wer Nietzsche interpretiert, indem er Zitate aus ihm benutzt; denn er kann ihn all das sagen lassen, worauf er selber aus ist, indem er authentische [d. h. echte, von Nietzsche stammende] Sätze nach freiem Belieben geschickt arrangiert. Im Bergwerk dieses Denkers ist jedes Metall zu finden: Nietzsche hat alles gesagt und das Gegenteil von allem.« [8]

Selbstwidersprüchlichkeit

Dementsprechend hat sich, nach einer langen Deutungsgeschichte, in der gegenwärtigen philosophischen Auseinandersetzung um Nietzsche die Einsicht in die Vielschichtigkeit seines Denkens durchgesetzt. Übrigens ist Nietzsche zur Zeit fast wieder zu einer Art Modephilosophen geworden – angesichts der fortdauernden Krise des Marxismus entdecken viele »freie Geister« Gemeinsamkeiten und neue Anregungen in Nietzsches Denken. Außerdem übt seine Radikalität eine große Anziehung aus. Es ist heute einfach nicht mehr zulässig, Nietzsches Philosophieren in einige handliche Formeln zu verpacken, auch wenn solche Formeln von ihm selbst wiederholt angeboten werden. Mit diesen Vorbehalten, aber ohne mich an Collis Zitierverbot zu halten, will ich an die Art und einige Themen seiner Schriften heranzuführen versuchen. Als ein Leitfaden soll dabei der Gesichtspunkt des »Unzeitgemäßen« dienen, als der Nietzsche sich selber verstanden hat. Ob er aber überhaupt jemals irgendeiner Zeit »gemäß« sein wird, ist sehr zu bezweifeln.

Vorsicht im Umgang mit Nietzsche

Nietzsche ist insofern ein typisch deutscher Philosoph, als er von beiden Eltern her aus dem kulturellen Milieu des deutschen protestantischen Pfarrhauses kommt [→ S. 271]. Wie der Großvater, war auch sein Vater Pfarrer, und zwar in einem sächsisch-preußischen Dorf südwestlich von Leipzig. Das Kind wurde auf den Namen Friedrich Wilhelm getauft, weil es am Geburtstag des Königs auf die Welt kam (!). Für Nietzsches Entwicklung ist sehr wichtig, daß er mit vierzehn Jahren nach Schulpforta kam. An dieser traditionsreichen Landesschule, wo man um vier Uhr morgens auf-

Bildungsgang

stand und um sechs Uhr der Unterricht begann, wurde er gründlich mit dem Bildungsgut seiner Zeit sowie den antiken Schriftstellern und Philosophen bekannt. »Kind« ist Nietzsche, wie er selbst schreibt, eigentlich kaum gewesen. Schon mit zwölf Jahren fängt er an, ausführlich Tagebuch zu führen, verfaßt Gedichte und entwickelt große musikalisch-kompositorische Fähigkeiten. Mit zwanzig beginnt er das Studium der klassischen Philologie und Theologie in Bonn, entschließt sich bald, die Gotteswissenschaft aufzugeben und folgt 1865 seinem Lehrer nach Leipzig. Dieser ist von den überragenden Leistungen seines Schülers so überzeugt, daß Nietzsche auf seine Fürsprache hin 1869 zum Professor der klassischen Philosophie in Basel ernannt wird. Ohne Promotion und Habilitation – die normalen Voraussetzungen der akademischen Laufbahn – ist Nietzsche also mit fünfundzwanzig Jahren Professor; eine glänzende, gesicherte Karriere scheint vor ihm zu liegen.

Rolle der Krankheiten

Aber sein Weg verläuft anders. Er ist gekennzeichnet von Krankheit und Einsamkeit. Allein die Krankheitsgeschichte ist ein Kapitel für sich, wobei wir »Krankheit« natürlich nicht als etwas naturgesetzlich Gegebenes sehen dürfen – Krankheit ist immer auch Schutz und Protest des Selbst. Ab 1856, mit 12 Jahren also schon, hören wir von ständigen Kopf- und Augenschmerzen. Sie verstärken sich in den 70er Jahren zu migräneartigen Anfällen, die manchmal bis zur Bewußtlosigkeit führen. Seine Sehkraft läßt so stark nach, daß er über lange Zeiträume nicht lesen kann. Dazu andere Krankheiten: eine Brustverletzung, Ruhr- und Rachendiphterie. Dazwischen dann Perioden seelischer Hochstimmung und äußerster Schaffenskraft, so daß der Wechsel von Krankheit und Genesung den Rhythmus seiner Werke bestimmt. Wegen seiner ständigen Krankheiten muß sich Nietzsche immer öfter von seiner Lehrtätigkeit beurlauben lassen; 1879 wird er mit einem Ruhegehalt pensioniert. Die folgenden zehn Jahre seines bewußten Lebens verbringt er in ständiger Wanderschaft, wobei er sich den Sommer über meist in Sils-Maria im Oberengadin und im Winter in Nizza und Cannes aufhält.

Ein Leben in Isolation

Man hat es als Nietzsches eigentliche Tragik bezeichnet, daß ihm eine universitäre Lehrtätigkeit und damit die alltägliche Auseinandersetzung mit Gesprächspartnern versagt war. Engeren Kontakt hatte er nur zu ganz wenigen Freunden. Der späte Nietzsche: »Ein einsamer Mann, der sein Leben lang unter alten Damen, reisenden Engländern und pensionierten Beamten in Hotelhallen verbracht hatte« (W. Jens). Im Grunde ein fortlaufendes Gespräch mit Toten; wirken konnte er nur durch seine Bücher, die kaum gekauft wurden. Nähere Beziehungen zu Frauen hat er sich selbst verbaut. Über mehrere Jahre bestand eine enge Freundschaft zu Richard Wagner, mit dessen Schaffen der selber hochmusikalische Nietzsche zunächst große Hoffnungen auf eine kulturelle Erneuerung verbunden hat. Als sich aber das Bayreuther Unternehmen (1876 Eröffnung des Festspielhauses) immer mehr als Symbol einer nationalen Selbstbeweihräucherung herausstellte, brach Nietzsche die Beziehung ab. Dieser Bruch führte später bis zur völligen Abwendung von aller romantischen Musik.

letzte Jahre

All diese (spärlichen) Informationen zu Nietzsches Leben sprechen erst, wenn man sich bereits ein bißchen in seinen Schriften umgesehen hat. Erst dann kann man den Gegensatz ermessen zwischen der Haltung des Menschheitspropheten im Text und seiner tatsächlichen Einsamkeit, völligen Wirkungslosigkeit. Erst dann wird die ganze Skala fühlbar zwischen Stolz und Schmerz, Verachtung und werbender Sehnsucht nach Nähe. Das immer verzweifeltere Theaterspielen gehört zu Nietzsche und seinen Texten dazu. Um so erschütternder der Zusammenbruch am 3. Januar 1889 in Turin: nach Berichten ist Nietzsche einem armseligen Droschkenpferd, das von seinem Kutscher mißhandelt wurde, am hellichten Tag mitten in der Stadt um den Hals gefallen und hat es leidenschaftlich umarmt. Danach verschickte er an Freunde die sog. »Wahnsinnszettel«, kurze Briefe, die unterschrieben sind mit »Dionysos« oder »der Gekreuzigte«. Er wird in die Nervenklinik in Basel eingeliefert. Ab 1890 lebt der vom Wahnsinn Gebrochene bei seiner Mutter, die ihn bis zu ihrem eigenen Tod (1897) versorgt. Der inzwischen zum Gegenstand eines Kultes gewordene Nietzsche stirbt am 25. August 1900. Oder ist es ein anderer, der da gestorben ist?

Nietzsches wissenschaftliche Laufbahn begann mit gelehrten altertumskundlichen Untersuchungen, z. B. über die Quellen des Diogenes Laërtius, unseres Gewährsmannes für die antiken Philosophen ([→ S. 60]; ironisch schreibt er später, daß es wegen der Übung im zweckmäßigen Arbeiten sehr schätzbar sei, »einmal ein wissenschaftlicher Mensch gewesen zu sein«). Aus der intensiven Beschäftigung mit der Antike rührt auch sein berühmtes philosophisches Jugendwerk, *Die Geburt der Tragödie aus dem Geist der Musik* (1872). Hatte das übliche Griechenbild seit J. J. Winckelmann im 18. Jahrhundert unter dem harmonischen Motto »Edle Einfalt, stille Größe« gestanden, so entwickelt *Die Geburt der Tragödie* eine völlig neue Deutung der griechischen Kultur. Sie begründet sich aus dem Gegensatz der beiden Gottheiten Dionysos und Apollo. Apollo verkörpert für Nietzsche das Prinzip des Individuums (*principium individuationis*, wie der alte philosophische Ausdruck dafür heißt). Das Individuum, die einzelne menschliche Person, bestimmt sich durch Bewußtsein und Abgrenzung von seiner Umgebung. Die altgriechischen Leitsprüche »Erkenne dich selbst« und »Halte Maß« gehören zum Personsein selbst, und Apollo wird daher auch als Plastik, als schöner, harmonischer Mensch dargestellt. Dionysos hingegen ist der Gott des Rausches und der Musik. Er verkörpert die Sehnsucht, die Grenzen des Personseins/der Alltagswelt zu überspringen, sich im Rausch oder der Hingabe an den Tanz zu verlieren, das Gefühl des Einsseins zu empfinden mit den anderen Menschen und der Natur. Hinter dieser Deutung steht auch die Philosophie Schopenhauers, die der junge Nietzsche tief in sich aufgenommen hatte – ein überpersönlicher »Wille« als Urgrund der Welt, der insbesondere im Musikerlebnis erfahrbar wird. Nietzsche zeigt nun, daß die einzigartige Leistung der griechischen Tragödie in der Verschmelzung beider Prinzipien, des Dionysischen und Apollinischen, liegt. Er zeigt weiter, daß das Leben überhaupt nur in der erfahrenen Spannung beider Prinzipien richtig gelebt werden kann. Und er zeigt schließlich, daß wir einer der griechischen Tragödie verwandten Kunst bedürfen. Nur eine solche Kunst kann eine tiefere Erfahrung des Lebens/der Welt oder wie man es nennen mag, vermitteln. Nur eine echte tragische Kunst kann an Grenzerfahrungen des Daseins wie Tod, Liebe, das Absurde heranführen. Zugleich vermag nur sie, als Kunst, Spiel, schöner Schein, das Leben über den Schmerz alles Lebens zu trösten.

Die Geburt der Tragödie aus dem Geist der Musik – warum diese tiefsinnig-verklärend-begeisterte Hinwendung eines Achtundzwanzigjährigen zu einer längst vergangenen Vergangenheit? Sie entspringt einem tiefen Unbehagen an der eigenen Gegenwart, einem Unbehagen, aus dem sich Nietzsches ganze denkerische Arbeit speist. Um diese Gegenwart zu begreifen, entwickelt er folgendes Geschichtsmodell: Die hohe tragische Kultur des frühen Griechentums wurde noch in Griechenland selbst abgelöst von einem neuen Menschentypus. Er nennt ihn den »theoretischen Men-

»Die Geburt der Tragödie«

Dionysos und Apollo

spannungsgeladene Synthese

Verfallsgeschichte schen«. Der theoretische Mensch hat den Bezug zu den Wurzeln des Daseins – das Leben als mächtige Überfülle von Lust und Leid – verloren. Mit Hilfe der Wissenschaft hat er die Welt entzaubert, verflacht und zu einem vernünftigen, zweckmäßigen Apparat gemacht. Urbild dieser Tendenz ist für Nietzsche die Person des Sokrates, der hier natürlich ziemlich schlecht abschneidet. Sokrates ist der oberste Sophist, ein Mensch, der alles wissen will, der immer moralisch einwandfrei handeln und sein Handeln ständig mit Gründen rechtfertigen will. Sokrates als »der spezifische *Nicht-Mystiker*.« Nach Nietzsches Verständnis hat sich diese Tendenz geschichtlich durchgesetzt, so daß er seine eigene Zeit als Ergebnis des Sokratismus versteht. Heilung verspricht er sich durch Kräfte, die den wissenschaftlichen Geist wieder in seine Grenzen verweisen. Er wünscht sich die Wiedergeburt einer tragischen Kultur, die von der Wissenschaft wieder zu echter Weisheit findet und zu einer unverstellten Gesamterfahrung des Lebens führt. In der Philosophie Schopenhauers und der Musik Richard Wagners sieht er ihre ersten Boten.

»Unzeitgemäße Betrachtungen« Die *Geburt der Tragödie* erregte beträchtliches Aufsehen. Dabei war sie keineswegs »zeitgemäß«; bei der Mehrzahl der Fachkollegen – sein eigener Lehrer sprach von »geistreicher Schwiemelei« – war Nietzsche von nun an wissenschaftlich tot. Um so entschiedener wurde seine Haltung in den vier *Unzeitgemäßen Betrachtungen*, die 1873–76 erschienen sind. Gleich eingangs stellt Nietzsche die Frage, ob denn der deutsche Sieg über Frankreich 1871 nicht schlimme Folgen haben könne. Er meint damit den allgemeinen Wahn, daß damit auch die deutsche Kultur gesiegt habe. Man muß sich dazu vergegenwärtigen, daß gerade in diesen Jahren – nach der politischen Einigung Deutschlands als Kaiserreich – das Bedürfnis nach einer geistigen Einheit (kulturellen Identität) besonders stark war. Zu diesem Zweck begann das deutsche Bildungsbürgertum immer hemmungsloser, sich mit einem passend gestutzten Verschnitt seiner literarischen und philosophischen »Klassiker« zu schmücken. Zahllos erschienen Bücher wie die *Gedankenharmonie aus Schiller und Goethe*, und bei der Hundertjahrfeier von Hegels Geburtstag z. B. (August 1870) ging es in den Festreden lautstark um den deutschen Geist, der sich jetzt auch auf Frankreichs Schlachtfeldern behaupten müsse.

Philisterkritik Nietzsche hat diese – tonangebende – Art seiner Zeitgenossen *Bildungsphilister* genannt – ein Ausdruck, der in die deutsche Sprache eingegangen ist (worauf er zu Recht stolz war). Bezeichnete das Wort »Philister« den normalen Spießbürger im Gegensatz zum Künstler oder echten Kulturmenschen, so will Nietzsche mit dem Ausdruck »Bildungsphilister« diejenigen Kreise des Bürgertums treffen, die sich ihrer Bildung wegen schon als Musensöhne wähnen. »Es darf nicht mehr gesucht werden; das ist die Philisterlosung.« Schonungslos prangert Nietzsche die Selbstzufriedenheit des Philistertums an, das seine eigene »gediegene Mittelmäßigkeit« feiert und in seiner Gegenwart als dem »Mannesalter« der kulturellen Entwicklung das Ziel der Weltgeschichte sieht. *Vom Nutzen und Nachteil der*

Geschichte und Leben *Historie für das Leben*, die zweite der *Unzeitgemäßen Betrachtungen*, ist besonders wichtig. Wir sahen bereits, daß erst zur Schwelle des 19. Jahrhunderts das eigentliche neuere geschichtliche Bewußtsein entstanden ist [→ S. 302 f.]. Geschichte wurde zur strengen positiven Wissenschaft, und auf diesen seinen historischen Sinn war das Zeitalter ungeheuer stolz. Nietzsches Kritik konzentriert sich darauf, daß diese ganze Art historischer Bildung auf ein leeres Ansammeln von totem Wissen hinauslaufe. Geschichte/Geschichtswissen bleibt ohne irgendeinen Bezug auf seinen eigentlichen Zweck, das Leben. Der Geschichtswissenschaftler als Antiquitätensammler – Nietzsche weist hier auf ein Problem hin, das für Geschichtswissenschaft und Geschichtsunterricht bis heute aktuell geblieben ist. Welche wirkliche Erkenntnis kann geschichtliche Bildung vermitteln? Und welche Folgen könnte das auf mein Leben haben?

»ich wüßte nicht, was die klassische Philologie in unserer Zeit für einen Sinn hätte, wenn nicht den, in ihr unzeitgemäß – das heißt gegen die Zeit und dadurch auf die Zeit und hoffentlich zugunsten einer kommenden Zeit – zu wirken.« Wir können bereits hier feststellen, daß Nietzsche ganz grundlegend die Lebensverhältnisse seiner Zeit kritisiert, wobei ein bestimmtes Bild von Griechenland als Kontrastfolie dient. Ihn stört die Zufriedenheit, Sattheit, Mittelmäßigkeit seiner Zeitgenossen. Er will nicht das »kleine Glück« des bürgerlich-geschäftsmäßigen Alltags, sondern sucht – schwer, das genau zu fassen – eine Art »ganzer Mensch«, ein volles, für die tragischen wie die seligen Seiten des Daseins offenes Leben. Ein Leben, das sich ganz bejaht, das »hohe Stimmungen« kennt, wie er sich später einmal ausdrückt. In der Kunst Richard Wagners sieht er zunächst ein Licht, das in diese Richtung weist. Als sich all das als Illusion herausstellt, als ihm die gesamtnationale Verlogenheit der kaiserlich-deutschen Kultur immer unerträglicher wird, vergrößert sich noch einmal sein Abstand zu seiner Zeit. Die Kritik verschärft sich. Sie wird umfassender. Zugleich ändert sich der Stil: der Aphorismus wird jetzt zur treffsicheren Waffe. Es ist dies die Periode einer neuen Art von Schriften: *Menschliches, Allzumenschliches. Ein Buch für freie Geister* (1878); *Morgenröte. Gedanken über moralische Vorurteile* (1881); *Die fröhliche Wissenschaft* (1882). Schließlich die große Dichtung *Also sprach Zarathustra. Ein Buch für Alle und Keinen* (vier Teile, 1883–1885).

Sehnsuchtsfolie der Gegenwartskritik

aphoristisches Schrifttum

Die aphoristische Form der Mitteilung läßt schon vermuten, daß hier kein systematischer Denker spricht wie etwa Hegel, der sein System mit der Notwendigkeit einer paragraphenmäßigen Abfolge vorgetragen hat. Nietzsche ist ein sehr subjektiver, temperamentvoller Denker. Er nimmt ein Thema auf, beleuchtet diese oder jene Seite, kommt von da aus vielleicht zu einer überraschenden Einsicht, die er am Ende möglicherweise wieder in Frage stellt, um sie zehn Seiten später als die größte Selbstverständlichkeit wieder einfließen zu lassen. Dabei ist Nietzsche, einmal ganz abgesehen von seinen dichterischen Fähigkeiten, einer der größten Stilkünstler der deutschen Sprache. Es gibt kaum einen anderen Philosophen, bei dem es eine so große Rolle spielt, *wie* etwas gesagt wird. Das hat natürlich auch oft zu Fehldeutungen geführt, wenn der redliche Interpret z. B. nicht die Ironie in einer bestimmten Äußerung verstanden hat.

Denkart und Stilhaltung

Für den Anfänger sind Texte von Nietzsche zunächst sicherlich etwas verwirrend. Ein Buch wie *Die Fröhliche Wissenschaft* z. B. beginnt mit 63 Gedichten mit der Überschrift >»Scherz, List und Rache« Vorspiel in deutschen Reimen<. Dann kommen ohne Übergang die konzentrierten Aphorismen im Ersten Buch: »Die Lehrer vom Zweck des Daseins«; »Das intellektuale Gewissen«; »Edel und Gemein«; »Das Arterhaltende«; »Unbedingte Pflichten« usw. Mit etwas Geduld kann man sich aber in Nietzsche recht gut einlesen, denn seine Themen bilden »einen aufs innigste in sich zusammenhängenden Komplex [...]. Vielleicht ist es überhaupt besser, nicht von einem Komplex, sondern von einem Gewebe gleichnishaft zu sprechen; von einem Gewebe, auf welchem wie auf einer Tapete zwar mehrere Figuren und Figurengruppen erscheinen – aber diese eben immer wieder, bis auf ihre Farbe, bis auf die Tönung gleich!« [9]

entscheidendes Ereignis: der Tod Gottes

Die Grundvoraussetzung ist der »Tod Gottes«. Einer der eindringlichsten Texte, der von diesem Ereignis spricht, ist Aphorismus 125 in der *Fröhlichen Wissenschaft*, »Der tolle Mensch«. Er wird hier ganz zitiert, um auch einmal einen zusammenhängenden Eindruck seines Stils zu geben:

»Der tolle Mensch«

»*Der tolle Mensch.* – Habt ihr nicht von jenem tollen Menschen gehört, der am hellen Vormittage eine Laterne anzündete, auf den Markt lief und unaufhörlich schrie: ›Ich suche Gott! Ich suche Gott!‹ – Da dort gerade viele von denen zusammenstanden, welche nicht an Gott glaubten, so erregte er ein großes Gelächter. Ist er denn verlorengegangen? sagte der eine. Hat er sich verlaufen wie ein Kind? sagte der andere. Oder hält er sich versteckt? Fürchtet er sich vor uns? Ist er zu Schiff gegangen? ausgewandert? – so schrien und lachten sie durcheinander. Der tolle Mensch sprang mitten unter sie und durchbohrte sie mit seinen Blicken. ›Wohin ist Gott?‹ rief er, ›ich will es euch sagen! *Wir haben ihn getötet* – ihr und ich! Wir alle sind seine Mörder! Aber wie haben wir dies gemacht? Wie vermochten wir das Meer auszutrinken? Wer gab uns den Schwamm, um den ganzen Horizont wegzuwischen? Was taten wir, als wir diese Erde von ihrer Sonne losketteten? Wohin bewegt sie sich nun? Wohin bewegen wir uns? Fort von allen Sonnen? Stürzen wir nicht fortwährend? Und rückwärts, seitwärts, vorwärts, nach allen Seiten? Gibt es noch ein Oben und ein Unten? Irren wir nicht wie durch ein unendliches Nichts? Haucht uns nicht der leere Raum an? Ist es nicht kälter geworden? Kommt nicht immerfort die Nacht und mehr Nacht? Müssen nicht Laternen am Vormittage angezündet werden? Hören wir noch nichts von dem Lärm der Totengräber, welche Gott begraben? Riechen wir noch nichts von der göttlichen Verwesung? – auch Götter verwesen! Gott ist tot! Gott bleibt tot! Und wir haben ihn getötet! Wie trösten wir uns, die Mörder aller Mörder? Das Heiligste und Mächtigste, was die Welt bisher besaß, es ist unter unsern Messern verblutet – wer wischt dies Blut von uns ab? Mit welchem Wasser könnten wir uns reinigen? Welche Sühnefeiern, welche heiligen Spiele werden wir erfinden müssen? Ist nicht die Größe dieser Tat zu groß für uns? Müssen wir nicht selber zu Göttern werden, um nur ihrer würdig zu erscheinen? Es gab nie eine größere Tat – und wer nur immer nach uns geboren wird, gehört um dieser Tat willen in eine höhere Geschichte, als alle Geschichte bisher war!‹ – Hier schwieg der tolle Mensch und sah wieder seine Zuhörer an: auch sie schwiegen und blickten befremdet auf ihn. Endlich warf er seine Laterne auf den Boden, daß sie in Stücke sprang und erlosch. ›Ich komme zu früh‹, sagte er dann, ›ich bin noch nicht an der Zeit. Dies ungeheure Ereignis ist noch unterwegs und wandert – es ist noch nicht bis zu den Ohren der Menschen gedrungen. Blitz und Donner brauchen Zeit, das Licht der Gestirne braucht Zeit, Taten brauchen Zeit, auch nachdem sie getan sind, um gesehn und gehört zu werden. Diese Tat ist ihnen immer noch ferner als die fernsten Gestirne – *und doch haben sie dieselbe getan!*‹ Man erzählt noch, daß der tolle Mensch desselbigen Tages in verschiedene Kirchen eingedrungen sei und darin sein *Requiem aeternam deo* angestimmt habe. Hinausgeführt und zur Rede gesetzt, habe er immer nur dies entgegnet: ›Was sind denn diese Kirchen noch, wenn sie nicht die Grüfte und Grabmäler Gottes sind?‹«

Nietzsche ist radikaler Atheist. Im Unterschied jedoch zu einem Atheismus, der bei dem Wort »Gott« mit der Achsel zuckt, ist in dem Text klar zu spüren, wie sehr der ehemalige Christ die gefühlsmäßigen Folgen des atheistischen Standpunktes durchlebt. Die Erfahrung gleichsam einer Gesamt-Kälte der Welt ist grundlegend. Dabei gibt ihm der Tod Gottes als das entscheidende Ereignis der Gegenwart den Blick frei in die Vergangenheit

Soldat Nietzsche

und die Zukunft. Bleiben wir zunächst bei der Vergangenheit, so wird hier der Blick ungeheuer geschärft. Man hat Nietzsches Philosophie eine »Schule des Verdachts« genannt, und er bemerkt dazu in der Vorrede zu *Menschliches, Allzumenschliches*: »In der Tat, ich selbst glaube nicht, daß jemals jemand mit einem gleich tiefen Verdachte in die Welt gesehen hat.« Sein Verdacht richtet sich auf alle Bereiche der kulturellen Tradition: die Geschichte der Religion, der Philosophie, der Wissenschaften, des Rechts, der Moral; ganz allgemein auf alle Formen des menschlichen Zusammenlebens samt ihrem gedanklichen und gefühlsmäßigen »Kitt«. Und wenn für einen Geschichtsphilosophen wie Marx dabei die Frage nach der jeweiligen Art der gesellschaftlichen Arbeit im Vordergrund steht, so richtet sich Nietzsches Interesse mehr auf die »Kultur«, d. h. all die Hilfskonstruktionen, welche die Menschen für ihr Zusammenleben entwickelt haben. Ganz charakteristisch ist für ihn dabei die Frage nach dem »Wozu« einer Überzeugung. Er untersucht also nicht beispielsweise: ›Welches Verhalten ist warum »gut« oder »böse«?‹ So haben die meisten Philosophen vor ihm gefragt. Nietzsche hingegen fragt radikaler: Wozu dient die Überzeugung, daß es »Gut« und »Böse« gibt? Wozu nützt der Glaube an einen Gott? Warum kamen die Menschen darauf, plötzlich »Gesetze« in der Natur zu finden und eine allgemeine Naturwissenschaft darauf zu begründen? Wozu brauchen die Menschen Kunst?

Schule des Verdachts

Wozu–Frage

Leitend ist also die Frage nach der Funktion bzw. Aufgabe bestimmter Überzeugungen für das Leben. »Das Leben« – dieser ebenso umfassende wie vieldeutig-unbestimmte Begriff ist vielleicht der oberste Bezugspunkt von Nietzsches Denken. Das Ergebnis ist vernichtend, in doppelter Hinsicht:

Zwischenbilanz

– Die Menschen haben stets an eine feste Wahrheit geglaubt, mag sie nun Gott, Moral, Vernunft oder Wissenschaft heißen. In dieser ungeheuren Illusion befangen, haben sie nicht gesehen, daß es gar keine »Wahrheit« gibt, daß immer sie selbst die Schöpfer ihrer Götter und ihrer Überzeugungen gewesen sind.
– Mit ihren Wahrheiten haben die Menschen sich klein gemacht. Von Ausnahmen abgesehen, haben sie nie wirklich gelebt. Mit Hilfe von »Gut« und »Böse« haben sie sich schuldig gemacht. Sie haben ihren Körper, ihre Triebe, ihren Willen verleugnet. Sie sind gute Arbeitstiere und brave Lämmer geworden. Hauptschuld trägt hieran das Christentum, die Religion der Selbstverleugnung und der »Herdenmoral«.

Nietzsches Philosophieren bedeutet zunächst also eine große Ernüchterung, aber ebenso eine große Ermutigung. Das Motto der *Fröhlichen Wissenschaft* lautet:

> »Ich wohne in meinem eignen Haus,
> Hab niemandem nie nichts nachgemacht
> Und – lachte noch jeden Meister aus,
> Der nicht sich selber ausgelacht.«

Da es keinen Gott und damit keinen festgelegten Sinn der Welt, der Geschichte und des Lebens gibt, sind die Menschen aufgerufen, sich diesen Sinn selbst zu geben. Hinter Nietzsches Entlarvung der herkömmlichen Religion(en), Philosophie(n), Moral(en) steht immer auch die Ermutigung zum Wagnis und zur Ich-Stärke. Das ist gut nachvollziehbar, wenn er z. B. aufzeigt, wie sehr das, was herkömmlicherweise »Tugend« genannt worden ist (Fleiß, Gehorsam, Keuschheit, Gerechtigkeit, Ehrfurcht), sich meist

offener Horizont

gegen ihre Inhaber gerichtet hat: »Tugend« als Instrument einer tief gefühlsmäßig verankerten Unterwerfung des Einzelnen unter die Gesellschaft. »Wir aber *wollen die werden, die wir sind* – die Neuen, die Einmaligen, die Unvergleichbaren, die Sich-selber Gesetzgebenden, die Sich-selber-Schaffenden« (*Fröhliche Wissenschaft*, Nr. 335). Und hier, bei der durch den Tod Gottes ermöglichten Blickrichtung auf die Zukunft, beginnen die eigentlichen Schwierigkeiten mit Nietzsche. Wir finden bei ihm ein tiefes Ungenügen am Menschen, wie er geworden ist, und aus diesem Ungenügen die Suche nach etwas Neuem. Dieses »Neue« kann aber nicht eindeutig bestimmt, sondern nur bildlich-formelhaft umschrieben werden (wie wollte man auch eine Hoffnung anders ausdrücken als durch ein Bild?). Die häufigsten dieser Umschreibungen sind: »Der Übermensch«; »Jenseits von Gut und Böse«; »Ewige Wiederkunft des Gleichen«; »Der große Mittag«; »Wille zur Macht«. Wofür stehen diese Umschreibungen?

Chiffren des Neuen

Es ist kein Zufall, daß der »Übermensch« zum ersten Mal in einem dichterischen Werk verkündet wird. *Also sprach Zarathustra. Ein Buch für Alle und Keinen* – ein Text, der mich immer fasziniert und zugleich befremdet hat: »Als Zarathustra dreißig Jahre alt war, verließ er seine Heimat und den See seiner Heimat und ging in das Gebirge. Hier genoß er seines Geistes und seiner Einsamkeit und wurde dessen zehn Jahre nicht müde. Endlich verwandelte sich sein Herz« – Zarathustra geht zu den Menschen, um ihnen seine Weisheit zu verkünden (der Name erinnert an den altpersischen Religionsstifter Zarathustra bzw. Zoroaster, der um 600 v. Chr. lebte). Schon in diesen ersten Sätzen liegt eine übertrumpfende Anspielung auf Jesus von Nazareth, wie sich auch der Stil des ganzen Werkes an der kraftvoll-altertümlichen Sprache der Lutherbibel orientiert. Dem entsprechen auch die vielen Bilder und Gleichnisse, die Zarathustra in seinen Reden an die Menschen, an seine Jünger und im Selbstgespräch gebraucht. Eigentliche Handlung gibt es wenig; die Reden sind in lockerer Folge aneinandergereiht. Ihr Hauptthema ist – wenn man das bei einem dichterischen Werk so isoliert ausdrücken darf – der Übermensch, »der Blitz aus der dunklen Wolke Mensch.« Der Übermensch ist die Überwindung des Menschen; allerdings darf man dabei weder an etwas Engelartiges denken noch ist es ein germanischer Held, wie man Nietzsche im Nationalsozialismus hinzubiegen versucht hat: »Ich beschwöre euch, meine Brüder, *bleibt der Erde treu*«, sagt Zarathustra schon am Anfang des Werkes. In seiner ersten Rede »Von den drei Verwandlungen« deutet er gleichnishaft an, worauf der Übermensch zielt. »Drei Verwandlungen nenne ich euch des Geistes: wie der Geist zum Kamele wird, und zum Löwen das Kamel, und zum Kinde zuletzt der Löwe.« Das Kamel ist der »tragsame Geist«, dem Ehrfurcht und Selbsterniedrigung innewohnt, und damit ist sicherlich die lange Geschichte der menschlichen Abhängigkeit von (einem) Höheren Wesen gemeint. Der Löwe, die zweite Gestalt des Geistes, will Freiheit. Er setzt sein »Ich will« gegen das »Du sollst« (der Kampf gegen die Moral, auch z. B. in ihrer Form als Kantischer kategorischer Imperativ, ist ja eines der wichtigsten Themen Nietzsches). Aber auch der Löwe muß sich nochmals verwandeln. Er muß zum Kind werden. Das Kind ist ihm überlegen: »Unschuld ist das Kind und Vergessen, ein Neubeginnen, ein Spiel, ein aus sich herausrollendes Rad, eine erste Bewegung, ein heiliges Jasagen. Ja, zum Spiele des Schaffens, meine Brüder, bedarf es eines heiligen Ja-sagens: *seinen* Willen will nun der Geist, *seine* Welt gewinnt sich der Weltverlorene.« Vielleicht muß man sich damit abfinden, daß sich trotz aller gelehrter Bemühungen sehr viel mehr, als in diesen Bildern ausgedrückt ist, zum

»Also sprach Zarathustra«

Der Übermensch

daseinsbejahendes Spiel

Übermenschen nicht sagen läßt. Wie das Kind steht er »Jenseits von Gut und Böse«; wie das Kind lebt er in der Unschuld des Spiels, in völliger Bejahung seines irdischen Daseins.

Also sprach Zarathustra – eine Frohe Botschaft vom Tode Gottes und vom Übermenschen? Das ist nur ein Gesichtspunkt. Viel durchdringender wirkt – jedenfalls beim ersten Lesen – die Atmosphäre der Einsamkeit, ja des Gespenstischen, die Zarathustra umgibt. Sie steigert sich nochmals im vierten Buch, wo der inzwischen zum Greis gewordene Zarathustra in seiner Höhle von einem wahren Gruselkabinett von Gestalten Besuch erhält: zwei Könige, der alte Zauberer, der letzte Papst, der häßlichste Mensch, der freiwillige Bettler, der Schatten, der Gewissenhafte des Geistes, der traurige Wahrsager und sein Esel. Zarathustra feiert mit ihnen das Abendmahl. Das Lied des Zauberers ist eine der sprechendsten Stellen:

> Wer wärmt mich, wer liebt mich noch?
>   Gebt heiße Hände!
>   Gebt Herzens-Kohlenbecken!
> Hingestreckt, schaudernd,
> Halbtotem gleich, dem man die Füße wärmt –
> Geschüttelt, ach! von unbekannten Fiebern,
> Zitternd vor spitzen eisigen Frost-Pfeilen,
> Von dir gejagt, Gedanke!
> Unnennbarer! Verhüllter! Entsetzlicher!
> Du Jäger hinter Wolken!
> Darniedergeblitzt von dir,
> Du höhnisch Auge, das mich aus Dunklem anblickt: –
>   so liege ich,
> Biege mich, winde mich, gequält
> Von allen ewigen Martern,
> Getroffen
> Von dir, grausamster Jäger,
> Du unbekannter – Gott!
> [...]
> Davon!
> Da floh er selber,
> Mein letzter einziger Genoß,
> Mein großer Feind,
> Mein Unbekannter,
> Mein Henker-Gott! –
>
> – Nein! Komm zurück,
> Mit allen deinen Martern!
> Zum Letzten aller Einsamen
> O komm zurück!
> All meine Tränen-Bäche laufen
> Zu dir den Lauf!
> Und meine letzte Herzens-Flamme –
> *Dir* Glüht sie auf!
> O komm zurück,
> Mein unbekannter Gott! Mein Schmerz!
>   Mein letztes – Glück!

Über solchen Stellen darf man jedoch den Witz, das Ironisch-Spielerische, die zärtlichsten Zeugnisse tiefer Glückserfahrung nicht vergessen. Zarathustra ist ein Tänzer (»man muß noch Chaos in sich haben, um einen tanzenden Stern gebären zu können«); vielleicht ist die Aufforderung, nach dem Tode Gottes – endlich – zu tanzen, eine der wichtigsten Botschaften des Werkes. Es schließt mit den Worten: »Dies ist *mein* Morgen, *mein* Tag hebt an: *herauf nun, herauf, du großer Mittag!*« – Also sprach Zarathustra und verließ seine Höhle, glühend und stark, wie eine Morgensonne, die aus dunklen Bergen kommt.«

»Jenseits von Gut und Böse«

Wenn jemand ein *Vorspiel einer Philosophie der Zukunft* schreibt, so ist das eine zweifache Vorwegnahme, damit auch ein zweifacher Hinweis auf das Unsichere und Unabgedeckte der hier entfalteten Gedanken. Liegt auch eine Zurücknahme darin? Der Untertitel zu *Jenseits von Gut und Böse* (1886) läßt vieles offen (die Streitschrift *Zur Genealogie der Moral* (1887) ist als Ergänzung und Verdeutlichung zu diesem Werk verfaßt). Er ist in jedem Fall angemessen, denn Nietzsche bewegt sich hier auf denkerischem Neuland.

Themen der Spätphilosophie

Das erste Hauptstück, »Von den Vorurteilen der Philosophen«, enthält gedrängt die wesentlichen Fragestellungen seines späten Philosophierens. Ein wichtiger Gedankenzug ist die Infragestellung des herkömmlichen Gegensatzes von »Bewußtsein« und »Unbewußtem«. Nietzsche versucht – hier in manchem S. Freud vorwegnehmend [→ S. 376 f.] – auch das bewußte Denken, die Logik der Philosophen als Ausdruck viel ursprünglicherer Lebens-Instinkte, Lebens-Wertschätzungen zu sehen. Denn wenn ich z. B. ein größtmögliches Maß logischer Klarheit suche, steht dahinter auch eine gewisse Entscheidung bzw. Wertschätzung. Nietzsche faßt das Leben

Wille zur Macht

grundsätzlich als »Wille zur Macht« – auch hier wieder ein sehr vieldeutiger Leitbegriff. Er ist vielleicht am ehesten zu fassen als Gegenpol zu »Moral« und »Wahrheit«. »Wille zur Macht«: das Leben will sich und will sich ganz. In seiner chaotischen Triebhaftigkeit steht es von vornherein quer zu jeder Moral; es steht »Jenseits von Gut und Böse.« Das Leben als Wille zur Macht steht auch Jenseits von »Wahr« und »Falsch« – möglicherweise ist der Schein, selbst die Täuschung für das Leben wichtiger (Nietzsche betrachtet die Kunst gerne unter dieser Fragestellung). So wird der

perspektivisches Denken

altehrwürdige Begriff der »Wahrheit« überführt in den der »Perspektive«. Die Perspektive ist ja die Blickrichtung, von der aus ein Gegenstand vom jeweiligen Standpunkt des Betrachters aus erscheint. Und je nach Ort, Zeit, Gefühlen, Wertschätzungen ist derselbe Gegenstand vielleicht sehr verschieden, bzw.: »Es gibt *nur* ein perspektivisches Sehen, *nur* ein perspektivisches ›Erkennen‹; und *je mehr* Affekte wir über eine Sache zu Wort kommen lassen, je *mehr* Augen, verschiedene Augen wir uns für dieselbe Sache einzusetzen wissen, um so vollständiger wird unser ›Begriff‹ dieser Sache, unsre ›Objektivität‹ sein.« Die übliche Vorstellung von Erkenntnis und Objektivität – möglichst wenige, klare, allgemein anerkannte begriffliche Kriterien – wird hier also gerade umgekehrt. Ganz konsequent, und konsequenterweise nicht unproblematisch. Aber: »je *mehr* Augen...«

Gesichtspunkte und Fragen

Leben als »Wille zur Macht« – man hat sicher einiges von der Eigenart Nietzsches verstanden, wenn man sein Denken als eine Philosophie des Körpers zu fassen versucht [10]. Eine Philosophie des Körpers, die um die Geschichte seiner Verstümmelung und die Möglichkeiten seiner Steigerung kreist. Nietzsche sucht leidenschaftlich ein intensiveres Leben. Das von Anfang an Problematische bei dieser Suche liegt meines Erachtens in der Sichtweise der gesellschaftlichen Zusammenhänge, in denen das Leben

Der kranke Nietzsche hat sich in die Obhut seiner Schwester Elisabeth geflüchtet – eine verhängnisvolle Nähe.

wirklich lebt. Hat sich Nietzsche, der Unzeitgemäße, nicht zu weit von »seiner Zeit« entfernt, so daß er sich über weite Strecken mit Pauschalurteilen begnügt? Sehr schnell wird dem Leser etwa das Plumpe seiner Abwertung der Frauen, die Verlogenheit seiner gelegentlich heroischen Kriegsverherrlichung ins Auge springen. Und wer sind die »Ausnahme-Menschen«, die er im Auge hat? Etwa der Kreis seiner späteren Verehrer? Wie tröstlich, daß ihm der Kult um seine Person in den 90er Jahren, das modische Gerede vom Übermenschen erspart geblieben ist! Und auch wenn heute manches an seiner Demokratiekritik in neuem Licht erscheint (vgl. z. B. Aphorismus 242 in *Jenseits von Gut und Böse)*, so muß insgesamt die aristokratische Lösung, der Traum einer künftigen Elite scheitern.

Atmosphärisch zeigt sich diese Auswegslosigkeit im Tonfall der späteren Schriften. 1888, im Jahr vor seiner Umnachtung, hat Nietzsche noch einmal mit großer Intensität gearbeitet *(Der Fall Wagner. Ein Musikanten-Problem*; *Der Antichrist. Fluch auf das Christentum*; *Götzen-Dämmerung oder Wie man mit dem Hammer philosophiert*; die Gedichtsammlung *Dionysos-Dithyramben*; die Autobiographie *Ecce Homo. Wie man wird, was man ist)*. Die Themen bleiben im Umkreis der früheren Schriften, aber aus einer hellsichtigen Mischung von Diagnose, Kritik und Prophetie wird zunehmend eine kraftmeierische Ausfälligkeit, die ihren Gegenstand oft gar nicht mehr wirklich wahrnimmt. Und das um Gemeinsamkeit werbende »Wir freien Geister« der *Fröhlichen Wissenschaft* verwandelt sich zu einer maßlos überheblichen Selbstverherrlichung, die sich zum Auserwählten schlechthin macht. Doch all das ist auch – sicherlich notwendige – Maske. Um so erschütternder einer der »Wahnsinnszettel« vom 4. Januar 1889 an den Freund Peter Gast: »Meinem maestro Pietro Singe mir ein neues Lied: die Welt ist verklärt und alle Himmel freuen sich.« Der Brief ist unterschrieben mit »Der Gekreuzigte.«

Atmosphäre des Spätwerks

Exakte Naturwissenschaften, geschichtliche Welt, der handelnde Mensch – Themen der Universitätsphilosophie um die Jahrhundertwende

»Philosophie in der Maschinenwelt« – die stürmische Entwicklung des Kapitalismus und mit ihm, durch ihn die der industriellen Produktionsweise hat das Jahrhundert geprägt. Wissenschaftsgeschichtlich wurde sie begleitet durch die Geburt zweier neuer Wissensformen: die experimentellen Naturwissenschaften und die Geschichtswissenschaften. Einmal ganz abgesehen von der ungeheuren lebensweltlichen Veränderung hat dieser Aufschwung der Einzelwissenschaften die Philosophie sehr schnell in eine neue, schwierigere Lage gebracht [→ S. 295]. Man kann so die Universitätsphilosophie um die Jahrhundertwende verstehen als Versuch, die neue Lage mit neuen Anworten zu bewältigen. Daß es hierbei in Europa sehr viele Ansätze gab, ist klar – so empfahl z. B. die päpstliche Enzyklika *Aeterni patris* von 1879 die Philosophie des Heiligen Thomas von Aquin zum besonderen Studium, was zur Richtung des Neuthomismus bzw. der Neuscholastik führte. Wir beschränken uns hier bewußt auf drei Antworten, die besonders wichtig erscheinen: in Deutschland die Wiederbelebung kantischen Denkens in der sog. Marburger Schule sowie Wilhelm Diltheys Versuch einer Grundlegung der geschichtlichen Erkenntnis; in Amerika der sog. Pragmatismus, der auf ganz neue Weise das schöpferische Handeln des Menschen zum Ausgangspunkt seiner Überlegungen nimmt.

Ein neuer Kant in Marburg und Heidelberg

Ungenügen des spekulativen wie des positivistischen Zugriffs

Seit den sechziger Jahren des vorigen Jahrhunderts begann sich in Deutschland die Einsicht durchzusetzen, daß eine erneute Beschäftigung mit der Kantischen Philosophie anstehe. Es lassen sich dafür (mindestens) zwei Gründe anführen: einmal waren die umfassenden Systeme eines Fichte, Schelling, Hegel samt ihrer Nachfolger – die Philosophen J. F. Herbart (1776–1841), J. F. Fries (1773–1843) und vor allem Schopenhauer – einfach unglaubwürdig geworden. Teils aus Fortschrittsoptimismus, teils als krisenhaftes Katastrophenbewußtsein haben die Zeitgenossen erlebt, daß die Epoche des philosophischen Vertrauens in die Kraft der Vernunft und der großen Geschichtsdeutungen vorbei war. Bei Kant schien nun das Modell eines ebenso umfassenden, dabei aber gleichsam »redlicheren«, bescheideneren, der Metaphysik gegenüber kritisch eingestellten Philosophierens vorzuliegen. In diesem Sinne hat damals Otto Liebmann in seinem Buch *Kant und die Epigonen* (1865) die deutsche nachkantische Philosophie durchgemustert, mit der Bilanz am Ende eines jeden Kapitels: »Also muß auf Kant zurückgegangen werden.« Zum andern bot der Positivismus, der ja auch metaphysikkritisch angetreten war (»Fakten statt Spekulation!«), keine befriedigende Lösung mehr. Die Notwendigkeit eines engen Bezugs der Philosophie zu den Methoden und Ergebnissen der Naturwissenschaft war allgemein unbestritten. Aber mußte Philosophie nicht mehr sein als die Prüfung der experimentellen Verfahrensweisen in den Naturwissenschaften, wie dies John St. Mills *System der deduktiven und induktiven Logik* von 1843 nahegelegt hatte [→ S. 299]? Worin könnte dann dieses »Mehr« bestehen?

Es ist immer ein bedeutsamer Vorgang, wenn ein neuer philosophischer Ausdruck geprägt wird, der sich dann als treffend erweist. In seiner Abhandlung *Über Bedeutung und Aufgabe der Erkenntnistheorie* aus dem Jahre 1862 hat der Philosophiegeschichtsschreiber Eduard Zeller [→ S. 311] zum ersten Mal das Wort »Erkenntnistheorie« gebraucht. Er hat damit das Stichwort gegeben für eine – noch heute weithin vorherrschende – Auffassung, die die Hauptaufgabe der Philosophie in der Klärung von Erkenntnisproblemen, in der Theorie des Erkennens sieht. Auch für Zeller ist Kant der richtungsweisende Denker. »Im Geiste seiner Kritik«, um die Erfahrungen des neuen Jahrhunderts bereichert, soll die Philosophie ihre Bedeutung und Aufgabe finden – als Erkenntnistheorie.

Ein neuer Leitbegriff

Der Neukantianismus der Marburger Schule stellt gleichsam die Verwirklichung dieses Programms dar. Er ist ein eindrucksvolles Beispiel für das, was man »Rezeptionsgeschichte« nennt, also die Weise, wie eine Philosophie unter veränderten geschichtlichen Umständen weiter- und umgedacht wird. »Kant verstehen, heißt über ihn hinausgehen« (W. Windelband, 1883) – der Neukantianismus hat nicht einfach den »echten« Kant wiederholen, sondern Kants Denken für eine Grundlegung der naturwissenschaftlichen Erkenntnis fruchtbar machen wollen. Die Beschränkung auf Erkenntnistheorie führt allerdings auch zu einem Ausblenden vieler Fragen, die bei Kant immer spürbar sind. Die Gesamtperspektive der Aufklärung, aus der Kants Denken lebt, ist nach 1848/49, spätestens aber in der Zeit zwischen den Kriegen 1870/71 und 1914/18 verloren gegangen.

Begründung naturwissenschaftlichen Erkennens

Die Marburger Schule wurde vorübergehend zur einflußreichsten philosophischen Strömung in Deutschland. Ihr Begründer ist Hermann Cohen (1842–1918), der in Marburg lehrte. Sein großes Kant-Buch, *Kants Theorie der Erfahrung*, erschien 1871. Cohen ist ein streng systematischer Kopf; parallel zu seinen drei Büchern über Kants Erfahrungstheorie, Ethik und Ästhetik hat er ein eigenes System der Philosophie entwickelt. Er muß fasziniert gewesen sein von der Autonomie des menschlichen Geistes, seiner Fähigkeit, eine eigene Welt logischer Gesetzmäßigkeiten zu schaffen. Der Gedanke der wissenschaftlichen Methode steht bei ihm daher im Mittelpunkt. Kants Vernunftkritik hatte ja gezeigt, daß die menschliche Erkenntnistätigkeit ein Formen der Welt (genauer: dessen, was der Sinnlichkeit gegeben ist) nach Gesetzen des Erkenntnisapparates ist. Ebenso ist für Cohen »Erkennen« das methodische Erzeugen der Welt. Am deutlichsten kommt das in der Mathematik bzw. der mathematischen Physik zum Ausdruck. In der Mathematik, der vielleicht am wenigsten »natürlichen« Wissenschaft, offenbart sich der schöpferische, konstruktive Charakter der »reinen« Erkenntnis (Cohen liebte den Satz des Nicolaus Cusanus [→ S. 115 f.]: *nihil certi habemus nisi nostram mathematicam* – »wir haben nichts Gewisses als unsere Mathematik«). So ist es sein Anliegen, diese Eigenständigkeit des logischen Denkens nachzuweisen (*Logik der reinen Erkenntnis*, System der Philosophie 1. Theil, 1902). Er geht dabei »über Kant hinaus«, da er ein irgendwie geartetes Vorhandensein eines »Ding an sich« grundsätzlich ablehnt. Es gibt nichts »außerhalb« der (gesetzmäßigen) Erkenntnis; der Begriff des »Dings« wird durch den Begriff des »Gesetzes« ersetzt. In einer originellen Rettung des »Ding an sich« – das ja auch bei Kant ein Grenzbegriff des Denkens war – interpretiert er es um als Ausdruck der Vorläufigkeit/Prozeßhaftigkeit des Erkennens: »Es gibt keinen definitiven Abschluß. Jeder richtige Begriff ist eine neue Frage, keiner eine letzte Antwort. [...] Das Ding an sich ist ›Aufgabe‹«. Cohen hat seinen Standpunkt selbst als »methodischen Idealismus« bezeichnet.

Hermann Cohen

methodischer Idealismus

Paul Natorp — Als bedeutendste Vertreter der Schule gelten Paul Natorp (1854–1924), Wilhelm Windelband (1848–1914), Heinrich Rickert (1863–1936) und Ernst Cassirer (1874–1945). Paul Natorp hat man den »strengsten Methodenfanatiker und Logizisten der Marburger Schule« genannt (H.-G. Gadamer); sein Buch *Die logischen Grundlagen der exakten Wissenschaften* (1910) macht dieser Bezeichnung Ehre. Natorp hat sich dann mehr mit der psychologischen Seite des Erkennens befaßt. In seinem späteren Denken hat er den von Cohen abgesteckten Rahmen der »reinen« (transzendental-methodologischen) Erkenntnis verlassen. Auch Wilhelm Windelband und

Heinrich Rickert und Wilhelm Windelband — Heinrich Rickert haben diesen Rahmen gesprengt, indem sie sich stärker mit Fragen der menschlichen Geschichte und Kultur befaßt haben. Da beide in Heidelberg lehrten, spricht man auch von einer eigenständigen Südwestdeutschen Schule des Neukantianismus. W. Windelband ist heute vor allem noch bekannt als Verfasser des *Lehrbuchs der Philosophie* (1892). Es hat viele Auflagen erhalten und ist wohl in allen öffentlichen Bibliotheken zu finden. Wer wissen will, was jene Zeit unter »Philosophie« verstanden hat, sollte es sich einmal ansehen.

Naturwissenschaft und Kulturwissenschaft — Es ist klar, daß eine am Leitbild mathematisch-naturwissenschaftlicher Erkenntnis orientierte Denkrichtung sehr schnell auf die Frage stoßen muß, ob und wie denn auch der Bereich der menschlichen Kultur, also die ganze menschliche Geschichte mit der Vielfalt ihrer Religionen, Rechtsformen, Arbeitsverhältnisse usw. methodisch zu begreifen ist. Der wichtigste Versuch zur Erhellung dieser Frage wurde von Wilhelm Dilthey unternommen, aber auch die Südwestdeutsche Schule hat in dieser Richtung gearbeitet. Offensichtlich kann ja im Bereich des Geschichtlichen niemals die gleiche Art von Gesetzmäßigkeit herrschen wie in der Naturwissenschaft. Im Anschluß an Windelband hat H. Rickert daher versucht, »Naturwissenschaften« und »Kulturwissenschaften« einander gegenüberzustellen. Die Methode der Naturwissenschaften nennt er »generalisierend«, weil hier ganz allgemeine (generelle) Gesetzmäßigkeiten gesucht und gefunden werden sollen. Dagegen ist das Verfahren der Kulturwissenschaften »individualisierend«, weil sie es eher mit einmaligen, nicht wiederholbaren Ereignissen zu tun hat (die Französische Revolution z. B. ist solch ein Vorgang;

wertfreies – wertbezogenes Erkennen — Windelband unterscheidet beide Bereiche auch als »Gesetzeswissenschaft« – was immer ist – und »Ereigniswissenschaft« – was einmal war). Als wichtigster Unterschied kommt hinzu, »daß jede Kultur Werte verkörpert«, wie Rickert sich ausdrückt. D. h., ob ein vergangenes Geschehen für mich wichtig zu erkennen ist, hängt davon ab, was heute, in meiner Kultur, wichtig erscheint, interessant ist, also einen bestimmten Wert verkörpert. Geschichtliche Erkenntnis ist immer »wertbezogen«, gegenüber der »wert- und sinnfreien Natur.« Wenn das auch, was die Natur betrifft, so nicht stimmt, ist Rickerts *Naturwissenschaft und Kulturwissenschaft* (erschienen 1899) ein wichtiger Text aus dieser Zeit, häufig wieder aufgelegt und bald in mehrere Sprachen übersetzt.

Ernst Cassirer — Ernst Cassirer ist die vielleicht interessanteste Gestalt des Neukantianismus. Er lehrte lange Zeit in Hamburg, ist 1933 emigriert und starb 1945 in den Vereinigten Staaten. Cassirer schreibt in einer klaren, von der Fülle des Wissens durchdrungenen Sprache. Wie kaum einer versteht er es, geschichtliche und systematische Fragestellungen fruchtbar zu verknüpfen; seine *Philosophie der Aufklärung* (1932) sei als Beispiel genannt. Auch Cassirer ist, wie alle Neukantianer, Wissen(schaft)stheoretiker, und zwar in Anknüpfung an die Kantische Erkenntniskritik (*Substanzbegriff und Funktionsbegriff*, 1910, eine Summe der Entwicklung des naturwissenschaftlichen Wirklichkeitsbegriffs). Aber er erweitert den Begriff der Theorie entscheidend, indem er auch die nichtwissenschaftlichen Denkformen ernstnimmt. »Die Kritik der Vernunft wird damit zur Kritik der Kultur.« Anders: »Wenn alle Kultur sich in der Erschaffung bestimmter geistiger Bildwelten, bestimmter symbolischer Formen wirksam erweist, so besteht das Ziel der Philosophie [...] darin, sie in ihrem gestaltenden Grundprinzip zu verstehen und bewußt zu machen.« [1] Cassirer gerät damit in die Nähe von Hegels *Phänomenologie des Geistes*, dem Versuch, den Weg des Wissens durch die Vielfalt seiner geschichtlichen Gestalten zu verfolgen [→ S. 280]. Vielleicht vermag der Aufbau seines Hauptwerks, der dreiteiligen *Philosophie der symbolischen Formen* (1923–29), einen Eindruck von diesem Programm der Bewußtmachung zu geben.

Erweiterung des Fragehorizontes

Im ersten Teil untersucht Cassirer die menschliche Sprache. Er knüpft hierbei unmittelbar an die Sprachphilosophie Wilhelm von Humboldts an. Humboldt (1767–1835) hat die Leistung der menschlichen Sprache als symbolisch-prozeßhafte Vermittlung zwischen Mensch und Welt herausgearbeitet. Von diesem Ansatz her verfolgt Cassirer, wie in den sprachlichen Symbolen die Welt angeeignet und zum Ausdruck gebracht wird. Der zweite Teil behandelt das mythische Bewußtsein – die Art, wie der Mensch im Mythos sich selbst und die Welt versteht bzw. wie im mythischen Denken »aus dem Chaos der Eindrücke ein Kosmos, ein charakteristisches und typisches ›Weltbild‹ sich formt.« Unter dem Titel *Phänomenologie der Erkenntnis* ist der dritte Teil dann eine Darstellung des wissenschaftlich-begrifflichen Denkens in seiner Eigenart. Daß dabei auch das Ansehen des sog. wissenschaftlichen Weltbildes erschüttert wird, liegt nahe. Cassirer kann zeigen, wie sehr selbst einfachste Grundbegriffe wie »Materie« oder »Atom« oder »Druck« geschichtlich entstandene Hilfsvorstellungen des menschlichen Geistes sind. In seinem letzten größeren Werk *Was ist der Mensch? Versuch einer Philosophie der menschlichen Kultur* (1944) definiert Cassirer daher den Menschen – in Abhebung von der klassischen Bestimmung als *animal rationale* (Vernunftwesen) – als *animal symbolicum*.

Kultur und Symbol

Von der Kritik der »reinen« zur Kritik der »geschichtlichen Vernunft«

Geht es der Marburger Schule ihrem ursprünglichen Ansatz nach um die erkenntnistheoretische Grundlegung der mathematischen Naturwissenschaft, so hat auch die »andere« Seite der wissenschaftlichen Entwicklung, das geschichtliche Erkennen, nach einer Neubegründung verlangt. Zu den wichtigsten Vertretern der Geschichtswissenschaft des 19. Jahrhunderts gehören Leopold von Ranke (1795–1868), Jacob Burckhardt (1818–97) und Johann Gustav Droysen (1808–84). Das Zentrum dieser auch unter dem Namen *Historische Schule* bekannten Richtung war Berlin. In Berlin studierte und lehrte auch Wilhelm Dilthey (1833–1911), der seine Lebensaufgabe in der Klärung der Eigenart der geschichtlichen Erkenntnis sah. Wer schon einmal im Unterricht versucht hat, gemeinsam mit anderen beispielsweise eine Flugschrift aus dem Bauernkrieg oder ein Theaterstück von Georg Büchner zu interpretieren, wird schnell die Größe der Aufgabe ermessen können, die sich Dilthey gesetzt hat. Er hat sie nicht lösen können – der angekündigte zweite Band seiner *Einleitung in die Geisteswissenschaften* (1883) ist nie erschienen, und der sog. Methodenstreit ist ein Dauerthema aller Geisteswissenschaften geblieben.

Dilthey

Begriff der *»Geisteswissen-* *schaft«*	Was versteht man nun unter »Geisteswissenschaften«? Schon der Begriff selbst, als Gegenpol zu »Naturwissenschaften«, ist höchst problematisch, denn es gibt – wie man z. B. von E. Cassirer lernen kann – nichts Geschichtlich-»Geistigeres« als die Denkformen, die zum Begreifen der Natur gebildet worden sind. Dilthey nennt die Bezeichnung Geisteswissenschaften »die mindest unangemessene«, »verglichen mit all den anderen unangemessenen Bezeichnungen, zwischen denen die Wahl ist« (moralische, geschichtliche, Kulturwissenschaften). Der Untertitel der *Einleitung* lautet: »Versuch einer Grundlegung für das Studium der Gesellschaft und der Geschichte.« In diesem Sinne umfaßten die Geisteswissenschaften zu Diltheys Zeit »das Ganze der Wissenschaften, welche die geschichtlich-gesellschaftliche Wirklichkeit zu ihrem Gegenstande haben.« Später haben sich davon die Politischen oder Gesellschaftswissenschaften ausgegrenzt, so daß der Begriff »Geisteswissenschaften« nach wie vor schillert. Meist wird er heute in der engeren Bedeutung von Literatur-, Sprach- und Kunstwissenschaften gebraucht.
»Verstehen« – *geschichtlich* *gesättigtes Erkennen*	In all diesen Wissenschaften haben wir es mit vom Menschen selbst geschaffenen, daher mit »geistigen Tatsachen« zu tun, wie Dilthey sich ausdrückt. Diese geistigen Tatsachen gilt es zu – verstehen. Geisteswissenschaftliches Erkennen ist Verstehen; »Verstehen« ist der Schlüsselbegriff, um den Diltheys Denken kreist. Als Ziel schwebt ihm dabei immer der »ganze Mensch« vor, »dies wollend fühlend vorstellende Wesen«, wie er gegenüber dem logisch-vernunftmäßig verdünnten Erfahrungs- und Erkenntnisbegriff bei Kant und anderen betont. Seine Absicht ist, wie er in Abhebung von Kants *Kritik der reinen Vernunft* formuliert, eine »Kritik der historischen Vernunft«, also eine systematische Klärung all der Momente, die bei der Erkenntnis geschichtlich-gesellschaftlicher Sachverhalte bedeutsam sind. Von zwei Ansatzpunkten her versucht Dilthey, das Verstehen zu verstehen. Der eine ist psychologisch – eine noch zu erarbeitende
zwei Zugangsweisen: *psychologisch und* *hermeneutisch*	wissenschaftliche Psychologie sollte als Grundlegung der Geisteswissenschaften dienen: »Der seelische Zusammenhang bildet den Untergrund des Erkenntnisprozesses, und der Erkenntnisprozeß kann sonach nur in diesem seelischen Zusammenhang studiert und nach seinem Vermögen bestimmt werden.« [2] Da sich der psychologische Ansatz aber als zunehmend problematischer erwies, hat Dilthey dann an die bereits vorliegende Lehre vom Verstehen angeknüpft. Dieses *Hermeneutik* genannte Verfahren der Kunst der Textauslegung hat eine lange Tradition, vor allem bezogen auf die Erklärung biblischer Texte. In der Hermeneutik des Philosophen und Theologen Friedrich Schleiermacher (1768–1834) hatte sie ihre ausgeprägteste Form erhalten. Da Schleiermacher die Hermeneutik vom Auslegen von Texten auf das psychologische Verständnis des Autors sowie die Voraussetzungen des Interpretierenden ausgedehnt hatte, kam das Diltheys Bestrebungen entgegen.
Probleme der *Hermeneutik*	Nun führt aber die Hermeneutik in unauflösbare Probleme. Rein logisch formuliert, dreht es sich um das Verhältnis von Ganzem und Teil: »Aus den einzelnen Worten und deren Verbindungen soll das Ganze eines Werkes verstanden werden, und doch setzt das volle Verständnis des einzelnen schon das des Ganzen voraus. Dieser Zirkel wiederholt sich in dem Verhältnis des einzelnen Werkes zu Geistesart und Entwicklung seines Urhebers, und er kehrt ebenso zurück im Verhältnis des Einzelwerks zu seiner Literaturgattung.« [3] Diese Einsicht, welche die Grenzen aller Auslegung bestimmt, nennt man den »hermeneutischen Zirkel«, da sich der Auslegende hier im Kreis be-

wegt. Hinter der logischen Formulierung steckt das geschichtliche (auch: *Ein Kreis ohne Anfang* psychologische) Problem des Abstands zwischen der Gegenwart des Ausle- *und Ende* gers und der Vergangenheit des Textes. Jede Zeit, jedes erkennende Subjekt hat ein je eigenes Verständnis, einen bestimmten »geschichtlichen Horizont« (vgl. den Begriff der Perspektive bei F. Nietzsche, [→ S. 356]). Dieser Horizont der eigenen Zeit bestimmt das Verständnis von Vergangenheit grundlegend. Es gibt keine Vergangenheit, »wie sie einmal war«. All unser Wissen ist vorläufig, relativ – die »Kritik der historischen Vernunft« kommt zu derselben Bescheidung wie die Untersuchung der naturwissenschaftlichen Begriffsbildung etwa bei Ernst Cassirer. In seiner Rede zum 70. Geburtstag hat der alte Dilthey das ganz klar formuliert: »Ein scheinbar unversöhnlicher Gegensatz entsteht, wenn das geschichtliche Bewußtsein in seine letzte Konsequenz verfolgt wird. Die Endlichkeit jeder geschichtlichen Erscheinung, sie sei eine Religion oder ein Ideal oder philosophisches System, sonach die Relativität jeder Art von menschlicher Auffassung des Zusammenhanges der Dinge ist das letzte Wort der historischen Weltanschauung, alles im Prozeß fließend, nichts bleibend. Und dagegen erhebt sich das Bedürfnis des Denkens und das Streben der Philosophie nach einer allgemeingültigen Erkenntnis. Die geschichtliche Weltanschauung ist die Befreierin des menschlichen Geistes von der letzten Kette, die Naturwissenschaft und Philosophie noch nicht zerrissen haben – *Historismus und* aber wo sind die Mittel, die Anarchie der Überzeugungen, die hereinzubre- *Relativismus* chen droht, zu überwinden?« Man hat diese Auffassung als »Historismus« oder auch »Relativismus« bezeichnet und wegen ihrer angeblichen Haltlosigkeit verurteilt. Ohne jetzt auf diese Frage näher eingehen zu können, muß man zumindest entgegnen, daß ein klares Problembewußtsein, wie es bei Dilthey zum Ausdruck kommt, auf jeden Fall eines der wichtigsten »Ergebnisse« ist, wozu Philosophie überhaupt führen kann.

Im übrigen paßt diese »geschichtliche Weltanschauung« in das weitere *Lebensphilosophie* Umfeld von Diltheys Denken. »Die letzte Wurzel der Weltanschauung ist das Leben«, sagt er einmal. Dilthey ist der führende Vertreter einer bis in die zwanziger Jahre unseres Jahrhunderts weitverbreiteten Strömung, der sog. Lebensphilosophie. Der Ausdruck »Lebensphilosophie« stammt – natürlich nicht zufällig – aus der deutschen Romantik; Friedrich Schlegel hat ihn mit seinen *Vorlesungen über die Philosophie des Lebens* geprägt. Sie rückt das »Leben« als etwas Unmittelbares, begrifflich nicht Erreichbares, fließend-Unerschöpfliches in den Mittelpunkt. Ihm entspricht das »Erleben« als ein gefühlsmäßiges (intuitives) Erfassen seelisch-geistiger Sachverhalte.

Man hat Nietzsche zur Lebensphilosophie gerechnet, auch den höchst *wichtigste Vertreter* interessanten Philosophen und Soziologen Georg Simmel (1858–1918; *Soziologie*, 1908; *Philosophie des Geldes*, 1900; *Zur Philosophie der Kunst*, 1923), den Geschichtsphilosophen Oswald Spengler (1890–1936; *Der Untergang des Abendlandes*, 1918–1922), den Psychologen Ludwig Klages (1872–1956; *Der Geist als Widersacher der Seele*, 1929). Der große, einflußreiche Vertreter der Lebensphilosophie in Frankreich ist Henri Bergson (1859–1941; *Materie und Gedächtnis*, 1896; *Die schöpferische Entwicklung*, 1907; *Die beiden Quellen der Moral und der Religion*, 1932). Bergsons Denken kreist um die schöpferische Freiheit des menschlichen Bewußtseins, das er an seiner intuitiven (schauenden) Fähigkeit festmacht. Philosophie als Befreiung von den Fesseln des (wissenschaftlichen und alltäglichen) Verstandes, als Führerin zu tieferen Schichten des Lebens, zu tieferen Dimensionen der Zeit. Ein Zitat: »An Stelle einer Diskontinuität von

Momenten, die in einer unendlich teilbaren Zeit sich nebeneinander setzen [in der normalen Zeiterfahrung nämlich], wird er [der Geist] das kontinuierliche Fließen der wirklichen Zeit wahrnehmen, die unteilbar dahinfließt. [...] Hier gibt es keine starren Zustände mehr, keine toten Dinge, sondern nur noch die reine Beweglichkeit, aus der die Stabilität des Lebens besteht.« [4]

Pragmatismus in Amerika, eine handlungsbezogene Auffassung von »Wahrheit«

Amerika tritt auf die Szene

»Die sog. pragmatische Bewegung – der Name gefällt mir nicht, allein es ist offenbar zu spät, ihn zu ändern – scheint etwas plötzlich, wie aus der Luft, gekommen zu sein.« [5] Dabei war William James, der diesen Satz 1907 in einem Vorwort schrieb, selbst der maßgebliche Mann, der die Bewegung auslöste. 1898 hatte er erstmals öffentlich von »Pragmatismus« gesprochen und auf seinen Freund Charles Peirce als Begründer hingewiesen. Schon zehn Jahre später stand der Pragmatismus im Mittelpunkt der allgemeinen Diskussion. Die amerikanische Philosophie, bis dahin Kind der europäischen Tradition, begann damit eine eigene Gestalt anzunehmen und ihrerseits auf Europa zurückzuwirken. Im Vordergrund standen dabei stets William James und John Dewey, der große Erneuerer der Pädagogik. Erst in jüngster Zeit, in Deutschland seit den sechziger Jahren wurde der eigentliche Begründer wiederentdeckt. Damit hat sich das ganze Bild der amerikanischen Philosophie erneut verschoben. Man spricht inzwischen von Peirce als dem »wohl größten amerikanischen Denker überhaupt« (K.-O. Apel); oder: »Die Aktualität von Peirce in der gegenwärtigen Situation besteht darin, daß dieser Denker Fragen gestellt hat, die heute im Zentrum der philosophischen Diskussion stehen, und daß er auf diese Fragen höchst originelle Antworten gegeben hat« (K. Oehler). Nun pflegen alle Wiederentdecker und Herausgeber »ihren Mann« besonders herauszustreichen. Der Gang der philosophischen Diskussion hat jedoch diese Urteile aus den sechziger Jahren bestätigt. Wer war dieser so lange verschollene Charles Sanders Peirce, der von 1839 bis 1914 lebte?

Charles Sanders Peirce

Sohn eines großen Mathematikers, bezeichnete er sich selbst als einer der »Männer der Naturwissenschaft.« An der Harvard-Universität studierte er Mathematik, Naturwissenschaften und Philosophie, vor allem die Kantische, auf die er mit sechzehn Jahren stieß. Danach war er dreißig Jahre im Vermessungsdienst und der Gravitationsforschung tätig *(United States Coast Survey)*. Warum er außer einigen Lehraufträgen niemals eine richtige Stelle an einer Universität erhielt, ist bis heute unklar; sicher spielte dabei sein eigenwilliger Charakter eine Rolle. 1891 gab er seine Tätigkeit beim *Coast Survey* auf und lebte mit seiner Frau in größter Zurückgezogenheit, auch Armut. Dank der Unterstützung von William James und anderer Freunde konnte er in den letzten Jahren seines Lebens noch einmal eine große Schaffenskraft entfalten. Er starb 1914 als ein der Öffentlichkeit Unbekannter – außer einem Buch über astronomische Beobachtungen und einigen kleineren Artikeln hat er zu Lebzeiten nichts veröffentlicht. Erst 1931 bis 1935 und 1958 sind die *Collected Papers of Charles Sanders Peirce* erschienen, die die Erforschung seines Denkens in Gang gesetzt haben. In einer biographischen Anmerkung heißt es:

»William James hat einmal über seinen Freund gesagt: ›Charles Peirce ist der seltsamste Fall eines mit Talenten gesegneten Mannes, der es zu nichts bringt.‹ Tatsächlich erreichte Peirce den Gipfel der Erfolglosigkeit. Er erhielt nicht die Gelegenheit, länger als im ganzen acht Jahre zu lehren. […] Er konnte zwar zwanzig Stunden ununterbrochen an einem Thema arbeiten, für das er keinen Verleger fand, aber er beherrschte nicht die Kunst der Mittelmäßigkeit, den small talk, und auf Kollegen wirkte er durch seine moralische Unabhängigkeit provozierend. […] Peirce fühlte selbst, daß es etwas Besonderes in seinen Erbeigenschaften gab, und er betonte die Tatsache, daß er Linkshänder war; er konnte aber mit beiden Händen schreiben und machte sich gelegentlich einen Spaß daraus, mit einer Hand eine Frage niederzuschreiben und gleichzeitig mit der anderen Hand die Antwort. […] Seinem Bericht zufolge schrieb er jeden Tag ungefähr zweitausend Wörter. Er verglich seine Hartnäckigkeit mit der Hartnäckigkeit einer Wespe in einer Flasche. […] In seinem Haus baute er sich eine Mansarde aus, wohin er durch Hochziehen der Leiter seinen Gläubigern entgehen und wo er auch arbeiten konnte. […] Er selbst sah sich seinem philosophischen Rang nach irgendwo in der Nähe von Leibniz.« [6]

Ein seltsamer Charakter...

Das griechische Wort *prägma* bedeutet soviel wie »Handlung«. Unter einem Pragmatiker versteht man einen Menschen, der den Umständen und den Erfordernissen der konkreten Lage gemäß handelt und dafür gegebenenfalls allgemeine (moralische) Grundsätze außer acht zu lassen bereit ist (je nachdem hat das Wort auch einen guten oder schlechten Beigeschmack). Was ist nun aber mit Pragmatismus als einer philosophischen Theorie gemeint? Auskunft kann ein kleiner Text von Peirce geben, der 1878 in einer philosophischen Zeitschrift erschienen ist. Man hat ihn auch die »Geburtsurkunde« dieser philosophischen Strömung genannt. Er trägt den bezeichnenden Titel *How to Make Our Ideas Clear – Über die Klarheit unserer Gedanken*. Peirce war leidenschaftlicher Logiker und schrieb ihr eine große Aufgabe zu: »Die erste Lektion, die wir mit Recht von der Logik verlangen dürfen, ist die Lehre, wie wir unsere Gedanken klar machen können. Das ist eine sehr wichtige Lektüre, die nur von Geistern geringgeschätzt wird, die sie nötig haben. Zu wissen, was wir denken, Herren zu sein unserer eigenen Meinung, das bildet ein solides Fundament für große und gewichtige Gedanken.«

...fordert klare Gedanken

Hier wird also sehr viel von der Logik erwartet. Nun ist das Verlangen nach »Klarheit« und »Deutlichkeit« der Begriffe eine sehr alte Forderung der Logikbücher. Richtungweisend hat René Descartes die wohldefinierten Begriffe den »dunklen und verworrenen« gegenübergestellt und letztere gründlich aus dem Bereich des Denkens verbannt [→ S. 166]. Gerade aber diese Lehre von der Klarheit und Deutlichkeit – die Lehrbücher nannten sie stolz die »Zierde der Logik« – ist für Peirce »rather a neat bit of philosophical terminology« – »ein ziemlich gefälliges Stück philosophischer Terminologie«. Sie hat ihren Platz in Philosophien, »welche schon lange tot sind. Es ist jetzt an der Zeit, die Methode zu formulieren, mit der man eine größere Klarheit des Denkens erreichen kann, so wie wir sie bei den Denkern unserer Zeit sehen und bewundern.« Die letzten Worte des Zitats deuten den Erfahrungshintergrund der Kritik an. Peirce war ja selbst ein Naturwissenschaftler, der in der Mathematik, Physik, Astronomie bedeutende Forschungen angestellt hat. In seiner eigenen Tätigkeit mußte er erfahren, daß die alte Form der Logik mit ihrer Definitionsmethode unbrauchbar geworden war. Man nennt diese alte Definitionsmethode »essentialistisch«. Seit Platon und Aristoteles hatten die Logiker geglaubt, das Wesen (lat. *essentia*) eines Dinges durch gedankliche Bestimmung erfassen zu können – eben mit klaren und deutlichen Begriffen. Die Entwicklung der

Die alte Logik genügt nicht mehr

Naturwissenschaften im 19. Jahrhundert hat dieses alte Vertrauen in die Definitionskraft des reinen Denkens erschüttert. Das Experiment, die kontrollierte Befragung der Natur spielt jetzt eine entscheidende Rolle im Prozeß des Findens einer Wahrheit. Wie wäre dann aber die Rolle des Denkens neu zu verstehen?

Was ist »Fürwahrhalten«?

Für Peirce ist der Verstand nicht mehr länger ein uninteressierter, zeitloser Zuschauer. Darin liegt das Pragmatische, Handlungsbezogene seines Ansatzes. Das Denken hat eine bestimmte Aufgabe im Lebenszusammenhang, einen Zweck: es erzeugt bestimmte Meinungen, Überzeugungen, Auffassungen, ein bestimmtes »Fürwahrhalten« *(belief)*, wie Peirce sich ausdrückt. Man denke nun einmal darüber nach, was eigentlich ein »Fürwahrhalten« ist. Nach Peirce hat es drei Eigenschaften: wir sind uns dessen bewußt, es beschwichtigt einen Zweifel und – das ist entscheidend – »drittens bedeutet es die Festlegung einer Regel des Handelns oder, kurz gesagt, einer *Gewohnheit (habit)* in unserer Natur.« Das Wesen des Fürwahrhaltens ist die Einrichtung einer Gewohnheit. Das hat zwei Seiten. Indem es den Zweifel beschwichtigt, eine Gewohnheit einrichtet, ist es ein Ruhepunkt. Da die Anwendung der Regel des Handelns aber weiteren Zweifel und weiteres Denken miteinschließt, ist es auch ein neuer Ausgangspunkt. Fürwahrhalten ist so zugleich *stopping-place* und *starting-place* des Denkens, das selbst wesensmäßig eine Handlung ist.

Wir sehen, wie in diesem handlungsbezogenen Ansatz der alte logische Begriff der »Wahrheit« gleichsam verflüssigt wird. Und zwar auf zwei Ebenen: wie Peirce das Denken auf die Einrichtung einer Regel des Handelns bezieht, so setzt er den Gegenstand mit der Summe seiner – erfahrbaren/erkennbaren – Wirkungen gleich. Feste Begriffe verwandeln sich bei Peirce in Hypothesen, und die Philosophie als ganze nimmt einen experimentellen Charakter an.

Consensus-Theorie der Wahrheit

Wir können hier nur auf eine Konsequenz eingehen, die sich daraus ergibt, nämlich den Begriff der Wirklichkeit, wie Peirce ihn zu fassen versucht. Wenn wir das Reale von der Einbildung unterscheiden, so meinen wir damit, daß seine Eigenschaften unabhängig sind von allen Meinungen, die es darüber gibt. Anderseits ist die Vorstellung, wir könnten »die Wirklichkeit, wie sie ist«, erkennen, längst überholt (Kant sprach daher gar nicht mehr von Dingen, sondern von »Erscheinungen« [→ S. 252]). Auch für Peirce gibt es außerhalb des Denkens – und das heißt immer: der verschiedenen Meinungen – keine »Wirklichkeit an sich«. Wie ist dieser Widerspruch zu lösen? Peirce bietet hier einen originellen Vorschlag an. Er vertraut auf die empirische Methode der wissenschaftlichen Forschung, die »schließlich und endlich« *(in the long run)* richtiges und falsches Fürwahrhalten trennen muß. Da die Forschung nach allgemeinen und nachprüfbaren (intersubjektiven) Regeln verläuft, zwingt ihr Ergebnis den Einzelnen zur Zustimmung. Das Neue an diesem Wirklichkeitsbegriff ist die Tatsache, daß Peirce erstmals die »Gemeinschaft der Sachverständigen« zu der Instanz macht, die im – vorläufigen – Besitz von Wahrheit = Wirklichkeit ist. Und er denkt sich sogar eine mögliche »Letztmeinung«, die, nach einem vielleicht unsagbar langen Prozeß, die »ganze Wahrheit« besitzt. Gerade dieses Gemeinschafts- oder Zustimmungsprinzip der Wahrheit (sog. Consensus-Theorie) ist es, die Peirce heute in den Mittelpunkt der Aufmerksamkeit gerückt hat: »So geht es mit jeder wissenschaftlichen Forschung. Verschiedene Köpfe können mit den gegensätzlichsten Ansichten beginnen, aber der Fortschritt der Forschung bringt sie durch eine Kraft, die außerhalb ihrer selbst liegt, zu einem und demselben Schluß. [...]

Diese große Hoffnung ist in dem Begriff der Wahrheit und der Realität verkörpert. Die Meinung, der nach schicksalshafter Bestimmung jeder letztlich zustimmen muß, der forscht, ist das, was wir unter Wahrheit verstehen, und das in dieser Meinung dargestellte Objekt ist das Reale. So würde ich Realität erklären.« – (Anmerkung von Peirce zu dem Wort »schicksalhaft«: Schicksal meint bloß das, was mit Sicherheit kommt und überhaupt nicht vermieden werden kann. [...] Daß wir alle sterben müssen, ist unser Schicksal«. We are all fated to die).

Ob der Pragmatismus von Peirce »so gut wie nichts« zu tun hat mit dem, was man durch die beiden anderen »Großen« dieser amerikanischen Strömung, W. James und J. Dewey, darunter versteht (so der Frankfurter Philosoph K.-O. Apel), sei hier dahingestellt. Es ist jedenfalls etwas anderes. William James (1842–1910) hat ihn volkstümlich gemacht, besonders durch seine Vorlesung *Der Pragmatismus. Ein neuer Name für alte Denkmethoden* (1906/07). Wie der Untertitel erkennen läßt, wird hier der ursprüngliche Ansatz verallgemeinert in dem Sinne, daß darunter jetzt einfach ein stark wirklichkeitsbezogenes Denken verstanden wird. Aus dieser Vorlesung stammen auch die mißverständlichen Formulierungen vom »Barwert« *(cash-value)* der Wahrheit. Gegner haben daraus die Behauptung gezogen, im Pragmatismus würden »Wahrheit« und »Nützlichkeit« einfach gleichgesetzt – was so nicht stimmt. W. James kommt von der Medizin und der Psychologie her (*Principles of Psychology*, 1890). Gegenüber Themen und Stil der akademischen Philosophie geht es ihm immer um ein angemessenes Erfassen der Vielfalt und Konkretheit der wirklichen Welt in ihrem Fluß. Ein wichtiger Bereich ist ihm die religiöse Erfahrung; James gehört zu den Begründern der Religionspsychologie (*Die Vielfalt religiöser Erfahrung*, 1902).

William James

»Der Mensch ›ist‹, indem er beständig ›wird‹« – auch John Deweys (1858–1952) Denken ist gleichsam frisch, unorthodox, geht von einem dynamischen Menschenbild aus. Deweys pragmatisches Philosophieren ist stark pädagogisch ausgerichtet. 1896 hat er in Chicago eine Reformschule gegründet, die die Trennung zwischen Schule und »normaler« Erfahrungswelt des Schülers überwinden sollte. Man muß dazu wissen, daß sich in den Jahren nach 1870 in den USA eine »offizielle« Kultur und »Gesellschaft« herauszubilden begann, mit den Universitäten an der Spitze. Die Schulen, die jetzt die Bildungsgüter der offiziell anerkannten Kultur verbreiten sollten, isolierten sich damit immer mehr. Sein praxisbezogener Erfahrungsbegriff hat ihn zur Schlüsselfigur der amerikanischen und dann auch europäischen Reformpädagogik werden lassen. So gehen viele heute allgemein anerkannte – was nicht automatisch heißt: angewandte – Prinzipien wie z.B. die Projektmethode des Unterrichts auf seine Anregungen zurück; auch der Begriff des »lebenslangen Lernens« *(permanent learning)* stammt höchstwahrscheinlich von ihm. Deweys Hauptwerk heißt *Demokratie und Erziehung* (1915). Demokratie wird hier nicht nur als abstrakte politische Institution aufgefaßt; »sie ist in erster Linie eine Form des menschlichen Zusammenlebens überhaupt.« Sein Denken kreist daher um die philosophischen, psychologischen, pädagogischen Voraussetzungen eines demokratischen Zusammenlebens. William James und John Dewey waren offensichtlich gleichermaßen in der Lage, Denkweisen des deutschen Idealismus und des positivistischen Jahrhunderts zu verbinden und für die Wirklichkeit ihrer Zeit neu zu formulieren. So findet sich bei beiden ein starker Glaube an die Freiheit und Kraft der Persönlichkeit, eine hoffnungsvolle Suche nach den Bedingungen von Selbstverwirklichung in der

John Dewey – pädagogisches und demokratisches Engagement

Gemeinschaft. Offensichtlich haben sie diese Überzeugung in ihrer Person auch selbst gelebt und ausgedrückt. Darin mag ein guter Teil der Resonanz gelegen haben, die ihr Denken überall in Europa fand.

Reform der Dialektik

Benedetto Croce und Giovanni Gentile – ebenfalls zwei herausragende Persönlichkeiten, Freunde-Feinde, deren denkerisch-politischer Weg in einer wohl einzigartigen Konstellation für die Entwicklung Italiens in der ersten Hälfte des 20. Jahrhunderts bestimmend werden sollte. Dabei waren beide zutiefst im 19. Jahrhundert verwurzelt, in der Tradition des *Risorgimento* und des deutschen Idealismus und hier insbesondere der Hegelschen Dialektik, aus deren Reform heraus sie ebenso originelle wie fragwürdige Lösungen entwickelten. Wenn aber nun Hegel, nach einem bekannten Wort von Marx, in Deutschland schon bald nach seinem Tode »wie eine toter Hund« behandelt wurde – wie war es möglich, daß sein Denken ausgerechnet im Italien der Jahrhundertwende eine derartige Aktualität erlangen konnte?

Croce

Das geistige Leben Neapels, Zentrum der liberalen Kultur des *Risorgimento*, stand in den Jahren nach der Einigung (1861) derart im Zeichen Hegels, daß man zu Recht Parallelen zum Berlin der 20er und 30er Jahre gezogen hat. Diese reichen von der Verketzerung der Hegelianer als »Pantheisten« oder »Atheisten« durch die (hier: katholischen) Gegner bis zur Polarisierung der Schule in zwei Lager, mit dem sich mehr auf das Übersetzen und Kommentieren beschränkenden Augusto Vera (1813–85) als Haupt der »orthodoxen« Linie, während Bertrando Spaventa (1817–83) einen sehr eigenständigen, »kritischen« Hegelianismus vertritt. Der tiefere Grund dieses ganzen Rezeptionsvorganges ist sicher darin zu sehen, daß sich Hegels Denken, seine rechts- und geschichtsphilosophische Begründung des »sittlichen Staates« [→ S. 289f.] in einer Situation anbot, die parallel zum Prozeß der politischen Einigung Italiens auch nach einer kulturellen Einheit verlangte, nach einer ethischen und gewissermaßen auch pädagogischen Vertiefung des Begriffs der »Nation« und ihres Trägers, des Staates. Nur vor diesem Hintergrund eines liberal-laizistischen Staatsideals läßt sich verstehen, daß der Hegelianismus noch einmal »Kult« und »Religion des Herzens« werden konnte; daß die tonangebenden Intellektuellen wie Silvio und Bertrando Spaventa, Francesco de Sanctis und Luigi Settembrini eine Rolle als »Erzieher und Anreger aller moralischen Kräfte« einnahmen. Wie verhält sich diese neue, freie Nation zur Gemeinschaft der anderen europäischen Nationen? In seiner Darstellung der Entwicklung des europäischen Denkens weist Bertrando Spaventa nach, daß sich die neuere italienische Philosophie mit Pasquale Galluppi (1770–1864), Antonio Rosmini (1797–1855) und vor allem Vincenzo Gioberti (1801–52) auf den Problemstand des deutschen Idealismus erhebt, den sie doch selbst in ihrer Entwicklung von der Renaissance bis Giambattista Vico vorbereitet und eröffnet hatte. Mag auch an dieser Zirkulation von Italien nach Westeuropa/Deutschland zurück nach Italien manches recht kühn konstruiert sein – das Bild einer organischen Entwicklung der italienischen Philosophie war damit gegeben, und mit ihm eines Italiens, »das eine würdige Stellung im gemeinsamen Leben der modernen Nationen einnimmt.«

geistige Erneuerung einer werdenden Nation

Italien als Vorläufer

Mit seinem Aufsatz *Das literarische Leben in Neapel von 1860 bis 1900* hat Benedetto Croce eine plastische Darstellung jener Epoche gegeben. In jeder Zeile spürt man hier die intime Vertrautheit mit der Szenerie – hat doch Croce (1866–1952) fast sein ganzes Leben lang in Neapel gelebt, in völliger finanzieller und beruflicher Unabhängigkeit und ohne jemals ein akademisches Lehramt zu bekleiden.

Benedetto Croce

Nach einer Jugendphase gelehrter Versenkung in die Geschichte Neapels nimmt Croce für einige Jahre engagiert an der Debatte um den Marxismus nach Engels' Tod teil [→ S. 391 f.]. Wie er selbst bekennt, war diese Debatte damals geradezu eine Art »Modethema«, auf das er durch den bedeutenden Marxisten Antonio Labriola (1843–1904) gebracht wird. Doch wird durch diese Auseinandersetzung, zu der übrigens auch der junge Gentile mit *Die Philosophie von Marx* (1899) einen bedeutenden Beitrag liefert, sein Geschichtsbegriff entscheidend vertieft. Im folgenden Jahrzehnt dann der Entwurf eines eigenen Systems: *Ästhetik als Wissenschaft des Ausdrucks und allgemeine Linguistik* 1902; *Logik als Wissenschaft des reinen Begriffs* 1905; *Philosophie der Praxis* 1909. Wenn auch Croce statt von einem System lieber von einer »Folge von Systematisierungen« sprach, so schimmern doch durch diese Titel die systematischen Grundbegriffe der europäischen philosophischen Tradition: Das Schöne (Äsethetik), das Wahre (Logik), das Gute und das Nützliche (in der praktischen Philosophie, als Ethik und Ökonomik). Amüsiert-ironisch schreibt der alte Croce, jemand habe ihn einmal voller Scharfsinn als »Philosophen der vier Wörter« (nämlich das Schöne, Wahre, Gute und Nützliche) bezeichnet – worauf er diesem entgegnete, ob er denn jene Werte und Ideale, welche die Menschheit Anstrengung und Blut gefordert hätten, »Wörter« nennen wolle! In welchem Verhältnis stehen diese Grundbegriffe zueinander, wie verhält sich der Generaltitel des Gesamtwerks, *Philosophie als Wissenschaft des Geistes*, zu seinem Vor- und Gegenbild, dem Hegelschen System?

Aufbau des Systems

Halten wir präsent, daß Croce von der Kunst- und Geschichtsbetrachtung zur Philosophie stößt: »Will man im Gesamtumfang von Croces spekulativem Denken einen roten Faden finden, so ist dies sicher die Verteidigung der Individualität, der je besonderen Verhältnisse.« [8] Und halten wir präsent, daß in den letzten beiden Jahrzehnten des 19. Jahrhunderts der europäische Positivismus auch in Italien seinen Siegeszug angetreten hatte und damit die Tendenz vorherrschte, alle kulturellen Gegebenheiten im weitesten Sinne auf gesellschaftliche oder psychologische »Tatsachen« zurückzuführen. Gegenüber diesem kausalen Modell ist nun Hegels Denken in besonderer Weise geeignet, die Konkretheit / Einmaligkeit geistiggesellschaftlicher Sachverhalte wie z. B. ein Kunstwerk oder eine geschichtliche Epoche angemessen zu erfassen (vgl. etwa den Begriff der Vermittlung, [→ S. 281]. Anderseits jedoch ist ebenso klar, daß ein System wie das Hegelsche nicht einfach wiederholt werden kann, daß es aus angebbaren Gründen untergegangen ist. So scheint es zugleich aktuell und überwunden, lebendig und tot zu sein? *Lebendiges und Totes in Hegels Philosophie* (1906) bringt diesen Widerspruch schon als Titel zu Bewußtsein. Und die bleibende Bedeutung dieser Studie liegt in der gedanklichen Schärfe, mit der sie seine Ursachen auseinanderzulegen versucht. Nach einer überzeugenden Darstellung der Errungenschaften des Hegelschen Denkens nimmt Croce eine Abrechnung mit der dialektischen Logik vor. Hier ist es vor allem der »Mißbrauch der triadischen Form«, die Hegel zu willkürlichen Konstruktionen verleitete und heute als »tot« erscheinen muß. Unterschiedliches, zu Unterscheidendes – so der Hauptvorwurf – werde hier als Gegensätzliches, Antithetisches aufgefaßt, das allein in einem Dritten, der Synthese, seine angebliche »Wahrheit« finde (so z. B. die

Lebendiges und Totes bei Hegel

Kunst in ihrem Verhältnis zur Religion, und die Philosophie als das »Höhere«, als die Synthese beider Formen des Geistes; vgl. auch den Begriff der »Aufhebung«, [→ S. 291]. Dieser »Dialektik der Gegensätze« stellt Croce das Modell einer »Verknüpfung des Unterschiedenen« entgegen, nach dem die vier Wirklichkeitsbereiche der Kunst und Philosophie, der Ökonomik und Ethik in einem abgestuften Zusammenhang stehen, also miteinander organisch verknüpft sind, ohne dabei ihre Selbständigkeit zu verlieren.

Croces gedankliche Arbeit um die Jahrhundertwende gründet in der Überzeugung, daß eine Erneuerung der italienischen Kultur aus dem Geist des Idealismus anstehe. Niemand teilte in jener Zeit diese Überzeugung mit gleicher Intensität wie der eng befreundete Giovanni Gentile (1875–1944), der eine »Renaissance des Idealismus« geradezu zum gemeinsamen Programm erhob. Und doch verbergen sich hinter der gemeinsamen Formel tiefgreifende Unterschiede, die bald zu unüberbrückbaren Gegensätzen werden sollten. Auch Gentiles Ansatz wurzelt ja in einer Reform der Dialektik – in welcher Richtung? Anders gefragt: wenn Hegel am Anfang der *Wissenschaft der Logik* [→ S. 284] den Übergang vom »Sein« und »Nichts« ins »Werden« als »Selbstbewegung des Begriffs« darstellt – wie ist dieser Übergang aufzufassen? Bzw., da es hier um das Verständnis der grundlegenden Kategorien der Wirklichkeit überhaupt geht, kann man auch fragen: worin gründet letztlich die Wirklichkeit oder das Werden? Hier geht Gentile nun gewissermaßen auf Fichtes *Wissenschaftslehre* zurück, auf ihr Konzept des »absoluten Ich« [→ S. 269] und interpretiert Hegels »Werden« als die Tätigkeit des denkenden Ich, genauer: als den Prozeß, den Akt des Denkens, aus dem alle Wirklichkeit allererst hervorgeht. Daher bezeichnet er seine Philosophie auch als »Aktualismus« oder »aktualen Idealismus«: »Dies ist der feste Punkt, auf den sich der Aktualismus stützt. Die einzige feste Wirklichkeit, die ich zu bejahen vermag und mit der daher jede von mir denkbare Wirklichkeit verbunden werden muß, ist jene Wirklichkeit, die selber denkt. Diese wird nur so verwirklicht, sie ist daher nur im Akt des Denkens eine Wirklichkeit.« [9]

Wir sehen bereits: während Croce gewissermaßen eine »Entflechtung« der Dialektik vornimmt, indem er auf der sorgfältigen Abgrenzung des Unterschiedenen beharrt, sucht Gentile gerade einen Einheitspunkt, sozusagen die gemeinsame Energiequelle all des Lichts, durch das wir überhaupt erst sehen. Er findet sie im Akt des denkenden Ich, das als »absolutes Ich« bezeichnet wird, da es nicht mit der einzelnen, konkreten denkenden Person gleichgesetzt werden kann (in dem Sinne etwa, wie die Sprache als solche unendlich mehr ist als die einzelne sprechende Person). – Die Betonung der schöpferischen Aktivität des Menschen gibt seiner Philosophie einen enormen Schwung und vermag z.T. die Anziehung erklären, die sie auf die Zeitgenossen ausübte (Hauptwerke: *Reform der Hegelschen Dialektik*, 1913; *Darstellung der Pädagogik als philosophische Wissenschaft*, 1913–14; *Allgemeine Theorie des Geistes als reinen Aktes*, 1916; *System der Logik als Theorie des Wissens*, 1917–23). Wer sich allerdings ein Werk wie die *Allgemeine Theorie des Geistes* einmal genauer vornimmt, wird schnell das Falsche von Gentiles Pathos spüren, die voreiligen Lösungen und rhetorischen Überdeckungen, durch die, aus *einem* Ansatzpunkt, *alle* Probleme der Philosophie sich klären – oder trüben, in einem allgemeinen Mystizismus des Geistes, den Croce dem Freund schon bald vorgeworfen hat.

Wenn wir eingangs sagten, daß die Konstellation Croce-Gentile für Italien bestimmend wurde, so vor allem aus zwei Gründen. Einmal wegen der

Gentile

aktualer Idealismus

Pathos des Selbstbewußtseins

ungeheuren Produktivität beider Denker im Bereich der Philosophie und ihrer Geschichte, der Geschichtsschreibung, der Literaturgeschichte und -kritik sowie den aktuellen kulturellen Auseinandersetzungen ihrer Zeit. Gleichsam symbolisch dafür steht die fruchtbare Zusammenarbeit im Rahmen der Zeitschrift *La Critica*, von der man gesagt hat, daß es »fast unmöglich« sei, ihren Einfluß auf die italienische Kultur zu überschätzen. Zum anderen verkörpern beide Denker in ihrer Person zugleich zwei gegensätzliche gesellschaftlich-politische Wahlen oder Ideale oder konkrete historische Möglichkeiten Italiens in der ersten Hälfte unseres Jahrhunderts (neben der dritten – nicht zu vergessen –, die geschichtlich nicht zum Zuge kam, die, in der Person Antonio Gramscis symbolisiert, zur Haft verurteilt war! [→ S. 398f.] Benedetto Croce blieb sein Leben lang der liberal-laizistischen Linie des Risorgimento treu; er war 1920–21 Unterrichtsminister im letzten Kabinett Giolitti und wurde, nach anfänglich abwartender Haltung, zum entscheidenen Kritiker des faschistischen Regimes. In den großen Geschichtswerken jener Zeit brachte er sein Credo der Freiheit, der Toleranz und der moralischen Verantwortung des Individuums mit Leidenschaft zum Ausdruck (*Geschichte Italiens von 1871 bis 1915*, 1928; *Geschichte Europas im 19. Jahrhundert*, 1932, Thomas Mann gewidmet). Anders gesagt, hat Croce in seiner Person die Widersprüche und Gegensätze seiner Zeit ausgehalten, ausgetragen und zur Balance gebracht. Eine gefährdete Balance, wie insbesondere das Spätwerk zeigt, wo er sich in einer zweiten, erneuten Begegnung mit Hegels Dialektik Rechenschaft über seine Zeit gibt – und zwar wesentlich nüchterner als vierzig Jahre zuvor. »Hegel, meine Liebe und mein Kreuz«, schreibt der alternde Philosoph einmal in diesen *Untersuchungen über Hegel und philosophische Klärungen* (1952), auf die ich hier besonders hinweisen möchte. Giovanni Gentile hat die gegensätzliche Wahl getroffen, über der die Freundschaft der beiden schließlich zerbrechen mußte. In Übereinstimmung mit einem gewissen Mystizismus, wie er seine theoretische Philosophie durchzieht, kritisierte er zeitlebens die individualistisch-egoistische und in seinen Augen anarchistische Tendenz des bürgerlichen Liberalismus. Ihr gegenüber vertrat er die Einordnung, Unterordnung des Einzelnen in das Ganze, konkret: den Staat. Damit war er gewissermaßen vorbestimmt, zum Wortführer des italienischen Faschismus zu werden, den er – wie wenig später seine deutschen Gesinnungsgenossen, [→ S. 413] – als geschichtlich notwendig ausgab und mit einer geradezu religiösen Aura versah (*Was ist der Faschismus*, 1925; *Grundlagen des Faschismus*, 1929). Als Unterrichtsminister unter Mussolini 1922–24 führte er eine Schulreform durch, die mit ihrer Bevorzugung des »liceo classico« bis heute die Weichen des italienischen Schulwesens stellte, und auch in den Jahren danach, etwa in seiner Funktion als Gesamtherausgeber der *Enciclopedia italiana* (ab 1925) übte er einen bestimmenden Einfluß auf die Kultur seiner Zeit aus. Der Gerechtigkeit halber muß hier darauf hingewiesen werden, daß Gentile dem faschistischen Regime gegenüber treu, aber niemals servil war. So lud er die fähigsten Intellektuellen zur Mitarbeit an der *Enciclopedia italiana* ein, und zwar unabhängig von allem ideologisch-politischem Konformismus.

Man hat Gentiles Perspektive des faschistischen Staates als Verkörperung des sittlichen Staates, der fähig ist, die Egoismen und die abstrakte Freiheit des Liberalismus zu überwinden, als »Verblendung« bezeichnet, und sicher zu Recht. »Schwieriger ist die Frage zu beantworten, ob sein Denken, dem Rassismus und jede Verherrlichung von Gewalt fremd waren, in seinem Wesen faschistisch ist.« [10] (Eine Frage, die sich gleichermaßen

zwei Richtungen

antifaschistischer Liberalismus

Verklärung des Faschismus

Probleme der Würdigung

bei der Diskussion um das politische Verhalten und das philosophische Erbe Martin Heideggers stellt; [→ S. 414]). Noch zu Zeiten der *Repubblica di Salò* hat Gentile sein Bekenntnis zum Faschismus erneuert. Am 15. April 1944 wurde er in Florenz von einer Partisanengruppe erschossen.

DIE PHILOSOPHIE
UNSERER ZEIT

Albert Einstein, Sigmund Freud, Wassily Kandinsky, drei Namen für die Erweiterung und Verrätselung der Wirklichkeit im 20. Jahrhundert

Neunzehntes und zwanzigstes Jahrhundert stehen auf gemeinsamer geschichtlicher Grundlage und stellen insofern eine Einheit dar. Dennoch haben wir das Gefühl, mit dem Übergang ins 20. Jahrhundert noch ein Stück mehr in der Gegenwart, in unserer Zeit zu sein. Dieses Gefühl ist berechtigt, und es ist auch berechtigt, die Philosophie beider Jahrhunderte in gesonderten Teilen zu behandeln. Das 20. Jahrhundert baut auf dem vorhergehenden auf; die geschichtlich-gesellschaftliche Grundlage ist vorhanden. Jetzt können die in ihr angelegten Tendenzen ausgebildet, entfaltet oder, mit einem neueren soziologischen Ausdruck, »ausdifferenziert« werden. Man könnte das z. B. an der Einführung des Fließbandes durch Henry Ford Senior (1913) einerseits, der großen Wirtschaftskrise 1929 andererseits aufweisen, oder an den Schocks, welche die beiden Weltkriege ausgelöst haben. Vielleicht zeigte jede »Errungenschaft« unserer Zeit dieses merkwürdige Doppelgesicht von Fortschritt und neuen Problemen?

Gemeinsamkeiten und Unterschiede

Wir wollen uns hier auf drei Vorgänge beschränken, für die die Namen Einstein, Freud und Kandinsky stehen: die Entwicklung des modernen naturwissenschaftlichen Bewußtseins (Relativitätstheorie, Quantenphysik), die Entstehung der Psychoanalyse und den Schritt in der Malerei zur abstrakten Kunst. Alle drei erweitern und vertiefen auf ganz unvorhersehbare Weise die Vorstellung davon, was »Wirklichkeit« sei. Und alle drei machen nochmals einen ganz entschiedenen Schritt weg vom »normalen« Bewußtsein der meisten ihrer Mitbürger. Die Kluft zwischen wissenschaftlich-künstlerischem und Alltagsbewußtsein ist seitdem noch tiefer, noch krasser geworden. Gerade dieses Auseinanderklaffen ist ein wesentlicher Ausdruck jener Verrätselung, Verdunkelung, auch: Ohnmachtserfahrung, mit der wir seitdem leben müssen. Sicher spürt jeder bisweilen die Sehnsucht, die Welt (sagen wir bescheidener: seine Umgebung) doch einmal »ganz« verstehen zu können, was ja nichts anderes heißt als der Wunsch, sich in ihr heimisch zu fühlen. Doch wäre es vermessen und gefährlich, diese Sehnsucht gewaltsam stillen zu wollen, die Entwicklung des modernen Bewußtseins gleichsam im Handstreich zu beseitigen. Es gibt zu denken, daß alle drei Strömungen – Relativitätstheorie, Psychoanalyse, abstrakte Kunst – von den Nationalsozialisten als »undeutsch« bzw. »entartet« gebrandmarkt worden sind.

Vertiefung der Kluft zum Alltagsbewußtsein

Die entscheidenden Veränderungen der naturwissenschaftlichen Vorstellungswelt betreffen die grundlegenden Begriffe von Raum und Zeit, die Möglichkeit »objektiver«, d. h. vom jeweiligen Beobachter unabhängiger

Der amerikanische Reporter Lewis W. Hine photographierte diesen Montagearbeiter 1930/31 beim Bau des Empire State Building in New York und nannte sein Bild »Ikarus« – der Mensch hat sich verstiegen

Naturerkenntnis sowie im Zusammenhang damit das Problem der Anwendbarkeit des Gesetzes von Ursache und Wirkung (Kausalgesetz), dem Erklärungsprinzip der Naturwissenschaft überhaupt. Hier können nur die allgemeinsten Gesichtspunkte erwähnt werden.

Aristoteles war in der Lage, eine Naturlehre in Einklang mit der direkten Beobachtung zu verfassen. Auch seine Deutungen entsprechen damals verbreiteten Erklärungsmustern: der Stein, den ich hochwerfe, fällt wieder auf die Erde, weil er, wie jedes Element, an seinen »natürlichen Ort« zurückkehren will [→ S. 45]. Die Naturwissenschaft zur Zeit von Isaac Newton [→ S. 109] ist von solch »naiven« Erklärungsmustern bereits weit entfernt. Sie ist sozusagen »voll durchmathematisiert«, was ja automatisch eine beträchtliche Abstraktionsleistung des Denkens darstellt. Und doch geht in diesem Weltbild der klassischen Physik, wie man es nennt, von heute aus gesehen noch »alles mit rechten Dingen« zu. D. h. die Vorgänge in der Natur können beobachtet und erklärt werden, weil sich alle Naturwissenschaft in einem festen Bezugssystem von Raum-Zeit-Ursache-Wirkung bewegt. Raum und Zeit sind in dieser Physik etwas Absolutes. So schreibt Newton in seinem Hauptwerk *Mathematische Prinzipien der Naturlehre*: »Zeit verfließt an sich und vermöge ihrer Natur gleichförmig, und ohne Beziehung auf irgendeinen äußern Gegenstand.« – »Der absolute Raum bleibt vermöge seiner Natur und ohne Beziehung auf einen äußern Gegenstand stets gleich und unbeweglich.« Die klassische Formulierung des Kausalgesetzes gibt Kant, der ja in vielem die philosophischen Konsequenzen aus der Entwicklung der Naturwissenschaft Newtons zieht: »Wenn wir erfahren, daß etwas geschieht, so setzen wir dabei jederzeit voraus, daß etwas vorhergehe, woraus es nach einer Regel folgt.«

Albert Einsteins neue Hypothese

Würde nicht jede(r) diesem Satz zustimmen? Und gehen wir nicht alle davon aus, daß der Raum, wie wir ihn erfahren, und die Zeit, wie sie sich als die vierundzwanzig Stunden eines jeden Tages oder die biblischen siebzig

Jahre eines Menschenlebens darstellt, etwas gleichsam Natürliches sind? Und doch hat der Gang der Naturwissenschaft im 19. Jahrhundert diese anschaulich-festen Vorstellungen allmählich aufgeweicht. In steigendem Maße gerieten neue Befunde, vor allem aus den Bereichen der Elektrizitätslehre und Optik, mit den herkömmlichen mechanistischen Deutungen in Widerspruch. Man hat Albert Einstein mit Kopernikus verglichen, einmal wegen seiner Bedeutung, zum andern weil auch Einstein eigentlich keine neuen »Tatsachen« entdeckte, sondern bekannten Tatsachen eine neue Deutung gegeben hat, die alle früheren Erklärungsversuche überboten hat. Er tat dies in zwei Schritten: 1905 mit der Speziellen Relativitätstheorie und 1916 mit der Allgemeinen Relativitätstheorie. »Spezielle *Relativitäts*theorie« ist zu verstehen in direktem Gegensatz zum absoluten Charakter von Raum und Zeit, von dem man ja, wie wir in der Formulierung von Newton sahen, bisher immer ausgegangen war. Ganz knapp als Ergebnis formuliert lag Einsteins Leistung in dem Nachweis, daß Raum und Zeit abhängig sind vom jeweiligen Bewegungszustand des Beobachters (anders ausgedrückt: sie sind relativ zu ihm). »Es gibt« im Weltraum keine allgemeine Gleichzeitigkeit, sondern immer nur jeweils verschiedene »Ortszeiten«, Raum–Zeit–Systeme. Ebenso kann ein Stab von einem Meter Länge (hier nach unserem irdischen Maß) größer oder kleiner werden, bzw. es »gibt« überhaupt keinen »Stab von einem Meter Länge«, der immer und überall einen Meter lang wäre. »Von Stund an sollen Raum für sich und Zeit für sich völlig zu Schatten herabsinken, und nur noch eine Art Union der beiden soll Selbständigkeit bewahren« (H. Minkowski, 1908).

spezielle Theorie der Relativität

In der Allgemeinen Relativitätstheorie ist Einstein noch einen Schritt weitergegangen. Er wies nach, daß das Licht, von dessen Geschwindigkeit als Konstante einer geradlinigen Bewegung er selbst noch ausgegangen war, sich in kosmischen Dimensionen nicht geradlinig fortpflanzt. Sein Verlauf ist abhängig von Gravitationsfeldern. So konnte z. B. in einem Experiment im Jahre 1919 gezeigt werden, daß das Licht sehr weit entfernter Sterne, kommt es in die Nähe der Sonne – also in ein starkes Gravitationsfeld – einen Bogen beschreibt. Angemessen muß das ausgedrückt werden im Bild eines »gekrümmten Raumes«. Ein gekrümmter Raum liegt aber jenseits unseres Vorstellungsvermögens. Unser normales Vorstellungsvermögen entspricht den Axiomen der Geometrie Euklids [→ S. 172], z. B. daß die Gerade die kürzeste Verbindung zwischen zwei Punkten ist. Diese Grundbegriffe haben in der Allgemeinen Relativitätstheorie ihren ehedem unhinterfragten Sinn verloren. Sie erfordert eine andere Geometrie, und es gibt diese Geometrie der gekrümmten Flächen (sog. nichteuklidische Geometrie). Sie schließt die Geometrie Euklids als Spezialfall ein, wie auch die Spezielle Relativitätstheorie die Gesetze der klassischen Physik als Grenzfall einschließt. Kann man nun sagen, eines der beiden Systeme sei wahrer als das andere? Keinesfalls. Ihre jeweiligen »Sprachen« lassen sich mathematisch übersetzen. (»Man hat also die Wahl zwischen einer gewohnten Geometrie, der euklidischen, mit komplizierten physikalischen Gesetzen und einer ungewohnten nicht-euklidischen Geometrie mit einfachen physikalischen Gesetzen.« [1]) Ihr Nebeneinander beweist jedenfalls, wie weit die moderne mathematische Physik sich von der bloßen menschlichen Vorstellungskraft schon entfernt hat. Sie zeigt deren »Relativität«.

allgemeine Theorie der Relativität

Albert Einstein lebte von 1869–1955. Nach der Entwicklung der Speziellen Relativitätstheorie im Alter von 26 Jahren lehrte er an verschiedenen Universitäten und wurde etwa ab 1920 einer breiteren Öffentlichkeit be-

Einstein

Ein engagierter Wissenschaftler

kannt. Wegen seiner jüdischen Herkunft mußte er 1933 Deutschland verlassen und emigrierte in die USA. Einstein zeichnete sich durch eine große persönliche Bescheidenheit und Menschlichkeit aus; für viele verkörpert er das Ideal eines verantwortungsbewußten Wissenschaftlers. Ein geborener Non-Konformist, war er ein kämpferischer Vertreter des Pazifismus und setzte nach 1945 das ganze Gewicht seiner wissenschaftlichen Autorität ein, um einen neuen Weltkrieg zu verhindern.

Max Plancks Quanten-Hypothese

Die Entwicklung der Physik hat ihre herkömmlichen Vorstellungen nicht nur für kosmische Größenordnungen (»Makrokosmos«) in Frage gestellt, sondern auch im Bereich der Mikrostruktur der Materie (»Mikrokosmos«). Hier ist vor allem Max Planck (1858–1947) zu nennen. Planck stellte im Jahre 1900 die sog. Quantenhypothese auf, die mehr noch als die Relativitätstheorie zum Umsturz der mechanistischen Physik beitrug. Sie besagt, daß ein strahlendes Atom seine Energie nicht kontinuierlich, sondern unstetig, in Stößen abgibt, und zwar jeweils als ganzzahliges Vielfaches einer elementaren Energieeinheit, dem sog. Planckschen Wirkungsquantum. Durch weitere Arbeiten von Einstein, de Broglie, Bohr u.a. ergab sich, daß diese energetischen Prozesse im Innern der Atome sowohl im Bild einer Welle als auch nach dem Modell von Teilchen (Korpuskeln) gedeutet werden können. Beide Modelle schließen sich gegenseitig aus, und doch erfassen sie jeweils bestimmte, beobachtbare Aspekte der Quantenerscheinungen. Die abschließende Fassung der Quantenmechanik in der sog. Kopenhagener Deutung (1926/27) führte zu noch weitergehenden Konsequenzen, für die der Physiker Werner Heisenberg den Begriff der »Unbestimmtheitsrelation« geprägt hat. Sie besagt, daß die Bahn eines Elektrons um den Atomkern gar nicht eindeutig meßbar ist. Da es sich hier um mikrophysikalische Vorgänge von höchster Geschwindigkeit handelt, stellt jeder Meßversuch bereits einen Eingriff in das System selbst dar. Bei den Experimenten der klassischen Physik konnte davon ausgegangen werden, daß der Einfluß der Instrumente bei einem Meßvorgang stets genau bestimmt bzw. im Idealfall ganz ausgeklammert werden kann. Nur unter dieser Voraussetzung kann ich sinnvollerweise eine Ursache von einer Wirkung unterscheiden, d. h. Kausalverhältnisse erkennen. In den Experimenten der Quantenphysik ist das Verhältnis von Subjekt und Objekt grundsätzlich anders: »Es ist unmöglich, den ganzen Einfluß des Meßapparates auf das gemessene Objekt [...] in Rechnung zu stellen. Jeder Gewinn an Kenntnis atomarer Objekte durch Beobachtung muß mit einem unwiderruflichen Verlust anderer Kenntnisse bezahlt werden. [...] Die Beobachter und Beobachtungsmittel, welche die moderne Physik in Betracht ziehen muß, unterscheiden sich demnach wesentlich von dem losgelösten Beobachter der klassischen Physik. [...] In der Mikrophysik ist [...] jede Beobachtung ein Eingriff von unbestimmbarem Umfang [...] und unterbricht den kausalen Zusammenhang der ihr vorausgehenden mit den ihr nachfolgenden Erscheinungen.« [2] So kommt es, daß der Physiker in der Elementarphysik mit der Sprache und den Bildern der klassischen Physik über Vorgänge sprechen muß, die eigentlich eine ganz andere Sprache und ganz andere Bilder erfordern. Auch hier ist das menschliche Vorstellungsvermögen selbst überfordert. In dieser nicht aufhebbaren Vielschichtigkeit ist die moderne Physik gleichsam in sich philosophisch geworden.

Werner Heisenberg und die Unbestimmtheitsrelation

Freud

Eine andere, spezifisch moderne Tiefendimension der Wirklichkeit hat die Psychoanalyse erschlossen. Ihr Begründer ist Sigmund Freud (1856–1938). Freud stammt wie Einstein aus einer jüdischen Familie. Bis zu seiner Emigration nach London 1938 (Anschluß Österreichs an das

Reich!) lebte er als Nervenarzt in Wien. Die Psychoanalyse hat zu Beginn des Jahrhunderts die Bedeutung des Unbewußten entdeckt. Damit hat sie der ganzen bisherigen Auffassung vom Menschen widersprochen, die seit den griechischen Philosophen seine wesentliche Auszeichnung in der selbständigen menschlichen Vernunft, in seinem Bewußtsein also sah (klassische Definition: der Mensch als *animal rationale*). Freud schrieb einmal von drei großen Kränkungen, die die Eigenliebe des Menschen erlitten habe: Durch Kopernikus sei die Erde aus dem Mittelpunkt der Welt gerückt worden. Darwin habe nachgewiesen, daß die menschliche Seele keineswegs göttlicher Herkunft sei. Die empfindlichste Kränkung aber stelle die psychologische dar, denn hier werde gezeigt, daß der Mensch »nicht einmal Herr ist im eigenen Hause, sondern auf kärgliche Nachricht angewiesen bleibt von dem, was unbewußt in seinem Seelenleben vor sich geht.« [3]

Entdeckung des Unbewußten

Nun war der Begriff des Unbewußten selbst keineswegs neu. Von der Romantik bis zur Lebensphilosophie hat man darunter hauptsächlich die (schöpferischen) Kräfte der Seele und der Natur verstanden, die ohne Beteiligung des menschlichen Verstandes oder seines Willens wirken. Welche besondere, moderne Bedeutung hat dieser Begriff bei Freud erhalten, und wie ist er dazu gekommen?

Eine erste Orientierung gibt hierzu Freuds *Selbstdarstellung* aus dem Jahre 1925. In seiner Studienzeit war die Medizin streng naturwissenschaftlich-positivistisch ausgerichtet: Jede Krankheit mußte eine körperlich genau feststellbare Ursache haben. War diese körperliche Ursache einmal festgestellt, konnte die Krankheit bekämpft werden (viele Ärzte gehen noch heute so vor). Diese Methode versagte jedoch bei einem bestimmten Krankheitsbild, der Hysterie, die damals recht häufig auftrat. Da man zu den Symptomen keine körperliche Ursache finden konnte, sprachen die Ärzte häufig von Einbildung oder ererbter Degeneration des Nervensystems. Bei der Beschäftigung mit diesen Kranken traf Freud zu seinem eigenen Erstaunen auf einen seelischen Befund: die Äußerungsformen der Hysterie standen in Zusammenhang mit Vorstellungen, Wünschen, Gefühlen der Kranken, die diesen selbst nicht bewußt waren. Zunächst behandelte auch Freud, wie damals üblich, mit Elektrotherapie und Hypnose. Aus dem Ungenügen an diesen Behandlungsmethoden und der eigenen Beobachtung, besonders auch seiner Träume, erwuchs dann die Psychoanalyse als eine neue Theorie seelischer Prozesse und neue Methode therapeutischer Behandlung. *Die Traumdeutung* von 1900 ist ihr erstes großes Dokument.

Ausgangspunkt: Studien zur Hysterie

Freud war auf einen Vorgang gestoßen, den er »Verdrängung« nannte (»er war eine Neuheit, nichts ihm Ähnliches war je im Seelenleben erkannt worden« – *Selbstdarstellung)*. Verdrängung ist der Versuch, eigene mit einem Trieb zusammenhängende Vorstellungen (Gedanken, Bilder, Erinnerungen; z. B. die Phantasie, jemanden zu töten) in das Unbewußte zurückzustoßen, weil sie für das Ich gefährlich sein könnten. So sah Freud das Seelenleben immer bestimmter als ein konfliktreiches, dynamisches Geschehen, als einen »Apparat«, dessen Motor das Streben nach Lust ist. Dieses Streben nach Lust ist eine Äußerung des Sexualtriebs. Hierbei ist zu betonen, daß »Sexualität« bei Freud stets in einem umfassenden Sinne verstanden wird, der weit mehr meint als die sog. genitale, auf die Zeugungsorgane beschränkte Sexualität. In der Arbeit mit den Patienten stellte sich heraus, daß entscheidende seelische Konflikte in der frühen Kindheit lagen und dann »vergessen« wurden. Die Psychoanalyse hat so die kindliche Sexualität entdeckt (*Drei Abhandlungen zur Sexualtheorie*, 1905). Ent-

Sexualität und Verdrängung

freie Assoziation und Traummaterial

sprechend änderte Freud auch die Behandlungsmethode. Er erarbeitete die Technik der »freien Assoziation«, bei der der Patient auf einer Couch liegt – der Analytiker sitzt hinter ihm – und all seine Gedanken und Gefühle frei heraussprudeln soll. Sehr schnell entwickelt nun der Patient einen Widerstand gegen die Erinnerung an bestimmte Erlebnisse bzw. Gefühlszustände, was mit dem Vorgang der Verdrängung zusammenhängt. An diesem Punkt setzt die analytische Arbeit ein. Eine zweite Technik ist die Arbeit mit den Träumen der Patienten. Da im Schlaf der zensierende Einfluß des Bewußtseins vermindert ist, tauchen in den Träumen eine Menge sonst verborgener Phantasien, Wünsche, Ängste auf, wenn auch meist in charakteristisch verschlüsselter Form. Die gemeinsame Arbeit mit dem Traummaterial kann so tiefe seelische Vorgänge erhellen. Freud nannte den Traum einmal den »Königsweg zum Unbewußten«.

Persönlichkeitsmodelle

Freuds Aussagen über das Unbewußte, die Rolle der kindlichen Sexualität, sein ganzes begriffliches Instrumentarium wie auch seine Behandlungsmethode stieß auf die einhellige Ablehnung seiner Umgebung. In der Tat wird in der Psychoanalyse der Begriff der Person (das »Ich«) zu einem sehr problematischen Grenzbegriff, zu einer Art Kompromiß zwischen der diktatorischen Macht der – nach keiner Moral fragenden – Triebe im Innern, dem von der Erziehung übernommenen moralischen Gewissen und den jeweils tatsächlichen Ansprüchen und Erfordernissen der jeweiligen Außenwelt. Die spätere Freudsche Theorie stellt sich den Aufbau der Gesamtperson daher modellhaft vor als ein Ineinander/Miteinander/Gegeneinander dreier Instanzen oder Provinzen oder Teile der Gesamtperson, die »Es«, »Über-Ich« und »Ich« genannt werden.

Es und Über-Ich

Das unpersönliche Fürwort »Es« schien Freud am besten geeignet zur Bezeichnung der ichfremden Teile der Person. »Es« ist das nach dem sog. »Lustprinzip« arbeitende Reich der Triebwünsche. Im »Es« gelten keine logischen Denkgesetze, kein Raum und keine Zeit, kein Gut und kein Böse; »Es« hat keinen Gesamtwillen. Die moralische Instanz der Person ist das sog. Über-Ich, d.h. all die mißtrauisch beobachtenden, richtenden und strafenden Fähigkeiten, die wir im Laufe unserer Erziehung als Gewissen oder Ich-Ideal »verinnerlicht« haben (wirksamste Arbeitsweise: Schuldgefühle). Das »Ich« nun ist gleichsam der bewußt organisierte Teil der Person. Als Träger des Gesamtwillens einer Person verfügt es über Bewußtsein (Sprache und Denken). Es kontrolliert beständig die äußere und innere Wirklichkeit, z. B. durch Erzeugen eines Angst-Signals zum Schutz der Person oder durch Aufschub von Triebwünschen. So besteht seine Hauptaufgabe in der Vermittlung zwischen den verschiedenen Ansprüchen, de-

Vermittlungsleistung des Ich

nen es sich ausgesetzt sieht: »Ein Sprichwort warnt davor, gleichzeitig zwei Herren zu dienen. Das arme Ich hat es noch schwerer, es dient drei gestrengen Herren, ist bemüht, deren Ansprüche und Forderungen in Einklang miteinander zu bringen. Diese Ansprüche gehen immer auseinander, scheinen oft unvereinbar zu sein; kein Wunder, wenn das Ich so oft an seiner Aufgabe scheitert. Die drei Zwingherren sind die Außenwelt, das Über-Ich und das Es. [...] So vom Es getrieben, vom Über-Ich eingeengt, von der Realität zurückgestoßen, ringt das Ich um die Bewältigung seiner ökonomischen Aufgabe, die Harmonie unter den Kräften und Einflüssen herzustellen, die in ihm und auf es wirken, und wir verstehen, warum wir so oft den Ausruf nicht unterdrücken können: Das Leben ist nicht leicht!« [4] Es ist mit Freuds Worten die Absicht der Psychoanalyse, »das Ich zu stärken«. Bei dieser Arbeit trifft sie ständig auf das Andere des Ich, eine Wirklichkeit, die sich dem direkten Zugriff entzieht. Es gibt heute viele andere therapeutische Wege, z. B. der Ansatz am ganz konkret beobachtbaren Verhalten einer Person. Aber im Verlauf jeder Therapie stößt man auf dieses Andere, das Freud erschlossen hat. Und die Vieldeutigkeit des Begriffs »das Unbewußte« in seiner Theorie ist nur ein Ausdruck der Unverfügbarkeit der Sache, um die es geht. Und durch den umwälzenden Einfluß, den die Psychoanalyse auf die Literatur-, Sozial- und Kunstwissenschaft ausgeübt hat, wurden auch die Gegenstände dieser Wissenschaften neu belichtet – und verdunkelt.

Schließlich ist noch auf die Entwicklung der Kunst am Anfang des Jahrhunderts hinzuweisen. In einer geradezu hektisch anmutenden Geschwindigkeit hat sich hier in allen Bereichen – Malerei gleichermaßen wie Musik, Plastik, Literatur – eine völlige Umwälzung der künstlerischen Ausdrucksmittel ereignet. Man spricht daher von *Avantgardismus* (*avant-garde*, Vorhut, Vorreiter), denn der Charakter des ständigen Sich-Überbietens ist dieser Epoche eigentümlich. Das Sich-Überbieten reicht bis zur Infragestellung von »Kunst« überhaupt. Überraschend ist das Gemeineuropäische des Vorgangs: war einmal das Zeichen gegeben, haben die Künstler gemeinsam reagiert, als müßten sie einer geschichtlichen Notwendigkeit gehorchen. Heute verstauben die damals so herausfordernden Werke des Avantgardismus in den Museen und Bibliotheken (schon seit längerem gibt es die Bezeichnung »Klassiker der Moderne«!). Wer jedoch den Staub gleichsam abwischen kann und sich auf die Werke und Manifeste und Biographien einläßt, kann noch immer etwas spüren von dem Aufbruch in neue Wirklichkeiten, den die Kunst damals gewagt hat.

Wir beschränken uns hier auf einige Stichworte zur Malerei, die diesen Vorgang ja schon von ihrem Medium her besonders augen-fällig macht. Man hat das Jahr 1905 den »Durchbruch zum 20. Jahrhundert« genannt (W. Hofmann). In diesem Jahr bildeten sich zwei radikale Künstlergruppen, in Paris *Les Fauves* (»die wilden Tiere«, wie sie sich nach dem Ausdruck eines Kritikers nannten – Matisse, Derain, Braque u.a.) und *Die Brücke* in Dresden (Kirchner, Nolde, Heckel u.a.). Gemeinsam war ihnen eine sehr impulsive, antiklassische und antiakademische Formensprache, die Suche nach einer neuen Unmittelbarkeit des Ausdrucks (Matisse: »Es läßt sich in einem allzu ordentlichen Haushalt, einem Haushalt von Tanten aus der Provinz, nicht leben. Also bricht man in die Wildnis auf, um sich einfachere Mittel zu schaffen, die den Geist nicht ersticken«). Schon zwei Jahre später haben Picasso und Braque den Kubismus entwickelt. Um die Forderung nach mehr bzw. intensiverer Wirklichkeit zu erfüllen und ihre Vielschichtigkeit zu enthüllen, wird der Gegenstand hier in verschiedene – kubische – Formpartikel zerlegt und wieder zusammengesetzt bzw. als *papier collé* (Klebebild, Collage, ab 1912) mit Bruchstücken der Alltagswirklichkeit »angereichert«. Ein bedeutsamer Vorgang: »Der entwicklungsgeschichtliche Einschnitt des Kubismus spiegelt sich in dessen unmittelbarer Wirksamkeit. Er beseitigt die beiden Voraussetzungen, auf denen die europäische Malerei seit der Renaissance beruhte. Seit der Entwicklung der Zentralperspektive standen Bildraum und Erfahrungsraum in Wechselbeziehung. Der Raum [in der Zentralperspektive] stellte zwischen allen Bildträgern eine geistig-körperliche Kontinuität her. Dieser Kontinuität [...] entsprach [...] die homogene Oberfläche des Bildes. [...] Diesen Prämissen widersprechen die Kubisten. Die Körper werden segmentiert und büßen ihre organische Geschlossenheit ein [...]. Das sind Gestaltungsmerkmale, welche die erfinderische Willkür des Künstlers betonen. Sie belegen dessen Anspruch, ein Hersteller künstlicher Wirklichkeiten zu

Das Andere der Vernunft

Das Archaische als künstlerisches Prinzip – Holzschnitt

avantgardistischer Aufbruch

Durchbruch zum Abstrakten

sein, indem sie den Gestaltungsakt vom Vorbild der Wahrnehmungswirklichkeit unabhängig machen.« [5]

»Vorbild der Wahrnehmungswirklichkeit« – in der abstrakten Malerei ist sie ganz verschwunden. Die Kraft der reinen Farbe und der reinen Form ist sich selbst genug. Lange Zeit galt der russische Maler Wassily Kandinsky (1866–1944) als der Schöpfer der abstrakten Malerei. Inzwischen hat die Kunstgeschichte Vorgänger entdeckt, die zeitweilig die Grenze zum Abstrakten schon vor ihm überschritten hatten. »Zwischen den Jahren 1908 und 1910 hing das Problem des Ungegenständlichen in der Luft« (A. Pohribny). Was Kandinsky – er lebte von 1896–1914 hauptsächlich in München – dennoch auszeichnet, ist die Bewußtheit und die Konsequenz, mit der er diesen Schritt getan hat. 1910 entstand sein erstes ungegenständliches Aquarell, 1911 das erste abstrakte Bild. Großen Einfluß hatte auch sein Buch *Über das Geistige in der Kunst* (1910, erschienen Ende 1911), das damals viel diskutiert wurde. Es gibt die Botschaft aus:

»Alles ist erlaubt«

»alles ist erlaubt«, wenn die Mittel nur »innerlich-notwendig« sind (»Gegensätze und Widersprüche – das ist unsere Harmonie«). Und verblüffenderweise sind kurz darauf unabhängig von Kandinsky in verschiedenen europäischen Metropolen abstrakte Bilder gemalt worden (Larinoff in Moskau, 1911; Delaunay und Kupka in Paris, 1912). Damit war die Schwelle zu einer vorher nicht gekannten Freiheit in der Kunst endgültig überschritten. Die folgende Geschichte der *-ismen* (Futurismus, Expressionismus, Dadaismus, Surrealismus usf.) hat ungeahnte Möglichkeiten des künstlerischen Ausdrucks eröffnet, bis hin zum surrealistischen *happening*, wo sich die Grenze zwischen Kunst und Leben tendenziell verwischt. Zugleich kehrt sie, mit der Technik der Verfremdung, eine andere Seite der Wirklichkeit hervor: das Fremde, Bedrohliche selbst der alltäglichsten Gebrauchsgegenstände, werden sie aus ihrem gewohnten Zusammenhang herausgerissen. Die sog. Dingmagie der Dadaisten und Surrealisten wie auch die vielen Bilder, die »nichts« »zeigen«, verrätseln eine Wirklichkeit, der sie doch entstammen.

Verrätselung und Erweiterung der Wirklichkeit – der surrealistische Maler Max Ernst verwendete in einem seiner Bilder eine gewöhnliche Reklamezeichnung, um das Untergründige des modernen Lebensgefühls zur Sprache zu bringen. Er nannte das Bild »Seelenfrieden« (1929)

»Linguistic turn«, d. h. die Wendung zur Sprache in der modernen Philosophie englischer Prägung

Im Vorwort zu seinem Buch *Der logische Aufbau der Welt* spricht Rudolf Carnap von »einer bestimmten wissenschaftlichen Atmosphäre«, einer Atmosphäre, »die ein Einzelner weder erzeugt hat, noch umfassen kann.« Es ist »eine gewisse wissenschaftliche Grundeinstellung«, die sich in der neuen Art des Philosophierens ausdrückt, wie überhaupt der ganze gegenwärtige Denkstil in enger Berührung mit den Fachwissenschaften, und hier besonders Mathematik und Physik, entstanden ist. Demgegenüber erscheint ihm die herkömmliche Haltung des Philosophen »mehr die eines Dichtenden«, die, statt auf wirkliche Erkenntnis, eher auf Erbauung des Gemüts gehe, und polemisch heißt es: »Auch wir haben ›Bedürfnisse des Gemüts‹ in der Philosophie; aber die gehen auf Klarheit der Begriffe, Sauberkeit der Methoden, Verantwortlichkeit der Thesen, Leistung durch Zusammenarbeit, in die das Individuum sich einordnet.« Carnap schrieb dieses Vorwort im Mai 1928, als sich die neue Einstellung – zumindest in England und Amerika – durchzusetzen begann. In ihren verschiedenen Grundströmungen wird sie bezeichnet als *Analytische Philosophie, Logischer Positivismus, Logischer Empirismus, Neopositivismus, Common Sense-* oder auch *Ordinary Language Philosophy*. Gemeinsam ist dieser Einstellung die Überzeugung, daß die eigentliche Aufgabe der Philosophie in der Untersuchung der menschlichen Sprache liegt – eine Überzeugung, durch die sich »die Idee der Philosophie selbst in diesem Jahrhundert verändert hat.« [1] Bewußt also rücken wir ihre Darstellung an den Anfang des Abschnitts über die Philosophie in unserer Zeit, da hier ein wirklicher Neuansatz vorliegt, der der Philosophie des 20. Jahrhunderts ein eigenes Gesicht gibt. Wir sprechen von »moderner Philosophie englischer Prägung«, weil diese Strömung in England entstanden und auch heute noch die vorherrschende im englisch-amerikanischen Sprachraum ist. Gleichwohl hat sie auf dem Kontinent in den Mitgliedern des sog. Wiener Kreises wichtige, in Ludwig Wittgenstein ihren – so sehen es jedenfalls viele – vielleicht bedeutendsten Vertreter gehabt.

Ausgelöst wurde die neue Strömung um die Jahrhundertwende vor allem von zwei befreundeten ehemaligen Studenten des berühmten altehrwürdigen Trinity-College in Cambridge, George Edward Moore (1873–1938) und Bertrand Russell (1872–1970). Sie verkörpern zugleich die beiden unterschiedlichen Wege, die die analytische Philosophie innerhalb des gemeinsamen *linguistic turn* eingeschlagen hat. Wie ist es zu dieser »Revolution in der Philosophie« (B. Russell) gekommen? Oder anders gefragt: Was hat Russell im Sinn, wenn er von der »befreienden Wirkung« seines Freundes Moore spricht und sie mit den auf den ersten Blick so seltsamen Worten beschreibt: »Mit einem Gefühl, als wären wir dem Gefängnis entronnen, erlauben wir uns wieder die Vorstellung, daß das Gras grün ist, und daß die Sonne und die Sterne auch noch da sind, wenn niemand sie bemerkt.«

Das »Gefängnis« meint den gegen Ende des vorigen Jahrhunderts an den englischen Universitäten überwiegenden sog. Neuidealismus oder »absoluten Idealismus«. Sein wichtigster Vertreter war Francis Herbert Bradley (1846–1924). Der Neuidealismus war eine Weiterführung der Hegelschen Philosophie. Hier wurde noch einmal versucht, das Ganze der gesellschaftlich-geschichtlichen Wirklichkeit zu erfassen und philosophisch darzustel-

wissenschaftlicher Denkstil

eigenständiger Grundzug

Bertrand Russell und Edward Moore

Zumutungen des Neuidealismus

len. Wie in allem Idealismus wurde dabei die Rolle des denkenden Subjekts für den gedanklichen Aufbau der Welt besonders betont (Denken als begriffliches Erzeugen bzw. Konstituieren der Welt, daher die Rede vom grünen Gras, von Sonne und Sternen, die auch ohne menschliche Wahrnehmung »da« sind). Gegen diesen mehr und mehr als unecht empfundenen Neuidealismus lehnte sich der nüchterne Tatsachensinn des G. E. Moore entschieden auf. Die Wirklichkeit der dinglichen Welt, von Raum und Zeit oder des Selbst zu bezweifeln bzw., wie Kant das entwickelte, als Erzeugnisse der Tätigkeit unseres Verstandesapparates anzusehen, erschien ihm als ungeheuerliche Zumutung, als »völlig monströse Behauptung«. Würde je ein normaler, vernünftiger Mensch dazu kommen, solchen Aussagen der Philosophen zuzustimmen?

Moores Ausgangspunkt: Der gesunde Menschenverstand

In seiner Kritik des Idealismus beruft sich Moore auf diese unmittelbare Gewißheit des »gesunden Menschenverstandes« (daher *Common Sense*-Philosophie). In seinem bekanntesten Aufsatz, *Eine Verteidigung des Common Sense*, führt er eine von ihm selbst so genannte »Liste von Trivialitäten« an, von denen er im Moment des Schreibens (und auch sonst natürlich) mit Bestimmtheit weiß, daß sie wahr sind: z. B. daß er einen Körper hat, der an einen bestimmten Zeitpunkt in der Vergangenheit geboren worden ist; daß es außer seinem Körper noch viele andere Dinge um ihn herum gibt, etwa jenes Bücherbord und jenen Kaminsims, von denen er verschieden weit entfernt sitzt; daß es außer ihm noch andere Menschen gibt; daß er viele Erlebnisse, Träume und Gefühle gehabt hat usw.

Sinn sprachlicher Aussagen

Entscheidend ist für Moore die absolute Gewißheit, daß diese Jedermanns-Überzeugung oder »Common Sense- Ansicht der Welt« in bestimmten fundamentalen Zügen »ganz und gar wahr ist.« Alle Philosophen haben diese Ansicht geteilt – schon von der schlichten Tatsache her, daß auch sie gelebt, gegessen, geschlafen, geträumt haben. Viele haben aber außerdem Meinungen vertreten, die damit – jedenfalls nach Moores Ansicht – unverträglich sind. Er konzentriert sich daher in seinen Untersuchungen auf die Redeweise der Philosophen, auf die Klärung dessen, was mit ihrem Zweifel gemeint ist. Ihm stellt er immer wieder die unmittelbare Gewißheit des *Common Sense* gegenüber. Was bedeutet es nun aber, wenn ich meine Hand anblicke und sage: »Dies ist meine Hand«? Ich weiß ganz bestimmt, daß diese Hand, die ich vor mir sehe, meine Hand ist. Aber wie muß die Aussage »Dies ist meine Hand« analysiert werden? Ist es ein absolut einfacher Begriff, der nicht weiter untersucht werden kann? Oder, sehe ich nicht eigentlich nur die Oberfläche meiner Hand? Bzw. was würde ich sehen, wenn ich meine Hand mit dem Mikroskop betrachte? Muß ich etwa auf grundlegende Wahrnehmungseigenschaften, sog. Sinnesdaten zurückgehen, wenn ich die Wahrnehmung meiner Hand untersuche? Ist dies dann noch »meine Hand«, von der ich spreche? – Über die theoretische Frage der richtigen Analyse war sich Moore durchaus nicht im klaren. Aber mit seinen konkreten sprachlichen Untersuchungen, mit den Themen und dem Stil seines Denkens hat er in eine neue Richtung gewiesen: »Seine Praxis [...] gab ganz zwanglos Anlaß zu der Vorstellung, daß es in der Philosophie um die Klärung und nicht um das Entdecken bestimmter Dinge geht, daß sie es mit der Bedeutung [...] von Aussagen zu tun hat, daß nicht die Tatsachen ihren Gegenstandsbereich bilden, sondern unser Denken und Sprechen.« [2]

Im Vergleich zu seinem Freund Moore stellt Bertrand Russell einen ganz anderen Denkertyp dar. Wir finden hier noch einmal eine umfassende Vorstellung von Philosophie. Sie soll »wissenschaftlich« sein, und ihr Ziel sollte, wie er einmal 1914 schrieb, »in einer zusammenfassenden Erklärung der Welt der Wissenschaft und des Alltagslebens« bestehen. Auf einer Vielfalt von Gebieten hat er sich daher zeitlebens bemüht, diesem Anspruch an Philosophie gerecht zu werden (er kam übrigens erst in nähere Berührung mit der Philosophie, als er nach seinem mathematischen Examen all seine Mathematikbücher verkauft und sich geschworen hatte, nie wieder einen Blick in ein mathematisches Werk zu werfen). Durch ihn ist die eigentliche logisch-analytische Philosophie entwickelt worden. Man hat sogar behauptet, daß während einer gewissen Zeit, zwischen 1905 und 1919, »ein wesentlicher Teil der Geschichte der Philosophie die Geschichte der Entwicklung seiner Gedanken war« – ein größeres Kompliment kann man einem Philosophen wohl kaum machen [3]. Russell hat, zusammen mit seinem Lehrer Whitehead, in über zehnjähriger Arbeit eine neue Form der mathematischen Logik entwickelt. Noch heute gelten die monumentalen *Principia Mathematica* (drei Bde., 1913) als Grundlagenwerk der neueren mathematischen Logik. Es ist nun ein entscheidender Schritt, daß Russell das Verfahren der logischen Analyse zur Klärung philosophischer Probleme angewendet hat. Der Ausdruck *Analyse* weist schon auf die dabei vorschwebende Grundvorstellung hin: daß die Wirklichkeit etwas äußerst Kompliziertes, sozusagen »Zusammengesetztes« ist, das allein durch die Zerlegung in seine Grundbestandteile erkannt werden kann – »Die Analyse scheinbar komplexer *Dinge* [...] kann auf verschiedene Weise auf die Analyse von Tatsachen zurückgeführt werden.« Angenommen, es gibt solche »elementaren Tatsachen« *(atomic facts)*, so haben wir zwei Wege, zu ihrer Kenntnis zu gelangen. Einmal über die Art, wie wir sie wahrnehmen, zum anderen über die Art, wie wir über sie sprechen. Die Untersuchung unserer Wahrnehmung führt Russell zu der Theorie der »Sinnesdaten« *(sense-data)* als den Bezugspunkten unserer Wahrnehmung der Welt. Farben, Geräusche, Gerüche sind solche Sinnesdaten. Diese Theorie ist recht problematisch – wir haben bereits angedeutet, wie schwierig es zu bestimmen ist, was solch ein Sinnesdatum eigentlich sein soll. Zudem gerät man, da jeder nur seine eigenen atomisierten Sinnesdaten hat, mit diesem Ansatz sehr schnell zu einer Vielzahl von privaten Welten (Russell denkt hier übrigens ganz empiristisch-erfahrungsbezogen – eine in England besonders starke Tradition [→ S. 187 und S. 199]). Folgenreicher wurde Russells Untersuchung der menschlichen Sprache, denn er macht hier einen ganz grundsätzlichen Vorbehalt: »Wenn man die Analyse der Welt, die Analyse der Fakten, verstehen will, [...] oder wenn man irgendeine Vorstellung von dem bekommen will, was es wirklich in der Welt gibt, dann ist es wichtig, sich darüber klarzuwerden, wieviel unserer Ausdrucksweise den Charakter unvollständiger Symbole hat.«

Mit der Sprache kann ich alles Mögliche sagen. Sie ist vielfach vage, verworren oder irreführend, vor allem die Alltagssprache, wie wir sie als Otto Normalverbraucher verwenden. Für ein klares Denken ist es gerade entscheidend, »Schlüsse von der Natur der Sprache auf die Natur der Welt zu verhindern, die deswegen in die Irre gehen, weil sie sich aus den logischen Fehlern der Sprache ergeben.« Aber wie soll das möglich sein? Wie soll ich »logische Fehler der Sprache« erkennen können, einer Sprache, in der ich doch selbst ständig spreche, denke, bin? Die einzige Chance (außer der Kunst vielleicht), einen Abstand zur Sprache zu gewinnen und nicht-sprachlich oder nur quasi-sprachlich zu sprechen, bietet die Logik. Sie hat den Vorteil, daß sie ganz elementare Aussageformen betrachtet. Zudem kann sie die Art der Beziehung ihrer Aussagen eindeutig definieren

Russell

mathematische Logik

»atomic facts« und »sense data«

Suche nach elementaren Aussageformen

(z. B. wenn – dann – Beziehungen; logisch wahr – falsch – möglich). Und gerade an dieser Eindeutigkeit/Klarheit war Russell gelegen. Sein früher Aufsatz *Über das Kennzeichen* (1905) wird als ein bahnbrechender Schritt hin zur Analyse der Bedeutung elementarer Aussageformen *(atomic propositions)* betrachtet. In diesem Sinne hat Russell seine eigene Philosophie als Logischen Atomismus bezeichnet.

unterschiedliche Sprachstufen

Die Möglichkeit idealer Modellsprachen ist bis heute ein wichtiges Thema der Philosophie analytischer Prägung. Dabei geht es – wie schon bei Russell – um die Übertragung der mißverständlichen grammatischen Form sprachlicher Ausdrücke in eine unmißverständliche logische Form. Sie setzt eine Theorie der Sprachstufung voraus, in der unterschieden wird zwischen einer sog. Metasprache und der »Objektsprache«. In der Objektsprache spreche ich über außersprachliche Sachverhalte; ich »verwende« hier die Sprache. Auf der Ebene der Metasprache befinde ich mich beim Sprechen über die Sprache selbst. Ich verwende die Sprache weniger, als daß ich sie »erwähne«. Natürlich kann man auch über die Metasprache sprechen, also eine Meta-Metasprache entwickeln usf. Solche formalen Kunstsprachen ersetzen die Wörter möglichst durch festgelegte logische Zeichen. Sie sind sowohl spartanischer als auch exakter als die Alltagssprache [4]. Der tatsächliche Erkenntnisgewinn durch das Operieren mit logischen Sprachen ist allerdings – wie sollte es anders sein? – sehr umstritten.

politisches Engagement

In seiner *Autobiographie* schreibt Russell: »Drei einfache, doch übermächtige Leidenschaften haben mein Leben bestimmt: das Verlangen nach Liebe, der Drang nach Erkenntnis und ein unerträgliches Mitgefühl für die Leiden der Menschheit.« Er ist, ähnlich wie Albert Einstein, eine der wenigen Persönlichkeiten, die sich als Autoritäten des öffentlich-wissenschaftlichen Lebens auch politisch eingesetzt haben. Wegen seines aktiven Pazifismus verlor er 1916 seine Stelle als Professor für Logik und Mathematik am Trinity College; 1918 wurde er aus dem gleichen Grund sogar zu 18 Monaten Gefängnis verurteilt. 1927 gründete er mit seiner Frau die Beacon Hill School, eine der frühen antiautoritären Versuchsschulen. Noch im hohen Alter war er Namengeber der sog. Russell-Tribunale, auf denen die amerikanische Vietnam-Politik und Menschenrechtsverletzungen in beiden Teilen Deutschlands untersucht wurden. Russell, der 1950 den Nobelpreis für Literatur erhielt, hat auch viele – z. T. sehr ironisch-witzige – Essays geschrieben, über Themen der Philosophie, Politik, (Ehe-)Moral u.a.m. Bekannt ist z. B. sein Essay *Lob des Müßiggangs* (1935), in dem er zur Hebung des allgemeinen Glücks eine Herabsetzung der täglichen Arbeitszeit auf vier Stunden vorschlägt: »Ich glaube nämlich, daß in der Welt zuviel gearbeitet wird...«

Der Wiener Kreis

Im Wiener Kreis hat die Analytische Philosophie in den zwanziger und dreißiger Jahren die Form eines engeren, gleichsam schulmäßigen Zusammenhangs angenommen. Der Wiener Kreis bestand aus einer Gruppe von Philosophen, die meist auch aus mathematisch-naturwissenschaftlichen Fächern kamen (Moritz Schlick, Hans Reichenbach, Rudolf Carnap, Otto Neurath u.a.m.). Sie haben eine gemeinsame »wissenschaftliche Weltanschauung« vertreten, die sie Logischen Positivismus oder auch Logischen Empirismus genannt haben. Die Einheit einer philosophischen Richtung kann man meist leicht daraus ersehen, ob sie eine eigene Zeitschrift hat; mit der *Erkenntnis* (ab 1930) hat sich der Wiener Kreis ein solches Organ des gemeinschaftlichen Zusammenhangs geschaffen.

Rudolf Carnap (1891–1970), der vielleicht wichtigste Vertreter des Wiener Kreises, hat 1928 zwei Bücher veröffentlicht, die schon von ihrem Titel her das doppelte Anliegen des Logischen Positivismus zum Ausdruck bringen. *Der logische Aufbau der Welt* ist der Versuch einer durchgängigen Wirklichkeitsanalyse mit Hilfe der von Russell und Whitehead entwickelten symbolischen Logik. *Scheinprobleme in der Philosophie* ist eine Kritik der herkömmlichen Philosophie und Metaphysik am Beispiel des sog. Realismusstreits (Wirklichkeit oder Nichtwirklichkeit der Außenwelt). Das Neue der Analytischen Philosophie zeigt sich an der Art von Carnaps Stellungnahme zu diesem alten Problem. Er entscheidet sich nämlich nicht für die eine oder andere Seite, sondern prüft erst einmal, »ob die genannten Thesen überhaupt einen wissenschaftlichen Sinn haben.«

Rudolf Carnap

Carnap stellt dafür z. B. folgendes Gedankenexperiment an: Schicken wir zwei Geographen aus, Naturwissenschaftler also, die aber als Philosophen die beiden gegensätzlichen Positionen vertreten (Realismus – Idealismus). Sie sollen feststellen, ob es einen bisher unerforschten Berg gibt, der irgendwo in Afrika liegen soll. Sie kommen zu dem gleichen Ergebnis: es gibt diesen Berg, und sie machen auch gemeinsam dieselben geographisch-physikalischen Messungen seiner Beschaffenheit. In allen naturwissenschaftlich-empirischen Fragen herrscht also Einigkeit. Sprechen sie aber als Philosophen, so beginnen sie zu streiten, ob der Berg wirklich so da ist, wie er ist (These des Realisten), oder ob unsere Wahrnehmungsorgane, unser Verstandesapparat beim Zustandekommen dieser Gesamterscheinung »Berg« eine Rolle spielen (These des Idealisten). Da sie nun als Naturwissenschaftler übereinstimmen, als Philosophen aber nicht, müssen ihre philosophischen Aussagen offensichtlich an der Wirklichkeit vorbeigehen. Sie sind nicht »sachhaltig«, d. h. es gibt bei dieser Art metaphysischer Sätze kein empirisches Sinnkriterium, an dem sich ihre Wahrheit überprüfen ließe. Sie sind also, wie Carnap folgert, weder »wahr« noch »falsch«. Sie haben keinen Sinn! Es sind schlicht sinnlose Sätze, Scheinprobleme in der Philosophie.

Scheinprobleme

Der metaphysikkritische Radikalismus des Wiener Kreises ging so weit, daß einige seiner Mitglieder die Weiterverwendung von Ausdrücken wie »Philosophie«, »Naturphilosophie«, »Erkenntnistheorie« entschieden abgelehnt haben. Die linguistische Wende der Analytischen Philosophie wird hier konsequent durchgeführt. Sie mündet in der Auffassung, »daß alle übrigbleibenden philosophischen Fragen logische Fragen sind«; »daß Philosophie nichts anderes sein kann als logische Analyse der wissenschaftlichen Begriffe und Sätze« (so Rudolf Carnap in seinem Buch *Die logische Syntax der Sprache*, 1934). Nach dem Tod von Moritz Schlick hat sich der Wiener Kreis schnell aufgelöst; fast alle Teilnehmer gingen an Universitäten in England oder in den USA. Im Nationalsozialismus wurden die Schriften des Wiener Kreises verboten, teils weil einige seiner Mitglieder jüdischer Herkunft waren, teils weil solch eine nüchterne, betont a-politische Philosophie natürlich nicht in eine völkische Weltanschauung hineinpaßte.

Reduktion auf Logik

Da die Tätigkeit eines wissenschaftlichen Forschers im Aufstellen und Überprüfen von Sätzen besteht, wird »Philosophie« im Sinne des Logischen Positivismus zur Untersuchung dieser Tätigkeit. Sie wird Forschungs- oder Erkenntnislogik. Ein Grundproblem aller Erkenntnislogik ist die Frage nach dem sog. Sinnkriterium, d. h. nach dem Prüfstein, an dem sich eine Annahme als richtig, falsch oder sinnlos herausstellt. Zweifellos ist es normalerweise das naturwissenschaftliche Experiment, in dem sich eine Behauptung bewahrheitet. Das heißt auf lateinisch »verifiziert«, und als »Verifikationsprinzip« ist dieser Begriff des Logischen Positivismus inzwischen in den Sprachgebrauch der Wissenschaftler eingegangen. Hier

Prinzip der Verifikation

Karl Raimund Popper

Falsifikationsprinzip im Kritischen Rationalismus

muß nun die *Logik der Forschung* von Karl Raimund Popper erwähnt werden. Sie ist in ihrer ersten Auflage 1934 erschienen und steht heute praktisch in jeder Institutsbibliothek. Popper stand damals in persönlichem Kontakt mit dem Wiener Kreis, gehörte ihm aber nicht an. Seine *Logik der Forschung* ist eine kritische Auseinandersetzung mit den Logischen Positivisten. Formalisierte künstliche Wissenschaftssprachen lehnt Popper ab – »große Systeme von Spielereimodellen« –, da für ihn die Kompliziertheit der Modellsprachen in keinem Verhältnis zu ihrer Brauchbarkeit steht. Seine Kritik richtet sich gegen eine weit verbreitete Annahme, die auch dem Verifikationsprinzip zugrunde liegt. Man geht nämlich normalerweise davon aus, daß wir im Prozeß wissenschaftlicher Beobachtungen induktiv verfahren, d.h. von Einzelbeobachtungen zu Aussagen bzw. Gesetzmäßigkeiten von immer größerer Verallgemeinerungsfähigkeit gelangen [→ S. 299]. Popper hält diese Annahme für falsch und setzt das sog. Falsifikationsprinzip dagegen. Es besagt, daß wir wissenschaftliche Hypothesen niemals im Experiment verifizieren können. Denn jede Hypothese steht schon von vornherein immer im Gesamtzusammenhang einer Theorie und reicht somit weit über das beobachtbare Tatsachenmaterial hinaus. Die »Tatsachen«, die wir »beobachten«, sind grundsätzlich vielfältig deutbar. Wir können daher niemals sagen, daß eine Theorie »wahr« ist. Wir müssen uns mit dem ständigen Versuch bescheiden, Theorien (auch unsere eigenen) zu widerlegen (falsifizieren; daher Falsifikationsprinzip). Eine Theorie ist demnach immer nur vorläufig wahr, solange sie nicht falsifiziert ist: »Unser Wissen ist ein kritisches Raten.« Popper nennt seine Philosophie *Kritischen Rationalismus*, da er die rationale Diskussion als Grundprinzip des wissenschaftlichen Fortschritts ansieht. Sie ist auch Prinzip von Freiheit. In verschiedenen Büchern hat Popper die von ihm als »totalitaristisch« eingestuften Gesellschaftssysteme des Faschismus und Kommunismus bzw. ihre von ihm so gedeuteten geistigen Wegbereiter (Platon, Hegel) kritisiert (*Die offene Gesellschaft und ihre Feinde*, 1945; *Das Elend des Historizismus*, 1957). Ein Schwerpunkt seiner späteren Forschungen ist die Entwicklung des Denkens im Gesamtrahmen der biologischen Evolution (*Das Ich und sein Gehirn*, 1978, zusammen mit dem Nobelpreisträger John Eccles).

Ludwig Wittgenstein hat 1929 sein Promotionsexamen bei Russell und Moore abgelegt, und seltsamerweise hat er in seiner eigenen philosophischen Entwicklung die in diesen beiden Namen verkörperten, so unterschiedlichen Grundrichtungen der Analytischen Philosophie mitgetragen, weiterentwickelt, man kann auch sagen: durchlebt. Wittgenstein, aus großbürgerlicher Familie stammend, wurde 1889 in Wien geboren. Seine wesentlichen Anregungen hat er von Russell und dem lange verkannten deutschen Logiker und Sprachphilosophen Johann Gottlob Frege (1848–1925) bekommen. Während des Ersten Weltkriegs schrieb er ein Büchlein, das 1921 mit dem Titel *Logisch-Philosophische Abhandlung* erschienen ist. In der englischen Übersetzung von 1922 lautet der Titel nach einem Vorschlag Moores akademisch-scholastisch *Tractatus logico-philosophicus*. Da Wittgenstein in diesem Werk »die Probleme im Wesentlichen endgültig gelöst zu haben« glaubte und diese Lösung in die Überzeugung mündet, daß die weitere Beschäftigung mit Philosophie sinnlos sei, verschenkte er sein gesamtes Vermögen, besuchte die Wiener Lehrerbildungsanstalt und wurde Volksschullehrer in österreichischen Dörfern (1920–1926). Zeitweise war er auch Gärtnergehilfe in einem Mönchskloster. Nach seiner Promotion lehrte er ab 1930 in Cambridge und wurde

Wittgenstein-Karikatur von Hans Pfannmüller

1939 Nachfolger auf G. E. Moores Lehrstuhl. Während des Krieges arbeitete er freiwillig als Sanitäter in englischen Hospitälern. 1947 legte er seine Professur nieder, weil er sich für ungeeignet hielt. Er starb 1951 in Cambridge. Seine letzten Worte waren: »Tell them I've had a wonderful life!« Stil und Denkart Wittgensteins üben eine seltsame Faszination aus. Sie liegt in einer Haltung, die man »die Unbedingtheit der fragenden Bescheidung« nennen könnte. Aus seinem Lebenslauf kann jeder eine große Distanz zur Philosophie entnehmen, und außer dem *Tractatus* hat er nur einen einzigen kurzen Aufsatz veröffentlicht (den er aber bald wieder verworfen hat). Dennoch ist er »einer der einflußreichsten Philosophen seit Beginn des Jahrhunderts.« [5] Worin besteht dieser Einfluß?

Wir können bei Wittgenstein klar zwei Abschnitte seines Denkens unterscheiden: die Frühphase, wie sie sich im *Tractatus* niederschlägt, und die Entwicklung seines späteren Denkens, etwa ab 1929, in der er zu einer gänzlich neuen Auffassung über die menschliche Sprache gelangt. Betrachten wir zunächst den *Tractatus logico-philosophicus*. Er ist nicht einfach zu verstehen. Ein kurzer Text mit einem langen Denkweg. Wittgenstein will darin zeigen, daß die Fragestellung der philosophischen Probleme auf dem Mißverständnis der Logik unserer Sprache beruht. So heißt es im Vorwort: »Man könnte den ganzen Sinn des Buches etwa in die Worte fassen: Was sich überhaupt sagen läßt, das läßt sich klar sagen; und wovon man nicht reden kann, darüber muß man schweigen.« Der Text der Abhandlung ist in einzelnen Sätzen angeordnet. Sie sind jeweils numeriert, wobei die Dezimalzahl hinter dem Punkt den Stellenwert der Unter- bzw. Erläuterungssätze und damit »das logische Gewicht der Sätze« angibt (man stelle sich das bildlich vor – ein logisches Gewicht!). So heißt z. B. der bekannt gewordene Satz Nr. 1: »Die Welt ist alles, was der Fall ist«; Nr. 5.473: »Die Logik muß für sich selber sorgen«; Nr. 6.36311: »Daß die Sonne morgen aufgehen wird, ist eine Hypothese; und das heißt: wir *wissen* es nicht, ob sie aufgehen wird.« Wittgensteins durchgängiges Problem ist die Sprache, die Frage also, wie sich Denken und Wirklichkeit überhaupt aufeinander beziehen können. Er versucht zunächst, diese Frage mittels der Vorstellung des Bildes zu beantworten: »Wittgensteins Ansatz im ›Tractatus‹, das Problem der Möglichkeit der Sprache und des Denkens zu lösen, besteht darin, die Satzelemente als Elemente zu betrachten, die durch ihre Zusammenstellung in einem Satz zu einem Bild oder Modell der Wirklichkeit werden: »4.01 Der Satz ist ein Bild der Wirklichkeit. Der Satz ist ein Modell der Wirklichkeit, so wie wir sie uns denken.« [6]

Voraussetzung ist – wie bei B. Russell – die Annahme, daß die Welt aus elementaren Tatsachen besteht (»alles, was der Fall ist«). Ebenso meint Wittgenstein mit Russel, daß die Umgangssprache den tatsächlichen (Bild-) Charakter der Sätze »verkleidet«, daß die Sprache der Analyse bedarf und daß daher alle Philosophie Sprachkritik ist (Nr. 4.0031). Nun führt aber jeder Ansatz, das Verhältnis Sprache – Wirklichkeit als ein Abbildungsverhältnis zu begreifen, in große Schwierigkeiten (vgl. dagegen z. B. E. Cassirer, der das Sprechen als komplexe symbolische Tätigkeit sieht [→ S. 360 f.]). Im Verlauf seines Versuches, diese Schwierigkeiten zu lösen, gelangt Wittgenstein zu der Einsicht, daß man von der Struktur der Sprache her über herkömmliche philosophische Probleme, die Probleme des »Lebens«, gar nicht sinnvoll sprechen kann. Daher am Schluß des *Tractatus* das Bild der Leiter, die der Leser wegwerfen muß, nachdem er auf ihr hinaufgestiegen ist. Gerade diese Behauptung der Sinnlosigkeit herkömmlichen Philosophierens ist dann vom Wiener Kreis aufgegriffen und ausge-

Sprachphilosophie des »Tractatus«

Grenzen logischer Sprache

baut worden; der *Tractatus* wurde sozusagen zur Bibel des Logischen Positivismus. Und seither ist die Frage, inwiefern »philosophisch« über Lebensprobleme bzw. Politik gesprochen werden kann, ein Streitpunkt zwischen den verschiedenen philosophischen Schulen geblieben. Denn es ist klar, daß – nach dem herkömmlichen Begriff von Philosophie zumindest – nicht nur »Tatsachen« oder forschungslogische Untersuchungen, sondern z. B. auch Fragen der Moral, Fragen nach dem »richtigen Leben« oder kunsttheoretische Probleme Gegenstand der Philosophie sind. Im Verlauf der Studentenbewegung der sechziger Jahre ist dieser Gegensatz zwischen den Schulen unter dem Stichwort *Positivismusstreit* sogar noch einmal eine zeitlang in einer größeren Öffentlichkeit mit Leidenschaft diskutiert worden [7].

Wittgensteins Wende

»Wieviele Arten der Sätze gibt es aber? Etwa Behauptung, Frage und Befehl? – Es gibt *unzählige* solcher Arten: unzählige Arten der Verwendung alles dessen, was wir ›Zeichen‹, ›Worte‹, ›Sätze‹ nennen. [...] Es ist interessant, die Mannigfaltigkeit der Wort- und Satzarten mit dem zu vergleichen, was Logiker über den Bau der Sprache gesagt haben (Und auch der Verfasser der *Logisch-Philosophischen Abhandlung*.)« [8] Wer sich noch niemals mit Sprachphilosophie befaßt hat, braucht ein bißchen Zeit, um das Ausmaß der Wandlung zu erfassen, die Wittgenstein vollzogen hat. Sie stellt einen Bruch mit der überkommenen Auffassung dar, und es ist allgemein anerkannt, daß Wittgenstein hier eine grundsätzlich neue Philosophie entwickelt. Ihr Grundbuch sind die *Philosophischen Untersuchungen*, die, teilweise von ihm selbst noch zur Veröffentlichung vorbereitet, im Jahre 1953 erschienen sind. Die *Philosophischen Untersuchungen* sind eine Art Zettelkasten, »philosophische Bemerkungen«, »ein Album« oder auch »eine Menge von Landschaftsskizzen«, wie es im Vorwort heißt. Diese Schreibweise entspricht Wittgensteins Auffassung von Philosophie: sie ist für ihn keine »Lehre«, sondern eine Tätigkeit, die in fortlaufenden Erläuterungen besteht.

unendlich viele »Sprachspiele«

»Denk nicht, sondern schau!«, heißt es einmal in den *Untersuchungen*. Was Wittgenstein jetzt sieht, sind Menschen, die *auch* sprechen, abstrakter: er sieht jetzt den Zusammenhang von Sprache, Handeln und Gesellschaft. D. h., Sprache ist immer und von vornherein Bestandteil, Ausdruck, Hilfsmittel einer Lebensform der Menschen. Und so vielfältig und unterschiedlich diese Lebensformen sind, so vielfältig und unterschiedlich ist die Bedeutung der Zeichen, wie sie gebraucht werden. Der Gebrauch begründet die jeweilige Bedeutung der Wörter und Sätze! Die herkömmliche Auffassung von Sprache hat die Bedeutung eines Wortes stets wie einen feststehenden Gegenstand betrachtet, dem das Wort gleichsam zugeordnet wird. Es »steht für« einen Gegenstand, der dann seinen Gebrauch bestimmt. Für Wittgenstein ist das eine »grammatische Täuschung«, weil die Grammatik mit ihren Regeln scheinbar wohlgeordnete Strukturen aufweist. Das ist aber nur die Oberfläche der Sprache. Dieser grammatischen Täuschung sind auch *die* Philosophen erlegen, die über die Worte und ihre Bedeutung nachdenken und sogar glauben, noch bessere Sprachen als die wirkliche Umgangssprache konstruieren zu können. (Nr. 119: »Die Ergebnisse der Philosophie sind die [...] Beulen, die sich der Verstand beim Anrennen an die Grenze der Sprache geholt hat.«) Dagegen setzt Wittgenstein den Begriff des »Sprachspiels«. Sprachspiel meint einmal den Gebrauch der Sprache in bestimmten konkreten Lebenssituationen, z. B. von Kindern oder Bauarbeitern bei ihrer Arbeit. Rätsel raten, mathematische Definitionen liefern, Geschichten erzählen, von einer Sprache in eine andere übersetzen gehören zu solch unterschiedlichen Sprachspielen. Der Ausdruck hat aber noch eine weitere Bedeutung. Nr. 7: »Ich werde auch das Ganze der Sprache und der Tätigkeiten, mit denen sie verwoben ist, das ›Sprachspiel‹ nennen.«

Ein Sprachspiel betrachten heißt so, eine Lebensform betrachten. Von der ganzen Art seines Philosophierens her ist Wittgensteins Denken eine große Herausforderung. Er stellt die naßforsche Unbekümmertheit gründlich in Frage, mit der wir normalerweise meinen, über alles sprechen zu können; mit der wir meinen, durch klare Begriffe die Wirklichkeit »denkend zu erfassen«. Man kann bei Wittgenstein auch eine konservative Absage an aufklärerische Vernunft sehen; der Philosoph Jürgen Habermas z. B. wirft ihm vor, daß hier »eingelebte Sprachspiele« als letzte Größen erscheinen, Wittgenstein also vergißt, daß man diese Lebensform auch kritisieren kann. Sicher ist Wittgenstein auch so aufgefaßt und eine zeitlang sogar zur Mode geworden. Gleichwohl bleibt die Herausforderung seines Denkens bestehen: »71. Man kann sagen, der Begriff ›*Spiel*‹ ist ein Begriff mit verschwommenen Rändern. – ›Aber ist ein verschwommener Begriff überhaupt ein *Begriff?*‹ – Ist eine unscharfe Photographie überhaupt ein Bild des Menschen? Ja, kann man ein unscharfes Bild immer mit Vorteil durch ein scharfes ersetzen? Ist das unscharfe nicht oft gerade das, was wir brauchen?«

Herausforderung durch Bescheidung

Formen des Marxismus

Seit der Wahl Michail Gorbatschows zum Parteichef der KPdSU im März 1985 verfolgt die Weltöffentlichkeit mit fasziniertem und bangem Interesse die »Perestroika« in der Sowjetunion. Der so bezeichnete Umbruch und Reformprozeß umfaßt die gesamte gesellschaftliche Ordnung und nicht zuletzt auch den philosophischen »Überbau« des Marxismus-Leninismus, der jahrzehntelang in der Sowjetunion und in den Ostblockstaaten die allein gültige Weltanschauung bildete. Die Abwendung von dieser Doktrin eines geschlossenen philosophischen Weltbildes schreitet, wie es scheint, unaufhaltsam voran und ist in Ländern wie Polen und der CSFR und natürlich der ehemaligen DDR schon vollzogen. Dennoch gehört die Position des Marxismus-Leninismus, allein schon wegen ihrer politischen Bedeutung, in das Bild der prägenden philosophischen Strömungen des 20. Jahrhunderts.

Eine ehemals geschlossene Weltanschauung

Alles Philosophieren beginnt, nach einem alten Wort des Aristoteles, mit der Verwunderung. Möglich, daß ein Leser, der sich zum ersten Mal näher mit der Philosophie des sowjetischen Marxismus beschäftigt, gehörig verwundert sein wird. Vielleicht findet er sogar manches wunderbar, z. B. die Klarheit, mit der hier definiert werden kann, was »Philosophie« ist. Hören wir die Einleitung zu der sechsbändigen *Geschichte der Philosophie*, die 1957 bis 1965 von der Moskauer Akademie der Wissenschaften herausgegeben worden ist und in einer Bearbeitung aus der ehemaligen Deutschen Demokratischen Republik vorliegt:

»Die Philosophie ist eine Form des gesellschaftlichen Bewußtseins; sie hat die Auffassung von den allgemeinen Gesetzen des Seins und des Denkens sowie vom Verhältnis zwischen Denken und Sein zum Inhalt. Die Philosophie ist stets Weltanschauung bestimmter Klassen oder Gruppen der Gesellschaft.« [1] Diese Klassengebundenheit der Philosophie läßt sich

Definition der Philosophie

festmachen an der sog. Grundfrage der Philosophie, von der gleich die nächsten Sätze sprechen. Die Grundfrage der Philosophie »war und ist bis heute [...] die Frage nach dem Verhältnis zwischen Denken und Sein, Geist und Natur oder Bewußtsein und Materie. Entsprechend der einen oder anderen Antwort auf diese Frage teilt sich die Philosophie in zwei große Lager. Das eine, das die Natur, das Sein als primär anerkennt, ist das Lager des Materialismus, das andere, welches den Geist, das Bewußtsein, das Denken als primär betrachtet, ist das Lager des Idealismus.«

Materialismus und Idealismus

Der Materialist, der ja mit der »Materie« einen festen Bezugspunkt des Denkens hat, glaubt – der Einleitung zufolge – grundsätzlich an die Erkennbarkeit der Welt und bejaht die Bedeutung objektiver Wahrheit unserer Begriffe. Die Idealisten verneinen oder bezweifeln das (z.B. Immanuel Kant, der ja der subjektiven Seite, also der Struktur des Verstandesapparates, für die Einheitlichkeit des Erkenntnisvorgangs maßgebende Bedeutung beimißt). Entscheidend ist nun, daß zwischen beiden Lagern ein Kampf stattfindet. Ein »unversöhnlicher« und »allseitiger« Kampf, denn »der Materialismus ist bekanntlich mit seltenen Ausnahmen die Weltanschauung der führenden, progressiven Kräfte der Gesellschaft, während der Idealismus – wenn auch nicht immer – die Weltanschauung der absterbenden, konservativen und reaktionären Kräfte der Gesellschaft ist.«

Schemata der Geschichte der Philosophie

Dieser Kampf zwischen Materialismus und Idealismus, der »wie ein roter Faden« die gesamte Entwicklung der Philosophie kennzeichnet, macht »den Hauptinhalt der Geschichte der Philosophie aus.« Entsprechend taucht er in jedem einzelnen geschichtlichen Abschnitt wieder auf. Die Schöpfung des dialektischen und historischen Materialismus bezeichnet den entscheidenden Wendepunkt der Philosophiegeschichte. Entsprechend gliedern sich auch ihre Grundperioden in zwei Hauptepochen: »die Epoche der Philosophie vor der Entstehung des Marxismus und die Epoche der Philosophie nach dem Aufkommen des Marxismus.« Da nun alle Philosophie die Weltanschauung einer bestimmten Klasse zum Ausdruck bringt und da die Grundfrage der Philosophie grundsätzlich nur zwei Möglichkeiten der Antwort zuläßt, ist die Philosophie grundsätzlich »parteilich« – »Parteilichkeit« ist ein wichtiger, von Lenin geprägter Begriff für dieses Selbstverständnis von Philosophie. Die marxistische Philosophie jedenfalls »ist eng mit der Politik der kommunistischen und Arbeiterpartei verbunden, sie verteidigt diese Politik aktiv und bringt offen die Interessen der Arbeiterklasse zum Ausdruck.« So kann denn die Einleitung vertrauensvoll schließen: »Die wissenschaftliche Geschichte der Philosophie, welche die Entwicklung der Philosophie als Kampf zwischen Materialismus und Idealismus, Dialektik und Metaphysik darstellt und die historische Rolle und Bedeutung der Philosophie des Marxismus erklärt, verbreitet im Bewußtsein der fortschrittlichen Menschen aller Länder die unerschütterliche Überzeugung, daß die Ideen des Kommunismus siegen werden.«

offizieller Marxismus – viele Marxismen

Es ist klar, daß angesichts einer solchen Kampfes-Bastion das philosophische Gespräch mit Vertretern anderer Richtungen bis zum Beginn der *Perestroika* fast unmöglich war. Auf größeren philosophischen Veranstaltungen ließ sich diese Situation des Aneinander-Vorbeiredens auch regelmäßig beobachten. Diese für lange Zeit gleichsam offizielle Gestalt des Marxismus im Zusammenhang der Geschichte marxistischer Philosophie zu begreifen ist trotz ihres Verlusts an Aktualität zum Verständnis des Denkens im 20. Jahrhundert unerläßlich, zumal der Marxismus-Leninismus innerhalb des Marxismus selbst nicht unangefochten blieb. Herbert Marcuse z.B. schreibt in seiner Untersuchung *Die Gesellschaftslehre des sowjetischen Marxismus* über Stalins Auslegung der »dialektischen Gesetze«: »Im Sinne der Hegelschen und Marxschen Dialektik sind sie weder wahr noch falsch – sie sind leere Hülsen.« Es gibt viele Formen und viele Lesarten des Marxismus. Wir haben bereits erwähnt, daß bei keinem Denker wie bei Marx die Kenntnis der Wirkungsgeschichte zum Verständnis seiner Philosophie gehört [→ S. 314]. Bei den ständigen Auseinandersetzungen um den »richtigen Marx« handelt es sich keineswegs um intellektuelle Spielereien. Sie speisen sich aus der Geschichte selbst, die in ihrer Vielschichtigkeit und Widersprüchlichkeit die gegensätzlichsten Antworten auf die Frage nach »Freiheit« zuläßt. Dazu muß man bedenken, daß Marx' Hauptwerk, *Das Kapital*, eigentlich eine sehr abstrakt angelegte Untersuchung ist. Wie verhalten sich ihre Grundaussagen zur wirklichen Geschichte eines Landes? Lange Zeit haben z. B. die russischen Marxisten darüber gestritten, ob das unterentwickelte Rußland erst ein kapitalistisches Land mit bürgerlicher Demokratie werden muß, bevor eine Revolution der Arbeiterklasse möglich ist. Diese Auffassung wurde von vielen vertreten, denn das Modell der englischen Entwicklung, das Marx im *Kapital* immer wieder heranzieht, legt diese Folgerung nahe. So hat Antonio Gramsci, selbst einer der klügsten Marxisten, die Revolution der Bolschewiki 1917 »die Revolution gegen das *Kapital* von Karl Marx« genannt!

Schon bald nach dem Tod von Friedrich Engels 1895 begannen in der Sozialdemokratischen Partei Deutschlands die Auseinandersetzungen um ihr Selbstverständnis als marxistische Partei. Die SPD hatte als größte und erfolgreichste Arbeiterpartei die Führungsrolle innerhalb der *II. Internationale*, dem erneuten Zusammenschluß der sozialistischen Parteien. In der Zeit ihres gesetzlichen Verbotes, der Bismarckschen Sozialistengesetze (1878 bis 1890), hatte sie ihre Bewährungsprobe bestanden und schon bei den Wahlen von 1898 21 Millionen Stimmen, d. h. 27 v. H. erreicht. Wie verhielt sich dieses Ergebnis, wie sollte sich überhaupt die parlamentarische Arbeit zu ihrem Selbstverständnis als einer revolutionären Partei verhalten? Eröffnete sich nicht plötzlich die Möglichkeit eines friedlichen Hineinwachsens in den Sozialismus via Wahlen, Parlament und Reformen? Zugespitzt: Reform oder Revolution? Mußten jetzt nicht die Marxschen Theorien einer gründlichen Durchsicht, einer umfassenden Revision unterzogen und an der Wirklichkeit überprüft werden?

Der große Wortführer dieser Auffassung, des sog. Revisionismus, war Eduard Bernstein (1850–1932). In seinem damals aufsehenerregenden Buch *Die Voraussetzungen des Sozialismus und die Aufgaben der Sozialdemokratie* (1899) revidierte er die Marxsche Theorie in zwei Punkten: der sog. Zusammenbruchs- oder Verelendungstheorie, wie sie aus dem *Kapital* herausgelesen worden war, und der seiner Meinung nach doktrinären Vorstellung von einem kommunistischen Endziel der Geschichte. Darüber hinaus kritisierte er die Denkweise von Marx und Engels selbst. Durch die unkritische Übernahme der Hegelschen Dialektik seien die beiden der Gefahr willkürlicher Konstruktionen und damit geschichtlicher Selbsttäuschung erlegen, z. B. in den Voraussagen des *Kommunistischen Manifests* [→ S. 223]. »Was Marx und Engels Großes getan haben, haben sie nicht dank der Dialektik, sondern trotz ihrer getan.« Mit diesem Angriff eröffnete Bernstein die lange Auseinandersetzung um das Verhältnis Hegel-Marx, die Bedeutung der Hegelschen Dialektik für das Werk von Marx und Engels – Fragen, die bis heute Gegenstand der Diskussion sind. Insgesamt fordert Bernstein von den Führern der Sozialdemokratie »den Mut, als das zu erscheinen, was sie in Wirklichkeit sind, sich von einer Phraseologie, die

Entwicklung bis Lenin

Eduard Bernstein

den Tatsachen nach veraltet ist, emanzipieren und es akzeptieren, eine Partei sozialer und demokratischer Reformen zu sein.«

Bernstein ist eine der wichtigsten Persönlichkeiten der Arbeiterbewegung, weil er in seiner Auseinandersetzung mit Marx ihre tatsächliche politische Praxis klären will: »Es ist der erste Versuch, die Bedingungen einer Verwirklichung dieser Theorie in einem industriell entwickelten Land anzugeben.« (G. Hillmann) Sein Gegenspieler in dem sogleich mit großer Heftigkeit geführen sog. Revisionismusstreit war Karl Kautsky, der die Rolle des Verteidigers der Orthodoxie übernahm (»Orthodoxie« bedeutet hier die Weltanschauung von Marx und Engels, wie man sie damals auffaßte). Karl Kautsky (1854–1938), für einige Zeit Privatsekretär von Engels, ab 1883 Herausgeber der parteioffiziellen *Neuen Zeit*, war eine Art Symbolfigur der *II. Internationale*. Aber wenn er seinen Gegner auch in allen Punkten »widerlegte«, so konnte er doch selbst keine schöpferischen Perspektiven entwickeln: »Es ist [...] charakteristisch, daß das philosophische Niveau, die Kenntnis der philosophischen Problematik und hier besonders der marxistischen, bei fast allen Theoretikern der II. Internationale nicht sehr hoch war.« [2]. Der Sog der Anpassung der Sozialdemokratie an den erfolgreichen Kapitalismus, die »kulturelle Hegemonie« des Bürgertums, wie Gramsci sich ausdrücken würde [→ S. 398 f.], war stärker. Mit Recht wird die Zustimmung der sozialdemokratischen Abgeordneten zu den Kriegskrediten im August 1914 als die vollständige politisch-moralische Niederlage der marxistischen Arbeiterpartei betrachtet.

Kautsky

Weltanschauung oder Wirtschaftstheorie?

In der Zeit der *II. Internationale* gab es je nach Akzentsetzung unterschiedliche Grundauffassungen des Marxismus: einmal als umfassend-geschlossene Weltanschauung, vergleichbar mit dem gedanklich-gefühlsmäßig-handlungsorientierenden Gesamtgehalt einer Religion, zum andern als eine Art Gesellschaftslehre oder Wirtschaftstheorie, die mit eher naturwissenschaftlicher Genauigkeit die Gesetze des kapitalistischen Produktionsprozesses enthüllt. Wo die zweite Auffassung überwiegt, konnte man durchaus der Meinung sein, daß der Marxismus noch einer »eigentlich philosophischen« Grundlegung bzw. Ergänzung oder Erweiterung bedarf. Der sog. »ethische« oder »neukantianische Sozialismus« ist ein solcher Versuch. Seine wichtigsten Vertreter sind der Philosophiehistoriker Karl Vorländer (1860–1928) und die beiden Theoretiker der Österreichischen Sozialdemokratie, Max Adler (1873–1937) und Otto Bauer (1882–1928). Entsprechend der allgemeinen Strömung des Neukantianismus [→ S. 359] wurde hier im Rückgang auf Kant die »ethische Idee« herausgestellt, die dem Sozialismus zugrundeliege; der vollkommene Gesellschaftszustand also als sittliche Aufgabe. In einer Formulierung von Max Adler aus dem Jahre 1922: »Und in der Tat: der kategorische Imperativ ist die Idee einer allgemeinen Gesetzgebung des Willens, in welcher es keine *Unterdrückung* irgendeines Willenssubjektes mehr geben kann; die Forderung, keinen Menschen nur als Mittel, sondern jeden zugleich als Zweck zu betrachten, ist eine Idee, die jede *Ausbeutung* ausschließt; der Gedanke eines Reiches der Zwecke, der alle soziale Unvernunft und Bedrückung als zweckwidrig unmöglich macht, ist die Idee einer *solidarischen Gesellschaft*, die keinen Klassengegensatz mehr zuläßt.« [3]

Adler

Sicherlich wird hier ein ganz wichtiger moralischer Grundimpuls des Marxschen Denkens herausgestellt. Praktisch-politisch jedoch hat sich der ethische Sozialismus – besonders in der Form des österreichischen sozialdemokratischen Marxismus (sog. Austromarxismus) – in das allgemeine Anpassungsverhalten des Revisionismus eingefügt.

Das Werk von Wladimir Iljitsch Lenin (1870–1924) stellt, von der Wirkung her gesehen, zweifellos die wichtigste Weiterentwicklung des Marxismus dar. An seinem Leben läßt sich wie bei kaum einem die faszinierende Spannung zwischen dem Wollen einer überragenden Persönlichkeit und ihrem Eingebundensein in die konkreten geschichtlichen Verhältnisse verfolgen – jede Beurteilung Lenins und der Oktoberrevolution kann nur unter sorgfältigster Berücksichtigung all dieser Umstände erfolgen. Besondere Eigenschaften der Persönlichkeit Lenins sind seine Willensstärke – die unbedingte, entschlossene Hingabe an die als richtig erkannte Sache –, sein außergewöhnlicher Intellekt, die suggestive Kraft seiner Wirkung auf Menschen, die Freiheit von jeglicher persönlicher Eitelkeit sowie das weitgehende Fehlen von Selbstzweifeln, was sich auch als ein starkes Freund-Feind-Denken äußert [4]. Wie verhält sich diese Persönlichkeit, ihr Tun und ihr Denken, zur Gedankenwelt von Marx?

Lenins Persönlichkeit

Im Mittelpunkt von Lenins Leben stand die Revolution, und zwar nicht als fernes Ziel, sondern als unmittelbare Aufgabe. Marxist-Sein war für ihn gleichbedeutend mit Revolutionär-Sein. Seine Auffassung des Marxismus hat dadurch einen stark aktivistischen, voluntaristischen Zug (von lat. *voluntas*, Wille). Mit dem Willen zum Handeln verbindet sich bei ihm ein klares Bewußtsein seiner geschichtlichen Bedingungen, was wiederum Spielraum läßt zur schöpferischen Freiheit gegenüber dem Gedankengebäude der Marxschen Theorie: »Lenin fühlte sich zwar als orthodoxer Marxist, doch variierte er die Marxschen Theorien, indem er die Erfahrungen der russischen Wirklichkeit und die neuen Gegebenheiten des 20. Jahrhunderts mit dem Marxismus verband. Die ursprünglichen Vorstellungen wurden damit in wesentlichen Teilen umgemodelt.« [5]

selbständiger Umgang mit der Lehre

Die einschneidendste Veränderung besteht in Lenins Konzeption der Partei. Hatten Marx und Engels die Partei eher als ein Propagandainstrument zur Verbreitung sozialistischer Ideen aufgefaßt, so war für Lenin die Partei die »bewußte und organisierte Vorhut der Arbeiterklasse.« Lenins sog. Kaderpartei besteht im Kern aus einer Elite von Berufsrevolutionären innerhalb einer zentralistischen Parteistruktur, die ein Höchstmaß von Disziplin und Schlagkraft gewährleisten sollte (Lenin: »Gebt uns eine Organisation von Revolutionären, und wir werden Rußland aus den Angeln heben.«) Das Organisationsprinzip dieses Parteimodells wird auch »demokratischer Zentralismus« genannt (bei freien Wahlen von unten nach oben Entscheidungsbefugnis der höheren Instanzen gegenüber den untergeordneten und Unterordnung der Minderheit gegenüber Mehrheitsbeschlüssen). An den Auseinandersetzungen über die Parteiorganisation hat sich die Spaltung der russischen Sozialdemokratie in die Fraktionen der Bolschewiki und Menschewiki entzündet (1903), und lange Zeit war Lenins Parteikonzeption Gegenstand heftiger Kontroversen – die Hauptkritik kam von der bedeutenden Marxistin Rosa Luxemburg (1870–1919), die eine Theorie der schöpferischen Spontaneität der Massen dagegensetzte.

Struktur und Aufgaben der Partei

demokratischer Sozialismus

Wie Lenins ganzes Wesen auf das revolutionäre Handeln ausgerichtet war, so sind auch seine Schriften immer aus unmittelbarem politischem Anlaß entstanden. Das mindert keineswegs ihre Bedeutung, bezeichnet aber den Stil und die Art der Gedankenführung, da Lenin den ausführlichen Kampf mit dem jeweiligen Gegner liebte. So sind oft die zentralen Aussagen in einem Wust von Zitaten und Polemik verborgen. Als wichtigste Schriften gelten *Was tun?* (1902); *Materialismus und Empiriokritizismus* (1908, erschienen 1909); *Der Imperialismus als höchstes Stadium des Kapitalismus* (1916); *Der ›Radikalismus‹, die Kinderkrankheit des Kommunismus*

Lenins Schriften

Richard Avenarius, Ernst Mach und der Empiriokritizismus

(1920). Nach Lenins Tod ist *Materialismus und Empiriokritizismus* zu seinem eigentlich philosophischen Werk, ja zu *dem* Werk der marxistisch-leninistischen Erkenntnistheorie erhoben worden. Es trägt den Untertitel *Kritische Bemerkungen über eine reaktionäre Philosophie*. Damit ist der sog. Empiriokritizismus gemeint, eine damals sehr einflußreiche Strömung. Ihre Hauptvertreter sind Richard Avenarius (1843–1896) und Ernst Mach (1838–1916). Der Empiriokritizismus ist eine – naturwissenschaftlich orientierte – Erkenntnistheorie, die ihren Bezugspunkt in der menschlichen Empfindung hat (Mach: »An einem heiteren Sommertage im Freien erschien mir einmal die Welt samt meinem Ich als *eine* zusammenhängende Masse von Empfindungen, nur im Ich stärker zusammenhängend.«). Die festen Begriffe vom »Ding«, vom »Ich«, von »Raum« und »Zeit« werden damit aufgelöst, relativiert. Die Theorien des in Wien lehrenden Mach fanden – im Sinne einer philosophischen Ergänzung des Marxismus – Eingang in die österreichische Sozialdemokratie und von da aus auch Resonanz bei den russischen Marxisten. 1908 sind in Rußland innerhalb eines halben Jahres allein vier Bücher zum Thema marxistische Dialektik, Erkenntnistheorie, Machismus erschienen.

Lenin, der damals im Genfer Exil lebt, sieht in dem Relativismus à la Mach die Gefahr einer Aufweichung des Marxismus. Mit der ganzen Wucht seiner Polemik bekämpft er den Empiriokritizismus und stellt die Wirklichkeits-Angemessenheit, die Objektivität der menschlichen Erkenntnis dagegen. Er verwendet dabei das sog. Orthodoxie-Argument, d. h. er beruft sich für die Richtigkeit seines Denkens auf die Autorität von Marx und Engels, speziell den *Anti-Dühring* [→ S. 333]. Engels spricht dort des öfteren von den Begriffen des Denkens als »Gedankenabbilder« oder »Spiegelbilder« der Wirklichkeit. Auf diese Stellen gestützt, entwickelt Lenin nun die sog. Widerspiegelungstheorie. Er verknüpft die Widerspiegelungstheorie fest mit seiner Auffassung von materialistischer Philosophie nach der Formel: »Materialismus« = Anerkennung einer vom menschlichen Bewußtsein unabhängig existierenden Außenwelt. So kommt er zu folgenden Aussagen: »Unsere Empfindungen, unser Bewußtsein sind nur das Abbild der Außenwelt, und es ist selbstverständlich, daß ein Abbild nicht ohne das Abgebildete existieren kann, das Abgebildete aber unabhängig von dem Abbildenden existiert.« »Unsere Empfindungen für Abbilder der Außenwelt halten, die objektive Wahrheit anerkennen, auf dem Standpunkt der materialistischen Erkenntnistheorie stehen, das ist ein und dasselbe.« – »Das gesellschaftliche Bewußtsein *widerspiegelt* das gesellschaftliche Sein – darin besteht die Lehre von Marx. [...] Das Bewußtsein *widerspiegelt* überhaupt das Sein – das ist eine allgemeine These des *gesamten* Materialismus.«

Lenin (1919)

Parteilichkeit – Konstruktionsprinzip der Philosophiegeschichte

Von diesem Ansatz her wird nachvollziehbar, daß Lenin hier – wiederum in Anlehnung an den späten Engels – eine »Grundfrage der Philosophie« sieht: Materialismus oder Idealismus. Und, da der Idealismus nach Lenins Auffassung die Wirklichkeit für nicht erkennbar hält, muß das auch politische Konsequenzen haben: wer die Wahrheit bezweifelt, kann auch nicht entschlossen für sie eintreten. Er läßt die gesellschaftlichen Zustände, wie sie sind. Der Idealismus ist für Lenin grundsätzlich eine individualistische, fortschrittsfeindliche, reaktionäre bürgerliche Philosophie. Wir sehen, wie eng hier Erkenntnistheorie und Politik verbunden werden! So wird auch nachvollziehbar, daß Lenin in der Philosophiegeschichte einen zweitausendjährigen Kampf zwischen den beiden Grundauffassungen sehen zu können glaubt (die »Linie Platons« gegen die »Linie Demokrits«). Und, da der Materialismus die richtige und fortschrittliche Philosophie ist, kann

Lenin auch davon sprechen, daß es gilt, Partei zu ergreifen, daß man immer Partei ergreift für die eine oder andere Richtung. So schließt das Werk mit der Feststellung, daß man nicht umhin kann, »hinter der erkenntnistheoretischen Scholastik des Empiriokritizismus den Parteienkampf in der Philosophie zu sehen, einen Kampf, der in letzter Instanz die Tendenzen und die Ideologie der feindlichen Klassen der modernen Gesellschaft zum Ausdruck bringt. Die neueste Philosophie ist genauso parteilich wie die vor zweitausend Jahren. Die kämpfenden Parteien sind dem Wesen der Sache nach [...] der Materialismus und der Idealismus.«

Lenin hat selbst immer wieder auf den Unterschied zwischen dem dialektisch-historischen Materialismus von Marx und Engels und dem »anschauenden« Materialismus des 18. Jahrhunderts oder von Feuerbach hingewiesen. Seine eigenen sog. *Philosophischen Hefte* von 1914/15 – Niederschlag einer geradezu leidenschaftlichen Auseinandersetzung mit Hegel – zeigen, wie sehr er bemüht und fähig war, Hegels Dialektik für Fragestellungen der marxistischen Theorie fruchtbar zu machen. Demgegenüber sind zentrale Aussagen in *Materialismus und Empiriokritizismus* philosophisch ziemlich naiv und stehen im Widerspruch zu anderen Grundbegriffen (z. B. die Rolle der menschlichen, Wirklichkeit schaffenden Praxis – also ein schöpferischer, dynamischer, gesellschaftsbezogener Wirklichkeitsbegriff – gegenüber der Aussage, daß das Bewußtsein »Kopien« der Wirklichkeit herstellt). Das Werk muß daher stets in dem polemischen Zusammenhang der damaligen parteipolitischen Auseinandersetzungen gesehen werden. Um so fragwürdiger, daß ihm später kanonisch verbindliche Bedeutung beigelegt wurde.

Problematik der Widerspiegelungstheorie

Übrigens hat Lenin in den letzten Jahren seines Lebens, als er sich wegen schwerer Krankheit fast ganz vom politischen Geschehen zurückziehen mußte, die Entwicklung in Rußland sehr skeptisch beurteilt. Hellsichtig sah er die Gefahr der Unterdrückung nationaler Minderheiten in Rußland, hat vor Stalin und Trotzki gewarnt und Maßnahmen gegen die Bürokratisierung des Staatsapparates empfohlen, der, vom alten Regime übernommen, noch »unter aller Kritik ist.« Diese späten Texte sind wichtig für ein angemessenes geschichtliches Urteil über Lenin und die Oktoberrevolution. [6]

Marxismus als Legitimationswissenschaft. Zur Genese der stalinistischen Philosophie. Unter dieser Überschrift hat der Sozialphilosoph Oskar Negt in einem Aufsatz die Entwicklung der russischen marxistischen Philosophie in den zwanziger Jahren dargestellt. Der Ausdruck »Legitimationswissenschaft« benennt zunächst einmal die geschichtliche Situation eines politischen Legitimations-, also Rechtfertigungsmangels. Er ergibt sich aus dem Zwiespalt zwischen dem mit der Oktoberrevolution gesetzten Anspruch auf Befreiung, auf Emanzipation, und der alltäglich erfahrbaren wirklichen Entwicklung. Sie schafft neben den fortbestehenden alten bereits zunehmend neue, spezifisch parteibürokratische Zwangsverhältnisse. Diesen Widerspruch zwischen Anspruch und Wirklichkeit zu verdecken war die Aufgabe der offiziellen Philosophie: Marxismus als Legitimationswissenschaft soll den revolutionären Legitimationsbedarf einer nachrevolutionären Gesellschaft beheben. Das geschieht durch die Schaffung einer »marxistisch-leninistischen Weltanschauung« – ein Gedankengebäude, das, gerade weil es in sich stimmig ist, ein Eigendasein gegenüber der geschichtlichen Wirklichkeit führen kann.

Legitimationswissenschaft

Eine wichtige Voraussetzung ist die Zusammenfassung des Denkens von Marx, Engels und Lenin zu einem einheitlichen Marxismus-Leninismus. So gab Josef Stalin (1879–1953) schon 1924 in den *Grundlagen des Leninis-*

mus die Definition: »Der Leninismus ist der Marxismus der Epoche des Imperialismus.« In dem offiziellen *Philosophischen Wörterbuch* der ehemaligen DDR lautete die Definition des Marxismus-Leninismus folgendermaßen: »*Marxismus-Leninismus* – das einheitliche System der von Marx und Engels begründeten und von Lenin weiterentwickelten philosophischen, ökonomischen und politischen Lehren, die in ihrer Gesamtheit, Geschlossenheit und Folgerichtigkeit ›den modernen Materialismus und den modernen wirtschaftlichen Sozialismus als Theorie und Programm der Arbeiterbewegung [...]‹ ergeben (Lenin). Der Marxismus-Leninismus ist die theoretische Grundlage der praktischen Tätigkeit der revolutionären Partei der Arbeiterklasse und dient als Anleitung zum Handeln im Klassenkampf, in der sozialen Revolution und beim sozialistischen und kommunistischen Aufbau.«

»dialektische« Gesetze in Natur und Gesellschaft

Das vorläufige Ergebnis der Entwicklung zur Legitimationswissenschaft war das schmale Werk von Stalin *Über dialektischen und historischen Materialismus* (1938). Es setzt ein mit dem beschwörenden Satz: »Der dialektische Materialismus ist die Weltanschauung der marxistisch-leninistischen Partei.« Grundlegend ist die Unterteilung in »dialektischen« und »historischen« Materialismus (die sich bei Marx niemals finden läßt, weil es für ihn ein und dasselbe war). Der dialektische Materialismus bezieht sich auf die Erkenntnis der Natur und ihrer dialektischen Bewegungsgesetze [→ S. 322 f.]. »Der historische Materialismus ist die Ausdehnung der Leitsätze des dialektischen Materialismus auf die Erforschung des gesellschaftlichen Lebens.« Entscheidend ist hierbei die Parallelschaltung von »Natur« und »Gesellschaft«. D. h., daß gesellschaftlich-geschichtliche Erscheinungen analog zu Naturgesetzen zu sehen sind – überhaupt spielt der Begriff des »Gesetzes« eine zentrale Rolle. Geschichte wird zu einer zweiten Natur verdinglicht; für den Menschen als bedürftiges, wünschendes, aktives, kritisches Wesen bleibt kein Platz (»die Geschichte der Gesellschaft wird zu einer gesetzmäßigen Entwicklung der Gesellschaft«). Dafür gibt –

göttliche Voraussicht

so der Schluß der Abhandlung – die Kraft der marxistisch-leninistischen Theorie »der *Partei* die Möglichkeit, sich in der jeweiligen Situation zu orientieren, den inneren Zusammenhang der rings um sie vor sich gehenden Ereignisse zu verstehen, den Gang der Ereignisse vorauszusehen, und zu erkennen nicht nur, wohin sich die Ereignisse gegenwärtig entwickeln, sondern auch, wie und wohin sie sich künftig entwickeln müssen.«

Einspruch des westlichen Marxismus

Schon früh haben sich bedeutende Marxisten gegen diese Zurechtstutzung der Marxschen Theorie und ihre Anwendung als Herrschaftsinstrument gewendet. Die mehr revolutionstheoretischen Arbeiten von Rosa Luxemburg und Leo Trotzki können wir hier leider nicht berücksichtigen. Die wichtigsten Vertreter eines »kritischen« oder »westlichen« Marxismus sind Georg Lukács (1885–1971), Karl Korsch (1898–1961) und Antonio Gramsci (1891–1937; zu Ernst Bloch, dem »deutschen Philosophen der Oktoberrevolution« [→ S. 444 f.]).

Als Voraussetzung muß man sich die tiefe Ausstrahlung der Oktoberrevolution als ein weltgeschichtliches Hoffnungszeichen für diese Generation vergegenwärtigen. So berichtet der ungarische Philosoph Georg Lukács, daß seine frühen – übrigens sehr bedeutenden – Werke wie die *Theorie des Romans* (1914/15) »noch im Zustand einer generellen Verzweiflung« entstanden sind. »Erst mit der russischen Revolution hat sich auch für mich eine Zukunftsperspektive in der Wirklichkeit eröffnet.« Die allgemeine revolutionäre Situation in Europa am Ende des Ersten Weltkriegs setzte

»messianisch-utopische Zielsetzungen« frei – »Ein gewaltiger, welthistorischer Übergang rang damals um seinen theoretischen Ausdruck.«

Das repräsentative Werk dieses sog. westlichen Marxismus ist *Geschichte und Klassenbewußtsein* (1923) von Georg Lukács. Es enthält Aufsätze aus den Jahren 1919 bis 1922 zu einem umfassenden Komplex von Fragen der Marxschen Theorie und Methode, des proletarischen Klassenbewußtseins, der Revolution und der Organisationsform des Proletariats. Sie bewegen sich auf sehr hohem Niveau und sind daher nicht leicht zu lesen, doch entschädigen ihre gedankliche Dichte und der gleichsam mitreißende Schwung der Darstellung für die Mühe der Aneignung. Worin besteht der gemeinsame Leitfaden, der diese »Studien über marxistische Dialektik« – so der Untertitel – durchzieht?

In einem Vorwort zur Neuausgabe 1967 schreibt Lukács: »›Geschichte und Klassenbewußtsein‹ bedeutet den damals vielleicht radikalsten Versuch, das Revolutionäre an Marx durch Erneuerung und Weiterführung der Hegelschen Dialektik und seiner Methode wieder aktuell zu machen.« Dieser Rückgriff auf das Hegelsche Erbe, das Dialektische im Denken von Marx ist ein gemeinsamer Zug des kritischen Marxismus. Lukács versucht, wieder zu einer revolutionären Ganzheitsbetrachtung der Geschichte zu gelangen. Dafür steht der Hegelsche Begriff der »Totalität«. Es gibt von Hegel das berühmte Wort: »Das Wahre ist das Ganze.« Vom Gesichtspunkt der Totalität her wird Geschichte zu dem lebendigen Prozeß einer dialektischen Subjekt-Objekt-Beziehung. In ihr wird gleichermaßen das tätige, Wirklichkeit schaffende Wesen des Menschen als auch die Rückwirkung der – selbstgeschaffenen – Verhältnisse auf das Subjekt erfaßt [→ S. 321]. Erinnern wir uns, daß für den Positivismus die »Tatsachen« der feste Ausgangspunkt aller Wissenschaft waren. Hier werden nun Begriffe wie »Wirklichkeit« und »Tatsache« durch die ganzheitliche Betrachtungsweise gleichsam verflüssigt: »Erst in diesem Zusammenhang, der die einzelnen Tatsachen des gesellschaftlichen Lebens als Momente der geschichtlichen Entwicklung in eine *Totalität* einfügt, wird eine Erkenntnis der Tatsachen, als Erkenntnis der *Wirklichkeit* möglich.«

Der Volkskommissar Genosse Lucács dankt dem Proletariat für seine Hilfe bei der Niederschlagung der Konterrevolution (Budapest 1919)

Aber nicht nur gegen die Aufsplitterung der Wissensbereiche im normalen Universitätsbetrieb richtet sich diese Kritik. Schärfer noch will sie den sog. Vulgärmarxismus der *II. Internationale* treffen. Er konnte mit dem Hegelschen Erbe in Marx nichts anfangen, weil er den Marxismus nicht als eine revolutionäre Theorie begriffen hat. Auch die Naturdialektik von Engels mit ihren »dialektischen Bewegungsgesetzen« [→ S. 333] wird nicht verschont – es fehlen hier »die entscheidenden Bestimmungen der Dialektik: Wechselwirkung von Subjekt und Objekt, Einheit von Theorie und Praxis.« Und es ist klar, daß Lukács sich ebenso gegen die in Rußland um sich greifende Tendenz wendet, aus dem Marxismus eine abstrakte »Gesetzeswissenschaft« zu machen. Die Methode von Marx, die ihrem innersten Wesen nach geschichtlich ist, muß »ununterbrochen auf sich selbst angewendet werden.« Anders: sich beständig selbst in Frage stellen. Es gibt eine revolutionäre Methode, aber niemals eine fertige »marxistische Weltanschauung.«

Kritik des Vulgärmarxismus

Marxismus und Philosophie von Karl Korsch verfolgt dasselbe kritische Ziel, und bemerkenswerterweise ist es im gleichen Jahr erschienen wie *Geschichte und Klassenbewußtsein*. Korsch, der unter dem Eindruck der revolutionären Ereignisse von 1917/18 zum Marxismus überging, war zeitlebens bemüht, in einem undogmatischen Marxismus unterschiedliche Ansätze der sozialistischen Tradition zu verbinden: das Konzept der spon-

Karl Korsch

tanen Aktion der Arbeiterschaft, das sich in der Bewegung der Arbeiter- und Fabrikräte ausdrückt; das Konzept der gewerkschaftlichen Selbstverwaltung und schließlich der sozialistischen Vergesellschaftung und Planung. Sein leitender Gesichtspunkt ist dabei der Gedanke der Einheit von revolutionärer Theorie und revolutionärer Praxis – auch bei Korsch sehen wir eine aktivistische, stark willensbetonte Auffassung des Marxismus. Der Titel *Marxismus und Philosophie* ist ein Programm: es geht hier darum, überhaupt wieder ein Problembewußtsein für den philosophischen Gehalt der Marxschen Theorie zu erarbeiten. Korsch diskutiert das z. B. am Begriff der »Aufhebung der Philosophie«. In der verflachten, vulgärmarxistischen Denkweise hat man oft auf dieses Programm aus den 1840er Jahren verwiesen und war nicht wenig stolz darauf, daß der »wissenschaftliche Sozialismus« und die Philosophie nichts mehr miteinander zu tun haben. Dagegen gibt Korsch zu bedenken, daß mit diesem Programm eine bestimmte, überkommene Auffassung von Philosophie gemeint war: »es ist leicht einzusehen, daß man durch eine bloße Aufhebung des Namens der Philosophie die Philosophie selbst noch nicht aufgehoben hat.« Durch eine bloße Gehirntat von Marx und Engels ist das Problem der Trennung von geistiger und körperlicher Arbeit, der Verselbständigung einer bestimmten Form geistiger Arbeit als »Philosophie« nicht gelöst! Ähnlich der Aufhebung des Staates muß man sich seiner Meinung nach die Aufhebung der Philosophie vorstellen »als einen sehr langen und langwierigen, durch die verschiedensten Phasen hindurch fortgesetzten, revolutionären geschichtlichen Prozeß.« Das Werk schließt mit einem Zitat des jungen Marx: »Ihr könnt die Philosophie nicht aufheben, ohne sie zu verwirklichen.« Lukács und Korsch lieferten mit ihrem reflektierten Weiterdenken des Marxismus auch wichtige Anstöße für die wohl bedeutendste westliche Strömung des Neomarxismus, die von Max Horkheimer begründete Kritische Theorie der Frankfurter Schule [→ S. 436].

Theorie und Praxis

autoritäre Exkommunikation

Marxismus und Philosophie und *Geschichte und Klassenbewußtsein* sind 1924 von Moskau aus als »Abweichung« vom Marxismus verurteilt worden. Schon das Jahr 1921 war ein Schicksalsjahr für den jungen Versuch, eine sozialistische Gesellschaft aufzubauen (Stichworte: Aufstand der Matrosen in Kronstadt; Fraktionsverbot innerhalb der Kommunistischen Partei Rußlands; Neue Ökonomische Politik). Jetzt nahmen im Kampf um das Erbe Lenins schnell die Tendenzen zu einem autoritären Sozialismus zu. Gerade »die bemerkenswerte Chancengleichheit der Durchsetzbarkeit verschiedener Konzeptionen« des Sozialismus, von der O. Negt als dem eigentümlichen Zug dieser Periode spricht, ist dann in der offiziellen Geschichtsschreibung unterschlagen worden. Korsch, der zur Linksopposition in der KPD gehörte, wurde 1926 ausgeschlossen. Lukács ist 1933 in die Sowjetunion emigriert und mußte wegen *Geschichte und Klassenbewußtsein* öffentlich Selbstkritik üben (die er später in seiner Abrechnung mit Stalin widerrufen hat) [7]. Der Schwerpunkt seiner späteren Arbeiten liegt in den Bereichen der Philosophiegeschichte, der Literaturkritik, der Ästhetik und – im Alter – dem Versuch einer umfassenden marxistischen Theorie der Wirklichkeit (*Zur Ontologie des gesellschaftlichen Seins*, 1971). Lukács hat auch – man kann schon sagen – schlimme Bücher geschrieben wie *Die Zerstörung der Vernunft* (1954), wo er sehr pauschale Urteile über die deutsche Philosophie des 19. und 20. Jahrhunderts fällt. Trotzdem ist er einer der Großen der marxistischen Philosophie unseres Jahrhunderts.

Antonio Gramsci war führendes Mitglied des 1921 gegründeten *Partito Communista Italiano* und wurde deshalb 1926 von den Faschisten verhaftet. Während des Mammutprozesses von 1928, bei dem er zu einer Gefängnisstrafe von über zwanzig Jahren verurteilt wurde, soll der faschistische Propagandaminister über ihn gesagt haben: »Wir müssen diesem Gehirn für zwanzig Jahre untersagen zu funktionieren.«

Es ist ihm nicht gelungen – während seiner Haft konnte Gramsci die *Quaderni del carcere* schreiben, die berühmten *Gefängnishefte*. Aus Vorsicht mußte er dabei Pseudonyme oder Umschreibungen verwenden. So heißt es z. B. meistens, wenn von Marx die Rede ist: »Das Haupt der Schule der Philosophie der Praxis.« Daß Gramsci den Marxismus »Philosophie der Praxis« nennt, ist charakteristisch für sein ganzes Denken. Denn seine Originalität liegt in dem Versuch einer theoretischen Aufarbeitung der konkreten geschichtlichen Bedingungen von »Praxis«, im umfassenden Sinne einer Volksrevolution genommen. Daher ist hier stets die italienische Geschichte mit der Vielfalt ihrer kulturellen, religiösen, regionalen Traditionen gegenwärtig – Gramscis Bedeutung besteht in der Überführung der Marxschen Begrifflichkeit in die geschichtliche Wirklichkeit (s)eines Landes. Greifen wir als Beispiel den Ausdruck »Hegemonie« heraus, einen Schlüsselbegriff der *Gefängnishefte*. In der Nachfolge von Marx wurde »Klassenherrschaft« meist schlicht ökonomisch als »Besitz von Produktionsmitteln« definiert. Das ist nicht falsch, aber in dieser ökonomischen Definition wird Wesentliches ausgespart. »Klassenherrschaft« bedeutet für Gramsci vor allem, daß es einer gesellschaftlichen Gruppe gelingt, ihre grundsätzlichen Lebensvorstellungen, ihre Wertauffassungen, ihren Begriff von »Recht« z. B. für alle Mitglieder der Gesellschaft verbindlich zu machen. All das ist mit dem Begriff »Hegemonie« gemeint, der wörtlich übersetzt soviel wie »Vorherrschaft« heißt. So heißt es einmal: »Eine herrschende Klasse (d. h. einen Staat) zu schaffen, kommt der Schaffung einer Weltanschauung gleich.« Welche Rolle spielen dabei die Schule, die Religion, die Art und Weise, wie die Menschen sich in der Großstadt erfahren im Unterschied zum Dorf, die Art und Weise, wie Italien im 19. Jahrhundert »geeint« wurde? Welche Bedeutung hat z. B. Benedetto Croce [→ S. 368 f.], der große Philosoph des italienischen liberalen Bürgertums, im Prozeß der Ausbildung eines gemeinsamen Selbstverständnisses der bürgerlichen Intellektuellen Italiens? Man kann aus diesen Fragen sehen, wie weit das Feld ist, auf das sich die Untersuchungen der *Gefängnishefte* erstrecken – Gramsci wurde selbst, neben Croce, zum Brennpunkt des Selbstverständnisses der italienischen intellektuellen Kultur. Er ist am 27. April 1937 gestorben, wenige Tage nach der Entlassung aus der Haft, die seine Gesundheit zerstört hat [8].

Gramsci

geschichtliche Bedingungen revolutionärer Praxis

Existenz als Thema

»Existenzphilosophie«, »Existentialontologie«, »Existentialismus« – in der Vielfalt der Bezeichnungen zeigt sich die Vielschichtigkeit der Strömung(en), um die es hier geht. Wenn wir die vergleichsweise nüchterne, dem analytischen Denken verpflichtete angelsächsische Philosophie einmal ausklammern, so ist diese Strömung lange Zeit bestimmend gewesen, in Deutschland und Frankreich von etwa 1930 bis in die sechziger Jahre hinein. Das läßt vermuten, daß sie einem wichtigen Bedürfnis entgegengekommen ist. Und in der Tat: indem sie die Existenz des Einzelnen als ein

Der Einzelne als Problem

Traditionslinien

Ganzes zum Thema nahm, hat sie eine Leerstelle, einen blinden Fleck der herkömmlichen (Universitäts-)Philosophie plötzlich zum Mittelpunkt des Denkens gemacht. Die Existenz des Einzelnen als solchem – als Mensch, der (nur) (s)ein Leben zu leben hat – ist ja in unserer Kultur zum Gegenstand der Religion geworden, und seit der Reformation wurde die Religion noch einen Schritt mehr zur privaten Angelegenheit des persönlichen Glaubens. Die Entwicklung der bürgerlichen Gesellschaft hat die Kluft zwischen Öffentlichkeit und Privatbereich weiter vergrößert, bis dann mit dem 19. Jahrhundert in der Lebensform der städtisch-industriell-kapitalistischen Gesellschaft die Bedeutung eines Einzelschicksals vollends zu verblassen droht(e). So sind denn auch die Ahnen der Existenzphilosphie eher außergewöhnliche Denker aus dem spannungsvollen Zwischenbereich von Theologie und Philosophie, die diesen Grundkonflikt zwischen dem Allgemeinen und der persönlichen Existenz leidenschaftlich ausgetragen haben; Blaise Pascal und Sören Kierkegaard sind hier zu nennen [→ S. 179 ff. u. S. 342 ff.]. Das »Allgemeine« kann sein die normale Lebensweise aller, die hierarchisch-behördlich verwaltete Religion oder auch das abstrahierend-Allgemeine des philosophischen Denkens, in dem der Einzelne nicht vorkommt.

Einfluß der Existenzphilosophie

Heute ist (scheint?) die Existenzphilosophie überholt. Da sie aber noch nicht lange vergangen ist, steht ihre Darstellung vor dem Problem, daß sie hier noch nicht in dem Sinne von einem gesicherten Bestand »wichtiger« Denker berichten kann, wie das etwa für das Mittelalter zu sein scheint. Die Deutungen sind noch stärker im Fluß. Dieses Problem besteht natürlich für die gesamte Philosophie unseres Jahrhunderts in besonderem Maße. Bei der Existenzphilosophie kommt aber hinzu, daß ich hier selbst mehr beteiligt bin – ist es doch der für mich damals schauerlich-aufregende Atheismus von Jean-Paul Sartre und Albert Camus gewesen, der mich aus meinem metaphysischen Schlummer aufgeschreckt hat. Außerdem war zu meiner Gymnasialzeit die Breitenwirkung von Martin Heidegger – das sog. »heideggern« – noch deutlich zu spüren. In gewissem Sinne war so die Erfahrung eines allmählich verblassenden Existentialismus für das Klima der zwanzig Jahre nach 1945 bestimmend. Nicht zuletzt aber aufgrund dieser Erfahrung halte ich die Auseinandersetzung mit der Existenzphilosophie für einen guten Zugang in die Philosophie. Hier kommen wichtige Probleme in einer Direktheit zur Sprache, die sonst selten zu finden ist. Am sichtbarsten sind sie im ursprünglichen existenzphilosophischen Denken, in der frühen Philosophie von Heidegger und Sartre. Auf diese frühe Phase wollen wir uns beschränken.

Husserl

In ihrer Methode sind beide stark von Edmund Husserl (1859–1938) beeinflußt, der auch Heideggers Vorgänger an der Freiburger Universität war. Husserl hat eine besondere Form von Wissenschaftslehre bzw. Erkenntnistheorie entwickelt, die sog. Phänomenologie. Dieses Kunstwort aus dem 18. Jahrhundert wäre wörtlich als »Wissenschaft von den Erscheinungen« (Phänomenen) bzw. »Wissenschaft von den Gegenständen oder Gegenstandsbereichen« wiederzugeben (vgl. auch Hegels Programm einer »Phänomenologie des Geistes« [→ S. 280]). Husserl ist ein sehr schwieriger Philosoph. Seinem Ansatz nach war die Phänomenologie jedoch »einfach« eine auf strenge Objektivität und beschreibendes Erfassen der wichtigen, d. h. wesentlichen Sachverhalte ausgerichtete Methode. Daher ihr Motto: »Zu den Sachen selbst!« Heidegger und Sartre haben dieses Programm übernommen. Was sie aber an Husserl kritisiert haben, ist im Grunde eine Kritik an dem ganzen üblichen Selbstverständnis der Philosophie selbst.

Edmund Husserl ist nämlich vom denkenden Menschen ausgegangen. Die theoretische Einstellung zur Welt war ihm die wichtige, sozusagen primäre Begegnungsweise des Menschen mit der Wirklichkeit. Erst ganz spät, mit seinem nachgelassenen Werk *Die Krisis der europäischen Wissenschaften und die transzendentale Phänomenologie*, hat er noch einmal eine grundsätzliche Wende vollzogen und sich der »Lebenswelt« zugewendet, d. h. der alltäglichen Lebenspraxis der Menschen als der »vortheoretischen« und wirklichen Voraussetzung aller wissenschaftlichen Erkenntnis. Gerade auf diese Lebenswelt aber ist das Interesse des existenzphilosophischen Fragens von Anfang an gerichtet. Wie stellt sie sich diesem neuen Interesse dar?

Sein und Zeit, das Hauptwerk des frühen Heidegger, ist 1927 erschienen. Es hat sofort größtes Aufsehen erregt, denn von seiner Sprache wie von seinem Thema her ist es ein sehr ungewöhnliches Buch. Schon das harmlose *und* im Titel bringt zwei philosophische Grundauffassungen zusammen, die meist als gegensätzlich oder sogar unvereinbar angesehen werden. Mit den Worten eines Interpreten: »Wer ›Sein‹ sagt – so könnte man die Situation schildern – glaubt, daß die wahre Wirklichkeit im konstanten, unveränderlichen Immerseienden besteht; wer dagegen ›Zeit‹ sagt, begreift eben diese Wirklichkeit als jeweils zeitlich und geschichtlich bedingt, als entstehend und vergehend. Der Titel *Sein und Zeit* konnte als Zurückweisung einer solchen Disjunktion [= Trennung] aufgefaßt werden. Hinter ihm verbarg sich offenbar die These: die Zeit ist keine Alternative zum Sein; vielmehr ist das Sein selbst zeitlich.« [1]

Martin Heidegger: »Sein und Zeit«

In der Tat lautet Heideggers Generalvorwurf an die abendländische Philosophie, daß die Frage nach dem Sein seit Platon und Aristoteles falsch gestellt und dadurch »in Vergessenheit gekommen« ist, auch wenn die Metaphysik angeblich davon zu reden meint. Wir sehen bereits hier, wie grundsätzlich und weit gespannt die Fragestellung von *Sein und Zeit* ist. Nun lautet aber ein Kernsatz schon der *Metaphysik* von Aristoteles: »Das Seiende wird in vielfachen Bedeutungen ausgesagt« [→ S. 44]. Wie will Heidegger sich dieser Frage nähern? Um welches »Sein« soll es überhaupt gehen? Lehrt nicht die Geschichte der Philosophie, daß »Sein« der allgemeinste, leerste und deswegen ein undefinierbarer Begriff ist? Bzw. haben nicht die Theologen immer gesagt: Sein = Gott?

Zunächst: »Das Sein« ist unserer Erkenntnis niemals »direkt« erreichbar. »Sein« ist ein echt spekulativer Begriff, d. h. es kann »Sein« niemals »geben« in der Weise einer Sache. Was wir als »Welt«, als Tiere, Pflanzen, als menschliche Gesellschaften vor uns haben, ist jeweils immer nur ein bestimmtes Sein. Es wird daher ganz wie in dem aristotelischen Satz als »Seiendes« bezeichnet (diesen Unterschied zwischen dem »Sein« und dem »Seienden« nennt man in der Metaphysik auch die »ontologische Differenz« = »seinsmäßiger Unterschied«). Zugang zur Seinsfrage findet Heidegger nun über *das* Seiende, das die ausgezeichnete Möglichkeit des Fragens hat: den Menschen. Er nennt dieses fragende Seiende »das Dasein«. Weil dieses Dasein sich zugleich das Nächste und Fernste ist, und weil es immer nur in Hinblick auf die Zeit faßbar wird, ist eines klar. »Die Antwort auf die Seinsfrage kann nicht in einem isolierten und blinden Satz liegen.« Das Dasein versteht sich aus seiner Existenz. *Sein und Zeit* will daher die sog. Existenzialien, die Grundbestimmungen der Menschenwelt freilegen; sein Programm ist eine »existentiale Analytik des Daseins« mit dem Anspruch einer umfassenden Fundamentalontologie (grundlegende Seinslehre). Und zwar – das ist wichtig im Unterschied zu herkömmlichem

Husserl und Heidegger (1921)

Philosophieren – des Daseins, »wie es *zunächst und zumeist* ist, in seiner durchschnittlichen *Alltäglichkeit*.«

Leitfaden Sprache

Hier muß nun erwähnt werden, daß Heideggers Denken ganz stark an der Sprache orientiert ist. Oft läßt er sich in der Untersuchung vom Sinn bestimmter Worte leiten, bzw. sein Philosophieren ist über weite Strecken Auslegung des Sinnes von Wortbedeutungen. Dieser Zug tritt in seinem späteren Denken noch deutlicher hervor. Man hat ihm deshalb oft vorgeworfen, daß er mit der Etymologie (den ursprünglichen Wortbedeutungen) spielt oder Plattheiten nebulös überhöht (sog. *Sprachzauber*). Wie dem auch sei – es ist kein Zufall, daß hier vom »Dasein« gesprochen wird. Nimmt man dieses Wort beim Wort, so ergibt sich nämlich als Grundverfassung des Da-seins das »In-der-Weltsein«. Diese ganzheitliche Struktur des »In-der-Weltseins« umfaßt zwei grundsätzliche Weisen:

– Das In-Sein in einer immer schon vom Menschen ausgelegten/bearbeiteten Um-welt (Heidegger spricht auch nicht von Dingen, sondern vom »Zeug«; Schreibzeug z. B. sagt man von Tinte und Papier und Füller, weil sie immer schon die menschliche Bestimmung zum Schreiben haben).

– Das Mit-Sein mit Anderen. Wie gestaltet sich zunächst dieses Mit-Sein?

Zuspitzung hin auf »Selbst« sein

Wir nähern uns einem spannenden Punkt des Buches. In der Einleitung hatte Heidegger das Dasein nämlich nicht nur als ein Seiendes bestimmt, das die Möglichkeit des Fragens hat. Dasein ist vor allem »das Seiende, das wir je selbst sind.« Sein Wesen ist (s)eine Tätigkeit: seine Existenz. Sein Wesen liegt darin, »daß es sein Sein als seiniges zu sein hat.« Die existentiale Analytik spricht also nicht nur von einem Dasein im allgemeinen. Sie stößt vor zur Existenz des Einzelnen. Die scheinbar harmlose Bestimmung des Daseins, »daß es sein Sein als seiniges zu sein hat«, entpuppt sich plötzlich als die beunruhigende Frage: Hast du eigentlich dein Sein als deiniges? Nüchterner: Ist dein Leben überhaupt *dein* Leben?

Leben im Apparat

Diese Zuspitzung drängt sich durch den bisherigen Gang der der Untersuchung auf. Sie gipfelt in der berühmten Theorie des »Man«: »Das Dasein steht als alltägliches Miteinandersein in der *Botmäßigkeit* der Anderen. Nicht es selbst *ist*, die Anderen haben ihm das Sein abgenommen. [...] Diese Anderen sind dabei nicht *bestimmte* Andere. Im Gegenteil, jeder Andere kann sie vertreten.«

Diese Herrschaft von Jedem und Niemand nennt Heidegger mit einem bewußt als Neutrum gewählten Ausdruck »das Man«: »In dieser Unauffälligkeit und Nichtfeststellbarkeit entfaltet das Man seine eigentliche Diktatur.« So sehr er in diesen Passagen immer wieder darauf hinweist, daß er nur beschreibend feststellen und nicht urteilen will, so deutlich zeigt sich schon in der Wortwahl eine scharfe Kritik gewisser Züge der modernen Massengesellschaft. Das Man nimmt alle Verantwortlichkeit ab; es will die allgemeine Durchschnittlichkeit. Eine diffuse »Öffentlichkeit« regelt das Leben. Das Aufgehen in der Welt des Man ist »Verfallenheit« oder uneigentliches Dasein oder »Uneigentlichkeit« schlechthin.

Der Tod als Chance

»Eigentlichkeit« ist der Gegenbegriff. Wann ist das Dasein »eigentlich«? Kann es überhaupt angesichts der Herrschaft des Man »sein Sein als seiniges« sein? Welchen Ausweg bietet Heidegger an? Hier, im zweiten Teil von *Sein und Zeit*, wird nun die Zeitlichkeit des Daseins in den Mittelpunkt der Untersuchung gestellt. Der mögliche Einwand, daß die Einsicht in die grundlegende Geschichtlichkeit des Menschen doch schon ein Ergebnis des 19. Jahrhunderts ist, geht daneben. »Zeitlichkeit« meint nicht »Geschichtlichkeit« im Sinne des Bewußtseins des allgemeinen geschichtlichen Bezogenseins einer jeweiligen Gesamtkultur. Die existenzbezogene Herangehensweise spitzt auch hier das Problem als persönliches zu. Schon Kierkegaard hatte in seinen Schriften Themen wie Angst und Tod besondere Aufmerksamkeit geschenkt. So sieht auch Heidegger im vorgreifenden Bewußtsein des Todes, im »existenziellen *Sein zum Tode*« die ausgezeichnete Weise des Selbstseins. Hier gibt es keine Vertretungsmöglichkeit: »Keiner kann dem Anderen sein Sterben abnehmen.« »*Der Tod als Ende des Daseins ist die eigenste, unbezüglichste, gewisse und als solche unbestimmte, unüberholbare Möglichkeit des Daseins.*«

Das klingt paradox. Die scheinbare Paradoxie läßt sich auflösen, wenn man den Sinn des Satzes richtig versteht. Es geht hier nicht darum, einen möglichst frühen Tod herbeizuwünschen (vermutlich hat Heidegger ganz gerne gelebt). Es geht um ein angemessenes Verhältnis zum eigenen Tod als Voraussetzung für ein bewußtes Verhältnis zur eigenen Existenz, welches sich nicht durch die alltäglichen Selbst- und Todesvergessenheit täuschen und beruhigen läßt. Und daß wir im alltäglichen Leben Angst und Tod meist verdrängen, darauf weist Heidegger zu Recht hin (»Das Man besorgt dergestalt eine *ständige Beruhigung über den Tod*«*)*. Ob aber der das Werk durchziehende Appell »sei eigentlich!« eine wirkliche Lösung darstellt, ob hier für ein unangepaßtes Sichselbstsein oder für eine elitäre Haltung gesprochen wird, ob *Sein und Zeit* in einen vergessenen Raum philosophischen Fragens vorgedrungen oder als ein typisches Ergebnis deutscher Innerlichkeit und Weltflucht zu betrachten ist – Fragen wie diese zeigen, wie gegensätzlich das Werk gesehen werden kann. Sie erhalten besondere Dringlichkeit angesichts der Rolle, die Heidegger als Rektor der Freiburger Universität und Mitglied der NSDAP im ersten Jahr der nationalsozialistischen Herrschaft gespielt hat [→ S. 414].

allgemeine Verdrängung des Todes

Von den Schriften des frühen Heidegger sei hier noch auf seine Freiburger Antrittsvorlesung von 1929 hingewiesen. Das kleine Werk mit dem Titel *Was ist Metaphysik?* eignet sich gut als Zugang zu seinem Denken. Noch stärker vielleicht als im Hauptwerk wird hier der gefühlsmäßige Hintergrund des existent(ial)philosophischen Philosophierens erkennbar (»Die Hineingehaltenheit des Daseins in das Nichts auf dem Grunde der verborgenen Angst macht den Menschen zum Platzhalter des Nichts«).

Etwa um 1930 hat Heideggers Denken eine entscheidende Wandlung durchgemacht. Er selbst nennt diesen Schritt »die Kehre«. Formelhaft kann man sie folgendermaßen beschreiben: Der frühe Heidegger von *Sein und Zeit* stellt die Frage nach dem Sein noch von der Analyse des menschlichen Daseins her. Dieser Ansatz scheitert jedoch letztlich daran, daß das endliche Dasein seine Ohnmacht erfährt, das Sein vom Dasein her verstehen zu können (aus diesem Grund bleibt »*Sein und Zeit*« auch unvollendet; Heidegger hat den geplanten zweiten Teil nicht mehr geschrieben). Nach der Kehre wird nun umgekehrt das Sein gleichsam als etwas Vor- und Übergeordnetes gedacht, als das Geschehen einer Wahrheit, die sich zugleich verbirgt und entbirgt. Was mit diesem Sein oder »Seyn«, wie er gelegentlich schreibt, gemeint ist, muß von der Sache her in der Schwebe bleiben: »der Begriff des Seins steht beim späten Heidegger ›irgendwie‹ für jene Dimension, die der menschlichen Verfügung entzogen bleibt und die statt dessen ihrerseits über den Menschen verfügt.« [2] In dem wichtigen *Brief über den Humanismus* (1946) nennt Heidegger die Sprache »das Haus des Seins«, den Menschen den »Hirten des Seins« – »Das Sein als das Geschick, das Wahrheit schickt, bleibt verborgen.« Die Erinnerung an die Ebene des Religiösen liegt nahe (Heidegger nannte sein Denken weder theistisch noch atheistisch; überhaupt war für ihn das künftige Denken

Heidegger

Unverfügbarkeit des Seins

nicht mehr Philosophie). Man kann aber auch an die frühkindliche Erfahrung eines einheitlichen Weltganzen erinnern. Die Erfahrung dieser Welt, in der die Grenzen zwischen Subjekt und Objekt noch fließen, begleitet uns ja als die Ahnung eines »Anderen« unser ganzes Leben. Auch in der Kunst, etwa in der Malerei, können andere, tiefere Schichten von »Sein« erfahren werden (Paul Cézanne z. B. hat in dieser Richtung seine Stilleben aufgefaßt).

geschichts-philosophisches Modell

Lassen sie sich auch denken? Ist Heideggers Spätphilosophie eine den gängigen Denkbahnen unendlich überlegene, weil wirklich spekulativ aufs Ganze gehende Bemühung? Oder ist sie eine Überschreitung des Redlichen, ein prophetisch-anmaßendes Geraune vom Sein? Zwei extreme Deutungsmöglichkeiten. Sein spätes Denken entfaltet sich hauptsächlich als Auslegung von Texten und gilt vor allem dem Nachvollzug der »Geschichte der Seinsvergessenheit.« Sie gliedert sich grob in folgende Etappen: einige frühgriechische Denker (Anaximander, Parmenides, Heraklit), die noch vor der Schwelle zur Seinsvergessenheit stehen; dann die Verfallsgeschichte: die große griechische Philosophie einschließlich des christlichen Mittelalters, der neuzeitliche Subjektivismus von Descartes bis Nietzsche und seit dem 19. Jahrhundert die planetarische Herrschaft der Technik, der größten Herausforderung an den Menschen. Und hier sieht Heidegger seinen Ort und seine Aufgabe. Als Antwort auf die Frage, ob die Philosophie das Geflecht geschichtlicher Zwangsläufigkeiten (wie die Entwicklung der Technik) beeinflussen kann: »Wenn ich kurz und vielleicht etwas massiv, aber aus langer Besinnung antworten darf: Die Philosophie wird keine unmittelbare Veränderung des jetzigen Weltzustandes bewirken können. Dies gilt nicht nur von der Philosophie, sondern von allem bloß menschlichen Sinnen und Trachten. Nur noch ein Gott kann uns retten. Uns bleibt die einzige Möglichkeit, im Denken und im Dichten eine Bereitschaft vorzubereiten für die Erscheinung des Gottes oder für die Abwesenheit des Gottes im Untergang; daß wir im Angesicht des abwesenden Gottes untergehen.« [3]

Die Technik deuten

Heidegger beim Wasserschöpfen

Heidegger hatte eine ungeheure Ausstrahlung: »Nimmt man die Zahl der philosophischen Lehrstühle als Kriterium, so war die ›Heidegger-Schule‹ für ein bis zwei Jahrzehnte – etwa von der Nachkriegszeit bis in die 60er Jahre hinein – die vermutlich stärkste Fraktion an den deutschen Universitäten.« [4] Aber auch in der Theologie beider Konfessionen, in der Dichtung, Kunst- und Literaturwissenschaft, auf zahllosen Tagungen von Akademien und sonstigen Einrichtungen bis weit in die Journalistik hinein wurde die Sprache von *Sein und Zeit* gesprochen und nachgesprochen. Th. W. Adorno, ein scharfer Gegner Heideggers, schrieb daher eine vernichtende Kritik dieses Sprachgebrauchs und des sich darin ausdrückenden »falschen Bewußtseins« mit dem Titel *Jargon der Eigentlichkeit* (1964 [→ S. 439]). Im Ausland ist Heideggers Wirkung erstaunlicherweise am größten in Japan – es gibt inzwischen sechs verschiedene japanische Übersetzungen von *Sein und Zeit*! Ein Grund ist sicherlich, daß die Geschwindigkeit der kapitalistischen Technisierung/Europäisierung in Japan stark als Bedrohung und Entfremdung von der eigenen Kultur erfahren wurde. Man ist dort daher aufnahmebereit für ein Denken, das unter dem Stichwort »Seinsvergessenheit« einen vergleichbaren Prozeß verfolgt.

Breitenwirkung

Martin Heidegger und Jean-Paul Sartre – man kann sich wohl kaum einen größeren Gegensatz von Lebensformen vorstellen. Heideggers Leben und Denken ist stark in der kleinstädtisch-ländlichen Bodenständigkeit seiner alemannischen Heimat verwurzelt. Er lehrte ab 1928 in Freiburg, lebte sommers in seiner Schwarzwaldhütte und hat z. B. zwei Berufungen nach Berlin abgelehnt. Jean-Paul Sartre (1905–1980) gehört ganz in das intellektuelle, politische Klima von Paris: er lebte, um zu schreiben, um schreibend zu wirken [5]. Seine Breitenwirkung ist das Ergebnis seiner vielfältigen Aktivitäten – als philosophischer Autor; als Schriftsteller mit Romanen und erfolgreichen Theaterstücken; als Journalist und Herausgeber der wichtigen philosophischen Zeitschrift *Les temps modernes* (ab 1945); durch die offengelegte, freie Beziehung mit seiner Gefährtin Simone de Beauvoir; als Literaturkritiker, Essayist und nicht zuletzt auch durch spektakuläre politische Aktionen. In der Sartreschen Form, als »Existentialismus«, wurde der existenzphilosophische Ansatz zum europäischen Ereignis, in den Nachkriegsjahren sogar eine zeitlang zur Lebensform und Mode, zum Schrecken der braven Franzosen und ihres Klerus, der seine Schriften 1948 auf den *Index librorum prohibitorum* setzen ließ.

Jean-Paul Sartre

weites Tätigkeitsfeld

Sartres philosophisches Hauptwerk heißt *Das Sein und das Nichts* (*L'Être et le Néant*, 1943); es ist das Grundbuch der spezifisch französischen Form des Existentialismus. Es ist stark von Heideggers *Sein und Zeit* beeinflußt, aber auch »dialektisiert« von Hegel her (es gab während der 30er Jahre in Frankreich eine intensive und fruchtbare Beschäftigung mit der Hegelschen *Phänomenologie des Geistes*, die ja auch – erstmals – typische Bewußtseinsgestalten untersucht [→ S. 280]). Es ist sehr interessant zu verfolgen, wie sich hier, über Heidegger hinaus, das »In-der-Weltsein« darstellt.

Allgemein gesagt: es erscheint entmystifiziert, viel nüchterner und ganz konzentriert auf das Verhältnis des einzelnen Ich/Bewußtseins zur Objektivität der »Welt«, die sich durch die Anderen hindurch darstellt. (Heidegger habe »dem ›Dasein‹ von Anfang an die Dimension des Bewußtseins genommen«, lautet die Kritik). Daher sind die tragenden Begriffe »Das Für-sich« und »Das Für-andere«. Man kann auch sagen: tragend ist die Dialektik dieses Verhältnisses, die Sartre z. B. in seiner glänzenden Analyse des menschlichen Blicks entfaltet (»Das ›Vom Anderen-gesehen-Werden‹ ist

Sartre verteilt Flugblätter

vier Grundbegriffe   die *Wahrheit* des ›den-Anderen-Sehens«‹). Greifen wir einige Begriffe heraus, die für den Existentialismus besonders wichtig geworden sind: Freiheit, Entwurf, Situation und Verantwortung. Sie werden im letzten Teil des Werkes ausgeführt, wo Sartre über Haben, Machen und Sein als Grundkategorien der menschlichen Wirklichkeit schreibt.

Freiheit   »Die erste Bedingung der Tätigkeit ist die Freiheit«, heißt es gleich am Anfang des Abschnitts. Das intensive Bewußtsein der menschlichen Freiheit ist Sartres eigenster Beitrag, ist Grundlage und spezifische Färbung des französischen Existentialismus. Freiheit nicht nur als Voraussetzung des Handelns, sondern des eigenen Seins selbst. »Personsein« heißt sich ständig überschreiten, sich ständig wählen, sich auf der Basis eines grundlegenden Entwurfs ständig neu zu entwerfen:

Entwurf   »Das freie Sichentwerfen ist grundlegend, denn es ist mein Sein. […] der grundlegende Entwurf, der ich bin, ist ein Entwurf, der nicht meine Zusammenhänge mit diesem oder jenem besonderen Gegenstand der Welt betrifft, sondern mein In-der-Welt-Sein als Ganzheit […]. Ich erwähle mich fortwährend […] weil wir ganz und gar Wählen und Handeln sind […].«

Situation   Das heißt nicht, daß ich tun und lassen kann, was ich will. Überall treffe ich auf Umstände und Hindernisse, die mich beschränken: meine Familie, mein Geld, die für das Abitur notwendige Punktzahl, das Schicksal meines Volkes usw. Sartre nennt dieses Aufeinanderprallen »die Situation«. Jede Situation ist ein Konflikt zwischen mir und einem Hindernis. Aber Sartre besteht darauf: es gibt kein »objektives« Hindernis. Es liegt immer am Einzelnen selbst, ob er es für überwindbar oder unüberwindbar hält. »Wir fangen an, das Paradoxe der Freiheit zu erkennen: es gibt Freiheit nur in *Situation*, und es gibt Situation nur durch Freiheit.« Sartre zeigt das an einem extremen Beispiel. Sicherlich bin ich ohne meinen Willen geboren worden. Was aber meine Geburt/mein Leben für mich bedeutet, muß ich jederzeit selbst entscheiden. »So *wähle* ich in gewissem Sinne, geboren zu sein.«

Verantwortung   Wenn ich mir meiner Freiheit bewußt bin, übernehme ich auch ganz die Verantwortung für mein Tun. Es gibt keine Entschuldigung mehr – »denn selbst für meinen Wunsch, die Verantwortung zu fliehen, bin ich verantwortlich.« So zeigt sich die andere Seite der Freiheit. Sie bedeutet zugleich eine ungeheure Last, vor der wir uns gerne in die Unwahrhaftigkeit flüchten. Sartre spitzt das zu in dem berühmten Satz: »Der Mensch ist verurteilt, frei zu sein.« In seinen Erzählungen und Stücken hat Sartre diese Situation dichterisch gestaltet. Beispielhaft ist der frühe Roman *Der Ekel* (*La Nausée*, 1938). Er erzählt von einem jungen Mann, der die Erfahrung der Grundlosigkeit seiner Existenz macht. In dieser Erfahrung geht ihm zugleich seine Freiheit auf.

optimistischer Atheismus   Einen guten Einstieg in Sartres Denken bietet der Vortrag *Ist der Existentialismus ein Humanismus?* aus dem Jahre 1946. Sartre geht hier auf einige Vorwürfe ein, die gegen seine Philosophie erhoben worden sind (sie sei eine Lehre der Verzweiflung; es würde nur die schmutzige, klebrige Seite der menschlichen Existenz gesehen; es sei eine individualistische, kleinbürgerliche Philosophie). In der Erwiderung findet sich der berühmte Satz, »daß die Existenz der Essenz vorangeht.« Man kann ihn als Grundthese des Existentialismus ansehen. »Es bedeutet, daß der Mensch zuerst existiert, sich begegnet, in der Welt auftaucht und sich *danach* definiert« (d.h., in den Begriffen der Metaphysik, sein Wesen, seine Essenz bestimmt). Es gibt keinen Gott, der irgendwie eine menschliche Natur festgelegt hätte. Für Sartre ist der Existentialismus »nichts anderes als die Bemühung, alle

Folgerungen aus einer zusammenhängenden atheistischen Einstellung zu ziehen.« Es ist für ihn eine durchaus optimistische Lehre.

Man hat oft darauf hingewiesen, daß für Geburt und Gestalt des französischen Existentialismus die Umstände des Zweiten Weltkriegs wichtig waren. Dieser Hinweis, nimmt man ihn nicht als pauschale Erklärung, ist richtig. Die Situation in dem von den Deutschen besetzten Frankreich hat von jedem die persönliche Entscheidung gefordert, ob er sich als Kollaborateur, als passives Opfer oder als Mitglied der *Résistance*, des Widerstands wählen will. Sartre hat nach seiner Gefangenschaft (1941) aktiv in der Widerstandsbewegung mitgearbeitet und diese ständige Entscheidungssituation selbst durchlebt.

Das abstrakt-Zugespitzte des frühen existentialistischen Freiheitsbegriffs hat er später korrigiert. Wichtig ist hierfür einmal seine fortwährende Auseinandersetzung mit dem Marxismus. In der *Kritik der dialektischen Vernunft* (1960) schreibt er, daß die existentialistische Philosophie ihren Ort findet »im Innern der marxistischen Philosophie« – womit natürlich nicht der Stalin-Marxismus gemeint ist. Zum andern hat er später die Einsichten der Psychoanalyse von Freud ernster genommen. In *Das Sein und das Nichts* hatte er sie noch als deterministisch abgelehnt, weil ein Konzept des Über-Ich und des Unbewußten [→ S. 378] natürlich nicht zur Theorie eines persönlichen Entwurfs aus Freiheit passen. Man überstrapaziert auch das Moment der persönlichen Freiheit, wenn man es zum Ausgangspunkt einer Gesamtdeutung der Welt nimmt. Gleichwohl ist das frühe existentialistische Bewußtsein von Freiheit eine wichtige Herausforderung – so schwer es auch oft fällt, sie anzunehmen: »Der Mensch ist nichts anderes als wozu er sich macht.« »Ich erwähle mich fortlaufend«.

Es gibt eine ganze Reihe von Persönlichkeiten im Umkreis von Sartre, die den Existentialismus in theoretischen und literarischen Arbeiten weitergetragen und interpretiert haben. An erster Stelle ist hier seine Lebensgefährtin Simone de Beauvoir (1908–1986) zu nennen. Ihre Studie *Das andere Geschlecht* (*Le deuxième sexe*, 1949) ist eine große Darstellung der Situation der Frau in einer vom Mann beherrschten und interpretierten Welt. Dieses Buch und ihre zahlreichen Romane haben noch heute einen großen Einfluß nicht nur in der Frauenbewegung.

Albert Camus (1913–1960) ist wie Sartre Schriftsteller und Theoretiker. Beide waren eng befreundet, bis sie sich 1954 wegen politischer Differenzen überwarfen. Berühmt sind Camus' Erzählungen *Die Pest* und *Der Fremde*. Im Mittelpunkt seiner Arbeiten steht der Begriff (genauer: das Lebensgefühl) des Absurden, den er in *Der Mythos von Sisyphos* (1942) entfaltet. Der von den Göttern zu einer sinnlosen Arbeit verurteilte mythische Held Sisyphos ist ihm Gleichnis für die Situation des Menschen in einer absurden, gottverlassenen Welt (man kann beobachten, daß heute angesichts der atomaren und ökologischen Bedrohung ein Bewußtsein von Absurdität wieder weit verbreitet ist). In allem Bewußtsein der Absurdität seines Tuns bejaht Sisyphos dennoch das Leben. Der letzte Satz des Essays heißt: »Wir müssen uns Sisyphos als einen glücklichen Menschen vorstellen.«

Den Philosophen Maurice Merleau-Ponty (1908–1961) hat man lange allzusehr als Existentialisten gesehen, weil er mit Sartre befreundet und Mitherausgeber von *Les temps modernes* war. In seinen grundlegenden Arbeiten *Die Struktur des Verhaltens* (1942) und *Phänomenologie der Wahrnehmung* (1945) hat er untersucht, wie durch unsere Wahrnehmung

Simone de Beauvoir

Resistance als Erfahrungshintergrund

Merleau-Ponty

und unseren Leib eine Deutung und Sinngebung der Welt immer schon stattfindet, und zwar vorgängig zu allem Denken. Man kann überhaupt sagen, daß in der Philosophie unserer Zeit der klassische, starre erkenntnistheoretische Gegensatz von Subjekt und Objekt stark in Frage gestellt wird. Merleau-Ponty, ein in Frankreich sehr einfußreicher Denker, wird in Deutschland erst seit einiger Zeit wirklich entdeckt [6].

Die oben erwähnte Vielfalt existenzphilosophischer Strömungen zeigt sich auch im sog. christlichen Existentialismus – ein Umdenken/Weiterdenken des existenzphilosophischen Ansatzes in beiden Konfessionen. Der französische Dramatiker und Philosoph Gabriel Marcel (1889–1973) ist sein vielleicht bekanntester Vertreter. Zur Existenzphilosophie im deutschen Sprachraum ist schließlich Karl Jaspers (1883–1969) zu erwähnen.

Jaspers

Einige wichtige Werke: *Psychologie der Weltanschauungen* (1919); *Die geistige Situation der Zeit* (1931); *Philosophie, 3 Bde.* (1932); *Vom Ursprung und Ziel der Geschichte* (1949); *Einführung in die Philosophie* (1950); *Die großen Philosophen* (1957). Für Jaspers, dessen Laufbahn als Mediziner und Psychologe begann, ist die Philosophie der Existenz nicht – wie für Heidegger – formale Voraussetzung einer fundamentalontologischen Fragestellung. Vielmehr eröffnet sie in Abhebung von den Wissenschaften den gleichsam appelativen Weg, Möglichkeiten »eigentlichen Selbstseins des Menschen« bewußt zu machen. Existenzphilosophie ist somit für Jaspers »Existenzerhellung«, die insbesondere in »Grenzsituationen« wie Tod, Schuld, Leiden und der damit verbundenen Erfahrung von Sinnlosigkeit und Einsamkeit ihren Ausgangspunkt hat. Mögliche Existenz als wirkliche zu leben ist die beständige Herausforderung des Menschen. Da das menschliche Bedürfnis nach absolutem Wissen nicht endgültig befriedigt werden kann, muß es seine letzte Bewährung im Scheitern finden, welches selbst dann aber noch als »Chiffre« (Geheimzeichen) der Transzendenz zu verstehen ist. Existenzphilosophie ist »appellierendes Fragen«; sie hat »kein Ergebnis«, denn Erhellung des eigenen Existierens heißt immer »auf dem Weg sein.« Jaspers hatte vor allem wegen seiner konkreten Ansprache des Einzelnen zu Lebzeiten einen breiten Leserkreis. Aber auch als Kritiker undemokratischer Tendenzen in der Bundesrepublik Deutschland (Parteienstaat, Notstandsgesetze) machte sich Jaspers einen Namen. Von den Nationalsozialisten in den vorzeitigen Ruhestand versetzt und mit Publikationsverbot belegt, genoß er nach dem Krieg internationale Anerkennung als einer der ganz wenigen philosophischen, im Land gebliebenen Repräsentanten des »anderen Deutschlands«.

existenzerhellendes Fragen

Hier bietet sich die Gelegenheit, auf einen großen Außenseiter der deutschen Philosophie des 20. Jahrhunderts hinzuweisen: Karl Löwith (1897–1973). Als Jude von den Nazis ins Exil getrieben, das ihn bis nach Japan und zuletzt in die Vereinigten Staaten führte, hat der Schüler Husserls und Heideggers eine konsequent skeptische und das herrschende geschichtsphilosophische Denken kritisch aufarbeitende Position entwikkelt. In vielen bedeutenden Publikationen, darunter *Von Hegel zu Nietzsche* (1941) *Weltgeschichte und Heilsgeschehen* (1949 bzw. auf deutsch 1953), analysiert er die Haltlosigkeit des historischen Bewußtseins, das in der jüdisch-christlichen Tradition wurzelt. Dagegen versucht er, über Nietzsche vermittelt, das antike Verständnis von Natur und Kosmos als tragende Ordnung zur Geltung zu bringen. Er wollte damit »über die geschichtliche Welt und die geschichtliche Denkweise hinausführen, zur *Welt überhaupt*, welche das Eine und Ganze des von Natur aus Seienden ist.« Seit

Löwith

1953 lehrte Löwith, von seinem alten Freund Gadamer [S. 443] nach Heidelberg berufen, wieder in Deutschland, wo er sich u. a. als Kritiker Heideggers (*Heidegger – Denker in dürftiger Zeit* (1953)) in der Rolle eines – wenngleich bewunderten – Außenseiters und Unzeitgemäßen fand.

Erkenntnis wird »Bekenntnis«, »völkische Weltanschauung« oder »Seelenmystik« im Faschismus

Die Philosophie unseres Jahrhunderts wird in problembewußten Darstellungen fast automatisch stets in eine Zeit vor und nach dem Faschismus eingeteilt, sicher aus dem berechtigten Gefühl heraus, daß man nach dem Faschismus nicht mehr in derselben Weise über die Probleme sprechen kann wie vorher. Er hat das äußerste Grauen wirklich gemacht – ein Grauen, vor dem die Worte versagen. Und doch darf man sich von dem Gefühl des Grauens und der Ohnmacht nicht lähmen lassen. Faschismus und Zweiter Weltkrieg waren kein Schicksal. Sie sind von Menschen gegen Menschen geplant und umgesetzt worden vor gar nicht langer Zeit. Erkenntnis der Zeit fordert ihre Beurteilung – ein sehr ernstes Problem, wenn man sich klarmacht, daß wir heute zu vielleicht noch Schlimmerem fähig sind. Philosophische Auseinandersetzung mit dem Faschismus kann sich daher nicht in der einfachen Widerlegung seiner Denkmuster erschöpfen. Sie erfordert eine genaue Beschäftigung mit der gesamten Zeit in der Vielfalt ihrer politischen, wirtschaftlichen, psychologischen und gedanklich-ideologischen Aspekte. Wir müssen uns hier beschränken auf die Entwicklung in Deutschland als der uns nächsten und in jeder Beziehung konsequentesten. Außerdem beschränken wir uns auf die gedankliche Seite. Sie spielt – als faschistische Weltanschauung – eine sehr wichtige Rolle in dem Gesamtrahmen. Zugleich ist sie nur schwer von der psychologischen Seite zu trennen, den *Männerphantasien*, wie eine umfangreiche Untersuchung dieses Zusammenhangs heißt [1].

Notwendigkeit der Auseinandersetzung mit dem Faschismus

Das kleine Städtchen Weimar war in der kurzen Zeit, als Herder, Schiller und Goethe hier lebten, das Zentrum der deutschen Kultur. Das Konzentrationslager Buchenwald liegt nur wenige Kilometer von Weimar entfernt. Gleich am Eingang des Ausstellungsraumes in Buchenwald sieht man auf der einen Seite die Portraits von Herder, Schiller und Goethe, auf der anderen die Fotos der ausgemergelten Leichen. Der Faschismus zeigt uns die Zerbrechlichkeit von Aufklärung und Rationalität, von Humanität und rechtlicher Sicherung der Menschenwürde. Er zeigt, in einer Situation der Krise, die Zerbrechlichkeit der christlich-bürgerlichen Kultur überhaupt.

Weimar und Buchenwald

Die Weimarer Republik war der erste liberal-parlamentarische Staat auf deutschem Boden. Ihr Bild stellt sich äußerst zwiespältig dar. Einerseits war es eine Zeit von großer künstlerischer und intellektueller Produktivität. Ihre pulsierende Lebendigkeit hat sich in der Erinnerung behalten als »die goldenen zwanziger Jahre«, mit Berlin als dem unbestrittenen kulturellen Zentrum Westeuropas. Andererseits war diese Republik von ständigen Krisen geschüttelt und konnte schließlich nur noch mit Hilfe von Notverordnungen regiert werden. Das Stichwort »Krise« scheint überhaupt am treffendsten zur Kennzeichnung der politischen Kultur der Zeit. Wie wurde sie verarbeitet?

Weimar – Republik in der Krise

Lebensphilosophie: Ludwig Klages und Oswald Spengler

Karl Barth und die dialektische Theologie

»In jeder geistigen Haltung ist das Politische latent«, hat der Dichter Thomas Mann einmal in Hinblick auf die geistige Situation der Weimarer Republik formuliert [2]. Die »geistige Haltung« – das war in weiten Kreisen der Intellektuellen eine Tendenz zum Irrationalismus, zum Pessimismus oder zur Flucht in eine gebildete bzw. religiöse Innerlichkeit.

Bestimmend war der Einfluß der Lebensphilosophie [→ S. 363], die bis zu ihrer völligen »Verhunzung« (Th. Mann) breitgetreten wurde. Die Lebensphilosophie neigt zum Irrationalismus, denn wo nach dem grundlegenden dualistischen Schema das tiefe »Leben« gegen den tötenden kalten »Geist« ausgespielt wird, steht die Vernunft zwangsläufig schlecht da. Bezeichnend ist hier der Titel des Hauptwerks von Ludwig Klages: *Der Geist als Widersacher der Seele* (1929). Sie verbindet sich auch leicht mit Pessimismus wie bei dem damals vielgelesenen Oswald Spengler – die irrationalen Gesetze des »Lebens« sind es, die hier Aufstieg und Niedergang der Kulturen bestimmen. Und schließlich mündet sie auch zwanglos in den Bildungskult der »Großen Persönlichkeit« ein, die dem fließenden Leben Form und Ausdruck gibt. Goethe vor allem wurde so gesehen und verehrt. Auch der Nietzsche-Kult spielt hier eine bedeutende Rolle unter dem Stichwort: Leben als »Wille zur Macht«.

Eine andere Form von Innerlichkeit hat die protestantische sog. Dialektische Theologie von Karl Barth (1886–1968) ausgebildet, die auch bezeichnenderweise »Theologie der Krise« genannt wurde. In Barths sehr einflußreichem Buch *Der Römerbrief* (1919) treten nämlich das unbegreifbare, »ganz andere« Handeln Gottes und die menschliche Vernunft so weit auseinander, daß der Anspruch auf vernünftiges – politisches – Handeln leicht überhaupt als Anmaßung gesehen werden kann. Vergleichbar in der Tendenz war das Denken des großen jüdischen Religionsphilosophen Martin Buber (1878–1965), dem Begründer einer »Philosophie des Dialogs« (*Ich und Du*, 1923). Hier ist es das persönliche zwischenmenschliche Verhältnis, das als eigentlich menschlicher Grundbezug von der »Es-Welt« von Politik, Wirtschaft und Öffentlichkeit abgesetzt wird. Ansätze dieser Art wurden dann in der Existenzphilosophie Heideggers im Begriff der »Eigentlichkeit« weitergedacht. Auch hier erscheint der öffentlich-politische Raum pauschal als Welt des »Man« [→ S. 403].

»In jeder geistigen Haltung ist das Politische latent.« Sicher haben sich die erwähnten Strömungen hier als a-politisch, als über- und außerhalb der (tages-)politischen Partei- und Klassenkämpfe stehend gesehen. Sie haben aber in einem politischen Raum gewirkt, der durch eine mächtige obrigkeitsstaatlich-antiparlamentarisch-autoritäre Tradition gekennzeichnet ist; eine typisch deutsche Tradition übrigens. So hat man in der Begeisterung beim Ausbruch des Ersten Weltkriegs die »Ideen von 1914« gegen die »Ideen von 1789« gestellt. Also die nationale Einheit aller Deutschen, der nationale Krieg zum Heil der Welt gegen die Gedanken der Freiheit und Gleichheit und Brüderlichkeit aller Menschen (vgl. auch das typische Voltaire-Bild [→ S. 215]). Und so ließ sich auch nach dem verlorenen Krieg und dem »Versailler Diktat« der Kultus vom »Leben« und »Erleben« verschmelzen mit der Verachtung von Aufklärung, Liberalismus, Demokratie und Parlamentarismus, ja der Verachtung des kritischen Intellektuellen und des sog. Literatentums überhaupt. Und man brauchte statt »Leben« oder »Gefühl« oder »Organismus« nur »Blut« oder »Rasse« zu setzen, und der Schritt zur »völkischen Weltanschauung« war getan.

Es gab natürlich auch eine Reihe von Intellektuellen wie den erwähnten Thomas Mann oder den Geschichtswissenschaftler Friedrich Meinecke,

Weber

welche die Republik bejaht und gegenüber der allgemeinen Bewegung »Los-von-Weimar« verteidigt haben. Ihr wichtigster Vertreter ist der Soziologe Max Weber (1864–1920). Die philosophische Bedeutung seines Werkes ist erst nach und nach gesehen worden; inzwischen ist ihm z. B. in der Reihe *Grundprobleme der großen Philosophen* ein eigenes Kapitel gewidmet[3]. Max Weber war, wie Marx, Philosoph in einem »ungewohnten und ungewöhnlichen Sinne« (Karl Löwith). Sein Hauptinteresse galt dem grundlegenden geschichtlichen Prozeß, den er »Entzauberung der Welt« genannt hat. »Entzauberung der Welt« – das heißt fortschreitende Rationalisierung und Verwissenschaftlichung aller Bereiche der Arbeit, der Natur, der Erkenntnis, des Lebens überhaupt. Der entscheidende geschichtliche Einschnitt in diesem langen Prozeß ist die Entstehung der bürgerlichen Gesellschaft.

Max Weber: Entzauberung der Welt

Meisterhaft hat Max Weber erforscht, welche Rolle dabei der – neuen – protestantischen Religion bzw. Lebensauffassung zukam [→ S. 127]. Als ständige Selbstkontrolle des Gläubigen bei innerweltlichem Genußverzicht gehört sie zu den wichtigsten Voraussetzungen des rationalen, kapitalistischen Wirtschaftsverhaltens (*Die protestantische Ethik und der Geist des Kapitalismus*, 1905; systematisches Hauptwerk: *Wirtschaft und Gesellschaft*, erschienen 1922). Diese geschichtlich-religionssoziologischen Forschungen sind begleitet von wichtigen wissenschaftstheoretischen Überlegungen. Sie zeichnen sich durch größte Klarheit aus und sind in ihrer zugespitzten Position noch heute in jeder wissenschaftstheoretisch-politischen Grundlagendiskussion präsent. Für Weber ist nämlich eine entscheidende Folge der »Entzauberung«, daß es keinen vorgängigen »Sinn« der Welt mehr gibt. In der Vorstellungswelt und dem Verhalten etwa eines islamischen oder christlichen Gläubigen im Mittelalter war das anders. Heute muß jeder einzelne diesen Sinn der Welt/dem Leben/der Gesellschaft/dem Tod selbst und selbstverantwortlich geben. Und vor allem kann er diesen Sinn nicht von der Wissenschaft erwarten. An ihr – entzaubertes – Material und ihre erfahrungsbezogene Arbeitsweise gebunden, kann Wissenschaft nur zur Klärung von Zusammenhängen führen. Sie kann

Verlust vorgegebener Sinnzusammenhänge

Elisabeth Förster-Nietzsche begrüßt Adolf Hitler auf der Treppe zur Nietzsche-Halle in Weimar *intellektuelle Redlichkeit*

höchstens sagen: »Wenn du das annimmst oder tust, so folgt das und das.« Niemals aber kann sie Auskunft über einen »letzten Sinn« oder Wert ihrer Arbeit bzw. ihres Gegenstandes geben (Geschichtswissenschaft z. B. erforscht Geschichte; ob das aber der Mühe wert ist und ob Geschichte selbst einen Wert hat, kann sie als Wissenschaft nicht sagen). Max Weber fordert daher ganz zugespitzt eine »wertfreie Wissenschaft«. Dem entspricht die Forderung nach größtmöglicher intellektueller Redlichkeit des Wissenschaftlers. D. h., er muß ganz »der Sache dienen«, z. B. muß er sich und seine Schüler auch mit unbequemen Tatsachen auseinandersetzen. Vor allem muß er sich und seine Arbeit ständig kritisch beobachten und größtmögliche Zurückhaltung mit seinem persönlichen Urteil üben. In der berühmten Rede *Wissenschaft als Beruf* (1919) hat Weber die wissenschaftspolitischen Folgen seiner Auffassung dargelegt. Er kritisiert hier den Professor, der sich zum »Prophet auf dem Katheder« aufschwingt. Er warnt aber auch seine studentischen Hörer vor dem modischen Anti-Intellektualismus, vor der Sucht nach »Erleben« und »Persönlichkeit« und »Weltanschauung«. Wissenschaft kann dabei helfen, »sich selbst Rechenschaft zu geben über den letzten Sinn seines eigenen Tuns« – nicht weniger, aber auch nicht mehr. Es ist ein Irrtum eines großen Teils der Jugend, »daß sie in dem Professor etwas anderes suchen, als ihnen dort gegenübersteht – einen *Führer* und nicht: *einen Lehrer*.« Doch nicht Webers nüchterne und warnende Aufklärung, sondern ein fanatisches, furchtbares Denken sollte bald politisch wirksam werden.

Adolf Hitler: »Mein Kampf« Arier und Juden

»Was nicht gute Rasse ist auf dieser Welt, das ist Spreu.« Adolf Hitlers *Mein Kampf* ist in zwei Bänden 1925 und 1927 erschienen. Wer also wirklich wollte, konnte wissen, worum es ging. Er schreibt darin: »Der Arier [...] ist der Prometheus der Menschheit, aus dessen lichter Stirn der göttliche Funke des Genies zu allen Zeiten heraussprang [...]. Solang er den Herrenstandpunkt rücksichtslos aufrecht erhielt, blieb er nicht nur wirklich der Herr, sondern auch der Erhalter und Vermehrer der Kultur.« Demgegenüber besitzt der Jude »keine irgendwie kulturbildende Kraft, da der Idealismus [...] bei ihm nicht vorhanden ist [...]. Er ist und bleibt der ewige Parasit, ein Schmarotzer [...]. Er vergiftet das Blut der anderen, wahrt aber sein eigenes [...]. Der schwarzhaarige Judenjunge lauert stundenlang, satanische Freude in seinem Gesicht, auf das ahnungslose Mädchen, das er mit seinem Blute schändet und damit seinem, des Mädchens, Volke raubt. Mit allen Mitteln versucht er, die rassischen Grundlagen des zu unterjochenden Volkes zu verderben.«

Triebfeder rassistischen Denkens

Je nüchterner man sich klarmacht, wie schwer und fast unmöglich eine Trennung von kulturellen, religiösen, sprachlichen und erblichen Gesichtspunkten bei der Definition einer »Rasse« überhaupt ist, desto deutlicher wird die psychologische Bedeutung des rassistischen Denkens. Durch die negative Ausgrenzung des Anderen bewirkt es eine Steigerung des eigenen Selbstwertgefühls. Wichtig ist auch ein anderer Aspekt: die Sehnsucht nach dem Aufgehen des eigenen Ich in einer größeren Gemeinschaft – ein menschliches Grundbedürfnis, das in der privaten Lebensform der bürgerlichen Gesellschaft zwangsläufig unbefriedigt bleiben muß. Der Faschismus wußte es meisterhaft auszunutzen. Wie konnte es dazu kommen?

Rassismusforscher haben immer wieder darauf hingewiesen, daß der Erfolg von *Mein Kampf* nur möglich war, weil rassistisches Denken schon seit mehreren Generationen in zahlreichen Köpfen inner- und außerhalb Deutschlands akzeptiert worden war. Die lange Geschichte des (christlichen) Antisemitismus ist bekannt. »Wissenschaftliche« Formen rassistischen Denkens finden sich vielleicht erstmals in der Aufklärung. Sie hat ja die ganze Welt eingeteilt und klassifiziert [→ S. 218]. So hat sie auch Merkmale für die rassischen Unterschiede der Menschen erstellt. Carl von Linné z. B., der große schwedische Systematiker, klassifizierte nicht nur die Pflanzenwelt. Er hat auch die vier »normalen« Menschenarten beschrieben. Dabei kommt der Europäer heraus als »einfallsreich, erfinderisch, [...] weiß, sanguinisch [...]. Er läßt sich durch Gesetze lenken.« Der Afrikaner hingegen ist »verschlagen, faul, nachlässig, [...] schwarz, phlegmatisch [...], er läßt sich durch die Willkür seiner Herrscher lenken.« [4] Dazu kam in der Romantik zweierlei. Einmal die wissenschaftliche Entdeckung, daß viele europäische Sprachen bzw. Völker eine gemeinsame Herkunft haben müssen, die man »indoeuropäisch« genannt hat. Für das (hypothetisch erschlossene) indoeuropäische Urvolk bürgerte sich der Namen »Arier« ein. Wer es nun wollte, konnte mit dieser – in kritischer Auseinandersetzung mit der kirchlichen Lehre gewonnenen – wissenschaftlichen Erkenntnis auch trübe Spekulationen anstellen. Außerdem hat die Romantik den Gedanken des »Volkes« als einer höheren, organischen, manchmal geradezu mystischen Einheit entwickelt.

rassistisches Denken in Aufklärung, Romantik

Das eigentlich rassistische Denken nahm aber erst im Laufe des 19. Jahrhunderts Gestalt an, nicht zuletzt durch seine vielfältige Verbindung mit dem – ebenfalls relativ neuen – nationalen Denken. Die wichtigsten Namen sind hier der französische Diplomat Arthur de Gobineau (1816–82) und der Engländer Houston St. Chamberlain (1855–1927). Gobineaus Buch hieß herausfordernd *Versuch über die Ungleichheit der Rassen* (*Essay sur l'inégalité des races humaines*, 1855). Hier wird die Rassenfrage erstmals zum wichtigsten Problem der Universalgeschichte erhoben. Den Ariern – »die schönste Rasse, von der man jemals gehört hat« – fällt dabei ein hervorragender Platz zu. Chamberlain, ein Schwiegersohn von Richard Wagner, schrieb *Die Grundlagen des 19. Jahrhunderts* (1899), ein zweibändiges Machwerk, in dem er auch Darwinsches Gedankengut verarbeitet hat. Er war ein begeisterter Verehrer der Deutschen (»Goethe«), wie ja auch das Bayreuth Richard Wagners für viele Bürger des 19. Jahrhunderts die national-germanische Kultstätte schlechthin war.

... und im 19. Jahrhundert

Der sicher bedeutendste faschistische Philosoph ist der Italiener Giovanni Gentile (1875–1944), der von 1922 bis 1925 auch Unterrichtsminister Mussolinis war [→ S. 370 f.]. Deutsche nationalsozialistische »Philosophie« im Original: *Der Mythus des 20. Jahrhunderts* von Alfred Rosenberg, einem Balten aus Reval, ab 1921 Hauptschriftleiter des *Völkischen Beobachters*, ab 1934 Chefideologe der NSDAP, ab 1941 Reichsminister für die besetzten Ostgebiete. Das Buch mit dem Untertitel *Eine Wertung der seelisch-geistigen Gestaltenkämpfe unserer Zeit* ist 1930 erschienen. Schon 1936 hatte es eine Gesamtauflage von einer halben Million Exemplare erreicht und wurde, wie Rosenberg einen evangelischen Geistlichen zitiert, »namentlich von der akademischen Jugend ›verschlungen‹«. Es ist gewidmet »Dem Gedenken Der Zwei Millionen Deutscher Helden Die Im Weltkrieg Fielen Für Ein Deutsches Leben Und Ein Deutsches Reich Der Ehre Und Freiheit.« Man wird erstaunt sein, in welch seelisch-idealischen Höhen das rassistische Denken zu fliegen scheint (der Untertitel deutet es an), in seiner seltsamen Mischung von scheinbar universalgeschichtlichem Bescheidwissen und primitivster – gezielter – Aggressivität. Alle Motive der nationalsozialistischen »Weltanschauung« sind hier versammelt: Rasse als »Gleichnis einer Seele«, als »mystische Synthese«; die rassische Geschichtsbetrachtung als »Ringen von Seelenwert gegen Seelenwert«; der

Alfred Rosenberg »Der Mythos des 20. Jahrhunderts«

typische Motive	Begriff der »Ehre« als »höchstes Ideal« des nordischen Menschen; die Konstruktion einer »deutschen Geistesgeschichte«, mit dem Mystiker Meister Eckhart [→ S. 110 ff.] als »dem größten Apostel des nordischen Abendlandes«, in »Seelenverwandtschaft« mit Goethe stehend. Ferner die Verächtlichmachung der Aufklärung und ihres Leitbegriffs »Humanität«; in Zusammenhang damit der Begriff des »Zersetzenden« (die Juden, das rote Untermenschentum, die Internationale der Intellektuellen, der jesuitische Geist, die modernde Kunst); die Stilisierung der Frau zur »ewigen Behüterin des Unbewußten« (am Herd); auch das Faschistisch-Soldatisch-Männerbündische. »Entzauberung der Welt« hatte Max Weber die Entwicklung der bürgerlichen Gesellschaft und ihrer Bewußtseinsformen genannt. Auf dem Boden dieser Gesellschaft will Rosenberg neuen Mythen-Zauber beschwören: »Diese innere Stimme fordert heute, daß der Mythus des Blutes und der Mythus der Seele, Rasse und Ich, Volk und Persönlichkeit, Blut und Ehre, allein, ganz allein und kompromißlos das ganze Leben durchziehen, tragen und bestimmen muß.« Schon drei Jahre später ist der »Mythus« Wirklichkeit geworden.
Anfälligkeit der Intellektuellen	Die sog. Gleichschaltung der deutschen Universitäten und des gesamten kulturellen Lebens ging sehr rasch vor sich. Das Verhalten der deutschen Intellektuellen ist noch immer eines der dunkelsten Kapitel der deutschen Geschichte. Viele sind emigriert, andere haben im Reich in verschiedenen Formen Widerstand geleistet. Unbestreitbar gab es aber auch eine starke Anfälligkeit gegenüber dem völkischen Denken. Hier sei nur der bekannteste Fall erwähnt, Martin Heidegger [→ S. 401 ff.]. Aus der Zeit vor der Machtergreifung sind meines Wissens überhaupt keine direkten politischen Äußerungen bekannt. Am 21. April 1933 wurde Heidegger zum Rektor der Freiburger Universität gewählt, am 1. Mai ist er der NSDAP beigetreten. Seine Rede zum Antritt des Rektorats ist berüchtigt; in der Rede am Vorabend der Reichstagswahl vom 12. November 1933 heißt es: »Wir haben uns losgesagt von der Vergötzung eines boden- und machtlosen Denkens. Wir sehen das Ende der ihm dienstbaren Philosophie. Wir sind dessen gewiß, daß die klare Härte und die werkgerechte Sicherheit des unnachgiebigen einfachen Fragens nach dem Wesen des Seins wiederkehren. Der ursprüngliche Mut, in der Auseinandersetzung mit dem Seienden an diesem entweder zu wachsen oder zu zerbrechen, ist der innerste Beweggrund des Fragens einer völkischen Wissenschaft.«
Martin Heidegger	
Gottfried Benn	Zwar ist Heidegger noch vor Ende seiner Amtszeit, im Februar 1934, vom Rektorat zurückgetreten – Konsequenz seiner Weigerung, zwei antinationalsozialistische Professoren von ihren Dekanatsämtern zu entbinden. In seinem Unterricht hat er später auch das Regime versteckt kritisiert. Tatsache bleibt jedoch, daß er mit dem Nationalsozialismus die Hoffnung auf einen »Aufbruch« verbunden hat und daß man darüber hinaus sagen kann, daß sein politisches Verhalten »sich zwar keineswegs zwangsläufig, aber doch zwanglos aus seiner Philosophie ergab.« [5] Es gibt hier ganz starke Parallelen zum Verhalten anderer Intellektueller, z. B. dem Dichter Gottfried Benn (1886–1956; damals keineswegs eine Randfigur). Benn hatte ebenfalls in der Weimarer Republik eine a-politische, radikal zivilisationskritische Haltung eingenommen. Nach der Machtergreifung hat er dann aber ganz schnell – und zwar von sich aus – das Prestige seines Namens dem braunen Regime zur Verfügung gestellt, und zwar bereits am 25. April mit dem aufsehenerregenden Essay *Der neue Staat und die Intellektuellen* (veröffentlicht in der *Berliner Börsenzeitung*). Benn, der in der Weimarer Republik den unüberbrückbaren Gegensatz von Künstler

und Staat verkündet hatte, war plötzlich bereit, dem »Gesetz der Geschichte« zu folgen; er hat dazu aufgerufen, dem neuen Staat/dem Kollektiv die Geistesfreiheit zu opfern. Im Laufe des Jahres 1934 hat er sich dann, wie viele, zurückgezogen in die »innere Emigration.«

»Ein großes Mißverständnis zwar, aber ein bezeichnendes« – diese Formulierung des Historikers K.D. Bracher ist treffend für die geistige Unterstützung, die der italienische und deutsche Faschismus am Anfang erfahren haben. Ist »der Intellektuelle« ein »besonderer« Mensch, trägt er eine besondere Verantwortung gegenüber dem politischen Geschehen seiner Zeit? Auf jeden Fall ist er in besonderer Weise in der Lage, Zusammenhänge zu erkennen und in ihren Folgen zu überdenken. Und er ist in besonderer Weise dem verpflichtet, was Max Weber »schlichte intellektuelle Redlichkeit« nannte. Das ist auch eine moralische Verpflichtung.

bezeichnende Mißverständnisse

»Gleichschaltung der Universität« bedeutete Aufhebung der universitären Selbstverwaltung, Funktion des Rektors als »Führer« der Universität, Vereinigung der Lehrenden im »Dozentenbund«, Ausbau und Anwendung der »völkischen Wissenschaft« in allen Bereichen. Das hieß z.B. für die Naturwissenschaft, daß man versucht hat, Albert Einsteins Relativitätstheorie [→ S. 374] als »jüdisch« zu widerlegen und eine »deutsche Physik« zu schaffen. Die Biologie spielte für die Rassentheorie eine ganz besondere Rolle. Die Kulturwissenschaften waren für die geschichtliche Begründung der nationalsozialistischen Ideologie ebenfalls sehr wichtig und haben diese Aufgabe auch bereitwillig erfüllt (Philosophie, Germanistik, Geschichtswissenschaft, Psychologie, Erziehungswissenschaft, Kunstgeschichte). Führend etwa im Bereich des Verfassungsrechts war der Staatsrechtslehrer Carl Schmitt (geb. 1888). In seinem einflußreichen Werk *Der Begriff des Politischen* (1927) wird als eigentlich politischer Ausgangspunkt »die Unterscheidung von *Freund* und *Feind*« zugrundegelegt. Hauptaufgabe der geschichtlich orientierten Wissenschaften war die Neuinterpretation aller geschichtlichen Bereiche vom völkischen Standpunkt her. In der Philosophie haben sich neben Rosenberg besonders Alfred Baeumler und Ernst Krieck hervorgetan. Die traurige Rolle des Nietzsche-Archivs in Weimar während jener Zeit zu beschreiben, erübrigt sich an dieser Stelle.

Gleichschaltung der Universitäten

Carl Schmitt

Als Beispiel für das »ganz normale« Universitätsleben im Dritten Reich ist die Darstellung der Geschichte der Tübinger Universität von Walter Jens sehr aufschlußreich. Beim Gang durch die fünfhundert Jahre Universitätsgeschichte arbeitet Jens den starken Zunftcharakter des Lehrkörpers heraus. Das heißt: man bleibt »unter sich«, gegenüber Ausländern, Frauen, Juden und Linken. Auf die parlamentarische Demokratie der Weimarer Republik haben die meist deutschnational gesinnten Professoren mit Verachtung herabgeblickt. Grundsätzliche Diskussionen über die Rolle der Universität in der Gesellschaft, die Verantwortung der Wissenschaft finden sich in den Senatsprotokollen nicht. Alltäglicher Faschismus in Tübingen – das bedeutet vor allem ordnungsgemäßes Funktionieren, »Anpassung, Arrangement und Kompromiß im Detail«, »wissenschaftliche Rasseforschung« und ärztlich-sachgerechte Sterilisation minderwertigen Erbgutes in einer seltsamen »Verbindung von Rationalität und Verblendung.« – »Unter all den grandiosen und schauerlichen, den bewegenden und Angst erregenden Dokumenten des Tübinger Universitätsarchivs sind die Protokolle aus der Ära nach 1945 die gespenstischsten: Als ob nichts geschehen sei!« [6]

Beispiel Tübingen

Stichwörter zur Gegenwart

intellektuelle Die Einteilung dieses Kapitels baut auf unterschiedlichen intellektuellen
Atmosphären Stilen oder intellektuellen Atmosphären auf, in denen sich das philosophische Denken der Gegenwart international darstellt. Immer noch – glücklicherweise, müßte man sagen, denn es gibt auch eine starke Tendenz hin zur Angleichung an einen allgemeinen intellektuellen Weltstil. Es ist wohl abzusehen, daß es der englisch-amerikanische ist, der sich auch in den geistes- und gesellschaftswissenschaftlichen Bereichen durchsetzen wird. Was ist ein intellektueller Stil? Der schwedische Friedens- bzw. Konfliktforscher und Nobelpreisträger Johann Galtung hat einen amüsanten Aufsatz geschrieben, in den auch persönliche Erfahrungen seiner vielen Reisen, Tagungen und Diskussionen mit Wissenschaftlern in den verschiedensten Ländern eingeflossen sind. Dabei ist ihm immer wieder aufgefallen, »wie wenig den Angehörigen einer intellektuellen Gemeinschaft offenbar die Eigentümlichkeiten ihrer Gemeinschaft bewußt sind« (obwohl Intellektuelle schon von Berufs wegen sehr gut andere Intellektuelle beobachten und charakterisieren können). Dieser Aufsatz über *Struktur, Kultur und intellektueller Stil* hat den Untertitel: »Ein vergleichender Essay über sachsonische, teutonische, gallische und nipponische Wissenschaft.« [1] In
vier Stile, vier Zentren dieser Skizze, einer Weltkarte der Wissenschaftsstile, gibt es vier Zentren: »Oxbridge« (die Universitäten von Oxford und Cambridge) und einige Universitäten der Ost- und Westküste Nordamerikas; einige kleine deutsche Universitätsstädtchen wie Heidelberg und Marburg; Paris natürlich – »Paris es la capital de la raza latina« – und schließlich die Universitätsachse Tokio-Kyoto. Zu diesen Zentren könnte man dann die Peripherien ausmachen, in die sie hineinwirken und jeweils festlegen, was als »seriöse Wissenschaft« gilt. Die Eigenarten einer wissenschaftlichen Gemeinschaft wie z. B. das Verhalten bei Diskussionen oder die Beziehung Lehrer-Schüler sind natürlich schwer bündig zu fassen, weil sie in der jeweiligen Gesamtkultur verankert sind. Galtung versucht eine Zusammenfassung in Form der »typischen Frage«, die in den vier Stilen gestellt wird, wenn ein Wissenschaftler mit einer neuen These konfrontiert ist:

– sachsonischer Stil:

typische Fragen *how do you operationalize it?* (US-Version). Wie läßt sich das operationalisieren [d. h. praktisch umsetzen]?
how do you document it? (UK-Version). Wie läßt sich das belegen?

– teutonischer Stil:
Wie können Sie das zurückführen/ableiten?

– gallischer Stil:
Peut-on dire cela en bon français? Kann man das auch auf gut Französisch sagen?

– nipponischer Stil:
donatano monka desuka? Wer ist Ihr Meister?

In diesen typischen Fragen drücken sich unterschiedliche wissenschaftliche Arbeitshaltungen bzw. Erkenntnisinteressen aus. Im sachsonischen Stil herrscht eine ausgeprägte Neigung zum empirischen Arbeiten. Grundlage ist immer die »Datenbank« des gesicherten Materials, von der her sich dann Theorien aufbauen lassen. Allgemein gilt: »Vorsicht vor umfassenden Verallgemeinerungen« (*sweeping generalizations*)! Der teutonische und gallische Stil ist viel stärker auf Theorien ausgerichtet und zielt dabei auf systematische Geschlossenheit ab, besonders in Teutonia. Die Frage, ob die Theorie die Wirklichkeit auch angemessen erfaßt, kann dabei auch manchmal in den Hintergrund treten. Dabei ist im gallischen Stil ein mehr persönlich-künstlerisches Element spürbar – die Darstellung muß auch elegant sein. Das ist seinem teutonischen Kollegen sehr verdächtig, denn dieser nimmt sein Denkgebäude vor allem sehr ernst! Stürzt seine Gedankenpyramide ein, »kann mit ihr der ganze Einsatz seines Lebens verfallen.« Wie für die teutonische Theorieform (Stichwort: »Letztbegründung«) die deutsche Sprache besonders geeignet ist, so entspricht die japanische mit ihren zahlreichen Mehrdeutigkeiten dem nipponischen Stil. Daten verbinden – Theorien trennen. Die scharfen Trennungslinien, der Abgrenzungscharakter der westlichen Theorieform ist ihm zuinnerst fremd – was sich aus der Tradition des Landes, dem ganzheitlichen Charakter der östlichen Weltsicht verstehen läßt [→ S. 504].

Wir sind auf diese intellektuellen Stile eingegangen, weil sie, vielleicht wegen ihrer Nicht-Greifbarkeit, möglicherweise eine um so stärkere unbewußte Prägekraft entwickeln. In der Philosophie zeigen sich die Unterschiede ganz deutlich; sie könnten als eine Art Wegweiser durch das Labyrinth der Gegenwartsphilosophie dienen. Wenn die folgenden Ausführungen dazu die Überschrift »Stichwörter« tragen, so ist das nur Ausdruck der Verlegenheit, in der sich jede Darstellung befindet. Es ist klar, daß angesichts der Vielfalt des Denkens seit dem Zweiten Weltkrieg nur eine kleine Auswahl getroffen werden kann. Es ist auch klar, daß die Bedeutung dieser Auswahl noch lange nicht historisch beglaubigt ist. Und es versteht sich auch, daß damit kein »letztes Wort« gesprochen ist – schon gar nicht in der Philosophie.

Gliederungshilfen

Themen und Stil angelsächsischen Philosophierens

Carl Gustav Hempel, der vor seiner Emigration in die Vereinigten Staaten zum Wiener Kreis gehörte, hat einmal gesagt, daß angesichts philosophischer Behauptungen immer zwei Fragen am Platz seien: »What do you mean?« und »How do you know?« Beide Fragen zielen auf Genauigkeit und drücken auch jene gewisse »coolness« aus, die zur Analytischen Philosophie dazuzugehören scheint. Sie bezeichnen gut das Gemeinsame dieser Gesamtrichtung. Die Entwicklung der Analytischen Philosophie ist recht stetig verlaufen, in ihrem eigentümlichen, durch die sprachphilosophische Wendung geprägten Horizont [→ S. 381]. Auch die beiden unterschiedlichen Ansätze haben sich lange durchgehalten: die *Ordinary Language Philosophy* (am besten zu übersetzen als *Philosophie der normalen Sprache*) sowie die Weiterbildungen, die die Probleme und Verfahrensweisen des *Logischen Empirismus* (als einer Philosophie der idealen Sprache) erfahren haben. Wir greifen jeweils zwei Denker heraus, die diese beiden Ansätze ausgebaut haben. Die ebenfalls breite Diskussion moralphilosophischer Probleme – der sog. *ethics* – innerhalb der Analytischen Philosophie bleibt dabei unberücksichtigt.

gemeinsame Grundhaltung

Die »logische Geographie« der Wörter – ein Lieblingsausdruck des englischen Philosophen Gilbert Ryle (1900–1976). Ryle, der in Oxford lehrte, hat auf vielen Gebieten gearbeitet. Sein Hauptwerk heißt *Der Begriff des Geistes (The concept of mind)* und ist 1949 erschienen, also vier Jahre vor den *Philosophischen Untersuchungen* von Ludwig Wittgenstein [→ S. 386 f.]. Beide Bücher weisen eine starke inhaltliche Gemeinsamkeit auf; bei beiden wird in der Untersuchung der normalen Sprache der Schlüssel zur Klärung

Gilbert Ryle und die logische Geographie der Wörter

philosophischer Probleme – oder auch, wie sich vielleicht herausstellt: Scheinprobleme – gesehen. Ryle gibt dafür ein Bild. Die meisten Leute, schreibt er, kommen *mit* ihrer Sprache völlig klar im Leben. *Über* ihre Sprache wissen sie aber nicht Bescheid: »Sie sind wie Leute, die sich wohl in ihrem eigenen Ort auskennen, aber nicht imstande sind, eine Landkarte davon anzufertigen oder zu lesen, geschweige denn eine Landkarte der Gegend oder des Kontinents, in dem ihr Ort liegt.«

In der Philosophie jedenfalls müßte das anders sein. Daher die Bestimmung der logischen Geographie der Wörter, d.h. die Klärung ihrer rechtmäßigen Verwendung. An einem Thema zeigt Ryle, wie in der philosophischen Tradition Begriffe nicht sinnvoll verwendet worden sind und welch verheerende Verwirrung damit durch die Jahrhunderte hindurch angerichtet worden ist. Es ist der Begriff des Geistes, wie er seit Descartes als selbständig und unabhängig vom Körper gedacht worden ist. Diese Vorstellung nennt Ryle den »Mythos vom Gespenst in der Maschine.« Er zerstört ihn mit einer sprachanalytischen Gründlichkeit, die etwas Neues in der Geschichte der philosophischen Kritik darstellt. Schön ist auch der Titel eines anderen Büchleins, in dem diese Methode der Analyse auf die Entstehung weiterer, »typisch philosophischer« Probleme angewendet wird. Es ist 1954 erschienen und heißt *Dilemmas – Begriffskonflikte*.

John Langshaw Austin

John Langshaw Austin (1911–1960) gehört zu den Philosophen, die zu Lebzeiten nur wenig veröffentlicht haben. Damit ist er in England keine Ausnahme, denn es gibt dort eine Form des Philosophierens, die man im deutschen Sprachraum nur sehr selten findet. Philosophie wird in Oxford oder Cambridge vor allem als eine fortlaufende Diskussion im Rahmen kleiner Gruppen betrachtet. Hat sich ein Diskussionsthema erschöpft, so besteht gar kein Anlaß mehr, ein dickes Buch zu schreiben – vielleicht einen gezielten Aufsatz, um den Diskussionsstand voranzubringen oder festzuhalten. Daher bestehen Austins Hauptwerke auch aus Vorlesungsmitschriften, die erst nach seinem Tod veröffentlicht worden sind (*Sense and Sensibilia* und *How to Do Things With Words*, beide 1962).

Berufskrankheit der Philosophen

Die Aufgabe eines Philosophen hat Austin weniger in der Verbreitung richtiger Theorien gesehen. Ihm kam es darauf an, seine Studenten in klarem, methodischem Denken zu trainieren – um all den Unsinn zu entwirren, den die Philosophen seiner Meinung nach hervorgebracht haben und weiter hervorbringen. »Auf jeden Fall müssen wir die Vereinfacherei vermeiden: man fühlte sich versucht, sie die Berufskrankheit der Philosophen zu nennen, wäre sie nicht ihr Beruf.« Eine solche Grund-Vereinfacherei hat Austin in der Sprachauffassung des Logischen Empirismus gesehen. Dort wurden ja – in dem Bemühen um sprachliche Genauigkeit – Aussagen immer daraufhin untersucht, ob sie einen Sachverhalt beschreiben bzw. eine Tatsache feststellen, und zwar entweder richtig oder falsch. Was ist nun aber mit einem Satz wie: »Ich wette, daß du nie wieder eine Philosophiegeschichte anrührst« oder »Ich taufe dich auf den Namen Axel«? Bei Äußerungen dieser Art, die wir ständig verwenden, hat Austin zwei merkwürdige Gemeinsamkeiten entdeckt:

»A. Sie beschreiben, berichten, behaupten überhaupt nichts; sie sind nicht wahr oder falsch.

B. das Äußern des Satzes ist, jedenfalls teilweise, das Vollziehen einer Handlung, die man jedenfalls *gewöhnlich* nicht als ›etwas sagen‹ kennzeichnen würde.« [2]

Austin hat diese Äußerungen »performative Sätze« genannt. Das englische *to perform* bedeutet »vollziehen«; »performativer Satz« heißt eigentlich, daß jemand, der eine solche Äußerung macht, eine Handlung vollzieht! (daher auch der schöne englische Titel *How to Do Things With Words.)* In dieser Entdeckung des Handlungscharakters von Sprache liegt Austins wesentliche Leistung. Seither ist der Begriff der »Sprachhandlung« oder des »Sprechakts« nicht mehr aus der wissenschaftlichen Sprachbetrachtung wegzudenken (eine systematische, weiterführende Theorie der Sprechakte hat der Austin-Schüler John R. Searle 1969 mit dem Buch *Speech acts* – deutsch *Sprechakte,* 1971 – vorgelegt). Durch Wittgenstein und Austin wird das grundlegend Irreführende unseres normalen Verständnisses von Sprache bewußt, wie wir es z. B. durch die Existenz von Wörterbüchern und der Duden-Grammatik für selbstverständlich halten – daß nämlich Sprache etwas Fixiertes ist, dessen (Übersetzungs-)Regeln man drucken kann. Wittgenstein hat das die »Oberflächengrammatik« genannt. Im Begriff des Sprechakts liegt noch ein Weiteres. Man betrachte eine Feststellung wie: »Das Gras ist noch nicht gemäht.« Was steckt eigentlich in diesem Satz? Eine Aufforderung, schneller zu arbeiten? Eine Warnung vor dem Gewitter? Eine Aufforderung an den Liebsten? Der Genuß des Dufts einer Sommerblumenblütenwiese? Es gehört zu den entscheidenden Einsichten der Theorie der Sprechakte, daß Äußerungen immer nur unter bestimmten Umständen und in bestimmten Situationen stattfinden, daß sie von einem bestimmten Sprecher für einen bestimmten Hörer gemacht werden. »Sprachhandlung« – die herkömmliche Sprachauffassung, die von isolierten Wörtern oder isolierten Sätzen ausgeht, wird der »vollen« Bedeutung ihres Gegenstandes gar nicht gerecht [3]. In Austins Formulierung: »Letzten Endes gibt es *nur ein wirkliches* Ding, um dessen Klärung wir uns bemühen, und das ist der gesamte Sprechakt in der gesamten Redesituation.«

alles Sprechen ist Handeln

Gilt Austins Interesse nun eigentlich der Philosophie, oder ist er als Sprachwissenschaftler zu sehen? Oder sind Etiketten wie »Linguistik«, »Philosophie« von der Entwicklung der Philosophie selbst inzwischen überholt? In einem Aufsatz über Austin hat W. V. O. Quine [→ S. 422] diese Titel »technische Hilfsmittel bei der Aufstellung von Lehrplänen und der Einteilung von Bibliotheken« genannt. Diese Äußerung ist bezeichnend für das Selbstverständnis der angelsächsischen Philosophie seit ihrer linguistischen Wende.

Folgen für die Philosophie

Für Austin selbst liegt in seinem Ansatz als vielleicht wichtigste philosophische Konsequenz, daß der herkömmliche Wahrheitsbegriff sich »lockert«: wer Sprache/Sprechen wirklich als eine Handlung versteht, kann nicht mehr so schlicht wie bisher von »wahr« oder »falsch« sprechen. Ins Wanken gerät auch die alte Lieblingsbeschäftigung der Ethiker, nämlich Aussagen danach einzuteilen, ob sie ein »Sein« – eine Feststellung also – oder ein »Sollen« – einen persönlichen Wert – ausdrücken. Austin am Ende seiner Vorlesung: »Richtig Spaß macht es erst, wenn wir es auf die Philosophie anwenden.«

Hier steckt allerdings auch ein Problem. Vielleicht ist es das Grundproblem der Philosophie der normalen Sprache, die mit den einfachen Sätzen des Alltags arbeitet. »Eindimensionales Denken« hat z. B. Herbert Marcuse [→ S. 437] Wittgenstein und Austin vorgeworfen. Er meint damit, daß man das Sprachverhalten von Otto Normalverbraucher nicht zur Richtschnur dafür nehmen kann, was philosophisch gesagt werden darf. Denn dann ließe sich eine andere Welt als die der bestehenden Gesellschaft, eine andere Vernunft gar nicht mehr denken. Für Marcuse ist die Konkretheit dieser Sprachanalysen »Zeichen einer falschen Konkretheit«: »Philosophi-

Ein Einwand

sches Denken geht in affirmatives [d. h. Bejahen dessen, was ist] über: die philosophische Kritik kritisiert *innerhalb* der Gesellschaft und brandmarkt nicht-positive Begriffe als bloße Spekulation, Träume oder Phantasien.« [4]

Wer soll das »letzte Wort« behalten, die Sprache der Philosophie oder die normale Sprache? Schließlich, könnte man sagen, ist es die normale Sprache, welche »die Unterscheidungen und Klassifizierungen enthält, die die Menschheit im Laufe von Jahrtausenden als relevant und praktisch nützlich erkannt hat.« [5]. Wieweit darf die Philosophie darüber hinausgehen? Austin selbst hat dieses Problem deutlich gesehen. Er nannte es die »Crux des letzten Wortes.«

Wissenschaft heute

»Die Wissenschaft bestimmt unser heutiges Leben« – jeder kennt diesen Satz. Er ist verdächtig, denn hier wird so getan, als gäbe es »die Wissenschaft« als eine Art selbständiger Macht, die sich unabhängig von ihrer Anwendung oder Verwertung entwickelt und dabei schicksalhaft unser Leben prägt. Genauso richtig kann man nämlich den Satz umkehren und sagen: »Die Bedürfnisse unseres Lebens bestimmen die Wissenschaft.« Wie man es nun sehen will – unbestritten nimmt »Wissenschaft« in unserer gegenwärtigen Lebensform einen nicht mehr wegzudenkenden Platz ein. Es ist daher klar, daß die philosophischen Bemühungen der Gegenwart ganz außerordentliche Anstrengungen auf die Auseinandersetzung mit der Wissenschaft verwenden, bzw. daß die Entwicklung der (Einzel-)Wissenschaft(en) ständig nach philosophischer Klärung verlangt. So gewinnt z. B. seit einiger Zeit die Biologie, speziell die Theorie der Evolution, eine immer größere Bedeutung für die Philosophie. In gewissem Sinne übernimmt die Biologie damit die Rolle der Modellwissenschaft, die für viele Jahrzehnte die theoretische Physik gespielt hat. Darin könnte auch ein Umschwung zu einer mehr ganzheitlichen Betrachtung der Beziehung Mensch-Natur liegen. Der Gesamteindruck von diesem Dialog: einerseits eine Anstrengung um größte begriffliche Genauigkeit – eine Diskussion auf einem hohen, vielschichtigen Niveau, mit einem engen Bezug der Teilnehmer aufeinander, andererseits eine große Bescheidung – ein Wissen um die Grenzen der Möglichkeit des Wissens. Eine große Zurücknahme der Selbstherrlichkeit des 19. Jahrhunderts: »Tatsachen statt Spekulation!« [→ S. 294]. Denn – was ist das, eine »Tatsache«?

*Dialog:
Philosophie –
Wissenschaften*

Zu dem großen Thema »moderne Wissenschaftstheorie« gibt es gute, einführende Darstellungen, auf die hier verwiesen sei [6]. Sehr schnell wird man dort auch die immer wieder auftauchenden Namen finden, die die Diskussion der letzten Jahrzehnte international bestimmt haben. Wir wollen hier nur zwei amerikanische Größen erwähnen: Nelson Goodman (geb. 1906) und Willard Van Orman Quine (geb. 1908).

Was ist ein »Naturgesetz«? In unserem Alltag gehen wir ganz selbstverständlich von der Regelmäßigkeit natürlicher Vorgänge aus. Die Vorstellung von Naturgesetzen ist *das* Mittel, mit dem wir die Welt vereinfachen und uns so in ihr orientieren. Ebenso spielt in der Naturwissenschaft der Begriff des Naturgesetzes eine ganz entscheidende Rolle. Aber was ist eine »gesetzesartige Aussage«? Wie wenig wir wirklich darüber wissen, hat in aller Eindringlichkeit Nelson Goodman gezeigt. Sein Beitrag auf diesem Gebiet besteht daher nicht in einer »Lösung«, sondern in der Verschärfung des Problems, bzw. in der Aufforderung, es aus neuer Sicht zu betrachten [7]. Denn schon David Hume hatte im 18. Jahrhundert das sog. Induktionsproblem klassisch gestellt. Inwiefern dürfen wir von Bekanntem auf Unbekanntes schließen? Wenn wir von einem »Gesetz« sprechen, sagen wir ja, daß alle – jetzt noch nicht bekannten Fälle – sich ebenso verhalten werden

Goodman

wie die bisher beobachteten! Humes Antwort war negativ: Ob die Sonne morgen aufgeht oder nicht, *wissen* wir nicht; unser Schließen von Ursachen auf Folgen und umgekehrt ist eine Sache der Gewohnheit; Naturgesetze im strengen logischen Sinne gibt es nicht [→ S. 198]. Goodman knüpft an Humes Problemstellung an. Was ist das Verhältnis von *Tatsache, Fiktion, Voraussage* (so der Titel einer Aufsatzsammlung: *Fact, Fiction, Forecast*, 1955)? Wie können wir gesetzmäßige und nichtgesetzmäßige Aussagen unterscheiden? Was ist, anders gefragt, unser Maßstab für Gesetzmäßigkeit in der Natur?

Ein wesentlicher Punkt dieses Problems ist die Verknüpfung von einem Gegenstand mit bestimmten Eigenschaften, also Prädikaten. Dazu folgendes einfache Beispiel. Schon lange sind in unserem Kulturkreis Schwäne bekannt. Jeder einzelne Schwan, den man im Verlauf vieler Jahrhunderte gesehen hat, war weiß. Selbstverständlich galt also die Aussage: »Alle Schwäne sind weiß« – bis (zur Irritation der Logiker) in Australien schwarze Schwäne entdeckt worden sind! Nimmt man dieses Beispiel wirklich grundsätzlich, so ist leicht zu sehen, daß es sich um ein echtes Problem handelt. Goodman erfindet z. B. absurde Prädikate wie die Eigenschaft »glau«, um die Selbstverständlichkeiten des (naturwissenschaftlichen) Alltagsbewußtseins zu erschüttern. Im Verlauf der Untersuchung verschiebt sich so die Frage nach einem Gesetz in die Frage nach der Wahrscheinlichkeit, mit der die Wiederholung eines Vorgangs erwartet werden darf (es gibt einen ganzen Zweig der Mathematik, der sich der Wahrscheinlichkeitstheorie widmet). Aber diese Frage kann nicht unabhängig davon beantwortet werden, wie wir uns bisher zu diesem Vorgang verhalten haben. Mit Goodmans Ausdrücken: Die Wahrscheinlichkeit, mit der ein Prädikat »projektierbar« ist, hängt auch von unserer bisherigen Praxis, von unserem bisherigen Sprachgebrauch ab. Goodman nennt das die »sprachliche Verankerung« von Prädikaten. Oder: »Die Grenze zwischen berechtigten und unberechtigten Voraussagen (oder Induktionen oder Fortsetzungen) richtet sich also danach, wie die Welt sprachlich beschrieben und vorausgesagt wurde und wird.« So lassen sich durchaus eine Reihe von »Eliminationskriterien« – also wörtlich »Beseitigungsmaßstäben« – bestimmen, mit der wir zulässige (projizierbare, gut verankerte) von unzulässigen Hypothesen aussondern können.

zulässig und unzulässig verankerte Hypothesen

Goodman schließt seine Darstellung mit dem Satz: »Ich habe lediglich eine nicht ganz bekannte Möglichkeit der Lösung einiger nur allzu bekannter Probleme untersucht.« Charakteristisch an seinem Lösungsvorschlag ist die Rolle, die dabei heute sprachphilosophische und pragmatische – also die tatsächliche Praxis unseres Vorgehens berücksichtigende – Überlegungen spielen (»wie die Welt sprachlich beschrieben und vorausgesagt wurde und wird«). Von einem anderen Ausgangspunkt her wird auch hier, wie Austin es ausgedrückt hat, der Wahrheitsbegriff »gelockert« – allein wenn man von der »Praxis unserer Projektionen« spricht, kommt ein stark subjektives Moment hinein. Goodmans Hinterfragung des Begriffs »Naturgesetz« weist so hin auf die Grenzen der reinen Objektivität in der Naturbeschreibung.

Lockerung des Wahrheitsbegriffs

Gerade das aber ist der erklärte Anspruch naturwissenschaftlicher Forschung und Theoriebildung – Sachverhalte rein zu beschreiben. Der Begriff der Objektivität der naturwissenschaftlichen Erkenntnis ist heute mehr denn je umstritten; man kann vielleicht sagen, daß alle Theorie der naturwissenschaftlichen Erkenntnis letztlich um dieses Problem kreist. Der naturwissenschaftliche Erkenntnisprozeß ist damit in sich selbst sehr philo-

Theorienpluralismus

sophisch geworden [→ S. 376]. Wie auch seine Theoretiker: Nelson Goodman bekennt sich als ein »Philosoph, ganz in der sokratischen Tradition des Nichtwissens.« Charakteristisch für die gegenwärtige Lage ist ein Begriff wie ›Theorienpluralismus‹. Er meint das Nebeneinander unterschiedlicher, vielleicht gegensätzlicher Erklärungsansätze. Hat die Philosophie der Gegenwart damit den altehrwürdigen Begriff »Wahrheit« verabschiedet? Keineswegs – er ist »nur« unendlich vielschichtiger geworden: »Wenn daher etwas im allgemeinen für das philosophische Denken dieser jüngsten Epoche charakteristisch zu sein scheint, so ist es diese Begriffsanstrengung, eine Entsprechung zwischen Wahrheit und Theorienpluralismus zu finden und diese Affinität theoretisch zu explizieren,« [8].

Quine

Dieser Satz könnte direkt auf Willard Van Orman Quine gemünzt sein. Quine gehört zu den tonangebenden Philosophen in den Vereinigten Staaten. W. Stegmüller, ein Kenner und Vertreter der Analytischen Philosophie, schreibt sogar: »Wenn nach den beiden einflußreichsten philosophischen Werken dieses Jahrhunderts gefragt wird, so muß die Antwort wohl lauten: Wittgensteins *Philosophische Untersuchungen* und Quines *Word and Object*.« Dieses Buch ist 1960 erschienen und hatte 1976 bereits zehn Auflagen; inzwischen ist es auch ins Deutsche übersetzt (*Wort und Gegenstand*, 1980). Zu Recht weist Stegmüller auch auf Quines schriftstellerische Fähigkeiten hin – *Word and Object* ist »ein Meisterwerk amerikanischer Prosa.«

»Word and Object«

In einer sehr klaren Sprache wird hier, in ständiger Auseinandersetzung mit anderen Ansätzen, eine umfassende Gesamttheorie entwickelt. Dabei ist die ganze Darstellung von einem unterschwelligen Humor durchzogen, und oft muß man bei der Wahl der Bilder und Beispiele einfach schmunzeln. Es ist Rudolf Carnap gewidmet, »dem Lehrer und Freund« – womit ebenso etwas über Quines Umfeld bzw. Herkunft ausgesagt ist *(donatano monka desuka?)* wie über den großen Einfluß des so scharfsinnigen Rudolf Carnap in Amerika [→ S. 384 f.]. Als erster Zugang wäre vielleicht Quines Aufsatz *Das Sprechen über Gegenstände* zu empfehlen. Er beginnt mit dem unschuldigen Satz: »Es liegt uns, über Gegenstände zu sprechen und an Gegenstände zu denken.« (!) Willard Quine ist, um es salopp auszudrücken, »mit allen Wassern gewaschen.« Sein Standpunkt läßt sich im Sinne des obigen Zitats allgemein so umschreiben, daß er eine sehr kritisch-skeptische Grundeinstellung mit einem ebenso ernsten Wahrheitsanspruch verbindet und so zu einer sehr reflektierten, umfassenden, eigenständigen Gesamtdeutung der Welt gelangt. Dafür steht, als Motto dem Hauptwerk vorangestellt, ein Gleichnis des Philosophen Otto Neurath, der zum Wiener Kreis gehörte:

»Wie Schiffer sind wir, die ihr Schiff auf offener See umbauen, ohne es jemals in einem Dock zerlegen und aus besten Bestandteilen neu errichten zu können.«

Bezug der Sprache zur Wirklichkeit

Das »Wir« im Gleichnis muß ganz wörtlich aufgefaßt werden als »wir alle«: für Quine gibt es nämlich keine absoluten Grenzen zwischen Alltagsbewußtsein *(common sense)*, Wissenschaft und Philosophie. Denn alle drei benutzen, als grundlegend gemeinsamen Bezug zur Wirklichkeit, eine gemeinsame Sprache. *Wort und Gegenstand* setzt daher ein mit einem Kapitel über »Sprache und Wahrheit.« Hier geht es vor allem um den Nachweis, daß wir uns mit der Sprache, wie wir sie nach und nach erwerben, tatsächlich auf Dinge, also auf »Welt« als nicht-sprachliche, als Sinnesreiz erfahrbare Gegenständlichkeit beziehen. In diesem frühen Prozeß Wahrnehmung-Benennung spielt die Fähigkeit, Ähnlichkeiten wiederzuerkennen, die entscheidende Rolle (z. B. bei jener in gewissen Abständen sich nähernden und wieder entfernenden großen, dunklen Gestalt, die das Baby nach und nach mit dem Wort »Mama« benennen wird). Anders gesagt: es geht Quine um einen echten, ursprünglichen, gemeinsamen Wirklichkeitsbezug in den Symbolen, die eine sprachliche Gemeinschaft benutzt. Und zwar für alle Mitglieder der Sprachgemeinschaft verbindlich: »Menschen, die mit derselben Sprache aufwachsen, sind wie Büsche, die man so zurechtstutzt und formt, daß sie alle die gleiche Gestalt eines Elefanten annehmen. Wie sich die anatomischen Einzelheiten der Zweige und Äste zur Elefantenform fügen, ist von Busch zu Busch jeweils verschieden, aber das äußere Ergebnis ist bei allen in etwa das gleiche.« »Man wird geschult, Wörter so mit Wörtern und anderen Reizen zu verknüpfen, daß dabei etwas herauskommt, das als Rede von Dingen erkennbar und von der Wahrheit über die Welt nicht zu unterscheiden ist.«

Büsche und Elefanten

Auf dieser Grundlage ergeben sich jedoch einschneidende Probleme. So behauptet Quine, daß es letztlich unmöglich ist, eine Sprache wirklich in eine andere zu übersetzen – bei der Verschiedenartigkeit des Bedeutungsgehalts der sprachlichen Symbole innerhalb verschiedener Kulturen bleibe eine grundsätzliche »Unbestimmtheit der Übersetzung« bestehen. Im Rahmen eines Kulturkreises jedoch gibt es für Quine durchgängige Linien des sprachlich-geistigen Aufbaus einer »Welt«. So ist es z. B. das Prinzip der Einfachheit, nach dem die wissenschaftliche Beschreibung der Natur funktioniert. Aber auch hier ist Quines Standpunkt keineswegs naiv. Er vertritt den sog. Holismus, was wörtlich »Ganzheitslehre« bedeutet. Danach ist jede einzelne wissenschaftliche Theorie grundsätzlich »unterbestimmt«. D. h., daß neben sie andere, konkurrierende Theorien mit derselben Erklärungskraft derselben Beobachtungswahrheiten treten können; d. h. auch, daß eine einzelne Theorie für sich genommen niemals ein Gesamtsystem von Grundannahmen umwerfen kann. Nach der holistischen Auffassung können wissenschaftliche Sätze nur in ihrer Gesamtheit und nur im gesamten Zusammenhang einschließlich des begrifflichen und logischen Hintergrundwissens in Frage gestellt werden. Und auch die Philosophie sitzt – um noch einmal an das Gleichnis zu erinnern – im selben Boot. Sie hat einen bestimmten, aber keinen außerhalb befindlichen Platz innerhalb unserer Gesamttheorie der Welt: »Ein solches kosmisches Exil gibt es nicht.« In diesem komplizierten genauen Sinne ist es gemeint, wenn Quine von »Wahrheit« spricht: »Innerhalb unserer unaufhörlich in Entwicklung begriffenen Gesamttheorie urteilen wir über Wahrheit so ernsthaft und absolut, wie es nur immer möglich ist. Daß dabei immer noch ein Spielraum für Korrekturen bleibt, versteht sich von selbst.«

Holismus – ganzheitliche Auffassung einer Kultur

Natürlich gibt es eine große Diskussion um Quines Thesen, mit internationaler Beteiligung, und diese Diskussion wird fortgesetzt, nicht nur um die Thesen von Quine, sondern auch um die Jüngerer, die sie weiterführen. Es gibt aber auch eine andere Möglichkeit des »Weitermachens«: das ganze Unternehmen in Frage zu stellen. Am Ende von *Wort und Gegenstand* schreibt Quine, fast beiläufig, daß die Philosophie – mit den anderen Wissenschaften – die Frage stellt »nach dem, was es gibt.« Das ist die klassische Formulierung – »das Seiende«, wie es ist. »Es gibt« in der Philosophie aber auch die Suche nach einem »Anderen«, also nach etwas, was »es gar nicht gibt«, oder – vielleicht – »noch nicht gibt«, oder »nur ein bißchen«, »kaum spürbar« gibt. Diese Suche nach einem »Anderen« ist in der Philosophie der Gegenwart sehr intensiv; daß sie auch im Bereich des angelsächsischen Denkens zu finden ist, sei am Schluß dieses Kapitels zumindest erwähnt. Ein Beispiel: *Philosophy and the Mirror of Nature*

Suche nach Alternativen

Richard Rorty (1979) des amerikanischen Philosophen Richard Rorty (geb. 1931). Die deutsche Übersetzung heißt *Der Spiegel der Natur: Eine Kritik der Philosophie*. »Spiegel der Natur« – damit ist eine Auffassung von Philosophie gemeint, wie sie durch Descartes, Locke und Kant »die Philosophie« wurde: Philosophie als »Fundament« des Wissens einer Kultur, vielleicht auch, wie im 18. Jahrhundert, als ihr Richter; das menschliche Bewußtsein als ein großer Spiegel, der verschiedene Darstellungen der Welt enthält. Gelegentlich muß man ihn neu beschichten oder aufpolieren, damit die Darstellung etwas genauer wird. Rorty weist nach, daß die verschiedenen neueren Strömungen wie der Neukantianismus, die Phänomenologie oder die Analytische Philosophie sich im Grunde alle nach diesem Bild des Spiegels ausrichten. Nur daß z. B. in der Analytischen Richtung die Sprachphilosophie jetzt die Grundlagen der »richtigen« Erkenntnis liefern soll – was bei Kant die »transzendentale Kritik« geleistet hat.

Spiegel und Fundament

»Konstruktiv« und »systematisch« nennt Rorty diesen Philosophie-Typ. »Wissen« war und ist sein Leitbild. Er wirft ihm vor, daß er immer nur zu den bestehenden gesellschaftlichen Einrichtungen, zur jeweiligen Kultur noch das »Fundament« geliefert hätte. Die »andere« Philosophie, die er sucht, wird demgegenüber als »therapeutisch« und »bildend« bezeichnet. Ihre Vertreter haben keine Schulen gegründet. Sie halten sich eher absichtlich am Rande der Ereignisse auf. Sie konstruieren nicht systematisch, sondern reagieren kritisch- »heilend« auf ihre Zeit. Z. B. mit Aphorismen, wie dies Nietzsche und Kierkegaard im vergangenen Jahrhundert getan haben. Wittgenstein, Heidegger und John Dewey sind für Rorty die Leitfiguren unseres Jahrhunderts. Der späte Wittgenstein, weil er Sprache als Werkzeug (nicht: Spiegel) begreifen lehrte. Heidegger wegen seines Geschichtsbewußtseins, seiner Distanz zur Spiegel-Philosophie seit den Griechen. John Dewey, weil er die soziale Perspektive der Vision eines neuen Gesellschaftstypus hatte. Das Ideal dieser Kultur wäre »ästhetische Steigerung«, also die Bildung aller Fähigkeiten des Menschen. Womit Richard Rorty einen Traum von Friedrich Schiller weiterträumt [→ S. 262].

heilen und bildend steigern

Die Verabschiedung des Menschen in Frankreich

thematische Einheit ...

Es gibt seltsame Zufälle. Ein Hauptwerk der amerikanischen Gegenwartsphilosophie heißt *Word and Object* (1960; [→ S. 421]). Der philosophische Bestseller im Frankreich der sechziger Jahre hat den Titel *Les mots et les choses* (*Die Ordnung der Dinge*, 1966; genau übersetzt müßte es heißen: »Die Wörter und die Dinge«). Ich weiß nun nicht, ob Michel Foucault *Word and Object* kannte. Daß er aber beinahe denselben Titel gewählt hat, zeigt überraschend deutlich die innere Einheit der gegenwärtigen Philosophie: die Sprache ist ihr Thema. Und doch sieht man schon beim oberflächlichsten Vergleich beider Bücher, wie unterschiedlich die Fragen gestellt, wie gegensätzlich die Antworten gegeben werden. Wobei »gegensätzlich« ja noch einen gemeinsamen Bezugspunkt voraussetzen würde – was aber meinem Eindruck nach gar nicht der Fall ist. Denn zwar am gemeinsamen Leitfaden »Sprache« ist die neuere französische Philosophie doch einen ganz eigenen Weg gegangen. Sie hat ein so eigenartiges Denken entwickelt, daß man heute an der Redeweise eines Frankfurter oder Züricher Philosophie- und Germanistikstudenten sofort heraushören kann, wie er zu »den Franzosen« steht. Dieses Denken kreist um das Problem des

... und Gegensätzlichkeit

Menschen in der Sprache oder der Sprache im Menschen oder, radikaler, des Menschen als Sprache. Wobei – was aus dem angelsächsischen Denken fast ganz herauszufallen scheint – die Sprache immer kritisch als strukturierte Ordnung, schärfer: als vorgelagerte überpersönliche Macht gesehen wird – eine Macht, die in vielschichtiger Verbindung mit anderen Mächten steht. Von unterschiedlichen Ansatzpunkten ausgehend, kommt die französische Philosophie zu einer gemeinsamen un-erhörten Vermutung: vielleicht gibt es »den Menschen« gar nicht! Auf jeden Fall steht er nicht im Mittelpunkt. Was sich als Mensch, als Subjekt und Einheit begreift, was der Welt Sinn und Zentrum sein will, ist nur Oberfläche und Spiel ganz anderer Sinne und Zentren. Auf eine Formel gebracht heißt das: »Das Subjekt ist dezentriert.«

Bevor wir das näher verfolgen, sei noch auf zwei Punkte hingewiesen, die zum Verständnis der französischen Philosophie sehr wichtig sind. Erstens nämlich ist sie viel direkter auf Politik bezogen als bei uns. Mehr als in Deutschland verstehen sich die Intellektuellen in Frankreich als eine relativ einheitliche gesellschaftliche Gruppe. Als eine solche Gruppe sehen sie sich aufgefordert und dafür verantwortlich, zum politischen Geschehen Stellung zu nehmen. Das Spektrum der Stellungnahmen und Auseinandersetzungen wird bis heute dadurch erheblich erweitert, daß es in Frankreich lange eine einflußreiche kommunistische Partei gab, zu der wiederum viele Intellektuelle in (Links-)Opposition standen, weil sie ihnen zu angepaßt schien. »Marxismus« ist hier immer noch mehr als ein akademisches Thema (so war z. B. Jean-Paul Sartre seit dem Zweiten Weltkrieg die Symbolfigur des französischen Linksintellektuellen). Eine ganz entscheidende Erfahrung war dabei die Revolte des inzwischen schon legendären »Mai 68«. Ineins war sie die Erfahrung der Zerbrechlichkeit wie der Stärke der »Macht«. Es ist daher immer wichtig, darauf zu achten, ob ein Text, mit dem man sich beschäftigt, vor oder nach »68« geschrieben wurde. So ist Politik auch in scheinbar entlegenen philosophischen Erörterungen immer spürbar. Ob man das nun gut findet oder, wie Vincent Descombes, ironisiert: »Die politische Stellungnahme ist und bleibt in Frankreich der entscheidende Prüfstein, an ihr entscheidet sich letztlich der Sinn eines Denkens.« [9]

zwei Hinweise: Präsenz des Politischen

Zweitens muß bemerkt werden, daß in Frankreich von einigen sog. Einzelwissenschaften ganz starke Impulse auf das philosophische Denken ausgegangen sind – so stark, daß sich, viel mehr als im deutschen Sprachraum, die Grenzen verwischt haben. Michel Foucault, neben Gilles Deleuze und Jacques Derrida einer der tonangebenden »echten« Philosoph(ieprofessor)en, hat das folgendermaßen ausgedrückt: »Mir scheint, daß die Philosophie heute nicht mehr existiert, doch nicht so, daß sie verschwunden wäre, sondern daß sie sich auf eine große Anzahl Aktivitäten verteilt hat.« [10]

Einfluß der Einzelwissenschaften

Im Laufe der 60er Jahre kam es in Frankreich zu einem ebenso schnellen wie grundsätzlichen Umschwung des Denkens. »Man fragte vor kurzem noch: ›Was ist der Existentialismus?‹ Heute: ›Was ist der Strukturalismus?‹ *Wir befinden uns im Jahre 1967.*«[11] Solch einen Umschwung kann man immer leicht am Wechsel der Vaterbilder erkennen. Man hat Sartre und die anderen Existentialisten die »Generation der drei H« genannt. Hegel, Husserl und (der frühe) Heidegger waren die Väter; die Dialektik, die Geschichte, der Einzelne als Subjekt waren die Themen. »Das Subjekt gibt den Sinn«, kann man die existentialistische Lehre zusammenfassen. Mit ihrer phänomenologischen Methode [→ S. 400 f.] fügt sie sich übrigens gut in die

alte und neue Väter

ausgesprochen rationalistische Tradition des französischen Denkens, die vom *cogito* des Übervaters René Descartes herkommt [→ S. 167].

Wer etwas Neues sucht, (er-)findet neue Väter. Die Väter der Generation, die ungefähr ab 1960 nachrückte, sind vor allem Nietzsche und Freud. Richtungweisend war hier etwa das Nietzsche-Buch von Gilles Deleuze aus dem Jahre 1962, wo als Motto u. a. steht: »Das Ende der Hegel-Renaissance zeichnet sich ab. [...] Nietzsche steht seine Zukunft noch bevor.« [12] Beide, Nietzsche und Freud, haben den altvertrauten Begriff des Subjekts gründlich in Frage gestellt: Nietzsche mit seinem Programm der Umwertung aller Werte und des Übermenschen, Freud mit dem Begriff des Unbewußten [→ S. 353 u. S. 376 f.]. Beide haben darauf verzichtet, ihre kritische Analyse zu überhöhen im Sinne irgendeiner dialektisch-geschichtsphilosophisch-vernünftigen Versöhnung. Entscheidend war aber nun, daß sich mit den neuen Vätern eine neue Denkrichtung verbunden hat: der Strukturalismus. Was ist damit gemeint?

Strukturalismus: Definitionsprobleme

Diese Frage ist sehr schwer zu beantworten. Einmal, weil wir ein strukturalistisches Vorgehen auf so verschiedenen Gebieten finden wie in der Völkerkunde, der Literaturwissenschaft, der Sprachwissenschaft oder der Psychoanalyse. Zum andern, weil Strukturalismus in Frankreich über Nacht zu einem Modewort geworden ist, von dem jeder sich auch ganz schnell wieder absetzen zu müssen glaubte. Schließlich ist diese so schwer definierbare Bewegung in ein noch schwerer definierbares Stadium ihrer Selbstkritik getreten – als sog. Post-, d. h. Nachstrukturalismus wird die Zeit etwa seit 1968 bezeichnet. Sicher ist nur, daß der Ethnologe Claude Lévi-Strauss (geb. 1908) als Vater des Pariser Strukturalismus gilt. Statt einer abstrakten Definition ist es daher vielleicht sinnvoller, von seinen Arbeiten ausgehend einige Merkmale für die charakteristische Einstellung des Strukturalismus aufzuzeigen. Als noch immer brauchbare Einführung sei dazu auf ein Buch von Günther Schiwy verwiesen, *Der französische Strukturalismus*. Es enthält u. a. einen umfangreichen Anhang ausgewählter Texte von Autoren im Umkreis des damaligen Strukturalismus [13].

Claude Lévi-Strauss ist einer der ganz großen Forscher der »Völkerkunde«, wie es so unschuldig auf deutsch heißt; groß auch, weil er sich der Problematik seiner Tätigkeit als Wissenschaftler der westlichen Kultur bewußt war. Wer ihn kennenlernen will, sollte *Traurige Tropen* (*Tristes Tropiques*, 1955) lesen, ein z. T. sehr persönlich gehaltener Bericht über eine Forschungsreise in Brasilien. Lévi-Strauss hat vor allem auf zwei Gebieten gearbeitet: den Verwandtschaftsbeziehungen in »primitiven« Völkern und ihrer Mythologie. Inwiefern unterscheidet sich seine Arbeit von der anderer Ethnologen?

Lévi-Strauss

Erforschung von Strukturbeziehungen

Man könnte sagen, daß er seinen Gegenstand nicht wörtlich nimmt, bzw. er nimmt ihn ganz und gar »wörtlich«, er sieht oder liest ihn als Zeichen/Symbol in einem Netz von Symbolen, anders gesagt: als Element einer Struktur. Dazu ein Beispiel. Anders als bei uns, beruhen »primitive« Gesellschaften auf unmittelbaren menschlichen Beziehungen, d. h. Familien- oder Verwandtschaftsbeziehungen. Diese Beziehungen sind äußerst kompliziert. Normalerweise sind nun die Forscher immer von der konkreten biologischen Familie – Frau, Mann, Kinder – ausgegangen, die sie »elementare Familie« genannt haben. Lévi-Strauss kritisiert diese Vorstellung. Natürlich ist »Verwandtschaft« auch für ihn etwas Biologisches. Vor allem stellt sie aber den Versuch dar, ein Beziehungs- und Austauschsystem zwischen den Menschen herzustellen. Nur so kann man verstehen, daß es in allen bekannten Gesellschaften das Inzestverbot gibt. Und so kehrt sich die Betrachtungsweise um: »Wirklich ›elementar‹ sind also nicht die Familien, isolierte Bestandteile, sondern die Beziehungen zwischen diesen Bestandteilen.« [14] Die Gesamtheit dieser Beziehungen ergibt sich aus einer Struktur. Nach Lévi-Strauss läßt sich diese Aussage verallgemeinern. Grundsätzlich besteht jede Gesellschaft aus einzelnen Menschen oder Gruppen, die miteinander in lebendigem gesellschaftlichem Austausch stehen. Und zwar auf mindestens drei Ebenen: »Austausch von Frauen [Inzestverbot]; Austausch von Gütern und Dienstleistungen; Austausch von Mitteilungen. Infolgedessen bietet das Studium des Verwandtschafts-, das des Wirtschafts- und das des Sprachsystems gewisse Analogien. Alle drei sind ein und derselben Methode verpflichtet; sie unterscheiden sich nur durch das [...] Niveau, das jedes von ihnen innerhalb einer gemeinsamen Welt einnimmt.« [15]

Die strukturale Methode sieht also ihren Gegenstand neu als Element einer übergeordneten und niemals sichtbaren Struktur. Der Sinn der Elemente ergibt sich erst aus ihrem Ort innerhalb der Struktur, so daß *alles* gewissermaßen Symbol oder symbolisch wird – ein Spiel oder Gespräch der Elemente in einem allgemeinen Verweiszusammenhang, der Struktur der »gemeinsamen Welt.« Diese Struktur ist in den seltensten Fällen bewußt. Im Gegenteil: was Lévi-Strauss zeitlebens gefesselt hat, ist gerade »die unbewußte Tätigkeit des menschlichen Geistes.« In seiner umfassenden Erforschung der Mythologie der südamerikanischen Völker hat er aufgezeigt, daß diese Tätigkeit des menschlichen Geistes einen ungeheuren Reichtum von Bildern und Vorstellungen – die Welt der Mythologie – nach nur ganz wenigen strukturellen Gesetzen funktionieren läßt. Und zwar zwingend: »Denn die *Form* des Mythos ist wichtiger als der *Inhalt* der Erzählung.« »Es gibt viele Sprachen, aber nur sehr wenige phonologische Gesetze, und die gelten für alle Sprachen.«

unbewußte Formgesetze

Dieser Vergleich mit der Sprache ist nicht zufällig. Aus der Sprachwissenschaft, der Linguistik nämlich hat Lévi-Strauss entscheidende methodische Anregungen übernommen, und vielleicht ist, allgemein gesagt, der Begriff des »Zeichens« zum Verständnis des Strukturalismus ebenso wichtig wie das Wort »Struktur«. Mit Linguistik ist hier vor allem Ferdinand de Saussure (1857–1913) gemeint, der in Genf lehrte. »Im Leben des Einzelnen und der Gesellschaft gibt es nichts, was an Wirksamkeit und Wichtigkeit der Sprache gleichkommt«, schreibt Saussure in seinen *Grundlagen der allgemeinen Sprachwissenschaft* (nach seinem Tode 1916 erschienen). Für die Sprachbetrachtung hat er eine Reihe grundlegender Entscheidungen/Unterscheidungen getroffen:

Ferdinand de Saussure

– nicht von der Geschichte der Sprache auszugehen (wie das seit der Romantik üblich war), sondern die Sprache als ein System, als »ein Ganzes in sich« zu betrachten;

Sprache – vorgelagertes Zeichensystem

– nicht vom Sprechen bzw. der menschlichen Rede auszugehen (wie das bei seinen Lehrern üblich war), sondern von der Sprache als vorgelagerter Ganzheit, als überpersönlichem System, dessen Regeln vom Sprechenden unbewußt angewendet werden;
– bei dem sprachlichen Zeichen zu unterscheiden zwischen der Vorstellung und dem Lautbild eines Wortes, also zwischen dem Bezeichneten *(le signifié)* und dem Bezeichnenden *(le signifiant)*; also z. B. das Ganze des Zeichens »Baum« als Einheit der Beziehung eines Lautbildes und einer Vorstellung). Diese Unterscheidung ist sehr wichtig geworden, weil z. B. dasselbe Lautbild von verschiedenen Sprechern mit ganz verschiedenen Vorstellungen besetzt werden kann.

Wissenschaft der Zeichen

– Darüber hinaus hat Saussure auch das Selbstverständnis der Sprachwissenschaft grundsätzlich neu gefaßt, indem er ihr einen Platz in einer erst noch zu schaffenden »Wissenschaft der Zeichen« zugewiesen hat:

»Die Sprache ist ein System von Zeichen, die Ideen ausdrücken und insofern der Schrift, dem Taubstummenalphabet, symbolischen Riten, Höflichkeitsriten, militärischen Signalen usw. usw. vergleichbar. Nur ist sie das wichtigste dieser Systeme. Man kann sich also vorstellen *eine Wissenschaft, welche das Leben der Zeichen im Rahmen des sozialen Lebens untersucht*; [...] wir werden sie Semiologie (von griechisch sēmeîon, ›Zeichen‹) nennen. Sie würde uns lehren, worin die Zeichen bestehen und welche Gesetze sie regieren. Da sie noch nicht existiert, kann man nicht sagen, was sie sein wird. Aber sie hat Anspruch darauf zu bestehen.«

Dieser Ruf nach einer allgemeinen Semiologie ist im französischen Strukturalismus aufgegriffen worden. Zunächst im Werk von Lévi-Strauss selbst, »der es verstanden hat, nicht nur das Wort im engeren Sinne, sondern alle Äußerungen und Verhaltensweisen des Menschen als Botschaft, als Zeichen im dazugehörigen Kommunikationssystem zu lesen.« (G. Schiwy) Gleichsam auf innerfranzösische Verhältnisse rückübersetzt finden wir diese »Lesart« der Welt bei dem Literaturwissenschaftler Roland Barthes (1915–80). Eines seiner bekanntesten Bücher heißt nämlich *Mythen des Alltags* (1957). Hier werden ganz alltägliche Themen und Gegenstände auf ihren vielschichtigen Zeichen-, Bedeutungs- und Aussagegehalt hin untersucht, z. B. das Gesicht der Schauspielerin Greta Garbo oder der neue Citroën *D.S. 19* (die Buchstabenbezeichnung »D. S.« ergibt beim Aussprechen: *déesse*, die Göttin, wobei auch das Auto im Französischen weiblich ist – *la voiture*). Man wird so beim Lesen aufmerksam auf das dichte – künstliche, scheinbar natürliche – Symbolnetz, in dem wir uns täglich bewegen.

Barthes

Roland Barthes schreibt sehr brillant und sehr persönlich; im Ausland wurde er zu so etwas wie »zum Inbegriff der heutigen französischen Intellektualität.« Sehr lesenswert ist seine *Lektion*, die Antrittsvorlesung, die er 1977 als Inhaber des neugeschaffenen Lehrstuhls für Literatursemiologie an dem berühmten *Collège de France* in Paris gehalten hat. Die *Lektion* spricht offen oder andeutungshalber viele Auffassungen aus, die für das neuere französische Denken leitend geworden sind. So z. B. eine Stelle, in der Sprache als eine Macht beschrieben wird: »Das Objekt, das von aller menschlichen Ewigkeit her Macht erhält, ist die Rede oder genauer, ihr bindender Ausdruck: die Sprache. [...] Jacobson [ein Linguist] hat gezeigt, daß ein Idiom weniger durch das definiert wird, was es zu sagen erlaubt, als durch das, was es zu sagen zwingt. In der französischen Sprache [...] bin ich seit jeher gezwungen, zwischen Maskulinum und Femininum zu entscheiden, das Neutrum ist mir untersagt; ebenso bin ich gezwungen, meine Beziehungen zu einem Anderen dadurch zu kennzeichnen, daß ich entweder *tu* oder *vous* sage: affektive oder soziale Unentschiedenheit ist mir versagt. So beinhaltet die Sprache durch ihre Struktur selbst eine unausweichliche Entfremdung. [...] Sobald sie hervorgebracht wird, und sei es im tiefsten Innern des Subjekts, tritt die Sprache in den Dienst einer Macht.«

Macht und Übermacht der Sprache

Hilft also nur noch das Schweigen? Es hilft nicht, denn die Sprache ist überall. Einen Ausweg sieht Barthes im listig-mogelnden Umgang mit der Sprache, vor allem in der Literatur, in der ein Freiheitsraum für ein anderes Sprechen geschaffen wird. Und für ein anderes Subjekt, das sich hier in vielen Rollen und verbotenen Räumen erfahren und verlieren kann.

»Und sei es im tiefsten Innern des Subjekts« – genau diesen »Ort« hat der Psychoanalytiker Jacques Lacan (1901–1981) neu zu verstehen versucht. Lacan – er schreibt äußerst kompliziert und ist schwer zu verstehen. Und doch muß er hier zumindest erwähnt werden, weil er das neuere französische Denken ganz stark beeinflußt hat. Er hat den Begriff des Subjekts gleichsam von innen her ausgehöhlt – er war der erste, der vom »dezentrierten« Subjekt gesprochen hat. Wenn man so will, ist seine Lehre zutiefst pessimistisch. Oder: realistisch, nicht-illusionär, je nachdem. Wie wir bereits bei dem Begründer der Psychoanalyse, Sigmund Freud, gesehen haben, stellt der Begriff des »Unbewußten« oder »Es« das herkömmliche Verständnis von »Subjekt« in Frage. »Subjekt« oder »Ich« war in der europäischen Tradition immer mit Selbst-Bewußtsein und Selbst-Verfügung, kurz: mit Autonomie verbunden. Das Unbewußte aber ist der Selbstverfügung entzogen. Lacan nun wirft den Psychoanalytikern vor, das Unbewußte niemals wirklich ernst genommen zu haben. Freuds Einsichten seien so umgebogen worden, daß sie in »den alten philosophischen Apparat«, d. h. das herkömmliche Verständnis vom Menschen, hineinpaßten. Er selbst hat dem Freudschen Unbewußten die entscheidende Stelle zugewiesen, hat es neu gedeutet und behauptet: das Unbewußte ist wie eine Sprache strukturiert. Aber: diese symbolische Ordnung der Sprache ist nicht meine Ordnung. Bevor ich spreche, ist gleichsam »Es« oder die Sprache, die mich spricht; schärfer: es ist »die Rede des Anderen«, die – verschoben – in mir spricht, wo ich zu sprechen meine. Das Subjekt steht nicht im Zentrum, es ist ganz ursprünglich dezentriert. Lacans Konsequenz: »Wir müssen uns heute der Illusion von der Autonomie des Subjekts entledigen, wenn wir eine Wissenschaft vom Subjekt konstituieren [aufbauen] wollen.«

Es ist nicht verwunderlich, daß der strukturalistische Ansatz auch das marxistische Denken in Frankreich beeinflußt hat. Hier ist vor allem Louis Althusser (1918–1990) und seine Schule zu nennen, die Marx »neu gelesen« haben (*Lire le Capital – Das Kapital lesen*, 1968). Und in der Tat bietet sich die Marxsche Analyse der kapitalistischen Gesellschaft als eines vielschichtigen Ganzen geradezu an, sie mit Hilfe des Strukturbegriffs zu verstehen; in den Produktionsverhältnissen die (unsichtbare) Struktur zu sehen, nach der sich das Feld der sichtbaren menschlichen Beziehungen gliedert. Und ebenso wie bei den »elementaren Familien« der Völkerkundler wird auch hier das scheinbar Konkrete, die handelnden Menschen nämlich, hinterfragt. Sie funktionieren innerhalb der vorgegebenen Struktur, innerhalb der Produktionsverhältnisse, die die »wahren Subjekte« sind. Da nun aber der (parteioffizielle) Kommunismus ein eher optimistisches Bild vom Menschen hat, ist Althusser mit seiner Auffassung innerhalb der Kommunistischen Partei Frankreichs in Schwierigkeiten geraten.

Je knapper, desto unverständlicher. Wir können jedoch auch in diesem Falle nur den Ansatz erwähnen und die gemeinsame Konsequenz, die Verabschiedung des Menschen. Wir gewinnen dadurch Raum, um am Beispiel von Michel Foucault (1926–1984) die Denkweise der »Zweiten Generation« in Frankreich einmal etwas ausführlicher vorzustellen.

Die Titel seiner Hauptwerke klingen vermutlich seltsam: *Wahnsinn und Gesellschaft. Eine Geschichte des Wahns im Zeitalter der Vernunft* (1961); *Die Geburt der Klinik. Eine Archäologie des ärztlichen Blicks* (1963); *Die Ordnung der Dinge. Eine Archäologie der Humanwissenschaften* (1966); *Überwachen und Strafen. Die Geburt des Gefängnisses* (1975); *Sexualität und Wahrheit*, 1977. Ist hier ein Archäologe am Werk, oder ein Geburtshelfer? Archäologe welcher Fundamente? Geburtshelfer welcher Geburten?

Jacques Lacan und die Frage nach dem Zentrum

»Wo beginnt die Schrift? Wo beginnt die Malerei?« (aus Roland Barthes' »Das Reich der Zeichen«, 1970: japanisches Zeichen für MU – die Leere)

Michel Foucault

Foucault

schöpferische, grenzziehende Macht

Wahnsinn und Vernunft

Michel Foucault kommt von der französischen Epistemologie her. Das griechische Wort *epistéme* bedeutet soviel wie »Wissen«; »Epistemologie« – ein Kunstwort aus dem Jahre 1908 – wäre so als »Wissen vom Wissen« bzw. »Wissenskunde« oder »Wissenschaftslehre« zu übersetzen. Die französische Epistemologie war immer geschichtlich ausgerichtet und hat bedeutende Werke etwa zur Geschichte der Naturwissenschaften hervorgebracht (A. Koyré; G. Bachelard). Foucaults Arbeiten aber haben ein ganz eigenes Gesicht. Hier wird nämlich die Geschichte des neuzeitlichen Wissens grundsätzlich kritisch untersucht – kritisch unter der Leitfrage der Beziehung von »Wissen« und »Macht«. Aus den Archiven der Gefängnisse und Stadtverwaltungen, der Kliniken und Bibliotheken, aus den entlegensten Büchern längst vergessener *studiosi*, aus den königlichen Erlassen und den endlosen Diskussionen der Pädagogen, Kriminologen, Ärzte, Ethnologen, Philosophen, Theologen hat Foucault dazu ein ungeheures geschichtliches Material verarbeitet. Sein Werk beinhaltet eine entscheidende Erweiterung/Veränderung/Verschiebung unseres Wissens von uns selbst. Dazu einige Erläuterungen.

»Die Macht« ist für Foucault niemals etwas Greifbares. Sie ist unsichtbar. Sie hat ihre Zentren und ist überall: In der Struktur der Gesellschaft, in der Verwaltung der Krankenkassen, in den Tabus der Moral, in der Sprache, in der Familie, im Körper jedes Einzelnen. Sie ist dieselbe in Ost und West. »Die Macht« arbeitet nicht nur negativ, mit Verbot und Strafe. Sie ist ungeheuer schöpferisch, denn sie verfügt über das Wissen. »Wissen« ist niemals neutral. So ist z. B. nicht nur die Einrichtung »Krankenhaus« mit ihrer Hierarchie vom Klinikchef zur – ausländischen – Putzfrau verkörperte Macht. Das ärztliche Wissen selbst ist »Macht«. Es bestimmt ganz grundlegend die Grenze zwischen »gesund« und »krank«, es bestimmt über Arzt/Nicht-Arzt, über die richtige/falsche Methode der Diagnose und Behandlung, also selbst darüber, was als »ärztliches Wissen« gilt und was nicht. Diesen Grenzziehungen und ihren geschichtlichen Verschiebungen gilt Foucaults ganzes Interesse; in ihren Definitionen sitzt für ihn »die Macht«. Anders: es ist die jeweils herrschende anerkannte Denk- und Wissensform, der herrschende Diskurs, den er untersucht, das Ineinander der herrschenden Diskurse über Krankheit, Recht, Erziehung, Denken, Sexualität.

Soweit es überhaupt möglich ist, versucht Foucault in seiner Darstellung der Geschichte(n) des herrschenden Wissens auch das »zur Sprache« zu bringen, was von diesem Wissen ausgegrenzt worden ist. Als grundlegendste Grenzziehung unserer Kultur begreift er die Trennung von »Wahnsinn« und »Vernunft« zu Beginn der Neuzeit, also im Laufe des 17. Jahrhunderts (symbolisches Datum: 1657, Gründung des *Hôpital Général* in Paris). Nicht, daß es im Mittelalter keine Wahnsinnigen gegeben hätte. Aber es war ein anderer »Wahn«. Das verbreitete Bild des »Narrenschiffes« im späten Mittelalter, die Gemälde von Brueghel und Hieronymus Bosch bezeugen, daß hier eine echte Auseinandersetzung mit dem Wahn stattgefunden haben muß – daß man den Wahn ernstgenommen und ihm so eine gewisse Wahrheit zugesprochen hat. Indem die neuzeitliche Gesellschaft/die neuzeitliche Vernunft den Wahnsinn als Geisteskrankheit erklärt, der Wahnsinnige eingesperrt und Objekt des Arztes wird, hat die Gesellschaft und jeder einzelne einen Teil von sich – das Dunkle, das Andere der Vernunft – abgespalten und verdrängt. Nunmehr wird diese Vernunft regieren – allein.

Diese »Geschichte der Vernunft«, als Geschichte verschiedener Wissen(schaften) betrachtet, nennt Foucault den »herrschenden Diskurs«. Gegen diesen Begriff könnte man nun einwenden, daß es in keiner Wissenschaft jemals eine einheitliche herrschende Meinung aller Gelehrten gegeben habe, daß gerade ein Blick auf die Geschichte der Philosophie diese Behauptung schlagend widerlege. Dieser Einwand liegt nahe, aber er verfehlt die Ebene von Foucaults Untersuchungen. Er nennt diese Ebene »Archäologie« des Wissens. Nimmt man z. B. die Pädagogik, so hatte es im 18. Jahrhundert sicher die heftigsten Auseinandersetzungen zwischen Jean-Jacques Rousseau und seinen Gegnern über die Grundsätze der richtigen Erziehung gegeben; Auseinandersetzungen, die sich durch das ganze Jahrhundert und darüber hinaus gezogen haben. Das aber ist die Ebene der Lehrmeinungen, der »Doxologie«. Die archäologische Untersuchung »gräbt« sozusagen »tiefer«. Sie fragt: welche Voraussetzungen müssen eigentlich gegeben sein, damit eine Wissenschaft wie Pädagogik überhaupt gebraucht wird/entstehen kann (innerhalb derer es dann verschiedene Lehrmeinungen gibt)? Was geschieht, wenn »Erziehung« – eine jahrtausendealte Selbstverständlichkeit – plötzlich »Wissenschaft« wird? Diese neue Wissenschaft verurteilt vielleicht den Stock, aber hat sie ihn nicht durch feinere Methoden der Kontrolle ersetzt? »Andere Macht, anderes Wissen«, heißt es in *Überwachen und Strafen*. Vielleicht hat Foucault damit das Unternehmen seiner Archäologie auf die knappste Formel gebracht.

»Andere Macht, anderes Wissen«

Wer sich auf dieses Unternehmen einläßt, erhält ein tiefes Gefühl dafür, wie sich im Laufe der europäischen Geschichte das Wissen verändert hat – wie in diesen Brüchen alte Wissensformen abgesackt, neue Wissensgebiete erschlossen, schärfer: wie mit neuen Sicht-weisen neue Gegenstände geschaffen worden sind. Der Begriff »Wahrheit« beginnt solcherart wieder zu schillern. Wir haben bereits bei den angelsächsischen Philosophen gesehen, wie er von der naturwissenschaftlichen Erkenntnispraxis her »ins Schwimmen gerät« [→ S. 421]. Bei Foucault wird »Wahrheit« doppelt verflüssigt: von der Geschichte (als jeweilige Wissensform) und von der Macht her (als jeweils herrschende Wissensform): »Es gibt einen Kampf ›um die Wahrheit‹, oder zumindest ›im Umkreis der Wahrheit‹, wobei nochmals gesagt werden soll, daß ich unter Wahrheit nicht ›das Ensemble der wahren Dinge, die zu entdecken oder zu akzeptieren sind‹, verstehe, sondern ›das Ensemble der Regeln, nach denen das Wahre vom Falschen geschieden und das Wahre mit spezifischen Machtwirkungen ausgestattet wird.‹« [16]

Geschichtlichkeit der Wissensformen

Wie ist es zu verstehen, daß das Wissen seinen Gegenstand »hervorbringt«? Nehmen wir die These, daß es »den Menschen« erst seit dem letzten Jahrhundert gibt – eine sicher immer wieder befremdliche These. Sie wird entwickelt in *Die Ordnung der Dinge*. Das Buch hat den Untertitel »Eine Archäologie der Humanwissenschaften«. Es behandelt also die Entstehungsbedingung der modernen Wissenschaft vom Menschen, womit vor allem Psychologie und Soziologie gemeint sind. Am Leitfaden der unterschiedlichen Auffassungen von Sprache arbeitet Foucault hier drei grundlegende »archäologische Raster« oder »archäologische Fundamente« des Wissens heraus:

Ein Beispiel

– Die *Ähnlichkeit* für die Epoche der Renaissance – (Die geheimnisvolle Welt als kompliziertes Netz von Entsprechungen und Kräften; der Mensch als Mikrokosmos im Makrokosmos [→ S. 147]).
– Die *Tabelle* für die klassische Epoche, 17. und 18. Jahrhundert – (Das rationalistische Denken beschreibt und ordnet die Welt nach Merkmalen, es »klassifiziert«. Die Welt ist grundsätzlich sichtbar/sagbar/beschreibbar, wie ein Raum).

— Die *Zeit* für das Denken seit dem Beginn des 19. Jahrhunderts — (Das neue Geschichtsbewußtsein versteht die Welt/den Menschen immer als etwas in der Zeit Gewordenes; die Zeit erst gibt den Dingen ihren Ort im Raum; vgl. z. B. Charles Darwin [→ S. 300 f.]).

Als Geschöpf Gottes oder als vernunftbegabtes Wesen hatte der Mensch natürlich schon immer eine besondere Stellung in der Welt der Lebewesen eingenommen. »Der Mensch« aber, der eine eigene Geschichte, der Vergangenheit und Zukunft hat, der als Einzelner oder Gruppenwesen Gegenstand der besonderen Wissenschaften Psychologie und Soziologie wird — *dieser* Mensch taucht erst im 19. Jahrhundert auf. So daß sich für Foucault die Frage stellt, »eine Frage, die zweifellos abwegig erscheint, in solchem Maße ist sie in Diskordanz [im Widerspruch] mit dem befindlich, was historisch unser ganzes Denken möglich gemacht hat. Diese Frage bestünde darin, ob der Mensch wirklich existiert.«

Auseinandersetzung um den Strukturalismus

Wir sehen hier, wie Foucault auf seine Weise Themen behandelt, die in der französischen Philosophie in der Luft lagen: die Bedeutung der Sprache, anders: des Wissens oder des herrschenden Diskurses; Strukturgesetze dieses Wissens; seine Beziehung als Ordnungs-Macht zu anderen Ordnungs-Mächten; das Aus-dem-Zentrum-Rücken des Menschen, wie es Nietzsche als erster zu denken unternommen hat. Gerade um diesen letzten Punkt hat es einen heftigen Streit zwischen der »älteren« und »jüngeren« Generation gegeben. Jean-Paul Sartre hat nämlich den Strukturalisten »Positivismus der Zeichen« vorgeworfen, was hier soviel heißt wie: ihr bleibt bei der Sprache als letzter unverrückbarer Gegebenheit stehen. »Ich verstehe also nicht, daß man bei den Strukturen halt macht. Das ist für mich ein logischer Skandal.« Nur der Marxismus als Geschichtstheorie erlaube, »Strukturen« und »Geschichte« zusammenzudenken, anders: die Möglichkeit der Veränderung bzw. Überschreitung der gegebenen gesellschaftlichen Verhältnisse durch die Praxis ins Auge zu fassen. »Der Philosoph ist derjenige, der versucht, dieses Überschreiten zu denken.«

Für Michel Foucault hingegen muß, wer die Macht begreifen will, »ganz von vorne anfangen und fragen: Von wo aus kann man die Kritik an unserer Gesellschaft leisten, [...] da ja alles, was diese sozialistische Tradition in der Geschichte hervorgebracht hat, zu verurteilen ist.« Die (marxistischen) Ideen von der Geschichte und dem Menschen sind ihm jedenfalls ein Hindernis für eine nüchterne Sicht. »Verabschiedung des Menschen« meint bei Foucault also die Aufforderung, eine bequeme Denkschablone fallenzulassen und radikaler zu denken. »Instrumente der Analyse« zu liefern, darin besteht für ihn die gegenwärtige Aufgabe des Intellektuellen.

eingreifendes Denken

Seine eigenen Bücher sieht er in diesem Zusammenhang als »kleine Werkzeugkisten. Wenn die Leute sie aufmachen wollen und diesen oder jenen Satz, diese oder jene Idee oder Analyse als Schraubenzieher verwenden, um die Machtsysteme kurzzuschließen, zu demontieren oder zu sprengen, einschließlich vielleicht derjenigen Machtsysteme, aus denen diese meine Bücher hervorgegangen sind — nun gut, um so besser.« [17] Was aber tun, wenn nun ein sozialistischer Ministerpräsident (Mitterand) solch einen Intellektuellen gerne als Botschafter Frankreichs in Kanada sähe? Michel Foucault hat dieses Angebot abgelehnt und ist bis zu seinem Tod bei seiner Arbeit geblieben — in den Archiven der *Bibliothèque Nationale* in Paris.

Philosophie im geteilten Deutschland und im Lande Utopia

Philosophie in Deutschland 1945–1975 heißt ein Überblick über die Entwicklung der Philosophie in den beiden deutschen Nachkriegsstaaten [18]. Jeder der beiden Verfasser hat die dreißig Jahre in einem Teil dargestellt, und so ist durch den blauen Einband ein Buch daraus geworden. Daß aber die Beiträge von ihrem Aufbau und Inhalt her nichts miteinander zu tun haben, entspricht genau der Wirklichkeit, die sie darstellen. Es sind zwei Welten, die sich fremd gegenüberstehen; die eine gemeinsame Sprache sprechen, aber nicht miteinander. Der Gegensatz der Gesellschaftssysteme, in den Deutschland eingebunden wurde, hat zwei völlig verschiedene Formen von Philosophie hervorgebracht. Mit der friedlichen Revolution in der DDR im Herbst 1989, die zum Zusammenbruch des SED-Regimes führte, und der folgenden Entwicklung bis zur Vereinigung der beiden deutschen Staaten am 3. 10. 1990 ist auch diese Spaltung in zwei geistesgeschichtliche Lager abrupt beendet worden. Mit der maroden, undemokratischen Gesellschaftsform des »realen Sozialismus« fand auch die darin verordnete Philosophie ein Ende. Die folgende Darstellung dokumentiert somit den nunmehr beendeten, 40 Jahre dauernden Zustand der Nachkriegszeit.

ideologische Gräben

Die gespaltene Situation der Philosophie im Nachkriegsdeutschland hängt, wie gesagt, unmittelbar mit der unterschiedlichen Selbstauffassung der kapitalistischen und der sozialistischen Gesellschaften zusammen. So versteht sich in der Bundesrepublik Deutschland der Staat als weltanschaulich grundsätzlich neutral. Neutral gegenüber einer pluralistischen Gesellschaft, deren Mitglieder – innerhalb einer gewissen Toleranzgrenze – die verschiedenartigsten Auffassungen vertreten können. Dafür steht das Wort »pluralistisch« (Plural, Mehrzahl). Nach dem Modell der bürgerlichen Konkurrenzgesellschaft setzt der Staat nur die Rahmenbedingungen für das von den Gesetzen des Marktes gesteuerte Kräftespiel der gesellschaftlichen Gruppen; zugleich übernimmt er die Fürsorge für die Schwächeren (sog. Sozialstaat). Demgegenüber verstand sich die Deutsche Demokratische Republik als eine sozialistische Übergangsgesellschaft. Der Staat ist hier keineswegs weltanschaulich neutral. Als die politische Organisation der von der marxistisch-leninistischen Partei geführten Arbeiterklasse trägt er den Aufbau des Sozialismus, der Voraussetzung einer späteren klassenlosen Gesellschaft. Der Staat hat hier also schon von seinem Selbstverständnis her einen kämpferisch-erzieherischen Auftrag.

unterschiedliche Rolle des Staates

Entsprechend spielte die Philosophie in der DDR eine ganz bedeutende gesellschaftliche Rolle. Als Marxismus-Leninismus war sie offizielle Staatsphilosophie: »Der Marxismus-Leninismus ist die theoretische Grundlage der praktischen Tätigkeit der revolutionären Partei der Arbeiterklasse und dient als Anleitung zum Handeln im Klassenkampf, in der sozialistischen Revolution und beim sozialistischen und kommunistischen Aufbau.« [19]

Wie es zum Marxismus-Leninismus kam und was unter dieser Wortverbindung zu verstehen ist, ist in dem Kapitel »Formen des Marxismus« angedeutet worden [→ S. 395]. Mit der Bezeichnung »Legitimationswissenschaft« wurde dort inhaltlich noch mehr behauptet: es sei die wesentliche Aufgabe dieser Form des Marxismus, das Bestehende zu legitimieren. Das heißt, mit Hilfe einer verselbständigten philosophisch-politischen Formelsprache den Nachweis zu führen, daß der Weg der Gesamtgesellschaft mehr oder weniger genau der richtige ist. Diese Funktion einer Legitimationswissenschaft hatte der Marxismus-Leninismus in allen Ländern des

handfeste Herrschaftsfunktion

sog. Realen Sozialismus, und daher rührt auch die erstaunliche Gleichförmigkeit dieser Philosophie. Wenn es darin zur Entwicklung selbständiger Positionen oder Schulzusammenhänge gekommen ist, folgte in dem Moment das Verbot, wo das offizielle Selbstverständnis des Staates bzw. der Partei der Arbeiterklasse allzu sehr in Frage gestellt zu werden drohte. Das Schicksal der jugoslawischen *Praxis*-Gruppe in den sechziger und frühen siebziger Jahren ist dafür ein Beispiel. Sie hatte besonders an der Philosophie des jungen Marx angeknüpft und dabei allzu direkt von Entfremdung in der eigenen sozialistischen Gegenwart gesprochen.

Aufgabenbereiche der Philosophie

Die bis zuletzt verbindliche Aufgabe der Philosophie in der Deutschen Demokratischen Republik kann man mit H. M. Sass in fünf Schwerpunkten fassen:
– »die Konservierung der theoretischen Grundlage der praktisch-politischen Tätigkeit der Partei,
– die Immunisierung des eigenen philosophischen Standpunktes vor Argumenten revisionistischer (und bürgerlicher) Philosophie,
– die Rekonstruktion einer Kultur- und Ideengeschichte, als deren Erbe der Marxismus-Leninismus erscheint,
– die Explikation einer Wissenschaftstheorie [...],
– die Expansion der Philosophie in Kultur, Gesellschaft und Staat [...].«
Dabei meint
– »Konservierung« die Bewahrung des Grundbestandes an Lehrsätzen und Dogmen, wie er sich aus den Schriften der Klassiker des Marxismus-Leninismus (dem »Kanon«) zu ergeben scheint;
– »Immunisierung« die Abwehr von Kritik der nichtmarxistischen (bürgerlichen) und nicht anerkannten marxistischen (revisionistischen [→ S. 391]) Auffassungen bzw. die aktive Gegenkritik;
– »Rekonstruktion« die Kultur- und Philosophiegeschichtsschreibung unter der Leitfrage des Kampfes der beiden Linien Materialismus und Idealismus [→ S. 390]. Das Fortschrittliche, Wertvolle der vormarxistischen Philosophie und Kultur im weitesten Sinne wird vom Reaktionären, Schlechten getrennt und als »kulturelles Erbe« bewahrt;
– »Explikation« die Ausarbeitung einer Theorie der Natur- und Gesellschaftswissenschaften, im Anschluß an die Entwicklung der Einzelwissenschaften und die jeweiligen Anforderungen von Partei und Gesellschaft;
– »Expansion« die erzieherische Aufgabe der Philosophie in allen Bereichen, damit jeder das rechte marxistisch-leninistische Bewußtsein erhält und entsprechend handelt.

Mit dem Schema dieser fünf Punkte soll nun nicht der Eindruck erweckt werden, als ob es in der Deutschen Demokratischen Republik überhaupt keine philosophische Entwicklung, als ob es keine Diskussionen und offene Streitpunkte gegeben habe. Das wäre überheblich. Bei einer gewissen Vertrautheit im Umgang mit den Texten kann man schnell erkennen, daß hinter und zwischen den ständig wiederkehrenden Formeln unterschiedliche Standpunkte zutage traten und diskutiert wurden. Die wichtigsten Bereiche waren dabei die Wissenschaftstheorie und die Philosophiegeschichte, also die Diskussion um das kulturelle Erbe der deutschen Geschichte. Es hatte ja schon rein geographisch gesehen zum bedeutenden Teil in der ehemaligen DDR seinen Mutterboden. Wie ist z. B. der Reformator Martin Luther einzuschätzen, wie sein Verhältnis zu Thomas Müntzer [→ S. 125]? Wie ist z. B. die Weimarer Klassik im Zusammenhang der Aufklärung zu sehen? Wie ist der Begriff »Erbe« überhaupt zu verstehen,

Der Physiker Robert Havemann, während der 70er Jahre wichtigster – philosophierender – Kritiker der SED, wurde schließlich unter Hausarrest gestellt handelt es sich doch um die Kultur des Bürgertums, die auf Klassenherrschaft beruht? Und welche Rolle soll dieses Erbe in der Erziehung zur »sozialistischen Persönlichkeit« spielen? Wenn ich es recht sehe, sind es Problemkreise wie diese, wo sich in der Philosophie der DDR am meisten bewegte. Um sich mit ihr auseinanderzusetzen, sei hier auf zwei Werke verwiesen: das Lehrbuch *Dialektischer und historischer Materialismus* sowie das *Philosophische Wörterbuch*. Das Lehrbuch diente als allgemeiner Leitfaden für das marxistisch-leninistische Grundlagenstudium an den Universitäten, Hoch-, Ingenieur- und Fachschulen der DDR. Das *Philosophische Wörterbuch* bietet mit seinen nahezu zweitausend Artikeln die offizielle Definition der marxistisch-leninistischen Philosophie sowie aller abweichenden Anschauungen, vom logischen Symbol »A« bis zur »Zyklonentheorie«. Wie das Vorwort sagt, wird hier »gewollt jede Anschauung verworfen, die auf einen ›Pluralismus‹ des Marxismus, auf eine ›Konvergenz‹ [Annäherung] mit der bürgerlichen Ideologie oder auf die Unabhängigkeit der marxistisch-leninistischen Philosophie vom konkreten Prozeß der Gestaltung der sozialistischen und kommunistischen Gesellschaft unter Führung der Partei der Arbeiterklasse abzielt.« Auf der Grundlage dieser Festschreibung und in ständiger Reibung mit ihr entwickelte sich die Philosophie in der DDR – was sich nicht zuletzt an der Überarbeitung der offiziellen Definitionen in den verschiedenen Auflagen des *Philosophischen Wörterbuchs* selbst ablesen läßt.

Das »Philosophische Wörterbuch«

Dieser Geschlossenheit, wie sie für die DDR bis zuletzt charakteristisch war, stand und steht eine scheinbar desorganisierte, vielfältige Philosophie in der Bundesrepublik gegenüber. Vor allem für den Studienanfänger ist sie schwer durchschaubar, da jeder Dozent nur nach Belieben seinen persönlichen Neigungen nachzugehen scheint. Verwirrend ist das Angebot des philosophischen Buchmarkts, das den Laien zunächst völlig überfordert. Und nur an einzelnen Fällen wird sichtbar, daß in dieser scheinbaren Freiheit oder Beliebigkeit auch hier bisweilen handfeste politische Interessen in die Philosophie hineinspielen – so z. B. bei der gescheiterten Berufung von Jürgen Habermas, dem vielleicht bedeutendsten lebenden westdeutschen Philosophen, an die Universität München (1981). Doch sollte man sich durch das Gefühl der Unüberschaubarkeit nicht beunruhigen lassen. Nach und nach kann man verschiedene Strömungen, Schulen oder Trends ausmachen und Zusammenhänge erkennen, die das Ganze überschaubarer machen. Dabei ist allerdings klar, daß jede Zuordnung bereits eine Deutung beinhaltet.

Situation in der Bundesrepublik

Philosophie in Deutschland 1945–1975 – zeitlich schlägt unser Überblick eine Einteilung in vier Phasen vor:
– Die Zeit unmittelbar nach dem Zweiten Weltkrieg bis zur Mitte der fünfziger Jahre. Hier stand – nicht zuletzt aufgrund der Erfahrung des Krieges – die Existenzphilosophie von Heidegger, Jaspers und Sartre im Mittelpunkt [→ S. 399 ff.].
– Eine Öffnung der Philosophie (Internationalisierung) in den nächsten zehn Jahren. Sie steht im Zeichen der Rückkehr des Logischen Empirismus [→ S. 384] aus Amerika in die Bundesrepublik. Im Gegenzug dazu die Entwicklung der philosophischen Hermeneutik durch Hans-Georg Gadamer [→ S. 443].
– Die Phase der Konfrontation in den sechziger Jahren, die mit der Studentenbewegung von 1968/69 ihren Höhepunkt erreicht. Drei verschiedene Auffassungen von Philosophie – der Kritische Rationalismus, die Kritische Theorie und die Hermeneutik – haben hier eine öffentliche Ausein-

vier Phasen der Entwicklung

andersetzung geführt. Dabei ging es um ihr Selbstverständnis, ihre Methoden und die politische Rolle der Philosophie in der Gesellschaft.
— Seit den siebziger Jahren zunehmend ein kritisches Miteinander der Richtungen. Also durch genaue Diskussion im Detail: »Erkundung neuer Möglichkeiten«; »in einem Klima kritischer, jeder überschwenglichen Geste fernen Sachlichkeit.« (H.M. Baumgartner)

Wie ist es zu der Konfrontation gekommen? Um das zeitliche Schema mit Inhalt zu füllen, möchte ich in starker, fast unzulässiger Vereinfachung eine Sichtweise vorschlagen, die den Begriff *Aufklärung* zum Ausgangspunkt nimmt. Nach dieser Sichtweise läßt sich die Entwicklung der westdeutschen Philosophie begreifen als eine Art Kampf um die richtige Aufklärung. Denn grundsätzlich steckt ja in der Arbeit jedes Philosophen und jeder Schule der Anspruch, wie immer auch mehr Klarheit zu verschaffen. Also das Denken über sich und die Welt, über die Zeit und ihre Vorurteile aufzuklären und so den Zusammenhang des Ganzen zumindest besser zu verstehen. Was aber heißt »besser verstehen?« Was ist der »richtige Ansatz«, die »richtige Methode« – wenn es sie gibt –; was ist »richtiges Bewußtsein« und »richtige Aufklärung«? Spätestens an diesem Punkt beginnt die Auseinandersetzung – hier müssen die unterschiedlichen Auffassungen aufeinanderprallen. Vor allem, wenn es eine Richtung gibt, die im Namen der Vernunft behaupten zu können glaubt: die ganze Welt ist ein »Verblendungszusammenhang« – das wirklich kritische Bewußtsein haben nur wir allein. Die den alten Begriff des »guten Lebens« so deutet, daß er in diese Welt jedenfalls nicht mehr paßt. Die soweit geht, daß sie die Wirklichkeit überhaupt verurteilt und die Utopie beschwört. Um an einem Punkt etwas genauer werden zu können, wollen wir im folgenden diese Richtung, die sog. Kritische Theorie oder auch Frankfurter Schule, herausheben. Sie hat sich dem alten Begriff der Aufklärung auf ihre Weise verpflichtet und ihn in eine grundsätzliche Zeitkritik gemünzt. Zugleich spiegelt sich in der Geschichte dieser Schule noch einmal ein halbes Jahrhundert deutscher Geschichte. [20]

»Sehnsucht, mein Wesen«, steht in einer Tagebuchaufzeichnung des jungen Max Horkheimer aus dem Jahre 1918, und noch eines seiner letzten Interviews ist veröffentlicht unter dem Titel *Die Sehnsucht nach dem ganz Anderen* (1970). Vielleicht gehört es zu einem bedeutenden Philosophen, daß er in gewissem Sinne Kind geblieben ist oder bleiben konnte – daß er an der Fülle des Glücks, wie es in manchen Momenten der Kindheit aufscheint, unbedingt festhält und sich in keiner Weise mit der Welt, wie er sie später erfährt, abfinden will. Läßt sich Sehnsucht in Erkenntnis verwandeln? Die Denkarbeit von Max Horkheimer und Theodor W. Adorno, von Herbert Marcuse und Ernst Bloch ist ein bleibendes Beispiel dafür, daß diese Umsetzung gelingen kann. Dabei ist es natürlich günstig, wenn die nötigen organisatorischen Voraussetzungen vorhanden sind. Und im Unterschied zu vielen Stubengelehrten hatte Max Horkheimer (1895–1973) ein großes Organisationstalent. Der Sohn eines wohlhabenden jüdischen Fabrikanten wurde 1930 Professor für Sozialphilosophie an der Universität Frankfurt und Direktor des dortigen *Instituts für Sozialforschung*. Was er so als Professor und Direktor eines Forschungsinstituts in seiner Person vereinigte, hat Horkheimer zur Aufgabe des Instituts gemacht: Gesellschaftsphilosophie und Gesellschaftsforschung, theoretisches Denken und genaueste Erforschung der Tatsachen sollten so verbunden werden, daß beide einander gleichermaßen bereichern. Der Gedanke einer solchen großangelegten Verbindung von Forschung und Theorie war damals wis-

Die Frankfurter Schule (Karikatur von Volker Kriegel)

Horkheimer

senschaftlich durchaus nicht üblich. Es ist Horkheimer gelungen, bedeutende Gelehrte seiner Zeit auf dieses auch interdisziplinäre Programm – er nannte es einmal »Diktatur der planvollen Arbeit« gegenüber dem üblichen Nebeneinander-Herwursteln – zu verpflichten. Die *Zeitschrift für Sozialforschung* (1932–1941), in der ihre Arbeiten veröffentlicht worden sind, gehört so »zu den großen Dokumenten europäischen Geistes in diesem Jahrhundert.« (A. Schmidt). 1933 ist das Institut über die Schweiz in die USA emigriert. Zu seinen wichtigsten Mitarbeitern zählten der Psychoanalytiker Erich Fromm (1900–1980; einem weiteren Leserkreis bekannt durch sein Buch *Die Kunst des Liebens*), der Kunstkritiker Walter Benjamin (1892–1940; einer der Großen, Eigenwilligen der marxistischen Kunstphilosophie) und der Sozialphilosoph Herbert Marcuse (1898–1979). Marcuse ist nach dem Krieg in Amerika geblieben. Mit *Triebstruktur und Gesellschaft* (1957) und *Der eindimensionale Mensch* (1964) gehörte er in den sechziger Jahren zu den wichtigsten Theoretikern des *New Left*, der Neuen Linken in den USA und in Westeuropa.

Traditionelle und kritische Theorie – von diesem Aufsatz Max Horkheimers aus dem Jahre 1937 hat die Kritische Theorie ihren Namen. Es ist eine Art Selbstverständigungs-Grundtext und zugleich eine Kampfansage an die eingebürgerte Form von Wissenschaft, den »Wissenschaftsbetrieb«. Wofür steht die Unterscheidung einer traditionellen von einer kritischen Theorie?

Mit traditioneller Theorie meint Horkheimer das, was seit Descartes normalerweise unter Wissenschaft verstanden wird, nämlich Theorie »als ein Inbegriff von Sätzen über ein Sachgebiet, die so miteinander verbunden sind, daß aus einigen von ihnen die übrigen abgeleitet werden können.« Ziel ist hier ein möglichst umfassendes System des Wissens. Dagegen wäre vielleicht noch nicht allzuviel zu sagen. Aber wogegen Horkheimer sich wendet, ist das Selbstverständnis, das der normale Wissenschafter von sich und seiner Arbeit hat. Er forscht und denkt und hypothetisiert und theoretisiert mit der größten Selbstverständlichkeit gleichsam immer weiter vor sich hin, ohne den Stellenwert seiner Arbeit zu überdenken (reflektieren). Normalerweise kümmert er sich nicht um den Zusammenhang seiner wissenschaftlichen Erkenntnis mit der Arbeit der Gesamtgesellschaft, anders: die gesamtgesellschaftliche Arbeitsteilung, die das wissenschaftliche Erkennen als etwas – tatsächlich und doch scheinbar – Selbständiges überhaupt erst möglich macht. Und braucht! Denn daß die Ergebnisse von Wissenschaft im Produktionsprozeß tatsächlich verwertet werden, daran besteht kein Zweifel. Wie auch kein Zweifel besteht, daß der Wissenschafter selbst dabei nicht mehr gefragt wird. Traditionelle Theorie fragt nicht, kann man zusammenfassend sagen, nach Sinn und Ziel wissenschaftlicher Erkenntnis selbst. Etwas kompliziert formuliert heißt das: »Eine Wissenschaft, die in eingebildeter Selbständigkeit die Gestaltung der Praxis, der sie dient und angehört, bloß als ihr Jenseits betrachtet und sich bei der Trennung von Denken und Handeln bescheidet, hat auf die Humanität schon verzichtet.«

Das Stichwort »Humanität« drückt wie kein anderes Ansatz und Ziel von Horkheimers Denken aus. In der deutschen Klassik war mit »Humanität« ja die Entfaltung aller Anlagen des Individuums gemeint – was natürlich nur in einer vernünftigen und humanen Gesellschaft möglich ist [→ S. 244]. Dieses Festhalten an den bürgerlich-aufklärerischen Begriffen »Vernunft« und »Humanität« ist für die Kritische Theorie bezeichnend; es macht geradezu ihren »Seltenheitswert« aus, daß hier ein Begriff wie »Glück«

Das Institut für Sozialforschung

wichtigste Mitarbeiter

Kritik der bürgerlichen Wissenschaft

traditionelle Theorie

gesellschaftliche Blindheit

Anbindung an ein uneingelöstes Erbe

noch einmal ernstgenommen und geschichtsphilosophisch durchdacht wird. Freilich aus Mangel, denn die geschichtliche Entwicklung hat gezeigt, daß die großen Versprechen und Hoffnungen der bürgerlichen Kultur (Freiheit, Gleichheit, Brüderlichkeit, Vernunft, Aufklärung, Glück – also Humanität) nicht eingelöst worden sind und noch heute der Einlösung bedürfen. Versprechen und Scheitern der bürgerlichen Emanzipation versteht die Kritische Theorie in den Grundbegriffen des Denkens von Karl Marx, dem sie sich verpflichtet fühlt und das sie undogmatisch weiterführt. Im Unterschied zur traditionellen begreift sie sich so als »interessierte« Theorie – interessiert an der Aufhebung des gesellschaftlichen Unrechts, interessiert an der »Idee einer künftigen Gesellschaft als der Gemeinschaft freier Menschen, wie sie bei den vorhandenen technischen Mitteln möglich ist.« Aber – hier und jetzt gibt es diese Gesellschaft nicht. Es gibt (1937!) nicht einmal mehr das klassenbewußte Proletariat, wie Marx es noch optimistisch anvisiert hatte, als gleichsam vorbestimmter Träger einer Veränderung zum Besseren. Gleichzeitig ist aber mit der Entwicklung der Technik und der menschlichen Produktivkräfte im allgemeinen die Voraussetzung für ein gutes Leben aller in noch höherem Maße gegeben als zur Zeit von Marx!

kritisch – interessierte Theorie

Man sieht: die Kritische Theorie ist notwendig ein kompliziertes und zerbrechliches Gebilde. Sie ist eine Verbindung von Wissenschafts- und Gesellschaftskritik »angesichts« eines Möglichen, »angesichts« der Utopie. Um es mit alten philosophischen Begriffen abstrakt auszudrücken, ist es der Widerspruch zwischen dem Wirklichen und dem Möglichen, aus dem sie ihre Energie zieht. Ihren Namen trägt sie so zu Recht, denn am kritischen Bewußtsein dieses Widerspruchs bemißt sich, was sie allein »richtiges Bewußtsein« nennt. In einer späteren Formulierung von Adorno: »Vielmehr heißt richtiges Bewußtsein [...] das fortgeschrittenste Bewußtsein der Widersprüche im Horizont ihrer möglichen Versöhnung.« Oder, noch radikaler: »Denn wahr ist nur, was nicht in diese Welt paßt.« [21]

Bewußtsein des Möglichen

Horkheimers große Aufsätze aus den dreißiger Jahren sind noch getragen von einem gewissen kämpferischen Schwung für die Sache der Humanität. In der gleichzeitigen Erfahrung von Faschismus, Stalinismus, USA-Kapitalismus und Zweitem Weltkrieg ist dieser Elan zerbrochen und einer allgemeinen Verdüsterung gewichen. Aus ihr erwuchs die *Dialektik der Aufklärung* (1944), die er gemeinsam mit seinem Freund Adorno verfaßt hat (»unsere Philosophie ist eine«). Dieses Buch – eigentlich sind es nach dem Untertitel »Philosophische Fragmente« – ist nicht leicht zu lesen; es ist noch immer ebenso umstritten, wie es unbestritten »zu den bedeutendsten zeitkritisch-philosophischen Analysen unseres Jahrhunderts« zählt (A. Schmidt). »Was wir uns vorgesetzt hatten, war tatsächlich nicht weniger als die Erkenntnis, warum die Menschheit, anstatt in einen wahrhaft menschlichen Zustand einzutreten, in eine neue Art von Barbarei versinkt« (Vorrede).

Die »Dialektik der Aufklärung«

Daß diese Frage nicht einfach zu beantworten ist, liegt auf der Hand. Karl Marx hatte die Antwort in der Entwicklung des Warentauschs gesucht [→ S. 327]. Horkheimer und Adorno gehen nun gewissermaßen einen Schritt hinter Marx zurück in die Frühgeschichte. Sie untersuchen das Verhältnis des Menschen zur Natur, wie es der Geschichte der Zivilisation zugrundeliegt. Das Ergebnis ist ambivalent: es war notwendig und gut, daß der Mensch sich von der Natur befreit hat. Denn Natur ist ein blinder Kreislauf, ein Zwang. Hier regiert das Prinzip der Herrschaft des Stärkeren über den Schwächeren. Aber der Weg und die Mittel, die der Mensch zu seiner

Ursprung und Fortdauern von Herrschaft

Befreiung gewählt hat, waren falsch. Er hat nämlich das (Natur-)Prinzip von Herrschaft nicht wirklich überwunden, sondern nur für sich verwendet, indem er nun seinerseits die Natur beherrscht: die äußere Natur, die Natur in sich wie auch, in der gesellschaftlichen Ordnung, die Abhängigen und Schwachen. Urbild dieses Prinzips ist der männliche Herrscher, der Patriarch. Und im weiteren kommen die Verfasser zu der These, daß in jedem Menschen, in seinem Ich selbst, verinnerlichte Herrschaft steckt: »Furchtbares hat die Menschheit sich angetan, bis das Selbst, der identische, zweckgerichtete, männliche Charakter des Menschen geschaffen war, und etwas davon wird noch in jeder Kindheit wiederholt.«

Das vorzügliche Mittel nun, mit dem der Mensch Herrschaft ausübt, ist paradoxerweise seine Vernunft. »Instrumentelle Vernunft« wird sie von den Verfassern genannt, die damit die Art von Rationalität bezeichnen, wie sie vor allem seit der bürgerlich-kaufmännischen Neuzeit vorherrscht. Wie ein Instrument dient diese Vernunft dazu, bestimmte Zwecke zu erreichen, die Mittel dafür zu ersinnen und die Wahrscheinlichkeiten zu kalkulieren. Aber wozu? Die instrumentelle Vernunft hat in der Geschichte beschränkten (gruppen-)egoistischen Zwecken gedient; das Glück der Gemeinschaft, das »gute Leben« aller hat sie nicht im Blick. Daher die These, daß bei aller technischen und wissenschaftlichen Rationalität im Einzelnen unsere Zivilisation als Ganze irrational ist. Die *Dialektik der Aufklärung* ist 1942–44 geschrieben worden. Wer im Faschismus nicht einfach einen Betriebsunfall der Geschichte sieht, wird diese Kernthese des Buches schwerlich so leicht übergehen können.

Kritik der instrumentellen Vernunft

Kann der Mensch nun dem verselbständigten Zwang des Prinzips »Herrschaft« in all seinen Formen entkommen? Gibt es einen Ausweg? Man kann sich vorstellen, daß im Jahre 1944 etwas wie ein direkter Ausweg kaum auszumachen war. Es liegt aber im Ansatz der Verfasser, daß sie ihn im Denken suchen. In einer Einsicht, die zugleich eine Bescheidung ist – eine Einsicht des Menschen in die Blindheit seiner Naturherrschaft, die zugleich eine Rücknahme von Herrschaft bedeutet. Diese Einsicht wäre »Versöhnung«. Versöhnung des Menschen mit der unterdrückten Natur.

Einsicht als Selbstbescheidung

Wir sehen, wie sich auch hier wieder Vernunft- bzw. Wissenschaftskritik und Gesellschaftskritik zu einer umfassenden Kulturkritik verbinden, die unser »Ich« selbst noch problematisch findet (wer sich dafür interessiert, sei vielleicht zunächst an eine Arbeit von Max Horkheimer aus derselben Zeit verwiesen: *Zur Kritik der instrumentellen Vernunft*. Sie behandelt dasselbe Thema, ist aber leichter verständlich). Es ist der *Dialektik der Aufklärung* oft vorgeworfen worden, daß ihre Thesen durch den Rückgang in die Frühgeschichte nicht überprüfbar sind. Im Nebel einer fernen Vergangenheit läßt sich viel vermuten, und der Vorwurf trifft in der Tat einen schwachen Punkt. Andererseits wird heute von vielen darauf hingewiesen, daß es an der Zeit sei, das Buch neu zu lesen. Denn die Ausbeutung der Natur durch den Menschen hat inzwischen einen Grad erreicht, der sein Weiterleben selbst bedroht.

1949 sind Horkheimer und Adorno aus der Emigration in den Vereinigten Staaten nach Frankfurt am Main zurückgekehrt und haben ihre Lehrtätigkeit in Philosophie und Soziologie wieder aufgenommen; auch das *Institut für Sozialforschung* wurde wieder eröffnet. In den folgenden zwei Jahrzehnten ist dann Theodor W. Adorno (1903–1969) immer mehr zu einer allgemein anerkannten, zumindest allgemein umstrittenen Figur geworden. Der Grund liegt nicht zuletzt in der Vielfalt seiner Interessen und Fähigkeiten. Adorno war nicht nur in der Soziologie und Philosophie zu-

Adorno

hause; der Sohn einer Sängerin hatte in seiner Jugend bei Alban Berg in Wien Kompositionsunterricht genossen und sich später als Musik- und Literaturkritiker einen Namen gemacht (*Philosophie der neuen Musik*, 1949; *Noten zur Literatur*, 1958–1974). Getragen wird diese Intellektualität von einer ganz besonderen Sensibilität, einer ganz besonderen Fähigkeit, persönliche Erfahrungen zu machen und zu verarbeiten. Sich selbst hat er einmal bezeichnet als »Künstler, der auf der Philosophie sitzen geblieben ist«, und sicher ist die Spannung zwischen Kunst und Philosophie ein Thema, das ihn sein Leben lang beschäftigt hat.

essayistisches Denken

Adornos Texte sind nicht leicht zu verstehen. Mit den Schriften seines Erzfeindes Heidegger gehören sie vielleicht zu den härtesten Zumutungen der zeitgenössischen Philosophie an den Leser. Auf den Vorwurf des Esoterisch-Elitären, der ihm oft genug deswegen gemacht wurde, hätte er wohl geantwortet: gerade dadurch nehme ich den Leser ernst, daß ich ihm etwas zumute und zutraue – Erkenntnis. Er hat den Essay und Aphorismus bevorzugt, also Formen äußerster Verdichtung; die *Minima Moralia* aus den Jahren 1944 bis 1947 sind ein Meisterwerk aphoristisch geschliffener philosophischer Prosa. Die Bevorzugung kleiner Formen und die Lust an einer paradoxen Ausdrucksweise hat auch inhaltliche Gründe. Ein Denken, das sich im festen Besitz der Wahrheit glaubt und diese Wahrheit in einem großen System entfaltet, war ihm von vornherein verdächtig. Wenn Hegel daher gesagt hatte: »Das Wahre ist das Ganze«, so heißt es dagegen in den *Minima Moralia*: »Das Ganze ist das Unwahre.«

Die Philosophie, ein paradoxes »Fach«

Als Zugang eignet sich vielleicht am besten eine Vorlesungsnachschrift aus dem Jahre 1962 über *Philosophische Terminologie*. Adorno untersucht hier Grundbegriffe der Philosophiegeschichte, führt damit in die Philosophie selbst ein und stellt zugleich seinen eigenen Ansatz vor als ein »Denken, das nicht im herkömmlichen Sinn an Systematik sich bindet.« Dabei ist es nicht zufällig, daß er gleich eingangs die Frage aufwirft, warum es überhaupt eine besondere philosophische Terminologie, also eine besondere philosophische Begriffssprache gibt. Ist Philosophie nicht etwas, was jeden Menschen betrifft? Und hat daher nicht jeder den berechtigten Anspruch auf eine Ausdrucksweise, die alle verstehen? Adornos Antwort gibt Auskunft darüber, wie er die Aufgabe von Philosophie heute sieht. Philosophie ist ihm »ein paradoxes Gebilde«; »gleichzeitig ist sie ein Fach und kein Fach«. Denn Philosophie steht in und über der Arbeitsteilung des Geistes, wie sie sich in den verschiedenen Fächern einer Universität darstellt. Sie steht in dieser Arbeitsteilung, weil wir unsere Erkenntnis heute in Form von Einzelwissenschaften gewinnen. Diese haben sich spezialisiert, und Philosophie darf in der Genauigkeit schon allein ihrer Begriffe keineswegs hinter den Wissenschaften zurückbleiben. Sie kann sich so dem Zwang zur Verfachlichung nicht entziehen. Gleichzeitig aber steht Philosophie für das, was in der Verfachlichung der *Einzel*wissenschaften verloren geht – der Zusammenhang des Ganzen (der Gesellschaft, der Geschichte, der Person). Für diesen Zusammenhang gibt es gewissermaßen wieder ein Extrafach – die Philosophie. Philosophie wird so notwendig »Fach des Nichtfachmäßigen« – ein paradoxes Gebilde in der Tat. Dasselbe ist es mit den festen Definitionen in der Philosophie. Sie werden gebraucht – um sie in Frage zu stellen: »Wenn ich also in Ihnen von vornherein ein Mißtrauen gegen das Definieren in der Philosophie erwecke, so möchte ich damit nur soviel erreichen, daß Sie, wenn Sie sich mit der Philosophie befassen, wirklich zu selbständigen und autonomen, denkenden Menschen werden, wovon sonst immer nur phrasenhaft gesprochen wird, und daß Sie von

Anbeginn darüber sich klar werden, wie sehr die Philosophie das Gegenteil zu der Tätigkeit von Denk-Beamten ist.«

Kann man bei Adorno von einem »Hauptwerk« sprechen? Seine umfangreichsten sind jedenfalls die *Negative Dialektik* (1966) und die aus dem Nachlaß herausgegebene *Ästhetische Theorie* (1970). Ein Blick auf den ersten Satz beider Werke zeigt, welche Vorsicht, welches Bewußtsein der Fraglichkeit des Denkens hier immer vorhanden ist. *Negative Dialektik*: »Philosophie, die einmal überholt schien, erhält sich am Leben, weil der Augenblick ihrer Verwirklichung versäumt ward« (eine Anspielung auf die 11. Feuerbachthese des jungen Marx [→ S. 321]). *Ästhetische Theorie*: »Zur Selbstverständlichkeit wurde, daß nichts, was die Kunst betrifft, mehr selbstverständlich ist, weder in ihr noch in ihrem Verhältnis zum Ganzen, nicht einmal ihr Existenzrecht.« Dieses Bewußtsein von Fraglichkeit steht nicht im Widerspruch dazu, daß Adorno ganz entschiedene Auffassungen vorträgt, daß er Stellung bezieht. Wir greifen, auch wieder wegen ihres »Seltenheitswertes«, eine einzige heraus: die Theorie vom »Wahrheitsgehalt« der Kunst.

Fraglichkeit des Denkens

Warum eigentlich, könnte man fragen, gibt es eine Entwicklung der Kunstformen? Warum gibt es eine Geschichte der Kunst? Liegt es daran, daß jeder Künstler etwas Besonderes, Neues bieten will? Oder an der Lust des Publikums an Neuem? Warum aber ist dann das Neue, besonders in der modernen Kunst, so kompliziert dargeboten, daß sich kaum noch ein Publikum dafür findet? Hier behauptet nun Adorno, daß in der Entwicklung der Kunst mehr steckt als der Wandel der Moden und des Geschmacks. Wenn heute keine Naturlyrik in der Art des Freiherrn von Eichendorff mehr geschrieben wird, so hat das objektive, gesellschaftlich-geschichtliche Gründe: sowohl die damalige Empfindung von »Natur« als auch die Selbstauffassung des Dichterischen ist – durch die inzwischen nochmals fortgeschrittene Naturbeherrschung – unserer Erfahrungswelt fern. Daher mußte sich auch die dichterische Ausdrucksweise von Inhalt und Form her verändern. In jedem Kunstwerk steckt so, allgemein gesprochen, ein »Zeitkern«. Kunst ist für Adorno »unbewußte Geschichtsschreibung«; die Arbeit des Künstlers ist die Arbeit des Ganzen der Gesellschaft durch ein Individuum hindurch. Das ist mit dem Begriff »Wahrheitsgehalt der Kunst« gemeint, die damit als eine Form von Erkenntnis bestimmt wird. Freilich wäre die Kunst überflüssig, wenn ihr Wahrheitsgehalt direkt greifbar wäre. Er ist im Kunstwerk zugleich enthüllt als auch verhüllt, und so ist jedes Kunstwerk ein Rätsel. »Wahrheitsgehalt« und »Rätselcharakter« entsprechen einander. Daher bedarf die Kunst ebenso der deutenden philosophischen Interpretation, wie die Philosophie in der Kunst eine Wahrheit findet, die sie im Denken/als Denken nicht hat. Für dieses – unlösbare – Spannungsverhältnis von Kunst und Theorie findet sich in der *Ästhetischen Theorie* ein schönes Bild: »Sucht einer dem Regenbogen ganz nahezukommen, so verschwindet dieser.« Insgesamt ist die Kunst für Adorno ein in die gesellschaftliche Wirklichkeit eingebundener Protest gegen diese gesellschaftliche Wirklichkeit. Die großen Werke – besonders der modernen Kunst (z. B. die Musik A. Schönbergs oder die Literatur S. Becketts) – sind ihm die utopischen Fenster, durch die wir, augenblickshaft und gleichsam blinzelnd, indirekt das Licht einer besseren, anderen Welt sehen können. Aus diesem Grund spricht man auch von der »negativen« Ästhetik Adornos.

Theorie der Kunst

Kunst und Gesellschaft

Vielleicht läßt sich nach dieser knappen Skizze der Kritischen Theorie verstehen, warum es in der westdeutschen Philosophie zur Konfrontation

Echo der kritischen Theorie

oder zu einem Kampf um die richtige Aufklärung kommen mußte. Nach dem Wiederaufbau hatte sich die bundesrepublikanische Gesellschaft gefestigt und als »demokratische Wohlstandsgesellschaft« bestimmt. Ebenso wurden aber im Laufe der sechziger Jahre die Schattenseiten dieses Wohlstandes spürbar und einer moralisch wachen studentischen Jugend zum Problem. In diesem Klima einer unruhigen Suche sind die radikalen Auffassungen der Kritischen Theorie begierig aufgenommen worden. Und da hier, wie wir sahen, Wissenschafts- und Gesellschaftskritik von Anfang an verbunden sind, mußte es – schon vom unmittelbaren Arbeitsfeld von Studenten her – auch zu einer Auseinandersetzung über die Wissenschaft kommen. Was heißt »Demokratie« in der Hochschule, in der Schule, im Betrieb? Welche Aufgabe hat die Wissenschaft in der Gesellschaft? Welche Methoden hat eine Gesellschaftstheorie, die sich als aufklärerisch versteht? Gibt es überhaupt eine Verbindung zwischen Theorie und Praxis?

Der Positivismusstreit

Eine gute Situation für die Philosophen – um zu streiten. Zwei große Auseinandersetzungen wurden geführt, der sog. Positivismusstreit in der deutschen Soziologie und die Hermeneutik- und Ideologiekritik-Debatte. Im Positivismusstreit standen sich die Vertreter des Kritischen Rationalismus und der Frankfurter Schule gegenüber (Karl Popper, unterstützt von seinem Schüler Hans Albert gegen Theodor W. Adorno, unterstützt von Jürgen Habermas). Sehr einfach ausgedrückt ging es dabei um das Problem, wie und in welcher Weise »kritisch« die Soziologie als Wissenschaft der Gesellschaft sein darf, sein kann. Eine Frage, die auch deswegen so grundsätzlich diskutiert worden ist, weil sich hier zwei Wissenschaftsstile aneinander reiben – der angelsächsische gegen teutonisches Denken [→ S. 416].

Karl Popper: kritischer Rationalismus

Die Auffassung von Karl Popper [→ S. 386] kommt gut in einem Zitat des alten Xenophanes zum Ausdruck, den er am Schluß eines Vortrags anführt: »Nicht von Anbeginn an enthüllten die Götter den Sterblichen alles. Aber im Laufe der Zeit finden wir suchend das Bessere.« Für den Kritischen Rationalismus sind all unsere wissenschaftlichen Theorien Versuche; Annäherung an eine Wahrheit, über die keiner verfügt – schon gar nicht, was die Gesellschaft als Ganzes betrifft. Wissenschaftliche Aussagen müssen daher immer überprüfbar bleiben. Je allgemeiner eine Theorie ist, desto mehr Vorsicht ist am Platz. Popper nennt dieses Prinzip »Theorie der rationalen Kritik.«

Adornos Gegenposition

Für Adorno hingegen ist »kritische Soziologie [...] notwendig zugleich Kritik der Gesellschaft.« Adorno hat also einen weiteren Begriff von Kritik oder Erkenntnis oder Wahrheit, so daß er ihn auf das Ganze der Gesellschaft beziehen kann. Wie der Verlauf des Streites gezeigt hat, ist es unmöglich, über die Berechtigung des Anspruchs beider Positionen mit einem einfachen »Ja« oder »Nein« zu urteilen. Sicher kommt hier eine Grundspannung der Philosophie selbst zum Ausdruck: der Kritische Rationalismus richtet das Prinzip Kritik eher gegen die Wissenschaft selbst, gegen das eigene Erkenntnisvermögen. Die Frankfurter Schule richtet es eher auf das Ganze der Gesellschaft. Wenn man große philosophiegeschichtliche Bögen liebt, so ist das ein Problem, das schon zwischen Kant und Hegel verhandelt wurde. Die Philosophie wird weiter damit leben müssen. »Aber die Probleme, nicht die Lösungen, die Fragen mehr als die Antworten, sind es wohl auch, die das Konstante, den bleibenden Besitz der philosophischen Bemühungen bilden« (F. v. Kutschera).

Debatte um Hermeneutik und Ideologiekritik

In der sog. Hermeneutik- und Ideologiekritik-Debatte, dem zweiten großen Streit, ging es – auf einer anderen Ebene – um ein ähnliches Problem. Um die Debatte zu verstehen, zunächst ein paar Hinweise zu dem Wort Hermeneutik. Wir sind ihm bereits bei Wilhelm Dilthey begegnet, wo es soviel bedeutet wie »Theorie des Verstehens in den Geisteswissenschaften« [→ S. 362]. Der Heidelberger Philosoph Hans-Georg Gadamer (geb. 1900) hat nun die Hermeneutik zu einer Theorie mit umfassendem philosophischem Anspruch entwickelt. Gadamer, ein Schüler Martin Heideggers, ist einer der Großen der westdeutschen Gegenwartsphilosophie – es ist bezeichnend, daß er und Adorno sich wechselseitig ignoriert haben. Sein Hauptwerk, *Wahrheit und Methode*, ist 1960 erschienen; der Untertitel lautet *Grundzüge einer philosophischen Hermeneutik*. »Wie ist geschichtliches Verstehen möglich?« – auf diese Leitfrage antwortet Gadamer: auf jeden Fall nicht nach dem Modell der Naturwissenschaften. D. h. auf jeden Fall nicht mit einer abgelöst-verallgemeinernden Methode. Solch eine objektivierende Methode würde notwendig die Besonderheit der erkennenden Person vergessen, die bei aller geschichtlichen Erkenntnis unbedingt beachtet werden muß. Verstehen setzt vor allem das Bewußtsein voraus, daß man selbst in die Geschichte hineingestellt ist – ein klares Bewußtsein der eigenen Geschichtlichkeit. Schärfer: der eigenen Endlichkeit. Der Mensch als endliches Wesen kann über Vergangenheit und Zukunft nicht verfügen. Für die Erkenntnis bedeutet das die Einsicht, daß man eingebunden ist in die Sichtweise der eigenen Zeit, auch in ihre Vorurteile, anders: in ihren Horizont. Die Hermeneutik lehrt so das Verstehen verstehen als ein Gespräch zwischen Vergangenheit und Gegenwart, als ein Verschmelzen zweier Horizonte (der Horizont Platons und seiner Zeit z. B., wenn ich einen Platon-Text verstehen will, mit dem Horizont meiner Gegenwart und meiner Person). Wahrheit ist daher ein Prozeß, ein Geschehen, eine ständige Vermittlung zwischen Vergangenheit und Gegenwart, die grundsätzlich unabgeschlossen ist.

Gadamer

Philosophische Hermeneutik, die sich so ihrer Voraussetzungen bewußt ist, versteht sich mit Gadamers Worten als »neues, kritisches Bewußtsein«. Kritisches Bewußtsein vor allem auch der Sprache als »Medium und Horizont unseres Daseins.« Und in der Tat hat Gadamers Ansatz so tief auf das methodische Selbstverständnis vieler Wissenschaften eingewirkt – z. B. Verstehen in der Soziologie, in der Rechtswissenschaft, in der Theologie –, daß man schon von einem »Hermeneutischwerden der Wissenschaften« gesprochen hat [22].

Gebundenheit an die Sprache

Worüber aber ist es zu einem philosophischen Streit gekommen? Allgemein lautet die Antwort wieder: der Kern liegt in dem unterschiedlichen Verständnis von Wahrheit oder Aufklärung oder Kritik, das eine Philosophie für richtig betrachtet; alle drei Richtungen (Hermeneutik – Kritische Theorie – Kritischer Rationalismus) beanspruchen für sich »kritisches Bewußtsein«!

Zweifellos speist sich das Denken von Hans-Georg Gadamer aus einer starken Hochschätzung der Vergangenheit bzw. ihrer künstlerischen und philosophischen Überlieferung, der sog. Tradition. Anders: im Bewußtsein der eigenen Geschichtlichkeit und Endlichkeit neigt Gadamer weniger dazu, die Geschichte zu kritisieren, als sich aus ihren Zeugnissen belehren zu lassen. So sagt er einmal zugespitzt: »In Wahrheit gehört die Geschichte nicht uns, sondern wir gehören ihr.« Wenn ich aber kritisiere, brauche ich ein Kriterium, einen Maßstab der Kritik. Taugt das Wort Glück – des Einzelnen oder der Gesellschaft – als Maßstab? Im Anschluß an Kant vertritt Gadamer die Auffassung, »daß das Glück [...] jeder verbindlichen Bestimmtheit entbehrt.« D. h., der Inhalt des Wortes ist völlig leer; jeder kann etwas anderes darunter verstehen. Die philosophische Konsequenz lautet: »Die hermeneutische Reflexion ist darauf beschränkt, Erkenntnis-

Problem des Maßstabs

Einwand der Ideologiekritik

nüchterne Sachlichkeit heute

chancen offenzulegen, die ohne sie nicht wahrgenommen würden. Sie vermittelt nicht selbst ein Wahrheitskriterium.« [23]

Läßt sich dagegen etwas sagen? Sehr wohl, denn Geschichte ist mehr als der vergangene Text, den der Philosoph studiert. In diese Richtung jedenfalls geht der Generaleinwand der sog. Ideologiekritik (die Position der Frankfurter Schule wird auch Ideologiekritik genannt, weil sie für sich das richtige Bewußtsein beansprucht und deshalb falsches, ideologisches Bewußtsein kritisiert). Anders gefaßt, lautet der Einwand: Sprache, Sprachlichkeit ist nur *ein* Schlüssel zum Verständnis des Menschen. »Der objektive Zusammenhang, aus dem soziale Handlungen allein begriffen werden können, konstituiert sich aus Sprache, Arbeit und Herrschaft zumal.« [24] Mit diesem Einwand verweist Jürgen Habermas im Sinne der Kritischen Theorie auf die Bedingungen, auf denen eine Gesellschaft als Ganzes beruht. Arbeit und Herrschaft gehören für ihn ebenso dazu wie die Sprache. Und schon die Wortwahl »Arbeit« und »Herrschaft« zeigt den Anspruch dieser Philosophie, wenn nicht über Glück, so doch über Unglück oder Unfreiheit oder Unrecht etwas ausmachen zu können – im Sinne von Max Horkheimers »Idee einer künftigen Gesellschaft als der Gemeinschaft freier Menschen, wie sie bei den vorhandenen technischen Mitteln möglich ist.«

Auch die Auseinandersetzung um die Hermeneutik konnte nur mit einem besseren Verständnis der Gegenseite, nicht mit einer endgültigen Klärung enden – zu unterschiedliche Auffassungen von Philosophie prallen hier aufeinander. In solchen Grundsatzdiskussionen gibt es notwendig einen Punkt, wo die Parteien es müde werden, sich ständig zu wiederholen. Also wendet man sich neuen Themen zu. Inzwischen befindet sich die Philosophie in der Bundesrepublik, wie uns unser Überblick belehrt, bei der »Erkundung neuer Möglichkeiten« – »in einem Klima kritischer, jeder überschwenglichen Geste fernen Sachlichkeit«: »Nur wer der Meinung ist, daß Philosophie ausschließlich dann gesellschaftskritische und öffentliche Bedeutung besitzt, wenn sie sich in heftigen Schulstreitigkeiten ergeht und lautstark im Tagesstreit der öffentlichen Meinung zu Wort meldet, wird den gegenwärtigen Zustand der Philosophie in Österreich und der Bundesrepublik Deutschland bedauern.«

Damit könnten wir eigentlich schließen. Es bleibt aber noch ein Unbehagen, eine Verlegenheit. Es muß noch von einem Mann berichtet werden, von dem ich nicht weiß, wo ich ihn hinstecken soll, weil er nirgendwo hinpaßt, nicht ins Kaiserreich und nicht in die Weimarer Republik, der vor dem Faschismus in die Tschechoslowakei, dann in die USA emigrieren mußte, der von 1948 bis 1956 Philosophieprofessor in Leipzig war, aber dann, weil man ihn dort nicht mehr haben wollte, 1961 in die Bundesrepublik umgesiedelt ist, um schließlich in Tübingen weiter Philosophie zu lehren, bis er 1977 im Alter von 92 Jahren gestorben ist. Er erscheint nicht am Ende dieses Abschnitts des europäischen Denkens, weil er etwa als Summe oder letztes Wort zu verstehen ist. Er tritt an den Schluß, weil er in einer verzagten, skeptischen und zerrissenen Zeit sich selbst treu geblieben ist und dieser Zeit noch immer sehr viel zu sagen hat. Als Kontrapunkt, denn Ernst Bloch – von dem hier die Rede ist – ist ein Philosoph der Hoffnung. Sein Leben lang hat sein Denken dem gegolten, was in der Vergangenheit »unerledigt« geblieben ist, womit die Gegenwart schwanger geht – das Morgen im Heute, das Mögliche, das bessere Leben, die konkrete Utopie.

Bloch (um 1940)

»Ich bin. Aber ich habe mich nicht. Darum werden wir erst.« Dieser berühmte Anfang der *Tübinger Einleitung in die Philosophie* steht in abgewandelter Form am Beginn vieler seiner Werke. Nicht zufällig, denn das *messianischer* Verhältnis von »Ich« und »Wir«, die Sehnsucht eines jeden Menschen, mit *Marxismus* anderen *so* zu leben, daß ein echtes Wir entsteht, ist bei Bloch immer der Ausgangspunkt. Dieses »echte Wir« denkt er von Marx her in Inhalten, wie sie mit den Worten »Sozialismus« oder »Aufhebung der Entfremdung« gemeint waren. Bloch ist undogmatischer Marxist. Seine Generalkritik an den kommunistischen Parteien läuft darauf hinaus, daß sie die ganze Gefühls-, Sehnsuchts- und Phantasiewelt der Menschen vernachlässigt haben (so daß z. B. der Faschismus diese Sehnsüchte für seine Zwecke ausnutzen konnte). Dieser Welt gilt schon Blochs Jugendwerk, der *Geist der Utopie*. Es ist 1918 erschienen, verfaßt in einem gährend-expressionistischen Stil. Diesen Stil hat er sein Leben lang behalten – und nicht nur den Stil, sondern den ganzen Anstoß des revolutionär-utopisch-messianischen Marxismus der Oktoberrevolution, dem er entspricht [→ S. 396].

»Man braucht das stärkste Fernrohr, das des geschliffenen utopischen Bewußtseins, um gerade die nächste Nähe zu durchdringen.« [25] Das Wort »Utopie« hat Thomas Morus im 16. Jahrhundert geprägt [→ S.128]. Das Utopische jedoch auf eine Form von Staatsroman beschränken, sagt Bloch, wäre dasselbe wie die Gleichsetzung von Bernstein und Elektrizität, an dem sie zuerst bemerkt worden ist und von dem sie ihren griechischen Namen hat. Mit anderen Worten: das Utopische ist eine Dimension, die vom Menschsein überhaupt nicht wegzudenken ist. In seinem dreibändigen Hauptwerk *Das Prinzip Hoffnung* (1954–1956) hat Bloch ihren ganzen Umfang erforscht. Um es gleich zu sagen: *Das Prinzip Hoffnung* ist trotz *Das »Prinzip* seiner 1600 Seiten kein »Philosophie-Schinken«. Es ist eine unerschöpf- *Hoffnung«* liche Quelle, sobald man ein bißchen mit Blochs Sprache vertraut worden ist. Es beginnt mit den Tagträumen von Otto Normalverbraucher und untersucht dann das vorwegnehmende Bewußtsein des Menschen, wie es sich aus seiner Bedürfnisstruktur ergibt. Dann: »Wunschbilder im Spiegel«, d. h. in der Reklame, in Film, Tanz, Theater, im Zirkus und im Märchen (wieviel Utopie steckt im Märchen!). Der zentrale vierte Teil gilt den »Grundrissen einer besseren Welt«: der Utopie der Heilkunst, des Arztes; den Gesellschaftsutopien von der Antike bis zur Frauenbewegung des 19. und 20. Jahrhunderts; den technischen Utopien, den Bauten, die eine bessere Welt abbilden, den geographischen Utopien wie z. B. dem Land Eden u. a. mehr. Der fünfte Teil schließlich heißt »Identität«; er behandelt »Wunschbilder des erfüllten Augenblicks.« Das entspricht einer grundsätzlichen Überzeugung: »Der letzte Wille ist der, wahrhaft gegenwärtig zu sein.« Solche »erfüllten Augenblicke« sind gestaltet in der Dichtung, z. B. in der Rückkehr von Odysseus oder als Thema in Goethes *Faust*; in den idealen Landschaften der Malerei oder, für Bloch besonders intensiv, in der Musik – die ganze Musik ist »erfüllter Augenblick«. So überrascht es nicht, daß Bloch die Kunst überhaupt begreift nicht nur als »Schein« – das ist die geläufige Auffassung –; sondern als »Vor-Schein« eines Noch-nicht, also einer utopischen Übereinstimmung des Menschen mit sich, oder, anders gesagt, als Vor-Schein eines echten *Wir* aller Menschen. Das letzte Kapitel des Werkes betrachtet noch einmal das Thema »Karl Marx und die Menschlichkeit«. Es schließt mit den Worten: »Die Wurzel der Geschichte aber ist der arbeitende, schaffende, die Gegebenheiten umbildende und überholende Mensch. Hat er sich erfaßt und das Seine ohne Entäußerung und Entfremdung in realer Demokratie begründet, so entsteht in der Welt etwas, das allen in die Kindheit scheint und worin noch niemand war: Heimat.«

Das Gemälde von Antoine Watteau »Die Einschiffung nach Cythera« (1717) spielt in Ernst Blochs »Prinzip Hoffnung« eine zentrale – utopische – Rolle. Umstritten ist, ob Watteau eine Ankunft oder einen Aufbruch darstellen wollte.

Spannungsbögen der Utopie

Ein wichtiges Gebiet, das Bloch auf seine utopischen Gehalte hin untersucht hat, ist die jüdisch-christliche Religion (*Atheismus im Christentum*, 1968). Gleichsam zur Wirklichkeit gekommen sah er diese Gehalte in den christlichen Ketzerbewegungen, die ja das *Himmlische Jerusalem* hier und jetzt auf dieser Erde verwirklichen wollten. Das vielleicht bekannteste Beispiel ist Thomas Müntzer, dem Bloch schon früh eine Untersuchung gewidmet hat (*Thomas Müntzer als Theologe der Revolution*, 1921 [→ S. 128 ff.]). Der Utopie des Glücks, die aus diesen sozialen Bewegungen spricht, hat er die Utopie der persönlichen Freiheit und der individuellen Würde an die Seite gestellt. Ihre Heimat ist der Gedanke eines »Naturrechts«, von der Philosophie Epikurs und der römischen Stoa bis zur bürgerlichen »Freiheit, Gleichheit, Brüderlichkeit« in der Französischen Revolution *(Naturrecht und menschliche Würde*, 1961). In dieser Verbindung von »Freiheit« und »Glück« spiegeln sich am genauesten Spannung und Hoffnung der Beziehung von »Ich« und »Wir«.

Die geschichtliche Welt – ein Experiment

Blochs Lebenswerk ist die Arbeit, »an die Hoffnung Philosophie zu bringen.« Ihr Ziel ist, aus »bloßer« Hoffnung »*docta spes*, begriffene Hoffnung« zu machen. Es steht einzig da in unserer Zeit. »Einzig« auch im Sinne von »allein« und »isoliert«? Anders: ist seine Sichtweise der menschlichen Geschichte und dessen, was im Menschen steckt, ebenso einseitig wie ein Katastrophenbewußtsein, das von Hoffnung nichts weiß? Oder, nüchterner: hat Bloch sich philosophisch wirklich eingelassen auf seine Zeit, auf die Wissenschaften seiner Zeit mit ihrem gleichsam kühlen Begriff von »Wissen«, oder hat er seine Jugendträume allzusehr verehrt? Von naivem Optimismus jedenfalls hat Bloch sich stets distanziert: »Hoffnung ist das Gegenteil von Sicherheit [...] In ihr steckt dauernd die Kategorie der Gefahr [...] Hoffnung ist nicht Zuversicht.« »Ich bin auch Pessimist, aber mein Pessimismus ist einer aus Vorsicht.« [25] *Experimentum mundi* – der Titel seines letzten Werkes zeigt noch einmal, wie Bloch die Welt und die menschliche Geschichte gesehen hat: als ein Labor, als ein Experiment, das scheitern kann – oder gelingen. In der Vorrede der *Phänomenologie des Geistes* hatte Hegel geschrieben: »Aber nicht das Leben, das sich vor dem Tode scheut und von der Verwüstung rein bewahrt, sondern das ihn erträgt und in ihm sich erhält, ist das Leben des Geistes.«

LEBENDIGE PHILOSOPHIE: DEBATTEN UND KONTROVERSEN DER SIEBZIGER UND ACHTZIGER JAHRE

Eine neue Generation tritt auf

Was ist wirklich wichtig? Was ist philosophische Mode? Welche Namen sind repräsentativ? Welche Diskussionen wegweisend? Das sind Fragen, die sich stellen, wenn man vor dem Versuch steht, die jüngsten Entwicklungen der Philosophie darzustellen. Was macht man, wenn man den Wald vor lauter Bäumen nicht sieht? – Man sucht Orientierung und Überblick, so schwer es auch scheinen mag, so etwas zu finden.

    Eine erste Orientierung verspricht der Umstand, daß Mitte der sechziger Jahre, unabhängig von Schulen und Positionen, eine neue Generation von Philosophen Profil gewann. Bis dahin war die Nachkriegsphilosophie in der Bundesrepublik Deutschland ja weitgehend durch Denker bestimmt, deren Anfänge in der Weimarer Republik (oder noch vorher) lagen. Man denke z. B. an Heidegger und Jaspers, an Horkheimer, Adorno, Gadamer oder Bloch, mit deren Darstellung das vorangehende Kapitel dieser Philosophiegeschichte endet [1]. Diese Köpfe (vor oder um 1900 geboren) bestimmten die philosophische Landschaft der Bundesrepublik bis weit in die sechziger Jahre. Erst mit der Generation der Schüler dieser und anderer einflußreicher Denker begann sich allmählich seit Ende der fünfziger Jahre ein neuer Typus des Philosophierens herauszubilden. Die um 1930 Geborenen knüpften zwar einerseits an die Positionen und das Denken ihrer Lehrer an, suchten aber darüber hinaus auch den Kontakt zu neuen oder vernachlässigten Ansätzen der Philosophie. Zu nennen sind die hermeneutische Gadamer-Schule, die neohegelianische Ritter-Schule (benannt nach dem Münsteraner Philosophen Joachim Ritter), die konstruktivistische Erlanger Schule (begründet von Paul Lorenzen), die gesellschaftskritische Frankfurter Schule und die analytisch und wissenschaftstheoretisch orientierte Münchner Schule mit Wolfgang Stegmüller als ihrem bedeutendsten Theoretiker. Für diese von den »Schülern« bestimmte Philosophie der jüngsten Zeit, die sich, wenn man sie zeitlich näher eingrenzen will, im Laufe der sechziger Jahre vorbereitete, um dann in den Siebzigern zum »Durchbruch« zu kommen, lassen sich schulenunabhängig und grob die folgenden charakteristischen Züge angeben:

– Eine neugierige Öffnung für philosophische Denkansätze und Denkstile aus dem Ausland, die während der Nazizeit und dann noch in den

Marginalia:
- *Probleme der Auswahl*
- *Ablösung einer Generation*
- *wichtigste Richtungen*
- *Öffnung zum Ausland*

fünfziger Jahren von der deutschen Tradition abgeschnitten waren. Zu allererst ist hier die sprachanalytische Philosophie angelsächsischer Prägung zu nennen mit Autoren wie Wittgenstein, Ryle, Quine, Goodman, Austin, Searle und vielen anderen mehr [→ S. 417], weiterhin die ebenfalls aus dem angelsächsischen Sprachraum (teilweise re-)importierte Wissenschaftstheorie mit Poppers »Kritischem Rationalismus« [→ S. 386 u. 442] an der Spitze. Hinzu kommt die Entdeckung des amerikanischen Pragmatismus, insbesondere Ch. S. Peirces, vor allem durch K.-O. Apel [→ S. 364 ff.]. Etwas anders verhält es sich mit der Aufnahme der französischen Philosophie in Deutschland: Nachdem Sartre und Camus [→ S. 405] als Existenzphilosophen schon in den fünfziger Jahren »en vogue« waren, wird der französische Strukturalismus der sechziger [→ S. 425 ff.] von den Philosophen mehr am Rande rezipiert; mit voller Wucht gewinnt die französische Philosophie dann erst in den achtziger Jahren Einfluß im Zeichen des Poststrukturalismus und der Postmoderne (Foucault, Derrida, Lyotard u. a.).

Renaissance des Marxismus

— Eine durch die Studentenbewegung im Gefolge von Denkern wie Adorno und Marcuse, aber auch Gramsci und Althusser initiierte Auseinandersetzung mit neomarxistischen Positionen, die — Anfang der siebziger Jahre — zugleich eine vorübergehende Phase der Neubeschäftigung mit Marx bedeutete.

Verselbständigung der Teildisziplinen

— Eine auffällige Verselbständigung philosophischer Teildisziplinen zu relativ abgegrenzten Arbeitsgebieten wie Logik, Wissenschaftstheorie oder analytische Philosophie, die tendenziell danach streben, sich von der »allgemeinen« Philosophie abzukoppeln wie früher schon Soziologie oder Psychologie.

— Eine andauernde, philologisch und philosophisch neu begründete Aneignung der »Klassiker« sowohl der Antike als auch der Neuzeit. Insbesondere die Philosophie des deutschen Idealismus (Kant, Fichte, Schelling, Hegel) wurde in sorgfältiger Lektüre und Interpretation nach der Gültigkeit ihrer Argumentationen und Einsichten wie auch nach der Aktualität ihrer Fragen und Antworten untersucht. Damit verbunden sind großangelegte Editionsprojekte, die teilweise bis ins nächste Jahrtausend reichen (z. B. historisch-kritische Ausgaben von Hegel und Schelling), sowie die Erarbeitung bzw. Aktualisierung lexikalischer und philosophiegeschichtlicher Grundlagen, deren Resultate schon nach wenigen Jahren die Anerkennung als Standardwerke gefunden haben [2].

— Eine wachsende Bereitschaft, über Schulgrenzen hinweg zu Fragen in der Sache ins Gespräch zu kommen, auch unter Einbeziehung nichtphilosophischer Fachwissenschaftler. Dies gilt u. a. für die Sprachphilosophie, die Ethik und die Ästhetik, aber auch z. B. für die lang anhaltende Debatte um die politische Verwicklung Heideggers und seiner Philosophie mit dem Nationalsozialismus. Damit hat sich im Lauf der Jahre die oben beschriebene Ausgangslage klarer Schulzuordnung nach und nach aufgelöst oder verkompliziert.

Diese hiermit versuchte allgemeine Situationsbestimmung der gegenwärtigen Philosophie in Deutschland läßt sich im wesentlichen folgendermaßen zusammenfassen: Die jüngste Philosophie setzt sich von der Philosophie der zwei Nachkriegsjahrzehnte ab durch ihre zunehmende Internationalisierung, ihre Pluralisierung und Auflösung in Teildisziplinen und ihre Themen- statt Schulorientierung.

Ist angesichts dieser vielschichtigen Situation überhaupt noch so etwas wie eine weitergehende *inhaltliche* Orientierung möglich? Wie kann man vermeiden, sich im Gestrüpp der Namen, Positionen und Probleme zu verlieren? Man kann wichtige Repräsentanten der Gegenwartsphilosophie selbst befragen [3], man kann aber auch den Versuch wagen, thematische Akzente zu setzen. In diesem Sinne scheinen mir zwei große Themen- bzw. Gegenstandsbereiche von besonderer Bedeutung, die in den letzten 20 Jahren eine über viele Schulen und Strömungen hinwegreichende verstärkte Aufmerksamkeit gefunden haben. Es sind dies die praktische Philosophie/Ethik und die philosophische Ästhetik. Sie sind zudem geeignet, zentrale Tendenzen der Gegenwartsphilosophie im unterschiedlichen Licht der verschiedenen Positionen sichtbar zu machen, Tendenzen, die auch schon in den vorangegangenen Kapiteln dieses Buchs eine wichtige Rolle spielten: Da ist einmal der Verlust des Vertrauens in ein absolutes Wissen, der die Philosophie seit Hegel kennzeichnet. Das metaphysische Denken hat vor den Ansprüchen des (natur-)wissenschaftlichen Denkens kapituliert. Da ist weiterhin die für das 20. Jahrhundert bezeichnende Einsicht in die grundlegende Bedeutung der Sprachlichkeit allen Erkennens, die Ablösung der Bewußtseinsphilosophie durch die Sprachphilosophie. Und da ist schließlich ein verändertes Verständnis der Rolle von Theorie und Vernunft. Ihre Abhängigkeit von der Praxis der Lebenswelt und von Traditionszusammenhängen kommt zunehmend in den Blick; die Vernunft wird gewissermaßen aus dem abstrakten Begriffshimmel auf die Erde zurückgeholt. Jürgen Habermas hat kürzlich diese charakteristischen Motive der modernen Philosophie folgendermaßen zusammengefaßt: »Die Stichworte lauten: nachmetaphysisches Denken, linguistische Wende, Situierung der Vernunft und Umkehrung des Vorrangs der Theorie vor der Praxis – oder Überwindung des Logozentrismus.« [4]

Ethik und Ästhetik: zwei exemplarische Themenbereiche

Die Entscheidung für die Auswahl der Schwerpunkte Ethik und Ästhetik ist aber nicht nur innerphilosophisch begründet in ihrer exemplarischen Eignung zur Verdeutlichung wichtiger Tendenzen sowie der anhaltenden Diskussion ihrer Fragestellungen. Sie ist auch begründet in den allgemeinen Orientierungsbedürfnissen und Problemen unserer nachmetaphysischen Zeit, in welcher traditionale Weltbilder mehr und mehr durch einen geradezu planetaren Diskurs über ein angemessenes Welt- und Gesellschaftsverständnis abgelöst werden. Dabei kommt der praktischen Philosophie und Ethik als Moralphilosophie eine besondere Rolle zu. Denn sie ist die einzige Disziplin der Philosophie, in der es um ein Sollen geht, in der es also um Vorschriften oder Normen geht, die dem menschlichen Handeln eine verbindliche Orientierung geben können. Sie ist damit auch die einzige Disziplin der Philosophie, die allgemeine Lebensbedeutsamkeit bis in den allergewöhnlichsten Alltag hinein beansprucht. Dies wird nicht zuletzt auch in der Einrichtung des Schulfachs Ethik als Alternative zum Religionsunterricht seit Beginn der achtziger Jahre deutlich. Aber auch für die Hervorhebung der ästhetischen Theorie andererseits gibt es gute Gründe. Zumindest die westlichen Wohlstandsgesellschaften entwickeln sich mehr und mehr zu »Kulturgesellschaften«, in denen künstlerische und kulturelle Angebote im weitesten Sinn (mit dem Fernsehen angefangen) überkommene, etwa religiöse Sinngebungen ersetzt haben. Die Diskussionen um die »Wahrheit« der Kunst, um die Eigentümlichkeit der ästhetischen Erfahrung oder um die Verarbeitungsmöglichkeiten von Gegenwartsproblemen in der Kunst stehen somit ebenfalls im Kontakt mit den Problemen einer zunehmend schwierigeren Orientierung im Alltag.

Stellenwert der Themenschwerpunkte

Der Preis dieser Schwerpunktsetzung soll nicht verschwiegen werden: Weitgehend unberücksichtigt bleiben die Entwicklungen der Logik und

Wissenschaftstheorie, die neueren Tendenzen der analytischen, neuerdings: postanalytischen Philosophie, die politische Philosophie, die in jüngster Zeit begründete feministische Philosophie, aber auch die oft abseits von aktuellen Debatten stehende Weiterarbeit an der philosophischen Tradition in Form der Auslegung und Neuentdeckung klassischer Texte. Noch eine letzte einschränkende Bemerkung: Wie schon in den einleitenden Bemerkungen liegt der Schwerpunkt der Darstellung auf der Entwicklung in der Bundesrepublik. Aufgrund der vielfältigen Einflüsse wird dabei gleichwohl die internationale Entwicklung auch erkennbar, ohne daß die Darstellung durch die Verfolgung allzu vieler Nebenwege unübersichtlich werden soll.

Positionen der praktischen Philosophie und Ethik

Verschärfung der ethischen Problematik heute

Moral ist wie Religion letztlich eine Privatsache. So lautet eine weit verbreitete Auffassung. Das moderne Verständnis von Wissenschaftlichkeit im Sinne der wertfreien Naturwissenschaften scheint dieser Ansicht recht zu geben. Denn moralische Werte und Gesetze können sicherlich nicht mit der gleichen Verbindlichkeit wie naturwissenschaftlich-technische Gesetze begründet und erklärt werden. Neben der jeweiligen »Privatmoral« scheint – so gedacht – nur *das* gleichsam moralisch verbindlich zu sein, was in geltenden Gesetzen niedergelegt ist und bei Zuwiderhandeln mit staatlicher Gewalt sanktioniert wird. Dieses Verständnis von Moral mag im kleinen, etwa im Rahmen der Familie, eine durchaus praktikable Grundlage bilden; schaut man aber auf größere Zusammenhänge gesellschaftlichen Lebens, wird schnell klar, daß die sich dort stellenden Normen- und Wertkonflikte heutzutage nur vor dem Hintergrund eines weitergehenden Verständnisses von moralischer Verbindlichkeit entschieden werden können. Die Verschärfung dieses Problems wird am deutlichsten sichtbar im Blick auf die Folgen des Handelns in einer wissenschaftlich-technischen Zivilisation wie der unseren. Schon lange betreffen sie nicht mehr nur einzelne Gruppen, Gesellschaften und Regionen. Man denke nur an die Ausbeutung und Verelendung der Dritten Welt, die ökologische Krise (Ozonloch, Treibhauseffekt usw.), an die wissenschaftliche Manipulation der Natur (Gentechnologie z. B.) oder die atomare Bedrohung durch friedlichen oder kriegerischen Einsatz von Kernenergie. Die Verantwortung menschlichen Handelns reicht heutzutage also räumlich und zeitlich weiter als je zuvor: sie hat einerseits *planetarische* Ausmaße, andererseits umfaßt sie auch das Leben *zukünftiger* Generationen. Diese Problemlage zwingt nachgerade zu Reflexionen über die Möglichkeiten der Begründung moralischer Normen, die in ihrer Verbindlichkeit dieser dramatischen Verantwortung gerecht werden und ihr eine haltbare Orientierung bieten können.

lange Vernachlässigung der Ethik

Dieser gesellschaftliche Problemdruck erklärt aber nur zum Teil die starke Beachtung und Diskussion der praktischen Philosophie in den letzten 20 Jahren. Hinzu kam eine innerphilosophische Problematik: Denn es war unübersehbar geworden, daß allen großen philosophischen Ansätzen der Nachkriegszeit, ob Existenzphilosophie, ob Hermeneutik, ob Kritische Theorie oder dann auch Sprachanalyse und Wissenschaftstheorie, eine auffällige Vernachlässigung ethischer Überlegungen gemeinsam war. Als erstes großes Dokument einer schulenübergreifenden Diskussion der Probleme der praktischen Philosophie wurden 1972 bzw. 1974 zwei Sammel-

Brennende Ölquellen
im Norden von Kuwait
(März 1991)

bände mit dem aufschlußreichen Titel *Rehabilitierung der praktischen Philosophie* [5] vorgelegt. In einem Überblick über die Gegenwartsphilosophie heißt es rückblickend zu der dadurch in Gang gebrachten Debatte der praktischen Philosophie: »Die Resultate können sich sehen lassen: Man kann in der Tat in Deutschland von einer neuen Blüte der praktischen Philosophie sprechen, zu der alle ›Schulen‹ beigetragen haben.« [6] Dies bestätigt auch der Erfolg des bisher einzigen philosophischen Funk-Kollegs mit dem Thema *Praktische Philosophie/Ethik* von 1980/81 [7]. Der Widerhall dieser moralphilosophischen Konjunktur in der Öffentlichkeit ist beträchtlich, ethische Debatten werden in den Medien geführt, und schon 1980 erschien ein *Kursbuch* mit dem Thema »Moral« [8].

Mehr noch als andere philosophische Debatten ist die Diskussion der praktischen Philosophie mit einer andauernden geschichtlichen Vergewisserung über die bisher zu diesem Thema vorgetragenen Klärungen und Argumentationen verbunden. Die philosophische Untersuchung von Fragen der Ethik reicht ja bis weit in die griechische Antike zurück. Es handelt sich also nicht um eine gänzlich neue Problemstellung und ihre Diskussion, sondern um eine erneute Diskussion unter veränderten gesellschaftlichen und philosophischen Vorzeichen. Keine der vertretenen Positionen ist in diesem Sinne »neu«, alle an der Diskussion Beteiligten greifen auf schon vorhandene Grundpositionen zurück. Es liegt also nahe, in einer kurzen Übersicht wichtige *Grundpositionen der Ethik* [9] in Erinnerung zu rufen:

Traditionsbestand

– Die Position einer Ethik der Sittlichkeit geht zurück auf Aristoteles [→ S. 48 ff.], der gemeinhin als Begründer der praktischen Philosophie und philosophischen Ethik angesehen wird. Stärker geschichtlich akzentuiert, wird sie auch von Hegel [→ S. 289 f.] vertreten. Die Sittlichkeitsethik erhebt die im jeweiligen geschichtlich-gesellschaftlichen Horizont angelegten Normen und Werte zur Grundlage moralisch-sittlichen Handelns, welches in der klugen Verwirklichung dieser Normen besteht. Aristoteles bezieht dies nicht allein auf das moralische Handeln im engeren Sinne (Ethik), sondern auf das gesamte Feld des Praktischen, also auch das Handeln im Hausverband (Ökonomik) und in der Gemeinde (Politik).

*Grundpositionen:
Ethik der Sittlichkeit*

autonome — Die an ein striktes Moralprinzip gebundene autonome Vernunftethik ist
Vernunftethik   mit dem Namen Kant [→ S. 260] verbunden. Sie schlägt ein Verfahren der Überprüfung von Normen vor, welches unbedingte und universalistische Geltung beansprucht. Der kategorische Imperativ als höchstes Gebot fordert bezogen auf unsere jeweiligen subjektiven Lebensgrundsätze (Maximen): »Handle so, daß die Maxime deines Willens jederzeit zugleich als Prinzip einer allgemeinen Gesetzgebung gelten könne.« Bei Kant selbst ist dieser Ansatz gesinnungsethisch (im Gegensatz zur Verantwortungsethik) begründet: allein der von reiner Vernunft bestimmte gute Wille des einzelnen ist ausschlaggebend.

Utilitarismus — Die utilitaristische Ethik beruft sich auf J. Bentham und J. St. Mill [→ S. 300]. Ihr geht es »um das größte Glück der größten Zahl«, um eine Abwägung des Nutzens einer Handlung und ihrer Konsequenzen. In dem Nutzenprinzip – man spricht auch von der Nützlichkeitsmoral – ist unter anderem der Vorrang des allgemeinen Wohlergehens vor dem des einzelnen begründet sowie eine Verbindung zwischen rationaler Prüfung und den konkreten, absehbaren Folgen einer Handlung geleistet.

Mitleidsethik, — In der gegenwärtigen Diskussion nicht so stark vertreten sind die Posi-
Werteethik,   tionen der Mitleidsethik (Arthur Schopenhauer [→ S. 341]) und der Wert-
Metaethik   ethik (Max Scheler und Paul Nicolai Hartmann). Während die erstere auf der Basis des gewissermaßen vor aller Vernunft wirksamen Mitleids fordert, niemanden zu verletzen und so weit wie möglich zu helfen, ist die Wertethik bestrebt, das menschliche Handeln an einem allgemeinen und gleichsam objektiven Reich der Werte (wie z. B. Liebe, Gerechtigkeit oder Freiheit) zu orientieren. Zu nennen ist auch noch die sprachanalytische Metaethik, der es nicht um das richtige Handeln, sondern um eine neutrale, wertfreie Analyse und Klärung der Bedeutung moralischer Ausdrücke und Urteile geht.

weitere Grundbegriffe Diese grobe Einteilung der Ethik sieht über andere mögliche systematische Unterteilungen hinweg. Einige wichtige begriffliche Unterscheidungen möchte ich zum besseren Verständnis der Diskussion kurz andeuten. Neben der schon angesprochenen Unterscheidung von Gesinnungsethik und Verantwortungsethik, womit die Differenz zwischen einer Ethik des guten Willens (unabhängig von den Folgen) und einer Ethik des primär die Folgen bedenkenden Handelns bezeichnet wird, kann man z. B. auch unterscheiden zwischen formalen und materialen Ethiken, zwischen universalistischen und relativistischen Ethiken oder zwischen deskriptiven und normativen Ethiken. Formal nennt man eine Ethik, die ausschließlich Vernunftprinzipien und auf solchen Prinzipien beruhende Prüfungsverfahren ethischer Normen zugrundelegt (wie z. B. die Ethik Kants); als material bezeichnet man dagegen eine Ethik, die an bestimmten, inhaltlich gehaltvollen Zwecken bzw. Handlungszielen orientiert ist (wie Tugend- oder Wertethiken z. B.). Universalistische Ethiken erheben einen für alle Kulturen und alle Zeiten gleichermaßen geltenden Anspruch (wieder ist Kant das Beispiel), relativistische Ethiken beschränken ihren Anspruch dagegen auf je konkrete gesellschaftlich-historische Lebenszusammenhänge (wie z. B. die aristotelische Ethik). Deskriptiv wird eine bloß empirisch beschreibende Ethik genannt, wie sie weniger von der Philosophie als von den Kulturwissenschaften, etwa der Geschichtswissenschaft oder der Soziologie, betrieben wird; als normativ versteht sich demgegenüber jede Ethik, die das Sollen bzw. Unterlassen von Handlungen nach bestimmten Gesichtspunkten zu begründen sucht; dies gilt – von der Mataethik abgesehen – generell für die philosophische Ethik.

Kehren wir zurück zu der Diskussion um eine *Rehabilitierung der praktischen Philosophie*. Hier stehen sich vor allem zwei Grundpositionen gegenüber: die Ethik der Sittlichkeit und die universalistische Vernunftethik. Nach Auffassung der Vertreter einer aristotelisch bzw. hegelianisch verstandenen Ethik der Sittlichkeit ist, wie schon angedeutet, moralisch-sittliches Handeln immer im Horizont des in der jeweiligen Gesellschaft entfalteten Ethos (Sitte und Brauch) zu verstehen, als rechte Wahl und kluge Anwendung schon vorliegender Normen. Eine prinzipielle »Letztbegründung« von Normen kann es nicht geben, denn dabei würde es sich um die Überheblichkeit handeln, die eigenen Lebens- und Handlungsbedingungen vollständig durchschauen und auf gewissermaßen »jenseitige«, abstrakte Prinzipien beziehen zu wollen. Die Diskussion des angestrebten »guten Lebens« ist ein prinzipiell nicht entscheidbarer Prozeß, der an der sittlichen Wirklichkeit, der Einbettung in Gesellschaft und Tradition seinen Halt findet. Diese Grundposition verteidigen in unterschiedlicher Weise J. Ritter und seine Schüler sowie die Hermeneutiker mit Gadamer als ihrem Lehrer. Die Vertreter einer universalistischen, kantianischen Position dagegen sehen ihr Ziel in der Begründung eines letzten, nicht widerlegbaren Maßstabes des moralischen Handelns bzw. der handlungsleitenden Normen. Nach dieser Auffassung kann nur ein derartig absoluter Maßstab im Konfliktfall eine wirkliche Klärung ermöglichen und den gegenüber den herrschenden Verhältnissen nötigen kritischen Standpunkt begründen. Jeder Verzicht darauf mache praktisch-moralische Fragen letztlich unentscheidbar, bestätige die Macht der traditionellen Verhältnisse und führe in den moralischen Relativismus. Wie will man aber diesen Anspruch einer allgemeinverbindlichen Begründung erfüllen? Diese muß ja ohne jeden Dogmatismus (etwa theologischer Art) auskommen, will sie nicht selbst wieder als eine Position unter vielen angesehen werden. Autoren, die sich diese anspruchsvolle Aufgabe gestellt haben, sind P. Lorenzen und seine Schüler, aber auch – im Spannungsfeld zwischen Hermeneutik, Sprachanalyse und Kritischer Theorie – J. Habermas und K.-O. Apel.

Die beiden Grundpositionen: Ethik der Sittlichkeit

universalistische Ethik

Wer argumentiert, hat sich ethisch schon verpflichtet

Karl-Otto Apel (geb. 1922) und Jürgen Habermas (geb. 1929) haben in den letzten beiden Jahrzehnten in wechselseitiger Beeinflussung die Position einer Kommunikations- oder Diskursethik entwickelt und begründet [10]. Der diskursethische Ansatz kann wohl als der ehrgeizigste und differenzierteste Versuch gelten, eine universalistische Moraltheorie zu begründen, die auf die vielfältigen Probleme des ausgehenden 20. Jahrhunderts reagiert. Apel und Habermas gehören zu den aufgeschlossensten Denkern der Gegenwartsphilosophie; sie führen ihre eigenen Überlegungen in Auseinandersetzung mit einer großen Zahl anderer Denkansätze und Positionen durch. Dazu zählen ebenso philosophische Konzeptionen wie auch neueste Forschungsergebnisse der anderen Humanwissenschaften. Bis heute entwickelt sich die Diskursethik in einer großen Zahl von Einzelveröffentlichungen als ein *work in progress*, dessen Verständnis und Darstellung vor allem erschwert wird durch die hochkomplexe, von teilweise selbstgebildeten Termini durchsetzte Sprache insbesondere Apels. Damit durchkreuzen sich allerdings, wie es scheint, das Interesse der Autoren an moralisch-praktischer Öffentlichkeitswirkung mit den skrupulösen selbstgestellten Argumentationserfordernissen.

Apel

Ethik des Diskurses

Was heißt nun Diskursethik? Was sind ihre Grundlagen? Was bedeutet »Letztbegründung«? In der Zielsetzung übereinstimmend, aber in Einzelfragen auf unterschiedliche Weise versuchen Apel und Habermas die von Kant aufgeworfene Frage nach den Bedingungen der Möglichkeit von wahrer Erkenntnis erneut zu beantworten; ihre Fragestellung ist also eine transzendentalphilosophische [→ S. 251 ff.]. Gegenüber den verbreiteten Auffassungen, daß es keine letztverbindlichen Einsichten geben kann ohne Rückfall in Metaphysik, Theologie oder Dogmatismus, bestehen sie darauf, ein rationales Fundament der Vernunft allgemeinverbindlich bestimmen zu können. Ihre Konzeptionen, die schon im Namen den hochgesteckten Anspruch ausdrücken, heißen Universalpragmatik (Habermas) und Transzendentalpragmatik (Apel). Ihre Gegner sind die Skeptiker und Relativisten aller Lager, welche die Relativität und Vorläufigkeit aller Erkenntnis begründen: wissenschaftstheoretisch (wie der kritische Rationalismus Poppers) oder fundamentalontologisch (wie Heidegger) oder geschichtlich (wie die Hermeneutik Gadamers). Ihre Gegner sind aber auch alle Dogmatiker der Wahrheit, seien es Theologen, die Gottes Wort zu verstehen glauben, oder seien es Metaphysiker, die zu wissen meinen, wie die Welt an und für sich ist. Gegen diese beiden *falschen* Extreme führen Apel und Habermas ihre Argumente ins Feld. Statt nach einem besonderen substantiellen Grund zu suchen (wie z.B. das Sein oder Gott in der metaphysischen Tradition), machen sie das Begründen und Bestreiten, also das Argumentieren selbst zum Gegenstand ihrer Untersuchung. Die Grundfigur ihres Denkens ist also reflexiv, das heißt selbstbezüglich. Sie fragen nach dem, was wir, wenn wir sinnvoll argumentieren, immer schon voraussetzen müssen. Somit bildet nicht – wie bei Kant – das einsame Denken des einzelnen, sondern die gemeinschaftliche, immer schon sprachlich vermittelte Argumentation, der Diskurs, den Ausgangspunkt der Überlegungen. Dies ist eine Einsicht, die Apel und Habermas sowohl mit der Hermeneutik als auch mit der Sprachphilosophie in der Nachfolge Wittgensteins *(linguistic turn)* teilen. Wenn sich solche unbestreitbaren Bedingungen allen Argumentierens ermitteln lassen, dann ist eine Letztbegründung möglich, denn diese Bedingungen muß ich ja selbst, wenn ich versuche, sie zu bestreiten, in Anspruch nehmen. Ihre Bestreitung würde sich also praktisch selbst widerlegen, wie sich der Skeptiker selbst widerlegt, der behauptet, es gibt keine Wahrheit, aber diese Behauptung selbst als Wahrheit ansehen muß. Gibt es solche »unhintergehbaren« Bedingungen des vernünftigen Argumentierens? Worin bestehen sie?

Bedingungen des Argumentierens

Der damit vorbereitete Gedankengang sieht nun folgendermaßen aus: Wer immer an einem Diskurs teilnimmt, hat schon, ob er will oder nicht, die reflexiv ermittelbaren Regeln der Argumentation anerkannt. Das Argumentieren, selbst das skeptischste, hat sozusagen die Struktur der Unentrinnbarkeit: ich kann das Argumentieren nicht argumentativ außer Kraft setzen. Und wer die Argumentation verweigert (etwa durch Nichtteilnahme oder in Form purer Machtanwendung), kann nicht beanspruchen zu argumentieren. Die Situation der Argumentation ist also nicht hintergehbar. Argumentieren heißt, argumentative Ansprüche zu erheben; anders gesagt, bedeutet das: Wer argumentiert, hat sich immer schon verpflichtet. Wozu aber? Apel und Habermas haben in Anlehnung an die Sprechakttheorie Austins und Searles vier universale (transzendentale) Geltungsansprüche jeder Argumentation erläutert: Verständlichkeit, Wahrheit, Richtigkeit und Wahrhaftigkeit. Meine Rede muß, wenn sie etwas besagen will, verständlich sein; ich muß weiterhin mein Argument für wahr halten,

vier Geltungsansprüche

also unterstellen, daß im Prinzip jeder dem zustimmen kann. Ich muß mich mit dem Anspruch der Richtigkeit zudem auf für alle verbindliche Normen beziehen (z.B., daß ein Versprechen eine Verpflichtung beinhaltet), und schließlich muß ich, wenn ich sinnvoll argumentiere, das auch wirklich meinen, was ich sage (Aufrichtigkeitsanspruch). Wenn diese Ansprüche auch, weiß Gott, nicht immer erfüllt werden, so müssen sie doch notwendig und universal unterstellt werden, wenn die Argumentation denn als solche gültig und d.h. wahr sein will. Mit anderen Worten: In jedem tatsächlichen Diskurs unterstellen wir eine »ideale Sprechsituation« oder mit Apels an Peirce angelehnter Formulierung: die mögliche Zustimmung durch eine »unbegrenzte ideale Kommunikationsgemeinschaft«. Das bedeutet, daß der Diskurs sozusagen eine Verhandlung ist, bei der erstens im Prinzip niemand ausgeschlossen oder benachteiligt sein darf, bei der zweitens nur Argumente und nicht etwa rhetorische Kniffe zählen und bei der drittens der Rechtsspruch nicht von einem einzelnen gefällt wird, sondern in der zwanglosen Übereinstimmung, dem Konsens aller Beteiligten besteht. Dieser Maßstab erlaubt nun, mangelhafte, falsche oder strategische Argumentation zu erkennen, wenn die genannten Ansprüche und Regeln nicht erfüllt sind. Mit dieser *transzendentalen* Bestimmung des Diskurses befinden wir uns auch schon im Zentrum der Diskursethik. Denn die Verpflichtungen, die in jedem Diskurs gelten, sind in einem doppelten Sinne moralischer Natur. Sie verpflichten uns allgemein auf *die* Vernünftigkeit, die wir nicht bestreiten können, im Sinne einer Ethik der aufrichtigen Kommunikation, und sie geben uns ein Kriterium an die Hand, moralische Normen grundsätzlich zu verhandeln und zu beurteilen: Moralisch verpflichtend sind dann alle Normen, die in einem Diskurs durch Konsens, die zwanglose Zustimmung aller Argumentierenden, legitimiert werden können.

Konsens – zwanglose Übereinstimmung

Der Gedankengang besticht. Aber kann man denn erwarten, daß einzelne oder gar ganze Gesellschaften sich danach richten? Hinweise gibt es immerhin. Denn das hier in seinen Grundzügen dargestellte Konzept einer universalistischen Diskursethik hat eine interessante wissenschaftliche Bestätigung gefunden. Historische und psychologische Untersuchungen zeigen nämlich, daß sich die Entwicklung des moralischen Bewußtseins sowohl in der Menschheitsgeschichte als auch in der Entwicklungsgeschichte eines jeden einzelnen vom Kind zum autonomen Erwachsenen genau auf den mit dem Diskurs und seinen Regeln beschriebenen Punkt als Ziel hinbewegt. Wie der amerikanische Moralpsychologe Lawrence Kohlberg unterscheiden Apel und Habermas drei Stufen der moralischen Entwicklung. Auf der sog. präkonventionellen Stufe hält sich das Kind an Regeln, um Strafe zu vermeiden oder Belohnung zu erhalten; auf der konventionellen Stufe hält man sich an Regeln, weil es so Sitte ist, aus Loyalität oder sonstigen Anpassungsmechanismen. Auf der dritten Stufe, die als postkonventionell, prinzipienorientiert und autonom bestimmt wird, handelt man nach akzeptierten Verträgen oder schließlich auf Grund der Orientierung an universalen ethischen Prinzipien. Dieses Schema dient nicht nur dem Nachvollzug von Moralentwicklung im individuellen oder philosophiegeschichtlichen Zusammenhang, sondern es ermöglicht auch eine kritische Einschätzung des gegenwärtigen Moralstandards. So bewegt sich die amerikanische Verfassung etwa auf der dritten Stufe, der Orientierung am Sozialvertrag, das Bewußtsein der Mehrheit der amerikanischen Bevölkerung dagegen auf der zweiten Stufe, einer Art Pflichtmoral, wie sie in anderer Weise auch im Selbstverständnis des preußischen Beamtentums herrschte und auch bei uns heute fortlebt.

moralpsychologische Bestätigung

Aufrichtigkeit um jeden Preis?

Ein zentrales Problem der Diskursethik tritt an dieser Stelle in den Blick. Wenn nämlich die Diskursbedingungen, obzwar in jeder Argumentation idealiter unterstellt, *de facto* ständig verletzt oder in strategischer Absicht unterlaufen werden, dann ist es naiv oder gefährlich (z. B. einem Diktator gegenüber), diese Ethik der aufrichtigen Argumentation ohne Rücksicht auf die Folgen als gegeben zu unterstellen. Noch weiter zugespitzt, heißt das mit den Worten Apels: »Die *verantwortungs-ethische Paradoxie* der Problemsituation liegt hier in dem folgenden Umstand: Selbst, wenn alle verantwortlichen Akteure das Prinzip der Diskursethik als Maxime ihrer Gesinnung innerlich akzeptiert hätten und somit prinzipiell bereit wären, Konflikte nur diskursiv und konsensuell zu lösen, so könnten sie das doch voneinander nicht mit Sicherheit wissen.« [11]

Ein utopischer Anspruch

Es sieht so aus, als fehlte der Diskursethik eine Art gesellschaftspolitisches Programm, um ihre konkrete Umsetzung anzuleiten und vor Mißverständnissen zu schützen. Aus diesem Grund schlägt Apel für die Anwendung der Letztbegründung in einem »Teil B« seiner Ethik eine *verantwortungsethische* Ergänzung vor, die der »Notwendigkeit einer *Interimsethik* des Übergangs von den bestehenden Verhältnissen zur Realisierung der Anwendungsbedingungen der Diskursethik« entspricht [12]. In Kürze meint dies: Der historisch und gesellschaftlich erreichte Stand des moralischen Diskurses muß erhalten und zugleich nach und nach in Richtung auf die Realisierung des idealen Diskurses entwickelt werden. Der utopische Kern der Diskursethik schält sich in diesen Überlegungen deutlich heraus. Denn die Spannung zwischen faktischen Diskursen und der in die Zukunft verlagerten Realisierung idealer Diskursbedingungen ist prinzipiell wohl nie aufhebbar. Legt das nicht den von den Autoren allerdings überhaupt nicht intendierten Gedanken nahe, die Diskursbedingungen unter Umständen auch mit Gewalt herzustellen? Gerade gegen dieses Mißverständnis beharrt Apel so sehr darauf, daß es zu welchem guten Zweck auch immer keinen Rückschritt in der Wahl der Mittel geben darf. Dennoch, die anzustrebende Realisierung der vollen diskursethischen Bedingungen ist ein riskantes, letztlich den Politikern übergebenes Unterfangen mit ungewissem Ausgang.

Grenzen der Diskursethik

Die Einwände gegen die Diskursethik und die Antworten ihrer Verteidiger füllen mittlerweile dicke Bücher. Ein häufig vorgetragenes Gegenargument lautet: Vorausgesetzt, die Diskursbedingungen sind unwiderleglich begriffen, so stellt sich doch die Frage, ob wir damit mehr als einen Maßstab zur Kritik nicht gelingender Diskurse haben. Wir können faktische Konsense damit kritisieren, aber kaum jemals einen gelingenden Konsens als ideal und damit unwiderleglich wahr behaupten. Denn unter Handlungsdruck wird irgendwann entschieden und nicht mehr weiterdiskutiert. Wenn das stimmt, dann taugt die Diskursethik zwar zur Moralkritik, aber kaum zur beanspruchten Normenbegründung im einzelnen.

Abschied vom Prinzipiellen

Ein repräsentativer Titel

Abschied vom Prinzipiellen lautet der programmatische Titel eines kleinen Sammelbändchens des in Gießen lehrenden Odo Marquard (geb. 1928), eines Schülers von J. Ritter [13]. Dieser Titel eignet sich als Überschrift für eine sich aus den unterschiedlichsten Richtungen zusammensetzende Strömung der gegenwärtigen Philosophie. Bei aller Unterschiedlichkeit ihrer Begrifflichkeit und Problemstellung im einzelnen können darunter Hermeneutiker, Skeptiker, Neoaristoteliker und Neohegelianer ebenso gefaßt werden wie die Vertreter der postanalytischen Philosophie vor allem der Vereinigten Staaten und die Diagnostiker der Postmoderne.

Bleiben wir bei Odo Marquard. Witz und eine in der deutschsprachigen Gegenwartsphilosophie ungewöhnliche Formulierungslust von großer Eigenwilligkeit kennzeichnen seine Texte. Ironische Wortneuschöpfungen, Anekdoten und überraschende Wendungen beleben Gedanken, die gleichwohl von profunder Gelehrtheit zeugen. So attestiert er der Philosophie eine »Inkompetenzkompensationskompetenz«, nennt sich selbst mal einen »Nichtsachverständigenvertreter«, mal ein »endogenes Trojanisches Pferd« der Hermeneutik. Einen Namen für seine Art des Schreibens liefert er gleich mit: »Transzendentalbelletristik«. Diese ist ohne Respekt für die in aller Regel starr gezogene Grenze zwischen Ernst und Spaß, das Zitat Friedrich Hölderlins steht neben dem von Wilhelm Busch. Solche Irritationen, die Marquard erkennbar Freude bereiten, sind auch ein Ausdruck seiner skeptischen Grundhaltung. Marquard vertritt die Position einer hermeneutischen Skepsis. Mit der philosophischen Hermeneutik geht sie von der Endlichkeit des Menschen und all seiner Einsichten aus. Konsequent wendet sie sich gegen absolute Begründungsansprüche und letztverbindliches Wissen. Skepsis ist dann der »Sinn für Gewaltenteilung«: Keiner einzelnen Überzeugung darf das Feld allein überlassen werden, vielmehr gewinnt der Skeptiker seine Freiheit, indem er verschiedene Theorien gegeneinander antreten läßt, um keiner letztlich rechtgeben zu müssen. Von dem Extrem des bodenlosen Skeptizismus, der mit allem schließlich sich selbst auch noch in Zweifel ziehen muß, weiß Marquard sich allerdings abzugrenzen. Den nötigen Boden findet der skeptische Hermeneut in dem vor allem Zweifel und aller Begründung schon Gegebenen und Üblichen, in den »Sitten der Väter«. »Weil wir zu schnell sterben für totale Änderungen und totale Begründungen, brauchen wir Üblichkeiten: auch jene Üblichkeit, die die Philosophie ist. Die Skeptiker rechnen also mit der sterblichkeitsbedingten Unvermeidlichkeit von Traditionen; und was dort – üblicherweise und mit dem Status von Üblichkeiten – gewußt wird, wissen auch sie. Die Skeptiker sind also gar nicht die, die prinzipiell nichts wissen; sie wissen nur nichts Prinzipielles: die Skepsis ist nicht die Apotheose der Ratlosigkeit, sondern nur der *Abschied vom Prinzipiellen*.« [14]

Ist das absolute, prinzipielle Wissen verabschiedet, dann überrascht – mit dem Titel einer anderen Aufsatzsammlung Marquards gesprochen – eine *Apologie des Zufälligen* [15] nicht mehr allzusehr. Das Einzelne und schicksalhaft Zufällige wie etwa das Faktum der eigenen Geburt, Umstände also, die wir nicht wählen und nicht ändern können, bestimmen uns mehr als unsere eigenen Leistungen. Den Zufall zu verteidigen bedeutet dann nichts anderes, als das Schicksal, endlicher Mensch zu sein, wohlwollend zu akzeptieren. Wir haben als endliche Wesen gar nicht genug Zeit, alles Zufällige in Begründungen auf seine Legitimität hin zu überprüfen. Und zu den unvermeidlichen Zufällen gehören auch die kulturellen Üblichkeiten, in die wir hineingeboren werden. Wenn wir unser Leben nicht verlagen wollen, müssen wir uns vor allem anderen an diesen Üblichkeiten orientieren. Dies nennt Marquard den Standpunkt des Usualismus. Aus dieser Sicht wendet sich nun die moralkritische Legitimationsforderung des Universalisten gegen diesen selbst zurück. Denn nicht die Übernahme des Vorgegebenen muß sich rechtfertigen, sondern die Veränderung. Marquard präsentiert diese These in einem Minidialog zwischen Philosoph

eigentümlicher (Denk-) Stil

skeptische Gewaltenteilung

Überlieferung als Grundlage

Faktum Zufälligkeit

Grenzen der Rechtfertigung

und Laien, wobei man für Philosoph z. B. den Namen »Apel« und für Laie »Marquard« einsetzen könnte: »Philosoph: Rechtfertige dich! – Laie: Bitte nach dir.« [16] Aufgrund seiner Orientierung an dem, was üblich ist, ist der Usualismus, wie Marquard bekennt, also durchaus ein Konservativismus. In dem Sinne allerdings, in dem z. B. auch ein Chirurg konservativ ist: dieser muß ja seine Operationen legitimieren und nicht all das, was er am Körper läßt, wie es ist.

Das Problem der Theodizee

Hinter dieser Position, ihrer Skepsis gegenüber Begründung und ihrer Orientierung an einer Hermeneutik der Endlichkeit steht eine interessante Sicht der Problematik der Philosophie der Neuzeit seit dem frühen 18. Jahrhundert. Ausgangspunkt ist das von Leibniz sogenannte Problem der Theodizee [→ S. 176 ff.], die Frage, wie Gott angesichts des Übels in der Welt zu rechtfertigen sei. Leibniz brachte in diesem Zusammenhang den Gedanken der Kompensation ins Spiel. Mit den Annehmlichkeiten habe Gott die Mängel und das Übel kompensiert im Interesse einer bestmöglichen Welt. Wenn nun aber in der Folgezeit der Glaube an die Existenz Gottes schwindet und der Mensch als Herr der Geschichte an seine Stelle tritt, dann ist nicht mehr Gott die Instanz, die sich für das Böse in der Welt zu rechtfertigen hat, sondern der Mensch selber. Was bedeutet das? Im Zeichen der Geschichtsphilosophie steht der Mensch nun auf beiden Seiten der Anklage: er ist der Angeklagte, und zugleich ist er der Ankläger. Er steht gewissermaßen vor einem Dauertribunal unter absolutem Rechtfertigungsdruck.

Entlastung vom Rechtfertigungsdruck

Doch dieser Druck ist unerträglich und unlebbar: man kann sich nicht ständig für alles rechtfertigen. Der Druck muß kompensiert werden. Marquard interpretiert die Entwicklung der Philosophie seit dem 18. Jahrhundert in dieser Perspektive als Versuche, sich dem Rechtfertigungsdruck kompensatorisch zu entziehen. Er nennt das Entlastung durch den Ausbruch in die Unbelangbarkeit. Zwei Formen der Entlastung bieten sich grundsätzlich an: Man kann sich unbelangbar machen, indem man in Bereiche ausbricht, die sich der Rechtfertigung widersetzen oder entziehen. Dafür ist nach Marquards Meinung das Aufkommen von Anthropologie und Ästhetik, verstanden als »Urlaub vom Tribunal«, typisch. Oder man kann sich unbelangbar machen, indem man ausschließlich die Rolle des Anklägers übernimmt, durch »Tribunalisierungspotenzierung«, wie Marquard es nennt. Diese Form der Entlastung durch den Ausbruch in die Unbelangbarkeit zeigt sich in der weiteren Entwicklung der Geschichtsphilosophie über Kants Autonomietheorie des Gewissens bis zu deren Radikalisierung in Fichtes *Wissenschaftslehre* von 1794 [→ S. 268 ff.]. Dies nennt Marquard die Flucht aus dem Gewissen*haben* ins Gewissen*sein*.

Vielfalt von Üblichkeiten

Diese Diagnose der philosophischen Kompensations- und Entlastungsstrategien und ihrer »unmenschlichen« Herkunft aus der Theodizee bestätigt die praktische Philosophie Marquards in ihrer Skepsis gegenüber starken Begründungsansprüchen wie in ihrem Plädoyer für die »bunte« Welt der Üblichkeiten. Konsequenterweise ist in Marquards Augen der Universalismus nichts anderes als eine überhebliche Üblichkeit, die sich selbst verabsolutiert. Dagegen fordert er, wie gesagt, im Bereich des Praktischen die Anerkennung der Pluralität der Üblichkeiten in der Moderne. Läuft das aber nicht auf eine bloße Anpassungsmoral (im Sinne der oben erwähnten Kohlbergschen Moralentwicklung) hinaus? Diesen geläufigen Einwand wehrt der »Modernitätstraditionalist« Marquard mit dem Hinweis auf die *Pluralität* der Üblichkeiten ab. Denn die moderne Vielheit und »Buntheit« der Üblichkeiten eröffnet die Chancen wechselseitiger, kritischer Korrektur und durchaus unangepaßter Besonderheit, die in keinem universalen

Konsens aufgehoben werden kann. Ein schwerwiegendes Beispiel für diese Moralproblematik ist der Naziverbrecher Eichmann, der ohne autonome Gewissensentscheidung nur der NS-Üblichkeit Folge geleistet hat. Damit konfrontiert, weist Marquard darauf hin, daß Eichmann zuvor die fundamentale Üblichkeit, seine Mitmenschen nicht umzubringen, verletzt habe. Die Berufung auf das NS-Übliche fungiere als eine Art Schutzbehauptung und diskreditiere die Üblichkeitsethik so wenig, wie eine gleichsam ehrlich vorgetragene Lüge grundsätzlich die Wahrhaftigkeit in Frage stellt. Im Gegenteil, die »Eichmann-Gefahr« bestehe gerade dort am stärksten, wo man Üblichkeiten im Namen des Absoluten oder eines sonstwie für gut Gehaltenen außer Kraft setzt. Zum Widerstand im nationalsozialistischen Deutschland schreibt er in diesem Zusammenhang: »[...] man sollte sich daran erinnern, daß der Widerstand vor allem aus intakten Traditionen kam. Darum stimmt es auch nicht, daß die Schätzung der Üblichkeiten Kritik unmöglich mache, denn das Gegenteil ist der Fall: Kritik ist vor allem der Konflikt zwischen Üblichkeiten; um zu ihm fähig zu sein, muß man Üblichkeiten haben; und in unseren Zeiten und Gegenden ist dann schließlich Kritik selber eine Üblichkeit, die durch Üblichkeiten geregelt ist.« [17]

Die Lebensnähe und Konkretheit der von Marquard vertretenen Position hat den – nach seiner Meinung unvermeidlichen – Preis des Verzichts auf einen letzten moralischen Maßstab. Das war schon immer der Haupteinwand gegen die Sittlichkeitsethik in der aristotelischen Tradition. Neoaristotelisch ist Marquards Beitrag zur praktischen Philosophie in mehreren Hinsichten zu nennen. Da ist einmal die Orientierung an dem konkreten sittlichen Horizont der »Üblichkeiten«, da ist weiterhin die damit verbundene Absage an ein universalistisches Moralprinzip, da ist nicht zuletzt auch die Übernahme der aristotelischen *mesotes*-Lehre, nämlich nichts im Übermaß zu tun und sich skeptisch zwischen absolutem Wissen und absolutem Nichtwissen einzurichten.

Die anderen, zu Beginn dieses Abschnitts angesprochenen, verwandten Positionen der Gegenwartsphilosophie stimmen grundsätzlich in ihrer antiuniversalistischen und relativistischen Grundhaltung mit den hier exemplarisch näher beschriebenen Überlegungen Marquards überein. Ihre systematisch begrifflichen Ausgangspunkte und ihre philosophiehistorischen Anknüpfungspunkte unterscheiden sich allerdings erheblich. Als wichtige Vertreter im weiteren Sinne vergleichbarer ethischer Ansätze möchte ich stellvertretend für viele andere noch Hermann Lübbe (geb. 1926) und Richard Rorty [→ S.423 f.] nennen.

Bezugspunkt Aristoteles

Was dürfen wir tun? Was haben wir zu unterlassen?

An diesem Punkt mag man sich nun fragen: Und was bedeutet das nun für mein konkretes Handeln? Ist z. B. Sterbehilfe unmoralisch oder nicht? Wie steht es mit der Gentechnologie? Wie mit der friedlichen Nutzung von Kernkraft? Entziehen sich solche konkrete Fragen moralischen Handelns der unmittelbaren Zuständigkeit der Philosophie? Es scheint ganz so zu sein. Die Diskursethik nennt zwar ein Kriterium: die Konsensfähigkeit, überläßt die konkrete Verhandlung allerdings den Beteiligten und Betroffenen. Die usualistische Sittlichkeitsethik verweist uns auf die Üblichkeiten. Beide verstehen sich – durchaus mit guten Gründen – nicht als Ratgeber für konkrete Einzelentscheidungen, sondern versuchen zu klären, worin mo-

Hand einer Sterbenden

ralisches Handeln seinen Orientierungspunkt finden kann. Im folgenden möchte ich nun zwei Positionen der gegenwärtigen Ethikdebatte vorstellen, die vor allem deswegen Aufsehen erregt haben, weil sie den Mut (oder die Leichtfertigkeit?) besitzen, zu Einzelfragen der gesellschaftlichen Moralprobleme Stellung zu nehmen und konkret-praktische Lösungsvorschläge zu formulieren.

Hans Jonas (geb. 1903), Husserl- und Heidegger-Schüler, mußte 1933 emigrieren und kam über Palästina und Kanada in die USA, wo er seit 1955 lebt. Ursprünglich Religionsphilosoph, wendet er sich später ethischen Fragen der modernen Welt zu. 1979 legt er nach langen Jahren wieder ein Buch auf Deutsch vor: *Das Prinzip Verantwortung. Versuch einer Ethik für die technologische Zivilisation* [18]. Ausgangspunkt und Herausforderung der Überlegungen von Jonas ist die Feststellung, daß die technische Zivilisation ein Stadium erreicht hat, das ohne Vorbild in der Geschichte ist. Die Entfesselung technischer Möglichkeiten ist mit dem zunehmenden Bewußtsein der damit einhergehenden Bedrohung menschlichen Überlebens überhaupt verbunden. Die Fernwirkungen menschlichen Handelns im räumlich-globalen wie zeitlich-zukünftigen Horizont erfordern eine neue Ethik, deren Kompaß allein das Ausmaß der Bedrohung selbst sein kann. Die Prozesse nicht wiedergutzumachender Naturzerstörung oder die ersten Schritte genetischer Manipulation der Natur und des Menschen stellen die Verantwortung in das Zentrum angemessener ethischer Überlegungen. Jonas' kategorischer Imperativ lautet demnach: »»Handle so, daß die Wirkungen deiner Handlung nicht zerstörerisch sind für die künftige Möglichkeit solchen Lebens‹; oder einfach: ›Gefährde nicht die Bedingungen für den indefiniten Fortbestand der Menschheit auf Erden‹«. Dieses Prinzip Verantwortung kann in unserer Zeit nur als ein Prinzip des kollektiven Handelns wirksam werden, es richtet sich also vor allem an die Politik.

Gibt es Verantwortung »von Natur aus«?

Leuchtet dieses Prinzip nicht von selbst ein? Bedarf es noch einer Begründung? Zumindest setzt es voraus, daß die Menschheit zu erhalten, daß der kollektive Selbstmord nicht erlaubt ist. Da diese Voraussetzung nicht mehr durch die sinnstiftende Kraft der Religion beglaubigt werden kann, sieht Jonas nur die Möglichkeit einer metaphysischen Begründung des Prinzips Verantwortung. Der ursprüngliche verpflichtende Wert alles Seins wird von Jonas in einer ausführlichen Argumentation als Grundlage seiner ethischen Überlegungen dargestellt. Diese antikem Seinsverständnis angelehnte Begründung ist jedoch nur möglich um den Preis eines Rückschritts hinter moderne Erkenntnisse, die den Schluß von einem Sein auf ein Sollen als Fehlschluß kritisieren. Darauf antwortet Jonas mit dem Beispiel der elterlichen Verantwortung als einer Verantwortung »von Natur aus«; elterliche Verantwortung ist »von keiner vorherigen Zustimmung abhängig, unwiderruflich und unkündbar; und sie ist global«. Auf die Problematik der metaphysischen Begründung des Prinzips Verantwortung kann hier nur hingewiesen werden; Jonas interessiert uns ja vor allem aufgrund seiner praktisch-konkreten Lösungsvorschläge [19].

methodischer Pessimismus

Die bisherige Darstellung macht plausibel, daß Jonas für eine praktische Ethik der Bewahrung, des verantwortungsvollen Unterlassens plädiert: Wir dürfen nicht alles tun, was wir technisch tun können; gesucht ist die »Macht über die Macht«, gefordert die Abkehr von weitertreibenden Utopien. Dies erfordert eine alternative, umfassende Wissenschaft, welche auch die langfristigen Folgen technischer Naturbeherrschung im wahrsten Sinne des Wortes *furchtbar* vor Augen führt. Für die Orientierung des verantwortungsvollen Handelns gilt dann – als antiutopischer und skeptischer Bewahrungsgrundsatz – immer der »Vorrang der schlechten vor der guten Prognose«. Dieser, man könnte sagen, methodische Pessimismus faßt mit guten Gründen das am schlimmsten zu Befürchtende ins Auge und läßt sich von keinem Prinzip Hoffnung täuschen. Das konkrete Feld, in dem Jonas seine Überlegungen verdeutlicht, ist das Gebiet der Humanbiologie und der Medizin. Hier lassen sich die Folgen auch für den Nichtwissenschaftler am ehesten absehen, und hier geht es um das uns Nächste: uns selber, den Menschen. In eindrucksvollen Szenarien führt Jonas vor, wie die Medizin ihre einzige Legitimation, dem Kranken zu helfen, mehr und mehr aus dem Auge verliert und der Faszination des Technisch-Machbaren verfällt. Ob es um die experimentelle Verabreichung von Placebos an Kranke geht, die Nutzung künstlich am Leben gehaltener Körper als Organbanken, um den Traum von der Unsterblichkeit oder die biotechnische Genmanipulation bis hin zur identischen Verdoppelung des Einzelnen (genetische Klonierung) – immer erinnert Jonas an die fatalen Folgen, die den Menschen drohen, wenn sie sich als Schöpfer und Übermenschen aufspielen. Zugleich bestürzt ihn das Tempo, mit dem seine erschreckenden Visionen teilweise innerhalb weniger Jahre Wirklichkeit geworden sind oder gar noch überboten werden. Wie steht es nun mit den Realisierungschancen einer Ethik der Verantwortung angesichts dieser scheinbar unaufhaltsamen Entwicklung? Seine Skepsis, daß die liberalen Demokratien westlichen Zuschnitts gegen den Druck des Marktes und des ökonomischen Erfolgs der damit erwachsenden Verantwortung gerecht werden, läßt Jonas gelegentlich mit dem Gedanken einer »Ökodiktatur« als letzter Möglichkeit der Verhinderung des Schlimmsten spielen. Die damit aufgeworfene Problematik, den erreichen Stand menschlicher Freiheit und Demokratisierung mit der Notwendigkeit verantwortungsvollen kollektiven Handelns zu verrechnen, ist Jonas sehr wohl bewußt und markiert eines der fatalen Grenzprobleme seiner Ethik der Natur. Können nur noch einsichtige Eliten unserem Schicksal die richtige Richtung geben?

»Mit anderen Worten: Die Frage der Machteliten kommt auf und wie die zu erziehen sind, so daß sie diesen Moloch oder Leviathan oder einfach neutral das Kollektiv richtig leiten, also zuerst einmal selber von der richtigen Einsicht und dem guten Willen beseelt sind. [...] das ist eines der Probleme der Staatskunst, die man wieder ganz, ganz ernsthaft und sogar ohne Angst vor eventueller Beeinträchtigung rein egalitärer, demokratisch-parlamentarischer Methoden in Angriff nehmen muß.« [20]

Die wohl heftigste Debatte ethischer Fragen in der deutschen Öffentlichkeit der letzten Jahre ist mit dem Namen des australischen Philosophen Peter Singer (geb. 1946) verbunden. In seinem Buch *Praktische Ethik* (1979; deutsch 1984) vertritt er unter anderem die These, daß in gewissen Fällen aktive Euthanasie moralisch vertretbar ist. Sätze wie »die Tötung eines behinderten Säuglings ist nicht moralisch gleichbedeutend mit der Tötung einer Person. Sehr oft ist sie überhaupt kein Unrecht« lösten, nachdem sie in Tages- und Wochenzeitungen publiziert wurden, eine Welle der Empörung aus. Auftritte Singers in der Bundesrepublik wurden durch öffentlichen Protest verhindert, die Diskussion seiner Thesen in philosophischen Seminaren wurde angeprangert. Angesichts des unerträglichen Unrechts, das unter dem Namen der Euthanasie im nationalsozialistischen Deutschland begangen wurde, sind diese Reaktionen nur allzu verständlich. Doch Peter Singer ist kein Einzelfall, kein zynischer Außenseiter; seine Überlegungen stehen im Zusammenhang der Wiederaufnahme utilitaristischer Ethikkonzepte in der analytischen Philosophie angelsächsi-

Kälte der Klinik

Diktatur verantwortungsbewußter Eliten

Peter Singer: Praktische Ethik

öffentliche Proteste

scher Prägung. Die Empörung über Singers Äußerungen hat diesen Kontext oft erst gar nicht zur Kenntnis genommen und damit auch nicht die Herausforderung, die andererseits in Thesen der *Praktischen Ethik* besteht, die etwa das Recht der Tötung von Tieren bestreiten.

Präferenz-Utilitarismus

Grundlage der umstrittenen Thesen Singers ist die Position eines – wie es in der Fachsprache heißt – Präferenz-Utilitarismus, der den Anspruch einer universalistischen Ethik mit einer möglichst einfachen Begründung erfüllen will: Ziel ist die unparteiische und maximale Befriedigung von Präferenzen, d.h. Wünschen und Interessen. Demnach wird die moralische Qualität von Handlungen beurteilt, inwiefern sie einer gerechten Interessenabwägung standhalten. Moralisch gerecht ist eine Abwägung von Interessen dann, wenn sie keinen Unterschied macht, *wer* diese Interessen hat. Damit grenzt sie sich von einer bloß egoistischen oder gruppenbezogenen Moral ab. Moralisch geboten ist nach dieser Auffassung, »daß ich all diese Interessen abwäge und jenen Handlungsverlauf wähle, von dem es am wahrscheinlichsten ist, daß er die Interessen der Betroffenen maximiert. Also muß ich den Handlungsverlauf wählen, der per saldo für alle Betroffenen die besten Konsequenzen hat«. Singer diskutiert nun von diesem Standpunkt aus eine Menge relevanter Fragen wie Gleichheit und Diskriminierung, wobei er auch die Frage nach der Gleichheit für Tiere einschließt, oder das Problem der Verpflichtung, die Armut auf der Welt zu beseitigen. Ich möchte im folgenden Singers Position an zwei Argumentationen deutlich machen: An seiner umstrittenen Stellungnahme zur Euthanasie und an seiner Stellungnahme zum Problem des Tötens von Tieren. Denn darin weicht Singer am stärksten von den in unserer Gesellschaft herrschenden moralischen Intuitionen ab: So sehr uns eine Verteidigung von Euthanasie empört, so sehr ist es andererseits in unserer Kultur selbstverständlich, daß wir Tiere zum Zweck der Nahrung töten. Ausgangspunkt für die Diskussion beider Probleme ist die Frage nach dem Wert des Lebens. Darf man aber diese Frage überhaupt stellen? Ist sie nicht selbst unmoralisch? Man erinnere sich nur an die Festlegung »unwerten Lebens« durch die Nazis. Singer verneint dies unter Hinweis darauf, daß wir ohne Probleme diese Frage ständig praktisch beantworten, wenn wir Tiere töten oder Pflanzen zerstören. Und damit stellt sich ihm automatisch auch die Frage nach dem Wert menschlichen Lebens. Denn die generelle Einschränkung des Tötungsverbots auf menschliches Leben ist seiner Meinung nach nicht zu verteidigen. Sie würde ähnlich wie der Rassismus die Zugehörigkeit zur eigenen Spezies willkürlich zum Kriterium besonders wertvollen Lebens machen. Singer nennt dies »Speziesismus«, der in unserer Kultur allerdings durch eine lange religiöse Tradition beglaubigt ist. Mit scharfsinnigen, »präferenzutilitaristischen« Argumenten findet Singer schließlich ein Bewertungskriterium für Leben in der Unterscheidung zwischen personalem und nichtpersonalem Leben. Eine Person unterscheidet sich danach von einem bloß empfindenden Wesen durch Selbstbewußtsein, welches das Wissen um die eigene Vergangenheit und Zukunft umfaßt und damit auch die Fähigkeit, Wünsche hinsichtlich der eigenen Zukunft zu haben. Und darin liegt nach Singers Auffassung der besondere Wert einer Person und damit auch die besondere Schutzwürdigkeit ihres Lebens. Denn nach dem Prinzip der Interessenabwägung »ist das Töten einer Person in der Regel schlimmer als das Töten eines anderen Wesens, weil ein Wesen, das sich nicht selbst als eine Wesenheit mit einer Zukunft sehen kann, keine Präferenz hinsichtlich seiner eigenen zukünftigen Existenz haben kann«. Nun zeigt es sich für Singer aber, daß im Sinne seiner Definition nicht alle

Wann ist Töten moralisch erlaubt?

Personsein als Kriterium

Menschen Personen sind und daß es umgekehrt Tiere gibt, die Personen sind. Folgt man dieser intuitiv sicherlich merkwürdig scheinenden Sprachregelung, so erfüllen Neugeborene durchaus nicht das Personenkriterium, Schimpansen und manch andere Tiere aber sehr wohl. Daraus folgert Singer, daß die Tötung eines Neugeborenen weniger verwerflich sei als die Tötung personaler nichtmenschlicher Lebewesen, wozu er z. B. auch Delphine rechnet. Neugeborene verdienen nach dieser Auffassung dann nur den gleichen Schutz wie andere nicht personale Lebewesen. Singer verteidigt damit nicht das willkürliche Töten solcher »Nichtpersonen«, vielmehr ist deren Tötung nur in den Fällen erlaubt, in denen das zu erwartende Leben nicht lebenswert erscheint; das ist seines Erachtens bei unheilbar schwerstmißgebildeten Säuglingen der Fall. Dann ist aktive, »nichtfreiwillige Euthanasie« gerechtfertigt. Das heißt, der Arzt ist in diesem Fall berechtigt, den ansonsten früher oder später für unvermeidlich angesehenen Tod des für unheilbar gehaltenen Säuglings tätig (und nicht nur durch Unterlassung lebensverlängernder Maßnahmen) herbeizuführen. Andererseits ist – nach diesem Ansatz – das in unserer Gesellschaft von vielen noch für unproblematisch gehaltene Töten von »personalen« Tieren gar nicht und von »nicht personalen« Tieren nur in wenigen speziellen Fällen zu rechtfertigen: Es sind »nur ganz wenige von den Milliarden Fällen, in denen Menschen Jahr für Jahr nichtmenschlichen Geschöpfen den vorzeitigen Tod bringen«.

mögliche Konsequenzen

Person? Oder nur Tier?

Es ist nicht möglich, hier die verwickelten Erwägungen Peter Singers weiter darzustellen, doch dürfte aus dem Gesagten klar geworden sein, welche Provokation diese Thesen darstellen. Die Kritik an Singers Position bezieht sich vor allem auf seine Rechtfertigung der aktiven Euthanasie schwerstbehinderter Säuglinge. Behinderte sehen dadurch ihr Lebensrecht bestritten, aus dem Buch Singers fließe nur »brauner Saft«, meinen andere. Schon die Erwägung solcher Fragen verletze die Menschenwürde, die keinerlei Bewertung in der Grundsatzfrage des Lebenswerten zulasse, lautet der Einwand kantianisch argumentierender Ethiker. Was sind Mißverständnisse? Was ist berechtigte Empörung? Was sind treffende Gegenargumente? Zentral ist das »Dammbruch«-Argument: Wenn an einer Stelle das kategorische Verbot, Menschen zu töten, aufgebrochen wird, dann ist es nicht mehr weit, andere Fälle »legitimen« Tötens zu erwägen und schließlich auch zu erlauben. Weitergehend ist die grundsätzliche Kritik an dieser Form des Utilitarismus: Offensichtlich ist er nicht in der Lage, fundamentale ethische Grundsätze wie das Tötungsverbot angemessen zu begreifen. Statt dessen hat man bei der Lektüre Singers häufig den Eindruck, als handele es sich bei der Erwägung solcher Fragen um besonders komplizierte Rechenaufgaben. In gewisser Weise verkörpern die Überlegungen Singers die in unserer Welt zunehmende Tendenz, Probleme rein technisch zu verstehen und lösen zu wollen. Singer vertritt – so gesehen – die Ethik der Machbarkeit, vor der Jonas so eindringlich warnt. Zugleich macht Singers konsequentes Kalkulieren von mehr oder weniger Lebenswertem aber auch aufmerksam auf die in unserer Gesellschaft herrschende Doppelmoral. Man denke nur an die Abtreibungsdiskussion. In einem Interview zu Singers Thesen besteht Jonas darauf, daß wir uns nicht anmaßen können, die sicherlich schwierige Entscheidungsproblematik, die sich in Fällen schwerster Mißbildungen angesichts der heute zur Verfügung stehenden Lebenserhaltungstechnologien stellt, nach allgemeinen Regeln lösen zu können. Und dann sagt er kategorisch: »Der Arzt kann vieles machen: heilen, erleichtern, mildern. Aber das Töten darf nicht dazugehören.« [21]

Vorwürfe der Kritik

Ethik als Kalkül

Bindestrich-Ethiken	Dennoch ist absehbar, daß die technische Entwicklung uns zunehmend mit Situationen konfrontiert, die uns schwerwiegende ethische Entscheidungen abverlangen, auf die wir in der Regel nicht gut vorbereitet sind. Die philosophischen Bemühungen, auf diese Herausforderungen angemessen zu reagieren, haben in den letzten Jahren eine erkleckliche Zahl sogenannter Bindestrich-Ethiken entstehen lassen: Bio-Ethik (wozu auch die Position Singers gerechnet wird), Öko-Ethik, Ethik der Natur (mit Hans Jonas als prominentem Vertreter), Tier-Ethik, Wirtschafts-Ethik usw. Eine weitgehend akzeptierte Theorie der ethischen Bewältigung der angedeuteten Probleme ist (noch?) nicht in Sicht. Wäre sie es, bliebe immer noch die Frage, ob und wie sie durchsetzbar wäre.

Positionen der Ästhetik

gegensätzliche Einstellungen zur Kunst	Der Umgang mit Kunst und Schönem, ja mit für ästhetisch gehaltenen Dingen und Phänomenen überhaupt ist in unserer Gesellschaft von einer merkwürdigen Zweideutigkeit bestimmt. Über Geschmack kann man nicht streiten, und jeder nach seinem eigenen Gusto, heißt es häufig angesichts sich widersprechender Urteile über die Kunst und einzelne Kunstwerke. Umgekehrt wird aber gerade der Kunst eine besondere Wertschätzung entgegengebracht, wird von der tiefen »Wahrheit« der Kunst gesprochen, geht man ins Theater wie sonst nur in die Kirche. Der Ausdruck »Musentempel« bringt das treffend zur Sprache. Diese verbreiteten gegenteiligen Ansichten und Einstellungen bezeichnen recht deutlich die moderne Grundproblematik ästhetischer Theorie. Denn einerseits ist unbestritten, daß Kunstwerke keine objektive, argumentativ beweisbare Erkenntnis vermitteln, wie wir sie aus den Wissenschaften kennen. Andererseits wird aber doch auch zugestanden, daß in der Kunst mehr zum Ausdruck kommt als bloße Beliebigkeit, Unterhaltung oder Dekoration.

Worin kann dann aber das »Mehr« der Kunst bestehen? Und in welcher Weise ist es allgemein verbindlich? Schon lange bevor es zu der eigenständigen Disziplin »philosophische« Ästhetik kam, war das Phänomen Kunst ein umstrittenes Thema philosophischen Nachdenkens. Berühmt ist Platos Verdikt über die bildenden Künste, die nichts als Lug und Trug seien, von der wahren Wirklichkeit doppelt entfernt; ebenso berühmt ist Aristoteles' Poetik, die der künstlerischen Nachahmung eine legitime Darstellungs-
philosophie-geschichtlicher Hintergrund	funktion zuspricht [→ S.51f.]. Die eigentliche philosophische Ästhetik nimmt dann allerdings erst Mitte des 18. Jahrhunderts ihren Ausgang bei Baumgarten, um dann von Kant [→ S.262] und wenig später Hegel [→ S.290f.] ihre bis heute wichtigsten Impulse zu bekommen [22]. Die Fragen nach der Wahrheit der Kunst, der Rationalität des Ästhetischen, der Bedeutung des Schönen in Natur und Kunst, der Geschichtlichkeit der Kunst oder nach einem philosophischen System der Künste wurden seitdem immer wieder neu zu beantworten versucht. Zumal in unserem Jahrhundert haben sich Ästhetik und Kunstphilosophie aufgefächert in eine Vielzahl von Ansätzen und Theorietypen, die kaum mehr überschaut werden können. Inspiriert durch einzelwissenschaftliche Theorien haben sich etwa strukturalistische, psychoanalytische, semiotische, informationstheoretische oder anthropologische Ästhetiken entwickelt, um nur einige zu nennen.

Dazu kommt eine sicherlich ebenso große Zahl sogenannter Künstlerästhetiken von unterschiedlichstem Niveau: zu nennen sind z. B. die Beiträge von W. Kandinsky [→ S. 380], P. Valéry oder J. Beuys. Überhaupt spitzt sich die Problematik zu, inwiefern man angesichts der Verschiedenheit der einzelnen Künste und ihrer vielfältigen Stile und Formen überhaupt noch einheitlich und allgemein von *der* Ästhetik sprechen kann.

Die beiden letzten großangelegten Philosophien, in deren systematischen Zusammenhang die Ästhetik einen hervorragenden Stellenwert einnimmt, sind die kritische Theorie Adornos [→ S. 440] und die philosophische Hermeneutik Gadamers [→ S. 443]. Beiden ist, wenn auch auf ganz unterschiedliche Weise, gemeinsam, daß sie der Philosophie ein begriffliches Erfassen der Wahrheit nicht mehr zutrauen. Wenn nicht mit Begriffen, wie kann man dann denn überhaupt noch von »Wahrheit« sprechen? Einen Ausweg verspricht der Blick auf die Kunst und ihre den Sinnen verpflichteten Darstellungsweisen. Hier bekommt die Philosophie die Wahrheit gleichsam vor Augen geführt. Man könnte sagen: Die Kunst übernimmt die Bürgschaft für die fraglich gewordene Wahrheit der Philosophie. Diese systematische Indienstnahme der Kunst durch die Philosophie ist nicht leicht zu akzeptieren, und so verwundert es nicht, daß die Unzulänglichkeiten und Probleme dieser beiden Ästhetiken einen wichtigen Ausgangspunkt und Anstoß der bis heute anhaltenden Konjunktur philosophischer Ästhetik markieren. Wird das Nachdenken über Kunst nun nicht mehr im Rahmen philosophischer, letztlich metaphysischer Systemzwänge betrieben, eröffnen sich neue Möglichkeiten des unbefangenen Begreifens der Eigentümlichkeit und Besonderheit des Ästhetischen. Die Fragen nach dessen Orientierungskraft in unserer Gesellschaft oder nach der – wenn auch nur partialen – Rationalität des Ästhetischen finden Interesse in einer Situation der Philosophie, die gleichermaßen Skepsis gegenüber ihrer eigenen Leistungsfähigkeit zeigt wie gegenüber jeder Form dogmatischer »Kunstreligion«. Dieses Interesse nährt sich zudem auch aus der irritierenden Entwicklung der Kunst und Kultur in den westlichen Zivilisationen, der ästhetischen Moderne seit Mitte des letzten Jahrhunderts [→ S. 379 f.]. Konfrontiert mit den ästhetischen Happenings und Montagen der Avantgarde, konfrontiert auch mit neuen technischen Künsten wie Hörspiel und Film, konfrontiert schließlich mit einem ausufernden Kunstmarkt, einer Kulturindustrie, die den Gegensatz zwischen hoher, ernster und niederer, unterhaltender Kunst soweit treibt, daß er am Ende undeutlich wird, werden überkommene ästhetische Grundüberzeugungen erschüttert und Klärungsversuche angeregt. In dieses Bild gehören auch die Tendenzen einer mehr und mehr ästhetisierten Lebenswelt: Man denke nur an die allgegenwärtige Reklame, an die wachsenden Möglichkeiten der ästhetischen Selbststilisierung durch Mode, Antimode und Design oder auch an die Reduktion von Wirklichkeit auf den abendlichen Videoclip namens »Tagesschau«.

Aus der Fülle von neueren Beiträgen zur Ästhetik möchte ich im folgenden drei Gruppen vorstellen, die wichtige Markierungen im Spektrum der gegenwärtigen Ästhetik-Debatten abstecken. Leitender Gesichtspunkt ist dabei die Frage nach dem Stellenwert, den sie der Ästhetik für die Erfahrung und Erkenntnis der Welt zusprechen oder vielleicht auch zumuten.

Indienstnahme der Kunst

neue Anstöße

moderne Kunst als Herausforderung

Ästhetische Erfahrung als Zentrum der Ästhetik

Abschied von der Werkästhetik

Ein hervorstechender Zug der jüngsten Diskussionen um ein angemessenes Verständnis des Ästhetischen ist die Hinwendung zur ästhetischen Erfahrung als dem eigentlichen Thema der ästhetischen Theorie. Dies ist insofern bemerkenswert, als damit die kritische Abkehr von einer lange die ästhetische Theorie bestimmenden Einstellung verbunden ist. Nicht die Erfahrung, sondern das Kunstwerk stand üblicherweise im Mittelpunkt der Betrachtung; man untersuchte die »Seinsweise« der Kunst oder ihre Darstellungsmöglichkeiten von Welt und Wahrheit. Gegen die Tradition der damit angesprochenen Darstellungs- oder Werkästhetik sind vor allem von zwei Seiten Vorschläge zu einer Theorie der ästhetischen Erfahrung gemacht worden. Zum einen aus dem Lager der philosophischen Hermeneutik: in distanzierender Abwehr der Position des Lehrers Gadamer am konsequentesten von Rüdiger Bubner. Zum anderen aus literaturwissenschaftlicher Perspektive von der Rezeptionsästhetik, deren prominenteste Vertreter der Romanist Hans Robert Jauß und der Anglist Wolfgang Iser aus Konstanz (»Konstanzer Schule«) sind.

Vorwurf: Fremdbestimmung des Ästhetischen

In einem vielbeachteten Aufsatz von 1973 *Über einige Bedingungen gegenwärtiger Ästhetik* [23] hat Rüdiger Bubner (geb. 1941) eine Abrechnung mit der dominierenden Werkästhetik und zugleich eine Alternative dazu vorgetragen. Er hält sowohl der hermeneutischen Ästhetik Heideggers und Gadamers als auch der ideologiekritischen Ästhetik Adornos eine, wie er es nennt, »heteronome« Vereinnahmung der Kunsterfahrung vor. Heteronom oder fremdbestimmend wird das – oben schon angesprochene – leitende Interesse genannt, in der Kunst einen unverdächtigen »Ort« der Wahrheit dingfest zu machen. Die Philosophie erkennt – so Adorno [→ S. 441] – in dem »Rätselcharakter« oder der Darstellungsweise (Gadamer) der Kunst die Wahrheit, die sie sich aus eigener begrifflicher Kraft nicht mehr zutraut. Die Kunst wird also in den Dienst außerästhetischer, philosophischer Problemstellungen genommen. Mit dem Verständnis von Kunst als Wahrheit stehen beide in der Nachfolge der wirkungsmächtigen Ästhetik Hegels, der die Wahrheit der Kunst als »sinnliches Scheinen der Idee« verstand [→ S. 290 f.]. Hermeneutik und Ideologiekritik scheuen aber die Hegelsche Konsequenz, die Wahrheit der Kunst letztlich, wenn sie denn von der Philosophie begriffen ist, auch in dieser aufgehen zu lassen. Denn

Kunst und Wahrheit

wenn es Wahrheit ist, die die Kunst präsentiert, dann kann die Wahrheit erst von der Philosophie wirklich begriffen werden. Kunst als Wahrheit ist somit wie die Religion als Vorstufe der Philosophie zu begreifen. Darum spricht Hegel auch vom Vergangenheitscharakter der Kunst hinsichtlich ihrer Fähigkeit, Wahrheit im Schein zu präsentieren. Doch während bei Hegel diese Überlegungen in ein philosophisches System eingebettet sind, das sich in der Vernunft des Begriffs erfüllt, wehren Heidegger, Gadamer und Adorno diese philosophische Allwissenheit als Anmaßung des Begriffs ab. Die beiden Positionen, die von der Wahrheit der Kunst sprechen, ohne sich selbständig philosophisch noch für wahrheitsfähig zu halten, verharren in einer Paradoxie, die in einfachen Worten so klingt: Ich weiß als Philosoph zwar nicht, was die Wahrheit ist, aber schau, in der Kunst kannst du sie finden. Woher *wissen* sie das? – So lautet die Gegenfrage im Sinne Hegels. Wird hier nicht die Kunst über Gebühr mit philosophischen Ansprüchen belastet? Der an die Kunst weitergereichte Wahrheitsanspruch nötigt nämlich zu einer Fixierung auf das Kunst*werk*, woran die Wahrheit gewissermaßen festzumachen sein muß. Diese Werkorientierung muß aber auch aufgrund der Entwicklung der Kunst in der Moderne problematisch werden. Denn die moderne und avantgardistische Kunst ist gerade auch durch die Zerstörung der herkömmlichen Werkeinheit charakterisiert. Montagen, Happenings oder Konzeptkunst bringen keine im traditionellen Sinn organisierten und geschlossenen Werke hervor.

problematischer Werkbegriff

Diese kritischen Überlegungen bilden den Ausgangspunkt Bubners. Er stellt sich die doppelte Aufgabe, ästhetische Theorie autonom und angemessen zu begründen: ohne Abhängigkeit von einem philosophischen Wahrheitsanspruch und mit Blick auf die moderne Kunstsituation. Dies zu leisten verspricht eine aktualisierte Auslegung der Ästhetik Kants [→ S. 262]. Ohne einen gegenständlichen Begriff des Schönen (also ohne Werkkategorie) geht diese allein von einer Analyse des Geschmacksurteils über das Schöne aus, von der ästhetischen Erfahrung also. In freier Anknüpfung an Kant bestimmt Bubner ästhetische Erfahrung als einen nicht beendbaren Deutungsprozeß. Das, was ich ästhetisch erfahre und interpretiere, ist nicht objektiv im Kunstwerk gegeben, sondern eine Art angeregtes, probierendes Phantasieren über das ästhetische Phänomen. Ästhetische Erfahrung ist somit als eine Leistung des deutenden Subjekts angesichts des sinnlichen Materials der Kunst zu verstehen, eine Leistung, die sich als Prozeß vollzieht, ohne daß je eine definitive Deutung, ein stabiler Abschluß des Deutungsprozesses erreicht wird. Damit wird der Grund der häufig erkannten Vieldeutigkeit der Kunst in der ästhetischen Erfahrung offengelegt: Das ästhetische Phänomen gibt Anlaß zu immer wieder neuen Deutungen. Ich kann z. B. eine Montage von Kurt Schwitters als abstrakt ansehen, weil sie nichts darstellt, oder aber als konkret, weil sie nichts anderes darstellt als das, was ein Bild konkret-materiell ist: Leinwand, Form, Farbe, eingeklebte Zeitungsausschnitte und dergleichen. Sehe ich ein Stilleben der modernen Welt oder eine dadaistische Provokation? Keine Deutung ist die einzig wahre, die wirkliche Bedeutung des Kunstwerks. Kommt das nicht aber einer Rechtfertigung jeder beliebigen Deutung gleich? Diesem Einwand gegenüber besteht Bubner auf einer, wenn auch unsicheren Verbindlichkeit der ästhetischen Erfahrung. Denn sie muß sich ja gewissermaßen an dem »Auslöser«, in unserem Fall der Montage Schwitters' bewähren, auf sie Bezug nehmen, und sie muß sich um Überzeugung im Austausch mit anderen Sichtweisen bemühen. Mehr als diese formale Analyse der ästhetischen Erfahrung kann und darf philosophische Ästhetik nach Bubner nicht leisten, will sie die je konkrete Erfahrung nicht unangemessen belasten. Philosophische Ästhetik versteht sich – so gesehen – also als Aufdeckung der Logik ästhetischer Erfahrung, die sich von Alltagserfahrung und wissenschaftlicher Erfahrung abhebt: Mache ich im Alltag die Erfahrung, daß ich bei Regen naß werde, so deute ich nicht lange, sondern ich reagiere praktisch und spanne einen Schirm auf; findet die Wissenschaft heraus, welche chemischen Prozesse zum Treibhauseffekt führen, so ist das hypothetische Deuten zu Ende und die entsprechenden chemischen Formeln bringen diese Erfahrung auf einen abschließenden Begriff.

Rückgriff auf Kant

offenes Erfahren

Montage als Beispiel

Alternative zu Alltag und Wissenschaft

Es ist naheliegend, daß den Überlegungen Bubners zur Ästhetik vorgeworfen wurde, daß sie auf eine bedeutsame, also gleichsam inhaltliche Theorie der Kunst verzichten und die Form der Erfahrung gegenüber dem Gehalt der Kunst einseitig überbetonen. Jedoch läuft jeder alternative Versuch einer Ästhetik des Kunstwerks, wie oben deutlich wurde, Gefahr, die je einzelne Erfahrung zu verabsolutieren und zu behaupten, das sei – ein für allemal – die Bedeutung des Werkes. Zudem scheinen die genannten Konsequenzen unvermeidlich, entweder die Besonderheit des Werkes im

Entkräftung von Einwänden

Begriff aufzuheben (Hegel) oder – wie Gadamer und Adorno – das Werk zum Träger einer unbegreiflichen Wahrheit zu erheben und damit gerade das zu begreifen, was doch eigentlich nicht begriffen werden kann. Zuletzt muß eine Werkästhetik vor der Kunst und den künstlerischen Aktionen der Moderne kapitulieren, es sei denn, sie erweitert den Begriff des Werks so, daß er seine eigene Bestimmtheit opfert und konturlos wird. Die Stärke der Überlegungen Bubners liegt also in dem Bestehen auf einer Selbständigkeit der ästhetischen Erfahrung, die sich philosophisch nicht vereinnahmen läßt. Sie kann allerdings Kunsterfahrung nicht konkret anleiten; gegenüber der Kunst bleibt somit nur der ernüchternde Appell, »Kunsterfahrung zu machen und neuer Kunsterfahrung offen zu sein«. Andererseits bietet diese Analyse ein Instrumentarium, gesellschaftliche Tendenzen einer »Ästhetisierung der Lebenswelt« sowie philosophische Problemverschiebungen im Sinne »moderner Ersatzfunktionen des Ästhetischen« kritisch zu beleuchten. Das heißt mit anderen Worten: In ähnlicher Weise, wie er der Kunst eine bevorzugte Fähigkeit abspricht, das philosophische Problem der Wahrheit zu lösen, kritisiert Bubner auch die Neigung, moralische Probleme den Künstlern und den Künsten zu überlassen oder sie gar an diese zu delegieren. Warum sollten ein Schriftsteller oder ein Regisseur eine besondere Befähigung haben, Fragen der öffentlichen Moral zu beantworten? Warum sollte die erfundene Welt eines Romans oder eines Films klarere Auskünfte über das richtige Leben geben können als eine ethische Beurteilung der wirklichen Welt? In einer Zeit, wo alles zur Kunst erklärt werden kann und auch die verbindlichen Formen menschlichen Zusammenlebens spielerisch in ästhetische »Lebensstile« aufgelöst werden können, ist die Verführung groß, dem ästhetischen Schein zu erliegen: »Weithin drängt das Theater auf die Straße ebenso wie, seit Pirandello, die Straße im Stück mitspielt. Die gesellschaftlichen Verkehrsformen sind von der steten Bemühung um fließende Übergänge zwischen Poesie und Prosa erfaßt [...] Im Medienzeitalter triumphiert die Neigung, jeglichen Inhalt in Bilder vor großem Publikum zu verwandeln und das Publikum seinerseits zum Mitakteur zu rekrutieren [...] Die Wirklichkeit gibt ihre ontologische Dignität zugunsten des allgemein beklatschten Scheins auf.« [24]

Ist es nicht aber Aufgabe der Philosophie, diese Verwechslungen oder Vermischungen von Wirklichkeit und ästhetischem Schein kritisch zu durchleuchten? Bubner plädiert für eine klare Unterscheidung der Bereiche und der Zuständigkeiten: Fragen der Erkenntnis sind Aufgabe der theoretischen Philosophie, Fragen der Moral fallen in die Zuständigkeit der praktischen Philosophie, und Ästhetik klärt über die Eigentümlichkeit ästhetischer Erfahrung auf und bestreitet auf dieser Basis alle Versuche und Verführungen zur »Problemverlagerung ins Ästhetische«.

In der Kritik an der herkömmlichen Darstellungs- und Werkästhetik und der Absicht einer »Apologie« der ästhetischen Erfahrung stimmt Hans Robert Jauß (geb. 1921) mit Bubner überein. Doch anders als dieser ist Jauß weniger an einer formalen Analyse der ästhetischen Erfahrung interessiert als an einer historisch reichhaltig belegten Theorie ihrer lebensweltlichen Funktionen. Ausgehend von der Definition ästhetischer Erfahrung als »Selbstgenuß im Fremdgenuß«, unterscheidet er in seinem umfangreichen Hauptwerk *Ästhetische Erfahrung und literarische Hermeneutik* (1982) [25] drei Grundfunktionen der ästhetischen Erfahrung, die er mit den Begriffen *Poesis, Aisthesis* und *Katharsis* bezeichnet. Ihnen gemeinsam ist, daß es sich um Formen des wiederum von Kant her bestimmten ästhetischen Wohlgefallens oder ästhetischen Genießens handelt: »Äs-

Kritik der Ersatzfunktionen des Ästhetischen

Jauß

thetisch genießendes Verhalten, das zugleich Freisetzung *von* und Freisetzung *für* etwas ist, kann sich in drei Funktionen vollziehen: für das produzierende Bewußtsein im Hervorbringen von Welt als seinem eigenen Werk (Poesis), für das rezipierende Bewußtsein im Ergreifen der Möglichkeit, seine Wahrnehmung der äußeren wie der inneren Wirklichkeit zu erneuern (Aisthesis), und schließlich – damit öffnet sich die subjektive auf die intersubjektive Erfahrung – in der Beipflichtung zu einem vom Werk geforderten Urteil oder in der Identifikation mit vorgezeichneten und weiterzubestimmenden Normen des Handelns (Katharsis).« [26]

Hans Robert Jauß: Apologie der ästhetischen Erfahrung

Jauß blickt nun auf das ganze, breite Spektrum beglaubigter ästhetischer Erfahrungsmuster: ihre moralische, ihre horizonterweiternde, ihre kommunikative und ihre kognitive Dimension. Von der Antike bis zur Neuzeit reichen seine von immensen Kenntnissen zeugenden Erläuterungen der Erfahrungsqualitäten und ihrer historischen Ausprägungen. Gegen verkürzte Einschätzungen und Einschränkungen der Potentiale der Kunsterfahrung will er ihren ganzen Reichtum zur Geltung bringen. Insbesondere die negative Ästhetik Adornos, die der Kunst in einer total ideologisch verblendeten Welt nur die Möglichkeit der elitär verstummenden Abkehr von allen gesellschaftlichen Funktionen zugesteht, dient ihm als Kontrastfolie zur Rechtfertigung der häufig übersehenen oder unterschätzten Funktionsmöglichkeiten der ästhetischen Erfahrung. Ein Beispiel: In der ästhetischen Diskussion wird die Haltung der Identifikation des Lesers mit einem Romanhelden regelmäßig verpönt als Konsumhaltung oder naive Manipulierbarkeit, wie sie z.B. die Trivialliteratur anstrebt. Jauß legt nun in den Kapiteln über die Katharsis, die er als die kommunikative Leistung der ästhetischen Erfahrung bestimmt, eine differenzierte Rechtfertigung der ästhetischen Identifikation vor. Katharsis als »Genuß der durch Rede oder Dichtung erregten eigenen Affekte, der beim Zuhörer oder Zuschauer sowohl zur Umstimmung seiner Überzeugung wie zur Befreiung seines Gemüts führen kann«, bestimmt Identifikation als aktive, lustvolle und freie Wahrnehmung von Angeboten, die kritisch-distanzierte und angepaßte Einstellungen gleichermaßen beinhalten kann: »Staunen, Bewunderung, Erschütterung, Mitleid, Rührung, Mitweinen, Mitlachen, Befremdung, Reflexion einnehmen, das Angebot eines Vorbilds seiner personalen Welt einfügen, aber auch die Faszination bloßer Schaulust erliegen oder in unfreie Nachahmung verfallen«. In seinen weiteren ausführlichen Analysen verdeutlicht Jauß diese Identifikationsmuster historisch und systematisch und weist wiederholt auf ihre Zweideutigkeit zwischen normbildender und normbrechender Funktion hin. Schließlich zeigt sich in der Darstellung des Exemplarischen, etwa hervorragender menschlicher Taten, ein Übergang von der ästhetischen zur moralischen Identifikation.

Reichtum der Kunsterfahrung

Beispiel Identifikation

Die Frage drängt sich auf, ob das nicht eine fremdbestimmte, moralische Überforderung oder Überformung der ästhetischen Erfahrung bedeutet, wie Bubner sie in seinen Überlegungen kritisiert. Jauß ist sich dieser Problematik der Grenzüberschreitung von Ästhetik in Moral oder andere Bereiche bewußt. In einem Kapitel über »die ästhetische Funktion und die Sinnbereiche der Lebenswelt« erläutert er das Grenzverhältnis der ästhetischen Erfahrung zu den Sinnbereichen der religiösen, der theoretischen, der ethischen und politischen Erfahrung. Eine so klare Abgrenzung wie Bubner nimmt er jedoch nicht vor, ihn interessieren die Übergänge. Die ästhetische Erfahrung scheint, wie Jauß ausführt, »ihren Sinnbereich fortschreitend durch Grenzüberschreitungen, konkurrierende Lösungen, Usurpationen oder Kompensationen auf Kosten der angrenzenden Reali-

Grenzverhältnisse gegenüber anderen Sinnbereichen

tätserfahrungen zu erweitern und zu behaupten«. Doch geht es Jauß nicht um eine Verwischung der Grenzen etwa zwischen dem Ästhetischen und Theoretischen, sondern um eine Aufklärung des von ihm so genannten Grenzverhältnisses. Auch diese abwägenden Klärungen bewegen sich auf dem Felde konkreter Erfahrungsfunktionen und einzelner Aspekte dieses Grenzverhältnisses und nicht – wie Bubners strikte Abgrenzung – auf der grundsätzlichen Ebene philosophischer Theorie. Somit ergänzen die Überlegungen von Jauß auf spannungsvolle Weise diejenigen Bubners: Gewissermaßen »unterhalb« der philosophisch formalen Analysen Bubners im lebensweltlichen Kontext angesiedelt, konkretisieren sie dessen Analysen der Deutungsvielfalt im Prozeß der ästhetischen Erfahrung. Doch sie gehen auch darüber hinaus. Denn die von Bubner in einschränkender Absicht kritisierten »Ersatzfunktionen des Ästhetischen« im Interesse von Wahrheit und Moral werden von Jauß nicht kategorisch verurteilt, sondern als Grenzerfahrungen des Ästhetischen durchaus anerkannt. Die von dem systematisch argumentierenden Philosophen Bubner gezogenen Grenzen werden von dem historisch erläuternden Philologen Jauß vorsichtig geöffnet. Wie Schiller die Kantische Ästhetik gerade aufgrund ihrer zweckfreien Bestimmung des Schönen politisch umzudeuten versuchte, so will Jauß das »interesselose Wohlgefallen« der ästhetischen Erfahrung erneut aufklärerisch genutzt wissen; in ausdrücklicher Anknüpfung an Schillers Utopie vom ästhetischen Staat [→ S. 262] schreibt er in einem Aufsatz von 1988:

ästhetische Bildung heute

»Das Scheitern der Utopie des ›ästhetischen Staates‹ darf uns indes nicht davon abhalten, die Chance ästhetischer Bildung in einer Situation neu zu bedenken, in der sich das Problem des Ausgangs aus selbstverschuldeter Unmündigkeit unter völlig verschiedenen politischen, ökonomischen und kulturellen Prämissen wieder stellt. [...] Ich setze vielmehr auf die verschüttete Kraft und das kritische Potential ästhetischer Bildung, auch wenn ich noch nicht absehe, sondern zur Diskussion stellen muß, ob und wie sie unter den verschärften Schwierigkeiten der Gegenwart wieder aktualisiert werden könnte.« [27]

offene Fragen

Ob und wieweit solche Ambitionen von der ästhetischen Erfahrung getragen werden können, ist in der Tat die Frage. Inwieweit lassen sich die vergangenen lebensweltlichen Funktionen ästhetischer Erfahrung aktualisieren? Sind sie Ausdruck einer bestimmten Zeit und ihres Umgangs mit der Kunst oder gehören sie zu den allgemeinen und zeitlosen Qualitäten der Kunsterfahrung? Wie mir scheint, läuft Jauß' in wesentlichen Zügen konkret historischer Zugang zur ästhetischen Erfahrung ein ums andere Mal Gefahr, historische Befunde zu verallgemeinern und damit für unsere Zeit unzeitgemäß zu werden.

Die Verklärung des Gewöhnlichen und die ästhetische Rationalität

Eine ungewohnte Sichtweise

Was unterscheidet ein Gemälde von Rembrandt von einer mittels einer Farbzentrifuge besprizten Leinwand, die nach dieser technischen Prozedur zufällig ganz genauso wie das Rembrandt-Bild aussieht? Warum kann von zwei äußerlich völlig identischen Objekten das eine ein Dosenöffner, das andere aber ein Kunstwerk sein? Solche auf den ersten Blick abstrusen Fragen haben der angelsächsischen Philosophie dieses Jahrhunderts häufig den Ruf skurriler Tüftelei und Rätselei eingebracht. Die Produktivität derart angeregter Überlegungen zeigt sich zumeist erst auf den zweiten Blick. Unbelastet von den deutschen Diskussionen um Werk- oder Erfahrungsästhetik und hierzulande lange kaum bemerkt, hat die angelsächsische Tradition sprachanalytischer Herkunft kunstphilosophische Überlegungen von bemerkenswertem Rang hervorgebracht. Nach Nelson Goodmans [→ S. 420f.] *Languages of Art* von 1968 (deutsch: *Die Sprachen der Kunst*, 1973) hat der Amerikaner Arthur C. Danto (geb. 1924) mit seinem Buch *The Transfiguration of the Commonplace* (1981), das 1984 in deutscher Übersetzung als *Die Verklärung des Gewöhnlichen* erschien, Aufsehen erregt. Dantos Absicht ist, eine Philosophie der Kunst zu begründen, die sich den, wie er es sieht, glücklichen Umstand zunutze macht, daß die Kunst der Moderne und Avantgarde ein Stadium erreicht hat, in dem sich die Frage, was Kunst ist, auf eine bisher ungekannte und nicht mehr überbietbare Weise zuspitzt. Die sogenannten *Ready-mades*, banale Alltagsgegenstände wie Kloschüsseln und Suppendosen, die von Künstlern wie Marcel Duchamp und Andy Warhol zu Kunstwerken erklärt wurden, werfen ein neues Licht auf die Frage, was ein Kunstwerk ist? Warum sind Warhols Suppendosen ein Kunstwerk und die Suppendosen im Supermarkt nicht?

Arthur C. Danto: Das Kunstwerk und sein Doppelgänger

Anhand einer Vielzahl von Beispielen solcher Zwillinge oder Doppelgänger, die gleichwohl zu unterscheiden sein müssen, versucht Danto, eine Definition der Kunst, des Kunstwerks zu finden. Erklärtermaßen ist er mit den naheliegenden kantianischen Argumenten, darauf zugunsten einer Theorie der ästhetischen Erfahrung oder Einstellung zu verzichten, nicht zufriedenzustellen. Diese könnte zwar unsere Reaktionsweise auf solche Kunstwerke erläutern, sie könnte aber nicht verständlich machen, warum wir den banalen, irdisch-materialen Zwillingen gegenüber nicht ästhetisch reagieren. Dantos spitzfindig und in immer neuen Wendungen entwickelte Theorie des Kunstwerks besagt zunächst einmal zweierlei: Das Kunstwerk unterscheidet sich von einem identischen Doppelgänger (einer alltäglichen Suppendose in unserem Beispiel), weil wir es als solches identifizieren und mit einer Interpretation versehen. Die Interpretation konstituiert das Werk: »Als Verwandlungsprozedur ist die Interpretation so etwas wie eine Taufe, aber nicht im Sinne einer Namengebung, sondern einer neuen Identitätsgebung, einer Teilnahme an der Gemeinschaft der Auserwähl-

Duane Hansons »Football-Players« (1969) – Lebensgroße Figuren aus Fiberglas

ten.« Die Interpretation sieht das Werk in ästhetischem Licht und nimmt Beziehungen wahr zu allen möglichen Kontexten, z. B. zur Entstehungszeit, zu anderen Werken oder zum Autor. Wir sehen das Kunstwerk als etwas, das etwas präsentiert, *über* etwas ist. Warhols Suppendosen sind also nicht einfach Suppendosen, sie *präsentieren* Suppendosen, stellen sie dar. Nun gibt es allerdings viele Dinge, die etwas präsentieren und interpretierbar sind, ohne daß wir sie als Kunstwerke einstufen: das gilt z. B. für jeden Satz in diesem Text oder eine Landkarte. In einem weiteren Schritt muß also die künstlerische Darstellung von anderen Darstellungsformen unterschieden werden: »Die These ist die, daß Kunstwerke im kategorischen Gegensatz zu bloßen Darstellungen die Mittel der Darstellung in einer Weise gebrauchen, die nicht erschöpfend spezifiziert ist, wenn man das Dargestellte erschöpfend spezifiziert hat.« Was heißt das? Vielleicht kann man sich das folgendermaßen klar machen: Bei einer Landkarte ist es egal, ob die Straßen schwarz oder rot eingetragen sind, Hauptsache ist, daß sie korrekt und gut erkennbar gezeichnet sind. Die Darstellungsweise steht allein im Dienst des Dargestellten. Bei einem Kunstwerk jedoch ist die Darstellungsweise von eigenem Rang, gleichsam die Weise des Dargestellten. Danto nennt das die metaphorische Struktur des Kunstwerks. Das Kunstwerk präsentiert etwas und präsentiert zugleich die Weise, in der es etwas präsentiert: »Wenn die Struktur der Kunstwerke die Struktur der Metapher ist oder ihr sehr nahe kommt, dann kann keine Paraphrase oder Zusammenfassung eines Kunstwerks den teilnehmenden Geist in all den Weisen fesseln, wie es das Kunstwerk selbst kann; und keine kritische Erläuterung der inneren Metapher des Werks kann das Werk ersetzen, insofern die Beschreibung einer Metapher einfach nicht die Kraft der Metapher besitzt, die sie beschreibt; ebenso wie die Beschreibung eines Angstschreies nicht dieselben Reaktionen auslöst wie der Angstschrei selbst.« [28] Die Analyse Dantos nähert sich dem Ziel. Kunstwerke unterscheiden sich von anderen Dingen in der Welt, insofern sie eine Sichtweise der Welt präsentieren, die in keine andere Form übersetzt werden kann. Zuletzt greift Danto auf den Begriff des Stils zurück. Im Stil des Kunstwerks drücken sich der Künstler und seine Zeit unmittelbar aus. Jedes gelungene Kunstwerk, sei es ein Bild von Rembrandt oder die Suppendosen von Warhol, »veräußerlicht eine Weise, die Welt zu sehen« und »drückt das Innere einer Epoche aus«.

Festzuhalten ist, daß Danto den Begriff des Kunstwerks nicht in der klassischen Manier versteht im Sinne eines gestalteten Werkzusammenhangs. Nur so kann er die avantgardistischen Werke, die häufig ja gerade gegen die fortdauernde Geltung des Werkbegriffs ins Feld geführt werden, als Kunstwerke interpretieren. Festzuhalten ist schließlich auch noch, daß Danto, auch wenn er seine Beispiele in der Regel aus der bildenden Kunst bezieht, die von ihm vorgeschlagene Definition der Kunst als für alle Kunst gültig ansieht.

Einer der interessanten Beiträge zur Diskussion der Ästhetik von jüngeren Philosophen, welche die Einsichten der analytischen Tradition auf die deutsche Problemlage zurückbeziehen, ist die 1985 erschienene, großangelegte Studie *Die Kunst der Entzweiung. Zum Begriff der ästhetischen Rationalität* von Martin Seel (geb. 1954). Seel, der aus dem nicht nur in ästhetischen Fragen in den letzten Jahren äußerst produktiven Konstanzer Milieu stammt, bestimmt das Dilemma der Ästhetik zwischen Wahrheitsästhetik (von Hegel bis Adorno und Gadamer) und Erfahrungsästhetik (von Kant bis Bubner) als das zwischen *Überbietungs-* und *Entzugsästhetik*. Beide bestreiten dem Ästhetischen einen eigenständigen, von anderen vernünftigen Verhaltensweisen unterscheidbaren Beitrag zur Vernunft, eine spezifische Rationalität also. Die einen tun dies im Zeichen ästhetischer Wahrheit, die als Inbegriff der Vernunft mit der begrifflichen Wahrheit zusammenfällt (Hegel) oder diese gar noch überbietet (Gadamer und Adorno), die anderen tun dies, indem sie der Erfahrung der Kunst eine Erkenntnisbedeutung absprechen und sie als unabschließbares Deutungsspiel verstehen (Kant und Bubner). Diesem Dilemma zu entgehen und einen Begriff der ästhetischen Rationalität – einer eigenständigen Begründungsweise der ästhetischen Argumentation – zu gewinnen ist die lohnende Absicht von Seels Arbeit. Unter seinen Gewährsleuten sind Goodman und Danto, Jauß und vor allem aber John Dewey [→ S. 367], der mit *Art as Experience* (1934; deutsch *Kunst als Erfahrung*, 1980) das Vorbild einer Kunsttheorie abgibt, die von einer Theorie der *allgemeinen* lebensweltlichen Erfahrung ausgehend zur Spezifik der ästhetischen Erfahrung vordringt, also ästhetische Erfahrung im Kontrast zur Alltagserfahrung verstehen will. Die gründliche Durchführung dieses Programms mündet in eine Bestimmung der ästhetischen Erfahrung: »Ästhetisch ist die Erfahrung mit der Gemachtheit von Erfahrungen, die für die Gegenwart der Erfahrenden bestimmend sind oder durch die ästhetische Erfahrung für ihre Gegenwart bestimmend werden.« Mit Danto hebt Seel also die präsentative, aufzeigende Funktion des Ästhetischen hervor. Im Unterschied zu Danto beschäftigt er sich aber nicht vorrangig mit dem Kunstwerk, sondern mit der Art und Weise, wie wir es uns erschließen. Er nennt das die »ästhetische Kritik«. Eine genaue Analyse der Momente der ästhetischen Kritik steht darum auch im Zentrum seiner Überlegungen, wobei er allerdings immer daran erinnert, daß die kritische Beurteilung sich nicht von dem Kunstwerk und seiner Bedeutung lösen darf. Was ist nun das Eigentümliche ästhetischer Beurteilungen? Wie werden sie begründet? Inwieweit sind sie rational nachvollziehbar? Seel entfaltet die spezifische ästhetische Rationalität der Kritik als Zusammenhang dreier Momente: Konfrontation, Kommentar und Kritik. Konfrontation meint die subjektive Betroffenheit durch die Begegnung mit dem ästhetischen Gegenstand, das Erlebnis des ersten Eindrucks also; der Kommentar erläutert und deutet die beschreibbaren Merkmale des Kunstwerks sowie seinen historischen Kontext, das also, was z. B. ein Kunstgeschichtler tut. Die eigentliche ästhetische Kritik besteht nun darin, auf der Basis der ersten beiden Momente eine begründete Interpretation des Werks vorzunehmen. Expressive, deskriptive und kritisch argumentierende Äußerungen bilden also das sich wechselseitig korrigierende und bestätigende Geflecht ästhetischer Beurteilung. Insgesamt leitend für die Beurteilung ist das Interesse an der Erfahrung von Erfahrung und ihrer Bedeutsamkeit. Das klingt sehr schwierig und ist es auch, zumindest in der theoretischen Analyse. Ein Beispiel mag zur Verdeutlichung hilfreich sein: Picassos Guernica-Bild erschreckt und beeindruckt mich auf Anhieb, betroffen stehe ich vor dem Bild (Konfrontation). Kommentierend kann ich die für die ästhetische Beurteilung wichtigen Merkmale des Bildes beschreiben und in ihrer ästhetischen Funktion bestimmen. Ich beschreibe also das Format (ca. 8 × 4 Meter), den Bildaufbau oder die farbliche Gestaltung *und* schreibe diesen Eigenschaften ästhetische Qualitäten zu: Das beschriebene Format ist »raumfüllend« und »gewaltig«, die Gestaltung ist »fragmentierend« und »aufgeregt« usw. Auch biographische oder kunsthistorische Aussagen zählen zum Kommentar (»1937 gemalt unter dem Eindruck der faschistischen Bombardierung der baskischen Stadt Guernica durch die deutsche Legion Condor während des

Eine Diagnose der Situation

Alltagserfahrung und ästhetische Erfahrung

drei Momente des Kunsturteils

zum Beispiel: Picassos Guernica

Pablo Picassos
»Guernica« (1937)

Spanischen Bürgerkriegs«). Erst die Kritik geht dann aufs Ganze und führt die anderen Momente in einer zusammenfassenden Beurteilung der präsentativen Leistung des Bildes zusammen, einer Beurteilung seiner Gelungenheit und seiner Bedeutung: »Guernica« als erschreckt-erschreckende Gestaltung der Erfahrung des Leids der Opfer eines sinnlosen Tötens – eine schreiend-stumme Anklage des Kriegs.

Präzisierung des Erfahrungsbegriffs

Zurück zur Argumentation Seels: Ästhetischer Erfahrung geht es darum, »den Charakter einer Situation vergegenwärtigend zu erkennen, die nicht gleichbedeutend ist mit der Situation dieses wahrnehmenden Erkennens«. Auf unser Beispiel übertragen heißt das: Die im Guernica-Bild präsentierte Erfahrung wird von uns in einer Situation erfahren, die sich von der Bildsituation unterscheidet. Mit dieser Klärung verspricht sich Seel einen Ausweg aus der oben skizzierten Antinomie zwischen Überbietungs- und Entzugsästhetik: Die Überbietungsästhetiker verabsolutieren den präsentierten Erfahrungsgehalt zu einer unfaßbaren überlegenen Wahrheit, wie umgekehrt die Entzugstheoretiker nur auf die Seite der Wirkung schauen und die vom ästhetischen Gegenstand angeregte Interpretation nicht als dessen wahre Bedeutung, als eine irgendwie geartete Erkenntnis anerkennen wollen. Seel zielt also auf eine Theorie der ästhetischen Erfahrung ab, die Werk und Erfahrung als wechselseitigen Zusammenhang so aufeinander bezieht, daß die Differenz weder in die eine noch in die andere Richtung aufgehoben wird. Die Besonderheit gegenüber und die Gemeinsamkeit mit lebensweltlicher Erfahrung sollen in dieser besonderen Form von Erfahrung zur Geltung kommen können. Dieses Hin und Her der Argumentation, das Seel wortgewandt und lustvoll praktizierend beherrscht, ist nicht immer leicht nachzuvollziehen. Es mündet schließlich in folgende Bestimmung der ästhetischen Rationalität: »Ästhetisch ist das Verhalten, das sich zur Welt seiner Erfahrung erfahrend zu verhalten sucht. Rational ist dieses Verhalten, sofern es begründbar ist – wenn die ästhetisch Wahrnehmenden gegebenenfalls begründen können, warum sie an diesen und nicht jenen Objekten ein ästhetisches Interesse nehmen [... Ästhetische Rationalität] zeigt sich in der Fähigkeit, Bereitschaft und nicht zuletzt der Lust an ästhetischer Kritik.« [29]

ästhetische Rationalität

Mit den Erläuterungen zur ästhetischen Rationalität ist allerdings nur der erste, wenn auch größere Schritt der Argumentation Seels getan. Der zweite und programmatisch wichtigere zielt nun auf die Klärung der Stellung der ästhetischen Rationalität im Zusammenhang eines Konzepts der Vernunft. Der Titel *Die Kunst der Entzweiung* wird erst hier verständlich. Seels These lautet: »Vernunft, die nicht ästhetisch ist, ist noch nicht recht eine; Vernunft, die ästhetisch wird, ist keine mehr.« Wie ist das zu verstehen? Wichtig zum Verständnis dieser These ist die Unterscheidung zwischen Rationalität und Vernunft. Neben der ästhetischen Rationalität gibt es u. a. ja auch noch eine theoretische Rationalität und eine moralische Rationalität. Jeder dieser Rationalitätstypen ist – bezogen auf den ganzheitlichen Anspruch der Vernunft – nur eine partielle Rationalität, eine Teilvernunft [→ S. 115 u. 255 ff.]. *Vernünftig* ist nicht derjenige, der eine dieser Rationalitäten rigoros vereinseitigt wie etwa der Moralist oder der Ästhet; vernünftig ist die Fähigkeit, den Stellenwert der jeweiligen »Teilvernunft« oder Partialrationalität im Blick auf komplexe Erfahrungszusammenhänge zu bedenken und kritisch auf andere Partialrationalitäten zu beziehen. Dafür gibt es keine feste Regel außer der, offen zu sein für die Vielfalt begründeter Sichtweisen. Der Moralist, der die Welt nur als Sündenpfuhl sehen kann, verhält sich genauso unvernünftig wie der Ästhet, der sich Bücher nach dem Einband kauft, oder der Perfektionist, der an allem nur das Unvollkommene wahrnimmt. Die im Buchtitel angesprochene »Kunst der Entzweiung« bezeichnet also eine Vernunftpraxis, die »die Lebendigkeit einer befreienden Auseinandersetzung und Kritik« der verschiedenen rationalen Begründungspraktiken ermöglicht. Somit ist ästhetische Rationalität *ein* Moment vernünftiger Praxis in kritischer Konkurrenz mit anderen rationalen Praktiken. Sie ist nicht belanglos für die Gestalt der Vernunft (i. S. der Entzugstheorie), sie ist aber auch nicht die bevorzugte Ausdrucksform oder das Modell der Vernunft (i. S. der Überbietungstheorie). Ästhetische Erfahrung ist aber unverzichtbar in ihrer korrigierenden Funktion. Sie bietet uns, die Gelegenheit, spielerisch Erfahrungen mit Erfahrungen zu machen, sei es bei der Lektüre eines Romans, beim Betrachten eines Bildes oder sei es bei dem Besuch eines Theaterstücks; Kunsterfahrung hat – wie Seel formuliert – die Funktion eines »nichtutopischen Regulativs«:

Die Kunst der Entzweiung: Eine Vernunft – drei Formen von Rationalität

korrigierende Funktion der ästhetischen Erfahrung

»Das regulative Moment der ästhetischen Erfahrung liegt einfach – in seiner einzigartigen Motivation zur Erfahrung. Das ästhetische Interesse ist eines an der Erfahrung um der Erfahrung willen: umwillen der erfahrenden Begegnung mit der eigenen Erfahrung. ›Erfahren!‹ – so, ohne weiteren Zusatz, lautet der ästhetische Imperativ. Darin liegt die Aufforderung, sich der Möglichkeit der Freiheit unter den Bedingungen der je historischen Gegenwart in distanzierender Vergegenwärtigung zu besinnen.« [30]

Unsere kleine Reise durch die Landschaften ästhetischer Theorie kommt an diesem Punkte zurück an die Schwelle des Anfangs. Die von Vernunftansprüchen befreite Theorie der ästhetischen Erfahrung führt zu einer vorsichtigen Neubegründung der Vernünftigkeit des Ästhetischen, dem Anspruch nach allein aus der eigensinnigen Rationalität ästhetischer Erfahrung begründet. Diese riskante »Rollenbestimmung« grenzt sich gleichwohl deutlich von einer Ästhetisierung der Vernunft ab, die das Ästhetische als das Vernünftige und das Vernünftige als ästhetisch deklariert. Doch dieser Verführung, der Seel die Tür – wenn auch nur spaltweit – geöffnet hat, ist, wie sich nun zeigen wird, schwer zu widerstehen.

Ästhetische Vernunft und ästhetisches Denken

Schlagwort Postmoderne

Radikale Vernunftkritik begleitete das neuzeitliche Projekt der Aufklärung von Anbeginn wie ein Schatten. Da der Weg zurück zur religiösen Offenbarung versperrt schien, war es immer wieder die rätselhafte Welt der Kunst und ihrer Erfahrung, die das Gegenmodell einer nichtbegrifflichen, nichtrationalen »anderen« Vernunft zu beglaubigen hatte. Dies gilt schon für den Romantiker Schelling, dann auch für die Metaphysikkritiker Nietzsche und Heidegger und zuletzt für den Diagnostiker der Dialektik der Aufklärung, für Adorno. Die letzte Welle gleichsam ästhetischer Vernunftkritik ist französischer Herkunft und trägt den Namen »Postmoderne«. Kein anderes philosophisches Schlagwort hat in den achtziger Jahren soviel Aufsehen erregt und zur Stellungnahme herausgefordert wie dieser Begriff. So einfach er klingt, so schillernd sind seine Bedeutungen. Wörtlich als »Nachmoderne« zu verstehen, wurde er von amerikanischen Literaturkritikern in den fünfziger und sechziger Jahren eingeführt. Breitere Wirkung entfaltete der Begriff Postmoderne jedoch erst in den siebziger Jahren, als er zur Kennzeichnung einer Architektur diente, die sich der nüchternen Funktionalität der Moderne entgegensetzte und die spielerische Übernahme aller möglichen Stilformen propagierte, um eine populäre »mehrsprachige« Architektur zu legitimieren, wie wir sie heute vor Augen haben. Die philosophische Karriere des Begriffs Postmoderne ist noch jüngeren Ursprungs:

Lyotard

Sie beginnt Ende der siebziger Jahre, um dann dem späten Start eine um so stürmischere Debatte folgen zu lassen. Eine philosophische Interpretation erfuhr die Postmoderne erstmals durch den Franzosen Jean-François Lyotard (geb. 1924) in dessen Buch *La condition postmoderne* (1979; deutsch *Das postmoderne Wissen*, 1982); bald wurden aber auch andere französische Philosophen wie Jaques Derrida und Michel Foucault [→ S. 429 ff.] der Postmoderne zugerechnet. In unserem Zusammenhang ist die Postmoderne aus zwei eng zusammenhängenden Gründen von Bedeutung: Zum einen hat sie dem Konzept einer Ästhetik des Erhabenen einen prominenten Stellenwert verschafft, zum andern ist dieses Denken am weitesten gegangen in der Annäherung von Denken, Vernunft und Kunst, der oben angesprochenen Ästhetisierung der Vernunft also.

Ein relationaler Begriff: Bezug auf die Moderne

Was bedeutet nun der Begriff »Postmoderne«? Bezeichnet er eine neue Epoche in der westlichen Kultur oder dient er bloß zur Charakterisierung eines modischen Denkstils? Grundsätzlich ist anzumerken, daß es sich um einen relationalen Begriff handelt. Die Postmoderne definiert sich ausschließlich durch ihren Bezug zur Moderne. Damit ist auch eine erste Quelle der irritierenden Mehrdeutigkeit des Begriffs Postmoderne bezeichnet, denn er reflektiert getreu die schwankenden Bedeutungen seines Gegenbegriffs. »Moderne« selbst ist ja alles andere als eine eindeutige Kategorie: Je nach Sichtweise und nationaler Prägung wird mit Moderne mal das philosophische Projekt neuzeitlicher Aufklärung, mal die ökonomische und soziale Moderne im Gefolge der Industrialisierung, mal die ästhetische Moderne sei es Baudelaires, sei es der immer wieder aufgebrochenen und aufbrechenden Avantgardebewegungen des 20. Jahrhunderts gemeint. Mißverständnisse scheinen kaum vermeidbar. Wie läßt sich der Begriff Postmoderne dann überhaupt noch einigermaßen klar verstehen? Wir versuchen mit diesem Problem zurechtzukommen, indem wir uns nur mit dem philosophischen Verständnis von Postmoderne beschäftigen und uns dabei auch nur auf das Konzept Lyotards, das wohl einflußreichste, beschränken.

Lyotard zufolge ist die Moderne durch umfassende Leitvorstellungen gekennzeichnet, die als »Legitimationserzählungen« dienen. Er denkt dabei z. B. an die aufklärerische Vorstellung von der Emanzipation des Menschen oder die idealistische Konzeption einer umfassenden einheitlichen Vernunft. Angesichts der Grundlagenkrisen in den Wissenschaften und angesichts der jeden epochalen Stil auflösenden Vielfalt der avantgardistischen Kunst gilt es Abschied zu nehmen von solchen universellen Konzepten. Postmodern ist die Anerkennung der radikalen Verschiedenheit und Unvermittelbarkeit der vielfältigen Lebens- und Wissensformen, der »Sprachspiele«, wie Lyotard mit einem Begriff Wittgensteins [→ S. 386 ff.] formuliert. So verstanden, ist die Postmoderne nicht die zeitlich definierte Nachmoderne, sondern gewissermaßen die Selbstverwirklichung der avantgardistischen Moderne selber, die keiner leitenden »Metaregel« mehr unterworfen ist. Nicht der Konsens, den Apel und Habermas zur vernünftigen Instanz erklären [→ S. 453 f.], sondern der Dissens, *der Widerstreit* (so der deutsche Titel des 1983 erschienenen Hauptwerks Lyotards *Le Différend*) ist der unaufhebbare und zu bewahrende Kern vernünftiger Auseinandersetzung. Wie sehr diese Überlegungen von ästhetischen Fragen durchzogen und geprägt sind, möchte ich nun erläutern (die nicht minder wichtige Frage nach dem Gerechtigkeitsverständnis Lyotards tritt demgegenüber in unserer Darstellung zurück).

Lyotards Ansatz: Vielfalt der Lebensformen

Im Zentrum von Lyotards Deutung der Postmoderne steht eine Aktualisierung der Ästhetik des Erhabenen in überraschendem und eigenwilligem Anschluß an Kant. Neben dem Urteil über das Schöne bildet das Urteil über das Erhabene den zweiten Schwerpunkt der *Analytik der ästhetischen Urteilskraft* Kants. Daran knüpft Lyotard an. In seiner Interpretation stellt sich das Gefühl des Erhabenen ein, »wenn die Einbildungskraft nicht vermag, einen Gegenstand darzustellen, der mit einem Begriff, und sei es auch nur im Prinzip, zur Übereinstimmung gelangen könnte«. Darstellbares und Denkbares stimmen in der Erfahrung des Erhabenen nicht überein. Nach diesem Verständnis besteht der gemeinsame Impuls aller avantgardistischen Kunst darin, die traditionellen Darstellungsmittel »aufzustören«, ihre Darstellungsfunktion zu irritieren, um so auf das Nicht-Darstellbare anzuspielen. Lyotard verweist vor allem auf die Entwicklung der Malerei im 20. Jahrhundert, deren Abstraktionen der Darstellung des Nicht-Darstellbaren verpflichtet seien. Moderne und die ihr entspringende Postmoderne unterscheiden sich nun in der Haltung, die sie dazu einnehmen. Die Moderne nimmt vor allem den Verlust der Übereinstimmung wahr und versucht gegen die Ohnmacht des Darstellungsvermögens noch ein letztes Mal nostalgisch die verlorengegangene Einheit festzuhalten. Die Postmoderne erkennt dagegen diese Nichtübereinstimmung positiv an und befördert den Sinn für das Undarstellbare:

Anspielung auf das Nicht-Darstellbare

moderne und postmoderne Grundeinstellung

»Die Differenz ist also folgende: die moderne Ästhetik ist eine Ästhetik des Erhabenen, bleibt aber als solche nostalgisch. Sie vermag, was nicht darstellbar ist, nur als abwesenden Inhalt anzuführen, während die Form dank ihrer erkennbaren Konsistenz dem Leser oder Betrachter weiterhin Trost gewährt und Anlaß von Lust ist. Diese Gefühle aber bilden nicht das wirkliche Gefühl des Erhabenen, in dem Lust und Unlust aufs innerste miteinander verschränkt sind: die Lust, daß die Vernunft jegliche Darstellung übersteigt, der Schmerz, daß Einbildungskraft und Sinnlichkeit dem Begriff nicht zu entsprechen vermögen. Das Postmoderne wäre dasjenige, das im Modernen in der Darstellung selbst auf ein Nicht-Darstellbares anspielt; das sich dem Trost der guten Formen verweigert, dem Konsensus eines Geschmacks, der ermöglicht, die Sehnsucht nach dem Unmöglichen gemeinsam zu empfinden und zu teilen; das sich auf die Suche nach neuen Darstellungen begibt, nicht aber um sich an deren Genuß zu verzehren, sondern um das Gefühl dafür zu schärfen, daß es ein Undarstellbares gibt.« [31]

Kunst als Modell der Philosophie

Hier ist der Punkt erreicht, an dem die grundlegende Orientierung der postmodernen Philosophie an der Ästhetik des Erhabenen deutlich wird: die Kunst als Vorbild und Modell der Philosophie. Für den Philosophen gilt nämlich das gleiche wie für den postmodernen Künstler. Auch er ist nicht durch feststehende Regeln geleitet, auch auf seinen Text können keine feststehenden Kategorien angewendet werden. Wie ein Künstler arbeitet er, »um die Regeln dessen zu erstellen, was *gemacht worden sein wird*«. Wie die Kunst hat es der postmoderne Philosoph des Widerstreits, eines Streits, der – im Gegensatz zum Rechtsstreit – nicht entscheidbar ist, mit der Darstellung des Nicht-Darstellbaren zu tun, die von keinen vorgegebenen Regeln bestimmt ist. Der Konsens ist ihm Terror an dem, was nicht zur Sprache kommt. Seine ästhetisch inspirierte und beglaubigte Parole lautet: »Krieg dem Ganzen, zeugen wir für das Nicht-Darstellbare, aktivieren wir die Differenzen, retten wir die Ehre des Namens.«

Wie ist diese Kriegserklärung zu verstehen? Wie soll eine regellose, künstlerische Philosophie aussehen? Was bleibt von der Philosophie, wenn sie auf dem Altar der Kunst geopfert wird? Zwei Wege scheinen mir typisch: Während Lyotard diese Tendenz zur Ästhetisierung der Vernunft oder besser zur ästhetischen Überbietung begrifflicher Vernünftigkeit selbst noch weitestgehend in Form begrifflicher Argumentationen zu begründen sucht, geht in dem verwandten postmodernen Programm des sogenannten Dekonstruktivismus von Jacques Derrida (geb. 1930) und seinen Schülern die Philosophie mehr und mehr in einer Art literarischer Geheimniskrämerei auf, die sich in der Tradition Nietzsches und Heideggers versteht. Während Lyotard unter Berufung auf Aristoteles und Kant einer pluralen Vernunft, die sich ihre Regeln quasi künstlerisch zu (er)finden hat, das Wort redet, ist bei Derrida diese künstlerische »Vernunft« schon am Werk, ausdrücklich als Fortführung des dichtenden Denkens des späten Heideggers.

Derrida

Das Dilemma der Kritik

Eine Auseinandersetzung mit der Ästhetik der Postmoderne oder, anders gesagt, mit der ästhetischen Philosophie der Postmoderne sieht sich tendenziell in eine paradoxe Situation, ein Dilemma gedrängt: Jede Kritik mit rationalen Mitteln, also jede argumentativ verfahrende Kritik wird von vornherein wegen ihrer begrifflichen »Einsinnigkeit« als Verfehlung zurückgewiesen, so daß, wie es scheint, nur die gläubige Nachdichtung und Weiterdichtung ohne jedes ausweisbare kritische Kriterium bleibt. Überspitzt gesagt: Entweder man gehört zur Gemeinde, oder man ist ein Ignorant. Das Ende der Philosophie? Die auch von diesem Dilemma geprägte Aufnahme der Postmoderne in der deutschen Philosophie möchte ich zum Abschluß kurz verdeutlichen: an den Beispielen der Kritik von Habermas, der Rezeption durch Wellmer und der Fortschreibung der Postmoderne durch Welsch.

deutsche Reaktionen auf die Postmoderne

Die erste maßgebliche Einschätzung des französischen Postmodernismus formulierte Jürgen Habermas, als er 1980 den Frankfurter »Theodor-W.-Adorno-Preis« verliehen bekam. Seine vielbeachtete Preisrede *Die Moderne – ein unvollendetes Projekt* verteidigt die Ansprüche der aufklärerischen Moderne gegen verschiedene Formen des Konservatismus. Er charakterisiert das Projekt der Moderne als Ersetzung traditioneller metaphysischer oder religiöser Weltbilder durch die sich verselbständigenden Sphären der Wissenschaft, der Moral und der Kunst, die allein noch formal durch argumentative Begründung zusammengehalten werden. Nach Habermas kommt es darauf an, diese Ausdifferenzierung in Wert- und Argumentationssphären zu entfalten und aufklärerisch im Sinne einer argumentativen Gewaltenteilung zu nutzen, anstatt sie konservativ in Frage zu stellen oder zu unterlaufen. Habermas rechnet Derrida in der Nachfolge Nietzsches zu den »Jungkonservativen«, die Aspekte des Ästhetischen bis zur Ungreifbarkeit gegen die moderne Vernunft stilisieren und irrational die »dionysische Kraft des Poetischen« beschwören. Die so charakterisierte Postmoderne Derridas erscheint ihm folglich als »Antimodernismus«, der mit »modernistischer Attitüde« aus der Moderne ausbricht (Lyotard wird allerdings von Habermas zu diesem Zeitpunkt noch gar nicht zur Kenntnis genommen). Wenn es auch gelegentlich so aussieht, als würde Habermas in späteren Äußerungen der Postmoderne mehr Kredit einräumen, sein grundsätzlicher Einwand bleibt unverändert: Die philosophische Postmoderne sei der in sich widersprüchliche Versuch einer radikalen Vernunftkritik, der letztlich nichts anderes übrig bleibe als die ins Beliebige führende Nivellierung von Philosophie und Literatur. Sein bevorzugter Gegner bleibt über die Jahre Jacques Derrida, dessen eigenwillige, manchmal mystisch, manchmal willkürlich scheinende Antiphilosophie vor allem auch in der Literaturwissenschaft viele Anhänger gefunden hat. Ihm gesteht Habermas in seiner grundlegenden Arbeit *Der philosophische Diskurs der Moderne* (1985) ein eigenes, kritisches Kapitel zu.

Eigentlich im Umkreis von Habermas »zu Hause«, hat sich Albrecht Wellmer (geb. 1933) wesentlich einläßlicher gegenüber der Postmoderne gezeigt. Wellmer unternimmt in seinem Buch *Zur Dialektik von Moderne und Postmoderne. Vernunftkritik nach Adorno* (1985) eine Engführung von Lyotard und Adorno, deren Gemeinsamkeiten er überzeugend sichtbar macht. Gegen den Strich gelesen, unter Ausblendung des Moments der Versöhnung, erscheint Adornos Philosophie des Nichtidentischen [→ S. 439] als eine Philosophie der Postmoderne. Auch sie versteht die moderne Kunst vernunftkritisch als Instanz einer für die Philosophie vorbildlichen »Wahrheit«, der Wahrheit des Widerstreits, wie man mit Lyotards Worten sagen könnte: »Für Adorno bedeutete die moderne Kunst den Abschied von einem Typus der Einheit und des Sinnganzen, für den in der Epoche der großen bürgerlichen Kunst die Einheit des geschlossenen Werks ebenso stand wie die Einheit des individuellen Ich.« Eine ästhetisch belehrte Vernunft würde sich also bei Adorno wie bei Lyotard als offener Zusammenhang pluraler, letztlich nicht zu vereinheitlichender Ansprüche verwirklichen. Würde das in der gesellschaftlichen Realität nicht aber auf ein Chaos von widerstreitenden Interessen hinauslaufen, für das es keine Regelungen mehr gäbe? Muß es nicht so etwas wie eine Koordination oder Abstimmung dieser Ansprüche geben? Mit diesen Fragen setzt Wellmers Kritik an Lyotards Postmoderne an. Dabei geht es ihm um die Möglichkeit einer politischen Praxis, die diesem postmodernen Wissen entspricht. Auf welche Weise kann die Realisierung des Pluralismus der Sprachspiele im Rahmen gesellschaftlicher Einrichtungen gewährleistet werden? Wie kann eine entsprechende Vielfalt unterschiedlichster Institutionen koordiniert werden? »Ein solcher Pluralismus von Institutionen aber, in dem sich die demokratische Selbst-Organisation von Gesellschaften und Gruppen verkörperte, wäre nicht möglich, ohne daß kommunikatives Handeln im Sinne von Habermas zum Mechanismus der Handlungskoordinierung würde und

Jürgen Habermas und das Projekt der Moderne

Grundvorwurf: Irrationalität

Albrecht Wellmer: Moderne und Postmoderne

Nähe zu Adornos Denken

er wäre unmöglich, wenn nicht die Einzelnen eine Chance hätten, Gewohnheiten des rationalen Umgangs mit Konflikten zu *erwerben* und in die sekundäre Lebensform einer individuellen und kollektiven Selbstbestimmung *hineinzuwachsen*.« [32]

Kritik an der radikalen Postmoderne

Die Idee einer ästhetisch entgrenzten, vielfältigen postmodernen Vernunft kann sich also in sinnvoller Weise nur verwirklichen, wenn die Behauptung der völligen Unvereinbarkeit der Sprachspiele zurückgenommen wird. In der Lesart Wellmers, der auf eine verblüffende Weise Lyotard, Adorno und Habermas zusammenführt, ist das radikale Programm der Postmoderne nicht haltbar, weil es die *eine* Vernunft, die Einheit der Vernunft in der Vielfalt der Formen nicht mehr gewährleistet. Es kann den Unterschied zwischen vernünftig und unvernünftig nicht mehr begründen, weil es keinen verbindlichen Maßstab mehr akzeptiert. Dagegen setzt Wellmer gewissermaßen eine gemäßigte Auffassung der Postmoderne, in der der Zusammenhang des Verschiedenen nicht aufgelöst wird, sondern als »Aufhebung der *einen* Vernunft in einem Zusammenspiel pluraler Rationalitäten« gewahrt bleibt. Zu diesem Programm hat, wie wir oben schon sehen konnten, der Wellmer-Schüler Seel unter dem Titel einer »Kunst der Entzweiung« [→ S. 472] einen gewichtigen Beitrag geliefert.

Wolfgang Welsch: deutsche Postmoderne

Mit Wolfgang Welsch (geb. 1946) kommen wir zum Schluß etwas ausführlicher auf den entschiedensten Propagandisten der Postmoderne in Deutschland zu sprechen. Welsch hat sich nicht nur als Dolmetscher Lyotards einen Namen gemacht mit dem Buch *Unsere postmoderne Moderne* (1987), dessen Titel schon verdeutlicht, daß er, wie Lyotard, die Postmoderne nicht als Nachmoderne, sondern als gleichsam zu sich selbst gekommene Moderne versteht. Welsch versucht darüber hinaus auch eigenständig, die Frage nach der Grundverfassung postmodernen Denkens weitergehend zu klären. Programmatisch und knapp zeigt der Titel einer Aufsatzsammlung Welschs von 1990 an, wie seine Antwort darauf lautet: *Ästhetisches Denken*. Welsch geht es nicht – wie Habermas, Wellmer und Seel – um eine mehr oder weniger vorsichtige Öffnung des Denkens und der Vernunft für das Moment der ästhetischen Rationalität; Welsch behauptet vielmehr eine grundlegend bestimmende Bedeutung des ästhetischen Denkens: Allein ästhetisches Denken biete noch die Möglichkeit zeitgemäßen Philosophierens.

Ästhetisches Denken

Ist das der Weg in die fragwürdige Ästhetisierung der Vernunft oder das Aufspüren ihrer vollen und damit auch ästhetischen Bestimmung? Was genau heißt »ästhetisches Denken«, und warum soll gerade solch ein Denken »an der Zeit sein«? Welsch ist vorsichtig genug, den Kritikern der Postmoderne nicht in die erstbeste Falle zu gehen. Denn der Vorwurf, Philosophie und Vernunft auf geschmäcklerische Beliebigkeit und Begriffsdichtung zu reduzieren, ist ihm allzu präsent. Also erläutert er in einem ersten Schritt ästhetisches Denken nicht etwa durch den Bezug zur Kunst, sondern im ursprünglichen Sinn von Ästhetik als ein Denken, das sich der Wahrnehmung, vor allem der Sinneswahrnehmung verpflichtet weiß. Ästhetik leitet sich ja von dem griechischen »Aisthesis« ab, was nichts anderes als Wahrnehmung bedeutet. Ästhetisches Denken, wie Welsch es erläutert, geht von der Sinneswahrnehmung aus, um dann prüfend und nachdenkend zur »Sinnwahrnehmung« gleichsam aufzusteigen. Welsch gibt folgendes Beispiel: Ein Passant liest die Fortschrittsparole »München wird modern« und betont das Wort »modern« im Geiste auf der ersten Silbe: »München wird módern«. Aus der Fortschrittsparole wird so eine Fäulnisprophetie, welche die Augen öffnet für weitere entsprechende Indizien, aus denen sich nach und nach ein kritisches Gesamtbild der Moderne formt. So weit, so gut. Welsch besteht nun aber darauf, daß allein das ästhetische Denken zu solchen Einsichten führen kann und ihm damit ein Vorrang zukommt vor begrifflich-logisch gewonnenen Einsichten. Ästhetisches Denken ist also nicht nur auf Wahrnehmung bezogen, wie es anfänglich und unanstößig hieß, sondern ästhetisches Denken »hat wesentlich *ästhetische* Überzeugungs- und Evidenzbedingungen«. Das bedeutet nun aber, daß die Wahrnehmung das letzte Wort hat; ihre »originäre Wahrheit« wird der argumentativen Kritik entzogen. Drastisch gesagt: wer dem nicht folgen will, hat Pech gehabt, denn ästhetisches Denken ist auch bereit, »den Preis der Nichtkommunizierbarkeit zu entrichten«. So harmlos, wie es zuerst daher kam, ist das propagierte ästhetische Denken also nicht und will es wohl auch nicht sein. Dies macht auch der nächste Schritt Welschs deutlich, der die besondere Dringlichkeit ästhetischen Denkens in unserer Zeit begründen soll. Das Argument lautet: Eine Wirklichkeit, die – der Diagnose Nietzsches entsprechend – selbst »immer fiktionaler« geworden ist, deren Grenze zum Schein daher undeutlich geworden ist, bedarf als ästhetische Wirklichkeit eines entsprechenden Denkens: »Meine These lautet, daß ästhetisches Denken gegenwärtig das eigentlich *realistische* ist. Denn es allein vermag einer Wirklichkeit, die – wie die unsrige – wesentlich ästhetisch konstituiert ist, noch einigermaßen beizukommen. Begriffliches Denken reicht hier nicht aus, eigentlich kompetent ist – diagnostisch wie orientierend – ästhetisches Denken.« [33]

Überlegenheit ästhetischen Denkens

Dieses Denken zeichne sich durch seine phänomenbezogene Geschmeidigkeit, seine Empfindlichkeit für kleinste Unterschiede aus und ersetze angesichts des Verschleifens von Wirklichkeit und Fiktion (etwa im Fernsehen) solche »alten« Kategorien wie Sein und Schein. Ästhetisches Denken reicht aber – dem Anspruch nach – noch weiter. Welsch diagnostiziert als Kehrseite der Ästhetisierung der Gesellschaft ihre gleichzeitige Anästhetisierung im Sinne wachsender Empfindungslosigkeit und zunehmenden Wahrnehmungsverlusts. Anästhetisierung durch vorgeformte, standardisierte Wahrnehmungen oder nicht Wahrnehmbares spielen mehr und mehr eine Rolle in unserer Gesellschaft. Welsch führt beispielsweise die Uniformität touristischer Wahrnehmung an, wie sie an Urlaubsphotos und Ansichtskarten ablesbar ist. Anästhetisierung durch nicht Wahrnehmbares macht er an den für die Sinne nicht zugänglichen Folgen eines Reaktorunglücks wie dem von Tschernobyl deutlich. Ästhetisches Denken beansprucht nun auch, für diese »negativen« Formen der Anästhetisierung sensibel zu sein, weil eine entwickelte Ästhetik auch den Grenzen des Wahrnehmbaren ihre Aufmerksamkeit schenkt. In der Moderne wird das Anästhetische schließlich gar zum Fluchtpunkt der Ästhetik. Man muß hier »Anästhetisches« nur durch »Undarstellbares« ersetzen, um zu merken, daß Welsch mit dieser Behauptung Lyotards Ästhetik des Erhabenen aufgreift, die ja die postmodern-moderne Kunst als Darstellung des Nicht-Darstellbaren (des Anästhetischen) charakterisierte.

sensible Wahrnehmung und Wahrnehmungsverlust

Die anfänglich zurückgehaltene Orientierung des ästhetischen Denkens an der Kunst wird schließlich noch in zwei weiteren Hinsichten bedeutsam: Denn zum einen ist die für die moderne Kunst kennzeichnende vollendete Vielfalt von Stilen und Nichtstilen eine Art Vorbild oder Modell für das Erfassen der ja auch schon von Lyotard behaupteten pluralen Verfassung der Wirklichkeit postmoderner Lebensformen und Sprachspiele. Moderne Kunst verwirklicht exemplarisch – ungeachtet aller »Konkurrenz« der Kunstwerke untereinander – die geforderte »Koexistenz des Heteroge-

Zusammenspiel des Verschiedenen...

Staatsgalerie Stuttgart als Beispiel postmoderner Architektur

nen«: »Kunsterfahrung kann geradezu als Exerzitium unserer heutigen Lage und ihrer Verbindlichkeiten betrachtet werden. Eben daher vermag sie für ein ästhetisches Denken, das sich als Denken der Gegenwart in besonderer Weise auf diese Pluralität einlassen muß, vorbildlich und inspirierend zu sein. Oder umgekehrt gesagt: Deshalb ist ein von solcher Kunsterfahrung inspiriertes ästhetisches Denken heute in besonderer Weise wirklichkeitskompetent. Pluralität, das Elixier heutiger Wirklichkeitsverfassung und -anforderungen, sitzt ihm als einem ästhetisch inspirierten längst in den Poren.« [34]

... und Übergänge der Bereiche

Zum anderen ist die Vorbildfunktion der Kunst darin zu sehen, daß sie über die Präsentation von Pluralität hinaus das »*Verhältnis* der pluralen Gestaltungen« thematisiert. Dies – Welsch nennt es »Transversalität«, das Vermögen des Übergangs von einem in den anderen Bereich – ist die Domäne der postmodernen Kunst. In ihren Werken stehen die Gegensätze verschiedener Stile und Ausdrucksformen nicht einfach nur nebeneinander, sondern sie kommunizieren im einzelnen Werk auf vielfältige Weise miteinander. Ein gutes architektonisches Beispiel dafür ist nach Meinung von Welsch die *Neue Staatsgalerie* in Stuttgart: »ein Bild der Grundverfassung unserer Gesellschaft«. Von derartig »mehrfachcodierten« Werken sei im Politischen wie im Individuellen zu lernen, wie das Verschiedenartige und Gegensätzliche anzuerkennen und gewaltlos zu verbinden sei. Es verwundert nach alldem nicht, daß Welsch, stärker noch als Wellmer, Adorno als einen frühen Postmodernen interpretiert, dessen Ästhetik er als eine des Erhabenen und der Pluralität durch die Brille Lyotards liest.

Zeitgeist der achtziger Jahre

Diese Skizze der Überlegungen Welschs beschreibt, wenn ich recht sehe, nicht nur das akademische Wiederaufleben einer romantischen Utopie »der Übersetzung von Kunstformen in Lebensformen«, sie beschreibt auch das Grundmuster eines intellektuellen »Zeitgeistes«, der sich in den achtziger Jahren ausbildete und eines seiner frühen Hauptwerke in der beeindruckenden, abseits akademischer Diskussionen verfaßten *Kritik der zynischen Vernunft* (1983) von Peter Sloterdijk (geb. 1947) hervorbrachte. In der Formulierung, die Welsch dieser Position gegeben hat, sind die Ungereimtheiten bei genauerem Hinschauen aber doch nicht zu übersehen. Sein

Eintreten für ästhetisches Denken läßt selbst die geforderte ästhetische Prägung vermissen, es müßte sonst in Literatur übergehen. Doch Welsch schreibt keine literarischen Texte, er bildet seine Begriffe und argumentiert, wie man es auch ansonsten in der Philosophie tut. Dagegen wäre nichts zu sagen, würde er nicht damit zugleich eine Absage an diese Form systematischer Argumentation vortragen. Er muß also das in Anspruch nehmen, was er bestreiten will. So verwickelt er sich in einen Selbstwiderspruch, der unvermeidlich ist, wenn man – wie Welsch – ästhetisches Denken als *philosophische* Position vortragen und verteidigen will. Er will ja nicht nur auf den unbestrittenen Anteil von Wahrnehmung (»Aisthesis«) an Erkenntnis hinweisen, sondern weitergehend die Vorbildlichkeit der Kunst, der Ästhetik im engeren Sinne also, begründen. Was immer die ästhetische Rationalität zur Vernunft beitragen kann, sie kann sich nicht vollständig an deren Stelle setzen, ohne Selbstwiderspruch oder Selbstaufgabe der Vernunft. Denn ohne präzises begriffliches Unterscheidungsvermögen, ohne die Anerkennung der Eigenständigkeit z. B. moralischer oder naturwissenschaftlicher Argumentationen ist ein ästhetisches Denken anmaßend und tendenziell blind. Dies war ja auch eine der überzeugenden Schlußfolgerungen Seels. Müßte sich das ästhetische Denken nicht allein schon deswegen selbst einschränken, um der Vielfalt der postmodernen Welt und ihrer Sprachspiele und Sichtweisen gerecht zu werden? Gerade dies ist doch ein zentraler Aspekt von Welschs eigener Gegenwartsdiagnose. Kurz gesagt: Wer das ästhetische Denken überschätzt, unterschätzt die Komplexität der Wirklichkeit und überfordert die Kunst und das an ihr geschulte Denken. Dies kann man auch an dem Argument Welschs verdeutlichen, daß eine ästhetisierte Wirklichkeit ein ästhetisches Denken erfordere. Das ist so kurzschlüssig gedacht wie etwa die entsprechende Behauptung, daß eine berauschte Welt ein berauschtes Denken oder eine unmoralische Welt ein unmoralisches Denken erfordere. Das Gegenteil ist der Fall: Gerade die Nüchternheit des Begriffs klärt über Ästhetisierung ebenso auf wie über den Rausch oder das Unmoralische. Der zur Erkenntnis und Beurteilung notwendige Anteil der Wahrnehmung der Phänomene, die Bedeutung ihrer »Aisthesis« wird dabei allerdings, wie gesagt, gar nicht bestritten. Somit bleibt nur eine letzte Bemerkung: Die denkerische Bewältigung der Herausforderungen der Kunst, ihrer entdeckenden Möglichkeiten wie ihrer eigentümlichen Weise der Verständigung in der Welt und über die Welt wird auch in Zukunft eine zentrale Aufgabe des Philosophierens bilden.

Mit der problematischen Renaissance einer ästhetischen Vernunft kommt dieser Überblick über wichtige Debatten der Gegenwartsphilosophie zum Ende. Das könnte den Schein erzeugen, diese Diskussionen seien abgeschlossen, und die Frage aufwerfen: Worin bestehen ihre Resultate? Dieser Schein trügt, denn wir stehen mitten in den Diskussionen, deren lebendiger Verlauf vor allem das Interesse verdient, welches ihre allemal vorläufigen und problematischen Resultate in der Regel nicht dauerhaft befriedigen können. Die angestrengten Selbstvergewisserungen der menschlichen Vernunft im Praktischen und im Ästhetischen zeugen von einer bleibenden Problematik dieses Unterfangens in einer Zeit, die sich keiner metaphysischen Versicherung mehr erfreuen darf. Um so faszinierender kann der Blick in die philosophischen »Werkstätten« der Gegenwart sein, das entdeckende und prüfende Mitdenken ebenso wie die Freiheit des ernsten Problematisierens, denn: »Die Philosophie ist keine Lehre, sondern eine Tätigkeit« (Wittgenstein).

Selbstwidersprüche des ästhetischen Denkens

problematische Verabsolutierung des Ästhetischen

Philosophie – eine Tätigkeit

WEGWEISER
IN DIE PHILOSOPHIE
DES OSTENS

Ost und West

Eine indische Fabel erzählt von einem Tigerjungen, das zwischen Ziegen aufwuchs:

Die Verwandlung – eine Parabel

»Die Mutter war bei seiner Geburt gestorben. Während ihrer Trächtigkeit war sie viele Tage auf Raub ausgegangen, ohne eine Beute zu finden, bis sie zu jener Herde herumstreifender Wildziegen gelangte. Inzwischen war die Tigerin heißhungrig geworden, und das mag die Heftigkeit ihres Sprunges erklären; jedenfalls trieb die Gewalt des Ansprunges ihr die Frucht aus dem Leib, und vor Hunger und Entkräftung starb sie alsbald. Das Neugeborene, das neben der toten Mutter leise wimmerte, wurde von den Ziegen, die nach dem Schrecken wieder auf ihre Weide zurückkehrten, mit mütterlicher Liebe aufgenommen, und sie zogen es mit ihrer Milch gemeinsam mit den Zicklein auf. Es wurde unter den Ziegen groß und lohnte ihnen ihre Mühe. Denn der kleine Tiger lernte die Ziegensprache, paßte seine Stimme ihrem sanften Meckern an und zeigte ebensoviel Anhänglichkeit wie die anderen Jungen der Herde. Anfangs fiel es ihm schwer, die dünnen Grashalme mit seinen spitzen Zähnen zu rupfen, aber irgendwie gelang es ihm schließlich. Die Pflanzenkost hielt ihn sehr mager und verlieh seinem Temperament eine beachtliche Sanftmut.

Als der junge Tiger unter den Ziegen das Vernunftalter erreicht hatte, wurde die Herde eines Nachts wieder angefallen; ein starker alter Tiger brach unter sie ein, und wiederum stoben alle auseinander. Nur das Tigerjunge blieb furchtlos stehen und starrte das schreckliche Dschungelwesen verblüfft an. Auch der große Tiger verwunderte sich über den Kleinen, der erst verdutzt dastand, schließlich verlegen einen Grashalm rupfte und meckernd daran kaute, während der alte Tiger ihn immer noch anstarrte.

Plötzlich fragte der mächtige Eindringling: »Was tust du hier unter den Ziegen? Was kaust du da?« Das sonderbare kleine Wesen meckerte. Der Alte wurde nun wirklich furchterregend. Er brüllte: »Was soll dieser alberne Laut?« Und ehe der andere antworten konnte, packte er ihn beim Kragen und schüttelte ihn tüchtig, wie um ihn wieder zur Besinnung zu bringen. Danach schleppte der Dschungeltiger das erschrockene Junge zu einem nahen Teich, stellte es an den Rand und ließ es in den mondenhellen Spiegel blicken. »Schau dein Bild im Wasser an – bist du nicht ganz wie ich? Du hast genau wie ich das Vollmondgesicht eines Tigers. Warum bildest du dir ein, eine Ziege zu sein? Warum meckerst du? Warum frißt du Grashalme?« Der Kleine vermochte nicht zu antworten, starrte aber weiter die beiden Spiegelbilder an und verglich sie. Dann fühlte er sich unbehaglich, trat von einer Tatze auf die andere und gab wieder einen bekümmerten zittrigen Schrei von sich. Der grimmige Alte packte ihn erneut und trug ihn bis zu seiner Höhle, wo er ihm ein von seinem letzten Mahl übriggebliebenes Stück blutigen rohen Fleisches vorlegte. Das Tigerjunge schüttelte sich vor Ekel. Aber der Dschungeltiger kümmerte sich nicht weiter um das schwache Protestmeckern, sondern befahl schroff: »Nimm das! Friß! Schluck es hinunter!« Das Junge sträubte sich, aber der Alte zwang es ihm zwischen die Zähne und wachte darüber, daß es die Nahrung kaute und hinabschlang. Mit kläglichem Meckern würgte es die ersten Bissen der ungewohnten zähen Kost hinunter, bald aber fand es Geschmack am Blut und fraß den Rest mit einer Lust, die seinen Leib wie ein Wunder durchdrang. Es leckte sich die Lefzen, erhob sich und riß das Maul zu einem riesigen Gähnen auf, so als erwache es aus tiefem Schlaf – einem Schlaf, der es jahrelang in seinem Bann gehalten hatte. Es streckte sich, machte einen Buckel, hob die Tatzen und zeigte die Krallen. Sein Schweif peitschte den Boden, und pötzlich brach aus seiner Kehle ein furchterregendes triumphierendes Tigerbrüllen.

Währenddem hatte es der grimmige Lehrer prüfend und mit zunehmender Befriedigung beobachtet. Die Verwandlung war tatsächlich geglückt. Als das Brüllen verstummt war, fragte er mürrisch: »Weißt du jetzt, was du wirklich bist? Komm mit mir in den Dschungel, du sollst lernen, der Tiger zu werden, der du immer schon warst.« [1]

Die Beschäftigung mit östlichen Lebensformen und östlichem Denken setzt die Bereitschaft voraus, sich auf etwas ganz Anderes einzulassen. Die *Metaphysik* des Aristoteles, ein Grundbuch der westlichen Philosophie, beginnt mit einem Lob des Sehens. Von allen Sinneswahrnehmungen, heißt es dort, gäben die Menschen dem Sehen den Vorzug. »Das ist darin begründet, daß dieser Sinn uns am meisten befähigt zu erkennen und uns viele Unterschiede klarmacht.« Was hätte Aristoteles – übrigens selbst auch ein großer Naturforscher – wohl von Buddha gehalten, wenn er ihn gesehen hätte im Lotossitz unter dem Feigenbaum versunken in Meditation? Auch der Meditierende strebt ja nach Erkenntnis. Aber was für ein Wissen ist es, das man mit geschlossenen Augen erlangt?

Offenheit für das Andere

Die Fabel von dem Tigerjungen zeigt in aller Deutlichkeit, worum es dem östlichen Denken geht: die Verwandlung des ganzen Menschen, das Finden und Wiederfinden des eigenen Selbst. Diesen Vorgang kann man »Befreiung« oder – mit einem bei uns in seinem Gehalt sehr verblaßten Wort – »Erlösung« nennen. Beide Wörter verweisen auf die grundsätzliche Untrennbarkeit von Religion und Philosophie im östlichen Denken. Und damit stoßen wir bereits auf einen Hauptpunkt wechselseitiger Fremdheit, denn in der europäischen Entwicklung war der Konflikt zwischen Religion und Philosophie von Anfang an da. Die frühen griechischen Denker haben den volkstümlichen Mythos kritisiert und zerstört; Sokrates mußte den Giftbecher trinken, weil sein Hinterfragen angeblich die Jugend verführt; der christliche Mob tötet in Alexandria die Philosophin Hypatia, und so geht es fort bis zur Religionskritik von Marx, Nietzsche und Freud. Zwar gibt es auch kräftige Neben- und Unterströme wie die mittelalterlichen Mystiker oder Jacob Böhme, doch ganz tief ist unser Selbstverständnis bestimmt durch einen grundsätzlichen Gegensatz von »Glaube« und »Wissen«. In Indien hingegen konnte sich das Denken immer zwanglos der mythologischen und religiösen Ausdrucksmittel bedienen. So hat es, bei aller Liebe zum Geheimnisvollen, immer die Verbindung zu volkstümlichen Anschauungen bewahrt. Mit anderen Worten heißt das: es gibt im gesamten östli-

Verhältnis Religion – Philosophie

Hegels Ausschluß des östlichen Denkens

chen Denken keinen Ausdruck, der in etwa dem entspricht, was in der europäischen Tradition mit dem Begriff »Philosophie« gemeint ist (so vorläufig und unbestimmt man das Wort auch nehmen mag).

Wegen dieser Nähe zur Religion ist es auch bis heute umstritten, ob das »östliche Denken«, wie wir es einmal neutral nennen wollen, überhaupt in den Zusammenhang einer Geschichte der Philosophie gehört. Eine Grundsatzfrage. Die klassischen gegensätzlichen Standpunkte dazu sind die Ansichten von Hegel und Schopenhauer. Hegel, der ja maßgeblich am Zustandekommen unserer Auffassung von Philosophiegeschichte beteiligt war, hat sich eindringlich und mit großer Einfühlungsgabe mit der orientalischen Philosophie – soweit damals bekannt – auseinandergesetzt. Trotzdem (oder deswegen) hat er sie in seinen *Vorlesungen über die Geschichte der Philosophie* nicht aufgenommen: »Sie ist nur ein Vorläufiges, von dem wir nur sprechen, um davon Rechenschaft zu geben, warum wir uns nicht weitläufiger damit beschäftigen und in welchem Verhältnis es [...] zur wahren Philosophie steht.« Die »wahre Philosophie« fängt für Hegel bei den Griechen an. Begründung: Das Individuum, das einzelne Ich spielt im Orient nur eine verschwindende Rolle gegenüber der Allgemeinheit. Es ist nicht frei. Vergleichbar damit das Denken: es ist nur Mittel – zum Zweck der Erlösung. Daher geht sein Interesse nicht auf eine gedankliche Durchdringung und von der Sache her begründete Ordnung der Wirklichkeit. Das orientalische Denken zielt auf die göttliche Einheit: das Jenseits. Darin hat es für Hegel seine Erhabenheit und Stärke, »diesseits ist es dann trocken und dürftig.« Man kann vermuten, daß diese Ansicht auch heute noch von der Mehrzahl der westlichen Philosophen geteilt wird.

Zu Hegels Zeit nahm die Erforschung der indischen Kultur ihren ersten großen Aufschwung. Das Epos *Bhagavad Gītā* wurde bekannt, die neue vergleichende Sprachwissenschaft entdeckte die Verwandtschaft der indogermanischen Sprachfamilie, 1818 wurde in Bonn der erste Lehrstuhl für Indologie errichtet. Getragen wurden diese Forschungsleistungen von einer romantischen Begeisterung für Indien als (dem Symbol der eigenen gesuchten) »Urheimat«. Indien galt den Romantikern als »ewige Wiege der Menschheit«, als Ursprung der Religion und Philosophie, der Mythen und Märchen der Völker (»Alles, alles kommt aus Indien« – Fr. Schlegel, *Über die Sprache und Weisheit der Inder*, 1808). In diesem Sinne schreibt auch Arthur Schopenhauer über eine Gruppe philosophischer Texte, die *Upanishaden*: »Alles atmet hier indische Luft und ursprüngliches, naturverwandtes Dasein. [...] Es ist die belohnendste und erhebenste Lektüre, die [...] auf der Welt möglich ist: sie ist der Tost meines Lebens und wird der meines Sterbens sein.« [2] Die indische Philosophie schien Schopenhauer wohl so bedeutend, weil er hier ähnliche Grundauffassungen wie in seinem eigenen Denken wiederentdeckt hat: einen umfassenden Pessimismus, das Durchschauen der sichtbaren Welt als Illusion, das Mitleid als höchste Form mitmenschlichen Verhaltens. Er war der erste deutsche Philosoph, der eine vergoldete Buddhastatue in seinem Arbeitszimmer stehen hatte.

»Ausgrenzend« und »wiederfindend« – so müßte man die gegensätzliche Einstellung von Hegel und Schopenhauer gegenüber dem östlichen Denken bezeichnen. Welche ist angemessen(er)? Inwiefern soll im folgenden überhaupt von »Philosophie« gesprochen werden, und warum die Entscheidung, sie hier darzustellen?

Diese Entscheidung beruht auf einer einfachen psychologischen oder hermeneutischen Einsicht. Der Philosoph Karl Löwith, der vor dem Nationalsozialismus emigrieren mußte und so selbst einige Jahre lang an einer

Zwei Elstern, eine Geldmünze mit Loch und der Inschrift: »großer Friede auf der ganzen Welt«

japanischen Universität lehrte, hat sie treffend formuliert: »Wer nie in Berührung kam mit einem Anderen und Fremden, der weiß auch nicht, wer er selbst ist.«[3] Oder, mit einem Bild von Jürgen Habermas: »Erst ein Erdbeben macht uns darauf aufmerksam, daß wir den Boden, auf dem wir täglich stehen und gehen, für unerschütterlich gehalten hatten.« [4] In unserem Zusammenhang heißt das, daß wir die Begriffe »Philosophie« und »Philosophiegeschichte« als etwas Vorläufiges und Unscharfes nehmen und uns auf das östliche Denken einlassen. Denn nur im Verlauf einer Auseinandersetzung, durch Vergleich mit und Unterscheidung von einem Fremden, kann die eigene westliche Eigenart wirklich bewußt werden. Erst dann kann man mit sich selbst bewußter umgehen, auch: sich in Frage stellen. Man könnte die Erschütterung des Unerschütterlichen auf viele Selbstverständlichkeiten unserer Kultur beziehen, von der Gewohnheit, daß wir die Zeit nicht als Kreis auffassen bis zu *fui ni ochinai*. Das ist japanisch und heißt wörtlich: »das will mir nicht in die Eingeweide fallen«; sinngemäß heißt es: »Das will mir nicht in den Kopf«, weil in Japan der Bauch als das Zentrum des Selbst aufgefaßt wird und die Redewendung heißt »mit dem Bauch denken«. Nimmt man das Andere des östlichen Denkens als Anderes wirklich ernst, kann die Beschäftigung damit zu einem großen Abenteuer werden. Vielleicht kommt manche(r) dabei als brüllender Tiger zurück?

Selbsterkenntnis im Anderen

Indien: Das Abenteuer der Suche nach dem Selbst

Philosophie als Lebensform

»»Wenn jemand sucht‹, sagte Siddharta, ›dann geschieht es leicht, daß sein Auge nur noch das Ding sieht, das er sucht, daß er nichts zu finden, in nichts sich einzulassen vermag, weil er nur immer an das Gesuchte denkt, weil er ein Ziel hat, weil er vom Ziel besessen ist. Suchen heißt: ein Ziel haben. Finden aber heißt: frei sein, offen stehen, kein Ziel haben.«‹

Hermann Hesses *Siddharta. Eine indische Dichtung* ist noch immer die beste literarische »Einstimmung« auf Indien. Indien ist auch das Land der Fabeln und Märchen; die Sammlung *Indische Märchen* enthält eine reizvolle Auswahl. Wer weiter gehen will, sei vor allem auf das Buch des Indologen Heinrich Zimmer, *Philosophie und Religion Indiens*, verwiesen [1]. Zimmer, der in näherem Austausch mit dem bedeutenden Tiefenpsychologen Carl Gustav Jung stand, ist äußerst feinfühlig für die nicht direkt greifbaren, psychologischen Seiten der indischen Vorstellungs- und Symbolwelt; unsere Darstellung ist ihm in manchem verpflichtet. Das Buch ist klar geschrieben und bringt eine Fülle guter Textbeispiele. Außerdem verwendet Zimmer viel Sorgfalt auf Worterklärungen, denn das Problem des Übersetzens stellt sich bei Begriffen aus einer so fremden Kultur wie der indischen ständig.

Literaturhinweise

Nehmen wir die beiden zentralen Begriffe Gott und Ich bzw. Selbst. Bei »Gott« denken wir automatisch an den Herr-Gott, den souveränen Jahwe des *Alten Testaments*, der die Welt als seine einmalige Schöpfung und den Menschen als sein Ebenbild geschaffen hat. In seiner Absolutheit steht Jahwe über Allem, wie der Mensch durch den Satz »Machet euch die Erde untertan« weit über der Natur steht. Wie könnte solch ein biblischer Eben-

Unterschied elementarer Begriffe

bild-Gottes-Mensch als Tier wiedergeboren werden, etwa als Nasenbär? Ebenso gehen wir auch bei den Wörtern Ich, Selbst, Individuum, Person zunächst von uns aus, den komplizierten Ergebnissen einer komplizierten geschichtlichen Entwicklung. *Life, liberty and the pursuit of happiness* (»Recht auf eigenes Leben, Freiheit und Streben nach Glück«) – diese Formel bringt geradezu klassisch das Selbstverständnis des neuzeitlichen bürgerlichen Individuums zum Ausdruck. Sicher könnten wir das östliche Denken in manchem besser verstehen, wenn uns die eigene mittelalterliche, bäuerlich-grundherrschaftliche Vergangenheit nicht so ferngerückt wäre. Denn wie im europäischen Mittelalter Religion und Philosophie ihren festen Platz innerhalb der genossenschaftlichen Lebensform dreier Stände hatten, so sind auch Philosophie und Religion Indiens verwurzelt im Rahmen einer Gesamtlebensform. Ihr Grundprinzip lautet: »Das Ganze gilt mehr als jedes seiner Teile.« Konkret stellt es sich dar in der strengen, lebenslangen Kastenzugehörigkeit jedes Einzelnen. Das wichtigste geistige Ordnungssystem nun, das die Gesamtheit aller menschlichen Bestrebungen zusammenfaßt, sind die sog. vier Lebensziele [2]. Jedes dieser Lebensziele besitzt eine eigene Literatur und eine eigene Philosophie. Wie erwähnt, gibt es in Indien einen aus Europa übertragbaren, zusammenfassenden Begriff »Philosophie« nicht. »Philosophie der vier Lebensziele« wäre wohl am ehesten seine indische Gestalt zu nennen:

Die vier Lebensziele

– *Artha* besteht in materiellem Besitz. Das Wort vereinigt in seiner Bedeutung den Gegenstand menschlichen Begehrens, die Mittel wie die Bedürfnisse, die es anregen; so ist »Artha« z. B. bedeutungsgleich mit »Geld«, »Geschäftsangelegenheiten«, »Erfolgssucht«. Politik, Wirtschaft, die Kunst der Selbstbehauptung und der angenehmen Lebensführung fallen in diesen Bereich. Neben systematischen Abhandlungen wird er bevorzugt in der Tierfabel dargestellt. Denn diese Lehre wird auch »Das Prinzip oder der Brauch der Fische« genannt. Das heißt auf deutsch: »Die Großen fressen die Kleinen.«

– *Kāma* ist der Liebesgott, das Liebesverlangen, wie es auch der römische *Cupido* verkörpert. Eine *Sūtra* ist ein Hand- oder Regelbuch, wie es sie in Indien für alle Gebiete gab. So ist die *Kāmasūtra* das berühmte Handbuch der Liebestechnik, das Indien den Ruf der Sinnlichkeit eingebracht hat. In H. Zimmers Beschreibung erscheint allerdings die Wirklichkeit der indischen Gesellschaft sehr viel nüchterner: »Die Kāma-Lehre entstand, um die Enttäuschungen im Eheleben, die allzu häufig vorgekommen sein müssen, da Vernunftehen gang und gäbe, Liebesehen aber die seltene Ausnahme waren, zu beheben und zu verhüten. [...] Es war eine Gesellschaft mit eingefrorenen Gefühlen.«

– *Dharma* umschließt die Gesamtheit der religiösen und ethischen Pflichten innerhalb des Kastensystems. Sie sind in den *Dharmasūtras* zusammengefaßt und werden in Indien als eine selbstverständliche Verpflichtung angesehen, die sich aus der Zugehörigkeit des Einzelnen zur Gemeinschaft ergibt. Die vier Hauptkasten sind die Brāhmanen (Priester), Kshatryas (Kriegeradel), Vaishyas (Kaufleute und Bauern) und die Shūdras (Arbeiter bzw. Handwerker). Darunter hat sich dann später noch einmal die Kaste der Kastenlosen, der sog. Parias (Unberührbare) angesiedelt. Ein altes Bild aus dem *Rig-Veda* [→ S. 493] vergleicht die vier Kasten mit dem Kopf, den Armen, dem Bauch und den Füßen eines Menschen. Das Kastensystem geht auf die Einwanderung der Arier zurück – das indische Wort für Kaste ist *varna*, »Hautfarbe« – und gilt als göttliche Einrichtung. Seine Beständigkeit ist die Grundlage des Traditionalismus, der das gesamte indische Leben prägt.

- *Moksha* ist das höchste Ziel und bedeutet »Erlösung« oder »geistige Befreiung« von der Welt: »Artha, Kāma und Dharma, der sog. *trivarga*, die ›Gruppe der Drei‹, sind Bestrebungen innerhalb der Welt [...]. Aber der größte Teil des indischen Denkens, Forschens, Lehrens und Schreibens ist dem höchsten geistigen Thema, der Befreiung von der Unwissenheit und von den Leidenschaften der großen Weltillusion gewidmet.« Dieses höchste Ziel wird auch der »höchste Gegenstand« (paramārtha) genannt. »Paramārtha-vid, ›er, der um den höchsten Gegenstand *(paramārtha)* weiß *(vid)*‹, ist das Sanskrit-Wort, das sich in den Wörterbüchern ungefähr mit ›Philosoph‹ wiedergeben läßt.«

Vielleicht vermag die Ordnung der vier Lebensziele auch einen Zugang zum Verständnis der indischen Auffassung von der Wiedergeburt zu geben. Man kann darin eine Art Weltordnung im Sinne einer »ausgleichenden Gerechtigkeit« sehen, muß aber immer bedenken, daß der Zwang eines anfangs- und endlosen Kreislaufs als überaus leidvoll empfunden wird. So heißt es in einem buddhistischen Text: »Der Ozean der Tränen, vergossen von jedem, der ein Leben nach dem anderen durchläuft, ohne Anfang, ist tiefer als die Vier Meere zusammen.« Wer nun in seiner Lebensführung den Pflichten seiner Kaste ganz entspricht, sammelt gutes *karman*. Karman ist ein Zentralbegriff; man könnte ihn in mittelalterlicher christlicher Redeweise mit »gute Werke« in Hinblick auf das Jenseits übersetzen. Gutes Karman sammeln schafft die Voraussetzung für eine günstige Wiedergeburt; andernfalls besteht die Gefahr, in einen »übelstinkenden Mutterschoß« (so die *Upanishaden*) zu geraten, das heißt z. B. als Unberührbarer oder als unreines Tier wiedergeboren zu werden. Was ist das dann aber für ein »Wesen«, das sowohl als Heiliger als auch als Verworfener wiedergebo-

Wiedergeburt der Seele

Das Rad des Werdens – im Zentrum die drei Ursachen des menschlichen Leids, die sechs mittleren Felder zeigen die Möglichkeiten der Wiedergeburt, im äußeren Ring erscheinen die zwölf Etappen des menschlichen Lebens.

ren werden kann? Diese Frage ist vom Westen her sehr schwer zu beantworten. Man darf »Wiedergeburt« jedenfalls nicht mit »Seelenwanderung« im alten christlichen Sinne verwechseln. Auf seine Weise hat das Wilhelm Busch zusammengereimt:

> »Die Lehre von der Wiederkehr
> ist zweifelhaften Sinns.
> Es fragt sich sehr, ob man nachher
> noch sagen kann: Ich bin's.«

Ziel des Lebens

Die Rangordnung der vier Lebensziele spiegelt sich auf der persönlichen Ebene in dem »idealen Lebenslauf« der Hindu-Tradition. Er gliedert sich in vier Stufen: Schüler und berufstätiger Hausvater in der ersten Lebenshälfte, Einsiedler und »Heiliger Bettler« *(sannyassin)* sind die beiden Stufen der zweiten Lebenshälfte. Das heißt, das eigentliche Ziel des Lebens liegt in der zweiten Lebenshälfte und liegt in der Suche nach dem Selbst jenseits der familiären und beruflichen Rollen. Es ist gelebte Befreiung, gelebte Philosophie.

Herausforderung Indiens

Philosophie als Lebensform – automatisch stellt sich die Frage, welche Bedeutung hier im Westen die Philosophie überhaupt für das Leben eines Menschen haben könnte. Der uns so weggerückte enge Bezug zwischen Lehre und Leben drückt sich in Indien auch im Verhältnis des Schülers zu seinem Lehrer *(guru)* aus. Gehorsam und blinder Glaube werden von dem Schüler verlangt, anders: das vollkommene Aufgeben einer selbständig-kritischen Haltung gegenüber dem Lehrer aus Vertrauen und Gelassenheit des Gemüts heraus. Entscheidend ist dabei, daß es im Laufe der Lehrzeit an einem bestimmten Punkt »zündet« – daß es zu einer Art innerer Begegnung zwischen Lehrer und Schüler kommt, die dessen ganze Persönlichkeit wandelt (vgl. das Erwachen des Tigers in der Fabel). Neben dem Studium der heiligen Schriften wird diese Wandlung vorbereitet durch praktische Übungen wie Meditation, Yoga, Askese oder auch ganz normale Arbeit, die man als eine Form von Meditation versteht. Sicher muß in diesem Einbeziehen des Körpers und damit des ganzen Menschen das eigentlich »Nicht-Westliche« der östlichen Philosophie gesehen werden. Ich verstehe es als Herausforderung an eine Kultur, die den Körper, die Arbeit, das Denken, das Glauben und das Heilen (Psychotherapie als moderner Nachfolger der Religion) prinzipiell trennt. Andererseits: merkwürdiges Einbeziehen des Körpers mit dem Ziel der Befreiung von der Welt! Betrachten wir noch einmal die Gliederung der vier Lebensziele. Die *trivarga* enthält die Philosophien des weltlichen Lebens, als Besitz *(artha)*, Genuß *(kāma)* und die Pflichten *(dharma)*. Diesem innerweltlich-Bekannten steht *moksha* gegenüber als Sehnsucht nach dem nicht Greifbaren, Transzendenten, nach Erlösung und Befreiung. Moksha ist das höchste Ziel. Wie kann sich eine solche Wertordnung ausbilden? Welche geschichtlichen Erfahrungen liegen ihr zugrunde? Wie kann man sie beurteilen? Aus westlicher Sicht liegt

Spiritualität als Kompensation?

hier so etwas wie ein grundlegender Verdacht nahe, den Heinrich Zimmer folgendermaßen formuliert: »Der Gedanke drängt sich auf, daß ein so hoher Aufschwung zum transzendenten Bereich wie der Indiens nie unternommen worden wäre, wenn die Lebensbedingungen nur um ein Geringes weniger hoffnungslos gewesen wären. Erlösung *(moksha)* kann nur dann zum Hauptanliegen des Denkens werden, wenn das, was die Menschen an ihr normales Erdendasein bindet, keinerlei Hoffnung gewährt, sondern nur Pflichten, Bürden und Zwang, aber keinerlei verheißungsvolle Aufgaben oder Ziele bietet, die auf irdischer Ebene ein Streben anregen und rechtfertigen würden. Indiens Drang zu transzendentalem Forschen und das Elend in seiner Geschichte sind sicherlich eng miteinander verknüpft; sie dürfen nicht getrennt betrachtet werden. Die harte Philosophie der Staatskunst und die übermenschlich hohen Errungenschaften in der Metaphysik stellen zwei Seiten einer einzigen Lebenserfahrung dar.« [3]

Die Zeit der Veden, der Heiligen Schriften der Eroberer

»Es kann nichts verworrener sein, nichts unvollkommener als die Chronologie der Inder. Kein Volk, das in der Astronomie, Mathematik usf. ausgebildet ist, ist so unfähig für die Geschichte; es ist darin bei ihnen kein Halt, kein Zusammenhang.« – Hegels abfälliges Urteil ist typisch europäisch. Er stößt sich an der allerdings wesentlichen Tatsache, daß die indische Kultur kein Geschichtsbewußtsein und keine Geschichtsschreibung entwickelt hat, die sich mit der europäischen vergleichen ließen. Dieser »Mangel« läßt sich jedoch zwanglos aus der indischen Weltanschauung verstehen, die grundsätzlich die Wiederkehr und die Beständigkeit – das beständig Wiederkehrende bzw. das wiederkehrende Beständige – betont. Das Einmalige, Zeitgebundene und Unwiederholbare ist demgegenüber Nebensache (so erscheint übrigens die Geschichte der europäischen Philosophie in östlichen Augen als nicht selten verkrampftes Ergebnis einer angeblichen »Originalität«, die sich immer nur für das Allerneueste interessieren kann). Sicherlich entspricht die Ausrichtung am Wiederkehrenden und Beständigen der Lebenserfahrung einer bäuerlichen Kultur, die den Verlauf der Jahreszeiten und die Abfolge der Generationen als gleichbleibenden Rhythmus empfindet. Die Vorstellung von der Zeit als Kreis, der Geschichte als einem zyklischen Geschehen liegt vielleicht früher, ist »natürlicher« als die biblisch-teleologische, d.h. zielgerichtete einmalige Zeitlinie. Die indische Einstellung zur Geschichte erlaubt dem heutigen Geschichtsschreiber meist nur sehr ungefähre Angaben. Oft ist von den größten Denkern nur der Name bekannt. Entsprechend ungewiß bleiben Zuordnung und Datierung fast aller überlieferter Schriften, so sehr die Indologen sich hier auch um Klarheit bemüht haben.

Ein anderes Geschichtsbewußtsein

Ein einfaches zeitliches Grobschema unterteilt die indische Geschichte in drei Abschnitte: die vom Hinduismus geprägte alte indische Geschichte; die Herrschaft der Moslems (etwa 1200–1600) und die britische Fremdherrschaft (etwa ab 1750 bis zur Unabhängigkeitserklärung von 1947). Da wir auf die geschichtliche Entwicklung nicht eingehen können, sei hier als einführender Überblick auf die *Grundzüge der indischen Geschichte* von D. Rothermund verwiesen [4]. Der Verfasser betont u. a. stark den regionalen Aspekt der indischen Geschichte, denn ähnlich wie Europa ist der indische Subkontinent vielfältig gegliedert und ließ sich niemals ganz von einer Zentralmacht beherrschen. Die drei geographischen Großregionen sind das von Indus und Ganges durchzogene Schwemmland zu Füßen des Himalaya, das Dekkan-Hochland und die Niederungen der Ostküste, jeweils an den Unterläufen der großen Flüsse aus dem Hochland. Der Jahresablauf ist vom Monsun geprägt: Regenzeit zwischen Mai und Anfang September, dann die Zeit der Reife und Ernte, ab Januar Trockenzeit. Die Basis der sich untereinander bekämpfenden Herrschaftsbereiche befand sich stets im Landesinneren, während die europäischen Mächte von den Han-

Stichpunkte zur Geschichte

delsstützpunkten her kamen, auf der Suche nach »Christen und Gewürzen«, wie es bei Vasco da Gama heißt. Maßgeblich für die Errichtung der britischen Fremdherrschaft war die *Ostindische Kompagnie*, eine im Jahre 1600 gegründete königlich privilegierte Handelsgesellschaft. Über Jahrhunderte hinweg hat die *East India Company* ihr Mutterland mit unvorstellbaren Gewinnen beglückt.

Besitznahme der Arier

Daß die Nationalsozialisten sich »Arier« genannt haben, ist nur der letzte Aufguß der alten Eroberergewohnheit, seine Taten durch ein besonderes Herrenmenschentum zu rechtfertigen. *arya* heißt »die Edlen« und ist die Selbstbezeichnung der nomadisierenden Rinderhirten, die um 1500 v. Chr. in das Pandschab, das sog. Fünfstromland im Norden Indiens, eingefallen sind. Als Heimat der Arier wird das südliche Zentralasien angenommen. Durch Pferd und Streitwagen waren sie den Einwohnern in der Kriegstechnik überlegen, auch wenn sie, wie im Industal, auf eine hochentwickelte Stadtkultur gestoßen sind. Im *Alten Testament* heißen diese indoeuropäischen Stämme die Philister, die um 1200 Palästina und auch das Pharaonenreich bedroht haben. Wir müssen sie uns als vaterrechtlich organisierte Sippenverbände vorstellen, als Kriegergesellschaft, die bei früher Verwendung des Eisens allmählich zum Ackerbau übergegangen ist. *Ilias* und *Odyssee* schildern anschaulich die mittelmeerische Form dieser Kultur um 800 v. Chr. Etwa um 500 v. Chr. ist die indoeuropäische Durchdringung der großen Flußtäler abgeschlossen.

Die Kaste der Brāhmanen

Mit der Landnahme bildeten die Arier eine Vielzahl kleinerer Königtümer, die sich in der Regel gegenseitig bekämpften. Ihre Bevölkerung war in vier Gruppen aufgeteilt, welche die Grundlage des späteren Kastenwesens bilden: ein Kriegeradel mit einem König an der Spitze; die Familien der Brāhmanen, also der Priester; die Bauern und schließlich die unfreie Bevölkerung. Es ist nun von entscheidender Bedeutung, daß sich die arischen Priester schon früh als ein eigener Stand mit bestimmter Lebensform abgegrenzt haben. Denn die Brāhmanen spielten im gesellschaftlichen Leben eine höchst bedeutsame Rolle. Sie überlieferten das Heilige Wissen, oder, nüchterner: gegenüber dem königlichen Machtmonopol besaß die Priesterschaft das Ritualmonopol. Nur der Brāhmane konnte das Heilige Opfer vollziehen; nur er konnte mit seinem geheimen Wissen Einfluß auf die Mächte nehmen, die das ganze Leben der Menschen bestimmen. Die priesterliche Macht wurzelt also im Opferzauber, in der Magie. Im Laufe der geschichtlichen Entwicklung nun ist die Bedeutung der konkreten Opferhandlung zurückgetreten, das Interesse an einer mehr spekulativen Erklärung der Welt nahm zu. Und in diesem Prozeß haben die Brāhmanen eine geistige Gesamtdeutung entwickelt, die eine bleibende Leistung des indischen Geistes darstellt.

religiöse Grundtexte

Die *Veden*, die Heiligen Schriften der Hindus, spiegeln diese Entwicklung. Sie sind in Sanskrit verfaßt; Sanskrit ist bis heute die sakrale Sprache des Hinduismus. Von Wortschatz und Grammatik her gehört es zur Gruppe der indogermanischen bzw. indoeuropäischen Sprachen und ist verwandt z. B. mit dem Iranischen, Slawischen, Germanischen, Lateinischen, Griechischen, eigentlich mit allen europäischen Sprachen außer dem Baskischen und der finnisch-ugrischen Sprachfamilie. So entspricht z. B. der vedische Name der »Göttin Morgenröte«, *Usas*, der griechischen *Eos* und der lateinischen *Aurora*. *Veda* bedeutet »Wissen«. Je nach den verschiedenen Handlungen beim feierlichen Opfer werden die Veden in vier Grundtypen unterteilt:

- der *Rig-Veda*, das »Wissen *(veda)* in Versen *(rig)*«; Preislieder auf die Götter, die zum Opfer geladen werden;
- der *Sāma-Veda*, zitiert vom Vorsänger bei der Opferhandlung;
- der *Yajur-Veda*, meist kurze Opferformeln bei den einzelnen Verrichtungen;
- der *Atharva-Veda*, größtenteils metrische Zaubertexte.

Im Umkreis des *Veda* stehen noch weitere Texte und Textformen: die *Brāhmanas*, Handbücher der Opferwissenschaft in schlichtem Prosastil; die *Aranyakas*, schön zu übersetzen als »Wildnistexte«, weil sie wegen ihrer magischen Gefährlichkeit nur in der Einsamkeit des Waldes gelehrt werden durften; die *Upanishaden*, »Geheimlehren« – um sie zu erfahren, muß man »sich nahe bei *(upa)* jemanden oder etwas nieder *(ni)* setzen *(sad)*.« All diese Texte gelten als Heiliges geoffenbartes Wissen, das durch die Jahrhunderte hindurch von den Schülern auswendig gelernt wurde. Erst nach dem 3. Jahrhundert v. Chr. ist es schriftlich aufgezeichnet worden.

Der *Rig-Veda* ist das älteste Literaturdenkmal Indiens. Er ist um 1500 v. Chr. im Fünfstromland entstanden als Sammlung von über 1000 Hymnen in 10 Lieder-Kreisen, deren ältester Kern ursprünglich im Besitz einzelner brahmanischer Dichterfamilien gewesen sein muß. Da die vedische Religion keine Tempel und Götterbilder kennt, konzentrierte sich das kultische Geschehen auf das Heilige Opfer, ausgedeutet als Bewirtung der Himmlischen. OM – die heilige Silbe steht an Beginn und Ende jeder Vedarezitation *(Om,* der Odem, der Atem, Lebenshauch; zugleich auch die Sonne und das ganze Universum). Ein Hymnus an Varuna, den obersten Richter, zeigt deutlich die beschwörende Funktion des Opfers. Es ist die Bitte eines an Wassersucht tödlich Erkrankten um Gnade, denn die Wassersucht galt als Strafe für Unwahrhaftigkeit:

Der »Rig-Veda«, die älteste Hymnensammlung

Herkunft aus der Opferhandlung

An Varuna (Gott »Wahrheitswort«)

1 »Möge ich nicht, Varuna! König! in das irdene Haus [die Graburne] eingehen – Sei gnädig, du von guter Herrschaft! zeige Gnade!
2 [in das irdene Haus,] zu dem ich auf dem Wege bin, gleichsam platzend wie ein aufgeblasener Schlauch, du mit der Steinwaffe! Sei gnädig, du von guter Herrschaft! zeige Gnade!
3 Irgendwie, durch die Unzulänglichkeit meiner Kraft [zu erkennen und zu wollen], bin ich in die falsche Richtung gegangen, du Reiner! – Sei gnädig, du von guter Herrschaft, zeige Gnade! [...]
5 Was immer, Varuna! an Trug gegen das Geschlecht der Himmlischen wir Menschen begehen, womit wir durch Einsichtslosigkeit die Wahrheit getrübt haben – laß uns nicht verderben um dieser Schuld willen, Himmlischer!« [5]

Ein Text wie dieser – zugleich Bitte und Beschwörung – erinnert an die wenigen erhaltenen Zaubersprüche der germanischen Dichtung in althochdeutscher Sprache, die *Merseberger Zaubersprüche* und den *Lorscher Bienensegen* [→ S. 86]. Ein anderer Hymnus kreist um den Ursprung der Welt. Er ist abstrakter, »einer der ältesten Versuche altindischer naturphilosophischer Weltentstehungsspekulation«, wie der Herausgeber schreibt. Diese Entstehung wird als das Werden eines Keimes in einem Ei gedacht, der aus dem Begehren (der »Hitze«) des Schöpfergottes Prajāpati, »der Herr der Zeugung«, entstand. Der Text ist faszinierend, weil er auf die Frage nach dem Wie dieser Entstehung keine Antwort gibt:

frühe Naturspekulation

Magier mit dämonenvertreibendem Schwert

Die »Upanishaden«

Einheit von Selbst und Welt

Eine Parabel

1 »Nicht existierte Nichtseiendes, noch auch existierte Seiendes damals – nicht existierte der Raum, noch auch der Himmel jenseits davon. Was umschloß? Wo? Im Schutz wovor? Existierte das [Süß-]Wasser? – [Nein, nur] ein tiefer Abgrund!
2 Nicht existierte der Tod, also auch nicht das Leben. Nicht existierte das Kennzeichen der Nacht (Mond und Sterne), des Tages (die Sonne). – Es atmete (begann zu atmen) windlos, durch eigene Kraft da ein Einziges. Nicht irgend etwas anderes hat jenseits von diesem (= früher als dieses) existiert.
3 Finsternis war verborgen durch Finsternis im Anfang. Kennzeichenlose Salzflut war dieses All. Der Keim, der von Leere bedeckt war, wurde geboren (kam zum Leben) als Einziges durch die Macht einer [Brut] Hitze. [...]
7 Woher diese Emanation [der Welt] geworden (»gekeimt«) ist, ob sie getätigt worden ist [von einem Agens] oder ob nicht – wenn ein Wächter dieser [Welt] ist im höchsten Himmel, der weiß es wohl: oder ob er es nicht weiß?«

Wer läßt regnen, wachsen? Gibt es vielleicht einen Gott oder eine göttliche Kraft oder ein Prinzip, das Allem zugrundeliegt? Was »trägt« die Welt? – Es ist klar, daß die Versuche der Brāhmanen, diesen Fragen nachzugehen, weitergegangen sind. Ihren Höhepunkt und Abschluß finden sie mit den *Upanishaden*, die zeitlich noch in die Periode vor dem Auftreten des Buddha fallen, also vor 500 v. Chr. Wir können nur die beiden Grundprobleme erwähnen, die in den *Upanishaden* durchdacht werden: die Frage nach dem Selbst und die Frage nach dem Grund der Welt. Die überraschende Lösung heißt: eine Antwort genügt! Denn in den *Upanishaden* ist der Bezug zur Opferhandlung zwar längst gelöst, nicht aber zu dem zugrundeliegenden Denkschema. Es ist das Modell der Entsprechung von Mikrokosmos und Makrokosmos [→ S. 147]. D. h. was ursprünglich in der rituellen Handlung auf dem Opferplatz geschieht (Mikrokosmos), steht in genauem Bezug zu makrokosmischen Mächten/Geheimnissen wie z. B. Regen oder Fruchtbarkeit. So hat auch der menschliche Leib und sein Lebensprinzip, der Atem *(ātman)*, Bezug zum Wind, ja er ist dieser selbe Wind. In einem langen Prozeß der Abstraktion (Ent-Stofflichung) führt dieser Ansatz nun nicht nur zum In-Beziehung-Setzen, sondern zur Gleichsetzung des Ichbewußtseins oder Selbst mit dem göttlichen Weltprinzip [6]. Das Atman und das Brahman, das Selbst und die göttliche Kraft sind ihrem Wesen nach gleich. In großartiger Schlichtheit zeigen das die *Upanishaden* in einem Gespräch zwischen einem Brāhmanen und seinem Sohn Shvetaketu. Shvetaketu war mit zwölf Jahren bei anderen Brāhmanen in die Lehre gegangen, hatte weitere zwölf Jahre »alle Veden durchstudiert« und kommt eingebildet und ziemlich arrogant nach Hause zurück. Schnell stellt sich heraus, daß er nichts weiß, denn die eigentliche Unterweisung – »durch die man das Ungehörte hören, das Ungedachte denken, das Unerkannte erkennen kann« – hat er nicht erhalten. So sagt der Vater zu ihm:

> »Hol mir doch eine Feige her.«
> »Hier ist sie, Ehrwürdiger.«
> »Spalte sie.«
> »Sie ist gespalten, Ehrwürdiger.«
> »Was siehst du darin?«
> »Ganz feine Körner, Ehrwürdiger.«

»Spalte nun bitte eines von ihnen.«
»Es ist gespalten, Ehrwürdiger.«
»Was siehst du darin?«
»Gar nichts, Ehrwürdiger.«
Da sprach er zu ihm: »Wahrlich, mein Lieber, dieses Feinste, das du gar nicht wahrnimmst, aus ihm ist jener große heilige Feigenbaum entstanden. Glaube mir, mein Lieber«, sprach er, »was diese feinste Substanz ist, die ganze Welt enthält es als ihr Selbst. Das ist das Wirkliche, das ist Ātman. Das bist du *(tat tvam asi)*, Shvetaketu.«
»Schenk mir noch eine weitere Belehrung, Ehrwürdiger.«
»So sei es«, sprach er. »Schütte dieses Salz ins Wasser und komme morgen früh wieder zu mir.«
So tat er.
Da sagte der Vater zu ihm: »Das Salz, das du gestern abend ins Wasser geschüttet hast, bring mir's her.«
Er griff danach, aber er fand es nicht, da es ganz und gar zergangen war.
»Nimm bitte einen Schluck von dieser Seite«, sagte jener. »Wie ist es?«
»Salzig.«
Nimm einen Schluck aus der Mitte«, sagte er. »Wie ist es?« »Salzig.«
»Nimm einen Schluck von jener Seite«, sagte er. »Wie ist es?«
»Salzig.«
»Setz es beiseite und komm her zu mir.«
Er tat so und sagte: »Es ist immer das gleiche.«
Da sprach jener zu ihm: »Wahrlich, mein Lieber, du siehst kein Seiendes hier, und doch ist es darin. Was diese feinste Substanz ist, die ganze Welt enthält es als ihr Selbst. Das ist das Wirkliche. Das ist Ātman. Das bist du, Shvetaketu.«

tat tvam asi – »Das bist du«, ist einer der großen Aussprüche der *Upanishaden*, wie auch an anderen Stellen »Ich bin das Brahman« und »das Brahman ist ja dieses All« [7]. Der Begriff *brahman* ist keineswegs einfach übersetzbar; er ist »seit den vedischen Zeiten bis zum heutigen Tage die unvergleichlichste, bedeutendste Konzeption der Hindu-Religion und -Philosophie gewesen.« [8] Ursprünglich bedeutet *brahman* »Formung« oder »Gestaltung« oder die »Kraft der Gestaltung der Wahrheit«, die nur der Brāhmane – der »Wahrheitsformulierer« – besitzt. Später wurde das Brahman als Gott Brahman personifiziert. Man übersetzt es wohl am besten mit »göttliche Kraft«. Ihre Natur kann vom intellektuellen Bewußtsein allenfalls paradox ausgesagt werden: »Es bewegt sich, und es bewegt sich nicht; es ist fern, und es ist doch nah; es ist innerhalb von allem, und es ist doch außerhalb von allem.« Daher können wir annehmen, daß die Erkenntnis des *brahman* bzw. der Einheit des *ātman* und des *brahman* schon früh auf mediativem Weg erfahren worden ist. Denn wie bei den Mystikern anderer Kulturen ist sie begleitet von oder wird sie erfahren als »Verzükkung«. *ānanda*, das Sanskritwort dafür, ist ein Wonnegefühl, für das man, um es zu beschreiben, das Bild der geschlechtlichen Vereinigung gebraucht.

brahman – göttliche Kraft

Für die spätere indische Philosophie waren die *Upanishaden* von allergrößter Bedeutung. Es wäre aber falsch, von einer »Lehre der Upanishaden« im Sinne eines einheitlichen Systems zu sprechen, wie dies etwa Arthur Schopenhauer geglaubt hatte. In den Texten finden sich – auch zu den Kernfragen des indischen Denkens – sehr unterschiedliche Aussagen. Wer dieses Denken in seiner »klassischen« Form kennenlernen will, muß sich unbedingt die *Bhagavad Gītā* vornehmen, »eines der heiligsten Bü-

Die »Bhagavad Gītā«

cher der Hindus und wohl das in Indien am meisten gelesene« (H. Glasenapp). Die *Bhagavad Gītā* – der »Gesang *(gītā)* des Erhabenen *(bhagavad)*« – ist eine Episode aus dem 100 000 Verse umfassenden Volksepos *Mahābhārata*. Dieses erzählt von einer achtzehntägigen Schlacht zweier eng verwandten Fürstenfamilien im Pandschab, die um 1000 v. Chr. stattgefunden haben könnte. In das ursprüngliche Heldenepos wurden dann im Laufe der Jahrhunderte so viele andere Texte – Märchen, Träume, Marionettentheater, philosophische Reflexionen, Gebete usw. – eingefügt, daß es noch heute in Indien heißt: »Wenn du es nicht im *Mahābhārata* findest, wirst du es nirgends finden.« Die *Gītā* selbst umfaßt nur 700 Strophen und ist etwa um 300 v. Chr. zu datieren, mit späteren Bearbeitungen. Sie setzt mit einer reizvollen Situation ein: Die beiden Heere stehen sich gegenüber, aber im Angesicht des Kampfes graust es den Helden, den Prinzen Arjuna, da er seine vielen Verwandten und Freunde, die er im feindlichen Heer erkennt, hinschlachten soll. Er verzagt. Da erscheint der Gott Krishna in Gestalt seines Wagenlenkers. Er richtet Arjuna auf, offenbart dem Fragenden das Geheimnis der göttlichen Weltordnung, zeigt sich schließlich selbst in göttlicher Gestalt und gibt dem Helden den Mut, auch diese Schlacht als notwendigen Bestandteil der Welt zu akzeptieren und zu kämpfen.

Allgegenwart des Göttlichen

Die *Bhagavad Gītā* gibt Antwort auf Grundfragen des menschlichen Daseins. Sie tut das mit großer dichterischer Kraft und vereinigt dabei die vielfältigsten Strömungen des Denkens ihrer Zeit. Sie kann diese Synthese leisten durch ihre Grundaussage, daß das Göttliche in allem ist. So sagt Krishna in dem erhabenen 10. Gesang: »Nun leihe dein Ohr meiner letzten Verkündigung. Weil du mir lieb bist, will ich sie dir zu deinem Besten offenbaren. Weder die Scharen der Götter noch die großen Seher kennen meinen Ursprung. [...] Jeder Keim aller Geschöpfe, das bin Ich. [...] Ich bin der Würfel des Falschspielers, Ich bin die Stärke des Starken. Ich bin der Sieg, bin die Bemühung, bin die Reinheit des Reinen.«

»bhakti«, mystische Gottesliebe

Also auch: »der Würfel des Falschspielers.« Im genauen Gegensatz zum Christentum begreift die hinduistische Auffassung die Welt als ein Spiel, als spielerisch-kreisenden Ausfluß der göttlichen Macht oder auch als göttliche Illusion. Und so lautet die Grundanweisung, sich darin zu verhalten: durchschaue das Spiel als Spiel. Handle in der Welt an dem Ort, wo du hingestellt bist, tu' deine Pflicht, aber spielerisch und mit Distanz. Und wenn du dabei dem Göttlichen innerlich verbunden bist, wenn du Gott liebst unbesorgt um den Lohn deines Tuns, bist du auf dem richtigen Wege. Für diese Haltung steht das Wort *bhakti*, die persönliche Gottesliebe des Gläubigen, das in der *Gītā* eine Schlüsselrolle einnimmt. In diesem Sinne sagt Krishna: »Für alle Wesen bin Ich der Gleiche. Mir ist keiner verhaßt noch lieb. Wer sich aber selbst Mir weiht [und anvertraut] in voller Hingabe – der ist in Mir, und Ich bin in ihm.«

Nirvāṇa – »Verwehen«

Die Lehre als Floß:

»Dem Floße gleich will ich euch die Lehre darstellen, zum Überschreiten geschaffen und nicht dazu bestimmt, sie festzuhalten. Das hört und richtet wohl euren Sinn darauf, ich werde euch dies verkünden.« –

Gleichnis der Lehre

»So sei es, Herr«, antworteten die Mönche dem Erhabenen. Und der Meister sprach darauf dies:

»Wie wenn ein Mann, ihr Mönche, der einen weiten Weg unternommen hat, plötzlich eine große Wassersflut erblicken würde; und deren diesseitiges Ufer wäre voll Gefahren und Schrecken, deren jenseitiges jedoch sicher und gefahrlos; er aber hätte kein Schiff, das ihn hinüberführt, und es gäbe auch keine Brücke, die die Flut überquert, so daß er auf ihr hinüberzugehen vermag. Da käme diesem wohl ein solcher Gedanke: Wahrlich, dies ist eine große Wassersflut, und an dem diesseitigen Ufer herrschen Gefahren und Schrecken, am jenseitigen dagegen Ruhe und Furchtlosigkeit. Es gibt aber für mich kein Schiff, das mich hinüberführt, und eine Brücke, die die Flut überspannt, so daß ich hinübergehen könnte, ist nicht vorhanden. Wie wäre es, wenn ich nun Schilfgras, Holz, Zweige und Blätter sammeln und daraus ein Floß bauen würde und mit Hilfe des Floßes, mit Händen und Füßen arbeitend, glücklich zum jenseitigen Ufer hinübergelangte?

Und dieser Mann sammelte nun Schilf, Holz, Zweige und Blätter, baute sich daraus ein Floß, und mit Hilfe dieses Floßes führe er, mit Händen und Füßen es vorantreibend, heil hinüber an das jenseitige Ufer. Ihm aber, der an das jenseitige Ufer gelangt ist, käme nun der Gedanke: Wahrlich nützlich ist mir dies Floß; denn mit Hilfe dieses Floßes bin ich, mit Händen und Füßen rudernd, sicher über das Wasser zum jenseitigen Ufer gelangt. Wie wäre es nun, wenn ich dies Floß auf mein Haupt heben oder auf den Rücken legen würde und dann dorthin ginge, wohin ich will?

Was denkt ihr nun, ihr Mönche, von diesem? Würde jener Mann, der so mit dem Floße verfährt, wohl das ausführen, was er zu tun hat?« – »Nein, das würde er fürwahr nicht tun, Herr.« – »Und auf welche Weise müßte der Mann mit dem Floße umgehen, wenn er das ausführen wollte, was für ihn zu tun wäre? Da käme dem Mann, der die Flut überquert und das andere Ufer erreicht hat, der Gedanke: Nützlich fürwahr ist mir dies Floß gewesen. Mit seiner Hilfe bin ich, mit Händen und Füßen rudernd, sicher zum anderen Ufer gelangt. Wie wäre es, wenn ich dieses Floß auf das Land zöge oder es im Wasser schwimmen ließe und, wie ich es wünschte, weiterziehen würde? Dieser Mann, ihr Mönche, würde mit dem Floß so handeln, wie er es sollte.

Ebenso wahrlich, ihr Mönche, einem Floß vergleichbar, wurde von mir die Lehre gezeigt, zum Überschreiten geschaffen, doch nicht, um sich daran festzuklammern. Ihr Mönche, die ihr das Gleichnis vom Floße versteht, sollt selbst die wahre Lehre aufgeben, wie viel mehr dann die falsche.« [9]

Parallele Buddha – Jesus von Nazareth

Vermittelt das Gleichnis vom Floß nicht etwas von dem Ernst, der Nüchternheit, der wunderbaren Freiheit und zugleich der kraftvollen Ausstrahlung, die von Buddha ausgegangen sein muß? In seiner Radikalität erinnert er unmittelbar an Jesus von Nazareth [→ S. 70f.]: Beide haben die Wertvorstellungen ihrer Zeit – sowohl die gesellschaftliche Rangordnung als auch die überlieferte religiöse Anschauung – grundsätzlich in Frage gestellt. Sie haben einen neuen Weg der Selbstverwirklichung gezeigt. Die Parallele läßt sich verlängern. Von beiden wissen wir kaum etwas; es gibt kein einziges Jesus-, kein einziges Buddhawort, von dem wir mit Sicherheit sagen könnten, daß es echt ist. Und schließlich erlitt ihre Lehre in beiden Fällen das gleiche Schicksal. Nach dem Tod der Stifter mußten die Anhänger sich in dieser Welt einrichten. Sie haben sich arrangiert und im Laufe der Jahrhunderte Gedankengebäude und organisatorische Formen ge-

Der Prinz flüchtet aus dem Palast – die Götter halten ihre Hände unter die Hufe des Pferdes, damit niemand aus dem Schlaf erwacht.

Buddhas Weg

Die Erleuchtung

schaffen, in denen die Absichten der Gründer manchmal kaum noch wiederzufinden sind.

Der Name Buddha bedeutet »der Erweckte« oder »der Erleuchtete«. Eigentlich hieß diese Person Siddharta – »der sein Ziel erreicht hat« – und stammt aus einem adligen Geschlecht, das sich den Beinamen Gautama zugelegt hatte. Oft wird der Buddha daher mit dem Namen dieses vedischen Sehers auch einfach Gautama genannt. Das Geschlecht hatte seinen Sitz in der Nähe des heutigen Patna im mittleren Gangestal. Das Leben Buddhas hat die Legende ausgeschmückt. Die quellenkritische Forschung kann jedoch, wie auch im *Neuen Testament*, über die größere oder geringere Wahrscheinlichkeit befinden, mit der die Legende einen geschichtlichen Kern enthält (so ist es z. B. geschichtlich höchst unwahrscheinlich, daß seine königliche keusche Mutter den Sohn im Traum von einem göttlichen weißen Elefanten empfangen hat!). Mit 29 Jahren soll der junge Prinz heimlich nachts seine Frau und den gerade geborenen Sohn verlassen haben. Er zog »aus dem Haus in die Hauslosigkeit«, wie die Formel heißt, lebte viele Jahre lang als Einsiedler und Asket und suchte Unterweisung bei zwei Yogalehrern. Sie genügten ihm ebenso wenig wie die Selbstkasteiungen, die ihn bis an den Rand des Todes trieben. Unter einem Feigenbaum in einem Hain bei der Burg Uruvelâ wurde ihm dann die vollkommene Erleuchtung zuteil; seitdem nannte er sich Buddha. Wie die Legende weiter berichtet, hatte er zunächst überhaupt kein Interesse, seine Lehre den Menschen zu verkünden; durch Überredung des Gottes Brahman aber und »durch Mitleid zu den Wesen bewogen« ändert er seine Haltung. Er geht nach Benares und predigt dort im Tierpark fünf früheren Anhängern, die sich in dem Moment von ihm abgewendet hatten, als er die Methode der Selbstkasteiung aufgegeben hatte. Diese *Rede von Benares* ist wichtig, weil es sich um einen sehr alten Text handeln muß. Die fünf anerkennen seine Buddhaschaft, und jetzt wird das sog. *Rad der Lehre* in Bewegung gesetzt. 45 Jahre zieht der Erhabene bettelnd und lehrend durch das Land, bis er im Alter von 80 Jahren stirbt. In diese Zeit sind nun all die Sūtras, die Lehrreden/Predigttexte der buddhistischen Überlieferung gelegt. Sie beginnen meist nach dem Schema: »So habe ich es gehört: Einst zog der Erhabene, begleitet von einer großen Schar von Mönchen [meist sind es 500], im Lande [...] Almosen sammelnd einher. Und...« Daran schließt sich der Inhalt einer Belehrung. Natürlich soll das »So habe ich es gehört« die Echtheit eines Buddhawortes garantieren, das ja zunächst mündlich weitergegeben und zum Teil erst Jahrhunderte später aufgeschrieben wurde. Neben den umfangreichen chinesischen und tibetischen Übersetzungen haben wir den Großteil der indischen buddhistischen Literatur in Pāli, einem mittelindischen Dialekt, überliefert. Dieser sog. *Pāli-Kanon* wurde im 1. Jahrhundert v. Chr. auf der Insel Ceylon aufgezeichnet.

mündliche Überlieferung

Die Forschung setzt als Todesjahr des Buddha meist 486 v. Chr. an. Man hat die Zeit um 500 eine »bedeutende Zeitenwende« (Rothermund), sogar »Achsenzeit der Weltgeschichte« (Jaspers) genannt. Damit ist ein Entwicklungsschub auf allen Ebenen gesellschaftlicher Lebensformen gemeint, der uns am besten in Griechenland bezeugt ist [→ S. 11]. Für Indien heißt das: während die altvedische und brahmanische Opferreligion, -spekulation ganz in ein dörflich-gaufürstliches Milieu paßt, zeichnen die buddhistischen Texte ein anderes Bild. Der neue Stand des Kaufmanns taucht auf; es ist von großen Städten die Rede; die Entwicklung drängt zur Bildung immer größerer Reiche, d.h. abstrakterer Formen von Herrschaft und Verwaltung. Archäologische Funde zeigen, daß das Eisen jetzt allgemein gebräuchlich ist, was zur Urbarmachung der Gangesebene für den Reisanbau wichtig gewesen sein dürfte. 327–325 brandschatzt Alexander der Große das Fünfstromland. In diese Zeit fällt die Gründung der Maurya-Dynastie, die »durch die Kombination von Buddhismus, Reis und Eisen« (Rothermund) das erste Großreich auf indischem Boden errichtet hat.

geschichtlicher Hintergrund

Die Situation der Zeitenwende findet ihren neuen Ausdruck im Auftreten zweier Reformbewegungen: Jainismus und Buddhismus. Auf den Jainismus oder Jinismus können wir hier nicht näher eingehen; mit ihren etwa zwei Millionen Anhängern in oft wichtigen gesellschaftlichen Positionen ist diese Religion auch im heutigen Indien lebendig. Jaina, ein älterer Zeitgenosse des Buddha, gründete eine radikale asketische Bewegung von Mönchen und Nonnen, die im Fastentod die Vollendung ihres Lebensweges sah. Auch der Buddha hatte diesen Weg ja versucht und verworfen. Was ist die Einsicht seiner Erleuchtung? »Das weitaus Eigenartigste und Kühnste am Buddhismus sind seine Verzichtleistungen.« [10] »Erleuchtung« heißt negativ, daß der Buddha die ganze brahmanische Tradition verwirft: die Heiligkeit des *Veda*, das Besser- oder Schlechtersein eines Menschen je nach seiner Kaste, die Einheit des eigenen Selbst *(ātman)* mit der göttlichen Kraft *(brahman)*, die Wonnen möglicher Paradiese, wenn man eine gute Wiedergeburt erlangt und z.B. als Gott der sechsten und obersten Götterklasse 9216 Millionen Jahre hindurch ungehindert sinnliche Begierden ausleben darf, bevor man wieder in den Geburtenkreislauf zurückgeworfen wird. All diese Spekulationen sind haltlos. In einem Land, wo zu aller Zeit so viel spekuliert und diskutiert wurde wie in Indien, stellt allein dieser Schritt bereits eine große Kühnheit dar. »Erleuchtung« heißt positiv, daß der Buddha ganz nüchtern, im Stil eines Arztes, das Leben, wie es jeder erfährt, untersucht. Die Symptome verweisen auf Krankheit. Dann diagnostiziert er die Ursache der Krankheit. Dagegen ist es wichtig zu wissen, was »Gesundheit« ist und schließlich die Mittel zu erkennen, um wieder gesund zu werden. In der Rede im Tierpark von Benares sind das die sog. *Vier Edlen Wahrheiten*:

Jainismus

kühne Verzichtleistungen

nüchterne Diagnose

vier Edle Wahrheiten

»Dies nun, ihr Mönche ist die *Edle Wahrheit vom Leiden*: Geburt ist leidvoll, Alter ist leidvoll, Krankheit ist leidvoll, Sterben ist leidvoll; mit Unlieben vereint zu sein, ist Leidvoll; von Lieben getrennt zu sein, ist leidvoll; nicht zu erlangen, was man begehrt, ist leidvoll [...] Dies nun, ihr Mönche, ist die *Edle Wahrheit von der Entstehung des Leidens*: Es ist dieser Wiedergeburt erzeugende, von Wohlgefallen und Lust begleitete Durst, der bald hier, bald dort sich ergötzt, das will sagen: der Durst nach Sinnenlust, der Durst nach Werden, der Durst nach Vernichtung. Dies nun, ihr Mönche, ist die *Edle Wahrheit von der Aufhebung des Leidens*: Es ist ebendieses Durstes restlose, durch Gleichmut [erreichte] Aufhebung, seine Aufgabe, Preisgabe, die Erlösung und das Freisein von ihm. Dies nun, ihr Mönche, ist die *Edle Wahrheit von dem zur Aufhebung des Leidens führenden Pfad*: Es ist eben dieser Edle Achtgliedrige Weg, nämlich: rechte Sicht, rechte Gesinnung, rechte Rede, rechtes Handeln, rechte Lebensführung, rechtes Bemühen, rechte Achtsamkeit und rechte Konzentration.«

meditative Haltung

Es ist klar, daß dieser Text eigentlich eine ausführliche Erläuterung erfordert. Wir können hier nur soviel bemerken, daß es dem Buddha um die richtige meditative Einstellung zum Leben geht. Es ist leidvoll, weil es vergänglich ist, und je ängstlicher wir es festhalten wollen, desto leidvoller ist es (»Durst« meint Lebenshunger). Befreie dich davon! Während in der überlieferten indischen Lehre alles darauf ankommt, durch Sammeln des Lohns guter Taten (gutes *karman)* eine gute Wiedergeburt zu sichern, sagt der Buddha: Befreie dich auch davon! Sei wahrhaft, gerecht usf., ohne auf die Früchte zu schielen! Das ist der Sinn von »rechter Sicht«, »rechte Gesinnung« usf., wie er sich auch aus anderen frühen buddhistischen Texten ergibt. Der Edle Achtgliedrige Weg gipfelt in Meditation (»rechte Konzentration«). Die Ruhe tiefer Versenkung schafft erst jene Distanz und jenen Gleichmut, der schließlich zum »Verwehen«, zum Nirvāṇa führt.

»Nirvāṇa« – Verständnishilfen

Wie ist *nirvāṇa* zu übersetzen? Paßt der Ausdruck »Nichts«, den man oft gewählt hat? Oder »Erleuchtung« oder »Glück«? Sicher ist, daß *nirvāṇa* nur negativ bestimmbar ist. Das ergibt sich schon aus der buddhistischen Terminologie. Sie nennt die Welt des Werdens, also des Geburtenkreislaufs *saṃskṛta*, d.h. »geprägt« oder »strukturiert« – gut oder schlecht – durch die in früheren Leben gesammelten Früchte des Handelns. Diese Bedingung gilt für das Nirvāṇa nicht; es ist *asaṃskṛa*. Da aber die Inder gewohnheitsmäßig negative Ausdrucksformen verwenden und z.B. statt ›viele‹ ›nicht einer‹ sagen, muß auch in die negative Ausdrucksform *asaṃskṛa* ein positiver Inhalt hineingelegt werden. Nirvana also als ›unaussprechliche Seligkeit‹. Oder, mit den Worten einer Sutra: »Ich verkünde euch ein Nichtkommen und Gehen, ein Nichtfeststehen und Vergehen, die Freiheit von der Wiedergeburt, ein Nichtstillstehen und ein Nichtweitergehen. Keinen Grund gibt es mehr für das Sehnen nach dem Leben. Dies ist das Ende des Leides.« Rational, skeptisch, praktisch, atheistisch, meditativ, egalitär, egozentrisch – alle diese Kennzeichnungen treffen die Lehre des Buddha und treffen sie nicht. Sie ist nicht erlernbar, denn sie wurzelt in einer Intuition, einer Schau der Wirklichkeit. Ihr Sinn kann nur dem verstehbar werden, der – wie der junge Tiger in der Fabel – erwacht, sich »aus dem Haus in die Hauslosigkeit« begibt und sein Selbst zu suchen beginnt. Die Lehre kann ihm dabei helfen, aber nur als Floß, das ein Stück weit trägt. Ganz hart drückt das ein japanischer buddhistischer Spruch aus: »Triffst du Buddha unterwegs, so töte ihn.«

Die *Predigt von Benares* nennt die Lehre den mittleren Weg, denn er vermeidet die Gegensätze: asketische Selbstpeinigung – gedankenloses Vor-sich-hin-Leben. Der »mittlere Weg« muß die zeitgemäße Formulierung des Erlösungsstrebens gewesen sein, denn der Buddha hat rasch eine große Anhängerschaft aus allen Schichten gewonnen. Natürlich konnte es im Laufe der Zeit nicht bei der radikalen Nüchternheit seiner Verkündigung *(dharma)* bleiben: Die Mönchsgemeinschaft mußte organisiert, die Lehre interpretiert werden. Das Ergebnis dieses Vorgangs sind die traditionellen »drei Juwele« des Buddhismus: der Buddha, die Lehre und die Gemeinde. Zu ihnen nimmt der Fromme seine Zuflucht mit der Formel:

Der mittlere Weg

> Buddhaṃ saraṇaṃ gacchāmi
> dhammaṃ saraṇaṃ gacchāmi
> saṃghaṃ saraṇaṃ gacchāmi
> Ich nehme meine Zuflucht zum Buddha!
> Ich nehme meine Zuflucht zur Lehre!
> Ich nehme meine Zuflucht zur Gemeinde!

Im »Vermächtnis« des Buddha aber, einer Sūtra, die von der Zeit vor seinem Tod berichtet, spricht der Erhabene zu seinem Lieblingsjünger: »So verweilt denn, Ānanda, hienieden als solche, die sich selbst zur Insel haben, sich selbst zur Zuflucht haben, nichts anderes zur Zuflucht haben, die die Lehre zur Insel haben, die Lehre zur Zuflucht haben, nichts anderes zur Zuflucht haben!« Die Textstelle ist zweifellos in hohem Grade authentisch, d. h. sie gibt mit großer Sicherheit die Auffassung des geschichtlichen Buddha wieder. Als Zufluchtsformel formuliert, würde sie lauten:

> »Ich nehme meine Zuflucht zu mir selbst!
> Ich nehme meine Zuflucht zur Lehre!« [11]

Der Unterschied der Zufluchtsformeln läßt die Richtung ahnen, die die Entwicklung des Buddhismus eingeschlagen hat:
– Aus dem Buddha wird ein Übermensch, ein göttliches Wesen. Später gibt es für jede Weltperiode einen Buddha, der seine Botschaft verkündet; weitere »Meditationsbuddhas« treten in Erscheinung usf. (auch das Christentum war durch die orientalische Gnosis [→ S. 76] einer ähnlichen Versuchung ausgesetzt, die Historizität, d. h. die geschichtliche Einmaligkeit ihres Gründers aufzuweichen).
– Um den Buddha entwickelt sich ein Kult. Die Orte seiner Reliquien werden zu Wallfahrtsstätten. *Bhakti* – mystische Gottesliebe empfindet jetzt auch der buddhistische Gläubige für seinen Erretter. Übrigens verraten die ersten figürlichen Darstellungen des Buddha deutlich hellenistischen Einfluß (sog. graeco-indische Gandhāra-Kunst, 2.–3. Jahrhundert nach Chr.). Buddha als meditierender Apoll – das ist eine reizvolle Vorstellung.
– Die Gemeinde teilt sich in Mönche und Laien. Die Mönchsgemeinschaft organisiert sich, wie im Christentum, hierarchisch. Das Leben der Orden wird von der Ordensdisziplin geregelt, dem ersten Teil des buddhistischen »Dreikorb« *(tripaka)*: *Korb der Ordensdisziplin*, *Korb der Lehrreden* (die eigentliche Lehre), *Korb der Metaphysik* (Abhandlungen zu philosophischen Themen, Widerlegung gegnerischer Auffassungen). Die drei Grundgebote der Mönche sind: Verzicht auf Eigentum, Gebot des Nichtverletzens, strenges Zölibat. Es gibt Männer- und Frauenorden. Die Frauen haben weniger Rechte als die Männer; ganz allgemein kann man

Entwicklung zur institutionell verfaßten Religion

Kopf eines Buddha
(um 650 n. Chr.)

sagen, daß sich die Stellung der Frauen im Vergleich zu ihrer Rolle in den früheren Stammeskulturen in den patriarchalischen Hochkulturen und ihren Stifterreligionen (Buddha, Konfuzius, Christus, Mohammed) verschlechtert [12].

Stichpunkte zur Geschichte

Die Geschichte des Buddhismus, die zahlreichen Schulen und Philosophien, die er hervorgebracht hat, würden ein eigenes Kapitel ergeben [13]. Schon bald nach dem Tod des Buddha gab es unter den Anhängern Meinungsverschiedenheiten, die sich zunächst an den praktischen Fragen der Ordenszucht entzündeten. Trotz dreier Konzile ist die Gesamtbewegung schnell in verschiedene Sekten und Schulen zerfallen. Unter dem Maurya-Kaiser Ashoka (»der Göttergeliebte«, ca. 272–231 v. Chr.), der sich zum Buddhismus bekehrte, wurden die Orden zeitweise auch zu einem wichtigen kulturpolitischen Faktor, denn in einem so vielfältig-disparaten Großraum wie Indien eigneten sie sich vorzüglich als vereinheitlichende Kraft (die Wandermönche wurden dafür mit Klöstern (!) und Kultstätten reich beschenkt; da *Dharma* Lehre bedeutet, so hat man treffend von Ashokas Kulturpolitik als einem »Dharma-Imperialismus« gesprochen). Mahāyāna und Hīnayāna, »Großes« und »Kleines Fahrzeug« heißen die beiden Hauptströmungen des Buddhismus, die ja bis heute bestehen. Die Mahāyāna-Form hat sich nach Nepal, Tibet, China und schließlich Japan ausgebreitet. Das Stammland des Hīnayāna ist die Insel Ceylon (Sri Lanka); von dort aus hat sie ganz Südostasien erreicht.

Großes und Kleines Fahrzeug

Die Bezeichnung *Kleines Fahrzeug* (Fahrzeug im Sinne von Floß zu verstehen) ist von den Anhängern des *Großen* ursprünglich verächtlich gemeint – das Große Fahrzeug ist besser, weil es mehr Platz bietet. Anders und ganz grob gegenübergestellt: Hīnayāna ist die strengere, sozusagen »kühlere« Form des Buddhismus, die z. B. an der Person des einzigen Buddha festhält, während das Mahāyāna dem »Gemüt« des Gläubigen, seiner Phantasie und damit auch Einflüssen magischer Praktiken der Volksreligionen weit mehr entgegenkommt (man denke z. B. an die tibetischen Gebetsmühlen; im Mahāyāna gibt es eine ganze Buddha-Götterwelt, und insgesamt kommt das mystische Element stärker zum Zuge – allerdings auch in so nüchternen Formen wie dem chinesisch-japanischen Zen-Buddhismus [→ S. 534ff.]). Der geschichtliche Buddha hat sich, soweit wir das mit Sicherheit sagen können, zu spekulativen Fragen ausgeschwiegen. Das heißt nicht, daß seine Lehre nicht Ansatzpunkte enthielte, die die theoretische Neugierde reizen bzw. an denen die gebildeten brahmanischen Gegner nachhaken müßten – wie erwähnt, haben die Inder mit Leidenschaft diskutiert. Es gab sogar öffentliche Diskussionsveranstaltungen in Redestadien, die dem Gewinner einen nicht beträchtlichen Lohn einbrachten! So ist der *Korb der Metaphysik* im Laufe der Jahrhunderte mächtig angeschwollen. Er enthält eine umfangreiche philosophische Kommentar- und Traktatliteratur, die, wenn sich eine geeignete Persönlichkeit fand, auch zu umfassenden Systemen ausgebaut worden ist. Oft haben die Werke schöne Titel wie *Vollkommenheit der Einsicht in achttausend Versen*; *Schatzkammer der Dogmatik*; *Streitabwehrerin*; *Juwel in der Hand*. Als die größten Gelehrten der buddhistischen Welt gelten im allgemeinen die Systematiker Vasubandhu der Jüngere (um 400–480; Hīnayāna), Nāgārjuna (um 200 n. Chr.; Mahāyāna) und Vasubandhu der Ältere (um 320–380; Yogācāra-Schule des Mahāyāna, in der die Übung des Yoga eine besondere Rolle spielte). Ganz grob läßt sich der Ansatz buddhistischen Philosophierens folgendermaßen umschreiben: Die richtige Erkenntnis des Nirvāṇa wird für die Erlösung des Weisen entscheidend. Das

hinduistische Spekulation

wichtigste Vertreter

Nirvāṇa, das Leere, ist die allein wirkliche Wirklichkeit. Daraus folgt die Unwirklichkeit der »normalen Wirklichkeit«, wie wir sie alltäglich erleben. So sind zwei vieldiskutierte Grundthemen die Scheinhaftigkeit des Ich im Sinne einer festen Persönlichkeit sowie die Scheinhaftigkeit der Außenwelt. Schon der Buddha hatte offensichtlich gelehrt, daß das »Ich« nur die Kombination verschiedener »Daseinskräfte« sei (das Körperliche, das Unterscheidungsvermögen u.a.). Um das zu beweisen, haben die Systematiker eine hohe Kunst des Argumentierens entwickelt, die gern aus der Relativität der gegensätzlichen Begriffe ihre Unhaltbarkeit überhaupt ableitet. Es wird auch gerne gezeigt, daß die scheinbare Beständigkeit eines Dings nur auf der festen Bezeichnung beruht, also nur Namenssache ist. Wir geben dazu ein frühes Beispiel. Es ist dem *Juwelenhaufen* entnommen, liegt zeitlich noch vor Nāgārjuna und zeigt, wie Buddhas »mittlerer Weg« – ursprünglich ja ein Modell konkreter Lebensführung – zur Lösung philosophischer Probleme (und Scheinprobleme) verwendet werden konnte. Der Text ist in der Form der Belehrung eines Schülers abgefaßt:

argumentative Gewandtheit

§ 52
Welches ist, Kāśyapa, die richtige Bemühung um die Lehre? Die wahrheitsgemäße Betrachtung aller Gegebenheiten. Welches ist, Kāśyapa, die wahrheitsgemäße Betrachtung aller Gegebenheiten? Wenn man sie, Kāśyapa, nicht als Selbst betrachtet, wenn man sie nicht als Wesen, nicht als Seele, nicht als Menschen, nicht als Person, nicht als Menschenkind und nicht als Menschenwesen betrachtet, das nennt man, Kāśyapa, den mittleren Weg, die wahrheitsgemäße Betrachtung der Gegebenheiten.

Textbeispiele

§ 57
›Selbst (ātmā)‹, Kāśyapa, das ist ein Extrem. ›Nichtselbst (nairātmyam)‹, Kāśyapa, das ist ein zweites Extrem. Was zwischen diesen beiden, dem Selbst und Nichtselbst in der Mitte liegt, das ist formlos, unzeigbar, ohne Erscheinungsbild, ohne Erkennen, ohne Halt und ohne Kennzeichen. Das nennt man, Kāśyapa, den mittleren Weg, die wahrheitsgemäße Betrachtung der Gegebenheiten.

§ 59
Ebenso, Kāśyapa, ist bei allen Gegebenheiten, heilbringenden und unheilbringenden, weltlichen und überweltlichen, tadelnswerten und tadellosen, befleckten und unbefleckten, verursachten und nichtverursachten ›Besudelung‹ ein Extrem, ›Läuterung‹ ein zweites Extrem. Das Nichtannehmen, das Nichtmitteilen und Nichtaussprechen dieser beiden Extreme, das nennt man, Kāśyapa, den mittleren Weg, die wahrheitsgemäße Betrachtung der Gegebenheiten.

Wer den § 59 genau liest, wird sehr überrascht sein, was hier in den Kreis der Betrachtung fällt. Ähnlich überrascht es, wenn im Zusammenhang mit dem *Veda* der Ausdruck »opfertheoretisch« gebraucht wird – es handle sich, schreibt einmal ein Gelehrter, teilweise um »opfertheoretische« Texte. Es ist recht kühn, die beiden Worte »Opfer« und »Theorie«, die doch ganz verschiedene Denkformen bezeichnen, in einem Eigenschaftswort zusammenzubringen! Ähnlich liegt das Problem bei der buddhistischen Philosophie. Um nicht ein ganz schiefes Bild zu bekommen, muß man sich klarmachen, daß das, was in den Textsammlungen präsentiert wird, immer nur ein kleiner Auszug ist, sozusagen unter der Überschrift »für interessierte europäische Laien verdaulich.« Was dabei in der Regel nicht zur

scholastischer Denkstil

Dokumentation kommt, ist der Kontext. Normalerweise ist es eine üppig wuchernde Erlösungsscholastik, in der genauso ernsthaft über die Eigenart der menschlichen Erkenntnis wie über die Wiedergeburt oder Nichtwiedergeburt der Höllenwächter argumentiert wird. So haben wir hier gewiß Philosophie, »rationales Denken« – innerhalb einer ganz anderen »Ordnung der Dinge«, wie Michel Foucault das nennen würde [→ S. 429 ff.].

Die sechs Darshanas, die Grundrichtungen oder Systeme der hinduistischen Philosophie

sechs Ansichten – eine Wahrheit

Ebenso vorläufig ist es, wenn wir die traditionellen sechs Grundrichtungen der indisch-hinduistischen Philosophie als »Systeme« bezeichnen – man darf dabei jedenfalls nicht an ein System im Sinne des heiligen Thomas oder Marx denken. Die indische Bezeichnung *darshana* bringt das genau zum Ausdruck. Das Wort hat zur Wurzel *drish*, sehen und bedeutet soviel wie Ansicht, Anschauungsweise. Dabei werden die sechs Darshanas als verschiedene Ansichten einer einzigen, erlösungsbezogenen Wahrheit aufgefaßt (vgl. dieselbe Einstellung in China, [→ S. 530]). Obwohl sie sich in grundsätzlichen Auffassungen unterscheiden! Wie das möglich ist, kann das verbreitete buddhistische Gleichnis von den Blinden und dem Elefanten veranschaulichen: Ein König läßt alle von Geburt an Blinden in der Stadt versammeln und einen Elefanten betasten. Auf die anschließende Frage, wem der Elefant gleiche, antwortet der, der den Stoßzahn betastet hat: »Ein Elefant ist gleich einer Pflugschar«; der die Schwanzquaste betastet hat: »Ein Elefant ist gleich einem Besen« usw. Ähnlich widersprechen und ergänzen sich auch die Darshanas. Die Sechszahl selbst geht auf eine alte Tradition zurück und stellt einen Rahmen dar, der im Laufe der Jahrhunderte auch unterschiedlich gefüllt worden ist. Dennoch besteht eine ganz wesentliche Gemeinsamkeit aller Darshanas: alle erkennen die Autorität des *Veda* als übermenschlicher Weisheit an. Damit die Rolle der Brāhmanen bzw. die Struktur der indischen Gesellschaftsordnung überhaupt. Daher werden sie auch als die orthodoxen, d. h. rechtgläubigen Systeme bezeichnet gegenüber den heterodoxen. Noch einfacher ist eine andere Einteilung der Auffassungen in Astikas (Jasager), und Nastikas (Neinsager), wobei die Nastikas leugnen, daß es eine göttliche Weltordnung und eine Vergeltung nach dem Tode gibt (*asti*, es gibt, ist; *na asti*, nicht ist; je nachdem, ob ein Hindu oder ein Buddhist diese Einteilung vornimmt, muß sie allerdings anders ausfallen!).

Anerkennung des »Veda«

gedankliche Leistung der Brāhmanen

»Die Jahrhunderte vor und nach Christi Geburt waren wohl eine der turbulentesten Perioden der indischen Geschichte. In dieser Zeit wurde der Hinduismus als dynamischer Prozeß der Aufnahme und Bestätigung verschiedenster regionaler Traditionen geboren.« [14] Durch die asketischen Bewegungen wie den Jainismus und die buddhistischen Orden, die ja zeitweise von den Herrschern unterstützt wurden, sind die Brāhmanen in arge Bedrängnis geraten. Die Darshanas geben ein Bild von ihrer erstaunlichen Widerstandskraft sowie ihrer Fähigkeit zu immer neuen, schöpferischen Synthesen. Die sechs klassischen Systeme sind einander paarweise zugeordnet; sie heißen Sāṅkhya und Yoga, Mīmāṁsā und Vedānta, Vaisheshika und Nyāya. Von den Begründern der Schulrichtungen sind nur mehr oder weniger legendäre Namen bekannt. Ihre Herausbildung muß daher als ein langer geschichtlicher Prozeß verstanden werden. So sind die

Sūtras, die textlich greifbare Grundlage, in einem Ergebnis langer mündlicher Unterweisungstradition (ursprünglich als bloße Gedächtnisstütze gedacht) und Ausgangspunkt philosophischen Weiterdenkens, das über Kommentare und Subkommentare – als Kommentar des Kommentars – läuft.

Wir stellen im folgenden Sāṅkhya und Yoga vor; ersterer die höchstwahrscheinlich älteste Schule, letzterer die bedeutendste Methode der indischen Philosophie. Wie schon die *Bhagavad Gītā* lehrt, ist die beiden zugrundeliegende geistige Einstellung als eine zu sehen: »Der Sāṅkhya gibt eine grundlegende theoretische Auslegung der menschlichen Natur, indem er deren Elemente aufzählt und definiert, die Arten ihres Zusammenwirkens im Stande der Gefangenschaft *(bandha)* analysiert und den Zustand der Ablösung oder Trennung bei der Befreiung *(moksha)* beschreibt, während der Yoga sich vor allem der Dynamik des Ablösungsprozesses zuwendet und praktische Techniken zur Erlangung der Befreiung oder des ›Lediglich-Seins‹ *(kaivalya)* gibt.« [15]

Theorie und Praxis der Befreiung

Das Wort Sāṅkhya kommt von Zahl und ist hier im Sinne von »aufzählendes Wissen« gemeint. Dazu ist zu bemerken, daß die Inder es seit jeher lieben, ihre Lehrbegriffe oder z. B. die Grundelemente der Welt und der Erkenntnis zahlenmäßig zu ordnen bzw. sich in ausführlichen Spekulationen über die Dauer der Weltperioden, die Ordnung der Götterhimmel etc. zu ergehen. Für den Sāṅkhya ist es nun grundlegend, daß sein Ansatz dualistisch ist. Im Gegensatz zur vorhergehenden Ātman Brahman-Einheitsspekulation geht seine Grundkonzeption von einer Zweiteilung der Welt aus. Das eine Prinzip ist die Materie *(prakriti)*, das andere die Lebensmonaden *(purusha)*. Dabei ist *prakriti* als ungeistig gedacht, aber aktiv-weiblich-schöpferisch; *purusha* (»der Mann«) als männlich-inaktiv-reingeistig (!)-individuell. Man muß sich nun die gegenwärtige Welt als Ergebnis eines Evolutionsprozesses vorstellen. Ursprünglich ist die schöpferische Urkraft in einem Zustand des Gleichgewichts. Aufgrund des sozusagen im Kosmos umherschwirrenden unerlösten Karman der Seelen geraten ihre drei Eigenschaften *(guṇas:* die Finsternis/Trägheit; das aktiv Leidenschaftliche; das Vollkommene) durcheinander: eine neue Weltperiode beginnt. Aus der *prakriti* entstehen das Erkennen, das Ichbewußtsein (wörtlich: Ichmacher), dann verschiedene Sinne, Tatvermögen und Elemente, so daß sich mit der Urmaterie und ihren 23 Ausflüssen insgesamt 24 Wesenheiten (wörtlich: Dasheiten) ergeben. Mit ihnen verbinden sich nun als 25. Element die verschiedenen Lebensmonaden *(purusha)*. Sie werden dadurch in die Knechtschaft des Kreislaufs der Wiedergeburt geworfen. Diese Verbindung ist gleichzeitig als etwas Wirkliches und etwas Unwirkliches vorzustellen. Unwirklich, insofern das »eigentliche Ich« etwas Reines, Geistiges, von Materie/Leidenschaft »Unbeflecktes« ist. Wirklich, insofern durch die Verbindung das eigentliche Ich ja tatsächlich in den leidvollen Kreislauf geraten ist. Dafür steht ein häufig gebrauchtes Bild: »Der leuchtende, aber selbst farblose Kristall erscheint als rot, wenn eine rote Hibiskusblume hinter ihm steht; so erscheint auch die unveränderliche Geistmonade als handelnd, leidend usw., wenn sich an dem mit ihr vereinigten Körper, Denkorgan usw. Veränderungen vollziehen.« Mit all seinen Konsequenzen ist das eine äußerst radikale Grundauffassung, denn wir meinen normalerweise mit Goethe: »Das höchste Glück ist die Persönlichkeit.« All das, worauf wir so stolz sind – unser Selbstbewußtsein, das Funktionieren unseres Verstandes, unser Gefühlsleben, der Lebenswille überhaupt – ist im Sāṅkhya eine einzige Verblendung. Wer am normalen

Fünf Fledermäuse in den Wolken: Glücksbringer

Entstehung der Welt

Wirklichkeit und Unwirklichkeit des Ich

Der Yoga

Bewußtsein seiner Persönlichkeit festhält und damit im Nichtwissen (*avidyā*) bleibt, ist unentrinnbar im Geburtenkreislauf verstrickt. Wie aber kommt man zum Wissen, zum eigentlichen Selbst? Wo und wie ist der *purusha* zu finden?

Die Antwort gibt der Yoga, das meditationspraktische Gegenstück des Sāṅkhya. *Yoga* ist mit unserem Joch verwandt. In das Joch werden die Ochsen eingespannt, und so bedeutet das Wort »Anspannung aller Kräfte« im Sinne von Konzentration. Was im Westen vielfach als eine Art Morgengymnastik vor dem Büro aufgefaßt wird, ist also eigentlich zu verstehen als eine Disziplin, »die darauf abzielt, die Erfahrung von uneingeschränktem Abgesondertsein und Ledigsein unseres überpersönlichen Wesenskerns zu vermitteln.« [16] So heißt es gleich am Anfang der *Yoga-sūtras*: »Der Yoga besteht im [absichtlichen] Ausschalten der spontanen Gemütsbewegungen.« Die *Yoga-sūtras*, die einem gewissen Pantañjali zugeschrieben werden, bestehen aus einer Sammlung von 194 Merksprüchen und dürften etwa im 2. Jahrhundert v. Chr. zusammengestellt worden sein. In seiner Knappheit ist der Text auch sprachlich sehr beeindruckend. Von der Sāṅkhya-Philosophie her verstehen wir jetzt besser, warum im Yoga alle Willensregungen, alle Phantasietätigkeit und alles »Weltessen«, wie es fast poetisch heißt, ausgeschaltet werden sollen: erst hinter den Hüllen des Alltags-Ich, der »Persönlichkeit« kann der *purusha* erfahren, gefunden, geschaut werden. Zentral ist dabei, wie bei allen Meditationstechniken, die Konzentration auf den Vorgang des Atmens, denn Atem ist Leben. Von all den verschiedenen Yoga-Philosophie-Blüten, die sich um diese Mitte ranken, erwähnen wir nur als Zentralstück die »Acht Glieder«, denn es gehört zum Yoga, daß sein Weg als gestufter Prozeß aufgefaßt werden muß. Es sind dies die sog. fünf äußeren und drei inneren Glieder:

Der achtgliedrige Weg

mystische Versenkung

– allgemeine sittliche Vorbereitung
1. Zucht
2. Selbstzucht
   (moralische Grundgebote zur äußeren und inneren Reinheit; auch Waschungen und Vedastudium)
– Vorbereitung der Versenkung
3. rechte Sitzhaltung
4. Atemregelung

5. Einholung der Sinne (= Konzentration nach innen)
– innere Glieder
6. Sammlung (der Geist wird auf einen Gegenstand gerichtet)
7. Meditation (noch intensivere Betrachtung eines einzigen Gegenstandes, der den Geist ganz ausfüllt)
8. Versenkung

Die Versenkung *(samādhi)* ist Erkenntnis jenseits der Worte und damit Schau oder Verzückung, die Grunderfahrung der Mystiker. Wie es am Ende des *Yoga-Sūtra* heißt: »Dann bleibt, wegen der Unendlichkeit der von allen Umhüllungen und Trübungen befreiten Erkenntnis, wenig mehr zu wissen übrig.« Vaisheshika und Nyāya waren ursprünglich wohl eigenständige Schulrichtungen, sind dann aber auch als sich ergänzende Teile eines Lehrgebäudes aufgefaßt worden. Das Vaisheshika-System gibt eine Kosmologie, die von der Untersuchung der Atome und anderen Kategorien der Natur ausgeht. Das Nyāya (Beweis, Regel) hat eine Erkenntnistheorie und Logik entwickelt, die für das indische Denken sehr wichtig geworden sind. Beide Schulen stehen, dem Geiste und der Art nach, der akademischen Tradition des Abendlandes näher als die übrigen indischen Darshanas.

Mīmāṁsā und Vedānta hingegen verdeutlichen noch einmal den ungeheuren Traditionalismus der indischen Philosophie, d.h. ihre Entwicklung als fortwährende Auslegung des im *Veda* niedergelegten Heiligen Wissens. Im Mīmāṁsā (wörtlich: tiefes Denken, Betrachtung, Auslegung) wurde eine hochentwickelte Theorie der Textinterpretation und eine Philosophie der Grammatik ausgebildet. Der Ausdruck Vedānta bedeutet »Ende *(anta)* des Veda« im Sinne von Abschluß, philosophischem Erbe und hat sich wiederum, wie alle Darshanas, in verschiedene Schulen untergliedert. Der wichtigste Vertreter des Vedānta ist Shankara (»Heilsbringer«, ein Beiname des Gottes Shiva), der zur Zeit Karls des Großen gelebt hat und noch heute bei den meisten Hindus als größter Philosoph Indiens gilt. Sein Hauptwerk besteht in einem Kommentar zu den *Brahmasūtras*; bei vielen anderen Werken, die unter seinem Namen laufen, ist die Autorschaft unsicher. Das Hauptinteresse der früheren brahmanischen Spekulation galt, wie wir sahen, der Einheit des Brahman und des Ātman. Diesen Ansatz führt Shankara konsequent weiter mit der sog. Theorie der absoluten Nicht-Zweiheit. Ihr Grundsatz ist: »Alles ist Brahman.« Ihm entspricht, daß die Vielfalt der Welt, die wir wahrnehmen, nur ein Schleier, nur eine Illusion (indisch: *māyā*) ist, was man griechisch-neulateinisch-bombastisch »kosmologischen Illusionismus« genannt hat. Um die zahlreichen textlichen Umstimmigkeiten bzw. Widersprüche des *Veda* gegenüber seiner Lehre zu bewältigen, hat Shankara einen Weg beschritten, den z.B. auch jüdische, islamische und buddhistische Kommentatoren gegangen sind: die sog. Theorie der zwei Wahrheiten, nach der es über der Ebene des »normalen« Welterlebens/Wissens/Textverständnisses noch eine zweite, höhere Wahrheit gibt – die natürlich genau der eigenen Lehre entspricht (hier: die All-Einheit des Brahman). Bei alldem darf man nicht vergessen, daß die »absolute Nicht-Zweiheit« kein trockenes Lehrstück ist. Zu ihrem Verständnis gehört für Shankara die mediative Erfahrung.

Die Welt ist Maya

»Alle Theologie ist nur ein Trug für den, der die Welt kennt.« – Unser Überblick wäre unvollständig, würden nicht noch die klassischen »Neinsager« der indischen Philosophie erwähnt: materialistische Schulen, die noch in vorbuddhistische Zeiten zurückgehen. Mit der Autorität des *Veda* und der Brāhmanen leugnen sie vor allem eine moralische Weltordnung, d.h. die gute oder schlechte Wiedergeburt je nach dem in diesem Leben gesammelten Karman. Wie es in einem Text heißt, sind diese (offensichtlich denkerisch-argumentativ sehr geschulten Materialisten) »schwer zu fassen wie Aale« – nicht nur für ihre Gegner, sondern auch für uns: kein einziger Originaltext ist überliefert, so daß alles, was wir darüber wissen, aus den Schriften der Buddhisten und Brāhmanen stammt. Lokāyata, »zur Sinnenwelt gehörig«, heißt eines dieser Systeme. Mit dem Namen ist angedeutet, daß diese Richtung allein die sinnliche Wahrnehmung als Erkenntnisquelle anerkannt und die Möglichkeit darüber hinausgehender Schlüsse auf die Weltordnung abgestritten haben muß: »von der Haut begrenzt, reicht die Seele von der Fußsohle bis zu den Spitzen des Haupthaares; solange der Leib besteht, besteht auch sie, vergeht er, so besteht sie nicht mehr. Leib und Seele lassen sich nicht voneinander trennen, wie dies bei Schwert und Scheide, oder Zuckerrohr und Saft der Fall ist.« [17]

Neinsager: materialistische Kritiker

Konsequent lehren diese Schulen, daß es bezüglich der Lebensführung darum geht, die himmlischen Freuden hier und jetzt in allen Formen sinnlicher Genüsse zu empfinden, vom Sandelholzduft bis... (»Keuschheit und andere solch [geschickt eingerichtete] Bräuche sind von schlauen Feiglingen erfunden worden.«). Offensichtlich sind diese Gruppen in manchem den griechischen Sophisten, Atomisten und Epikuräern vergleich-

volkstümliche Götterwelt

bar; wie in Griechenland scheint ihre Blüte ins 6.–3. Jahrhundert v. Chr., also eine Zeit relativer gesellschaftlicher Öffnung, gefallen zu sein.

Die erwähnte Wandlungs- und Erneuerungskraft der Brāhmanen hat als wohl erstaunlichstes Ergebnis das Verschwinden des Buddhismus aus seinem Heimatland Indien. Daß sein Ende mit der islamischen Eroberung ungefähr zusammenfällt, ist nur äußerliches Zeichen eines vorhergehenden jahrhundertlangen zähen Ringens. Neben der philosophischen Kraft der Darshanas waren es vor allem zwei Bewegungen, die Buddhas mittlerem Weg den Rang abgelaufen haben. Auf der breiten, wichtigen, volksreligiösen Ebene der Kult um die Götter Vishnu und Shiva (Vishnuismus und Shivaismus), auf der esoterischen, elitären Ebene das Tantra. Vishnu und Shiva wurden häufig zusammen mit Brahmā in einer Götter-Trias verehrt, wobei Brahmā die Rolle des Schöpfers, Vishnu die Rolle des Erhalters und Shiva die des Zerstörers spielt. Damit ist schon angedeutet, daß auch ein Gott als Aspekt bzw. Manifestation einer anderen Gottheit aufgefaßt werden kann – ein vielleicht typisch indisches Harmonisierungsstreben, aber auch ein Problem, eine Versuchung in der christlichen Kirchengeschichte, die ja die Frage, wie denn die göttliche Trinität von Vater, Sohn und Heiligem Geist zu verstehen sei, auf vielen großen Konzilien leidenschaftlich diskutiert (und nicht nur diskutiert!) hat.

Liebe als Bindeglied

Das emotionale Bindeglied zwischen dem Gläubigen und seiner Gottheit ist Bhakti, die bedingungslose, inbrünstig-liebevolle Hingabe des Gläubigen an seinen Gott. Sie schlägt unmittelbar zur Erlösung durch, ohne Rücksicht auf das Wissen und den Lohn guter Taten und kommt so dem Erlösungsbedürfnis des einfachen Gläubigen besonders entgegen. Bhakti, »Gottesliebe«, ist ein Schlüsselbegriff des Hinduismus von der Zeit der *Bhagavad Gītā* bis heute.

Einbeziehung der Sexualität im Tantra

Über Tantra schweigen sich philosophiegeschichtliche Darstellungen für einen breiteren Leserkreis meist aus – vermutlich, weil es die Auffassungen und Tabus der bürgerlich-christlichen Welt am stärksten in Frage stellt. Dabei gehört Tantra ganz wesentlich zu Indien; es ist gleichsam seine andere, kraftvolle, weltbejahende Seite: »Es wäre in der Tat verwunderlich, wenn sich im Laufe der, soweit wir die Geschichte kennen, dauerhaftesten Kultur auf die These ›Alles ist Brahman‹ nur eine einzige geistige Anwort hätte finden lassen: nämlich die des mönchischen Verzichts.« [18] Um das Tantra-Prinzip zu veranschaulichen, hat Rāmakrishna (1833–1886), der große Hindu-Heilige des 19. Jahrhunderts, folgendes Bild verwendet: »Ich esse gern Zucker, ich möchte aber nicht gern Zucker werden.« Das heißt mit anderen Worten: ich habe gern Anteil am Göttlichen, ich will aber nicht unbedingt Gott sein. Oder anders, noch einmal mit Rāmakrishna: »Die Welt ist eine Stätte der Freude; hier kann ich essen, trinken und fröhlich sein.« Das erinnert an das »Liebe Gott und tu was du willst« des Heiligen Augustinus und klingt eigentlich auch für Christen ganz akzeptabel. Das Flair des Anrüchigen hat Tantra jedoch erhalten, weil es diese Grundhaltung auf die ganze Sinnlichkeit des Menschen bezieht und insbesondere auf die Sexualität, den Inbegriff von Lebensbejahung und Lebensenergie. Diese Lebensenergie heißt indisch *Shakti*. In den mythologischen Bildern des tantrischen Systems wird Shakti dargestellt als das Weibliche, das wiederum als die projizierte Energie des Männlichen aufgefaßt wird (wie Eva aus Adams Rippe gebildet wurde). So sind Mann und Frau, Gott und Göttin zwei Prinzipien, die in ihrer Polarität zusammengehören – Einheit in der Zweiheit. Der Geschlechtlichkeit wird damit im Tantrismus eine tiefsymbolische Rolle zugewiesen. Man könnte sie so um-

Ein tibetischer Yidam – Schutzgott der Lehre – in Umarmung mit seiner Shakti

schreiben: indem der Einzelne seiner Leidenschaft ganz sich hingibt, seine Leidenschaft benutzt oder stärker: sie wird, streift er die Beschränktheit seines Ich ab und erfährt sich als Teil einer Weltordnung, die er bejaht. Erfahrung des Selbst also gerade als Gegenteil von Verzicht: »Es ist ein Grundgedanke des Tantra, daß der Mensch überhaupt hindurchgehen müsse, und zwar nicht indem er sich von der Natur abkehrt, sondern indem er sie benützt.« [19]

rituelle Steigerung

Diese Erfahrung läuft über eine Art symbolischer Anreicherung der Sexualität. Das Tantra, in der zweiten Hälfte des vorigen Jahrtausends entwickelt, verfügt über eine ganze Palette von Techniken, die die Vereinigung als ekstatische Erfahrung erlebbar machen bzw. zur ekstatischen Erfahrung steigern (sollen): z. B. das Murmeln des Mantras OM, bewußtes Atmen, das Essen sonst verbotener Speisen wie Fisch und Fleisch sowie überhaupt eine rituell vorgeschriebene Abfolge von Handlungen. Hierbei spielen Yoga-Praktiken eine große Rolle, besonders in der Richtung des Tantra-Yoga. Insgesamt ist es nicht verwunderlich, daß Tantra als Erkenntnisweg zunächst eine Angelegenheit der Oberschicht bzw. eines besonderen Kreises von Eingeweihten war. Dann hat es aber auch den Buddhismus, vor allem in Tibet, ganz stark beeinflußt – es gibt Darstellungen des Buddha, die ihn in innigster geschlechtlicher Vereinigung mit seiner göttlichen Shakti zeigen! Andere Formen des Tantra-Systems erscheinen daneben gleichsam entschärft, z. B. indem die Geliebte als Göttliche Mutter verehrt, die wirkliche Vereinigung in eine geistige, individuelle, meditative Erfahrung umgebogen wurde. Allein: als Einstellung zur Welt hat die dionysische, bejahende Kraft des Tantra den heutigen Hinduismus aufs stärkste geprägt. Moksha, Befreiung, zeigt so ein ganz anderes Gesicht: »Ich esse gern Zucker, möchte aber nicht gern Zucker werden.«

Indisches – im Westen

Kehren wir noch einmal kurz zu unserem Ausgangspunkt zurück, der Beziehung Indiens zum Westen, diesmal von Indien aus gesehen. 1858 wurde das Land nach einem mißglückten Aufstand britische Kronkolonie; »Kaiserin von Indien« (!) titulierte sich Königin Victoria ab 1877. Dieser endgültigen politischen und wirtschaftlichen Kolonisierung entsprach die intellektuelle durch das höhere englische Schulwesen, das 1835 eingeführt wurde und eine europäisierte indische Oberschicht hervorgebracht hat. Das mußte sich natürlich auf das Verhältnis zur eigenen religiösen und philosophischen Vergangenheit auswirken – wie wir gesehen haben, ist Indien von sich aus ohne europäisches Geschichtsbewußtsein ausgekommen. Diese Rückbesinnung erscheint eigenartig gebrochen: »Die wissenschaftliche Beschäftigung mit der eigenen Tradition setzt unter dem deutlichen Eindruck der Begegnung mit dem Westen ein. [...] Die Inder lernen es also, auf ihre eigene Tradition sozusagen unter den Augen Fremder und unter bestimmten auf sie gerichteten Erwartungen zurückzukommen.« [20] Grundsätzlich kann es in dieser Situation wohl drei Haltungen geben: Selbstverleugnung, Abwehr des Fremden, Versuch eines Dialogs, einer Synthese. Die erste Haltung wurde von breiten Kreisen der indischen Oberschicht eingenommen, die, nach einem Wort des englischen Justizministers Macaulay von 1835, Inder nur dem Blute nach sein, aber britisch in Geschmack und Denkart werden sollten und es auch wurden. Die zweite Haltung vertrat z. B. der große Rāmakrishna, der es bewußt abgelehnt hat,

kulturelle Kolonialisierung

drei Reaktionsweisen auf die westliche (= englische) Kultur

Reformhinduismus

Englisch zu lernen. In die dritte Richtung geht der Reformhinduismus seit Beginn des 19. Jahrhunderts, der sich philosophisch als Neo-Vedānta versteht. Seine wichtigsten Vertreter waren Swami Vivekānanda (1863–1902) und Rādhākrishna (1888–1975).

»Meine Religion ist der Hinduismus, der für mich die Religion der Menschheit ist und das Beste aller mir bekannten Religionen einschließt. [...] Ich finde einen Trost in der *Bhagavad Gītā* und in den *Upanishaden*, den ich selbst in der *Bergpredigt* nicht finde«. Diese Sätze Mahatma Gandhis zeigen, daß der Reformhinduismus bzw. das Neo-Vedānta einen ausgesprochenen Universalitätsanspruch (nicht: Ausschließlichkeitsanspruch) haben. Er entspricht ganz der brahmanischen Tradition des Aufnehmens und Verbindens von Fremdem, wobei allerdings der Hinduismus »als derjenige Rahmen präsentiert [wird], innerhalb dessen die Begegnung zu wirklicher Synthese und Verständigung führen kann.« [21] Doch stellt sich auch hier die Frage, ob denn indischerseits das (europäische) Fremde als Fremdes und Anderes und als ein echtes Gegenüber ernstgenommen wird. Ähnliche Bedenken stellen sich auch ein gegenüber Sri Aurobindo (1872–1950), dem bei uns vielleicht bekanntesten indischen Denker, der eine Synthese von Ost und West gewagt hat. Er war dazu wie vorherbestimmt, denn er ist praktisch in England als Engländer aufgewachsen und hat die indische Kultur erst in einem zweiten Schritt kennengelernt. Seine eigene Philosophie nennt Aurobindo den *integralen Yoga* – ein Weg, der zu immer höheren Bewußtseinsstufen und schließlich zum »supramentalen Bewußtsein« führen soll. Um zu einem eindeutigen Urteil über den integralen Yoga zu kommen, wäre es nötig, eine zeitlang in Aurobindos Ashram im indischen Pondicherry zu leben (*ashram*, Wohn- und Lebensgemeinschaft der Anhänger eines Gurus). Aus seinen Schriften jedoch, insbesondere dem Hauptwerk *Das göttliche Leben*, ergibt sich der Eindruck eines typisch indischen Harmonisierungsstrebens, das sich zu immer höheren Regionen aufschwingt, dabei aber die Zerrissenheit unserer europäischen Lebenserfahrung nicht wirklich in sich aufgenommen hat.

Kann es überhaupt eine Synthese zwischen indisch-östlichem und westlichem Denken geben? Vieleicht ist die Frage schon falsch gestellt. Zu einer Synthese im allgemeinen wird es nie kommen, denn von ihrem Ansatz her geht es der indischen Philosophie um das Selbst, das »Erwachen des Tigers« als persönliches Wachstum des Einzelnen. Es kann daher wohl immer nur persönliche Synthesen geben als Summe der Erfahrungen, die ein einzelner mit dem indischen Weg oder den indischen Vorschlägen, sich auf den Weg zu begeben, macht oder nicht macht. Und dieser Weg kann niemals durch Lesen allein begangen werden. Seine Grundbotschaft – »werde bewußt«, »werde meditativ«, »öffne dich« – setzt die Bereitschaft voraus, auch den eigenen Körper in diese Erfahrung miteinzubeziehen. Wie soll das geschehen? Lesen allein nützt nichts. Darum wissen alle indischen Gurus, die in den Westen kommen, und sie lehren: »meditiere«, »werde spirituell«, »erweitere dein Bewußtsein!« So z. B. die sog. Transzendentale Meditation des Maharishi Mahesh Yogi, der 1958 ein »Spiritual Regeneration Movement« ins Leben gerufen hat. Das Problem ist nur, daß die Aufforderung allein nichts bewirkt. Ich kann mich noch so oft hinsetzen, mich sammeln und meditieren – eine wirkliche Öffnung, ein Bewußtwerden meiner selbst erreiche ich nicht oder nur bis zu einem gewissen Grad. Paradoxerweise und zugleich völlig logisch brauche ich dafür die Erfahrung von anderen Menschen, den Spiegel des anderen Selbst.

Buddhas Fußabdrücke auf Stein mit den Emblemen des Buddhismus

Bhagwan Shree Rajneesh

Es scheint, daß kein Guru das so gut begriffen hat wie Bhagwan Shree Rajneesh (1931–1990), der in den letzten Jahren im Westen eine große Anhängerschaft gewonnen hat. Von einer Lehre Bhagwans kann man eigentlich gar nicht sprechen. Es ist eher eine Botschaft, die er in vielen Variationen vermittelt. Ihren Kern könnte man so umschreiben: »Lebe ganz! Lerne all die Energien kennen, die in dir sind; sei bereit, alle Seiten von dir zu akzeptieren. Indem du durch all das hindurchgehst, wirst du erfahren, daß in dir noch mehr ist. Nenne es, wie du willst: Liebe, Meditation, das Göttliche, Tanz. In dieser Erfahrung, die durch dich über dich hinausgeht, findest du dich neu.« Von seiner Botschaft her können wir Bhagwan ganz in der tantrischen Tradition eines großen »Ja« zum Leben als einem Aufblühen im Augenblick sehen. Das entscheidende ist nun, daß er eine Fülle von Meditationstechniken entwickelt hat, die dieses »Ja« auch erlebbar machen. In sie sind übrigens viele Ergebnisse der westlichen Psychotherapie eingegangen, die das Analysemodell von Freud [→ S. 376 f.] mit der Körperbasis des Ich verbunden und gleichsam »in Bewegung gebracht« haben. Die wichtigsten Strömungen sind dabei die sog. Bioenergetik, die unmittelbar am Körper und seinen Verspannungen ansetzt; die Gestalttherapie, welche die vielen Teile unseres Ich auseinanderlegt und zu einer neuen, ganzheitlicheren »Gestalt« verbindet; die Gruppentherapie, die in der Ausnahmesituation der Gruppe die Erfahrung des Ich intensiviert. Insofern kann man Bhagwans Meditationstechniken vielleicht sogar eine konkrete Synthese östlicher und westlicher Psychologie nennen. Als ein Beispiel sei hier die sog. *dynamische Meditation* erwähnt, die bei ihrer Einführung in Indien 1970 erheblichen Anstoß erregt hat. Wie immer, spielen auch hier Musik und Bewegung eine wichtige Rolle. Die dynamische Meditation geht vom Körper aus und führt durch Gefühle und Gedanken hindurch zu einem Moment der Stille, der reines Zusehen, reines Gewahrwerden ist. Meditative Erfahrung also nach dem Prinzip: Entspannung durch zunächst mehr Spannung. Die dynamische Meditation besteht aus fünf Phasen, mit jeweils anderer Musik (außer in der vierten Phase), wobei die Augen geschlossen bleiben:

Integration westlicher Therapieformen

– chaotisches Atmen: Aufpumpen mit Energie
– Explosion: Herausschreien aller Gefühle, die im Körper sind;
– Springen: mit erhobenen Armen hochspringen, dabei das Mantra *Huh* rufen;
– Einfrieren: Stille; nur zusehen, was geschieht;
– *Celebration*: Tanz, Feier des Augenblicks [22].

Wir sind hier abschließend etwas näher auf Bhagwan Shree Rajneesh eingegangen, weil er einen zeitgemäßen bzw. einen der westlichen Mentalität gemäß(er)en Weg der Vermittlung indischer meditativer Erfahrung zu bieten scheint. Bhagwan, »der Erleuchtete«, der ehemalige Philosophieprofessor, über sich: »Ich bin kein Guru, aber ich streite nicht ab, daß du noch etwas lernen mußt. Meine ganze Arbeit läuft darauf hinaus, den Guru *in dir* zu erwecken.« Allein das Wort Guru jedoch erinnert an all die Fremdheit, welche die Bewegung als eine indische mit sich bringt. Der Kult um Bhagwans Person, die religiöse Sprache, das Auftreten der Anhänger – all das muß dem normalen Europäer zunächst als ungeheure Zumutung erscheinen. Und es ist eine Zumutung! Aber vielleicht sollte man einfach auch darüber lachen. Glücklicherweise ist Bhagwan Shree Rajneesh, »der Erleuchtete«, selbst ein großer Clown.

Lachen

Wir hängen so sehr an unseren Leiden, daß wir gewöhnlich nur lachen, um uns von Spannungen zu befreien. Nur selten, sehr selten, lachen wir ohne Grund. Wir können nicht lachen, können nicht einfach unseres Lebens froh sein; unser Lachen klingt schmerzlich.

Aber Lachen ist einfach schön, eine tiefe Reinigung, es läutert dich durch und durch. Bhagwan hat eine ›Lachtechnik‹ entwickelt. Wenn du sie jeden Morgen beim Aufwachen anwendest, wird sie dem ganzen Tag eine neue Note verleihen. Wenn du aufwachst und lachst, wirst du bald merken, wie absurd das Leben ist. Nichts ist ernst: selbst dein Ärger ist zum Lachen, selbst dein Schmerz, selbst *du* bist zum Lachen.

Wenn du am Morgen aufwachst, strecke dich wie eine Katze, bevor du die Augen öffnest. Strecke jeden Teil deines Körpers. Genieße es, genieße das Gefühl des Auflebens, des Erwachens. Streck dich, drei, vier Minuten und fange mit geschlossenen Augen zu lachen an. Lach vier, fünf Minuten lang. Zuerst wird es künstlich sein, du mußt nachhelfen, aber nach und nach kommt bei dem Versuch zu lachen ein echtes Lachen zustande. Verliere dich darin.

Es kann einige Tage dauern, bevor diese Technik Früchte trägt. Wir sind nicht ans Lachen gewöhnt; wir haben vergessen, wie man lacht. Aber bald wird es von selbst geschehen, spontan. Und dann, jeden Morgen, genieße es, freu dich!

Yin und Yang, »einander entgegengesetzt, einander ergänzend«. Die Ordnung der Welt im chinesischen Denken

Chinabilder

fortdauernde Verunsicherung

Il Milione, »Aufschneider« war der Spottname der Venezianer für Marco Polo, weil ihnen sein Bericht alles ins Millionenhafte übertreibend schien. Marco Polo (1254–1324) war der erste Europäer überhaupt, der aus eigener Anschauung über China berichtet hat. In der Tat mußte die *Beschreibung der Welt* (1298; 1477 deutsch, gedruckt), Darstellung seines etwa zwanzigjährigen Aufenthaltes im Mongolischen Weltreich, als ungeheure Herausforderung wirken. Daß es außerhalb der damals bekannten Welt noch eine andere, gar überlegene heidnische Kultur geben sollte, war nicht nur mit der christlichen Dogmatik unvereinbar, sondern stellte das gesamte europäische Weltbild in Frage. Vielleicht ist diese Verunsicherung durch ein Anderes, Fremdartiges, kaum zu Begreifendes der durchgängige Faden in der Geschichte des Verhältnisses Europa-China bis heute. »Bereitschaft, sich vorurteilsfrei in andere politische und intellektuelle Systeme hineinzudenken« [1] – die Abfolge der wechselnden China-Bilder zeigt, wie selten diese Voraussetzung vorhanden ist und wie leicht das jeweilige China-Bild zur Verlängerung des eigenen Selbstverständnisses gerät.

jesuitische Vermittlungsleistung

Genauere Kenntnisse über die chinesische Kultur sind erst durch die Missionstätigkeit der Jesuiten im 16. und 17. Jahrhundert nach Europa gelangt. Die Jesuiten verfolgten damals das (gescheiterte) Konzept einer

»Missionierung von oben«, d. h. sie versuchten vor allem über Einfluß am kaiserlichen Hof und möglichst die Bekehrung des Kaisers selbst das Christentum zu verbreiten (ein Unterfangen, vergleichbar mit dem Versuch, den Papst zum Islam zu bekehren!). Das setzte zunächst – in wohltuendem Unterschied zum Auftreten der Christen in anderen Teilen der Welt – die Anerkennung der chinesischen Kultur voraus. So haben die Jesuiten die chinesische Schrift erlernt, haben sich um das Verständnis der chinesischen Weltauffassung bemüht und diese, so gut es ging, mit ihrer christlichen Anschauung vermittelt. Aus dieser Haltung heraus wurde schon 1687 ein Teil der klassischen Schriften des Konfuzius ins Lateinische übersetzt. Den Jesuiten war allerdings nicht bewußt, daß sie damit gleichsam nur die »schöne Seite«, ein idealisiertes Selbstportrait der chinesischen (Gelehrten-)Gesellschaft nach Europa gebracht hatten. Gerade dieses Idealbild aber hat die westlichen Aufklärer aufs stärkste fasziniert. Da die Chinesen keine Christen waren und dennoch ein anscheinend vollendetes Staatswesen geschaffen hatten, fanden die Aufklärer hier die Bestätigung für ihren Glauben an die »natürliche Vernunft« des Menschen, an eine »natürliche Sittlichkeit« und die Möglichkeit eines tugendhaft-moralisch-harmonischen Zusammenlebens der Menschen unter der Herrschaft der Philosophen. Konfuzius wurde so zum Schutzpatron des 18. Jahrhunderts; er galt allgemein als chinesischer Sokrates – »le Socrate de la Chine«. Bei seinem großen Bewunderer Voltaire [→ S. 213] kommt das herrschaftskritische, vernunftsuchende Sehnsuchtsbild der Aufklärer am klarsten zum Ausdruck: »Man braucht nicht auf das Verdienst der Chinesen versessen zu sein, um doch anzuerkennen, daß die Einrichtung ihres Reiches in Wahrheit die Vorzüglichste ist, welche die Welt gesehen hat. Was sollen die europäischen Fürsten tun, wenn sie von solchen Beispielen hören? *Bewundern und erröten; aber vor allem nachahmen.*«[2]

aufklärerische Projektionen

Aus der Krise der Aufklärung und der beginnenden industriellen Revolution erwuchs dann ein anderes westeuropäisches Selbst- und Fortschrittsbewußtsein. In der Geschichtsphilosophie von Herder und vor allem bei Hegel wird China nun zum negativen Bezugspunkt: die lange Dauer dieser Kultur sieht man als Unwandelbarkeit, das Regierungssystem als kaiserlichen Despotismus, ihre Wissenschaftsform als zurückgeblieben und geistlos, insgesamt als Gesellschaft ohne Freiheit, ohne selbstbewußte (bürgerliche) Persönlichkeit [→ S. 486]. China muß daher von außen aus seinem weltgeschichtlichen Schlaf gerissen werden: »Es ist das notwendige Schicksal der asiatischen Reiche, den Europäern unterworfen zu sein, und China wird auch einmal diesem Schicksale sich fügen müssen.« (Hegel) Dieses Urteil schien durch die Überlegenheit der europäischen Waffen eindrucksvoll bestätigt zu sein, die China im Laufe des 19. Jahrhunderts zu einem halbkolonialen Plünderungsobjekt gemacht haben. Erst die Erfahrung des Ersten Weltkriegs als offensichtlicher Selbstzerstörung der europäischen Zivilisation bahnte den Weg für ein neues Chinabild. »Östliche Lebensweisheit«, eine mystische »Verinnerlichung unseres Lebens«, wurde nun in gebildeten Kreisen gesucht und gefunden. Allerdings nicht mehr bei Konfuzius, sondern bei Lao-tse, dem geheimnisvollen Weisen des 6. vorchristlichen Jahrhunderts. Denn in Lao-tses *Tao-tê-king* herrscht, wie ein englischer Gelehrter spöttisch bemerkt, »eine magische Leere, die der Leser mit beliebigen Bilder ausfüllen kann.« [3] Gerade das kam in den krisenhaften zwanziger Jahren der allgemeinen »Europamüdigkeit« besonders entgegen, zumal sich im *Tao-tê-king* genügend Motive einer Kritik an Kultur, Herrschaft, Fortschritt, Krieg und Gelehrtendünkel finden.

negative Abgrenzung

Europamüdigkeit – Chinanostalgie

Spiegel mit den acht Urzeichen – die acht Urzeichen mit dem Yin-Yang-Symbol in der Mitte

spezialisierte Sinologie

Die heutige Sinologie allerdings, die wissenschaftliche China-Forschung, scheint in das andere Extrem verfallen zu sein. Ein Interesse an so etwas wie »östlicher Weisheit«, das wie immer auch Zweifel an der eigenen Lebens- und Wissenschaftsform beinhaltet, ist kaum noch zu spüren. Unter Führung der Vereinigten Staaten und Japans arbeitet die internationale Forschung inzwischen derartig spezialisiert, daß – wie ein angesehener Sinologe es ausgedrückt hat – selbst der Name »Sinologie« »als Fachbezeichnung zu umfassend ist, um noch Realitätscharakter zu haben.« (H. Franke) So unvermeidbar diese Spezialisierung scheint, so sehr droht damit auch die Gefahr, durch gleichsam überscharf eingestellte Mikroskope den Blick auf das Ganze zu verlieren. Denn nur wenn es gelingt, die Vielfalt der Züge zu einem einigermaßen umrissenen Bild zusammenzufassen, kann in der Beschäftigung mit der fremden Kutur das Gesicht der eigenen erkennbar werden. Wer sich daher wirklich auf China einlassen will, ist auf zwei »große Männer« der Sinologie verwiesen, den französischen Soziologen Marcel Granet (1884–1940) und den Engländer Joseph Needham (geb. 1900), der mit unendlicher Geduld und Liebe die Geschichte der chinesischen Wissenschaft erforscht hat. Von unterschiedlichen Ansatzpunkten aus ist es beiden gelungen, die Eigenart der chinesischen Kultur zu einem Gesamtbild herauszuarbeiten und in der Gegenüberstellung zu europäischen Denk- und Lebensformen in ihrer Bedeutung sichtbar zu machen [4].

Marcel Granet und Joseph Needham

»Es gibt Geistesarbeiter und Handarbeiter«

Teilung der Arbeit

Im 4. Jahrhundert v. Chr. lehrten die Anhänger der sog. Ackerbauschule, daß auch der gerechte Fürst, ebenso wie das Volk, seine Nahrung durch seiner Hände Arbeit verdienen müsse. Gegenüber diesem Festhalten an der Erinnerung einer klassenlosen Urgesellschaft verteidigt der konfuzianische Philosoph Mencius (Mo-tzu) den bestehenden Zustand: »Die Arbeiten der höheren Klasse sind andere als die des gemeinen Volks. Außerdem hat jeder einzelne Mensch Bedürfnisse, zu deren Befriedigung die verschiedensten Handwerke nötig sind. Wenn nun jeder alles selbst sich beschaffen müßte, was er braucht, das hieße die ganze Welt beständig auf den Straßen umherrennen lassen. Darum heißt es: Es gibt Geistesarbeiter und Handarbeiter. Die Geistesarbeiter halten die andern in Ordnung, und die Handar-

beiter werden von den andern in Ordnung gehalten. Die von den andern in *Ordnung und Kultur*
Ordnung gehalten werden, nähren die andern. Die die andern in Ordnung
halten, werden von diesen ernährt. Das ist eine durchgehende Pflicht auf
der ganzen Welt.« »Ordnung«, »in Ordnung halten« ist sicher ein Schlüsselbegriff der chinesischen Vorstellungswelt. Er beinhaltet Dauer, Geschichte.
Die Chinesen haben sich nie sonderlich für Spekulationen über die Entstehung der Welt interessiert. Geschichte war für sie von Anfang an Kulturgeschichte und als solche geknüpft an die zivilisatorischen Taten legendärer
guter Herrscher wie die Einführung des Feuers und des Feldbaus. Die
Regulierung der Flüsse durch den mythischen Herrscher Yü galt in diesem
Zusammenhang als besonders wichtige Errungenschaft: »Dadurch erst
wurde das Reich der Mitte ein Land, das seine Bewohner ernährte.« Und da
Yü in den acht Jahren, die er dafür gebraucht hat, sein Land unmöglich
selbst bestellen konnte, ist dieser Satz für Mencius gegenüber der Ackerauschule der Beweis für die Notwendigkeit der gesellschaftlichen Arbeitsteilung zwischen Bauern und Beamten.

Zweifellos ist damit ein zentraler Punkt zum Verständnis der chinesischen Gesellschaft berührt. Hier setzt auch die sog. hydraulische Theorie *»hydraulische*
des Wirtschaftshistorikers K. Wittfogel an. Sie erklärt die Eigenart der *Theorie« des*
chinesischen bürokratischen Herrschaftsform aus der Notwendigkeit der *zentralistischen*
Abwehr von Überflutungsgefahr und künstlicher Bewässerung; große Ge- *Beamtenstaates*
meinschaftsaufgaben also, die eine provinzübergreifende Organisation,
d. h. einen gewaltigen Beamten-Herrschaftsapparat erforderten (z. B. hat
der Huangho, der Gelbe Fluß, an dem das Kerngebiet der chinesischen
Zivilisation lag, in historischer Zeit sechs Mal seinen Unterlauf durch Flutkatastrophen verlagert, was einer Umleitung der Rheinmündung von Rotterdam nach Danzig entsprechen würde!). Die hydraulische Theorie vermag auch zu erklären, warum China sich aus einer Vielfalt feudaler Reiche
zu einem einheitlichen Zentralstaat gebildet hat: an einem bestimmten
Punkt der gesellschaftlichen Entwicklung mußte die Eigengesetzlichkeit
kriegerisch-feudaler Lebensformen in Konflikt geraten mit den Erfordernissen einer auf Planung und Stabilität angewiesenen Ackerbaugesellschaft, die auf Vereinheitlichung zielen. Nach der sog. Periode der Kämpfenden Staaten (481–221) war diese erste Reichseinigung die Tat der
siegreichen Ch'in-Dynastie, die ein modernes Machtkonzept entwickelt
hatte [→ S. 524]; der Name »China« leitet sich übrigens von dieser Dynastie *beispiellose Dauer*
ab). Von dieser Zeit an bis 1912, dem Datum der formellen Abdankung,
also genau 2133 Jahre gab es in China eine – zumindest in der Darstellung
der Geschichtsschreiber – kontinuierliche Folge von Herrscherhäusern
und Herrschern, die das »Mandat des Himmels« innehatten! Diese Dauer
verdankt sich nicht zuletzt der Überlegenheit und Assimilationskraft der
chinesischen Kultur. Wollten sie das Reich dauerhaft regieren, mußten sich
ihr auch die zahlreichen Fremddynastien automatisch anpassen, mußten
mit chinesischen Methoden die chinesischen Steuern eintreiben und ihre
Fremdherrschaft mit chinesischen Argumenten rechtfertigen.

Die Vielfalt dieser ungeheuer langen und keineswegs einförmigen Ge- *Literaturhinweise*
schichte kann im folgenden natürlich nur von einzelnen Fragen her angeschnitten werden. Für einen geschichtlichen Überblick sei daher auf den
Band *Das chinesische Kaiserreich* verwiesen. Das Buch *Geschichte und
Struktur der chinesischen Gesellschaft* ist etwas schwieriger zu lesen, aber
um so interessanter, weil es mit dem »Bauplan« dieser Gesellschaft auch an
das Verständnis der so andersartigen Persönlichkeitsstruktur der Chinesen heranführt. »Paradiese, Utopien, Idealvorstellungen in der Geistesge-

schichte Chinas« bringt der Band *China und die Hoffnung auf Glück* mit vielen Beispielen; er ist als Lesebuch zur chinesischen Philosophie zu empfehlen. Parallel dazu ist die Darstellung *Klassische chinesische Philosophie* als Einführung sehr geeignet. Konzentrierte Information bietet das *China-Handbuch*. Die Mentalität dieser Kultur wird in ihren vielen Märchen, Gespenster- und erotischen Geschichten erfahrbar, wie auch etwa in dem berühmten Volksroman *Die Räuber vom Liang Schan Moor*, der einen breiten Einblick in die Sitten und Gewohnheiten der Zeit etwa unseres ausgehenden Mittelalters gibt [5].

vier Gesellschaftsschichten

Das Funktionieren der chinesischen Gesellschaft bis ins 19. Jahrhundert hinein läßt sich auch aus ihrem sozialen Aufbau verstehen. Die Bevölkerung war rangmäßig in vier Gruppen eingeteilt: Beamtenschaft, Bauern, Handwerker und Kaufleute. Die Beamten kamen aus der sog. *gentry*, eine Bezeichnung der grundbesitzenden Oberschicht, die aus der englischen Gesellschaft des 17./18. Jahrhunderts übernommen ist. Die Bauern haben immer etwa 90 v. H. der Bevölkerung ausgemacht; sie waren die tragende Schicht der chinesischen Gesellschaft. Obwohl es im alten China bereits mehrere Millionenstädte gab, ist doch im Grunde das bäuerliche Dorf Grundlage des gesellschaftlichen und kulturellen Lebens geblieben! Es war eine zum Großteil auf Selbstversorgung und Selbstverwaltung ausgerichtete Dorfstruktur, die wenig Ansatzpunkte etwa einer handwerklichen Produktion größeren Umfangs bot. Daraus erklärt sich auch die Verachtung des Kaufmanns, dessen Gewerbe in dieser traditionellen Gesellschaft als gänzlich unproduktiv und dessen Gewinne als verdächtig galten (vergleichbar der Kritik des Geldes in der griechischen Antike und der mittelalterlich-christlichen Soziallehre [→ S. 35]). In der Regel waren die wohlhabenden Kaufleute bestrebt, Grundbesitzer zu werden, also Eingang in die *gentry* und damit Zugang zur Beamtenhierarchie zu finden. So haben sich – im Unterschied zu Europa – aus dem Kaufmannskapital keine geschichtlich neuen Eigentums-, Wirtschafts- und Klassenherrschaftsformen ergeben, wie auch die Städte selbst keine grundlegend neuen Lebens- und Rechtsverhältnisse entwickelt haben. Und obwohl die chinesische Geschichte von Bauernaufständen großen Umfangs begleitet war, hat jeder Volksaufstand den alten Klassengegensatz zwischen Bauern und Besitz-/Beamten- = Bildungsaristokratie, vornehmer: zwischen »Geistesarbeitern« und »Handarbeitern« wieder hergestellt.

Grundzüge des chinesischen Denkens im »Buch der Wandlungen«

Wenn im folgenden von China, chinesischer Gesellschaft, chinesischem Denken usw. gesprochen wird, so ist immer die Zeit vor dem ersten Opiumkrieg (1839–42) gemeint, dem ersten gewaltsamen Einbruch des Westens in das Reich. Der Zusatz »altchinesisch« bezieht sich auf den Zeitraum bis ins 2. vorchristliche Jahrhundert, also bis zur Ausprägung der klassischen kaiserlich-bürokratisch-zentralistischen Regierungsform in der Han-Dynastie. Die Zeit vor Christi Geburt wird nach sinologischer Gepflogenheit mit einem negativen Vorzeichen vor der Jahreszahl gekennzeichnet.

Grundlegender Naturbezug

So vermessen es ist, eine ganze Kultur mit einem einzigen Schlagwort zu bezeichnen – sucht man solch ein charakterisierendes Schlagwort, so paßt vielleicht am besten die Bezeichnung der chinesischen Gesellschaft als ein »hochzivilisiertes Naturvolk« [6]. D. h., daß bei und in aller kultureller Entwicklung – Arbeitsteilung, Herrschaft, Schrift, Technik, Wissenschaft,

Künste – von den Grundlagen der Produktion über die Familienstruktur bis in die Denkformen hinein immer ein grundlegender Bezug zur Natur gewahrt bleibt. Wir müssen uns hier, wie immer, auf die Denkformen beschränken. »Grundlegender Naturbezug«, was heißt das auf chinesisch?

Die Zeichen im *Buch der Wandlungen* drücken das auf eine dreifache Weise bildlich aus:

– Jedes Zeichen (sog. Trigramme) besteht aus sechs übereinandergelagerten Strichen; z. B. ☰ im ersten Zeichen. Dabei bedeuten die untersten beiden Linien die Erde, die beiden mittleren die Menschenwelt und die oberen den Himmel. Himmel – Mensch – Erde sind die drei Urmächte der Welt, genauer: eine Drei-Einheit als Dreiheit in einem Zeichen.   *elementares Zeichensystem*

– Es gibt zwei Arten von Linien, außer der durchgezogenen im ersten Zeichen die unterbrochene im zweiten Zeichen ☰ ☷. Nun stellen durchgezogene und unterbrochene Linien zwei polare Grundkräfte dar. Die unterbrochene Linie entspricht der Urkraft Yin (das Weibliche, Dunkle, Schwache, Passive); die durchgezogene Linie entspricht der Urkraft Yang (das Männliche, Helle, Starke, Aktive). Und so bedeutet das erste Zeichen Kien, das Schöpferische, den Himmel; das zweite Kun, das Empfangende, die Erde. So befindet sich die Dreiheit Himmel – Mensch – Erde in der polaren Zweiheit Yin und Yang in der Einheit eines Zeichens.

– Aus acht Urzeichen (das Schöpferische, das Empfangende, das Erregende, das Stillehalten, das Abgründige, das Haftende, das Heitere, das Sanfte) bilden sich insgesamt 64 Zeichen. Sie sind in ständiger Wandlung gedacht – daher *I Ging, Das Buch der Wandlungen*. Und da jedes Zeichen eine doppelte Deutung erfordert in Bezug auf die übernatürlich-himmlische und die natürlich-menschliche Welt, bildet das Ganze ein einziges mikrokosmisch-makrokosmisches Gesamtbezugssystem auf der Grundlage zweier polarer Urkräfte in beständigem Wandel im Gleichgewicht.

Die sog. *Große Abhandlung*, ein späterer Kommentar, drückt diesen Gesamtzusammenhang folgendermaßen aus: »Das Buch der Wandlungen ist weit und groß. Redet man von der Ferne, so kennt es keine Schranken. Redet man von der Nähe, so ist es still und recht. Redet man vom Raum zwischen Himmel und Erde, so umfaßt es alles. [...] Durch seine Weite und Größe entspricht es Himmel und Erde. Durch seine Veränderungen und Zusammenhänge entspricht es den vier Jahreszeiten. Durch die Bedeutung des Lichten und Dunkeln [= Yin und Yang] entspricht es Sonne und Mond. Durch das Gute des Leichten und Einfachen [= das Schöpferische und das Empfangende] entspricht es der höchsten Art.«

Das *Buch der Wandlungen* war ursprünglich ein Orakelbuch und wurde später zum Lehr- oder Handbuch der Staats- und Lebensweisheit. Es hatte immer einen großen Einfluß, denn in der Struktur seiner Trigramme entspricht es ganz der Grundhaltung des chinesischen Denkens. J. Needham hat diese Denkweise assoziatives oder auch korrelatives Denken genannt; Granet hat sie einmal zusammengefaßt in der Formel: »Alles im Kosmos ist wie der Kosmos.« Korrelation heißt Beziehung. Korrelativ ist diese Denkform, weil sie die Welt gleichsam wie einen großen Leib auffaßt, in dem jeder Teil mit jedem in Beziehung steht. Diese Beziehungen können harmonisch oder gegensätzlich sein, oder besser: sie sind immer beides. Denn jedes Ding, jedes Ereignis ist etwas, was zugleich für sich ist und in Bezug auf Anderes/das Ganze steht. Das ist etwas hegelianisch ausgedrückt, aber nichts anderes als eine dialektische Struktur ist gemeint im Bild des Verhältnisses von »Lippen und Zähnen«: »Es gibt keine zwei Dinge unter dem Himmel, die nicht im wechselseitigen Verhältnis des ›Selben‹ und des   *beziehendes Denken polare Grundspannung*

›Anderen‹ stehen. Beide, das ›Selbe‹ und das ›Andere‹, wollen gleichermaßen für sich handeln, und bekämpfen sich derart so heftig wie Ost und West. Andererseits haben das ›Selbe‹ und das ›Andere‹ gleichzeitig die wechselseitige Beziehung von Lippen und Zähnen. Lippen und Zähne handeln niemals freiwillig füreinander, und doch: ›Ohne Lippen frieren die Zähne‹ [ein im alten China wohlbekanntes Sprichwort]. Daher hilft die Handlung des ›Anderen‹, die es für sich tut, gleichzeitig dem ›Selbst‹. So sind sie, obwohl wechselseitig entgegengesetzt, nicht fähig, sich wechselseitig zu verneinen.« [7]

Yin und Yang

In diesem Sinne ist das Verhältnis von Yin und Yang zu sehen. In der Vielzahl ihrer Bedeutungen sind diese beiden Leitbegriffe des chinesischen Denkens für uns nicht einfach zu verstehen – schon der Ausdruck Leit*begriffe* ist falsch und richtig zugleich. Sie weisen auf Etwas/zwei Kräfte/zwei Prinzipien etc. hin, die sich in ihrem Gegensatz entsprechen: z. B. Räumliches (Yin – der beschattete, nördliche, Yang – der sonnige, südliche Hang eines Berges); Zeitliches (Yin – kühles Wetter, ein wolkenbedeckter Himmel/Yang – die Wärme eines Frühlingstages); Sexuelles (wie Granet bemerkt, »war es eines der wichtigsten Anliegen der orthodoxen Tradition, jede realistische Auslegung des geschlechtlichen Gegensatzes von Yin und Yang zu beseitigen.«). Wesentlich ist, daß die Symbole Yin und Yang in ihrem Gegensatz zusammengehören – beide zusammen sind das TAO.

eigentümliche Logik

Das chinesische Denken gliedert also die Erfahrung, indem es gegensätzliche Aspekte der Wirklichkeit in Beziehung setzt. Es gehorcht so einer anderen Logik als das neuzeitlich-europäische Denken, für das der Begriff der Kausalität bzw. des Naturgesetzes grundlegend war [→ S. 141 f.]. Es ist gewissermaßen natürlicher, d. h. näher an einer Form von naturbezogener Erfahrung geblieben als dieses europäische Wissen, das zuinnerst dazu neigt(e), die Welt als ein totes Objekt zu betrachten. »The Chinese worldview depended upon a totally different line of thought« (J. Needham). In der medizinischen Wissenschaft z. B. ist die chinesische Akupunktur solch eine ganz andere, sozusagen organische oder weiche Art des Wissens vom Menschen und des Umgangs mit seinem Leib. Seit Jahrtausenden wird diese einfache Behandlungsmethode erfolgreich angewendet, ohne daß bis heute ihre Wirkungsweise naturwissenschaftlich geklärt werden konnte. Vielleicht läßt dieses Beispiel etwas davon ahnen, was bei der westlichen Grundeinstellung verlorengegangen oder nie entfaltet worden ist.

Einheit von Sprache, Schrift und Denkform

Wie das korrelative Denken gleichsam näher bei den Dingen und ihren symbolischen Eigenschaften bleibt, so zielt übrigens auch die chinesische Sprache stärker auf die Übermittlung von Gefühlsimpulsen als auf die begriffliche Analyse von Sachverhalten. In den indogermanischen Sprachen ergibt sich die Bedeutung eines Wortes bereits aus einem sehr festgelegten Satzbau. Zudem lassen sich die meisten Wörter schon von der Wortart her bestimmen. Die Wörter der chinesischen Sprache hingegen waren ursprünglich ganz einsilbig und lautarm; die Struktur des Satzes teilt sich weniger über den Satzbau mit als durch den Rhythmus und die Einhaltung der vier Tonhöhen beim Sprechen. Dadurch ist die Sprache ausdrucksvoller und die Worte sind assoziativ-beziehungsreicher, aber dafür sperrig gegenüber der begrifflichen Präzision (so gibt es z. B. im Altchinesischen kein entsprechendes Wort für »Greis«, aber eine Vielzahl von Ausdrücken, in welchen verschiedene Aspekte des Alters ihre Darstellung finden). Wir werden sehen, daß auch die chinesische Philosophie dieser sprachlichen Grundstruktur gemäß sich lieber in Beispielen, Bildern und Anspielungen ausdrückt als mittels scharfer begrifflicher Definition.

Sichtbar wird der Unterschied zur europäischen Entwicklung auf der Ebene der Schrift: gegenüber der Nüchternheit des Alphabets hat die chinesische Schrift immer den Bezug zu dem konkreten Zeichen bewahrt, aus dem es hervorgegangen ist, und Schreiben war im alten China immer auch ein ästhetischer, die Persönlichkeit des Schreibenden ausdrückender Akt. So zeichnet sich in Sprache, Schrift und Denkform eine andere, vielschichtige, vielbezügliche und nach eigenen Gesetzen strukturierte Ordnung der Welt ab. Sie bildet den – manchmal unsichtbaren – Hintergrund der chinesischen Philosophie, die diese Ordnung in ihren einzelnen Zügen sozusagen in verschiedenen Gestalten modelliert, aber niemals grundsätzlich in Frage gestellt hat.

Kämpfende Staaten - hundert Philosophenschulen

Ist es überraschend, daß die Blütezeit der chinesischen Philosophie in die Periode der sog. *Kämpfenden Staaten* (481–221) fällt? Solange die Menschen in verbürgten Bindungen leben, ist Philosophie nicht nötig. Die Epoche der Kämpfenden Staaten aber war die Zeit eines gewaltigen Umbruchs, einer tiefen Krise des Feudalismus. Eine Gesellschaft wird mobil: das altadlige Sippensystem zerfällt, der Boden wird verkäuflich, das Gewohnheitsrecht schriftlich fixiert. Unabhängige Teilreiche entstehen mit großen Städten, Massenheeren und neuen Formen von Verwaltung. Der Typ des »Helden« veraltet; neue Eliten lösen ihn ab. Was aber im nachhinein als Wandel sich darstellt, erfahren die Zeitgenossen vor allem als Gefahr, als »aus den Fugen geratene Welt.« [8] »Das Reich nehmen« – unter diesem Motto stehen die Kriege der Einzelstaaten im Kampf um die Macht. Diese Kriege müssen so furchtbar gewesen sein, daß das *Tao-têking* den Herrscher mahnt: »Mach, daß das Volk ernst nimmt den Tod!« Und so lautet die Frage der Zeit: »Unter welchen Bedingungen und nach welchem Ideal sollte China [...] einem Herrscher untertan werden?« [9]

krisenhafter Umbruch

Die *Hundert Schulen* versuchen, darauf eine Antwort zu geben. Die Bezeichnung *Hundert Schulen* stammt aus der chinesischen Philosophiegeschichte selbst und darf nicht wörtlich genommen werden (wohin sollte man dann z. B. »Nicht klassifizierbare Philosophen« und »Philosophierende Einsiedler« stecken? [10]). Als Bild aber trifft sie genau: »Es war das klassische Zeitalter der chinesischen Philosophie, lebhaftester Diskussionen und Schulbildung, nie wieder erreicht in seiner Fülle und Grundsätzlichkeit des Fragens.« [11]

Aufschwung des Denkens

Konfuzius steht am Anfang der chinesischen Philosophie; er hat sie geprägt und durch zweieinhalb Jahrtausende bis heute begleitet. »Nieder mit dem ganzen Laden des Konfuzius!« war die Parole der westlich orientierten Revolutionäre zu Beginn unseres Jahrhunderts, und noch in den siebziger Jahren gab es in der Volksrepublik eine große Kampagne der »Kritik an Konfuzius«. Konfuzius ist das klassische China? Oder der Konfuzianismus? Was haben beide miteinander zu tun? Es ist klar, daß das Portrait dieses Mannes nach einer so langen Wirkungsgeschichte nur mit allergrößter Vorsicht gezeichnet werden darf.

Der Name »Confuzius« ist die von den Jesuiten latinisierte Form für Kung-tzu, »Meister Kung«. Konfuzius lebte höchstwahrscheinlich von −551 bis 479 und kam aus Lu, dem damals kulturell höchstentwickelten Staat. Er entstammt einer verarmten Adelsfamilie (übrigens kommen fast alle Philosophen des alten China aus dieser Schicht). Geburt und Leben des

Kung-tzu

Ein wandernder Privatlehrer

Meisters sind von der Legende umrankt; auch daß er eine zeitlang hohe Staatsämter in Lu bekleidet haben soll, ist wohl spätere Stilisierung. Sicher ist, daß er etwas für seine Zeit ganz Neues und Ungewöhnliches getan hat: Konfuzius hat als eine Art wandernder Privatlehrer Schüler um sich versammelt, die er in die Weisheit des Altertums einführte. Was wir von seiner Person und Lehre wissen, stammt aus dem Kreis dieser Schüler und »Enkelschüler«, wie die Sinologen es nennen. Es ist zusammengetragen in den *Lun Yü*, was mit *Gespräche* oder *Lehrgespräche* oder *Erörterungen und Gespräche* übersetzt wird. Dieses Buch in zwanzig Büchern besteht aus meist kurzen Sprüchen, Dialogen und Aphorismen von Konfuzius oder namentlich genannten Schülern; es ist ein großes Beispiel für die chinesische Kunst, etwas indirekt, durch Gleichnis und Anspielung zu sagen. Die endgültige Fassung dürfte aus dem + 3. Jahrhundert stammen.

Überschreiten der Adelswelt

»Der Meister sprach: ›Der Edle läßt sich nicht zum Gerät machen.‹« Die Figur des Edlen ist das Leithema der *Gespräche*. Nüchtern-berufsmäßig gewendet ist es ein Mensch (Mann), der zum Regieren anderer berufen ist als Herrscher, Herrscherberater oder in einem hohen Amt. Aber – darin liegt die Pointe – der Edle ist hier nicht mehr automatisch ein Adliger, wie die Herkunft des Wortes auch im Chinesischen nahelegt (*chün-tzu*, Herrensöhne). Mit dem Edlen stellt Konfuzius ein neues Ideal auf, er entwirft ein neues Leitbild. Äußerlich zeigt es sich darin, daß seinem Schülerkreis nicht nur Herrensöhne angehören (»Der Meister sprach: ›Beim Lehren gibt es keine Standesunterschiede‹«). Inhaltlich zeigt es sich darin, daß der Edle bestimmte Anforderungen an sich selbst stellt. Sein höchstes Ziel heißt Yen, »Menschlichkeit«. Was ist damit gemeint?

Bedeutungskern von »Yen«

Es ist äußerst interessant zu verfolgen, daß in den vermutlich älteren Schichten des Textes der Begriff Yen eher negativ ausgedrückt wird. Auf Befragen sagt Konfuzius z. B. über einen Schüler, daß dieser wohl für ein bestimmtes Amt brauchbar ist – »aber ob er Yen hat, weiß ich nicht.« An anderer Stelle heißt es: »Der Meister sprach selten [...] über das Yen.« Offensichtlich war es zunächst sehr schwierig auszudrücken, was damit gemeint war. Denn ursprünglich stammt das Wort aus dem aristokratischen Lebensbereich und meinte dort soviel wie herrenmäßiges Verhalten. Entsprechend der Bedeutungsverschiebung von adlig zu edel ist das Wort aber jetzt weiter zu fassen und moralisch zu füllen. Ein Mensch mit Yen ist »herr-lich« im Sinne von großmütig und großzügig; Innen und Außen stimmen bei ihm überein, denn er hat inneren Frieden und eine eigene Mitte gefunden. So läßt sich als Begriffsinhalt herausschälen »eine überlegene Haltung aus vornehmer Gesinnung, eine gleichsam heitere Unbeirrtheit und eine Bereitschaft zu selbstloser Tat.« [12] In den *Gesprächen* wird es auch so ausgedrückt: »Unsres Meisters Lehre ist Treue gegen sich selbst und Gütigkeit gegen andre: darin ist alles befaßt.«

Züge moderner Rationalität

Diesem Überschreiten der Adelswelt durch Neuinterpretation ihrer Leitbilder entsprechen auch andere Züge bei Konfuzius. Als neue Formen von Rationalität sind sie in den Zusammenhang des allgemeinen geschichtlichen Umbruchs der Zeitwende um – 500 gestellt worden [→ S. 499f.]. Einmal nämlich ist Konfuzius allem Magisch-Übernatürlichem gegenüber erstaunlich kühl: »Der Meister sprach niemals über Zauberkräfte und widernatürliche Dämonen.« Ein anderer Spruch bringt, in der Gegenüberstellung, noch deutlicher zum Ausdruck, wo der Schwerpunkt seiner Lehre liegt:

»Gi Lu [ein Schüler] fragte über das Wesen des Dienstes der Geister. Der Meister sprach: ›Wenn man noch nicht den Menschen dienen kann, wie sollte man den Geistern dienen können?‹ (Gi Lu fuhr fort): ›Darf ich wagen, nach dem (Wesen) des Todes zu fragen?‹ (Der Meister) sprach: ›Wenn man noch nicht das Leben kennt, wie sollte man den Tod kennen?‹« Zu dieser am Praktischen orientierten Haltung paßt ein anderer Zug: die Betonung des Lernens, des Wissens und der gelehrten Auseinandersetzung mit den Schriften der Vergangenheit. Wieviel oder ob er überhaupt etwas von dem ihm zugeschriebenen Büchern selbst verfaßt hat, können wir nicht mehr mit letzter Bestimmtheit ausmachen – der Impuls jedoch, das geschriebene Wort dem Bereich des Sakralen zu entreißen, muß von dem Meister ausgegangen sein. Man hat darin seine epochale Bedeutung gesehen[13]. Und gleichsam unter der Hand ist damit in Lehre und Praxis der Schule eine neue Elite begründet. Diese Elite zählt nicht mehr auf aristokratische Herkunft, sondern auf Leistung auf der Grundlage geistiger Bildung. Es ist der Stand der Gelehrten.

Wenn nun Konfuzius solcherart moderne Züge seiner Zeit verkörpert – wie konnte er in unserem Jahrhundert als Marionette kritisiert werden, als Mumie und Skelett der Vergangenheit, mit anderen Worten: als Symbol einer langen Tradition von Herrschaft? Sehen wir davon ab, was als sog. Konfuzianismus China geprägt hat – und diese Unterscheidung ist nicht einfach – so findet sich mit Sicherheit bereits bei Konfuzius ein patriarchalisches Ideal. Das braucht nicht weiter zu verwundern, denn in und spätestens seit seiner Zeit war die bäuerliche Großfamilie die Basis der chinesischen Gesellschaft (der Taoismus erinnert an ältere Traditionen [→ S. 525 f.]). Diese Familienstruktur beruht auf der Herrschaft der Männer über die Frauen und der Alten über die Jungen. *Hsiao*, kindliche Ehrfurcht bzw. Gehorsam gegenüber den Eltern steht daher in den *Gesprächen* als Grundtugend für das rechte Verhältnis der Menschen untereinander. Systematisiert ist es in den berühmten sog. Fünf Beziehungen: Fürst – Untertan, Vater – Sohn, Mann – Frau, älterer Bruder – jüngerer Bruder, älterer Freund – jüngerer Freund. Und wie schon aus der ersten Beziehung ersichtlich, wurde das Modell der Vater-/Familienherrschaft auf die ganze Gesellschaft übertragen, so daß der Kaiser – selbst Vater-Herrscher einer Familie – als Vater-Herrscher aller von Vater-Herrschern beherrschten Familien erscheint. Auf dreifache Weise wird dieses patriarchalische Modell noch untermauert:

patriarchalisches Modell

– Konfuzius' Programm lautet: Erneuerung der Vergangenheit, Erneuerung des Vorbilds der »Heiligen Herrscher«. Diese Haltung der inneren Ausrichtung an einer (idealisierten) Vergangenheit – mögen sich auch einmal reformerische Tendenzen darin ausgedrückt haben – ist für alle Bereiche ganz grundlegend;
– trotz aller Distanz gegenüber dem Aberglauben fördert er den Ahnenkult, in dem der Einzelne ganz in eine religiöse Familientradition eingebunden wird;
– er fördert das Brauchtum, die Riten *(li)*, die Normen der Vergangenheit. Sie verankern die rechte Gesinnung im angemessenen Zeremoniell und binden damit bis ins Kleinste die Ausdrucksformen auch des alltäglichsten zwischenmenschlichen Verhaltens.

intensiver Bezug zur Tradition

Damit soll nicht gesagt sein, daß Konfuzius sich einfach den Verhältnissen seiner Zeit angepaßt hätte. Zweifellos ist sein Ideal patriarchalisch. Aber es geht um die richtige Herrschaft, um ein Verhältnis zu anderen Menschen, in dem *Yen* verwirklicht ist. Daß damit die Praxis seiner Zeit zur Diskussion gestellt ist, dürfte zumindest indirekt deutlich geworden sein. Ein direktes Zeichen für seine Nicht-Übereinstimmung ist die Tatsache, daß Konfuzius als Politiker offensichtlich gescheitert ist. Die *Gespräche* berichten von mehreren erfolglosen Versuchen, als Fürstenberater tätig zu werden – der Meister hat wohl die Haudegen der späteren *Kämpfenden Staaten* überfordert. Diesem Scheitern entspricht eine gewisse Resignation, die im Text deutlich spürbar ist. Einmal äußert er sogar den Wunsch, lieber unter den neun Barbarenstämmen des Ostens zu wohnen als in China! Ein anderer Spruch berichtet von Dsi Lu, einem seiner Schüler: »Dsi Lu übernachtete am Steintor. Der Türmer sprach: ›Woher?‹ Dsi Lu sprach: ›Von einem namens Kung.‹ Da sprach jener: ›Ist das nicht der Mann, der weiß, daß es nicht geht, und dennoch fort macht?‹«

Die Schule der Gelehrten

Aus den Schülern von Konfuzius erwuchs die *Ju chia*, die Schule der Gelehrten, wie die Konfuzianer in der chinesischen Philosophie genannt werden. Während der ganzen Periode der *Hundert Schulen* war die *Ju chia* nur eine unter anderen; mit den anderen konkurrierend, aber keineswegs dominant. Das muß beachtet werden, will man nicht von der späteren Entwicklung her einem schiefen Bild der chinesischen (Philosophie-)Geschichte aufsitzen. Den gleichsam geistigen Grundstock der *Ju*-Schule bilden die sog. *Fünf kanonischen Bücher*, Zeugnis ihrer intensiven Beschäftigung mit der Tradition des Altertums. Es sind dies

Der Kanon

– *Das Buch der Wandlungen*, das ursprünglich nur aus den 64 Zeichen bestand und später umfangreich kommentiert wurde;
– *Das Buch der Lieder*, Gesänge aus der Feudalzeit, die dann allegorisch, also im übertragenen Sinne gedeutet worden sind;
– *Das Buch der Urkunden*, eine Sammlung von Gesetzen und anderen geschichtlichen Texten des Altertums, mit Kommentar;
– *Das Buch der Riten*, das alle Vorschriften der Etikette versammelt (Verhalten gegenüber den Eltern, bei Hofe, Begräbnis, Ahnenkult usw.);
– Die *Frühlings-und Herbstannalen*, eine Chronik des Fürstentums Lu. Sie ist das erste Zeugnis der einzigartigen Tradition der chinesischen Geschichtsschreibung.

Die Autorschaft dieser *Fünf kanonischen Bücher* wurde dem Meister selbst zugeschrieben. »Kanonisch« heißt hier so viel wie heilig; die Bedeutung der *wu-ching* können wir uns in etwa durch den Vergleich mit der Autorität der biblischen Schriften vergegenwärtigen.

Hinzu kommen die *Vier klassischen Bücher (ssu-shu)* der Schule:
– die *Lehrgespräche* des Konfuzius;
– die *Große Lehre* oder auch *Große Wissenschaft*, eine Darstellung der Prinzipien der konfuzianischen Staats- und Morallehre;
– Das Buch *Die Anwendung der Mitte* bzw. *Maß und Mitte*, eine taoistisch beeinflußte Lehre von der verborgenen Wirkung des sittlichen Verhaltens;
– die *Lehrgespräche* des Mencius.

Meng-tzu

Wir heben im folgenden Mencius und Hsün-tzu heraus, die zwei unterschiedliche Richtungen der Schule repräsentieren. Mencius ist die ebenfalls von den Jesuiten latinisierte Namensform für Meng-tzu (Meister Meng; – 371 bis 289). Zu seinen *Lehrgesprächen* ist zunächst zu bemerken, daß man solch ein Buch des Altertums am ehesten mit den Werken spätmittelalterlicher Malerschulen vergleichen muß – nur mit gewisser Wahrscheinlichkeit kann ausgemacht werden, was vom Meister verfaßt sein könnte oder von Schülern stammt. Mencius, der berühmteste Nachfolger von Konfuzius, wurde später zum zweiten Heiligen der Schule erhoben; er hat wesentlich zur Verbreitung des Konfuzianismus beigetragen. Oben wurde er bereits als Kritiker der Ackerbauschule erwähnt [→ S. 515]. Viele andere

Stellen seiner *Lehrgespräche* bezeugen ebenfalls die intensive wechselseitige Auseinandersetzung der verschiedenen Richtungen zur Zeit der Hundert Schulen. »Warum Meng streitet« heißt ein Kapitel, in dem er den Taoisten Yang und die Anhänger von Mo Ti kritisiert: »Was heute auf der Welt geredet wird, ist entweder von Yang oder Mo beeinflußt. Yang lehrt den Egoismus, darum führt er zur Auflösung des Staates. Mo lehrt die unterschiedslose allgemeine Liebe, darum führt er zur Auflösung der Familie. Ohne Staat und Familie kehrt man in den Zustand der Tiere zurück.« Mit dieser Verteidigung der geheiligten Institutionen zeigt sich Mencius als echter Konfuzianer. Auch bei ihm das Zentralproblem der gerechten Herrschaft als dem milden Regiment; auch bei ihm das – ebenfalls persönlich erfahrene – Problem des Amts zwischen Berufung des Weisen zur Politik und der Gefahr der Abhängigkeit vom Herrscher. Anders als bei Konfuzius spürt man bei Mencius eine gewisse Geringschätzung und Verachtung der Fürsten. Er lehrt auch, daß ein verbrecherischer Herrscher getötet werden dürfe. In diesem Fall handelt der Rebell als Beauftragter des Himmels, wobei der Erfolg über die Rechtmäßigkeit entscheidet. Diese konfuzianische Rechtfertigung des Königsmordes ist sehr wichtig geworden. Ein besonderer Zug der *Lehrgespräche* ist die Überzeugung, daß die menschliche Natur gut ist, daß alle Menschen die gleichen Anlagen haben: »Die menschliche Natur neigt zum Guten, wie das Wasser nach unten fließt. Unter den Menschen gibt es keinen, der nicht gut wäre, ebenso wie es kein Wasser gibt, das nicht abwärts fließt.«

Dieser Überzeugung widerspricht Hsün-tzu (etwa – 300 bis 227): »Die Natur des Menschen ist böse, was an ihm gut ist, ist künstlich.« Eine ausführlichere Gegenüberstellung von Mencius und Hsün-tzu würde zeigen, wie breit die Spannweite der Auffassungen innerhalb der frühkonfuzianischen Schule war. Bei Hsün-tzu zeigt sich ihre realistische Seite: der Mensch muß erzogen werden, durch Sitte und Brauchtum (Riten) gleichsam gebändigt und zu einem Gesellschaftswesen gemacht werden. Das ist hier mit »künstlich« gemeint. Hsün-tzu pocht daher auch auf eine strikte Einhaltung der gesellschaftlichen Abstufung: »Ritual bedeutet, daß Hoch und Niedrig ihren Rang haben, Alt und Jung ihren Unterschied, Arm und Reich, Wichtig und Unbedeutend ihre Beziehung.« Mit dieser nüchternen, sozusagen »herrschaftsvernünftigen« Einstellung ist Hsün-tzu zum unterschwellig einflußreichsten Philosophen seiner Zeit geworden; die beiden bedeutendsten Vertreter der gleich darzustellenden Legalisten sind seine Schüler. Er ist übrigens der erste faßbare chinesische Philosoph, der seine Gedanken offensichtlich selbst zu Papier (d. h.: auf Bambus) gebracht hat.

Mo Ti hat etwa von – 480 bis 400 gelebt. Bis zur Zeit der Han-Dynastie war seine Schule den Konfuzianern vollkommen ebenbürtig, dann wurde sie für 2000 Jahre vergessen und erst Ende des 18. Jahrhunderts wiederentdeckt. Hätte die Lehre eine Chance gehabt, sich in China durchzusetzen? Hätte China sich anders entwickelt, wenn, statt der Mohisten, die Gelehrtenschule vergessen worden wäre? Man hat in der Lehre des Mo Ti eine Form des utopischen Sozialismus gesehen, denn Gerechtigkeit und allgemeine Menschenliebe sind ihre Leitbegriffe: »Führen wir alles Elend, alle Übergriffe, alle Unzufriedenheit und allen Haß der Welt auf ihren Ursprung zurück, so entspringen sie alle aus dem Mangel an gegenseitiger Liebe.« In der allgemeinen Menschenliebe hat Mo Ti das Heilmittel gegen die Krankheit der Zeit der Kämpfenden Staaten gesehen; der Angriffskrieg wird als schlimmstes aller Übel gebrandmarkt. Dabei ist zu beachten, daß »allgemeine Menschenliebe« auch einen polemischen Sinn enthält gegen-

Die Sonne steigt aus dem Meer auf

Hsün-tzu

Mo-chia, die Schule des Mo

allgemeine Menschliebe

über den Konfuzianern. Dort wird auch »Liebe« gelehrt, aber in beträchtlicher Abstufung zwischen dem, »was uns nahe steht« und dem, »was uns fern steht«. Diese familienbezogene Grundhaltung wird von der Mo-Schule als egoistisch kritisiert. Interessant ist dabei, daß die Menschenliebe bei Mo Ti religiös begründet wird. *T'ien*, der Himmel, hatte in China zwar immer auch persönliche Züge. Nirgends aber ist das Gottesbild bzw. Himmelsbild so ausgeprägt persönlich gefaßt wie hier: »Der Himmel wünscht ohne Zweifel, daß die Menschen einander lieben und einander fördern, und er will nicht, daß sie sich hassen und schädigen [...] alle Menschen, jung und alt, vornehm und gering, sind seine Kinder.«

Sparsamkeit, Disziplin, Mäßigung, Luxusfeindlichkeit, Ausrichtung am Nutzen aller scheinen für die Mohisten bestimmend gewesen zu sein. Offensichtlich haben sie sektenartig in Gütergemeinschaft zusammengelebt. Kein Zweifel, daß Mencius darin eine Gefahr sehen mußte. »Vaterlose und herrscherlose Gesellen« waren sie für ihn.

Yin-Yang-Schule und Logiker

Von den vielen Strömungen, auf die wir hier nicht eingehen können, seien zumindest zwei erwähnt: einmal die sog. Yin-Yang-Schule, die naturphilosophische Schule. In ihrem Umkreis wurde über die Beziehung zwischen Yin- und Yang-Kräften, den Fünf Elementen (Metall, Wasser, Holz, Feuer, Erde) und dem menschlichen Leben spekuliert. Zum anderen die Logiker oder Sophisten oder »Schule der Bezeichnungen«, die – mit einer Vorliebe für paradoxe Wendungen – dem Verhältnis zwischen Sprache bzw. Definitionen und dem zugrundeliegenden Sachverhalt nachgegangen sind. Ihren Ansatz hat diese Schule wohl in verwaltungsbezogenen Fragen der Rechtsprechung (Normen- und Begriffsdefinitionen). Überhaupt muß man davon ausgehen, daß alle konkurrierenden Lehrrichtungen der Zeit ursprünglich nicht darauf aus waren, eine Schule oder gar ein System zu begründen. Sie wollten eher ein bestimmtes Rezept an den Mann, d. h. an den Fürsten bzw. die Oberschicht bringen, das die allgemeine Krise zu meistern versprach. Erst allmählich sind daraus philosophische Problemstellungen und Schulzusammenhänge erwachsen.

Fa chia, die Schule des Gesetzes

schriftliches Gesetz als allgemeine Grundlage

Das erfolgreichste Rezept hatten die Legalisten (von lat. *lex*, Gesetz). Bereits – 535 war in einem chinesischen Teilstaat das Recht schriftlich fixiert worden; es ist immer ein bedeutsamer Schritt in der allgemeinen Entwicklung zu stärkerer Rationalisierung und Verfügbarmachung der Lebensformen, wenn der Bereich des Rechts der ungeschriebenen regionalen Gewohnheit entrissen wird. Die Gesetzesschule hat nun auch in der Theorie mit dem Brauchtum gebrochen. Ihr bedeutendster Vertreter ist Han fei-tzu (– 280 bis 233), ein direkter Schüler von Hsün-tzu. Das – wenn man es so nennen will – pessimistische Menschenbild hat er von seinem Lehrer übernommen. Aber statt der Herrschaft des Brauchtums/Rituals *(li)* setzt Han fei-tzu das schriftlich fixierte Gesetz *(fa)*. Der kluge Herrscher arbeitet mit dem Gesetz. Er verläßt sich nicht auf die Tugend, sondern auf die Wirkung von Strafe und Lohn. Wichtig ist hierbei, daß auch die – über Familienbeziehungen verbundenen – Adelssippen seiner Anwendung unterliegen. Das Gesetz ist für alle verbindlich, weil – es das Gesetz ist. In dieser Tautologie (Verdopplung) zeigt sich gerade die Bedeutung des Schrittes, den die Gesetzesschule vollzogen hat. Die Existenz und das Funktionieren des Staates wird nicht mehr auf Familie, Menschheit, Brauchtum oder ähnliche moralische Werte gegründet, sondern auf sich selbst (fast automatisch wird man dabei an den Konflikt zwischen Familienbindung und Staatsgesetz erinnert, wie ihn Sophokles in der *Antigone* dargestellt hat). Eine Anekdote von Han fei-tzu macht diese Umschichtung der Wertvorstellungen deutlich: »Ein Man aus Lu [dem Heimatstaat des Konfuzius] zog für seinen Herrscher ins Feld. Er kämpfte in drei Schlachten und flüchtete in allen dreien. Als Konfuzius ihn nach dem Grund [seiner Feigheit] fragte, antwortete der Mann: ›Ich habe einen alten Vater. Wenn ich sterbe, hat er niemanden mehr, der für ihn sorgt.‹ Da sah Konfuzius in ihm einen pietätvollen Sohn, lobte ihn und stellte ihn als Vorbild hin, ... und seitdem waren die Leute von Lu in der Schlacht natürlich immer sofort dabei, sich zu ergeben oder davonzulaufen.« [14]

Kritik an Konfuzius

Verwirklicht wurde der legalistische Ansatz von Ch'in. Dieser westliche Staat machte sich unter der Kanzlerschaft von Li Ssu – ebenfalls ein Schüler von Hsün-tzu! – an die Aufgabe, »das Reich zu nehmen« und eroberte in kurzer Zeit das ganze damalige China. Das Recht wurde allgemein kodifiziert, Schriftvarianten, Gewichte, Maße und Achsenbreiten der Fahrzeuge genormt, das ganze Reich in Verwaltungsbezirke eingeteilt und ein wirksames Steuersystem geschaffen. Damit unterstand alles, »was unter dem Himmel ist« *(t'ien hsia)*, einem einzigen Herrscher, der sich jetzt Erster Göttlicher nennt. Inwieweit es damals auch zu einer Bücherverbrennung und Verfolgung kritischer Gelehrter kam, bleibt umstritten; vielleicht ist es auch eine gezielte Legende der Konfuzianer. Nach nur fünfzehnjähriger Dauer ist das despotische Regime zusammengebrochen. Die nachfolgende Han-Dynastie hat sich wieder auf den »Weg der Könige« des Altertums berufen und das konfuzianische Gedankengut bald zur Grundlage der offiziellen Selbstdarstellung gemacht. So ist aus der »Schule der Gelehrten« eine Art Zivilltheologie des chinesischen Kaiserreichs geworden, mit dem Sohn des Himmels als dem obersten Bewahrer des geheiligten Brauchtums der Vergangenheit. In dem für China so typischen Prüfungssystem ist diese Verschmelzung der *Ju*-Schule mit dem Staat Institution geworden: alle Beamten des Reiches mußten sich durch eine Reihe von Examina qualifizieren, für die die Kenntnis der kanonischen Schriften des Konfuzius *(wu-ching)* Voraussetzung war. Man hat die Verbindung von Konfuzianismus und Kaiserstaat als »faulen Kompromiß« bezeichnet, und zu Recht. Denn während der Legalismus offiziell verdammt wurde, war er durch die Jahrhunderte hindurch der Ratgeber der Regierungspraxis: »Die Fassade des traditionellen Staates war konfuzianisch-humanistisch, sein Kern aber legalistisch-despotisch.« [15]

Einigung des Reiches

Konfuzianismus als Legitimationsbasis

Tao gehört wie Nirvana oder Zen oder Yoga zu den Worten, die man am besten nicht übersetzt. Das chinesische Zeichen hat die Bedeutung von »Weg«, womit (für uns) noch nicht viel gesagt ist. Im ältesten Taoismus könnte Tao wohl als »Weg zum ewigen Leben« verstanden worden sein. Bei Konfuzius wird Tao oft als (der vorbildliche) »Weg der guten alten Könige« oder ganz allgemein als »Weg des rechten Verhaltens« gebraucht. Tao bedeutet auch Bahn der Gestirne, Wechsel der Jahreszeiten, Abfolge von Tag und Nacht. Es gibt ein »Tao des Himmels« und ein »Tao des Menschen«. Zum Tao gehört auch Tê, ebensoschwer zu übersetzen als »Tugend« im Sinne von »Tüchtigkeit« oder besser »Wirkkraft« des Tao (chin. Definition: »Was die Wesen erhalten, um zu entstehen, heißt Tê«). Beide zusammen sind der Kosmos/sind die Grundlage des Kosmos. Man kann es vielleicht auch so ausdrücken: Als und im »Weg«, als und in seiner Abfolge »offenbart« sich eine »Ordnung«, eine spontan organisierende Ganzheit. Je nach Übersetzung z. B. eines alten Kommentars zum *Buch der Wandlungen*:

Tao chia

Bedeutungshof des Wortes

>»Erst das Yin, dann das Yang
Hier das Yin, dort das Yang   das ist das Tao!«
oder
»Einmal Yin, einmal Yang
Einerseits Yin, andererseits Yang   das ist das Tao!«

Die Bedeutung des Wortes kann also nur gleichsam kreisend erfaßt werden als ein Abtasten der Zusammenhänge, in denen es verwendet wird (z. B. ist in chinesischen Bibelübersetzungen das griechische *lógos* fast durchweg mit Tao wiedergegeben: »Im Anfang war das Wort« = »Im Anfang war das Tao«!). Was aber ist dann Taoismus? Natürlich ein Sammelwort für eine Vielfalt unterschiedlichster untergründig zusammengehöriger Strömungen der chinesischen Kultur: Magier, Schamanen und Alchemisten, die das Leben zu verlängern und steigern suchten (sog. Unsterblichkeits-Taoismus); in diesem – auch medizinisch-therapeutischen – Umfeld *Tao der Liebe* als Steigerung der Lebenskraft durch Harmonie der Yin Yang-Kräfte in der Sexualität [16]; Taoismus der Einsiedler in den Bergen, als Volksreligion und Religion vieler aufständischer (Sekten-)Bewegungen; schließlich auch *tao-chia* als philosophischer Taoismus in der Periode der Kampfstaaten. Anhand der beiden wichtigsten Textsammlungen dieser Zeit sollen im folgenden einige Züge dieses philosophischen Taoismus – eine ganz strenge Scheidung ist unmöglich – dargestellt werden. Vielleicht verlockt es die eine oder den anderen, sich näher damit zu beschäftigen. Es könnte zu einem Stück Selbsterfahrung werden. Denn zweifellos ist der Taoismus eine bestimmende Kraft der chinesischen Kultur und als solche wiederum Ausdruck einer ganz anderen Grundhaltung bzw. Grundstimmung gegenüber der Natur, gegenüber sich selbst, den anderen, dem Tao. Vereinfachend könnte man sie vielleicht umschreiben als »weibliche«, nicht-patriarchalisch-herrschaftliche, also liebevoll teilnehmend-mitteilende Grundstimmung. Sie ist ebenso undefinierbar wie das Tao selbst und äußert sich ebenso klar, bis in die Feinheit und Weichheit der chinesischen Landschaftsmalerei.

Die beiden bedeutendsten Texte des philosophischen Taoismus sind das *Tao-tê-king* von Lao-tzu und *Das wahre Buch vom südlichen Blütenland*, das einem Philosophen namens Chuang-tzu zugeschrieben wird. Der Legende nach war Lao-tzu ein älterer Zeitgenosse von Konfuzius, ein sehr zurückgezogen lebender Weiser. Als er, auf einem Wasserbüffel reitend, China verlassen wollte, hat ihn der Grenzbeamte gebeten, ihm etwas Schriftliches zu hinterlassen. So ist das *Tao-tê-king* entstanden, *Das Heilige Buch vom Weg und von der Tugend* oder genauer: *Das kanonische Buch vom Tao und seinem Tê*. Da die Legende bis in unser Jahrhundert übernommen worden ist, hat es den Gelehrten allergrößte Interpretationskünste abverlangt, die vielen Angriffe gegen Konfuzius und seine Schüler einzuordnen! In Wirklichkeit ist das *Tao-tê-king* später; sein Bezug zu Chuang-tzu ist so kompliziert, daß es fast komisch klingt: »Das zeitliche Verhältnis zwischen ihnen ist offenbar so, daß die älteren Teile des Buches *Chuang-tzu* früher anzusetzen sind (Ende 5./Anfang 4. Jahrhundert v. Chr.) als das *Tao-tê-king* (Mitte bis Ende 4. Jahrhundert v. Chr.), das – in sich geschlossener – seinerseits jedoch wiederum früher ist als die späteren Teile des Buches *Chuang-tzu*, die teilweise erst aus dem zweiten vorchristlichen Jahrhundert stammen.« [17]

In der chinesischen Literatur stehen beide Werke künstlerisch einzigartig da: das *Tao-tê-king* in der Knappheit und Konzentration der Aussage,

Vielfalt unterschiedlicher Strömungen

Lao-tzu

das *Blütenland* in der Fülle der Bilder und Gleichnisse in geschliffener Prosa. Sie machen es zu einem Höhepunkt der chinesischen Dichtung. Es ist nicht einfach, mit wenigen Worten etwas zum *Tao-tê-king* zu sagen oder ohne längere Bemerkungen daraus zu zitieren. Treffend hat man es als »Vermengung von Mystik und Staatsführung« bezeichnet (G. Debon). Diese sonderbar anmutende Vermengung ist möglich aufgrund der chinesischen sog. universistischen Weltauffassung, in der, wie wir sahen, Mikrokosmos und Makrokosmos, Himmel – Mensch/König – Erde in unmittelbarer Wechselwirkung stehen. So enthalten denn viele der 81 kurzen Kapitel des Werkes in ihrem ersten Teil eine Aussage über das Tao, die dann mit den Worten: »Deshalb, der Heilige Mensch« zur entsprechenden persönlichen oder politisch-regierungsbezogenen Umsetzung überleiten. Das sei erläutert entlang einem Schlüsselwort des Taoismus, dem Begriff des »Ohne-Tuns« oder »Nichthandelns«.

Das »Tao-tê-king«

»Der *Weg* ist ewig ohne Tun;
aber nichts, das ungetan bliebe.« (Kap. 37)

Die Aussage klingt paradox, denn über das Tao läßt sich nichts einfach aussagen. Es ist das Namenlose (»Ich sage *Weg*, damit es ein Beiwort erhält« – Kap. 25) und zugleich »Mutter aller Wesen«, das Sein und das Nichtsein, dessen mystischer Einheit/Vereinigung die »zehntausend Wesen« und »hundert Geschlechter« (die Welt der Dinge und Menschen) entspringen. »Gestalt des Gestaltlosen« und »Bild des Bildlosen«, läßt sich am ehesten im Vergleich ein wenig fassen. Es ist nun auffallend, wie durchgängig für das Tao Bilder des Weiblichen stehen: »Es gibt vielleicht kein zweites Beispiel in der Geistesgeschichte dafür, daß ein so metaphysisches Prinzip wie das Tao mit einer solchen Konsequenz mit dem ›Weiblichen‹ verknüpft wurde.« [18] Solch ein häufig gebrauchtes weibliches Leitbild ist das Wasser. Das Wasser nährt und ernährt die zehntausend Wesen und folgt dabei seinem eigenen Gesetz; »Nichts auf Erden ist so weich und schwach wie das Wasser« (Kap. 78), und dennoch wird es vom Festen und Starken niemals besiegt; Wasser ist auch chaotisch, ein Strudel, der sich nicht fassen läßt. Im Vergleich mit dem Wasser kann das Tao so aufgefaßt werden als »Höchstes Tun« und »Ohne-Tun«, als spontane Kraft und ruhendes Ordnungsgeschehen/Gesetz zugleich. Daß dabei menschheitsgeschichtlich sehr alte Einflüsse und Überreste magisch-mutterrechtlicher Traditionen verarbeitet werden, zeigt sich noch am deutlichsten im sechsten Kapitel. Es enthält wohl Spruchweisheit vorgängiger Tao-Meister; in der »Fee des Tals« haben die Gelehrten Spuren einer alten Stammutter-Sage gesehen:

Leitwort »Ohne-Tun«

Bilder des Weiblichen

»Unsterblich ist die Fee des Tals:
so heißt es von der Mystischen Weibheit.
Der Mystischen Weibheit Pforte:
So heißt man die Wurzel von Himmel und Erde.
Endlos wallend, gleichsam gegenwärtig,
Also wirkt sie sonder Beschwerde.«

Wie aber könnte dieser Vorstellungsumkreis ein Leitbild abgeben für menschliches Verhalten, gar für Formen politischer Herrschaft? Hier sind die Taoisten sehr radikal. Im Namen früherer Formen gemeinschaftlichen Lebens kritisieren sie umfassend die Kultur des damaligen China. So wendet das *Tao-tê-king* sich

umfassende Kulturkritik

- gegen Konfuzianer, Legalisten, Mohisten und Sophisten bzw. ihre Rezepte: Lernen, Menschlichkeit, Das künstlich-Gute, Gesetz, Nutzen, schöne Worte;
- gegen die gängigen moralischen Klischees von Gut und Böse (»Zu den Guten bin ich gut, zu den Unguten bin ich auch gut« – Kap. 49);
- gegen Fortschritt überhaupt im Sinne von modernem Ackerbaugerät, Beamtenschaft, Schrift;
- gegen die Ausbeutung des Volkes und den Krieg (»Wenn das Volk hungert, so darum,/Weil der Steuern, die seine Oberen verzehren,/Zu viel sind.« »Sind die Waffen stark, dann siegen sie nicht« – Kap. 75 und 76).

paradoxes Ohne-Tun

Das taoistische Lebensideal ist sicher am ehesten zu fassen im Bild des Goldenen Zeitalters, einer utopischen Erinnerung, die auch in zahlreichen europäischen Sagen überliefert ist. Diese Utopie kann aber angesichts der gegenwärtigen Verhältnisse nicht umstandslos gelebt werden; man kann sich ihr nur annhähern. D. h., man muß gewissermaßen »paradox leben«, »der Natur gemäß« leben. Das bedeutet *wu-wei*, Ohne-Tun, bezogen auf menschliches Verhalten:

»Bleib ohne Tun –
Nichts, das dann ungetan bliebe.« (Kap. 48)

»Erzeugen, doch nicht besitzen;
Tun, doch nicht drauf baun;
Leiten, doch nicht beherrschen –
Das nennt man Mystische Tugend.« (Kap. 51)

Diese Haltung des Ohne-Tun können wir in den sog. weichen Verfahren finden, wie sie in ganz Ostasien gelehrt und geübt werden. *Jon Tao*, japanisch *Judō*, ist z. B. solch ein Verfahren, den Gegner nicht durch Muskelkraft, sondern durch überlegene Geschicklichkeit zu besiegen (»Ewig überwindet das Weibliche /Mit seiner Stille das Männliche« – Kap. 61). Dazu bedarf es allerdings des richtigen Verhaltens zu sich selbst bis in den letzten Winkel des Körpers – ein Judomeister hat seine »Mitte« gefunden. Was *wu-wei* für den Herrscher bedeutet, zeigt das *Tao-tê-king* einmal in einem verblüffend einfachen Bild:

»Regier ein großes Land
als ob du brietest kleine Grundeln!« (Kap. 60)

Grundeln sind ganz kleine Fische. Will man sie richtig braten, muß man dabei so behutsam sein wie nur möglich.

Das »Wahre Buch vom südlichen Blütenland«

Ganz anders die Atmosphäre im *Wahren Buch vom südlichen Blütenland*. Es hat seinen poetischen Titel nach dem Geburtsort von Chuang-tzu, Mong, der in der Epoche der T'ang-Dynastie *Nan Hua*, Südliches Blütenland hieß. Während dieser Zeit blühte der Taoismus in China, und auf kaiserliche Anordnung hin erhielt der Philosoph im Jahre 742 den Ehrennamen: »Der wahre Mensch vom südlichen Blütenland«. Entsprechend der Titel des Buches. Es ist ein philosophisch-künstlerisches Meisterwerk; in seiner klarsten Geheimnishaftigkeit erinnert es an die Parabeln von Franz Kafka. Über die Lehrweise schreibt Chuang-tzu (der Name steht, wie gesagt, für mehrere Verfasser): »Unter meinen Worten sind neun Zehntel Gleichnisreden; das heißt, ich bediene mich äußerer Bilder, um meine Gedanken auszudrücken.« Das Faszinierende an dieser Bildsprache ist nun, daß sie sehr vieles offenläßt. Das ganze Werk ist getragen von einer subjektiven Stimmung, einer sehr persönlichen Haltung, die fragend an die Grenze des Sagbaren stößt: »Ist das Menschenleben wirklich so vom Dunkel umhüllt, oder bin ich allein im Dunkeln? Und gibt es andere, die nicht im Dunkeln sind?« Besonders in dem sehr dichten zweiten Buch des Werks wird diese Grenze abgetastet. Was ist wirklich – der Träumer oder der Traum?

paradoxe Gleichnisse

Schmetterlingstraum

»Einst träumte Chuang-tzu, daß er ein Schmetterling sei, ein flatternder Schmetterling, der sich wohl und glücklich fühlte und nichts wußte von Chuang-tzu. Plötzlich wachte er auf: da war er wirklich und wahrhaftig Chuang-tzu. Nun weiß ich nicht, ob Chuang-tzu geträumt hat, daß er ein Schmetterling sei, oder ob der Schmetterling geträumt hat, daß er Chuang-tzu sei, obwohl doch zwischen Chuang-tzu und dem Schmetterling sicher ein Unterschied ist. So ist es mit der Wandlung der Dinge.«

Diese subjektive Stimmung darf aber nicht verwechselt werden mit der modernen westlichen Verzweiflung, wie sie gerade bei Franz Kafka häufig zu spüren ist. Der letzte Satz: »So ist es mit der Wandlung der Dinge« läßt ahnen, daß der Verfasser eine Antwort/einen Ruhepunkt kennt: das Tao. Es steht jenseits der menschlichen Relativität, d. h. jenseits der festen Standpunkte der verschiedenen Philosophenschulen mit dem endlosen »Ja« und »Nein« ihrer wechselseitig einseitigen Verurteilungen. Eine amüsante Geschichte bringt das wiederum ins Bild: »Wer seinen Geist abmüht, um die Einheit (aller Dinge) zu erklären, ohne ihre Gemeinsamkeit zu erkennen, dem geht's, wie es in der Geschichte heißt: ›Morgens drei‹. Was bedeutet dieses ›Morgens drei‹? Es heißt: Ein Affenvater brachte (seinen Affen) Stroh und sagte: ›Morgens drei und abends vier.‹ Da wurden die Affen alle böse. Da sprach er: ›Dann also morgens vier und abends drei.‹ Da freuten sich die Affen alle. Ohne daß sich etwas geändert hätte, äußerte sich Freude und Zorn bei ihnen. Die Affen waren eben auch in subjektiver Bedingtheit befangen. Also macht es der Berufene in seinem Verkehr mit den Menschen. Er befriedigt sie mit Ja und Nein, während er innerlich ruht im Ausgleich des Himmels: das heißt beides gelten lassen.«

Verankerung im Tao

In seiner Kulturkritik stimmt Chuang-tzu mit dem *Tao-tê-king* überein: wer gemäß dem Tao lebt, braucht keine vorgeschriebene (konfuzianische) Moral. Sie ist überflüssig wie »Schwimmhäute zwischen den Zehen und ein sechster Finger an der Hand.« Auch das *Wahre Buch vom südlichen Blütenland* folgt dem taoistischen Leitbild eines herrschaftsfrei-gemeinschaftlich-einfachen Lebens. Was ergibt das für eine Haltung zum Problem der Zeit, dem Regieren? Welchen Rat soll der Philosoph dem Herrscher geben? »Fasten des Herzens« empfiehlt Chuang-tzu. D. h.: keine Vorbilder des Altertums, keine Maßstäbe von Liebe und Pflicht, überhaupt kein fertiges Rezept, das von außen an einen Tyrannen herangetragen wird. Jede moralische Überlegenheit und jedes vernünftige Besserwissen eines Ratgebers ist anmaßend und überdies gefährlich. Wer helfen will, muß sich erst leer machen. Er muß auf seinen Verstand (sein Ego) verzichten und im Fasten des Herzens gleichsam zum Gefäß werden für das Tao. Wenn er diesen Zustand erreicht hat, ist er kein Ratgeber mehr, aber er lebt und rät instinktiv richtig: »Sieh dort die Öffnung in der Wand! Das ganze leere Zimmer wird dadurch erhellt!«

Selbstdistanz des Weisen

Hinweise zur weiteren Entwicklung

Bild des geschichtlichen Verlaufs

In seiner monumentalen dreibändigen *Geschichte der chinesischen Philosophie* gibt A. Forke für ihren Ablauf folgendes Bild: »Wenn wir den Verlauf der chinesischen Philosophie mit einer Welle vergleichen, bei welcher Wellenberge und Wellentäler miteinander abwechseln, so stellt die *Tschou*-Dynastie [Konfuzius und die Hundert Schulen] einen Wellenberg dar. In der *Han*-Dynastie sinkt er bereits herab, und während der kleinen Dynastien und der *T'ang* -Zeit haben wir ein Wellental. Die *Sung*-Dynastie ist wieder ein Wellenberg, in der *Ming*-Zeit fällt die Welle wieder, und in der *Tch'ing*-Dynastie erreicht sie ihren Tiefstand, aber gegen Ende der Dynastie ist wieder ein Ansteigen zu bemerken.«

Stichwörter zur Geistesgeschichte

Es ist klar, daß wir zum Verlauf dieser langen Geschichte hier nur einige Fußnoten machen können. Die Zeit von etwa + 200–600 wird oft als Mittelalter der chinesischen Geschichte bezeichnet. Damit ist – nach der verhältnismäßig festgefügten Han-Dynastie – ein gewisser staatlich-gesellschaftlicher Zerfall gemeint, der mit dem Anwachsen des Großgrundbesitzes (sog. Refeudalisierung) eine Verarmung weiter Teile des Volkes nach sich zog. Sicher zu Recht wird diese Verarmung mit der Offenheit für neue Formen von Religiosität in Verbindung gebracht, wie sie sich in Buddhismus und religiösem Taoismus anboten. Die buddhistische Missionierung

buddhistische Missionierung

Chinas ungefähr um das erste Jahrhundert um Christus herum ist das beherrschende Ereignis der Zeit, vergleichbar an Bedeutung nur mit dem Eindringen des Westens seit dem 19. Jahrhundert, der zweiten großen Auseinandersetzung Chinas mit einer anderen Kultur. Der buddhistische Mönch geht, wie wir sahen, »aus dem Haus in die Hauslosigkeit« [→ S. 498]. Diese besondere religiöse Lebensform ist der chinesischen, ganz auf Familie und Staat bezogenen Einstellung zutiefst fremd – sind doch kindliche Ehrfurcht *(hsiao)* gegenüber den Eltern und Verehrung der Ahnen Eckpfeiler des Konfuzianismus. So nimmt es nicht wunder, daß die Mönche und Nonnen bzw. die Bauern, die sich einem Kloster unterstellt haben, in der Oberschicht als Vagabunden, Deserteure vom Frondienst und Steuerflüchtlinge betrachtet wurden; der Buddhismus insgesamt als »eine vulgäre Barbarenreligion, die nicht mit den Regeln der kanonischen Schriften übereinstimmt« – so die Äußerung eines kaiserlichen Oberzeremonienmeisters aus dem Jahre 332. Dennoch konnte der Buddhismus sich einfügen (sinisieren) und zum Bestandteil der chinesischen Kultur werden, deren Wortschatz er z. B. durch die Übersetzungen buddhistischer Texte aus dem Sanskrit entscheidend erweitert hat.

Verschmelzung der Religionen

Mehr noch: die drei großen Religionen Taoismus, Buddhismus und Konfuzianismus wurden im Laufe der Zeit als zusammengehörig aufgefaßt. Zwei Sprüche drücken dieses Empfinden aus: »Drei Lehren, eine Familie« und »China umfaßt drei (Religionen), und doch sind diese nur eine.« In beiden Sprüchen kommt noch einmal deutlich die Grundhaltung der chinesischen Weltauffassung zum Ausdruck. Sie kennt zwar Unterschiede und Gegensätze, diese werden aber als aufeinander bezogene Aspekte derselben Ordnung betrachtet. So folgen alle Philosophien und Religionen Chinas letztlich dem selben Ideal des »guten Einvernehmens«; bei allen Unterschieden sind sie getragen von dem selben Geist der Versöhnung. M. Granet hat dies gedeutet als eine grundlegend bäuerliche Haltung, geprägt von einem feinen Gefühl für das, was sich schickt. Mit dem Wellenberg, von dem A. Forke bezüglich der Sung-Dynastie spricht, ist der sog. Neo-Konfuzianismus gemeint. Bereits unter den T'ang war China wieder zivilisatorisches Vorbild, das im ganzen ostasiatischen Raum übernommen wurde (Korea, Japan, Tibet). Parallel dazu erstarkte – mit der Beamtenelite – der Konfuzianismus: im Jahre 759 erhielt Konfuzius auf kaiserliche Verfügung hin den Ehrentitel »Prinz der Verbreitung von Bildung« – später gesteigert zu »Der Höchstweise Frühere Lehrer Meister Kung« –, und in allen Verwaltungssitzen des Reiches wurden Ehrentempel für ihn errichtet. Unter starker Einbeziehung taoistischen und buddhistischen Gedankenguts wurde nun im Neukonfuzianismus die überlieferte Ethik sozusagen philosophisch ausgebaut, indem sie mit zwei letzten Prinzipien *li* und *ch'i* verknüpft wurde. *Li* bedeutet soviel wie ordnendes Weltprinzip, *ch'i* kann man als Atem oder Urfluidum wiedergeben; beide zusammen repräsentieren die Einheit des Kosmos.

Neukonfuzianismus und Sung-Dynastie

Die Sung-Dynastie war die Zeit *der* wissenschaftlichen Blüte Chinas, »flowering of all kinds of activities in the pure and applied sciences« (J. Needham). Ihr bedeutendster Philosoph, der größe Neukonfuzianer überhaupt, ist Chu-Hsi (1130–1200), der das Wissen seiner Zeit umfassend repräsentiert. A. Forke nennt Chu-Hsi einmal einen Philosophen wider Willen, denn an so etwas wie philosophischer Originalität lag ihm überhaupt nichts. Sein Denken entfaltet sich im Kommentar der alten Schriften, deren Sinn er lediglich klarer herauszuarbeiten meint. Von dieser Grundhaltung gegenüber der Autorität der Überlieferung wird der Neukonfuzianismus mit der europäischen Scholastik verglichen, und Chu-Hsi mit ihrem zentralen Denker, dem heiligen Thomas von Aquin.

Chu-Hsi, Repräsentant einer Blütezeit

Die Chinesische Mauer wurde erst in der Ming-Dynastie in ihrer klassischen Form ausgebaut. Man kann sie symbolisch sehen für den Geist der Abschließung nach außen und innen, der im China dieser Zeit herrscht, z. B. im Bildungswesen: »Die Lehrer der Kleinen von heute – wie sie täglich nur anleiten, die Sätze zu pauken und die Lektionen nachzuschreiben!« Diese Kritik stammt von Wang Yang-ming (1472–1529), der nach Chu-Hsi als bedeutendster Philosoph der neueren chinesischen Philosophie gilt. Gegenüber der wissenschaftlich-enzyklopädischen Ausrichtung von Chu-Hsi schätzt Wang Yang-ming das theoretische Wissen gering. Sein Interesse richtet sich ganz auf ethische Probleme, die Erforschung und Ausbildung der eigenen Persönlichkeit. »Es gibt kein Wissen ohne Handeln. Wissen ohne Handeln ist Nichtwissen.« Dieses Zentralstück seiner Lehre, die Einheit von Wissen und Handeln, ist in der heutigen Volksrepublik auf großes Interesse gestoßen; so hat Mao tse-tungs Vorlesungsreihe *Über die Praxis* den Untertitel: »Über den Zusammenhang von Erkenntnis und Praxis, von Wissen und Handeln.«

Wang Yang-ming: Ausrichtung am Handeln

Das China des 17. und 18. Jahrhunderts – Vorbild der europäischen Aufklärer, die die innere Verknöcherung der *offiziellen* Kultur nicht gesehen haben. Ihr Symbol ist der berühmte *Achtgliedrige Aufsatz* für das Examen der Beamtenkandidaten. In seiner streng vorgeschriebenen Form wurden die Inhalte der konfuzianischen Schriften in Verbindung mit dem Begriffsinventar der Sung-Scholastik zu formalen Hülsen, die der Beamte ohne eigenes Denken beherrschen mußte. Neben dieser offiziellen Kultur gab es große schöpferische Leistungen vor allem auf dem Gebiet der Textkritik (sog. textkritische Schule). Philologisch-philosophischer Scharfsinn und neue Methoden haben damals durch eingehende Textanalysen die unangetastete Autorität der kanonischen Schriften schrittweise untergraben, etwa durch den Nachweis von Fälschungen. Die Bedeutung dieser Arbeit kann man am ehesten ermessen im Vergleich mit der Bibelkritik im aufklärerischen Europa: niemals ging es dabei um Texte allein, sondern um

Chinesicher Beamter in Hoftracht, mit Fledermaus: »Der Himmelsbeamte möge Glück verleihen«

späte Öffnungsversuche

die geistigen Grundlagen des gesellschaftlichen Herrschaftsgefüges überhaupt. Doch führte die vielfältige Kritik am Bestehenden »nicht zu absolut richtungsändernden Entwürfen; das chinesische Denken blieb gegenüber einer Gesellschaft, die zu kränkeln begonnen hatte, in der Diagnose stärker als in der Therapie.« [19]

Der rasche Zerfall des alten China im 19. Jahrhundert zeigt sich zweifach: von außen her haben die imperialistischen Mächte das Kaiserreich zur schrittweisen Aufgabe seiner staatlichen Souveränität gezwungen; im Innern wurde es von Aufständen und Bürgerkriegen zerrissen, vor allem in dem großen Taiping-Aufstand von 1850–64. Die Elite hat auf diesen Zerfallsprozeß teilweise mit Reformbestrebungen reagiert, z. B. in der sog. Selbststärkungsbewegung unter dem Motto: »Chinas Lehren dienen als innere Substanz, die Lehren des Westens praktischen Zwecken.« Bei K'ang Yu-wei (1858–1927), dem wichtigsten Vertreter dieser Tendenz, findet sich der Versuch, die chinesische Tradition mit modernen westlich-demokratischen Ideen in Einklang zu bringen, indem Konfuzius selbst als fortschrittlicher gesellschaftlicher Reformer gedeutet wird. Insgesamt kann man in dem Sieg über die Taiping (eine sehr interessante, übrigens in erster Linie christlich-sozialistisch inspirierte Revolutionsbewegung) durch die besten Vertreter der chinesischen Beamtenelite den letzten großen Triumph des Konfuzianismus sehen. Es war ein Pyrrhussieg: »Die Abschaffung der Staatsprüfung 1905 unter dem Druck neuer Erziehungsmodelle nach abendländischem Muster kann als das Ende des konfuzianischen Staates schlechthin betrachtet werden. Die Beseitigung des Kaisertums zugunsten einer Republik war danach nur noch eine Zeitfrage.« [20]

Konfuzius im modernen China

Symbol einer Tradition

Von Konfuzianismus war bisher soviel die Rede, weil hier – über zwei Jahrtausende hinweg – in wohl einzigartiger Weise ein System des Denkens und einer sozialen Organisation verschmolzen sind. Und noch im modernen China ist Konfuzius die Schlüsselfigur, die für das gesamte Erbe der Vergangenheit steht, gleich wie dieses Erbe auch gesehen wird. Die Auseinandersetzung mit Konfuzius ist daher der Leitfaden für die folgenden Andeutungen. Einen Überblick dazu mit Texten von Mencius bis zur »Kritik an Konfuzius und Lin Piao«-Kampagne in den siebziger Jahren bietet die Sammlung *Konfuzius. Materialien zu einer Jahrhundert-Debatte* [21].

studentischer Protest

Die Parole »Nieder mit dem ganzen Laden des Konfuzius« stammt aus der sog. Vierte-Mai-Bewegung. Ihren Namen hat sie von einer großen Studentendemonstration in Peking gegen den japanischen Imperialismus am 4. Mai 1919; es ist die erste große Kulturrevolution Chinas. Sie wurde im Umfeld der Zeitschrift *Neue Jugend* (ab 1915) vorbereitet, die westliche Ideen vertrat und – als Ausdruck ihrer revolutionären Gesinnung – ab 1918 in der Umgangssprache geschrieben erschienen ist. Konfuzius wurde hier ganz direkt angegriffen als »Marionette, die die Gedanken im Reiche monopolisierte«; als »Deckmantel für die despotische Alleinherrschaft des Kaisers«; als »Fossil der Vergangenheit« und »jahrhundertelang vertrocknetes Skelett.« Seit den 20er Jahren hat dann die Gruppe der *Zweifler am Altertum* eine Neuinterpretation der nationalen Vergangenheit mit wissenschaftlichen Methoden begonnen. Sie konnte dabei an die Arbeit der textkritischen Schule des 17./18. Jahrhunderts anknüpfen. Eines der wichtigsten Ergebnisse der *Zweifler* bestand in dem Nachweis, daß Konfuzius die *Fünf kanonischen Schriften* weder verfaßt noch revidiert hat, und daß die *Gespräche* einzige Quellengrundlage für die Kenntnis seiner Person sind. Sie hat auch entdeckt, daß der Meister damals nur einer unter anderen war. »Jede Zeit hat ihren eigenen Konfuzius«, formulierte ein Gelehrter im Jahre 1926 und drückt damit die wissenschaftlich einordnende Historisierung seiner Person aus, im Unterschied zu den direkten Angriffen des Vierten Mai.

wissenschaftliche Textkritik

Historisierung enthebt jedoch nicht der Aufgabe der Beurteilung. Im Falle des Meister Kung ist sie schon aufgrund der Quellenlage sehr schwierig. Darüber hinaus hängt sie von vielen Umständen ab: wie wird z. B. die chinesische Familienstruktur eingeschätzt, wie die Rolle der Bildung innerhalb der gesellschaftlichen Arbeitsteilung, wie wird grundsätzlich die ganze Zeit gesehen: als Ausbeutung des Volkes in einem Feudalsystem oder als Umbruchzeit mit neuem Spielraum? Um diese lange Diskussion mit einem Wort auszudrücken: die Beurteilung von Konfuzius ist immer ambivalent geblieben, also schwankend zwischen der Einschätzung als einem konservativen Befürworter einer ausbeuterisch-herrschaftlichen Gesellschaftsstruktur und einem Konfuzius als großem Erzieher mit neuer, fortschrittlicher Dimension.

vielfältig schillernder Konfuzius

»Wir sollen unser kulturelles Erbe studieren und es mit marxistischen Methoden kritisch zusammenfassen.« In dieser Weisung des Vorsitzenden Mao tse-tung wird der aktualisierende, gegenwartsbezogene Umgang mit der Vergangenheit deutlich, wie er für die Volksrepublik China kennzeichnend ist. Interessanterweise zeigt sich bei Mao diese Einstellung auch gegenüber dem marxistischen Erbe, dem Denken von Marx, Engels und Lenin. Zu Recht hat man hier von einer Sinisierung des Marxismus gesprochen, d.h. seine Verwandlung und Anpassung an die Komplexität der chinesischen Verhältnisse. Die Kommunistische Partei Chinas war 1921 gegründet worden; im Laufe der 20er Jahre wurde der Marxismus für die chinesischen kritischen Intellektuellen zur Wissenschaft schlechthin [22]. Stichwortartig verkürzt ist nun Sinisierung des Marxismus bei Mao tse-tung auf zwei Ebenen zu verstehen:

Mao-tse-tung: Sinisierung des Marxismus

— Auf der praktisch-politischen Ebene als Einsicht in die Bedeutung der Bauern bzw. des Volkes für die Revolution, d.h. eine ausgesprochen volksnahe (populistische) Grundhaltung im Vergleich zu dem hierarchischen Geist des Leninschen Parteikonzepts. Das Motto lautet: *Dem Volke dienen.*

— Auf der theoretischen Ebene als Nebeneinander bzw. Ineinander westlicher und östlicher Auffassungen von Dialektik. In seinen theoretischen Hauptschriften aus dem Jahre 1937, den Vorlesungen *Über die Praxis* und *Über den Widerspruch* scheint Mao zwar ganz eng an Lenin anzuknüpfen. Er gibt den Leninzitaten aber eine Wendung, die den westlichen Leser leicht befremden kann: die Ausführungen erscheinen ziemlich allgemein, abstrakt. Was abstrakt und pauschal anmutet, hat seine Wurzeln in der chinesischen Tradition, in der Mao tse-tungs Denken steht: »Die dialektische Denkweise, die sich von Anfang an bei Mao findet [...], entspricht eher der taoistischen Dialektik der Gegensätze, die sich einer in den andern verwandeln, als der hegelschen-marxistischen Dialektik der Gegensätze, die in gegenseitiger Wechselwirkung eine höhere Synthese hervorbringen.« [23]

Integration Hegels im Tao (!)

So beruft Mao sich gelegentlich auf Grundsätze, die in China allgemein anerkannt sind: »Wir sagen oft: ›Das Neue löst das Alte ab‹.«; »Wir Chine-

Altes und Neues in der Kulturrevolution

sen sagen häufig: ›Einander entgegengesetzt, einander ergänzend‹.« Das erste Zitat erinnert an die Philosophie des *Buchs der Wandlungen*, der zweite Ausspruch stammt aus der frühen Han-Dynastie. Um diese Kontinuität des chinesischen Denkens zu unterstreichen, wurde er in die Überschrift des Kapitels gesetzt. Dieser Hinweis soll keineswegs verwischen, daß gerade das kommunistische China die gewaltigste Anstrengung unternommen hat, sich auch geistig von der Vergangenheit abzusetzen. Die sog. Große Proletarische Kulturrevolution (1966–1969) war nur die heftigste einer ganzen Reihe von Kulturrevolutionen seit der Vierte-Mai-Bewegung von 1919. Sie stand im Zeichen des Kampfes gegen die *Vier Alten* (»Alte Ideen, alte Kultur, Sitten und Gebräuche der Ausbeuterklasse«). Die *Vier Alten* stehen zugleich für den aktuellen Kampf gegen die Verhärtung gesellschaftlicher Klassengegensätze unter dem Deckmantel oder den wirklichen Sachzwängen der industriell-technologischen Entwicklung. Dieses Doppelgesicht zeigt noch die große »Kampagne zur Kritik an Lin Piao und Konfuzius«. »Konfuzius – ein hartnäckig die Gesellschaftsordnung der Sklaverei verfechtender Denker« – unter diesem Titel in der Pekinger *Volkszeitung* wurde im August 1973 die Kampagne eröffnet, die Lin Piao, Maos ehemaligem engsten Gefolgsmann, galt. Noch einmal wurde hier Geschichte verwendet »als Zeichensprache für die Festlegung der maßgeblichen Normen der eigenen Zeit.« [24] Im Kern geht es dabei um Probleme, die bei uns offensichtlich längst »gelöst« sind. In der Großen Proletarischen Kulturrevolution wurden sie noch einmal in aller Schärfe formuliert als die *Drei großen Unterschiede*: der Unterschied von Stadt und Land, von geistiger und körperlicher Arbeit, von Arbeitern und Bauern. Sind Chinas Gegenwart und Zukunft noch so offen, daß diese Unterschiede aufgehoben werden können im Sinne der Utopie von Karl Marx? Dazu eine Frage von Mao tse-tung: »Kann man Philosophie, Literatur und Geschichte nicht auch außerhalb der Hochschule lehren? Muß man unbedingt in einem festen fremdartigen Haus lehren?«

In den Gärten des Zen

Eine Tasse Tee

»Nan-in, ein japanischer Meister der Meiji-Zeit (1868–1912), empfing den Besuch eines Universitätsprofessors, der etwas über Zen erfahren wollte. Nan-in servierte Tee. Er goß die Tasse seines Besuchers voll und hörte nicht auf weiterzugießen. Der Professor beobachtete das Überlaufen, bis er nicht mehr an sich halten konnte. ›Es ist übervoll. Mehr geht nicht hinein!‹ ›So wie diese Tasse‹, sagte Nan-in, ›sind auch Sie voll mit Ihren eigenen Meinungen und Spekulationen. Wie kann ich Ihnen Zen zeigen, bevor Sie Ihre Tasse geleert haben?‹«

Ohne Worte – ohne Schweigen ist der Titel einer Sammlung von 101 Zen-Geschichten, die mit »Eine Tasse Tee« beginnt [1]. Ist es Zufall, daß diese komische Begegnung eines Zen-Meisters mit einem Universitätsprofessor am Anfang steht? Drastisch wie alle Zen-Geschichten zeigt sie jedenfalls in aller Deutlichkeit, daß hier zwei grundsätzlich verschiedene Auffassungen

»Soku shin soku butzu« – »Dein Herz, es ist Buddha«

von »Wissen« aufeinanderprallen. Denn im Zen geht es um ein anderes Wissen, oder, wie ein alter Meister sich ausdrückt, es geht gerade darum, »das Nichtdenken zu denken.« Dazu muß das Bewußtsein sich leeren wie die Tasse Tee, die der Universitätsprofessor austrinken soll; es muß einen langen Weg gehen, um – »Erleuchtung« zu erfahren. Wenn das Zen in unserem Jahrhundert als herausfordernde geistige Kraft Japans im Westen entdeckt worden und hier vorzustellen ist, so ergibt sich natürlich wieder ein großes Problem: es handelt sich im Kern um eine Sache persönlicher Erfahrung, die dazu schon von ihrem Ansatz her mit Worten nicht ausgedrückt werden kann, und die ich selbst in dieser Form nicht gemacht habe! Also besser aufhören? Trösten wir uns damit, daß die Nicht-Ausdrückbarkeit zur Sache selbst gehört, daß das Bewußtsein der Grenzen und der Vorläufigkeit unseres Wissens ihr gegenüber gerade die angemessene Haltung ist. Andererseits zeugt die gesamte Zen-Literatur von einem ungewöhnlich feinen und tiefen Sprachempfinden, welches uns das, was sagbar ist, klar zu vermitteln vermag. So ist das Folgende aufzufassen als eine Art Vorinformation. Aus der Geschichte des Zen und seinem Einfluß auf die japanische Kultur soll sie, so gut es geht, ein Umfeld beschreiben, aus dem sich eine gewisse Bekanntschaft mit der Sache ergeben mag.

zwei Formen von Wissen

Die sechziger Jahre, als Japan im Zuge seiner schnellen wirtschaftlichen Ausdehnung schließlich das Bruttosozialprodukt der Bundesrepublik überholte, war auch die Blütezeit der *Nikhonjinron*, der »Einzigartigkeits-Bücher«. In immer neuen Variationen behandelt diese Literatur die Besonderheit des Japaners und seines Charakters. Worauf nun die Japaner vor allem stolz sind, ist ihre Fähigkeit, Fremdes zu assimilieren, sich zueigen zu machen und dennoch die Substanz ihrer spezifisch japanischen Lebensform dabei zu bewahren. Zwei große Kulturkreise sind es, die in diesem Aneignungsprozeß maßgeblich waren: die chinesische Kultur und, seit dem 19. Jahrhundert, der Westen. Das Eindringen des Buddhismus im 6. Jahrhundert n. Chr. und mit ihm die Übernahme der chinesischen Schrift wird von einigen Historikern als so entscheidend betrachtet, daß sie die japanische Frühgeschichte nach diesem Ereignis gliedern [2]. Die Berührung mit China hat dann als vielschichtiger Prozeß bis ins 19. Jahrhundert fortgedauert, so daß heute meist gar nicht mehr bewußt ist, wie viel »typisch japanisch« Anmutendes ursprünglich aus China stammt (auf der Ebene der Sprache übertrifft z. B. der sinojapanische Wortbestand quantitativ die rein japanische Schicht – obwohl beide Sprachen von Ursprung und grammatischer Struktur her nichts miteinander gemein haben!). Und dennoch hat sich die in der Tradition des Kaiserhauses symbolisierte Eigenart des japanischen gesellschaftlichen Seins von der Reichseinigung im Laufe des 5. Jahrhunderts bis in die Gegenwart zäh erhalten. Die zugrundeliegende Wertorientierung wurzelt im *shintō*, was wörtlich »Weg der Geistwesen« *(shen-tao)* heißt in Abgrenzung zum *butsudō*, dem »Weg der Buddhas«. Das *shintō* ist eigentlich eine Naturreligion, d. h. Verehrung schützender oder Abwehr böser übernatürlicher Kräfte *(kami)*. Diese *kami* sind meist örtlich gebunden; ihre göttliche Gegenwart wird in Schreinen an isolierten, reinen Stätten rituell verehrt. Als Grundlage eines Staats- und Kaiserkultes eignet sich der Shintoismus besonders gut, weil der Sippenälteste ursprünglich auch die Funktion des Oberpriesters einnahm und so politische und religiöse Macht zugleich ausdrückt. In der Verehrung göttlicher Kräfte an bestimmten Bergen, Flüssen usw. (z. B. der Fujiyama) hat sich übrigens ein Grundverhältnis zur Natur erhalten, das in Europa längst verlorengegangen ist.

Assimilation und Bewahrung

chinesischer Buddhismus

Shintoismus – eine Naturreligion

*Die klassische
japanische Kultur*

Die Struktur der alten japanischen Gesellschaft ist die einer Feudalgesellschaft. Der berühmte Goldpavillon und der Silberpavillon in Kyōto sind Symbole für die kulturelle Blüte Japans im 14. und 15. Jahrhundert, in der sich die Eleganz der Adelswelt, die Kraft der Samurai und die geistige Tiefe des Lebens in den Zen-Klöstern in einer einzigartigen Synthese ausgedrückt haben. Nach etwa einhundertjährigem Kontakt mit den Portugiesen und anderen »südlichen Barbaren«, wie sie hießen, schloß sich Japan in der sog. Tokugawa-Zeit (1600–1868) außenpolitisch ab. In dieser etwa 250jährigen Friedensperiode fand die japanische Kultur ihre klassische Ausprägung in einer ständisch streng gegliederten Gesellschaft. Die Gesetze unterscheiden zwischen Militär- und Verwaltungsaristokratie (den Samurai), Priestern, Bauern und Stadtbewohnern (Handwerker und Kaufleute). Bei der entfalteten Binnenwirtschaft – die Hauptstadt Edo (das spätere Tōkyō) war im 18. Jahrhundert größer als Paris oder London – hatten die Kaufleute eine wichtige Funktion, doch war ihnen der Aufstieg in die Klasse der Samurai verwehrt. Aus den Gesetzen der Tokugawa-Zeit wird noch ein weiterer wichtiger Punkt deutlich. Die grundlegende Einheit dieses Rechtssystems war nämlich nicht die Einzelperson, sondern die Familie: »das

*familiärer
Gesamtrahmen*

Individuum existierte nur als Mitglied der Familie – als Familienoberhaupt, als Sohn und Erbe, als zweiter Sohn, Tochter, Frau usw. In allen Gesellschaftsschichten wurden der Familienstatus und die Erhaltung der Familie, der als Einheit aller Besitz und alle Privilegien gehörten, Faktoren von äußerster Wichtigkeit.« [3] Der Einzelne ist also eingebunden in ein übergeordnetes Ganzes. »Du sollst dem Gesicht deines Hauses keine Schande bringen«, wird das Kind noch heute ermahnt. Und da sich die Loyalität gegenüber der Familie übertragen läßt auf andere Einheiten, liegt hier der Schlüssel zum Verständnis vieler Eigenheiten des japanischen Sozialcharakters, von der Häufigkeit des rituellen Selbstmords bei den Samurai – etwa, um eine Schande wiedergutzumachen – bis zur lebenslangen Verbundenheit des Arbeiters mit der Firma.

*Auseinandersetzung
mit der europäischen
Philosophie*

Das Jahr 1868 bezeichnet einen grundlegenden Einschnitt in der neueren japanischen Geschichte, die sog. Meiji-Restauration (1868–1912). Mit der Öffnung gegenüber dem Westen, der Abschaffung der Vier-Klassen-Gesellschaft und der Neuinstallierung des Kaisertums in einem nationalen Staat nach preußischem Muster (!) wurde ein Wandlungsprozeß in Gang gesetzt, der in seiner Schnelligkeit kein Gebiet des Lebens unberührt ließ. Auf der Ebene des Denkens bedeutete »Anschluß an den Westen« zunächst die Auseinandersetzung mit einer grundsätzlich anderen Denkart, vermittelt durch die verschiedenen -ismen der Zeit: Positivismus, Evolutionismus, Sozialismus des 19. Jahrhunderts; dann Neukantianismus, Neuhegelianismus und andere Schulen. Das erste japanische Wörterbuch der Philosophie erschien bereits 1881; für das Wort »Philosophie« selbst hat sich durch Nishi Amane (1829–1897) die Bezeichnung *tetsu-gaku*, Wissenschaft von der Weisheit, durchgesetzt, gegenüber den alten Ausdrücken *kyo*, Lehre, oder *dō*, japanisch für *tao*, Weg, Richtung. Der bedeutendste und originell-

*Nishida Kitaro-
und die Kyoto-Schule*

ste moderne japanische Philosoph ist Nishida Kitaro (1870–1945), der in Kyōto lehrte und dessen zahlreiche Schüler daher auch unter dem Begriff der Kyōto-Schule zusammengefaßt werden. In intensiver Auseinandersetzung mit dem deutschen Idealismus hat Nishida eine Philosophie entwickelt, in deren Zentrum das Selbst und seine Entwicklung in der Spannung zwischen geschichtlichem Lebensfeld und religiöser Erfahrung steht; Nishida, ein tief religiöser Mensch, war von jung auf mit dem Zen-Buddhismus vertraut. Überhaupt kann man sagen, daß die japanische Gegenwartsphilosophie häufig das »Ich« zum Ausgangspunkt genommen hat und nimmt; das große Interesse an Philosophen im Umkreis des Existenzialismus ist ein deutliches Zeichen dafür. Einige Namen, auf japanisch: Heidegger – *Haideggā*; Kierkegaard – *Kirukegōru*; Sartre – *Sarutoru*; Nietzsche – *Nichie*; Karl Marx – *Wakaki Marukusu*; *Arisutoteresu* –?? Ein weiteres Merkmal ist die vergleichende Betrachtung östlicher und westlicher Philosophie in der sog. *Comparative Philosophy*. Dieser Vergleich liegt von der Sache her nahe. Das japanische Denken, das sich nach den Worten einer japanischen Philosophin in einer »Mischlingskultur« befindet, ist ständig vor das Problem seiner Identität gestellt [4]. D. h., welche Haltung es überhaupt gegenüber der europäisch-amerikanischen Philosophie einnehmen soll, ob und inwiefern es überhaupt damit arbeiten kann. Denn schon beim Übersetzen zeigt sich schnell, daß die entscheidenden Wörter oft einen sehr unterschiedlichen Bedeutungsgehalt haben, und häufig lassen sie sich kaum zur Deckung bringen. Es gibt eine spezifisch japanische Atmosphäre, Weltstimmung, Denkhaltung oder wie immer man es ausdrücken will, die sich dem Raster des europäischen Denkens entzieht. Sie ist zutiefst vom Zen geprägt. Dieser Hintergrund soll nun betrachtet werden.

Interesse am Existentialismus

vergleichende Philosophie

Auch das Zen hat Japan von China übernommen. *Zen* ist die japanische Lesart des ersten chinesischen Schriftzeichens für das indische *dhyāna* (Versenkung; chin. *ch'an*). Man kann es ganz kurz als Meditationsschule im Buddhismus definieren. In direkter Nachfolgerschaft von Buddha soll der halblegendäre 28. indische Patriarch Bodhidharma die Lehre im 6. Jahrhundert nach China gebracht haben. Ihm werden auch die *gatha*, Heilige Grundsätze, zugeschrieben, in denen sich die vielleicht beste Zusammenfassung der Zen-Lehre findet:

»Eine besondere Vermittlung außerhalb der lehrhaften Unterweisung, keine Abhängigkeit von Buchstaben und Wörtern, unmittelbar auf den Geist in einem jeden von uns zielend und in das eigene Wesen blickend, wodurch man die Buddhaschaft erlangt.«

Zen baut grundsätzlich auf Spontaneität und Unmittelbarkeit, Echtheit, Einzigartigkeit der persönlichen Erfahrung. Diese radikale Haltung gegenüber jeder Autorität, sei es nun Buddha selbst oder die der Heiligen Schriften (man bedenke, was »Schriften« damals bedeutet haben müssen!) wird in der Zen-Malerei gerne dargestellt im Bild des Meisters Hui-neng, der lachend die Sutras zerreißt. Hui-neng (638–713), der 6. Patriarch der chinesischen Tradition, ist bereits geschichtlich greifbar. Er steht für die Blüte des Zen im China der T'ang-Dynastie (618–806), als hervorragende – man muß eigentlich dazusagen, »urige«-Meister die Lehre verbreitet haben. In der Sung-Zeit (960–1279), als der Einfluß des Zen auf das kulturelle Leben Chinas seinen Höhepunkt erreichte, kam die Lehre in zwei Spielarten nach Japan durch die japanischen Mönche Eisei (1141–1215) und Dōgen (1200–1253). Als neues Element brachten sie in das buddhistische Klosterleben auch die Bejahung der körperlichen täglichen Arbeit, der im chinesischen Zen neben der Meditation ein wichtiger Platz eingeräumt wird. D. T. Suzuki (1870–1966), der bedeutende Verbreiter des Zen-Buddhismus im Westen in unserem Jahrhundert, schreibt in seiner Einführung *Die große Befreiung*: »Zen ist eine schwebende Wolke am Himmel, keine Schraube befestigt, kein Strick hält es.« »Zen spottet jeder Begrifflichkeit.« Gleichwohl sei hier versucht, von den Wurzeln und den Übungen her einige Aussagen zu machen.

Ein radikales Konzept persönlicher Erfahrung

Die geschichtlichen Wurzeln des Zen gehen einmal in den Yoga zurück, also das Wissen um die Wechselwirkung zwischen Körperlichem und Gei-

Der Patriarch Hui-neng zerreißt lachend die Sutras

stigem und der Bedeutung des Atmens in diesem Prozeß. Zum andern in die Weltanschauung des Mahāyāna-Buddhismus, wie er sich in China ausgebildet hat [→ S. 502]. Zwei scheinbar widersprüchliche Aspekte sind dabei besonders wichtig: Der Mahāyāna-Buddhismus betont die Wesenlosigkeit, Leerheit, Substanzlosigkeit aller Dinge einschließlich des Ich. Er relativiert also die normale Auffassung der Welt, die übliche Subjekt-Objekt-Gegenüberstellung als scheinhaft. Zugleich aber wird hier die Gestalt Buddhas bzw. des Göttlichen überhaupt gleichsam ins Kosmische erweitert, so daß Buddha/das Buddhaherz in jedem Menschen sowieso, aber auch in jeder noch so flüchtigen Erscheinung – im Grashalm, der am Wegrand wächst – zu finden ist. »Lehre vom Herzen Buddhas« ist daher der eigentliche Schulname der Zen-Richtung. Und so lautet die Aufforderung des Zen: Lerne zu sehen, daß Buddha überall ist. Lerne zu sehen, daß du selbst (ein) Buddha bist. Lerne dein altes Ich verlieren, damit du dein wahres findest.

Wurzeln der »Lehre vom Herzen Buddhas«

radikaler Begriff von Wirklichkeit

Die Aufmerksamkeit, die das Zen diesem Lernprozeß widmet, zeigt, für wie schwierig es ihn hält, anders: wie festgefahren unser Ich ist. Denn nichts fällt uns schwerer, als einen Menschen, einen Augenblick oder eine Blume zum Beispiel mit ihrem Duft im »Hier und Jetzt« wirklich offen und gleichsam »unschuldig« zu erfahren. Ständig ist unser Bewußtsein beschäftigt mit Phantasien, Ängsten, Wünschen aller Art in Vergangenheit und Zukunft; ständig halten wir einen inneren Monolog und sprechen, sprechen bis in den Schlaf hinein. All diese vorgeprägten Verhaltensmuster, aus denen sich das aufbaut, was wir unsere »Person« nennen, verhindern also auch gleichzeitig ein unverstelltes Erfassen der Wirklichkeit, oder, wenn das Wort »Wirklichkeit« als uneinholbar groß erscheint, des Augenblicks in der unwiederholbaren Einmaligkeit seines Jetzt. Was damit gemeint ist, wird vielleicht deutlich im Bild vom »Gefängnis des Ich«, in dem jeder steckt. »Erleuchtet« nennt das Zen einen Menschen, der diese Freiheit (wieder-)gefunden hat, »im Augenblick zu sein«. Erleuchtung *(satori)* muß vorgestellt werden als ein plötzliches Erlebnis, eine »Wiedergeburt« mit bleibenden Folgen, die eine neue Dimension der Person eröffnet. Vielleicht ist *satori* die »taghelle Mystik«, um die es dem Schriftsteller Robert Musil ging [→ S. 113]. Nach allen Aussagen ist dieses Erlebnis von tiefer Freude begleitet. Alle Übungen des Zen sind Vorübungen zur Erleuchtung. Sie zielen darauf ab, das Bewußtsein zu leeren (ganz im Sinne von »Eine Tasse Tee«). Die wichtigste Übung in allen Zen-Schulen ist *Zazen*, die Meditation im Sitzen (*za*, Sitzen) vor einer Wand mit offenen Augen und ruhigem Atem. Dazu das *Merkbuch für die Übung des Zazen* aus dem 13. Jahrhundert: »Laßt das Bewußtsein fahren, Gedanken, Vorstellungen und Schauen ruhen, denke nicht daran, Buddha zu werden.« »Denke das Nichtdenken. [...] Das Nichtdenken ist das Wichtigste beim Zazen.« Das *kōan*, eine geistige Aufgabe, die der Meister dem Schüler stellt, ist das besondere Hilfsmittel des Zen zur Vorbereitung von *satori*. Es ist meist eine Anekdote aus dem Leben eines Meisters, eine Antwort auf eine Frage oder eine Frage, die der Schüler beantworten soll. Aber – kein einziges Koan ist rational lösbar! Hakuin (1686–1768), einer der großen Meister, fordert den Schüler auf: »Höre das Klatschen der einen Hand!« Was meint der alte Chao-chou mit dem folgenden Beispiel?

»Einst bat den Chao-chou ein Mönch: ›Ich bin gerade erst ins Kloster eingetreten; bitte, zeige mir den Weg!‹ [*dō*, die Lehre]
Chao-chou sprach: ›Hast du schon deine Reissuppe gegessen?‹
Der Mönch sprach: ›Ich habe die Reissuppe gegessen.‹

Hakuin

Chao-chou sprach: ›Geh' und wasch' deine Eßschale!‹   *Koan –*
Da faßte der Mönch die Erleuchtung.«   *Beispiele*

Auf die Frage: »Was ist der Buddha?« antwortet Tung-shou: »Drei Pfund Hanf.« Der 6. Patriarch fordert einen Mönch auf, sein »ursprüngliches Antlitz« – vor seiner Geburt – zu betrachten! »Chao-chous Hund« ist das berühmteste aller Beispiele:

»Ein Mönch fragt den Chao-chou: ›Hat auch ein Hund die Buddha-Natur?‹ Chao-chou antwortete: ›*mu*.«‹

Mu bedeutet Nein, nicht oder aber auch das Absolute jenseits von Bejahung   *Übersteigen des*
und Verneinung, jenseits der Dualität, des »Zweiheitsbewußtseins« (emp-   *Bewußtseins*
fiehlt doch der Buddhismus, sich niemals in den folgenden vier Sätzen
fangen zu lassen: Das ist A; das ist nicht A; das ist zugleich A und nicht-A;
das ist weder A noch nicht-A) [5]. Was soll der Schüler mit der Antwort
anfangen? Er soll das Koan »kauen«, wie es heißt. Wu-men, der chinesische Herausgeber und Kommentator einer Koan-Sammlung aus dem
13. Jahrhundert, schreibt dazu: »Versenke dich in das eine Wort *mu!* Trage
es mit dir Tag und Nacht! [...] Es ist, wie wenn jemand einen glühenden
Eisenball verschluckt hat, er möchte ihn ausspeien, kann ihn aber nicht
ausspeien.« Denn die Absicht des Koan ist, wie Wu-men im Nachwort
schreibt, »die Hirnschale umzukehren und die Augen glotzen zu machen,
damit alle unmittelbar begreifen und nicht von außen zu erwerben suchen.« [6] Die Ausweglosigkeit, in der sich der Schüler befindet, macht ihm
die Sinnlosigkeit seiner intellektuellen Bemühungen klar. Die völlige Er-
schöpfung und Bewußtseinsleere durch die Beschäftigung mit dem Koan ist
jedoch günstig für den Durchbruch einer Erleuchtungserfahrung. In dieser
Situation bedarf der Schüler unbedingt der Führung eines erfahrenen
Meisters, denn das Verrücktwerden des Bewußtseins ist nicht ohne Gefahr.

Das Koan ist nicht lösbar, jedenfalls nicht mit dem Kopf; »es ist dazu
ausersehen, endgültig mit dem Unterleib gelöst zu werden« (Suzuki; vgl.
die Wendung: »Mit dem Bauch denken« [→ S. 487]). Wie sieht eine solche
Lösung aus? Wie hört es sich an, das Klatschen der einen Hand?

> »Es kommen immer neue Antworten,
> und keine Antwort wird je akzeptiert.
> Keine Antwort kann je akzeptiert werden.
>
> Aber eines Tages kommt er, und der Meister umarmt ihn.
> Er hat es an seinen Augen gesehen,
> an der Art, wie er geht,
> an der Anmut, die ihn umgibt,
> am Flair, das er mitbringt, –
> diese Stille –
> keine Frage, keine Antwort.
> Im Gegenteil:
> diesmal hat er nicht mal die Frage mitgebracht,
> hat er selbst die Frage vergessen.
> Er fragt nicht mehr,
> er kommt in völliger Stille,
> nicht die leiseste Welle trübt seinen Geist.
> Und der Meister erkennt es sofort.« [7]

Sonne und Mond   Aus der Tiefe seiner meditativen Kraft hat das Zen die japanische Kultur aufs stärkste geprägt. Ihren durchgängigen Zug kann man als ein Vermeiden des Augenfälligen bezeichnen, eine paradoxe Gegenwart der Leere. Ein Vergleich mag das verdeutlichen. Während in der Erlebniswelt der westlichen Kultur seit jeher der Sonne die selbstverständliche Bedeutung zukommt, die sie bei uns nun einmal hat, bevorzugen die Japaner den Mond als Symbol, denn im Mondlicht – dem Reflex der abwesenden Sonne – wird der Gesamtbezug der Dinge (nur) gleichsam indirekt hergestellt. Diese Schwebe ist charakteristisch für das *Haiku*, die in Japan so verbreitete Dichtform des knappen siebzehnsilbigen Dreizeilers:

»Am Grund die Steine,
Sie scheinen sich zu rühren
Im klaren Wasser!«

(Sôseki, 19. Jahrhundert)

»Eine Wolke von blühenden Kirschbäumen:
Die Glocke. – Die von Ueno?
Die von Asakusa?«

(Basho, 17. Jahrhundert)

Zen in der japanischen Kunst   Die japanische Landschaftsmalerei, die Technik der gespritzten Tusche, die Kalligraphie (Schriftkunst) arbeiten alle mit größter Beschränkung der Mittel, bei äußerster geistiger Konzentration – »als ob das Absolute (das ›Nichts‹) durch den Körper hindurch den Pinsel führe.« [8] Eine gute Einführung in diese »Ästhetik der Abstraktion« gibt das Bändchen *Zen-Kunst* [9]; hier sei nur hingewiesen auf die Trockengärten der Zen-Klöster, in denen diese Ästhetik im Unterschied zu unserer Vorstellung von Garten vielleicht am deutlichsten zum Ausdruck kommt. Diese Gärten bestehen aus Steingruppen in weißem, sorgfältig geharktem Sand! Der berühmteste dieser vielsinnigen Gärten gehört zum Ryoan-ji-Kloster in Kyôto. Man solle ihn eigentlich nicht »Steingarten« nennen, meinte ein Abt dieses Klosters, sondern besser »Garten der Leere« oder »Garten des Nichts«.

prägende Kraft des Zen   Der Hinweis auf die Gegenwart des Leeren oder des Nichts in der vom Zen beeinflußten japanischen Kunst darf nun nicht als Ausdruck eines Fluchtverhaltens gegenüber der Welt verstanden werden. Im Gegenteil! Ein beliebtes Motiv der alten Zen-Malerei zeigt Kanzan und Jittoku, zwei erleuchtete Mönche, die sich wie ausgelassene Kinder aufführen und lachend ihre Späße treiben. Zen verwirklicht sich im täglichen Leben. Es verwirklicht sich auch in einer Reihe von Wegen *(dō)*, die für Japan ganz charakteristisch geworden sind. So z. B. im »Weg des Tees« *(chadō)*, der Teezeremonie, bei der nach Auffassung der alten Teemeister in einer Atmosphäre der Stille und Einfachheit »ein Buddha-Land der Reinheit« gebildet und »dem Buddha-Herz der reinste Ausdruck« gegeben wird. So z. B. beim Schwertfechten oder in der Kunst des Bogenschießens, in der es um vollendete innere Harmonie, also ums »Treffen« in einem ganz anderen Sinne als in der westlichen Sportart geht. Das Büchlein *Zen in der Kunst des Bogenschießens* gibt davon einen lebendigen Eindruck [10]. Von verschiedenen Schwerpunkten her – den psychologischen bei Bogenschießen und Schwertfechten, den naturbezogenen in Gartenbau und Blumenstecken, den ästhetischen in Dichtung und Malerei – hat sich so gleichsam ein Ring von Ausdrucksformen um das Zen herum gebildet, in denen es seine Gestalt erweitert, sich verweltlicht, in denen es lebt.

»Dreht man das Bild um:
nichts mehr,
nichts anderes, nichts«
(aus »Das Reich der
Zeichen«, 1970,
von Roland Barthes)

Wenn es sich anbietet, abschließend noch einmal auf das Thema Ost und West zurückzukommen, so kann man sagen, daß unter den westlichen Wissenschaften die Psychoanalyse viele Gemeinsamkeiten mit dem Zen hat [11]. Beide betrachten unsere angeblich bewußten Gedanken über uns und die Welt mit großem Vorbehalt. In beiden spielt das Meister-Schüler-Verhältnis eine große Rolle. In beiden geht es um einen Wandel der Persönlichkeit, um eine Befreiung des Menschen. Im Zen heißt das: »Finde den Buddha in dir.« Bei Sigmund Freud: »Wo es ein Es gab – dort soll ein Ich sein.« So ist die Psychoanalyse vielleicht der Ort der größten Nähe beider Welten. Was die Philosophie betrifft, so hängt es von der Sichtweise ab, ob man nur Gegensätze oder auch Gemeinsamkeiten findet. Genauer gesagt: es hängt davon ab, worin das Ziel der Philosophie gesehen wird. Mit Berufung auf eine starke Tradition des europäischen Denkens kann man es umreißen mit dem Wort »Aufklärung«. Das Ziel der östlichen Philosophie kann man zusammenfassen mit dem Wort »Erleuchtung«. Man kann feststellen, daß beide Wörter in einem Bezug stehen zu »Licht« und sich fragen: Wie, wenn es dasselbe Licht wäre, das in beiden leuchten will?

Aufklärung und Erleuchtung

ANHANG

Anmerkungen

Die Philosophie der Antike

Die Anfänge der griechischen Philosophie
1. Vernant, Jean-Pierre: *Die Entstehung des griechischen Denkens*. Frankfurt/Main 1982, S. 132.
2. Zit. nach Capelle, Wilhelm: *Die Vorsokratiker*. Stuttgart 1968, S. 27.
3. Vgl. dazu Cassirer, Ernst: *Philosophie der symbolischen Formen*. Zweiter Teil: *Das mythische Denken*. Darmstadt 1977, hier S. 22.
4. Colli, Giorgio: *Geburt der Philosophie*. Frankfurt/Main 1981.
5. So treffend Wieland, Wolfgang: »Einleitung« zu: *Geschichte der Philosophie in Text und Darstellung*. Bd. I: *Antike*. Stuttgart 1978, S. 7–46, hier S. 7.
6. Thomson, George: *Die ersten Philosophen*. Berlin (West) 1974, hier S. 127.
7. Aristoteles: *Metaphysik*. Übersetzt u. hrsg. von Franz F. Schwarz. Stuttgart 1970, S. 30.
8. Vgl. dazu Röd, Wolfgang: *Die Philosophie der Antike I. Von Thales bis Demokrit*. München 1976, S. 57.
9. Capelle, a.a.O., S. 121.
10. Ebenda, S. 164.
11. Zit. nach Nestle, Wilhelm: *Die Vorsokratiker*, Wiesbaden 1956, S. 143.

Der Mensch als neues Problem:
Sokrates und die Sophisten
1. Classen, Carl Joachim (Hrsg.): »Einleitung« zu: *Sophistik*. Darmstadt 1976, S. 1–18, hier S. 4.
2. Graeser, Andreas: *Die Philosophie der Antike II. Sophistik und Sokratik, Platon und Aristoteles*. München 1983, S. 19.
3. Bengtson, Hermann: *Griechen und Perser. Die Mittelmeerwelt im Altertum I*. Fischer Weltgeschichte Bd. 5, Frankfurt/Main 1965, S. 108.
4. Torr, C., zit. nach Thomson, a.a.O., S. 188.
5. Graeser, a.a.O., S. 21 f.
6. Platon, *Gorgias*. Sämtliche Werke Bd. I, Hamburg 1958, S. 207.
7. Capelle, a.a.O., S. 344.
8. Vgl. Graeser, a.a.O., S. 57, und zum folgenden S. 58–63.
9. Capelle, a.a.O., S. 378.
10. Zit. nach Wieland, a.a.O., S. 89.
11. Vorländer, Karl: *Philosophie des Altertums. Geschichte der Philosophie* Bd. I, Reinbek 1978, S. 58.
12. Zit. nach Luria, Salomo: »Antiphon der Sophist«. In: *Sophistik*, a.a.O., S. 537–542, hier S. 538.
13. Platon, *Menon*, a.a.O., Bd. II, S. 20.
14. Platon, *Theaitetos*, a.a.O., Bd. IV, S. 113.
15. Martin, Gottfried: »Sokrates: Das Allgemeine«. In: *Grundprobleme der großen Philosophen. Philosophie des Altertums und des Mittelalters*. Hrsg. von Joseph Speck. Göttingen 1978, S. 9–43, hier S. 10 f. (im folgenden zitiert als *Grundprobleme*).
16. Ebenda, S. 20.
17. Aristoteles: *Metaphysik*. Übersetzt und hrsg. von Franz F. Schwarz. Stuttgart 1970, S. 334.
18. Platon, *Apologie*, a.a.O., Bd. I, S. 18.
19. Diogenes Laërtius: *Leben und Meinungen berühmter Philosophen*. Hrsg. von Klaus Reich, Hamburg 1967, S. 312 f.; 317.

Die Ausprägung der klassischen griechischen Philosophie
1. Vgl. Martin, Gottfried: *Platon*. Reinbek 1969, S. 76 f.
2. Platon, a.a.O., Bd. I, S. 302 f.
3. Vgl. Bormann, Karl: »Platon: Die Idee«. In: *Grundprobleme*, S. 44–83, hier S. 47 f.
4. So ein sophistischer Text mit dem bezeichnenden Titel: *Dissoi Logoi* (Zweifache Reden). In: Wieland, a.a.O., S. 94–104.
5. Platon, a.a.O., Bd. III, S. 193.
6. Vgl. Châtelet, François: »Platon«. In: *Geschichte der Philosophie* Bd. I. *Die heidnische Philosophie*. Frankfurt/Main – Berlin – Wien 1973, S. 67–127, hier S. 103.
7. Bormann, a.a.O., S. 58.
8. Châtelet, a.a.O., S. 106 f.
9. Vgl. Wieland, a.a.O., S. 107 f.
10. Vgl. Marx, Karl: *Grundrisse der Kritik der politischen Ökonomie*. Frankfurt/Main – Wien o.J., S. 134–136; Müller, Rudolf Wilhelm: *Geld und Geist. Zur Entstehungsgeschichte von Identitätsbewußtsein und Rationalität seit der Antike.*

Frankfurt/Main – New York 1977, S. 24f.; 118–137.
11. Châtelet, a.a.O., S. 68.
12. Bernhardt, Jean: »Aristoteles«. In: Châtelet, a.a.O., Bd. I, S. 128–176, hier S. 137.
13. Wieland, a.a.O., S. 19f.
14. Aristoteles: *Nikomachische Ethik*. In der Übersetzung von Franz Dirlmeier, Stuttgart 1969, S. 11.
15. Vgl. Wieland, Wolfgang: *Die aristotelische Physik*. Göttingen 1962, S. 37.
16. Vorländer, a.a.O., S. 134.
17. Bernhardt, a.a.O., S. 141.
18. Krafft, Fritz: *Geschichte der Naturwissenschaft* Bd. I. Die Begründung einer Wissenschaft von der Natur durch die Griechen. Freiburg 1971, S. 47.
19. Vgl. Snell, Bruno: »Die naturwissenschaftliche Begriffsbildung im Griechischen«. In: *Um die Begriffswelt der Vorsokratiker*. Hrsg. von Hans-Georg Gadamer, Darmstadt 1968, S. 21–42, hier S. 21.
20. Vgl. dazu Müller, a.a.O., bes. S. 134ff.
21. Er wurde im 18. Jahrhundert als »Ästhetik« eine eigene philosophische Disziplin.
22. Vgl. Bernhardt, a.a.O., S. 143 und 158.
23. Wieland, a.a.O., S. 30. Vgl. auch ders., *Die aristotelische Physik*, a.a.O., S. 38.
24. Bernhardt, a.a.O., S. 145.
25. Vgl. ebenda, S. 161.
26. Vollrath, Ernst: »Aristoteles: Das Problem der Substanz«. In: *Grundprobleme*, S. 89.
27. Sambursky, Shmuel: *Das physikalische Weltbild der Antike*. Zürich/Stuttgart 1965, S. 10.
28. Aristoteles: *Physik*. Buch 2.
29. Wieland, a.a.O., S. 29.
30. Grassi, Ernesto: *Die Theorie des Schönen in der Antike*. Köln 1962, S. 111.
31. Steinbrink, Bernd: »Die rhetorische Theorie in der Antike«. In: Ueding, Gerd (Hrsg.): *Einführung in die Rhetorik*. Stuttgart 1976, S. 13–69, hier S. 30.

Die philosophischen Schulen
im Zeitalter des Hellenismus

1. Vgl. Grimal, Pierre: »Einleitung« zu: *Der Hellenismus und der Aufstieg Roms*. Fischer Weltgeschichte Bd. 6, Frankfurt/Main 1965, S. 19.
2. Wieland, a.a.O., S. 34.
3. Vorländer, a.a.O., S. 142.

Der Neuplatonismus, die Philosophie der heidnischen Spätantike

1. Wieland, a.a.O., S. 43.
2. Sambursky, a.a.O., S. 433f.
3. *Der kleine Pauly*, Stichwort »Septuaginta«.
4. »Plotin und der Neuplatonismus«. In: Châtelet, a.a.O., S. 210–226, hier S. 222–225.

Die Philosophie des christlichen Mittelalters

Philosophie und Theologie in der Spätantike

1. *Zürcher Evangelien-Synopse*. Hrsg. von Carl Heinz Peisker, Kassel 1962.
2. Vgl. dazu Martin Werner: *Die Entstehung des christlichen Dogmas*. Stuttgart 1959.
3. Bornkamm, Günther: *Jesus von Nazareth*. Stuttgart 1965, S. 168.
4. Braun, Herbert: *Jesus. Der Mann aus Nazareth und seine Zeit*. Stuttgart 1976, S. 110.
5. Vgl. dazu von explizit atheistischer Seite Joachim Kahl: *Das Elend des Christentums oder Plädoyer für eine Humanität ohne Gott*. Reinbek 1968.
6. Pépin, Jean: »Hellenismus und Christentum«. In: François Châtelet, *Geschichte der Philosophie* Bd. II, a.a.O., S. 27.
7. Stichwort »Gnosis« in: *Der kleine Pauly*.
8. Maier, Franz Georg: *Die Verwandlung der Mittelmeerwelt*. (Fischer Weltgeschichte Bd. 9) Frankfurt/Main 1968, S. 63.
9. Maier, a.a.O., S. 61.
10. Körner, Franz: »Augustinus: Das Grund-Problem der Existenz«. In: *Grundprobleme der großen Philosophen*. Bd. I, hrsg. von Josef Speck, Göttingen 1978, S. 129–176, hier S. 151.
11. Löwith, Karl: *Weltgeschichte und Heilsgeschehen. Die theologischen Voraussetzungen der Geschichtsphilosophie*. Stuttgart 1967, S. 150.
12. Schulz, Walter: *Philosophie in der veränderten Welt*. Pfullingen 1972, S. 256.

Die Spannung zwischen Glaube und Vernunft
in der Scholastik

1. Curtius, Ernst Robert: *Europäische Literatur und lateinisches Mittelalter*. Bern 1973, S. 47.
2. D'Hondt, Jan: *Das frühe Mittelalter* (Fischer Weltgeschichte Bd. 10) Frankfurt/Main 1968, S. 330.
3. Vgl. Chenu, Marie-Dominique: »Die Platonismen des 12. Jahrhunderts«. In: Beierwaltes, Werner (Hrsg.): *Platonismus in der Philosophie des Mittelalters*. Darmstadt 1969, S. 268–316, hier S. 300.
4. D'Hondt, a.a.O., S. 322; vgl. auch S. 353.
5. Vorländer, a.a.O., Bd. II, S. 47.
6. Reuper, Ulrich: »Die Rhetorik im Mittelalter«. In: Ueding, Gerd (Hrsg.): *Einführung in die Rhetorik*. Stuttgart 1976, S. 61–77, hier S. 68.
7. Anselm von Canterbury: *Cur Deus Homo. Warum Gott Mensch geworden*. Lateinisch und deutsch, besorgt und übersetzt von Franciscus Salesius Schmitt O.S.B., Darmstadt 1970, Einleitung.
8. Nach Kluxen, Wolfgang: »Thomas von Aquin: Das Seiende und seine Prinzipien.« In: Speck,

Josef (Hrsg.): *Grundprobleme der großen Philosophen*. Bd. 1, Göttingen 1978, S. 177–220, hier S. 178 ff.
9 Bloch, Ernst: *Zwischenwelten in der Philosophiegeschichte*. Frankfurt/Main 1977, S. 99.
10 Bridges, John Henry (Hrsg.): *The ›Opus Majus‹ of Roger Bacon*. Vol. I u. II, Nachdruck Frankfurt/Main 1964, S. XXVIII.
11 Soudek, Ernst: *Meister Eckhart*. Stuttgart 1975, S. 39 f.
12 Flasch, Kurt: »Nikolaus von Kues: Die Idee der Koinzidenz«. In: *Grundprobleme* Bd. I, a.a.O., S. 221–261, hier S. 259.

Humanismus, Reformation und die Umwälzung des Wissens von der Natur

1 Burckhardt, Jacob: *Die Kultur der Renaissance in Italien*. Stuttgart 1922, S. 99.
2 Vgl. Schlaffer, Hannelore und Heinz: *Studien zum ästhetischen Historismus*. Frankfurt/Main 1975, bes. S. 72–111: »Jacob Burckhardt oder das Asyl der Kulturgeschichte«.
3 Romano, Ruggiero und Tenenti, Alberto: *Die Grundlegung der modernen Welt*. (Fischer Weltgeschichte Bd. 12) Frankfurt/Main 1967, S. 256.
4 Ebenda, S. 266.
5 Alle Zitate nach: *Der utopische Staat*. Morus/Utopia; Campanella/Sonnenstaat; Bacon/Neu-Atlantis. Übersetzt und hrsg. von Klaus J. Heinisch. Reinbek 1960, hier S. 108.
6 Bernal, John Desmond: *Sozialgeschichte der Wissenschaft*. 4 Bde., zuletzt Reinbek 1978.
7 Galilei, Galileo: *Unterredungen und mathematische Demonstrationen über zwei neue Wissenschaftszweige, die Mechanik und die Fallgesetze betreffend*. Hrsg. von Arthur von Oettingen, Darmstadt 1973, S. 152.
8 Bloch, a.a.O., S. 254. Vgl. dazu auch Brandt, Reinhard: »Francis Bacon: Die Idolenlehre«. In: *Grundprobleme der großen Philosophen – Philosophie der Neuzeit I*, hrsg. von Josef Speck, Göttingen 1979, S. 9–34.

Die Philosophie der neuen, der bürgerlichen Zeit

Die großen Systeme der konstruierenden Vernunft und ihre Kritiker Pascal und Vico

1 Macpherson, C.B.: *Die politische Theorie des Besitzindividualismus*. Frankfurt/Main 1973, S. 21.
2 Ebenda, S. 70.
3 Hobbes, Thomas: *Vom Menschen. Vom Bürger*. Berlin (West) 1967, S. 67 f.
4 Macpherson, a.a.O., S. 15.
5 Horkheimer, Max: »Traditionelle und kritische Theorie«. In: *Ders.: Traditionelle und kritische Theorie*. Vier Aufsätze. Frankfurt/Main 1970, S. 12–56, hier S. 12.
6 Descartes, René: *Abhandlung über die Methode des richtigen Vernunftgebrauchs und der wissenschaftlichen Wahrheitsforschung*. Stuttgart 1971, S. 31.
7 Borkenau, Franz: *Der Übergang vom feudalen zum bürgerlichen Weltbild*. Darmstadt 1971, S. 312.
8 Spinoza, Benedictus de: *Ethik*. Hrsg. von Friedrich Bülow, Stuttgart 1966.
9 Specht, Rainer: »Einleitung« zu: *Geschichte der Philosophie in Text und Darstellung*. Bd. 5, *Rationalismus*. Stuttgart 1981, S. 15. Dort auch der Ausdruck »konstruierende Vernunft«.
10 Leibniz, Gottfried Wilhelm: *Neues System der Natur und des Verkehrs der Substanzen sowie der Verbindung, die es zwischen Seele und Körper gibt*. In: *Kleine Schriften zur Metaphysik. Opuscules Metaphysiques*. Hrsg. und übersetzt von Hans Heinz Holz, Frankfurt/Main 1965, S. 200–227, hier S. 203 f.
11 Holz, Hans Heinz: *Leibniz*. Stuttgart 1958.
12 So Specht, a.a.O., S. 236.
13 Specht, a.a.O., S. 240.
14 Pascal, Blaise: *Gedanken*. Nach der endgültigen Ausgabe übertragen von Wolfgang Rüttenauer, Berlin/Darmstadt/Wien 1964, S. 317.
15 Pascal, Blaise: *Gedanken*. Eine Auswahl. Übersetzt, herausgegeben und eingeleitet von Ewald Wasmuth, Stuttgart 1965.

Der englische Empirismus – Philosophie der Erfahrung und des »gesunden«, d. h. bürgerlichen Menschenverstandes

1 *Geschichte der Philosophie,* Bd. 4: *Empirismus*. Hrsg. von Günter Gawlick, Stuttgart 1980, S. 9.
2 Arndt, Hans Werner: »John Locke: Die Funktion der Sprache«. In: *Grundprobleme*, Philosophie der Neuzeit Bd. 1, S. 176–210, hier S. 203.
3 Macpherson, C. B,: *Die politische Theorie des Besitzindividualismus*. Frankfurt/Main 1973, S. 249 f.
4 Vgl. ebenda, S. 250–258. Das folgende Zitat ist aus Lockes Schrift *Von der Vernunftmäßigkeit des Christentums*, zit. nach Macpherson, ebenda, S. 254.
5 Alquié, Ferdinand: »Berkeley«. In: Châtelet, a.a.O., Bd. IV, S. 43–60, hier S. 60.
6 Breidert, Wolfgang: »George Berkeley: Wahrnehmung und Wirklichkeit.« In: *Grundprobleme*, Philosophie der Neuzeit Bd. I, S. 211–239, hier S. 219.
7 Penelhum, Terence: *Hume*. London 1975. Zit. nach Hoerster, Norbert: »David Hume: Existenz

und Eigenschaften Gottes.« In: *Grundprobleme, Philosophie der Neuzeit* Bd. I, S. 240–275, hier S. 248 f.
8 Vgl. Hoerster, a.a.O., S. 272.
9 Kemp Smith, Norman: »Introduction«. In David Hume: *Dialogues concerning Natural Religion*. Edinburgh ²1947, S. 1–75, hier S. 73.

Die Aufklärung –
eine gesamteuropäische Bewegung
1 Stierle, Karlheinz: »Vorwort« zu Voltaire: *Aus dem Philosophischen Wörterbuch*. Frankfurt/Main 1967, S. 9–35, hier S. 9.
2 Vgl. Specht, Rainer: *Geschichte der Philosophie in Text und Darstellung*. Bd. 5, *Rationalismus*. Stuttgart 1981, S. 265.
3 Stierle, a.a.O., S. 20.
4 Wuthenow, Ralf-Rainer: »Vorwort: Diderots Anteil«. In: Diderot, Denis: *Enzyklopädie*. Philosophische und politische Texte aus der »Encyclopédie«. München 1969, S. 7–32, hier S. 8.
5 Hirschberg, Eugen (Hrsg.): D'Alembert: *Einleitung in die französische Enzyklopädie von 1751 (Discours préliminaire)*. Leipzig 1912, S. 2.
6 Wuthenow, a.a.O., S. 10.
7 Rousseau, Jean-Jacques: »Mein Bildnis«. In: ders., *Selbstbildnis*. Aus den autobiographischen Schriften ausgewählt und herausgegeben von Ferdinand Lion. Zürich 1960, S. 660–675, hier S. 673.
8 Groethuysen, Bernhard: *Philosophie der französischen Revolution*. Mit einem Nachwort von Eberhard Schmitt. Darmstadt 1971, S. 187 f.
9 Bahr, Ehrhard (Hrsg.): *Was ist Aufklärung?Thesen und Definitionen*. Stuttgart 1981.
10 Specht, a.a.O., S. 314 f.
11 Thomann, Marcel im Vorwort zu Christian Wolff: *Grundsätze des Natur- und Völkerrechts*. Nachdruck der Ausgabe Halle 1754, Hildesheim – New York 1980, S. V*.
12 Van Dülmen, Richard: *Der Geheimbund der Illuminaten. Darstellung – Analyse – Dokumentation*. Stuttgart – Bad Cannstatt 1975, S. 17.
13 Hamann, Johann Georg: *Sokratische Denkwürdigkeiten. Aesthetica in nuce*. Mit einem Kommentar hrsg. von Sven Aage Jørgensen, Stuttgart 1968.
14 Ders., Brief an Christian Jakob Kraus (1784). In: *Was ist Aufklärung?* A.a.O., S. 18–22, hier S. 22.
15 Löwith, Karl: *Weltgeschichte und Heilsgeschehen*. Stuttgart 1967, S. 11 u. 13.

Die Abenteuer der Vernunft
im deutschen Idealismus
1 Bubner, Rüdiger in der Einleitung zu: *Geschichte der Philosophie in Text und Darstellung*. Bd. VI, *Deutscher Idealismus*, Stuttgart 1978, S. 15.

2 Heinrich Heine: *Zur Geschichte der Religion und Philosophie in Deutschland*. In: Insel-Heine Bd. IV, Schriften über Deutschland. Hrsg. von Helmut Schanze, Frankfurt/Main 1968, S. 44–165, hier S. 123.
3 *Immanuel Kant. Sein Leben in Darstellungen von Zeitgenossen. Die Biographien von L. E. Borowski, R. B. Jachmann und A. Ch. Wasianski*. Nachdruck der von Felix Groß hrsg. Ausgabe Berlin 1912, Darmstadt 1980.
4 Ebenda, S. 53.
5 Immanuel Kant: *Werke in 10 Bänden*. Hrsg. von Wilhelm Weischedel. Darmstadt 1968. (»Abenteuer der Vernunft« in Bd. VIII, S. 539).
6 Patzig, Günther: »Immanuel Kant. Wie sind synthetische Urteile a priori möglich?« In: *Grundprobleme*, Philosophie der Neuzeit Bd. II, Göttingen 1976, S. 9–70, hier S. 12.
7 Engfer, Hans-Jürgen: »Kant in Preußen.« In: *Preußen Dein Spree-Athen*. Katalog der Ausstellung: »Preußen – Versuch einer Bilanz«. Berlin (West) 1981. Bd. 4, Reinbek 1981, S. 38–50, hier S. 40.
8 Patzig, a.a.O., S. 61.
9 Ebenda, S. 66.
10 *Immanuel Kant. Sein Leben*, a.a.O., S. 173.
11 Ebenda, S. 169.
12 Vgl. dazu das grundlegende Buch von Habermas, Jürgen: *Strukturwandel der Öffentlichkeit*. Darmstadt ³1968.: Hier bes. § 13: »Publizität als Prinzip der Vermittlung von Politik und Moral«.
13 Heine, a.a.O., S. 134.
14 Jergius, Holger: »J. G. Fichte: Die Theorie des Gewissens«. In: *Grundprobleme*, Philosophie der Neuzeit Bd. II, S. 71–108, hier S. 73.
15 Bubner, a.a.O., S. 113.
16 Henrich, Dieter: *Fichtes ursprüngliche Einsicht*. Frankfurt/Main 1967, S. 32 u. 34.
17 Bubner, a.a.O., S. 115.
18 Abgedruckt in G. W. F. Hegel, Werkausgabe Bd. I (*Frühe Schriften*), Frankfurt/Main 1970, S. 234–236 und in Hölderlin, *Werke und Briefe*. Hrsg. von Friedrich Beißner und Jochen Schmidt, Bd. 2, Frankfurt/Main 1969, S. 647–649.
19 Engelhardt, Dietrich von: »Einführendes Referat«. In: *Romantik in Deutschland. Ein interdisziplinäres Symposion*. Hrsg. von Richard Brinkmann, Stuttgart 1978, S. 167–174, hier S. 173.
20 Ehrhardt, Walter E.: »F.W. J. Schelling: Die Wirklichkeit der Freiheit.« In: *Grundprobleme*, Philosophie der Neuzeit Bd. II, a.a.O., S. 109–144, hier S. 114.
21 Ebenda, S. 110.
22 Hegel, Georg Wilhelm Friedrich: *Phänomenologie des Geistes*. Theorie-Werkausgabe in 20 Bänden, Bd. III, Frankfurt/Main 1970, S. 23 (alle Zitate, soweit nicht anders vermerkt, nach dieser Ausgabe). Zu dem Gesamtkapitel vgl. auch

die einführende Arbeit von Helferich, Christoph: *G. W. F. Hegel*. Stuttgart 1979.
23 Pöggeler, Otto: »G. W. F. Hegel: Philosophie als System«. In: *Grundprobleme*, Philosophie der Neuzeit Bd. II, a.a.O., S. 145–183, hier S. 182.
24 Horstmann, Rolf-Peter: »Rezension der Edition der *Rechtsphilosophie* von Karl-Heinz Ilting«. In: *Hegel-Studien* Bd. 9, Bonn 1974, S. 241–252, hier S. 245.
25 Ilting, Karl-Heinz: »Die Struktur der Hegelschen Rechtsphilosophie.« In: *Materialien zu Hegels Rechtsphilosophie*. Bd. II, Frankfurt/Main 1975, S. 52–78, hier S. 52.
26 Bubner, Rüdiger: »Einführung« zu G. W. F. Hegel: *Vorlesungen über die Ästhetik*. 2 Bde., Stuttgart 1971, S. 3–30, hier S. 23.
27 Löwith, Karl: »Aktualität und Inaktualität Hegels.« In: *Hegel-Bilanz*. Hrsg. von Reinhard Heede und Joachim Ritter. Frankfurt/Main 1973, S. 1–24, hier S. 2 u. 4.

Das neunzehnte Jahrhundert: Philosophie in der Maschinenwelt

Der »alte Positivismus« in Frankreich, England und Deutschland
1 Birnbacher, Dieter: »Nachwort«. In Mill, James Stuart: *Der Utilitarismus*. Stuttgart 1976, S. 117–126, hier S. 117.
2 Weismann, August; zit. in Müller, Burkhard K.: »Der Sturz der Schöpfung. Zum 100. Todestag des Naturforschers Charles Darwin«. In: *Frankfurter Rundschau* vom 24. April 1982, Wochenendbeilage.
3 Vgl. ebenda.
4 Schnabel, Franz: *Deutsche Geschichte im 19. Jahrhundert*. Bd. 3, S. 36.

Die kritisch träumende Vernunft der (utopischen) (Früh-)Sozialisten
1 Stuke, Horst: »Sozialismus«. In: *Handwörterbuch der Wirtschaftswissenschaften*. Lieferung 5/6, Stuttgart 1976, S. 1528. Auch in: ders.: *Sozialgeschichte – Begriffsgeschichte – Ideengeschichte*. Gesammelte Aufsätze, Hrsg. von Werner Conze und Heilwig Schomerus, Stuttgart 1979, S. 139–166, hier S. 139.
2 Vgl. ebenda *(Sozialgeschichte)*, S. 142. Vgl. dazu auch den Artikel »Frühsozialismus«, ebenda, S. 121–139.
3 Hofmann, Werner: *Ideengeschichte der sozialen Bewegung des 19. und 20. Jahrhunderts*. Berlin (West) 1962. Einen guten Überblick bietet die sorgfältige Textsammlung *Die frühen Sozialisten*. Hrsg. von Frits Kool und Werner Krause, Olten/Freiburg 1967.
4 Fourier, Charles: *Theorie der vier Bewegungen und der allgemeinen Bestimmungen*. Frankfurt/Wien 1966, S. 333.
5 Ebenda, S. 190.
6 Stopczyk, Annegret: *Was Philosophen über Frauen denken*. München 1980.
7 Fourier, Charles: *Aus der Neuen Liebeswelt*. Mit einem Vorwort von Daniel Guérin, Berlin (West) 1977, S. 44.

Vormärz – Es gärt in Deutschland:
Die Hegelschule spaltet sich,
Ludwig Feuerbach will den »ganzen Menschen«
1 Tielsch, Elfriede: »Kritik der Philosophiegeschichtsschreibungen, exemplifiziert am Thema: ›Das Verhältnis von Naturwissenschaft und Materialismus‹«. In: *Der Mensch als geschichtliches Wesen*. Hrsg. von Klaus-Jürgen Grundner u. a., Stuttgart 1974, S. 208–265, hier S. 233.
2 Engels, Friedrich: *Ludwig Feuerbach und der Ausgang der klassischen deutschen Philosophie*. In: *Marx-Engels-Werke*, Bd. XXI, S. 259–273, hier S. 272.

Begreifen der Praxis –
Karl Marx und Friedrich Engels
1 Als Einführung in die Biographie sind die beiden Bildmonographien zu empfehlen: Blumenberg, Werner: *Karl Marx in Selbstzeugnissen und Bilddokumenten*. Reinbek 1962. Hirsch, Helmut: *Friedrich Engels in Selbstzeugnissen und Bilddokumenten*. Reinbek 1968. Empfehlenswert ferner Rubel, Maximilien: *Marx-Chronik/Daten zu Leben und Werk*. München 1968. Fleischer, Helmut: *Marx und Engels*. Die philosophischen Grundlinien ihres Denkens. Freiburg/München ²1974, sowie Mandel, Ernest: *Entstehung und Entwicklung der ökonomischen Lehre von Karl Marx*. Frankfurt/Main/Wien 1968. Wichtige Texte und Auszüge sind enthalten in: Fetscher, Iring (Hrsg.): *Karl Marx/Friedrich Engels: Studienausgabe* in 4 Bänden, Frankfurt/Main 1970–72.
2 Blumenberg, a.a.O., S. 50.
3 Diese frühen Texte wurden erst in den dreißiger Jahren veröffentlicht und finden sich im *MEW-Ergänzungsband Karl Marx*, hier S. 462f.
4 Schmidt, Alfred: *Der Begriff der Natur in der Lehre von Marx*. Überarbeitete u. ergänzte Neuausgabe, Frankfurt/Main 1971, S. 203.
5 Blumenberg, a.a.O., S. 71f.
6 Ebenda, S. 8 und 105.
7 Die *Grundrisse* werden nicht innerhalb der normalen *MEW*-Ausgabe gezählt. Westdeutsche Ausgabe Frankfurt/Main/Wien ohne Jahr.
8 Haug, Wolfgang Fritz: *Vorlesungen zur Einführung ins ›Kapital‹*. Köln 1974.
9 Ebenda, S. 166.

10 Ebenda, S. 182.
11 Fleischer, Helmut: *Marxismus und Geschichte*, Frankfurt/Main 1969, S. 158f.
12 Zit. nach Blumenberg, a.a.O., S. 153.

Einspruch der Anarchisten

1 Joll, James: *Die Anarchisten*. Berlin (West) 1966, S. 7. Eine gute, übersichtliche Einführung bietet Guérin, Daniel: *Anarchismus. Begriff und Praxis*. Frankfurt/Main 1967. Viele Quellentexte sind enthalten in: Oberländer, Erwin (Hrsg.): *Der Anarchismus*. Freiburg 1972, und Borries, Achim v./Brandies, Ingeborg (Hrsg.): *Anarchismus. Theorie/Kritik/Utopie*. Frankfurt/Main 1970.
2 Bakunin, Michail: »Persönliche Beziehungen zu Marx.« In: *Gott und der Staat und andere Schriften*. Hrsg. von Susanne Hillmann, Reinbek 1969, S. 174–190, hier S. 178.

Drei Einzelgänger

1 Bannour, Wanda: »Arthur Schopenhauer.« In: Châtelet, a.a.O., S. 181–191, hier S. 189.
2 Lukács, Georg: *Die Zerstörung der Vernunft*. Neuwied/Berlin 1962, S. 219.
3 Vgl. dazu den Aufsatz von Schmidt, Alfred: »Schopenhauer und der Materialismus.« In: ders.: *Drei Studien über Materialismus*. Frankfurt/Main/Berlin 1979, S. 21–79, sowie die dort zitierten Schopenhauer-Aufsätze von Max Horkheimer.
4 Kierkegaard, Sören: »Gesichtspunkt für meine Wirksamkeit als Schriftsteller.« Zit. nach Brandt, Frithiof: *Sören Kierkegaard*. Kopenhagen 1963, S. 9f.
5 Vgl. Hirsch, Emanuel: »Geschichtliche Einleitung« zu Kierkegaard, Sören: *Entweder-Oder*. Düsseldorf 1964, S. XIV.
6 Pütz, Peter: *Friedrich Nietzsche*. Stuttgart 1967, S. 1. Alle Nietzsche-Zitate nach Nietzsche, Friedrich: *Werke in drei Bänden*. Hrsg. von Karl Schlechta, München ^{2}1960. Zur Einführung ist geeignet Frenzel, Ivo: *Friedrich Nietzsche in Selbstzeugnissen und Bilddokumenten*. Reinbek 1966, sowie die *Nietzsche*-Chronik. Daten zu Leben und Werk. Zusammengestellt von Karl Schlechta, München 1975. Weiterführend sei das Buch von Giorgio Colli empfohlen (vgl. Anm. 8).
7 Nietzsche, Friedrich: *Ecce Homo*. In: *Werke* Bd. II, a.a.O., S. 1152.
8 Colli, Giorgio: *Nach Nietzsche*. Frankfurt/Main 1980, S. 209.
9 Schlechta, Karl: »Nachwort«. In: *Werke* Bd. III, a.a.O., S. 1433–1452, hier S. 1438.
10 Vgl. Pautrat, Bernard: »Brief an den Narren. Über einen ungeheuren Augenblick.« In: Guzzoni, Alfredo (Hrsg.): *90 Jahre philosophische Nietzsche-Interpretation*. Königstein 1979, S. 167–189.

Exakte Naturwissenschaften, geschichtliche Welt, der handelnde Mensch – Themen der Universitätsphilosophie um die Jahrhundertwende

1 Cassirer, Ernst: *Philosophie der symbolischen Formen*. Bd. I, Darmstadt 1977, S. 51.
2 Dilthey, Wilhelm: *Ideen über eine beschreibende und zergliedernde Psychologie* (1894). In: *Gesammelte Schriften* Bd. V, Stuttgart/Göttingen ^{4}1964, S. 139–240, hier S. 151.
3 Ders.: »Die Entstehung der Hermeneutik« (1900). Ebenda, S. 317–331, hier S. 330.
4 Bergson, Henri: »Die philosophische Intuition«. Vortrag auf dem Philosophenkongreß in Bologna, 1911. In: *Denken und schöpferisches Werden. Aufsätze und Vorträge*. Meisenheim am Glan 1948, S. 136–148, hier S. 146f.
5 James, William: *Der Pragmatismus*. Leipzig ^{2}1928, S. XII.
6 Oehler, Klaus: »Biographische Anmerkungen«. In: Pierce, Charles: *Über die Klarheit unserer Gedanken/How to Make Our Ideas Clear*. Frankfurt/Main 1968, S. 158–160.
7 Donetti, Paolo: *Introduzione a Croce*. Bari 1984, S. 25.
8 Gentile, Giovanni: »Die Grundlagen des aktualen Idealismus.« Tübingen 1931, S. 25. Ital. Übersetzung mit dem Titel: »I fondamenti dell'idealismo attuale«. In: *Introduzione alla Filosofia*. Milano 1933.
9 Janowski, Franca: Artikel »Giovanni Gentile«. In: *Metzler Philosophen-Lexikon*. Stuttgart 1989, S. 284.

Die Philosophie unserer Zeit

Albert Einstein, Sigmund Freud, Wassily Kandinsky – drei Namen für die Erweiterung und Verrätselung der Wirklichkeit im 20. Jahrhundert

1 Berger, Peter: *Philosophische Grundgedanken zur Struktur der Physik*. Stuttgart ^{4}1981, S. 113.
2 Pauli, Wolfgang: »Die philosophische Bedeutung der Idee der Komplementarität«. In: Ders.: *Aufsätze und Vorträge über Physik und Erkenntnistheorie*. Braunschweig 1961, S. 10–18, hier S. 14f.
3 Vgl. Knapp, Guntram: »Begriff und Bedeutung des Unbewußten bei Freud.« In: *Sigmund Freud – Leben und Werk*. Hrsg. von Dieter Eicke, Weinheim 1982, S. 261–283, hier S. 262. Als Einführung sind ebenfalls geeignet Mannon, Oscar: *Sigmund Freud in Selbstzeugnissen und Bilddokumenten*. Reinbek 1971, sowie Holder, Alex: »Freuds Theorie des psychischen Apparates«. In: *Sigmund Freud – Leben und Werk*. A.a.O., S. 220–260.

4 Freud, Sigmund: *Neue Folge der Vorlesungen zur Einführung in die Psychoanalyse.* In: Ders., *Studienausgabe* Bd. I, Hrsg. von Alexander Mitscherlich u. a., Frankfurt/Main ³1971, S. 447–608, hier S. 514 f.
5 Hofmann, Werner: »Das 20. Jahrhundert«. In: *Knaurs Stilkunde* Bd. II. Hrsg. von Ursula Hatje, München 1968, S. 481–515, hier S. 488.

»Linguistic turn«, d. h. die Wendung zur Sprache in der modernen Philosophie englischer Prägung

1 Warnock, Geoffrey James: *Englische Philosophie im 20. Jahrhundert.* Stuttgart 1971, S. 5 (verständlich geschrieben, vermittelt dieses Bändchen einen guten, einführenden Überblick).
2 Ebenda, S. 43.
3 So David F. Pears, zit. in Carl, Wolfgang: »B. Russel: Die ›Theory of Descriptions‹«. In: *Grundprobleme der großen Philosophen. Philosophie der Gegenwart* Bd. I, Göttingen ²1979, S. 216–264, hier S. 222 (im folgenden zitiert als *Grundprobleme, Gegenwart* I. Enthält noch Aufsätze von Frege, Carnap, Wittgenstein, Popper sowie die in Anm. 4 zitierte, sehr empfehlenswerte Einführung).
4 Vgl. dazu Essler, Wilhelm K.: »Die Sprache der Logik«. In: *Grundprobleme, Gegenwart* I, a. a. O., S. 301–340.
5 Vgl. dazu Steinvorth, Ulrich: »Ludwig Wittgenstein: Sprache und Denken«. In: *Grundprobleme, Gegenwart* I, S. 98–151, hier S. 99.
6 Ebenda, S. 102.
7 Sein klassisches Dokument ist Adorno, Theodor W. (Hrsg.): *Der Positivismusstreit in der deutschen Soziologie.* Neuwied/Berlin 1969. Vgl. auch den Sammelband *Logik der Sozialwissenschaften.* Hrsg. von Ernst Topitsch, Köln/Berlin 1965.
8 Wittgenstein, Ludwig: *Philosophische Untersuchungen.* In: *Schriften* Bd. I, Frankfurt/Main 1960, S. 279–544, hier S. 300 f.

Formen des Marxismus

1 *Geschichte der Philosophie.* Hrsg. von der Akademie der Wissenschaften der UdSSR unter der Redaktion von M. A. Dynnik u. a., 6 Bde., Moskau 1957–65. Deutsche Ausgabe Berlin (Ost) 1959–67. Die »Einleitung« ist zitiert nach der 2., überarbeiteten Auflage des 1. Bandes, Berlin (Ost), 1962, S. 5–23. – Vgl. dazu auch die Stichwörter »Philosophie«, »Grundfragen der Philosophie« und »Parteilichkeit« in: *Philosophisches Wörterbuch.* Hrsg. von Georg Klaus und Manfred Buhr. 2 Bde., Leipzig 1964, hier zit. nach der Ausgabe ¹¹1975.
2 Vranitzki, Predrag: *Geschichte des Marxismus.* 2 Bde., Frankfurt/Main 1972, hier Bd. I, S. 312.

3 Adler, Max: »Die Beziehungen des Marxismus zur klassischen deutschen Philosophie«. In: Sandkühler, Hans-Jörg und de la Vega, Rafael: *Austromarxismus.* Frankfurt/Main/Wien 1970, S. 155–190, hier S. 158. Vgl. auch von denselben Herausgebern: *Marxismus und Ethik. Texte zum neukantianischen Sozialismus.* Frankfurt/Main 1970.
4 Vgl. Weber, Hermann: »Einleitung« zu Lenin: *Ausgewählte Schriften.* München 1963, S. 9–70.
5 Ebenda, S. 32.
6 Vor allem Lenins sog. Testament, der »Brief an den Parteitag«, sowie »Lieber weniger, aber besser«. In: Lenin, Wladimir Iljitsch: *Ausgewählte Werke in 3 Bänden.* Bd. III, Berlin (Ost), S. 835–852 und 876–890.
7 Diese Rede und weitere Stellungnahmen der Sozialdemokratie, des sowjetischen Kommunismus und des westlichen Marxismus in: Cerutti, Furio (Hrsg.): *Geschichte und Klassenbewußtsein heute. Diskussion und Dokumentation.* Amsterdam 1971.
8 Vgl. dazu Cerroni, Umberto: *Gramsci-Lexikon. Zum Kennen- und Lesenlernen.* Hamburg 1979. Da die Gefängnishefte noch nicht als ganzes Werk ins Deutsche übertragen worden sind, vgl. auch Gramsci, Antonio: *Marxismus und Kultur. Alltag, Ideologie, Literatur.* Hrsg. von Susanne Kebir, Frankfurt/Main 1982.

Existenz als Thema

1 Franzen, Winfried: *Martin Heidegger.* Stuttgart 1976, S. 39. Gibt einen knappen, vorzüglichen Überblick über das Gesamtthema. Als erste Einführung sei verwiesen auf Biemel, Walter: *Martin Heidegger in Selbstzeugnissen und Bilddokumenten.* Reinbek 1973.
2 Franzen, a. a. O., S. 62.
3 Spiegel-Interview vom 23. September 1966. In: *Der Spiegel.* Nr. 23, 1976, S. 193–219, hier S. 209.
4 Franzen, a. a. O., S. 86 f.
5 Als Einführung vgl. Biemel, Walter: *Jean-Paul Sartre in Selbstzeugnissen und Bilddokumenten.* Reinbek 1964.
6 Vgl. Tilliette, Xavier, und Métraux, Alexandre: »M. Merleau-Ponty: Das Problem des Sinnes«. In: *Grundprobleme, Gegenwart* II, Göttingen ²1981, S. 181–230.

Erkenntnis wird »Bekenntnis«, »Völkische Weltanschauung« oder »Seelenmystik« im Faschismus

1 Theweleit, Klaus: *Männerphantasien.* 2 Bde., Frankfurt/Main 1977.
2 Vgl. Sontheimer, Kurt: *Antidemokratisches Denken in der Weimarer Republik.* Studienaus-

gabe mit einem Ergänzungsteil: »Antidemokratisches Denken in der Bundesrepublik«. München ²1968, bes. S. 41–63; hier S. 54f.
3 Weiß, Johannes: »Max Weber: Die Entzauberung der Welt«. In: *Grundprobleme, Gegenwart* IV, Göttingen 1981, S. 9–45. 4 Zit. nach Poliakov, Léon, u.a.: *Rassismus*. 16 Kapitel zur Anatomie, Geschichte und Deutung des Rassenwahns. Stuttgart 1979, S. 79.
5 Franzen, ebenda, S. 81.
6 Jens, Walter: *Eine deutsche Universität*. 500 Jahre Tübinger Gelehrtenrepublik. München 1977, S. 342.

Stichwörter zur Gegenwart
1 Galtung, Johan: »Struktur, Kultur und intellektueller Stil«. In: *Leviathan*. Zeitschrift für Sozialwissenschaft. Nr. 3/83, Berlin (Opladen), S. 303–338.
2 Austin, John: *Zur Theorie der Sprechakte*. (dt. Bearbeitung von *How to Do Things With Words*). Hrsg. von Eike von Savigny, Stuttgart ²1979, S. 28.
3 Vgl. Schulte, Joachim: »Sprechakte, performative Äußerungen und linguistische Phänomenologie«, Nachwort zu: Austin, John L.: *Wort und Bedeutung*. München 1975, S. 343–360.
4 Marcuse, Herbert: *Der eindimensionale Mensch*. Kap. 7: »Der Triumph des positiven Denkens: eindimensionale Philosophie«. Ausgabe Darmstadt 1970, S. 184–213, hier S. 186.
5 Schulte, a.a.O., S. 358.
6 Stegmüller, Wolfgang: *Hauptströmungen der Gegenwartsphilosophie*. Eine kritische Einführung. Bd. I, Stuttgart ³1965, Bd. II, Stuttgart ⁶1979. Umfassende Darstellung ders.: *Probleme und Resultate der Wissenschaftstheorie und analytischen Philosophie*. 4 Bde., Berlin (West) 1969–73 (auch als Studienausgabe). Vgl. auch: Seiffert, Helmut: *Einführung in die Wissenschaftstheorie*. 3 Bde., München 1983.
7 Kutschera, Franz von: *Nelson Goodman. Das neue Rätsel der Induktion*. In: *Grundprobleme, Gegenwart* III, Göttingen 1975, S. 51–86.
8 Ebenda, S. 74.
9 Descombes, Vincent: *Das Selbe und das Andere*. 45 Jahre Philosophie in Frankreich 1933–1978. Frankfurt/Main 1981, S. 15.
10 Zit. nach Schiwy, Günther: *Der französische Strukturalismus*. Mode, Methode, Ideologie. Mit einem Textanhang. Reinbek 1969, S. 81.
11 Deleuze, Gilles: »Woran erkennt man den Strukturalismus?« In: Châtelet, a.a.O., Bd. VIII, S. 269–302; hier S. 269.
12 Ders.: *Nietzsche und die Philosophie*. München 1976, S. 2.
13 Vgl. Anm. 10. Vgl. dazu auch: ders.: *Kulturrevolution und »Neue Philosophen«*. Reinbek 1978.

14 Levi-Strauss, Claude: »Die Strukturanalyse in der Sprachwissenschaft und in der Anthropologie«. In ders.: *Strukturale Anthropologie*. Frankfurt/Main 1967, S. 43–67; hier S. 66.
15 Ders.: »Der Strukturbegriff in der Ethnologie«. In: Ebenda, S. 299–346; hier S. 322.
16 Foucault, Michel: »Wahrheit und Macht«. In: ders., *Dispositive der Macht*. Über Sexualität, Wissen und Wahrheit. Berlin (West), 1978, S. 21–54; hier S. 53.
17 »Von den Martern zu den Zellen. Ein Gespräch mit R.-P. Droit«. In ders.: *Mikrophysik der Macht*. Über Strafjustiz, Psychiatrie und Medizin. Berlin (West) 1976, S. 41–45; hier S. 45.
18 Baumgartner, Hans Michael/Sass, Hans-Martin: *Philosophie in Deutschland 1945–1975*. Standpunkte. Entwicklungen. Literatur. Meisenheim ³1980.
19 Buhr, Manfred/Klaus, Georg: *Philosophisches Wörterbuch*. Leipzig ¹¹1975, Bd. 2, S. 738 (Stichwort: »Marxismus-Leninismus«).
20 Diese Geschichte wird in beeindruckender Weise dargestellt von Rolf Wiggershaus: *Die Frankfurter Schule*. Geschichtlich-Theoretische Entwicklung – Politische Bedeutung. München 1986.
21 Adorno, Theodor W.: *Ästhetische Theorie*. Hrsg. von Gretel Adorno und Rolf Tiedemann. Frankfurt/Main 1970, S. 285 und 93.
22 Vgl. dazu Lang, Peter Christian: *Hermeneutik-Ideologiekritik-Ästhetik*. Über Gadamer und Adorno sowie Fragen einer aktuellen Ästhetik. Königstein/Ts. 1981.
23 Gadamer, Hans-Georg: »Replik«. In: Apel, Karl-Otto, u.a.: *Hermeneutik und Ideologiekritik*. Frankfurt/Main 1971 u.ö., S. 283–317; hier S. 300.
24 Habermas, Jürgen: »Zu Gadamers ›Wahrheit und Methode‹«. In: ebenda, S. 45–56; hier S. 54.
25 Bloch, Ernst: *Das Prinzip Hoffnung*. 3 Bde, Frankfurt/Main 1970, S. 11.
26 Zitate in Traub, Rainer/Wieser, Harald (Hrsg.): *Gespräche mit Ernst Bloch*. Frankfurt/Main 1975, S. 75, und Münster, Arno: *Tagträume vom aufrechten Gang*. 6 Interviews mit Ernst Bloch. Frankfurt/Main 1977, S. 124.

Lebendige Philosophie: Debatten und Kontroversen der siebziger und achtziger Jahre

1 Ich knüpfe hier weiterführend und modifizierend an die oben [S. 322] vorgetragene Einteilung der Philosophie in Deutschland nach 1945 an. Vgl. auch die Beiträge zur Philosophie in: Wolfgang Prinz/Peter Weingart (Hrsg.): *Die sog. Geisteswissenschaften: Innenansichten*. Frank-

furt/Main 1990, insbesondere den Aufsatz von Herbert Schnädelbach: Deutsche Philosophie seit 1945, S. 403–418; vgl. weiterhin den Aufsatz von Dieter Henrich: Die deutsche Philosophie nach zwei Weltkriegen. In: Ders.: *Konzepte. Essays zur Philosophie in der Zeit.* Frankfurt/Main 1987, S. 44–65.
2 Exemplarisch seien genannt: Joachim Ritter u. a. (Hrsg.): *Historisches Wörterbuch der Philosophie.* Basel 1971 ff.; Hermann Krings, Hans Michael Baumgartner und Christoph Wild (Hrsg.): *Handbuch philosophischer Grundbegriffe.* 6 Bände. München 1973/74; Jürgen Mittelstraß (Hrsg.): *Enzyklopädie Philosophie und Wissenschaftstheorie.* Bisher 2 von 3 Bänden. Mannheim/Wien/Zürich 1980 ff.; vgl. auch die weiterführende Bibliographie [→ S. 555].
3 So verfährt eine kürzlich erschienene Bestandsaufnahme der aktuellen Positionen, ein Interviewband, in dem insgesamt 20 in der Bundesrepublik lehrende bzw. lebende Philosophen zu Wort kommen; vgl. Florian Rötzer (Hrsg.): *Denken, das an der Zeit ist.* Frankfurt/Main 1987.
4 Jürgen Habermas: *Nachmetaphysisches Denken.* Philosophische Aufsätze. Frankfurt/Main 1988, S. 14.
5 Manfred Riedel (Hrsg.): *Rehabilitierung der praktischen Philosophie.* 2 Bände. Freiburg 1972 u. 1974.
6 Herbert Schnädelbach: Deutsche Philosophie seit 1945, a. a. O., S. 416.
7 Karl-Otto Apel/Dietrich Böhler/Gerd Kadelbach (Hrsg.): *Funk-Kolleg Praktische Philosophie/ Ethik: Dialoge.* 2 Bände. Frankfurt/Main 1984; Karl-Otto Apel/Dietrich Böhler u. a. (Hrsg.): *Funk-Kolleg Praktische Philosophie/Ethik.* Reader 1 und Reader 2. Frankfurt/Main 1980 u. 1981.
8 Karl Markus Michel/Tilmann Spengler (Hrsg.): *Kursbuch 60* (Moral). Berlin 1980.
9 Vgl. dazu als wohl brauchbarste Orientierungshilfe Otfried Höffe (Hrsg.): *Lexikon der Ethik.* München ³1986. Eine gut lesbare Übersicht über die Geschichte der Ehtik sowie ihre gegenwärtige Problemstellung gibt Walter Schulz: *Grundprobleme der Ethik.* Pfullingen 1989.
10 Aus der Vielzahl der Veröffentlichungen Apels, Habermas' und ihrer Schüler und Mitarbeiter möchte ich hier folgende hervorheben: Karl-Otto Apel/Dietrich Böhler/Gerd Kadelbach (Hrsg): *Funk-Kolleq Praktische Philosophie/Ethik,* a. a. O.; Jürgen Habermas: *Moralbewußtsein und kommunikatives Handeln.* Frankfurt/Main 1983; Karl-Otto Apel: *Diskurs und Verantwortung.* Das Problem des Übergangs zur postkonventionellen Moral. Frankfurt/Main 1988.
11 Karl-Otto Apel, *Diskurs und Verantwortung,* a. a. O., S. 215.
12 Ebenda, S. 134.
13 Odo Marquard: *Abschied vom Prinzipiellen.* Philosophische Studien. Stuttgart 1981.
14 Ebenda, S. 17.
15 Odo Marquard: *Apologie des Zufälligen.* Stuttgart 1986.
16 Odo Marquard: Über die Unvermeidlichkeit von Üblichkeiten. In: Willi Oelmüller (Hrsg.): *Normen und Geschichte.* Paderborn/München/ Wien 1979, S. 332–342; hier S. 333.
17 Odo Marquard: *Apologie des Zufälligen,* a. a. O., S. 127.
18 Hans Jonas: *Das Prinzip Verantwortung.* Versuch einer Ethik für die technologische Zivilisation. Frankfurt/Main 1985
19 Darauf geht Jonas vor allem in seinem Buch: *Technik, Medizin und Ethik.* Praxis des Prinzips Verantwortung. Frankfurt/Main 1985 ein.
20 Ebenda, S. 297 f.
21 Die ZEIT vom 25. 8. 1989, S. 11.
22 Einen guten Überblick über die Geschichte der Ästhetik mit Originaltexten und kommentierten Literaturhinweisen gibt: Willi Oelmüller/Ruth Dölle-Oelmüller/Norbert Rath: *Diskurs: Kunst und Schönes.* Band 5 der Reihe: Philosophische Arbeitsbücher. Hrsg. von W. Oelmüller und R. Dölle-Oelmüller. Paderborn/München/Wien/ Zürich 1982.
23 Mittlerweile mit anderen Aufsätzen zur Ästhetik in: Rüdiger Bubner: *Ästhetische Erfahrung.* Frankfurt/Main 1989.
24 Ebenda, S. 149 f.
25 Hans Robert Jauß: *Ästhetische Erfahrungen und literarische Hermeneutik.* Frankfurt/Main 1982.
26 Ebenda, S. 88 f.
27 Hans Robert Jauß: Das kritische Potential ästhetischer Bildung. In: Jörn Rüsen/Eberhard Lämmert/Peter Glotz: *Die Zukunft der Aufklärung.* Frankfurt/Main 1988, S. 221–232; hier S. 230.
28 Arthur C. Danto: *Die Verklärung des Gewöhnlichen.* Eine Philosophie der Kunst. Frankfurt/ Main 1984, S. 264.
29 Martin Seel: *Die Kunst der Entzweiung.* Zum Begriff ästhetischer Rationalität. Frankfurt/M. 1985, S. 314.
30 Ebenda, S. 239.
31 Jean-François Lyotard: Beantwortung der Frage: Was ist Postmodern? In: *Tumult.* Zeitschrift für Verkehrswissenschaft. Heft 4. 1982, S. 131–142; hier S. 141 f.
32 Albrecht Wellmer: *Zur Dialektik von Moderne und Postmoderne.* Vernunftkritik nach Adorno. Frankfurt/Main 1985, S. 106.
33 Wolfgang Welsch: *Ästhetisches Denken.* Stuttgart 1990, S. 57.
34 Ebenda, S. 71.

Wegweiser in die Philosophie des Ostens

Zur Umschreibung und Aussprache indischer Laute

Die indischen Wörter werden von den Gelehrten in sehr unterschiedlicher Umschreibung wiedergegeben. Aus Gründen der Vereinheitlichung halten wir uns im folgenden an die Schreibweise Heinrich Zimmers (vgl. Anm. 1).

Konsonanten:
c sprich wie tsch
j sprich wie dsch
jn sprich wie nj
ñ sprich wie spanisch señor
v sprich wie w
y entspricht unserem j (Himalaya)
h hinter Konsonanten ist hörbar (z. B. Bharata, wie in Laubholz)

ṁ und ṅ sind Nasallaute (frz. l'ombre, unser Sang)
Der Zischlaut ś und ṣ, sch wurde nach Zimmers Gepflogenheit wie in seinen früheren Büchern gleichermaßen mit sh umschrieben (Beispiel: Śiva = Shiva, Viṣnu = Vishnu).

Vokale: Sie werden im Allgemeinen wie im Deutschen ausgesprochen. Es gibt langes oder kurzes a, i und u (Länge durch Dehnungszeichen angegeben); e und o sind immer lang.

Die *Betonung* entspricht im allgemeinen den Betonungsregeln des Lateinischen: zweisilbige Wörter werden auf der ersten Silbe betont, mehrsilbige auf der drittletzten, wenn die vorletzte Silbe kurz ist.

Ost und West

1 Zimmer, Heinrich: *Philosophie und Religion Indiens*. Frankfurt/Main 1973, S. 21f. Vgl. dazu auch ders.: *Indische Mythen und Symbole*. Düsseldorf/Köln 1972.
2 Schopenhauer, Arthur: »Einiges zur Sanskritliteratur«. In ders.: *Parerga und Paralipomena*. Kleine philosophische Schriften Bd. II. Darmstadt 1976, S. 467–476; hier S. 469.
3 Löwith, Karl: Bemerkungen zum Unterschied von Orient und Okzident.« In ders.: *Weltgeschichte und Heilgeschehen*. Zur Kritik der Geschichtsphilosophie. = *Sämtl. Schriften* Bd. II, Stuttgart 1983, S. 571–601; hier S. 572. Vgl. dazu auch Halbfaß, Wilhelm: »Indien und die Geschichtsschreibung der Philosophie«. In: *Philosophische Rundschau*. 23. Jg., Tübingen 1976, S. 104–131; hier S. 124.
4 Habermas, Jürgen: *Theorie des kommunikativen Handelns*. Bd. II, Frankfurt/Main 1981, S. 589.

Indien: Das Abenteuer der Suche nach dem Selbst

1 Vgl. Anm. 1 sowie Hertel, Johannes: *Indische Märchen*. Frankfurt/Main 1970 u. ö. (Taschenbuch). Weitere Standardliteratur: Glasenapp, Helmut: *Die Philosophie der Inder*. Stuttgart 1949 u. ö.; Frauwallner, Erich: *Geschichte der indischen Philosophie*. 2 Bde., Salzburg 1953; Becher, Heinz/Simson, Georg von: *Einführung in die Indologie*. Stand-Methoden-Aufgaben. Darmstadt 1979; Schneider, Ulrich: *Einführung in den Buddhismus*. Darmstadt 1980.
2 Zum folgenden vgl. Zimmer, a.a.O., S. 44–50.
3 Ebenda, S. 86.
4 Rothermund, Dietmar: *Grundzüge der indischen Geschichte*. Darmstadt 1976. Embree, Ainslee T./Wilhelm, Friedrich: *Indien* (Fischer Weltgeschichte). Frankfurt/Main [5]1982.
5 *Gedichte aus dem Rig-Veda*. Aus dem Sanskrit übertragen und erläutert von Paul Thieme, Stuttgart 1964, S. 52.
6 Wir folgen hier Schneider, Ulrich: *Einführung in den Buddhismus*, a.a.O., S. 56ff.
7 Vgl. dazu: *Upanishaden*. Ausgewählte Stücke. Aus dem Sanskrit übertragen und erläutert von Paul Thieme, Stuttgart 1966, S. 53.
8 Zimmer, a.a.O., S. 79.
9 *Reden des Buddha*. Aus dem Pāli-Kanon übersetzt von Ilse-Lore Gunser. Stuttgart 1983, S. 49–51.
10 Zimmer, a.a.O., S. 435.
11 Wir folgen hier Schneider, a.a.O., S. 112f. Zum folgenden vgl. ebenda, S. 37–46.
12 Vgl. Tielsch, Elfriede Walesca: »Die Philosophin. Geschichte und Ungeschichte ihres Berufsstandes seit der Antike«. In: *Was Philosophinnen denken*. Eine Dokumentation. Hrsg. von Helina Bendkowski und Brigitte Weishaupt. Zürich 1983, S. 309–328; hier S. 311.
13 Vgl. Percheron, Maurice: *Buddha*. Zuletzt Reinbek 1982; dort auch ausführliche Literaturhinweise. Dumoulin, Heinrich (Hrsg.): *Buddhismus der Gegenwart*. Freiburg 1970. Frauwallner, Erich: *Die Philosophie des Buddhismus*. Berlin (Ost) [2]1958.
14 Rothermund, a.a.O., S. 34.
15 Zimmer, a.a.O., S. 255. Zur Geschichte der Systeme vgl. die ausführliche Darstellung bei Frauwallner, *Geschichte der indischen Philosophie*, a.a.O.
16 Zimmer, a.a.O., S. 285f. Auch das folgende Zitat in der Übersetzung von Zimmer, S. 258.
17 Zit. nach Glasenapp, a.a.O., S. 127. Vgl. auch ders.: »Der altindische Materialismus«. In: ders.: *Ausgewählte kleine Schriften*. Hrsg. von Heinz Bechert und Volker Moeller, Wiesbaden 1980, S. 478–486; sowie Riepe, Dale: *The Naturalistic Tradition in Indian Thought*. Seattle 1961.

18 Zimmer, a.a.O., S. 530.
19 Ebenda, S. 512.
20 Halbfaß, a.a.O., S. 115f.
21 Ebenda, bezogen auf Radhakrishna.
22 Bhagwan Shree Rajneesh: *Meditation. Die Kunst, zu sich selbst zu finden.* München ⁶1983, bes. S. 230–246: »Von Bhagwan Shree entwickelte Techniken«; hier S. 230ff.

Yin und Yang, »einander entgegengesetzt, einander ergänzend«.
Die Ordnung der Welt im chinesischen Denken

Zur Aussprache:
Wie beim Indischen, werden auch die Laute des Chinesischen von den Gelehrten sehr unterschiedlich wiedergegeben. Die Umschreibung folgt hier weitgehend der am weitesten verbreiteten englischen Transkription. Als Grundregel gilt danach, daß die Vokale wie im Deutschen und die Konsonanten wie im Englischen auszusprechen sind. Einige Besonderheiten:
ei   = geschlossenes e (wie in »Tee«)
u und i vor folgendem Vokal sind halbvokalisch (z.B. Kuang sprich etwa wie »Kwang«, lien sprich etwa wie »ljen«)
ch   = (ähnlich wie deutsch »tsch«)
h   = (ähnlich wie ch in »ach«)
ts   = (wie z in »Zug«)
Bei den Personennamen gibt stets die erste Silbe (in wenigen Fällen sind es die beiden ersten, durch Bindestrich verbundenen Silben) den Familiennamen wieder. Die nachstehenden Vornamen sind entweder ein- oder zweisilbig; im letzteren Fall werden sie durch Bindestrich verbunden. Zur Aussprache einiger Namen (die Silbe »tzu«, »Meister«, wird kaum betont):
Chuang-tzu   = Tschuáng Dse
Lao-tzu   = Láu Dse
Tao-tê-king   = Dau dê djing (»dê« wie »Mandel«)
t'ien   = tiän (der Himmel)
Eine gut zugängliche Übersetzung von Grundtexten der chinesischen Philosophie bietet die Kassetten-Ausgabe des Diederichs Verlags: *Die Philosophie Chinas,* Köln 1982. Sie enthält die Bände *I Ging, Das Buch der Wandlungen;* Kungfutse (Kung-tzu): *Gespräche;* Laotse (Lao-tzu): *Tao-tê-king;* Mong Dsi (Mo-tzu): *Die Lehrgespräche des Meisters Meng K'o;* Dschuang-Dsi (Chuang-tzu): *Das wahre Buch vom südlichen Blütenland.* Die Übersetzung von Richard Wilhelm war damals epochemachend; heute ist sie natürlich vielfach problematisch. Für das *Tao-tê-king* sollte man in jedem Falle die moderne Übersetzung in der Reclam Ausgabe (Anm. 13) hinzuziehen. Übrigens war R. Wilhelm vor dem Ersten Weltkrieg als protestantischer Missionar nach Peking gegangen; nach Deutschland zurückgekehrt, war er dann gleichsam Missionar in Sachen chinesischer Philosophie.

1 Spengler, Tilman: »Die Entdeckung der chinesischen Wissenschafts- und Technikgeschichte«. In: Needham, Joseph: *Wissenschaftlicher Universalismus. Über Bedeutung und Besonderheit der chinesischen Wissenschaft.* Hrsg. von T. Spengler, Frankfurt/Main 1977, S. 7–52; hier S. 29.
2 Zit. nach Reichwein, Adolf: *China und Europa. Geistige und künstlerische Beziehungen im 18. Jahrhundert.* Berlin 1923, S. 99f.
3 Waley, Arthur: *Lebensweisheit im alten China.* Hamburg 1947, S. 133. Vgl. dazu die Einleitung von A. Reichwein: »Das Verhältnis der jungen Generation von heute zur Weisheit des Ostens«. In: *China und Europa,* a.a.O., S. 7–17.
4 Granet, Marcel: *Das chinesische Denken. Inhalt Form Charakter.* München 1963. Needham, Joseph: *Science and Civilisation in China.* 10 Bde., Cambridge 1954ff. Eine deutsche Auswahl von Aufsätzen enthält der in Anm. 1 genannte Band *Wissenschaftlicher Universalismus.*
5 Franke, Herbert/Trauzettel, Rolf: *Das chinesische Kaiserreich.* Frankfurt/Main 1968 (Fischer Weltgeschichte Bd. 19). Für das 20. Jahrhundert vgl. Bianco, Lucien: *Das moderne Asien.* Frankfurt/Main 1969 (Fischer Weltgeschichte Bd. 33). Juttka-Reisse, Rosemarie: *Geschichte und Struktur der chinesischen Gesellschaft.* Stuttgart-Bad Cannstatt 1977. Bauer, Wolfgang: *China und die Hoffnung auf Glück.* München 1974. Schleicher, Hubert: *Klassische chinesische Philosophie.* Eine Einführung. Frankfurt/Main 1980. Guter, Josef: chinesische *Märchen.* Frankfurt/Main 1973. Baar, Adrian: *Erotische Geschichten aus China.* Mit sechs Brautbildern. Frankfurt/Main 1978. Ders., chinesische *Gespenstergeschichten.* Frankfurt/Main 1975. *Die Räuber von Liang Schan Moor.* Aus dem Chinesischen von Franz Kuhn. Frankfurt/Main 1980.
6 Vgl. dazu Juttka-Reisse, *Geschichte,* a.a.O., S. 73.
7 Übersetzt nach Needham, *Science,* a.a.O., Bd. II, 1956, S. 303.
8 Franke/Trauzettel, a.a.O., S. 57.
9 Grimm, Tilemann: *Meister Kung. Zur Geschichte der Wirkungen des Konfuzianismus.* Opladen 1976, S. 11.
10 Vgl. Forke, Alfred: *Geschichte der alten chinesischen Philosophie.* Hamburg ²1964, S. 555–564.
11 Franke/Trauzettel, a.a.O., S. 57.
12 Grimm, a.a.O., S. 16.
13 Debon, Günther: »Einleitung« zu: Lao-Tse: *Tao-Tê-King. Das Heilige Buch vom Weg und von der Tugend.* Stuttgart ²1979, S. 3–21, hier S. 12.
14 Zit. nach Bauer, a.a.O., S. 99.
15 *China-Handbuch.* Hrsg. von Wolfgang Franke. Düsseldorf 1974, Spalte 733 (Stichwort: »Legalismus«).

16 Chang, Jolan: *Das Tao der Liebe*. Unterweisungen in altchinesischer Liebeskunst. Reinbek 1978. Vgl. auch Colegrave, Sukie: *Yin und Yang*. Frankfurt/Main 1984 (ein gut lesbarer Versuch einer Synthese von westlicher Psychologie und östlichem Denken).
17 Bauer, a.a.O., S. 62. – Im folgenden wird für das *Tao-tê-king* die Reclam-Ausgabe zugrundegelegt.
18 Gellert, Béky: *Die Welt des Tao*. Freiburg/München 1972, S. 187.
19 Franke/Trauzettel, a.a.O., S. 310.
20 *China-Handbuch*, a.a.O., Stichwort »Konfuzianismus«, Spalte 663.
21 Schickel, Joachim: *Konfuzius. Materialien zu einer Jahrhundert-Debatte*. Frankfurt/Main 1976.
22 Vgl. den Artikel »Marxismus-Leninismus« im *China-Handbuch*, a.a.O., Spalte 834–843; ferner auch die Artikel »Mao Tse-Tungs Gedanken« (Spalte 820–829) und »Große Proletarische Kulturrevolution« (Spalte 459–466).
23 »Mao Tse-Tungs Gedanken«, in: *China-Handbuch*, a.a.O., (Spalte 821).
24 Vgl. Kramers, Robert P.: *Konfuzius. Chinas entthronter Heiliger?* Bern 1979, hier S. 23. Mao Tse-tung: »Dreimal praktische Philosophie«. (= Auszüge aus einer Ansprache 1965). In ders.: *Über die Revolution. Ausgewählte Schriften*. Hrsg. von Tileman Grimm. Frankfurt/Main 1971, S. 393–398; hier S. 397.

In den Gärten des Zen
1 Reps, Paul: *Ohne Worte – ohne Schweigen. 101 Zen-Geschichten und andere Zen-Texte aus vier Jahrtausenden*. München-Planegg 1976, S. 21.
2 Vgl. Hall, John Whitney: *Das japanische Kaiserreich*. Fischer Weltgeschichte Bd. 20, Frankfurt/Main 1968, S. 62.
3 Ebenda, S. 179.
4 Vgl. *Japan-Handbuch*. Hrsg. von Horst Hammitzsch. Wiesbaden 1981, Stichwort »Gegenwartsphilosophie«, Spalte 1342–1347.
5 Vgl. das höchst interessante Büchlein von Roland Barthes: *Das Reich der Zeichen*. Frankfurt/Main 1981; hier S. 100.
6 Dumoulin, Heinrich (Hrsg.): *Mumonkan. Die Schranke ohne Tor*. Meister Wu-men's Sammlung der 48 Koan. Mainz 1975, hier S. 38 u. 169.
7 Bhangwan Shree Rajneesh: *Das Klatschen der einen Hand*. Zürich 1983, Einleitung.
8 Schinzinger, Robert: »Das Bild des Menschen in der japanischen Tradition und Vorkriegsphilosophie«. In: Gadamer, Hans Georg/Vogler, Paul (Hrsg.): *Neue Anthropologie*. Bd. 6 (= Philosophische Anthropologie), Stuttgart 1975, S. 182–205; hier S. 196.
9 Munsterberg, Hugo: *Zen-Kunst*. Köln 1978.
10 Herrigel, Eugen: *Zen in der Kunst des Bogenschießens*. München-Planegg 1951.
11 Vgl. Fromm, Erich/Suzuki, Daisetz Teitaro/de Martino, Richard: *Zen-Buddhismus und Psychoanalyse*. Frankfurt/Main 1976.

EINFÜHRENDE BIBLIOGRAPHIE

1. Philosophiegeschichten

Bubner, R. (Hrsg.): Geschichte der Philosophie in Text und Darstellung. 8 Bde. Stuttgart 1978 ff.
Cassirer, E.: Das Erkenntnisproblem in der Philosophie und Wissenschaft der neueren Zeit. 4 Bde. Frankfurt/M. 1911.
Flasch, K.: Das philosophische Denken im Mittelalter. Von Augustin zu Machiavelli. Stuttgart 1986.
Hoerster, N. (Hrsg.): Klassiker des philosophischen Denkens. 2 Bde. München 1982.
Nida-Rümelin, J. (Hrsg.): Philosophie der Gegenwart in Einzeldarstellungen. Von Adorno bis v. Wright. Stuttgart 1991.
Röd, W. (Hrsg.): Geschichte der Philosophie. 12 Bde. München 1976 ff.
Schnädelbach, H.: Philosophie in Deutschland 1831–1933. Frankfurt/M. 1983.
Schulz, W.: Philosophie in der veränderten Welt. Pfullingen 1972.
Spierling, V. (Hrsg.): Die Philosophie des 20. Jahrhunderts. München u. a. 1986.
Störig, H. J.: Kleine Weltgeschichte der Philosophie. 11. Aufl. Stuttgart 1970.
Ueberweg, F.: Grundriß der Geschichte der Philosophie (Nachdruck). 5 Bde. Basel 1953.
Ders.: Grundriß der Geschichte der Philosophie (gänzlich neu bearbeitete Ausgabe), Basel/Stuttgart 1983 ff.
Vorländer, K.: Geschichte der Philosophie mit Quellentexten. 3 Bde. Reinbek bei Hamburg 1990.
Windelband, W.: Lehrbuch der Geschichte der Philosophie. 15. Aufl. Tübingen 1957.

2. Einführungen

Höffe, O. (Hrsg.): Klassiker der Philosophie. 2 Bde. München 1981.
Martens, E./Schnädelbach, H. (Hrsg.): Philosophie – Ein Grundkurs. Reinbek bei Hamburg 1985.
Oelmüller W./Dölle R. u. a. (Hrsg.): Philosophische Arbeitsbücher. Paderborn 1977 ff.
Speck, J. (Hrsg.): Grundprobleme der großen Philosophen. 8 Bde. Göttingen 1972 ff.
Stegmüller, W.: Hauptströmungen der Gegenwartsphilosophie. 4 Bde. Stuttgart 1976.
Weischedel. W.: Die philosophische Hintertreppe. 34 große Philosophen in Alltag und Denken. München 1966.

3. Wörterbuch und Lexika

Baumgartner, H. M. u. a.: Handbuch philosophischer Grundbegriffe. 6 Bde. München 1973 ff.
Hoffmeister, J. (Hrsg.): Wörterbuch der philosophischen Begriffe. 2. Aufl. Hamburg 1988.
Hügli, A./Lübcke, P. (Hrsg.): Philosophielexikon. Personen und Begriffe der abendländischen Philosophie von der Antike bis zur Gegenwart. Reinbek bei Hamburg 1991.
Metzler Philosophen Lexikon. Hrsg. v. B. Lutz. Stuttgart 1989.

Mittelstraß, J. (Hrsg.): Enzyklopädie Philosophie und Wissenschaftstheorie. 3 Bde. Mannheim/Wien/ Zürich 1980 ff.

Ritter, J./Gründer, K. (Hrsg.): Historisches Wörterbuch der Philosophie. Darmstadt/Basel 1971 ff.

Sandkühler, H. J. (Hrsg.): Europäische Enzyklopädie zur Philosophie und Wissenschaftstheorie, 3 Bde. Hamburg 1990.

Schmidt, H.: Philosophisches Wörterbuch. Neubearb. v. G. Schischkoff. 21. Aufl. Stuttgart 1982.

Volpi, F./Nida-Rümelin, J. (Hrsg.): Lexikon der philosophischen Werke. Stuttgart 1988.

PERSONEN- UND WERKREGISTER

Abaelard, Peter 92f., 97, 135
Adler, Max *392*
Adorno, Theodor W. 135, 291, 405, 436, *438ff.*, 447, 465, 468f., 472, 476, 479ff.
– Jargon der Eigentlichkeit 405
– Philosophie der neuen Musik 440
– Noten zur Literatur 440
– Negative Dialektik 441
– Ästhetische Theorie 441
Aischylos 14
Al-Fārābi 95
Al-Ghāzali 95f.
Albert, Hans 442
Alberti, Leone Battista 117, 119
Albertus Magnus *96ff.*, 104
Alexander von Hales 96
Alhazen 95
Alkidamas 20
Alkuin 88
Althusser, Louis 429, 448
Ambrosius 78, 80
Ammianus Marcellinus 77
Anaxagoras *10*, 16, 61
Anaxarch 62
Anaximander *4*, 404
Anaximenes *4*
Andreae, Johann Valentin 131
Andronikus 43, 53
Annenkow, Paul 322
Anselm von Canterbury *91*, 100
Anselm von Laon 92
Antiphon 19
Antisthenes 23
Apel, Karl-Otto 367, 448, *453ff.*, 477
Ariès, Philippe 225
Aristarch von Samos 138
Aristipp 23
Aristides von Athen 75
Aristophanes 20, 23, 28
Aristoteles 2, 3, 4, 5, 20, 21, 31 *38ff.*, 55, 69, 86, 90, *93ff.*, 97, 98, 101, 105, 107, 109, 121, 133, 136ff., 142, 145, 176, 187, 245, 254, 311, 365, 374, 389, 401, 451, 464, 478, 485
– Organon 41, 48, 152
– Metaphysik 41, 43ff., 153
– Nikomachische Ethik 41, 49f.
– Poetik 41, 50f.
– Politik 41, 50f., 107
Arius 77
Arnauld, Antoine 184
Augustinus 76, *78ff.*, 88, 91, 124f., 135
– Bekenntnisse 79ff., 84
– Über den Gottesstaat gegen die Heiden 84ff.
Aurobindo, Sri 510
Austin, John Langshaw *418ff.*, 454
Avenarius, Richard 302, 395
Averroes 95, 98ff.
Avicenna 93, *95*, 99, 148

Bacon, Francis 13, 47, 132, *152ff.*, 183, 184, 188, 217, 297
– Neu-Atlantis 155, 157
– Neues Organon 152f., 155
– Über die Würde und den Fortgang der Wissenschaften 153
– Essays oder praktische und moralische Vorschläge 154f.
Baeumler, Alfred 415
Bakunin, Michail 317, *336f.*
Barth, Karl 410
Barthes, Roland *428*
– Mythen des Alltags 428
– Lektion 428
Basilius 77
Baudelaire, Charles 114, 476
Bauer, Bruno 311, 312, 321
Bauer, Otto 392
Baumgarten, Alexander Gottlieb 158, 262, 464
Bayle, Pierre 176, *211ff.*
– Historisches und Kritisches Wörterbuch 211f.

Beauvoir, Simone de *407*
– Das andere Geschlecht 407
Beccaria, Cesare 229ff., *231f.*
Beckett, Samuel 441
Beda Venerabilis 88
Benedikt von Nursia 87
Benjamin, Walter 338, 437
Benn, Gottfried 414
Bentham, Jeremy 300, 452
Berg, Alban 440
Bergson, Henri 363
Berkeley, George *196ff.*
– Philosophisches Tagebuch 196
– Versuch einer neuen Theorie der Gesichtswahrnehmung 196
– Abhandlung über die Prinzipien der menschlichen Erkenntnis 196f.
Bernhard von Clairvaux 93, 96, 108f.
Bernstein, Eduard *391*
Beuys, Joseph 465
Bhagwan Shree Rajneesh 510f.
Bienek, Horst 336
Bloch, Ernst 106, 109, 130, 131, 145, 235, 280, 396, 436, *444ff.*, 447
– Prinzip Hoffnung 130, 445
– Tübinger Einleitung in die Philosophie 444
– Geist der Utopie 445
– Atheismus im Christentum 446
– Experimentum mundi 446
Boccaccio, Giovanni 117
Bodin, Jean 160ff.
Bodhidharma 536
Böhme, Jakob 113, *149f.*, 485
Bohr, Niels 376
Boisserée, Sulpiz und Melchior 285
Bonaventura 98, *110*
Bonifatius 88
Borkenau, Franz 169, 179, 181, 202, 277

Bosch, Hieronymus 430
Boëthius 64, 69, 90, 98
Botticelli, Sandro 122
Bradley, Francis Herbert 381
Boyle, Robert 137, 187
Brahe, Tycho 140f., 146
Brant, Sebastian 123
Braque, Georges 379
Broglie, Louis-Victor de 376
Brueghel, Pieter d. Ä. 159, 430
Bruni, Leonardo 118
Bruno, Giordano 130, 140, *151f.*
Buber, Martin 410
Bubner, Rüdiger 467 ff.
Buddha (= Gautama Siddharta) 485, f. 497 ff., 508, 537 f., 540 f.
Büchner, Georg 305, 361
Buffon, Georges Louis Leclerc, Grav von 216
Burckhardt, Jacob 117, 361
Busch, Wilhelm 341, 490

Cabet, Etienne 305, 320
Calvin, Johann *127*, 140, 220
Campanella, Tomasso *130f.*
Camus, Albert 400, 448
Carnap, Rudolf 189, 381, *384f.*, 407, 422
– Scheinprobleme in der Philosophie 385
– Die logische Syntax der Sprache 385
– Der logische Aufbau der Welt 381, 385
Cassiodor 87
Cassirer, Ernst 217, *360ff.*, 387
Cézanne, Paul 404
Chamberlain, Houston Stewart 413
Chao-chou 538 f.
Cherbury, Edward Herbert 201
Chodowiecki, Daniel 261
Christus s. Jesus von Nazareth
Chrysippos 56
Chrysoloras, Manuel 120
Chuang-tzu 526, 529
– Das wahre Buch vom südlichen Blütenland 526 f., 528 f.
Chu-Hsi *531*
Cicero, Marcus Tullius 63, 80, 135

Clemens von Alexandrien 75 ff.
Cohen, Hermann 359 f.
Colet, John 123
Colli, Giorgio 347
Collins, Anthony 205
Columban 88
Comte, Auguste *296ff.*, 302, 305, 314
– Cours de philosophie positive 298
– Rede über den Geist des Positivismus 297
– Plan der wissenschaftlichen Arbeiten, die für eine Reform der Gesellschaft notwendig sind 296
– Catéchisme positiviste 298
Condillac, Etienne Bonnot de 218, 220
Condorcet, Marie J. de 219
Cornelius, Hans 302
Croce, Benedetto *368ff.*, 399

D'Alembert, Jean le Rond 203 f., 216 f., 223
Dante, Alighieri 102
Danto, Arthur C. 471 ff.
Darwin, Charles 144, *301f.*, 377, 432
– Die Entstehung der Arten durch natürliche Zuchtwahl 301
– Die Abstammung des Menschen 301
Davy, Humphry 294
Defoe, Daniel 128, 206
Delaunay, Robert 380
Deleuze, Gilles 425 f.
Demokrit *12*, 18, 44, 57, 59, 316
Derain, André 379
Derrida, Jacques 425, 448, 476, *478f.*
Descartes, René 158, *165ff.*, 172 f., 176 f., 197, 218, 249, 365, 404, 424, 437
– Discours de la méthode pour bien conduire sa raison et chercher la vérité dans les sciences 165 f., 169
– Méditationes de prima philosophia 167 f.

Descombes, Vincent 425
Dewey, John 363, *367*, 424, 473
Dézamy, Théodore 305
Diagoras 17
Dionysos von Areopag 87 f., 120
Diderot, Denis *216ff.*, 220, 222
Dilthey, Wilhelm 295, 358 f., 442
Diogenes Laërtius 16, 57, 60, 62, 349
Diogenes von Sinope 24
Dion 37
Dōgen 537
Droysen, Johann Gustav 361
Dsi Lu 522
Duchamps, Marcel 471
Dühring, Karl Eugen 333
Duns Scotus, Johannes *103ff.*

Eccles, John 386
Eichendorff, Joseph Freiherr von 441
Einstein, Albert 145, 373, *375ff.*, 384, 415
Eisei 537
Empedokles *10*, 32
Epiktet 56 ff.
Engels, Friedrich 174, 304, 308, 311, 314 f., *320ff.*, 331 ff., 391, 394 f., 533
– Die Entwicklung des Sozialismus von der Utopie zur Wissenschaft 308, 332
– Herrn Eugen Dührings Umwälzung der Wissenschaft 333, 394
– Dialektik der Natur 333
– Umrisse einer Kritik der Nationalökonomie 320
– Der Ursprung der Familie, des Privateigentums und des Staates 332
– Ludwig Feuerbach und der Ausgang der klassischen deutschen Philosophie 332
– Die Heilige Familie oder Kritik der kritischen Kritik. Gegen Bruno Bauer & Consorten 320, 321
– Die Deutsche Ideologie 321, 326, 333, 336

– Manifest der Kommunistischen Partei 323, 331, 337, 391
Epikur 12, *57ff.*, 130, 316, 446
Erasmus, Desiderius (= E. von Rotterdam) 123 ff., 128
Erdmann, Johann Eduard 310
Erhard, Johann Benjamin 235, 239
Ernst, Max 262, 380
Eudemos 40
Euklid 144, 172, 375
Euler, Leonhard 274
Euripides 11, 14

Faraday, Michael 294
Feuerbach, Ludwig 308, 311, *312ff.*, 318, 321, 340, 395
– Das Wesen des Christentums 313
– Gedanken über Tod und Unsterblichkeit 312
– Zur Kritik der Hegelschen Philosophie 313
– Grundsätze der Philosophie der Zukunft 314
Fichte, Johann Gottlieb 245, 248, *266ff.*, 273, 275, 370, 448, 458
Ficino, Marsilio 120 ff.
Fielding, Henry 206
Filangieri, Gaetano 230, 232
Filmer, Robert 192
Fischer, Kuno 311
Flachsland, Caroline 142
Ford, Henry 373
Forster, Georg 239
Foucault, Michel 147, 218, 424 f., *429*, 448, 476, 504
– Les mots et les choses 424, 429, 431
– Wahnsinn und Gesellschaft 429
– Geburt der Klinik 429
– Überwachen und Strafen 429, 431
– Sexualität und Wahrheit 429
Fourier, Charles 132, *305ff.*, 314
– Le Nouveau Monde industriel et sociétaire 308
Frankenberg, Abraham von 150

Franz von Assisi 108
Frege, Johann Gottlob 386
Freud, Sigmund 174, 208, 301, 373, *376f.*, 407, 426, 429, 485, 511, 541
– Die Traumdeutung 377 f.
– Selbstdarstellung 377
Fries, Jakob Friedrich 358
Fromm, Erich 437

Gadamer, Hans-Georg 360, 408, 435, *443*, 447, 453, 465, 468, 472
– Wahrheit und Methode 443
Galen 148
Galiani, Ferdinando 232
Galilei, Galileo 46, 130, 137, 140, *142ff.*, 153, 163 f., 167, 297
Galluppi, Pasquale 368
Galtung, Johann 415
Galvani, Luigi 274
Gama, Vasco da 118, 492
Gandhi, Mahatma 510
Gans, Eduard 310
Garbo, Greta 428
Gassendi, Pierre 183
Gast, Peter 357
Gellert, Christian Fürchtegott 234
Genovesi, Antonio 230
Gentile, Giovanni 368 f., *370ff.*, 413
Giannone, Pietro 183, 230
Gilbert, William 154
Gi Lu 520 f.
Gioberti, Vincenzo 368
Giotto di Bondone 102
Gobineau, Joseph Arthur de 413
Goethe, Johann Wolfgang von 24, 175, 232, 238, 242, 267, 273 f., 301 f., 332, 409 f., 413 f., 505
– Geschichte der Farbenlehre 24
– Die Leiden des jungen Werther 222, 238
– Wilhelm Meisters Lehrjahre 271
– Faust 174, 445
Goodman, Nelson *420ff.*, 448, 471, 473

Gorgias von Leontinoi *16*
Gottfried von Straßburg 113
Gottsched, Johann Christoph 211
Gramsci, Antonio 371, 391, 396, *398f.*, 448
Granet, Marcel 514, 518, 530
Gregor von Nazianz 77
Gregor von Nyssa 77
Grimm, Jakob und Wilhelm 2
Groethuysen, Bernhard 228
Grosseteste, Robert 104
Grotius, Hugo 160 ff., 184
Gutenberg, Johannes 118

Habermas, Jürgen 163, 389, 442, 448, *453ff.*, 477 ff., *487*
– Strukturwandel der Öffentlichkeit 163
– Der philosophische Diskurs der Moderne 479
Haeckel, Ernst 302
Hakuin 538
Hamann, Johann Georg 235, *240ff.*, 266
– Sokratische Denkwürdigkeiten 240 f.
– Gedanken über die Nachahmung der griechischen Werte in der Malerei und Bildhauerkunst 241 f.
Han fei-tzu 524 f.
Händel, Georg Friedrich 205
Harvey, William 137, 154
Havemann, Robert 434
Haym, Rudolf 286
Heckel, Erich 379
Hegel, Georg Wilhelm Friedrich 8, 13, 22 f., 38, 40, 43, 53, 62, 69, 113, 115, 151, 156, 158, 162, 168, 187, 197, 235, 242, 245 f., 248, 261, 268 ff., *276ff.*, 309 ff., 318 f., 338, 345, 350, 368 ff., 386, 391 f., 395, 397, 405, 440, 442, 446, 448 f., 451, 464, 468, 472, 486, 491
– Phänomenologie des Geistes 42, 156, 276, 280 ff., 286, 319, 405, 446
– Wissenschaft der Logik 284 f., 333
– Differenz des Fichteschen

und Schellingschen Systems der Philosophie 280
- Über den Vortrag der Philosophie auf Gymnasien 284
- Vorlesungen über die Ästhetik 290
- Vorlesungen über die Philosophie der Religion 290f.
- Vorlesungen über die Geschichte der Philosophie 290, 292
Heidegger, Martin 372, *400ff.*, 408f., 410, 414, 435, 447f., 454, 460, 476, 478, 486
- Sein und Zeit *401f.*, 405
- Was ist Metaphysik 403
- Brief über den Humanismus 403
Heine, Heinrich 246, 248, 270, 276, 309f., 317, 331
- Geschichte der Religion und Philosophie in Deutschland 276, 309
Heisenberg, Werner 376
Hekataios 5
Helmholtz, Hermann von 302
Hempel, Carl Gustav 417
Heraklit *6*, 17, 404
Herbart, Johann Friedrich 358
Herder, Johann Gottfried 240, *242ff.*, 266, 409, 513
- Abhandlung über den Ursprung der Sprache 243
- Auch eine Philosophie der Geschichte zur Bildung der Menschheit 243
- Ideen zur Philosophie der Menschheit 244
- Briefe zur Beförderung der Humanität 244
Herwegh, Georg 317
Hesiod 3
Heß, Moses 311, 312, 317
Hesse, Hermann 487
Hieronymus 78
Hilarius 99
Hildegard von Bingen 109f.
Hippodamus von Milet 20
Hippokrates 14, 148
Hitler, Adolf 412
Hobbes, Thomas *160ff.*, 172f., 181, 192, 196, 206, 224
- Leviathan 164f.

Hofmann, Werner 305, 379
d'Holbach, Paul Heinrich Dietrich 219, 226
Holz, Hans Heinz 178
Homer 1, 2, 26, 57, 76, 185
- Ilias 1, 2, 492
- Odyssee 1, 3, 492
Horaz 53, 135, 216
Horkheimer, Max 167, 398, *436*, 444, 447
- Traditionelle und kritische Theorie 437
- Dialektik der Aufklärung (in Zus. mit Th. W. Adorno) 157, 438f.
- Die Sehnsucht nach dem ganz Anderen 436
- Zur Kritik der instrumentellen Vernunft 439
Hölderlin, Friedrich 69, 272, 278
Hrabanus Maurus 88
Hsün-tzu 522ff.
Hui-neng 537
Huizinga, Johan 118
Humboldt, Alexander Freiherr v. 268, 361
Hume, Daniel *198ff.*, 213, 221, 250f., 299, 420
- An Enquiry Concerning Human Understanding 198ff., 250
- History of England 198, 202, 213
- A Treatise of Human Nature 198, 202
Husserl, Edmund *400*, 408, 460
Hutten, Ulrich von 118
Huxley, Aldous 128, 132
Huygens, Christiaan 137, 145
Hypatia 485

Ibsen, Henrik 346
Irenäus 76
Isidor von Sevilla 86

Jachmann, R. B. 247
Jacobi, Friedrich Heinrich 242, 266
Jacobson, Roman 428
Jaina 344
Jamblichos 69

James, William 363
Jaspers, Karl *408*, 435, 447
Jauß, Hans-Robert *468f.*, 473
- Ästhetische Erfahrung und literarische Hermenutik 468
Jean Paul 270
Jens, Walter 348, 415
Jesus von Nazareth *70ff.*, 77, 84, 93, 108, 182, 497, 502, 530
Jittoku 540
Joachim von Fiore 107, 126
Johannes 74, 84
Jonas, Hans *460ff.*
- Das Prinzip Verantwortung 460
Jung, Carl Gustav 3, 487
Justinus 76

Kafka, Franz 529
Kandinsky, Wasslly 373, 379, 465
K'ang Yu-wei 532
Kant, Immanuel 92, 143, 145, 189, 204, 235, 239, *245ff.*, 266f., 272, 275, 285, 289, 301, 340, 358f., 366, 374, 390, 392, 424, 442f., 448, 452, 454, 464, 467f., 477f.
- Beantwortung der Frage: Was ist Aufklärung? 204, 235, 248
- Kritik der reinen Vernunft 245, 247f., *250ff.*, 258f., 269, 362
- Kritik der praktischen Vernunft 248, 258, 260
- Kritik der Urteilskraft 249, 262, 291
- Prolegomena zu einer jeden künftigen Metaphysik, die als Wissenschaft wird auftreten können 247f.
- Grundlegung zur Metaphysik der Sitten 248, 258
- Die Metaphysik der Sitten 248, 263
- Die Religion innerhalb der Grenzen der bloßen Vernunft 248, 264
- Zum ewigen Frieden 248, 265
- Idee einer allgemeinen Ge-

schichte in weltbürgerlicher
Absicht 248, 265
– Streit der Fakultäten 265
– Allgemeine Naturgeschichte
und Theorie des Himmels
247, 249
– Träume eines Geistersehers,
erläutert durch Träume der
Metaphysik 249
Kanzan 540
Kautsky, Karl 391
Kepler, Johannes 138, *141f.*,
151, 297
Kierkegaard, Sören 179, 182,
338, *342ff.*, 400, 403, 424
– Entweder – Oder 344 f.
– Furcht und Zittern 344
– Der Begriff der Angst 344
– Philosophische Brocken
344 f.
– Einübung ins Christentum
344
– Die Krankheit zum Tode 344
– Die Wiederholung 344
– Stadien auf des Lebens Weg
344
– Abschließende unwissenschaftliche Nachschrift zu
den Philosophischen Brokken 344
Kirchhoff, Robert 302
Kirchner, Ernst Ludwig 363,
410
Klages, Ludwig 363, 410
Kleanthes 55, 73
Kleist, Heinrich v. 253
Klopstock, Friedrich Gottlieb
234
Kohlberg, Lawrence 455
Kopernikus, Nikolaus 47, 118,
136ff., 139ff., 151, 154, 252,
375, 377
Korsch, Karl 386ff.
Krieck, Ernst 415
Kritias 18
Kuhn, Thomas S. 146
Kung-tzu (= Konfuzius) 502,
513, *519ff.*, 525, 526, 531 f.,
534
Kupka, František 380

Labriola, Antonio 369
Lacan, Jacques 428

Lactanius 78
Lambert, Johann Heinrich 249
Lamettrie, Julien Offray de 219
– Der Mensch eine Maschine
219
Landauer, Gustav 338
Lao-tzu 513, 526
– Tao-tê-king 513, 519, 526
Larinoff, Michail Fjodorowitch
380
Lavoisier, Antoine Laurent 274
Lefèvre, Jacques 123
Leibniz, Gottfried Wilhelm 145,
171, *174ff.*, 236, 245, 365
– Theodizee 176, 179
– Monadologie 177 f.
Lenin, Wladimir Iljitsch 390,
392ff., 533
– Materialismus und Empiriokritizismus 393 f., 395
Lessing, Gotthold Ephraim
236 f.
Leukipp *12*
Lévi-Strauss, Claude *426ff.*
Lichtenberg, Georg Christoph
236, *238*
Liebig, Justus von 299
Liebmann, Otto 358
Livius, Titus 132
Linné, Carl von 413
Li Ssu 524
Locke, John *187ff.*, 197 f., 202,
205, 207, 212, 218, 252,
299, 424
– Versuch über den menschlichen Verstand 187, *188ff.*,
197
– Von der Vernunftmäßigkeit
des Christentums 187
– Zwei Abhandlungen über die
Regierung 187, 191 f., 212
– Toleranzbrief 187, 205
Lorenzen, Paul 447, 453
Loyola, Ignatius v. 126
Löwith, Karl 244, 408, 411, 486
Lübke, Hermann 459
Lukács, Georg 342, *396ff.*
Lukas 70 f.
Lukrez 12, 59
Luther, Martin 84, *124ff.*, 140,
233
Luxemburg, Rosa 393, 396
Lyotard, Jean-François 448,

476ff., 480 f.
– Das postmoderne Wissen 476
– Der Widerstreit 477

Mach, Ernst 302, *395*
Machiavelli, Niccolo 128, *132f.*,
155
– Il principe 132 f.
Maharishi Mahesh Yogi 510
Maimonides, Moses 96
Malthus, Thomas Robert 301
Mandeville, Bernard 207 f.
Mani 81
Mann, Thomas 410
Mao tse-tung 531, 533
Marc Aurel 56 f., 76
Marcel, Gabriel 408
Marcuse, Herbert 338, 390,
419, 436 f.
Markus 70 f.
Marquard, Odo 260, *456ff.*
Marsilius von Padua 104, 107 f.
Martianus Capella 87
Marx, Karl 18, 36, 40, 42, 51,
55, 103, 129, 162, 207, 209,
210, 218, 270, 281, 301,
304, 308, 311, 314 f., *315ff.*,
331 ff., 336 f., 353, 368,
391 ff., 397 ff., 434, 438, 445,
448, 485, 533, 534
– Das Kapital 314, *325ff.*, 391
– Ökonomisch-philosophische
Manuskripte 317 f.
– Elf Thesen über Feuerbach
321
– Zur Kritik der politischen
Ökonomie 326
– Grundrisse der Kritik der politischen Ökonomie 326 ff.
– Differenz der demokritischen und epikuräischen Naturphilosophie 316
– Zur Kritik der Hegelschen
Rechtsphilosophie. Einleitung 318, 319
– Kritik des Hegelschen
Staatsrechts 319
– Kritik der Hegelschen Dialektik und Philosophie überhaupt 319
– Das Elend der Philosophie.
Antwort auf Proudhous ›Philosophie des Elends‹ 322

- Die Klassenkämpfe in Frankreich 1848–50 324
- Der 18. Brumaire des Louis Bonaparte 324
- Die Heilige Familie oder Kritik der kritischen Kritik. Gegen Bruno Bauer & Consorten 320, 321
- Die Deutsche Ideologie 321f., 333, 336
- Manifest der Kommunistischen Partei 323, 331, 337, 391

Matthäus 70f, 112
Matisse, Henri 379
Mayer, Robert 302
Mechthild von Magdeburg 109f., 113
Meinecke, Friedrich 411
Meister Eckhart *109ff.*, 113, 414
Melanchthon, Phllipp 140
Melissus 10
Mendelssohn, Moses 235
Merleau-Ponty, Maurice 407
Michelet, Carl Ludwig 310
Mill, John Stuart *299f.*, 302, 358, 452
- System der deduktiven und induktiven Logik 299, 358
- Über die Freiheit 299

Mohammed *91f.*, 502
Montaigne, Michel de 128, *134ff.*, 154f., 161, 188
Montesquieu, Charles de Secondat 194, 212, 224
- Vom Geist der Gesetze 194, 212
- Persische Briefe 212

Moore, George Edward *381f.*, 386f.
Morris, William 305
Morus, Thomas 128ff., 132, 445
Mörike, Eduard 272
Mo Ti 523
Mo-tzu (= Mencius) 514, 522
Müntzer, Thomas 125f., 130, 435, 446
Murator, Ludovico 230
Musil, Robert 113, 538
Myron 62

Nāgārjuna 502f.
Nan-in 534
Natorp, Paul 360
Needham, Joseph 514, 531
Negt, Oskar 395, 398
Nestorius 77
Neurath, Otto 422
Newton, Isaac 136, *143ff.*, 176, 187, 215, 249, 273f., 297, 374f.
- Philosophiae Naturalis Principia Mathematica 144f., 374

Nicolai, Friedrich 213, 234
Nicole, Pierre 184
Niebuhr, Barthold Georg 302
Nietzsche, Friedrich 8, 18, 58, 103, 114, 174, 179, 183, 303, 338, *346ff.*, 363, 404, 424, 426, 476, 478, 485
- Menschliches, Allzumenschliches 346, 351, 353
- Geburt der Tragödie aus dem Geist der Musik 349
- Unzeitgemäße Betrachtungen 350
- Morgenröte. Gedanken über moralische Vorurteile 351
- Die fröhliche Wissenschaft 351f., 354
- Also sprach Zarathustra 351, 354ff.
- Jenseits von Gut und Böse 356f.
- Der Fall Wagner. Ein Musikantenproblem 357
- Der Antichrist. Fluch auf das Christentum 357
- Dionysos-Dithyramben 357
- Ecce Homo. Wie man wird, was man ist 357
- Götzen-Dämmerung oder Wie man mit dem Hammer philosophiert 357

Nikolaus von Kues (= Nicolaus Cusanus) *114ff.*, 121, 123, 151, 185, 359
Nishi Amane 536
Nishida Kitaro 536
Nolde, Emil 379
Novalis 85

Origenes 76ff.
Orwell, George 128, 132
Osiander, Andreas 138
Otfried von Weißenburg 88
Otto von Freising 92
Ovid 135
Owen, Robert 132, *305f.*

Paracelsus *148f.*
Parmenides 9, 44, 67, 404
Pascal, Blaise 152, 174, *179ff.*, 187, 400
- Provincialbriefe 180
- Gedanken 180ff.
- Abhandlung über die Leere 179

Paulus 74, 78, 81, 85, 124, 182, 345
Peirce, Charles Sanders *363f.*, 448, 455
Petrarca, Francesco 119
Petrus Lombardus 98
Petty, William 193
Phaleas von Chalkedon 20
Phidias 14
Philon von Alexandria 66, 74, 78
Philos 201
Picasso, Pablo 379, 473
Pico della Mirandola, Giovanni 119
Pirandello, Luigi 468
Planck, Max 376
Platon 3, 12, 13, 14, 17, 18, 21f., *24ff.*, 44ff., 53, 63ff., 90, 93, 115, 120f., 138, 161, 183f., 189, 245, 289, 297, 303, 311, 365, 386, 394, 401, 464
- Gorgias 19, 27
- Menon 20, 32
- Apologie 21, 27
- Phaidon 21, 27, 32
- Laches 22, 27
- Politeia (Staat) 27, 29, 30, 32, 34ff., 130
- Nomoi (Gesetze) 27, 34f.
- Siebenter Brief 27, 37, 67
- Symposion (Gastmahl) 27, 31, 121

Plotin 46, *66ff.*, 69, 77, 80, 109, 120
Polo, Marco 512

Pomponazzi, Pietro 121 f.
Popper, Karl Raimund *386*, 442
– Logik der Forschung 386
– Das Ich und sein Gehirn 386
– Die offene Gesellschaft und ihre Feinde 380
– Das Elend des Historizismus 386
Porphyrios 67, 69, 84, 90
Poseidonius 62
Priestley, Joseph 274
Protagoras *16*
Prodikos 17
Proudhon, Pierre Joseph 317, 323, 335
Pseudo-Dionysos Areopagita 88, 98, 110
Ptolemäus, Claudius 47, 95, 138
Ptolomäus von Lucca 97
Pyron 61
Pythagoras 6 f., 120

Quine, Willard Van Orman 419, 420, *422 f.*, 448
– Wort und Gegenstand 422 f.
– Das Sprechen über Gegenstände 422

Rādhākrishna 510
Rāmākrishna 508, 509
Ranke, Leopold von 361
Reichenbach, Hans 384
Reimarus, Samuel Hermann 237
Rembrandt 470 f.
Ricardo, David 317, 326
Richardson, Samuel 206, 222
Rickert, Heinrich 360
Ritter, Joachim 447, 453, 457
Roger Bacon *103 ff.*
Rorty, Richard 424, 459
Roscelin von Compiègne 91
Rosenberg, Alfred 113, 413 ff.
Rosenkranz, Karl 278, 285
Rosmini, Antonio 368
Rothermund, Dietmar 491, 499
Rousseau, Jean-Jacques 213, 215, *220 ff.*, 227 f., 247, 272, 431
– Abhandlung über die Wissenschaften und Künste 220
– Julie oder die neue Heloïse 222
– Abhandlung über den Ursprung und die Grundlagen der Ungleichheit 222 f.
– Der Gesellschaftsvertrag 223 f.
– Émile oder Über die Erziehung 224 ff.
– Glaubensbekenntnis des savoyardischen Vikars 226
– Die Träumereien des einsamen Spaziergängers 226
– Bekenntnisse 227
Ruge, Arnold 311, 317, 319
Russell, Bertrand *381 ff.*, 387
Ryle, Gilbert *417 f.*, 448

Saint-Simon, Claude Henri de 305, 314
– Exposition de la doctrine de Saint-Simon 305
Salutati, Coluccio 118, 120
Sanctis, Francesco de 368
Sand, Georg 286
Sartre, Jean-Paul 400, *405 f.*, 425, 432, 435, 448
– Das Sein und das Nichts 405, 407
– Kritik der dialektischen Vernunft 407
– Der Ekel 406
– Ist der Existentialismus ein Humanismus? 406
Saussure, Ferdinand de *427 f.*
Schelling, Friedrich Wilhelm Joseph 69, 246, 248, 267, *271 ff.*, 278, 448
Scherer, Wilhelm 303
Schiller, Friedrich 216, 232, 234, 262, 279, 409, 424
– Über die ästhetische Erziehung des Menschen in einer Reihe von Briefen 262 f., 279
Schiwy, Günther 426, 428
Schlegel, Friedrich 150, *271*, 343, 363, 486
Schleiermacher, Friedrich 362
Schlick, Moritz 384 f.
Schmidt, Alfred 321, 438
Schmitt, Carl 415
Schnabel, Johann Gottfried 132
Schopenhauer, Arthur 338, *339 ff.*, 358, 452, 485, 495
– Über die vierfache Wurzel des Satzes vom Grunde 339
– Die Welt als Wille und Vorstellung 339, 340 f.
– Parerga und Paralipomena 340, 342
Schwitters, Kurt 467
Scotus Eriugena, Johannes *88 f.*, 91
Searle, John R. 419, 454
Seel, Martin *472 ff.*, 480, 483
Seneca 56 f., 86, 135, 155
Settembrini, Luigi 368
Seuse, Heinrich 110
Sextus Empiricus 61 f., 66
Shaftesbury, Anthony Ashley Cooper 207
Shakespeare, William 53, 153, 340
Shankara 507
Siger von Brabant 98
Simmel, Georg 363
Singer, Peter *461 ff.*
– Praktische Ethik 481 f.
Sloterdijk, Peter 482
Smiles, Samuel 295
Smith, Adam 201, 203, 207 ff., 289, 317 f.
– Theorie der ethischen Gefühle 208 f.
– Untersuchung über Natur und Wesen des Volkswohlstandes 208, 209 ff.
Soboul, André 212
Sokrates 3, 12, 13, 20, *24 ff.* 57, 65, 151, 183, 240 f., 245, 350, 485, 513
Sophokles 14, 35, 524
Spaventa, Bertrando 368
Spencer, Herbert 299, 302
Spengler, Oswald 373, 410
Speusippos 40
Spinoza, Baruch de *170 ff.*, 177
Stalin, Josef 391, 395
Stegmüller, Wolfgang 422, 447
Sterne, Laurence 206
Stirner, Max 311, 321, 336
– Der Einzige und sein Eigentum 336
Straton 53
Strauß, David Friedrich 172, 310
Strindberg, August 346
Suzuki, Daisetz Teitaro 537
Sydenham, Thomas 187
Swedenborg, Emanuel 249

Tauler, Johannes 110 ff.
Taylor, Harriet 299
Tertullian, Quintus Septimus Florens 76, 78, 91
Thales von Milet *4*, 6, 44
Theophrast 39, 53
Thomas von Aquin 95, *96ff.*, 100f., 104f., 106, 119, 358, 504, 531
– Summa theologiae 98 f.
– Summa contra gentiles 98 f.
Thomas von Kempen 113
Thomasius, Christian 235
Thukydides 14
Timon von Phlius 58
Toland, John 205
Torricelli, Evangelista 137
Trotzki, Leo 395 f.
Tung-shou 539

Ueberweg, Friedrich 311

Valéry, Paul 465
Valla, Lorenzo 119
Vasari, Giorgio 117
Vasubandhu 502
Vera, Augusto 368
Vergil 105
Verri, Pietro 231
Vespucci, Amerigo 129
Vico, Giambattista *182ff.*, 191, 368
Vivekānanda, Swami 510
Volta, Alessandro 274

Voltaire 157, 176, *213ff*, 219, 227, 410, 513
– Candide oder der Optimismus 176, 214
– Briefe über die Engländer 212
– Versuch über die Sitten und den Geist der Nationen 213
– Philosophisches Taschenwörterbuch 214 f.
– Geschichte Karls XII. 213
– Zeitalter Ludwigs XIV. 213
– Elemente der Philosophie Newtons 214
– Abhandlung über die Toleranz 214
– Contradictions 215
– La Henriade 213

Vorländer, Karl 392

Wagner, Richard 348, 413
Warhol, Andy 471
Wang Yang-ming 531
Watteau, Antoine 446
Weber, Max 127, *411f.*, 414f.
– Die protestantische Ethik und der Geist des Kapitalismus 411
– Wirtschaft und Gesellschaft 411
– Wissenschaft als Beruf 412
Weber, Max Maria v. 294
Wellmer, Albrecht 478 ff.

Welsch, Wolfgang 478, 480
Whitehead, Alfred North 383
Wieland, Christoph Martin 206, 234 f.
Wilhelm von Champeaux 92
Wilhelm von Tocco 98, 102
William von Occam 103, 105 ff.
Windelband, Wilhelm 359 f.
Winckelmann, Johann Joachim 244, 349
Wittgenstein, Ludwig 381, *386ff.*, 417, 419, 424, 448, 477, 483
– Tractatus logico-philosophicus 386 f.
– Philosophische Untersuchungen 388 f., 417
Wolff, Christian 235 f., 249
Wu-men 539

Xenophanes *7*, 8, 17
Xenophon 20

Zabarella, Jacopo 121
Zarathustra 354
Zeller, Eduard 311, 359
Zenon 10, 53
Ziegenhagen, Franz Heinrich 261
Zimmer, Heinrich 487 f., 490
– Philosophie und Religion Indiens 487
Zwingli, Ulrich 123

SACHREGISTER

Abbild 334, 387, 394 f.
Abstraktion 21 f., 41 f.
Absolute, das 269, 274 f., 281, 313
– Gott 45 f., 100 f.
s. a. Metaphysik
Akademie
– platonische → Platonismus
– wissenschaftliche Akademien 156 f., 183
Absurde, das 407
Ähnlichkeit 7, 147 ff., 158, 431
Ästhetik 262, 275 f., 290 f., 341, 441, 449, 464 ff.
– ästhetische Erfahrung 466–469, 473 ff., 481
– ästhetische Vernunft 465, 472–475, 481 ff.
– Rezeptionsästhetik 466, 468 ff.
– als Empfindungslehre 252
– Erhabene, das 477
Agnostizismus 16
Aktualismus 370
Akzidenz 45 f.
Alchemie 149 f.
Allegorie, Allegorese 66, 75 f., 94, 96
Altruismus 298
Anamnese 32
Anarchismus 295, 335–338
– Anarcho-Syndikalismus 338
Anthropologie 32, 125, 313 f., 523
Aphorismus, Aphoristik 26, 180 ff., 238, 347, 351 f., 440
Apokalyptik 71, 107, 126
Apologetik, Apologie 21, 75
Aporie, aporetisch 22, 26
Arbeit 47, 152, 293 f., 317 ff., 321 f., 326–330, 334, 437
– Arbeitswertlehre 193, 210
– Arbeitsteilung 209 f., 317 f., 514 ff.
Arianismus 77
Aristotelismus 53 f., 93–96, 99, 120 f., 459

Astronomie 138–141
Ataraxie 57–61, 174
Atheismus 21, 59, 183, 218 f., 352–355, 406 f., 507
Atman 494 f., 499, 507
Atom, Atomistik 12, 55, 59 f.
Aufklärung, aufklärerisch 12, 17 f., 59 f., 187, 201, 230 f., 250, 260, 412 f., 436–439, 513, 541
Autarkie 50
Autorität 90, 97, 104, 536
– der (schriftlichen) Tradition 76, 84, 88, 95, 148, 158, 522, 531, 537

Bewußtsein
– »natürliches« 43
– Alltags-, *Common Sense* 137, 199, 373, 381, 419 ff., 471 f.
– Prinzip des (Selbst-)Bewußtseins, »Ich« 167 f., 255, 269 f., 320
s. a. Subjekt
– das Unbewußte 377 f., 429
Biologie 43, 47, 218, 263, 300 ff., 420
Bourgeois, Bourgeoisie 224, 323 f.
Böse, das 80, 175 f.
Brahman 495, 499, 507
Buddhismus 496–503, 530, 537–540

Chaos 3, 45, 356
Chemie 251, 274 f.

Darwinismus, Sozialdarwinismus 300 ff.
Definition 21 f., 366, 440
Deismus 129, 205
Denkform
– etymologische 87
– korrelative 517 f.
– mythische 2 f., 74
– symbolische 88, 361
Dialektik 8, 31, 89, 269 f., 277, 279 ff., 290 f., 332 ff., 369 f., 391 f., 395 ff., 405 f.
– transzendentale 257
– taoistische 525 f., 533 f.
Dialog, sokratischer 86, 115
Ding
– als Zusammengesetztes, das entsteht und vergeht 44 f.
– als *res extensa* 168
– als Erscheinung 252, 340
– als Energiequantum 302
– als »Ding an sich« 252 f., 359
– als »Zeug« 402
Dreistadiengesetz 296 f.
Dogmatik, dogmatisch 61 f., 249
Dualismus 84 f., 125, 150, 505 f., 539
s. a. Ähnlichkeit, Polarität

Egoismus 164 f., 186, 207, 265 f., 289
Eigentum
– Privat- 35, 129, 162 f., 192 f., 206 f., 223, 279, 318
– Gemein- 35, 129
s. a. Utopie
Eklektizismus 63
Emanation 121 f.
Empfindsamkeit 222, 238
Empirie, Empirismus 61, 154, 187 ff., 199, 218, 253 f., 289, 383
– Logischer Empirismus 381, 384 f., 418, 435
– Empiriokritizismus 393 f.
Entelechie
→ Teleologie
Entfremdung 313, 318 f., 327 f.
Enzyklopädie, enzyklopädisch 216 f., 286
Epikureer 58 ff., 196
Epistemologie 430
Erkenntnistheorie 99, 188 f., 199, 334, 359, 384
s. a. Dialektik, Hermeneutik
Erleuchtung 498 f., 535, 538 f., 541

Ethik 21, 49f., 56f., 112, 172f., 208, 258ff., 300, 329, 341, 345
- Grundpositionen der 451 ff.
- neoaristotelische 451, 456–459
- Diskurs- 453–456
- Verantwortungs- 460f.
- Werk-/Gesinnungsethik 93, 112, 452
- buddhistische 500ff.
- indische 488f.
- konfuzianische 320f.
- protestantische 36, 127, 194, 411
- taoistische 527ff.
- Maß, rechtes/Mitte, rechte 12, 36, 49, 51, 459
- Bindestrich-Ethik 464
Ethnologie 426f.
Erscheinung, Phänomen 252f. s. a. Phänomenologie
Eros 31, 121
Eschatologie 107
Esprit 214
Essay, Essayistik 134f., 154f.
Etymologie 87
Eudämonismus 60, 259
Existenz, Existentialismus 344f., 357, 399–408, 435, 448, 450
Experiment 43, 46, 104f., 142f., 156, 366, 376

Faschismus 113, 371, 398f., 412–415, 448, 459, 462, 473
Freiheit 23, 58, 136, 171, 174, 257f., 278, 335ff., 406f., 500
Form 45
- Formalismus 106
Fortschritt 209f., 219f., 244, 293ff., 528
Freidenker 205

Geist
- absoluter; Welt- 283, 290
- *nous* 11
- der Geisteswissenschaften 361f., 443
Gerechtigkeit 17, 28, 34, 161f., 192, 207, 215, 329f.

Gesellschaft
- bürgerliche 36, 162f., 265, 288f., 318, 324–330
- -svertrag 165, 193f., 202, 223f., 231
- -swissenschaft
  → Soziologie
Geschichte
- -stheologie, christliche 84f., 241
- -philosophie 185f., 213f., 219, 222f., 243, 262, 265, 290ff., 326ff., 349, 353, 404, 430f., 438f.
- -sbewußtsein, indisches 491
- -sbewußtsein, chinesisches 514f., 519, 533f.
- -swissenschaft, moderne 302f., 350f.
- Geschichtlichkeit 292, 443
- Wirkungs-, Rezeptions- 38, 359
- Historismus 363
- Kultur- 117, 360
- Geistes- 240
Glaube
- und Vernunft 73ff., 91, 94, 200f., 240f., 345
- und Gesetzesfrömmigkeit 112, 124, 171
Glück 23, 49, 60, 179, 219, 225, 244, 290, 300, 307, 437f., 444
s. a. Utopie
Gnosis 76, 80, 501
Gott
- jüdisch-biblischer 73f., 80f., 182, 487
- antik-neuplatonischer 80
- als vollkommenes Sein, *ens perfectissimum* 45f., 92, 100f.
- als verborgener, *deus absconditus* 182, 241
- Gottesbeweise 91f., 100f., 169, 201f.
- Tod Gottes 352f.
Grammatik 56, 86, 388, 419
Gut, höchstes; das Gute 28f., 40, 49, 67, 101
s. a. Ethik

Handel, Geld 4, 35, 42, 50f., 118, 162f., 326f., 516
Häresie, Häretiker 76, 82
s. a. Ketzer
Hedonismus 23, 60
Hermeneutik 119, 362, 435, 442ff., 447, 450, 453f., 465f.
Hermetik 120
Hierarchie 87f., 101
Hinduismus, hinduistische Philosophie 488f., 495f., 504–510
Höhlengleichnis 32ff.
Holismus 423
Humanismus, Humanität 117–120, 244, 313f., 409, 414, 437f.
Hypostase 67
Hypothese 138f., 386f., 420f.
- Quanten- 376
- Verifikations-/Falsifikationsprinzip 386

Idealismus 196ff., 245f., 340, 359, 370, 380f., 394, 448
- platonischer 30f.
- objektiver/subjektiver 99f.
- neuzeitlich-bürgerlicher 168f.
Idee
- einfache/komplexe 188
- Ideenlehre 29ff., 39f.
- Ideen der Vernunft 257
- Ideal 169, 369
Ideologie, Ideologiekritik 18, 123, 194, 444
Illusionismus, kosmologischer 507
Imperativ, kategorischer 260, 271, 392, 452, 460
Induktion 154, 299, 386, 420f.
Innerlichkeit 78, 81f., 85, 125, 135, 220ff., 227, 403, 410
s. a. Mystik
Ironie
- sokratische 26
- romantische 271, 343
- Bernd Lutzsche 777
Irrationalismus 410
Islam, arabische Philosophie 93–96

Jainismus 499

Kabbalistik 120
Kapitalismus 118, 127, 152, 293ff., 301, 323–331
Karman 489, 500, 505
Kategorie 12, 199, 254f., 374ff., 420f., 518
Kausalität 12, 199, 254, 374f., 421, 518
– Theorie der vier Ursachen 45
– Sonne: (Wieder-)Aufgang gewiß/ungewiß? 199, 250, 387
Ketzer 89, 91, 93, 102f., 106f., 111, 122f., 130, 151
s. a. Häresie
Kirchenväter 74–78
Klassiker, klassisch 38f.
Koan 538f.
Kommunismus 303f., 318ff., 322ff., 328, 390
Konfuzianismus 519–522
– Neo- 530
Kosmos 2, 6f., 11, 36, 45, 47, 56, 137
– Kosmogonie 2
– Mikrokosmos/Makrokosmos 11, 147ff., 494, 527
Kunst, Kunsttheorie 275f., 290f., 379f., 441
– das Schöne 68, 121f.
– Nachahmung (Mimesis) 52f., 217
– Poiesis, Poetik 43, 52f., 469
– Wahrheit der Kunst 53, 441
– moderne Kunst 379f., 465ff.
s. a. Ästhetik
Kyniker 23f., 55f.
Kyrenaiker 23, 55

Leben, Lebensphilosophie 279, 340f., 349f., 353, 363, 410
– Lebenswelt 401
Liberalismus 171, 191, 213, 199f., 371
– Manchester- 301
Liebe 81f., 110, 307, 314, 341, 523f.
Logik 56, 184, 269f., 365, 369f.
– formale 48, 284f.
– transzendentale 252ff., 285
– spekulative, dialektische 269f., 279, 284f.

– Satz, Urteil 48, 251
– Satz vom Widerspruch 44, 115, 539
– Schluß (Syllogismus) 48
– Tropus 62f.
– Beweis 48
– indirekter Beweis 10
– »Schriftbeweis« 76
s. a. Vorurteil
Logos 8, 185, 526
– Christus als göttlicher – 74–77

Macht 90, 335, 425, 428, 430–432
– Wissen als – 152f., 430
Mājā 340, 507
Magie 64, 66
Manichäismus 80, 82
Marxismus
– westlicher/kritischer/ messianischer 397ff., 445
– Vulgär- 398
– orthodoxer 315, 369, 392
– chinesischer 533f.
– Marxismus-Leninismus 390f., 393–396
– in Frankreich 425, 429, 432
Materialismus 59, 197, 219, 270, 313, 390, 507
– praktischer, historischer, dialektischer 321f., 390f., 394ff.
– Materie (als Kategorie) 45f.
– Immaterialismus 197
Mathematik 4, 6f., 30, 37, 104, 115, 142f., 167, 172, 175, 179, 184, 359, 383
Mechanistik 12, 142, 170, 249, 274
Meditation 485, 506, 511, 538
Metaphysik, Erste Philosophie 249f., 256f., 285, 298, 385, 401ff.
– griechische 30f., 43–46, 67f.
– mittelalterliche 90ff., 100f.
– neuzeitliche 167f., 172f., 177f.
Methexis, Teilhabe 30, 67
Methode
– sokratische 22
– dialektische 31, 281

– etymologische 87
– resolutiv-kompositive 163f.
– methodischer Zweifel 167
– Weg der Verneinung (via negationis) 101
– Sparsamkeits-, Einfachheitsprinzip 140, 144, 302, 423
Mimesis
→ Kunst, Kunsttheorie
Möglichkeit 45, 128, 239, 288, 438
Moderne/Postmoderne 448, 465, 476–483
Monade 177f.
Moral, moralisch 49, 259f., 289f., 301
– moralische Entwicklung 455
– moralisches Argument 17
– Moralkritik 353f., 453ff.
– Politik und – 332f., 265f., 410f., 415
– Tugend 20, 49, 57, 207, 234, 553f.
s. a. Ethik, Egoismus
Musik 7, 87, 341, 349, 440
– Sphärenharmonie 7, 141
Mystik 68, 74, 94f., 108–114, 121, 149f., 370f., 413f., 495, 538
– unio mystica 68
Mythos, Mythologie 2f., 8, 185, 361, 427

Natur
– als Erlebnisraum 109, 151, 182, 221f., 262
– als Herrschaftsobjekt 153, 438f., 460
– Natur/Kultur 119f., 22f., 301f.
– schaffende/geschaffene – (natura naturans, -naturata) 151, 274
Naturphilosophie
– frühgriechische 2f., 5f., 8, 11
– aristotelische 46f., 136ff.
– stoische 56
– scholastische 101, 104f.
– der Renaissance 147ff.
– romantische 274f.
– taoistische 526f.

- Naturdialektik 333f., 396f.
Naturwissenschaft, »mathematisch-exakte« 142–145, 274, 297, 359f., 366, 374ff., 420f.
  s. a. Kausalität, Experiment, Mathematik
Naturzustand 164f., 192f., 206, 322ff.
Neuscholastik 103
Nichts 9f., 17, 342, 403, 540
Nirvana 500, 503
Nominalismus
  → Universalien

Objektivität 366, 374ff., 394, 421
  s. a. Naturwissenschaft, Wahrheit, Erkenntnistheorie
Ökonomie
  – als »Hausverwaltungslehre« 50f., 452
  – als politische bzw. National- 187, 193, 209ff., 230, 232, 317f., 326–331
Om 493, 509
Optimismus 169, 176, 178f., 206, 210, 236, 242, 293ff.
  s. a. Fortschritt
Orden, christliche 87, 96f., 103, 108, 110, 126, 151
Orphik 6, 11
Orthodoxie, orthodox 76, 90, 111, 150, 392, 504
  – »Orthodoxie-Argument« 394

Pädagogik 224ff., 262f., 305, 367, 431
Pantheismus 55f., 80f., 89, 151, 173
Paradigma 146
Paradoxie 10, 181f., 345
Parteilichkeit 390, 394f.
Peripatetiker
  → Aristotelismus
Person/Individuum/Ich/ Identität/Charakter 49f., 81f., 114, 125, 162–165, 179–182, 255, 370, 377f., 428f., 488, 494f., 505f., 538
  – *principium individuationis* 349

– »welthistorische Person« 22f., 290
  s. a. Subjekt, Innerlichkeit, Egoismus, Existentialismus
Perspektivismus 178, 356
  – Zentralperspektive 117, 379
Pessimismus 340ff., 461, 486
Phantasie 307, 184, 186
  s. a. Utopie
Phänomenologie 280–283, 400, 425
Philosophie
  – theoretische, praktische, poietische 43, 86
  – analytische 381–389, 417–424, 448
  – *Comparative Philosophy* 537
  – Popular- 54, 236
  – -geschichtsschreibung 4, 27, 39, 310f., 390, 434
  – und Politik 37, 283, 312, 410ff., 425
  – und Wissenschaften 158, 216, 295f., 350, 412, 420, 425, 440
  – Grundfrage der 390, 394f.
  – Verhältnis von Denken, Geschichte, Gesellschaft 1f., 27f., 42, 88, 101f., 181, 194, 209, 227ff., 301, 407, 437
  – als Lebensform 488ff.
  – als höchstes Streben 29
  – als Magd der Theologie 99, 172
  – der Tat 312
Physikotheologie 242
Physiokraten 210
Pietismus 78, 235
Platonismus 38, 63–69, 87ff., 94, 119–122
Pneuma 56
Polarität 5–8, 11, 274f., 508, 517f.
Polis 1f., 14, 24–28, 49ff., 54, 224, 278
Prädestination 127
Pragmatismus 364–367, 448
  – Universalpragmatik 462
  – Transzendentalpragmatik 462
Praxis 311f., 321, 333, 395, 397ff., 421

Produktivkräfte/Produktionsverhältnisse 322ff., 429
Positivismus 295–299, 302f., 369, 350f., 358
  – Logischer 381, 385
Psyche, Seele 32, 47, 81f., 111, 173f., 505
  – psychologisches Argument 17f.
  – Psychologie 47, 208f.
  – Psychoanalyse 174, 356, 377ff., 407, 429, 541
Pythagoreer 6ff., 37, 141

Rasse, Rassentheorie 19, 412ff.
Rationalismus 175, 183f., 236, 253, 426
  – Kritischer 386, 435, 442, 448, 454
Raum
  – endlicher/unendlicher 10, 151
  – absoluter 145, 374
  – als geistiges Ordnungsprinzip 218, 431
  – als (subjektive) Anschauungsform 196, 252
  s. a. Relativitätstheorie
Realismus
  → Universalien
Recht
  – Natur-, natürliches 18f., 161, 184
  – positives 161, 321f., 524
  – bürgerliches 264
  – Völker- 161
  – des Stärkeren 19
  – Konventionalismus 202
  – *fa chia*, Legalismus 524f.
Religion
  – positive 278
  – prophetische 94
  – des Herzens (*culte du cœur*) 226
  – Vernunft-, natürliche – 200f., 205f., 215
  – und Vernunft 99, 172
  – Mysterien- 74
  – und Philosophie im Osten 485f.
  – Religionskritik 7, 17f., 59, 172, 205, 212, 215, 264,

278, 313, 319, 352f.
   s. a. Deismus, Theismus,
   Atheismus, Pantheismus,
   Glaube
Relativismus 16, 28, 44, 356,
   363, 453f., 503
– Relativitätstheorie 375, 415
Revisionismus 391
Revolution
– Recht auf – 239, 264
– Philosophie und – 227f.,
   311f.
– proletarische 323ff., 330f.
– Kultur- 532ff.
Rhetorik 13, 17, 53, 86, 119,
   183f.
Romantik 78, 85, 113, 150,
   179, 271, 273ff., 343, 363,
   413, 427, 486

Säkularisierung 206, 227,
   242, 244
Schein 291, 349, 445, 468, 481
Sein, Seiendes 10, 17, 44f., 67,
   401–404
– Sein und Bewußtsein 322
Selektionstheorie 301
Semiologie 428
Sensualismus 59, 218
Sexualität 79, 82, 341, 353,
   377f.
   s. a. Tantra, Yin-Yang,
   Taoismus
Shintoismus 535
Shivaismus 508
Sieben freie Künste 86f., 97,
   119
Sinnlichkeit
– als Rezeptivität 188, 253
– als Leiblichkeit 32, 81f., 314
   s. a. Sensualismus
Skepsis, Skeptiker 55, 61ff.,
   135, 167, 200, 238, 454,
   457ff.
Sklaverei 20, 50, 86
Sophistik, sophistisch 13–20,
   28, 44
Sozialismus
– utopischer bzw. Früh-
   303–308, 319f.
– wissenschaftlicher 304, 335,
   398
– ethischer 392

   s. a. Anarchismus,
   Kommunismus
Soziologie 296
Spekulation, spekulativ 255,
   269f., 275, 281, 401
– Logos- 74
– *coincidentia oppositorum*
   116, 151
   s. a. Dialektik
Sprache, Sprachphilosophie
   17, 41f., 106, 188ff., 241,
   243, 361, 381–389, 402,
   418–424, 427f., 518f.
– Sprachhandlung 418f., 454
– und Mystik 68, 109, 112
– Metasprache 383f.
– Sprachspiel 388f.
Staat
– liberaler Nachtwächter- 211
– Staatsraison 133
– Staatssouveränität 160f.,
   163f., 289
– Verfassungsformen 35f., 51
– Gewaltenteilung 194, 213
– Zwei-Reiche-Lehre, christliche 84f., 125
– Volkssouveränität 108, 239
   s. a. Polis
Stoa, Stoiker 55–58, 68, 73,
   135, 174
Strukturalismus 425ff., 448
Subjekt
– autonomes, bürgerliches 36,
   162–265, 206f., 488
– »nicht-bürgerliches« 36, 49,
   328, 521, 536
– als Zentrum? 119ff., 345,
   425, 429, 432
– Prinzip der Subjektivität
   167f., 292
Substanz, Wesen 44f., 173,
   285, 329
Symbol 88, 361, 426
Synkretismus 120
System 26, 43, 56, 175, 286,
   290f., 295f., 369

Tantra 508f.
Tao, Taoismus 6, 518,
   525–529
Tatsache 296, 303, 421
   s. a. Positivismus, Hypothese
Technik 217, 293f., 324, 404,
   438, 528

Teleologie, teleologisch 45ff.,
   173f., 178, 261f.
– Entelechie 177
   s. a. Physikotheologie
Theismus 205
Theodizee 167–179, 458
Theorie
– traditionelle/kritische 167,
   437–441, 450, 465f.
– als Schau des Kosmos 7
– als reine Betrachtung 43,
   153
– und Praxis 311f., 397
– Theoriepluralismus 422
– Widerspiegelungs- 394
– vom Priestertrug 185
   s. a. Paradigma
Thomismus
   →Neuscholastik
Tod 60, 181, 403
Transzendenz 46
– transzendental 251–256
   s. a. Metaphysik, Gott, Mystik
Tyrannenmord 102, 523

Universalien 90–93
Usualismus 457ff.
Ursache
   →Kausalität
Utilitarismus 231, 299f., 452,
   461ff.
Utopie 19, 36, 128–132, 155,
   232, 305–308, 318, 397,
   438, 444ff., 456, 470, 480
– rückwärtsgewandte 85, 528
– negative 132

Verstand
– als *ratio*, »Vermögen der
   Begriffe« 48, 115f., 254f.
– als *tabula rasa* 188
Vermittlung 281, 333, 369, 397
   s. a. Dialektik
Vernunft 38, 115f., 158f., 168,
   182, 251–257, 280, 288ff.,
   307, 329, 430, 437, 475f.,
   479f., 483
– instrumentelle 439
– *lógos* 8, 526
– natürliche 99
– praktische 258ff.
Versöhnung 206, 283, 290,
   309, 439

Vishnuismus 508
Vorurteil 154, 173f., 212

Wahnsinn 346, 357, 436
Wahrheit 30, 44, 95, 120, 135, 186, 238, 281, 345, 353, 356, 366, 419–423, 431, 443, 665ff., 479
- Vernunft/Offenbarung 73–78, 91, 98ff., 114
- *adaequatio rei et intellectus* 99
- consensus-Theorie 366, 455
- Theorie der zwei Wahrheiten 507
- Wahrheitsgehalt 291, 441, 465ff.
- Vier edle Wahrheiten 500
Weibliche, das 526
Weisheit, der Weise 11 ff., 21, 29, 57, 62, 183, 529
- Sieben Weise 5
- östliche Weisheit 513
Weltanschauung
- wissenschaftliche 384
- marxistische, marxistisch-leninistische 332, 396f.
- völkische 410, 413f.
Weltbild
- anthropozentrisches 138, 174
- aristotelisches 46f., 137f.
- bürgerliches 205f.
- geozentrisches, ptolemäisches 47, 95, 138
- heliozentrisches, kopernikanisches 138ff.
- mechanistisches 170, 176f., 181, 374
- mythisches 2f.
Widerspruch, Satz vom
→ Logik
Wiedergeburt 489f., 500
Wille
- zum Leben 340f.
- zur Macht 356, 410
- Primat des Willens 105
- Voluntarismus 339
Wirklichkeit 42, 45, 114, 168, 288, 366, 370, 373, 481, 503, 507

Yin-Yang 517f., 524, 526
Yoga 506

Zauber 86, 493, 520
- Sprachzauber 402
- Entzauberung der Welt 273, 411
Zeit
- als Kreis/als Linie 84, 487, 491
- als geistiges Ordnungsprinzip 432
- absolute/relative 145, 374f.
- als subjektive Anschauungsform 197, 252
- Zeitlichkeit 402
Zensur 11, 21, 90, 165, 170f., 183, 200, 212, 217, 219, 230, 234, 244, 264f., 267, 287, 316, 398, 405, 414, 434
s. a. Ketzer
Zentralismus, demokratischer 393
Zirbeldrüse 170
Zufall, Zufälliges 59, 288, 457

BILDQUELLEN

Archiv für Kunst und Geschichte, Berlin 25 (Photo: Erich Lessing), 91, 119, 141, 166, 196, 233, 275, 287, 405 (Photo: Digne Meller Marcovicz), 471, 474 (c) VG Bild-Kunst, Bonn, 1991)
Bayerische Staatsbibliothek, München 73
Bibliothèque Nationale, Paris 83
Bildarchiv Preußischer Kulturbesitz, Berlin 17, 21, 33 (rechts), 175, 211, 215, 229, 237, 256, 337, 498
Klaus Boer Verlag, München 478
Borsig GmbH, Berlin 298
Collection Percheron, Paris 489
dpa-Bilderdienst, Stuttgart 383, 434, 451
British Museum, London 55
Bouvier Verlag, Bonn 386
Deutsches Archäologisches Institut, Rom 23, 66
Deutsche Staatsbibliothek Porträtsammlung, Berlin 142
Eugen Diederichs Verlag, München 486, 494, 505, 510, 514, 523, 531
Editions du Seuil, Paris 519, 526
Haffmans Verlag, Zürich / Volker Kriegel 436
Herzog August Bibliothek, Wolfenbüttel 131, 132, 161, 162, 165, 170, 235
Historia Photo, Hamburg 93, 124, 137, 139, 144, 152, 180, 187, 198, 278
Husserl-Archiv an der Universität Freiburg 400
Internationales Institut für Sozialgeschichte, Amsterdam 305, 312, 323, 336, 394
International Museum of Photography, New York 374
Karl-Marx-Haus, Trier 317, 320, 331
Königliche Bibliothek, Kopenhagen 344, 345
Kunsthistorisches Museum, Wien 39 (Photo: Udo F. Sitzenfrey)
Märkisches Museum, Berlin 269
Metzler Verlag, Stuttgart 129, 157, 401, 410
Werner H. Müller, Stuttgart 482

Musée National du Louvre, Paris 101, 446
Musées Royaux de Beaux-Arts, Brüssel 159
Nationale Forschungs- und Gedenkstätten, Weimar 357, 411
Österreichische Nationalbibliothek, Wien 392
Isolde Ohlbaum, München 454, 460
Andreas Pohlmann, Frankfurt 453
Raben Verlag, München 405, 430
Rowohlt Verlag, Reinbek 436
Sammlung Manfred Brauneck, Hamburg 52
Sammlung Hosokawa, Tokyo 538
Sammlung Georg Holsten / Rowohlt Verlag, Reinbek 225 (links), 227
Sammlung Ernst Kaiser / Rowohlt Verlag, Reinbek 86/87, 149
Sammlung Mitsui, Tokyo 374
Sammlung Morse, New York 501
Schiller-Nationalmuseum, Marbach 140, 222, 240, 246, 266, 272, 274, 361, 375 (Photo: Lotte Jacobi), 376, 403, 444 (Photo: Lotte Jacobi)
Staatliche Antikensammlung und Glyptothek, München 5 (Photo: Studio Koppermann), 62
Staatliche Kunstsammlung, Kassel 15
Städelsches Kunstinstitut, Frankfurt 97 (Photo: Ursula Edelmann)
Hermann Stamm, Berlin 459, 461
Süddeutscher Verlag, München 125, 127, 148, 300
Suhrkamp-Verlag Frankfurt 312 (Photo: Lilian Kemp), 326 (Photo: Ilse Mayer-Gehrken), 328, 468
Uffizien, Florenz 122
Ullstein Bilderdienst, Berlin 290, 424, 428

In einigen Fällen ist es uns nicht gelungen, die Rechtsinhaber der abgedruckten Bilder ausfindig zu machen. Hier ist der Verlag bereit, nach Meldung berechtigte Ansprüche abzugelten.